JN196743

オセアニア 文化事典

オセアニア文化事典編集委員会 編

[編集委員長] 棚橋　訓

[編集顧問] 須藤　健一　　山本　真鳥

[編集幹事] 飯髙　伸五　　風間　計博
　　　　　 窪田　幸子　　黒崎　岳大
　　　　　 丹羽　典生　　深山　直子

[編集委員] 石村　　智　　石森　大知
　　　　　 梅﨑　昌裕　　小野林太郎
　　　　　 桑原　牧子　　橋本　和也
　　　　　 古澤　拓郎　　山口　　徹

丸善出版

マーシャル諸島アルノ環礁［2002 年 9 月山口 徹撮影］

ラパ・ヌイ，ラノララクの火口湖［2016 年 3 月山口 徹撮影］

クック諸島プカプカ環礁の夜明け［2018 年 8 月山口 徹撮影］

ニウエの海岸線［2013 年 8 月黒崎岳大撮影］

グアムのホウオウボク［2016 年 5 月飯高伸五撮影］

ツバル・フナフチ環礁，大潮で湧き出る汽水［2007年 3 月山口 徹撮影］

ソロモン諸島ウェスタン州の聖地［2023 年 9 月古澤拓郎撮影］

パラオのアバイ（伝統的集会所）［2011 年 2 月黒崎岳大撮影］

ミクロネシア連邦ポーンペイ島，ナンマトル（ナン・マドール）遺跡の石垣［2007 年 8 月棚橋 訓撮影］

グアムのスペイン広場［2009 年 1 月飯高伸五撮影］

サイパン島バンザイクリフの慰霊碑［2010年5月飯高伸五撮影］

マーシャル諸島マジュロ環礁ローラ島に残る日本統治期の聖恩紀念碑（大正8年11月14日）［2008年8月棚橋 訓撮影］

トンガ・ハアモンガの三石塔［2014年6月黒崎岳大撮影］

パラオ・ガラロン州のバドルルアウ・ストーンモノリス［2009年1月飯高伸五撮影］

ラパ・ヌイ，ラノララク山麓のモアイ［2016年3月山口 徹撮影］

ニュージーランド・ワイタンギ，ワイタンギ条約締結の地での締結記念日式典［2019年2月深山直子撮影］

オーストラリア，シドニーの風景［2024年1月窪田幸子撮影］

サモアのファレ［2013年2月黒崎岳大撮影］

ハワイ州オアフ島のビショップ博物館［2010年4月飯髙伸五撮影］

ハワイ州オアフ島のアリゾナ記念館［2010年7月飯髙伸五撮影］

ニュージーランド・オークランド，マオリの要塞遺跡マウンガキエキエ（ワンツリーヒル）からの眺望［2009年9月深山直子撮影］

フィジー，ヴィティ・レヴ島のサトウキビ運搬鉄道 ［2007 年 3 月棚橋 訓撮影］

クック諸島プカプカ環礁，タロイモ水田で作業する女性 ［2018 年 8 月深山直子撮影］

クック諸島プカプカ環礁，ココヤシの葉を編む男性 ［2017 年 8 月深山直子撮影］

パプアニューギニア東セピック州，デンプンが豊富に含まれるサゴヤシの幹をけずる男性 ［1991 年 12 月梅﨑昌裕撮影］

ソロモン諸島ウェスタン州，海産物や農産物の集まる地方町の市場 ［2020 年 2 月古澤拓郎撮影］

クック諸島プカプカ環礁，カトリック教会の貝細工の祭壇［2018 年 8 月棚橋 訓撮影］

クック諸島のキルト（ティヴァエヴァエ，部分）［2018 年 8 月棚橋 訓撮影］

フラ・カヒコを披露するハーラウ［Hawaii Tourism Authority（HTA）/Nicholas Tomasello］

クック諸島プカプカ環礁，クリケットの風景［1995 年 8 月棚橋 訓撮影］

第 9 回太平洋芸術祭での競漕を前に集結したパラオの戦闘カヌー［2004 年 9 月飯髙伸五撮影］

クック諸島プカプカ環礁，収穫されたタロイモ［2017 年 8 月深山直子撮影］

クック諸島プカプカ環礁，調理されたヤシガニの爪とココヤシのジュース［2017 年 8 月深山直子撮影］

クック諸島プカプカ環礁，トビウオの分配風景［2018 年 8 月棚橋 訓撮影］

パプアニューギニア・タリ盆地，大規模な石蒸料理でサツマイモやブタを加熱する［1993 年 9 月梅﨑昌裕撮影］

トンガ，豚の丸焼き［2014 年 6 月黒崎岳大撮影］

マーシャル諸島マジュロ環礁，ナマコの天日干し［2008 年 8 月棚橋 訓撮影］

ソロモン諸島ウェスタン州，森林伐採の現場［2023年2月古澤拓郎撮影］

ソロモン諸島ウェスタン州，太平洋の熱帯雨林［2023年3月古澤拓郎撮影］

クック諸島プカプカ環礁，オセアニアの人々の生命を支えてきたブタ［2017年8月棚橋 訓撮影］

パラオ，ジェリーフィッシュレイクの無毒クラゲ［2012年8月飯髙伸五撮影］

パラオ，イルカの群れ［2022年8月古澤拓郎撮影］

刊行にあたって

　言わずもがな，日本は東岸・南岸を太平洋に臨む島嶼国であり，オセアニアとは「海続き」の位置関係にある．21世紀に入って，日本では官民の枠を超えてオセアニア各国・各地域とのパートナーシップを積極的に結んでいこうとする気運も高まっている．

　しかしながら，一方では現在の日本社会全般を見渡したとき，この「海続き」のオセアニアについてどれほどの知見をもって十全な理解が試みられているのかと問われれば，幾分否定的な答えを返さざるを得ないのではなかろうか．アジア・太平洋戦争という不幸な史実を含めて，現在の日本社会では，日本がオセアニアとの関係を紡いできた近現代の歴史すら忘れ去られているのではないかとの感を免れ得ない．

　「オセアニアについての事典を編まないか」という提案を丸善出版からいただいたときに，試しに日本で出版されている初等中等教育の社会科系の教科書を買い揃えて，ひととおり目を通してみた．教科書を通覧して得た結果は，そのいずれにおいてもオセアニアについての記述は予想以上に薄く，断片的なものに過ぎないということだった．教科書に目を通し終え，悲観的な気分になったことは否めない．しかし，同時に「だからこそ，いまオセアニア世界についての事典を編むこと」の意義が幾重にもあるのだということを確信した．

　その書名が示すとおり，本事典はオセアニアの文化をさまざまな側面から捉えて「オセアニアとはどのような世界なのか」という遠大な問いに答えようとする一つの試みである．

　太平洋は，北極圏と南極圏に接し，アジア沿岸部・東南アジア島嶼部から北・中央・南アメリカの沿岸部に拡がって地球の表面積の4分の1を占め，太平洋プレートの上には無数とも思えるほど多くの大小の島々が載っている．そして太平洋プレート上の島々，オーストラリア大陸とその属島が分布する地理的範囲を指してオセアニア（Oceania）という名称が一般に用いられてきている．オセアニアは広大なオーストラリア大陸や日本の国土の2倍の広さのニューギニア島とともに，サンゴ礁の上に形成された海抜数メートルほどのきわめて小規模な環礁州島を含む島嶼世界から成る．後者の島嶼世界は太平洋諸島（Pacific Islands）とも

　総称され，「20 世紀を代表するオセアニアの賢人」と評されるトンガ人のエペリ・ハウオファはこれを「我らが島々の海（our sea of islands）」とよんだ．

　こうしたオセアニアの基盤を成す自然環境に目を向けただけでも，「オセアニアとはどのような世界なのか」という問いに対して，一つの答えに単純に絞ることなど不可能だと予見されるだろう．

　そこで本事典では，編集幹事会での議論を経て，無味乾燥な「事実」の列挙にのみ終始することや「一つの正解」に固執することを意図的に避けることとした．各項目の執筆者には，もちろん重要な史実や出来事などの「事実」を押さえたうえで，執筆者自身がオセアニアに足を運び，そこで実際に見たり，聞いたり，話したり，行った体験をふんだんに盛り込んで筆を進めていただくようにお願いした．そして，本事典は，これまでオセアニアに生きてきた人々の息遣い，オセアニアのいまを生きる人々の息遣いを意識し，その多様性を大事にしながら，執筆者がオセアニアの人々と一時なりとも生活を共にして得た経験と知見も活かして，オセアニアに育まれた文化について描き出すことを目的に据えることとなった．執筆陣は官公庁，国際機関，企業，大学，研究機関などに所属する者から自営業やフリーのアーティストまで多岐にわたるが，所属機関・組織の立場や見解とは関係なく，個人の立場と経験からオセアニアについて思う存分に各項目を物していただいている．

　また，本事典ではオセアニアの「文化」について，なるべく多様な側面を意識して章立て・項目立てすることに腐心した．これは，オセアニアの文化をめぐる事柄が，オセアニアを生きる人々にとってアイデンティティと尊厳の礎となっているだけではなく，日常の生活から国家や国際関係の次元にわたり，政治，経済，社会の基盤形成にも深く関わる実相を反映できればと考えてのことである．

　本事典を手に取ってくださった読者諸賢が各項目に目を落として「オセアニアとはどのような世界なのか」を問うことに何がしかの意義を感じ取ってくださったとすれば，編集委員長としては望外の喜びである．

　本事典の編集にあたって，編集顧問，編集幹事，編集委員各位のご尽力なくしては一歩たりとも踏み出せなかった．何より，執筆者のお一人お一人が充実した内容の原稿をお寄せくださった．丸善出版の堀内洋平氏と松平彩子氏には本事典の企画に導いていただき，安部詩子氏と山口葉月氏には生みの苦しみを共にしていただいた．末筆ながら，ここに記して，改めて衷心より御礼申し上げたい．

　2024 年 9 月

　　　　　　　　　　　　　　　編集委員長　　棚　橋　　　訓

編集委員一覧

執筆者一覧 （五十音順）

赤 嶺　　淳	一橋大学	大 竹　　碧	京都大学大学院人間・環境学研究科博士後期課程
秋 道 智 彌	山梨県立富士山世界遺産センター	大津留 香 織	台南應用科技大学
浅 井 優 一	東京農工大学	大 野 政 義	アジア開発銀行
浅 沼 正 和	ビショップ博物館	大 林 純 子	岡山大学
天 野 史 郎	元 国際協力機構 国際協力専門員	小 柏 葉 子	広島大学
飯 嶋 秀 治	九州大学	小 川 和 美	日本ナウル協会 CKO
飯 田 晶 子	東京大学特任講師	尾 崎 正 峰	一橋大学名誉教授
飯 田 裕 子	写真家	小 谷 真 吾	千葉大学
飯 髙 伸 五	高知県立大学	小 野 林太郎	国立民族学博物館
石 村　　智	東京文化財研究所	風 間 計 博	京都大学
石 森 大 知	法政大学	柏 野 祐 二	水産大学校
一 谷 智 子	西南学院大学	春 日 直 樹	一橋大学名誉教授
一 盛 和 世	長崎大学客員教授	片 岡　　修	上智大学客員教授
一 色 真理子	アルバート・アインシュタイン医科大学	片 山 一 道	京都大学名誉教授
伊 藤 泰 信	北陸先端科学技術大学院大学（JAIST）	茅 根　　創	東京大学
稲 岡　　司	佐賀大学名誉教授	柄木田 康 之	宇都宮大学名誉教授
今 泉 裕美子	法政大学	河 合　　渓	鹿児島大学
今 村 圭 介	東京海洋大学	河 合 洋 尚	東京都立大学
岩 本 洋 光	日本オセアニア学会	川 崎 和 也	静岡大学
印 東 道 子	国立民族学博物館名誉教授	河 野 正 治	東京都立大学
内 田 正 洋	海洋ジャーナリスト	川 本 太 郎	住吉漁業株式会社
梅 﨑 昌 裕	東京大学	菊 澤 律 子	国立民族学博物館
江 戸 淳 子	元 杏林大学教授	北 原 卓 也	早稲田大学
遠 藤　　央	京都文教大学	木 村　　淳	東海大学
大 島 崇 彰	東京都立大学大学院人文科学研究科博士後期課程	窪 田 幸 子	芦屋大学学長
		倉 田　　誠	東京医科大学
		倉 光 ミナ子	お茶の水女子大学

栗　田　博　之	東京外国語大学名誉教授	住　田　翔　子	立命館大学
栗　田　靖　之	国立民族学博物館名誉教授	諏　訪　淳一郎	弘前大学
栗　田　梨津子	神奈川大学	畝　川　憲　之	近畿大学
黒　崎　岳　大	東海大学	関　根　久　雄	筑波大学
桑　原　牧　子	金城学院大学	千　家　愛　子	トゥルク大学非常勤講師
慶　野　結　香	青森公立大学国際芸術センター青森（ACAC）	臺　　浩　亮	東京都市大学
合　田　昌　史	京都大学名誉教授	ダイヤー,マイケル·P.	ミスティック・シーポート・ミュージアム
小　杉　　世	大阪大学	武　田　真理子	東北公益文科大学
後　藤　　明	南山大学人類学研究所特任研究員	竹　峰　誠一郎	明星大学
小　西　潤　子	沖縄県立芸術大学	田　所　聖　志	東洋大学
小　西　祥　子	東京大学	棚　橋　　訓	お茶の水女子大学
小　林　　泉	大阪学院大学	玉　井　哲　也	元 農林水産省
小　林　　誠	東京経済大学	田　村　恵　子	オーストラリア国立大学
紺　屋　あかり	明治学院大学	丹　野　　勲	神奈川大学
坂　野　　徹	日本大学	千　田　俊太郎	京都大学
坂　本　　勇	元 ジャカルタ特別州立テキスタイル博物館特別研究員	塚　原　高　広	名寄市立大学
佐　藤　大　作	摂南大学	津　田　博　司	筑波大学
里　見　龍　樹	早稲田大学	角　田　太　作	国立国語研究所名誉教授
佐　野　文　哉	NIHU 人間文化研究創発センター研究員	土　井　冬　樹	天理大学
佐　本　英　規	筑波大学	ドボルザーク,グレッグ	早稲田大学
澤　田　真　一	弘前大学	内　藤　曉　子	武蔵大学
四　條　真　也	関東学院大学	中　　伊津美	東京大学特任助教
清　水　善　和	駒澤大学名誉教授	長　岡　拓　也	NPO 法人パシフィカ・ルネサンス
白　川　千　尋	大阪大学	中　澤　　港	神戸大学
城　田　　愛	日本文化人類学会	長　島　怜　央	東京成徳大学
新　本　万里子	広島市立大学客員研究員	長　友　　淳	関西学院大学
杉　田　　洋	東京学芸大学名誉教授	中　野　不二男	ノンフィクション作家
杉　田　弘　也	神奈川大学	中　原　聖　乃	金沢星稜大学
須　田　一　弘	北海学園大学	中　村　純　子	横浜商科大学
須　藤　健　一	国立民族学博物館名誉教授	中　村　修　子	慶應義塾大学非常勤講師
		夏　原　和　美	東邦大学

西　谷　真希子	ラ・トローブ大学	
西　野　亮　太	名城大学	
丹　羽　典　生	国立民族学博物館	
Neuenfeldt, Karl	インデペンデント・スカラー	
野　嶋　洋　子	アジア太平洋無形文化遺産研究センター	
芳　賀　達　也	太平洋協会事務局長	
橋　爪　太　作	大阪公立大学	
橋　本　和　也	京都文教大学名誉教授	
秦（南）玲　子	日本文化人類学会	
馬　場　　　淳	和光大学	
濱　田　摩　耶	外務省	
林　　　　徹	国際基督教大学非常勤講師	
林　　　未知也	国立環境研究所主任研究員	
林　　　靖　典	チャールズ・ダーウィン大学	
比　嘉　夏　子	合同会社メッシュワーク	
東　　　　裕	日本大学特任教授	
樋　口　浩　和	京都大学	
平　野　智佳子	国立民族学博物館	
深　川　宏　樹	神戸大学	
深　田　淳太郎	三重大学	
深　山　直　子	東京都立大学	
福　井　栄二郎	島根大学	
藤　井　真　一	国立民族学博物館	
藤　川　隆　男	大阪大学	
藤　田　和　彦	琉球大学	
藤原小百合アン	アンのハワイアンキルト	
古　川　敏　明	早稲田大学	

古　澤　拓　郎	京都大学	
本　郷　宙　軏	和歌山県立南紀熊野ジオパークセンター	
Matthews, Peter J.	国立民族学博物館	
松　本　博　之	奈良女子大学名誉教授	
丸　山　清　志	株式会社パスコ	
三　田　　　貴	京都産業大学	
宮　里　孝　生	野外民族博物館リトルワールド	
宮　澤　京　子	有限会社海工房	
門　田　　　修	有限会社海工房	
八百板　季　穂	岡山理科大学	
矢　口　祐　人	東京大学	
安　井　眞奈美	国際日本文化研究センター	
矢　野　涼　子	静岡大学	
山　内　太　郎	北海道大学	
山　口　　　徹	慶應義塾大学	
山　口　優　輔	京都大学大学院生	
山　中　速　人	関西学院大学名誉教授	
山野ケン陽次郎	熊本大学	
山　野　博　哉	国立環境研究所	
山　内　由理子	東京外国語大学	
山　本　宗　立	鹿児島大学	
山　本　　　卓	金沢大学	
山　本　真　鳥	法政大学名誉教授	
横　木　裕　宗	茨城大学	
吉　岡　政　徳	神戸大学名誉教授	
吉　村　健　司	東京大学特任研究員	
渡　辺　　　文	同志社大学	

＊所属，肩書は 2024 年 7 月現在

目　　　次

1. 総論―多様性の世界　[担当編集委員：棚橋 訓]

2. 自　然　[担当編集委員：山口 徹]

3. 言　葉　[担当編集委員：棚橋 訓]

4. 生業・技術・知識　［担当編集委員：古澤拓郎］

5. ヒト・健康・医療　［担当編集委員：梅﨑昌裕］

8. 大戦から自立へ　　[担当編集委員：黒崎岳大・風間計博]

9. 生活文化　　[担当編集委員：深山直子・石森大知]

10. アート・創造・メディア ［担当編集委員：窪田幸子・桑原牧子］

11. スポーツ・ゲーム ［担当編集委員：橋本和也・棚橋 訓］

12. 世界遺産・文化遺産・観光 ［担当編集委員：石村 智］

13. オセアニア世界と日本　［担当編集委員：飯高伸五］

付録. オセアニア諸国・地域総覧　［担当編集委員：黒崎岳大］

見出し語五十音索引

1

総論─多様性の世界

[担当編集委員：棚橋 訓]

概　　説

太平洋は地球の表面積の4分の1に相当するおよそ1億6525万km²を占め，そこには無数とも思えるほど多くの大小の島々が点在している．この太平洋上の島々とニュージーランドおよびオーストラリア大陸を加えた地域がオセアニアである．オセアニアの陸地総面積（およそ900万km²）の98%はオーストラリア大陸・ニュージーランド・ニューギニア島によって占められるが，残りの2%（およそ18万km²）は広大な海域に分布する2万5000以上の島々によって構成されている．それゆえ，オセアニアの文化は，地球上で最大規模を誇る自然の造形物である太平洋において，海抜数mほどのきわめて狭小なサンゴ礁上の島々から広大なオーストラリア大陸に至るまで，人々が実に多様な自然環境を生き抜くためにかたちづくってきた多様な営みを反映しているのだと捉えることができるだろう．

●ポリネシア，メラネシア，ミクロネシア　オーストラリア大陸を除くオセアニアの島々の世界はポリネシア，メラネシア，ミクロネシアという3地域に区分される．ポリネシアは赤道の南北にまたがるハワイ諸島，ニュージーランド（アオテアロア），イースター島（ラパ・ヌイ）を結ぶ広大な三角形で囲まれた中部太平洋地域，メラネシアは赤道とオーストラリア大陸にはさまれた西南太平洋地域，ミクロネシアは赤道をはさんでメラネシアと対称的な位置にある地域を指す．この区分は18世紀中頃〜19世紀前半のフランス人探検家たちの造語による外部世界からの命名である．ポリネシアはギリシャ語の「ポリ（多くの）」と「ネソス（島）」による造語で，「多くの島々」を意味する．同様に「メラス（黒い）」と「ネソス」からメラネシア（黒い［人の］島々）という語が，「ミクロス（小さい）」と「ネソス」からミクロネシア（小さな島々）という語が生み出された．

●歴史とともにみる　オーストラリア大陸やニューギニア島にはおよそ6万年前から居住が始まり，ポリネシアなど太平洋中央部の島々（リモート・オセアニア）への移動と居住はおよそ3300年前から始まったと考えられている．一方，オセアニアがヨーロッパ中心主義の世界歴史の舞台に登場したのは，スペイン人やポルトガル人の探検家たちが南北アメリカ大陸とアジア大陸の間にある大洋として太平洋を「発見」した16世紀のことだった．オセアニアはその後20世紀にかけて欧米・日本などによる植民地統治や委任統治の波にさらされた．総論の各項目では，多様性とともにこうした外部世界とのさまざまな歴史的な絡み合いの視点を交えて，オセアニアの言語・神話・社会・伝統・近代・移動・先住民を巡る知見について論じ，オセアニアの文化を俯瞰する手掛かりを示していく．

［棚橋　訓］

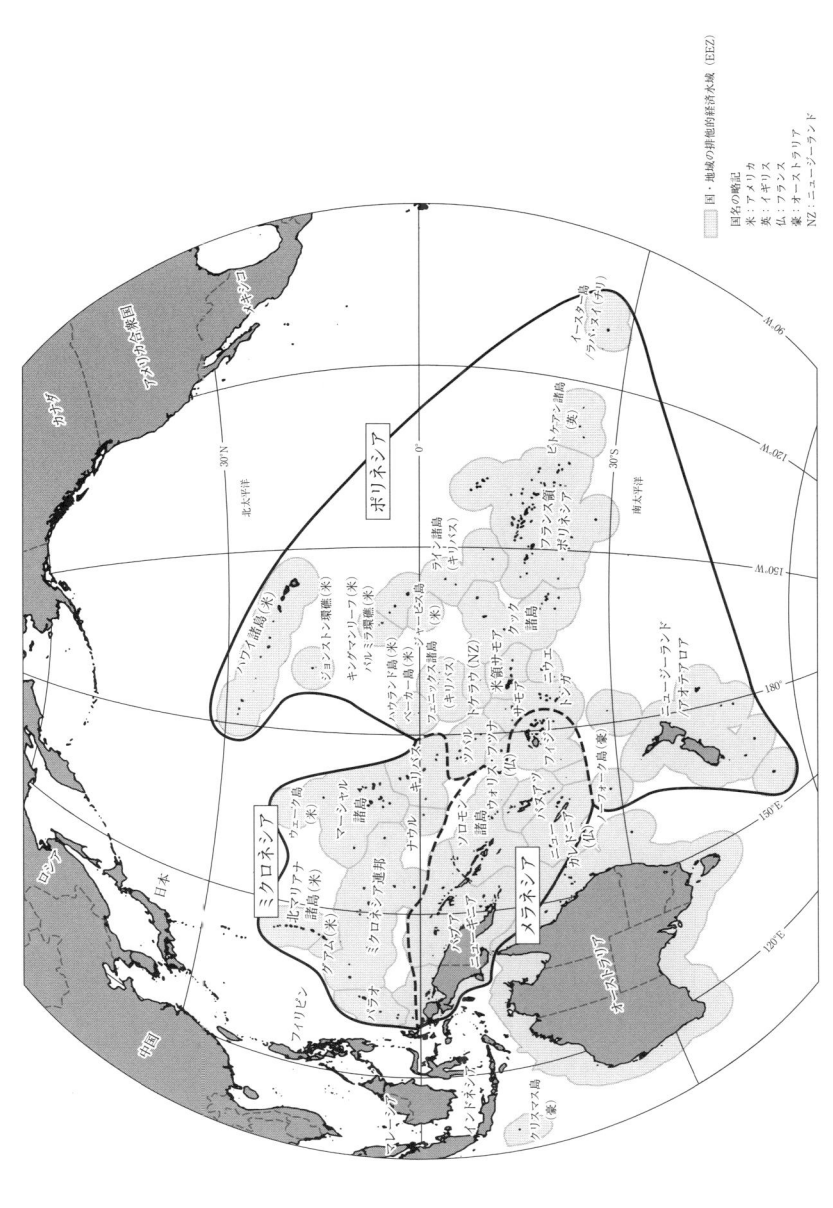

図1　オセアニアの地理的区分と国・地域　[出典：Jones, R. C. & Matsuda, M. K. eds. *The Cambridge History of the Pacific Ocean,* Vol. I, Cambridge University Press, p.xvi, 2023 に掲載の地図をもとに作成]

言語の多様性

◇◇

　現在オセアニアで話されている言語の数は 2500 を優に超える．これは，5 万年前に最初の人類が居住をはじめてから現在に至るまでに起こった人類の移動および交流史を反映する言語変化の産物である．そこでは，近隣地域の言語話者との交流に加え，植民地時代の旧宗主国や移民言語など，域内外の言語接触が大きな役割を果たしてきた．さらに他の地域同様，手話言語をはじめとするさまざまな視覚コミュニケーションも存在する．いずれもその一つひとつに，話者コミュニティの歴史や文化が反映されている．本項では，このようにオセアニア地域の多様性を反映して幅広い様相をみせる言語のあり方を概観する．この地域の言語を一括りにできるような特徴はない．したがって，興味のある言語があったら，オンラインの情報や文法書などを紐解いてみてほしい．

●**オセアニアの音声言語**　オセアニア在来の音声言語には，大きく二つの由来がある（☞「オーストロネシアンの移動」）．一つは 5〜6 万年に渡来した人類の言語から発達したと考えられるオーストラリアの約 400 の原住民言語（☞「オーストラリア原住民諸語」），パプアニューギニアの約 800 言語（☞「パプア諸語」），東南アジアのネグリトの言語などである．これらは発達史が長く，系統関係の特定が難しい．もう一つは，言語学的に系統関係が証明されている「オーストロネシア語族（Austronesian Language Family）」に属する約 1200 言語である．オーストロネシア語族は，系統関係に基づく分類であり，この語族を通して共通する類型論的な特徴はないことに，注意が必要である．言語の系統関係と考古学的な情報に基づき，オーストロネシア系の言語を話す人たちの祖先は，今から 5000 年前頃，台湾を発して太平洋全域に拡散したことがわかっている．現在のオセアニアではこれらに加え，英語やフランス語，ドイツ語，スペイン語や日本語などといった旧宗主国の言語や，各種中国語やヒンディー語に代表される移民言語も使われている．さらに，植民地時代には，プランテーションや漁船など，共通言語をもたない異なる言語話者が協働する場で，さまざまな言語の特徴が少しずつ混ざり，クレオールとよばれる新しい言語が発生した．このような言語は，バヌアツのビスラマ語（Bislama），パプアニューギニアのトクピシン語（Tokpisin），オーストラリアのトレス海峡クレオール（Torres Strait Creole），フィリピンのチャバカノ語（Chavacano），インドネシアのアンボン・マレー語（Ambonese Malay）など各地にみられる．なお，これらの言語名には「ピジン」という語が含まれるものも多いが，定義上はクレオールである（☞「ピジン言語」）．

●**オセアニアの視覚言語**　オセアニアの手話言語（Sign Language：SL）には，域

内で個別に発生したものと，域外から導入されたものに大別できる．前者の例と
しては，インドネシア・バリ島ベンカラ村のカタ・コロック語（Kata Kolok，もし
くはベンカラ手話 [Benkala SL]）があり，ろう聴問わず地域住民間の意思疎通に
使われている．後者には，アメリカ手話（American SL），オーズラン（AusLan，
オーストラリアの手話），オーストラレシア英語対応手話（Australasian Signed
English：ASE）などがあげられ，フィリピン手話（Filipino SL），ソロモン諸島手
話（Solomon Island SL），フィジー手話（Fiji SL，☞「フィジー手話」）などの発
達の基盤となった．手話言語の習得は，特別支援学校のような手話話者が集まる
場に負う面が大きい．ろう教育導入時には外来の手話言語が使われることが多
く，その言語が各地で独自の変化を経て地域共通手話が形成される．また，フィ
ジー手話がバヌアツの特別支援学校の場に持ち込まれつつある（矢野羽衣子，私
信）など，域内での継承も起こり得る．なお，聴覚をもたない成員が生まれると，
視覚を用いた新しいコミュニケーション方法が発生することがある．これを，言
語として完成した手話（sign language）と区別するために「サイン（sign）」とよ
ぶ．サインは動的に生まれたり消えたりすると考えられるが，オセアニアにおけ
る実態については今後の研究にまつ面が大きい．さらに言語体系とまではいかな
いが，視覚によるコミュニケーション体系としては，アーネムランドのヨルング
手話（Yolngu SL）などのオーストラリア原住民族が使用するサインがよく知ら
れており，特記に値する．これは，聴者の社会で発達した，狩りや喪中など，音
声を発することが許されない場面で使われる視覚システムで，その社会で使われ
る音声言語（ヨルング語，☞「ヨルング語」）とは異なる独立した体系になってい
る．

●言語の発達と話者の交流史　　言語は変化する．人の集団が分岐すると，それぞ
れで言語変化が始まる．分岐後時間が経つにつれ，最初はさほど目立たなかった
違いが徐々に大きくなり，やがて，もとは同じだった言語が互いに意思疎通が不
可能になるくらい異なった別言語になる．オセアニアの多数の在来言語はこのよ
うにして発達した．このプロセスは，他の言語との接触という外因により，さら
に複雑になる．オセアニアでは，海洋を街道とした文化交流が盛んであったこと
が知られており，そのことは現在の言語にも反映されている．例えば，フィジー
北部のロトゥーマ島で話されるロトゥーマ語（Rotuman）を分析すると，周辺の
さまざまな地域の言語から借用された語を特定することができ，その時々におけ
る外部との交流と島における文化形成の歴史を垣間見ることができる．図１では
どのような言語からどのような影響があったのかを，右上のオセアニア祖語から
左下の現在のロトゥーマ語の形成に至るまでの時間軸に沿うかたちで示してみ
た．例えば，13 世紀からは中核ポリネシア諸語（Nuclear Polynesian Language）
から航海術および造船技術に関する語彙が借用されたこと，また 19 世紀末以降

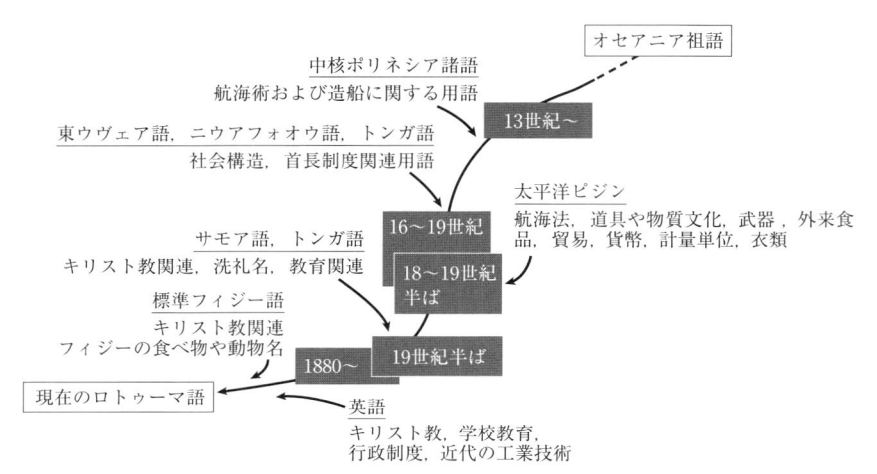

図1　現代ロトゥーマ語にみられる言語接触の歴史（文献 [1]，p.235）

には，学校教育制度の導入に伴い，英語から多くの語彙が入ったことがわかる．

　同じ言語が話される域内の各地域でそれぞれに言語が変化すると方言が発達する．オセアニアの言語にも地域方言があるものが多く，例えば，フィジー語の場合には，約 300 の地域方言が区別できるとされている（文献 [2]）．

●**滅びゆく言語と言語復興運動**　複数言語が併用されている社会では，社会的・経済的に不利な言語が消失することが珍しくない．ここには，標準語と地域方言の複数方言併用の場合も含まれ，地域方言が標準語や公用語などの影響を受けて消失する例も含まれる．言語の消失は，そこに蓄積されてきた文化と知識の消失であり，ひとたび失われてしまうと，記録がない限り，回復することは不可能である．また記録がある場合でも，言語の復興は一般的に，ものづくりや音楽などの文化活動と比べて難易度が高い．複数の人間が復興の対象となる言語を，外国語として一から身につけ，使い続けることができるレベルにまで到達する必要があり，継承者側の意思だけでは実現が難しいためである．

　成功例として知られるハワイ語の復興の場合には，ハワイ語で教育が受けられる機関を幼稚園からスタートさせ，卒園・卒業に合わせて小学校，中学校を設立し，修士課程まで修了させられる仕組みを長期間にわたって完成させた．このことは，対象言語を「教える場」というよりも，日常的かつ持続的に「使う場」をつくったという見方ができる．失われてしまった語や時事語彙については，ハワイ大学の言語学者が現存するほかのポリネシア言語のデータに基づき「ハワイ語はこうなっているはずである」というかたちを再現して提供したため，専門家の間では，復興したハワイ語を（愛着をこめて）「ハワイ大学方言（UH Dialect）」と

よぶこともある．社会に文化復興の気概があり，ハワイ語を法的に州の公用語の一つと位置づけたことなど，さまざまな要素が組み合わさっての成果であった．この結果，一時は 2000 人を切っていたハワイ語の話者数は，2000 年には 2 万人を超えたとされる．ここで重要なのは数ではなく，若手話者の存在であることに注意が必要である．2 万人の話者すべてが高齢者であったなら時間が経つにつれ言語が消滅することに変わりはない．この成功例のもう一つの重要な点として，生徒たちがハワイ語で学校教育を受けても，ハワイ語の単言語話者ではなく英語とのバイリンガルに育っていることが指摘できる．このことは，ハワイ語学校で教育を受ける個人が社会的・経済的に不利にはならなかったという意味で重要である．

●**言語の未来**　オセアニアの言語は，その数に比して研究者の数が圧倒的に少ない．その一方で少数言語は，加速度を増して記録されることなく消失している…というのが現時点での実態だが，本項は，各地の言語事情の変化と進化中の AI（人工知能）を掛け合わせた，あり得る言語の未来について述べてみたい．携帯電話の普及に伴う SNS の利用は，筆者がはじめて現地調査に出た 30 余年前には存在しなかった．現在では，離島などでも，話者たちが，自分たちが話すコトバを文字で書き，やりとりし始めている．一方，AI 側では，大規模データに基づき翻訳機能を自力で装備できるようになってきている．言語学者だけが「書く人」であった時代，機械翻訳の実現に文法分析と辞書が，通訳には二つの言語を同等に扱える人が必要だった時代から，人間が手をかけずとも AI がこれらを担う時代になりつつある．話者たちの SNS 発信をデータとし，AI がすべての言語翻訳できるようになってきているということだ．それが実現すれば，すべての人が自分の言語をそのまま使い続けながら外の世界とつながることができるようになる．そして言語はそれぞれが各地の生活の中で温存され，あるべき変化を続けることになる．言語学者としてはその日がくるまで，現在使われている多様な言語がどうぞ失われずに継承されますように，と祈っている．　　　　　　　　［菊澤律子］

📖 **参考文献**
[1] Schmidt, H., "Loanword Strata in Rotuman," In Andersen, H. ed., *Language Contacts in Prehistory: Studies in Stratigraphy*, John Benjamins Publishing, pp.201-240, 2003.
[2] Geraghty, P. A., "Indigenous Languages of Fiji: An Overview," In Kikusawa, R. & Sano, F. eds., *Fijian Languages, Cultures, and Their Representation*, National Museum of Ethnology, pp.9-24, 2022.

オーストラリア原住民諸語

〰〰〰〰〰〰〰〰〰〰〰〰〰〰〰〰〰〰〰〰〰〰〰〰〰〰〰〰〰〰〰

　以下で述べる人たちを英語では Australian Aborigines（直訳：オーストラリア原住民）または Aborigines（直訳：原住民）とよんでいる．しかし，これらのよび方を好まない人たちがいる．差別の含みがあると感じるのである．筆者が知っている人たちの中には，Aboriginal Australians（直訳：原住オーストラリア人）とよんで欲しいという人たちがいる．以下では，「原住オーストラリア人」という言葉を使う．この人たちの言語を言語学では Australian Aboriginal languages（直訳：オーストラリア原住民諸語）とよぶ．筆者が知っている人たちはこの表現は問題ないと思っている．差別の含みがあるとは思わないようだ．本項では「オーストラリア原住民諸語」という言葉を用いる．

●歴史と現状　原住オーストラリア人は今から少なくとも 6 万 5000 年前にはオーストラリアにいたといわれる．その後，長い間，外の世界との接触はほとんどなかったが，1788 年にイギリスがオーストラリアの植民地化を始めた．原住オーストラリア人は土地を奪われ，また，殺戮や病気などで人口が激減した．

　1788 年には約 250 の言語があったといわれる．しかし，その後，言語は衰退し，あるいは，消滅した．今日，日常生活で使っている言語は 13 しかないといわれる．オーストラリアでの言語消滅は世界でも最も悲惨な言語消滅の一つである．現在，大陸の各地で，言語を保持しようという運動や，消滅してしまった言語を復活しようという運動が起こっている（☞「ワロゴ語」）．

　また社会的地位を向上しようとする運動も起こっている．奪われた土地を取り返そうという運動も起こっている．奪われた土地（少なくともその一部）を取り返した人たちもいる．

　しかし，言語保持・復活運動，社会的地位向上運動，土地回復運動にはさまざまな障害がある．原住オーストラリア人が望むような成果を達成することは大変困難である．

●言語の特徴　音韻，文法，語彙と名付けの例を挙げる．

　（a）音韻　（a-1）母音．日本語では（例えば，東京方言などで），/a, i, u, e, o/ の五つの母音を区別する．オーストラリア原住民諸語の多くでは，三つの母音を区別する．これらの三つの母音を /a, i, u/ で書く言語学者が多い．大陸西北部のジャル語の例を挙げる．/i/ は [i] に聞こえる語もあり，[e] に聞こえる語もあり，[i] と [e] の中間の音に聞こえる語もある．すなわち，[i] と [e] を区別しない．例えば，gali「（男から見て）姉妹の子」の /i/ は [e] に聞こえる．[i] と発音しても正しいであろう．/u/ は多くの場合 [o] に聞こえる．例は（a-2）に挙

げる.

(a-2) 子音　日本語では無声音 /p, t, k/ などと有声音 /b, d, g/ などを区別する. オーストラリア原住民諸語の多くでは, この区別をしない. 表記には, /p, t, k/ などを使う言語学者もいるし, /b, d, g/ などを使う言語学者もいる. ジャル語には /b, d, g/ などを使っている. /t/ と /d/ を区別しない例を挙げる. *yudu*「マーガレット川」は [yoto] に聞こえる (すなわち, /u/ が [o] に聞こえる). しかし, [yodo] と発音しても間違いではない. 意味は通じるであろう. /k/ と /g/ を区別しない例を挙げる. *gali*「(男から見て) 姉妹の子」は [kale] に聞こえる. しかし, [gale] と発音しても間違いではない. 意味は通じるであろう. ここまで見ると, オーストラリア原住民諸語の音韻は (例えば, 日本語と比べて) 単純に見えるかもしれない. しかし, そうではない. 日本人の多くは, 英語を習ったときに, l と r の区別に苦労したであろう. この点では, オーストラリア原住民諸語はより一層難しい. まず, l と r の音の区別がある. これだけではない. 例えば, ジャル語では二つの r の音を区別する. /rr/ と /r/ で書く. /rr/ は日本語のラ行の音に似ている. /r/ は私たちが学校で習う英語の r の音に似ている. /rr/ と /r/ の区別の例を挙げる. *garra*「このように (副詞)」と *gara*「塩」. さらに, ジャル語では三つの l の音を区別する. /l/ と /ly/ と /rl/ で書く. /l/ は英語の /l/ とほぼ同じである. /ly/ は, 舌の位置をニャ [nya] の位置に置いて, [l] を発音する. /rl/ は, 舌先を歯茎よりも後ろに巻き上げて, [l] を発音する (このような音をそり舌音とよぶ). 例を挙げる. *gula*「できない (副詞)」, *gulyarri*「若い男の子」, *gurlarra*「南へ (副詞)」. 二つの r の音と三つの l の音を区別して発音することと聞き分けることは調査の際に大変困難であった.

(b) 文法　**(b-1) 代名詞.** 英語の代名詞は三つの人称と二つの数を区別する. 1 人称：I (単数), we (複数). 2 人称：you (単数, 複数). 3 人称：he, she, it (単数), they (複数). オーストラリア原住民諸語の多くは, 三つの人称を区別する. さらに, 数は二つではなく三つ, 区別する. 単数 (1 人), 両数 (2 人), 複数 (3 人以上) である. さらに, ジャル語などでは, 1 人称の両数と複数においては, 聞き手を含むかどうかの区別がある. ジャル語の代名詞は以下のとおりである. *ngaju*「1 人称単数」, *ngali*「1 人称両数, 聞き手を含む (私とあなた)」, *ngajarra*「1 人称両数, 聞き手を含まない (私と誰か他の人)」, *ngaliba*「1 人称複数, 聞き手を含む (私 (たち) とあなた (たち))」, *nganamba*「1 人称複数, 聞き手を含まない (私 (たち) と誰か他の人 (たち))」. *nyundu*「2 人称単数」. *nyunbula*「2 人称両数」. *nyurraa*「2 人称複数」. *nyandu*「3 人称単数」. *nyanbula*「3 人称両数」. 3 人称複数は 3 人称単数 *nyandu* と同じである (/ng/ は英語の sing の ng と同じ音である. /j/ は日本語のジャ行の子音と同じである).

(b-2) 能格性　オーストラリア原住民諸語の多くには能格性とよばれる現象が

ある．日本語と比べてみよう．
　日本語
　（1）男が　　　　　カンガルーを　　　見る．
　　　　主格　　　　　　　　　　対格
　　　　他動詞主語　目的語
　（2）男が　　　　座る．
　　　　主格
　　　　自動詞主語
　ジャル語
　（3）*mawun-du*　*jaji-Ø*　　　　　　*nyang-an.*
　　　　男–能格　　　カンガルー–絶対格　　見る–現在
　　　　他動詞主語　目的語
　　　　「男がカンガルーを見る．」
　（4）*mawun-Ø*　　*nyinang-an.*
　　　　男–絶対格　　座る–現在
　　　　自動詞主語
　　　　「男が座る．」
　日本語では，他動詞主語と自動詞主語を同じ形（「が」）で表し，目的語を別の形（「を」）で表す．他動詞主語と自動詞主語を表す形を主格とよび，目的語を表す形を対格とよぶ．ジャル語では目的語と自動詞主語を同じ形（-Ø ゼロ）で表し，他動詞主語を別の形で表す．目的語と自動詞主語を表す形を絶対格とよび，他動詞主語を表す形を能格とよぶ（能格を表す形は先行する音によって異なる．(3) の *mawun-du* のように，先行する音が n の場合は，能格を表す形は-du である）．違いは以下のように表せる．
　日本語
　（5）他動詞主語　　＝　　自動詞主語　　≠　目的語
　　　　主格　　　　　　　　主格　　　　　　対格
　ジャル語
　（6）他動詞主語　　≠　　自動詞主語　　＝　目的語
　　　　能格　　　　　　　絶対格　　　　　絶対格
　他動詞主語と自動詞主語を一緒に扱い，目的語を別に扱う現象を対格性とよぶ．自動詞主語と目的語を一緒に扱い，他動詞主語を別に扱う現象を能格性とよぶ．
　（c）語彙　（c-1）オーストラリア原住民諸語の多くには，食べ物を表す1語はない．動物性タンパク質の食べ物を表す語と植物性の食べ物を表す語が別にある．ジャル語では，*guyu* という語が，伝統社会ではカンガルーや魚などの肉など

を表した．現在の生活では牛肉なども表す．*mangarri* という語が，伝統社会では木の実や蜂蜜などを表した．現在の生活ではパンなども表す．動物性タンパク質の食べ物を表す語と植物性の食べ物を表す語が別にあるということは，両方をバランス良く食べるようにという，生活の知恵かもしれない．

　（c-2）親族語彙も日本語と大分違う．ジャル語の例を挙げる．*ngawiyi* は「父，父の兄，父の弟」を表す．この場合，男の兄弟を区別しない．*ngamayi* は「母，母の姉，母の妹」を表す．この場合，姉妹を区別しない．*mugul* は「父の姉，父の妹」を表す．*ngamirni* は「母の兄，母の弟」を表す．「おじ」を表す 1 語はない．「おじ」は，*ngawiyi* は「父の兄，父の弟」と *ngamirni* は「母の兄，母の弟」である．「おば」を表す 1 語はない．「おば」は，*ngamayi*「母の姉，母の妹」と *mugul*「父の姉，父の妹」である．親族語彙は社会における習慣を反映している可能性がある．例えば，ジャル語では *ngamayi* が「母，母の姉，母の妹」を表すことを見た．ある女性が亡くなったら，その女性の姉または妹が，その女性の子どもの世話をするということを聞いたことがある．また，このような例を（まったく同じではないが）見たことがある．

　（d）名付け　個人の名前を付ける方法はいくつかある．ただし，伝統社会では個人の名前は簡単には他人に教えない習慣もあったようだ．本項では，差し支えのない範囲で書く．方法 1．名前を神話から取る方法．例を一つ挙げる．大陸東北部のワロゴの人に Wambinu（Wambino とも書く）という名前の人がいた．この名前は大鰻に関する神話の人物の名前を用いた．方法 2．その人の魂の出所に基づいて名前を付ける方法．具体的な名前を書くことは差し控えて，日本語を用いて説明する．仮に，ある人の魂が富士山から来たとしよう．その人が男だったら，「富士男」と名付け，その人が女だったら「富士子」と名付けるような方法である．ジャル語では，男だったらその地名に接尾辞 *-yarri* を付けて，女だったらその地名に接尾辞 *-ngali* または *-ngarri* を付ける．

●多言語使用　伝統社会では，1 人の人が二つ以上の言語を話せるのが普通であったようだ．例を挙げる．角田太作は 1970 年代に大陸西北部のジャル語を調査した．西北の隣に，ギジャ語という言語がある．印象では，ジャル語とギジャ語は英語とロシア語くらい違う．しかし，ジャル語の話者で，ギジャ語も話せる人が複数いた．たぶん，子どもの頃から，ギジャ語も聞いて，あるいは話して，育ったのであろう．

図 1　ワロゴ語復活運動参加者と角田太作［2011 年 9 月クイーンズランド州タウンズビルにて角田三枝撮影］

　　　　　　　　　［角田太作・千家愛子］

神　話

文化や言語からオセアニア世界はオーストラリアのアボリジニ，ニューギニア島のパプア系集団，そしてメラネシア，ポリネシア，ミクロネシアに展開するオーストロネシア系集団の三つに大別される．

●**オーストラリア**　オーストラリア大陸は数万年前，ホモ・サピエンス集団によって東南アジア方面（おそらく氷河期にできた巨大大陸スンダランド）から居住されて以来，比較的孤立し，独特のアボリジニ文化が成立した．アボリジニは砂漠を中心に狩猟採集の生活を行っている点が他のオセアニア集団と異なる．

大陸中央部から南東部にかけては「夢のとき」と表現される古代に，精霊たちが地上を歩き回ってさまざまな地形と生命を誕生させたと語られる．最後に精霊は岩などの自然物に変化し，子孫を見守る存在となった．この精霊たちは地上の動植物や人間を創造したわけではなく，かつて地上に住み，秩序立てた後，天に昇り人間には無関心な神（M. エリアーデのいう有閑神）となる．この特徴は人類古層の神話（ゴンドワナ型神話説）として他地域にもみられる．大陸中央部では飛べない鳥エミューを天の川の暗黒部分にみえるとする．

大陸北部では，虹ヘビとよばれる精霊は文化英雄的な役割をもつ．アボリジニの芸術は骨や内蔵を表現した X 線型絵画をはじめ，岩や地面あるいは樹皮などに描かれたカラフルな表現が特徴的であるが，それらは精霊の活動を表現することで，現在の秩序を説明するという役割をもっている．

●**メラネシア**　メラネシアには，ニューギニア本島内陸部を中心に，先住のパプア系（非オーストロネシア系）住民と，本島海岸部や島嶼部にかけては，後来のオーストロネシア系集団が居住する．両集団は長い年月の中で交流し宗教観念や神話にも重複がみられる．

「ネシア」世界に共通にみられる宗教観念の根本は霊的な力（霊威＝マナ）の観念である．霊威自体は善でも悪でもなく，使い方によって益にも危険にもなる力である．人であれ人工物であれ，マナの強い存在には触れたり，近づいたり，あるいは見たりしてはいけない．これが「タブー」の概念となる．逆に豊かな実りや戦争の勝利は王や神官あるいは戦士がもっている強いマナの証明となる．

メラネシアの宗教観念として首狩り風習や頭骨崇拝があげられる．ヘビや人食いブタと表現される原初の巨人が殺されて，そこから作物や文化が生じるという死体化成（ハイヌウェレ）型神話が広く知られるが，それは同時に首狩りやブタの供義の起源とされる．また割れ太鼓の音は人食い巨人の声を象徴し，一連の儀礼は人間の誕生から成長を意味するイニシエーションでもある．これに伴い秘技を伝え

る秘密結社，そして霊的存在の具現化を意味する仮面が特に母系社会に発達する.

　メラネシアでは霊威の強い人物の頭骨は村の祠に祀られ，子孫が語りかけ，お告げを伺う. また沖の島や村の背後の森などに死者の国が想定され，そこでは死者は生者と同じような生活をする. 死者が出たときに親族が貝貨やブタを十分供えないと，魂の国に入れてもらえず，霊は彷徨ってしまう. フィジーでは首長が死んだとき，妻も後を追うべしという殉教の観念がみられる. さらにビスマルク諸島やソロモン諸島には，死後の世界から妻の魂を連れ帰るのに失敗した男の神話が見つかるが，記紀神話のイザナキ・イザナミの黄泉の国譚と類似を示している.

　メラネシアでは，宇宙創世神話は未発達で宇宙はすでに存在したという前提から語る. 例えば，大地の果実が労働なしで育っていた頃，文化英雄や精霊が人間，ブタ，動物，木々をつくったといわれる. 作物の起源には死体化成型のモチーフが一般的で，死んで作物を生ずる動物の典型はヘビであるが一部鰐（わに）などもみられる. その話はさらに異類婚と相まって氏族の起源神話や，祭り，踊り，太鼓などの起源と関連して語られることが多い. 仲の悪い兄弟，食人鬼，魔女あるいは悪霊が活躍する呪術的世界もメラネシア神話の特徴である.

　また土中の穴から出現した祖先の話が多い. 例えば母系制をとるトロブリアンド諸島では，最初の女性の先祖が村の近くにある大地の穴から出てきたとされる. また死体化成型神話と同様，脱皮型の神話が多いのも東南アジア古層民，さらに南米のアマゾン低地の神話にも類似し，これらの類似を積極的に「メラゾニア型神話」として人類の古層の形態とする研究者もいる.

●**ポリネシア**　　動物霊ないし文化英雄が中心であるメラネシアの神話世界に対して，ポリネシアでは人格神が発達する. 首長の他に神官，戦士，職人，語り部など専門的な役割も発達するが多くの神々が一種のパンテオンを形成する. 神話では社会階層化を反映して神々の間や魂の赴く場所にも序列がある. 首長の起源に連なる神話も専門的な集団によって語り継がれ，あるいは王族に連なる系譜などが整理され神話として洗練されていった.

　創世神のタンガロア，豊饒の神タネ，最初の人間ティキ，女神ヒナ，さらにトゥやロンゴといった生産などを司る神々に加え，マウイのような文化英雄も広いポリネシアにほぼ共通に見つかる. また祖先や魂の国，あるいは根元的な世界としてハワイキの思想（祖先や生命，作物の実りが来る神話の国）が広く見出せる.

　創世神話については原初的な存在から世界の要素が生まれ出る進化型と，神々が天地をつくる創造型の創世神話の二つが区別されてきた. 進化型と創造型神話は分布が若干異なるものの，多くの島々で何らかの混合がみられる. 最初に居住されたトンガでは男性原理リムと女性原理ケレの結合から世界が誕生する. リムとは海藻を意味し，ケレは海底の堆積物を表す. 原初的なポリネシアの創世神話のイメージは「海からの生命」であり，それがサモアなどの「原初海の岩」，日本

神話の「オノロゴジマ」に連なる．サモアやトンガでは，その「原古の岩」から雲や風が発生したのが世界の誕生で，その後タンガロアが創造神として活躍する．サモアでは雲が空と結ばれてタンガロアを産む．島の起源としてはタンガロアあるいはマウイ神が釣針で島々を海底から釣り上げたという島釣り神話が特徴的である．サモアではタンガロアは天から原初に海にできた島に鳥を遣わして植物を植えさせると，そこから蛆がわき，やがて動物や人間が生まれてくる．タヒチではタンガロアは最初貝殻ないしココヤシの殻の中で瞑想していたが，やがて意識の芽生えとともに殻（天）を持ち上げて世界を創造する．

東部ポリネシアでは「原初の岩」から，女性原理パパが大地を象徴とするように変化した．マオリの間では女性原理に対応する男性原理，天空神ランギの信仰が発生した．男性原理に空を表すマオリ語のランギと同族語を使っている島々はなく，むしろ東部ポリネシアに一般的なのはアテア，タヒチ語の男性原理アアテア（大気などを意味する）と同族語である．

ハワイやニュージーランド・マオリなど一部の東部ポリネシアの島々では，無から次第に宇宙が形成され，やがて神々，王族，さらに人間が生まれてくる過程を数千行のチャントにして，秘伝として伝えられた．このような創世神話は「進化型」とされ，トンガやサモアなど西部ポリネシアの「創造型」神話と対比される．この2者は異なった文化層に伴うという仮説も提唱された．進化型と創造型の結合は日本の記紀神話にもみられるといわれたことがある．しかし主要なポリネシア地域では，この2者が多かれ少なかれ混在し，神話を語る専門的な学者集団の特定の学派により分かれる可能性もある．

このような高度な抽象的な思考をみせるポリネシア人たちは，他のオセアニアの住民とは異なって，遠方の文明世界から到来した集団であると考えられてきたが，言語学や考古学の証拠では支持できない．しかし均質といわれるポリネシア文化の中で，確かに変異はみられるし，その創世神話には近隣のメラネシアではなく，インドネシアに直結する側面も見逃せない．したがって複雑な文化史の可能性を考える余地を残しておくべきである．

ポリネシア全般でマウイ神は島釣り，太陽捕獲，火の獲得などを行った文化英雄と語られる．女神ヒナも島によってマウイの母，あるいは妻として広く語られる．ポリネシア人はヒナがタパ(樹皮布)を打つ姿を月に見出した．ポリネシア人は文身（イレズミ）が身分を示す重要なシンボルでありそれは冥界からもたらされたとする．

ポリネシア神話の特徴としてカヌーに乗って海を渡ってきた移住を導いた航海英雄の神話が数多く知られている．ニュージーランド・マオリではそれぞれの部族が起源伝承で1隻のカヌーに系譜を遡るという具合に集団の象徴性と密接に関連する．航海英雄は大航海に出るため新型のダブルカヌーを発明し，その甲板上に小屋をつくり，家族や家畜，作物などを積んで船出する．一部聖書のノアの話

を想起させるが，事実ポリネシア人は小屋をつくったカヌーで家畜や作物を運んで移住したのであるから，事実を神話化した部分もあると思われる．

　タヒチでは月の女神ヒナは航海英雄ラタの姉であった．ヒナはラタと航海中，ある島にとどまりパンの木からタパ（樹皮布），白いタパをつくった．そしてある満月の夜，ヒナは一人で月にカヌーで航海していった．月につくと，彼女はカヌーを流してしまい，月にとどまり，夜，航海者を見守る守護神となった．

●**ミクロネシア**　ミクロネシア文化は多様性が高く，フィリピンやインドネシアといった東南アジアから，あるいはメラネシアおよびポリネシアからの影響を島ごとに受けてきたという複雑な歴史に由来する．首長と平民といった階層化がみられるが，信仰の中心は神話上の神々よりも祖先や文化英雄といった存在である．

　創世神話に関してはマリアナ諸島やパラオでは死体化成型的な盤古型の神話がある．マリアナでは神が死ぬとき，胸と肩から天と地，両目から太陽，眉毛から虹，その他の肢体から他の事物をつくるように妹に命じた．パラオでは女神の出産によって世界が生み出され，男神と女神が波に洗われる岩から生まれて宇宙を分割統治し，すべての生命の源となったとする．カロリン諸島では女神ないし男神が天から土を投げて原初海洋の中に陸をつくり，天から樹木をもって植えたという西部ポリネシアに似た創世神話がある．マーシャル諸島には原初海洋の中で創造神が暗礁，砂州，植物そして鳥の出現を命じる話がある．ギルバート諸島では創造神ナレウアが天を持ち上げるという天地分離型神話，キリバスやナウルには創造神の蜘蛛の神話がある．リキとよばれる蝶ないし虫が空を持ち上げ，次に蜘蛛の兄が砂と水が交わるように命じて，それから蛸，ウツボ，弟の蜘蛛などが現れる．疲労困憊したリキは力つき死んで地面に落ちる．バラバラになった体が天の川になった．

　カロリン諸島ではポリネシアのマウイ譚のような兄弟の争い，またパラオには海幸山幸型の釣針喪失神話がある．ミクロネシアは今日まで航海術が維持されてきた地域だが，その中心地カロリン諸島やマーシャル諸島では仲の悪い兄弟の話から航海術の起源が語られる．首長制の発達したポーンペイ島では巨石遺跡ナンマトルの起源にまつわる航海英雄の話が伝わる．またカロリン諸島では南方にアウルないしヤウルとよばれる幸福の土地が存在するという観念があり，そこから毎年パンの実が到来するとされる．その時期は雨季の始まりであり，天の川がほぼ南北に走るのが，見える．このような海彼源郷の思想はポリネシアのハワイキ，沖縄のニライカナイ，日本の常世と比較すべきであろう．

　またカロリン諸島では主食であるパンの実は天の川を通って南から伝えられたと語られるが，航海術の発達したミクロネシア独特の天体に関する神話であろう．ヤップ島ではテリウとよばれる聖地が今でも語り継がれる．その起源とされる女神には七人の子どもたちがいて，七つの神聖なテリウである．そのモデルはプレアデス星団であり，伝統的な暦との関連が考えられる．　　　　　　　　　［後藤　明］

社会のかたち

　オセアニアの元来の住人は，6万年前に東南アジアから移動定着したオースト
ラリア・アボリジニやニューギニア高地民と3300年前頃に台湾などから島嶼部
へと渡海拡散した人々の子孫である．これら2波の移住拡散により，人々は異な
る環境に適応して社会を編成してきたがそのかたちは実に多様である．ここでは
伝統的な集団構成の仕組みと政治的リーダーの姿を「社会のかたち」として述べ
ることにする．

●ビッグマン社会　メラネシアでは，小規模な村落が孤立・分散する傾向が強く，
父系や母系などの出自に基づいて親族集団を編成するが，非血縁者も集団に迎え
いれる柔軟な構造を特徴とする．伝統的な政治的リーダーは，「抜きんでた人」で
ビッグマンといわれる指導者の場合が多い．ビッグマンを目指す男性は勤勉に働
き，複数の妻をめとり，また親族や姻族の協力を得て食料，ブタ，貝貨などの財
を蓄積する．その貴重財を儀礼や祭宴の場で人々に提供し，また若者の婚資や他
人の借財を肩代わりする．彼はこの種の寛大な施しによって相手に負債感を負わ
せ，超自然的な力を発揮して威信を高め，相手を説きふせ手下にする．つまり，
ビッグマンは生得的な出自ではなくみずからの経済手腕を発揮し，集積した富を
人に分け与え，従者として取りこんで党派をつくるのである．

　ニューギニアのメルパやエンガのビッグマンは，モカやテーとよばれる他村と
の儀礼交換において，食料を相手に贈与してより多くの財（ブタ）を手に入れて
交換に勝利すると，彼の名声は村落を超えてひろまり，多くの交換パートナーを
得ることができる．儀礼交換では村や身内を犠牲にしてでも財を集め，それを従
者・手下に与え続けなければならない．この活動ができなくなり，人々の不平不
満や反発が強まればビッグマンとしての地位を失う．他方，バルヤ社会では，富
の操作ではなく超自然的な力を重視し，「偉大な戦士」や「ヒクイドリの狩人」な
どの名声を得た男性がリーダーとなる．この政治的リーダーはグレートマンと定
義されている．

●位階階梯制社会　政治的リーダーの地位を獲得する手段として位階階梯の仕組
みを構築した社会もある．バヌアツ・ペンテコスト島の北部ラガは，母系的な親
族集団を編成する．この社会には四つの階梯があり，最上位階梯到達者がラタヒ
ギという政治的リーダーとなる．階梯上昇には，交換儀礼を主宰して価値ある富
のブタを支払い，レガリア（マットや貝ベルトなど）を購入する．その後の饗宴
で豚肉や食物を人々に振る舞い，名声を得て位階を高める．また，最上位階梯に
は称号があり，その獲得にもブタを殺してレガリアを手にすることが不可欠であ

る．さらに，儀礼で名演説を行い，饗宴で高い等級のブタを殺し続けてその肉を人々に分配し，超自然的な力を身につけることが期待される．

　ラタヒギには，村落・地縁集団の統括者ないし親族集団のリーダーの二つのタイプがある．第1のタイプは権力と抜きんでた力をもち，後述する首長のように村落・地縁集団の統括者として君臨し，その名声は他村にも知れわたる．彼は雄弁で人々を説得し，村人を庇護してどんなに信望が厚くてもその地位は継承されない点で，ビッグマン的要素が強い．第2のタイプは風格があり土地を所有し，人々を庇護・援助する親族集団のリーダーで，地位は役職として先任者から指名される点で首長の性格が強い．この北部ラガの政治的リーダーのラタヒギには，ビッグマン，グレートマンと首長の属性が混交した性格がうかがえる．

●柔軟な親族集団と首長制社会　祖先との系譜や出自や個人の資質などに基づいて役職を設定して世襲的な政治的リーダーを選ぶ首長制社会はミクロネシアとポリネシアにひろくみられる．

　パラオは母系の出自集団を基盤とするが，その集団への帰属は母方を重視するとともに父方への帰属も容認される．実際の親族集団の中核は母系成員が占め，母系のクラン（祖先との出自関係などに基づく親族集団）が土地や伝統貨幣などの財共有体である．母系クランの第1位称号保持者が首長，つまり政治的リーダーとなる．その首長は直系系統・最上世代の男性の中から，女性の長老会議で決められる．その基準はクランや土地の歴史に詳しく，発言力があり公正で集団の役に立つ男性が優先される．パラオの村と母系クランには序列があり，最高位の2村の最高位クランの二人の最高位首長が全島16村を統括する．各村の母系クランの序列は，伝統貨幣の集積，強力な人材出現や戦争などで流動的であったが，ドイツ統治以降は固定された．村の重要事項は各クラン代表が集会所に集まり，第1位と第2位の母系クランの首長が「ひそひそ話」によって決める．

　マオリも個人は両親の親族集団に帰属し，双方の集団の土地を利用できる選系的な親族集団を編成するが，一方の集団に3世代住み続けると他方の集団の権利を失う．人々は祖先が神話・伝説上の故郷ハワイキから移住したワカ（カヌー船団）の名前を今でも記憶している．このワカを始祖とする一族が最大の社会単位イウイで，人々はその分節集団のハプーやファーナウ（拡大家族）に所属している．マオリ社会は階層的でランガティラとよばれる政治的リーダーとその一族がハプーを統括する．男性長子の系統が高位で，その長男が首長位を継承する．首長はかつて最も高いマナ（聖なる力）を保持して戦争で統率力を発揮した．現在でも，首長はハプー所有の土地・海面やマラエ（会議場・娯楽場）を管理し，集団をまとめて会議を主導する．

●母系出自集団と首長制社会　ミクロネシアのサタワルは母系出自集団で構成される．その集団の何人かの子どもは父の姉妹の養子として父のクランで成長す

る．つまり，母系クランは男性成員の子どもを準成員として包摂する親族集団である．クランには首長クランと平民クランの序列があり，島社会を統括するリーダーはサモーヌとよばれ，首長クランの長があたる．その地位は世襲制で母系クランの長子系統・最上世代・最年長男性が継承する．首長は社会の秩序維持，対外交渉などの他，イモ田やココヤシ林，漁場，無人島での資源の利用と規制を行う．首長は島の規範や慣習法の番人かつ資源の保護・管理者でもある．また，豊穣・豊漁祈願の儀礼を主宰し，島民から献納されるパンノキの実の初物や大型魚などを気前よく再分配する．島の重要案件は成人男性の会議で首長が考えや方針を述べ合意を取りつける．

　ポーンペイは，出自と称号に基づく階層的な首長制社会である．ナーンマルキの最高首長とナーニケンの助役を枢軸とする首長体制は現在も健在である．最高首長は首長国のすべての土地を村の母系クランに分封し，母系クランの有力者は各母系親族集団に土地を配分し，人々はその土地を使用する．島民たちは土地分与への返礼として最高首長にブタ，ヤムイモ，シャカオなどの食物を献納する．最高首長はこれらの大量の献納物を祭宴において村人に再分配する．

　最高首長は男性に称号を授与する．上位12位の称号保持者は政治的に重要な役割を果たし，平民とは区別される．称号の継承は出自が優先されるが，祭宴での貢献や社会的評価など獲得的な要素も重視される．一方，最高首長位の継承は特定の母系クラン成員で第2位までの称号保持者が優位である．しかし，称号保持者は上位称号の獲得を目指し最高首長へ敬語を使い礼節を尽くして貢納に励む．つまり，称号継承は世襲を原則とするが，称号獲得は功労行賞的で平等な側面もある．また，最高首長の権威は彼が住民と神を媒介するという神聖性と首長への表敬行動を強いる名誉と威信の世俗的力に支えられているとも考えられる．

●**王国の社会と王権**　神話・伝説によると，トンガ王国のトゥイ・トンガ王朝の始祖系譜は10世紀に遡る．15世紀にトゥイ・トンガの役職を，政治的・俗的な分野を弟に，聖的・宗教的な側面を兄に分割したという．つまり，トンガは聖王（トゥイ・トンガ）と俗王（ハウ）の二人の王と二つの王朝による支配体制になったのである．「半神・半人」として崇拝されるが，政治的権力を放棄したトゥイ・トンガ王朝の衰退は明らかで19世紀に第39代で消滅し，現在は全島を統一したトゥイ・カノウクボル王朝のツポウ6世が統治している．

　トンガ王国は19世紀初頭まで，王・高位首長・儀礼首長・地方首長・職能者・平民に階層分化していた．聖王は神と人を仲介する神聖で尊敬される存在で，初物献上などの貢納儀礼を執行した．俗王は専横的君主で世襲の身分と軍事力で全島を支配し，貢納物を集積して聖王に提供し，恭順の姿勢を示した．王直近の4家の高位首長は廷臣として行政的役割を担った．儀礼首長は首長の相談役，地方首長は王授与の称号を保持する有力な親族集団（父系クラン）の長で領土も分封

され領民を支配した．村社会は首長の一族を中心に親族関係のない平民も包摂されていた．平民は領民として土地を使用し貢納物や労働力を首長に提供した．平民は国王に年2回の貢納物を王宮に届ける義務も負った．1回はイナシとよばれるヤムイモの初物献上儀礼でヤムイモ，ブタ，樹皮布，マットが，もう1回は敬意の贈り物でブタとヤムイモが貢納された．また，労役も課せられた．その他，王宮に住む王・王族と村落に住む平民の間には，言葉，食物，衣服，装飾品などの面で差異化がはかられた．

　現在のトンガ王国は，1845年にツポウ1世が全島を統一し，75年に憲法を発布して王が国家の統治者，枢密院議長，立法・行政・司法の実権を掌握するという立憲君主制国家としてスタートした．多くの首長の中から統一戦争に貢献した20人のノベレ（貴族）の称号と世襲の領地を授与し，14人を国会議員に任命した．平民の成年男子は貴族領地を貸与されて農耕生活を営むことができた．

　トンガの王制は王家の系譜と権威の正当性，王の神聖性，王宮，称号の授与による階層制，表敬行動や言葉・衣服の差異化，さらに土地所有制など国王に権威と権力を集中させる社会・政治体制のもとに現在まで維持されてきている．1980年代から展開された民主化運動が目指した政治改革の結果，公選議席数の増加と議院内閣制が確立して平民の民主派員から首相も誕生した．しかし，国民の多くは国王への尊敬の念を示し，専制的な王制が存続している．

●**政治的リーダーと社会のかたち**　いずれの社会も出自，系譜や親子関係などに基づいて親族集団を編成し，かつ他人をも集団に包摂する柔軟な集団編成の面で共通している．また，政治的リーダーには，個人的手腕や発話能力，寛容性や公正性，神聖性や超自然的な力の保持などが期待される点で共通する．

　政治的リーダーと社会のかたちについて次のようにまとめられる．

　①ビッグマンの属性は政治的リーダーの基本として多くの社会のリーダーに共通するが，その社会構造は不安定である．②その属性を基盤に階梯制を編みだし，首長的役職や称号を創出してより持続的な社会編成を実現したのが位階階梯制社会である．③一方で，出自や系譜を集団編成に活用し，称号に基づいて個人や集団の地位や役職と序列を制度化し，その継承法を確定したのが首長制である．④さらに，出自と系譜深度を重視し，「半人半神」の神聖な存在（王）に権威と権力を集中させて専横的な社会・政治体制を構築したのが王制といえる．⑤首長制と王制は，中央（王・首長）への財の集積とその再分配の仕組みを構築している点で，ビッグマン制と位階階梯制の社会とは異なる．　　　　　　［須藤健一］

📖 **参考文献**
[1] 河野正治『権威と礼節──現代ミクロネシアにおける位階称号と身分階層秩序の民族誌』風響社，2019．
[2] 吉岡政徳『ブタを殺して偉くなる──メラネシアの位階階梯社会におけるリーダーへの道』風響社，2018．

伝統と近代

<><><><><><><><><><><><><><><><><><><><><><><><><><><><><><><><><><>

　オセアニアの伝統世界は，西洋列強の植民地化を頂点とした西洋世界との接触により，大きな影響を受けることになった．植民地化というのは，まさに，近代の枠組みを否応なく押し付けることでもあったからである．近代の流入に対してオセアニアではさまざまな反応がみられた．それは，伝統というものをどのように位置づけるのかということによって異なったものとなった．

●**近代を取り込む伝統**　ポリネシアやミクロネシアなどの多くの地域では，さまざまな影響を受けて変わってきた生活も，影響を受ける前の生活も，ともに自分たち流の伝統であると受け取る傾向が強い．例えば，サモアで伝統を指し示すファア・サモア（サモア流）という概念には，もともとあった伝統に新しい文化要素や考え方が加わって変化しても，依然として自分たちの伝統であると捉える視点が備わっている．これはトンガでいうファカ・トンガ（トンガ流）でも同様である．ツバルでは，自分たちの伝統は，ツー・ファカ・ツバル（ツバルのやり方）とよばれるが，伝統は，古いとか新しいとかいう基準で考えるものではなく，絶えず変化するものと受け取られている．したがって，西洋と接触以前の生活も現在の敬虔なキリスト教徒としての生活も自分たちの伝統なのである．これらポリネシアの社会にみられる伝統概念には，共通してファカ（ファーもその一種）という「〜のように」や「似ている」という意味をもつ接頭辞がついている．

　ファカという接頭辞は，ミクロネシアのキリバスでは「カ」という短い接頭辞へと変化する．キリバスでは，自分たちの伝統をテ・カテイ・ニ・キリバス（キリバスのやり方）とよぶが，それは，西洋との接触以前から存在していたものだけではなく，西洋から入ってきたものを自分たち流に消化し，ありあわせの材料を用いることによってそれに変革を加え流通させたものも含む．例えば，伝統的な食事とされるタロイモも，西洋から入ってきた小麦粉にココヤシからとったトディ（樹液）を混ぜ，それをココナツ油で揚げた「ドーナッツ」も，自分たちの伝統である．接触以前からある単旋律の歌も，教会などで歌うハーモニーのついた讃美歌なども，カテイ（伝統，慣習）なのである．

　また，地理的にはメラネシアに位置するがポリネシアの影響が強いフィジーでは，伝統はヴァカヴァヌア（土地のやり方）とよばれる．これもヴァカ（ファカ）という接頭辞がついた伝統概念であるが，昔の伝統宗教に基づいた生活もキリスト教徒としての今の生活も両方を指し示す．フィジーでは近代を「新時代」という言葉でよぶが，それは「暗い生活の過去にキリスト教によって明かりが灯った時代」という意味合いをもつ．いかにも過去と現在を明確に遮断するような区分

けにみえるが，どちらも自分たちのやり方として把握されている．例えば，暗い過去の時代に食人の慣習をもっていたとされる祖先は，キリスト教的にみれば悪魔だが，キリスト教を知らなかったからそうなっていただけで，知っていれば現在の我々と変わらない生活を送ることになる，と人々は考える．フィジーでは，伝統的な生活が近代と対立するのではなく，いわば過去と現在が接合されているのである．

●**近代と対立する伝統**　これに対して，メラネシアのソロモン諸島やバヌアツでは，過去と現在，伝統と近代は明確に分離される．伝統はピジン語でカスタム（英語のカスタム＝慣習からの転用）とよばれ，西洋から入ってきた新しいものからは区別される．バヌアツでは，この新しいものをピジン語でスクール（英語のスクール＝学校からの転用）とよぶところもあり，カスタムとスクールは明確に反するものとして位置づけられているのである．学校や教会，Ｔシャツやズボン，ラジオや腕時計，サンダルやマッチなど，西洋との接触以前にはなかったものがスクールの範疇に入る．人々は，カスタムは昔から続いているもので変わらないという認識をもっている．しかしまったく変化しない伝統はない．人々が伝統だと考えるものも，さまざまな影響を受けて現在に至っている．隣の島のやり方が入ってきて，儀礼の内容が変わることもある．また，以前の伝統を基準に考えて間違ったやり方であると認定されている事柄も，時間の経過とともに新しいやり方として定着することもある．しかし人々の認識では，これら別の文化から移入された要素も，間違ったといわれていたやり方が定着したものも，現在の段階での伝統であるとされる．カスタムという概念は，昔から続いているものという建前で語られるが，新しく作り出されたものも含み得る余地をもっているのである．

　ところが，新しいものの中で，西洋から入ってきたもの，すなわち近代の産物ややり方はカスタムから排除される．バヌアツの村落では，宴で，カヴァとよばれるコショウ科の灌木の根の樹液を飲む慣習があり，重要なカスタムと認識されている．それを漢して都市部でもカヴァを飲ませる店，カヴァ・バーが多数出現しているが，これはカスタムとはよばれない．というのは，伝統ではカヴァは振る舞われるものであるのに対して，カヴァ・バーでは現金で売り買いされるものであり，それはスクールの領域に入るからである．人々は，カスタムが変化するとはいわない．カスタムがなくなるという．つまり，西洋近代の勢力が強くなってくれば，カスタムが弱くなるのであり，最後にはなくなってしまうと位置づける．このことは，現地語の概念でも同様である．バヌアツのペンテコスト島北部では，伝統のことをシロンヴァヌア（土地の法）というが，他の島から受けた影響は「シロ＝法」の範囲として扱われ，しかもその影響でシロが変わったとも捉えられない．シロは依然として不変なのである．しかし，西洋から入ってきたも

のは「シロではない」とされ，西洋の影響が強くなってくればシロが弱くなって，最後にはなくなると考えている．ピジン語でのカストムと同じといえよう．

●伝統と近代のせめぎあい　ところで，このように伝統と近代を明確に区分するようにみえるメラネシア社会にあっても，西洋から流入した近代の要素がさまざまな場面で伝統とされるものに混入してくる．例えば，パンダナスの葉で編んだ褌が男性の儀礼での正装とされているが，現在は，Tシャツとズボン姿で儀礼に参加する者も多くいる．Tシャツやズボンはスクールの領域のものなので，それが伝統的な儀礼で認知されるとなれば，伝統と近代の混淆した状況が出現していると捉えられるかもしれない．しかし人々は，そうした場合であっても，儀礼の筋書きやその価値観が変わっていないと判断すれば，その儀礼はカストムであると考えるのである．正装した姿で実施する儀礼に比べると，伝統のあり方は「弱くなっている」がそれでもまだ伝統の範疇にあり，決して混淆した状態とは考えないのだ．ところが，同じメラネシアにあっても，ポリネシアのような「変化する伝統」を是とする視点をもっている人々も存在する．それは，近代国家を建設していかねばならない立場にあった独立運動のリーダーたちである．

　メラネシアの国家が独立を目指したとき，すでに西洋近代の影響が強くみられ，人々はキリスト教に改宗して久しい時間がたっていた．独立運動の指導者は，自分たちは西洋とは異なる伝統，文化をもっているのだから，西洋の支配下から脱する必要があると唱え，伝統文化の復興を訴えた．しかし同時に独立後は，国家建設のために近代化を推進していかねばならない．独立後，伝統文化の復興と近代化の促進という互いに相容れない目標を掲げて，国家が建設されていった．そのとき，政治の指導者たちがとった視点が「変化する伝統」であり，カストムは発展すべきであるという見方であった．それはとりもなおさず，伝統と近代は対立するものではなく融合していくものであるという主張でもあった．そして，さまざまな試みが行われていった．例えばバヌアツでは独立と同時に，全国チーフ評議会というものがつくられた．これは，各島の伝統的な政治的リーダー，つまり，ピジン語でチーフ（首長）とよばれる者の組織であり，国会では近代の出来事を，チーフ評議会では伝統に関わることを審議決定するというやり方をとった．これは伝統を重んじる策として画期的なものであると考えられた．しかし，評議会に参加できるチーフは，近代的な選挙方式によって選出され，審議する伝統も，近代の枠組みの中で受け入れられる伝統に限られるようになっていったため，伝統の比重は軽くなっていかざるを得ないという結果になった．

●伝統文化復興運動　さて，1970年代から世界的に伝統文化復興の動きが目立つようになってきたが，オセアニアでもそうした動きが出現してきた．特に，先住民として新しい国家に組み込まれていったニュージーランドのポリネシア人マオリや，アメリカ合衆国の州となったハワイの人々において，伝統文化復興運動が

活発に展開された．ハワイでは，ハワイ語，ハワイ音楽，フラなどの復興，さらにはカヌー製造や航海術など航海文化の復興が進められた．ニュージーランド・マオリも，ハワイと同様に，白人入植者による同化政策などでもともとあった文化そのものが消滅の危機に陥ったため，「マオリらしさ」を貫くためのさまざまな文化復興運動が展開されている．これらの動きの中でもポリネシア全体で広がりをみせているのが，タトゥー（イレズミ）の復興である．タトゥーは，キリスト教の布教とともに禁止されたが，マオリだけではなくタヒチでもサモアでも，その復興がみずからの民族的アイデンティティの拠り所として機能しているようである．

　このように，ポリネシアでの伝統文化復興というのは，なくなってしまった文化要素を復活させるという意味合いが強いといえるが，メラネシアにおける伝統文化復興は，伝統的なシステムの復権という意味合いが強くなる．例えばバヌアツ

図1　古い宗教（左），新しい宗教（右）．フィジー博物館に所蔵されている2枚の絵．人々のいう「暗黒の時代」と「新時代」を表している［2005年9月フィジーにて筆者撮影］

では，2007年に政府みずからが「伝統経済の年」宣言を行い，伝統的な貨幣であるブタでの支払いや伝統的な交換システムを復権させようと動いた．これは長続きしなかったが，この政府の動きと連動した民間運動は現在も継続している．ペンテコスト島を中心に展開されているトゥーラガ・ネイション運動がそれで，アルファベットとは異なる自分たちの独自の文字をつくったり，近代化に傾いた全国チーフ評議会を

図2　「ブタの銀行」に預金されているブタの牙［2019年バヌアツにて筆者撮影］

批判して，より伝統に基づいたインディジナス・パーラメントを提唱したり，伝統経済をより充実したものにするために，伝統的貨幣であるブタ（あるいはブタの牙）を預金する銀行，通称，ブタの銀行を運営するなどの活動をしている．

［吉岡政徳］

📖 **参考文献**
[1]　吉岡政徳『反・ポストコロニアル人類学─ポストコロニアルを生きるメラネシア』風響社，2005

移動人，移民

オセアニアにどのようにして人々がやってきたか，ということは最近の考古学・言語学の研究により次第に明らかになりつつある．細かい議論・分析は6章をご参照いただきたい．本項では，ポリネシア人到来後の域内外での移動について扱う．

●航海術と移住や交易　どのようにして人が移り住んでいったかについて，沖合に流された魚獲りのカヌーが漂流してそれぞれの諸島に人が住むようになったという説も一時主張されたが，現在では完全に否定されている．人々は明らかに意図をもって航海して新しい土地に移り住んだ．星を頼りに方向を見定め，水平線に広がる雲を観察して島の位置を知ることができた．彼らは，アウトリガー（舷外浮材）をもつカヌーをつくる一方，アウトリガー・カヌーの発展型として，大型の二艘船をつくった．クック船長の航海記には数百人の乗船が可能な大型船についての記述がある．トンガ・サモア・フィジーの間で交易が行われていたことは考古学や口頭伝承によって確かめられている．なかでもトンガの影響力は大きかった．またミクロネシアでは，ヤップのある村を頂点とする朝貢貿易のようなネットワークがカロリン諸島のいくつもの島々を結んでいることが明らかにされている．航海術にたけた太平洋諸島人ではあったが，西洋人が太平洋を航海して活躍する頃までに，概ね大型船による航行は下火となっていた．

●西洋人の到来　最初に太平洋を航海した西洋人は，F. マゼランである．世界一周の冒険中の彼は，南アメリカ大陸の先端からグアムに至るまで他島に寄港することはなく，その後にフィリピンのセブ島にて命を失った．15，16世紀はヨーロッパの航海術が未発達であるため，冒険旅行の域を出なかったが，スペイン人・ポルトガル人が航海を行っている．スペインは，マリアナ諸島など領土化しているが，キリスト教の伝道に努めたに過ぎず，それも初期の試みは失敗している．その後，17世紀にはオランダ人航海者の活躍が目立っていたが，政府としてはオランダ東インド会社を通じてのバタヴィア（インドネシア）の開発に注力していたため，これらの探検旅行の成果がオランダの領土獲得や開発に結びつくことはなかった．18世紀後半になると英国海軍の艦隊がクック船長の指揮のもと太平洋を探検してまわり，いくつもの諸島を「発見」し，英国旗を立ててまわった．明らかに領土を獲得する動きが始まっていた．18世紀末にはオーストラリアが流刑植民地として始まっている．19世紀になるとニュージーランドにも英国から移住が進むが，こちらは自由移民による移住であった．ちなみに，19世紀半ばにフランス領となったニューカレドニアも流刑植民地として出発している．

●捕鯨船，商船の暗躍，ビーチコマー，宣教師　一方探検者たちの後には，捕鯨

船, 商船, 宣教師が太平洋諸島を訪れるようになる. また, 太平洋の産物である白檀, ナマコなどを仕入れ, 太平洋を横断して中国との取引を行う商船や捕鯨船が太平洋を行き交った. 数は知れているが, そうした乗組員の中からは, 太平洋諸島の島に住みつき, 現地人と交流しつつ暮らす人々が出るようになる. 19世紀初頭, トンガで捕虜となり, やがて首長に気に入られて, ともに戦いを経験してから英国に戻ったW. マリナーはその代表格であり, 手記はヨーロッパでもてはやされた. また, カメハメハ1世に仕えた, J. ヤングやI. デーヴィスなどのように, 後には王族の女性をめとり, 現地社会に溶け込んだ人々もいる. 彼らはビーチコマーとよばれた. 後には現地に拠点をつくって商業や貿易に携わる人々も出てくる. 一方, 宣教師の活動はマリアナ諸島を除けばプロテスタントの方が早い. 18世紀終わりにロンドン伝道協会はタヒチに太平洋伝道の本部をつくり, 西へと布教を拡大する一方, メソジスト, 聖公会などが拠点を形成して布教を行った. またハワイ諸島をはじめとする北太平洋の布教は主としてアメリカの宣教師たちが担った. カトリック系の宣教師団はフランス出身が多い. 宣教師は現地の人々に福音を伝える目的であったが, 本国との密接な関係を保持しており, 植民地化と密接にからむ側面もあった. ただしプロテスタントの宣教師は夫婦で渡来する場合が普通で, カトリックの司祭は結婚が禁じられているため, 現地に住みついて現地人との間に子孫を残すことはなかったし, 最後は帰国するのが普通だった.

●**太平洋諸島人の欧米訪問**　太平洋諸島人がヨーロッパを訪れる場合もあった. クックは第2回航海の折にフアヒネ島（ソサエティ諸島）で出会った青年オマイを乗船させ, ヨーロッパに連れ帰っている. 1774年到着後, オマイは当時のロンドン社交界で大変もてはやされた. 彼は第3回航海に乗船してフアヒネ島に戻っているが, それは例外的で, 多くはヨーロッパで慣れない流行病にかかり, 亡くなっている. パラオの首長の息子リーブーはオマイの10年後にロンドンに来て半年後に亡くなった. 1823年, カメハメハ2世が王妃, 家来とともにロンドンに来て, 麻疹にかかって夫妻をはじめ数名が亡くなった. また記録によれば, 太平洋諸島人で欧米の船に乗船して船乗りになる人々がいた. 例えば, 1820年にハワイには初めてニューイングランドから宣教団が到着するが, それを先導したのは, 船乗りなどの体験を通じて欧米人と親しくなり, ニューイングランドの学校で学んでいた5人のハワイ人青年であった. また, H. メルヴィルの小説『白鯨』には, いかにもニュージーランドのマオリ人を思わせる船乗りが登場する.

●**植民地化, 労働力徴集とブラックバーディング, 域内年季契約労働者**　宣教師が住みついて福音を伝えるようになり, ある程度の平和が確保できるようになると同時に, 入植者たちが太平洋諸島に住みつくようになる. 太平洋諸島の数少ない資源である白檀, ナマコ, 後にはコプラ（乾燥したココヤシの果肉）等の貿易業者, 捕鯨船の寄港地での商売人, 現地人相手の商売人らが住みつくようになっ

た．ハワイでは，宣教師の子弟の中に，この地でビジネスチャンスを狙う人も出てきた．ビーチコマーの参入もあった．サモアでは，港町としてのアピアに欧米人が多く住みつき，19世紀半ばには，欧米人のコミュニティが形成された．入植者は男性が多かったため，現地の女性と家庭を営むことが多かった．およそ19世紀後半には，各地で入植者によるプランテーション開発が始まる．プランテーション農業とは大土地に農業労働者を使い，1種類の作物を大量に生産するシステムである．ハワイ，オーストラリア・クイーンズランド，フィジーのサトウキビ栽培，ニューアイルランド島，サモアでのココナツ栽培があるが，ニューアイルランド島を除き，現地の人々を労働者として使うことは難しかった．現地人は主にサブシステンス（自給自足生産）に従事していたため，毎日半ば奴隷のようにこき使われる労働者になることを好まなかったし，現地の人口減少も問題であった．オセアニア地域の開発の開始は世界的潮流である奴隷制の廃止と重なっていたため，オセアニアには公式な奴隷制は存在しないが，開発に労働力は必要であった．当初域内での解決を求めた植民者たちは，ギルバート諸島（現キリバス），ソロモン諸島，ニューヘブリデス諸島（現バヌアツ）等に船を派遣して年季契約労働者を募る労働力徴集を行った．しかしこの中には，プランテーション労働の何たるかを知らない人々に物品で釣って契約書にサインさせて連れていく曖昧なものから，乗船してきた現地の人々をそのまま出帆して誘拐するものまで存在し，そのような労働力徴集はブラックバーディングとよばれた．主にメラネシアから労働力を徴集したオーストラリア・クイーンズランドのプランテーション事業は，ブラックバーディングとして国際的に多くの批判を浴びた．また19世紀半ばに行われたポリネシア人をペルーに連れて行くブラックバーディングは国際的にも多大な批判を浴び，ペルー政府は帰還船を調達する羽目に陥った．苛烈な労働による疲弊に加え，ペルーの港や船内で感染症が蔓延し，各島々の多大な人口減少を招いた．例えばイースター（ラパ・ヌイ）島からは4000人あまりの人口の3分の1が連れ去られ，ペルーで大半が亡くなり，帰還した15人が運んだ天然痘が島で蔓延して極端な人口減少を経験することとなった．

●**域外からの年季契約労働者**　域内からだけで調達するのが難しくなってくると，域外からの労働者の調達を行うこととなった．ハワイは中国人移民労働者，ポルトガル人の年季契約労働者を迎えた後，日本との間に国際条約を結んで多くの年季契約労働者を迎えた．その後もコリアから，またフィリピンからも移民労働者を迎え，ハワイのマルチエスニック社会の礎が築かれた．フィジーは，インドからの年季契約労働者を迎えた結果（総計6万人），現在ではフィジー系人口に迫るインド系住民が暮らしており，そのエスニック間の軋轢から独立後4回のクーデターを経験している．サモアは20世紀初頭より中国人の年季契約労働者を導入し，その総数は7000人に上る．しかし順次帰還し，第2次世界大戦後若干名残っ

た中国人はサモア女性と結婚し，現在は社会の中に溶け込んでいる．年季契約労働が奴隷制に近いという認識は先進諸国では共有され，オーストラリア，ハワイでは20世紀になるとともに廃止された制度であるが，実質的な年季契約労働者の最後の入国がフィジーでは1916年，サモアでは1934年である．

●**太平洋諸島民の海外移住**　第2次世界大戦前に，太平洋諸島民の中から環太平洋先進諸国へ移住する人々がなかったわけではないが，それがブームのように増えていくのは，第2次世界大戦後のことである．ニュージーランドは，クック諸島，ニウエ島，トケラウ諸島を属領として統治していたため，住民たちはニュージーランドパスポートを得て自由に移民ができる．現在では本国人口の数倍がニュージーランドに居住している．ニュージーランドは旧宗主国としてサモア独立国とは強い結びつきをもっているため移民は絶えない．またトンガからの移民も少なくない．ニュージーランドでは差別の時期を通り抜け，太平洋諸島出身者のコミュニティが形成され，多文化主義政策とともに社会的認知を受けるようになった．なおニュージーランドは，1980年代から，特定の太平洋島嶼国家から毎年一定数の移民受け入れを行っている．2024年現在サモアから1650名，トンガ，フィジー各500名，キリバス，ツバル各150名である．2018年センサスではニュージーランドは38万人の太平洋諸島系の人口を有し，これは全人口の8.1%に相当する．主にニュージーランドを媒介としてオーストラリアにも太平洋諸島からの移民コミュニティが存在する．一方，アメリカ領サモアやハワイを主たる窓口とするアメリカへの移民の波も続いている．2010年センサスで，ハワイ先住民および太平洋諸島系（重複可）は123万人であり，ハワイ先住民を除いても約70万に上る．ハワイ先住民にしても半数近い人数が今ではハワイ州外に居住している．フランス領のオセアニアでは，主にフランス語圏での移民が多い．ニューカレドニアの鉱山開発に伴い，フランス領ポリネシアやウォリス・フツナから出稼ぎや移民が続いている．第2次世界大戦後のオセアニア諸島はMIRAB社会（MI＝移民，R＝移民からの送金，A＝海外援助，B＝役人・公的部門で成り立つ）と揶揄されたこともあり，移民の送金は本国社会の経済と関わるほどに重要なものとなっている．2000年代後半から，ニュージーランドとオーストラリアは農業収穫期の人手不足を補うために年に7か月程度の季節労働者の導入を始めている．太平洋島嶼国がその対象となっており，ニュージーランドでは2019年，オーストラリアでは2022年に島嶼国からの導入が各1万人を超えている．　［山本真鳥］

📖 **参考文献**
[1] 山本真鳥編『オセアニア史』山川出版社，2000.
[2] 吉岡政徳・林　勲男編『オセアニア近代史の人類学的研究—接触と変貌，住民と国家』国立民族学博物館研究報告別冊21号，国立民族学博物館，2000.

先住民

〰〰〰〰〰〰〰〰〰〰〰〰〰〰〰〰〰〰〰〰〰〰〰〰〰〰〰〰〰

　先住民（indigenous people）という言葉が，国際連合や国際労働機関（ILO）などの国際的な場面で使われ，学術の世界でも頻繁に使われるようになったのは1980年代のはじめのことである．さらに一般社会でも広く使われるようになるのは，20世紀も終わりになってからで，相対的に新しい用語といえる．基本的に，先住性，被支配性，歴史的連続性，自己認識という四つの要素を前提とし，現在の国民国家体制ができる以前からその土地に暮らしており，文化的継続性を保持するとともに，一つの民族としての自己認識をもち，主流社会から支配的な扱いを受け，権利が阻害されている人間集団という，あまり明確とはいえない定義で説明される．国連のホームページでは，先住民は最も不利な立場に置かれている人々であり，現在世界には少なくとも5000の集団，3億7000万人の先住民がいると記載されている．

●先住民の権利の歴史　先住民の定義が曖昧であるのは，歴史のせめぎあいの結果として，認知されるようになった集団ゆえであるということができるだろう．15世紀にはじまる大航海時代，そしてそれに続く植民地化と帝国主義の時代に，各地の，当時「原住民」「土人」とよばれていた人々は，多くが入植による暴力的な経験をし，土地と伝統的生業を奪われ，同化を強制され，混血させられ，人口を減らした．こうした外からの圧力への抵抗は，各地でそれぞれ単発的に起きていた．そのような世界各地の「原住民」の抵抗運動が，国際的に連携し，「先住民運動」として展開されるようになるのは，第2次世界大戦後のことであり，1948年の世界人権宣言の採択に象徴される世界的な人権意識の高まり，公民権運動，民族自決運動の興隆の影響を受けてのことであった．

　1970年代になると，先住民のおかれている状況の問題は多様ながらも共通性があり，改善されるべきとの理解が共有されるようになる．国連の「少数者差別防止及び保護に関する国連人権小委員会」では，1972年から先住民の現状についての調査が開始された．その結果は，この委員会の特別報告者に指名されたエクアドルのH.マルチネス・コーボによって1981年に『先住民に対する差別問題の研究』として発表された．この報告に基づき，国際連合に先住民作業部会（WGIP）が立ち上げられ，1993年の「世界の先住民の国際年」，1995年からの「世界の先住民の国際10年」の第1期，そして2005年からの「世界の先住民の国際10年」の第2期が設定され，それらでの議論を経て，国連総会で「先住民族の権利に関する国際連合宣言（先住民族の国連宣言）」が2007年に158か国中143か国の賛成で採択された．この宣言は先住民の立場に対してだけでなく，より広い範囲に

大きな影響をもつことになっていった.

●**オーストラリアの先住民**　オセアニア地域にあって，最も面積の大きな国であるオーストラリアは，18 世紀にはじまるイギリスからの移民によって，国家のかたちをとるようになった入植国家である．ここでも他地域と同様，先住民は迫害を受けた．入植当時に少なくとも 30 万人はいたとされるアボリジニが，20 世紀に入る頃には 6 万人程度にまで減少した．18 世紀末に狩猟採集民族のアボリジニと出会ったヨーロッパ人は，彼らを「野蛮人」であり，進化の遅れた石器時代人とみた．アボリジニは生活の基盤である土地を奪われ，排斥され，奴隷的な労働に使われ，殺戮され，持ちこまれた病気もあり大きく人口を減らした．

　第 2 次世界大戦後のオーストラリアでは，アボリジニの人たちによる差別的扱いの改善，土地権，先住権の要求が次第に高まった．1969 年に行われた国民投票によって，他の国民と同等の権利を得るが，それまでは二級市民扱いであった．1971 年には，北部準州で先住民の土地権がはじめて認められるなど，扱いは改善されてきていたが，平均余命，失業率などの指標は劣悪で主流社会との大きな差が問題とされた．特に 19 世紀後半から行われてきた，アボリジニの子どもの強制的な引き離し問題,「盗まれた世代」が現在のアボリジニの困難につながったとして，大きく注目を集めた．アボリジニの家族を分断したことが彼らの現在に大きく影響していることと次第に認知されるようになっていったのである．

　1988 年の出来事も大きな影響があった．最初の移民船到着から 200 年記念にあたるこの年，これは殺戮の 200 年間であり，服喪の年とするべきという，大規模なアボリジニによる抗議デモが行われた．これらの批判の中で，オーストラリアでは，1991 年からの 10 年間，和解委員会が設定され，主流社会と先住民の間の和解に向けての取り組みがはじめられた．アボリジニの経験してきたこれまでの差別的，暴力的な扱い，それによって彼らの社会と生活がどのように影響を受けたのか．それをオーストラリア全体で共有し，ともに新しいオーストラリアに向かって進もうとの試みであった．和解委員会は定期的に会合を重ね，「盗まれた世代」への聞き取りを行い，同時に，アボリジニの歴史的経験について，さまざまな方法で，全オーストラリアへ向けての教育を展開した．

　和解委員会の活動の期間中に，もう一つ大きな出来事があった．1995 年から行われていた「盗まれた世代」調査委員会の調査が終わり，最終報告書が 1997 年に出され，国家謝罪が進言された．このとき，政権は自由党に代わっており，当時の J. ハワード首相が謝罪を拒否したのである．オーストラリアではここからの 10 年間，アボリジニへの謝罪と和解の是非が，世論を二分するような国民的議論となった．また，和解委員会の活動も，謝罪の必要性についての理解を広げようとするものに力点が移った．このような議論が続けられた結果，オーストラリアでは 1990 年代に，先住民の経験に徹底的によりそう姿勢が広く共有されること

になっていったといえる.

　こうして 2000 年に, 和解委員会の活動の締めくくりとして, シドニーで「コロボリー 2000」が行われた. ハーバーブリッジを車の通行止めにし, 25 万もの人が, アボリジニとオーストラリアの旗を手にしてアボリジニへの謝罪の思いをこめて, 和解のための行進を行った. そして橋を渡ったところにあるオペラハウスの前で式典が行われ, ここで, 和解委員会の最終報告書が手交された. 10 年間の和解委員会の活動と, 謝罪拒否によって続くことになった賛否両論の議論によって, 世論の大きな関心が集まることになった結果, オーストラリア社会全体で, アボリジニが経験してきた社会的疎外と暴力の歴史についての理解が深まり, 謝罪の必要性と和解の重要性が共有されるようになった. オーストラリアにおける先住民への理解は大きく変化したのである.

●現在の先住民とオーストラリア　2000 年に和解委員会が 10 年の活動期限を終えた後, 2001 年には NPO「和解のオーストラリア (Reconciliation Australia)」が立ち上げられ, 和解に向けての働きかけは継続され推進されつづけている. 2008 年には長く待たれていた国家謝罪も実現した. この年, 総選挙の結果, 長い自由党政権が終わり労働党政権が成立したのだが, 最初の国会に際し, K. ラッド新首相は「盗まれた世代」の被害者たちを国会議事堂に招待し, 謝罪のスピーチを行った. オーストラリア中がこのスピーチに注目し, 耳を傾け, 感動し, 皆が涙するような大きな国家的イベントであった.

　「和解のオーストラリア」の活動は, 活発に続けられており, 「和解」を社会に根付かせるための具体的なプログラムを展開している. 例えば, 現在は公的機関や企業体に「和解のための行動計画 (Reconciliation Action Plan Program)」を設定することを要請し, アボリジニの社会参加の可能性を広げる道筋について具体的な計画をたて年度ごとに自己評価し発表することを求めており, 多くの機関が参加している. また毎年 5 月末から 1 週間の「和解週間」もこの NPO が中心となって全国的なイベントを開催し, 和解をより広く共有しようとしている.

　このように継続されてきた活動の結果, オーストラリアでのアボリジニへの理解と, 彼らの文化を尊重する態度は大きく広がり, 多くの人々に共有されるものになってきた. 1980 年代から, アボリジニの遺骨, 遺物の返還はすでに当然のこととなっているが, 博物館や美術館へのアボリジニの関与とその拡大は, 21 世紀に入ってさらに推進されている. 1990 年頃から学会では当たり前になっていた, スピーチの最初にその土地の伝統的所有者に敬意を払うという前言は, 今ではどのような場面でも頻繁に行われ, 聞かれるようになった. 航空機の目的地着陸直後のアナウンスでも行われ, テレビでも頻繁に出会うようになった. 企業でアボリジニの雇用を増やそうとすることもごく普通になってきた. つまり, 1980 年代からの歴史の積み重ねの結果, 彼らを尊重する態度を表明することはオーストラ

リアでは当然のこととなったのである.

●**先住民族の国連宣言と返還**　1993 年の「世界の先住民の国際年」が設定された頃から, 国際舞台での先住民をめぐる動きは, 各国での先住民や少数者に対する対応に影響を与え, 先住民の復権は加速されてきた. 例えば, 1993 年にはカナダで, イヌイットの独立準州を設置するヌナブト協定が結ばれ, 1997 年には, 日本でアイヌの文化振興のための新しい法律, アイヌ新法が発表されるなど, 先住民の人々の権利の拡大を認める法律や政策がこの時期以降, 世界中で増加した. そして, 画期的といわれる 2007 年の「先住民族の国連宣言」は, 先住民の立場をさらに好転させることに貢献した. 宣言では, 先住民独自の文化, アイデンティティ, 言語, 雇用, 健康, 教育についての権利が保障されるべきであることが明記されたが, それとともに, 自分たちの制度, 文化, 伝統を, 維持, 強化する先住民の権利を認め, 同時に新たな開発などの外部による事業についても, 先住民の独自な立場, 見方を尊重するべきことも謳っていた. この宣言では, 39 条にわたって先住民として認められるべき具体的な諸権利が述べられているのだが, 伝統言語や自言語でのメディアの権利と並んで, 第 12 条で, 先住民が遺骨や儀礼具について権利をもち, 返還要求の権利があることが謳われている.

　博物館や研究機関に収蔵されてきた先住民を含む少数者の遺骨や副葬品については, 1980 年代から世界各地で返還要求が起きていたが, 国際舞台での先住民の権利回復の議論とそれに対する各国の対応の中でより顕在化し積極的に推進されるようになった. アメリカでは 1990 年にアメリカ先住民墓地保護・返還法（NAGPRA）がつくられるが, それ以外の国々でも先住民と博物館や研究機関との関係性はこの頃から大きく変化をみせ, 国際返還を含む遺骨, 遺物の返還が積極的に進められるようになったのである. 21 世紀の現在, アメリカやカナダ, オーストラリア, ニュージーランドのように, 先住民の遺骨をもとの持ち主, またはその地域に返還することは議論の余地のないところとなっている国は多い. そしてその動きは現在, 先住民の遺骨, 遺物にとどまらず, 植民地時代に旧帝国側が植民地から収集もしくは略奪した遺物全体に広がりをみせ, 国際返還への動きも加速しつつある. パリのルーヴル美術館も, ロンドンの大英博物館も近い将来その収蔵品のかつての植民地への返還を推進する可能性があるといわれている. ヨーロッパの博物館ではすでに主流社会と旧植民地との関係に現在みられる. 日本で「先住民」と認められたアイヌ民族についても遺骨や遺物の返還は当然求められるところである. このような広い範囲で起きている大きな変化は, 国際舞台での先住民の権利の拡大, 認知の広がりに牽引されて, 具体化されてきたことといえるのである.　　　　　　　　　　　　　　　　　　　　　　　　　　　　［窪田幸子］

2

自　然

［担当編集委員：山口　徹］

概　説

◇◇◇

　太平洋の原型が形成され始めたのは，遅くとも 2.5 億年前に遡る．パンゲア大陸の内海だったテチス海が，現在の東南アジアあたりの陸地と接して浅瀬をなし，多様な生物の揺籃の地となっていた．その東側はパンサラッサの広大な海洋で，地球を一周してパンゲア大陸の西海岸まで大きな陸塊は存在しなかった．それゆえ，太平洋の生態系は今でも，東南アジアから東に遠ざかるほどに貧弱になる．

　そんな海洋世界のオセアニアに無数の島々が点在する．といっても「島」とは何かと問われると，その定義は曖昧である．面積でいえば世界第 2 位の大島ニューギニアから，サンゴ礁の上に形成された砂礫の小島までさまざまである．ならば，物理的特徴ではなくて，現象から「島」を捉えてもよい．例えば，さまざまなコトやモノが凝集することで生成変化する多様体としてみてはどうだろうか．広漠たる海洋に取り囲まれた島の浜辺に立つと世界から隔絶された感があるが，海流が植物の種子を運び，風にのってウミドリが飛来する．人間も含めて陸棲の生物は海洋のただ中で途中下車するわけにはいかない．生命ある限り島の陸地を目指すことになる．だからこそ，島にはさまざまなコトやモノや人が凝集し，そこに固有の景観が形成される．

●**自然の営力**　もちろん，島々の景観を知るためには，島そのものを生み出す自然の営力を理解しなければならない．海洋底を形成する太平洋プレートの動き（☞「太平洋プレート」），オーストラリアプレートやフィリピン海プレートとの収束型境界に頻発する火山噴火や地震（☞「火山島」），太平洋プレートを突き破ってマグマが噴出するホットスポット（☞「海洋島」）といった地球科学的な事象である．10 万年周期で繰り返される地球規模の氷期・間氷期サイクル（☞「最終氷期」）は，太平洋の海水準変動を引き起こす（☞「相対的海水準変動」）．例えば，最終氷期には 100 m 以上海面が低かったから，島々の姿は今とはかなり違っただろう．その後の温暖化に伴う海面上昇は，南太平洋の島々のまわりにサンゴ礁を発達させた（☞「サンゴ礁」）．

　造礁サンゴが生み出す礁地形は，荒波から島を守る自然の防波堤であるとともに，浅瀬や潮間帯に生息する多様な生物のハビタットにもなる．直径 1 mm 程度の大型有孔虫はその仲間であり，炭酸カルシウムの外骨格は砂浜を生み出す主要な堆積物となる（☞「有孔虫」）．砂浜の堆積と侵食プロセスを知るためには，海岸工学の知見も必要だ（☞「砂浜の侵食と堆積」）．それがわかってくると，サンゴ礁の礁原上に形成される州島の成り立ちもみえてくる（☞「サンゴ州島」）．

　ところで，塊状に成長する大きなハマサンゴからエアドリルでコアサンプルを

採取すると，樹木と同様に年輪が観察できる．炭酸カルシウムの骨格は放射性炭素年代測定が可能だし，サンゴの場合はウラン–トリウム年代測定も使える．だから，年輪に含まれる微量元素と年代を測定することで，サンプルによっては遠い過去の気候変動史を知ることができるし，20世紀以降に人間が引き起こした海洋汚染の影響が明らかにできる（☞「サンゴの汚染」）．こうした情報は地球温暖化の予測にも用いられている．気候変動に関する政府間パネルの予測によると，今世紀末までに数十cmから1mほど海面が上昇するという（☞「地球温暖化」）．気温の上昇は海水準だけでなく，海流（☞「南太平洋の海流」）や気象（☞「エルニーニョ現象」）の変化と連動する．南赤道海流とエルニーニョ現象の関係や南極周極流と偏西風の関係は，我々の経済社会に及ぼす温暖化の作用を考えるうえでも特に重要だろう．さらに，エルニーニョ現象は熱帯サイクロンの発生や進路に作用する（☞「熱帯サイクロン」）．今後，サイクロンの頻度や強度が増すとすれば，南太平洋に散らばる小島嶼国の被害を軽減する対策を急がねばならない．

●**人間の営為**　人間の営為によっても景観は変化していく．フィジーのシンガトカ大砂丘はその一つである（☞「シンガトカ大砂丘」）．堆積物の中から土器片が出土するだけでなく，内陸部の焼畑農耕に起因する土砂の流出が砂丘の発達を促した可能性がある．島嶼世界ではないが，オーストラリア大陸では，更新世人類による狩猟圧が大型有袋類の絶滅の一因だったと考えられている（☞「有袋類」）．ニュージーランドでは，13世紀頃にはじめて入植したマオリの人々による狩りが大型の飛べない鳥モアを絶滅させた（☞「絶滅した鳥モア」）．冒頭で触れたように，動物だけでなく海を越えて分布を広げる植物種は限られるから，太平洋を東に進むほど種数は減少し，独自に進化してきた固有種の割合が増加する（☞「海洋島の植物」）．こうした島々に，人々が持ち込んだ動植物を総称して「旅行カバンの生物相」とよぶ（☞「旅行カバンの生物相」）．確かに，移入動植物は競争力の弱い固有種を駆逐する．一方で貧弱な島嶼生態系を多様化し，人間にとって暮らしやすい環境を構築するために役立ってきた事例も少なくない．

●**島景観の危機**　島々の景観は，自然の営力と人間の営為のどちらか一方ではなく，両方の絡み合いによって変化してきたことがわかる．今みる景観自体に歴史があり，その絡み合いは今も生起し，そして未来に向かって続いていくと考えたい．気がかりなのは，人新世の時代になって，遠く離れた大陸に住む80億強の人類による累積的な影響が大きな脅威となっていることだ（☞「人新世」）．地球温暖化による海面上昇によって島自体が消失したり，激甚化する気象災害で島嶼社会が壊滅したりするかもしれない．そうなると，島景観の更新自体が止まることになる．我々が宇宙空間を自由に移動できるようになると，いずれこの惑星は宇宙に浮かぶ「地球島」と比喩されるかもしれない．そのときまで，オセアニアの海洋世界に浮かぶ島々は固有の島景観を持ち続けていられるだろうか．　　　　［山口　徹］

太平洋プレート

太平洋プレートは太平洋の大部分を占める海のプレートである．プレートは地球の表面を覆っている岩石の硬い板状の部分を指し，現在の地球の表面は十数枚のプレートで覆われている．オセアニアの大部分がこの太平洋プレート上にある（図1）．具体的にはミクロネシアとポリネシア，メラネシアの一部が太平洋プレート上にある．オセアニアの中でもオーストラリアやパプアニューギニアの一部などはインド・オーストラリアプレート上にあり，イースター島はナスカプレート上にある．日本の陸地の大部分はユーラシアプレートと北アメリカプレート上にあるが，東京都小笠原村に属する南鳥島は太平洋プレート上にある日本の唯一の島である．

●**プレートテクトニクス**　プレートには海洋底を形成している海のプレートと陸地を形成している陸のプレートがあり，地球の表面をほとんど変形することなしに水平に運動している．このプレートの運動によって，地震や火山など地球で起きている活動を説明する考え方がプレートテクトニクスである．

プレートテクトニクスが提唱される以前に，大陸が移動していることを唱えたのはドイツ生まれの気象学者である A.L. ウェゲナー（1880-1930）である．ウェゲナーは大西洋を挟んで，アフリカの西側と南アメリカの東側の海岸がよく似ていることに気が付き，もともとは一つの大きな大陸であったと考えた．さらに，化石なども証拠として 1915 年に『大陸と海洋の起源』を出版して大陸移動説を唱えた．しかし，当時は巨大な大陸がどのようにして移動しているのか，その原動力を説明することができず，大陸移動説は忘れられていた．ウェゲナーの死後，1950

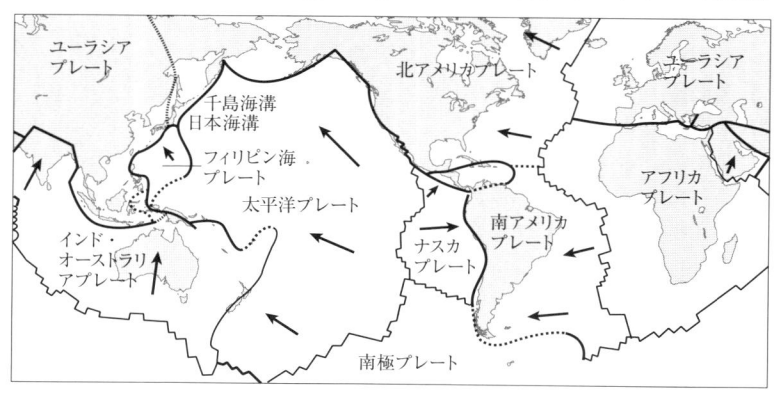

図1　プレートの分布

年代以降に海底地形の詳細な計測や海底の岩石の年代などが明らかになるにつれて，大陸移動説は再び脚光を浴びるようになった．プレートテクトニクスの考え方の礎を築いたウェゲナーの功績はとても大きく，ウェゲナーの生誕100年を記念して1980年にドイツとオーストリアでは記念切手が発行されている．

●**プレートと地震・火山**　海底には海嶺とよばれる大山脈があり，マグマが発生

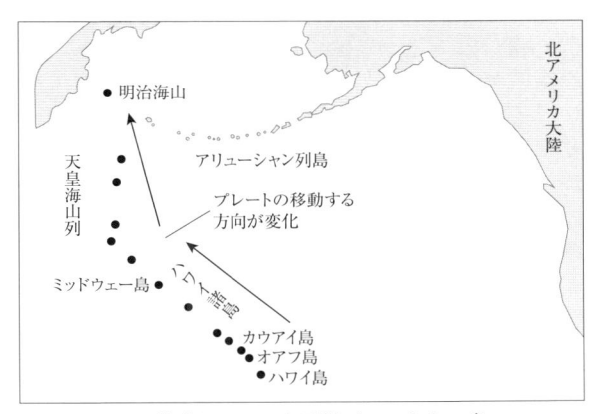

して海底火山活動が活発となっている．プレートはこの海嶺でつくられ，両側に離れるように移動していく．離れていったプレートが沈んでいく場所が海溝とよばれる大規模な谷である．例えば，太平洋プレートは日本列島の沖合にある日本海溝や千島海溝などで陸のプレートの下に沈んでいる．プレートが沈むことによって，地震と火山が発生する．例えば，2011年の

図2　移動している太平洋プレート上の島々

東北地方太平洋沖地震は日本海溝で沈み込む太平洋プレートとその上にある陸のプレートとの境界で発生した巨大地震である．また，十勝岳や那須岳など北海道から東北日本には数多くの活火山があり，これらの火山は太平洋プレートが沈む日本海溝や千島海溝とほぼ平行に連なっている．また，トンガ王国やバヌアツ共和国，ソロモン諸島などでも火山と地震が頻発しており，これらは太平洋プレートとインド・オーストラリアプレートの境界で発生するものである．

　プレートは絶えず動いており，年間数cmの速さで移動している．プレートが移動する速度は人工衛星での観測や岩石の年代などを詳細に調べることで明らかとなってきた．太平洋プレート上にはハワイ島から西北西に向かってオアフ島やカウアイ島，ミッドウェー島などハワイ諸島が連なっている．そして，このミッドウェー島付近から北北西に向かって，海に沈んだ島々からなる天皇海山列が連なっている（図2）．これらの島々の年代を調べてみると，今からおよそ4000万年前までは太平洋プレートは北北西に向かって移動していたが，その後は現在にかけて西北西に向かって移動していることがわかってきた．今もオアフ島やカウアイ島などは年間およそ10 cmの速さで日本に向かっている．とはいっても，太平洋プレートが進行方向を変えずに進んだとしても，オアフ島が日本付近に到着するまでにはまだ6000万年ほどかかるだろう．　　　　　　　　　　［本郷宙軌］

火山島

◇◇

　火山島とは過去の火山活動による噴出物の堆積や隆起により形成された島の総称で，オセアニアの主要な島々を構成する．環礁のような「低い島」に対して，「高い島」ともいう．標高の高い山頂部をもつことから，風上側では海からの湿った空気が山に吹き込んで地形性降雨をもたらすため降水量は比較的多く，水資源に恵まれている．陸地面積はサンゴ島に比べてはるかに大きく，火山起源の岩石や土壌にも恵まれており，植生豊かな森林が発達している．こうした豊かな火山島の環境は，多様な陸の資源を提供するとともに，イモ類を中心とした農耕や樹木栽培では高い生産性を発揮し，島嶼における人々の生存基盤を支えてきた．

●**環太平洋造山帯と島弧**　太平洋の島々の多くは太平洋プレート上にある．ハワイ諸島，ソサエティ諸島をはじめポリネシアやミクロネシアのほとんどの島々は，太平洋プレート内のホットスポットに形成された火山島で，海洋島ともよばれる．一方，西太平洋ではこの太平洋プレートがインド-オーストラリアプレートやフィリピン海プレートと衝突して沈み込み，海溝が形成される．このプレートの沈み込みが地中深くに達することで生じたマグマが上昇して地殻とマントルの境界付近に蓄積し，地表に噴出することで火山となる．その結果，プレート境界に沿って弧状に火山起源の島々が連なる島弧が形成されている．メラネシアの大部分を構成するニューギニアからソロモン諸島，バヌアツにかけての島々，西ポリネシアのトンガ諸島，西ミクロネシアのマリアナ諸島などが島弧型の火山島に該当し，地質的に古い島々が多い．大陸プレート上に形成された島であることから，陸島とよぶこともある．環太平洋造山帯を構成しており，活発な火山活動やプレートの沈み込みに起因する地震など，甚大な被害をもたらす災害が多い地域でもある．

●**火山とともに生きる人々**　例えば，2022 年 1 月に VEI-5（VEI は火山爆発指数で噴出物の量による爆発規模を示す）以上と推定される大規模噴火を起こした海底火山フンガトンガ・フンガハアパイがあるトンガ諸島からニュージーランド北東にかけては，トンガ・ケルマディック海溝で太平洋プレートがインド-オーストラリアプレートの下に沈み込んでいる．中央メラネシアのバヌアツ周辺では，群島西側でインド-オーストラリアプレートがニューヘブリデス（マイクロ）プレートの下に沈み込んで海溝が形成されており，プレートの活動によりバヌアツの島々は総じて隆起傾向（顕著な北部西側で年間 3〜5 mm 程度）にあるのに加え，急激なプレートのずれにより，マグニチュード 7.0 以上の地震が多発している．

　バヌアツは火山列島でもあり，北部のバンクス諸島（ヴァスアラヴァ，ガウア）

から中部ではアンバエ，アンブリム，エピ，ロペヴィ，クワエ（カルア），南部のタンナと活発な火山活動を伴う島も多く，2009〜10 年のガウア島ガレット山噴火（VEI-2）では西部住民が同じ島内の東部地域に，2017〜18 年のアンバエ島マナロ山噴火（VEI-3）では全島民が近隣の島々へ避難する事態となった．

　アンバエ噴火当時の報道では帰島は困難といわれ，エスピリトゥサント島の都市ルガンヴィル近郊やマエウォ島に土地を得て移住した人々も

図1　ガウア島のガレット山 ［2020 年 3 月バヌアツにて筆者撮影］

いたが，噴火活動が沈静化すると，1 年も経たないうちに大多数の人々は住み慣れた故郷の島に戻っていった．火山活動は重大な災害リスクであると同時に，リンやカリウムなど植物の生育に必要な栄養分を放出することで，肥沃な土壌をもたらしてもいる．こうした利点を人々は十分に認識し，みずから故郷の再生へと動き出したのである．

●語り継がれる噴火の記憶　オセアニアの多くの島々で，火山は信仰の対象となってきた．ハワイでは火山には火の神ペレがおり，ペレをなだめるために供物を捧げる．バヌアツでは火山は死者や精霊の世界とされ，近づく際には冗談をいわない，叫ばないなど，節度をもった行動が求められる．またオセアニアの人々は，口承によって過去の歴史的噴火の記憶を語り継いできた．ニューギニア高地では，数日間にわたって光のない暗い日が続き，空から灰が降り注いだという伝承があり，これは 1666 年のロング島噴火（VEI-6）によるものだとされる．バヌアツ中部のトンゴアとエピの間にかつて存在したクワエ島は，15 世紀半ばの大噴火（VEI-7）により消失したが，この記憶は二つの物語として継承されている．一つは，ある青年が村人に騙され禁忌を犯したことへの復讐として大噴火を引き起こしたというもので，「6 頭のブタを 1 頭ずつ殺して膀胱を破裂させる度に大地が揺れた」というくだりは，噴火の予兆とも取れる．もう一つは，割れ目太鼓に隠れて噴火を逃れた唯一の男が地下貯蔵したパンノキの実を食べて生き延び，最終的に最初の島民としてトンゴアに帰還し首長の称号を得たというもので，噴火後の社会形成を伝えている．現在，海底の残るカルデラの火口は今日まで小規模噴火を繰り返しており，こうした伝承を語り継ぐ契機となり，また将来，再び起こり得る大噴火への警鐘ともなっている．　　　　　　　　　　［野嶋洋子］

海洋島

◇◇

　島とは，周囲を水面に囲まれた大陸より小さい陸地で，日本列島も島である．海洋島は，海盆（オセアニアでは太平洋）に分布する島で，大陸の断片は含まない．狭義の海洋島は，ダーウィンの沈降説（後述）によって説明される，火山島とその沈降に伴って形成された堡礁や環礁の島である．一方でオセアニアの島々を扱う場合，トンガやソロモン諸島など，プレートの沈み込み帯に沿って形成された島も，広義の海洋島として扱った方がよいだろう．本項では，島の規模も勘案して，太平洋の海洋島を P. ナンに従って，火山島（火山岩からなる島），石灰岩島（サンゴ礁石灰岩からなる島），複合島（火山岩と石灰岩からなる島），サンゴ州島（サンゴ礁上に打ち上げられたサンゴ片などからなる標高数 m の島）と大陸島とに区分してその分布を図1に示す．この図では海洋島として，パプアニューギニア（主島は除く）とソロモン諸島を含む太平洋の小島嶼開発途上国と，英米仏の海外領土は含まれるが，日本列島，フィリピン諸島，ニュージーランドは含まれない．以下ではこの図に従って，太平洋の海洋島を，ダーウィンの沈降説によるものとプレート境界の島とに分けて解説する．

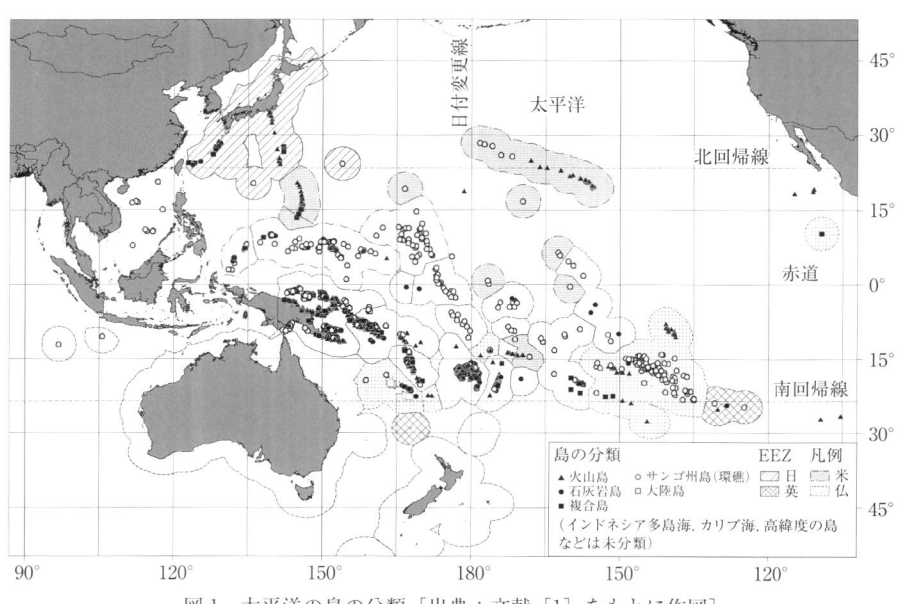

図1　太平洋の島の分類 [出典：文献 [1] をもとに作図]

●**ダーウィンの沈降説**　生物の進化論を提唱した C. ダーウィンは，1842 年に海洋島のサンゴ礁地形を，火山島の沈降とサンゴ礁の成長とによって説明した．火山島ができると，周囲をサンゴ礁が取り囲んで裾礁がつくられる．その後，火山島の沈降に伴ってサンゴ礁が海面に向かって成長し，島とサンゴ礁の間に礁湖のある堡礁に，島が完全に水没すると環礁になる．沈降説は，1950 年代にエヌエタック環礁とビキニ環礁で行われた深層掘削調査で，火山岩の上に厚さ 1000 m 以上のサンゴ礁石灰岩が堆積していることにより検証された．火山島の形成とその沈降は，1970 年代に確立したプレートテクトニクスによって説明される．海洋プレート下の定点ホットスポットからマグマが噴出して火山島ができ，火山島を載せたプレートは移動とともに冷えて水深が深くなるため沈降するのである．

　ダーウィンが沈降説の着想を確信したのは，タヒチ（裾礁）からモーレア（堡礁）を眺めたときであったという．ツアモツ諸島には多くの環礁が西北西-東南東方向に分布するが，東のピトケアン諸島のホットスポットの火山島が，太平洋プレートの西北西へ移動するに伴ってつくられた．ハワイ諸島のオアフ島の火山島からクレ環礁の列がより明瞭に沈降説を示している．その先で北北西に向きを変えて，環礁が水没した平頂海山からなる天皇海山列に続く．北緯 30°より北ではサンゴ礁が成長できなかったことと，4300 万年前より前は太平洋プレートが北北西に移動していたためである．

　マーシャル諸島，ギルバート諸島，ツバルも，環礁が北北西-南南東に並んでいるが，これら島々は，太平洋プレートが北北西に移動していたときに形成されたもので，火山島の起源はさらに東のフランス領ポリネシアあたりにあったと考えられる．こうした島々の中には，海洋プレートが局地的にたわんで持ち上がる場所で，クック諸島のマンガイア島のように隆起した堡礁（複合島）や，ナウル島のように隆起した環礁（石灰岩島）がみられることがある．

●**プレート境界の島**　太平洋プレートの境界には，伊豆-小笠原からパラオ，ビスマルクからトンガに続く弧状列島が連なる．これらの島々は，太平洋プレートの沈み込みに伴ってつくられた火山島である（ソロモンではオーストラリアプレートが太平洋プレートに沈み込んでいる）．沈み込むプレートの上につくられる島は活火山も多く，地殻変動によって隆起してサンゴ礁段丘が発達している島もある（複合島）．東太平洋のガラパゴス諸島やイースター島は，プレートの広がる境界の火山島である．ニューカレドニアは，大陸の断片で大陸島に分類される．

[茅根　創]

📖 **参考文献**

[1] Nunn, P. et al., "Classifying Pacific Islands," *Geoscience Letters*, 3: Article number 7, 2016.

最終氷期

約46億年の地球史において，気候は温室期と氷室期を繰り返し変動している．人類進出に特徴づけられる第四紀には特に氷河時代が続き，その中で二つのモード——氷床の発達・拡大する氷期と少し暖かく氷床が縮小する間氷期——が規則的に繰り返される「氷期・間氷期サイクル」が明瞭である．

現在に一番近い最終氷期は約11万年前に始まり，約2万1000年前に氷床の拡大と気温低下の極大に達した．これを最終氷期極大期（LGM）とよぶ．約1万2000年前に最終氷期が終わり，後氷期の現在は，より温暖な間氷期に相当する．

●**氷期・間氷期サイクルと海洋酸素同位体ステージ（MIS）** 氷期・間氷期サイクルは数万万年の年縞（樹木年輪のように1年ずつ規則正しく堆積した層構造）をもつ氷床や海底堆積物のボーリング調査から復元される．特に氷床コア中の気泡に含まれる二酸化炭素やメタンなど温室効果ガスの濃度から気温を推定する．また氷や海底堆積物中に含まれる有孔虫化石の酸素同位体比が，古水温計の役割をし，年縞形成当時の海水温が復元される．氷期・間氷期サイクルには現在から順に番号が振られ，区分された時代を海洋酸素同位体ステージ（MIS）とよぶ．ステージの奇数（偶数）番号が間氷期（氷期）を表し，後氷期の現在はMIS1，最終氷期極大期（約2万1000年前）がMIS2，最終間氷期（約12万年前）がMIS5に相当する．

●**ミランコビッチサイクル** 氷期・間氷期サイクルの規則性は，地球の軌道要素の変動と関連づけられる．軌道要素には①公転軌道の離心率（軌道の形状が楕円か円に近いかにより生じる，太陽と地球との距離変化；約12万年，41万年周期）②地軸の傾き（22.5°から24.5°の傾きで変動；約4万年周期）③地軸の歳差運動（コマの回転運動；約2万年周期）が含まれ，これらの周期をミランコビッチサイクルとよぶ．惑星軌道要素の変動により，地球で受ける太陽放射エネルギーの緯度分布や季節的な日射量の強弱が変化し，そのタイミングにより氷期・間氷期が形成される．特に大陸分布の偏る北半球高緯度における日射量変化は，氷床量の増減に作用するため地球全体の気候への影響が大きい．

●**氷河性海水準変動** 氷床の消長により引き起こされる世界的な海面変動を氷河性海水準変動とよぶ．氷期には大陸上に厚さ数千mの氷床が発達するが，その水は海水由来であるため，海水量は減少し海水準が低下する．LGMには，世界各地で現在よりも100m以上も海面が低くなった．このとき海岸線は海側に大きく移動し（海退），浅瀬や大陸棚が露出する．陸橋が出現し動植物の移動を可能とする．また低下した海面へ向かう急勾配の河川が激しく侵食し，深い谷を刻む．やがて温暖期になると氷河は後退し，融解した水が海洋に流れ込んで海面は急速に

上昇する．内陸部まで海進して浅瀬で砂礫の堆積が進み，現在の沖積低地を形成する．氷期・間氷期サイクルは海退・海進のサイクルとなり，そこに地殻の隆起が加わると河岸や海岸の段丘地形が発達する．日本の奄美諸島喜界島やパプアニューギニアのヒュオン半島などでは隆起速度が速く，海水準に応じて形成されたサンゴ礁が陸上のサンゴ礁段丘として非常によく発達している．

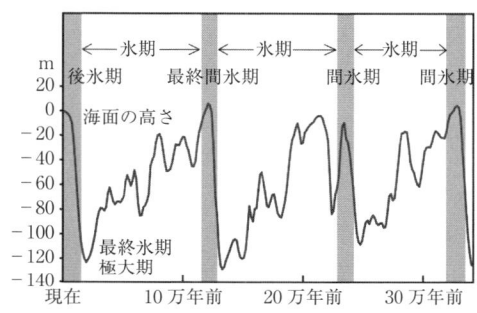

図1　過去30万年間の氷期・間氷期サイクルと海水準変動［出典：文献［3］を改変］

●スンダ大陸・サフル大陸

南シナ海のインドネシア多島海も最終氷期には海面低下し，インドシナ半島からスマトラ島，ボルネオ島まで大陸棚が干上がってスンダ大陸を形成した．オセアニアではオーストラリア北部とニューギニア島がつながりサフル大陸とよばれる．その両大陸間には海峡が残り，隔離された動植物相の境界をウォレス線とよぶ．一方，最終間氷期にアフリカから進出したホモ・

図2　最終氷期のスンダ大陸・サフル大陸［出典：文献［3］（Webナショジオ：natgeo.nikkeibp.co.jp/nng/article/20141127/426021）を改変］

サピエンスの第1波は，何らかの航海技術により6万年前〜4万7000年前にかけサフル大陸に到達している．またその海峡内にあるインドネシアのスラウェシ島や東ティモールの遺跡から最古の壁画（5万1200年前）やサバ科の魚骨・貝化石（4万2000年前），漁撈具（2万5000年前〜1万8000年前）が発見されるのは興味深い．その後3500年前頃にサフル大陸からニューギニア北東の島，ビスマルク諸島やソロモン諸島へホモ・サピエンスの第2波が進出していく．　　　　　［中村修子］

📖 参考文献

[1] 松本　良他編著『惑星地球の進化』放送大学教育振興会，2013．
[2] 井原泰雄他編『人間の本質にせまる科学―自然人類学の挑戦』東京大学出版会，2021．
[3] Waelbroeck, C. et al., "Sea-level and Deep Water Temperature Changes Derived from Benthic Foraminifera Isotopic Records," *Quaternary Science Reviews*, 21(1-3): 295-305, 2002.

相対的海水準変動

◇◇

　海水準，すなわち海の「高さ」は一様ではない．例えば，ある場所の地下に重い岩石が集まっていた場合，周囲より重力の値は大きくなり，海水がそこに引き寄せられ海水準は周囲に比べて高くなる．また，隆起が起こると海面は相対的に低下する．島の低地やサンゴ礁の発達を考える場合は，地形とその場所の海面から得られる相対的海水準とその変動を考えることが重要である．第四紀には氷期と間氷期を周期的に繰り返し，高緯度域での氷床の消長に従って海水量が増減した．この海水量の増減は，海水準の変動をもたらすとともに，地球内部の構造にも影響を与え，結果として島の低地やサンゴ礁の発達に大きな影響を与えてきた．ここでは，最終氷期から現在にかけての相対的海水準の変動とそのメカニズムを解説する．

●**海水準変動の原因**　　地球は暖かい時期と寒い時期を周期的に繰り返しており，ミランコビッチサイクルとよばれている．人類が誕生し活躍するようになった第四紀（258万8000年前から現在まで）においては，約10万年おきに氷期と間氷期が入れ替わってきた．現在は暖かい時期であり間氷期に相当する．一つ前の間氷期である最終間氷期は約12万年前，最も現在に近い氷期である最終氷期の極大期は約2万1000年前である．最終氷期においては高緯度に巨大な氷床が存在したが，最終氷期の後，地球が暖かくなるに従い，氷床の融解に伴って海水量が増大した．多くの地形学的証拠より，北半球の氷床の融解は約7000年前に終了したと考えられている．一方，南半球にも大きな氷床，南極氷床が存在するが，その融解がいつまでだったのかについては証拠に乏しく，まだわかっていない．数値計算による研究では，4000年前まで融解が起こっていた可能性も指摘されており，最終氷期が終わってから7000〜4000年前まで氷床の融解によって海水の量は増え続け，その後現在にかけてほぼ安定していると考えてよいだろう．

●**相対的海水準変動の原因**　　地球は，外側から地殻，マントル，核に大きく分けられる．この区分は岩質の違いに基づいているが，流動性に着目すると外側からリソスフェア，アセノスフェア，メソスフェア，核に分けられる．マントル上部（ほぼアセノスフェアに相当）は流動性があり，最終氷期後の氷床の減少と海水量の増大による荷重変化に対してゆっくりと変形する．氷床の荷重変化に対してマントルの流動によって均衡を保つことを「グレイシオ・アイソスタシー」，海水の荷重変化に対して均衡を保つことを「ハイドロ・アイソスタシー」とよぶ．こうした均衡の状況は氷床からの距離によって異なるため，各地で異なる相対的海水準変動をもたらす（図1）．氷床に近い場所はニアフィールドとよばれ，最終氷期の後に氷床が融解することによるグレイシオ・アイソスタシーの影響を受ける．

オセアニアは氷床から遠く，ファーフィールドとよばれ，最終氷期の後の海水量の増大によるハイドロ・アイソスタシーの影響を受ける．こうした現象に関しては数値計算による研究が進んでおり，ファーフィールドでは直径が 10 km を超える島の下部に周囲の海水の荷重によってマントルが流れ込んで隆起が生じ，その島では陸地に対して相対的に海水準低下が起こると考えられている．この海水準低下の原因には別の説も提唱されている．最終氷期には，大陸氷床付近でマントルが押され，バルジとよばれる隆起した地形ができる．最終氷期の後，氷床が融けることによって大

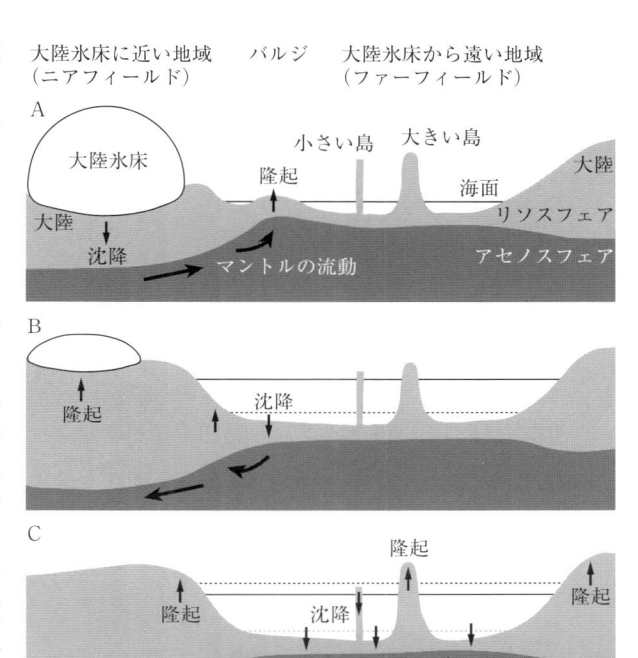

大陸氷床に近い地域　　バルジ　　大陸氷床から遠い地域
（ニアフィールド）　　　　　　　（ファーフィールド）

図 1　最終氷期から現在にかけての氷床の融解と海面上昇，それらに伴う地形変化［出典：文献［3］の図を改変］．A：最終氷期に大陸氷床が発達し，海面が低下した状態．B：最終氷期の後の海水量の増大期．C：海水量安定期（7000〜4000 年前）から現在

陸下部にマントルが流れ込み，バルジがなくなり，その部分に海水が流れ込むためにファーフィールドの海水準が低下するというものである．この二つの違いはマントルの構造や特性をどのように仮定するかによるものと考えられるが，どちらの場合でも，地球内部の構造とその変動が相対的海水準変動に影響を与えているということは間違いない．現在の低地やサンゴ礁は，海水準が安定をはじめた後に大きく発達し，サンゴ礁の上に成立する州島の形成には相対的海水準低下が大きく関わっている．地球規模での気候変動と地球内部の構造が現在の景観を形成しているのである．　　　　　　　　　　　　　　　　　　［山野博哉］

📖 **参考文献**

［1］日本第四紀学会他編『地球史が語る近未来の環境』東京大学出版会，2007．
［2］山口　徹編『アイランドスケープ・ヒストリーズ』風響社，2019．
［3］奥野淳一「南極氷床変動と氷河性地殻均衡」『低温科学』76：205-225，2018．

サンゴ礁

サンゴ礁はオセアニアの島々の海岸を縁取り，陸を波から守るとともに，人々に水産資源を提供する場となっている．さらに，ツバルなど環礁からなる島においては，島のすべてがサンゴ礁に生息する生物の骨や殻から形成されている．ここでは，オセアニアの島々と密接な関係にあるサンゴ礁について概説する．

●造礁サンゴとサンゴ礁　サンゴ礁は，造礁サンゴ（以下，サンゴ）をはじめとする石灰化生物が積み重なってつくり上げた防波構造をもつ地形であるとともに，そこに生息する多様な生物を含む生態系全体を指す言葉としても用いられる．サンゴは，褐虫藻とよばれる微細藻類を共生させており，それが光合成を行うことによって一次生産を担う，生態系の基盤となる生物である．また，サンゴは骨格を形成し，立体的な構造をもつため，多様な生物の棲み処となる．生物多様性の場としての重要性に加え，サンゴ礁は人間にさまざまな恩恵をもたらしている．漁業や観光などの資源を提供したり，天然の防波堤となって陸を守ったりしている．ツバル，マーシャル諸島，キリバス共和国など国土のすべてがサンゴ礁起源の堆積物からなる島嶼国も存在する．

●島とサンゴ礁の地形　サンゴ礁は主に最寒月の平均水温が 18℃ 以上の海域に成立する．サンゴ礁地形のうち，外洋側の高まりは礁嶺とよばれ，サンゴや有孔虫の生息場となっており，そこから運ばれたサンゴや有孔虫の遺骸が堆積して砂浜や低平な島である州島を形成する．サンゴ礁のタイプには，大きく分けて，島

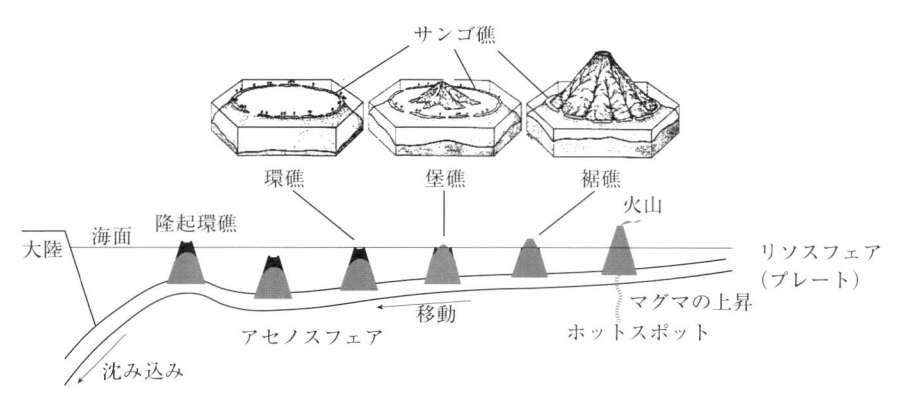

図1　プレートの動きと島とサンゴ礁の地形変化 ［出典：Hopley, D., *The Geomorphology of the Great Barrier Reef*, Wiley, 1982; Scott, G. A. J. & Rotondo, G. M., A Model to Explain the Differences between Pacific Plate Island-Atoll Types. *Coral Reefs*, 1: 139–150, 1983 の図を改変］

に隣接する裾礁，島とサンゴ礁の間に深い礁湖（ラグーン）のある堡礁，リング状のサンゴ礁のみからなる環礁がある．これらの関係を統一的に説明したのは進化論で有名な C. ダーウィンであった．彼は，ビーグル号の航海中にさまざまな島とサンゴ礁を観察して，環礁の成立に関する説——沈降説——を考えついた．最初に火山島ができ，その周りにサンゴが分布し積み重なって裾礁ができる．その島は長い年月をかけて沈降し，その一方でサンゴは積み重なってサンゴ礁が成長し，島とサンゴ礁の間に深い礁湖のある堡礁となる．さらに島が沈降するともとの島は海面下に水没し，サンゴ礁はリング状の環礁となる．当時は，島が沈降するメカニズムは不明であったが，後にプレートテクトニクスによって説明されることとなる．地球の内部には，表面に近いところから，固いリソスフェアとその下にあるアセノスフェアが存在する．地球の表面がリソスフェア，すなわちプレートとよばれる何枚かの固い岩盤で構成されており，このプレートが，アセノスフェアのマントルに乗って動いている．プレートが誕生してから移動するにつれて冷え，アセノスフェアの上部がリソスフェアに変化してプレートが厚くなり，沈降する．プレートの下のリソスフェアにホットスポットとよばれる地点があり，そこからマグマが噴出してプレート上に火山ができ，それがプレートに乗って運ばれる間に沈降し，サンゴ礁は裾礁から環礁へ，島は高い島から低い島へと変化していく（図1）．この特徴がよくみられるのはハワイ諸島である．南東に存在するハワイ島はホットスポットから現在噴出しているマグマからできている火山島で，その周りを縁取る裾礁がある．プレートに乗って北西に進むにつれ島は沈み，ミッドウェーでは環礁が成立していると考えられる．また，プレートが変形すると，サンゴ礁が海面上に隆起して島が形成される場合がある．タヒチの近傍では，タヒチ島が形成されてその重みでプレートがたわみ，マカテアとよばれる隆起したサンゴ礁からなる島が成立している．

●**サンゴ礁の現在**　現在，地球温暖化に伴う水温上昇や，陸域での活動による汚染などによって，サンゴ礁は衰退傾向にある．サンゴが死んでしまうと，漁業や観光資源の劣化が引き起こされるのみならず，サンゴ礁に生息する生物の骨や殻から形成される砂浜や環礁の島の形成が阻害される可能性が高い．また，地球温暖化は海面上昇をもたらしており，サンゴが死んでしまうとサンゴ礁が海面上昇に対応して上方に成長できず，防波機能が劣化し，島に浸水が起こる可能性がある．特に，低平な環礁からなる島は，島の形成の阻害に加えて水没の危機にさらされる．地球温暖化が進む現在，オセアニアの島々にとってのサンゴ礁の重要性を再認識し，保全に向けた活動を行うことが急務となっている．　　　　　　［山野博哉］

📖 **参考文献**
[1] 国立環境研究所「サンゴ礁の過去・現在・未来」『環境儀』53，2014.
[2] 山口 徹編『アイランドスケープ・ヒストリーズ』風響社，2019.

有孔虫

◇◇◇

　沖縄へ旅行に行くと，お土産屋に必ず置いてあるのが星砂の瓶である．その瓶の中をよくみると星形だけでなく，いろいろな形をした砂が含まれている．それらをサンゴのかけらと思っている人が多いが，実は有孔虫という生き物の遺骸（殻）である．この有孔虫の殻は沖縄の海岸だけでなく，オセアニアの島々の海岸でもみられ，環礁の陸地をつくる重要な砂粒である．

●有孔虫の生物学　有孔虫は殻をもつ単細胞生物（アメーバ様原生生物）の一群である．殻は主に炭酸カルシウム（方解石）でつくられている．殻は室とよばれる部屋の集まりからなり，室が相似的に徐々に大きくなるとともに一定の規則に従って付加配列していく．生きているときには殻の中に細胞が存在し，室の表面に存在する口孔（細胞の出入り口）から仮足（顆粒質網状仮足）とよばれる細胞の一部を伸ばす．この仮足を伸縮させて，移動，採餌，排泄，室形成を行う．有孔虫は，有性生殖と無性生殖を繰り返して増殖する．有性生殖では主に水中に遊泳性の配偶子を放出する方法で接合体ができる．無性生殖では一つの親個体から数百の娘個体が分裂して形成される．生殖方法の違いによって同じ種でも最初の室（初室）の大きさや個体の形態や大きさが異なる．有孔虫は主に海洋や汽水域に分布するが，淡水や土壌にも生息する．海洋では海底に生息して底生生活をする種類が多いが，一部の種類は浮遊生活をする．

●大型有孔虫　有孔虫の一般的な大きさは成体で0.5 mmほどであるが，サンゴ礁が発達する海域には，肉眼でも確認できる大きさの有孔虫が分布する．それらは大型有孔虫または大型底生有孔虫とよばれ，直径1 mm程度から最大数 cmに達する種類もいる．代表的な種類としては，星形をしたホシズナ（*Baculogypsina*），両凸レンズ状の殻から放射状に棘を伸ばすタイヨウノスナ（*Calcarina*），硬貨の形をしたゼニイシ（*Marginopora*），そろばん玉形のアンフィステジナ

図1　マーシャル諸島マジュロ環礁の外洋側サンゴ礁の砂．大型有孔虫タイヨウノスナの殻（放射状に棘が生えた両凸レンズ形のもの）が占める．有孔虫殻の大きさは約1 mm［2006年8月採取，筆者撮影］

（*Amphistegina*）がいる．いずれの種類も微細藻類と細胞内共生するという特徴をもち，ホシズナやタイヨウノスナ，アンフィステジナは珪藻と，ゼニイシは渦鞭毛藻と共生する．大型有孔虫は共生藻の光合成からエネルギーを得るため，光があたる海藻（海草）表面に付着して生息する．また，大型有孔虫は体が大きく，口孔だけでは代謝や移動の効率が悪い．そのためホシズナやタイヨウノスナでは棘の内部が細胞の連絡通路となっており，その先から仮足を伸ばして活動する．ゼニイシは側面に多くの口孔をもち，そこから放射状に仮足を広げて，海草（海藻）に付着して活動する．

●**大型有孔虫の生物地理**　オセアニアはいくつかの大型有孔虫属の分布の東端・南端に位置し，多様性は西太平洋よりは低く，特定の種が優占する傾向が強い．ホシズナやタイヨウノスナは西太平洋を中心に分布し，南限はオーストラリアのグレート・バリア・リーフ，東限はサモアやキリバスである．ゼニイシやアンフィステジナはより広く低緯度域に分布する．オセアニアでも島によって優占種が異なる傾向にあり，マーシャル諸島（マジュロ環礁）やキリバス（タラワ環礁）ではタイヨウノスナが優占するが，ツバル（フナフチ環礁）ではホシズナやアンフィステジナが優占する．これらの生物地理分布は各分類群の出現時期，配偶子や幼生の分散能力，水温耐性，海流循環などによって規定される．

●**大型有孔虫の生息場と砂の生産力**　州島の砂となる大型有孔虫は州島周辺のサンゴ礁に生息する．干潮時に州島の外洋側のサンゴ礁を沖まで歩いてみると，海岸付近の海藻がマット状に覆う場所にはアンフィステジナが比較的多く見つかる（1 m^{2}あたり最大 10 万個体）．さらに沖へ行くと海藻が芝生状に生えており，そこにはホシズナやタイヨウノスナが多く見つかる（1 m^{2}あたり最大 1000 万個体）．外洋側でも特に貿易風のあたる風上側や州島間の水路に多く，波あたりや潮通しのよい場所に多く生息する．州島のラグーン側では外洋側ほど多くはないが，穏やかな水流環境を好むゼニイシや深い水深を好むアンフィステジナが生息する．大型有孔虫による砂（遺骸殻）の年間生産量は個体群密度が高いところで炭酸カルシウムに換算して年間 1 m^{2}あたり 1 kg 以上，低いところでは 10 g 以下である．人口が密集した州島周辺のサンゴ礁では個体群密度や生産量が低く，人為的影響（特に水質悪化）が有孔虫砂の生産に負の影響を与えていることから，州島の陸地保全には人為影響の低減が不可欠である．　　　　　　　　［藤田和彦］

📖 参考文献

［1］藤田和彦「サンゴ礁海域に分布する大型底生有孔虫の生態」『日本サンゴ礁学会誌』15(1)：57-77，2013．

砂浜の侵食と堆積

〜〜〜〜〜〜〜〜〜〜〜〜〜〜〜〜〜〜〜〜〜〜〜〜〜〜〜〜〜〜〜〜〜〜〜〜〜〜

　一般に砂浜の底質は河川から河口を通じて海岸に供給され，海岸に寄せる波によって生じる沿岸流により運ばれている．これを沿岸漂砂という．沿岸漂砂は砂浜の汀線付近で帯状に存在しており，海岸に沿って流れている．沿岸漂砂の向きや量は，波や地形の条件（波高，周期，波向，海底勾配，底質粒径など）によって決まるので，それより多くの底質が供給されていれば砂浜は安定（動的平衡）状態となるが，供給量が波浪条件を下回ったり，波浪条件が供給量を上回ったりすれば，砂浜は減少することになり，これを侵食とよぶ．逆に供給量が波浪条件を上回る場合には河口付近の砂浜は増加することになり，これを堆積とよぶ．

●**環礁州島海岸における侵食・堆積**　環礁州島とはサンゴ礁上に細長く連なる低平な島のことで，河川はない．つまり州島の砂浜は陸域からの底質供給はない．そもそも，州島は波浪によって打ち上げられたサンゴ礫や有孔虫によって形成されている（図1）．このような砂浜でも波浪による沿岸漂砂とそれによる侵食・堆積は生じる．有孔虫などによる生物的生産から供給された底質は砂浜に寄せる波で沿岸漂砂として運ばれるが，水深が極端に減少するリーフエッジで多くが砕波し，沿岸漂砂を生じさせるエネルギーは小さくなる．そのため環礁州島における砂浜は安定状態であるとされてきた．しかし，気候変動による海面上昇や波浪増大によってリーフエッジを通過する波のエネルギーが増加することや，砂浜地形の人工的改変，さらに生活様式の変化に伴う海岸水質の汚染による有孔虫生産量の減少などにより，沿岸漂砂のバランスが崩れると，深刻な砂浜侵食が生じ得る．

●**フナフチ環礁フォンガファレ島における砂浜侵食対策**　フナフチ環礁は西ポリネシアに位置するツバル国の首府である．環礁東部のフォンガファレ島にほぼすべての島民が居住しており，空港から政府庁舎，民家などすべての人・機能が集中している（図2）．フォンガファレ島中部のラグーン側海岸では大規模な砂浜が形成されている．砂浜を形成する砂は外洋側リーフフラットで供給されたものが

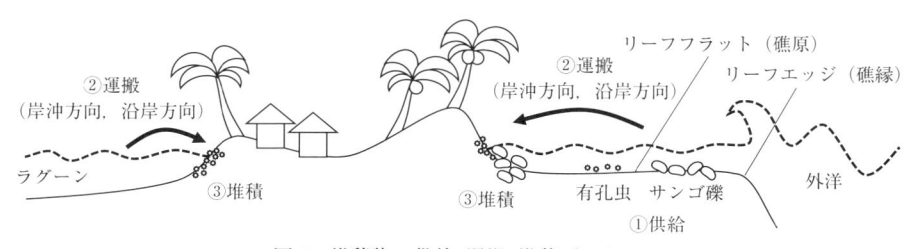

図1　堆積物の供給-運搬-堆積プロセス

沿岸漂砂によって運ばれたものであると推測できる.

　狭小でありながら島内人口と首都機能が集中するフォンガファレ島において, 海岸侵食は非常に大きな問題である. ラグーン側海岸は閉鎖的な海域のため穏やかな波浪条件であるが, 季節的に砂浜の分布が変わり, 海岸地形に変化が生じていることがわかっている (図3). 現状のフォンガファレ島では, 底質の供給源となるリーフ上の水環境が気候変動や人為的汚染の影響で悪化しているとの指摘があり, 供給量は減少しつつあると考えられる. また突堤などの構造物や浚渫窪地等によって砂が捕捉され, 沿岸漂砂量が減少する要因となっている. このため, 底質の供給源となるサンゴ礁生態系の健全化と連続的運搬過程を実現することが持続的な海岸保全にとって重要である. 現地では, 直面している海岸侵食対策として海岸工学的手法が実施されている. 2015年には島中心部のラグーン側海岸においてJICAの技術協力で人工的に海岸地形を形成する養浜 (礫浜) が実施された. さらに, 2016年にはニュージーランドの支援で埋立・養浜 (砂浜) が実施された. 一般的に, 海岸工学的な手法で海岸侵食対策を実施すると継続的な維持管理が必要となるため, フォンガファレ島全体を長期的に防護することは難しい. 州島形成に寄与する自然プロセスの維持を考慮しながら持続的な州島海岸の保全を実現することが期待される.

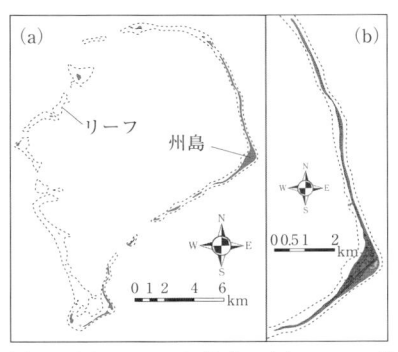

図2　(a) フナフチ環礁, (b) フォンガファレ島

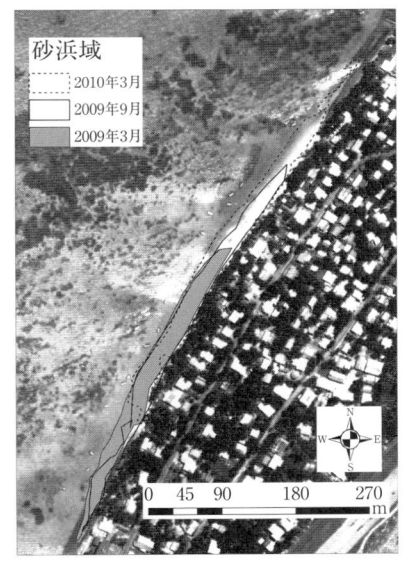

図3　フォンガファレ島中部ラグーン側海岸の砂浜の変化 [出典:文献 [1], p. I-1331 より作成]

[佐藤大作・横木裕宗]

📖 参考文献

[1] 佐藤大作他「環礁州島ラグーン側砂浜海岸における地形変化機構の現地調査」『土木学会論文集B2 (海岸工学)』67(2):I_1331-I_1335, 2011.

サンゴ州島
（環礁州島）

　サンゴ礁の上に，サンゴ礫や有孔虫砂などが打ち上げられてつくられた，標高数 m の島をサンゴ州島とよぶ．主に環礁上の島を環礁島またはモツ（*motu*），サンゴ礁の礁原上に波の回折等によって形成された小規模な島をケイ（cay）とよぶこともあるが，環礁島にも回折でつくられるものもあり，両者の区別は容易ではない．ここでは人々も多く居住する環礁上の島について解説する．

●**環礁の分布**　p.40「海洋島」の図 1 に○で示されたのが，環礁と卓礁の島である．卓礁は，礁原のみで礁湖をもたないサンゴ礁で，礁原上にサンゴ州島をもつこともある．以下では卓礁の島もあわせて環礁として解説する．世界にはおよそ 500 の環礁があり，うち 400 ほどが太平洋に分布する．マーシャル諸島共和国は 34 の，キリバス共和国は 33 の，ツバルは 9 つの環礁からなる．フランス領ポリネシアには 95 の，クック諸島にも 9 の環礁が分布する．カロリン諸島（ミクロネシア連邦）は，ポーンペイ，ヤップ，チューク，コスラエなどミクロネシアの州都は火山島をもつ堡礁だが，ほかに 32 の環礁をもつ．北西ハワイ諸島や，アメリカの海外領土であるウェーク，ベーカー，パルミラ，ジャービスも環礁である．

●**環礁島の地形**　一つの環礁には，数十の州島がリング状のサンゴ礁の上に分布することが多い．図 1 は北から撮影した，ツバル・フナフチ環礁のフォンガファレ島である．写真の左が外洋で，右が環礁に囲まれたラグーンになる．フナフチ環礁は直径 20 km ほどのリング状で，リングの上におよそ 30 の州島が連なっている．フォンガファレ島はそのうち最大の島で，環礁の東の縁に位置しており，幅 650 m である．写真の奥（南）に，細長い州島が断続的に連なっているのがわかる．州島と州島の間はチャネルで，外洋とラグーンの海水がチャネルを通じて交換する．

　島は標高 1～4 m と低平だが，詳細にみるといくつかの地形に区分できる．外洋側の標高 4 m のストームリッジと，ラグーン側の標高 2～2.5 m のラグーン側リッジからなり，二つのリッジに挟まれた中央凹地は標高 1 m ほどと低い．ストームリッジは，暴浪時にサンゴ礫が外洋側から打ち上げられて形成された

図 1　ツバル・フナフチ環礁フォンガファレ島
［2007 年 3 月筆者撮影］

高まりで，握り拳大から大きなものでは一抱えもあるようなサンゴ礫からなる．

　一方，ラグーン側リッジを構成する堆積物の半分〜4分の3を占めるのは，ラグーン側海岸を沿岸流によって運ばれてきた有孔虫砂である．有孔虫とは1mmほどの石灰質の殻をもつ原生動物で，フォンガファレ島で多くみられたのは外洋側のサンゴ礁礁原に生息するホシズナであった．

　環礁州島の地形は，後氷期の海面上昇とその後の安定に伴って形成された．2万1000年前の最終氷期極大期が1万6000年前に終わり，氷床の融解に伴って海面は6000年前まで1000年で10mと急激に上昇した．その後海面は，6000〜4000年前に数m上昇した後，4000年前に安定した．この安定した海面に追いついて，サンゴ礁の土台が形成された．その後，太平洋中部では海面が相対的に1〜2m低下したが，環礁州島は主にこの時期に，サンゴ礫と有孔虫砂の堆積によって形成された．

●**水没する環礁州島**　標高1〜4mのサンゴ州島は，今世紀中に最大1mに達する海面上昇によって，水没の危機にある．地球温暖化抑制のために開催されるさまざまな国際会議においても，このままでは国土が水没すると訴えるキリバスやツバルなど環礁国の発言は重い．こうした島々はすでに海面上昇による水没が始まっているとメディアでは喧伝されている．これまでの海面上昇は20cm程度とされる．これでも標高1〜4mのサンゴ州島にとっては十分大きく，大潮時の異常潮位や暴浪などがより強くなっている可能性はある．しかし，水没として報じられる場所はもともと標高が低い中央凹地であり，首都への人口の集中によってそうした脆弱な土地へ居住域が拡大したことが水没危機を高めている（文献[2]）．また，人口増加に伴って生活排水がサンゴ礁に流入して，島をつくってくれるはずのサンゴや有孔虫が死滅してしまった．

　環礁島で起こっている問題は，海面上昇による水没という単純な問題ではない．首都への人口の集中によって，将来激化する海面上昇に対して島の復元力が低下してしまったという複合的な問題である．首都へ人口が集中するのは，社会経済のグローバル化の流れの中で，金銭収入を得られるからである．環礁国は，地球温暖化とグローバリゼーションという二つの地球規模課題の犠牲になっている．

[茅根　創]

📖 参考文献

[1] 山口　徹編『アイランドスケープ・ヒストリーズ—島景観が架橋する歴史生態学と歴史人類学』風響社，2019.
[2] Yamano, H. et al., "Atoll Island Vulnerability to Flooding and Inundation Revealed by Historical Reconstruction: Fongafale Islet, Funafuti Atoll, Tuvalu," *Global and Planetary Change*, 57(3-4): 407-416, 2007.

サンゴの汚染

◇◇

　オセアニア（大洋州）に属する多くの国は，熱帯域のサンゴ礁を基盤とする島嶼国である．その中でもパラオやフィジーなど比較的大きな，標高の高い土地をもつ島と，サンゴや有孔虫といった生物由来の砂礫が堆積して標高3～4mの低い島を形成する，ツバルやキリバスのような環礁島が存在する．こうした小島嶼国では水と食料の確保や暮らしに独自の知恵と仕組みがあり，伝統的にサンゴ礁生態系は守り維持されてきた．しかし近現代になると大国の支配を受け，太平洋戦争の現場となり，戦後に独立を果たして今日に至る．その中で人口増加や人流・物流，生活様式の変化から多くの島嶼国では環境が激変している．人間活動によるローカルな汚染のうえに近年のグローバルな気候変化・海面上昇が追い打ちをかけ，複合的にサンゴ礁にダメージを与え劣化が目立っている．

●**地球科学とサンゴ試料──ボーリングコアと年輪**　数百年の寿命をもつ塊状の造礁サンゴは，その炭酸カルシウムの骨格に樹木と同様の年輪を形成し，長期間の環境情報を記録する．地球科学ではサンゴ年輪を貴重な試料として掘削し，化学分析して気候や環境の復元に用いる．まずサンゴの生息する赤道熱帯海域は，エルニーニョ現象など重要な気候モード形成の場である．観測記録のない過去の海水温や塩分のデータをサンゴから復元し，温暖化の将来予測研究にも大きく貢献している．また化石サンゴ年輪を用いて数千～数万年前の気候を復元することで，地球科学は考古学とも共働する．さらに過去の台風や地震津波の災害履歴や土地利用など人間活動の痕跡も年輪内に残り，時間情報とともに提供される．農地からの赤土・土砂流出の他，石油流出事故，1950～60年代の核実験や欧州の核廃棄物施設由来の人工核種が検出される例もある．このようにサンゴ礁をめぐるグローバルな影響を長期にわたり年輪が人知れず記録している．

●**南太平洋ツバル・フナフチ環礁での例**　過去のモニタリング記録の代替として掘削された，ツバルのサンゴ年輪の例をあげる．約6000人が暮らす首都フナフチ環礁フォンガファレ島で採取されたサンゴ年輪は，1940年代～2009年までの環境変化を記録している．この中で1972年頃～91年にかけて一度年輪が途切れ，その後成長を再開するが，黒色物が濃くバンド状に混入していることを確認した．黒色物には鉄主体の重金属類，有機物，多種のバクテリアなど微生物が混在した．鉄が硫化物の形態で存在し，季節的にラグーンが貧酸素状態に陥る環境が暗示された．鉄や他の重元素類はもとのサンゴ礁には存在せず，人の持ち込んだ物質に由来する．また有機物は，陸上からラグーンに流れ込む生活排水や廃棄物を起源としている．有機物過多の富栄養状態で微生物分解が進むが，次第に酸

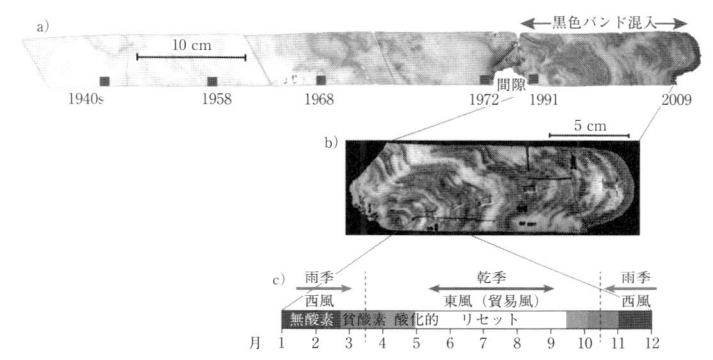

図1　ツバル・フナフチ環礁フォンガファレ島のサンゴ年輪．a) 2009 年にフォンガファレ島で採取されたサンゴ年輪，b) 1991 年以降に黒色バンドが混入する，c) 黒色バンドの混入季節は西風の雨季にあたり，強還元状態の重金属や有機物が検出された［出典：文献[2]，Figure 1 より改図］

素不足となりヘドロ状の還元環境に陥る．1990 年代に周辺の枝サンゴの立ち枯れも起き，現在は大型褐藻（サルガッソー）の森へと生態系が遷移している．

●**年輪年表に見るツバルの近代史**　ツバルは 1915 年からイギリス植民地であった．太平洋戦争が始まると，サンゴの年輪初期にあたる 1942〜43 年にフナフチ環礁には米軍基地が設置され，島内中央部の凹地（一部沼地）を埋め立てて滑走路が建設された．またラグーンでも浚渫と埋め立てがなされ，元の海岸線が消えている．ギルバート諸島（現キリバス共和国）を占領した旧日本軍による 7 回の空襲があったが，犠牲者はほとんど出ていない．戦後は点在する滑走路建設時の浚渫窪地（ボローピット）に雨水が溜まり，放置された戦車や重機が朽ちて鉄くずが供給された．1978 年にツバルは独立を達成し英連邦加盟国となった．1980 年代には多くのツバル人がナウルのリン鉱石採掘へ出稼ぎに出たが，やがて資源枯渇とともにツバルへ戻る人が増えた．この頃から人口は急増し，1990 年代にはフォンガファレ島内の居住エリアが中央凹地や沼地まで広がり，浸水と生活排水流出が恒常化していった．サンゴの黒色バンド混入はこの時期に相当する．

●**サンゴ礁の危機**　廃棄物や生活排水の問題は多くの環礁島に共通であり，サンゴ礁の劣化状況は似通っている．さらに温暖化と海面上昇の危機が迫っている．サンゴ礫と有孔虫砂で構築される環礁島の維持形成には環境保全が必須だが，島嶼国は難しい選択や決断を迫られている．　　　　　　　　　　　　［中村修子］

📖 **参考文献**
[1] Yamano, H. et al., "Atoll Islands Vulnerability to Flooding and Inundation Revealed by Historical Reconstruction," *Global and Planetary Change*, 57(3-4): 407-416, 2007.
[2] Nakamura, N. et al., "Anthropogenic Anoxic History of the Tuvalu Atoll Recorded as Annual Black Bands in Coral," *Scientific Reports*, 10: 7338, 2020.

地球温暖化

◇◇

　化石燃料の燃焼により大気中の二酸化炭素（CO_2）濃度が上昇して，その温室効果によって，産業革命前に比べてすでに地球の平均気温が1.3℃上昇し，海面が20cm上昇した．2021年に公表されたIPCC（Intergovernmental Panel on Climate Change：気候変動に関する政府間パネル）第6次報告書（文献[1]）は，将来の地球温暖化を五つの共通社会経済経路（Shared Socio-economic Pathways：SSP）と代表的濃度経路（Representative Concentration Pathways：RCP）の組み合わせによって予想している．

●**共通社会経済経路**　将来の社会経済シナリオを，CO_2排出削減など緩和策と，温暖化に対する適応策を取る上で想定される困難の度合いによって五つに区分する．環境を重視し国内外の格差を是正する「持続可能シナリオ（SSP1）」は，緩和策も適応策も取りやすい．一方，自国・地域内の問題を優先し，環境を軽視する「地域分断シナリオ（SSP3）」は，緩和策も適応策も難しくなる．国の内外で格差が広がる「格差シナリオ（SSP4）」は，貧困が放置され適応が進まない．「化石燃料依存シナリオ（SSP5）」は，CO_2排出は増えるが，技術開発が進み適応策を取る余地が生まれる．これらに中程度の「中庸シナリオ（SSP2）」を加えた五つのシナリオによる人口，経済，技術革新に基づいて，気候政策をまったく取らない場合のベースラインを予想する．このベースラインからさまざまな気候政策を取ることによって，次に説明するどの代表的濃度経路を取るかを予想する．

●**代表的濃度経路**　温室効果ガスによって加えられる温暖化のエネルギー（放射強制力）を，1.9〜8.5 W/m^{2}まで七つのレベルで予想している．地球が太陽から受けるエネルギーは平均340W/m^2（うち3割は大気上層と地表で反射されて宇宙に戻る）で，これに地球がもっている温室効果324 W/m^{2}が加わって地球の平均気温は15℃程度に維持されている．RCP 2.6は温室効果に +2.6 W/m^{2}を付け加えることを示す（0.3 Aの豆電球を1.5 Vの乾電池でともすと0.45 Wになる．RCP 2.6は1 m^{2}に豆電球を5.9個ともす温室効果）．今世紀末の温暖化予想は，RCP 2.6が +1.3〜+2.4℃，RCP 1.9（1 m^{2}に豆電球4.2個）が +1.0〜+1.8℃で，パリ協定の +2℃，+1.5℃にそれぞれ対応する．化石燃料依存で緩和策を取らない RCP 8.5（1 m^{2}に豆電球18.9個）では，今世紀末の温暖化は +3.3〜+5.7℃に達する．SSP-RCPシナリオは，天気予報のように自然現象を予測（predict）するのではなく，我々自身がどのような社会経済システムを良しとするか将来を選ばせる（project）ものである．

●**海面上昇**　温暖化によって海表面（水深700 mまで）が暖められて膨張し，氷

河と氷床融解の効果も加わって，海面水位が上昇する．図1 b) は，これまでに観測された海面上昇と，将来予想される海面上昇をシナリオごとに示している．海面上昇速度は20 世紀初頭は 1.7 mm/ 年だったが，20 世紀後半には1.9 mm/ 年，現在は 3.7 mm/ 年に加速している．1995〜2014 年を基準として今世紀末までに上昇する海面水位の予想は，温暖化を最も抑制する「持続可能 (SSP1) -RCP 1.9」シナリオで 0.38 m (0.28〜0.55 m)，温暖化の抑制ができない「化石燃料依存 (SSP5) -RCP 8.5」シナリオで 0.77 m (0.63〜1.01 m) に達する．小島嶼国の訴えによって合意した +1.5℃ (RCP 1.9) は，海面上昇を

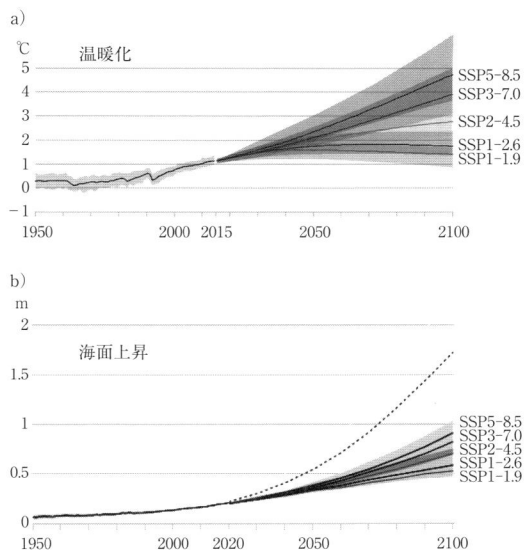

図1　地球の平均気温（上），海面上昇（下）のこれまでの観測結果と将来予想．a) 1850〜1900 年に対する地表気温の変化，b) 1900 年に対する海面変化．破線は氷床が崩壊した場合に起こり得る海面上昇 [出典：文献 [1]，Figure SPM.8 をもとに作成]

0.5 m 以下に抑制することを求めるものである．

　熱膨張と氷河の融解はある程度確からしい予想ができるが，南極氷床の融解は予想が難しい．海に達した氷床の底面が融解することによって，氷床のすべりが起こって大規模な氷床崩壊と融解が起こると，最大 1.88 m 海面が上昇する可能性もある（図1 b) の破線）．また，温暖化が来世紀（22 世紀）頭打ちになっても，海洋深層の冷たい海水が暖められることによって，海面上昇は今後数世紀続く．2300 年の海面上昇量は「SSP1-RCP 2.6」シナリオで 0.3〜3.1 m，「SSP5-RCP 8.5」シナリオで 1.7〜6.8 m に達する．たとえ温暖化 +2℃ の抑制に成功しても，2000 年後の海面上昇量は 2〜6 m，1 万年後には 8〜13 m になる．　[茅根　創]

📖 参考文献

[1] IPCC, *Climate Change 2021: The Physical Science Basis: Working Group I Contribution to the Sixth Assessment Report of the Intergovernmental Panel on Climate Change,* Cambridge University Press, 2023（https://www.ipcc.ch/report/ar6/wg1/）.

南太平洋の海流

海流とは海において 1000 km 以上の空間スケールをもち，1 か月以上の長時間にわたって流れる水平方向の大きな流れを総称したものである．そのスケールから，海流の変化は気候変動や水産に多大な影響を与えている．

●**主な海流の分布**　南太平洋にもさまざまな海流が存在しており，その主な分布を図 1 に示す．まず中央には反時計回りの還流が存在している．順を追うと，南赤道海流（①）→ 東オーストラリア海流（②）→ 東オークランド海流（③）→ 南太平洋海流（④）→ フンボルト海流（別称ペルー海流，⑤）→ 南赤道海流となっている．この還流は亜熱帯循環とよばれ，熱帯を吹く貿易風（東風，すなわち東から吹いてくる風）と，中緯度を吹く偏西風（西風）によって駆動されている．流れの強さは日本近海を流れる黒潮ほど強くはなく，比較的強いとされている東オーストラリア海流でも，毎秒 1.5 m を越えない程度である．

南太平洋の西側を流れる東オーストラリア海流や，パプア海流（⑥），ニューギニア沿岸海流（⑦）は他の海流に比べ流速が速い．これらの海流は海洋学的には大洋の西側に位置するという意味で西岸境界流とよばれ，北半球においては日本の南を流れる黒潮や，北海道から三陸沖に流れる親潮に対応するものである．

赤道付近は表層では南赤道海流（①）が通常東から西に向かって流れている（エルニーニョ現象が発生すると東向きに流れることがある）．海洋は一般に海面付近で温度が高く，深くなるにつれて温度が低くなるが，この南赤道海流の影響

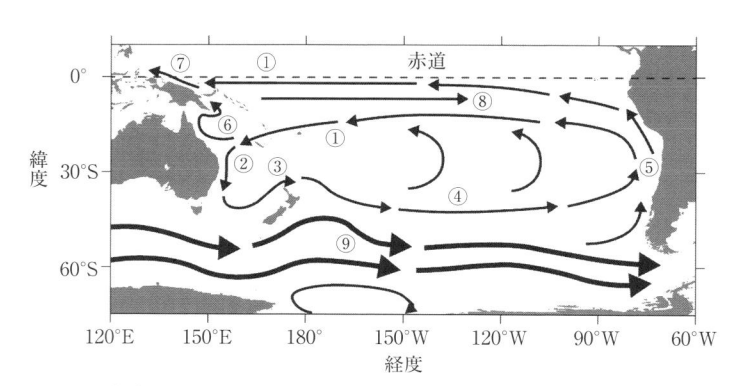

図 1　北半球の夏における，南太平洋の主な表層（深さ 100 m 以浅）の海流の分布図．丸数字については本文を参照のこと．太線（⑨）は南極周極流を意味する

で，太平洋の赤道付近では暖かい海水が東側から西側に集められるため，インドネシア・パプアニューギニア周辺では暖かい海水が厚く溜まって，海面水温が30℃前後と，世界で最も高くなっている．赤道直下の深さ100～300mには，南赤道海流とは逆向き（東向き）に赤道潜流が流れている．また，赤道よりやや南の南緯5°付近にも南赤道海流とは逆向き（東向き）の南赤道反流（⑧）が流れている．

　南太平洋の東側である南米側のペルー周辺では，通常南風が卓越しており，表面の海水はこの風によって沖に運ばれることから，深いところから冷たい海水が沸く湧昇とよばれる現象が起こっている．また南から寒流であるフンボルト海流（⑤）が流れていることから，熱帯にもかかわらず海面水温が20℃程度と低くなっている．これらの冷たい海水は栄養に富んでいることから，南米ペルー沖はアンチョビ（カタクチイワシ）のよい漁場となっている．

　なお，オーストラリア・ニューギニア付近は季節風の変動が大きく，例えばニューギニア周辺では夏は南東風，冬は北西風になることから，これらの風の影響を受けて，海流が大きく変動する．例えば，ニューギニア沿岸海流はニューギニア島北岸を夏は北西方向に流れるが，冬は南東方向に逆流する．

●**世界最大の海流・南極周極流**　亜熱帯循環の南にあたる南緯40°以南には，東向きに南極周極流（⑨）とよばれる海流が流れている．この海流は，南太平洋に限らず南大西洋，そして南インド洋をめぐって南極の周りを1周する海流で，幅が広く，深さが3000mまで及んでいることから，運んでいる海水の量という点では世界最大の海流である．その値は毎秒約1億3500万m^3程度（毎秒東京ドーム109杯分）といわれているが，最近の観測では毎秒1億7300万m^3（同140杯分）という結果も得られており，この数値は黒潮の4倍近い．

　この海流は非常に複雑な構造をしており，1本の海流として流れていない．この海流の位置する場所には海洋前線（気象の前線と同義で，異なる性質の海水が接する場所のことをいう）が複数存在しており，それぞれの前線を境に急激に温度や塩分が変わる．また，大きさが50～200kmスケールの多数の渦が南極周極流の流域にみられる．

　南極周極流が流れている南緯40～60°の範囲は，偏西風が強く，そのため海がいつも荒れており，船乗りから「吠える40度（Roaring Forties）」「狂う50度（Furious Fifties）」「絶叫する60度（Shrieking Sixties）」と恐れられている海域でもある．

　近年この海流が以前より南極大陸に接近し，その結果南極沿岸の深層水が暖まっていることが北海道大学・海洋研究開発機構の研究により示されている．この現象は地球温暖化の影響で偏西風が強くなったため生じたと考えられている．

〔柏野祐二〕

エルニーニョ現象

エルニーニョ現象は，熱帯太平洋の海面水温が日付変更線付近からペルー沖にかけて例年より高い状態が半年〜1年ほど持続する自然変動である．北半球冬季に強まることが多く，1982〜83年，1997〜98年，2015〜16年にはNiño-3.4領域（図1）で2℃以上も昇温した．逆に低い海面水温が続くことをラニーニャ現象とよび，例えば1998〜2000年や2010〜11年に生じた．これらの変動をエルニーニョ・南方振動（ENSO）ともよぶ．貿易風や水温だけでなく世界各地の気候を変化させるため，世界経済や生態系，農林漁業に影響する．

●歴史と原理　南米ペルー沖では冷たいフンボルト海流が沿岸湧昇流を伴い，栄養塩の多い豊かな生態系を形成する．クリスマス頃になると例年，地元漁業者にエルニーニョ海流（エルニーニョはスペイン語でイエス・キリストの意）とよばれる暖流が現れ，季節的に不漁となる．この海流は数年ごとに異常に強くて暖かく，より広域で長期化することがあり，アンチョビ（カタクチイワシ）漁は打撃を受けた．このように，ペルー沖が例年より暖かくなることをエルニーニョ現象とよび，17世紀には地元漁業者に認知されていた．1920〜30年代に，インド気象局長官として旱魃と季節風を研究していたイギリスのG.ウォーカー卿は，ダーウィンとタヒチ（図1）を中心に東西の気圧差が変動する現象，南方振動を発見した．彼の没後，ノルウェーの海洋学者J.ビャークネスは1960年代に，貿易風の弱化を伴い熱帯太平洋が昇温する仕組みを解明し，南方振動がエルニーニョ現象と表裏一体の同一現象だと示した．1980年代に，アメリカの海洋学者K.ウィルトキはエルニーニョ・ラニーニャ現象が交互に起こる物理機構を説明した．

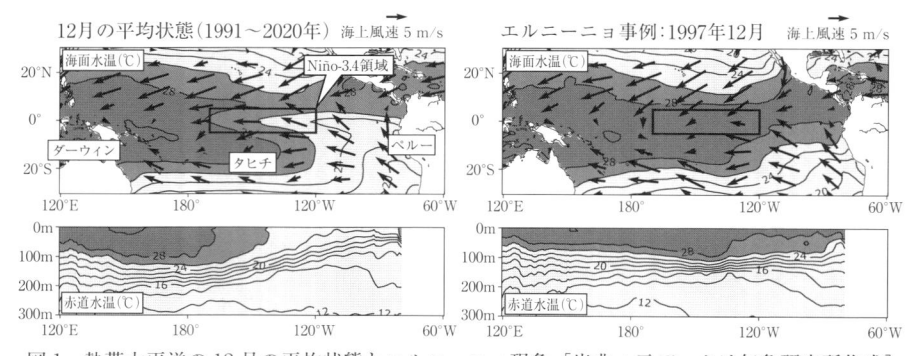

図1　熱帯太平洋の12月の平均状態とエルニーニョ現象　［出典：元データは気象研究所作成］

　熱帯太平洋では通常，強い貿易風により暖水が西へ押しやられ，赤道上の水温躍層（水温が深さとともに急低下する層）は西で深く，東で浅い（図1）．貿易風は冷たい赤道湧昇流を伴い，東側で冷舌とよばれる低い海面水温を形成する．エルニーニョ現象が生じると，例年より赤道貿易風が弱まることで湧昇流と冷舌は弱まり，水温躍層は西で浅く，東で深くなる（図1）．暖水は赤道に沿って東へ拡大し，海面水位は西で下がり，東で上がる．冷舌域での昇温は直上の大気を暖かく湿らせて熱帯の降雨域を西から東へずらし，貿易風がさらに弱まり，エルニーニョ現象は増幅する．一方，赤道付近に蓄積された暖水は地球の回転の効果を受けて南北へゆっくりと放出され，現象は終息する．冷舌域の海面水温が元に戻る頃には水温躍層が例年よりやや浅くなり，貿易風の強まりとともにラニーニャ現象が発達することが多い．これらの変動は2〜7年周期で不規則に繰り返される．

●天候と生態系への影響　高い気圧は晴れた天候，低い気圧は雨や嵐の多い天候に対応する．エルニーニョ現象のときは例年と比べてダーウィンがタヒチより高気圧的で，オーストラリアやインドネシア，フィリピンで乾燥しやすい．ミクロネシアの島嶼沿岸部では1997〜98年，旱魃で塩分濃度が高まりマングローブは縮小した．ハワイやアフリカの一部，ブラジル北東部も乾燥傾向となる．中央・東太平洋は湿潤となり，アメリカ西岸部などで頻繁に洪水が起こる．一方，ラニーニャ現象のときはエルニーニョ現象で乾燥する地域で多雨となりやすい．オーストラリア北東部では2010〜11年，洪水が浅瀬を濁らせたためにグレート・バリア・リーフの海草藻場が激減し，ジュゴンやアオウミガメの生存率も低下した．

　沿岸部に生息するサンゴやコンブ，海草，マングローブはENSOによる海面水位と水温の極端な変化に対して脆弱だ．世界的なサンゴ礁白化をもたらした2015〜16年の水温上昇でグレート・バリア・リーフの約3割が壊滅した．水位低下が重なり，オーストラリア北部のマングローブも立ち枯れた．エルニーニョ現象により西部太平洋島嶼部の海面水位が20〜30 cm低下してサンゴ礁が露呈して死滅することをサモア諸島の言葉でカイマサ（*taimasa*，臭い岩礁の意）とよび，インドネシアなどで1982〜83年に生じた．また，典型的なエルニーニョ現象はペルー沖で栄養塩を不足させ，アンチョビやカニの漁獲量を減らす．ビンチョウマグロの生息域は水温躍層の深さに制約されるため，ニューカレドニアではエルニーニョ現象，サモアやフランス領ポリネシアではラニーニャ現象のときに漁獲量が増えやすい．ただし，中央太平洋でのみ昇温するエルニーニョモドキ現象が共存するなど，ENSO事例ごとに影響が多様である．　　　　　　　［林　未知也］

📖 **参考文献**

[1] McPhaden, M. J. et al. eds., *El Niño Southern Oscillation in a Changing Climate*, American Geophysical Union, 2020.

熱帯サイクロン

∞∞

　最大風速（10分間平均風速）が秒速17mを超える熱帯低気圧を一般的に熱帯サイクロンとよぶ．日本を襲う台風を含め，年間平均で80近いサイクロンが地球全体で発生する．

●**収束帯**　熱帯サイクロンは，洋上を吹く風が異なる方角からぶつかる海域で生まれる．こうした収束帯では湿った暖気によって強い上昇気流が起こり，地球の自転に伴うコリオリの力で旋回しながら熱帯サイクロンに発達する．例えば北半球の夏には，ユーラシア大陸で暖められたモンスーンの西風がフィリピン海を抜け，マリアナ諸島のグアム付近で東風の貿易風とぶつかる．この海域の熱帯サイクロンは年平均で28回ほど発生し，そのうちのいくつかは1分間平均の最大風速が68mを超えるスーパー台風へ発達する．

　北東貿易風と南東貿易風が出会う赤道付近にも熱帯収束帯（ITCZ）とよばれる低圧帯が東西に細長く形成される．積乱雲が発達し，降水量の多い海域である．北半球の夏（7月前後）には赤道の北にあり，キリバスやマーシャル諸島を構成する環礁やリーフ島の低平な島々がときどき熱帯サイクロンに襲われる．南半球では，オーストラリアやニュージーランド東方の高圧帯から吹く北東風と南東貿易風がぶつかる海域に南太平洋収束帯（SPCZ）が形成される（図1）．表層水温が高いニューギニアあたりで上述の熱帯収束帯と接続し，そこからフィジーやサモ

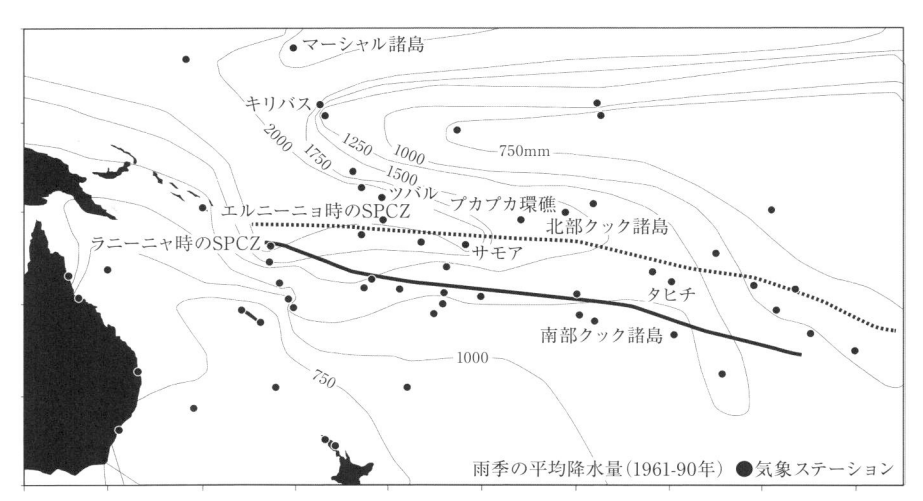

図1　南太平洋収束帯［出典：文献［1］，Fig.2を改変］

アの近海を通り，南部クックやタヒチの島々まで南東方向に細長くのびる低圧帯である．10～3月の雨季には，ポリネシアの島々に恵みのスコールをもたらす一方で，サモア近海で発生した熱帯サイクロンはこの気圧の谷に沿って南東方向に発達しながら進む．1820～2006年の気象データによると，南部クック諸島では平均して1.6年に1回の頻度で熱帯サイクロンが接近している．特に1970年代以降は0.6年に1回と頻度が上がっている．

●**エルニーニョ現象の影響**　中部・東部太平洋の表層海水温が相対的に高くなるエルニーニョ現象の時期には，南太平洋収束帯が北寄りに移動するため，熱帯サイクロンの発生場所と進路もそれに伴って変化することがわかっている．これによって，熱帯サイクロンが北部クック諸島の島々に接近しやすくなる．環礁やリーフ島から構成される島嶼グループで，その西端に位置するプカプカ環礁は，記録の残る1913年以降に12回の熱帯サイクロンを経験しており，そのうち9回はエルニーニョ現象が発生した年だった．キリバスやマーシャル諸島と同様に熱帯サイクロン被害に対して脆弱な島嶼社会である．

●**プカプカ環礁の熱帯サイクロン被害**　プカプカは三つの州島から構成される環礁である．南太平洋収束帯の北東縁に位置するため年間降水量が2500～3000mmで，州島の中央凹地に掘削された数多くの天水田でサトイモ科根茎類のタロイモやミズズイキ類が栽培されている．ところが2005年2月末に，カテゴリー4に達したサイクロン・パーシーがプカプカに最接近し，ほとんどの家屋の屋根が吹き飛ばされ，多くのココヤシがなぎ倒された．幸い死者は出なかったが，西側から押し寄せた高波がラグーン側海岸線を越え，大型天水田を冠水させた．州島の地下に帯水する淡水レンズが塩害を受け，水質が元に戻るのに11か月かかったという．島の人々は数か月にわたって，クック諸島政府や国際赤十字などが送った外からの救援物資に頼るしかなかった．サイクロン以前は600名を超えていた島民が200名近く減少し，12年経った2017年時点でも島内人口は元に戻っていなかった．

　地球温暖化が及ぼす熱帯サイクロンへの影響については，まだはっきりとわかっていない．一説によると，南太平洋では発生数は減るが，個々のサイクロンの勢力は長引くようになるかもしれない．とすれば，オセアニア小島嶼国への被害も拡大する恐れがある．　　　　　　　　　　　　　　　　　[山口　徹]

📖 **参考文献**

[1] Lorrey, A. et al., "Reconstructing the South Pacific Convergence Zone Position During the Presatellite Era: A La Nina Case Study," *Monthly Weather Review*, 140(11): 3653-3668, 2012.

シンガトカ大砂丘

シンガトカ大砂丘は，フィジー・ヴィティ・レヴ島の西南部，シンガトカ川の河口部の西側に広がる海岸砂丘である．その面積は 650 ha に及び，砂丘の高さは最も高いところで 60 m に達する．なおシンガトカという固有名詞は，英語では Sigatoka と表記するが，フィジー語の発音では「g」が鼻母音を含むので，実際の発音は「シガトカ」ではなく「シンガトカ」となる．

オセアニアにおいてこのような巨大な砂丘は珍しい．なぜなら多くの島は周囲をサンゴ礁のリーフに囲まれており，風と波の影響を受けにくいからである．しかしここでは，川から供給される淡水の影響のためリーフが発達せず，強い風と波が，川から供給される砂を海岸に打ち上げることで砂丘が形成されたのである．

シンガトカ大砂丘は 1989 年にフィジーで初の国立公園に指定され，フィジー・ナショナルトラストにより管理されている．さらに 1999 年にはユネスコ世界遺産の暫定一覧表（世界遺産に推薦する候補となる遺産）に記載されたが，自然遺産ではなく文化遺産として分類されている．その理由は，この砂丘に先史時代の遺跡が存在しているためである．

●**遺跡としてのシンガトカ**　シンガトカ砂丘では今でもその表面に数多くの土器片が散っているのを認めることができ，そうした土器の中で最も古いものは鋸歯印文が施されたラピタ土器の段階のものである（☞「ラピタ人とラピタ土器」）．しかしフィジーのラピタ文化複合の遺跡の中でも，シンガトカ遺跡はその後半期に属するものであり，鋸歯印文の文様は単純化し，多くは口縁部に刻目を施しただけの土器もしくは無文土器から構成されている．この段階の土器文化はフィジーの文化史編年においては「シンガトカ期」として位置づけられ，今からおよそ 2500 年前に遡ると考えられている．

これに後続する土器文化として，鋸歯印文による文様が消失し，土器の表面に線状もしくは格子目状の，叩目文とよばれる文様が施されたものが存在する．これは土器を製作する際に，羽子板状の道具（パドル）を用いて土器の表面を叩きしめながら形をつくっていくのだが，その道具に線状もしくは格子目状の刻み目が施されていたために，土器の表面にもその痕跡が残されるのである．この段階の土器文化は「ナバツ期」として位置づけられ，今からおよそ 1500 年前に遡ると考えられている．

また遺跡からは数多くの人骨が出土している．比較的，保存状態が良好なものが多いが，これは砂丘の中に埋没していたという環境が幸いしたものと考えられる．土の中に比べると砂の中には有機物を分解する微生物の数も少なく，また植

物の根による侵食も少ないため，人骨を
はじめとした考古学的遺物がよい状態で
残されていることが多い.

　さらにナバツ期に属する土器の一つと
して皿形の土器が見つかっていることも
興味深い. これは直径が 50～60 cm ほ
どあり，手づくねによって製作したこと
を示唆するようにいびつな形状をしてお
り，底部には植物の葉を押し付けたよう
な痕跡が認められる. この土器の用途や

図1　シンガトカ大砂丘の景観［2005 年 11
月筆者撮影］

機能については不明であるが，一つの可能性として塩をつくるための道具ではな
いかという説が示されている. 海水をこの土器に満たし，それを天日で乾燥させ
ることによって，水分が蒸発し塩が結晶として残る，というものである. シンガ
トカ大砂丘は雨が少なく陽光に恵まれた地域にあることから，この仮説には説得
力がある.

●シンガトカの環境　シンガトカ大砂丘が位置するヴィティ・レヴ島の西半分
は，降水量が少なく，草原や灌木が広がる植生となっている. 反対に東半分は，
降水量が多く，熱帯雨林が広がっている. フィジーの国際空港があるナンディは
島の西側，首都のスヴァは島の東側にあり，ナンディとスヴァをつなぐ国内線の
プロペラ機の窓から眼下を望むと，ちょうど島の半分に差しかかったところで植
生ががらりと変化することを確認できる. これは，東から吹いてくる貿易風が島
の山脈にぶつかり，風上である島の東側に雨雲を発生させ雨を降らせる一方で，
山脈を越えて島の西側には乾燥した風が吹き流れるからである. こうした風上-
風下の環境の違いは，ハワイ島など他のオセアニアの島々にも認められるが，
フィジー・ヴィティ・レヴ島でもその対比は顕著な形で現れている.

　そのためシンガトカ大砂丘の周辺，すなわちヴィティ・レヴ島西南部の海岸部に
はサトウキビのプランテーションが広がっており，これらの多くはイギリス植民地
時代に定着したインド系住民によって経営されている. 今日でもトロッコ鉄道の線
路があちこちに走っており，収穫したサトウキビを運んでいる様子を見ることがで
きる. また海岸沿いには「シャングリ・ラ・フィジアン・リゾート＆スパ」をはじめ
とする高級リゾート施設が立ち並んでおり，観光産業も盛んである. 　　　［石村 智］

📖 参考文献

[1] Birks, L., *Archaeological Excavations at Sigatoka Dune Site, Fiji*, Bulletin of the Fiji Museum
No. 1, The Fiji Museum, 1973.
[2] Marshall, Y. et al., *Sigatoka: The Shifting Sands of Fijian Prehistory*, University of South-
ampton Department of Archaeology Monograph No. 1, Oxbow Books, 2000.

有袋類

オセアニアにおいて唯一の大陸となるのがオーストラリア大陸であり，最も大きい島嶼面積を誇るのがニューギニア島である．両者は更新世後期の時代，氷期に海水面が下降すると陸橋でつながり，サフル大陸とよばれるより広大な大陸部を形成していた．更新世は，約 12 万年間の周期で寒冷な氷期と，より温暖な間氷期が繰り返される時代の地質学的な呼称である．このうち現在からみて最も新しい氷期は「最終氷期」とよばれ，約 1 万 2000 年前頃に終焉したと考えられている．その後，世界の気温は温暖化へと向かう．この比較的暖かい時代は完新世とよばれるが，実際には最終氷期の後に間氷期が始まり，現在に至るとも認識できる．私たちが暮らす現代も，この完新世の時代に相当する．完新世期には温暖化により海水面が上昇し，サフル大陸も今あるようにニューギニア島とオーストラリア大陸に分離した．

●**サフル大陸の有袋類たち**　この旧サフル大陸にあたる地域の代表的な動物が有袋類である．有袋類は哺乳類のプロトタイプのような動物群で，その名のごとく母親がもつ袋の中で子を育てつつ授乳する．まだ地球の陸域が，ゴンドワナとよばれる巨大な大陸を形成していた頃，有袋類の仲間が出現した．その後，ゴンドワナ大陸からオーストラリア大陸や南アメリカ大陸となる陸塊が分離し，他の大陸と海で隔てられた状態になった．その結果，そこに生息していた有袋類も海によって隔離されて，独自の進化を遂げたようだ．なお有袋類は南アメリカ大陸にも多かったが，こちらは北アメリカ大陸と接続した際に有胎盤の哺乳類が侵出し，有袋類の多くは絶滅に追いやられたという．

一方，ニューギニアに多いクスクスなどの小型有袋類の生息地は，旧サフル大陸の境界を越えて，ウォーレシアとよばれる東インドネシアの島々でも確認されている．これに対して最終氷期にアジア大陸とつながっていたジャワ島やボルネオ島などでは，有袋類の生息は確認されていない．こうした生物地理学的な特徴に基づき，19 世紀末の博物学者 A. ウォーレスがアジア区とオセアニア区に分けた境界線はウォレス線とよばれ，その東側に位置するのがウォーレシアとなる．

有袋類の主要な生息地が旧サフル大陸であったことは間違いない．特に乾燥した気候下で広大なサバンナや湿原が広がるオーストラリアでは，多種多様な有袋類が生息していたことが化石資料からわかっている．これらの有袋類動物には，肉食で体長 3 m に達した大型カンガルーのプロプレオプスや最大で 170 kg の体重があったとされるフクロライオン，草食有袋類で最大となるディプロトドン（体重 2 トン）の他，多種が存在した．また有袋類だけでなく，大型の飛べない鳥

の仲間（ドロモルニス科）や，体長５ｍにまでなるメガラニアとよばれるオオトカゲを含む大型爬虫類の仲間も生息していたことが確認されている．

　一方，標高5000ｍを超える山脈をもつ高地と低地からなるニューギニア側は熱帯圏に属し，より湿潤で多様な植生環境があったが，有袋類を中心とする動物の種類は限定的であった．また大型の有袋類もあまり知られておらず，クスクスやバンディクートといった小型の有袋類が主流である．いずれも森林域に生息するネズミ似の小動物であり，ワラビーの仲間なども生息してきた．しかし，カンガルーのような，比較的大型の有袋類は今にいたるまでニューギニアにはいない．

　これに対してオーストラリア大陸では，上記のようにかなり大型の多様な有袋類が生息していたが，得られている光ルミネッセンス法やウラン系列年代測定法に基づく年代値に従えば，その多くは，４万6000年前頃までに絶滅した可能性が高い．例えばプロプレオプスやフクロライオンは約2000万年間に及び生息してきたが，４万年前頃までには絶滅した．ではなぜ，これらの大型有袋類は滅んでしまったのか．その最大の原因として指摘されてきたのが，私たち人類のサフル大陸への拡散と移住による影響である．

●**人類の登場と大型有袋類の絶滅**　実際，これまでの考古学的研究に基づくなら，人類は５万年前頃までにはサフル大陸に到達していた可能性が高い．これらの人類は，いずれも私たちと同じサピエンス種であり，現時点ではそれ以前の原人などがサフル大陸へ移住・拡散した痕跡は発見されていない．またオーストラリアでこれまでに発見されている遺跡のうち，炭素年代法で４万年前より古くなる遺跡は北部沿岸域に多いが，３万年前頃までには全域に遺跡が分布しており，最初の移住後にかなり早いペースで人々が大陸の各地に拡散したことがわかってきた．特に森林域が比較的少なく，乾燥したステップやサバンナ地帯が広がっていたとされるオーストラリアの場合，狩猟採集経済を主軸とするサピエンス集団が一気に拡散し，その過程で大型有袋類が絶滅したシナリオは妥当性が高い．

　別のシナリオでは，最終氷期における寒冷化が原因となり，大型有袋類が滅びたとする説もある．しかし，更新世においてはこうした氷期は繰り返し何度も生じており，その他の氷期は生き延びてきた有袋類たちが，最終氷期の寒冷化だけで同時に絶滅していくのは腑に落ちない．また最終氷期において最も寒かった時期は２万年前頃とされるが，大型有袋類の絶滅はむしろその前で，人類の出現と拡散期に近い印象がある．有袋類に限らず，人類として最初に世界各地への移住・拡散に成功した私たちサピエンスは，それぞれの地で大型哺乳類やその他の動物種を絶滅させた可能性が，近年改めて注目を集めている．オセアニアにおいてもそうした状況が生まれていた可能性は否定できない．　　　　　[小野林太郎]

絶滅した鳥モア

○○○

　モア（または和名で恐鳥）とは 500〜600 年前までニュージーランドに生息していた飛べない鳥の総称である．生物分類上では鳥綱平胸目（ダチョウ目）モア科（学名：*Dinornithidae*）に属する．比較的身近な例でいえば同じく飛べない鳥であるアフリカのダチョウやオーストラリアに生息するエミュー，ニュージーランドに生息するキーウィなどと遠縁であるとされ，近年の遺伝子解析に基づく比較によると，南米に生息するほぼ飛べない鳥のシギダチョウと最も近縁であることが判明している．

●モアの由来　モアという名前の由来に関しては諸説ある．ニュージーランド先住民族のマオリの故郷とされるポリネシアでは現在，一般的にニワトリや七面鳥などの家禽類をモアとよんでおり，飛べない鳥ということで同様に名づけられたのではないかという説や，モアとともに住んでいた鳥がモーアと鳴いたためであるとする説など，その他にもいくつかの説があるが，その由来に関しては確かではない．

　これまでモアを含め，飛べないはずの鳥たちがどのように海を隔てた世界各地に広がっていったのかに関してはいくつかの仮説が提示されてきた．今までは，古生代〜中生代（約 3 億年前〜約 1 億年前）に南半球に存在したとされる巨大なゴンドワナ大陸が分裂し，そこに生息していたそれぞれの祖先の集団が分割されて世界に広がっていったという説が有力であった．しかし近年の遺伝子解析に基づいた研究では，それら飛べない鳥たちの祖先はもともと飛ぶことができたのであり，その後それぞれの生息地で飛行能力を失っていったという説も唱えられている．つまり飛べないモアの祖先は飛ぶことができたのであり，ニュージーランドに飛来してやってきた後に，羽が退化したのではないかということである．

●骨の発見とモアの生態　1839 年にニュージーランドの収集家によってイギリ

図 1　ジャイアントモアのモニュメント
　　　［号外 NET 我孫子市提供］

ス王立軍医学校の博物学者 R. オウエンのもとに巨大な骨が持ち込まれ，彼によって飛べない巨鳥モアの存在が発表され世界に知れわたった．その後，さながらゴールドラッシュのように，ニュージーランド各地でモアの骨の採掘が進められ，同時にその卵や化石化した排泄物なども発掘される中で，徐々にモアの生態が明らかにされていった．

　まずモアには複数の種類が存在したことが明らかになっており，体長３ｍを超える大きな種（Giant moa）やたくましい脚をもつ種（Heavy-footed moa），七面鳥ほどの小さな種（Little bush moa）など，現時点で６属９種に分類されている．種類によって体長だけでなく，足の太さやくちばしの形などもそれぞれ異なっている．

　またモアは草食であったとされる．モアの骨が採掘された場所は主に草原や森林がある地域だった．モアの排泄物の化石（糞石）には，草のほか，ハーブや低木が含まれており，主にそれらを餌にしていたとされる．柔らかい草本を主食とする種は丸みを帯びたくちばし，低木など固い木本を主食とする種は鋭く尖ったくちばしをもっていたという．

　発掘された骨などからは，モアの絶滅の要因も明らかになった．ニュージーランドに最初に入植したポリネシア人（＝マオリ）の狩猟キャンプ跡から大量のモアの骨や卵が出土した．つまりモアは初期入植者たちの食料として捕獲され，その数を減らしていったのである．それに加えて入植者とともにニュージーランドにやってきたイヌやネズミが，モアの卵や雛を捕食したこともモア絶滅の要因の一つとしてあげられている．またキャンプ地からは水入れとして使用するために加工された大きなモアの卵が発見されたほか，頑丈なモアの骨を加工してつくられた釣針や首飾りなども発見された．モアの羽や皮は衣服として使用されたのではないかとの話もある．

　捕食されやすく，初期入植者の生活においても重宝された飛べない鳥モアは，18 世紀には確実にその姿を消した．モアの存在が発表され世界的に有名になった 19 世紀には商標ロゴにも使われるなど一時的にニュージーランドのシンボルとしての地位を得たが，長続きはせず，キーウィに取って代わられた．また現在に至るまでモアを見たという目撃談が数多く寄せられてきたが，どれも確証はなく，その姿は現在ニュージーランドのカンタベリー博物館などで骨格標本として見ることができるのみである．　　　　　　　　　　　　　　　　　　　［大島崇彰］

📖 参考文献
[1] 印東道子「絶滅した巨大な鳥モア─飛べない鳥の哀歌」青柳まちこ編著『ニュージーランドを知るための 63 章』明石書店，pp.49-53，2008.
[2] Worthy, T. H., 'Moa', Te Ara─the Encyclopedia of New Zealand (http://www.TeAra.govt.nz/en/moa).

海洋島の植物

オセアニアの島々は大きく大陸島と海洋島に分けられる．大陸島はオーストラリア大陸の周辺に位置する古い大陸の片割れで，大陸の影響を強く受けた生物相をもつ島々である．一方，海洋島は数百〜数千万年前に海底火山の活動で島が誕生して以来，海洋中にずっと孤立して存在してきた島々で，その生物相は周囲の大陸から海を越えて渡ってきた種のみから構成されるので，独特の内容をもつことが知られている．ハワイは新旧の火山島が群島をなし，周囲からの隔絶の度合いも著しいので，海洋島の代表といえる．

●海洋島の特異な植物世界　植物が海洋島に到着する方法は，果実や種子が鳥に運ばれる（多くの植物），海流に乗る（海岸植物），気流に乗る（微小な種子，胞子）のいずれかである．しかし，数千 km の海を越えて小さな島にたどり着くこと（長距離散布という）は至難の業であり，到着後も環境に恵まれて順調に子孫を残せるかわからない．島に到着し定着できるのは，数万年に一度成功するかどうかというような稀な出来事であるとされる．そこで海洋島では大陸と比べて総種数が極端に少なくなる傾向がある．ハワイの在来植物（種子植物）1014 種はわずか291 種の祖先種に由来するという．また，そもそも海を越えるすべのないブナ科やマツ科は海洋島には存在しない．これらは大陸では森林の優占種となるグループなので，海洋島はいわば主役を欠いた脇役ばかりの世界ということになる．

　一方，上記の困難さの裏返しとして，海洋島の植物は大陸の祖先種と切り離されて隔離が進むので，時間とともに独自の変異が蓄積されて固有種（ある地域に限定される種）に進化する．海洋島の植物相は固有種率の高さが特徴であり，ハワイでは在来植物の 89% が固有種となっている．また，ハワイのように群島をつくり，一つの島の中でも多様な環境を有する場合には，一つの祖先種がさまざまな環境に進出して，それぞれの場所で新種となるために，近縁な固有種群をつくることがある（適応放散という）．ハワイのロベリア類（キキョウ科）やギンケンソウの仲間（キク科）などはその代表例である．ロベリア類ではロート状の花冠のかたちや大きさが受粉を媒介するハワイミツスイのくちばしの形状と見事に対応する共進化の事例も知られている．さらに，多様な環境に進出した種の中には，キク科やキキョウ科のように大陸では草本的な種が島で「木」に進化する例もみられる．

　一般に大陸で極相林をつくる陰樹（日陰に強い樹種）は長距離散布に向いていないので海洋島には不在であり，かわって植生遷移のパイオニア種的な性質をもつ陽樹が海洋島の森林を構成する．ハワイの雲霧帯に成立するオヒア（ハワイフトモモ）林はその典型的な例である．ハワイでは溶岩が流れると真っ先にオヒア

が進出し，そのままオヒアの一斉林が成立する．大陸では陽樹林の後に陰樹林が取って代わるのだが，陰樹を欠いたハワイではオヒア林のまま推移し，老齢化したオヒア林が異常気象や虫害などをきっかけに一斉に枯死すると，開けた土地には再びオヒア林が成立する．

　海洋島の植物は温和な環境の中で強力な競争者の欠けた世界で進化してきたため，人間が大陸から持ち込んだ外来種の影響を受けやすい．ハワイではストロベリーグアバやファイアーツリーなどの外来樹種が広く分布し在来種を圧迫している．また，被食に対する防御機構を退化させた固有種は，人間の持ち込んだ家畜（ヤギ，ブタなど）の食害にあって絶滅の危機に追いやられている．

　オセアニアの海洋島にはサンゴ礁に囲まれた標高の低い島も多い．こうした島々は水分や栄養分に乏しく環境も単純なので，植生もヤシ類を中心とした海岸性の植物が中心となり多様性も低い．また，海流散布をする海岸性の植物は新しい遺伝子が供給され続けるので，隔離が生じにくく，種分化も起こりにくい．そのためハワイにみるような高い固有種率や適応放散的な種分化の事例はあまりみられない．

●**島大陸としてのオーストラリア**　最後に，オセアニアの大陸島についても触れておく．オーストラリア大陸の周辺に位置するニュージーランド，ニューカレドニア，ニューギニアなどはゴンドワナ大陸の時代に遡る古い歴史をもち，ナンヨウスギ科やミナミブナ属（ブナ科）など古い起源をもつ種を残す特徴がある（ただし，ニュージーランドとニューカレドニアは一度水没した後再浮上したとの説もある）．一方で，島の面積が比較的大きく，島内に多様な環境を有し，大陸から切り離されてからの時間も長いので，島の中で独自の進化が進み，高い固有種率や多彩な適応放散的な種分化がみられる点は海洋島のハワイとも共通している．

　実は，六大陸の一つとして扱われるオーストラリアも，約1億2000万年前に孤立してからは一度も他の大陸とつながったことのない「島大陸」である．バンクシア属（ヤマモガシ科）などの古い植物を残す一方で，南極の近くから大陸が北上するにつれ気候の乾燥化が進み，その変化に適応してユーカリ属（フトモモ科）やアカシア属（マメ科）が適応放散的な種分化を果たした．特にユーカリの仲間は動物の有袋類に比せられる存在であり，約600種といわれる多数の種類が高木，亜高木，低木とさまざまな生育形をとりながら，低地から高地，湿潤地から乾燥地まで広がっている．隔離された島の中で，限られた種類が与えられた環境に適応して多様に分化し，独自の生態系をつくる様子はまさに「海洋島」的であるといえよう．　　　　　　　　　　[清水善和]

図1　オヒア（ハワイフトモモ）の花
　　[1995年8月ハワイ・カウアイ島にて筆者撮影]

「旅行カバンの生物相」

〰〰〰〰〰〰〰〰〰〰〰〰〰〰〰〰〰〰〰〰〰〰〰〰〰〰〰〰〰〰〰〰〰〰

　「旅行カバンの生物相」とは，A. W. クロスビーがアメリカ大陸やオーストラリア，ニュージーランドの環境史を描く中で用いた言葉である．人間の移動に伴って運ばれる生物を意味する．人間が意図的に新天地へ持ち込んだ動植物もあれば，意図せずに運んでしまったウィルスや細菌も含まれる．クロスビーの『生態学的帝国主義』（原題：*Ecological Imperialism*）は，西洋が持ち込んだ動植物によって土着の陸上生態系が激変したことを描き出している．

●ニュージーランドの草原景観　オセアニアの本来の島嶼生態系は，大陸と比べると単純で貧弱である．陸上生物相は競合種のいない環境で独自に進化してきた．ニュージーランドはゴンドワナ大陸に由来する古い陸地であり，オセアニアの中では大島だが，8000 万年も孤立した環境だったため，白亜紀以来の生物相はやはり脆弱だった．そんな陸上生態系が，J. クックが来島した 1769 年以降に大規模な外来種の侵入と人為的火入れによって激変したのである．植民地期以前のニュージーランドは，マキ科やナンヨウスギ科といった高木の針葉樹が繁茂する土地だった．これらは船材に適した硬木で，イギリス海軍の船舶を建造するために 19 世紀前半までに多くが切り出された．19 世紀中頃には羊毛生産が本格化し，牧場を開くために多くの森林が焼き払われていった．牧草の大半は外来種で，シロツメクサなどの種子が牧場にまかれていった．花粉を媒介する土着の昆虫が少なかったため牧草の再生産が当初は難しかったが，イギリスの養蜂家が 1839 年にミツバチを持ち込んでから草原景観が一気に拡大していった．現在のニュージーランドに広がる牧草地は植民地史の中で形成された景観であり，よく知られるマヌカハニーも，「旅行カバンの生物相」であるミツバチがフトモモ科の土着種マヌカ（ギョウリュウバイ）の蜜を集めたことから生まれた特産品なのである．

●ラパ・ヌイの草原景観　オセアニアの島嶼生態系は植民地期以前にも人為的に変えられてきた．例えば，東ポリネシアの島々に人間が住みはじめたのは 10 世紀以降で，サモアやトンガから東に向かった航海者たちは遠洋航海用の双胴カヌーに，ブタやイヌ，ニワトリ，タロイモ，バナナ，パンノキといった家畜や作物を積み込んで船出した．ウミガメとウミドリを除くと動物性タンパク源となる陸上動物が存在せず，食料となる植物も限られていた新天地では，みずからが運んだ「旅行カバンの生物相」を根付かせ，故郷の景観を移住先の島々に再現していくことが有効な生存戦略だったと考えてよい．

　モアイ像で有名なラパ・ヌイ（イースター島）もそうした島の一つである．東

ポリネシアの東南端に位置するこの島は文字
どおり孤島である．モアイ像の切出し場とし
て知られるラノララク山から見下ろすと，緑
豊かなタヒチの島々とは対照的に，緩やかな
起伏が連なる丘陵の大部分が草原だとわか
る．南太平洋亜熱帯高気圧帯にあるため降水
量が少なく，乾燥した気候であることがその
一因であろう．しかし，ラノララク山の火口

図1　ラパ・ヌイの草原景観
［2016 年 3 月筆者撮影］

湖で行われたボーリング調査はまったく別の
島の姿を明らかにした．花粉分析によると，13 世紀頃までチリヤシ近似種やマメ
科の高木などでうっそうと覆われていたという．ところが，800 年ほど前にポリ
ネシアの人々が住みはじめたとたん森は後退し，イネ科やカヤツリグサ科が卓越
する草本植生へ急速に変化した．山地斜面や丘陵の崩落土からは 13〜17 世紀の
年代を示す炭化物が数多く検出されているから，伐採と火入れによる農地の開墾
が原因だったと推定できる．島のあちこちから見つかったチリヤシの小さな内果
皮には，ネズミの噛み跡があった．ポリネシアの人々がカヌーに乗せてきた太平
洋ネズミがチリヤシの再生をはからずも妨げた可能性がある．

●生態学的自滅か生態学的帝国主義か　こうした人為的な環境悪化は「エコサイ
ド」とよばれる．自分たちの首が締まることに気づいていながら，最後の樹木さ
え切り倒してしまった島社会を表現する造語である．しかし，ラパ・ヌイ社会は
生態学的に自滅したのだろうか．1722 年にこの島を初めて訪れた西洋人は，バナ
ナ，サツマイモ，サトウキビがあちこちで栽培されていたことを伝える．とすれ
ば，ラパ・ヌイ社会は草原景観の中で，新たな暮らし方の知恵を獲得していたこ
とになる．むしろ，植民地期に入ってきた天然痘や性病によって多くの島民が生
命を失った影響が大きい．さらに，ブラックバーディングとよばれる労働徴発に
よって，1400 人以上の島民がペルーのカラオへ運ばれた．その数は，全島民の
34％強と見積もられている．

　その後，ポニエというフランス人が島の土地の 8 割を独占し，4000 頭のヒツ
ジ，300 頭のブタ，70 頭のウシ，20 頭のウマを導入して，牧場に変えてしまった
ことがわかっている．今みるラパ・ヌイの草原は，「生態学的帝国主義」を色濃く
残す景観ということになる．　　　　　　　　　　　　　　　　　　　［山口　徹］

📖 参考文献
［1］クロスビー，A. W.『ヨーロッパの帝国主義―生態学的視点から歴史を見る』佐々木昭夫訳，
　　ちくま学芸文庫，2017.
［2］Hunt, T. & Lipo, C., *The Statues that Walked: Unraveling the Mystery of Easter Island*, Free
　　Press, 2011.

人新世

◇◇◇

　地球は 46 億年前に誕生し，さまざまな変化を経てきた．隕石の衝突，巨大火山の噴火，氷河期などの極端な気候変動など，地球規模の変化の歴史は地層に刻みこまれている．地層の重なりと地層に含まれる化石などから判明する生物の進化を基準にして地質年代が区分され，この地質年代に基づいて地球の歴史が語られる．そして，地球の現在は，およそ 7 万〜1 万年前にわたる最終氷期が終わった後に続く完新世として位置づけられてきた．

　ところが 2000 年に，オゾンホールの研究で 1995 年度ノーベル化学賞を受賞したオランダ人の大気化学者 P. J. クルッツェンは，完新世はすでに終わりを告げて今や新しい地質年代に入っていると指摘し，その新しい地質年代を人新世とよんで地球の歴史の語り方を変更すべきことを主張した．この人新世とは，人間の活動がこれまでの隕石の衝突や巨大火山の噴火に匹敵するような大きな変化を地球に与え，その影響がすでに地層にまで刻みこまれていることを示す概念である（文献[1]）．

●**大加速化と惑星の限界**　クルッツェンの提起を受けて国際地質科学連合に設置された人新世作業部会は人新世を新たな地質年代とすることを提案したが，同部会の上位にある第四紀層序小委員会は 2024 年 3 月に反対多数でこの提案を否決した．他方，これに先んじて，地球システム科学の領域では「地球規模の変動過程」を把握するために人新世の概念を導入して議論が進められている．地球システム科学の議論は人文・社会科学にも波及し，経済活動を含む人類の諸活動が地球環境を破壊し，その破壊に起因して完新世の「安定的」な環境条件が地球規模で変化した「環境危機の時代」を指す言葉として人新世が用いられている．

　「環境危機の時代」としての人新世の開始時期について，当初は大気中の温室効果ガス（特に二酸化炭素とメタン）の濃度上昇が始まる産業革命後の 18 世紀後半が想定されていた．しかし，社会経済システムに関わる 12 指標（世界人口，都市人口，実質 GDP，海外直接投資額，大型ダム建設数，一次エネルギー消費量，化学肥料の消費量，水の使用量，紙の生産量，自動車台数，電話台数，海外旅行者数）と地球システムに関わる 12 指標（大気中の二酸化炭素濃度，亜酸化窒素濃度，メタン濃度，成層圏オゾン層の破壊，地表温度，海洋の酸性化，海洋での漁獲量，エビ養殖生産量，沿岸の窒素流出量，熱帯雨林の消失量，耕地などの拡大，陸上生物種の絶滅率）を検討した結果，そのいずれもが 1950 年を境に急激な上昇に転じ，地球規模で社会経済活動が大加速化するとともに地球環境への負荷も大加速化したことが確認された．そのため，第 2 次世界大戦終結後の 1950 年代に人新世の開始時期を想定することが一般化した．

　また，環境科学者 J. ロックストロームらは 2009 年に「惑星の限界」仮説を提唱して，1950 年代に始まる人類起源の変動の大加速化がもたらした地球環境への負荷は，九つの環境変化の過程（気候変動，海洋の酸性化，成層圏オゾンの減少，窒素およびリンの生物地球化学的循環の変化，地球規模での淡水利用の増加，土地利用変化，生物多様性の減少，大気エアロゾルの負荷，化学物質による汚染）において地球が耐え得る限界をもはや超えつつあると主張し，人新世における人間活動が地球システムに与える影響を統合的に議論する枠組みを提供した（文献 [2]）．

●オセアニア島嶼世界と人新世　人類が大陸から隔たった太平洋深部の海域世界に進出を始めたのがおよそ 3300 年前．そして，人類が太平洋の中央部に近く大陸から離れた遠隔のオセアニア島嶼世界に拡散して居住を開始したのはおよそ 1000 年前．したがって，二十数万年の人類史の視点で考えれば，オセアニア島嶼世界は人類にとって「最後のフロンティア」の一つであり，そこに人類が進出したことは最も新しい出来事の部類に入るといえる．一方，「環境危機の時代」として人新世を捉えた場合には，皮肉にも，「最後のフロンティア」の一つであったオセアニア島嶼世界は地球上で最も早く人新世を迎えた場所の一つとなっている．

　ポリネシアやミクロネシアの遠隔域には環礁州島に住まい世代を重ねてきた社会が数多くある．環礁州島とは環状に形成されたサンゴ礁を土台とし，海抜 4 m 未満と低平で，土壌が薄く，地上の動植物相に乏しく，雨水を溜める以外に地上の真水もない，極小規模の島々のことである．こうした島々での日常生活には環境の脆弱性（もろさ）と被傷性（変化による傷つきやすさ）がつきまとう．

　ご多分に漏れず，オセアニアの環礁州島社会も 19〜20 世紀に隆盛した欧米列強および日本による植民地化が引き起こした政治・経済・社会の変動と日常の価値観の混乱を経験してきている．そして，20 世紀後半からは，地球規模での気候変動に起因する海面変動や気象災害の激甚化などの気候危機に瀕し，国土喪失の危機に直面している．大陸からは隔絶して生活資源に乏しく，「文明」によって地球の最周縁に位置づけられ，島を所有者の定まらない無主地とみなす植民地統治を被ってきたオセアニアの環礁州島社会において，「文明」の営為が誘発してこの惑星環境に蓄積されてきた負のひずみのしわ寄せが，いち早く顕在化したのである．「文明」による地球規模での社会経済活動の攪乱と，攪乱の負荷に起因する環境変動が交差してオセアニア島嶼世界に生み出された脆弱性・被傷性．オセアニア島嶼世界の人々が攪乱・脆弱性・被傷性に晒されながら生き抜いてきた姿は，我々が地球規模で抱える問題の根深さを教えてくれる．　　　　　　　［棚橋 訓］

📖 参考文献
[1] Crutzen, P. J., "Geology of Mankind," *Nature*, 415: 23, 2002.
[2] 大村敬一・湖中真哉編著『「人新世」時代の文化人類学』放送大学教育振興会，2020.

3

言　葉

［担当編集委員：棚橋　訓］

概　　説

「エスノローグ：世界の言語」（キリスト教系の国際組織が主催し，世界の言語に関するさまざまな情報を発信するデータベース）によれば，2022年現在，世界では7168の言語が話されているが，そのうち3000以上の言語が話者数の減少により消滅の危機にあるという．オセアニアには地域固有の言語が1300（世界の言語の18%）以上あるが，総人口は世界人口の約0.5%なので，平均すると1言語の話者数は約1000人に過ぎない．パプアニューギニアは「世界で最も多様な言語の国」として800以上の地域固有言語を擁する．だが，その36%が近い将来に消滅する可能性が高い危機言語とされている（文献［1］）．18世紀末に250以上あったオーストラリアのアボリジニの地域固有言語の大半はすでに消滅し，21世紀に日常生活で用いられているのは13言語に過ぎない（☞「オーストラリア原住民諸語」）．皮肉にも，オセアニアの言語を巡る現状は多様性と同時に多様性の消滅の危機によって特徴づけられている（☞「言語の多様性」）．

●**言葉に始まる生の広がり**　言葉はさまざまな意味を載せて運ぶ器のようなもので，人にとって日常の欠くべからざる道具の一つである．人はさまざまな事象や物象に名前をつけて分類することで世界を認識し，世界に意味を与えている．言葉を道具に人は学習して知識を得，考えを伝え，過去を記憶にとどめ，他者と意思の疎通をはかり，社会のつながりを生み出す．言葉は秩序や制度をつくり出し，想像と幻想の源ともなって，社会を方向づけもする．言葉を通じて人は自分が何者なのかを問い，みずからを世界の中に位置づける道を開き，あるいは閉ざす．ある場所で生きていくことは，その場所で用いられている言葉を身につけることにほかならない．それゆえ，言葉を知り，言葉について考えることは，文化の核を知り，文化の核について考えることに直結している．

世界中で最も多様な部類に入るオセアニアの言語に目を向けてみることで，我々は人間が育み得る文化の多様性を，そして多様な価値観と世界観に支えられた生活や社会のあり方の多様な現実を探る糸口を手にすることができるだろう．ひいては，我々が知る「日常のあたりまえ」から飛び出して，人間の創造性と可能性について改めて思いを馳せる契機を得ることにもなるだろう．しかしながら，我々は同時に，オセアニアの言語の多様性が縮減と消滅の危機にさらされ続けてきている歴史と現在も見据えなければならない．

16世紀に始まった外部勢力による支配（スペイン・イギリス・フランス・ドイツ・オランダなどのヨーロッパ諸国や，アメリカ・ニュージーランド・日本・オーストラリアなどの環太平洋諸国による植民地支配・委任統治・信託統治）．17世

紀に始まったキリスト教化と欧米目線での教育の近代化．グローバル化により変容し続ける経済・社会・生活様式．こうした出来事が複雑に絡み合いながら，英語・ドイツ語・フランス語などのヨーロッパ言語の流入と地域固有言語のマイナー言語化が，オセアニアの言語の多様性の縮減と消滅の傾向に拍車をかけてきた．失われようとしているオセアニアの諸言語とそれらによって表現される世界には，多様な，しかも恵まれているとは言いがたい自然環境を長きにわたって生き抜く中で蓄積された厖大な量の知恵と知識が詰まっている（文献 [2]）．地球上から一つの言語が失われることは，それに支えられた固有の価値観と世界観が失われ，つまりは一つの「生き方」が失われることを意味する．一方，外部勢力の支配下に起きた経済・社会・生活様式の変容と外来言語の流入は，外来言語と地域固有言語の混淆を促した．その結果，特に 19 世紀以降，オセアニアでは数多くの混成言語（ピジン言語）が新たに生み出されてもいる．混成言語の誕生は，オセアニアにおける新たな「生き方」と新たな多様性の登場の現場として捉えることができるのではなかろうか．

●**言葉を巡る経験**　繰り返しになるが，言葉を知り，言葉について考えることは，文化の核を知り，文化の核について考えることに直結している．筆者自身，ポリネシアのクック諸島で調査を始めた当初，現地のラロトンガン・マオリ語の習得に四苦八苦した．しかしながら，日々学ぶ 1 語 1 語が，それまでには考えも及ばなかった時間の認識の仕方やモノの数え方，人称代名詞の複雑さ，女性と男性の二分法には収まらない性別・性差の考え方など，未知の世界へと誘う扉だった．多くの人々が集う村や部族の集会では，たとえ言い争いになったとしても，誰か／何かをあからさまに否定／非難する言葉を用いるのはご法度だという言葉の流儀を知り，この流儀に当該社会における人間関係すなわち社会の築き方を考察する手掛かりがあることも知った．

　本章の各項目では，各言語に関する言語学的な基礎情報やその言語が経てきた歴史，置かれている現状について触れた後に，個々の執筆者がそれぞれの現場で言葉と出会い，言葉を通じてそれぞれの社会と文化を対象に考えを巡らせた軌跡について論じている．執筆者自身がフィールドワークの過程でいかにその言語を学んだのか，現地の言語・社会・文化の理解の鍵となった言葉，あるいは，逆に理解を阻む言葉にどのようなものだったのかなど，執筆者の言葉を巡るさまざまな経験について幅広く自由に読者と共有してもらうこととした．　　　　　　　［棚橋　訓］

📖 **参考文献**
[1] Eberhard, D. M. et al. eds., *Ethnologue: Languages of the World*, 26th ed., SIL International, 2023（http://www.ethnologue.com）.
[2] ネトル，D. & ロメイン，S.『消えゆく言語たち—失われることば，失われる世界』島村宣男訳，新曜社，2001.

ハワイ語

◇◇◇

　ハワイ語は英語とともにアメリカ・ハワイ州の公用語である．国勢調査で家庭の使用言語がハワイ語だと回答した人数を参考にすると，1980 年代からイマージョン教育を受けた新世代の母語話者や学習者を含めた現在の話者数は約 2 万人である．イマージョン教育以前の狭義の母語話者は 90 歳以上の年配者が中心で，その人数は 100 人に満たないと推定される．

　ハワイ語はオーストロネシア語族のマレー・ポリネシア語派に属し，東部ポリネシア諸語に分類される．「音」の数は母音と子音で 13 と説明されることが多い．しかし，「音素」としては，短母音が 5（a, e, i, o, u），長母音が 5（ā, ē, ī, ō, ū），二重母音が 15（ae など），子音が 8（h, k, l, m, n, p, w,ʻ[ʔ]）という捉え方も可能である．音節構造は（C）V の開音節が基本となる．単語レベルのアクセントは，最後から 2 番目の音節あるいは長母音に強勢が置かれる．ハワイ語の文は述語が動詞句か名詞句かに大別され，動詞述語文の場合，基本語順は VSO である．名詞述語文の場合，述語にあたる名詞句が文頭に来る．しかし，ハワイ語の衰退とともに変異が減じたと推察されること，年配の母語話者から調査協力を得るのが困難であること，利用できる資料に制約があることなどの理由により，特に音声面の研究は十分にされているとはいえず，地域差や年齢差についても不明な点が多い．

●**ハワイ語史における転換点**　ハワイ語史にはいくつもの重要な出来事があるが，とりわけ，1778 年の西洋との接触を転換点として，先住民の言語実践が大きく変化し始めた．1820 年にはボストンからキリスト教宣教師が渡来し，2 年後にはアルファベットを用いた表記法が定められ，綴字教本が印刷された．聖書の翻訳は 1824 年に始まり，1839 年に完了した．1834 年には先住民の教員養成を目的とした神学校ラハイナルナ・スクールで，最初のハワイ語新聞が発行されている．また，1840 年にはハワイ語を教育言語とする公立学校の設立が義務化され，ハワイ語は口承文化の言語から文字文化の言語へと変貌を遂げていった．

　一方で，英語とキリスト教の影響が高まっていく．ハワイ語新聞の登場から 2 年後の 1836 年には英語新聞の発行が始まり，1854 年には英語を教育言語とする学校の設立に関する法律が制定された．1860 年には父親の名前を子どもの家族名とすることに加え，洗礼名をつけることを規定する法律が制定された．カメハメハ 3 世による統治（1839〜54 年）の初期である 1840 年には憲法が制定されて，まずハワイ語で印刷され，後で英語への翻訳が行われた．法律や行政文書もハワイ語から英語に翻訳されるか，ハワイ語のみとされていた．しかし，カメハメハ王朝からカラーカウア王朝へと移行する 1874 年頃には，文書の原本は英語とさ

れ，ハワイ語への翻訳が行われるようになった．

　ハワイ王国は宣教師の子孫であるアメリカ人実業家と米軍によって1893年に転覆され，1898年にアメリカに併合，1959年に州になるというように，統治形態が変遷した．この間ハワイ語は衰退の一途をたどるが，世代間継承が完全に途絶えたわけではなかった．1896年から90年間にわたって英語を学校の教育言語とし，実質的にハワイ語を禁止してきた法律が1986年に修正され，就学前教育以降もハワイ語によるイマージョン教育が可能となった．就学前教育のプーナナ・レオ，高校までの公教育の一部としてのカイアプニ・ハワイで教育を受けた最初の世代が親世代となり，ハワイ語の世代間継承は新たな段階に突入した．高校卒業後もハワイ語で学べる大学・大学院の課程も設置されている．

●**現代社会におけるハワイ語**　ハワイ語の再活性化が一定の成果を出した理由は，文化資本の豊かさにある．19世紀から100年以上にわたって，100紙以上のハワイ語新聞が発行され，文化からニュースまでさまざまな内容が文字資料として残された．また，カ・レオ・ハワイ（ハワイの声）というラジオ番組が1972〜2000年まで，毎週，合計800回以上放送された．新聞記事もラジオの録音もデジタル化され，イマージョン教育，大学・大学院の教育・研究など再活性化運動全体を支える重要な基盤を形成しており，将来世代へと着実に継承されている．

　こうしたハワイ語の再活性化に携わる人々を理解するうえで鍵となる概念の一つは，クアナイケ（kuanaʻike）である．クアナは「位置」，イケは「見る，知識」で，クアナイケで「視点」という意味になる．英語が圧倒的な影響力をもつアメリカという国家において，ハワイ語の再活性化に携わる人々は，先住民の視点を獲得することを目指している．その視点は19世紀の新聞記事を読むことや，ラジオ番組に出演した年配の母語話者たちの語りを聴くことで研ぎ澄まされていく．ハワイ

図1　ハワイ語新聞の例
［Nupepa Kuokoa 紙 1862年1月1日発行，筆者撮影］

先住民の中には，イマージョン教育を行う学校に子どもを通わせる家庭もあれば，文化中心の学習を行う学校に子どもを通わせる家庭もある．ハワイ語で学ぶにせよ，ハワイ語を学ぶにせよ，ハワイ語はいわば先住民ならではの世界観を理解し，実践するうえで重要な役割を付与されている．　　　　　　　　　［古川敏明］

📖**参考文献**
[1] 岩﨑加奈絵「句の中核部を形成するハワイ語の機能語──ʻana と方向詞を中心に」東京大学大学院学位請求論文，2018.
[2] Reinecke, J. E., *Language and Dialect in Hawaii: A Sociolinguistic History to 1935*, University of Hawaiʻi Press, 1969.

トンガ語

トンガ語は，ポリネシアの島嶼国であるトンガ王国（トンガ）の公用語の一つである．オーストロネシア語族ポリネシア諸語の一つであり，その中のトンガ語群に属す．なお同じトンガ語群にはニウエ語が含まれる．

●トンガ語の基本情報　トンガの三つの島嶼群，トンガタプ島，ハアパイ諸島，ヴァヴァウ諸島で用いられる言語間には，方言のような差異はほぼみられないものの，国内最北に位置するニウアフォオウ島で話されるニウアフォオウ語は，ウヴェア語（ウヴェアはニウアフォオウに隣接するフランス領の地域を指し，ウォリス島とフツナ島

図1　トンガ王国［外務省ウェブページをもとに作成］

からなる）の影響を強く受けており，トンガ語との間には明確な差異がみられる．しかし近年ではこのニウアフォオウ語の話者数が激減し，トンガ語の文法体系に強く影響を受け統合されるかたちで，消滅危機を迎えている．

トンガ語の主要な特徴の一つに，三つの社会階層（王族・貴族・平民）に対応する三つの言語レベルの存在があげられる．すなわちトンガでは話者の社会階層に応じて適切な言語を使い分ける必要があり，それらは文法構造は同じであっても多くの単語が異なる．ただし昨今では貴族や王族は海外留学経験を積むことが一般的であるため，彼らはむしろ英語に堪能になり，自身の階層に応じた正式なトンガ語の話者も減少している可能性もある．

一般的に用いられているのは国民の大半を占める平民層のトンガ語である．初等教育の普及により，現在15歳以上の識字率はほぼ100％を占めている．話者数はトンガの人口である約10万人に加えて，諸外国（主にニュージーランド・オーストラリア・アメリカ）の移民コミュニティにも相当数の話者が存在する．

●トンガにおける英語の影響力　トンガではトンガ語および英語が公用語となっているが，多くの人々が日常会話で用いているのはトンガ語である．例えばラジオや TV，新聞などのメディアではトンガ語が主であり，筆者がフィールドワークのために長期滞在していた村落では，日常的に英語を話す人はおらず，英語での会話が可能だったのは教師や一部の公務員など限られた層の人々であった．

その一方で，若者の間では英語使用への関心が年々高まっている．エンターテ

インメントの領域に関していえば，トンガ語のコンテンツはほぼなく，字幕なしあるいは英語字幕のみの外国映画や，グローバルな音楽などが人気となっている．またSNSを介して，海外在住のトンガ人家族とのやりとりも活発化し，そこで英語が用いられる（あるいはトンガ語と英語が混ざりあう）ということもある．

図2　トンガ語で出版された書籍［2022年8月筆者撮影］

　また重要な社会背景として，トンガでは高等教育や就業の機会を得るために海外に出る必要があり，その際には英語の能力が有利に働くため，それに向けた英語学習のモチベーションがある．また学校教育そのものが，英語の積極使用へと徐々に移行している事実もある．現在ではセカンダリースクール（小学校の次にあたる中等教育学校）以上で行われている英語による授業だが，最近は小学校でもすべての授業を英語で行う学校があり，教育熱心な親は子どもをそこに通わせたいと考えている．前・教育省大臣アナ・マウイ・タウフェウルンガキはこうした英語の影響力の強さとトンガ語の衰退について危惧し，トンガ語で書かれた子ども向けの本を教育省から出版している（図2写真左）．またトンガの言語に加えて伝統文化の継承をも危惧するキリスト教会（フリーウェズリアン教会）も，同様にトンガ語でトンガの文化について説明する書籍（図2写真右）を出版している．

●**海外移民コミュニティにとってのトンガ語**　トンガ人移民が多数暮らすニュージーランドでは，先住民マオリの言語であるマオリ語の復興と保護だけでなく，人口増加傾向にあるオセアニア島嶼民（2013年時点でニュージーランド全人口の7.4%）の言語の保護にも手厚く，トンガ，サモア，クック諸島など各々のコミュニティが形成されている．そしてそれぞれの母国の文化および言語を学習することが教育カリキュラムにも含まれている．移民2世や3世にとっての母国語の意味が重要視されているのである．

　なお筆者はハワイ大学在学時にトンガ語の授業を受講していたが，筆者を除いた他の学生はすべて移民第2世代あるいは第3世代のトンガ人であった．彼らの多くはアメリカで生まれており，父母や祖父母の話すトンガ語はかろうじて理解するものの，自分たちは英語教育を受けてきたため，自身がトンガ語を話すことは困難な様子だった．彼らがトンガ語を学ぶ目的は，家族（母国であるトンガにいる家族をも含む）たちとのより円滑なコミュニケーションを目指すというだけでなく，トンガ人としてのみずからのアイデンティティの拠り所を求めている部分もあったようだ．このようにしてトンガ語は，国境を越えグローバルな形で維持され，母国と移民社会との紐帯にもなっているのである．　　　　　　　［比嘉夏子］

ツバル語

ツバル語（*gana Tuvalu*）はポリネシア諸語の一つで，ポリネシア三角形の西端に位置するツバルで主に話されている．ツバルは九つの環礁／島で構成される人口1万人ほどの国である．最南端のニウラキタ島は20世紀に入るまで人が住んでおらず，現在はニウタオ島の一部とされる．また，ヌイ島ではキリバス語が用いられる．そのためツバルの七つの環礁／島における土着の言語として話されてきたのであり，それらは大きく北（ナヌメア環礁，ナヌマンガ島，ニウタオ島）と南（バイツプ島，ヌクフェタウ環礁，フナフチ環礁，ヌクラエラエ環礁）に分けられるが，島ごとの言い回しや語彙の差異も大きい．首都が置かれるフナフチ環礁と多くの生徒が進学する寄宿舎制のセカンダリースクール（中等学校）があるバイツプ島の方言が標準語として強い影響力をもっており（両者の差異はほとんどないとされる），ラジオの放送などを通してツバル全体に流通してきた．また，海外への移民に伴い，現在ではツバル語はツバルのみならず，フィジー，ニュージーランドなどのツバル人移民の間でも話されている．

ツバル語に影響を与えた言語にサモア語がある．ツバルにはじめて移り住んできた人々はサモアの方から来たと考えられているが，それに加えて19世紀末〜20世紀半ばまでサモア人牧師を受け入れ，サモア語の聖書が使われていたというキリスト教の受容の歴史にも由来する．また，同じイギリスの植民地ギルバート・エリス諸島を構成し，それ以前から続く交流があった北隣のキリバスの言語であるキリバス語の影響や，イギリスによる植民地支配という歴史を背景に，現在でも学校教育や政府で英語が使われることや，ニュージーランドなどの英語圏への移住者も多いことから英語の影響もみられる．他にも，現在，定期的な航空路でつながるフィジーの言語であるフィジー語由来の語彙も聞かれる．

●「食べる」から考えるツバル語　ツバルの人たちと生活している中で真っ先に覚える単語の一つにマコナ（*makona*）がある．これは「お腹がいっぱい」という意味である．一緒にご飯を食べると必ずお腹がいっぱいかどうか尋ねられる．お腹が空いているというのはとても「かわいそう（*fakaalofa*）」なことであるため，お腹がいっぱいであると答えると満足そうに笑ってくれるだろう．このお腹がいっぱいという非常に単純な言葉のもつ意味に気づいたのは，筆者が長期のフィールドワークを終えて日本に帰国して何年も経った後である．

フィールドでの話を続けよう．マコナの次に覚えるのは，ヴァウ・オ・カイ（*vau o kai*）だろう．ヴァウは「来る」でカイは「食べる」であり，「こっちへきて食べなさい」という誘い文句である．この言葉は，家族の中で使われるだけでな

い．離島では道を歩いていると，知り合いからも，そして，そうではない人からも家の中からヴァウ・オ・カイと声をかけられる．断りたいときは先述のマコナ（「お腹がいっぱい」）に，「ありがとう」を意味するファカフェタイ（*fakafetai*）を加えて笑顔をみせればいい．他方で，誘いに乗りたいときの定型句はないが，おもむろに家の中に入って腰を下ろし，お礼をいえば，すぐに何かを出してくれるだろう．ツバル人の間では親密な親族関係にない者からの誘いは断るのが普通である．しかし，とりわけ食事時にはみえる範囲に人がいれば必ずといっていいほど声をかける．食べ物がないことは「かわいそう」なことではあるが「恥ずかしい（*maa*）」ことではない．他方で，食べ物を独り占めすることは大変に「恥ずかしい」ことなのであり，お腹が空いている者がいれば自分のものを分け与えることが強く望まれる．だから，他者に何か食べるように誘う必要があるのだ．

●**饗宴**　島に長く滞在していると，島の集会所でファカアラ（*fakaala*）が頻繁に行われることに気づくだろう．ファカアラとは「人々が集まって共食をする饗宴」，そして「饗宴の食べ物」のことである．食べ物を一緒に食べるということがまさにファカアラなのである．実際に，ナヌメア環礁ではファカアラではなく，カイガ（*kaiga*）とよばれるが，カイガは「食べる」が名詞化されたもので文字通り「食べること」という意味である．饗宴では，ブタやニワトリ，鳥，マグロやカツオ，トビウオなどの魚，タロイモ，パンノキといった栽培作物，最近では米や冷凍チキンなどの輸入食品を使った料理が用意され，集まった人々がそれを食べる．興味深いのは，人々は必ずしもその場での会食を楽しんでいるわけではない点である．饗宴の中心にいる男性年長者たちは手早く食事を済ませて，演説をはじめなければならない．女性たちは子どもたちと一緒に端っこの方か，別の場所で食事をしている．若者たちは料理や後片付けをしながら食べることも多い．

　饗宴のために，それまで丹精込めて育ててきたブタやニワトリをおとし，タロイモやココナツを消費する．若者たちは漁撈に出かけ，お金に余裕がある者は冷凍チキンを大量に購入する．食材が集まったら，何時間もかけて，時に徹夜で調理して，大量の食べ物を準備する．島の中で一人前として認められるためには，島の饗宴のときには欠かさず食べ物をもってこなければならない．そのために，普段からブタやニワトリなどの家畜を飼養し，タロイモなどを栽培するだけなく，それを島のために惜しみなく提供する必要がある．饗宴の後に大量に残った食べ物は人々に分配される．こうして，島の人々が平等にお腹がいっぱいになる．

　筆者は，「お腹がいっぱい」か何度も尋ねられ，「お腹がいっぱい」と何度も答えてきた．それは気づかないうちに，ツバルの人々が私に対して，他者とのつながりの中でどのように生きるべきかについて教えてくれたのだと今になってわかる．

〔小林　誠〕

タヒチ語

タヒチ語（reo tahiti）はフランス領ポリネシアの先住民言語レオ・マオヒ（reo mā'ohi）の一つであり，ソサエティ諸島で使用される言語である．フランス領ポリネシアの島々は 1880 年に植民地化され，現在，フランスの海外準県なおかつ海外領邦であり，フランス語が公用語である．タヒチ語は 1980 年に公用語に追加されたが，1996 年以降はその地位は失われている．フランス領ポリネシアにはソサエティ諸島を含めた五つの諸島があり，マルケサス諸島ではマルケサス語，ツアモツ諸島ではツアモツ語，オーストラル諸島ではオーストラル語とライヴァヴァエ語とラパ語，ガンビエ諸島ではマンガレヴァ語が話されている．これらポリネシア言語の中ではタヒチ語が最も話者数が多く，ツアモツ諸島やニューカレドニアやニュージーランドでのタヒチ人移民にも話者がいる．

●**タヒチ語の特徴**　タヒチ語はオーストロネシア諸語東マレー・ポリネシア語派の一つであり，マオリ語，ラロトンガ語，ツアモツ語などとともに東ポリネシア諸語に分類される．タヒチ語は 14 の音素をもつ．母音は a，e，i，o，u であり，それぞれに長母音がある．子音は f，h，n，m，p，r，t，v と声門破裂音がある．マルケサス語やツアモツ語の k が，タヒチ語では声門破裂音になり，ta'ata（人），ha'ari（ココナツ）のようにアポストロフィで示す．また，ツアモツ語にある軟口蓋鼻音（ŋ）はタヒチ語にはない．文章は動詞，主語，目的語の順で構成され，時制とアスペクト（動詞が表す行為の様相）は動詞の前もしくは動詞の前後に示される．例えば，動詞 inu（飲む）に動作の進行を示す Te〜nei を伴って，Te inu nei teie ta'ata i te pape ha'ari（この人はココナツを飲んでいる）となる．

●**タヒチ語教育**　口頭言語であったタヒチ語は植民地統治および近代化の歴史の中でアルファベット表記化され，英語やフランス語語源の語彙も取り入れながら変化してきた．18 世紀末にロンドン伝道協会によるキリスト教の布教が開始され，宣教師はタヒチ語を習得してポリネシア人にキリスト教の教えを説き，礼拝を行った．宣教師 J. デイヴィスと H. ノットが 1836 年に聖書をタヒチ語に翻訳し，1851 年にタヒチ語の辞書を出版した．現在でも，土着化が顕著であるプロテスタント・マオヒ教会では礼拝におけるタヒチ語使用率が高い．

　1842 年に始まる保護領下では，タヒチ語はフランス語とともに行政と法律の領域で使用されていた．1862 年以降，小中学校ではフランス語によるフランスのカリキュラムに則った教育が導入されたが，タヒチ語は家庭内やローカル・コミュニティにおいて話され続けた．しかし，長期にわたるフランス語による学校教育に加え，1960 年代以降，核実験実施に伴いフランス領ポリネシアに駐留するフラ

ンス人が増加し，フランス語話者が高等教育への進学や就職において優位になっていった．

●**運動の中のタヒチ語**　1950年代後半から起こる独立運動から1960年代の核実験開始につながる政治情勢の中，ポリネシア人の間からタヒチ語の重要性を見直す動きが出てきた．タヒチ人民連合の党首で，独立運動の父とされるポウヴァナア・ア・オオポアはタヒチ語でタヒチ人のための政治を唱える演説を行い，多くの支持を得た．1959年には，タヒチ語での定期刊行物の発行前に許可申請を義務付けた1932年制定の法令が厳格化し，フランス語訳の提出が定められた．1967年に領土議会議員 J. テアリキがその法令の廃止をフランスに要請したが，退けられた．これに対して多くのポリネシア人からの反発の声が上がった．1972年には，タヒチ語の保全・継承・普及を目的とするアカデミー・タヒティエンヌ（タヒチ語名称 Fare Vāna'a）が創設され，以降，M. テヴァネなどの言語学者が牽引しながら，アカデミーはタヒチ語の文法書や辞書を出版し，タヒチ語の教育に力を入れてきた．さらに，1970年代から始まる文化復興の動きの中でもタヒチ語は重視された．例えば，多彩な芸術活動を通して反核と植民地批判を行った詩人 H. ヒロはタヒチ語で詩や演劇を発表した．

●**現代のタヒチ語**　1982年以降，小学校では週に2時間半のタヒチ語あるいは他のポリネシア語の授業が必須になり，中学校ではタヒチ語は選択科目になっている．2017年度国勢調査によると，ソサエティ諸島の15歳以上の人口18万8957人のうち，家庭内でのフランス語使用者が14万4915人であるのに対し，タヒチ語使用者は3万9210人である．タヒチ語教育が広く浸透しない理由として教員不足の指摘もある．小学校教育ではオレロ（'ōrero，信仰や伝統や政治などの口頭継承に使われた演説文化）やタヒチ語の歌唱を取り入れるなどの工夫もみられる．

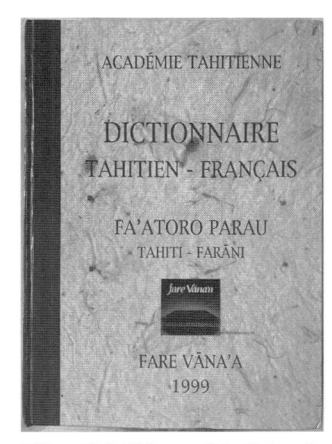

図1　アカデミー・タヒティエンヌが出版した辞書

　現在，タヒチ語は多くの領域で使用されている．現地のテレビ局やラジオ局ではタヒチ語の番組をフランス領ポリネシア全土に放送する．領土議会や行政で使用されるフランス語以外の言語および中学校で教えられる唯一のポリネシア語はタヒチ語である．フランス語に加えてこのようなタヒチ語の優勢に起因して，他のポリネシア語は継承の危機にある．それぞれの諸島はアカデミーを創立し，ダンスや伝統工芸などとともに，言語の復興と継承に向けて努力している．

[桑原牧子]

マオリ語

主にオセアニアのポリネシア南端のニュージーランドの先住民マオリによって話される言語である．植民地化と西洋近代化によって英語が優勢となり，話者が減少した．しかし，1970 年代からマオリ語復興に向けた運動が盛り上がり，イマージョン教育機関の誕生，公用語化，マオリ語放送の拡充が進んだ．

●**言語学的特徴**　マオリ語あるいはテ・レオ・マオリ（*te reo Māori*）は，主にニュージーランドの先住民マオリによって話される言語である．言語学においては，オーストロネシア語族マレー・ポリネシア語派中核マレー・ポリネシア語群中央太平洋諸語の一つとされている．オーストロネシア祖語を話す人々は，数千年をかけてオセアニアの島々へと広がっていった．これらの島々の南端に位置するニュージーランドへは，13 世紀半ば以降，中央ポリネシア方向から段階的に人々が到達した．ポリネシアは総じて言語の類似性が高いといわれるが，なかでもマオリ語は，中央ポリネシアのタヒチ語やラロトンガン・マオリ語，ツアモツ語などと非常に類似していることが指摘されている．マオリは文字をもたなかったが，ヨーロッパ人の到来により早い段階から，ラテン文字で表記することが定着した．マオリ語アルファベットは，a, e, i, o, u の五つの母音，h, k, m, n, p, r, t, w の八つの子音，ng, wh の二つの二重音字（2 字で一つの音を表す），計 15 個から成っている．母音は長く伸ばすこともあり，近年はそれをアルファベットにマクロンを付けて表記することが多い（例えば ā）．マオリ語には地域的な差異もみられ，北島東部方言，北島西部方言，南島方言に大別される．

●**話者の減少と復興の道のり**　ニュージーランドでは 19 世紀半ば以降，ヨーロッパ系入植者が急増していったものの，20 世紀初頭までは大半のマオリがマオリ語のみを話していたと考えられる．ところがその後，西洋近代化が進み学校教育では英語が使用言語と位置づけられ，さらに多くのマオリが都市移入しヨーロッパ系住民と日常的に接触するようになると，マオリは次第に公的場面はもとより家庭でも英語を話すようになっていった．1980 年代には，マオリ語を母語として話すマオリは 2 割を切ったといわれた．その一方で，1960 年代末からマオリの地位の向上とマオリ文化の回復を求める先住民運動が高揚し，1970 年代からは国家もまた二文化主義へと舵を切っていくことになった．1972 年には大学をベースにした若年層マオリ組織ンガー・タマトア（*Ngā Tamatoa*：戦士たち）の先導により，学校におけるマオリ語教育の拡充を求める陳述書が 3 万以上の署名とともに国会に提出された．同年には「マオリ語デー」が設定され，1975 年に「マオリ語ウィーク」に延長され，現在まで続いている．その後，学校でのマオリ語

授業の提供やバイリンガル学校の設置が進んだ．さらにマオリがより主体的に新しいマオリ語教育を模索する動きが強まり，マオリ語を教えるというよりむしろマオリ語でマオリ文化を包括的に教えるという，マオリ語イマージョン教育の必要性が叫ばれるようになった．その結果，1982年には就学前教育機関コハンガ・レオ（*kōhanga reo*：言葉の巣）が，1985年には初等・中等教育機関クラ・カウパパ（*kura kaupapa Māori*：マオリ原理の学校）が誕生し，徐々に全国に広がっていき，政府の公認も得ることになった．マオリ語イマージョン教育の成功は，ハワイや北米，北欧など，先住民言語の復興を目指す地域に広く影響を与えている．1987年には，1987年マオリ語法の制定によって，英語と並んでマオリ語にも公用語としての地位が与えられ，法廷などにおける司法的手続きにおいてマオリ語を使用する権利が保障された．加えて，国家機関としてのマオリ語委員会がマオリ語の普及や問題解決のために設立された．他方，1980年代半ばからはマオリが運営するラジオ局の開局が続き，さらに2004年にはマオリが主導する全国区のマオリ・テレビ局が開局し，マス・メディアにおけるマオリ語放送が拡充された．その後，1987年マオリ語法に代わって2016年テ・トゥレ・モー・テ・レオ・マオリ法（*Te Ture mō Te Reo Māori 2016*：2016年マオリ語法）がマオリ語版と英語版で制定され，前者の優位が明記された．この立法により，テ・マーターワイ（*Te Mātāwai*：源）という組織が設立されてコミュニティ・レベルでのマオリ語復興に努めることになり，既存のマオリ語委員会は国家レベルでの調整を担うことになった．さて，1990年代後半にはマオリのうちマオリ語で会話できる人口の比率は4分の1程度で安定していたが，2000年代に入るとその割合は減少し，2013年には21.3%（12万5352人）と報告されている．マオリ語話者の比率は，年齢が高いほど高く，マオリ人口比率が高い地方では高いことも指摘された．

●**マラエで語られるファカパパ**　ほとんどのマオリが英語で日常生活を送るなか，なおもマオリ語の地位は盤石とは言いがたい．だが，各地に立つマラエ（*marae*：儀礼・集会場）は，マオリ語が優位にある空間として堅持されている．マラエでの正式な集会では，冒頭にポーフィリ（*pōwhiri*：邂逅の儀礼）が執り行われ，ホスト側とゲスト側の代表者たちがファイコーレロ（*whaikōrero*：演説）を交わす．ファイコーレロでは，参加者に関するファカパパ（*whakapapa*：系譜）の知識を弁舌巧みに披露することが重要視される．ファカパパとは，水平的な広がりや大地を意味する *papa* に使役接頭辞 *whaka* が付いた語であり，「層を重ねていく」という動詞でもある．つまり参加者は，ファイコーレロによってファカパパを想起することで，今を生きる人々，過去を生きた祖先，双方とのつながりを確認するのである．マラエにおけるマオリ語による言語実践は，人々が水平的かつ垂直的につながることで，ポストコロニアルな現代においてマオリであり続けていることを象徴的に示している．　　　　　　　　　　　　　　　［深山直子］

サモア語

サモア語は，オーストロネシア語族マレー・ポリネシア語派の中のポリネシア諸語に属し，主にサモア諸島やアメリカ合衆国，ニュージーランド，オーストラリアなどのサモア人移民コミュニティで日常的に話されている．ポリネシア諸語は，約800〜1700年前にサモア諸島を起点としてポリネシア各地へ拡散したと考えられており，子音の省略などの発音の違いはあるものの，ハワイ語やマオリ語（ニュージーランド）といった他のポリネシア諸語と多くの語彙を共有している．サモア語の話者人口は，サモア諸島（サモア独立国，アメリカ領サモア）のみでおよそ25万人（2021年現在）であり，さらに海外移民コミュニティにはサモア諸島を上回る数のサモア語話者が存在すると推測されている．

●**サモア語の言語的特徴**　サモア語にはもともと文字はなかったが，19世紀の西洋との接触以降はアルファベットによって表記されるようになっている．サモア語で用いられる母音には五つ（a, e, i, o, u,）があり，どの母音にも長短の区別がある（長母音を表記する場合は文字の上にマクロン（⁻）を付記する）．一方，子音には有声音九つ（f, g, l, m, n, p, s, t, v）と声門閉鎖音（ʻ）があり，英語などからの借用語にはその他に三つ（h, k, r）の子音も用いられる．発音と表記は基本的に一致しているが，くだけた間柄での会話はnやgが /ŋ/ と，tは /k/ と発音されることがある．また，サモア語では敬語表現も発達しており，相手の社会的地位（首長位など）に応じて特別な動詞や名詞が用いられる．語順は基本的に「主語＋動詞＋目的語」の順となっており，動詞や形容詞にも活用がないため，比較的習得しやすい言語であるといえる．

表1　サモア語の人称代名詞

	1人称（私）		2人称（あなた）	3人称（彼，彼女）
単数	*aʻu* *ʻou／oʻu*		*ʻoe* *ʻe*	*ia*
両数 （2人）	（相手を含む） *tāʻua* *ta*	（相手を含まない） *māʻua* *ma*	*ʻoulua* *lua*	*lāʻua* *la*
複数 （3人以上）	*tātou* *tātou*	*mātou* *mātou*	*ʻoutou* *tou*	*lātou* *lātou*

●**バイリンガル教育**　サモア諸島は，19世紀末にアメリカとドイツによって東西に分割統治され，第1次世界大戦後は西側のドイツ領部分はニュージーランドによって委任統治されることになった．その結果，サモア諸島は東西とも公用語と

してサモア語とともに英語が用いられている．また，第2次世界大戦後には，アメリカ領サモアからハワイやアメリカ本土へ，また1962年に独立した西サモア（現サモア独立国）からニュージーランドへの移民や出稼ぎが増加し，英語教育がますます重視されるようになっている．両サモア社会では，初等教育から高等教育へと進むに従って学習に用いる言語がサモア語から英語へと徐々に移行するバイリンガル教育が実施されている．例えば，サモア独立国では，8年制の初等教育（primary school）では主にサモア語による学習が行われるものの，その途中から科目としての英語が導入され，4年制の中等教育（college）以降はサモア文化やサモア語言語表現を学習する時間を除いて英語による教授が中心となる．両サモア社会では英語の能力が中等教育以降の入学選考や留学のための奨学金獲得において重要な選考基準となっており，都市部を中心に家庭内でも英語を用いる家庭が増加している．ただし，大多数のサモアの人々は依然としてサモア語を生活言語としているため，英語による学習機会の差が社会的な格差を再生産する構造がみられることが大きな問題となっている．

●**サモア語による演説や弁論**　学校教育で英語の習得が重視される一方で，村落生活や近代政治の場面ではサモア語による演説や弁論がきわめて重要になっている．サモア社会には「マタイ（*matai*）」とよばれる首長制度があり，「アーイガ（*'āiga*）」という親族集団ごとにそれを代表するマタイが選ばれるようになっている．マタイとなった者は村落会議（*fono*）や結婚・葬儀や訪問者の歓待といったさまざまな場面でサモア語による巧みな演説や弁論を行うことになる．同様に，近代政治でも政治家となる者（多くの場合はマタイでもある）も選挙や議会のさまざまな場面でサモア語で演説や弁論することが求められる．

　演説では，敬語を含めた適切な言語表現だけでなく，土地や事物に関する特別な名称や自然現象などを用いた巧みな隠喩，さらにはことわざ（*alagā'upu*）や慣用表現などに関する豊富な知識が求められ，語彙の豊かさや言語表現の巧みさが社会的リーダーとしての評価に直結する．また，弁論では，それらに加えて人称代名詞をはじめとする巧みな言葉の使い分けが重要な意味をもつようになる．サモア語では，人称代名詞は表1のように人称と数で区分されており，1人称両数・複数は「相手を含む／含まない」によってさらに区分される．実際の弁論では，このさまざまな「我々」を巧みに使い分けることで，その場の全員を含み込んだり（*tātou*），相手だけを排除したり（*mātou*），私と相手のみを取り出したり（*tā'ua／ta*）といった駆け引きが展開され，人々の間での合意が醸成されてゆく．このように，サモア語による演説や弁論は，英語の使用が拡大するサモア社会においてもきわめて重要な位置を占めており，サモア語やサモア文化を学ぶ者にとっても巧みな言語表現や政治的駆け引きに触れられるスリリングな機会となっている．

　　　　　　　　　　　　　　　　　　　　　　　　　　　　[倉田　誠]

ポーンペイ語

◇◇◇

　ポーンペイ語は，ミクロネシア連邦のポーンペイ島で日常的に話されている言語である．主な話者は 2024 年現在この島に住む 3 万 5000 人ほどの島民や，この島を出身地とする移民などである．ポーンペイ語はオーストロネシア諸語のうちミクロネシア諸語に属する，オセアニアのマイナー言語の一つである．島南部のキチーとよばれる地域には，この言語から派生した方言がある．なお，20 世紀後半に島名が改称される以前は，ポナペ島という当時の名称に倣ってポナペ語とよばれていた．

　ポーンペイ語は独自の文字をもたず，今日ではアルファベット表記である．語順は英語と同じ SVO 型であるが，人称代名詞は性別で区別されることはない．代表的な辞書として *Ponapean-English Dictionary*（『ポナペ語–英語辞書』Uni-versity of Hawaiʻi Press, 1979）があり，2024 年時点ではこの辞書をベースにした無料版オンライン辞書も運用されている．

● **敬語の使用と身分階層秩序**　ポーンペイ語の最大の特徴は，日本語と同じく洗練された敬語が，首長を頂点とする身分階層秩序に沿った言語コミュニケーションをかたちづくることである．なかでも，(1)居合わせることと(2)食べることに関わる語彙は重要である．

　ポーンペイ語の *kohdo* が「来る」を，*kohla* が「行く」をそれぞれ意味するように，人や物がその場に現れる際には *-do*，人や物がその場から離れて別のところに向かう際には *-la* または *-da* という接尾辞が用いられる．さらに，相手の地位（位階）に応じた振る舞いが求められる対面状況では，首長や高位称号保持者がその場に居合わせることが特別な言葉遣いで表現される．例えば，動作主体が首長になる際には尊敬語の接頭辞 *ke-* が用いられ，首長がその場にいることは *ket*，首長がそこに訪れることは *ketdo*，首長がそこを去ることは *ketda* と表現される．逆に，低位の者が動作主体となる際には，同様の行動に対して今度は謙譲語の接頭辞 *pato-* が使用される．首長などの高位の者よりも先に帰宅する際の挨拶の言葉である *"I pahn patohda"* は，日本語の「お先に失礼します」とよく似た表現である．

　食事の提供に関しては，敬意の対象がより細分化される．最高首長に提供される食事は *koanoat*，最高首長夫人の食事は *pwenieu*，副最高首長や下位の首長の食事は *sahk*，首長ではない島民の食事は *mwenge* とよばれる．示されるべき敬意は，*koanoat* から順に大きい．その一方，最高首長が同席する場で食事をいただくことを *kepin koanoat* というように，首長から食物を賜ったことを示す *kepin*

という接頭辞によって，首長からの恩恵に感謝と敬意を示す謙譲表現がなされる．

　これらの例のように，高位の者を敬う尊敬語と，高位の者に対してへりくだる謙譲語という2種類の敬語の組み合わせにより，首長を頂点とする身分階層秩序に見合った敬意表現が対面的コミュニケーションの中で達成される．

● **名詞・動詞・形容詞の互換性**　こうした高位者への敬意表現を基本とする礼節の作法について，島民たちは口を揃えて *wahu* という概念が重要だと述べる．*wahu* という言葉は名誉や尊敬を意味する名詞であるが，「〜と思う」を意味する接尾辞-ki を付けることで，「〔特定の相手のことを〕名誉に思う」という感情を表す他動詞 *wahuniki* になる．

　実は，対面コミュニケーションの場では，首長を頂点とする身分階層秩序を基本としながらも，その場その場の脈絡や状況によって敬意を向けるべき対象や順番が変わることがある．島民たちが「*wahu* が大事だ」というのに対して，具体的な対面状況でいかに敬意が向けられるのかを捉えるには，むしろ *wahunuki* に着目する方が有用であることを，筆者は調査の過程で見出した．つまり，対面コミュニケーションの機微は，名詞形ではなく他動詞形の *wahunuki* に着目し，その目的語（となる人物）の選ばれ方を検討することで，よりよく理解できるのだ．

　ポーンペイ語には接尾辞一つを加えるだけで動詞や形容詞のかたちを取れる名詞が少なくない．上記の *wahu* から *wahunuki* への転換の例からもわかるように，同根の語彙を起点とする名詞・動詞・形容詞の切り替え可能性を活用することで，島民同士のやり取りや出来事に関してより豊かな理解を達成できる可能性がある．

● **ポーンペイ語と外国語**　ポーンペイ島には約100年にわたる諸外国（スペイン・ドイツ・日本・アメリカ）からの統治の歴史があり，その過程でポーンペイ語に取り入れられた外国語が多数ある．日本語由来の言葉に限っても，*soiu*（醤油），*kairu*（蛙），*densinpasura*（電信柱），*iakiu*（野球），*mwusing*（無尽〔講〕）などがあり，今も日常的に使われている．また，日本の天皇や聖書に登場する諸王がポーンペイ島の最高首長になぞらえて *Nahnmwarki* とよばれることがあるように，外国の制度や価値観がポーンペイ語の概念で認識されることもある．このように，今日のポーンペイ語には諸外国との接触の歴史が刻み込まれており，その運用のされ方からは，統治過程でもたらされた物や制度がいかに受容されたのかを垣間見ることができるのだ．　　　　　　　　　　　　　　　　　　　［河野正治］

📖 **参考文献**

[1] Keating, E., *Power Sharing: Language, Rank, Gender and Social Space in Pohnpei, Micronesia*, Oxford University Press, 1998.

チューク語

◇◇

　「チューク語」（*Kkapasen Chuuk* = Chuukese language；旧称「トラック語」(Trukese Language)）は，オーストロネシア語族＞オセアニア語派＞中核ミクロネシア諸語＞東チューク語群に属する言語である．ミクロネシア連邦チューク州，チューク礁湖（Chuuk Lagoon）内の島々の約3万6000人により第1言語として使用され，礁湖外の同系言語であるモートロック語，ナモヌイト語，プルワット語などの話者約1万2000人により地域共通語として使用される（2010年概数）．礁湖内地域全体を指す *Chuuk*（=「山」）は，ドイツ語で *Truk* と書かれ，かつて日本語では英語読みで「トラック」とよばれた．東のモートロックから北のサイパン，西のトビに至る島々の「チューク語群」は，隣接の言語同士が多くの特徴を共有しながら次第に相違点をみせていく「言語連鎖」をなしている．

●**音韻・書記記号**　母音9個，子音12個，半母音2個の音素からなる音韻体系を有する．1972年と1975年の地域正書法会議で決定された書記記号を用いて次に示す．[　] 内の音声記号は，注意を要する代表的音価を表す．母音：i, e, á [æ], ú [i], é [ə], a, u, o, ó [ɒ]．子音：p, pw [pˠ], t, k, f, s, ch [tʂ, tʃ], r, m, mw [mˠ], n, ng [ŋ], 半母音：w, y [j]．pw, mw は後舌部での狭めを伴う「軟口蓋化音」，ch は「反り舌破擦音」または「歯茎破擦音」である．母音および子音の「長」「短」の区別は有意である（*pi*「浮く」，*pii*「ごみ」，*ppi*「砂」）．母音間で閉鎖音と破擦音は時に有声化され，m, ng は有声摩擦音となることがある．n は母音間で日本語のラ行子音に似た「弾き音」[ɾ] となる（*inan* [iran]「彼の母」）．言語史的には，チューク語がミクロネシア祖語の *s を t，*t を s，*l を n としているのが興味深い（*sa > *ta*「壊れた」，*tama > *saam*「父」，*laŋi > *nááng*「天」）．語頭の *k や語末の母音の脱落なども注目される．語のピッチと強勢は音韻論的に有意ではない．

●**語彙**　熱帯の島の自然環境と生活様式を反映する語彙が多い．ココヤシやタロイモなど，重要な植物については，生育段階や種類に対応する多数の語が区別される．伝統的航海技術や天文に関する語彙は専門技能者の間だけに残る．一方，歴代の統治実施国，スペイン，ドイツ，日本，アメリカの言語からの借用語は多い（スペイン語 *antiyos*「水中眼鏡」，*kattu*「ネコ」；ドイツ語 *kkumi*「ゴム」，*sepeniin*「飛行機」；日本語 *appiyo*「発表」，*napwpwa*「菜っ葉」；英語 *iyer*「年」，*sukuun*「学校」）．30年あまりの日本による統治を反映して，日本語起源のものが多いが，チューク語／英語の二言語教育の推進，英語のミクロネシア連邦公用語としての地位確立などにより，英語からの借用語が急速に増加している．

●**語類・語形**　品詞は，名詞，動詞，形容詞，副詞，指示詞，数詞，代名詞，接

続詞，前置詞，所有詞，相詞である．身体部位や親族名称など，「不可分なほど緊密な関係」を含意する「不可譲名詞」は，所有接尾辞を伴って語形変化をする（*naaw*「子」，*neyi-y*「私の子」，*nowu-mw*「あなたの子」，*néwú-n*「彼の子」）．他動詞は人称と数を示す目的接尾辞を伴って変化する（*tongee-yey*「私を愛する」，*tongeyo-k*「あなたを愛する」，*tongee-y*「彼を愛する」，*tongee-kemi*「あなたたちを愛する」）．語幹の母音は接尾辞の音韻的特徴に応じて規則的に変化し，「末尾母音脱落」「母音調和」的現象，「代償長音化」的現象などを現出する．なお，例示中のハイフン（-）は説明のため仮に挿入されたものである．

●**分類詞**　所有接尾辞をとらない「可譲名詞」の所有関係は，不可譲名詞を「所有詞」として前置し，所有の性質を示して表す（*néwú-ch áát*「(子-我々の 少年) 私たちの息子」，*néwú-úr suus*「(子-彼らの 靴) 彼らの貴重品たる靴」）．基本的数詞は「数語幹」と日本語の助数詞に似た「助数接尾辞」からなる（*e-mén feefin*「(1-生物 女)１人の女」，*nima-ché taropwe*「(5-葉 紙)5枚の紙」）．常用される所有詞は30個ほど．助数接尾辞は50個以上が報告されている．これらはチュークの人々の事物との関わり方，事物の見方を示す「分類詞 (classifier)」と解し得る．

●**統語**　基本的な要素配列は次のとおりである．「題目-述定」(*Tom re-Merika*「トムはアメリカ人だ」)．「自動詞-主語」(*A-a war Satau*「(彼-変化 着く サタウ) サタウが到着した」)．「主語-他動詞-目的語」(*Satau me Wie re-pwe wochee-y eey iik*「(サタウ と ウィエ 彼ら-予想変化 食べる-それを この 魚) サタウとウィエがこの魚を食べるだろう」)．動詞の前には主語と人称・数が一致する付属語的代名詞（例文の *a-, re-*）と，「変化」を示す「相詞」（例文の *-a, -pwe*）が置かれる．名詞句では，所有詞と指示詞は名詞の前に置かれ，形容詞のみ「状態」を示す相詞 *meyi*「〜のだ」を介して後ろに置かれる．この点で，チューク語は名詞を修飾あるいは限定する要素のすべてを後ろに置く傾向にある他のミクロネシア諸語と異なる（*néwú-n enaan mwáán kkanaan rúwé-mén konaak meyi wátte*「(子-のあの 男 あれらの 2-生物 犬 状態 大きい) あの男のあの2匹の大きい犬」）．

●**言語位相**　体系としての「敬語」はなく，男女間の言語差も小さい．東西2方言に大別されるが，差異は大きくない．「イタン (*itang*)」とよばれる伝統的知識技能をもつ話者が用いる特殊表現群も，体系的社会方言ではない．　　　　[杉田 洋]

📖 **参考文献**

[1] Bender, B. W. et al., "Proto-Micronesian Reconstructions: I," *Oceanic Linguistics*, 42(1)：1-110, 2003.
[2] Goodenough, W. H. & Sugita, H., *Trukese-English Dictionary*, American Philosophical Society, 1980.

キリバス語

　キリバス語は，中核ミクロネシア諸語に分類される言語である．2020年現在人口約12万人を擁するキリバス国内で話されている．現地の人々によると，キリバス北部と中南部の間では発音や言い回しの違いがあるというが，些細なものである．キリバス国内は，ほぼ単一言語といい得る状況である．旧宗主国の言語である英語は，学校で学習する程度であり，日常生活で話されることはない．

●**表記の混用**　元来文字のなかったキリバス語にアルファベットを導入したのは，布教のため19世紀に初めてギルバート諸島を来訪したヨーロッパ人のキリスト教宣教師である．宣教師は，単語を収集して辞書をつくり聖書や讃美歌をキリバス語に翻訳した．カトリックのフランス人神父 E. サバティエが編纂した辞書の英語翻訳版（1971年）が有名である．他方，プロテスタント諸宗派のアメリカ海外伝道委員会（American Board of Commissioners for Foreign Missions：ABCFM）から派遣された牧師 H. ビンガムも，辞書を編纂している（初版1908年）．ギルバート諸島が1916年にイギリスにより植民地化されると，プロテスタントの宗派は，ロンドン伝道協会（London Missionary Society：LMS）のもとに統合された．

　上記カトリックの辞書と LMS の英語・キリバス語語彙集（1948年）を比べると，同一語の表記が微妙に異なることに気づく．さらに，キリバス政府は正書法の確立を試みた．その結果，わずかに違う3種類の表記が混用されることになった．例えば，男性（マーネ）は，プロテスタントの語彙集では *m'ane*，カトリックの辞書では *mane*，政府の新たな正字法では *mwane* と表記されている．

　なお，キリバス語表記の読み方で頻繁に誤解されるのは，ti の発音である．Kiribati を誤って「キリバティ」と発音するのをたまに聞くが「キリバス（またはキリバシ）」が正しい．ti は，「ス」または「シ」と読むのである．宣教師がなぜこのように書記化したのか定かではないが，キリバス語の表記に s は含まれていない．現在のキリバス語表記に使われるアルファベットは，a，b，e，i，k，m，n，ng，o，r，t，u，w のみである．

●**国外のキリバス語話者**　キリバスの南にあるツバルのヌイ島では，ヨーロッパ人との接触以前，複数回にわたりキリバスからの移住者が海を渡ってきたという伝承がある．ヌイ島では現在でも，ツバル語の入ったキリバス語が話されているという．他にも20世紀以降の人口移動に伴って，キリバス語を話す小規模の集団がオセアニア各地に居住している．

　20世紀前半，イギリス植民地政府は，狭小な島々が人口稠密になることを回避

するために，キリバス南部の住民を元来無
人島だったフェニックス諸島のマンラ（旧
シドニー）島へ移住させた（1938〜40年）．
ところが，フェニックス諸島の降雨量は不
安定であり，移民たちは厳しい干ばつに耐
えかねて再移住を希望した．そこで，人々
はソロモン諸島ギゾ島のシシアナに再移住
した（1955〜58年）．

　フィジーのランビ島に住むバナバ人は，
キリバス語話者である．人々は，キリバス
の西に浮かぶバナバ島に住んでいた．しか
し，イギリス植民地政府により，リン鉱石

図1　高床家屋でカヴァを飲む男性たち
［2007年7月タビテウエア環礁にて筆者
撮影］

の採掘が行われていたバナバ島から，1945年にランビ島へ集団移住させられた
（☞「グアノとリン鉱石」）．最初の移住から80年近く経ち，ランビ島で使用され
るキリバス語には，英語やフィジー語の語彙がわずかに取り入れられている．

　またフィジーの首都近郊には，ランビ島から再移住した1000人規模のバナバ
人が分散居住している．加えて，19世紀にサトウキビ農園の労働者として連れて
こられたキリバス人の子孫も，首都近郊に住んでいる．移住経緯の異なるキリバ
ス語話者同士が婚姻関係を結び，世帯を形成する例が頻繁にみられる．そうした
世帯内でキリバス語の世代間継承が細々となされてきたのである．ただし，バナ
バ人やキリバス人移民の子孫は，動物や棒の数を示すキリバス語の数詞表現が苦
手のようである．なかには，キリバス語をまったく話さなくなった人々もいる．

●ことばが生みだす親近感　人類学者なら誰もが，調査地で身をもって現地語を
習得した経験をもつに違いない．筆者は，キリバス南部のタビテウエア環礁で長
期調査を始めた当初，まったくキリバス語を話すことができなかった．村の人々
に囲まれた生活を半年間ほど送り，ようやく会話できるようになった．その後，
キリバス語を話せるというだけで，親切に扱われた経験が何度となくある．

　筆者が，フィジーの首都にあるキリバス高等弁務官事務所の第1秘書を訪問し
たときのことである（2005年）．ある知人が第1秘書の義妹だったため，居場所
を尋ねに行ったのである．探していた知人は，運よく第1秘書公邸に居候してい
た．執務室で話していると，第1秘書は，筆者がどこに泊まっているのかと尋ねて
きた．近くのホテルに滞在しているというと，「お金がかかるから私の家に来な
さい」と初対面にもかかわらず，筆者を公邸に招いて2週間滞在させてくれた．
別の年には，昇進した高等弁務官の立派な公邸にしばらく居候させてくれた．

　外国人がキリバス語を話せるというだけで，人々は大いに歓迎してくれる．親
近感を覚える来客として，親切に受け入れてくれるのである．　　　［風間計博］

マーシャル語

◇◇

マーシャル語（現地語で *Kajin Majeḷ*，英語で *Marshallese*）は北東オセアニアおよびミクロネシアの一言語であり，マーシャル諸島共和国の先住民およびアメリカに移民した膨大なマーシャル人離散者を含め，世界に少なくとも 8 万 6000 人の話者がいる．近隣の太平洋諸島国の言語とは大きく異なるが，コスラエ語，ポーンペイ語，チューク語，キリバス語，ナウル語とは共通点が比較的多い．マーシャル諸島の公用語であり，国外では，アメリカ・ハワイ州，アーカンソー州にあるマーシャル人移民の大規模コミュニティでも実用され，新規移住者との意思疎通のため，政府機関での使用も拡大している．

マーシャル語には文学，哲学，科学，歴史の豊かな正典があるが，元来は書記体系のない完全な口頭言語であり，それらの正典はさまざまな形式で口承されてきた．19 世紀以降，宣教師たちがキリスト教とローマ字を持ち込んだが，厳密な正書法は 1976 年に導入され（文献 [1]），1994 年に政府が公式採用した．

●**海や航海に深く根ざした世界観**　マーシャル語は，広大な海域を移動し，生き，繁栄するために必要となるユニークな文化や環境，技術の知識をいきいきと表現する豊かな語彙，表現，ことわざ，文法を備えている．国土が 29 の環礁と五つのサンゴ島からなるため，波のかたちや水の流れ，サンゴの手触りや形状，砂の種類，ヤシの木の各部を示す語など，環礁の生にちなむ言葉が無数にある．3000 年にわたり培われてきた航海術にまつわる高度な知識も，現代マーシャル語に深く根づいている．家族や社会を尊重しながら人生の「舵取りをする」のに必要な調和的関係を，アウトリガー・カヌーの各部品に欠かせない調和的均衡になぞらえた言葉やことわざが多いのは，象徴的だ．例えば，カヌーの船体下部を意味する *jouj* には，「やさしい心」という意味もあり，最もよく使われることわざ「やさしい心は生を育み，憎む心は死を招く（*jouj eo mour eo, lāj eo mej eo*）」にもみられる．「こんにちは」「さようなら」にあたる日常のあいさつ「ヤグエ（*iọkwe*）」も，文字どおりの意味は「私はあなたを愛している」であり，やさしさと思いやりの精神を反映している．

aelōñ（アエロン）は，日本語で「島」，英語で「island」と訳されるが，語源も意味合いも非常に異なる．航海の達人にしてコミュニティのリーダーでもあるアルソン・ケレンによれば，「アエ（*ae*）」は海流を，「ロン（*lōñ*）」は上方に広がる空を示す．この語を理解するには，島とは日本語でいう「海に浮かぶ」石のようなものではなく，空と海，天と地，大海原と海底が交わるところに立ち現れる多元的な存在であるという，マーシャルの航海術の世界観を尊重しなければならない．マーシャル語では，島は地球に深く根ざし，上方に広がる空と星も含む．こ

の概念に照らせば，この広大な世界を「小さくて」「孤立した」「僻地」と捉える
コロニアルな視点は非常に軽蔑的で横柄だ.

●**ポストコロニアルな歴史を伝える外来語**　現代マーシャル語にはポストコロニ
アルな歴史が明らかに見てとれる. 特に，1914 年から太平洋戦争終結 (1945 年) ま
で, マーシャル諸島を委任統治領南洋群島の一部とした日本の影響は大きい. 日
本語由来の日常語には，「自動車 (*jitoja*)」，「マットレス (*būtoñ* [布団])」，「計算す
る (*jorbañ* [算盤])」がある. 今日の日本語で「ビーチサンダル」とよぶ履物は，
素材に関係なく *jodi* (草履) とよぶ. スポーツも日本人移民から教わったため, 野
球は「ベースボール」ではなく *iakiu* だ. また, *jaajmi* (刺身) に *joiu* (醤油) をつ
けて食べ, 実際, 2005 年の国民 1 人あたりの醤油の消費量は日本を上回る. 最もお
おらかな例は,「散歩」を由来とする *jambo* だが, 文脈によって, あてのない短時間
のそぞろ歩きから, 数週〜数か月にわたる長い旅や静養まで指し, 汎用性が高い.

　悲劇やトラウマを伝える外来語もある. *bokutañ* (爆弾), *kuju* (空襲), *jeṇtoki*
(戦闘機) など, 軍事関連用語の多くは日本語由来だ.「上陸」に由来する *jodik*
は, 当初は太平洋戦争中にクワジェリン環礁に上陸・侵攻する米軍を描写する言
葉だった.『マーシャル語・英語辞典』の著者たちは, アメリカの軍国主義へのさ
りげない批判として,「アメリカ人たちはクワジェリンを侵攻し, 以来ずっと居
座っている」という用例を示し, *jodik* を歴史的コンテクストに即して使用してい
る (文献 [1]). 実際, 太平洋戦争以降, 米軍の主要基地やミサイル実験基地が置
かれたクワジェリン環礁のマーシャル人地主たちは, 1970〜80 年代にかけて占領
に対する抗議活動を行い, みずからの土地を平和的に取り戻したが, このときも
jodik という単語を使用した.

　アメリカは冷戦期の 1946〜58 年にかけて 67 回にわたり破壊的な核実験を行っ
たが, マーシャル語には放射線を示す言葉がなかったため, 放射線被曝の破壊的な
影響を英語の poison (毒) に由来するパイジン (*paijin*) とよび始めた. 既存の言葉
では描写できない未曾有の汚染と捉えたのである. 想像を絶する核汚染の苦難を
英語由来の語で描写することで, アメリカに由来する不正義を正面から告発して
いる. さらに被爆者たちは, 正義を求める闘争において, アメリカ人科学者たちが
専門用語を使って真実を矮小化することを許さず, 被爆体験を忘れぬよう, すべて
の証言を自分たちの言葉であるマーシャル語で記録した (文献 [2], p.80).

　人新世の現在にあって, マーシャル人コミュニティが祖先の地とつながり, 未
来の世代に知を継承していくためのツールとして, マーシャル語は今後ますます
重要になっていくだろう.　　　　　　　　　　　　　　　　[グレッグ・ドボルザーク]

📖 **参考文献**
[1] Abo, T. et al., *Marshallese-English Dictionary*, University of Hawai'i Press, 1976.
[2] Barker, H., *Bravo for the Marshallese*, Wadsworth, 2013.

パラオ語

〰〰〰〰〰〰〰〰〰〰〰〰〰〰〰〰〰〰〰〰〰〰〰〰〰

　パラオ語はオーストロネシア語族，西マレー・ポリネシア語派に属し，マレー語やインドネシア語などと近しい言語的特徴を有している．ミクロネシアで話されている言語であるが，中核部で用いられている諸言語とは幾分系統を異にすると考えられている．語類としては，名詞，動詞，代名詞，指示詞，ならびにさまざまな文法的機能をもつ小詞がある．2000 年時点での話者数は 1 万 3000 人程度で，人口のうち 65% にあたる．日本委任統治領時代の影響を受けて，*dengua*（電話），*bioing*（病院），*sengkio*（選挙）など，およそ 400 語以上の日本語からの借用語が使用されている．パラオは元来無文字社会であるが，現在はパラオ語のアルファベット表記が一般化されている．しかし，その正書法は地域社会の文脈においては統一されておらず，個々人によって異なる場合もある．

●**口頭伝承**　パラオは 19 世紀末から，およそ 1 世紀にわたって，スペイン，ドイツ，日本，アメリカと 4 か国からの度重なる統治を経験してきた．その歴史的な過程で諸外国語と接触しながら，今日に至るまで固有の言語体系を維持してきた．なかでも特徴的なパラオの言語文化の一つに口頭伝承があげられる．

　口頭伝承とは，歴史語り，神話や伝説，生業にまつわる伝統的知識，あるいは村落の慣習法などを総称して指す．口頭伝承は，文字をもたない社会に広くみられ，身体を媒体として物語や知識を記憶して次世代へと継承していくといった生活実践の一つである．パラオには「ご飯と一緒にことばを飲みこみなさい」ということわざがあるように，幼い頃から口頭伝承を通じて，社会的規範や文化的慣習などを習得させるといった家庭内学習の手法がある．パラオの口頭伝承の表象形態は多様で，語

図 1　集会所の壁面に図像表象された村落の歴史語り［2017 年 4 月マルキョク州にて筆者撮影］

りの他にも，詠唱，図像化，踊り（身体的所作）などがある．

　例えば詠唱は，口頭伝承の一説に特定の旋律をつけて詠むもので，村落集会や葬送儀礼など人の集うさまざまな場面で実践される．詠唱は，人々の紐帯を促す，死者を弔う，村落社会で起こった揉めごとを収めるなどといった多義的な用途をもつ．このように，身体を記憶装置として代々継承されてきた口頭伝承は，社会生活のさまざまな場面で表象される．

●「ことば」と石　　パラオには，タング（*btachang*）とよばれる石がある．タングとは，例えば伝統的首長のための腰掛け石，墓石，村落の境界を示す印，大小の石碑，石貨など多様な形態の石を総称する呼び名である．タングには，いずれも口頭伝承が付随していることをその特徴とする．

　なかでも象徴的なタングは，パラオ創世神話に出現する四つの石である．四つの石とは，女神ミラド（*Milad*）が産んだ子どもであり，こ

図2　ウドウドとよばれるパラオの石貨［2012年7月マルキョク州にて筆者撮影］

れら石が村落社会の起源であると考えられている．一部の村落では，ミラドが産んだとされる石の石碑が現存している．

　また，彼らの生活の営みにおいて，タングは欠かせない道具（あるいは財）である．例えば，パラオの女性には，第1子を産んだ際などにウドウド（*udoud*）とよばれる石貨が贈与される．パラオをはじめとするミクロネシアでは，固有財は男財と女財に分けられる．そのうち，ウドウドは男財であるが，女性だけが所有することができる．そして，ウドウドを受け取った女性だけが，秘伝性が高いとされる親族の系譜をめぐる口頭伝承を継承することができる．

　現在のパラオ社会においても，口頭伝承が文書化され，一般に公開されるということは少ない．したがって，土地の所有権や伝統的称号をめぐる争いが起こった際には，その交渉の場で，ウドウドに宿る親族の系譜が語られることがある．

［紺屋あかり］

📖 参考文献
[1] 土方久功『パラオの神話と伝説』土方久功著作集 第3巻，三一書房，1993.
[2] Parmentier, R, *The Sacred Remains: Myth, History, and Polity in Belau*, University of Chicago Press. 1987.

フィジー語

◇◇

　フィジー語は，主としてフィジー共和国で話されており，オーストロネシア語族オセアニア諸語の中央太平洋諸語に属している．話者数は人口の約 6 割にあたる約 50 万人で，イギリス領時代に入った英語やフィジー・ヒンドスタニ語とともにフィジー共和国の公用語となっている．フィジーに人類が定住したときに話されていた言語（フィジー祖語）が各地域で周辺諸島地域の言語や渡来したさまざまな移民の言語の影響を受け，また，それぞれ独自の変化をも経て，現在みられる約 300 の地域方言（communalect）へと発達した．フィジー語の地域差は，発音や語彙，文法構造，語用論的特徴など，あらゆる側面にみられる（文献 [1]）．また，語彙の違いについては，フィジーの言語地理情報システム公開版（文献 [2]）で閲覧可能となっている．筆者は，2012 年にカンダヴ島で調査をはじめ，その後，5 地域方言の特徴に関するフィールドワークを行った．当時の研究テーマは，文法の地域差とその変化の経緯を解明することであった．

●「君の名は？」　標準フィジー語については，しっかりした文法書や辞書があるが，地域方言については，情報が限られている．はじめて現地調査に入ることになったとき，首都に住む研究者に，カンダヴ方言での自己紹介の表現を教えてもらった．「あなたの名前は何ですか？」は，標準語では，*O cei na yacamu?*（オゼイ　ナ　ヤザム？）というのに対し，カンダヴでは，*Xo yava na nomu ila?*（ホヤバ　ナ　ノム　イラ？）となる．「私の名前はリッコです」も，*Na yacaqu o Ritsuko.*（ナ　ヤザˇグ　オ　リッコ）に対して，*Na noqu ila xo Ritsuko.*（ナノˇグ　イラ　ホ　リッコ）という．思い返してみると，このカンダヴ特有の表現を知っていることが調査の上で本当に役に立った．

　フィジーでは，異なる土地からきた人に対しては，自然に標準フィジー語に切り替えて話す．これは，日本でも，異なる地域の出身者間，あるいは外国人に対しては無意識に標準日本語（＝教科書の日本語）を使う人が多いのと似ている．どちらの国でも，こうすることで，異なる土地の方言の話者同士が問題なく意思疎通をすることができる．ところが言語調査の場合には，その土地の言語（方言）の特徴を記録し，分析することが目的であるため，調査者としては，現地語を自分でも話したい．土地のコトバで知っていた唯一の自己紹介文を唱え続けているうちに，人々は，私が知りたいのが土地の言葉であることをだんだん理解し，そして最初は面白がって，途中からは真剣にカンダヴの言葉で返してくれるようになり，そして今では，私に対してはカンダヴ方言しか出てこない．

●言語の歴史変化　上で述べた名前を伝える表現は，筆者が専門とするフィジー

語の文法面での地域差と歴史変化を示しやすい一例となっている．「お名前は何とおっしゃいますか？」というとき，どの地域でも，[誰]名詞句1 [名前]名詞句2のように，二つの名詞句を並べることで「[あなたの名前]名詞句1は [何]名詞句2？」となる構文は共通している．以下の例では，「誰」を示す部分に一重下線，「あなたの名前」を示す部分に二重下線部分を付してみた．

標準フィジー語　　　*O cei na yacamu?*

ワヤ方言　　　　　　*O cei muyaca?*

カンダヴ方言　　　　*Xo yava na nomu ila?*

これらの違いは，歴史的な変化を経て生まれたものである．

　言語は変化する．フィジーでも，ヒトの定住時に話されていた言語（フィジー祖語）が時代を下るにつれてどんどん分岐し，300あまりの方言が発達した．その過程の記録は残っていないが，現在話されている言語を比べることで，これらの言語がどのように発達してきたのかを科学的に遡ることができる．例えば，現在の方言にみられる [k]，[x]，[ʔ]（声門閉鎖音），[kʷ] などは，もとは *k であった（「*」は再建形であることを示す）．「名前」を表す語は *yaca* の方がもとからある形で，カンダヴ方言の *ila* は途中で新しく入れ替わった形である．

　地域差というと，一般的には発音や語形の違いが認識されやすいが，文法構造や特定の文脈において使われる表現にも違いがみられる．例えば「あなたの」という所有表現の部分をみると，標準フィジー語では，(*yaca*)-*mu* というもともとある接尾辞形を踏襲しているが，ワヤ方言の *mu*-(*yaca*) では，所有されるものを示す語の前につく接頭辞となっている．このように語の後ろについていたものが前にでるという変化は，フィリピンの言語でも観察されており，独立して起こることが知られている．これに対して，カンダヴ方言では，接尾辞形ではなく *nomu* という独立形を使うようになった．

　ちなみに，この *nomu* という形，多くのフィジー語では「一般所有形」とよばれ，食べるための所有（*kemu*）や飲むための所有（*memu*）と対比して使われる．共同で漁に出かけた帰途，獲物の分配の場で，*noqu ika*「私の魚＝私が獲った魚」と *kequ ika*「私の魚＝私がもって帰って食べる魚」と使い分けているのを聞いた．それまでわかったようなわからないような感覚でいたこれらの表現の違いがすとんと落ちたことが，鮮やかな熱帯魚の色とともに，今でも記憶に深くやきついている．　　　　　　　　　　　　　　　　　　　　　　　　　　　　　　[菊澤律子]

📖 **参考文献**

[1] Geraghty, P. A., *The History of the Fijian Languages*, Oceanic Linguistics Special Publications No. 19, University of Hawai'i Press, 1982.

[2] Lowry, J. et al., The Fijian Language GIS Web Map and Database, 2019 (https://arcg.is/1my5L5).

フィジー手話

現在のフィジーは多民族国家である．先住民である先住系フィジー人の他，イギリス植民地時代の移民の子孫であるインド系フィジー人をはじめとするさまざまな民族が暮らしている．そしてそれに伴い，フィジーでは，フィジー語，フィジー・ヒンディー語，英語など，じつに多様な言語が使われている．

こうしたフィジーにおける多言語状況の中でも，ある種，異色の立ち位置にあるのが，フィジーのろう者が用いるフィジー手話である．ここではフィジー手話の歴史と概要，そして現在のフィジー手話を取り巻く状況について紹介する．

●**フィジー手話の歴史と概要**　フィジー手話はフィジーで一から形成された手話ではなく，オーストラリアやニュージーランドのろう教育で使われているオーストララシア手指英語を原型とする．なおオーストララシアとは，オーストラリアとニュージーランド，そしてニューギニアの一部の地域を指す言葉である．

手話には大きく分けて二つの形態が存在する．一つはろう者が用いる自然言語としての手話であり，これは同じ地域で話されている音声言語とは異なる，手話独自の文法をもつ．もう一つは音声言語の語順に則って手話表現を表出する形態の手話であり，こちらは対応する音声言語の名前を冠して手指英語や手指日本語などとよばれる．日本では対応手話という表現が使われることもある．オーストララシア手指英語は後者の形態の手話であり，すなわちオーストラリア・ニュージーランド式の手指英語（英語対応手話）である．このオーストララシア手指英語がフィジーのスペシャルスクール（日本でいう特別支援学校）にもたらされたのは 1980 年代前半のことであり，それが現在のフィジー手話の原型となった．

ただし原型が手指英語だからといって，現在のフィジーのろう者が用いるフィジー手話の文法も英語に則っているかといえばそうではない．現在のフィジー手話は，原型となったオーストララシア手指英語にはみられない，自然言語としての手話に特有の文法的特徴を獲得しており，また一部の手話表現もオーストララシア手指英語とは異なっている．つまりオーストララシア手指英語がフィジーのろう者によって使用される中で，徐々にかたちを変えて，独自の言語としての特徴を獲得しながら形成されたのが，現在のフィジー手話であるといえる．

●**フィジー手話の言語系統**　このような歴史的経緯で形成されたフィジー手話は，フィジーの現地語であるフィジー語とはまったく異なる言語系統に属する．フィジー語は台湾に起源をもつオーストロネシア諸語に属する言語である．一方で，フィジー手話の原型となったオーストララシア手指英語は，もとをただせばイギリス手話にその起源をもつ．なお手話は基本的に音声言語とは異なる歴史や

分布を示す．例えばイギリスとアメリカでは，多少の違いはあれ，同じ英語が使われているが，イギリスのろう者が用いるイギリス手話は，アメリカのろう者が用いるアメリカ手話とはまったく異なる起源をもつ手話であるため，両手話の文法や語彙は大きく異なる．手話言語学ではイギリス手話に起源をもつ手話をまとめて BANZSL（British, Australian and New Zealand Sign Language の略）とよぶが，フィジー手話も，少なくとも語彙にかんしていえば，BANZSL に属するといえる．

●**現在のフィジー手話**　　フィジー手話の重要な特徴の一つは，それが民族を問わず使われているという点である．音声言語の場合，主に血縁・地縁関係の中で言語が伝承されるため，多民族状況にある現在のフィジーの各民族は，基本的に異なる言語を母語とする．一方，フィジー手話は主にスペシャルスクールやろう学校で伝承されている．さまざまな民族的背景をもつ児童が通うフィジーのスペシャルスクールでは，手話も多種多様なろう者によって使われており，彼らは民族的背景を異にしながらも，同じフィジー手話を第一言語として身につけている．

　ただし，フィジー手話には一部地域差や民族差もみられる．例えば先住系フィジー人が多く暮らすヴィティ・レヴ島東部のろう者が用いるカヴァの表現と，インド系フィジー人が多く暮らすヴィティ・レヴ島西部のろう者が用いるカヴァの表現は異なる（図1）．こうした手話表現の違いは，各地のろう者を取り巻く社会的・民族的状況の違いを反映したものであり，前者は先住系フィジー人がカヴァを飲むときに行う慣習的な拍手の作法に，後者はインド系フィジー人のカヴァの作り方に由来する表現となっている（文献 [1]）.

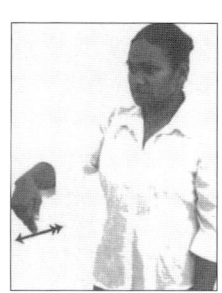

図1　フィジー手話の地域差．左は主にヴィティ・レヴ島東部で使われる表現で，右は主にヴィティ・レヴ島西部で特にインド系フィジー人によって使われる表現［出典：Fiji Association of the Deaf, *Fiji Sign Language Dictionary*, p.123, 2007］

　このようにフィジーのろう者が使うフィジー手話は，フィジーの多言語状況を音声言語とは異なるかたちで彩る言語であるといえる．　　　　　　［佐野文哉］

📖 **参考文献**
[1] Sano, F., "A Pilot Study on the Regional and Ethnic Variations in Fiji Sign Language: Comparing Eastern and Western Viti Levu," In Kikusawa, R. & Sano, F. eds., *Fijian Languages, Cultures, and Their Representation*, Senri Ethnological Studies 108, National Museum of Ethnology, pp.41-58, 2022.

アレアレ語
（ソロモン諸島）

◇◇◇◇◇◇◇◇◇◇◇◇◇◇◇◇◇◇◇◇◇◇◇◇◇◇◇◇◇◇◇◇◇◇◇◇◇◇

　ソロモン諸島国の総人口の約 30％を占めるマライタ島では，数十の異なる言語が用いられており，アレアレ語もその一つである．アレアレ語話者は，主にマライタ島南部およびマラマシケ（小マライタ）島北端部に居住し，当該地域は言語名と同じくアレアレとよばれる．アレアレは，行政上，西アレアレ地区と東アレアレ地区に区分されている．また，住民の通念上はアレアレの一部と目されているマラマシケ島北部一帯のラロイスウ半島は，行政上は小マライタ地区に含まれる．アレアレの人口は約 1 万 6000 人弱と推定される．なお，アレアレ語に関する資料としては，1960 年代にアレアレに滞在したローマ・カトリック教会の司祭である P. ヘールツが著したアレアレ語・英語辞書がある（文献 [3]）．

●**地域の歴史を象徴する語彙**　歴史的には，マライタ島は，1940 年代後半～50 年代初頭にかけて，マアシナ・ルール運動（*Maasina Rule*）とよばれる土着主義運動が隆盛したことで知られており，アレアレはその中心地の一つとして知られている．「マアシナ（*maasina*）」とは，アレアレ語で兄弟姉妹間の関係を意味する言葉であり，ソロモン諸島国内外で歴史上最も人口に膾炙したアレアレ語の語彙であろう．マアシナ・ルール運動において，この言葉は言語の違いを超えたマライタ島民の団結を強調する語として広く用いられた．また，「ルール」の語は，法や規則を意味する英単語に由来するとされる．マアシナ・ルール運動は，植民地政府による人頭税の徴収に抵抗し，慣習法の尊重を植民地政府に要求するなど，反植民地主義的傾向をもつ運動であった．運動はソロモン諸島の他の島々を巻き込んで盛り上がりをみせたが，植民地政府による多数の逮捕者を出した後，1950 年代前半のうちに収束した．こうした理解は，ソロモン諸島の

図 1　アルファベットの綴りは
　　異なるが「マアシナ」の語を
　　冠したアレアレ村のよろず屋
　　[2009 年 8 月筆者撮影]

住民からもしばしば聞かれるが，筆者は運動の呼称を「マアシナ・ルル（*Maasina Ruru*）」とする語りを頻繁に耳にした．「ルル」はアレアレ語で「一緒に」という意味をもつ語であり，現地では「マアシナ・ルル」は「兄弟が一緒にいること」を意味しているとされる．なお，1970 年代にアレアレで長期の現地調査を行ったフランスの文化人類学者 D. ドゥ・コッペは，「マアシナ・ルル」に「友愛（*La Fraternité*）」という訳語を当てている（文献 [1], p.112）．

●**アレアレの在来音楽をめぐる言葉**　ソロモン諸島国内外でよく知られているもう一つのアレアレ語語彙は，アレアレの在来楽器であるパンパイプを総称するアウ

（*'au*）という語である．ただし，アウという語は
単にパンパイプを意味するだけではない．アレ
アレにおける音楽の民俗分類に関する論文にお
いて民族音楽学者の H. ゼンプは，アウという語
は最も一般的には植物と植物素材としての竹を
意味し，より個別的には竹を素材とする楽器全
般を意味すると指摘している．また，ゼンプに
よれば，アウという語は個別性の度合いを増す
と，特定の音階に調律されたパンパイプとその

図2　アウの語が名前に含まれたア
　　　レアレのパンパイプ・バンドの横
　　　断幕［2012 年 12 月筆者撮影］

組み合わせを意味する．さらに，アウという語の意味内容は，竹を素材とする楽器
全般とパンパイプから，それらによって生み出される音に拡張され，あたかも西洋
的な音楽概念のように一般的な概念として用いられるという（文献［2］, p.38）．
　加えて，竹の物理的な長さに関するアレアレ語の語彙と，パンパイプの演奏に
際して人々が用いる言葉との間にも深い関連があることが，ゼンプの研究によっ
て知られている．アレアレにおいては，パンパイプによって発せられる音の音程
や，音と音との時間的な間隔が，竹の長さや節と節との距離を表す語彙によって
概念化されるのである．具体的には，アレアレ語で距離を意味し，事物と事物の
間の一点をも示す「位置／幅（*rihi*）」という語が，音と音の「間」である音程を指
し示すためにも用いられ，ゼンプはこれに「距離／音程（interval）」という訳語を
当てている．なお，アレアレ語で音の高低は，日本語や英語と同じく高低という
空間に関する語によって表現されるが，アレアレ語で示される高低の関係は日本
語や英語と真逆であり，高い音は「下（*haihua*）」，低い音は「上（*taiuru*）」とさ
れ，音高が上昇することは「下がる（*siho*）」，逆に下降することは「登る（*hane*）」
と言い表される．パンパイプの制作者や演奏者が用いるこうした用語法は，慣用
的なアナロジーというよりも，竹と音の間の経験的な連関を示すものである．例
えば，音と音の間隔を「位置／幅（*rihi*）」の語によって示すのは，筏状に結束され
列をなす複数の竹筒のうち，ある竹筒から別の竹筒へと唇の位置を水平に移動さ
せることで音高を変える身体動作の反映であり，音の高低については，長く太
い，すなわち高さのある竹筒ほど発せられる音が低く，短く細い，すなわち高さの
ない竹筒ほど音が高いという経験に即した表現であると考えられる．　　［佐本英規］

📖 **参考文献**
[1] de Coppet, D. & Zemp, H., *'Aré'aré: un peuple mélanésien et sa musique*, Seuil, 1978.
[2] Zemp, H., "'Are'are Classification of Musical Types and Instruments," *Ethnomusicology*, 22
　　（1）: 37-67, 1978.
[3] Geerts, P., *'Are'are Dictionary*, Linguistics Circle of Canberra, Australian National
　　University, 1970.

ラウ語
（ソロモン諸島）

ラウ語は，ソロモン諸島マライタ島の北東部に住むラウとよばれる人々の言語である．ラウは，現地では「海の民（アシ）」ともよばれ，サンゴ礁が広がる浅い海に岩を積み上げて築いた人工の島々に住む人々として知られてきた．筆者は2008年からこのラウの下で文化人類学的なフィールドワークを行ってきた．

●**ラウ語を学ぶ**　ラウ語は，ソロモン諸島の他の多くの言語と同様，オーストロネシア語族のマレー・ポリネシア語派に属する．やや古いデータだが，1999年の統計によればラウ語を母語とする2.5歳以上の人口は約1万7000人である．ラウの人々は，マライタ島北東部の海上と海岸部の数十kmにわたって広く居住し，また捕った魚をイモ類と交換する市場交易に活発に従事してきた．このため，多言語が共存するマライタ島北部において，ラウ語は，他言語地域の人々でも理解できる共通言語ともいうべき位置を占めている．ラウの人々は，「ラウ語はマライタ島でいちばん簡単な言葉だ．夕方に着いたら次の朝にはもう覚えているくらいだ」としばしば冗談をいう．事実，抑揚に乏しく発音が明瞭なラウ語は筆者にとっても比較的聞き取りやすかったが，その一方で声門閉鎖音の有無を聞き分けるのには苦労した．実際のフィールドワークでは，ソロモン諸島の共通語であるピジン語で調査を進めつつラウ語の習得に努め，半年くらい経った頃からは，主にラウ語を用いて調査をするようになった．

●**「海に住まうこと」**　ラウの人々は，人工の島々に住まい，活発な漁業や市場交易に従事するみずからの生活様式を「海に住まうこと（トーラー・イ・アシ）」とよぶ．この表現に含まれる「トーラー」という語は，結果的に，筆者のフィールドワークと民族誌的研究において重要な位置を占めることになった．

ラウ語において，「ラー」は動詞を名詞化する接尾辞だが，「トー」は，ある場所に「住む，暮らす，とどまる」，ずっと同じ状態で「いる」といった持続性を意味する動詞である．ラウ語の「トー」の同系語はオセアニアにおいて広くみられ，ソロモン諸島の隣国バヌアツの国名にある「ツ」もその例である．ラウの人々は，「ずーっと〜のままでいる」ということを表現するのに「トーォトーォ」という誇張した長母音を用いるが，それはあたかも，「トー」という語の長母音それ自体が持続性を意味しているかのようである．さらに，ラウに

図1　人工の島々に住まうラウの人々［2009年11月ソロモン諸島マライタ島にて筆者撮影］

とって「トーラー」は、「私たちのトーラーは昔と比べてすっかり変わってしまった」とか、「町のトーラーは楽じゃないよ」といった表現にみられるように、自分たちの「生活」、さらにいえば「生きていること」それ自体を意味するような根源的な単語であるといえる.

フィールドワークを始めた当初、筆者は、ラウが営む独特な海上生活や活発な漁撈・交易活動について調べれば文化人類学の研究になるだろうと、やや安易に考えていた. ところが、フィールドワークを始めてまもなく筆者が直面したのは、ラウの人々自身が「我々はもう海に住まうこと（トーラー・イ・アシ）を続けられない」と異口同音に語るという、思いもかけない事態であった. このような語りの背景には、20世紀後半以降に進んだ急激な人口増加のために、漁撈活動と並んでラウの自給的生活の基盤である農耕のための土地が足りなくなりつつあるという事情がある. それに加えて、2000年前後のソロモン諸島で起こった国内紛争を受け、現在のマライタ島で土地権をめぐる争いが激しくなっていること、さらには国際的に報道される海面上昇の脅威などもその要因となっている. その結果として、ラウの人々は現在、祖先の移住についての伝承を逆向きにたどり、マライタ島の内陸山地部にあるという自分たちの祖先の「故地」を探し出し、そこに移住することを構想するに至っている. 「故地」において自分たちは、広大な土地と豊かな天然資源を活かし、本来あるべき「生活（トーラー）」を取り戻すことができる、と人々は語る.

このように、マライタ島において筆者が直面したのは、ラウがみずからの「海に住まうこと（トーラー・イ・アシ）」、特に、他ならぬこの「トーラー」という語が表現する、みずからの生活様式の持続性を疑問視しているような状況であった. それによって、「ラウの海上生活について調べれば研究になるだろう」という安易な見込みは覆されることになったが、筆者のフィールドワークは、

図2　カヌーを漕ぐラウの青年
［2008年12月ソロモン諸島マライタ島にて筆者撮影］

まさしくそのような予想もしない事態に直面するところから始まったといえる. それでは、ラウの人々とその「トーラー」はこれからどうなるのか？　人々は、これまで「住まって（トー）」きた人工の島々を捨て去り、内陸部の「故地」に移住してしまうのか？　これらの問いに答えを出すのはまだ早い. 事態の行く末を見届けるために、筆者は現在でもフィールドワークを続けている. 　　　　　［里見龍樹］

📖 参考文献

[1] 里見龍樹『「海に住まうこと」の民族誌―ソロモン諸島マライタ島北部における社会的動態と自然環境』風響社、2017.

シエ／エロマンガ語
(バヌアツ)

◇◇

　シエ語は，バヌアツ共和国エロマンガ島で使用される言語である．バヌアツ共和国は，80 の小さな有人島が集まる島嶼国である．それぞれの島は小さく，Google Earth 等の地図アプリケーションでは，かなり拡大しないと表示されない．その一方で，バヌアツ国内では100 以上の異なる言語集団が暮らしている．シエ語はそのうちの一つであり，人口 2 万 4000 人ほどのバヌアツの中で，2000人程度が用いている（2009 年バヌアツ国内統計より）．

　エロマンガ島は，バヌアツ共和国の首都ポートビラから 600 km ほど離れた場所に位置しており，国内で 3 番目に大きい島であるが，島のほとんどは緑生い茂る未開発の土地である．この広々とした豊かなジャングルで，住民たちは農業，漁業，林業などを営みながら暮らしている．

●**エロマンガ島の歴史と言語**　エロマンガ島が国内で比較的大きい島ながらも，住民が少ないのには理由がある．エロマンガ島は疫病の悲劇に何度も見舞われた土地であり，18 世紀から約 150 年程度の間に 1 万人以上いた島の人口は 10〜2%程度に減ってしまったと考えられる．1774 年に J. クックがエロマンガ島を「発見」し，有史に登場して以降，百日咳，麻疹，インフルエンザ等の大陸由来の病気によって，島民が激減していった．もちろん，これらの病気の流行はエロマンガ島に限らず，かつてヨーロッパ人が上陸した世界中の土地において発生した悲劇であるし，隣接するタンナ島やフツナ島でも，人口が半分程度に減少している．しかしエロマンガ島は当時高価な輸出商品である白檀の豊富な土地であることが災いし，それを求めてヨーロッパ人たちが押しかけ，その過程で戦闘や病気が発生しており，特に人口の減少が大きい場所なのである．また病気の流行は偶然ではなく，交渉決裂の報復としてヨーロッパ人たちが故意に病気を拡散させたという文章が国立博物館に残っており，この点について，エロマンガ島民たちはヨーロッパ人の欲望の犠牲になったといえる．

　島内には，「かつて村であった」とされる場所が無数にある．年配者たちも含めて現在暮らしている島民はみな疫病収束期以後の生まれであり，疫病が流行し人々が亡くなっていく壮絶な時代を直接見たものはすでにこの世にいない．この人口激減に伴って，かつて七つもあった島内の言語はシエ語を除いてほぼ消滅してしまった．島民たちは言語と伝統は深く結びついていると考えており，文化活動等によって島の言葉の保存が目指されている．

●**シエ語の発音・文法**　シエ語の基本文法は SVO の形であるが，言語学者 T. クロウリーによると，シエ語の文法は大変複雑，というよりは「messy = 散らかっ

ている」印象であり，これらは，いくつかの言語が混ざり合ったためかもしれない．もともと無文字であり発音はアルファベット表記される．エロマンガ島の発音の多くは英語における発音に加えて，フランス語の［r］にあたる発音があり，クロウリーはこれをアルファベットでは「c」と表記する．動詞は前に配置された主語によって語頭が変化し，原形を並べて発話するだけでは島民に理解してもらえない．例えば「私」は「yao」で，「歩く」は「avan」だが，「私は歩いた」は「yacavan」となる．このほか，動詞語尾や主語等に変化があり，クロウリーは調査によって6000を超える法則を見つけている．また，言葉の中には同じ意味の異なる発音の単語も多くあり，これらもまた昔話されていた言葉が混ざったものであると理解されている．学校教育を受ける若者たちを中心としてバヌアツ公用語であるビスラマ語との混合も起こっており，これから先も島の言葉は変化していくと思われる．

［大津留香織］

📖 **参考文献**

[1] Crowley, T., *An Erromangan (Sye) Dictionary*, Pacific Linguistics Research School of Pacific and Asian Studies, Australian National University, 2000.

図1　島の言語の消滅と変化［筆者作成］

アネイチュム語
(バヌアツ)

◇◇

バヌアツ共和国の人口は約 30 万人 (2020 年現在) であるが, 他のメラネシア地域同様, 多数の言語が話されている. 国家レベルでいうと, ピジン語であるビスラマ語が国語に, 英語・仏語が公用語に制定されており, これらは主に都市部での生活や学校教育の場で使用されている. 他方, 人々の生活圏で日常言語として用いられているのが, 100 を超える現地語である. バヌアツでは, 島ごとに言葉が違う, あるいは一つの島であっても複数の言語が話されているという状況が珍しくない. ここでは, こうした現地語の一つ, アネイチュム語について概説する.

●アネイチュム島の言語状況　アネイチュム島はバヌアツ最南端の島である. 2020 年のセンサスによると, 人口は 1513 人で, 人々はタロイモ, マニオクなどを栽培して, ほぼ自給自足の暮らしをしている. アネイチュム語は, オーストロネシア語族オセアニア諸語に属する, この島独自の言語である. 言語学者 J. リンチによると, オセアニア諸語の下位のカテゴリーとして, バヌアツ南部祖語 (Proto Southern Vanuatu) があり, そこにアネイチュム語の他, タンナ島, エロマンガ島の諸語が含まれる.

アネイチュム語は島の日常言語として機能している. 島には結婚や仕事のためにやってきた他島民もいるが, アネイチュム語を堪能に話せる者はほとんどおらず, 基本的に彼らと島民はビスラマ語で会話することになる. 逆に, 出稼ぎや進学, 結婚を機に他島に出ていったアネイチュム島民もおり, この人たちを含めると全話者数は島の全人口よりも若干多いと考えられる. 2000 年の時点では目立った方言もなく, 単一の言語として認識されているが, 西洋との接触以前, アネイチュムには二つの言語, あるいは大きく異なった二つの方言が存在していたのではないかとリンチは推測しており, 実際, そのように語る島民も少なくない.

歴史を紐解くと, 1848 年に長老派教会の宣教師がアネイチュムに来島し, 短期間でほぼ全島民を改宗させた. 宣教師たちは, 島民たちに福音を伝える過程で島の言語を覚え, 聖書の現地語への翻訳を行い, 簡単な辞書も編んだ. もともと文字をもたなかった島民たちにしてみれば, 自分たちの言葉がアルファベットによって文字化されたはじめての経験であった. 現在ではこれらに加え, リンチの編纂した文法書と辞書も存在する (文献 [1]).

ただし, 書き言葉としてはあまり一般的でなく, 掲示板に貼られる「おしらせ」などはビスラマ語で書かれることの方が多い.

●アネイチュム社会を理解するためのキーワード　アネイチュム社会には血縁や地縁, あるいは教会宗派の強い紐帯があり, 人々はその一員として暮らしている.

その中で重要なのが「アクロウ（*akro*）」という概念である．「分配する」「共有する」という意味の動詞であり，総じていえば英語の share に近い．一つのものを「分割する」ときにも，複数の人間で「共有する」ときにも用いられる．またアクロウされるのはモノだけではない．近親の人たちで子どもの学費を工面したり，老親の介護を負担することもアクロウだとされる．そう考えればアクロウは，ただの「分配する」「共有する」という意味の動詞ではなく，島での相互扶助を支える理念でもある（文献[2]）．

図1　祝宴の様子［2009 年 12 月アネイチュム島にて筆者撮影］

図2　祝宴の際の各世帯分の食事．これもナクロウとよばれる［2009 年 12 月アネイチュム島にて筆者撮影］

アネイチュム語では動詞の前にnを付すと名詞になるが，アクロウの名詞形である「ナクロウ（*nakro*）」はそのまま「祝宴」を意味する．儀礼のときなど，参列者が一堂に会して共食をするのだが，このイベントがナクロウである（図1）．またその際，各世帯に等配分される食糧もナクロウとよばれる（図2）．

またアクロウの理念は「共有すべき」「分け与えるべき」という義務にもなり，乞われると断れない頼みごとにもなり得る．新しいラジオを買ったときや，出稼ぎで臨時収入が入ったときなどに，近しい親族から「ちょっと貸してほしい」といわれて無碍に断り切れないのも，このアクロウという考え方ゆえである．

いずれにせよ，島民たちはアクロウを，みんなで協力し合い，仲よくやっていくための理念や実践だと考えている．そしてそれを，都会の自己中心的，個人主義的なライフスタイルの正反対にあるものだと位置づけている．　　　　　［福井栄二郎］

📖 **参考文献**

[1] Lynch, J., *A Grammar of Anejoṁ*, Pacific Linguistics, 2000.
[2] 福井栄二郎「高齢者の包摂とみえない異化―ヴァヌアツ・アネイチュム島における観光業とカヴァ飲み慣行」風間計博編『交錯と共生の人類学―オセアニアにおけるマイノリティと主流社会』ナカニシヤ出版，pp.193-215, 2017.

ピジン言語

◇◇

16〜18世紀にかけて盛んに行われたヨーロッパ人による太平洋探検航海．18世紀末からオセアニアに出入りし始めたヨーロッパ人のキリスト教宣教師，捕鯨船員，商人たち．18世紀末に始まり19世紀に本格化したヨーロッパ列強国によるオセアニア世界の植民地化．こうした外部世界の流入が幾重にも起こり，さまざまな次元で異なるものが出合い，混淆していった．生活の基盤をなす言語も混淆の例外ではなく，共通の母語をもたない者の間で外来の言語と在来の言語が混ざり合い，状況に応じて新たな語彙や文法規則が加わり，ポリネシア，メラネシア，ミクロネシア，オーストラリアの各所においてピジン言語と総称される新たな言語が生み出されていった．

●ピジン言語からクレオール言語へ ピジン言語はヨーロッパ人商人など外来者が立ち寄る沿岸の交易拠点を中心に発達したようで，在来言語が母語として維持される一方，共通の母語をもたない者の間での商取引や労働などの限られた場面で意思疎通をはかるために発生した通商語が起源だとされる．例えば，通商語であれば日々の商取引を達成するという目的が果たされればよかったので，語彙などは単純化され，明確な文法構造を備える必要もなかった．ところが，交易のためのコロニーが形成されて定住する入植者が現れ，植民地行政府の設立やプランテーション建設など植民地支配の体制が整うのにつれて，それぞれの母語が維持されつつも，並行して，その場しのぎだった通商語も比較的安定した語彙と文法を備えた独自の言語へと姿を整えていった．そして，港湾都市部などにピジン言語を母語（第一言語）として使用する人々も出現するようになった．ピジン言語が当該社会で母語として継承されるようになると，それはクレオール言語とよばれる．1835年ハワイに最初のサトウキビ・プランテーションが開かれると，英語話者の経営者のもとに中国・日本・フィリピン・ポルトガルなど世界各地出身の労働者が集い，19世紀末頃には母語が異なる経営者や労働者仲間との意思疎通をはかるために，英語を基盤にハワイ語・中国語・日本語・タガログ語・ポルトガル語等々の語彙が混ざり合ったハワイ・ピジンが生まれた．ハワイ・ピジン話者の子どもたちは生まれながらにハワイ・ピジンに接して育ち，両親の母語ではなく独自の語彙と文法規則をもったハワイ・クレオールを母語として獲得する者も現れた．ハワイ・ピジンはクレオール化して定着しているが，現在でも，ハワイ社会の日常では慣習的にハワイアン・ピジン・イングリッシュとよばれている．

●パプアニューギニアのヒリ・モツとトク・ピシン ピジン言語がクレオール化の傾向を伴いながら広範に普及している代表例がメラネシアのパプアニューギニ

アである．言語データベースの『エスノローグ』2017 年版によると，パプアニューギニアにはオーストロネシア語族に属する言語以外に 40 以上の別語族に類別される言語と 30 以上の孤立言語があり，全体で 800 を超える在来言語がある．言語の多様性を特徴とするパプアニューギニアでは，旧来，系統を異にする在来言語話者の間で行われる交易等において意思疎通をはかるための通商語が発達していた．例えば，ニューギニア島南東部に位置する広大なパプア湾（7 万 km^2）を舞台とする遠距離航海交易（ヒリ交易）では，交易を主導したモツの人々が，単純化したオーストロネシア語系のモツ語を基盤に交易相手のコリキの人々が用いる非オーストロネシア語系のコリキ語の語彙を採り入れた通商語や，エレマの人々が用いる非オーストロネシア語系のエレマ語の語彙を採り入れた通商語など，研究者がヒリ通商語と総称する複数の通商語を使い分けていた．ヒリ通商語とは別に，モツの人々は単純化したモツ語をキリスト教宣教師などのヨーロッパ人との初期接触の場面で意思疎通のための言語として用いていた．簡易版モツ語は 1884 年にイギリスがニューギニア島南東部を保護領として以降も非公式の実用言語として植民地行政官や警察隊に用いられ，ポリス・モツの異名を得た．その後ポリス・モツはヒリ・モツに名称を変え，1975 年のパプアニューギニア独立時には公用語の英語に加えてトク・ピシンとともに国会等での使用が許された公的な共通語となった．

　英語を基盤とするトク・ピシンはネオ・メラネシアンともよばれる．890 万人（2022 年現在）を超えるパプアニューギニア国民の半数以上の人々が共通語として日常的に使用し，そのうち数％が母語話者である．トク・ピシン誕生の背景にはヒリ・モツのそれを越える複雑な植民地支配の歴史がある．1870 年代後半からニューギニア本島北西沖のビスマルク諸島の人々が労働者として徴集され，サモアのプランテーションに送り込まれた．そうした労働者たちが帰還するときにプランテーションで学んだピジン英語を母社会に持ち帰り，それがすでに母社会で別個に芽生えていた通商語やピジン英語と徐々に融合した．1884 年にドイツがニューギニア島北東部を保護領として併合したためにビスマルク諸島は英語世界から遮断されたが，同諸島ニューブリテン島のトーライの人々のクアヌア語（トク・ピシンの語彙の約 15％）とドイツ語（同 5％）の語彙がピジン英語に採り入れられ，ドイツの植民地開発に伴ってニューギニア本島北東部に広がり，英語を基盤としつつも独自なオセアニア言語としてのトク・ピシンの原型がかたちづくられたといわれる．第 1 次世界大戦でドイツが敗北してドイツ領ニューギニアが国際連盟の委任統治領としてオーストラリア施政権下に入ると，キリスト教の布教言語にも正式採用されてトク・ピシンの普及は加速した．そして，第 2 次世界大戦を経て独立を果たしたパプアニューギニアにおいて，トク・ピシンはヒリ・モツとともに多言語国家を支える共通語としての重責を果たしている．　　　　［棚橋　訓］

テワーダ語
(パプアニューギニア)

〰〰〰〰〰〰〰〰〰〰〰〰〰〰〰〰〰〰〰〰〰〰〰〰〰〰〰〰〰〰〰

　テワーダ語（Tewada）の話者は，パプアニューギニアのガルフ州山間部に住む人口約 2000 の農耕民（2011 年現在）．テワーダという名称は田所（文献［1］）が現地協力者の使う自称を用いたものである．イボリ（Ivori）やタイネ（Tainae）ともよばれる．1985〜90 年まで現地に滞在した聖書翻訳宣教師の言語研究がある（文献［2］）．

　テワーダ語は，パプア諸語のトランスニューギニア語族の一つであるアンガ言語集団に含まれる．話者数約 7 万のアンガ言語集団は 12 言語あり，話者数約 2 万のカメア語が最大（2011 年現在）．テワーダ語の語順は SOV，後置修飾を使う．

●**動作と形態の表し方**　テワーダ語には「行く」を意味する語が三つある．1 人称単数現在形で表すと，平らな場所を行く *niwimti*，斜面を上る *nimti*，斜面を下る *nomti* である．彼らの居住域は熱帯林の山地帯であり，上り下りの多い生活である．上記の語の発達は，そうした暮らしと関係あるだろう．

　名詞クラスの発達も，テワーダ語の特徴の一つである．名詞は語幹と接尾辞の組み合わせからなり，接尾辞は 11 種ある．例えば，男性クラスの名詞 *oyo*（男児）は，子どもを表す語幹 *oy* に接尾辞 *o* がつく．上述の宣教師は，名詞を分類し，主要な単語を参照して表 1 のクラス名称をつけた．なお，複数形ではどの名詞にも接尾辞 *e* が使われ，例えば *oye*（男児），*nae*（母），*se*（動物）となる．

　接尾辞を使い分けてテワーダ語では一語で事物とその形態を表せる．例えば，木を表す語は，語幹 *iky* に「長いもの」クラスの接尾辞 *ai* をつけた *ikyai*．枯れて幹が腐って空洞ができた木は，「筒状のもの」クラスの接尾辞 *iwa* をつけて *ikyiwa* とよばれる．この仕組みに筆者が気づいたのは，串焼きのカエルを振る舞ってもらったときだった．通常，単数形でカエルは *minego* という．しかし，手渡された串焼きのカエルは接尾辞 *ai* をつけて *minegai* とよばれた．カエルの手足は伸ばすと意外に長い．串焼きのカエルは細長い棍棒のようだった．日本語で「長くなったカエル」と表現するものを，テワーダ語では *minegai* と一言で表せる．事物の形態に関心を寄せるテワーダの考え方の一端がみえる．

●**語彙にみられる世界観**　「男性」クラスの接尾辞 *o* をつける語には，*oyo*（男児）など男性の他，*so*（ブタ），*minego*（カエル），*animo*（蚊），*tiyo*（犬），*usino*（サイチョウ），*pao*（魚），*emao*（月）などもある．人間のみならず生物や月にも同じ接尾辞をつかう．また接尾辞 *i* をつける「動物」クラスの語もある．私たち日本人の感覚ではどちらも生物の範疇であるのに，なぜ，区別するのだろうか．

　ブタを指す語の場合，*so* や *si* とよばれる．よく聞くと，飼育されるブタを *so*,

表1　テワーダ語の名詞クラス

	クラス名称	接尾辞	単数形で表した語彙の例（括弧内は語義）
1	「男性」	o	*oyo*（男児），*apo*（父），*ato*（祖父），*so*（ブタ），*minego*（カエル），*animo*（蚊）
2	「女性」	epi	*naepi*（母），*atepi*（祖母）
3	「動物」	i	*si*（動物一般，ブタ），*apiyaki*（ヒクイドリ），*hanikayi*（ポッサム），*apaki*（女性）
4	「筒状のもの」	iwa	*hakiwa*（竹筒），*ikiwa*（幹が腐って空洞ができた木）
5	「平らなもの」	ina	*atina*（耳），*pikwaina*（本）
6	「長いもの」	ai	*ikyai*（木），*yikai*（とげ），*mkai*（頭），*fai*（道）
7	「細くて曲がるもの」	iti	*pkiti*（草木の蔓），*fititi*（山の稜線）
8	「液体」	ipi	*nakipi*（水），*hakipi*（塩），*apkipi*（雲）
9	「道具」	ipa	*apwaipa*（斧），*kitaipa*（大型ナイフ）
10	「特定不能」	u	*fayu*（手や指）
11	「女児と雨」	a	*oya*（女児），*mna*（雨）

野生のブタを *si* とよぶことが多い．いる場所によって接尾辞は使い分けられる．例えば，村の中で見たチョウチョウを *apiwanpo* とよび，村から遠く離れた森や川で飛ぶチョウチョウは *apiwanpi* という．つまり，人間と近い場所にいる生物には「男性」クラスの接尾辞 *o*，森や川などにいる生物には「女性」クラスの接尾辞 *i* をつける．カエル，犬，蚊は，村の周辺でよく見る生物である．一方，森や川にいて，人間に危害を与える精霊は *imawi* とよばれるのである．

　ここに，自然環境に手を加えて人間がつくり出した村や畑という領域と，人間の手が入っていない森や川という領域を区分するテワーダの世界観が伺える（文献 [1]）．村と畑を含む生活領域を *aki* とよび，その外部に広がる森や川をまとめて *ave* とよぶ．接尾辞が *o* か *i* かは，どちらの領域にいるのかと関連するようだ．

　また，接尾辞 *o* をつけるサイチョウ，魚，月については，人間の男性が変身したものだという神話がある．そうした神話の世界観も投影されているのだろう．

　接尾辞 *epi* をつける「女性」クラスの語は女性のみと関わる．テワーダの暮らしでは，食習慣や儀礼など生活のさまざまな場面で男女の違いが強調される．接尾辞 *epi* にはジェンダー区分への強い関心がみられる．女性を指す語には，*apaki*（女性）や *apiyaki*（老婆）など接尾辞 *i* をつける語もある．ここには，森や川の向こうから結婚のため移ってくる女性の特徴が表れているのかもしれない．　　　[田所聖志]

📖 **参考文献**

[1]　田所聖志『秩序の構造—ニューギニア山地民における人間関係の社会人類学』東京大学出版会，2014.
[2]　Carlson, T., *Tainae Grammar Essentials*, Summer Institute of Linguistics（unpublished typescript），1991.

パプア諸語

○○

　オセアニア地域は，世界の他地域と比べて人口に対する言語数が多く，言語多様性の高い地域である．なかでもニューギニア地域の言語多様性は，言語系統の多様性を示す点で突出している．ニューギニアを除いたメラネシア地域は，ミクロネシアやポリネシアと同様，南島（オーストロネシア）語族の諸言語に覆われている．オーストラリアでも，かつて語族と目された言語グループは一つのオーストラリア語族の下位グループに過ぎなかったといわれるようになってきた．残るニューギニアには，島嶼部と沿岸部を中心に南島系の諸言語も話されているが，その他，まだ異論の残る大語族を認めた場合でもなお 43 語族があり，加えて 37 の孤立語があるといわれる．これらを一括してパプア諸語とよぶ．

●**便宜的な総称としてのパプア諸語**　ニューギニア近辺の諸言語ははじめ，すべてが南島系だと信じられていたが，それらしくない特徴がしばしばみられることが指摘されてきた．19 世紀末にニューギニアの諸言語にはそもそも南島系でないものがあるという研究が発表され，これら非南島系の諸言語が「パプア諸語」とされた．その後，この「パプア諸語」の用法が現代的な定義として定着した．オセアニアの諸言語のうち南島系とオーストラリア系を除いたものをパプア諸語と称するわけである．人の流入の経緯からいえば，先住民のいるニューギニア地域に南島系諸言語の話者が後から入り込んだことは明らかである．パプア諸語は南島系流入以前の人間集団の話していた諸言語の末裔である可能性が高い．「パプア諸語」というときの「パプア」という表現は，「ニューギニア土着の」の意味で修飾語と捉えるのがよい．

　分類外を集めたものであるから，パプア諸語を本来的な意味で特徴づける事実は，極端にいえば，存在しない．「パプア諸語の類型」は，系統的に南島系でないことから南島諸語的な言語類型と対比されて語られてきた．例えば，南島諸語の人称表現の特徴に，2 人以上を指す 1 人称代名詞「我々」に除外（聞き手を含まない）と包括（聞き手を含む）の区別があること，また所有表現において譲渡可能な所有物（「斧」「イモ」）と譲渡不可能な所有物（「鼻」「母」）が文法的に区別される（譲渡不可能な所有物を表す名詞のみに接辞付加で所有者人称が示される）ことがある．こうした「南島的」な特徴をもたない言語がパプア諸語にはしばしばみられる．そこで，これがパプア諸語の特徴だという議論がなされるわけである．注意すべきは，第 1 に，世界の言語には，以上の点で，南島的でない言語が多くある（例：日本語，英語）という点であり，第 2 に，パプア諸語の中には以上の点でむしろ南島諸語に似る言語がそれなりに存在する（例：ドム語）という

点である．なお，ドム語はパプアニューギニア高地，シンブー州の言語であり，南島系の諸言語の影響が文法に及んだ可能性は非常に低い．南島諸語と比べた場合にパプア諸語では動詞と名詞の区別がはっきりしている（動詞は活用するが名詞は活用しないなど）ことが多いともされる．これなども，ドム語に確かに当てはまるが，日本語を含む多くの言語にも当てはまる．

●**パプア諸語の特徴**　パプア諸語にみられるとされてきた言語類型の傾向を述べ，特定の事例としてドム語に当てはまるかどうかをみてみよう．まず発音の特徴を述べる．パプア諸語の多くでｒとｌの区別がなされないとされるが，r/lを区別するドム語には当てはまらない．p/fなどのような発音の系列が区別されないことが多いとされ，ドム語にも当てはまる．側面開放の軟口蓋閉鎖音，両唇軟口蓋音，口蓋垂音などとよばれる珍しい子音がみられることがあるとされるが，ドム語には当てはまらない．語のメロディーの区別（日本語の「橋」と「箸」などが区別されるものに類する仕組み）をもつことが多いとされ，ドム語にも当てはまる．

　パプア諸語の文法的な特徴には次のようなものがある．人称表現に双数（「私たち２人」「あなたたたち２人」）があることが多いとされ，ドム語の動詞の形態には当てはまるが，代名詞については特別な双数をもたないので当てはまらない．動詞などによる隠れた名詞分類（日本語における「ある，いる」の区別に似たもの）があるといわれ，複数の存在動詞が主語により区別されるドム語にも当てはまる．従属節動詞の形態で主節と従属節が主語を共有するかどうかが示される（「太郎はテレビを見ながらご飯を食べた」「太郎は兄さんがテレビを見ている間にご飯を食べた」の「ながら」と「している間」などの区別がされる）ことが多いとされ，ドム語にも当てはまる．数を表す専用の形式が1，2，（場合により3）程度しかない代わり，身体部位の名称を応用した数表現をもつ（「片手」を5，「両手両足」を20とする指の本数による表現や，「小指」を1，「脳天」を13としたりする数を象徴する部位の名称による表現）ことが多いとされ，指の本数による数表現をもつドム語にも当てはまる．文法的に複数の名詞類（ドイツ語の性やスワヒリ語の名詞クラスの類）が区別されることがあるとされるが，ドム語には当てはまらない．語順の面では，パプア諸語は他動詞節の主要な要素の基本語順が主語・目的語・述語，名詞句内の基本語順が名詞・形容詞，複文では従属節・主節であることが多いとされ，ドム語にも当てはまる．

　その他，ドム語の場合は形容詞語根や動詞語根が非常に少ない一方で，指示詞が「こ，そ，あ」のみならず「上，中，下」によっても区別されるが，複数のパプア諸語で類似の状況が報告されている．

　パプア諸語の特徴はドム語に当てはまらないものもある一方で，日本語に当てはまってしまう特徴も多い．結局，パプア諸語の示すところは，むしろニューギニア地域の言語多様性だというのが正しい見方ではなかろうか．　　　［千田俊太郎］

ヨルング語
（オーストラリア）

◇◇

　1788 年から始まった白人入植以前，アボリジナル・トレス海峡諸島言語は 250以上あったと記録されている．しかし国連が「先住民言語の国際の 10 年」と定めた初年にあたる 2022 年までに過半数以上の言語が植民地主義の犠牲になった．たった 13 の言語のみ次世代を担う子どもたちに踏襲されており，その他は絶滅の危機に直面している．ここではその数少ない言語の一つ，北部準州の東アーネムランドに根付くヨルング語をとりあげる．

●**創造された言語**　ヨルング語は人間の移動や交流によって発生し，進化したものではなく，人や動物の姿をした創造主が東アーネムランドを旅し，大地を形成し，言語を含む知的財産を特定の場所に恒久的に残したのである．例えば，ジャンカウォ（人の姿をした 2 人姉妹の創造主）は東アーネムランドのはるか東方よりカヌーを漕いで半島に上陸し，パンダナスの葉繊維で編まれた籠を首から下げ，水を掘り当てる棒を地面に突き刺しながら旅をしたのである．その籠の中にはヨルング世界を構築している言語を含むあらゆる知識が内包されており，ジャンカウォ姉妹はそれらを特定の場所で歌い，話し，踊り，泣いたのである．また，鵜の姿をした創造主は淡水湖に着水した際，藻に舌を絡めとられたために言語が変わり，鰐の姿をした創造主は大地を旅する過程で他の創造主たちと出くわした丘や水辺で複数回にわたり言語を変え，大地に残したのである．それらの創造主の直接的子孫であるヨルングは各土地特有の知的財産の継承者および守衛者として日常的，儀礼的生活の中で言語活動を行っているのである．

●**他と共生する言語**　少なくとも 6500 年の歴史をもつといわれているアボリジナル・トレス海峡諸島の世界は白人入植の前後で二項対立的に考察される傾向にあるが，それよりも遥か以前に中国やポルトガル，オランダ等の諸外国から出港した航海者によって大陸目撃や上陸の記録が多数残されている．なかでもインドネシアはスラウェシ島を起点としたマカッサル人との経済・文化交流は東アーネムランドを含むオーストラリア北沿岸地域において長期間にわたり栄えたのである．マカッサル人は西風が吹く季節に帆艇に乗って東アーネムランドを訪れ，遠浅な海で豊富に獲れるナマコの収穫と乾燥加工を主な目的とする交易が行われた．その機会に米やお酒，煙草，衣類等の物質的なものがヨルング世界に紹介されただけでなく，儀礼や言語交流も盛んに行われ，今でも数多くの名詞（例：*rrupiya*「お金」, *gonydjiŋ*「鍵」）や動詞（例：*djäka*「世話する」, *djäma*「つくる」）が日常的に話されている．友好的で持続的であった交流は 1883 年に南オーストラリア政府が関税や漁業権の取得制度を課す決議を下したことをきっかけにマ

カッサル人との摩擦が起き，次第に交易は衰退した．記録によると 1900 年代初頭に最後のマカッサル人が東アーネムランドを去ったとされている．

　それから間もなくして宣教師によるキリスト教の布教が東アーネムランドで始まり，1920 年代前半〜1940 年代後半にかけてキリスト教ミッションが建設された結果，そこへ移り住むヨルングも少なくなかった．布教活動と並んで，言語学的知識をもった宣教師は未だ文字に起こされたことがなかったヨルング語音素の特定に尽力したのである．六つの母音と 25 の子音から成るヨルング語正書法は旧約聖書の翻訳や学習素材作成の基礎となり，後に始まる北部準州バイリンガル教育プログラム（1973〜2008 年）に多大な貢献をすることになったのである．その書記法は今も東アーネムランド全域の小・中・高等学校，および全国の大学，研究機関でのオーソドックスな綴りとして使用されている．

●**肖像の言語**　　意思疎通や情報共有の手段としての言語，辞書および百科事典に収められている言語を指標的だとすると，ヨルング言語はその面も備えながらも肖像性，つまり話し手そのものを反映するアイデンティティでもある．2016 年北部準州政府選挙において Nhulunbuy 選挙区で当選したインギヤ・グユラは英語の使用が義務づけられてた北部準州議会の議会発言の場でヨルング語の使用許可を求めた．NAATI（オーストラリア翻訳・通訳資格認定機関）認定の通訳者の資格を有する彼は言語バリアを問題焦点としたのではなく，ヨルング世界を政治の舞台で代表する限り，言語の発声——創造主によって残された知的財産——を彼自身，親族，土地として捉えたのである．処女演説の際に身につけたヒインコの羽根で装飾されたヘッドバンドや首飾り（図 1）と同様に 2019 年 5 月，議会内で初めて響いたインギヤによるヨルング言語での議会発言は肖像性を有し，議会の中心で時間そして空間を占め，他の議員の目前に言語という概念の多元性を訴えるものとなった．同年には選挙区名が Mulka' に改名された．その語意は狩猟採集活動後に人々が憩う"心地よい，乾いた場所"であると共に，異なる伝統知識集団が外交的に言葉を交わし，違いを真摯に認める際，安易な比喩や類比によって異集団間の共通項を安易に模索するのではなく，違いを掘り下げ，違いを保ちながら，歩み行く場所，という意味を含有する．

　オーストラリアの大衆文化においてもヨルングによる精力的な言語発信には特筆すべきものがある．音楽界では Yothu Yindi を筆頭に盲目のシンガー故 J. G. ユヌピングや先進気鋭の Baker Boy が朗々とヨルング語で歌い上げる声は国内にとどまらず世界中の観衆を魅了している．映画界では 2021 年に惜しくも亡くなった D. グルピリルは世界的映画俳優であり，出演した映画，受賞数は枚挙にいとまがない．2020 年に公開された映画「*High Ground*」は第 70 回ベルリン国際映画祭プレミアム試写会で世界的に発表され，2021 年にはオーストラリア映画テレビ芸術アカデミー賞を受賞している．　　　　　　　　　　　　　　［林 靖典］

ワロゴ語
（オーストラリア）

◇◇◇

　ワロゴ語はオーストラリア東北部，クイーンズランド州北部の言語である．筆者は 1971〜74 年にかけて調査した．当時すでに消滅の危機に瀕していて，主に最後の流暢な話者 A. パーマーから調査した．1981 年にパーマーが亡くなり，この言語の流暢な話者はいなくなった．筆者はパーマーの子孫の依頼を受け，2002〜06 年にかけて，現地でワロゴ語のレッスンを行った．

　パーマーは筆者にこう言った．「ワロゴ語を話すのは私が最後だ．私が死んだら，この言語も死んでしまう．私が知っていることはすべて教える．だから，きちんと記録してくれよ」．実に感動的な言葉である．パーマーは言語の記録を残すことの重要さを筆者に教えてくれたのである．

●言語の特徴　（☞「オーストラリア原住民諸語」）

　（a）音韻．オーストラリア原住民諸語の多くと同じく，母音は三つ区別する．言語学の習慣に従うと，/a, i, u/で表せる．/i/で表す音は [i] に聞こえる語もあり，[e] に聞こえる語もある．[i] と [e] を区別しない．例えば *babi*「母の母」は [babi] に聞こえる．/u/で表す音はほとんどすべての語で [o] に聞こえる．[u] に聞こえる語はきわめて少ない．例えば, *gamu*「水」は [gamo] に聞こえる．他のオーストラリア原住民諸語と同じく，/l/の音と/r/の音を区別する．/l/の音は一つである．/r/の音は二つある．/rr/と/r/で表す．/rr/は日本語のラ行の子音と同じである．/r/の音は私たちが学校で習う英語の/r/の音に似ている．/rr/と/r/を区別する例を挙げる．*marra*「蔦の毒」と *mara*「手」．

　（b）文法．オーストラリア原住民諸語の多くと同じく，能格性とよぶ現象がある．「オーストラリア原住民諸語」の項で例示した能格性は単文における現象である．ワロゴ語では，能格性が単文にだけでなく，複文にもある．話を非常に単純化して，さらに，日本語の単語を用いて示す．

　　（1）　男　　　　　　　子ども　　　見て　〔　〕　　　　　走った．
　　　　　　他動詞主語　　　目的語　　　　　　自動詞主語

この文で，自動詞主語は省略してある．〔　〕で示す．(1)は，世界の多くの言語では「男が子どもを見て，男が走った」を表す．すなわち，省略した自動詞主語は他動詞主語と同じ人を指す．目的語は別扱いである．一方，ワロゴ語では，(1)は「男が子どもを見て，子どもが走った」を表す．すなわち，省略した自動詞主語は目的語と同じ人を指す．他動詞主語は別扱いである．この違いは下記のように示せる．

(2) 世界の多くの言語の場合

　　他動詞主語　＝　自動詞主語　≠　目的語
(3) ワロゴ語の場合

　　他動詞主語　≠　自動詞主語　＝　目的語

複文において(2)を示す現象を統語的対格性とよぶ．複文において(3)を示す現象を統語的能格性とよぶ．統語的能格性は世界的に見てもきわめて稀である．主に，オーストラア東北部のワロゴ語などの約七つの言語にだけ見つかっている．ワロゴの人たちに「統語的能格性は世界でも極めて稀な現象です．この地域の人たちにとってだけではなく，人類全体にとって貴重な宝です」と話したら，大変喜んだ．自分たちの言語に一層誇りをもったようである．

●**言語再活性化運動**　筆者はパーマーの子孫の依頼を受け，2002～06年にかけて，現地でワロゴ語のレッスンを行った．5回行い，1回につき，約5日，午前と午後に，レッスンを行った．発音，基礎語彙，活用（名詞，代名詞，動詞），単文（自動詞文，他動詞文，平叙文，疑問文，命令文），複文（統語的能格性），ミニ会話，親族名称，結婚相手を選ぶ規則，神話，名付けなどを教えた．2006年には，質問と答えの簡単な会話を言える人が出てきた．レッスンは成功であったと評価できる．その後も，ワロゴ語を再活性化しようという試みは少しずつ進んでいる．

●**レッスンから学んだ教訓**　言語再活性化運動は，学習者の希望や反応を考慮して進めることが大事である．例を一つ挙げる．2002年にレッスンを始めたときは，筆者は三つの母音の一つを（言語学の習慣で）/u/の文字で書いた．しかし，これが原因でレッスン参加者に混乱が生じた．原因1．/u/で表す音はほとんどすべての語で，[u]ではなく，[o]に聞こえること．原因2．レッスン参加者にとって母語は英語である．英語の綴りでは，/u/の文字は少なくとも五つの異なる発音

図1　A. パーマー（右）と筆者（左）[1974年クイーンズランド州パームアイランドにて筆者提供]

を表すこと（例：put, but, music, minute, bury）．そこで筆者は，2004年のレッスンで，「/u/の文字を使わないで，/o/の文字を使う」ことを提案した．参加者全員が大賛成した．それ以来，/u/の文字を使わないで，/o/の文字を使っている．例えば，この言語の名前は以前はWarrunguと書いていたが，今はWarrongoと書く（ngは英語のsingのngと同じ音である．カタカナではこの音を表す文字がない．やむを得ず「ワロゴ語」と書いている）．　　　　　　　[角田太作]

📖 **参考文献**
[1] Tsunoda, T., *A Grammar of Warrongo*, De Gruyter Mouton, 2011.

4

生業・技術・知識

［担当編集委員：古澤拓郎］

概　説

◇◇

　オセアニア島嶼国の地方部で，村人はある日には畑をつくり，別の日には魚釣りをし，それぞれで得られたものを家族で食べたり，村内で分け合ったりして暮らしている．つまり村人は自給的な農耕と漁撈に従事しており，職業でいえば農家にして漁師である．村人は家が必要になれば森林から必要な素材を集めてきて自分たちで建てるし，病気になれば薬用植物を集めるかマッサージ治療を施すので，大工にして医療関係者である．彼らの多彩な知恵と技術には驚かされるばかりである．

　生業という用語には，大きく分けて二つの意味がある．一つめは，生計を立てるためにする仕事のことであり，現金収入を目的とするなりわいや職業と同じような意味である．二つめは，現金を介さない自給的な生計手段つまりサブシステンス（subsistence）のことである．普段の日本語の中では，この二つの意味はあまり使い分けられないが，オセアニア文化を理解するためには，両者の違いを意識することも必要になる．

●**自給的生業**　自給的生業としては狩猟，採集，漁撈，家畜飼育，農耕，水産養殖があげられる．このうち狩猟，採集，漁撈は自然に生息している生き物を採って食べることであり，採食（foraging）としてまとめることができる．一方，家畜飼育，農耕，水産養殖は，自然にあった生物を，人間が都合よく利用するために飼育したり，栽培したりしているものであり，なかには品種改良も伴って家畜化・栽培化された生物に依存しているものも多い．日本語では家畜化・栽培化は別単語であるが，英語ではドメスティケーション（domestication）という一単語にまとめられる．

　これらの生業手段は，オセアニアの島嶼国では人々の生業戦略を構成する基本的要素である．冒頭にあげた例のように，それぞれの村人は複数の職業を「兼業」しているわけではなく，いくつもの自給的生業を組み合わせることで一つの職業のようにしている．

●**現代的生業**　一方，オーストラリアやニュージーランドでは，大規模な現代的農業が営まれており，専業的な農家がいる．なりわいや職業としての生業である．また，小島嶼国の漁業水域においては外国系企業による，大型漁船を用いた商業的漁業が行われている．各国に漁業基地や缶詰工場がつくられることもあり，そこで半ば専業的に働く島の人々もいる．

　オセアニアの農業や漁業から生産されたものは，世界に輸出されているが，鰹節・ツナ缶など日本での消費が多いものもある．

●気候風土とつながる生業・技術・知識　本章はこういった生業を軸とし，それと関わるかたちでの地域の技術と知識を紹介する．オセアニア島嶼部における主要な食料はさまざまなイモ類であり，その農耕技術は人類史における移住の中で，アジアから持ち込まれたと考えられるが，定住した島・土地それぞれにおいて技術や知識には異なりがあり，移動耕作をするところや，水田耕作をするところがある．また畑作不適地では果実を主食にした島や，農耕自体をやめて狩猟採集を生業にした島もある．

　島という動物の限られた環境であっても，家畜化は行われた．その一方，サバナ・砂漠という乾燥した気候にあるオーストラリア大陸先住者たちの主要な生業は狩猟と採集であった．

　複数の生業手段を組み合わせていることから，これら主要な食料獲得手段以外の生業にも特徴がある．嗜好品となる植物の採集や，食料・建材・道具など多用途にまたがるヤシ科植物の利用などにもそれがみられる．

　生業はさまざまな技術や知識と社会的制度によって成り立っている．技術や知識の中には，個々の生業に特化したものではなく，複数の生業にまたがってその基底となるものもある．時間を定める暦や位置を知るための天体知識，限られた土地や資源を共同で利用するための管理制度があげられる．

●課題の中での生業　オセアニアにおける生業文化は変わりつつある．島嶼部における都市化や生態環境の劣化は，否応なく従来の生業を困難とし，住民に新たな技術や知識を習得することを迫ってきた．また，オセアニアでは希少な生物資源が利用されてきたため，生物の保護・保全という世界的な動向にも影響されてきている．島の暮らしは生態系と密接に関わってきたが，今や小さな島の村も世界の生産と消費そして地球全体の生態系とつながっている．人口の増加や市場経済の浸透の中でこれまでの生業を続けることは困難になりつつあり，一方新たな生業に従事することは一層の伝統喪失や環境劣化にもつながりかねないジレンマにある．

　ニュージーランドやオーストラリアが，日本など一部のアジア諸国とともに環太平洋パートナーシップ（TPP）協定を発効させるなど，オセアニア先進国の生業を取り巻く環境も刻々と変化している．また中国の進出を牽制するためや，新型コロナウイルス感染症拡大下での経済衰退を防ぐために，オーストラリア等の先進国から小島嶼国への就労機会の提供や経済支援も盛んになっている．

　二つの意味がある生業であるが，どちらの意味にしても生活の根幹に関わるものであるため，生業上の課題は人々の生存に直結する．本章は，オセアニアの生業文化を人類史的スケールから眺めつつ，伝統文化の紹介から，現代の課題までを包括的に説明することで，将来のあり方を考えるためのものである．

［古澤拓郎］

根栽農耕

◇◇◇

　島嶼や熱帯低地で小規模な農耕ばかりを目にしてきたヨーロッパ人が，1930年代にはじめてニューギニア島高地をみたとき，広大な盆地に，垣が張りめぐらされた巨大な集約的農耕が行われていることに驚いたといわれる．本項ではそうした，オセアニアにおける生業の基層をなす，多彩な根栽農耕について紹介する．

●オセアニアの農耕文化　中尾佐助は世界の農耕起源を「根栽農耕文化」「サバンナ農耕文化」「地中海農耕文化」「新大陸農耕文化」に分類した．このうち根栽農耕文化は東南アジア〜ニューギニア島あたりを起源とし，オセアニアの島々，南アジア，さらには日本を含む東アジアや，熱帯アフリカにまで影響を及ぼしたとした．代表する作物はサトウキビ，タロイモ，ヤムイモ，バナナである．

　サバンナ農耕文化は南アジア〜アフリカ大陸の乾燥地帯で発生し，東南アジアの乾燥地帯，そして東アジアにも影響したものであり，主な作物はササゲ，シコクビエ，ヒョウタン，ゴマである．地中海農耕文化は，中東を起源として地中海周辺〜ヨーロッパ全域，そしてユーラシア大陸の温帯地域を通じて，東アジアまで広がったもので，オオムギ，エンドウマメ，ビート，コムギなどである．新大陸農耕文化は，北米大陸南部から南米大陸北部までで発生し，両大陸の広範囲に伝播し，主な作物はジャガイモ，インゲンマメ，カボチャ，トウモロコシである．

　イネはというと，もともとは雑穀の一つであり，しかし湿地に生えるという特徴があるため，上述の農耕文化が各地で広まったあとに，根栽農耕文化の影響を受けたサバンナ農耕文化周辺で生まれたという．今の農業において，イネは高い生産性・商用性をもつものであるが，農耕文化の起源からみると，イネはそれほど特別なものではない．むしろ中尾はオセアニアを特徴づける根栽農耕文化こそが，最も古い農耕文化であり，特別なものであるという（文献［1］）．

　オセアニアで広くみられる移動耕作では，根茎類を主作物として数年耕作した後放棄して，新しい土地に耕作を始めるものである．放棄された土地には休閑林が育ち，数年〜数十年の後に土壌養分が回復した頃に，再び人々はそこを切り開いて耕作をする．

●集約的農耕文化のはじまり　世界史においてメソポタミア（肥沃な三日月地帯）や長江下流域は，高い生産性を誇る集約的農耕に基づく，農耕文明の発祥として有名である．しかし，ニューギニア島高地における考古学的調査からは，ここではそれらと同じ時代である6000〜1万年前には，農耕が営まれていたという説も出されている．

　J. ダイアモンドは，ニューギニア島が，メソポタミアや中国と同様に，独立し

た農耕文化を開始し，冒頭のような集約的農耕を営んでおきながら，広域に伝わる「文明」とはなうなかったことにいくつかの仮説を出している（文献 [2]）．一つめは食料と食料生産の性質によるものであり，根菜類は低タンパク質であり，島には大型の家畜動物がなく人力のみでの農耕は生産性向上に限界があり，こうした環境では感染症への免疫が広がらなかったことである．二つめは利用可能な土地が限られており，集約的農耕で生産性が上がっても，人口拡大には限界があったことである．三つめは集約的農耕が，山岳中腹地帯という一定の標高に限定され，それより高いところは農耕に適さず，低いところは人口がまばらであり，交易や情報交換が発達しなかったことである．

● 「混栽」「混在」農耕文化　オセアニアの根栽農耕文化は，混植（混合）栽培つまり混栽農耕文化でもある．ソロモン諸島の移動耕作畑では，20世紀初頭に導入されたサツマイモを畝で栽培し，その周囲にはやはり導入種のキャッサバを植えている．サツマイモやキャッサバは育てやすく，栽培期間も短いため，在来の根茎類を席巻した．だが，畑の一角には在来のタロイモ類やヤムイモ類がこぢんまりと植えられている．別の一角には野菜類や花卉類が植えられている．畑のために森林を切り開くときに，

図1　ニューギニア高地の集約的農耕畑 [2006年11月ゴロカ近郊にて筆者撮影]

そこに自生していたソロモンカナリウムなどの有用樹種は伐採されずに残される．

　ニューギニア島では，上述のように集約的な農耕が営まれる地域がある一方で，移動耕作による農耕が営まれる地域も多くある．ソロモン諸島ロヴィアナ地域では，火山性の本島部では移動耕作をしながら，沖合にある堡礁島では半ば常畑化した農耕を営むこともある．人々は地質や作物に合わせて複数の農耕様式を用いる．

　このようにオセアニアの根栽農耕文化は，根茎類を主作物としつつ，さまざまな作物を混栽し，異なる様式が混在することで特徴づけられ，多様な島嶼環境における人々の文化による適応を反映するものである．　　　　　　　　　[古澤拓郎]

📖 参考文献

[1] 中尾佐助『栽培植物と農耕の起源』岩波新書，1966.
[2] ダイアモンド，J.『銃・病原菌・鉄――一万三〇〇〇年にわたる人類史の謎』上・下，倉骨 彰 訳，草思社，2000.

熱帯果樹の栽培と利用

◇◇◇◇◇◇◇◇◇◇◇◇◇◇◇◇◇◇◇◇◇◇◇◇◇◇◇◇◇◇◇◇◇◇◇

　世界の熱帯果樹のほとんどは熱帯アジアと熱帯アメリカで起源したが，一部は
オセアニアで起源した．それらは，最古の栽培植物の一つであるバナナや，バナ
ナと同様に無核果実をつけ栄養繁殖されるパンノキなどである．いずれも長い時
間をかけて高度に栽培化されており，人類の農耕の歴史において重要な位置を占
めている．バナナやパンノキは熱帯果樹に分類されるが，オセアニアでは必ずし
もフルーツとして生食しない．デンプン質の硬い未熟果を加熱調理して主食とす
るのである．その意味からすると，バナナやパンノキの未熟果はイモ類に分類で
きよう．オセアニアでは，多様なイモ類を主食とする農耕文化が発達してきた．
　オセアニアの根栽農耕文化は，バナナ・ヤムイモ・タロイモなど根栽類（イモ
型作物）を組み合わせた農業体系であり，イモ型作物を中心とする点で残る三つ
の農耕文化（新大陸農耕文化・地中海農耕文化・サバンナ農耕文化）と大きく異
なる．イモ型作物であるバナナやパンノキは，オセアニアでは主食用作物として
農耕の中心を担ってきたのである．根栽農耕文化のもう一つの特徴は，イネ・ト
ウモロコシ・コムギという世界3大禾穀類をすべて欠くことである．保存容易な
禾穀類の栽培が発達しなかったことで，富の高度な集積が起こらなかったこと
が，この地域に強大な王国が発生しなかった一因であろう．一方，保存が難しい
イモ類は，周年収穫可能な農耕体系の確立と長期保存が可能な食品加工技術の発
達を促し，独特の食文化を育んできた．タロイモ・ヤムイモの収穫が少ない時期
を補完するようにパンノキの果実が収穫され，収穫時期の季節的偏りの少ないバ
ナナでは周年収穫のための集約的な栽培体系が営まれている．
●**バナナ**　知られている最古の栽培バナナの痕跡は，約7000年前のニューギニ
ア高地の遺跡で発見された．栽培バナナは，アクミナータ（*Musa acuminata*）と
バルビシアーナ（*M. balbisiana*）の二つの野生種のどちらかまたは両方に由来す
る．野生種の果実は硬い種子を多数含んで可食部はほとんどないが，人類は1万
年近い長大な時をかけてこれを現在の種なしバナナに育種してきたのである．
　バナナの品種数は数百以上にも及び，それらは調理用と生食用に大別される．
世界の主要な商業品種はすべて生食用であるが，オセアニアの自給栽培では調理
用の品種も多い．調理用バナナは一般にプランテンとよぶ．調理用品種は熟して
も生食用品種のように完全にはデンプンの糖化が進まず，硬いままで甘味も強く
はならない．多くのデンプンを含むため，イモのように加熱調理して利用する．
オセアニアでは，主食としての利用が重要であり，調理用品種も多様化している．
　種子がないバナナでは，吸芽を用いた栄養繁殖が行われる．親世代と同じ遺伝

子を引き継ぐことができる栄養繁殖には，優良形質が代々受け継がれるメリット
がある一方，偶発的な変異体が生じることはめったにないため，遺伝的な多様性
は品種を選ぶ過程で低下してゆく．このことは病害の蔓延するリスクを高めてい
る．防除手段の限られる熱帯島嶼部では，今ある品種多様性の維持保全に努める
ことが，食文化の維持とともに食糧安全保障上も重要になる．

　バナナの環境適応範囲は広く熱帯から暖温帯まで栽培がみられるが，乾燥帯に
は適さない．年降水量2000 mm以上で安定した降雨が栽培には必要である．生
育適温は27℃付近であるが，21℃まで低下しても生育阻害はなく，10℃程度の寒
さに耐える．赤道付近では標高2000 mくらいまで栽培が可能である．多くの熱
帯果樹のように，開花結実に季節による気温や降水量の大きな変化を必要としな
い．年間を通して温暖多雨な島嶼部の気候はバナナの栽培に適している．

●**パンノキ**　モルッカ諸島で古い時代から栽培されていたが，人々の移動に伴っ
てオセアニアの各地に運ばれ，野生種との間で異種間交雑が行われて多様な品種
が広がった．太古の航海によって伝播した「カヌー」植物（canoe plants）であり，
オセアニアにはこのように島伝いに伝播した栽培作物が少なくない．長年の選抜
によって無核果品種が作出され各地に定着したことは食糧として重要視されてき
たことを裏付けている．パンノキ（breadfruit）の名称は，文字通りパンのような
果実の意味であり，各地で主食として利用される．蒸した果実の食味は素晴らし
く，パンというよりサツマイモのようである．

　パンノキは15 mくらいの大木に成長し，枝先に直径20 cmで2 kgくらいの球
状の果実を多数つける．生産樹齢に達した後は放任栽培でも長期間果実生産を続
け，その後の持続的な食糧供給を可能にする．年降水量1500〜3000 mmで気温
21〜32℃の環境に多く，高温多雨の島嶼環境に適しているが，水はけのよい土壌
を選ぶ．しばしば環礁島にもみられ，石灰質の土壌（pH6.1〜7.4）や塩分を含む
土壌にも生育する．無核であるから種子繁殖ではなく栄養繁殖が行われる．パン
ノキでは根挿しが一般的である．島によって収穫期は異なるが，収穫期間は約1
か月間と限定的であり，長期貯蔵に耐える果実の加工技術が発達した．

　長期保存のための伝統的な方法は，皮をむいたパンノミを数個に切り分けてバ
ナナの葉に包み，地面に掘った穴に保存するものである．この状態で1週間くら
いすると発酵が始まり，独特の匂いを放つようになる．これをミクロネシアでは
マールとよぶ．マールの保存可能な期間は1年以上に及び，貴重な保存食とな
る．必要に応じてこれを取り出し，バナナやパンノキの葉で包み蒸しにして食べ
る．これはオセアニアに一般的にみられる葉の包み蒸し料理である．オセアニア
では，果実は煮たり焼いたりさまざまに調理して食べられるが，なかでも石蒸し
は古くから伝統的に行われている調理法で，地面に穴を掘って焼けた石とともに
バナナの葉などに包んだパンノミを入れて蒸し焼きにするのである．　［樋口浩和］

漁撈文化の多様性と固有性

◇◇◇

　陸生の動物性食物資源が少ないオセアニア島嶼部では，タンパク質源としての海産資源の重要性がきわめて高い．もちろん，魚などの海産資源だけを食料としていては人類の生存はままならない．バランスのとれた食事を摂るためには，イモやバナナなどの植物性食物と海産資源を組み合わせる必要がある．それゆえ，オセアニア島嶼部の伝統的な生業の基盤は，パンノキなどの樹木栽培を含む農耕と，海産資源の利用であった．つまり，この地域の人々は，優れた農耕民であるとともに優れた漁撈民でもあった．

●オセアニアの海産資源　オセアニア島嶼部の陸生動物の多くはアジアから渡って来たと考えられており，動物の種数は東へいくほど少なくなっている．これは，この地域においては西から東へ向かうにつれて一般に島のサイズが小さくなり，島と島の距離が遠くなっていることによる．実は，海産資源にも同様の傾向がある．オリバーによれば，ニューギニア島周辺には約2000種の海水産魚類がみられるのに対し，東ポリネシアのタヒチでは625種を数えるに過ぎないという（文献［1］，p.248）．

　魚を主とする海産資源は，均質に棲息しているわけではなく，それぞれの種の生態によって棲息環境が異なっている．オセアニアの多くの島々はサンゴ礁で囲まれているが，島の成り立ちとサンゴ礁の分布や形状は，海産資源の生態や人間の漁撈活動に影響を与えている．例えば，堡礁を越えた外洋にはサメなどの大型魚類が回遊しているが，堡礁の内側のラグーンに比べて波が高く，小さなカヌーで漁をするのは難しい．一方，ラグーンにはハタなどの魚類，貝類や甲殻類，タコなどが棲息している．また，アジやボラ，マグロやカツオなどの回遊魚が堡礁に開いた水路を通って入ってくる．河川をもつ大きな島では，サンゴ礁の形成を妨げる河口の前に水路（潮口）ができることが多く，栄養分が豊富なため小魚が集まり，それを求めて大型魚も集まるため，格好の漁場となっている．

●海産資源の利用（漁法）　それでは，人々はどのような漁法で海産資源を利用してきたのだろうか．浅瀬での一般的な漁法に，手づかみによる採集がある．岩陰に隠れるタコや甲殻類，海底の砂の上に棲息するナマコなどをそのまま捕らえるという，最も単純な漁法である．また，干潮時のラグーンにできたタイドプール（潮だまり）に，魚を麻痺させるデリス属などの植物の根を砕いて樹液を拡散させ，浮き上がった魚を捕まえる魚毒漁も多くの島々で行われている．

　漁網を利用した漁法も多くの島々にみられる．1人で作業する投網やすくい網のような小さなものから，長さが数百mに及ぶ巻網や地引網まで，網の形状や大

きさは多種多様である．かつては，網の材料にはココヤシの葉や実のまわりの繊維を撚ったものが使用されたが，現在では化学繊維を素材とするものが多い．

　モリやヤスを利用する漁も一般的である．ゴムを取り付けた鉄製のヤスをもって海中に潜り，魚や甲殻類などを突く漁がよく知られている．パプアニューギニア南岸のキワイの村では，陸から十数 km 離れたサンゴ礁でジュゴンやウミガメを離頭モリで突く勇壮な漁が行われている（文献 [2]）．

図１　釣り上げたシイラを抱えるトンガの漁師［2003 年 10 月トンガ・ハアパイ諸島ハアノ島にて筆者撮影］

　この他にも，釣針を使った一本釣りやトローリング，筌やワナ，エリなどを使ったさまざまな漁法が多くの島々でみられる．なかでも，ルアーを使ったタコ漁と凧を利用した漁法はオセアニアに特有の漁法である．前者のルアーは，ネズミを模したもので，こぶし大ほどの石にタカラガイの貝殻を取り付けてココヤシの葉や繊維でできたしっぽをつけたものである．トンガでは，「マカ・フェケ」すなわち，「タコ石」とよばれている．この漁具は，タコとネズミの遺恨に関する伝説がもとになっている．ソロモン諸島やニューギニア北部の島で行われている凧漁では，パンノキやサゴヤシの葉で凧をつくり，そこから釣糸を垂らしてカヌーに乗ってそれを揚げる．釣糸の先には針ではなくクモの糸が取り付けられており，水面すれすれに動かすと，小魚と間違えてダツ（サヨリやサンマの仲間）が長いくちばしで食いつく．くちばしがクモの糸に絡まって抜けなくなったところを釣り上げている．

●**経済のグローバル化と資源利用の変化**　近年では，経済のグローバル化が人々の生活に直接的影響を与え，日常の漁撈活動にも変化が生じている．最も顕著なのは，漁具やボートが手近な材料から，ナイロン製の漁網や釣糸，FRP 製のモーターボートに変わったことである．また，これまで自給用に消費してきた海産資源に貨幣価値が付与されることや，地元の人々がまったく利用してこなかった資源が現金収入源として注目を浴びることもある．前述のキワイでは，それまで見向きもしなかったナマコの採集と加工が始まり，人々の生活が大きく変化した．

［須田一弘］

📖 **参考文献**

[1] Oliver, D. L., *Oceania: The Native Culture of Australia and the Pacific Island*, University of Hawai'i Press, 1989.

[2] 須田一弘『ニューギニアの森から─平等社会の生存戦略』京都大学学術出版会，2021.

狩猟採集
（オーストラリア砂漠を軸に）

オセアニアには赤道の下，さまざまな諸島が並ぶ．赤道から南北 10°ほど離れた地帯が熱帯のサバナ気候になり，さらに 20〜30°南下したオーストラリア大陸に乾燥帯の砂漠気候地帯がある．こうした気候で進化する生物も自然選択される．オセアニアのサバナ気候地域では森が海へと開けてきわめて生物種に富むが，砂漠気候では植生もまばらになり群生動物は進化してこなかった．

狩猟採集はあらゆる環境に適する人類の基本的な生業形態でありながらも，地域的な変異もある．ポリネシアには槍や弓矢がほとんどみられないが，網と罠が主流となり，またスラウェシやボルネオ，マレーシアでは吹矢がみられた．他方でオーストラリアでは投てき用の槍や投げ棒が特徴的にみられた．こうした多様な気候と生態系のもとで，どのような狩猟採集のあり方が存在してきたのかを深く理解するために，ここではオーストラリア大陸の 7 割以上を占める中央砂漠気候での狩猟採集を見ていこう．

●砂漠での狩猟採集の技術と知識　砂漠気候では気候は高温・湿度は低湿となるため，腐敗のリスクは低く乾期用にある種の種類は貯蓄される．ただ年間を通して雨季は限られて乾燥しており植生もまばらであるため群生する動物は進化せず，単独性の動物を広域に狩猟するため人口圧は高まらず，獲得した獲物の分配が重要になってきた．

オーストラリア中央砂漠地帯のバルゴ・コミュニティに移住してきた人々は季節ごとに各種のユーカリやアカシア等の種類，果実類，イモ類やササゲ等の根茎を採取し，爬虫類，有袋類，鳥類，昆虫類などを捕らえる狩猟採集民である（文献［1］，図 1）．

特にカンガルー類は 12〜3 月の雨季には分散しているがそれ以外の期間は特定の水場に集まりやすいため捕らえやすく，時には火を用いた待ち伏せ猟もした．そうして距離が 20 m 程度に縮まると槍を投げて狩る．狩られたカンガルーは慣習に従ったやり方で主に男性たちが解体してゆく．

他方，冬季には女性が主に採集で寄与するが，夏季には男性が主に狩猟で寄与する，といったように季節的に役割分担は変化する．図 1 の一番上の行にあるのが現地の先住民による季節分類の名称になっているが，雨期と緑期，冷期，ゴアナ（大型トカゲ）期，乾期という季節に応じて狩猟採集の資源を変えているのがわかる．

●獲得物の再分配　こうして獲得した季節ごとの食物は，親族間で分配され，その分配先でさらに分配されることで，親族の周辺にまで行きわたるようになる．

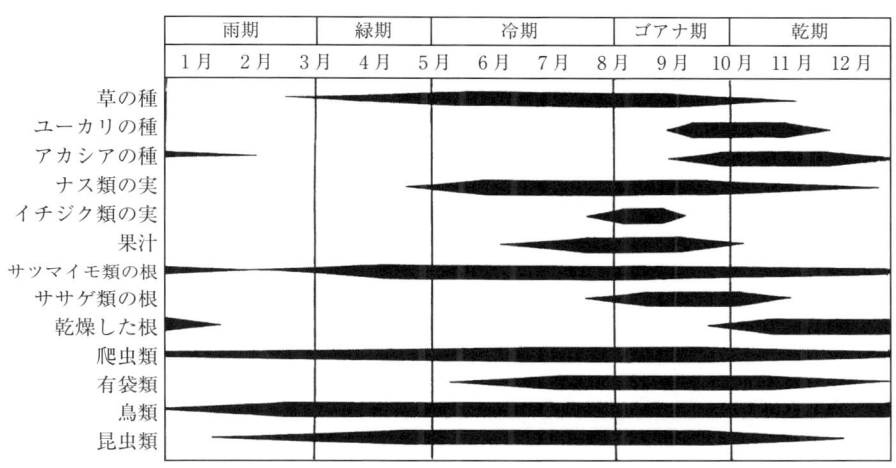

図1　季節ごとの狩猟採集の対象［出典：文献［1］, p.399 より改変］

中央砂漠地帯での植物は最低でも420種存在し，そのうち50％にあたる210種程度を食物にしていた．また動物は最低37種（有袋類29種，齧歯類8種）が同定されているがこれに爬虫類や鳥類も加わる（文献［2］）．

●気候・技術・知識　気候が異なると，植生と動物の進化が異なり，そこに関わる人間は，気候に適応した生業のあり方，技術とその習得，また獲得した食料の貯蓄や保存も変化する．こうして技術や知識が異なると，その習得期間も異なり，それは女性の栄養摂取という回路を経て再生産のあり方にも影響を及ぼす．人口圧が高まると，生業を多様化して適応する方略もあるが，気候や生態系が許せば資源獲得を集約化したり，他の生業（農耕民）との共生や，内部に植物栽培を取り込むといった適応略もあり得る．こうして生業や技術が変化すると，それに呼応して周囲への環境圧も変化し，さらなる移動や定住を作り出す．オセアニアはこうした狩猟採集のあり方が動態的に展開してきた地域なのである．

［飯嶋秀治］

📖 **参考文献**
[1] Cane, S., "Australian Aboriginal Subsistence in the Western Desert," *Human Ecology*, 15 (4): 391-434, 1987.
[2] Heppel, M. & Wigley, J. J., *Black out in Alice: A History of the Establishment and Development of Town Camps in Alice Springs*, Australian National University, 1981.
[3] Binford, L., *Constructing Frames of Reference: An Analytical Method for Archaeological Theory Building Using Hunter-Gatherer and Environmental Data Sets*, University of California Press, 2001.

タロイモの水田

ポリネシア最北端に位置するハワイではタロイモをカロ（*kalo*）といい，畑に植えるものもあるが，そのほとんどは水田で栽培された．北緯20°付近に位置するハワイの島々では，海からの湿気を含む北東からの貿易風が山にあたり雨を降らせ，清らかな水が豊富に得られる．山の峰から流れ出る川の清水を引き込み，アジアの米作地と同じようなカロの水田がつくられ，これをロイ・カロ（*lo'i kalo*）とよぶ．

図1　水田で大きく育ったカロ［2019年6月カウアイ島ハナレイにて筆者撮影］

水田で大きく育ったカロの芋を引き抜き，熱した石とともに地中で蒸して柔らかくし，内側が少し窪んだ木の板の上で水を加えながら専用の石の道具で叩いてすり潰しペースト状にしたものをポイ（*poi*）とよび主食としていた．糊のような舌ざわりで軽い酸味が感じられ色は薄い紫．かなり粘り気があるので人差し指と中指ですくって口に運ぶ．ポイをつくる作業は古来の習慣で男性の仕事と定められていた．大きさや色，味，香り等でカロは300種にも分けられ，収穫後は芋（根）の上部を一部残した茎を再度水田に植え戻すことでまた新たな芋が育ち，繰り返し収穫できるきわめて有用な作物である．そして，滋養の高い生活の糧を育てるロイ・カロはハワイの島々にはなくてはならないものであり，原風景でもある．

●ハワイ文化の源ともいえるカロと，その栽培の知恵　他のポリネシアの島々同様，ウル（*'ulu*）とよばれるパンノキの実，サツマイモの類のウアラ（*'uala*）や，ヤムイモ等も食されたが，ハワイでは水田で栽培するカロが植物性のものの中で最も主要な食物であり，かつ長い歴史の中で重要視されてきた．

ハワイには「クムリポ」という神話が脈々と語り継がれてきた．島々の創世記とも目される物語で，文字をもたなかったポリネシアでよくこれだけ長い話が代々暗唱され伝承されてきたと感心するほどの長編である．まず生命体は暗い海の底から生まれ，最初にサンゴが現れる．そしてカロはこの神話の後半で人間が誕生するくだりに登場するほど神格化された重要な植物である．クムリポには自然の営みから人間生活までを司るクー，カーネ，カナロア，ロノと称される4大神が語られているが，肥沃な土地や収穫を司る神でもあるロノとは別に，緑輝く

山の峰々から流れ出る清水，それを利用してつくられる水田，そして水田で成長するカロの象徴としてカーネ神が登場し，カロがハワイの人々にとっていかに大切かをうかがい知ることができる．そして，ハワイアンの生活にとって，その有用さゆえカロの葉から根のヒゲに至るまでそれぞれの部位には詳しい名がつけられている．

　ポリネシア考古学では，人はマルケサスから大海原を渡りハワイに到達し，その後にタヒチ周辺からの来島があり，双方向の往来がしばらく続いたと考えられているが，生活に欠かせない有用な植物を広大な太平洋に点在する島々に移動するカヌーに乗せて運んだことからそれらを総称してカヌー・プランツともよび，その中で最も重要なものがカロであった．どの大陸からも遠く離れた太平洋の中ほどに並ぶ火山島ハワイ．島々に住むハワイアンの人々は，山の頂から海岸に至るまでの地域を尾根に沿って区分けし，それぞれを「アフプアア」とよぶ共同生活地域として共有し生活を営んできた．山から流れ出る豊富な清水が流れ下る川の近くのなだらかな傾斜地に水田をつくり水を引き，畔にはバナナ等を植える．上の水田から下の水田に水を流し，再び元の川に戻す．養分をたっぷり含んだ川の水は海岸に石を組んでつくられた汽水の池に入り魚を育て，人々は海の幸と山の幸を共有して生活していた．

●現在のハワイ　1900（明治33）年にアメリカ合衆国の準州に，1959（昭和34）年には50番目の州になり人々の食生活には大きな変化がもたらされたが，ポイを離乳食として生まれ育つと，たとえ島外から移住してきた人の子孫でも，その味を忘れられないという人が多い．1970年代になるといわゆるハワイアン・ルネサンスとよばれる文化復興活動が盛んになり，ハワイ語の復興とともに食生活でも滋養のあるカロが見直され，観光で来島する人たちにもハワイ料理への関心の高まりがみられる．カメハメハ校をはじめとするハワイアン子弟の学校ばかりでなく，広く若者のクラブ活動等でも水田でのカロ栽培体験が熱心に行われ，ハワイ固有の文化が次世代へと受け継がれている．

　現在の州内を見渡すと，カウアイ島北部のハナレイ地区に広大な商業用のカロの水田がみられる．都市化がかなり進んだオアフ島では幹線道路から離れた所に小規模な水田があるのみだが，ホノルルのビジネス街の西側，ビショップ・ミュージアム近くに，ロイ・カロ・プレースという名の細い路地がある．近所に住む人以外はその存在すら気が付かない場所ではあるものの，その路地奥には流れの速い小川に沿って小さな公園があり，昔はここにカロの水田があったと容易に想像できる．ハワイの歴史文化そのものが感じられる場所である．

　貿易風地帯に位置する比較的生成年代の若い火山島の緑豊かな峰々から流れ出る豊富な清水を利用したタロイモの水田はハワイ文化の象徴でもある．

［浅沼正和］

ヤシとの暮らし

◇◇

　日本の人々が「主食」と聞いて思い浮かべるのは米や小麦ではなかろうか．し
かし，オセアニアにはヤシが主食という社会もある．ヤシ科は熱帯で3000種を
超える植物であり，その利用はオセアニア文化を特徴づけるものである．

●**ヤシが主食**　サゴヤシ（*Metroxylon* spp.）はニューギニア島をはじめとする，
オセアニアから東南アジアにかけての低湿地に自生する．成熟したサゴヤシの幹
にはデンプンが蓄積されているため，人々は食用のためにそれを切り倒す．樹皮
をはいで髄の部分を取り出し，それを砕いて，水を加えてもむことで，デンプン
が水に溶け出す．デンプンは水に沈殿するため，こうして分離することができ
る．数人～十数人程度で，これらの作業が行われる．

　湿地で吸芽により繁殖し，開花するまでに10～15年がかかる．伐採されるの
は，この開花直前のものが多い．湿地にしか生長しないが，自生するので，畑作
物のように人間がそれほど手を加えなくともよい．

　一方，サバナ気候のような乾燥地で主食となるヤシとして，オウギヤシ
（*Borassus flabellifer*）がある．利用方法はサゴヤシとはまったく異なる．高さ30
mにもなる直立したヤシの頂部から出る花梗を傷つけ，そこから出る汁を溜め
る．この液はそのまま飲用できるが，時間がたつと発酵してしまう．そこで，後
から食用できるように煮詰めて糖蜜や糖の塊にする．東部インドネシアのサブ島
などの降水の少ない地域の乾季に食される．荒野のヤシという意味の異名もあ
り，過酷な環境で，ほとんど人が手入れせずとも生長するため，世界のサバナ地
帯で持ち込まれた．

●**ココヤシ**　ココヤシ（*Cocos nucifera*）は，日本人が想像する典型的な「ヤシの
実」すなわちココナツをつける．日本にいてもエスニック料理店などで，若い実
からとったココナツジュースを飲んだり，熟した実から絞ったココナツミルクを
使った料理を食べたりしたことのある人もいるであろう．ソロモン諸島の人たち
は，ココヤシには捨てるところがないという．果実はきわめて未熟な状態で大人
の食用に適さなくても，乳幼児の離乳食になる．熟して食用にならないものは主
要収入源であるコプラの原料になる．葉は道具に，幹は建材やカービングの素材
に，食べ終わった果実の殻は蝋燭のようにして火を運ぶのに役立つ．果皮は伝統
的なトイレットペーパーでもある．

　太平洋全域に分布することから，地理的にはオウギヤシ以上に分布域が広いヤ
シである．ソロモン諸島において，林業，漁業について主要な輸出資源は農業で
あるが，農業の内訳としてはコプラが最も大きい．コプラは19世紀から今に至

るまで，その油脂の価値が高いことから，商品作物の地位を得てきた．ソロモン諸島では20世紀初頭頃には，人々が1家族あたり1〜数haものココヤシプランテーションをつくってきた．

　他の作物栽培には向かない海浜部に生長することも特徴であるが，近年気候変動などの影響か，海浜が失われるたびに倒壊する光景も目に付く．

図1　ヤシと有用樹木に囲まれた，ヤシでできた家［2018年7月ソロモン諸島テモツ州にて筆者撮影］

●「里ヤシ景観」　日本では，人間による自然利用が，結果として恵みの多い生物多様性を生み，特徴的な景観をつくり出すことがあり，里山として注目されている．一方，オセアニアにおいては，人間が手を加えた環境には必ずヤシ科植物がある．さらに汀に育つココヤシ，湿地にあるサゴヤシ，嗜好品として植えられたビンロウヤシ（*Areca catechu*）などである．それから村にある家の屋根や壁はサゴヤシやニパヤシ（*Nypa fruticans*）の葉が用いられ，床はビンロウ属（*Areca* spp.）が用いられる．建築や道具作りにはトウ（*Calamus* spp.）も欠かせない．ソロモン諸島のロ

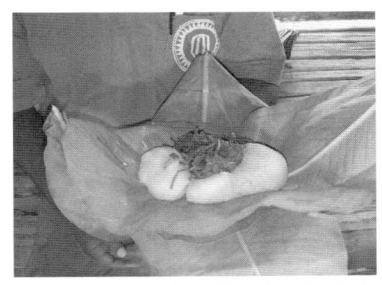

図2　サゴデンプンの塊（サクサク）に魚の缶詰や野菜をのせたごちそう［2012年2月パプアニューギニア・ウェワク州にて筆者撮影］

ヴィアナでは，サゴヤシの葉は家屋の屋根，壁にも使われる，貴重な資源であるが，乱獲を防ぐために，必ず葉を4枚残すという慣習法がある．このように生きたヤシとヤシでできた家が並ぶ，「里ヤシ景観」がオセアニア島嶼の景観なのである．

　しかし，近年はアブラヤシ（*Elaeis guineensis*, *E. oleifera*）のような，高収量の外来種を大規模プランテーションで栽培することもある．熱帯雨林を保全するための基金よりも，熱帯雨林を伐採してアブラヤシ・プランテーションにした方が，ずっと利益が大きいといわれ，熱帯雨林保護が進まない要因とすらいわれる．

　伝統的な暮らしでも，現代の開発においても，ヤシ科植物と人々の関わり方は，オセアニア文化とその変容を特徴づけるものである．　　　　　　　［古澤拓郎］

島における動物の家畜化

オセアニアにおいて，人類が移動してくる以前から生息していた動物を家畜化した例はないと考えられる．それは，コウモリを除く有胎盤哺乳類やコイ目魚類が人類移動以前には存在しなかったという動物相に起因する．ただし，それは家畜化概念，あるいは対象を植物まで広げたドメスティケーション概念の定義の仕方によるともいえる．人間と動植物の多様な関わりについての研究が蓄積し，また養殖や栽培の技術開発が進む現在，生殖過程に介入し不可逆的に形態を変化させるという古典的な家畜化概念は再検討を迫られている（文献 [1]）．家畜化概念を拡張するなら，オーストラリアやニューギニアで養殖されている数種のワニはオセアニアの在来種が家畜化された一例であるといえる．

規模や歴史を考えた場合，オセアニアの動物相の中で家畜化されたものはやはり皆無に近い．人間の生活圏に有袋類などを囲い込むのが困難だったのかもしれない．あるいは，人類とともに移動してきた家畜，つまりイヌ，ブタ，ニワトリ（近年であればヒツジ，ウシ）がオセアニアの環境に非常に適していたので，在来の動物を家畜化する必要がなかったのかもしれない．それらの課題は今後の考古学的研究の蓄積を待って結論付けるべきだろう．

●**人類とともに移動した動物**　多くのオセアニアの島々に人類として初めて拡散していったオーストロネシア語族集団（オーストロネシアン）は，家畜化したイヌ，ブタ，ニワトリとともに移動したと考えられる．ブタおよびニワトリは，動物性タンパク質源として大航海時代以前の島々の暮らしを支える重要な家畜であった．民族誌からの情報抽出をもとにつくられたデータベースによれば（文献 [2]），オセアニアのほぼすべての島々で，ブタとニワトリ両方，あるいは一方の飼養が認められる．また，ブタは，ニューギニアをはじめとするいくつかの島々で交換財や儀礼の贄とされるなど，食料としてだけではなく社会文化的にも重要な家畜である．

イヌは，オーストロネシアンの拡散以前にニューギニアおよびオーストラリアまで人類とともに移動したと考えられる．ただ，以下に述べるように，ニューギニアのニューギニア・シンギング・ドッグ（シンギングドッグ），およびオーストラリアのディンゴの「野性性」を考慮に入れると，その時点において古典的な定義における家畜として持ち込まれたのかは不明である．イヌと同じような存在として，ポリネシアの島々まで広く拡散し，イースター島などで食用に利用されたナンヨウネズミがあげられる．また，有袋類でも数種のクスクスについて，人類移動以前の生息地であったニューギニア島から，おそらく狩猟対象動物として人

間の手によって周辺の島々に持ち込まれたことがわかっている.

●イヌの両義性　シンギングドッグは，ニューギニアの周縁的な地域に生息する
ある程度普遍的なイヌである（この解釈にも議論がある）.「耳が三角に尖る」
「ショウガ色の短い体毛」「脚部や首部，頭部などに白い班をもつ個体が多い」など
どの形態，ハウリング（複数個体が遠吠えを繰り返す行動）などの行動に特徴が
あり，それらはオーストラリアのディンゴにみられる特徴でもある．また，DNA
解析により，シンギングドッグがディンゴとは近縁であり，オーストロネシアン
とともにオセアニア全域に拡散したイヌの系統とは何千年か前に分かれたことが
明らかになりつつある．シンギングドッグおよびディンゴについては，イヌなの
か別種の生物なのか，家畜なのか野生なのかが依然議論されている状態である.

　筆者がニューギニアで観察したシンギングドッグと推定される個体群も，他の
系統のイヌとは異なる形態的，行動学的特徴があり，また去勢などの生殖過程へ
の介入はなかった．それでもシンギングドッグは，家屋とその周りに生息し，
人々はそれらを所有された存在として認識している．人々は狩猟時にシンギング
ドッグを利用し，シンギングドッグは人々の与える残飯で生活している．筆者の
印象でも，日本のノライヌよりは人間に近い存在，つまりただのイヌにしか感
じられなかった.

　ニューギニア低地地域では，ブタも野生
と家畜の間を行き来する存在である．去勢
することにより生殖過程への介入はある
が，容易に人々の所有を離れ野ブタ（ある
いはイノシシ）として狩猟対象になる．こ
れまであげたイヌやブタ，ナンヨウネズミ
やクスクスの例を考えるだけでも，野生と
家畜の間の揺れ動きがみえる．人間の生活
圏へ在来の動物を囲い込むことの少なかっ
たオセアニアの島々は，人類とともに移動
してきた動物の野生化，再家畜化，さらに
家畜とは何か，ドメスティケーションとは
何かを研究するのに最適な場であるといえるだろう.

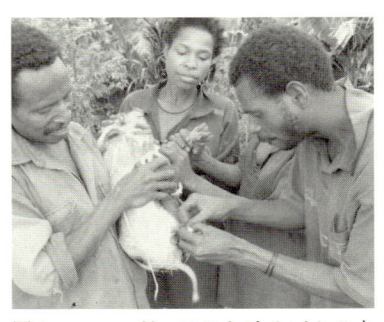

図1　ニューギニアにおけるブタの去
勢［2006年8月パプアニューギニア
南部高地州にて筆者撮影］

［小谷真吾］

📖 参考文献
[1]　卯田宗平編『野生性と人類の論理—ポスト・ドメスティケーションを捉える4つの思考』東
京大学出版会，2021.
[2]　大林太良他編『東南アジア・オセアニアにおける諸民族文化のデータベースの作成と分析』
国立民族学博物館研究報告別冊11号，国立民族学博物館，1990.

焼かない焼畑

◇◇◇

　「焼かない焼畑」は，パプアニューギニアの南部高地州から西部州に分布する言語集団，ボサビ・ランゲージ・グループで実践されている生業に対して，筆者が恣意的に命名した名称である（文献 [1]）．筆者が事例を収集したシバラマ村はおおよそ標高 500 m にあり，年間平均気温は最低 22℃，最高 28℃，年間降水量は 4300 mm，気候による季節変化は鮮明ではなく，植生は熱帯雨林であるといえる．「焼かない焼畑」によって生産される作物は主にバナナおよびパンダナス（タコノキ属の果樹）であり，少なくともシバラマ村では総エネルギー摂取量の 3 分の 1 がそれらによって得られている．

　ボサビ・ランゲージ・グループの人々は，ロングハウスとよばれる 60 人程度が居住できる建物でともに暮らす日常を送る．「焼かない焼畑」は，ロングハウスが建てられている丘陵の斜面の 2 次林に造成されることが多い．新しい畑の造成は，古い畑においてバナナの収量が落ち始めたときなど，生産量を増やす必要がある場合に計画され，ロングハウスに住まう全員の協業で行われる．

●畑の造成と放棄　最初に，2 次林内で潅木などの下ばえが刈り取られ，樹木を残した状態で整地が行われる．耕耘は行われず，男性が掘り棒を使用して数 m の間隔で穴を掘り，女性が古い畑から採取してきたバナナの吸芽（sucker）を植え付けていく．1 週間程度の後，男性によって樹木の切り倒し作業が始まる．細い樹木は一人ひとりで，太い樹木は足場をつくりながら数人がかりの作業で切り倒される．バナナの吸芽がどこにあるのかは気にされることはなく，畑は切り倒された樹木の枝葉で覆われ，木材伐採の現場のような様相を呈する．その後，木の切り株などを目印に核家族世帯ごとの区画が定められ，作業は世帯ごとの作業に移る．

　切り倒し作業から数か月後，バナナが倒木の間から目立って伸長してくるようになる．倒木の整理と草取りによって生まれたスペースには，パンダナス，パンノキ，アイビカ（トロロアオイ）などの作物が植えられる．ボサビは多くの品種のバナナを利用しているが，ある品種は半年程度，ある品種は 2 年程度と収穫までにかかる期間が異なる．この収穫期間の差異によって，1 度に造成した畑から連続的に収穫が可能になる．

　バナナは，実のなった幹を切り倒して収穫し，根元の吸芽を一つ残す．吸芽は品種に応じ，同じ期間を経て収穫される．このようにして畑が更新されていくが，連作によって収穫量は減少していく．連作には品種ごとの限界があり，通常 4〜5 年であるが，品種によっては 1 回の収穫で限界を迎えることもある．バナナ

の収穫が限界になると，ちょうどパンダナスなどの収穫が開始できるようになる．パンダナスの収穫が開始される頃には，多少の潅木が畑の中に生え始めているが，収穫の限界が近づく頃になると2次林の様相を呈してくる．そして畑の造成から10〜15年でパンダナスなどの収穫が停止され，畑は放棄される．

●**「焼かない焼畑」の学術的意義**　以上のような生業を「焼かない焼畑」という矛盾のある名称で説明してきたが，学術的な説明を加えておきたい．常畑が常識であった地域では，常畑ではない農耕実践を指す詳細な語彙が欠落しており，例

えば英語においてもそのような実践は「焼畑（slash and burn など）」と表記されてきた．一方，人類学において世界の多様な生業が明らかになるにつれ，農耕実践を類型化する試みも進んでいる．代表的な類型では，常畑ではない農耕実践は「移動耕作（shifting cultivation）」と定義され，火入れの有無，休耕の有無などの様態でさらに分類されている．「焼かない焼畑」に類似した農耕実践は，実は全世界で広く行われてきたことがわかっており，「移動耕作」

図1　「焼かない焼畑」の倒木から食用昆虫を採集［2006年8月パプアニューギニア南部高地州にて筆者撮影］

の中のスラッシュアンドマルチ（slash and mulch）として分類される．

　また，類型化から離れ，この地域の人々の環境利用における態度として考えた場合，人類学者C. ギアーツがインドネシアの「焼畑」を評した，「自然の森林を収穫可能な森林に転換したシステム」（文献［2］）という表現がしっくりくる．「倒木放置畑」は，単にバナナを生産する畑というだけではなく，多種の作物，薪炭，倒木に巣くう食用昆虫，ワナで獲れる獲物なども同時に生産される場であり，「自然」と「農耕」のはざまで行われる実践であると考えることもできる．ボサビでも，またメラネシアでも広く行われているサゴヤシの利用は通常「農耕」には分類されないが，「自然」の森林に手を加え，さまざまな資源を利用できるようにするという態度は共通している．そのような態度は，ボサビに限らず，「粗放」と表現されてきた世界の生業全体にあてはまるのかもしれない．　　　　　［小谷真吾］

📖 **参考文献**
［1］小谷真吾「生業―パプアニューギニアの「焼かない焼畑」」梅﨑昌裕・風間計博編『オセアニアで学ぶ人類学』昭和堂，pp.65-80，2020.
［2］ギアーツ，C.『インボリューション―内に向かう発展』池本幸生訳，NTT出版，2001.

園芸農耕民から採集狩猟民へ

ポリネシアの終着駅，チャタム諸島（Chatham Islands）は，ニュージーランド（以下 NZ）南島の東方約 1000 km の洋上に浮かぶ絶海の孤島．まさに世界の最果て，南太平洋に拡散したポリネシア人の旅路の終着駅なのだ．星の数ほどあるポリネシアの島々でも，ひときわ孤立感が強い．「吠える 40 度（Roaring Forties，南緯 40 度線）」の向こう側，南半球の激しい偏西風と南極からの冷たい南風とが衝突する荒海にポツンとある．ポリネシアの辺境．佐渡島より大きいから，大きさはポリネシアの島では遜色ないが，南太平洋のイメージとはほど遠い．

ここでは霧と南風とが通奏低音をなす．ことに霧は冷涼感を強調し，真昼も夕刻も，陸地も海も，濃い霧が覆う．その昔，この諸島は「霧の島（ヘヌア・レコフ）」とよばれていた．まばらな樹木の単調な景観が続く．松類の植樹だけが人間の温もりを感じさせる．潟湖に夥しい数の水鳥．たわむれているのか，休息しているのか．生命の鼓動が伝わり，ほっと一息つく，安堵する．

●**地球の最果てのような島々**　ホモ・サピエンスの地球開拓史の中では，人間が最後に定着した島．ポリネシア人の南太平洋発見史の中では，流れ着くままに到達した島である．昔，ポリネシア人の祖先が乗るカヌーは，こんな場所にまで来た．西欧人の帆船より何百年も前，こんな島にも定着したのだ．そんな彼らの偉業が実感できる．こんな遠島にまで冒険して来たのか，と．チャタム諸島で歴史を刻んできたのは，モリオリ（Moriori）とよばれる先住系の人々である．モリオリの歴史に関する成書は少なくない．NZ 史専門の NF 作家，M. キングによる文献［2］と，人類学者で外科医の P. ホートンによる文献［1］をお勧めする．

モリオリの祖先は，ポリネシアのどこから来たのか．チャタム諸島の地理，彼らの文化性と身体性に関する知見などから類推できよう．おそらく NZ 南島から来たのだろう．タヒチ方面から NZ に拡散したマオリ・グループから派生したと推測できる．1000 km の海をカヌーで越えたのか，あるいは漂流したのか．吠える 40 度の荒海が舞台だから，漂流説の方は分が悪いかもしれない．

モリオリの始祖たちが来たのは，500〜600 年前のことではないか（放射性炭素年代測定）．ならば，ポリネシアの島々を次々に植民したポリネシア人が，北のハワイ諸島（1500 年前），東のイースター島と西の NZ（1000 年前）に次いで，最後に定着した島ということになる．つまりは「ポリネシア世界の終着駅」であり，「人間の地球開拓史の掉尾を飾る場所」なのだ．

彼らは，チャタム諸島への片道切符しかもたなかったようだ．1 回きりの行ったきりの旅だったのだ．イギリス船チャタム号が来航まで，マオリとモリオリと

の間に交流の跡がない．おそらくは何人か，最少人数の者が住み着き，モリオリ
の民が誕生した．ポリネシア三角圏の西端のNZマオリの流れをくむモリオリこ
そ，最も遠くまで旅したポリネシア人なのだ．

　かくして，独得の生活の手段と技術を編み出し，寒風吹き荒ぶ気候風土に見合
う独特の文化を育み，2000人ほどの人口を擁するまでになった．もとより外世界
との交流手段などなく，みごとなまでに完結した潔い小世界だったに違いない．
モリオリこそが，南太平洋の大海洋世界の島々へ拡散したポリネシア人の物語を
完結した人々，その偉業を物語るべき人々なのだ．

　NZ南島からチャタム諸島に渡るには，ポリネシア最難所の海域を越えねばな
らない．マオリのカヌーが奇跡を味方にしても，想像を絶する難行だったに違い
ない．遭難して漂着したのなら，奇跡悲話の類だ．具体的な漂流ルートを想像す
る糸口さえない．実際，西欧人が見た19世紀初頭のチャタムには，手漕ぎカヌー
があるだけで，大きなカヌーをつくるための樹木はなかったようだ．

●**ポリネシア孤島における生活の知恵**　外世界から隔絶された貧弱な生活環境の
中で，2000人もの人口を想定するのは容易でない．それでも海産資源だけは，す
こぶる豊かである．このことは神々の贖罪なのかもしれない．クジラやイルカ，
海獣類も南極方面から押し寄せて来る．

　ともかく園芸農耕はかなわず，漁撈活動を中心に，海獣や鳥類の狩猟活動，シ
ダ植物の根茎（デンプンを含有）などの採集活動で，素朴を絵に描いたような生
活だったろう．それこそ「ピンからキリまで」の生活資源を「まるかじり」利用
するだけの生活だ．ポリネシア人は本来，タロイモ，サツマイモ，パンノキの実
などの根菜類や果樹類を栽培する園芸農耕を生活の基本としたのだが，チャタム
諸島では，冷涼な気候風土がゆえに，それが叶わなかった．およそ食えそうなも
のなら，何もかも利用し，豊富な海産資源を徹底的に利用する生活スタイルに転
換したのだ．まさに孤島での生活の知恵だ．例えば鯨食．クジラ（黒い魚）は，
考古遺跡で骨が大量に出土する．食用にされたようだ．捕鯨は難しくても，季節
により，あるいはシャチに追われるなど，いわゆる「寄せ鯨」は珍しくない．ま
さに天から恵み．肉の塊が漂着するがごとき出来事だったのではあるまいか．

　南太平洋の亜熱帯と暖温帯の島々を開拓した頃の園芸農耕民的な暮らしから，
漁撈中心の採集狩猟民的な暮らしに先祖がえりするがごとき選択肢しか，モリオ
リの人々に生き延びる道はなかった．彼らの生活は退行したのではない．不毛な
生活環境を克服すべく工夫を凝らしたのだ．このような生活の選択は，孤島での
「ないものねだりの暮らし」に欠かせない生活の知恵だった．　　　　［片山一道］

📖 **参考文献**
[1] Houghton, P., *The First New Zealanders*, Hodder & Stoughton, 1980.
[2] King, M., *Moriori: A People Rediscovered*, Penguin Books, 1989.

伝統暦・天文知識と生業

～～～～～～～～～～～～～～～～～～～～～～～～～～～～～～

　太平洋の多くの低い島では空を遮る地形がないので，ドーム状の星空を眺め，それを横切る天の川や降るような星が見える．そして人々の生活を左右する暦や方位観も天体の観察に基づいていた．

●**日々の移りと暦**　日の変化は月齢によって知られ，1日の始まりはしばしば夜から始まった．ハワイでは新月から始まる一月の間，月が尖っている期間（三日月），全体が見える時期，満月前後，月が細る時期など月齢を区分する概念があって，それぞれに時期に異なった神が対応し，儀礼が行われた．このような太陰暦と太陽暦はズレが生じるので，閏月によってその調整が行われた．また1年の季節の区分は太陽の出没位置なども使われたが，最も信頼できる指標は星座であった．

　最も注目されたのはプレアデス星団であった．オセアニアに人々が移植した時代と現在との間では地球の歳差運動があるが，暦の原型にはプレアデスが見え始める時期と重要な作物であるヤムイモの植え付けや刈り取りの時期が一致していた可能性がある．またプレアデスとほぼ逆の動きをする蠍座の主星アンタレスが対照にされ，これら二つの星座が1年を区切る指標として使われていた．これらの星座の動きが雨季と乾季，季節風の変化，さらにパロロとよばれる食用のゴカイの出現などの自然現象と重なって，暦がつくられていた．

　ニューギニア島北東マヌス島では11月，プレアデスが夕方東天に昇る頃に雨季と北西貿易風の季節が始まる．このとき天の川がほぼ南北に架かり南東風をブロックし北西風を通すので，この時期，南のニューギニア本島への交易航海が可能となる．同時にエイの尻尾をかじるサメ座が沈む．サメは射手座，エイはサソリ座であるが，これら魚の星座が海に沈むと海に魚が豊富になって漁が盛んになる．5月頃，南東モンスーンと同時に乾季が始まるが，天の川が北東から南西に架かり，北西貿易風をブロックする．やがてプレアデスが夕方東天に昇る頃，魚の星座が空に昇るので海には魚が少なくなり，ヤムイモの収穫期となる．

　マヌスでは天の川は空の雲と同じようないわば夜の雲とされていた．つまりオセアニアの航海民にとって夜空の小さな雲（プレアデス）と大きな雲（天の川）が暦の指標として重要であった．航海術が今日まで維持されてきたミクロネシアのカロリン諸島では，天の川が南北に架かる3，4月頃，その実が主食でありカヌーの材料ともなるパンノキの実が，南の国から到来したという神話をもとに，パンノキの実招来の儀礼が行われる．

●**方位観と航海術**　また18世紀後半，イギリスのJ.クック艦長の船に同船したタヒチの神官トゥパイアは，見えないはずの遠方の島々の位置を描いたとして

クックを驚嘆させた．その位置は現在の地図上の位置とは一致しないが，島々の相対的な関係については正確であった．

タヒチ人はカロリン諸島の，スターチャートに似た手法をもっていたようだが，北半球のカロリン諸島と南半球のタヒチでは航海に使われる星は同じではない．また星座は1時間に15°も動くので一晩では10個の星を最低使う必要がある．そして目標となるべき星が雲で見えない場合，それと当時に昇るペアの星を見ることで判断ができる．また自分の島から目指す島の方向に連なる一連の星をスターパスとして知る必要があり，トゥパイアは53のスターパスを示したという．

南北移動が行われるポリネシアでは，各島々の天頂を通る，天頂星（zenith star）の観察も行われた．天頂星とは島の緯度と星座の赤緯（天空上の緯度）が一致する星が天頂に来たとき，その島と同じ緯度にいると認識できる．この方法は南北両半球で使える．例えば北緯約20°のハワイでは牛飼い座のアルクトゥールス（ハワイ語はホクレア，$hōkū$＝星，$le'a$＝喜び）であり，南緯8°のマルケサス諸島はスピカ，南緯17°付近のタヒチやフィジーではシリウスが天頂星であった．

また穴と対になる概念に柱（pou）がある．これに属する明るい星が10個ほどある．それらは夜，次々と南中し，そのとき北に見える北斗七星ドゥベー（Dubhe）との間に線を引くと，それが子午線に相当し，南北の指標となる．南半球では北極星は見えないが，ドゥベーはかろうじて北の水平線を小さな円を描いてまわっているので北の指標とされたのであろう．

●**移住はどう行われたか**　ポリネシア人が行った最も難しい航海はラパ・ヌイ（イースター島）やアオテアロア（ニュージーランド）への移動であった．マオリの移住神話を解釈すると，クック諸島のラロトンガから10月の終わり〜11月に出発した可能性が高い．これは風向きや渡り鳥から推測される時期と一致するし，着いたときに咲いていたとされる赤い花の季節性からも肯定される．

この時期，舳先の先に太陽が沈んだ方角を見ていると宵の明星も明るく見えたであろう．金星が沈むと次の導きの星はカノープスである．この星は方位を示すだけではなく，伝承によると天候を占うことができる星である．カノープスは航海の間高く昇っているので，この星がぼやけていると雲の到来を示す．そしてやがて舳先の先にアンタレスが西南西に落ちていく．マオリが移住した1250〜1450年の頃，10月23日以降なら太陽が沈んで1時間ほど後にアンタレスが見えたであろう．

次にカヌーの左舷のやや後方，東南東の方位にオリオン座のリゲル，そしてその左にオリオンの三つ星（Tautoru）が見えるであろう．しかしこのような知恵はマオリ族の航海用のスターパスのほんの一部に過ぎなかった．　　　　　［後藤　明］

共有地の利用

オセアニア島嶼部においては，農耕，漁撈，狩猟，採集など伝統的な生業は，共有地（コモンズ）を利用して行われることが特徴である．現代になって，森林伐採，商業的漁業，ツーリズムのような「生業」が入り込むことで，摩擦のもとにもなっている．

●**共有地の悲劇**　「共有地の悲劇」は 1968 年に生態学者の G. ハーディンが『サイエンス』誌にて公表した理論モデルである．牛農家が個人所有の牧草地で飼育する場合，牛が牧草を食い尽くしてしまうと，やがて飼育が困難になってしまうので，飼育頭数や牧草の量を適切に保つように管理するであろう．しかし，牛農家が誰しも使える牧草地すなわち共有地というものがあった場合，複数の牛農家がそこへやってきて，牛に牧草を食べさせるであろう．この場合，自分が牛に牧草を食べさせなければ，他人が牛に牧草をたくさん食べさせるだけであることから，牛農家は我先に自分の牛に牧草を食べさせるであろう．そうすると結果として，牧草がなくなってしまい，誰も使えなくなってしまうであろう，という理論である．

これは，経済的合理性による資源濫獲に関する理論であり，社会的な警鐘でもある．大きなスケールで考えると，地球温暖化問題も，大気という限りある共有地に対して，国・企業が温室効果ガスを出し続けているとみなされる．

一方，オセアニアにおいては多くの地域において，伝統的には土地や資源の個人所有の概念がなく，集団による利用が行われてきたことから，「コモンズ論」はどのような資源利用や社会制度があるのかという人類学的観点や，どのように自然を守ることができるかという環境保護の観点から議論をよんできた．

●**慣習地**　個人所有がなかった地域では，ヨーロッパ人が到来して以降，訪れた商人が住民にはきわめて不利な条件，極端な安価で土地を手に入れてしまった例もあったという．そのため保護領化，植民地化するときに，統治政府は住民の権利を守るためにも，また合法的な開発を進めるためにも，土地所有の法制化を行った．

例えばソロモン諸島においては，イギリスが保護領化した際に，伝統的な集団的土地所有が法に組み込まれることになった．その結果，各地の土地は個人の土地ではなく，集団の土地として登記された．これは慣習地と称された．各慣習地は，それを所有する集団があり，その集団は主に血縁でつながる親族集団である．集団の構成は地域によって異なるが，所有権が母系で継承される場合は，最初にその土地を所有した個人から生まれた女性が，次世代の所有権を継承する．この

ように伝統的にあったという慣習法によって決まる.

　一方, 所有権と利用権が分けられることも一般的である. 今のソロモン諸島では, 村の中に, その土地を所有する親族集団に属する人と, そうでない人が混在することも一般的である. しかし, 所有権の有無に関係なく, そこに住む人は, 土地を農耕や資源利用することができる場合が多い. ただし, 莫大なお金が生ずる, 企業による森林伐採については所有権が厳密に行使される.

　慣習地や慣習法は, 曖昧なところが多かったため, いくつかの問題が顕在化している. まず所有権が母系なのか, 父系なのか, 共系なのか, ということは, もともとの伝統が明文化されているわけではなかったため, 争いのもとになる. また, 親族集団の規模は曖昧であるため, 数世代前を始祖にした集団, つまり拡大家族程度で土地所有集団を構成することで, 事実上の個人所有をしようとして, もともとの大親族集団と争いになる. いずれの場合も, 企業を森林伐採に誘致して, 自分に有利な契約を結びたい者によって起こされる問題である.

●悲劇は回避できるか　コモンズ論の研究からは, 実はどのような社会にも「悲劇」を避けるためのガバナンスが働くことが指摘されている. 最初にあげた例で, 温室効果ガスについては, IPCC などの世界的な会議によって共同で協調的な議論が行われる. また, オセアニアの共有地については, 慣習法などが働くのである.

　皮肉なケースもある. ソロモン諸島西部でロヴィアナ語を話す集団は, 1 人の女性から, 今や広域に広がる約 1 万人の集団となった. 歴史的に移住した先では, 移住集団が土地所有権を手に入れたが, 始祖の土地は, 今どこに住んでいるかに関係なく, 全集団構成員が慣習法上の所有権をもつ. そのため, 始祖の地は森林伐採を行おうにも, 権利関係が複雑すぎて林業法の定める契約にならず, 森林が守られたこともあった. ただし, 林業法の対象ではない海については, 誰もが始祖の海域に入り込み, 商業価値のある魚介類が濫獲されたとされる.

　南太平洋最大の無人島であるテテパレ島は, きわめて貴重な生態系をもつ島である. しかし, 他の島に住んでいながらここの土地所有者を主張する人が, 森林伐採を誘致しようとした. 他の有志は, 生物学者や環境保護家とともに島の生態系を守ることを政府に訴えたが, 慣習地は集団のものなので, 政府が国立公園にする権限をもたない. そのため, 有志らは保護のために土地所有集団の同意を得ることにした. 土地所有者はテテパレ子孫協会（Tetepare Descendants' Association）に登録され, エコツーリズムなどによる利益をそこで分配することにした. 無人島であるにも関わらず, 2012 年時点で 3000 人以上が登録された.

　経済的合理性だけを追求せずに, 共有地で生業を営めるか否かが, 今問われている.　　　　　　　　　　　　　　　　　　　　　　　　　　　　　　［古澤拓郎］

嗜好品の広がり

嗜好品は栄養・エネルギー摂取を目的としないものが多い．酒，茶，コーヒー，炭酸飲料，チョコレート（カカオ）などの飲食物，タバコなどの非飲食物が嗜好品としてあげられる．たしかに生存に不可欠なものではないかもしれないが，リラックス効果をもっていたり，人間関係を円滑にしたり，宗教的・社会的な儀礼に利用されたりと，嗜好品は各地域で大切に育まれてきた文化的産物といえる．そこで，オセアニアで近代以前から利用されてきた嗜好品を紹介したい．

●**カヴァ**　カヴァ（*Piper methysticum*）は低～中木のコショウ科植物で，その起源地はバヌアツからパプアニューギニアと考えられている．現在でも嗜好品としてよく用いられる国・地域は，サモア，トンガ，フィジー，バヌアツ，ミクロネシア連邦ポーンペイ州などであるが，西欧との接触以前はポリネシアで広く利用されていた．カヴァはオセアニア独自の嗜好品なのである．カヴァはトンガでの呼称であり（ポリネシア祖語は*kawa*），サモアではアヴァ，フィジーではヤンゴナ，バヌアツではカワカワ，ポーンペイではシャカオとよばれている．

カヴァの根が飲料として用いられる．サモアやトンガ，フィジーでは乾燥させた根，バヌアツやポーンペイでは新鮮な根が使われる．根を砕き（もしくは潰し），それに水を加え，植物繊維などで濾したものを飲む．ポーンペイではオオハマボウの内樹皮でカヴァを絞って濾すため，少しとろっとした液体に仕上がる．カヴァを飲むと口の中や舌，喉がしびれ始め，飲みすすめると体全体が重たいような感じになる．カヴァの根にはカヴァラクトンと総称されるさまざまな化合物が含まれており，その一部に鎮静作用や抗不安作用があることがわかっている．

カヴァは儀礼で用いられ，その作り方や飲み方には厳格なルールがある．このような儀礼は社会的地位を確認する場となっている．一方で，現在ではカヴァをカジュアルに飲めるバーがフィジーやバヌアツにある．ポーンペイでも同様にバーで飲める他，メインストリートなどで瓶詰めのカヴァが売られており，購入者は友人らと気軽にカヴァを嗜んでいる．そして朝方には，両腕をだらんとしてのそのそと歩いている，カヴァを飲みすぎた人を見かけるのである．

●**ビンロウ**　ビンロウ（*Areca catechu*）は単幹性・常緑高木のヤシ科植物である．樹高は $10～20\,\mathrm{m}$ に達し，果実は長楕円形で，長さが $2～3\,\mathrm{cm}$ と小型のものから $5\,\mathrm{cm}$ を超える大型のものまである．ビンロウの嗜好品としての利用は，インドからマレーシアが起源地とされ，現在は東・東南・南アジア，東アフリカ，ミクロネシア，メラネシアなどでみられる．東南アジアでは特に若い世代の消費量が激減しているのに対し，バヌアツではビンロウ利用の盛んなパプアニューギニアや

ソロモン諸島の影響を受けて国内消費量が近年増加している．

　ビンロウの果実は噛み料として用いられる．そのときに必須なのが消石灰である．ビンロウの種子に含まれるアルカロイド（主にアレコリン）が消石灰により口腔内で摂取されやすくなる．アレコリンには副交感神経興奮作用があるため，顔や胸が熱くなるといった高揚感が得られる．ミクロネシアではサンゴや貝殻を焼いてから水に入れて消石灰がつくられてきた．また，コショウ科のキンマ（*Piper betle*）の葉や花穂も必需品で，それらには爽やかな香り（時にはピリッとした刺激）がある．個人や地域によって噛み方はさまざまではあるが，大まかにいうと次のような傾向がある．ミクロネシアでは小〜中型の新鮮な果実を半分に割り，石灰をつけ，キンマの葉で果実を巻いたり，果実でキンマの葉や花穂を挟んだりして噛む．メラネシアでは中〜大型の新鮮な（または半乾燥の）果実から種子を取り出し，それを小片にして用いるとともに，キンマの花穂をより好む．

　ビンロウを噛んでいると唾液がたまってくる．それを地面などに吐き出すのだが，赤い色をしているため，この習慣を知らない人が見ると驚くだろう．見た目が悪いことから，公共の場でのビンロウ利用が禁止されていたり，エチケットとして空缶などに唾を吐いたりすることがある．なお，キンマを入れなければ唾が赤くなることはない．上記のセットにタバコを加えて噛むこともしばしばである．その場合，ニコチンを口腔内から直接摂取することになるので，量を間違えると頭がクラっとする．また，グアムではビンロウとともに小袋に入ったチョウジやカルダモンが売られており，個人の嗜好に合わせて噛み料に加えられる．

●**ヤシ酒**　ヤシ酒は熱帯・亜熱帯地域を中心に世界で幅広く利用されてきた飲料である．オセアニアでは主にココヤシ（*Cocos nucifera*）が用いられる．ココヤシの花序に傷をつけ，そこから滴り落ちる甘い樹液をココナツシェルや空瓶，プラスチック容器などで受け，たまった樹液を朝と夕方に回収する．そのとき，花序の先端を少し切り取って樹液の出がよくなるようにする．採集した樹液をすぐに煮詰めれば，ヤシ蜜やヤシ砂糖ができる．採集後，樹液をそのまま自然発酵させるとヤシ酒になる．ほのかに甘く，少し酸味があり，独特の香りがする飲み物である．現在でもヤシ酒がよく飲まれている国・地域は，ツバル，キリバス，ミクロネシア連邦ヤップ州などである．ヤシ酒をさらに置いておくとヤシ酢になる．現在ではヤシ酢のみが利用されている地域もある．　　　　　　　　　　［山本宗立］

📖 **参考文献**

[1] 高田公理・嗜好品文化研究会編『嗜好品文化を学ぶ人のために』世界思想社，2008.

[2] 野嶋洋子「島における嗜み―ビンロウ噛みとカヴァ飲み」吉岡政徳・石森大知編著『南太平洋を知るための58章―メラネシアポリネシア』明石書店，pp.41-44，2010.

太平洋島嶼国の漁業と水産加工業

本項では，太平洋島嶼国とは太平洋の熱帯域，概ね北緯20°〜南緯20°の間に点在する20あまりの島嶼国および地域を指すこととする．民族および文化的相違からさらにミクロネシア，メラネシア，ポリネシアの三つのサブグループに分けられるが，漁業および水産加工業では共通点が多い．太平洋島嶼国が位置する中西部太平洋は，世界最大のマグロ漁場であり2020年のマグロ類漁獲量は267万トン（カツオ177万トン，キハダ64万トン，メバチ15万トン，ビンナガ11万トン）と世界全体の52％を占めている．また漁法別ではまき網が72％を占め，マグロはえ縄8％，カツオ一本釣り6％が続いている（WCPFC〔中西部太平洋まぐろ類委員会，Western and Central Pacific Fisheries Commission〕報告）．漁業は，大規模漁業と零細漁業に分けられ，前者の大半は熱帯マグロ漁業であるが，その他にパプアニューギニア（PNG）のエビトロール漁業とバヌアツのサンマ漁業がある．また後者は国や地域ごとに多種多様な小規模漁業で構成される．

●**大規模漁業**　まき網，カツオ一本釣りおよびマグロはえ縄からなるマグロ漁業で，まき網漁業が漁獲量の大半を占めている．2020年の漁獲量は83万トンに達し，海域全体の43％を占める一大勢力となっている．しかしながら，このような漁業経営体の大多数は，中国，台湾，フィリピン等外国資本と島嶼国政府や国有企業との合弁によるもので，経営実権は海外の合弁パートナーが掌握しているのが現状である．そのため漁獲物の大半は，合弁パートナーによりタイやフィリピンに輸出され缶詰原料として利用されている．2018年の太平洋島嶼国のマグロ類関連輸出額は約8億ドルに達する（文献[1]）．

このような合弁事業は「現地化」とよばれ，漁業国資本の漁船が島嶼国船籍に移転されるとともに，漁獲物の水揚・転載基地整備ならびに水産加工施設建設が条件とされる場合が増えている．太平洋島嶼国側も産業開発のためマグロ漁業の「現地化」を積極的に推進し，過去20年で急速に勢力を拡大している．マグロ漁業以外の大規模漁業としては，PNGのパプア湾で行われているエビトロール漁業と，北西太平洋で行われているバヌアツのサンマ漁業がある．前者は当初，日系資本の支援により事業化されたが，現在は現地資本により経営されている．後者は実質的には台湾資本による経営で両者ともに漁獲物の大半が

図1　漁獲物を冷凍運搬船に転載するソロモン船籍まき網漁船（ソロモン諸島ホニアラ港外）[2021年9月筆者撮影]

先進国市場に輸出され外貨獲得に貢献している．2018年のエビトロール漁業の漁獲量は706トン，輸出額は1258万ドル，またサンマ漁業の漁獲量は8231トン，輸出額は650万ドルと報告されている（文献[1]）．

●**零細漁業**　代表例は，熱帯マグロ類を対象とする引き縄漁業，サンゴ礁域に生息する底魚類（リーフフィッシュ）や甲殻類を対象とする刺し網漁業，モリ漁業，釣り漁業，さらにナマコ採取漁業等があげられ，2018年の漁獲量は10万トンと報告されている．零細漁業による漁獲物の多くは，自家消費もしくは地域内で消費され，太平洋島嶼国の重要な動物性タンパク質供給源となっているが，甲殻類等市場価値が高い魚種は，近隣諸国に輸出されるケースもある．特にナマコは主に乾燥ナマコに加工され，大半が中国市場に輸出されている．2018年の漁獲量は457トン，輸出量は乾燥，冷蔵，冷凍含め364トン，輸出額は1066万ドルと報告されている（文献[1]）．漁獲量が多いのは海産魚類で零細漁業全体の53％を占める．またPNG，フィジー，フランス領ポリネシアでは淡水魚漁獲も報告されており，2018年の漁獲量は6741トン（零細漁業全体の7％）で，その大半がPNG産である．その他近年PNGでは日本の協力により定置網漁業が行われている．

●**水産加工業**　マグロ漁業の「現地化」に伴い建設されたマグロ類の加工場である．世界銀行の報告によれば，これまで20あまりの加工場が建設されているが，業態で分類すると，「現地化」されたまき網漁船やカツオ一本釣り漁船の漁獲物をツナ缶に加工，輸出するための缶詰工場（ツナ缶原料用ロイン製造工場を含む），マグロはえ縄漁船により漁獲された生鮮・冷凍マグロを水揚げもしくは刺身用ロインに加工するための刺身マグロ工場に分けられる．マグロ加工業はクック諸島，

図2　太平洋島嶼国のツナ缶工場（PNG Lae市，Nambawan社，フィリピンおよび台湾資本）[2013年6月筆者撮影]

フィジー，ミクロネシア連邦，キリバス，マーシャル諸島，PNG，サモア，ソロモン諸島，トンガ，バヌアツに展開されており，2019年の生産量は約22万トンと報告されている．ただし全体の75％は島嶼国の中では広い国土を有するフィジー，PNGおよびソロモン諸島に集中している．また日系資本では1社が，2012年からミクロネシア連邦と合弁会社を設立し，まき網漁業と鰹節製造事業に従事している．　　　　　　　　　　　　　　　　　　　　　　　　　　　　　[川本太郎]

📖 参考文献

[1] FAO, "Fishery and Aquaculture Statistics, Global Capture Production 1950-2019," Global Fisheries Commodities Production and Trade 1976-2018 (FishstatJ), In FAO Fisheries Division [online], Updated 2021.

商業的農業

<<<<<<<<<<<<<<<<<<<<<<<<<<<<<<<<<<<<<<<<<<<<<<<<<<<<<

　オーストラリアとニュージーランドはオセアニアの2大農業国である．両国を除くオセアニアの農用地面積を全部合わせても，ニュージーランドのそれの5分の1，オーストラリアの170分の1程度に過ぎない．両国ともに19世紀以後，イギリスからの入植者が，最初は羊毛生産のための大規模牧羊，次いで穀物等の生産拡大へと本格的な農業開発を行い現在の商業的農業の基礎を築いた．いずれも，広大な農場（平均経営面積はオーストラリアで約4000 ha，ニュージーランドで約300 ha）で放牧・農耕が行われ，作物や家畜の病害虫が少ない清浄な農業生産環境を厳しい検疫制度で守っている．農業政策の歴史も似ている．初期には農業入植・地方部定住を支援し，20世紀に入ると農産物の販売管理，補助金等を通じて政府の介入・支援を手厚く行ったが，オーストラリアは1970年代，ニュージーランドは1980年代から，規制・補助の削減・撤廃を推進した．現在は先進国の中で農業に対する補助が最も少ないグループに属し，人口が相対的に少ないこともあって主要農産物の多くを輸出する，競争力の強い農業を展開している．農産物輸出先は旧宗主国であるイギリスが中心であったが，1973年にイギリスがEUに加盟したことから，アジアや中東，北米向けに輸出先を多様化してきた．

●**乾燥した気候下でのオーストラリアの小麦や牛肉**　オーストラリアでは，広大な土地を利用した穀物生産と放牧が行われている（図1）．降水量が少なく乾燥しており，耕地があるのは東から南東辺と南西端の比較的雨の多い地帯である．乾燥した内陸部に向けて放牧地が広がり，農用地面積の9割が放牧地である．穀物は小麦，大麦等を中心に栽培され，トウモロコシや大豆の生産は少ない．カノーラ（菜種）やサトウキビも主要作物である．年による降水量の変動が大きいためしばしば旱魃が起き，小麦等の穀物生産量は非常に大きく変動する．灌漑農業が行われるのは農用地面積全体の1%に満たずその主要作物は果実，野菜等である．米や綿花の灌漑生産は，旱魃により水利用の制約が強まると作付面積が減少する．放牧による牛肉，羊肉等の生産も旱魃の影響を受けるが，動きは穀物と異なり，変動の程度も穀物ほど極

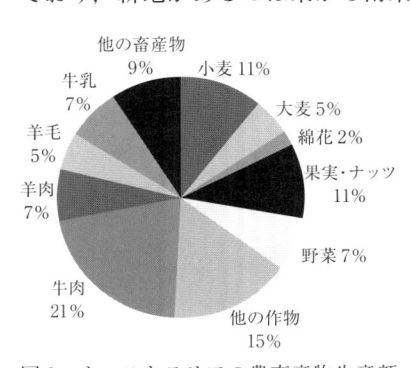

図1　オーストラリアの農畜産物生産額の構成（2018年7月から2021年6月の平均）［出典：オーストラリア統計局 VALUE OF AGRICULTURAL COMMODITIES PRODUCED より作成］

端ではない．旱魃になると飼料である草が減り家畜の出荷を急ぐことから生産量が増え，旱魃後は旱魃中に減った家畜頭数を回復すべく出荷を控えるので生産量が減少する．

　小麦，大麦，綿花，カノーラ，サトウキビから製造した粗糖，牛肉，羊肉，羊毛は，生産量の過半を輸出する一方，輸入はほとんど行っていない．日本は小麦，牛肉等の主要輸出先の一つである．果実，野菜は生産金額では作物の３分の１を占めるが，輸出割合は少なく輸出と同程度の金額の輸入も行っている．放牧によらない豚肉および鶏肉の生産は，国内消費の増加に応じて生産量が増えているが輸出割合は少ない．特に豚肉の輸入量は近年増加し，生産量に匹敵する量となっている．

●ニュージーランドの酪農とキウイ　ニュージーランドはオーストラリアに比べ山がちだが温暖な気候であり，オーストラリア同様，農用地の大部分を占める放牧地で放牧が盛んである．灌漑農地の割合は５％程度で，オーストラリアと違い降雨の安定性は高い．畜産，なかでも酪農の比重が大きく，耕種作物は果実・野菜が中心である．

　チーズ，粉乳等の乳製品が輸出品の筆頭であり，その流通・加工の大部分を担う酪農協同組合フォンテラは世界最大級の乳製品輸出会社である．キウイフルーツも代表的な輸出品で生鮮果実・野菜の輸出全体の半分を占める．ニュージーランドのキウイフルーツは，オーストラリアの牛肉オージー・ビーフと並んで日本

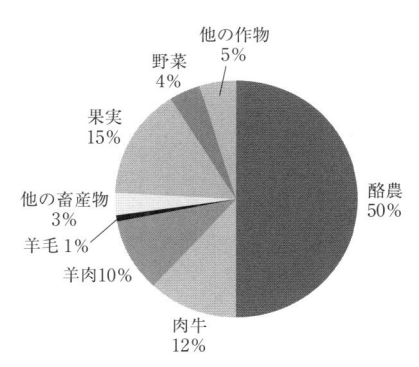

図２　ニュージーランドの農畜産物生産額の構成（2020 年 4 月から 2023 年 3 月の平均）［出典：第一次産業省 SITUATION AND OUTLOOK FOR PRIMARY IN-DUSTRIES より作成］

でも広く流通しているが，乳製品もオーストラリアの小麦と同様，加工品の原料用として広く日本で使われている．

　他方で穀物を含む他の作物の生産は少なく，主食穀物である小麦は自給せず消費量の過半を輸入に頼り，飼料用のメイズも多量に輸入している．

●共通項の多い主要輸出農産物　乳製品，牛肉，ラム肉，羊毛は両国に共通する輸出品である．羊毛は初期農業発展を主導し，現在も主要輸出国ではあるものの，近年は生産量の減少が続き，相対的にラム肉生産の比重が増している．

　近年ワインの生産が増え主要輸出品の一つとなっていることも共通で，新世界ワインとして世界各国に輸出している．日本向けの割合はわずかであって，これまでのところ日本はワインの主要輸出先とはなっていない．　　　　　　［玉井哲也］

希少種を狩る・守る

絶滅の危機に瀕する野生生物の保護は，人類の喫緊の課題ともいわれており，近年では先進国による保護活動への意識の高まりも合わさり，国際的な野生生物の保護が各国で推進されている．一方で，オセアニア島嶼部では，人々が伝統的に希少な野生生物を利用することで，地域社会独自の文化を形成してきた．

本項では，オセアニアにおいて伝統的に利用されてきた野生生物の例を取り上げつつ，野生生物を狩ることと守ることの矛盾と両立可能性について論じる．

●**野生生物の食利用**　人類による野生生物の利用として，最もメジャーなものは食利用である．14 世紀にニュージーランドに入植したポリネシア系マオリの人々によって，巨大な鳥であるモアが 200 年足らずの間に食べ尽くされ絶滅したといわれる．ウミガメ類は産卵のために上陸することから，捕獲が簡単であり，

図 1　セレモニーに合わせて捕獲され，腕をロープでつながれたアオウミガメ［2019 年 11月ソロモン諸島ダフ諸島タウマコ島にて筆者撮影］

図 2　小笠原諸島の地元飲食店において提供される亀煮（左）と亀刺（右）［2021 年 2 月小笠原諸島父島にて筆者撮影］

また陸上でひっくり返して置いておけば，解体前まで生かしておくことができること，また一度に比較的多くの肉を獲得できることから，島嶼部において貴重なタンパク質源として古くから重宝されてきた（図 1）．大航海時代ではウミガメ類は生かしたまま船内に積み込むことにより，いつでも新鮮な肉を摂取できる肉類として食利用されてきた．生物地理学的にオセアニアの北西端に位置し，我が国で唯一オセアニアに属する小笠原諸島においても，アオウミガメは伝統的漁法を用いて捕獲頭数の制限内での捕獲が許可されており，郷土料理である亀煮や亀刺として地元の飲食店において提供されている（図 2）．熱帯〜亜熱帯の海に広く生息しているジュゴンもまた，食料として利用されてきた希少な野生生物である．オーストラリアのトレス海峡において，ジュゴンは古くから伝統的な猟法により捕獲されてきた．また，クジラやイルカなどの鯨類は，オセアニアだけでなく世界的に多くの地域で食利用されてきた．

●**食利用以外での利用**　希少な野生生物は装飾品や衣類などに用いられることもある．かつてのハワイ王国では，伝統的に固有種のミツスイがトリ

モチを用いて捕獲されており，王族が用いる羽毛のケープやヘルメットの材料として用いられてきた．キゴシクロハワイミツスイはこのような歴史の中で絶滅してしまった種である．小笠原諸島では上質の羽毛を手に入れるためにアホウドリが乱獲され，その結果，個体数が激減したこともあった．ウミガメ類の甲羅も装飾品として広く用いられており，特に国際自然保護連合のレッドリストで絶滅寸前（CR）に指定されるタイマイの甲羅は，鼈甲の原料であり，大量に捕獲されてきた．ソロモン諸島ではハシナガイルカやマダライルカなどのイルカ類の歯をビーズ状の首飾りのような形状に束ね，伝統的な貨幣，婚資として用いられたりもしている．

●**矛盾点と両立可能性**　このように，オセアニアでは多くの野生生物が利用された歴史があり，現在でも一部の希少種の利用は続いており，国際的な保護の取り組みを招いた．これらの野生生物は伝統的に利用されることで，地域社会独自の文化を形成していることから，野生生物の保護政策は先住民の文化的権利と相反し得るものである．

　トレス海峡の事例では，トレス海峡条約においてジュゴンとウミガメの狩猟は伝統的漁業として位置付けられ，先住民にのみ自給的な捕獲と利用が許可されてきた．しかしながら，ここでいう「伝統的」という言葉は伝統的な狩猟手段を指しており，船外機付きボートなどでの移動による狩猟は，ジュゴン保護を主張する生物学者や一般国民からの反発が大きいという問題がある．また，「伝統的」の範疇はあくまで先住民の生活様式の保全であり，利用目的は冠婚葬祭などの儀礼目的に限定されるべきという意見も生じている．一方で，先住民の人々からは，生物学者によって導き出される科学的な「過剰捕獲」のデータや，科学者そのものに対して不信感が生じている（文献[1]）．このように，生物多様性保全や持続可能な開発などのスローガンは，先進国においては受容されやすい考え方であっても，先住の人々を含めてこのスローガンを議論するには，デリケートで複雑な問題を内包していることを認識しなければならない．

　以上のように，希少な野生生物を狩ること・守ることに対しては，先住民の権利を含めて議論する際に大きな矛盾点を孕んでしまう．この矛盾点は，生物学者の科学的なデータや，政府主導の保護政策などだけで解消される問題ではない．希少な野生生物を狩ることと守ることを両立させていくためには，先住民の文化的権利・社会的権利を認識したうえで，先住民と生物学者・政府などとの関係に生じる認識の差を埋めていくことが，今後の課題といえるであろう．　［山口優輔］

📖 **参考文献**
[1] 松本博之「ジュゴン猟をめぐるトレス海峡諸島民と生物学者たち」秋道智彌・岩崎 望編『絶滅危惧種を喰らう』勉誠出版，pp.55-57，2020.

都市化と生業

∞∞

　オセアニアの島嶼と聞いて，真っ白な砂浜に青緑色の海が広がる風景をイメージする人は多くても，都市を思い浮かべる人は少ないだろう．しかし，世界で進む都市化の流れは，オセアニアの島嶼においても進行している．国連の統計によると，1950〜2020年までの間に全人口に占める都市人口の割合は，メネラネシアで3.5倍，ミクロネシアで2.3倍，ポリネシアで1.9倍に増加した．農村の島から都市の島へ人々が移り住むことで，おのずと暮らしや生業のあり方も変化している．本項では，オセアニア島嶼の中でも都市化が進むミクロネシアのパラオ共和国（以下，パラオ）を例に，都市での暮らしや生業の変容について述べる．

　パラオは人口約2万人の小さな島嶼国である．18世紀に西洋人と接触するまで，人々は島ごとに分散して居住し，漁撈・農耕・採集・狩猟を通じて周囲の自然資源を活用し，自給自足的な暮らしを営んでいた．しかし，19世紀末より諸外国の統治下に置かれると，統治政府の置かれたコロール州が経済的に発展し，人口の集積が進んだ．現在，パラオに16ある州のうち，コロール州とそこに隣接するアイライ州に全人口の約80%が暮らしている．

●**都市化により変容する生業**　パラオの国勢調査によると，労働人口のうちの83%（男性92%，女性73%）が雇用を通じて現金収入を得ている．都市化の進んだ現代のパラオ社会では，自給自足的な生業のみで生計を立てている人は少なく，多くの人が雇用を通じて現金収入を得ている．特に，経済の中心地であるコロール州において，観光業や商業に従事する人や，政府機関等で働く人が多い．政府の経済分析によると，1人あたりのGDPは約1万5700米ドルで，オセアニア島嶼の独立国家の中では最も高い．携帯電話の普及率も人口比で151%に上り，欲しいものは各自がインターネットで海外から取り寄せることもできるなど，生活は現代化している．筆者の知人は，故障した小型船を修理するとき，インターネットで部品を海外から注文し，スマートフォンでYouTubeを観ながら自分で修理をしていた．現代のパラオ人の生活は，すでにグローバルな市場経済に深く組み込まれている．

　しかし，かつての自給自足的な生業がすべて市場経済に取って代わられたかというと，決してそうではない．産業としての漁業や農業は盛んではなく，GDPに占める割合はそれぞれ1.5%と1.7%に過ぎないが，自分たちが食べる分の食料を生業を通じて得ている人が少なからず存在する．経済統計には載らないそれらの生業を調査するため，筆者は2016年と2017年に自然資源の利用に関するアンケート調査を行った（文献 [1]）．図1は，都市と農村に分けて，漁撈，農耕，買

物の頻度とその 10 年前との変化を示したものである．都市では農村よりも有意に頻度が低いが，現在でも漁撈や農耕を時々（年数回〜月 1 回程度）行う者が 40〜50％存在し，さらにより頻繁に（週数回〜毎日）行う者も 20％前後存在していた．また，10 年前と比べると，都市でも農村でも漁撈と農耕の頻度が減少する傾向があるものの有意差はみられず，一定程度生業が継承されている．

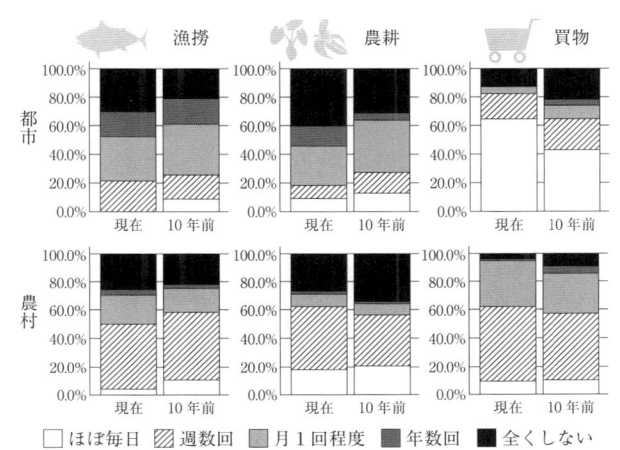

図 1　都市（上）と農村（下）での漁撈・農耕・買物の頻度の変化［出典：文献［1］，pp.149-150 より改変］

　漁撈については，世界遺産にもなっているコロール州のロックアイランド周辺のリーフとラグーン，およびその外側に広がる外洋が主な漁場である．また，農耕については，家の周りの空間にタロイモや果樹などを家庭菜園的に栽培しており，都市型のアグロフォレストリーが形成されている．休日などに出身州に戻ってより本格的に農耕に従事している人もいる．都市化した島に密集して住み，仕事から現金収入を得て，お店で頻繁に買物をするが，休日や仕事の合間に島外へ出て，漁撈や農耕をするというライフスタイルが浸透している．

●**新しいものと古いものが融合する暮らし**　現在のパラオは，都市化が進み，新しい情報や技術が世界から入り，かつての自給自足的な暮らしからは大きく変貌している．しかし一方で，島の自然に立脚した半自給的な生業も根強く残されている．つまり，新しいものと古いものが現代の暮らしの中でうまく融合している．実際に彼らの暮らしぶりを見ていると，生計を立てるためではないが，楽しみや喜びのため，あるいは自分たちの文化的アイデンティティのため，自然と関わる営みが重要であることが伝わってくる．　　　　　　　　　　［飯田晶子］

📖 **参考文献**

[1] Iida, A. et al., "Can New and Traditional Sharing Practices Be Integrated? The Case of Use of Natural Resources in Palau," In Saito, O. ed. *Micronesia. Sharing Ecosystem Services: Building More Sustainable and Resilient Society*, Springer Nature Singapore Private, pp. 137-157, 2020.

生態学からみた自然との「共生」

オセアニア島嶼部の自然環境は，サンゴ礁やマングローブ林，干潟，草原，湿地，森林などのさまざまな生態系により構成されている．生態系は地域固有の景観をつくり，人はその環境に適応した固有の社会や文化をつくり上げている．一方，人の生活や社会に起因する環境変動（例えば，貨幣経済化やグローバル化，地球温暖化など）も，その生態系に強く影響を与えている．特にオセアニアにみられる島の大きさは小さいため，その環境変動の影響を強く受けている．

生態系は「ある地域に生息している多種類の生物全体と，それらの生活の基盤になっている土壌や水，気象，海流などの物理的科学的な環境を全体とする一つのシステム」と定義でき，物質循環やエネルギーの流れが存在する．小さい島で人と自然の関係を検討するには，人を生態系の中の構成要素と捉え生態学的視点で考えると理解しやすい．

●**物質循環**　地球温暖化は地球規模の問題であるが，環礁に代表される低島に強い影響を与えている．温室効果ガスの排出と吸収のバランスが崩れ，大気中に温室効果ガスが過剰に存在することにより気温が上がり，熱膨張と氷河などの融解によって海面が上昇することで低島の水没や沿岸侵食が引き起こされている．2021年の国連気候変動枠組条約第26回締約国会議で島嶼国ツバルの外務大臣が世界に向けて衝撃的な海での演説を行い，海面上昇による国土消滅の危機を世界に訴えた．地球温暖化は地球規模での物質循環の機能不全に起因するため，世界に危機を訴え連携を深めることで解決を目指している．

オセアニア島嶼部での食事は地域によって異なるが，一般に動物性食物として魚介類や家畜など，植物性食物にはタロイモやヤムイモ，バナナなどの栄養繁殖作物，パンノキやココヤシなどの樹木栽培作物，野生栽培作物，そして飲料として雨水やココヤシ果汁などが普及していた．しかし，グローバル化により船舶や航空機で食材が島外から運ばれる流通網が整備されると，気候に影響を受けやすい地域固有の食材から長期保存が可能な米や缶詰，ラーメンなどの安定供給可能な食材に頼った食生活へと変化しつつある．飲み水も都市部から送られてくるペットボトルの水に依存しつつある．地域固有の食材に依存した食生活を行っていたときは島内生態系でのローカルな物質循環が成り立っていた．これは，島の土壌で育った植物を人が食べ，島で糞尿を排出し，微生物が分解し土壌に戻るという島の近隣だけでの循環が主に起こっていると仮定している．しかし，貨幣経済が浸透し，流通網が整備されグローバル化により島外から多くの食材が流入したことで，国外を含めたグローバルな地域との物質の移動や循環の割合が増加した．

　ローカルな物質循環が主である時は，地域由来の環境変動の影響を主に受けていたので影響はある程度想定された．しかし，グローバルな物質の移動と循環の割合が増えると，その規模が大きくなり多種多様な環境変動の影響を受け複雑な問題を発生させている．例えば，島内にごみの焼却や埋め立てのための施設，そして缶やペットボトルの買い取りや島外に持ち出す制度などが十分に整備されていない小島嶼では，プラスチックやビニール，ペットボトル，空き缶などが海岸や陸地に捨てられ，これらは自然界では簡単に分解されないため，この循環不全はごみ問題として社会的な問題になっている．また，プラスチックなどはマイクロプラスチック形成や海洋生物が誤って摂餌することなどの新たな問題へと派生している．

●生物多様性と人為的攪乱　島嶼部沿岸にはサンゴ礁やマングローブ林，干潟などの生物多様性が高く資源量が豊富な生態系が広がっている．島民は魚介類を重要な食材資源にし貝殻などを文化的資源に利用してきた．漁具が発達していないときには漁獲圧は高くないため，持続的資源利用が成り立っていた．一方で，島という小さな生態系では，森林伐採や特定の種に対する漁獲のような人為的攪乱は生態系構成種間の相互関係に影響を与えていることも指摘されている．

　オセアニアの島にみられる樹木や昆虫，鳥，貝，プランクトン，魚などの生物と，土壌や大気，水などの無機的環境の間には相互作用などの複雑な関係がある．そのため，森林伐採などの大規模な人為的攪乱が起こると，その相互作用の結びつきが損なわれ，大幅に短縮あるいは消滅する可能性がある．漁獲の影響の例として，近年のフィジーにおける貨幣獲得のためのナマコの過剰な漁獲による資源量の減少やマーケットでの売買および輸出が禁止されたことがあげられる．ナマコの摂餌様式は海の底質改善に寄与し，また捕食・被食・共生などの海洋生物との相互作用があるため，この資源量減少は生態系に広く影響を与えている．

図１　フィジー沿岸の景観
　[2014 年 8 月筆者撮影]

　一方，攪乱により生態系が不安定な状態になっても，生態系には元の状態に戻ろうとする回復力という機能や生物には抵抗力もあるので，人為的攪乱の規模が大きすぎなければ回復が可能である．また，生物の生態情報をもとにした保全・保護活動も進んでいる．太平洋クロマグロは資源量の低下が指摘された 1990 年代に漁獲枠を引き下げて資源保護に努めた結果，2021 年には資源が回復傾向にある．このように，生物の生態や生態系の理解は持続的な開発にも寄与する．

[河合　渓]

5

ヒト・健康・医療

［担当編集委員：梅﨑昌裕］

概　説

●オセアニアの地域区分　アフリカで進化した現生人類（ホモ・サピエンス）にとって海の向こうにあるオセアニアは遠い世界であった．今から5万年前に，現在のニューギニア島とオーストラリア島がつながって存在していたサフル大陸に到達したのが，オーストラリア先住民および現在のニューギニア島に居住するパプア諸語を話す人々の先祖である．オーストラリア先住民は，18世紀終わり頃から始まったヨーロッパからの植民の影響を受け，人口を大きく減らしただけでなく，その日常には西欧由来の生活様式が浸透した．対照的に，ニューギニア島に居住するパプア諸語を話す人々は，沿岸部や島嶼部に居住する集団を別にすれば，近年まで自分たちの生活様式をよく維持してきた（☞「パプア諸語」）．

　一方，ソロモン諸島およびその東側に広がる島々には，オーストロネシア語族の言語を話す人々が居住している．彼ら／彼女らは，もともとは中国南部から台湾あたりに居住していた集団であるといわれ，約3000年前にニューギニア島の北側に到達した．遺跡からはラピタ文様とよばれる精緻な装飾を施した土器が見つかっている．その後，大型のアウトリガー・カヌーと星座を参照した航海術を駆使し，現在のポリネシア，ミクロネシアの島々への移動を成功させた．その居住地は，北はハワイ諸島，東はイースター島，南は現在のニュージーランドにまで及んでいる．

　このような出自と移住プロセス，ヨーロッパからの移住者が建設した国家との関わりの違いを反映し，オセアニアの人々はいくつかのグループに分けることが可能である．一つめは，ニューギニア島に居住する集団で，それぞれが現在も固有の言語を話し，在来の食文化，社会構造などを保持している．ニューギニア島の東側には，ソロモン諸島，バヌアツなど，オーストロネシア諸語を話しながらも文化的にはニューギニア島の諸集団と共通する特徴をもった人々が暮らしている．さらにその東側に広がるポリネシアには，その地理的な大きさに比すれば文化的にも言語的にも似通った集団が居住している．彼ら／彼女らは，比較的早い時期からニュージーランド，オーストラリアを中心とする国への出稼ぎ移住を経験しており，それぞれの国家／地域の経済は出稼ぎ移住者からの送金を抜きにしては考えられない．オーストラリアとニュージーランドは，いずれもヨーロッパからの植民によって建設された国家であり，それぞれに出自の異なる先住民が居住している．いずれの国においても，先住民の権利をめぐる活動が盛んである．ミクロネシアとよばれる地域は，世界レベルの国家関係に強い影響を受けた地域である．第2次世界大戦前は，日本による統治が長く続いた地域であり，戦後は

アメリカを中心とした国家の軍事基地が多くつくられている．

●**地域ごとの健康問題**　このような地域の特徴と対応して，健康と医療に関わる状況にも地域ごとに固有の問題が観察される．西欧社会の影響の相対的に少ないニューギニア島，ソロモン諸島，バヌアツなどでは，マラリア，結核，デング熱などの感染症が依然として大きな脅威として存在している．炭水化物を中心とした在来の食生活ではタンパク質の摂取量が不足しがちであり，子どもの成長不良の問題も解決されていない．対照的に，ポリネシア，ミクロネシアなど西欧化の進んだ国家／地域では，非感染性の疾患，すなわち肥満，糖尿病，高血圧などが大きな問題となっている．この背景には，エネルギー密度の高い食生活という要因のほか，この地域に居住する人々が移住のプロセスで倹約的な遺伝形質を有するようになったと考える研究者も多い．オーストラリア先住民にみられるアルコール依存，ミクロネシアの若い男性に多い自殺など，その病因が文化変容と結びつけて考えられる健康問題もある．

　疫学転換理論によれば，工業化の程度が小さい生業社会では，感染症が主たる健康問題であるのに対して，工業化により人々の身体活動が減少しエネルギー密度の高い食品の摂取が増加すると，非感染性疾患（肥満，高血圧，糖尿病，心血管疾患など）が増加するとされる．図１は，オセアニア諸国の乳児死亡率と過体重割合をプロットしたものである．乳児死亡率はその国で感染症がどのくらい大きな問題となっているかを示す指標であり，過体重割合は非感染性疾患のリスクを反映する指標と考えてよい．パプアニューギニア，キリバス，ミクロネシア連邦，ナウル，ツバルなどの南太平洋のいくつかの国々は，疫学転換理論に反して，乳児死亡率が高いまま過体重割合が増加した状態にある．このような状況は，健康問題の二重負荷とよばれ，今後のオセアニア諸国において大きな健康課題となる可能性が高い．

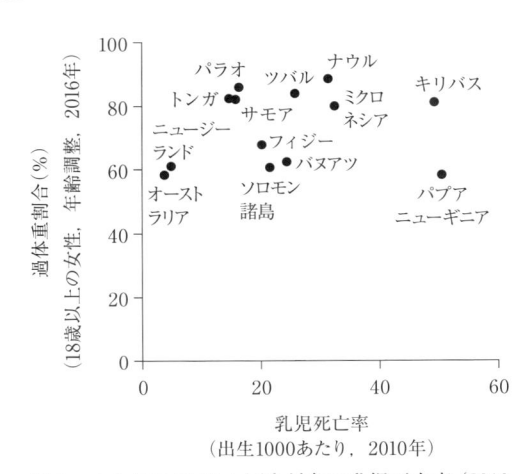

図１　オセアニア13か国を対象に乳児死亡率（2010年）と18歳以上女性の過体重割合をプロットした［出典：Horwood, P. F. et al., "Health Challenges of the Pacific Region: Insights From History, Geography, Social Determinants, Genetics, and the Microbiome," *Frontiers in Immunology*, 10：2184, 2019 に筆者が掲載した図を改変］

　　　　　　　　　　　　　　　　　　　　　［梅﨑昌裕］

ゲノムで読み解くオセアニアの移住

◇◇◇

　ゲノムとは生物のもつ遺伝情報全体のことを指す．ヒトでは，細胞の核に含まれ，1～22番染色体までの常染色体と性を決定するX，Yの2種類の性染色体からなる核ゲノムと，細胞内小器官であるミトコンドリアに含まれるミトコンドリアDNAとがある．これらの遺伝情報は親から子へと受け継がれるが，その際DNAの配列にわずかな違いが生じることがある．これが何世代も積み重なることにより蓄積された遺伝的な違いを遺伝的多型という．近年の技術革新により，核ゲノム全体の遺伝的多型の解析が容易となり，各個人や集団の遺伝的近縁性を調べたり，集団の分岐や混血などの集団史を推定したりすることが可能になった．

●核ゲノムから見た移住　オセアニアへのヒトの移住は大きく2回に分けられる．第1の移住は，約5万年前のオーストラリアやニューギニアなどのニア・オセアニアとよばれる地域への移住である．彼らは約3万年前までにソロモン諸島西部まで広がっている．第2の移住は，約3500年前のオーストロネシア語族集団による移住である．彼らは南中国あるいは台湾を起源とした集団だと考えられ，優れた航海技術を駆使してミクロネシアやポリネシアを含むリモート・オセアニアとよばれる地域まで拡散した．その際，ニューギニア島の北東部やソロモン諸島などを経由したと考えられており，現在の集団のゲノムにもその痕跡が残っている（図1）．例えば，ニューギニアの狩猟採集耕作民であるギデラ族の核ゲノムには第2の移住者に由来するゲノム領域はみられない（＝混血していない）が，ソロモン諸島のニュージョージア島に暮らすオーストロネシア語族集団であるムンダの核ゲノムの約50%は第2の移住者に由来する．これは，第2の移住者がリモート・オセアニアへの移住の過程で通った地域では先住民である第1の移住者との混血が起きたことを示している．ニューギニア島を除いたオセアニアの集団の多くが割合は異なるものの第1の移住者と第2の移住者両方に由来するゲノム領域をもっており，この混血は広い地域で大規模に起きたと考えられる．また，第2の移住者の直接の子孫であるトンガ人（ポリネシア）の核ゲノムには第1の移住者由来の領域が約20%のみ存在することから，この混血は第2の移住者から第1の移住者への一方的なものではなく双方向であったこと，第2の移住者たちはニア・オセアニアに長くとどまらずに拡散したことが推測される．ただし，化石人骨から直接DNAを抽出し核ゲノムを解析した研究結果（文献［1］）において，リモート・オセアニアに最初に到達した第2の移住者たちはほとんど混血していなかったことから，第2の移住者たちは一度リモート・オセアニアに進出した後にニア・オセアニアに戻って混血し，リモート・オセアニア全域に拡散した可

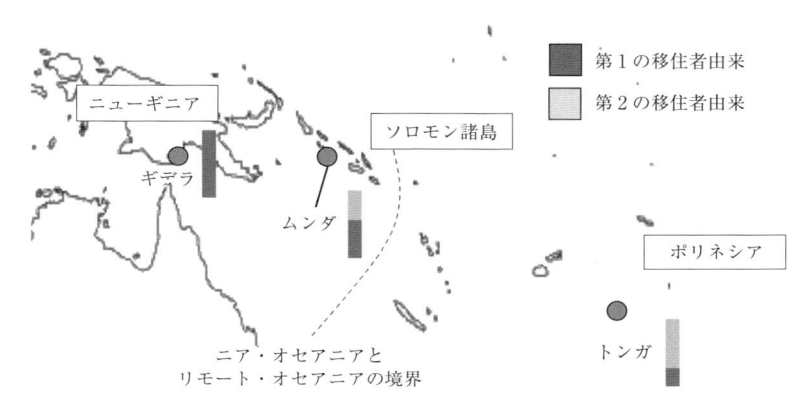

図1　オセアニア集団の核ゲノムにおける祖先集団の割合

能性が示唆されており，詳細な移住のプロセスについては未だ議論中である．

●ミトコンドリア DNA と Y 染色体　核ゲノムは父親と母親から半分ずつ受け継がれるが，ミトコンドリア DNA（mtDNA）は母親のみから DNA を受け継ぐ母系遺伝である．また，性染色体である Y 染色体は男性しかもたないため，Y 染色体を調べることにより父系をたどることができる．mtDNA と Y 染色体は DNA 配列の違いからさまざまなハプログループ（遺伝的多型の組み合わせに基づく分類）に分けられる．ハプログループの分布には地域差があり，ヒトの移住史を反映していると考えられている．オセアニアのさまざまな集団において mtDNA，Y 染色体における第1・第2の移住者それぞれに由来する割合を調べた研究（文献 [2]）によると，ポリネシア集団において mtDNA では第2の移住者に由来するアジア起源のハプログループが90％以上を占める一方，Y 染色体では第1の移住者に由来するニア・オセアニア起源のハプログループが60％以上を占めていた．mtDNA と Y 染色体における祖先集団の割合の違いは，混血時の性の偏りを反映していると考えられる．同様の傾向がオセアニアの他の集団でもみられており，オセアニア全体において第2の移住者の女性と第1の移住者の男性に偏った混血が起きていたと考えられる．この偏りの説明の一つに，第2の移住者たちが母系社会であったことが提唱されている．　　　　　[一色真理子]

📖 参考文献

[1] Skoglund, P. et al. "Genomic Insights into the Peopling of the Southwest Pacific," *Nature*, 538: 510-513, 2016.

[2] Kayser, M. et al., "Melanesian and Asian Origins of Polynesians: mtDNA and Y Chromosome Gradients Across the Pacific," *Molecular Biology and Evolution*, 23: 2234-2244, 2006.

倹約遺伝子

人類のオセアニア地域への大規模な移住は，人類学的，考古学的，言語学的研究などにより，過去に2回あったことがわかっている．第1の移住者は今から約5万年前，スンダ大陸からおそらくいかだのようなもので，サフル大陸に到達した．第2の移住者は約5000年前以降に，（おそらく）台湾を起源とする卓越した航海技術をもつ集団が，ニューギニア島北側を西から東へ移住し，さらにポリネシアやミクロネシアに短期間で到達したと考えられている．特に，第2の移住者は目視できないほど離れた島々をたどって，夜間の寒さや飢餓と闘いながら移住を繰り返しており，その過程で強い自然選択を経験したと想像される．

●**倹約遺伝子仮説**　肥満は，体脂肪が過剰に蓄積した状態をいう．食物供給が不安定であった過去においては，摂取エネルギーを効率的に蓄え利用できる倹約（節約）型の遺伝子タイプが自然選択上有利でありその頻度が増加した．しかし，食物が安定的に供給される現在においては，倹約型の遺伝子タイプを有する個体ではエネルギーが過剰となり，肥満や糖尿病を発症しやすく罹患者が増加しているという考えがある．これを「倹約遺伝子仮説」という（文献［1］）．

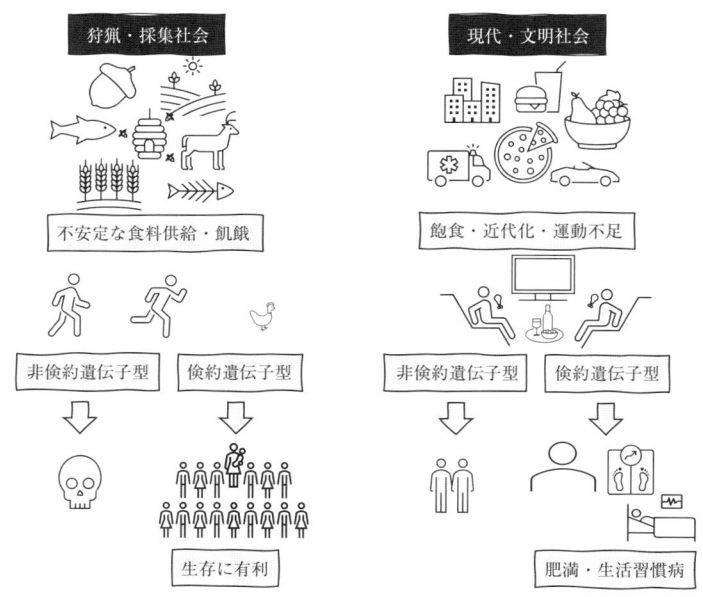

図1　狩猟・採集社会と現代・文明社会における倹約遺伝子の働きの違い

●**オセアニア地域の肥満**　WHO の報告（2016 年）によると，国別でみた肥満者（BMI ≧ 30 kg/m²）の割合は，上位 10 か国すべてがオセアニア地域に属しており，肥満や肥満からもたらされる生活習慣病は深刻な健康問題となっている．オセアニア地域，特にポリネシア集団において肥満が急増しているその主な要因として，ライフスタイルの変化（欧米化）に加え，今から 1500〜3000 年ほど前に起きたポリネシアへの移住の過程でのボトルネック，第 1 の移住者と第 2 の移住者との混血，自然選択などの影響から，彼らの祖先が獲得したポリネシア集団に特徴的な遺伝因子（遺伝子型）が存在する可能性が指摘されている．

●**肥満関連遺伝子**　多くの集団で肥満と関連する遺伝子や遺伝子多型を探索する研究が行われている．β2 アドレナリンレセプター遺伝子（*ADRB2*）はアジア系集団で肥満との関連が報告されている．この *ADRB2* 遺伝子の転写調節領域に存在するある遺伝子多型が，オセアニア系集団の肥満と関連していた．この遺伝子タイプは，周辺の遺伝子配列の類似性から，ネアンデルタール人に由来する可能性が高い．ネアンデルタール人からこの肥満と関連する遺伝子タイプを受け継いだ個体は飢餓に強く有利だったのかもしれない．2016 年，ポリネシアのサモア人を対象とした全ゲノム遺伝子多型関連解析において，CREB3 regulatory factor というタンパク質をつくるための塩基情報をもつ *CREBRF* 遺伝子のあるタイプが，サモア人の BMI 増加と関連することが報告された．この遺伝子タイプはサモア人でのみ高頻度に観察され，他集団ではほとんど観察されないことから，サモア人に特有の倹約遺伝子であることが考えられた．その後，この遺伝子タイプは，サモア人と同じ第 2 の移住者の子孫であるポリネシアのトンガ人集団でも観察され，トンガ人の BMI 増加や HDL コレステロール値の低下とも関連することが明らかとなった．この遺伝子タイプは，ニューギニアやビスマルク諸島の集団では観察されないが，ソロモン諸島の集団ではわずかながら観察され，ポリネシア人集団ではよく観察された．したがって，この倹約遺伝子はポリネシア人の祖先がまだソコモン諸島にいた頃に突然変異によって誕生し，ポリネシアに移住・拡散する過程でその頻度が増加したと思われる（文献［2］）．

●**自然選択の痕跡**　サモア人特有の倹約型の遺伝子タイプの周辺の遺伝子配列の多様性は低いのに対し，非倹約型の遺伝子タイプでは高く，過去に倹約型の遺伝子タイプに有利な状況（正の自然選択）が起きた可能性がある．このように BMI 増加とも関連し，倹約型の遺伝子タイプに正の自然選択が作用したことが確認されたことは，倹約遺伝子仮説を立証した重要な研究といえる（文献［2］）．　［中 伊津美］

📖 **参考文献**

［1］ Neel, J. V., "Diabetes Mellitus: A "Thrifty" Genotype Rendered Detrimental by "Progress"?" *American Journal of Human Genetics*, 14(4): 353-362, 1962.
［2］ 梅﨑昌裕・風間計博編『オセアニアで学ぶ人類学』昭和堂，2020.

身体の多様性
（成長，体格）

〰〰〰〰〰〰〰〰〰〰〰〰〰〰〰〰〰〰〰〰〰〰〰〰〰〰〰〰〰〰〰〰〰

　オセアニアは地理的にメラネシア，ミクロネシア，ポリネシアに区分される．また，人類の移住史を紐解くと，メラネシアの主要部である「ニア・オセアニア」とメラネシアの一部とミクロネシア，ポリネシアからなる「リモート・オセアニア」に分けられる．アフリカで誕生した現生人類（ホモ・サピエンス）のアフリカ大陸からの小規模な移動は 10 万年以上前から始まっているものの，大規模な移動は今から 5～6 万年前から始まったとされている．広大な海洋世界であるオセアニア，特にリモート・オセアニアへの移住史は最も遅く，約 3000 年前と考えられている（☞「新石器時代期の人類移住」）．

●オセアニアの人々の体格　リモート・オセアニアのミクロネシアやポリネシアの人々は大柄で丸い体をしている．島から島へと何日も要する長期間の航海を繰り返していたこと，つまり，海上は陸上より気温が低く，雨や風によって体感温度は低くなる．このような環境に耐えるために，寒冷適応（海洋適応）をしたためと考えられている．

　近年，オセアニアの島嶼国においては生活習慣病が大きな健康問題となっている．生活習慣病を引き起こす要因の源に肥満がある（☞「肥満と糖尿病」）．世界の 200 か国・地域の肥満（BMI ≧ 30）割合のランキング（文献 [1]）によると，成人男性，女性ともベスト 13 位をオセアニアの島嶼国が占めている．これらベスト 13 は，いずれもリモート・オセアニアの国や地域である．一方，ニア・オセアニア，すなわちメラネシアの 4 か国（フィジー，パプアニューギニア，バヌアツ，ソロモン諸島）の肥満割合はリモート・オセアニアに比べてはるかに低く，最下位はパプアニューギニア（男性 105 位，女性 79 位）であった．

　子ども期の肥満は成人期に引き継がれることが知られている．オセアニアの国・地域の子ども（5～19 歳）について肥満割合（％）と世界 200 の国・地域における順位を表 1 に示す．成人と同様，上位はオセアニア（リモート・オセアニア）が占めていた．リモート・オセアニアに暮らす人々は子どもの頃から顕著な肥満傾向があるのだ．一方，メラネシアは最も肥満割合が高いフィジーで 11％，最も低いソロモン諸島では 4％（男子）のみであった（表 1）．

●遺伝要因と環境要因　子どもの成長や体格は，遺伝要因と環境要因の相互作用によってコントロールされている．国別の統計データは国の平均値を示すものであり，生活環境（農村・都市）や社会経済状況（収入，教育水準）による成長や体格への影響は見えにくい．同じ環境に暮らす遺伝的に異なる集団の比較や遺伝的に近縁だが異なる環境に暮らす集団の比較を行うことで遺伝と環境の影響をそれ

表1　オセアニアの子ども(男子)の肥満割合(国・地域別, 5〜19歳)［出典：文献[1]をもとに作成］

ミクロネシア, ポリネシア			メラネシア		
順位	国・地域	肥満（%）	順位	国・地域	肥満（%）
1	クック諸島	33	80	フィジー	11
2	ナウル	33	109	パプアニューギニア	9
3	パラオ	32	124	バヌアツ	8
…	…	…	150	ソロモン諸島	4
10	トケラウ	26			

ぞれ評価することができる．メラネシアのソロモン諸島に暮らす遺伝的に近縁で社会経済状態が顕著に異なる2集団（村に暮らす子ども［社会経済状況・低］と都市の中高等学校に通う生徒［社会経済状況・高］），そしてメラネシア集団とは遺伝的に異なるミクロネシアからの移住者の子ども［社会経済状況・低］の計3集団について，思春期（13〜18歳）の体格を比較した研究を紹介する（文献［2］）．

　ミクロネシア移住集団は，メラネシア集団に比べて男女ともすべての年齢において一貫して体格がよく，遺伝的な差異が反映されていることが示唆された．また，社会経済状況に恵まれた中高等学校の生徒は，思春期開始時（13歳）には村に暮らす子どもより身長，体重が高値であった．ところが年齢が上昇するにつれて両群の差は縮まり，思春期後期（16〜18歳）においては両群の体格はほぼ等しくなった．結果をまとめると，ニア・オセアニアに比べてリモート・オセアニアの集団は肥満になりやすいこと，また，ニア・オセアニアの集団であっても栄養過剰な食生活や運動量が少ないライフスタイルによって肥満化する可能性があることが示唆された（文献［2］）．

●子ども期のライフスタイルの重要性　　オセアニアの島嶼部に暮らす人々の身体は多様であり，リモート・オセアニア（ミクロネシア，ポリネシア）の成人，子どもの肥満割合は世界のトップクラスであること，対照的にニア・オセアニア（メラネシア）は成人も子どもも肥満割合および世界順位は低かった．ミクロネシアやポリネシアの人々は遺伝的に肥満化しやすいことに注意を払わなければならない．特に，肥満と生活習慣病の予防のために，子ども期のライフスタイル（食事，運動）に注意が必要である．　　　　　　　　　　　　　　　　［山内太郎］

📖 参考文献

[1] NCD Risk Factor Collaboration, "Worldwide Trends in Body-mass Index, Underweight, Overweight, and Obesity from 1975 to 2016: A Pooled Analysis of 2416 Population-based Measurement Studies in 128.9 Million Children, Adolescents, and Adults," *The Lancet*, 390 (10113): 2627-2642, 2017.
[2] 山内太郎他「遺伝および環境要因と思春期の成長，栄養状態—南太平洋ソロモン諸島の3集団の比較」『日本成長学会雑誌』13(1)：27-37，2007.

家畜と食文化

◇◇◇

オセアニア地域の多くでは，現在，ブタ・イヌ・ニワトリなどが家畜として飼養されている．しかし，同地域ではもともと固有の真獣類，すなわち，胎盤をもつ哺乳類は数種のコウモリを除いて生息しておらず，上記の家畜はニワトリも含め，すべて人間が持ち込んだものである．ニューギニアやメラネシアの一部では，野生化したブタが生息するが，これらは家畜のブタが逃げ出して野生化したと考えられている．

●家畜の利用　多くの地域で，ブタは食料として利用されているが，日常的に食べられているわけではない．食用とされるのは，儀礼時に限られている．根茎類やバナナなど，長期の保存が難しい作物を主として栽培しているオセアニアでは，余剰作物をブタに食べさせることによって炭水化物をタンパク質として保存しているとみなすことができる．そのため，ブタは富の象徴として，婚姻や葬儀において贈与されることが多い．特に，ニューギニア高地社会では，夫方から妻方に婚資として多数のブタが贈られ，妻方の親族に分配されることが知られている．この場合，夫方の親族は協力してブタを提供するが，後に親族内の女性が婚姻するときに受け取るブタを分配されることが期待されている．このようにして，ブタを介したネットワークが親族集団内，および集団間に張りめぐらされている．

イヌは，食料としてではなく，狩猟犬として連れてこられたと考えられる．野ブタや有袋類，ヒクイドリが生息しているニューギニアでは，イヌは狩猟の際に獲物を追い立てる役割を果たしている．しかし，コウモリと鳥類以外に陸性の動物性食物資源がないポリネシアやミクロネシアの島々では，狩猟が行われないため，食料として利用されることが多い．ただし，ニュージーランドでは，かつてモアなどの飛ばない鳥を狩るための狩猟犬として利用されていた．

ニワトリは，多くの島では放し飼いで飼われている．食料として利用される頻度はブタよりも多いが，日常的に食べられているわけではない．また，卵を食用とすることも少ない．

上記の3種の家畜は，オセアニアのすべての島に持ち込まれたわけではない．ニュージーランドにはニワトリがおらず，イースター島ではニワトリのみが飼われれていたという．また，ポリネシアではこの他にナンヨウネズミが広く生息している．かつては，初期の移動の際に偶然カヌーに乗り込んだと考えられていたが，食料として持ち込まれた可能性を示唆する研究もある．ただし，現在ネズミが食用のために飼育されているという事例はないといってよいだろう（文献

[1]）．

　ニューギニアでは，森の中で孵化しそうな卵や生まれたばかりのヒクイドリのヒナを持ち帰って餌付けし，刷り込み行動を利用して人慣れさせて飼うこともある．大きくなると檻や柵の中で飼い，パパイヤや甘い品種のバナナなどの果実を餌として与える．

●**家畜への接し方**　　パプアニューギニアの内陸熱帯雨林に暮らすクボ社会の人々は，ブタやヒクイドリを飼育していた．現在では，宗教的な理由からブタの飼養は行われていないが，かつては授乳中の女性が，小さな飼いブタを赤ん坊と一緒にストリングバッグに入れて運び，赤ん坊と仔ブタの両方に授乳をしていた．こうして育てたブタはいわば家族の一員であり，自分たちで食べることはけっしてなかった．儀礼などでブタを食べる必要があるときは，自分が飼っているブタを他者のブタと交換して利用していた．

　一方，ポリネシアのトンガのブタは，日中は放し飼いにされて村の中を動き回っている．夕方には敷地内の囲いの中に誘導され，朝と夕方の2回，人間の食べ残したイモや，ココナツミルクをつくるために削って絞ったココヤシの胚乳を餌として与えている．ブタは婚資や葬儀における交換財として重要な役割を担っている．また，急な出費がある場合には，飼っているブタを売って現金を得ることもある．食料としても，仔ブタの丸焼きは儀礼時には欠かせない存在である．仔ブタの丸焼きには，自分の飼っているブタを屠畜する．

図1　数時間かけてこんがりと焼かれた仔ブタの丸焼き［2003年10月トンガ・ハアパイ諸島ハアノ島にて筆者撮影］

囲いの隅に追い込んでナタなどで殺し，手早く解体する．自分の飼っているブタを殺すことにためらいはみられない．また，番犬として飼っているイヌや，運搬用のウマも食用にされることがある．つまり，食用と愛玩用（番犬），あるいは運搬に使用する家畜に区別がなく，周りにある家畜はすべて食用となる可能性があるのである．陸生の食用野生動物がいないトンガでは，飼育する過程で家畜に情が移るということは，資源としての家畜の利用を諦めることを意味する．はるばる遠くから連れてきたブタやイヌ，ニワトリを食用として利用するには，飼育する家畜への愛情は不要なものでしかなかったのだろう（文献［2]）．　　［須田一弘］

📖 **参考文献**
[1] 印東道子『島に住む人類─オセアニアの楽園創世記』臨川書店，2017.
[2] 須田一弘『ニューギニアの森から─平等社会の生存戦略』京都大学学術出版会，2021.

肥満と糖尿病

　トンガ人は『ガリバー旅行記』の巨人のモデルだといわれるが，トンガ・サモアやニュージーランド等のオセアニア地域から来日する力士やラグビー選手を見ると，なぜこの地域に大柄の人が多いのか疑問に思う人も多いだろう．

●**肥満**　大柄と似たような言葉に「肥満」があるが，これは「正常な状態に比べて体重が多いか体脂肪が過剰に蓄積された状態」を意味し，世界保健機関（WHO）の肥満判定基準では，BMI（Body Mass Index, 体重（kg）／身長（m）^{2}）30.0 以上が肥満と判定される．この肥満が発症する原因には過食や運動不足，睡眠不足や腸内細菌などの環境説に加えて，旧来からの遺伝説・レプチン説などがあり，実際にはこれらの複合で肥満が発症し，重度の肥満はさまざまな疾患の素因となっている．

●**糖尿病**　もう一つ，オセアニア地域に多くみられるのが糖尿病で，これは血糖値やヘモグロビン A1c（HbA1c）値が適正値よりも高い状態が慢性的に続く病気で，血液中のブドウ糖を細胞へ届けるインスリンの分泌不足や異常が生じることで発症し，空腹時血糖値 126 mg/dl 以上と随時血糖値 200 mg/dl 以上の両方を満たすと「糖尿病」と診断される．この糖尿病は発症の原因により，「1 型」と「2 型」などに分類されるが，糖尿病患者の 95% 以上は「2 型」であり，これは中高年の肥満者に多くみられる予防可能な生活習慣病である．

　そもそも，1 型糖尿病は膵臓のランゲルハンス島でインスリンを分泌する β 細胞が破壊されて発症するが，2 型糖尿病はインスリン分泌低下あるいは感受性低下の二つが特徴となっており，インスリンが十分に分泌されているにもかかわらずインスリンの働きが悪くなった「インスリン抵抗性」状態になり，血糖値が下がらなくなって発症する．

●**倹約遺伝子**　20 世紀初頭から，あまり人口の多くないオセアニア地域やマイノリティであるアメリカ先住民で，近代化に伴い肥満や 2 型糖尿病が急増すること（表 1）は「新世界症候群」とよばれたが，この病気の原因を説明するために約 60 年前に J. V. ニールが集団遺伝学の立場から提唱したのが「倹約遺伝子仮説」である．ここでいう倹約遺伝子とは，簡単にいえば「飢餓に備えてエネルギーを節約し脂肪を蓄える」食いだめ遺伝子で，飢饉を繰り返す時代には人の生存に有利な遺伝子だったと考えられるが，豊饒な現代世界では肥満を誘発する不要な遺伝子と成り得る（☞「倹約遺伝子」）．現在まで数十種類以上見つかったといわれ，最近でもサモア人 5000 人以上の遺伝子解析から *CREBRF* 遺伝子をもつサモア人の肥満リスクがそうでない人よりはるかに高いことが報告されている．

表1　オセアニアの国と地域の成人の肥満人口割合と糖尿病人口割合

順位	国か地域名	肥満人口割合（%）*		糖尿病割合（%）**
		男性	女性	
1	ナウル	63.3	58.7	12.0
2	パラオ	58.8	51.8	17.9
3	マーシャル諸島	57.3	48.4	30.5
4	ツバル	56.2	47.0	22.1
5	サモア	55.0	39.9	9.2
6	トンガ	54.5	41.4	15.7
7	ミクロネシア連邦	51.5	40.1	11.9
8	キリバス	50.4	41.6	22.5
9	フィジー	35.3	25.1	14.7
10	ニュージーランド	31.4	30.1	6.2
11	バヌアツ	30.1	20.2	11.9
12	オーストラリア	28.4	29.6	5.6
13	ソロモン諸島	27.1	17.9	19.0
14	パプアニューギニア	25.8	16.6	17.9
平均	オセアニア	46.2	37.9	16.3

すべてのデータがある国と地域を抜粋し，男子の肥満人口割合順に並べた
*：WHO database（https://who.int/data/）の 2016 年データによる　**：World
Bank Open Data（https://data.worldbank.org）の 2019 年データによる

　しかし，その論文でも強調されているように，現在のサモア人の肥満や糖尿病の発症にはさまざまな倹約遺伝子より環境や食生活，そしてライフスタイルの変化の影響の方がはるかに大きいと考えられる．筆者らのトンガ人（サモア人と同一祖先伝説，いずれも遺伝的背景はポリネシア人）を対象とした調査でも，特に太平洋戦争前からの豊潤な食生活に加えて，ニュージーランド・オーストラリア・アメリカとの人と物の交流が彼らの生業活動や食生活などを大きく変化させ，過食や日常的な活動低下が慢性化している．加えて母系社会であるトンガやサモアでは女性は肉体労働をほとんどしない／してはいけない文化があり，女性の肥満や糖尿病が男性より多いなど，女性のスマート願望に反する皮肉な結果となっているのである．　　　　　　　　　　　　　　　　　　　　　　[稲岡　司]

📖 **参考文献**
[1] 稲岡　司「トンガ人の肥満」池口明子・佐藤廉也編『身体と生存の文化生態』ネイチャー・アンド・ソサエティ研究第3巻，海青社，pp.141-159，2014.
[2] 稲岡　司「生活習慣病と倹約遺伝子」吉岡政徳監修・遠藤　央他編『オセアニア学』京都大学学術出版会，pp.227-237，2009.

オセアニアのマラリア

マラリア（malaria）とは，5種類のマラリア原虫（*Plasmodium*）の感染がヒトに起こす，致死性の高い病気である．ヒトからヒトへは直接感染せず，ハマダラカ属の蚊（*Anopheles*）だけが感染を媒介する．パプアニューギニア，ソロモン諸島，バヌアツの3国を除けばオセアニアにマラリア流行地がなく，それら3国でも標高2100 m以上の高地で流行しないのは，ハマダラカがいないためである．

●**流行地の人々の認識**　空気のよどんだ沼沢地に蚊が多く，マラリア流行も起こりやすかったことから，古代ギリシャでは悪い空気が起こす病気だと考えられていた．マラリアの流行地であるパプアニューギニアの南部低地に居住するギデラとよばれる人々の間には，季節風とともに運ばれてくる悪いものが熱病をもたらすという口頭伝承がある．この地方では雨季のはじめ頃に蚊の密度が高くなってマラリアが流行することを経験する中で成立した伝承と考えられる．インカ帝国の秘薬であったとされるキナの木の樹皮を精製してつくられたキニーネや，1934年にドイツの科学者によって開発され第2次世界大戦後にはWHOによってマラリアの標準治療薬として推奨されるようになったクロロキンといった特効薬が広く使われてきたので，流行地の住民の大半は，マラリアという病気を比較的正確に理解している．精神疾患に対しては超自然的な解釈をする人でも，抗マラリア薬の服用は躊躇しない．

●**マラリア対策と蚊の性質**　効果の高いワクチンがないため，蚊帳，抗マラリア薬，殺虫剤の三つが主な対策手段である．近年では殺虫剤を練り込んだ樹脂の糸でつくられ，数年間有効な蚊帳も広く用いられている．抗マラリア薬については，症状がある人の治療だけではなく，住民全員に定期的に抗マラリア薬を服用してもらうことによって集団から原虫を排除する集団一斉投薬（Mass Drug Administration）という方法にも使われ，バヌアツのアネイチュム島では，この方法で一度は根絶に成功した．アフリカでは，主な媒介蚊であるガンビエハマダラカ（*An. gambie*）に，夜間に屋内で吸血後，壁に係留する性質があるため，殺虫剤の屋内残留噴霧が有効な対策として使われている．しかし，ソロモン諸島のファロウティハマダラカ（*An. farauti*）は，日没後すぐに屋外で踝から下を好んで吸血するため，屋内残留噴霧は効果が薄いし，眠る前に吸血されてしまうので蚊帳の配布も効果が薄い．

●**ソロモン諸島のマラリア**　ソロモン諸島では首都の研究所の職員が定期的に村落を訪れ，指先穿刺で採血しギムザ染色した標本を検鏡し，マラリア陽性の場合は治療薬を投与することが行われてきた．1995年に東タシンボコ区の村に滞在

し，検査に先立つ約 3 週間の日没後 2 時間の人々の行動について，(1)場所，(2)衣服，(3)靴・靴下・サンダル等の着用．の 3 点を直接観察し，乳幼児を除く住民の約80％から，「その年のマラリア発症経験およびその治療」「蚊帳使用経験」「夕食を食べる場所」「水浴びの時間帯」を聞き取った．予想通り蚊帳使用経験の有無と原虫陽性には関連がなかった．靴・靴下・サンダルを履くことは有効な防御と考えられたが，観察期間を通してほとんどの人が裸足だった．日没後の居場所も関連がなかったが，検査陽性の人は，膝か

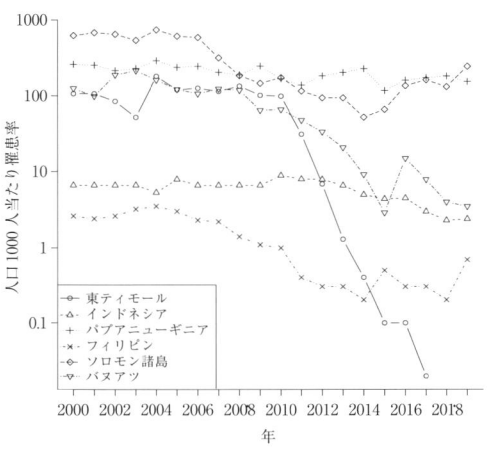

図 1　オセアニアと東南アジア島嶼部のマラリア罹患率［出典：WHO, The Global Health Observatory より筆者作成］

ら下が見える衣服を着ている割合が高かったことから，膝から下が隠れる衣服の着用が感染防御になっている可能性が示唆された．期待確率 p での膝から下が隠れる衣服の着用を仮定し，シミュレーションしたところ，p＝0.7 では一度も根絶できなかったが．p＝0.95 だと 2 年以内に根絶できるという結果になった．しかし，暑いソロモン諸島で，敢えて膝から下が隠れる衣服を常用する人が増えるはずもなく，1990 年代に続けた東タシンボコ区での検査結果では，ほとんど症状がないのに陽性割合が 40％を超える状況が続いていた．

　民族紛争終結後．2006 年から半年ごとに検査を続けたところ，陽性割合は当初の 30％から漸減し，3 年で約 10％になった．陽性者への治療薬投与に加え，屋外での夕食時に裸足で寝かされていた乳児に靴下をはかせる人が徐々に増えたことが原因と考えられた．ただし，三日熱マラリア原虫（*Pv*）陽性の際はグルコース 6 リン酸脱水素酵素（G6PD）検査も行い，G6PD が正常であれば肝臓に潜んでいて他の治療薬が効かない時期の原虫にも有効なプリマキンも投与したが，*Pv* 根絶はできなかった．メラネシアに限らず世界中で 2000 年代にマラリア罹患率は低下し，無症状あるいは軽症の *Pv* だけが残存している地域が多いのが現状である．
　　　　　　　　　　　　　　　　　　　　　　　　　　　　　　　　［中澤　港］

📖 参考文献
[1] 一盛和世編著『きっと誰かに教えたくなる蚊学入門―知って遊んで闘って』緑書房，2021.
[2] 白川千尋『南太平洋の伝統医療とむきあう―マラリア対策の現場から』臨川書店，2015.

フィラリア症

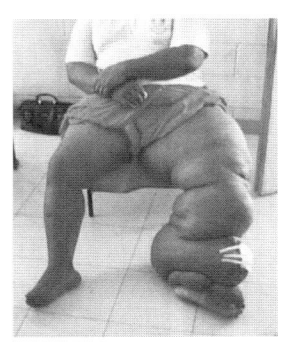

図1　フィラリア症の症状
例：象皮病［1999年10月
キリバスにて筆者撮影］

　「顧みられない熱帯病」の一つにかぞえられるヒトのフィラリア症またはリンパ系フィラリア症は，蚊によって運ばれるフィラリア（糸状虫）とよばれる寄生虫がリンパ節やリンパ管に寄生することによって起こる寄生虫病である．進行すると象皮病や陰嚢水腫等の症状を呈する（図1）．大洋州では現在，太平洋リンパ系フィラリア症制圧計画（Pacific Programme to Eliminate Lymphatic Filariasis：PacELF）の枠組みのもと，各国で対策が進められている（文献［1］）．

●リンパ系フィラリア症　フィラリア症の原因となるヒトに寄生するフィラリアは3種類が知られているが，このうち，最も広く世界に分布しているのは，*Wuchereria bancrofti* で，オセアニア地域にも古くからこのフィラリアの存在が記録されている．媒介蚊としてはヤブカ属，ハマダラカ属，イエカ属の種類の蚊が知られている．ヒトのリンパに寄生しているフィラリアはミクロフィラリアとよばれる仔虫を血中に生み出し，その仔虫は蚊が吸血の際に血液と一緒に蚊に取り込まれ，蚊の体内で脱皮し感染幼虫となり，蚊が次の吸血を始めると幼虫は皮膚の上に降り蚊の刺し口から人の体内に侵入する．仔虫が血中に出現する時間には周期性があり，夜間のみ血中に出てくる夜型と昼でも血液中にいる昼型がある．オセアニア地区では，メラネシアの一部とミクロネシアは夜型，ポリネシアには昼型が知られている．フィラリアの媒介蚊も地域ごとに種類が異なる．感染が起こるには媒介蚊となる蚊の吸血行動時間と仔虫の血中出現時間が一致する必要がある．ポリネシアのサモアでは昼型のフィラリアがみられ，昼間吸血するヤブカ属，特に，固有種のポリネシアヤブカ（*Aedes polyneshiensis*）などが媒介蚊になっている．メラネシアのバヌアツには夜型のフィラリアがみられ，伝搬はメラネシアだけに分布する夜間吸血性のハマダラカ属が担っている．また，夜間吸血性のイエカ属はオセアニア地区のほぼ全域に生息しているが，フィラリアを媒介するのはミクロネシアだけに限られている（表1）．

●太平洋リンパ系フィラリア症制圧計画　オセアニアでは，1950年代まで，オーストラリアを含め，太平洋全域にフィラリアがみられ，いずれの国も高い感染率を示していた（文献［1］）．日本にもかつてフィラリア症が全国的にみられたが，1960〜70年代に薬剤投与と媒介蚊対策を中心に対策が行われた．このような成

表1　太平洋諸国におけるフィラリア仔虫の血中出現周期性と媒介する主な蚊の種類

	国または地域	フィラリアの周期性	媒介蚊
ポリネシア	アメリカ領サモア，クック諸島	亜周期性（昼型）	ヤブカ属
	フランス領ポリネシア，ニウエ		
	サモア，トンガ，ツバル，		
	ウォリス・フツナ		
ミクロネシア	キリバス，マーシャル諸島	夜間吸血性（夜型）	イエカ属
	ミクロネシア連邦，パラオ		
メラネシア	フィジー，ニューカレドニア	亜周期性（昼型）	ヤブカ属
	パプアニューギニア，バヌアツ	夜間吸血性（夜型）	ハマダラカ属

功例や新たな技術開発によって，フィラリア症は根絶可能な疾患の一つにあげられ，1997年の世界保健総会で地球レベルでのフィラリア症制圧が決議された．そして，2000年に世界保健機関（WHO）主導で世界リンパ系フィラリア症制圧計画が開始された．その一環として，現在まで，日本政府等さまざまな支援を受け，PacELF が進められている．対策の方針は，(1)病気の伝搬阻止のために薬剤集団投与，すなわち蔓延の確認された地域の必要とするすべての人々に駆虫薬の投与を年1回，最低5年間続けること．(2)すでに象皮病などの症状のある人々には症状軽減のためのケアへのアクセスを提供すること，である．各国は，それらの集団薬剤投与とケアの提供，そして血液検査，媒介蚊対策，啓発などを行っているが，活動には，それぞれの国の事情や人々の意識が影響する．例えば，サモアではかつて国レベルの対策プロジェクトが行われ，人々のフィラリア症の認識は高く理解があった．一方，バヌアツでは1999年の時点で，フィラリア症のことは認知されておらず，象皮病の症状は偏見の対象で，病気とは考えられていなかった．PacELF 開始当初，16の島嶼国または地域でフィラリア症の蔓延が確認され，そのすべてで対策活動が展開されてきている．その結果，これまでに8か国で制圧（公衆衛生上の問題とならないレベルに達すること）を確認した：2016年にクック諸島，ニウエ，バヌアツが世界初のWHO制圧達成承認を受け，その後，2019年時点で，キリバス，マーシャル諸島，トンガ，パラオ，ウォリス・フツナが制圧達成を遂げている（文献 [2]，pp.133-144）．2000年に始まった制圧活動が着実に実を結んでいる．　　　　　　　　　　　　　　　　　　　　［一盛和世］

📖 参考文献

[1] World Health Organization, *The PacELF Way: Towards the Elimination of Lymphatic Filariasis from the Pacific, 1999-2005*, WHO, 2006.
[2] 一盛和世編著『きっと誰かに教えたくなる蚊学入門―知って遊んで闘って』緑書房，2021.

高血圧

◇◇

　高血圧は近年オセアニアで増加しており，主要な公衆衛生上の問題であり，同時に住民が恐れる病である．

●高血圧とは　高血圧（本態性高血圧）とは，血圧が慢性的に高い症状をいう．WHO の基準によれば，高血圧の診断は収縮期血圧（SBP）140 mmHg 以上または拡張期血圧（DBP）90 mmHg 以上である．さらに医師によって高血圧と診断されて降圧薬による治療を行っている場合も含む．日本では国民のうち 1200 万人以上が該当する．加齢とともに高血圧は増え，60 歳代以上では約半数が高血圧である．高血圧は自覚症状がないことも多く，血圧が高いという症状自体で亡くなることは少ないが，高血圧が進んで動脈硬化になると，狭心症，心筋梗塞，心不全など心臓の病気，脳梗塞，脳出血などの脳血管障害（脳卒中）になりやすくなり，さらには認知症のリスクが高くなることも指摘されている．

●高血圧の疫学　オセアニアでは国民全員を対象にしたような疫学調査はほとんどない．しかし研究者が集めた現地データに，国ごとの年齢構成の違いも考慮して推計をしている国際的研究チーム NCD Risk Factor Collaboration によると，オセアニアの男性で高血圧の人の割合は 1975 年の 21.4% から 2015 年は 24.5% へと緩やかに増加した．同じ年齢調整による推計値では日本を含むアジア・太平洋高所得国は 1975 年 36.3% から 2015 年 20.0% と減少した（図 1）．欧米でも割合は減少しており，これは先進国では治療や生活習慣改善による血圧管理が進展したからであるといわれる．

　高血圧の主な原因としては，食塩の過剰摂取，運動不足・肥満，ストレス，喫煙，加齢，寒さ，さらに遺伝的要因がある．生活習慣や加齢が原因になることは，広く知られており，その改善に取り組む患者が多い．一方，寒冷刺激は交感神経を刺激して，血管を収縮させて血圧をあげる．冬の寒さに加えて，冬の生活習慣によって，日本ではこの季節に高血圧が増える傾向がある．

　それでは熱帯の国々に高血圧が少ないかというと，そうでもない．これには人類進化からの仮説がある．人類やその祖先が誕生したのは，熱帯のアフリカであったと考えられている．人類は体温を一定に保つようにできているが，熱帯では発汗することで，汗が蒸発する気化熱を出すことにより，熱を逃がす．この際，汗によって水分とともにミネラル分も失われてしまう．汗がしょっぱいように，体から塩分が失われる．そのため起こる塩分不足つまりナトリウム不足は血液循環を悪化させ，生命維持に支障をきたすことになる．しかし，自然状態の中で塩分を確保するのはそれほど容易なことではなかった．

人類は塩味を好むが，そのようにして塩分を確保しようとする生来の特性自体も，もともとは熱帯で生命維持するために生まれたともいう．つまり高血圧を引き起こす生理的機能は，もともとは発汗と血液循環を良好に維持するためのものであったが，今や塩が工業的に生産され，店にいけば手に入るような社会では，これらの機能は高血圧を引き起こす原因となる（☞「倹約遺伝子」）．

高血圧になりやすい遺伝子型が多く見つかる民族と，そうでない民族があることが知られており，その遺伝子型の多寡は緯度，つまり赤道からの距離と強く相関する．これは気候ごとに人類が適応したことを表す例とされる．そのためか，熱帯のオセアニアでの患者数は一貫して増加した（図1）．

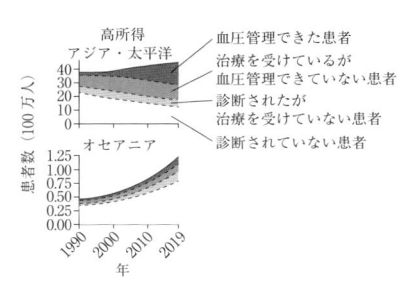

図1　オセアニアにおける高血圧患者，特に未診断患者の増加［出典：NCD Risk Factor Collaboration（NCD-RisC），"Worldwide Trends in Hypertension Prevalence and Progress in Treatment and Control from 1990 to 2019：A Pooled Analysis of 1201 Population-Representative Studies with 104 Million Participants," *Lancet*, 398（10304）：957-980, 2021 より作成］

●**高血圧の文化**　ソロモン諸島西部のロヴィアナ地域で，筆者が病について聞き取りをしたとき，プトゥプトゥという病名があった．生命に関わる深刻な病だと認識されているそれが，現代医学でいうところの何の疾患にあたるのか，なかなかわからなかった．すると一緒に話を聞いていて，英語に詳しい村人が「ハイブラッドプレッシャー（高血圧）だよ」と，助け舟を出してくれた．

しかし，後にどうやらプトゥプトゥは不整脈のことであることがわかった．不整脈は高血圧に由来するものと，そうでないものがあるが，激しい動悸に見舞われたり，意識を失ったりする．さらに，心不全や脳梗塞に至る場合もあり，人々にとっては恐ろしい病である．

医師の数が極端に少ないソロモン諸島では，准看護師が主な医療従事者であり，患者が受けられる診断方法は限られている．その中で血圧測定は広く用いられており，症状の聞き取りとともに，准看護師が心疾患全般を疑うたびに用いられてきた．そのため，不整脈などいくつかの心疾患系の症状に英語での「ハイブラッドプレッシャー」があてられ，それが伝統的な病のプトゥプトゥと結びつけられたようである．

非感染性疾患（生活習慣病）はソロモン諸島で深刻な広がりを見せており，年に1〜数回，医療チームが村々を訪れて，診断と健康教育を行うようになった．西洋医学知識が広がり，高血圧症が減少するのは望ましいことである一方で，病の伝統文化が変容するのは残念なことでもある．　　　　　　　　［古澤拓郎］

若者の自殺

◇◇◇◇◇◇◇◇◇◇◇◇◇◇◇◇◇◇◇◇◇◇◇◇◇◇◇◇◇◇◇◇◇◇◇◇◇

　1960 年代後半からのアメリカの開発政策は，当時のミクロネシア（太平洋信託統治領：Trust Territory of Pacific Islands）に急激な社会文化変容をもたらした．教育制度の拡大や，援助に依存する現金経済の拡大など，さまざまな変化が歪みをもたらしたとされる．自殺者の急増はこのような歪みの現れである．1960 年代初期〜1980 年代初期まで年間自殺率は 10 年ごとに倍増した．最も急激な増加は 1970 年代に生じ，1980 年代に年間自殺率は落ち着いたが，それ以降の年間自殺率も高いままである．

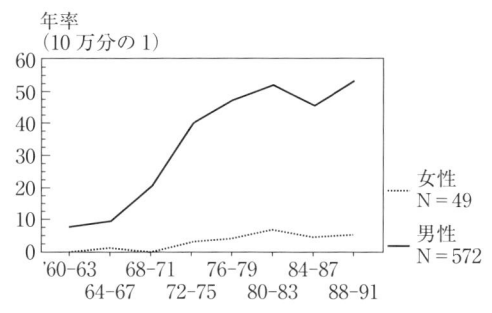

図1　ミクロネシアの自殺率 1960-90 年［出典：文献［1］, p.40］

●**自殺者の特徴**　ミクロネシアの自殺者の特徴は若い男性ということである．女性の自殺率は男性の自殺率の 7〜8 分の 1 に過ぎない．また男性自殺者の年齢は 15〜24 歳に集中している．自殺年齢の最頻値は 20 歳で，この年齢では年間自殺率は 100‰を超えるという．これは世界基準で高いとされる日本の若者の自殺率の 5 倍にあたる．

●**自殺の典型事例**　ミクロネシアの自殺者は一般に健康，精神，社会性の面で異常のない，両親と同居する，20 歳前後の青年である．そして特に自殺の前兆とみられるような出来事は存在しない．自殺の外見上の原因は非常に些細なことにある．ある若者は父親から 5 ドルもらえなかったからといって首をつっている．あるいは腹をすかせて家に帰ったときに食べ物がなかったからといって首をつるのである．

　一方，ほとんどの自殺は自殺者とその家族の間の衝突が起因となっている．ミクロネシアの自殺の研究で著名な神父 F. X. ヘイゼルの紹介しているチュークの若者の自殺は，逃げだした妻を連れ戻すことに両親が協力的でなかったことが原因であるかにみえたという．しかし調査を進めると若者自身が妻を追い出したことが明らかになった．若者は，この他の問題を含めて，長期にわたる両親との軋轢を経験していた．自殺は個別の家族のいさかいから生じ得るが，しばしば長期にわたる家族間の軋轢を反映している．若者と家族の不安定な関係が自殺の増加に関係しているとすると，コミュニティをも含めて，家族の機能の弱体化がその原因であると指摘されている．

●**家族の社会変容**　一方，家族変容のパターンはミクロネシア家族の特徴を反映する．親族関係にある複数の夫婦が生活をともにする拡大家族の脈絡では，権威をもち若い男子を社会化するという責任は，両親以外の年長の親族にも分かちもたれるものであった．複数の夫婦からなる家族が夫婦2人だけの核家族に取って代わられるという近年の変化には，この責任を両親により一層集中する結果となった．旧来の拡大家族制度は子どもに複数の親族という支援者を選択肢として提供した．今日の核家族では，父と母は子どもに対する一層の責任を負わざるを得なくなっている．その結果，両親と子どもの間の緊張が増加しているのである．

　しかしヘイゼルと文化人類学者 D. H. ルビンシュタインは，自殺を家族に対する復讐，あるいは攻撃であると考えるべきではないと主張している．チューク語には *amwúnuwún* という表現がある．*amwúnuwún* とは，強い感情を直接的に表すことが文化的に不適切な場面で，他者を避けることで，感情を抑えることを意味する．ミクロネシア人は対立ではなく回避することで問題を解決しようとするのである．実際，自殺に失敗し生き残った者は，家族への攻撃としての自殺の解釈に驚き，これを否定するという．ミクロネシア人は悲しみ，傷痕，抑圧という感情を直接表現するために自殺するのではなく，これらの苦しみの状況を回避するために自殺するのである．ミクロネシアの自殺は文化的にパターン化された軋轢状況に対する反応であり，対人関係の崩壊に対するミクロネシア的な解決策なのである．

　ルビンシュタインは1960年代に自殺率が急増し，80年代にいったん低下したことについて，自殺が1950年代に生まれ60年代に思春期を迎えた戦後第1世代とその1世代上位のより伝統的な両親との文化の違いと対立を反映しているためであるという仮説を提出していた．しかしその後も自殺率は高く止まっている．ルビンシュタインは若者の間で自殺の意味付けが変容し，自殺が身近で，受け入れ得る，また予測し得る行動パターンになってしまったと警告している．

　1960年代のミクロネシアの若者の自殺の急増は，伝統的な拡大家族において複数の親族関係者の間に分散されていた扶養関係が，近代家族の生物学的親子に集中した軋轢によるものであった．この自殺の急増は80年代一時期収まったが，自殺が軋轢解消の手段として確立してしまったため，80年代以降も若者の自殺は減少に向かっていない．　　　　　　　　　　　　　　　　　　　［柄木田康之］

📖 参考文献

[1] Rubinstein, D. H., "Youth Suicide and Social Change in Micronesia,"『南太平洋海域調査研究報告』36: 33-41, 2002.

女性の月経経験
（パプアニューギニア）

◇◇

　月経は，生理現象であると同時に，それをどう経験するのかは文化的な問題でもある．ここでは，①パプアニューギニアにおける女性の伝統的な月経経験と，②月経経験の変化について紹介する．

●**女性の伝統的な月経経験**　パプアニューギニアの諸民族について書かれた文献に，女性たちの月経経験に関する記述を探すと，月経期間の女性たちが，集落のはずれにある月経小屋の中や「女の家」の奥で過ごしていたという記述を見つけることができる．しかし，それらの場所で，女性たちがどのような月経対処を行っていたのかという記述は，ほとんど残っていない．ここでは，東セピック州のアベラム人女性の月経経験を事例としてみていく．

　アベラム社会では，かつて男性の生活する建物と，女性の生活する建物は別々

図1　「女の家」の前でタープに座る女性
　　［2008年10月東セピック州にて筆者撮影］

に存在していた．女性が生活していた建物を，以下では「女の家」（図1）とよぶ．女性は，普段は「女の家」で生活していたが，月経がくると月経小屋へいったという．月経小屋の中で女性たちは，アベラム語でタープ（*taapu*）というものに座っていた．タープとは，ヤシ科植物の葉鞘の付け根部分であり（図2），普段から人々が敷物として利用したものである（図1）．そのタープに，月経期間の女性たちも座っていたのであり，月経対処用の特別な道具というわけではない．2022年現在，存命ならば

図2　タープ［2013年2
　月東セピック州にて筆
　者撮影］

80代〜90代の女性たちによれば，彼女たちが若かった頃，布は貴重だった．彼女たちは下着をつけておらず，月経期間，タープに直に座っていた．そのため，タープと臀部には経血がついたという．女性たちは，谷間の泉から汲んで月経小屋の中に用意しておいた水で体やタープについた経血を洗い流した．月経小屋では，1人で過ごすこともあれば，月経期間の重なった女性たちが一緒に過ごすこともあった．網袋を編んだり，料理をしたり，おしゃべりをしたりして過ごしたという．

　月経期間の女性たちには，行ってはいけないとされる

事柄，つまり禁忌があった．具体的には，「女の家」に入ってはいけない，料理を男性に渡してはいけない，広場に近づいてはいけない，畑に入ってはいけないなどの禁忌である．月経期間の女性たちは，こうした禁忌を守って生活していたのである．

男性たちによれば，女性が普段生活している「女の家」におらず，すぐ近くの月経小屋から炉の煙が立ち上っていれば，「女の家」にいるべき女性に月経がきているということがわかったという．男性は，月経期間の女性から料理を受け取らない．もしも，月経期間の女性が料理したものを食べた後に畑に入るようなことがあれば，彼が栽培していた作物は台なしになってしまうと考えられていた．

一方で，初潮は，祝いの対象でもあり，アベラム社会では初潮儀礼も行われていた．月経小屋の中のことは「女の秘密」とされ，月経小屋の中では，月経対処のほかお産も行われていた．アベラム人女性の月経経験の事例は，月経という個人の生理現象が，共同体のものとしてあったことを教えてくれる．パプアニューギニアでは，アベラム社会の女性たちのような月経経験をもつ女性たちが存在した社会は少なくなかったと推定される．

●**月経経験の変化**　近年，女性たちの月経経験は変化している．アベラム社会では，外部社会の直接的な影響が及んだ 1930 年代以降，女性たちの月経経験は大きく変化した．まず，外部社会からもたらされた布が，女性たちの月経対処に変化をもたらした．女性たちは，タープの上に布を敷いて座るようになった．

次に下着（パンツ）が流入し，女性たちは，下着に布を挟んで使用するようになった．この世代の女性たちの中には，月経期間も学校に通学した女性たちがいる．彼女たちの月経対処に関する記憶には，「経血が漏れたら恥ずかしい」という典型的な語りを見出せる．

さらに，使い捨ての生理用ナプキンが流入した．生理用ナプキンを使用するようになった世代は，経血の漏れを気にする必要はなくなった．月経小屋使用の慣習は急速に廃れ，今では月経小屋がつくられておらず，初潮儀礼も行われていない．女性たちは，自分に月経が来ていることを他者に知られることがなくなった．月経が自分だけの経験になったのである．この世代の女性には，禁忌となっている場所に月経中であることを黙って入ったり，逆に月経のあることを口実に禁忌となっている作業から逃れていくという行為がみられる．

パプアニューギニア国内では，都市部とその近郊の地域には生理用ナプキンが普及した．しかし，交通の便が悪く，商品として流通していない地域も存在する．月経経験の変化は，国内でも地域性が大きいと考えられる．　　　　　［新本万里子］

📖 **参考文献**
[1] 新本万里子「生理用品の受容によるケガレ観の変容―パプアニューギニア・アベラム社会における月経処置法の変遷から」『文化人類学』83(1)：25-45，2018.

伝統医療

◇◇◇

　世界の多くの国々や地域と同じように，オセアニア諸国・地域で中心的位置を占めている医療もまた近代医療である．19世紀以降に西洋世界で発達した生物医学に基づくこの医療は，その出自から西洋医療ともよばれる．しかし，心身の問題に対処するための知識や技術，すなわち医療が，近代医療しかないという国や地域などおそらく存在しないだろう．オセアニアもまたしかりである．

●**存続する伝統医療**　近代医療は欧米諸国の植民地主義的・帝国主義的関与政策などに伴い，オセアニア各地に浸透した．しかし，そのはるか前から，この地の人々は心身の問題に対処するためのさまざまな知識や技術を駆使しながら暮らしてきた．それらは生物医学とは異なる考え方に基づくものであり，伝統医療と総称される．多様性に富むオセアニア各地の伝統医療をここで通覧している紙幅の余裕はないが，例えばバヌアツのトンゴア島民の伝統医療に関していえば，人々はそれに含まれるものとして薬草，呪文，治療儀礼，マッサージ，伝統的な分娩介助術などをあげることが多い．

　生物医学とは異なる考え方に基づく伝統医療は非科学的で遅れたものであり，近代医療の浸透とともに衰退し，消滅してゆくとみなされていたこともあった．しかし，その見方に反して，オセアニア各地では近代医療の浸透後も伝統医療が活発に使われ続けている．先述のトンゴア島民の場合も同じである．

●**医療に対する認識**　トンゴア島では，19世紀後半からキリスト教の宣教師たちが布教活動を始めた．その際，宣教師たちは施薬なども行っており，これが島に近代医療が浸透する契機の一つとなった．その後，キリスト教会は1950年代に島ではじめての近代医療施設である施薬所を開設した．また，1980年のバヌアツ独立までトンゴアを含む島々をイギリスとともに植民地として統治していたフランスも，医師が常駐し，設備もより充実した病院を1960年代に建設している．

　こうした経緯からもうかがえるように，トンゴア島民にとって近代医療は決して新奇で馴染みの薄い存在ではない．むしろ生活に深く根づいており，人々は病気になったり怪我をしたりすると，もっぱらまず近代医療を用いて対処しようとする．しかし，病院で診察してもらったり処方された薬を服用したりしているにもかかわらず状態が改善しない場合，さらに伝統医療を利用することで事態の打開をはかる．トンゴアの伝統医療の中心的な担い手は治療師である．治療師たちは主に就寝中にみた夢の内容に基づいて病気などの要因を特定し，その後，薬草を処方したり治療儀礼を行ったりすることで，訪ねてきたクライアントの問題に対処する．

　以上のプロセスの中で治療師たちが問題の要因としてしばしばあげるのが，特定の石や植物などに宿る精霊や死者の霊，あるいはクライアントに対して怒りや恨み，妬みを抱く者が秘かに行使したとされる邪術である．霊や邪術によって引き起こされた病気は近代医療では治すことができず，伝統医療の治療師だけが対処できると目されている．このため，近代医療を利用しているもののその効果がみられない場合，当事者やその関係者は霊や邪術が要因ではないかと考え，治療師のもとを訪ねる場合が多い．

　このように二つの医療は，霊や邪術による病気に対処できる伝統医療とできない近代医療というかたちで，守備範囲とする病気を異にしながら並存するものと捉えられており，人々は想定する病気に応じて両者を使い分けている．こうした人々の認識は，近代医療の浸透後も伝統医療が廃れることなく使われ続けている背景を理解するうえで重要である．

●**伝統医療をめぐるマクロな動向**　　ただし，それに加えて見落とすことができないのは，人々が「伝統医療で使われている薬草には，エイズやある種のがんのような近代医療における難病の治療に有効な成分が含まれている可能性がある」といったかたちで，伝統医療を近代医療の限界を乗り越える可能性を秘めたものとしても捉えている場合がある，ということだ．そのような伝統医療に対する肯定的な認識は，直接的には伝統医療をめぐるバヌアツの国家レベルの動向との関連で醸成されたものといえる．独立後，バヌアツでは，政府内部において伝統医療を積極的に評価する機運が高まり，国内各地の伝統医療で使われてきた薬草を近代医療の場にも導入するべく薬草の科学的な成分分析が行われたり，分娩介助の経験が豊富な伝統医療の女性治療師を近代医療の助産師の助手として活用しようとするプロジェクトが実施されたりした．

　こうした動向は，政府がプライマリヘルスケアの理念に基づく施策を推進するようになったことと関係している．世界保健機関（WHO）と国連児童基金（UNICEF）が1978年に開催した国際会議でおおやけにされたこの理念では，医療に関わる施策の実施にあたって重視すべき点として，対象地域の実情にそくした適正な技術を利用することや，地域の既存の人的・物的資源を最大限活用することなどが謳われている．バヌアツを含む多くの国々では，これらの点に合致するとみなされた伝統医療を積極的に評価し，医療分野の施策の中で活用しようとする動きが活発化した．このことを念頭に置くならば，トンゴアの人々の伝統医療に対する肯定的な認識は，先に触れたバヌアツの国家レベルの動向を介して，以上のようなグローバルな動きとも結びついていることがわかる．　　　［白川千尋］

📖 **参考文献**

[1] 白川千尋『カストム・メレシン─オセアニア民間医療の人類学的研究』風響社，2001.

グラスルート医療

◇◇

オセアニア島嶼地域では，植民地化以前には固有の病気の概念と伝統的な治療の実践が行われていた．植民地化とともに近代医療が導入され，現在提供されている近代医療の内容は，植民地時代の宗主国の影響を多少なりとも受けている．都市部はもちろん，村落部に至るまで近代医療の普及が著しいが，多くの言語集団では伝統的な医療も併存しており，いわゆる「医療の多元性」という現象がみられる．特にメラネシアに属するパプアニューギニア（PNG）の村落部の事例を中心に，そこで提供されている医療について紹介する．

●近代医療の導入前後　オセアニア島嶼地域においては，植民地化する19世紀後半以前から，固有の概念や治療法が存在していた．伝統的な病気の概念では，病気の原因は自然環境要因と超自然的な要因の二つに大別され，後者はさらに呪術（邪術，妖術），霊魂，禁忌の侵犯，反社会的行為に分けられる．また，伝統的な治療は，薬草，瀉血，マッサージ，霊的治療，対抗呪術，呪文を組み合わせて行われる．病気のほとんどは軽症であり，自然環境要因によるものとされ，主に家庭内で様子を見たり薬草を用いた治療をしたりする．一方，重症の場合には病気を治す特殊な能力をもつとされる者に治療を依頼する．特に超自然的存在の病気への関与が考えられるときは，超自然的な力を支配し利用できる呪術師による治療が必要とされる．また，治療者の中には，薬草の知識や使い方には長けているが，超自然的な力を使う能力をもたない者もいる．多くの集団において，これらの伝統的な病気の概念と医療技術が現存している．

オセアニア島嶼地域は19世紀後半までに欧米諸国によって分割され植民地化された．メラネシアにおいては，主な産業はプランテーション農業と鉱業であり，少数のヨーロッパからの移民が，各地より集めた先住民を管理統治して労働に従事させていた．植民地政府は，これらの産業の管理者および労働者の衛生管理のため主要都市に病院を建設して近代医療に基づく治療を導入した．ただし，例外的にニューギニア島東北部を占領したドイツは，先住民を教育して村落レベルでの近代医療を提供させる介入を早い時期から開始した．すなわち，1903年には衛生教育や皮膚病治療，重症者の病院への搬送を担当するドクターボーイ（medical tultul ともいう）の養成が，1913年には妊産婦と新生児の保健を担う女性の医療助手の養成が開始された．しかし，1914年にドイツからオーストラリアの植民地となると，この活動は終わりを迎えた．

植民地時代に主に村落部において一般住民に対する近代医療を提供していたのは，キリスト教宣教団として赴任した医師や看護師であった．その歴史的経緯か

ら PNG では現在でも村落部の医療施設の多くはキリスト教会により運営されており，法的にもその役割が規定され施設での診療・検診のみならず巡回診療や予防接種を含めた地域医療全般を担う公的サービスの性格をもっている．教会系医療サービスは，財源として政府からの助成を受けており医療費の患者負担額は低い．

●コミュニティヘルスワーカーとビレッジヘルスボランティア　PNG は，第 2 次世界大戦後にオーストラリアの信託統治領となった．信託統治領政府は村落部住民への医療サービスを供給するため，簡易診療所であるエイドポストを拡充した．そこで働く医療専門職はエイドポストオーダリー（APO）とよばれ公務員としての待遇を受けた．APO はコミュニティから選出されコミュニティ住民の求めに応じて医療を提供した．キリスト教会は，APO だけでなく看護師の養成も行った．APO の養成は 1960 年代にピークを迎えたが，その後新たな養成や再教育が行われなかったため，APO の高齢化や建物の老朽化により徐々にエイドポストは閉鎖されていった．PNG は 1975 年に独立した．時を同じくして，すべての人に対して健康を基本的人権として認めること，保健活動に住民の主体的な参加や自己決定権を認めるプライマリヘルスケアが国際社会の合意となり，その実践として，コミュニティヘルスワーカー（CHW）とよばれる非医療専門職が基本的な医療を提供する試みが 1970 年代より広く導入された．PNG でも，それまで村落部で医療を提供してきた APO を CHW と改称したが，これはプライマリヘルスケアでいう CHW とは異なるものであった．つまり，国際的な定義による CHW は非医療専門職であるのに対して，PNG における CHW はキリスト教会各宗派が設立した高等教育機関で養成され，出身地のエイドポストで医療を提供する短大修了レベルの医療専門職である．しかしながら，PNG の CHW は都市部の病院でも働くことが可能であること，老朽化したエイドポストの改築が進まないことから，村落部での CHW の活動は低調である．

　PNG において村落で医療を提供する非医療専門職は，ビレッジヘルスボランティア（VHV）とよばれる．1970 年代から今に至るまで，主に国際 NGO の主導により VHV の養成が行われている．提供される医療サービス内容は，地域のニーズに合わせて，環境保健，健康教育，家族計画，分娩介助，必須医薬品提供，マラリア対策，小児保健，学校保健と多岐にわたっている．VHV はみずからのコミュニティで活動し，原則として無給であり住民も無料で利用が可能である．NGO による養成が終了した後は，地方行政が VHV の運営の主体となるため，その活動には地域差が大きい．財源や人員不足で監督や再研修が不十分で活動が停滞したり，無報酬であることやコミュニティのサポートが得られずに VHV の意欲が低下したりする例もみられている．　　　　　　　　　　　　［塚原高広］

性別選好
（パプアニューギニア）

出生時の性比および死亡率の性差は，信頼できる統計資料を比較する限り全人類集団においてある程度同一の値を示すと考えられるが，地域および時期によっては顕著な偏りがみられることがある．その顕著な偏りについて，男児選好（son preference）をその要因の一つであるとする研究が，特に南アジアにおいて蓄積している．生まれてくる子ども，あるいは養育する子どもについて男児を望むことを男児選好，女児を望むことを女児選好（daughter preference），両者を総称して性別選好（sex preference）とよぶ．オセアニアにおいて性別選好と性比あるいは死亡率性差がどのように関係しているのかについては，ほとんどわかっていないといってよい．

2019 年の出生時性比の高い国を抜粋したのが表 1 である．統計にあげられる217 の国と地域の中で，パプアニューギニアは 8 番目，サモアは 9 番目に高い．比較のためにあげた日本の値は，54 番目に位置し全世界の中の中央値に近い．その他のオセアニアの国々は，統計が整備されていない，あるいはそれほど顕著な値を示さない（ソロモン諸島とバヌアツが 28 と 29 番目に表れ，1.063 という値を示す）．

表 1　出生時性比の比較

	1990年	2019年
アゼルバイジャン	1.073	1.123
中国	1.104	1.122
ベトナム	1.065	1.113
アルメニア	1.069	1.106
インド	1.100	1.100
パキスタン	1.064	1.087
アルバニア	1.084	1.084
パプアニューギニア	1.080	1.080
サモア	1.080	1.080
日本	1.056	1.056

［出典：文献［1］より作成］

●**パプアニューギニアにおける事例**　一方の性の胎児に対する選択的人工中絶は，性別選好が関わっていると考えられている問題の一つである．表 1 における出生時性比の高い国は，その問題提起がなされている東アジアおよび南アジアの国が多い．パプアニューギニアやサモアはそれらに近い値を示す一方，選択的人工中絶に関する情報はまったくない．ただし，パプアニューギニアにおいて女児に対する嬰児殺しの報告は，さまざまな民族誌に断片的に記述されてきた．N. マクダウェルのまとめによると，嬰児殺しの記述が認められた 43 の集団における民族誌のうち 6 の集団において，生まれてきた子どもが女児であるからという理由での嬰児殺しが報告されていた（文献［2］）．

男児選好の傾向が死亡率性差に及ぼす影響について，女児に対する世帯内食物分配における差別，親の治療行為の差別を分析した疫学的調査も蓄積している．筆者がパプアニューギニア南部高地州に居住するボサビという言語集団において

行った調査からも（文献［3］），性別選好が死亡率性差に及ぼす影響が大きいと判断された．まず，男児選好の指標の一つ（次の子どもに男児を望む母親の数を，女児を望む母親の数で割った値）を算出すると1.58であった．また，5歳未満において女児の死亡率が男児よりも有意に高かった．世帯内食物分配は男児に有利な分配がされていると判断された．

　筆者の調査からは，人口統計調査における回答の不正確さが出生時性比の偏りに対して与える影響も示唆された．パプアニューギニアのような人口動態統計が整備されていない国において，5年以上間隔の開いた人口静態統計の値によって出生時性比が推定されることがある．少なくとも，過去に遡った出生・死亡のデータから死亡率を推定したボサビにおいて，選好されない性である女児に対する回答が不正確になり，集計に表れていない可能性があった．つまり，女児の乳幼児期の死亡が，統計上は出生時性比の偏りとなって表れる可能性がある．表1におけるパプアニューギニアやサモアの出生時性比の高さはこの現象によるものかもしれないが，人口動態統計が整備されない限り確かなことは判断できない．

　オセアニアには，母系制の社会構造をもつ集団も少なからず存在するが，それらの集団が女児選好の傾向を示すわけではないことから，父系制＝男児選好，母系制＝女児選好という図式は必ずしも成り立たない（文献［2］）．しかし，男児選好の傾向を示す集団は，ボサビも含め必ず父系制であることから，父系制と男児選好の間には何らかの関係があることが推定される．マクダウェルは，親側の男児選好の理由として，「女児は，いずれは自分の家族／集団を出ていく存在であり，養う価値がない」ことをあげている．また，ボサビに対する筆者の分析では，女児自身を含めた家族全員，共同体成員全員が男児選好的価値観とそれに伴う「差別」的行為を許容していた．性別選好は親子関係のみの問題として人口学的に指標化されているが，社会構造全体の問題として分析すべきであろう．ただし，社会構造全体の問題として捉えた場合，5歳以降のすべての年齢層において男児（男性）の死亡率が高いことも考慮して「差別」を考え直す必要もある．

［小谷真吾］

📖 参考文献

［1］ World Bank, "World Development Indicators: Sex Ratio at Birth," 2021 (http://data.worldbank.org/data-catalog/world-development-indicators).

［2］ McDowell, N. ed., *Reproductive Decision Making and the Value of Children in Rural Papua New Guinea*, Institute of Applied Social and Economic Research, 1988.

［3］ 小谷真吾『姉というハビトゥス―女児死亡の人口人類学的民族誌』東京大学出版会，2010.

腸内細菌と適応

◇◇

　「栄養」とは，生体が物質を体外から摂取し，消化，吸収，さらに代謝すること
により，生命を維持し，健全な生活活動を営むことをいう（厚生労働省栄養指導
資料）．近年，この栄養に関わるプロセスが，消化管に存在する腸内細菌によって
大きく修飾されることが明らかになってきた．例えば，大腸には人間が消化吸収
できない食物繊維が残渣として流れてくる．腸内細菌の中には，この食物繊維を
分解し，短鎖脂肪酸をつくり出すものが存在する．その短鎖脂肪酸は大腸から吸
収されエネルギー源になる他，免疫系にも影響を与えているといわれている．ま
た代表的な老廃物である尿素のうち，消化管に排出されたものの一部は腸内細菌
によって分解され，最終的にはアミノ酸として体内に再吸収されることもわかっ
ている．

　私たちの体はちくわにたとえられる．ちくわの真ん中の穴が消化管で，上の入
り口が口，下の出口が肛門である．消化管の内側は解剖学的には体の外側であ
り，私たちの消化管は，そこを通過するものから必要なものを体内に吸収し，体
外に消化液や老廃物などを排出している．消化管には重さ 1kg 以上の腸内細菌が
存在すると推定されている．細菌の有する遺伝子の量は人間のもつ遺伝子の量の
数百倍に達すると推定され，どのような細菌が存在し，それがどのように機能し
ているかによって，大腸はさまざまな栄養機能を有することができる．腸内細菌
は，人類が地球上のさまざまな生態系で生存する際に直面した栄養ストレスを緩
和する役割を担ってきたと考えられる．

●パプアニューギニア高地の低タンパク質適応　パプアニューギニア高地ではサ
ツマイモの集約的な農耕が行われている．人口密度が高く，自然林は標高の高い
ところにしか残っていないため，狩猟・採集はほとんど行われていない．エネル
ギー摂取量の 70% 以上がサツマイモ由来であり，日常的に動物性タンパク質はほ
とんど摂取されない．タンパク質摂取量は現代栄養学の定める必要量よりもはる
かに少ない．それにもかかわらず，パプアニューギニア高地の人々は，タンパク
質欠乏症状を示すどころか，隆々とした巨大な筋肉を発達させている．この現象
は「低タンパク質適応」とよばれ，1960 年代から主に栄養学の領域における研究
の蓄積がある．例えば，パプアニューギニア高地の人々の窒素出納が負である可
能性（摂取する窒素より排出する窒素が多い．食べ物以外の窒素源を想定しない
と成立しない），ヒトが代謝酵素をもたない尿素を経口投与するとそれが体タン
パク合成に効率的に利用された証拠などが報告されている．いずれの研究も，そ
の背景には腸内細菌叢の役割が想定されている．実際，パプアニューギニア高地

人の腸内細菌を移植した無菌マウスと，日本人の腸内細菌を移植した無菌マウスに，同じタンパク欠乏食を与えて飼育する実験では，パプアニューギニア高地人の腸内細菌を移植したマウスの方が体重の減少が小さく，タンパク質栄養のバイオマーカーである血清アルブミン濃度が高かった．おそらく，パプアニューギニア高地の人々の消化管では，腸内細菌が窒素や尿素を材料にアンモニア，そしてアミノ酸を生成しており，タンパク質の材料を有効にリサイクルするシステムが機能しているのだろう．

●**リモート・オセアニアへの拡散プロセス**　リモート・オセアニアは，人類の生存にとっては「厳しい」地域である．陸域が小さいために，生態系の中にみられる植物と動物の多様性は乏しく，またその数も多くない．リモート・オセアニアにおいて実施された考古学調査の成果によれば，無人島へ到着した人類は，まず海産資源に強く依存した生活をはじめ，それと並行して陸域での作物生産のための努力をした痕跡がみられる．そして，海産資源が枯渇する頃には，さらにその先にある無人島への移動を試みたようである．アフリカ大陸で進化した人類にとって，アフリカ以外の地域における生態学的環境はいずれも何らかの適応を迫られるものであるが，東北アジアからベーリング海峡に向けて北上するルートと並び，リモート・オセアニアへの拡散は生態学的に最も困難なルートの一つであったと考えられる．腸内細菌は，人類が消化することのできない難消化性糖質（いわゆる食物繊維）を短鎖脂肪酸というエネルギー源に変換する他，必須アミノ酸およびビタミン類を合成することもできる．また，腸内細菌の中には，哺乳類にとって有毒な物質を無毒化することができる種もいる．移住先の島嶼環境では不足しがちなエネルギー・栄養素を合成するような腸内細菌，また植物の含むファイトケミカル，サンゴ礁魚の含む毒を無毒化するような腸内細菌を大腸にすまわせることが，新たな環境に拡散する人類の生存戦略の重要なコンポーネントだったのかもしれない．

図1　立派な体格のパプアニューギニア高地の若者［2012年3月筆者撮影］

●**腸内細菌と適応**　腸内細菌に関わる研究は，特定の疾患を対象にしたものがほとんどであり，人類集団ごとの適応における役割については未解明である．オセアニアの人類集団がどのような腸内細菌を有しており，それがそれぞれの適応にどのような関わりをもっているかを明らかにすることは，将来的には肥満や糖尿病の急速な増加というオセアニア特有の健康問題の解決にも寄与する可能性がある．

［梅﨑昌裕］

離乳食

◇◇

　ヒトは，生まれてからしばらくの間は乳汁からの栄養のみで生きられるが，成長に伴って乳汁だけでは不足するエネルギーや栄養素を補うために，他の食物を食べるようになる．この移行の過程を離乳とよび，そのときに与えられる食事を離乳食あるいは補完食という．食べ物の固さや種類を徐々に大人が食べているものに近づけながら進め，必要なエネルギーや栄養素のほとんどを乳汁以外の食物から摂取できるようになると完了する．離乳を開始しないと不足する代表的な栄養素として鉄分がある．出産予定日近くで生まれた場合，児の身体には十分な鉄分が貯えられているが，母乳から得られる鉄の量は少ないため貯蔵鉄は生後約6か月までに使い果たされる．

　WHOでは授乳と離乳に関しての指針として，生後6か月までは母乳だけを与えること，離乳の開始は6か月時で2歳までは母乳育児を継続すること，を推奨している．また，よい離乳食の特徴として，エネルギーと栄養素が豊富なもの，衛生的で安全なもの，家庭の食事から簡単に準備のできるもの，地域で入手可能かつ購入可能なもの，をあげている．

　これらの特徴から，成人家族が常食しているデンプン質を利用することが多く，オセアニアではサツマイモなどの芋類，パンノミやプランテン，サゴデンプンなどが当てはまるほか，調理をせずに与えることができるバナナやパパイヤなどの果物も用いられる．しかし，自給自足の割合が高い遠隔地では，鉄分が豊富に含まれる肉類，魚類，卵を摂取する機会は環境条件と生業に左右される．

●**オセアニアの完全母乳率**　オセアニア各国の6か月未満児のうち，母乳だけを与えて育てられている子どもの割合を表1に示した．世界平均が44％，アフリカは43.6％，アジアは45.3％と比べても，オセアニア（オーストラリアとニュージーランドを除く）の平均値は61.3％と，地域別では最も高い値を示している．完全母乳率の調査では，

表1　6か月未満の子どもの完全母乳育児の割合

国名	(%)	データ年*
キリバス共和国	66.4	2012
マーシャル諸島共和国	43.1	2019
ナウル共和国	67.2	2012
パプアニューギニア独立国	59.7	2019
ソロモン諸島	76.2	2019
トンガ王国	52.2	2012
ツバル	34.7	2012
バヌアツ共和国	39.5	2012
サモア独立国	70.3	2019

*2012は2005-2012年，2019は2014-2019年の中で最新のもの［出典：UNICEF et al., *The State of Food Security and Nutrition in the World 2021: Transforming Food Systems for Food Security, Improved Nutrition and Affordable Healthy Diets for All*, 2021をもとに筆者作成］

調査時から 24 時間以内に母乳以外のものを口にしていないことが確認される．水やココナツ水などを口にしていても完全母乳とはみなされないことから，完全母乳率から離乳食や補完食の開始時期は推定しきれないが，オセアニアの少なくとも 6 割の子どもの離乳の開始は早くても 6 か月以降ということを示す数値である．

●**パプアニューギニア高地の離乳食**　ところが，パプアニューギニア東高地州のゴロカ地域の村では，離乳食の早期導入がみられる．この地域では病院での出産が一般的で妊婦健診も行っており，医療従事者から授乳と離乳に関しての知識を得る機会がある．ほぼ 100％が母乳育児で，人工乳や代替物の使用は筆者は 20 年以上見たことはない．母親たちに確認すると，6 か月まではなるべく母乳だけで育てるべきという知識はある．しかし統計データとは異なり，生後 3 か月も経てばバナナやパパイヤなどを与えられている姿を見るのは珍しいことではない．生後 2 週間でバナナを与えたという母親もいた．村の子どもたちは元気に育っており，母親たちは「赤ちゃんが食べるから食べさせている．食べるのを嫌がったり下痢をするようなら食べさせたりはしない」と述べていた．一般に 6 か月未満児では舌の前後運動の動き（舌挺出反射）が残っていて，大人のように食べ物を口の奥に送り込んで飲み込むことはできないのだが，舌の出し入れに伴い，食

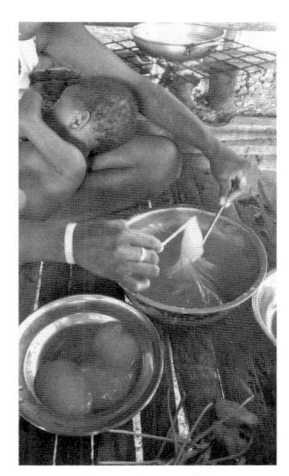

図1　東セピック州ダグア地方の村でサゴ団子をつくる母親の膝元で授乳される乳児［2019 年 8 月筆者撮影］

べ物が口の中を移動している姿が咀嚼をしているように見えることから「食べている」とみなしていることがうかがえる．トウモロコシなどの柔らかくない食品に対して母親が一度噛んだものを与える行動はみられたが，わざわざすりつぶしたり，離乳食だけを調理したりはしない．

●**パプアニューギニア低地の離乳食**　パプアニューギニア東セピック州ダグア地方の沿岸部の村の離乳食の課題は，エネルギーも栄養素も充足率が低いところであった．これは，サゴデンプンを主食とする地域全般に当てはまる．サゴデンプンは，調理の際の水分量を多くすれば適度なとろみとなるが，その分，重量あたりのエネルギーは少なくなり，炭水化物のほかに摂取できる栄養素がほとんどないという弱点がある．海に面した環境なので魚によるタンパク質摂取が期待されるが，住民は山地から移住してきており漁撈を行わない世帯も多く，タンパク質摂取にはツナ缶が寄与していた．この地方では児とともに母親の貧血の割合も高く，新生児が貯蔵鉄不足で生まれてきている可能性もある．　　　　［夏原和美］

疾病と人口

〰〰〰〰〰〰〰〰〰〰〰〰〰〰〰〰〰〰〰〰〰〰〰〰〰〰〰〰〰〰〰〰

　18〜19 世紀にかけて，ヨーロッパからの航海者や宣教師がもたらした感染症によってオセアニアの多くの島で人口が減少した．2019 年に発生した新型コロナウイルス感染症（COVID-19）は，2021 年 12 月（執筆時）まで世界的な流行が続いていた．オセアニアにおける影響は，いくつかの例外はあるものの，総じて限定的である．経済のグローバル化の幕開けである大航海時代に感染症に翻弄された人々は，グローバル化が飛躍的に進んだ現代において，COVID-19 に上手に対処することに成功しているようにみえる．

●**ヨーロッパ人との接触と人口**　1875 年にはフィジー諸島の人口の 4 分の 1 が麻疹によって死亡した．またハワイにおいては 1979 年に J. クックとともに梅毒，淋病，インフルエンザ，結核が上陸した．1804 年の腸チフスの流行に続きその後も度重なる感染症の流行をみた．その結果 1779 年に 50 万人だったハワイの人口は，1853 年には 8 万 4000 人にまで減少したといわれている．

　インフルエンザが流行した 1918 年の死亡率（対 1000 人口）は，ソサエティ諸島で 191，サモアで 196，ナウルで 180 でありいずれも非常に高かった．現在のバヌアツ共和国の南に位置するアネイチュム島では，1854 年に 3500〜4000 人ほどだった人口が，1930 年代には 200 人を下回るまで減少した．およそ 80 年の期間に，インフルエンザ，麻疹，ジフテリア，百日咳，赤痢といった感染症の流行の他，ハリケーンのような自然災害も発生した．

　ヨーロッパ人が持ち込んだ感染症に対して，オセアニアの人々は免疫を持ち合わせていなかった．インフルエンザや麻疹といった感染症が死亡率を上昇させたことに加えて，梅毒や淋病といった性感染症は不妊をもたらすことで出生率を低下させたと考えられる．よって新たにもたらされた感染症は死亡率の上昇および出生率の低下という二つの機序を通して人口を減少させたといえる．

●**オセアニアにおける COVID-19**　2021 年 12 月 22 日時点の累積患者数ならびに死亡数が多い国・地域は，順にフランス領ポリネシア，グアム，フィジー，ニューカレドニアであった（表 1）．ソロモン諸島，バヌアツ，サモア，トンガ，キリバス，ミクロネシア連邦においてはいずれも人口 10 万人あたりの累積患者数が 3 を下回る非常に低い水準であり，COVID-19 による死亡は確認されていない．ワクチン接種を完了した者の割合は国や地域によって大きく異なっていた．パプアニューギニアでは 2%，ソロモン諸島 8% といった完了者割合の低い国がある一方で，グアムやオーストラリア，ニュージーランドでは 7 割を超えていた．

　2023 年 12 月 24 日時点の累積患者数および累積死亡数でみてもやはり，フラン

表1　オセアニアの人口 10 万人以上の国および地域における COVID-19 累積患者数，累積死亡数，ワクチン接種完了者割合．比較のためにフランス，アメリカ，日本のデータも示した

国・地域	人口 （10万）a	累積患者数 （人口10万あたり）b	累積死亡数 （人口10万あたり）b	ワクチン接種完了者 割合（％）b,c
フランス領ポリネシア	3	16500	226	56
グアム	2	9032	160	74
フィジー	9	5873	78	67
ニューカレドニア	3	4433	98	60
オーストラリア	258	999	8	76
パプアニューギニア	90	402	7	2
ニュージーランド	50	273	1	78
ソロモン諸島	7	3	0	8
バヌアツ	3	2	0	16
サモア	2	1	0	61
トンガ	1	1	0	54
キリバス	1	0	0	19
ミクロネシア連邦	1	0	0	37
フランス	649	12911	183	71
アメリカ	3299	15277	242	60
日本	1260	1368	15	77

a　Population Reference Bureau 2020 World Population Data Sheet
b　WHO ウェブサイトより 2021 年 12 月 22 日に入手した https://covid19.who.int/table
c　キリバスは 2021 年 11 月現在，その他の国・地域は 2021 年 12 月時点

ス領ポリネシアおよびグアムで高く，逆にパプアニューギニアやソロモン諸島，バヌアツ，サモア，トンガ，キリバスで特に低い傾向があった．比較のために示したフランス，アメリカ，日本の 3 か国では人口あたりの累積患者数・死亡数ともに日本で最も低かったが，バヌアツやトンガではさらにその数分の 1〜10 分の 1 程度の水準にとどまった．一方ニュージーランドとオーストラリアでは日本よりもやや高い水準を示したのに対し，フランス領ポリネシアとグアムでは日本の 3〜4 倍の高水準であった．COVID-19 のモニタリング制度や人口年齢構造の違いが影響した可能性も無視はできないものの，ニュージーランドやオーストラリアと並んであるいはそれ以上に，オセアニアの小規模な独立国は COVID-19 の世界的流行への対処に成功したといえる．　　　　　　　　　　　［小西祥子］

📖 **参考文献**
[1]　ダイアモンド，J.『銃・病原菌・鉄——一万三〇〇〇年にわたる人類史の謎』上，倉骨　彰訳，草思社，2000.

6

移動と定着

［担当編集委員：小野林太郎］

概　説

〰〰

　オセアニアへの最初の人類移住は約5万年前の更新世後期まで遡る．これは，オーストラリア大陸とニューギニア島からなるサフル大陸への移住である．最終氷期だった当時，海面は今よりも最大で150mほど低く，オーストラリアとニューギニアは陸橋でつながっていた．この最初の移住以後，私たち人類は，オセアニアでの移動や定住を繰り返してきた．その営みは当然ながら現代にまで至るが，本章では特に先史時代から前近代に至る，オセアニアの人々の移動と定住について検討していく．

●**移住と移動**　まず移動というテーマにおいては，先史時代の場合は移住が主な検討対象となる．オセアニアにおける人々の移動は，まずこのオセアニアという空間へ人類が移住したことで開始されたと認識できるからである．本章では，先述した更新世後期におけるサフル大陸への移住を皮切りに，オセアニアのほぼ全域への人類移住が行われた新石器時代以降の移住や移動を主に取り上げる．

　ところで先史時代のオセアニアにおける移住や移動を対象とする研究は，主にオセアニア考古学や言語学の分野によって進められてきた．その結果，ミクロネシアやポリネシアへの人類移住は，オーストロネシア語族集団が登場する約3500年前以降の新石器時代以降に行われたことが明らかとなりつつある．メラネシアにおいても，ソロモン諸島以東の島々への移住に最初に成功したのはオーストロネシア語族集団であったようだ．考古学的にはラピタ人やラピタ集団として知られている人々である．

　ラピタ集団はメラネシアの島々を経て，西ポリネシアのサモアやトンガへの移住にも成功した．このためポリネシア人の祖としても認識されている．オセアニア考古学においては，これら新石器時代のオーストロネシア語族集団が新たに進出した空間を「リモート・オセアニア」，それ以前に人類が移住に成功していたサフル大陸やその周辺の島々を「ニア・オセアニア」として，二つの地域に分けて論じる傾向がある．人類史的にみるならば，オセアニアの大半を占める「リモート・オセアニア」の島々は，オーストロネシア語族集団の登場以後に人類の居住が始まり，その後に人々の移動や定住が繰り返されてきたことになる．また先史時代における移動研究は，物質文化を主な対象とする考古学研究の比重が高いことから，本章では石器や貝製品からみた移動についても触れる．

　島と島の距離が離れることの多い「リモート・オセアニア」では，人々の移住や移動にはカヌーによる航海が必要不可欠でもあった．ポリネシアやミクロネシアでは長距離航海を可能にした，スターナビゲーションなどに代表される航海術

が発展した．西洋との接触期以降，ポリネシアではこうした長距離航海は停滞したが，ミクロネシアの一部の島々では現代に至るまでコンパスを用いないシングル・アウトリガー・カヌーによる伝統航海が実践されてきた．「ニア・オセアニア」も含むメラネシアの島々でも，クラ交易に代表されるようなカヌーによる島嶼間航海が知られる．本章では「移動」というテーマのもと，オセアニアにおけるカヌーや渡海，伝統航海術，そして近年盛んとなりつつある伝統的なカヌーや航海術の復興運動について紹介する．

●**定住と農耕**　これに対し，「定住」というテーマに関して重要なキーワードになるのが「農耕」である．人類史的にみるなら，更新世後期のオセアニアに最初に移住した人類は，狩猟採集民だったと考えられている．これはオセアニアに限らず，更新世後期に出アフリカを果たし，ユーラシア大陸の各地へと最初に移住したサピエンス集団がいずれも狩猟採集民として想定されてきたことにもよる．その後，1万2000年前頃の完新世に入る頃から，一部の地域で農耕や家畜飼育が本格化し，やがて人類の多くは狩猟採集民から農耕民へと移行していったと考えられてきた．オセアニアにおいては，サフル大陸の一部であったニューギニア島の高地で9000年前頃から萌芽的な農耕が開始された可能性がある．しかし，それ以外のオセアニアでは先述したオーストロネシア語族集団が登場するまで，本格的に農耕や家畜飼育が開始された痕跡は今のところ見つかっていない．

　したがって，「定住」というテーマにおいても，本章で主に対象とするのはオーストロネシア語族が移住を開始した新石器時代以降となる．特に本章では，資源の限られた島嶼での定住において不可欠となる農耕や家畜飼育，漁撈といった生業のほか，交易や樹皮布を含む植物の移動という点からも，オセアニアにおける「定住」にアプローチする．オセアニアの島嶼における特徴は，そのリモート性と内陸資源の貧弱性にあるが，その最たる事例として環礁島における人類の定住化についても紹介したい．

　一方，定住化に成功した島で次に起こり得るのが人口増加である．オセアニアの島々では，人口増加の結果，高度に発達した階級制社会が生まれることもあった．そうした階級制社会の存在を示すような神殿や巨石建造物が，ポリネシアやミクロネシアの一部に認めることができる．特にポリネシアでは，ハワイ王国のように，首長制社会からさらに王制へと変貌を遂げた島々もあった．メラネシアにおいても，首長制社会や階級制社会は存在したが，本章ではラピタ以後の先史時代に焦点を当て検討を進める．

　以上のように本章では，オセアニアにおける「移動」と「定住」というテーマをかなり長期的な視野から検討するが，本章を通してオセアニアにおける人類史や基層文化を再確認することもまた可能であろう．　　　　　　　　　　［小野林太郎］

更新世期の人類移住

◇◇◇

　オセアニアへの最初の人類移住は遅くとも約5万年前の更新世後期まで遡ることができる．これは私たち現生人類＝ホモ・サピエンスによる，オーストラリア大陸やニューギニア島からなるサフル大陸への移住である．この移住は，現在の東インドネシア域に相当するウォーレシアを経由し，渡海を伴う移動により成功することができたと想定されてきた．更新世後期，あるいは最終氷期にあたるこの時期も，ウォーレシアは島嶼域であり，サピエンスの移住も島から島へ，海を越える必要があったためだ．さらにウォーレシアの島々から，サフル大陸へは最低でも約80 kmの海を越える必要があった．

●**ニア・オセアニアへの人類移住**　旧サフル大陸とその周辺に位置する西メラネシアの島々は，互いの距離が比較的近く，基本的に有視界にある．このため，ニア・オセアニアとよばれることが多い．現在のウォーレシアは多島海域であるが，サピエンスによる最初の移住期となる更新世後期，あるいは最終氷期にあたる時期もウォーレシアは島嶼域であった．よって人類の移住も島から島へ，海を越える必要があった．その想定ルートはいくつかあるが，次のターゲットとなる島が視界に入る島伝いでの移動が可能な南北のルートが想定されてきた．

　しかしどのルートであれ，さらにウォーレシアの島々から，サフル大陸への移住には最低でも約50〜80 kmの海を越える必要があった．考古学的痕跡に基づくなら，約5万年前頃には，何らかの手段でサピエンス集団が渡海によってサフル大陸への移住に成功したことは明らかである．

　当時の渡海手段として，現在最も支持されているのはタケなどを素材とした筏による渡海説である．この場合，筏による航海は漂流に近かったであろうが，ウォーレシア東部の島々からオーストラリア大陸の北岸にかけては，特に12月頃にかけて北から南へ向かう強い季節風が吹く．目的地が長大な海岸線をもつ大陸であったことも考慮するなら，筏による航海でも当時のサフル大陸における海岸線に到達できる可能性はかなり高かったと推測できよう．実際，1990年代に行われた竹筏による実験航海では，ウォーレシアに位置するロタ島からサフル大陸時代の海岸線へは5日間の航海で到達に成功している．

　ところでニア・オセアニアの東限は，この最初の移住期である更新世に人類が拡散に成功したソロモン諸島までとするのが一般的である．まず人類が到達したのが，ニューギニアとオーストラリアからなるサフル大陸である．その最初の移住期は諸説があるが，現時点では5万年前頃だった可能性が最も高い．その後，3万年前頃までにはサフル大陸の離島域にあたるビスマルク諸島やソロモン

諸島にも人類の痕跡が出現し始める．ウォーレシアの島々からサフル大陸への渡海距離が50〜80 kmであったのに対し，これらの離島域へは最長で200 kmの渡海距離が必要だった．このことからも，サフル大陸へ進出した人類がその後にさらなる海洋適応を進めたことを指摘できる．例えばニューアイルランド島から180 kmの渡海が必要なソロモン諸島のブカ島では，3万年前頃まで遡るキル遺跡が存在し，この遺跡からは大量の海産貝類が出土している他，キル遺跡ではマグロなどの回遊魚の骨も出土が報告されている．

●**サフル大陸での資源利用と環境適応**　　一方，高い山がなく乾燥しているオーストラリア方面へ移住した人類は，この大陸に豊富に生息していた多種多様な有袋類を対象とした狩猟や，植物・昆虫の利用といった狩猟採集生業に基づきつつ，大陸の各地へと移住・拡散したと考えられている．当時の人類が，具体的にどのような動植物を利用していたかの考古学的痕跡はまだほとんど見つかっていない．しかし，4万年前頃まで遡る可能性のある古人骨が出土したマンゴ湖遺跡からは，食べ捨てたと推測される大型の淡水魚，貝類，エミューの卵，鳥や動物の骨が出土した．さらに4〜3万年前頃には大型有袋類の絶滅が起こっており，人類による狩猟圧がその原因であった可能性も高い（☞「ウィランドラ湖群地域」）．オーストラリアの更新世遺跡からは，植物加工に利用されたと推測される大型の局部磨製石斧や礫石器群も多く見つかっている．

　サフル大陸の北部を占めるニューギニアで発見されている最古の人類痕跡は，ニューギニア高地のアイヴァン渓谷（海抜1500〜2000 m）に位置するヴィラクアヴ遺跡を含むコシベ遺跡群で，炭素年代法により4万9000〜4万5000年前の年代値が得られている．また遺跡からは2万6000年前に遡るタコノキ（パンダナス）の仲間が出土した．ニューギニア高地には大型の有袋類動物も生息していた痕跡がなく，動物資源はオーストラリアに比べて乏しかった可能性が高い．そうした動物資源の制約もあり，ニューギニア高地へ進出した更新世集団は植物資源への依存度をより高めた可能性がある．またその結果として，ニューギニア高地では完新世期となる9000年前頃から，有用植物の栽培を目的とした灌漑農耕が始まる．

　このように更新世期のサフル大陸へ移住した人類は，その多様な環境に適応した資源利用や生業を営み，移住・拡散に成功した．特に海を超えた拡散では，有視界航海が可能なソロモン諸島までその居住圏を拡大した．しかし，それ以東のメラネシアやポリネシアの島々までは到達できなかった．実際，ソロモン諸島以東では3000年前より古い人類遺跡はまったく見つかっていない．このさらなるオセアニアの島々への人類移住は，新石器時代以降におけるアジアを起源とする農耕集団によって行われることになる．　　　　　　　　　　　　　　［小野林太郎］

新石器時代期の人類移住

更新世期における人類のオセアニアへの移住が，ニア・オセアニアとよばれる旧サフル大陸とその周辺離島域に限られていたのに対し，新石器時代期以降に起こった移住では，リモート・オセアニアを含むオセアニア全域への拡散に人類は成功する．この新石器時代域以降の移住は，オセアニアにおける人類移住の第2幕として知られてきた．ここでの新石器時代とは，人類史的には農耕や家畜飼育といった新たな生業活動が開始された時代と認識されるのが一般的である．また考古学的には，土器や磨製石器など植物資源の煮炊きや加工に主に利用される物質文化が出現する時代とも重なることが多い．

●リモート・オセアニアへの人類移住　ところでリモート・オセアニアには，ミクロネシアやポリネシアの全域と，ソロモン諸島以東のメラネシアの島々が含まれる．つまりニア・オセアニア以外におけるオセアニアの島々がすべてリモート・オセアニアに入る．いずれも更新世期や新石器時代以前には，人類の痕跡がまったく見つかっておらず，人類未踏の無人島として存在してきた島々でもある．このうち最初に新石器時代の文化をもった人類集団が出現したのが，ミクロネシアのマリアナ諸島で，3500年前頃より赤色土器とよばれる特徴的な土器や石器といった人類の痕跡が確認されている．この人々はマリアナ諸島の先住民チャモロ人の祖先集団と考えられている．また土器の特徴が新石器時代における台湾やフィリピン諸島の土器群との類似性が高いことから，その起源地は台湾〜フィリピン方面が第1候補である．

チャモロ語はオーストロネシア諸語の仲間であり，台湾やフィリピン諸島の言語群もオーストロネシア諸語に属することから，マリアナ諸島やリモート・オセアニアに進出した人々はオーストロネシア語族集団（オーストロネシアン）と考えられてきた．この人々はさらに3300年前，ニア・オセアニアのビスマルク諸島に突如，特徴的な土器文化を担い出現する．

●ラピタ人の出現と新たな拡散　ニューギニアを含め，オセアニアではそれ以前に土器の利用がまったく確認されていないので，この土器文化を持ち込んだ人々はオセアニア外から移住・到来したことになる．この土器は，それが最初に発見されたニューカレドニアの地名にちなみラピタ土器，その土器文化の担い手はラピタ人とよばれてきた．さらにこの土器は，それまで人類未踏の土地だったメラネシア東部のサンタクルーズ諸島やバヌアツ，フィジーのほか，西ポリネシアのサモアやトンガからも出土が確認された．こうしてポリネシアでは，ラピタ人こそポリネシア人の祖先集団と考えられ，ポリネシア諸語がオーストロネシア語群

に属すことから，ラピタ人もオーストロネシア語族の仲間と認識された．

　一方，ラピタ人が残した遺跡群からは土器だけでなく，それまでオセアニアで
は確認されてこなかったブタやイヌ，ニワトリといったアジア起源の家畜動物の
骨，タロイモやバナナといった有用植物の遺存体も出土することがわかってき
た．つまりラピタ人は動物の家畜飼育や，有用植物の意図的な栽培に関する知識
や技術をもった農耕民としての側面ももっていることが明らかとなった．

　しかし西ポリネシアまで一気に拡散したラピタ人は，なぜかサモアやトンガ諸
島でその移住をストップする．その原因はよくわかっていないが，サモア・トン
ガ以東には 1000 km 圏に大きな島がないことも，その要因だったかもしれない．
その一方，2000 年前頃までにはラピタ人による影響を受けたのか，ニューギニア
やその周辺離島に暮らしてきた先住のオーストラロ・メラネシア系の人々が，さ
らに東進を行いバヌアツやフィジーなどの島々へ到来した可能性がある．現在で
もこれらの島々に暮らす人々は，身体的な特徴としてはオーストラロ・メラネシ
アの人々に近い．またこうした動きの中で，メラネシアの離島域から東ミクロネ
シア方面へ新たな人々の移動や移住が起こったという説もある．実際，東ミクロ
ネシアの言語群は，メラネシアの言語群に最も近い他，発掘された物質文化にも
一定の類似性が認められる．

●**ラピタ後のミクロネシアとポリネシア**　ミクロネシアでは，先述したようにマ
リアナ諸島などの西ミクロネシアには東南アジア方面から渡来したオーストロネ
シア語族集団の影響が色濃いが，東ミクロネシアはメラネシアや一部ではその後
に拡散したとされるポリネシア人の影響を強く受けた島々もある．いずれにして
も共通しているのは，これらの人々が新石器時代期の台湾や東南アジアを起源地
とするオーストロネシア語族集団を祖先とすること，生業形態としては植物栽培
や家畜飼育の知識ももった農耕民であったことである．また彼らが卓越した航海
術をもっていたことも，その移動距離から推測できる．フィリピン方面からマリ
アナ諸島へは最低でも 2000 km の無寄港航海が求められる．

　さらに今から 1000 年前頃までに，ポリネシアのサモア・トンガより，東ポリネ
シア各地への新たな移住・拡散が始まった．その結果，12 世紀頃までにはハワイ
諸島やイースター島，13 世紀にはニュージーランドにもポリネシア人が到達し，
各地で独自の文化を築いていく．これらの島々には，やはり無寄港で 4000 km 以
上の航海が必要であり，先史ポリネシア人の高い航海術や造船術を想起させる．
島嶼面積が限られ，島嶼間の距離も遠いリモート・オセアニアへの人類移住には，
持続的な資源利用と高い航海術が何より欠かせなかったことを，これらの事実は
物語っているのである．　　　　　　　　　　　　　　　　　　［小野林太郎］

オーストロネシアンの移動

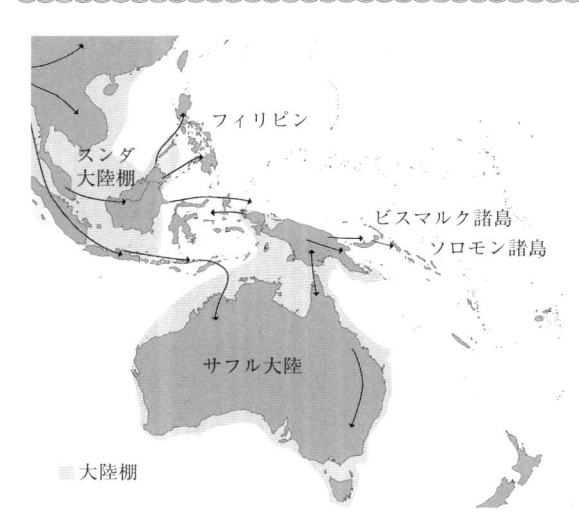

図1　太平洋へのヒトの移動の第1波（約5万年前）．現在の
　　陸地を取りまくうすいグレーの部分は海面上に出ていた地
　　域を示す［出典：国立民族学博物館オセアニア展示場・図
　　版パネル「一次移動」より］

　広義のオセアニアへのヒトの移動には，二つの大きな波があった．第1波は5万年前頃，現在の東南アジアの島々やニューギニア島，オーストラリア亜大陸への移動である（図1）．第2波は時代を大きく下った4～5000年前頃で，台湾から東南アジア島嶼部を経てニューギニア島の北部を伝い，太平洋全域に広がった（図2）．

●オーストロネシアンの移動と拡散　マダガスカルからイースター島まで，地球を3分の2周する広い範囲で話される言語は，オーストロネシア語族（Austronesian Language Family）に属しており，共通の祖先から発達したことが証明されている．オーストロネシア系の言語を話す人々はオーストロネシアン（The Austronesians）とよばれる．言語の分岐の経緯と現在の分布に基づくと，人々が太平洋全域に広がった経緯がわかる．オーストロネシアンの移動は，ヨーロッパの大航海時代に先がけた，人類史上，最も規模の大きな大航海であった．

●先住民との接触　オーストロネシアンの拡散に伴い東南アジアからニューギニア北部では，先住民との文化的・言語的接触が起こった．その中で，フィリピンの先住民である「ネグリト」たちの言語はオーストロネシア系の言語と同化するに至った．一方で，ニューギニア島北部沿岸部の言語には，文法や発音体系，語彙などにオーストロネシア系と非オーストロネシア系の言語が互いに影響し合った痕跡がみられるものも多い．このことは，各地に両系統の言語を話すバイリンガル社会が存在したことを示唆している．メラネシア島嶼部から先は無人で，オーストロネシア系の言語を話す人々が最初の定住者となった．

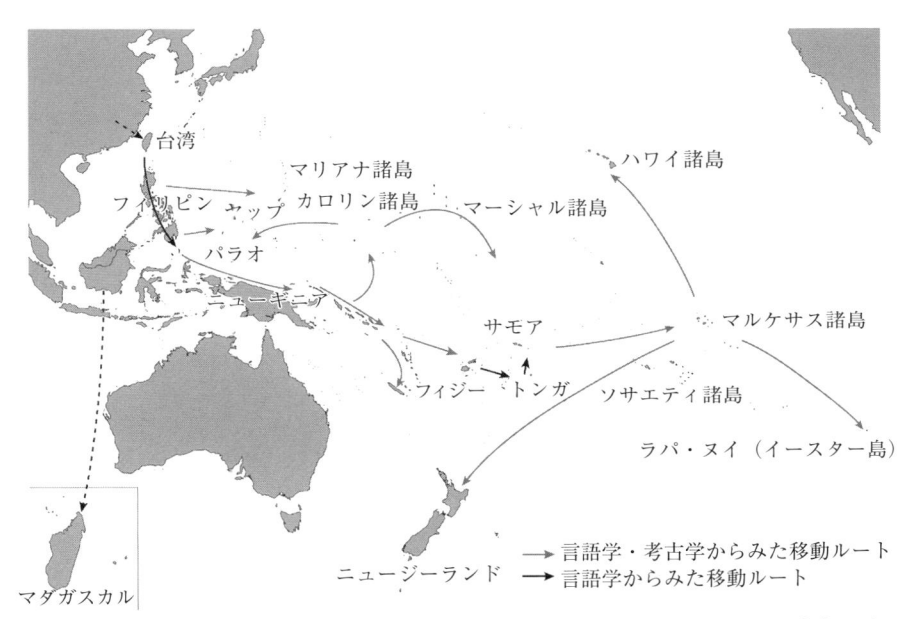

図２　太平洋へのヒトの移動の第２波（4〜5000年前頃）．台湾から南下した人々は，東南アジア
　　島嶼部，マダガスカル，および太平洋東部全域へと広がった［出典：国立民族学博物館オセア
　　ニア展示場・図版パネル「二次移動」より］

●**定住後のヒトの移動**　　以上は，ヒトの拡散・定住ルートの大枠であり，実際の
暮らしの中での人間の動きはこれには限らなかった．台湾からフィリピンへの南
下後の台湾南部とフィリピンの北部との往来は，モノや言語にその証拠が残され
ている．さらに南のインドネシアへの定住後に，インドネシアから逆に北へ向か
う人や物の流れがあったことも知られている．

　「逆流」のうち，最もよく知られているのは，ポリネシアのサモア周辺から西方
向への移動だろう．ハワイとイースター島，ニュージーランドをつなぐポリネシ
ア大三角形とよばれる地域には，トンガからサモアを経て東方向へ人が広がっ
た．ところが，このルートからはずれるメラネシアやミクロネシアの辺境部に
も，ポリネシア系の言語を話す人々がみられる．これは，ポリネシアへの人の定
着後に起こった移動の結果であることが知られており，ポリネシアン・アウトラ
イアー（Polynesian Outliers）とよばれている．

　現在の太平洋および周辺地域の人の分布は，このように，第１波，第２波の大
きな人の移動の流れと，その後のさまざまな動きと定住の繰り返しの結果であ
る．今後，新たな関連分野のデータが加わり，分野横断する分析が進めば，時間
的にも空間的にも精度の高い移動誌が明らかになると期待される．　　［菊澤律子］

ラピタ人とラピタ土器

　ラピタ人とは，今から 3000 年ほど前にパプアニューギニアのビスマルク諸島からソロモン諸島，バヌアツ，ニューカレドニア，フィジーといったメラネシア島嶼部地域，さらにはトンガ，サモアといった西ポリネシア地域に至る範囲に拡散した人々である．彼らは台湾もしくは東南アジア島嶼部地域を原郷とするモンゴロイド集団であり，オーストロネシア語族の言語を話し，彼らのうち西ポリネシア地域に定着した集団がその後ポリネシアの祖先集団になったと考えられている．

　しかしラピタ人が自分たちのことをラピタ人と呼称したわけではない．ラピタという名称は，彼らの文化を特徴づける土器が出土したニューカレドニアの遺跡の名前に由来するものである．ラピタ遺跡で発見された土器と同じ特徴をもつ土器が，ビスマルク諸島やトンガといった他の地域にも存在することが確認されると，この範囲にかつて同じ文化をもつ人々が存在したのではないかと考えられるようになった．すなわちラピタ人とは考古学的に初めて認識された人々なのだ．

●ラピタ土器の特徴　そのラピタ土器の最大の特徴は，土器の表面に点描によって描き出された複雑な文様が施されていることである．この文様は，土器の素材の粘土がまだ柔らかいうちに，その表面に櫛のような工具を押し付けることで描き出されたと推測されており，この施文方法は鋸歯印文とよばれている．鋸歯印文という手法は，台湾や東南アジア島嶼部地域の土器に存在することから，この地域との文化的なつながりを示唆している．しかしながら鋸歯印文を施す土器文化の中でもラピタ土器の文様はとりわけ複雑なものである．

●文様デザインの変化の意味　ラピタ土器の文様で特徴的なものは人面文とよばれるデザインである．これはラピタ土器のうちでも古い段階のものに多くみられ，また地理的にはビスマルク諸島をはじめソロモン諸島，バヌアツ，ニューカレドニアといった西側の地域に多く認められる傾向にある．ラピタ土器の文様は一般的に古い時期のものほど複雑で，新しいものほどシンプルになっていく傾向が認められ，また西の地域ほど複雑なものが多く，東の地域ほどシンプルなものが多い傾向が認められるので，人面文の分布もそうした傾向に沿ったものとなっている．これはラピタ人が西から東に向かって拡散したため，西の方に古い時期の遺跡が多いということによるものと考えられる．

　人面文のデザインは時期が新しくなるにつれて複雑なものからシンプルなものへと変化していくが，具体的には，人の顔の表現のうち目のモチーフが抽出され，幾何学的な反復パターンへと変化していく．図 1 で示したバヌアツ出土のラピタ土器（約 3000 年前）では，目のモチーフが土器の表面を一周するように執拗に表

現されている.

　こうした人面文の文様がどのような意味を
もっていたのか，直接的にそれを知ることは
できない. しかしビスマルク諸島のタレパケ
マライ遺跡では，海の上に建てられた杭上の
建物の遺構から，人面文が施された円筒形の
特殊な土器が出土していることから，こうし
た土器が特別に扱われていた可能性を示唆し
ている. 人面文は祖先や神々の姿を表現して
おり，それが施された土器は儀礼や祭祀に用
いられたのかもしれない.

　しかし人面文のデザインが目のモチーフに
よる反復パターンになった段階では，むしろ
祖先や神々といった具体的な存在を表現する
というより，目そのもののもつ呪術的な意味
が強調されるようになったと思われる. 目の
モチーフは世界各地の民族美術に見出される

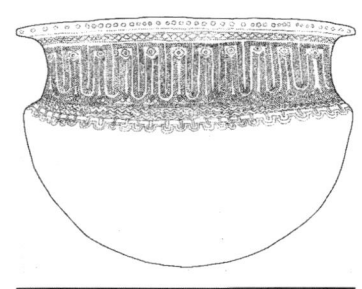

図1　バヌアツ出土のラピタ土器の
復元スケッチ（上）と人面文のデ
ザイン（下）［出典：文献[2]，p.115］

が，多くは僻邪，すなわち魔除けとしての意味をもっていることから，ラピタ土
器の目のモチーフによる文様も，邪を払う意味をもっていたのではないかと考え
られる.

　そしてこの目のモチーフは最終的には□に×を組み合わせたような，単純化さ
れた幾何学文へと変化する. この段階においては，もはや当初の人面文という意
味合いが忘れ去られ，儀礼的な意味も失われて，単なるデザインへと変化してし
まったものと考えられる. そしてこのような文様の単純化を経て，最終的には鋸
歯印文による文様そのものが消滅し，ラピタ土器という土器様式そのものも喪失
してしまう. その後は地域ごとに，沈線文土器や叩目文土器，無文土器といった
ラピタ土器から派生した土器様式に枝分かれしていくこととなる.

　ラピタ土器の消滅によってラピタ人の斉一的な文化も同時に解体したと考えら
れる. その背景として土器に込められたシンボリックな意味が共有されなくなっ
たことや，文化的なアイデンティティの消失が指摘できよう.　　　　［石村　智］

📖 参考文献

[1]　石村　智『ラピタ人の考古学』渓水社，2011.
[2]　Spriggs, M., "The Changing Face of Lapita: Transformation of a Design," In Spriggs, M. ed.,
　　*Lapita Design, Form and Composition: Proceedings of the Lapita Design Workshop,
　　Canberra, Australia, December 1988*, Department of Prehistory, Research School of Pacific
　　Studies, Australian National University, pp.83-122, 1990.

ミクロネシアへの人類移住

ミクロネシアの島々は、三つの異なる時期に異なる言語集団によって移住された。最も古く移住されたのが西部ミクロネシアで、次いで中央および東部ミクロネシア、最後は南方の二つの環礁島である。

●西部ミクロネシア　最初に居住されたのはマリアナ諸島であった。グアムやテニアン、サイパンなどの海岸部から早期の遺跡が見つかっており、土器や石器（斧など）、貝器（斧、釣針、装身具類など）などが出土するが、家畜は存在しなかった。年代は、前1500年頃と古く、これは、メラネシアから見つかる最古のラピタ遺跡よりも200年ほど古い。言語は西部マレー・ポリネシア諸語に分類され、東南アジア島嶼部から移動してきたと考えられている。初期人骨の古代DNA分析からも、フィリピンかインドネシアに直接の起源が求められている。950年以降には、ラッテとよばれる石柱遺構がつくられ、オセアニアで唯一、稲作が行われた。フィリピンからの2次的拡散が考えられている。

パラオは、バベルダオブ島の南に浮かぶ隆起サンゴ小島（ロックアイランド）から前1350年頃に人間が居住した痕跡が多数見つかり、オラック洞窟からはメセニアで最も古い埋葬人骨が40体以上も見つかっている。土器や貝器が盛んにつくられた。言語は西部マレー・ポリネシア諸語を話すが、遺伝的には東南アジアのみならず中・東部ミクロネシアやニューギニアからの流入が認められる。

ヤップの場合はいつの頃人間が移住してきたかはよくわからていない。現在、前400年頃の土器を出土する南端の遺跡が最も古い。花粉分析からは、人為的な環境変化が前1300年に始まっていたことが報告されている。

●中央・東部ミクロネシア　東部ミクロネシアへ初めて人類が移住したのは今から約2000年前で、ポーンペイやコスラエ、チューク、マーシャル諸島などにほぼ同時期に拡散した。この人々は、南方のメラネシアから土器文化をもって移動してきたミクロネシア諸語を話す集団で、イヌを飼育していた。チュークからさらに西方海域の中央カロリン諸島の大多数に拡散居住した。この海域の島は海抜が数mしかない環礁島がほとんどなので、土器製作は文化から抜け落ちた。発掘からは、シャコガイ製の斧や装身具など人間居住の痕跡が多く見つかる。さらに西へ移動を続けた人々は、シグレブ環礁でパラオ環西離島、そしてニューギニア北岸近くのマピア島まで到達した。ここがミクロネシア諸語を話す人々が西端の南西限になる。パラオ本島と南西離島では言語が異なっており、ミクロネシア連邦を構成する4州でもヤップ州のみが異なる言語を話す。

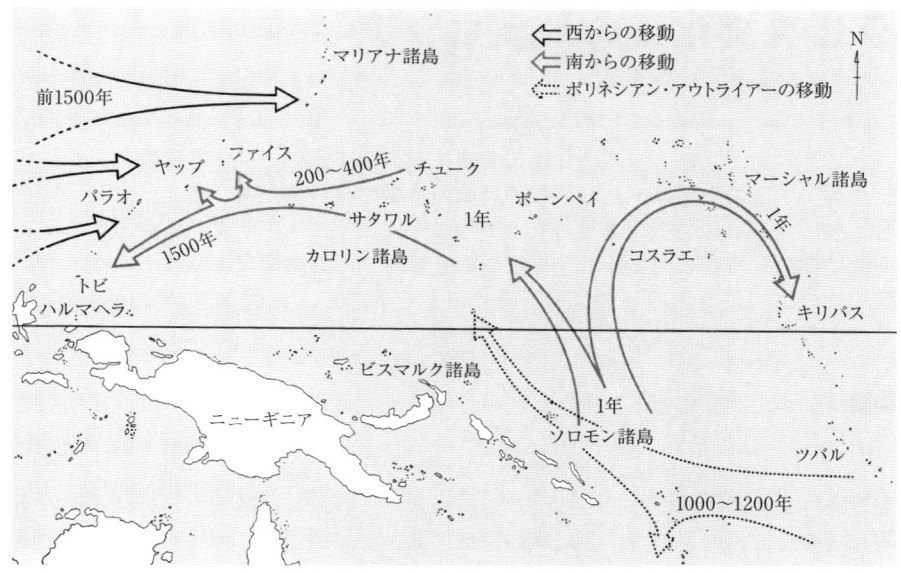

図1　ミクロネシアへの人類移住ルート［出典：文献［2］，p.115 より改変］

　中央カロリン諸島で豊富な生活痕が見つかったファイス島の場合，400 年から
ヤップの土器を継続的に持ち込み，多様な釣針や貝製品の他，3 種類の家畜（イ
ヌ，ブタ，ニワトリ）も飼育して生活をしていた．

　ミクロネシア諸語を話す人々は，遺伝学的には東南アジアの集団とパプア系集
団のハイブリッドである．つまり，ポリネシア人の祖集団であるラピタ集団と，
パプア系集団がメラネシアで混血し，その集団が北上したのである．

●**南部ミクロネシア**　最後にミクロネシアへ移動してきたのはポリネシア語を話
す集団だった．その分布は，赤道に近いヌクオロとカピンガマランギという二つ
の環礁島に限られた．ヌクオロは 700～1000 年，カピンガマランギは 1000 年頃
から居住された．現在，この二つの環礁島はミクロネシア連邦のポーンペイ州に
属しているが，他州の住民と言語は異なる．

　以上のように，ミクロネシアは，異なる時期に三つの言語集団が拡散したので，
現在も三つの言語が使われている．「ミクロネシア人」と総称せずに「ミクロネシ
ア（地域）の人々」などとよぶのが適当である．　　　　　　　　　　［印東道子］

📖 **参考文献**
［1］印東道子『南太平洋のサンゴ島を掘る─女性考古学者の謎解き』臨川書店，2014.
［2］印東道子編『人類大移動─アフリカからイースター島へ』朝日選書，2012.

ラピタ文化後のメラネシア

〰〰〰〰〰〰〰〰〰〰〰〰〰〰〰〰〰〰〰〰〰〰〰〰〰〰〰〰〰〰〰

　ラピタ集団がソロモン諸島を越えてリモート・オセアニアへと拡散した後，メラネシア各地の集団は，それぞれの地域の特徴に合わせた文化を発展させ，定着していった．その特徴は多様性の発現であった．約3000年前，島嶼メラネシア一帯に拡散したラピタ文化は，それ以降も継続した島嶼間交流や，火山噴火など歴史的災害に伴う人の移動など，さまざまな要因により各地で多様化していった．その具体的プロセスについては未解明な部分が多いが，ここではメラネシア先史社会の推移を考える手掛かりとなる要素を中心に解説する．

●**継続する土器文化**　メラネシア一帯へのラピタ文化拡散後間もなく，精巧な装飾文様をほどこした土器は衰退して無文土器となり，ソロモン諸島のブカ島，バヌアツ，フィジーの各地で口縁部に刻み目を施した土器が現れ，その後，沈線文・突帯貼付文土器が発展していった．この過程は，各地に拡散したラピタ集団がある程度の交流を保ちつつ，各島嶼の環境に適応し在地化していったプロセスとみることができる．最近の古人骨DNA分析では，2500年前頃にビスマルク諸島からバヌアツやフィジーにメラネシア的な遺伝子をもつ集団の移住があったことがわかっており，メラネシア各地で共時的にみられる沈線文・突帯貼付文土器の出現は，ラピタ文化期以降も継続した集団の移動や交流を反映している可能性が高い．

　多くの地域では，土器製作技術は2000年前頃までには衰退するが，土器製作に適した粘土をもつ大型の島の一部地域ではそれ以降も土器製作が継続した．例えばソロモン諸島のチョイスル島，バヌアツ北部（エスピリトゥサント島西部），フィジーなどでは，現在まで土器伝統が残っている．こうした地域では，土器は調理具としての利用だけではなく，交易品としての経済的価値をもち近隣地域に流通した．

●**生業の多様化と地域間交流**　農耕生産はオセアニアにおける経済基盤であり，余剰を伴う社会的生産の強化は，社会政治的競争や首長制による集権化などの社会複雑化をもたらした（☞「農耕」）．メラネシアにおいても，特に過去400年程度の間に，ニューカレドニア本島やバヌアツのアネイチュム島などで石垣を用いた灌漑用テラスや水路を伴う大規模なタロイモ灌漑システムが発達した．社会文化的価値の高いタロイモやヤムイモ栽培を中心とする農耕生産は，特に重要な社会基盤を構成した．その一方，ビスマルク諸島，ソロモン諸島，バヌアツ，ニューカレドニア，フィジーの各群島内には大型の火山島からサンゴ礁の小島まで多様な環境が存在し，また可視領域内に近隣の島々が連なる．このため，島内にない

資源は周辺地域との交易によって調達するなど，農耕以外のさまざまな生業戦略も存在した．

　ラピタ集団による植民の後，メラネシア各地への定着と集団の分化が進む中，地域間交流は比較的近縁の島嶼域内に収れんするものの継続しつつ，地域性豊かで多様な文化が各地に展開した．大型の島々では，内陸で農耕（特にタロイモ栽培）とブタの飼育を集約的に行う集団と，海岸低地部や離島での作物栽培や海産

図1　バンクス諸島ウレパラパラ島の地位獲得儀礼に関わる遺構［2020年3月筆者撮影］

資源の獲得のほか，貝貨に代表されるような貝製品を専業的に生産し，それを内陸の集団と交換してタロイモやブタなどを入手する集団の分化がみられる．後者の集団は特に，地域間・島嶼間をつなぐ交易ネットワークにおいて中心的な役割を果たした．民族誌的にはトロブリアンド諸島のクラ交易やサンタクルーズ諸島の羽毛貨のような儀礼的交換を伴う交易ネットワークなどがよく知られるが，こうした交易活動による財の蓄積と操作が競争的な地位や名声の獲得に結びついていた．

●社会複雑化とモニュメント　メラネシアにおいては，ポリネシアのような首長制で統合された社会はあまり顕著ではなく，競争的な部族社会が多い．大規模な建造物の発達も限定的だが，巨石を用いた立石・列石群や石積みの基壇やテラス構造などは一部地域にみられる．ソロモン諸島ロヴィアナ地域の首狩り儀礼に関わる祭祀施設の発達や中央バヌアツのロイ・マタの大規模な埋葬遺跡（☞「首長ロイ・マタの地」）などは，強力な首長制を示唆する考古学的調査事例である．バヌアツ北部地域には首長制はないが，資質のある個人がブタ撲殺儀礼によっていくつにも階層化された地位を獲得し，集団内や地域に影響力を及ぼす位階階梯制が知られる．マラクラ島やバンクス諸島では，このシステムに関連してさまざまな石造構築物が発達した（図1）．こうした遺跡の調査が進むことで，先史メラネシア社会の具体的様相の解明につながることが期待される．　　　　　　　　　　［野嶋洋子］

📖 参考文献
[1] Bedford, S., "Melanesia," In Renfrew, C. & Bahn, P. eds., *The Cambridge World Prehistory*, Cambridge University Press, 2014.
[2] Kirch, P. V., "The Prehistory of "New" Melanesia," In Kirch, P. V., *On the Road of the Winds: An Archaeological History of the Pacific Islands before European Contact*, University of California Press, pp.117-164, 2000.

ポリネシアへの人類の拡散

　ポリネシアは太平洋の東部を占め，人類が太平洋に拡散する最後の領域である．リモート・オセアニアとよばれる，この海域にある島々へ植民がここに至るまでのオセアニアの植民と異なるのは，島嶼間の距離が大きくなり，孤立性が増すこと，先住していた人類がなく，無人の島環境をはじめて開発していかなければならなかったことである．

●島々の植民と年代　西ポリネシアのサモア，トンガはメラネシアのビスマルク海域で発生したラピタ式土器の分布圏の最東端にあたる．その土器文化を担っていたラピタ人は，アジアを起源地とするオーストロネシア語族系の人々とされる．ラピタ人は前800年代までに西ポリネシアに到着したが，彼らが持ち込んだラピタ式土器は，次第にその特徴的な文様を失くしてポリネシア無文土器となる．さらに後1000年頃までには土器を伴う遺跡はみられなくなった．西ポリネシアで人類は2000年近く停滞していたが，さらに東へと移住を再開するのは土器の喪失間近のことである．東ポリネシア中心部のソサエティ諸島，マルケサス諸島さらにハワイ諸島，イースター島という辺境の島々への移住は1000〜1200年の間に達成されたとする説が現在は優勢である．ポリネシアン・アウトライアーとよばれるミクロネシアやメラネシアの島々への移住もこの時期に行われた．

　東ポリネシアの植民初期の文化内容は1950年代に調査されたマルケサス諸島ウアフカ島のハネ遺跡で示される．遺跡の最古層でポリネシア無文土器の破片が出土し，次に古い層では，調査した篠遠喜彦によって古代東ポリネシア文化組成と名づけられた古い形態の釣針，銛頭（モリガシラ），鯨歯製ペンダントなどが出土している．これらの遺跡調査で測定された年代は現在採用されている1000年頃よりも古い年代で，マルケサス諸島は東ポリネシアへの人類拡散の中心地とされていた．現在では分析試料が吟味され古い年代は棄却されているが，層位的に早い段階にある上記の遺物はやはり，東ポリネシアの古相を表しているといえよう．初期の研究では，島環境の開発の程度，人口の定着と増加，社会組織の発展を軸にして，植民期，人口の定着した発展期，内陸へと領域発展した拡大期，大航海時代にみられた文化が発展していた古典期という段階が設定されていた．現在の年代観での課題は，これらの事象が500年ほどの間にどう継起し

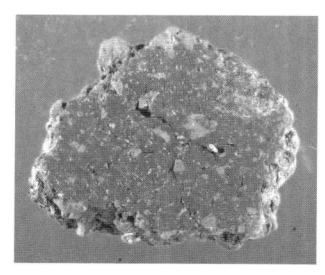

図1　サモア，ツツイラ島ウツメア村出土のポリネシア無文土器サンゴの粒が混和材として用いられている［筆者提供］

ていったのかを解明していくことであろう．

　移住のルートについてもマルケサス諸島中心ではなく，島嶼群ごとのネットワークの拡大・縮小という観点からみるモデルが中心となっている．新しい島への植民には1回の移住で持ち込んだ物品・人数で定着することは困難で植民の母体となった島との間で必需品や婚姻相手の移入・往来がなければ人口を維持できなかったと考えられる．ポリネシア南東部のヘンダーソン島や北西ハワイ諸島のネッカー島，ニホエ島など，人の住んだ痕跡がありながらヨーロッパ人による再発見時には無人島であったミステリーアイランドと称される島々はこのようなネットワークの途絶によって島での居住ができなくなったものと考えられる．

　メラネシアのソロモン諸島南部やミクロネシアのカロリン諸島東部にあるポリネシアン・アウトライアーの島々は先住民がいた島々である．ソロモン諸島南部のティコピア島では1000年頃まではメラネシアのソロモン諸島との往来が認められるが，1200年頃になるとポリネシアとの交易が認められ，以降ポリネシア的特徴が明瞭になる．ミクロネシアのポリネシアン・アウトライアーは言語学的にはツバル，エリス諸島とつながるものと考えられている．

●**開発と島環境の変化**　ポリネシアへの植民は年代や移住ルートだけの問題でなく，人間の未知の環境への適応と試行錯誤，人間に初めて触れた島の自然環境の変化という相互の作用が働いている．植民したポリネシア人の祖先は農耕民で当初から家畜種を伴っていたが，遺跡に残る食物残滓の分析では植民初期には島の在来種が多く捕獲，利用され，時期が下ると在来種が枯渇し，家畜種や農耕の比重が大きくなることが各地で認められている．ニュージーランドのモアに代表されるように人類到来後に狩猟圧によって絶滅した種も遺跡の動物遺存体分析から報告されている．釣針の分析では初期の多様な形態やサイズから，画一的な形態やサイズに収れんしたことが明らかとなり，多様な環境から特定の環境や種へと集中していったことや，漁が外洋に比べ内湾の比重が高くなっていった変化が示唆される．

　動物種の減少・絶滅のほかに，植物相でも焼き畑農耕により，在来の多様な種からなる森林が，火に強い単一種の森になるという変化がフランス領ポリネシアのアガカウイタイ島のネネガ＝イティ岩陰遺跡の植物遺存体から示唆されている．ソサエティ諸島のモーレア島では森林への影響にとどまらず，土壌流出によってラグーンや沿岸部で沖積低地が発達するとともに，新たな人間の活動域が形成されていった．人間が未知の環境へ適応するとともに，島の環境もまた大きく変容を遂げたのである．　　　　　　　　　　　　　　　　　　　　　　　　［丸山清志］

📖 参考文献
[1] 秋道智彌・印東道子編著『ヒトはなぜ海を越えたのか──オセアニア考古学の挑戦』雄山閣，2020．

ポリネシア人，過成長タイプの巨人

　ある人間グループ（かつては「人種」とも称された）の特性，来歴，先史（文字なき頃の歴史）などを探ろうとするとき，その人々の身体性（あるいは身体特徴），つまりは体形，体格，体質，疾病などの身体現象を読み解くのが重要なテーマとなる．彼ら彼女らの生活活動が痕跡として骨形態や骨組み構造に残るからだ．その意味で，祖先伝来の身体特徴は，かけがえのない歴史遺産である．ところで南太平洋のポリネシア人は，海上活動や漁撈の達人である．かつては，双胴の巨大カヌー（ポリネシア式カヌー）を自在に駆使して遠洋航海に励んだ．今もなお，現生人（ホモ・サピエンス）の中では比類なき海の民である．彼らの身体特徴を題材にして，そのことを検証する二つの仮説を紹介したい．

●**ポリネシア人の巨人化仮説**　ポリネシア人は，怪しげな「人種学」なる学問が盛んとなった19世紀の頃から名聞を博したが今はもう，彼らの出自について，彼らが「いつ頃，南太平洋に拡散したか」「どのルートでポリネシアの島々を発見・植民していったのか」などの疑問は多分に解決された．もはや，「アンデス人の末裔」とかの臆説や珍説のごときは，コンドルのように遠く飛んでいった．

　ポリネシア人が南太平洋へ拡散した道のりについて語るとき，J.ダイアモンドが図示した「ポリネシア行き急行仮説」を援用するのが今や定説のようだ．彼らの祖先は台湾を出て，海域アジアを経て，オセアニア方面に拡散し，南太平洋の開拓者となったと考える「出台湾モデル」である．もちろん，海域アジア世界に出自したとする仮説も息たえてはいないが．

　ポリネシア人の身体特徴としては，1）大柄で高身長，骨太の巨人体形，2）手足，下顎，外耳など，身体の突出部の過大，3）顔面気道の絶大さ（つまり声量豊か），4）アジア人的特徴（皮膚紋理パタンや児斑など），5）過度の肥満，痛風，高血圧などが複合する新世界症候群体質があげられる．

●**ポリネシア人寒冷適応仮説**　はたしてポリネシア人は〈過成長タイプの巨人〉なのか，あるいは〈寒冷適応を遂げた人たち〉なのか．ニュージーランドの人類学者P.ホートンは，ポリネシア人の大柄な身体特徴を定量的に表現するために，南太平洋各地の人々の生体計測値，皮脂厚や皮膚色，頭骨や体肢骨などに関する人類学的データを集大成し，世界中のグループと広く比較した．而して，彼らと世界の高緯度寒冷地グループとの間の共通性を指摘し，「自然選択の結果，寒冷適応身体のユニークな人々であろう」と結論づけた．

　だがポリネシア人が住む島々は，ニュージーランドを除くと，たいていは亜熱帯か暖温帯に位置する．だから逆説感が否めない．

　そこでホートンは，「ポリネシアの海洋世界，ことに洋上では，ときに過酷な寒冷条件が支配する．頻繁に風雨に曝され，着の身着のままの身の上ならば，潜在する厳しい寒さは極寒の地にも劣るまい．すぐに低体温死を招くだろうし」「ポリネシア人の祖先が励んだ航海・漁撈条件には，地上生活者には想像もできないほどの極寒条件が潜んだはず．そうした特殊な生活で育まれた彼らの身体は，まさに海洋性寒冷適応の恰好例だろう」と考察した．

　この仮説には難点がある．たしかに，ポリネシア人の巨大な身体と胴長で寸胴な体形は，寒冷適応に関する動物地理学の説明原理「ベルクマンの法則」とはピッタリである．だが，もう一つの説明原理，寒冷適応体形では身体の突出部が小さいという「アレンの法則」とは矛盾する．すなわち，手足や下顎や外耳などが過大なる彼らの表現型は，寒冷適応現象としては説明できない．

●ポリネシア人移住者効果説　その一方，筆者自身は別の観点から，ポリネシア人のユニークな身体について着目した．彼ら彼女らの身体が巨人的，骨太，筋肉質，先端肥大性であるのは，一人ひとりが成長し過ぎること，つまりは過大成長することにこそ，その理由があろうと実証した．実際，ポリネシア人の子どもたちは，どの子も早熟気味に小児期と思春期を通過する．だが成人に達する年齢は日本人などと変わらない．それゆえに青年期の成長スパートが早く始まり，長く続き，成長量が大きいわけだ．つまり，時計の針を余分に巻くような過成長型の成長パタンが実現されるわけだ．

　またポリネシア人と過成長型の巨人タイプの人（gigantism）との間には，多くの骨学的共通点が認められる．ポリネシア人の大柄大足大手の身体形が過成長パタンの成長モデルで説明できることの傍証だ．この独特の成長パタンが少数の制御遺伝子で遺伝されるなら，わずかな世代で多数派となり得たはずだ．

　ポリネシア人の祖先が，南へ東へと，南太平洋世界に深く拡散していったとき，集団遺伝学で「移住者効果」（あるいは「創始者効果」）とよぶ現象が生起したことだろう．かくして，発見航海や植民航海のたびに，過成長型の表現型を示す人の割合が急速に増加したはずだ．ちなみに移住者効果は，少人数の活発な集団が分岐するときに生じる現象で，母集団の遺伝情報を劇的に変え得る効果をもつ．

　新しい島が見つかれば，次は植民航海，先遣隊の役割だ．このときも，体力と気力ともに旺盛な青年男女が多く選ばれただろう．さらに開拓航海でも，大柄な若者のほうがカヌーの乗船名簿に多く名を連ねたのではあるまいか．ポリネシアの各島へ，島々へと拡散するとともに，ポリネシア人は巨人化したのではあるまいか．

　ポリネシア人は，遠洋航海や海上活動に身も心も長けた巨人のようである．彼らの身体には，寒冷適応的な側面も認めうるも，基本的には早熟・過成長パタンの大柄な身体，高身長，巨大な手足を特徴とする．この独特の身体性は，彼らの祖先が南太平洋の島々に拡散した頃に身につけた先史時代の遺産である．　　［片山一道］

人類移動とカヌー

<figure>◇◇</figure>

　私たちと同じ現生人類（ホモ・サピエンス）がアフリカを出て，アジアの海を経由し，太平洋を渡ってポリネシアに到達するまでには，大きく分けて3回の人類移動の波があり，その時々に主役を担う船があった．それらはどんなものであったか？

●オーストラロ・メラネシアンの活躍と謎の舟　第1波は5, 6万年前の更新世の最終氷期で，その頃は今より海面が120〜80 mほど低く，アジアにはスンダランド，オセアニアはオーストラリアとニューギニアが合体したサフル大陸があった．そこに到達するには，人類は最低80 kmの海を渡る必要があった．最初にウォーレシア海域を渡った更新世期のホモ・サピエンスは，現在のオーストラリアのアボリジニやニューギニア先住民の祖先で，オーストラロ・メラネシアンとよばれる．後に出現するオーストロネシア語群を話すオーストロネシアンたちとは違うので，注意が必要だ．

　一体どんな水上航行具だったのかを知る手がかりはまったくない．更新世期のホモ・サピエンスが使った舟の遺物はまだ見つかっていない．しかし，人類が海を渡った証拠はある．そこで推測するしかないが，人類・考古学者の多くは竹筏を利用した可能性が高いと考えている．例えば当時大陸だったサフル大陸を目指す場合，竹筏によるほぼ漂流に近い航海でも，大陸のどこかに到達できたかもしれない．

　オーストラロ・メラネシアンはサフル大陸の東北端からさらに東に進み，当時も島嶼域だったニューブリテン島，ニューアイルランド島，ビスマルク諸島，ソロモン諸島などニア・オセアニアにまで達している．ここまでを人類移動の第1波とする．

　日本にも3万年以上前に台湾から琉球列島に渡ったホモ・サピエンス集団がいる．実験航海が国立科学博物館の主催する「3万年前の航海 徹底再現プロジェクト」により実施された．最も原初的な水上航行具は，単に浮力をもった「浮き」から発展したと考えられる．そこで草を束ねた舟，竹を束ねた筏を試してみた．最終的には丸木舟を石器で削り出し，2日間漕ぎ続けて黒潮を乗り越えることができたが，結論は草や竹を束ねただけの船は，あまりに重く，耐久性に問題があるとわかった．草，竹を束ねた船の渡海能力を否定はしないが，疑問符がつけられた．3万年前にはすでに丸木舟があったのではないか，あるいは丸木舟でなければ離島を目指すことになる琉球列島への渡海は難しかった可能性が指摘された．

●オーストロネシアンとラピタ人の船　第2波として登場するのは，新石器時代

に拡散したオーストロネシア語族の人々
だ．その起源地は中国大陸南部から台湾と
され，4000年前頃にはフィリピン，インド
ネシアへと南下した．すでに最終氷期は終
わり，海面は上昇してスンダランドはたく
さんの島々が散らばる海となっていた．こ
の多島海域で，オーストロネシアンは栽培
植物，家畜を携え，土器を焼成する技術を
もって海を渡った．オーストラロ・メラネ
シアンの出現からオーストロネシアンが姿
を現すまで2万年以上の歳月がある．旧石
器時代のオーストラロ・メラネシアンが大
木をくり抜いた丸木舟をつくる能力をもっ
ていたとしたら，丸木舟を数本組み合わせ
たり，アウトリガーを装着したりという工
夫をした可能性もある．こうした旧石器集

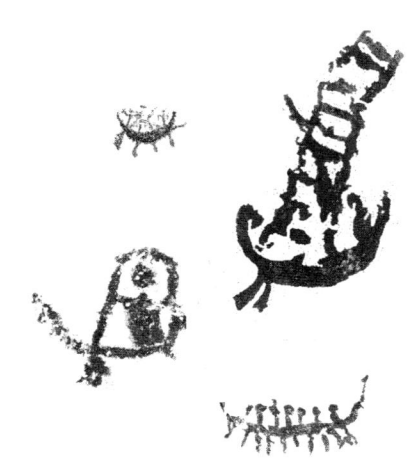

図1 　2024年2月インドネシア，ムナ島
において筆者撮影の写真をもとに，描
き起こしたロック・アートの船

団が造船史にどれだけの寄与をしたかは，これまでほとんど触れられていない
が，無視はできない．

　なぜなら，オーストロネシアンは約3500年前には2000 km以上も航海をする
能力をもったカヌーを手に入れていたからだ．その証拠はマリアナ諸島で発掘さ
れた土器が語る．カヌーの遺物はないので，類推するしかないが，現在のミクロ
ネシアの島々でみられるような，大きな帆を装着したシングルアウトリガーだっ
たかもしれない．高速で走る性能を獲得したことにより，航海日数を減らすこと
ができ，積載量が少ないカヌーでも長距離を渡れたのではないだろうか．

　2000～1000年前頃にオーストロネシアンが利用していた船の姿は，岩に描かれ
た絵に残されている．現在の東南アジアの海岸にはたくさんのロック・アートが
あり，動物や幾何学模様，人間の手形などとともに，船も描かれている（図1）.
船は，すでに1本の大木を削った丸木舟ではなく，舷側に板を接ぎ足して大きく
しているように見える．帆も備え，縦長の四角帆を高く掲げている．板を接ぎ合
わせる最も古い技術は，2枚の板の両端に穴をあけ，植物繊維のロープで縫い合
わせる方法だ．ちょうど靴紐を通すようにして板をつなぐ．穴は貝殻のキリであ
けたようだ．次に発展した造船技術は，手斧で削って板をつくるとき，舟の内側
の一部を削り残し，耳のような突起物を残す方法．突起物に穴をあけて，そこ
に船体を補強する肋材を置き，ロープで縛り合わせる．これはラッシュ・ラグ
（lashed-lugs，突起物を縛る）方法としてインドネシアやフィリピンで発掘された
実物の船で確認できる．

　先住のオーストラロ・メラネシアンがいるニア・オセアニアに到達したオース
トロネシアンは，独特の模様があるラピタ土器をもっていたことから，ラピタ人
ともよばれている．ラピタ人はさらに人類未踏の島であったトンガ，フィジー，
サモアにまで渡っていくことになる．彼らも西太平洋に乗り出すだけの船をもっ
ていたのだ．

　浮材を束ねた原初的な水上航行具から，あるとき飛躍して丸木舟をつくり出
し，それを組み合わせたり，アウトリガーを装着して安定性と積載量を増したり
してきた．さらに丸太をくり抜いたものから板船への変化を遂げ，オーストロネ
シアンは造船技術を進化させ，移動距離を伸ばしてきた．

●**ポリネシア人の登場**　オセアニアの人類移動第3波はトンガ，サモア，フィ
ジーにたどり着いたラピタ人が，1000 年以上にわたり，これらの島々に居住する
中でポリネシア的文化に変容した後，再び東への航海を始めたことによる．歴史
家はこのときからラピタ人をポリネシア人とよぶ．ポリネシア人の船は大型の双
胴船（ダブルカヌー）であったと推定される．家畜や有用植物や，航海中の食料
を十分に積めて，数十人の人間が乗り込め，安全に航海ができる能力をもつカ
ヌーは双胴船しかない．

　1769 年にイギリス人の J. クックがタヒチに寄港し，カヌーについて記してい
る．たくさんの大小のカヌーが行き交っているが，みんな片舷にアウトリガーを
つけていて，バランサー（浮木）の一部はくり抜いてあり，小さなカヌーのよう
だったと記す．アウトリガーをはずして船体を 2 艘つなげたものも多く，大きな
船はみな双胴船だという．島から島への交通に使われていたようだ．

　古い双胴船の一部が発掘されている．1977 年，ハワイのビショップ博物館の篠
遠喜彦はフアヒネ島（ソサエティ諸島）の湿地でカヌーを掘り出した．何枚かの
舷側版やマストの一部や，作りかけのアカ汲みがでてきた．ヤシのロープで板を
縫い合わせた舷側板も発掘された．周囲で出てきた遺物などから 12 世紀以降の
船とみられている．オセアニアで唯一の実物カヌーの遺物だ．

　東ポリネシアで人類が最初に居住した島は，篠遠の発掘調査などにより，マル
ケサス諸島の可能性が高いとされている．サモアからマルケサス諸島までは
2000 km ほどある．ポリネシアに向かった双胴船は，4 万年前にウォーレシア海
域を渡った原初的な水上航行具が，ニア・オセアニアでオーストロネシアンが持
ち込んだ技術により，多様に変化して，大航海を成し遂げることができるように
なった完成形といえる．

　オセアニアにおける水上航行具の発展はニア・オセアニアが変遷地帯として寄
与したようだ．その根拠は船のかたち，帆のかたちの多様性と，黒曜石にみられ
るような遠距離航海の交流が頻繁に行われていた事実から，そう考えられる．そ
して航海術の発展がある．

●ニア・オセアニアの多様な船の形態　パプア南西海岸には大きな丸木舟を何本も並べて結びつけた船がある．それは土器を湿地帯に運び，湿地帯からサゴデンプンなどの森林産物を交換してくるヒリ交易に使われていた．交易の季節以外はバラバラに解体した丸木舟で漁をする．帆はカニの爪型で，ニア・オセアニア独特だ．ソロモン南部のテプケとよばれるシングルアウトリガーカヌーの船体は蓋をして密閉してある．船体は潜水艦のように沈み，人はその上の台座に座り，カニの爪形帆を巧みに繰り，高速で走る．

ビスマルク諸島では四角の小さな帆を高く掲げ，トロブリアンド諸島ではパンダナスで編んだ帆を斜めにあげて，クラ交易をしていた．バヌアツには蝶の羽のような帆がある．船は航行性能だけを求めて直線的に発展してきたのではなく，神話と結びついた装飾，美的感覚，宇宙観など精神世界を表現するものとして発展してきた．そのため，現代の造船工学からすれば不合理で不思議な形態の船が多々ある．

アウトリガーの有る無しに注目してみたい．オーストロネシアンの原郷といわれる台湾にはない．蘭嶼島の大型チヌリクランや小型のタタラは板船だが，船首船尾が立ち上がり，岩絵の船と参照されることもあるが，アウトリガーはない．南にいくと，マルク諸島のアロンバイやソロモン諸島のカツオ船も板船でアウトリガーがない．周辺海域の船がアウトリガーをもっているのに，なぜか飛び地のようにアウトリガーのない船が分布している．

トンガ，サモア，フィジーには19世紀中頃まで数隻の双胴船があった．100人以上も乗れる大型の双胴船は，それぞれカリア，アリア，ドロワとよばれ，船形，帆ともに似通っている．タヒチやハワイのものと比べ，最大の特徴は左右の胴体の大きさが異なることだ．シングルアウトリガーのバランサーが巨大化して，双胴船へと変化する過程のようにも見える．しかし，反論もある．ポリネシア東部の完成した双胴船の一方が退化して小さくなったというのだ．帆についても，トンガ，サモア，フィジーの双胴船は大三角帆であり，タヒチ，ハワイの帆はカニ爪型を半分にした，半カニ爪型となっている．

船がさまざまな変化を遂げたように，交易のために動き回ることにより，古代航海術も発展した．海上での微妙な環境変化，波やうねりや風の方向，鳥や海洋生物の動きなどの規則性を理解し，どちらに向かって進んでいるのか，自分たちがどこに居るのかを知るようになった．何度も同じ島を訪れることにより，星と島の位置関係を把握して，星座の知識を得て，それからスターナビゲーション術を獲得していったのだろう．未知の島に対してスターナビゲーションは役に立たない．あの星の下には島があるという知識を得て，はじめて星を使った航海ができるのだ．それではどうして未知の海に乗り出したのか？　どんな船であったのか？　まだまだ謎は多いのである．　　　　　　　　　　　　　［門田　修］

シングルアウトリガー・カヌー

◇◇◇

　今このときもオセアニアのどこかで，きっと海に出ているカヌーがいる．華奢なボディに片腕をひょいと伸ばし，どこか頼りなげな容姿だが，人類がオセアニアの島々に拡散していった古来より，人々の足，心の拠り所となり，暮らしを支えてきたカヌーだ．ひとくちにシングルアウトリガー・カヌーとくくれないほど，その形，材質，用途は多様で，海洋環境に適応した人類の叡智が凝縮されている．

●カヌーのからだ　シングルアウトリガー・カヌーとは，船体から横に張り出した腕木と，腕木の先端に付けられた浮き木からなるアウトリガーが，船体の片側だけにあるカヌーだ．マダガスカル，インド，スリランカ，東南アジア，そしてオセアニアのほぼ全域に分布する．日本では，ハワイから伝わったアウトリガー式漁船が八丈島と小笠原諸島にある．基本的な構造は，丸木を刳り抜いた丸木舟にアウトリガーを付けただけのものだが，船首船尾と左右の舷側に部材を足して船体を深くして帆を張れば，外洋航海に耐えるカヌーとなる．大阪の国立民族学博物館に展示されているチェチェメニ号は，1975 年，ミクロネシアのサタワル島から沖縄まで 3000 km の航海に成功し，帆走シングルアウトリガー・カヌーの航行性の高さを証明した．

　アウトリガーはカヌーを安定させる役目をする．浮き木は，水面に接しているときは浮き材，水面から離れているときは重しとなる．ただし帆走カヌーの場合，帆に風を受けると風下側に力がかかるので，アウトリガーを常に風上側に置いて重しにしカヌーのバランスを取る．腕木はまっすぐなもの，湾曲したもの，腕木が 2 本や複数のもの，腕木と浮き木が直結しているもの，腕木と浮き木を Y や X 字形の連結材でつないだものがある．

　浮き木は，1 本の材からつくるのが主流だが，複数の材を束ね一つにしたものもある．マーシャル諸島では，船体を夫，浮き木を妻とし，二つの調和が大切と説く．カロリン諸島では，航海中のアウトリガーには航海の守護神がいると信じられ，船体と直角に付いたアウトリガーの先端部は，海上でカヌーの位置を推測する伝統航海術の指標にもなる．アウトリガーは，単にバランスを取る自転車の補助輪のように思われるが，カヌーの全体を構成する重要なパーツである．船体は，ミクロネシア地域の帆走カヌーが独特だ．アウトリガー側（風上側）の船腹が，反対側（風下側）の船腹よりやや膨らんでいて，左右が非対称なのだ．これは，この型のカヌーは船首が風上側に向きがちなので，その動きを抑えるための工夫だ．カヌーの風下側への横流れも防ぐ．さらに船大工は，スピード重視か安定性重視かにより，膨らみの厚さや流線の取り方を微妙に変える．同型のカヌー

でも，人の体のように一つとして同じ流線はない．

　小型のカヌーは，近場の漁やサンゴ石などの運搬，環礁内での移動に使い，離島では女性も子どもも漕ぎ慣れ親しんでいる．大型のカヌー（といっても長さは10mもなく幅も1m弱だが）は外洋での漁や島嶼間航海，交易を担ってきた．

　カロリン諸島ではカヌーを *wa* という．*wa* には血管という意味もある．血管が生存に欠かせない酸素を運ぶように，カヌーは島での生活に必要なものを積み運ぶ．人，魚，アオウミガメや，航海での体験談，訪問先で得た情報も持ち帰る．そうしてカヌーは，婚姻関係，友好関係，災害時に助け合う島嶼間ネットワークの構築に貢献した．長距離航海に成功すれば，カヌーは島に名誉と自信をもたらす．

●帆走カヌー同乗　筆者は2013年，カロリン諸島のポロワット環礁からグアム島へ伝統カヌーの航海に同乗した．出航前に「これだけは覚えておけ」と言われたのが，リウェティタ，リウェティウという現地語だ．リウェは尻，タは風上，ティウは風下の意．尻を風上，風下へ，体重を移せ，という船上の隠語だ．これを聞いたら即そのように動け，という．カヌーは環礁の水道を越えると一気に外洋のうねりに突入，波とうねりでカヌーは傾く．が，すぐにじんわりと戻る．アウトリ

図1　ラウ諸島（フィジー）のカヌー，ザマカウ（*camakau*）[2011年11月筆者撮影]

ガーと帆にかかる拮抗する力の間で，帆綱を引いたり緩めて帆の角度を変え，船尾では舵を巧みに操り，カヌーの姿勢を正すのだ．横になっているクルーもカヌーの動きを感じて尻をずらし，アウトリガーとともに重しとなる．強風時にはロープで帆を縮め，支策を結び直して帆柱を風上側に傾かせるが，手際のよさは電光石火のごとく，カヌーのバランスを取るための動作は無駄なく正確だ．だが，用が済めば休むのも早い．集中と脱力の間を行き来する．

　船体はパンノキからなり，すべての部位はココヤシの中果皮の繊維を縒ったロープで結び縛りあげている．鉄釘や金属は一切ない．だからどんなに揺れてきしんでも，柔らかくしなり波に親和する．航海経験豊富な男たちは，アウトリガーに鎮座する航海神に見守られながら，こともなげに4日間の海旅を終えた．そのカヌー，リエン・ポロワット号は現在，沖縄の海洋文化館に展示されている．チェチェメニ号とともにカロリン諸島の実力を象徴するカヌーである．フィジー，パプアニューギニア，ソロモン諸島などにも優れたカヌーがあり，近年カヌー・ルネサンスの気運の中で，そうしたカヌーに会える機会が増えた．国際線が就航するヤップ，サイパン，マジュロやスヴァでは，離島出身の達人たちがNGOなどを助け，造船術や航海術を教えている．シングルアウトリガー・カヌーが身近になってきた．

[宮澤京子]

伝統的航海術

〰〰〰〰〰〰〰〰〰〰〰〰〰〰〰〰〰〰〰〰〰〰〰〰〰〰〰〰〰〰〰〰〰〰〰〰〰

　オセアニアの伝統的航海術は古い歴史をもつ．人類が東南アジア方面から東方のオセアニアに向かったのは今から5万年ほど前の更新世に遡る．海水面が今よりも100～150 m 低かった当時でも，東南アジアのスンダ大陸棚とニューギニア・オーストラリア側のサフル大陸棚の間には深い海があった．更新世に遡る旧石器時代の人々は距離にして80～100 km の海を越えた．水平線の向こうに島影や火山の噴煙が見えていたのか．陸地起源の漂着物が渡海の動機になったのか．当時の航海術に関する証拠は何もないが，渡海のあったことはまぎれもない．現在のところ，竹筏が航海に使われたとする仮説が有力だ．

　この海域には，生物地理学的な分布境界線にあたるウォーレス線がある．それにちなんでウォーレシアと称される．ウォーレシアにあるティモール島から2万年以上前とされる貝製釣針や外洋性魚類の骨が出土しており，船か筏を使った漁撈が行われていたことになるのは間違いない．人類は意外に古くから海に漕ぎ出す技術を獲得していたことは間違いない．

　後の新石器時代になると，人類のオセアニアへの拡散は目覚ましい発展を遂げる．遺跡に出土する石器・貝製品・土器などの手がかりから人々がまぎれもなく渡海を果たしたことがわかってきた．

●ニア・オセアニアとリモート・オセアニア　オセアニア世界は考古学・人類学の立場から大きく二つに区分される．旧石器時代以来の拡散範囲はニア・オセアニア，新石器時代以降の拡散範囲はリモート・オセアニアと称される．両者の境界はほぼソロモン諸島東端域のサンタクルーズ諸島とされる．後者つまりメラネシアからミクロネシア・ポリネシアの広大な海域への拡散はオーストロネシアン（南島語を話す集団）によって達成された．

　オセアニア世界への拡散の背景には，大きく2要因がある．第1は余儀なく島を出る場合で，台風・津波・火山噴火などの自然災害や疫病の蔓延，飢饉，島内の内乱による逃避などがあり得た．第2は積極的な場合であり，新天地への希求，冒険心と渡海への意欲などが航海の動機となった．航海が「海の道」を経由する交易目的とされてきた場合もある．マレーシア・ボルネオ島北東岸，インドネシア最北部のタラウド諸島，ニューギニア北部・アドミラルティ諸島のロウ島，ニューブリテン島西部のタラセア，およびサンタクルーズ諸島ヌネンボから出土した黒曜石が互いに交易品とされていたことが産地同定技術により判明している．航海には互酬的な交換，貢納，略奪などいろいろな目的があったにせよ，海を越えた文化交流が遠距離航海により達成された点は特筆すべきだろう．

●航海術の技術と構成　オセアニアの伝統的航海術は，近代的な航海器具を一切使わずに星座・波・風・太陽・魚や海鳥などの自然現象を，海洋での位置・方位・時間を知る言語情報に変換ないし組み込んだ知識体系が基本となる．帆走カヌーによる外洋航海術はミクロネシアのカロリン諸島（サタワル島・ポロワット環礁）や，ニューギニア東部のソロモン海一帯，サンタクルーズ諸島の他はほとんど消滅した．しかし，1976 年にダブルカヌー，ホクレア号によるハワイ−タヒチ間の実験航海が B. フィニーらにより成功し，これを契機としてオセアニアにおける伝統的航海術とその生き残りともいえるカロリン諸島の航海術が注目されてきた．なお，ここでいう「伝統」は先史時代（1492 年のコロンブス時代前）の意味で，現存するものはその変容・発展形と位置づけたい．

　海上での位置確認には緯度・経度が最も重要である．太陽の出現・没入方位は東西軸をほぼ決める．ハワイ諸島（北緯 21°），ラパ・ヌイ島（南緯 27°）では太陽の出没方位は季節的に変化する．太陽以外では星座が重要であり，緯度を大きく超えた航海では，緯度ごとに天中に位置する天頂星（ゼニス・スター）の存在が重要で，航海中，天空の一番真ん中の動かない星がその目安となる．北半球で真北は北極星，真南は南十字座の南中時により決まる．南半球では北極星は見えない．南北軸以外に，夜明け前に東の水平線に出現し，夕方に西方に没入する星座の運行が注目されてきた．カロリン諸島の航海術では北極星，南十字座の他 15 星座の出没方位をもとにした「星座コンパス」が知られており，円周上に星座の出没方位を等間隔で示した 32 方位からなる（図1）．実際の星座の出没方位は真北と真南以外は，等間隔（32/2π）で示されたコンパスとは 0.25〜21.50°の誤差がある．しかし，その誤差範囲で実際の航海には差し支えないとされ，よくできたコンパスといってよい．

　星座コンパスにある 32 の方位名称は，航海術のあらゆる知識項目でも不可欠となる．例えば，ある島の周囲に位置する島やサンゴ礁，海上で遭遇する魚や鳥，超自然的存在の名称を 32 の方位名称で網羅した知識体系が島ごとにある．島やサンゴ礁は不動であるが，魚や海鳥が常に一定方位に出現するとは思えない．しかし，その生物が

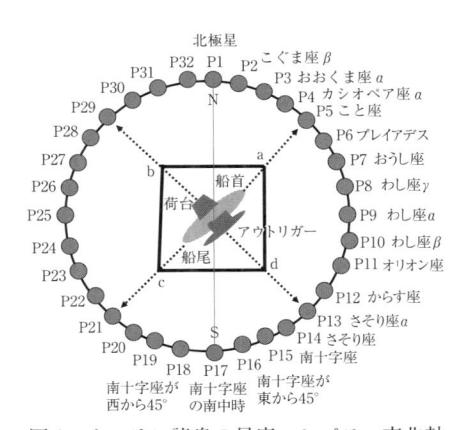

図1　カロリン諸島の星座コンパス．南北軸で左右対称．実際の星座の出没方位は 0.25〜21.50°のズレがある．図中，abcd で囲んだ四角形はカヌーに付随するモンガラカワハギで，「航海のカミの食べ物」[出典：文献 [2]，pp.40-42]

死ぬなり，捕獲されても「別の個体に置き換わる」と説明されており，生物の再生産が知識の持続性につながっている．

実際の航海で目標とする島以外に第3の島を想定し，その方位の時間変化で外洋におけるカヌーの位置を想定するエタック（*yetaek*）の技術がある．エタック島は目に見えないが，カヌーの進行方向とは逆方向に「這う」とみなされる．1976年，ハワイからタヒチまで行われたホクレア号の実験航海で船長を務めたのがサタワル島の最後の「航海者（パリュウ）」とされるM. ピアイルックである．航海の際，ピアイルックは現代の海図の知識があったとはいえ，ハワイから南に移動する航路上，東西方向にあるいくつもの島をエタック島として位置づけ，その方位の変化に注目したとされている．

サタワル島の調査から，海面に目には見えない数多くの線が網目を構成し，その線を越えて航海を進めるヨー・イ・セラック（線による航海）の存在もわかっている．それぞれの線は星座コンパス上で相対する方位を結んだもので，航海中に遭遇する魚や海鳥はその網目に引っ掛かったものとされる．しかも，航海の際カヌーを囲むようにイメージされたモンガラカワハギ（現地語でプープ，*pwuupw*）が航海とともに移動するとされている．プープは天空の南十字座をも指す用語で，海中から出現，海中に没入する際，南十字座から魚に，魚から南十字座に変換する．プープの頭，背びれ，腹びれ，尾の方位に対応する四つの島やサンゴ礁が時間的に移動する内容のプープナパナプ（大きなプープ）の知識も注目すべきである．

外洋で遭遇するさまざまな事象は現代科学でも説明できない面がある．カロリン諸島の航海術の重要な特徴は，実在する島やサンゴ礁だけでなく同定不明な島やサンゴ礁，さらには魚やクジラ，グンカンドリなど航海中に遭遇する生物や架空の存在をも知識体系に取り込んでいる点である．つまり，外洋は何もない「空の」世界ではなく，実在と架空を含め複雑な情報網が集積した場とされ，その中で航海が行われたといえる．

●**伝統的航海術の比較民族学**　オセアニアにおける東向きの人類拡散が卓越する北東・東からの貿易風帯でなぜ起こったのか．この問題について，A. シャープはポリネシアへの人類拡散「偶発説」を提起し，漂流や偶然であっても積極的な航海はなかったとした．一方，T. ヘイエルダールは南米から筏で人々がポリネシアに移住したとする南米起源説を提示した．南米からポリネシアにたどり着けること自体は実証されたが，南米住民がポリネシアに移住した証拠はなく，ヘイエルダール説は否定されている．もっとも，ポリネシア人が12世紀頃，南米に至り，サツマイモなどを持ち帰ったとする説は現代では仮説として支持されている．ただ，東からの風が卓越しても，風が小康状態になる時期を狙って東方に航海を進めたD. ルイスによる実験航海の記録もあり，「風待ち」スタイルの航海術

は今昔を問わず航海者の共通課題であるとの認識も必要だろう．

　星座だけに偏重して航海術を考える必要もない．例えば，ミクロネシア東部のマーシャル諸島・ギルバート諸島では卓越する北東・東貿易風による大きな「うねり」が知られており，低平なサンゴ礁島に波があたる際の波動について高い関心が払われてきた．現にマーシャル諸島のスティック・チャートにも知識として残されている．島に波があたり，波動の反射と屈折により二つの相対する「うねり」の交差地点が島の位置を知る重要な鍵とされた（図2）．ギルバート諸島でも島とうねりに関する知識を示す石組みの遺構が残されている．筆者がインドネシアのサンギル諸島で船外機付きの小船で移

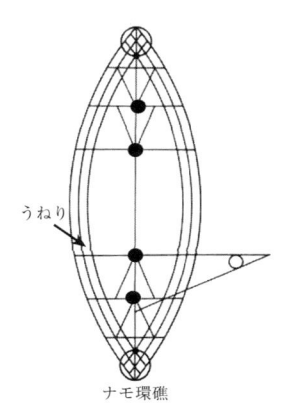

図2　マーシャル諸島の伝統的海図のメッド（*meddo*）．東からと西からの「うねり」の交差地点（図の●）がボート（*bōt*）．四つのボートごとにうねりの様相は異なる［出典：Krämer, A. F., *Hawaii, Ostmikronesien und Samoa*, Verlag von Strecker & Schröder, p.424, 1906 より改変］

動中，東の太平洋側からとてつもない大きなうねりがあり船ごと飲み込まれそうになったが，操船者はサーフィンのように巧みに波を越えた．そのときの恐怖を今も覚えている．うねりは，カロリン諸島でノー（*noa*），マーシャル諸島でノー（*no*），ギルバート諸島でナオ（*nao*）とよばれる．海洋現象の比較言語学は今後も重要な課題になるだろう．

　帆走カヌーによる遠洋航海術は数千年の長い歴史の中で育まれてきたが，現在，その文化は危機に瀕している．人類の適応放散に航海術が果たした役割を考えれば，その知識体系は今後も継承していくことが大きな課題である．広いオセアニア世界にはまだまだ未知の領域が残されている．その生き証人がオセアニアの伝統的航海術に他ならない．　　　　　　　　　　　　　　　　　　［秋道智彌］

📖 参考文献

[1] 秋道智彌・印東道子編著『ヒトはなぜ海を越えたのか―オセアニア考古学の挑戦』雄山閣，2020.

[2] 秋道智彌「魚・イメージ・空間―サタワル島民の航海術における位置認識のしかたについて」『季刊人類学』12(2)：3-58，1981.

カヌー・ルネサンス

カヌー（もしくはカノーとも）というのは，小型軽量の手漕ぎ舟の総称とされているが，本来は大木を刳（く）ってつくられる丸木舟のことだ．英語では dugout canoe（刳り舟）となり，16世紀以前の西欧にはなかった形状の舟だった．西欧人として初めて大西洋を横断してカリブ海に到達したC.コロンブスの一行が現地のアラワク族と遭遇し，彼らの舟を意味する語と，その形状，漕ぎ具（パドル，櫂）を西欧社会に報告したのが西欧とカヌーの最初の出会いだった．その後，西欧以外の世界で使用されていた舟の全般をカヌーとよぶようになり，北極圏のカヤックや和船などもカヌーの一種と認識されるようになっていった．

●**カヌーの特徴**　カヌーには，西欧船の基本構造である船底の中央を縦方向に貫く竜骨（キール）という部材がなく，平らな船底をもち，大型になっても底部の分厚い材を刳って構造体にする特徴がある．竜骨がないためそのまま地面に置いても傾かない．

日本列島のカヌー（丸木舟）の歴史は古く，1万2000年ほど前のカヌー建造用工具とも推測される世界最古の丸ノミ型石斧が出土している．それに，後期旧石器時代である4万年ほど前，列島に渡ってきた最初のホモ・サピエンス（今の人類）がカヌーを使っていたのではないかという仮説も出ている．日本の国立科学博物館による航海実験「3万年前の航海徹底再現プロジェクト」が行われ，2019年には熟練の石斧大工によって旧石器時代の局部磨製石斧（刃部を研磨した石斧）の複製によってカヌーづくりが再現され，台湾～与那国島，225 km 3日間，無計器の手漕ぎ航海が成功している．

●**カヌー大航海時代の再開**　そんなカヌーの長い歴史の中で，人類が最も遠くの島々へと移住した地域，それがポリネシアをはじめとするオセアニアである．ハワイ諸島への移住期には諸説があるが1500～1000年前頃，ニュージーランドにはわずか800年前頃に到達したと考えられている．その際に使用されたカヌーは，大型の双胴帆走カヌーである．双胴とは2艘の大型カヌーが，渡し板と縄によってつなぎ合わされたカヌーで，動力は風である．数千 km もの大海原を越える航海に耐えられる．

しかし当時の航海術は，18世紀後半に太平洋を3度も周航し，西欧人としてはじめてハワイを発見したことで名を残す海洋探検家J.クックにしても理解できないことだった．クックが気づいたのは，ハワイやニュージーランドなど数千 km も離れている島々の言葉がほとんど同じだということ．同じ祖先が広大な海域を航海していたことは間違いないと気づいたことだ．とはいえ，彼らがどんな

方法で航海したのか，クックには想像できなかったのである．

　なにしろ，クックたちは当時最新の航海術を活用しており，経度を正確に計測するため，発明されたばかりのアナログ時計によって航海を後押しされていたからだ．方位磁石（磁気コンパス）ももたず，時計をもっているはずのないポリネシアの人々の祖先が，どうやって広大な海域に点在する島々を発見し移住できたのか，オセアニア最大の謎として200年もの間，意見がくすぶっていた．

●**道を見つける技術**　ポリネシアへの人類拡散において，当時の航海術や精神を理解するには，実際に航海を試し続けるしか方法はない．太古の航海術が機能することを証明していくため，1976年以来，40年以上に及ぶカヌー航海が行われてきた．ポリネシアでは消滅していた技術だが，ミクロネシアのカロリン諸島の孤島サタワルと周辺の島々に残っていた．サタワルの，ボウ（*pwo*）とよばれる航海術師がたまたまハワイにきており，彼との偶然の出会いが，ハワイからタヒチまでの無計器による4500 kmの航海の成功につながった．使用されたのは，その前年，1975年に建造されたやはり双胴で，現在の素材でつくられた航海カヌー（voyaging canoe），ホクレア号である．

図1　2007年1月，ハワイを出帆した航海カヌー，ホクレア号（奥）とアリンガノ・マイス号．3月に2艘は，ミクロネシアのチューク環礁に到達．西進してパラオへ．パラオからは伴走船を従えたホクレア号のみで沖縄を目指し，熊本，長崎，福岡，広島を経て，四国南岸を通り神奈川県三浦半島，そして横浜港には6月中旬に到着した［2007年3月チューク環礁にて筆者撮影］

　その後，ホクレア号はポリネシア圏内を航海し続け，同時に古代航海術もハワイの若者たちに伝授され，現代的な学び方も取り入れながら，徐々に復興した．このカヌー文化の復興運動がカヌー・ルネサンスとよばれるものであり，今やポリネシア中で航海カヌーが活動している．ちなみにポリネシアでは，航海カヌーのことをヴァ・ア，ヴァカ，ワカ，ワアなどと表現する．

　ポリネシアに拡がる島々への移住は，天体の動きや波，うねりの方向や波のかたち，風向き，さらには洋上の鳥の種類など，自然環境を細かく観察しながらの航海でもあった．行き先を探すボウは，到着するまでほとんど眠らず，ウェイファインディング（wayfinding）とよばれる道を見つける技術によってカヌーを導くことができるようになった．ホクレア号は，21世紀の今も航海を続け，2007年にはハワイからミクロネシア，沖縄，九州，瀬戸内海西部を経由して横浜港に来航．2014〜17年には世界周航を完遂している．　　　　　　　　　　［内田正洋］

農　耕

◇◇

完新世初期以降，西アジアではコムギ，東アジアではコメ，中米ではトウモロコシなど，世界各地で作物の栽培化が進んだ．オセアニアでも，ニューギニアにおいてヤムイモ・タロイモ（サトイモ）・バナナなどの栽培化が独自に進んだ．

約3500年前以降にニューギニア島嶼部からリモート・オセアニアへと広がったラピタ人は，イモ類を栽培しブタ・イヌ・ニワトリの家畜を飼育するオーストロネシア系の農耕集団である．その起源は東南アジアにまで遡るが，ニューギニア北東部のビスマルク諸島を中心とする地域において，更新世から地域の環境に適応してきた先住の非オーストロネシア集団と交渉があり，有用な植物を取り入れたと考えられる．つまり，オセアニア島嶼地域の農耕文化は，オーストロネシア集団が持ち込んだ東南アジア由来の要素とニューギニアで独自に進展した植物利用の要素が融合することで成り立っており，その複合的生業戦略がリモート・オセアニアへの人類の進出を可能にしたのである．

●更新世〜ラピタ文化以前の植物利用の証拠　ニューギニアには野生種のタロイモ，ヤムイモが分布する．約2万8000年前のソロモン諸島北部のブカ島で出土した石器からイモのデンプン粒が検出されたことから，更新世に遡って狩猟採集集団が野生イモ類を利用していた可能性がある．バナナについても，ニューギニアとその周辺において古くから栽培化が進展したことがわかっている．

ニューギニア高地のクク湿地では約9000年前にまで遡る排水設備をはじめ農耕活動に関連するマウンド等が地層ごとに確認されており，独自の農耕起源があったことを示している．またニューギニア低地部において約6000年前以降にカナリウムアーモンド（カンラン）をはじめ，ココナツ，ビンロウ，キャンドルナッツ（ククイ），モモタマナなどの樹木種を利用していたこと，ニューアイルランド島やブカ島といった島嶼にもナッツなどの堅果類が持ち込まれていることなどから，野生植物の利用・管理の延長として樹木の移植・栽培が進展していったと考えられる．こうした有用植物の多くは，その後の新石器時代期におけるラピタ文化の拡散によりメラネシア一帯へと広がった．

●島嶼環境への適応手段としての農耕と樹木栽培　農耕集団であったラピタ人は，さまざまな有用植物を携えて島々を移動した．彼らは森林を切り開き，主食として特に重要なタロイモ・ヤムイモをはじめとするイモ類を栽培した．また耕作地や居住地周辺には多種多様な有用樹木種を植え，生存していくための陸の環境をつくり上げていった．

オセアニアの主食であるタロイモ・ヤムイモをはじめとするイモ類はもちろん

のこと，ココナツやパンノキの実，バナナ，さまざまな堅果や果実類，嗜好品として利用されるカヴァ，繊維素材ともなるパンダナス（タコノキ），カヌーの素材となるテリハボクなど，先史時代の人々が導入し栽培した有用植物は数え切れない．デンプン質食料となるバナナやパンノキの実などの樹木種は，生育に手間がかかり季節性のあるヤムイモのような主要作物を補う食料であり，バナナは特に農耕生産が不安定な初期居住期に重要な役割を果たしたと考えられる．タロイモ・ヤムイモの栽培には肥沃な土壌が必要だが，パンノキの実やインドクワズイモは痩せた土地でも育つため，サンゴ礁の島々への居住に重要な役割を果たした．ポリネシアへの人類の拡散過程ではより利用しやすい品種の選別が進んでおり，種なしのパンノキの実の選択，サモアなど西ポリネシアにみられるえぐ味の少ないインドクワズイモの品種改良と主食化などの事例があげられる．

●**集約的農耕システムの発達**　オセアニア島嶼部のラピタ文化期以降における社会経済的基盤は，タロイモ・ヤムイモ栽培を中心とした農耕であった．焼畑による移動農耕では，森林の一区画を切り開いてヤムイモをはじめとする作物を栽培し，収穫後は長い休閑期を設けて植生を回復させ，再びその区画を切り開いて耕作地とする．これは居住初期の少人口で可耕地面積が広い状況下では，土壌の栄養分を回復するための十分な休閑期を設けることができ，循環的で持続的な土地利用だといえる．しかし，安定的な食糧生産に伴う人口成長によって，必要な食糧を確保するために休耕期間が短縮され，土壌の生産性が低下するリスクを抱えており，耕作地面積あたりの収穫量をあげるために，より集約的な労働を伴う農耕システムが発達した．

　バヌアツ南部のアネイチュム島では，居住開始後，焼畑による移動農耕を繰り返すことで流出した土壌が沖積平野に堆積し，結果的にタロイモ栽培に適した湿潤な環境をもたらした．950年前以降には渓谷における農耕活動と居住が進み，400年前頃には石垣を利用した灌漑用テラスと水路の構築を伴うタロイモの水田農耕システムが整備され，首長による集約的な管理が行われるようになった．丘陵全体を覆うような大規模な灌漑テラスの構築は，ニューカレドニアにもみられる．ハワイにおいても，やはり過去1000年の間に，首長制社会の進展に伴って，降雨量が少なく乾燥した環境下における乾地農耕システムや，大規模な灌漑設備が発達した．農耕生産における余剰の集積と祭宴を介した再分配は，集団間の競争や首長制による社会政治的統合を促すものでもある．つまり集約的な農耕システムの発達は，成長する人口を支えるのみならず，儀礼や祭宴など社会的利用を目的とした生産を強化するものでもあったのだ．　　　　　　　　　　［野嶋洋子］

📖 **参考文献**

[1]　Kirch, P. V., *The Wet and the Dry: Irrigation and Agricultural Intensification in Polynesia*, University of Chicago Press, 1995.

人類の拡散と植物

〜〜〜〜〜〜〜〜〜〜〜〜〜〜〜〜〜〜〜〜〜〜〜〜〜〜〜〜〜〜〜〜〜〜〜〜〜〜

　はるか昔，道具づくり，火おこし，植物や動物についての基本的な知識さえあれば，人類はどこへ行こうとも，食べ物やさまざまな必需品を野生の植物や動物でまかなうことができた．またどこであれ一定期間定住するとなれば，周囲の動植物とより密接な関係を築いた．その関係は意図的なものもあれば，そうでないものもあった．人間の活動によって生まれた新たな生息地を好んで，人間に近づいてくる動植物もいた．人類とともに生きる植物は「共生植物」とよばれ，野生植物だけではなく，人々が持ち込み栽培した植物も含まれる．

●**カヌーづくりに使われた植物**　人類が到達する以前，オセアニアに点在する多くの小さな島々に自生する植物の種類はきわめて限られていた．他方，東南アジアやニア・オセアニアの大きな島々には，実に多様な植物があり，食糧，繊維，木材，薬などに利用され，小さな人間集団の需要を満たすのに十分過ぎるほどの資源を提供していた．人類によるニア・オセアニアへの移住は約5万年前の更新世まで遡るが，リモート・オセアニアを含む全域への移住は海面が上昇した完新世の半ばとなる約4000年前以降である．この時代の人々は，帆を付けたカヌーを使い，島々の間を移動することで，以前よりもより速く，より遠くへ移動できるようになった．

　海上を移動するには，まずカヌーの材料となる植物が不可欠であった．船体や木製の部品（帆柱や帆桁）には木，ロープやコーキングには繊維，そして帆には葉が使われた．敷物や籠や衣服に使われるのと同じ方法で，長くて丈夫な葉を編んだ帆がつくられた．カヌーづくりに最もよく利用されたのは，海岸や海岸林にみられる植物であった．テリハボク（*Calophyllum inophyllum*）とカキバチシャノキ属（*Cordia subcordata*）の木材，ココヤシ（*Cocos nucifera*）とタコノキ（*Pandanus spp.*）の繊維と葉が使われた．これらの植物は，海に浮かび漂う果実や種子によって自然に拡散し，海岸の小高い場所に打ち上げられると発芽し，成長し，新たな土地に適応した．人々が，種を持ち込み，植えることもあった．

●**ココヤシとタコノキ**　なかでもココヤシの葉，繊維（果実の殻），木材，そして大きな種子はさまざまに利用され，果肉は食用に，果汁は栄養価が高い飲料にと重宝された．また，種子の硬い殻は，小さな道具や容器となるだけでなく，数え切れないほどの用途があった．東南アジアやオセアニア全域で，人々がココヤシを伝搬し，用途に適した野生種を選択し，植え増やしたため，現在この地域で，野生種のココヤシを見つけることは非常に困難である．東南アジアにおけるココヤシの野生個体群の地理的範囲は不明だが，オセアニアを航行し移住した人々

が，どこに行くにもココヤシをカヌーに載せて運んでいたことは明らかである．

　タコノキ（パンダナス）は，浜辺でそのまま生育するため，ココヤシよりもはるかに分布域が広い．太平洋とインド洋の島々，そして西はマダガスカルまで達している．海岸に自生するタコノキの分布は，オーストロネシア語を話す民族の分布とほぼ一致している．タコノキさえあれば，人々は帆をつくり，修理し，帆付きカヌーで航行できた．また，航海中の食糧として，タコノキの果実から果肉を取り出し，乾燥して保存食をつくる技術もあった．水については，雨が降ればカヌーの船体そのものが貯水容器となり，貯めた水をココヤシやヒョウタン（*Lagenaria siceraria*）の容器に入れ持ち運んだ．

●**リモート・オセアニアとカヌー植物**　人々がさらにオセアニアを東へ進み，より小さく孤立した島々に移動するにつれ，自生する植物の種類はますます少なくなっていった．乗組員だけの往復の探検航海であれば，たとえ小さなサンゴ礁の島々であっても，礁湖や植生の中に魚，貝，海草，鳥など多くの種類の食料を見つけることができたので，問題はなかった．しかし女性や子どもも含めた移住の旅では，旅に必要な食料と水，そして移住する島々で畑や樹木作物をつくるための種子，塊茎，挿し木などを運ぶ必要があった．今日，リモート・オセアニアの至るところで，人々がこれらの「カヌー植物」を運び，新しい場所に植え付けた成果を見ることができる．これらの植物の中には，人の手による播種，植栽，栽培を必要とし続けるものもあるが，その島で野生化し，その生息域を拡大したものもある．

　デンプン質に富んだ主食植物（タロ，ヤム，バナナ）は，古い時代に東南アジア，ニューギニアからもたらされ，オセアニアの多くの島々で現在も主要な作物となっている．これに対し，サツマイモ（*Ipomoea batatas*）は，まったく異なるルートで移動してきた．約1000年前，ポリネシア東部から南アメリカ大陸の北西部に到達したカヌーは，エクアドル地域からこの植物と現地の言葉による名前「クマラ」を持ち帰り，やがてこの作物はアオテアロア（ニュージーランド）を含む多くの島々へと運ばれた．

　非常に重要な繊維植物であるカジノキ（*Broussonetia papyrifera*）は，オーストロネシア語族により数千年かけて台湾からオセアニアへもたらされ，栽培された．この木からは，高品質の樹皮布（いくつかのポリネシア言語ではタパとよばれる）がつくられる．タパは実用的な衣服としてだけでなく，交易や贈与など，島々の間の経済的，社会的関係において重要な役割を担った．

[Peter J. Matthews]

家畜利用

〜〜〜〜〜〜〜〜〜〜〜〜〜〜〜〜〜〜〜〜〜〜〜〜〜〜〜〜〜〜〜〜〜

　オセアニアにはコウモリ以外の哺乳類は分布していなかった．今から3300年前頃に東南アジアから移住してきた新石器農耕民（オーストロネシア語族）が持ち込んだのは，イヌ，ブタ，ニワトリという東南アジアの基本的な家畜とネズミであった．一般に哺乳類が自力で海を越えるのは難しく，人類によって意図的にカヌーに乗せられて島嶼世界へと持ち込まれたのである．なお，この3種類はセットで育てられた島ばかりではなかった．イースター島にはニワトリのみ，ニュージーランドとミクロネシア東部にはイヌのみが持ち込まれ，小さなサンゴ島では，ブタが継続飼育された例は限られていた．家畜に頼らなくても，豊富な海洋資源を主要なタンパク源とする食生活が可能であったのである．

●**イヌ（*Canis familianus*）**　狩猟採集民社会であったオーストラリアのディンゴ（*Canis lupus dingo*）とニューギニアの高地犬が最も古く，狩猟犬として使われた．遺伝研究が進んだ結果，両種ともに東アジアの家畜犬に由来し，遺伝的多様性が非常に低いことから，今から4000年前頃にごく少数の祖先グループが海を越えてもたらされ，その後，外部と隔離された状態が続いたと考えられる．

　オーストロネシア集団が持ち込んだイヌは，もっぱら食用だった．ただし，日常食ではなく，儀礼や饗宴に際してのみ食され，多くはブタとともに調理，分配された．例外はニュージーランドで，モアという巨鳥を狩るために猟犬として使われ，その毛皮からはマントがつくられた．ハワイではイヌの歯が釣針の素材にもなっていた．他方，イヌが埋葬された例も，サモアやツアモツ，マルケサス，ニュージーランドなどから見つかっている．女性が自身の子どもとともに乳を与え育てた場合や，猟犬であった場合などに埋葬されたと考えられている．

●**ブタ（*Sus scrofa*）**　オセアニアのブタはイノシシに近い形状で，黒毛に覆われて牙をもつ．トンガなどで村の中を歩いていると，仔ブタを数匹引き連れた母ブタが悠然と道を歩いており，まさに景観の一部を構成している．

　最も古いブタの痕跡は，メラネシアのラピタ遺跡から見つかる3000年前頃のものである．オセアニアへ移住するにあたり，ブタは多産かつ雑食なので携行されたと思われるが，ストレスに弱いので小さなカヌーに乗せて航海するのは非常な困難を伴う．ブタを欠いた社会が多かった要因の一つでもあろう．

図1　牙をもつ黒毛のブタ［1997年バヌアツにて筆者撮影］

　ブタが定着した島では，特に儀礼食として欠かせない存在であった．饗宴に際して大量のブタが殺され，年齢や性別，社会的地位によって分配された．他方で，メラネシアではその牙が貨幣的価値をもつため，大きなブタよりも立派な牙をもつブタの方が，価値が高かった．

　オセアニアのブタは，太平洋クレードルとよばれる遺伝子型をもつ．これはインドネシアやベトナムのブタにも共通して見つかるが，台湾では見つかっていない．拡散途中のウォーレシアでブタを入手した可能性が高い．

●ニワトリ（*Galus gallus*）　オセアニアのニワトリは，東南アジアの家禽をルーツにもつ．ブタやイヌとともに儀礼時に供され，卵は食用にされることはなかった．長くてきれいな尾羽根は，ニューギニアをはじめ，各地で装飾目的に利用さ

図 2　ニワトリを抱える青年
［1974 年チュークにて筆者撮影］

れた．19 世紀にマーシャル諸島を訪れた O. コッツェブーも，肉よりむしろ羽根が用いられていたと記録している．ニワトリが唯一の飼育動物だったイースター島では，特殊な石造りの小屋をつくって管理していたが，多くの島では放し飼いにされ，野鶏化した例も多い．遺伝的には，オセアニアのニワトリはフィリピンの野鶏に最も近い．

●ネズミ（*Rattus sp.*）　家畜ではないが，ネズミもオセアニア全域に人とともに広まった．メラネシアからポリネシアにはナンヨウネズミ（*Rattus exulans*）が広く分布し，ミクロネシアにはクマネズミ（*Rattus rattus*）が分布していた．すべてが人間による持ち込みの結果で，人間の目を盗んで勝手にカヌーに乗り込んだ可能性よりも，その多産性などにより食料として意図的に運ばれた可能性が高い．実際，ミクロネシアやポリネシアでは，伝統的なネズミの捕獲法や調理法が民族誌に記録されている．

　ナンヨウネズミは台湾に生息していた証拠はなく，直接の起源地はハルマヘラであることが遺伝子型から明らかになっている．

　以上のように，台湾から南下したオーストロネシア諸語を話す人々は，ウォーレシア地域を一気に通り過ぎたのではなく，ブタや有用植物などを入手し，島嶼環境に適応しながらオセアニアへ広まっていったと考えられる．　　　　　［印東道子］

📖 **参考文献**

[1] 印東道子『オセアニア　暮らしの考古学』朝日選書 715，朝日新聞社，2002.

樹皮布からみた移動

◇◇◇

　樹皮布は，英語圏ではタパ（tapa）あるいはバーク・クロス（bark-cloth）とよ
ばれてきた．オセアニア固有の物質文化とイメージする人が多いが，樹皮布の
ルーツは中国南部にあり，新石器時代にオーストロネシア語族の渡海による移住
によって，オセアニアの島々にその技術と素材となる植物は運ばれた．その主な
経路には，4000 年前頃に台湾からフィリピン諸島へ南下するルートや，東南アジ
ア大陸沿岸から南シナ海を経るルートが想定されてきた．ポリネシアのハワイ諸
島には人類移住とともに，800 年前頃にたどり着いたとされる．

●樹皮布の生産と主な植物素材　樹皮布の生産技術と素材植物が，源流側からオ
セアニアの島々へ移動，拡散したことを裏付ける証拠には考古遺物のほか，言語
学的な痕跡など複数ある．最近では，樹皮布の主な素材とされるカジノキ
（*Broussonetia papyrifera vent*）が，カヌーで島から島へ運ばれたことが，DNA 分
析により明らかにされつつある．

　樹皮布の制作は，「叩く，編む，織る」という人類の植物利用形態のうち，最も
原初的な「叩く」技術が用いられた．「原始布」という表現から，樹皮布が荒く粗
雑でゴワゴワしたものというイメージをもたれるかもしれないが，厚みはあぶら
取り紙のように薄く均質で，天女の衣のような樹皮布もかつてはつくられてい
た．技法も灯りにかざすと見える透かし模様の入った樹皮布など，現代では再現
できない高度な技法を駆使した樹皮布が存在したのである（図 1）．そして，イン
ドネシアのバリ島では，ウランタガという名称で死者を包む樹皮布として，また
ヒンドゥー教の切り紙の護符や宗教カレンダーなどの樹皮紙として使われてお
り，用途を布だけに限定しない理解が必要
である．

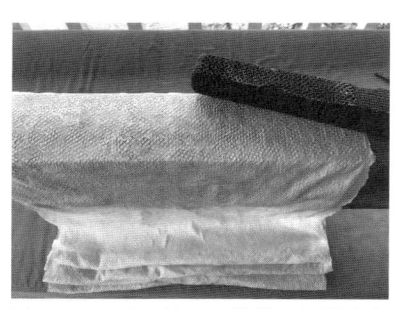

図 1　ハワイの透かし模様入り樹皮布
（*kapa*）［2019 年 10 月ハワイ・マウイ
島にて Lisa Schattenburg-Raymond
撮影］

　オーストロネシア語族の人々は，樹皮の
内皮が白い繊維であるカジノキに対し，お
そらく「特別な力のある木」「聖なる木」と
いう意識をもって，叩く技法を用い樹皮布
をつくり始めたと考えられる．樹皮布には
ほかにパンノキや菩提樹なども用いられて
きたが，人生の節目節目の誕生や死という
人生儀礼には，カジノキでつくった樹皮布
が用いられる．この場合には，「煮熟する」
工程はなく，ある程度叩き延ばした樹皮を

バナナの葉に包んで数日置く「精錬発酵」という発酵作用が用いられた.

●**叩き道具ビーターの種類と機能**　叩き延ばす道具は英語でビーターとよばれ, (1)握りの部分と叩く作業面が１本の棒状になっているバトン型（club type）と, (2)こぶし位の大きさの平坦な石の両面に叩き延ばす作業面を刻み, 石の周囲に竹やラタン製の取手を固定する溝を刻んだラケット型（composite type）の２種に大別できる. 知られている限りでは, ラケット型はすべて石製, バトン型は台湾, パプアニューギニアなどで石製, オセアニアではほぼ木製である. 樹皮布の源流地域とされる中国南部では, 6000年以上前の石製ラケット型ビーターが近年数多く出土しているが, 台湾では石製バトン型のビーターの出土例が多い.

　ここで特記しておきたいのは, 道具に求められる機能が「作業効率」だけではなく, 「叩くビーターと下の受け手の叩き台が相まって生じる音」が重視されている点である. 集団で叩き作業を行うとオーケストラのようにビーターごとに異なった音色が数km先まで大きく響いたようである.

●**古代日本にもたどりついたカジノキ**　オセアニアに渡ったオーストロネシア語族が, カジノキを白い樹皮に畏敬の念を抱き, 叩く技法で樹皮布を制作したが, 日本の古代布にまつわる底流にもその影響と思える痕跡がいくつかある. 青森の八幡崎縄文晩期遺跡では, カジノキの実が筵に大量に並べた状態で見つかったという報告があり, すでに縄文時代に南方産のカジノキが日本に伝来していた可能性がある. 今も冷泉家で乞巧奠という七夕行事が執り行われているが, カジノキの葉が大事なさまざまな場面で用いられる. この行事は, 奈良時代に天皇家ですでに行われていた. 呪術的な用途によく用いられた木綿, 幣などの古代布はカジノキが用いられた樹皮布であったと指摘する最新研究が増えてきている. 平安時代になるとカジノキは貴族の屋敷の鑓水庭園に植えられていたことが, 屋敷跡の発掘調査で種子が見つかりわかってきた. 鎌倉時代の『吾妻鏡』には, 諏訪大社の社紋としてカジノキが使われる由来が出てくる.

　オセアニアの樹皮布は, 名称の通り「布」として扱われてきた. しかし, 最近の調査で, 中部スラウェシでの樹皮布と樹皮紙用途の両方が共にフヤとよばれてきた実例や宮崎県高千穂神楽の舞台の四方に飾られる切り紙の彫物は和紙でつくられ, メキシコのシャーマンが呪術を行う聖域の四方に吊り下げられる切り紙は四角い樹皮紙を用いることなど, これまで気づかなかった古くからの未解明点が指摘されるようになってきた. 新たな「ビートゥン・バーク（Beaten Bark）考古学」という視点を加え, 今も残る謎の解明が進むことを期待したい.　　　［坂本　勇］

📖 **参考文献**

［1］Charleux, M. ed., *Tapa: From Tree Bark to Cloth*, Somogy Editions d'Art, 2017.
［2］Lennard, F. & Mills, A. eds., *Material Approaches to Polynesian Bark-cloth*, Sidestone Press, 2020.

漁撈と定着

〇〇

　オセアニアへの更新世期における人類移住の際にも，新石器時代以降の第2の移住と島々への定着に際しても，漁撈は重要な役割を果たした．更新世期の移住はウォーレシアなどの東南アジア島嶼部の島々から，ニア・オセアニアとよばれる旧サフル大陸とその周辺離島域への移住が行われた．この移住には80km程度の渡海が必要となり，これは竹筏による実験航海では約5日間の航海で到達できる距離だった．実際に当時の渡海に竹筏が利用されたかは不明だが，人々が5日間以上の食糧や水分を用意し，渡海に臨んだことは容易に想像できる．

　その際にどのような携帯食糧が持ち込まれたかは不明だが，保存のきく植物性の食物や肉・魚類の干物などが想定できよう．水分としては，竹筒の容器がすでに利用されていれば水も保管・携帯できたであろうが，熱帯圏ではココヤシの実をそのまま持ち込み利用することも多い．また水は渡海中に雨が降れば，大量に集水するのは難しかったろうが，補給もできたかもしれない．

●更新世期の人類移住と海洋適応　同じく海上で捕獲できる可能性のある食糧が魚類である．外洋域で魚類を捕獲するには，釣りやトローリング漁といった漁法が最適となるが，オーストラリア大陸方面への移住において出発地の第1候補となるティモール島では，ジェリマライ（アシタウクル）遺跡より4万年前に遡るマグロやカツオの魚骨が人類遺跡から大量に出土した．またこの遺跡からは約2

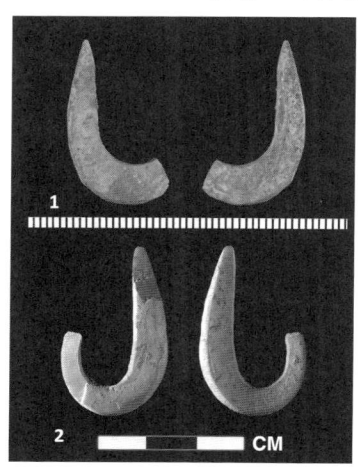

万年前以降の層より貝製釣り針も出土している（図1）．現時点においては，世界でも最古級の釣り針である．また外洋の表層を主に回遊するマグロ・カツオ類の捕獲に最適なのが釣り漁であることから，この発見は当時の人類がすでに釣り漁などで外洋の魚種も捕獲・利用できていた可能性を示唆している．

　こうした更新世期の人類による海洋適応は，サフル大陸への長距離渡海による移住を可能にした大きな要因だったと考えられる．ただし狩猟採集が主な生業形態であった当時の人々にとって，サフル大陸への移住後も魚類の利用が必須となったかは不明である．沿岸域や湖岸域では漁撈は重要な生業の一つとなったであろうが，広大なサフル大陸の内陸部では，むしろ多種に及

図1　ティモール島で出土した更新世期の貝製釣針［S. オコナー提供］

ぶ有袋類を対象にした狩猟やさまざまな植物利用が不可欠となった．

●**リモート・オセアニアへの移住と漁撈**　その後の新石器時代期以降に起こった移住では，リモート・オセアニアを含むオセアニア全域に人類は拡散した．リモート・オセアニアには，ミクロネシアやポリネシアの全域，ソロモン諸島以東のメラネシアの島々が含まれるが，いずれも新石器時代以前は人類未踏の無人島として存在してきた島々だ．その背景には，(1)これらの島々の島嶼間の距離が離れており，渡海による移動がより困難であったこと，(2)島々の面積や利用可能な自然資源が限られ，狩猟採集を軸とする生業形態では継続的な居住が難しかった可能性が指摘できる．つまり，この二つの条件をクリアしない限り，これらの島々への移住や定住は困難だった．

　新石器時代以降の人々は，より発達した航海術や，農耕と家畜飼育という新たな生業形態を武器にこの課題を克服し，リモート・オセアニアへの移住に成功した．この人々は言語学的に台湾が起源地とされるオーストロネシア語族の仲間で，台湾・東南アジア方面からオセアニアへと移住・拡散したことが考古学的にも確認されつつある．実際，メラネシアの離島域に最初に進出したラピタ人はオーストロネシアン一派と認識されるが，彼らが残した遺跡群からは，それまでオセアニアでは確認されてこなかった土器のほか，ブタやイヌ，ニワトリといったアジア起源の家畜動物の骨，タロイモなどの有用植物の遺存体が出土している．

　しかし，これら家畜動物の骨以上に，ラピタ遺跡群から出土するのが魚骨や貝類であり，ラピタ人は移住した島々で海産資源にもかなり依存していたようだ．特に移住初期の場合，農耕による持続的な食料資源の獲得には一定の時間が必要となり，定住化が安定するまでの過程では島で得られる自然の動植物資源や海産資源の重要性はより高まったと考えられる．ラピタ遺跡群でも初期の遺跡からは，絶滅した多種に及ぶ爬虫類や鳥類の他，

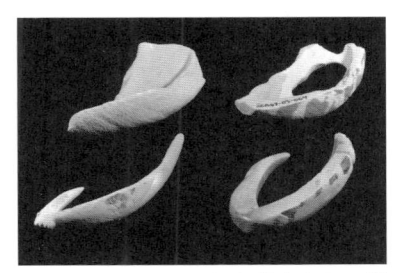

図2　トローリング用と推定される貝製釣針［P.カーチ提供］

サンゴ礁に主に生息する多様な魚貝類が多く出土し，貝製釣針やトローリング用と推定される釣針も出土する（図2）．

　これらの状況は，移住初期より活発な漁撈が行われ，魚貝類が人々にとって重要な資源であったことを示唆している．また定住に成功した後も，集落近くのサンゴ礁域で安定的に捕獲できる魚貝類は重要なタンパク源となった他，貝製品の素材としても活躍した．ミクロネシアやポリネシアおいても多種に及ぶ魚介類や釣り針が遺跡から出土しており，リモート・オセアニアに進出した人類にとっても漁撈が重要な生業の一つであったことを物語っている．　　　　　　［小野林太郎］

釣針からみた人類移住

◇◇◇◇◇◇◇◇◇◇◇◇◇◇◇◇◇◇◇◇◇◇◇◇◇◇◇◇◇◇◇◇◇◇

　海洋地域であるオセアニアでは，豊かな漁場が眼前に広がり，魚類や貝類，甲殻類やウミガメなど多種多様な食料資源を得ることができた．一部地域を除き，島には陸生の哺乳類や大型鳥類が乏しいことから，島民にとって毎日の食卓を彩る魚類は必要不可欠なタンパク源であった．魚を取る方法は銛突き漁や網漁などさまざまだが，釣針を使う釣漁は広く普及し，古くから発達した漁法の一つである．現在では金属の釣針を使用するのが一般的だが，考古資料や民族資料には，釣針素材に貝殻，人間や動物や魚の骨，亀甲，鼈甲，木材，石材などが使われており，きわめて多様な展開をみせていた．釣針は，釣糸を結ぶ軸と魚をひっかける鉤が一つの素材でできた単式釣針と，軸と鉤が別作りで両者を結合して用いた組合せ式釣針，そしてタコやカツオ釣り用の複合式釣針の大きく3種に分けられる．本項ではオセアニアにおける釣針からみた人類移住の可能性を探る．

●**更新世——釣針の登場**　釣針は世界各地で散発的に出現しているが，近年の発掘成果により，オセアニアでは更新世末期から完新世初期に釣針が登場したことがわかってきた．世界で最も古いとされるのは，沖縄県サキタリ洞で出土した約2万3000年前のニシキウズガイ科ギンタカハマ製の釣針である．サイズが3cmに満たないであろう，かえしをもたない小型の釣針だが，実験によって1m近いオオウナギを釣れるほどの強度があることが証明された．またメラネシアでは，東ティモールのジェリマライ（アシタウクル）遺跡で約2万3000～1万6000年前の釣針が，同じくレネハラ洞穴では約1万1000年前の釣針が出土している（☞「漁撈と定着」図1・図2参照）．いずれも真珠層をもつニシキウズガイ科貝類でつくられた単式釣針だ．アロール島のトロン・ボン・レイ洞穴では，約1万2000年前の地層より，埋葬人骨の首元からニシキウズガイ科サラサバテイ製の単式釣針が数点出土しており，釣針が古くから副葬品としての価値をもっていたことがわかる．オセアニアにおける初期の釣針は出土数こそ少ないものの，ニシキウズガイ科貝類を用いたかえしをもたない単式釣針という共通点がみられる．この貝の真珠層が光を反射して鈍く光り，魚を呼び寄せたのだろう．ジェリマライ遺跡からは外洋魚であるサバ科のカツオやキハダの椎骨が出土しており，更新世人類が外洋で貝製釣針を使った漁撈に従事した可能性も考えられる（文献［1]）．

●**完新世——釣針の多様性**　今から約3300年前には，リモート・オセアニアに進出したいわゆるラピタ人により釣漁が始まっていた．ラピタ人の使用する釣針はサラサバテイやヤコウガイなど真珠層をもつ大型巻貝を用いたJ字状の単式釣針が主流であった．パプアニューギニア北東のムサウ島で見つかったサラサバテイ

の殻底を用いた軸長 7 cm を超える
釣針は，外洋で大型魚を釣るための
トローリング用ルアーとしての機能
があったと推測される．ラピタ遺跡
から出土する魚骨の約 9 割は沿岸で
獲得できる魚種だが，外洋に生息す
る魚も少量ながら確認できる．ラピ
タ人の釣針が更新世末期の文化を継
承したものか否かは不明だが，漁法
と釣針にも少なくない変化が生じた
ことがわかる．

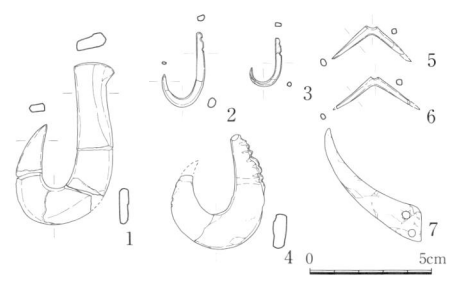

図 1　マリアナ諸島のさまざまな釣針［筆者作図］

　約 3500〜2500 年前のマリアナ諸島ではチョウセンサザエやシュモクアオリガ
イなど真珠層をもつ貝殻を素材とする釣針が少量ながら発見されている．グアム
島のナトンビーチ遺跡では，クロチョウガイでつくられた基部に突起をもつ大型
単式釣針が人骨に伴って出土している（図 1-1，-1 は図内番号，以下同）．約
1000〜400 年前のラッテ期にはシュモクアオリガイ製単式釣針が主流となるが，
軸上部に刻みを入れる点で古い時期とは形態が異なる（図 1-2・3）．この他にト
ビウオ漁に用いられる V 字状の釣針（ゴージ）や，人骨や貝を用いた組合せ式釣
針の鉤も出土する（図 1-5〜7）．環礁島が並ぶマーシャル諸島では，クロチョウ
ガイ製ルアーを用いたカツオ漁用の複合式釣針が使用されていた．ミクロネシア
の民族誌事例によればクロチョウガイ製ルアーは装飾品，財貨，威信材として貴
重な価値をもっていたという．サンゴ島であるファイス島では 400〜1400 年頃の
亀甲を使った単式釣針が出土している．ミクロネシアの釣針は素材や形態に類似
点と相違点があり，完新世に各地で多様性が生まれたことを示している．
　最終的に釣針はマルケサス諸島やソサエティ諸島からハワイ，ニュージーラン
ドなどオセアニアの隅々まで展開していった．ハワイのプウ・アリイ砂丘遺跡と
付近の洞窟からは 2000 点もの釣針が出土し，素材や形状もさまざまでサメ釣り
用やタコ釣り用などその多様性には目を見張るものがある．オセアニアにおける
釣針が人類移住に伴い一地域からの伝播によって出現・拡散したかは現在のとこ
ろ定かではない．しかし，各地域や時代によって異なる素材を用いた多様な形態
の釣針がつくり出された背景は，文化伝播や地域伝統に基づき，島の自然環境，
捕獲対象となる魚種などを考慮した人類の環境適応の結果であり，釣り人がいか
に魚を釣るかを苦心した努力の産物でもあったのだろう．　　　　［山野ケン陽次郎］

📖 **参考文献**
[1] 小野林太郎『海の人類史—東南アジア・オセアニア海域の考古学』増補改訂版，雄山閣，
　　2018．

環礁島への定着

〜〜〜〜〜〜〜〜〜〜〜〜〜〜〜〜〜〜〜〜〜〜〜〜〜〜〜〜〜〜〜〜〜〜〜〜〜〜〜

　オセアニアの南北貿易風帯には，環礁とよばれる島々が数多く分布する．環状に連なるサンゴ礁の上に波浪によって堆積した砂礫の州島が点々と連なる．小さな州島や細長い州島が多いが，サンゴ礁の角では陸地の幅が1kmを超える場合もある．人々は得てして，こうした大型の州島に住んでいる．

●天水田景観　筆者は，ミクロネシアとポリネシアの境界を越えて，マーシャル諸島，キリバス，ツバル，北部クック諸島，ツアモツ諸島の10以上の環礁を調査してきた．たまに見かける砂丘地形や熱帯サイクロンが外洋側につくり出すストームリッジ（サンゴ礁からなる堤状地形）を除くと，州島の標高は1〜2m程度で，低平な地形である．それでも，人々が住む環礁州島にはココヤシやパンダナス，パンノキ，バナナなど外から持ち込まれた有用樹が植栽され，植生は多様化してきた．特に年間2000mm前後の降水量が期待できる環礁では天水田が掘られ，タロイモやミズズイキ類といったサトイモ科根茎類が栽培されている（図1）．

図1　ミズズイキ類を栽培するマジュロ
　　環礁の天水田［2006年8月筆者撮影］

　環礁州島の天水田は，地下に滞水する不圧淡水層を利用する農耕である．州島の地下には，古い石灰岩の上にサンゴ礁由来の砂礫が乗っている．どちらも隙間が多いためまわりから海水がしみ込んでいるが，州島に降った雨水は海水よりも軽いため，その上に帯水して淡水層を形成する．淡水層の断面はレンズ状をなし，水深はちょうど州島の中央付近で深く，水頭も高くなる．外洋側のストームリッジとラグーン側の浜堤に挟まれた州島中央はもともと低く，環礁に暮らす人々はこうした場所を淡水が湧くまで掘り下げて天水田を構築し，サトイモ科根茎類を栽培してきた．環礁社会の生計を支える重要な食料源であり，その耕地である天水田と周囲に積み上げられた廃土堤がおりなす起伏の連なりが，単調な地形にアクセントを与えている．島の人々は，自然の営力と祖先の営為のからみ合いが生み出した景観の中で暮らしている．

●マジュロ環礁の発掘調査　リモート・オセアニアの環礁では，河川による堆積作用はもちろん，火山噴火による降灰が期待できないため，島民の生活面は過去から現在までほとんど変わらない．古い遺跡や遺構は新しい活動によって常に攪乱される傾向にあり，考古学にとっては層位発掘が難しいフィールドである．し

かし，天水田の掘削によってまわりに積み上げられた廃土の下に，過去の生活の痕跡がパックされていることがある．例えば，東ミクロネシアのマーシャル諸島マジュロ環礁では，最大幅1.2 km・面積2.1 km²をはかる大型州島ローラに195基もの天水田が掘削されていた．積み上げられた廃土堤を発掘したところ，およそ2000年前には居住が始まり，遅くとも1700年前には天水田の掘削が始まっていたことがわかった．おそらく，ソロモン諸島あたりから北上してきた人々がマーシャル諸島に住み着き，故郷から運んできた根茎類の栽培を始めたのだろう．

●**プカプカ環礁の初期居住**　同様に，ポリネシア中央に浮かぶ北部クック諸島プカプカ環礁の州島ワレにも天水田が連なる．廃土堤を発掘したところ，居住の開始は約600年前だった．ポリネシアの他の環礁からも同時期の年代しか得られておらず，東ミクロネシアの環礁とは居住史の長さが大きく異なることが明らかとなった．しかし，歴史や文化が異なる東ミクロネシアとポリネシアの環礁にもかかわらず，その景観が地域を越えて共通することは興味深い．天水田農耕の成否が環礁の先史居住にとって重要な要素だったと考えてよい．

●**クロチョウガイ製釣針**　サンゴ礁が取り囲むラグーンから，クロチョウガイが豊富に産することも多くの環礁の共通点である．成長すると殻長が15 cmに達する二枚貝で，貝殻の内側にはアコヤガイと同じように真珠層が形成される．貝製釣針に適した素材で，プカプカの民族誌によれば，回遊魚のカツオ漁に用いられる複合式釣針のルアー9本が1枚のクロチョウガイからつくり出せるという．さまざまな形状とサイズの単式釣針も遺跡から出土した（図2）．外洋だけでなくラグーンの表層から

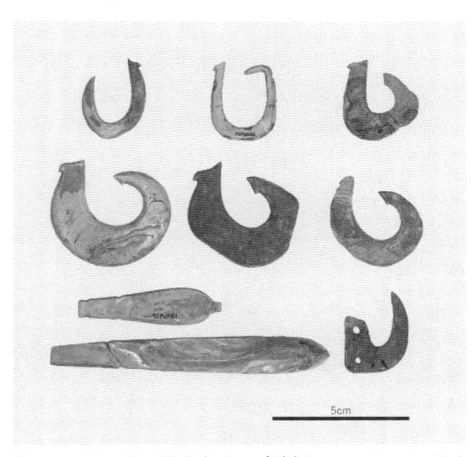

図2　プカプカ環礁出土の多様なクロチョウガイ製釣針［筆者撮影］

深層，流れの速いサンゴ礁の切れ目まで，漁場に合わせて釣針を使い分け，サトイモ科根茎類とともに多様な魚種を生活の糧にして，環礁の人々は暮らしてきたのである．

［山口　徹］

📖 **参考文献**
[1] 近森　正編著『サンゴ礁の景観史―クック諸島調査の論集』慶應義塾大学出版会，2008.

交　易

◇◇

　オセアニアの人々は島の環境によって存在しない資源を獲得するため，他島と交易を行っていた．こうした交易ネットワークは，自然災害の際のライフライン，また婚姻パートナーを得るための手段としても機能した．また首長が威信財を独占的に入手し，それらを地域社会内で分配することにより，貢納を受け取るという威信財システムの一部でもあった．こうした交易は大規模な船団を組んで組織化され，定期的に決まったパートナーと行われる場合が多かった．以下では，各地域の代表的な交易の例をもとにその特質についてみていきたい．

●メラネシア　島嶼間の距離が小さいメラネシアでは，地域ごとに交易ネットワークが発達した．例えば，ニューギニア島の東半部では，ヴィシアズ，ヒリ，マイルー，クラなどの交易ネットワークが，海岸部に連続して分布している．これらは経済的な色彩の濃い物々交換から儀礼的な贈物交換まで多様な内容となっている．交易システムの発達に伴い，資源の限られた小さい島の島民が，交易網の中で仲買人的な役割を果たしたり，交易のために土器・貝製装身具・貝貨などを専業的に大量生産したりする場合も多かった．

　マッシム地域の有名な儀礼的な交換であるクラ交易では，2種類の貴重品（赤色の貝ビーズ製首飾りと白色の貝製腕輪）が円形のネットワーク上のパートナーの間をそれぞれ逆方向に循環した．これらの地位を示す儀礼的な装身具は，個人の所有物とはならず，パートナーへの返礼として短期間で手放さなくてはならなかった．またその他の物資も交換され，重要な経済活動であった．この地域の首長は自分の能力を発揮して威信を高める必要のあるメラネシアのビッグマン的な要素があり，貴重品の所有や入手した交易品の再分配を通じて権威を維持した．

●ポリネシア　島嶼間の距離が大きいポリネシアでは，西ポリネシアのトンガ，サモアとフィジーの首長の間で婚姻に伴う威信材である婚資の交換が行われていた（図1）．トンガの男性がサモアの女性と結婚する際に，サモア産の女性の財である精製の敷物が持ち込まれ，トンガの女性がフィジーの男性と結婚する際に，フィジー産の男性の財であるカヌー，赤色の羽毛，樹皮布などが持ち込まれた．トンガでは最高首長（*Tu'i Tonga*）がフィジー・サモアから独占的に入手した威信財を下位の集団（リネージ）の女性と結婚する際にそのリネージの在地首長に分配し，貢納を受け取った．このように最高首長は威信財交易を行うことによって権力を維持した．またこうした関係を近隣の島々と結ぶことによりトンガ海洋帝国とよばれる広域な支配構造をつくり出し，階層化した社会を形成した．

　東ポリネシアでは，火山島のタヒチ島と環礁島のツアモツ諸島やオーストラル

諸島の間でそれ
ぞれの環境によ
る資源の特性を
生かした交易が
行われた．タヒ
チからは石斧用
の石材，環礁島
からは真珠母
貝，赤色の羽毛，
イヌの毛皮，敷
物，ウミガメな
どが交換され
た．

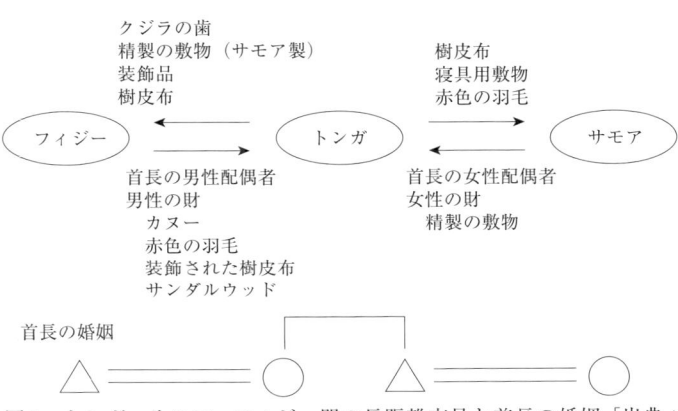

図１　トンガ・サモア・フィジー間の長距離交易と首長の婚姻［出典：Kirch, P. V., *The Evolution of the Polynesian Chiefdoms*, Cambridge University Press, pp.238-239, 1984 の図 79，表 21 をもとに改変］

●ミクロネシア

資源の限られた環礁島が多いミクロネシア中央部に位置する中央カロリン諸島では，盟主となる火山島のヤップ島と東に進むほど下位になる 14 環礁の間に政治的な序列関係があり，東部離島から朝貢の品物をヤップのガギル地区のガチャパル村とウォネヤン村に届けるサウェイとよばれる航海が数年に 1 回行われていた．この航海は最下位の島を出発したカヌーの船団が西に進み，各島からカヌーが順次参加し，ヤップに貢物を届けた．離島からは椰子油，椰子蜜，織布，敷物，椰子縄，べっこう，貝製装身具などの手工芸品を中心とする貢納物や宗教的供物が贈られたのに対し，ヤップからは土器，赤土，火打石，ウコン，竹，ヤムイモなど環礁島に存在しない物資を中心に贈られたが，量的に彼らの貢物よりはるかに多かった．またヤップ人にとってパラオで石貨を入手する際に重要であったカヌーの建造術と航海術を含む秘儀的知識や情報が交換された．離島民にとってサウェイにはヤップへの朝貢に加えて，自然災害や疫病をもたらすヤップの神への宗教的供物を届けるという目的もあり，非常時の安全保障という意味合いもあった．ガチャパル村はサウェイを通して貝貨の原材料であるウミギクガイや経済・儀礼的に価値の高い威信財である貝貨や織物などの貴重な交換財を確保することによりヤップ社会での勢力争いで優位に立つことができた．

　このようにオセアニアの交易は，まず生存戦略としてモノ・ヒト・情報などの必要な資源の入手に加え，他集団との関係を維持した．次にさまざまな政治体制をもつ社会において首長が政治戦略の一環として交易の独占や入手した威信財の配布を権力の保持に利用した．最近の考古学の通時的な研究（☞「石器からみた移動」）では，交易が静的なシステムではなく，首長制の発展と密接に関係しダイナミックに変化したことも明らかになりはじめている．　　　　　　　　　［長岡拓也］

石器からみた移動

　先史時代，オセアニアの人々は，島々の間に広がる海をバリアーではなく，交流する手段として利用し，活発に遠距離航海を行ったことが知られている．彼らは，星・海流・風向・生物などの自然現象の認識を通して卓越した伝統航海術（☞「伝統的航海術」）を発達させるとともに，自分たちの島では得られない物品や結婚のパートナーを獲得し，台風・旱魃（かんばつ）など災害時に対応するインフラでもあった交易ネットワークを形成していた（☞「交易」）．しかし近代的な考古学の研究が進むまで，それぞれの島々は孤立していたと考えられ，環境の異なる島々が社会進化を考えるうえで「実験室」として捉えられていたこともあった．

　従来の考古学研究では，人の移動の特定は遺物や遺構（建造物など）の形態や文様の類似に頼らざるを得ず，オセアニアでは比較に適した土器など可塑性の豊かな遺物が乏しいため，正確な把握が困難であった．また考古学的に確認できる証拠は，さまざまな交易品の中でも耐久性のある遺物に限られている．

●**自然科学分析の応用**　近年の自然科学分析の技術の発達によって，オセアニアにおける人の移動に関する考古学的な研究は飛躍的に進んだ．1980年代以降，石材の産地ごとの地質化学的な相違の分析から石器や土器の原材料の産地がどこであるかを分析する手法が使われ出し，石器（玄武岩，安山岩，黒曜石，チャートなど）や土器（胎土）の分析が行われた．特に最近では，さまざまな分析方法の中でも，非破壊で低コストの蛍光X線分析が産地同定の主流となっている．

●**メラネシア**　メラネシアでは，旧石器集団の段階から黒曜石やチャートの遺物や石材，有袋動物，カナリウムナッツなどの有用植物の海を越えての移動がわかっている．次の新石器集団のラピタ期（☞「ラピタ人とラピタ土器」）は，調査数も多く，交流についての研究が盛んである．これらの研究では，ラピタ人のホームランドとされるビスマルク諸島産の黒曜石が，遠距離を運ばれており（図1），新しい島へ移住した人々がホームランドの母集団とのつながりを持ち続け，威信財ネットワークを維持していたと解釈されている．ラピタ期の終末には，交易ネットワークが縮小し，地域化したこともわかってきている（☞「ラピタ文化後のメラネシア」）．またメラネシアでは民族誌で記録されている地域ごとの交易ネットワークにつながる考古学的な証拠も見つかってきている．

●**ポリネシア**　ポリネシアでは，欧米との接触時には交易ネットワークはフィジー・西ポリネシアと中央東ポリネシアでしか知られていなかった．しかし1769〜70年に探検家J.クックの水先案内人であったタヒチ人の地理的知識がポリネシアのほぼ全域である東西7000kmに及んでいたことが記録されており，考古学研究の

進展により先史時代に活発に遠洋航海を行っていたことがわかってきている．特に1000年以降の長距離交易を示す玄武岩の石斧や石材が，多く確認されている．これらの研究により，中世温暖期（700〜1250年）には活発化した長距離航海が，小氷期（1350〜1800年）には停滞するという仮説や，サモア産の石斧や石材の拡散が1200年以降のいわゆる「トンガ海洋帝国」とよばれるトンガの政治的な拡張と関係するという仮説が提出されている．また C. コロンブス以前のニワトリの存在など，ポリネシアと南北アメリカ大陸との交流を示す動植物の DNA や考古学的な証拠も明らかになりつつある．

●ミクロネシア　　ミクロネシアでは，有名なサウェイ交易（☞「交易」）や伝統航海術が民族誌的に知られている．先史時代も活発な交流が予想されるが，黒曜石・石斧・土器など産地同定分析が可能な遺物が少なく，研究が停滞していた．しかし西ミクロネシアでは環礁で出土した火山島から運ばれた土器の分析からサウェイ交易の原型となるものが15世紀

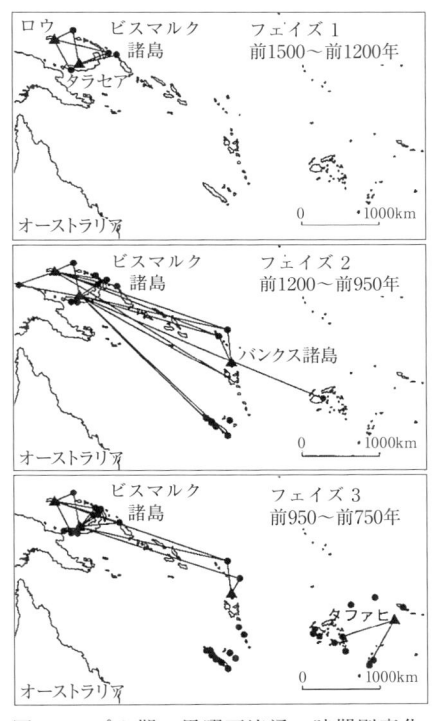

図1　ラピタ期の黒曜石流通の時期別変化．▲：黒曜石産地 ●：ラピタ遺跡 ［出典：石村 智『ラピタ人の考古学』渓水社，p.216，2011 より筆者改変］

には始まっていた可能性がわかってきた．東ミクロネシアでも，ポーンペイ島で約2000年前の初期居住期と考えられるニューギニア島産の可能性がある変成岩製の石斧やビスマルク諸島産の黒曜石が確認されており，植民者の起源や交流についても明らかになりつつある．またポリネシアン・アウトライアーのカピンガマランギ環礁から偶然見つかった黒曜石製尖頭器もビスマルク諸島産であることがわかり，他のポリネシア離島やポーンペイ島のナンマトル遺跡の王墓などから見つかっている黒曜石製遺物とともにナンマトルを拠点としたシャウテレウル王朝の対外交渉や1000〜1500年にポリネシア人の移動に伴い活発化したミクロネシアとメラネシアの地域間交流を示す証拠として注目される．

●今後の課題　　このように研究の進展により先史時代の地域間交流についての理解が深まりつつある．今後，遺物の移動の背景にある社会的な要因や地域間交流が社会変化に与えた影響について議論を深める必要がある．　　　　　　　　［長岡拓也］

貝製品とオセアニア先史

オセアニア各地の先史遺跡からは，過去の人々が使用した土器や石器，骨製品，木製品などが出土する．資源に限りのある島では，島内で粘土や石材を採取できない場合，搬入や交易により入手でもしないかぎり，土器や石器が遺跡から出土することはないし，木製品も保存条件が整わなければ残存しない．一方で貝殻を加工した「貝製品」は高い確率で遺跡から出土する遺物である．熱帯あるいは亜熱帯気候に属するオセアニアの島々では，海浜にサンゴ礁と礁湖が発達し，そこに重厚かつ色鮮やかな貝類が豊富に生息している．オセアニアでは貝の身を日常的食料とし，その殻を実用品や装飾品に加工・使用していた．遺跡から出土する貝製品はオセアニアの先史時代の日常生活や生業，社会構造や精神性，あるいは人類移動や文化伝播など，あらゆる事象を復元することに役立つ．

●**実用品と装飾品**　貝殻を実用品へ転用するという点で，オセアニアほど卓越した地域はない．人々は千差万別の貝殻の形態や特性をよく理解したうえで道具に加工した．例えば大型二枚貝のシャコガイ科は重厚で頑強なため，木材加工の利器として珍重された．オオジャコの蝶番部を用いた斧は木の伐採に向き，やや小型で薄いシラナミの腹縁部を用いた斧はカヌー製作用の手斧として最適でオセアニアに広く分布する（図1-1，-1は図内番号，以下同）．ヘルメットのような形状をしたトウカムリは，腹面に大穴をあけることで湯を沸かすための鍋に早変わりする．その口唇部は直線的で厚く頑強なため手斧として用いることができ（図1-2），殻底側を割り取って刃部を設ければ，ナイフや皮むき器としても有効活用できる．タケノコガイの仲間も，腹面を平坦に削り，殻底に刃部をつくれば丸鑿（のみ）

となる．逆に殻頂側を削ると，より小型の丸鑿になる（図1-3・4）．他にも巻貝の腹面と殻軸を取り除き器状に整形したビンロウ噛みの携帯用石灰入れ容器（図1-5）や（☞「嗜好品の広がり」），タカラガイの背面を用いたコプラ掻きなど（図1-6），オセアニアの日常のあらゆる場面に貝が用いられていた．

オセアニア各地に展開する代表的な貝製装飾品として腕輪やビーズが挙げられる．好んで腕輪に使用され

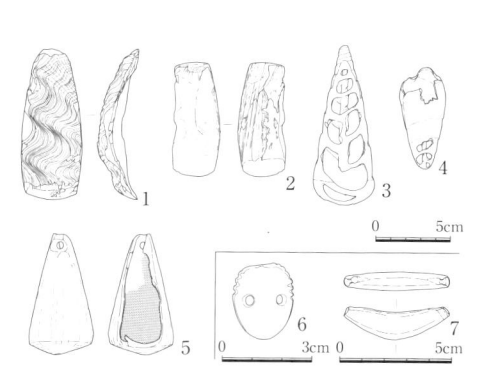

0　　　　　5cm

0　　3cm　0　　　　　5cm

図1　マリアナ諸島の貝製品［筆者作図］

るのは大型イモガイ科のアンボンク
ロザメやクロフモドキである．どち
らの貝も表面に黒い斑点模様がある
が，磨くと軟玉のように美しい乳白
色が現れる．グアム島のナトンビー
チ遺跡ではこのイモガイ製腕輪が幼
児の両手首に着装された状態で出土
した．埋葬に伴う貝製品は当時の装
飾文化だけでなく，社会構造や階層
性にも言及でき得る貴重な資料であ

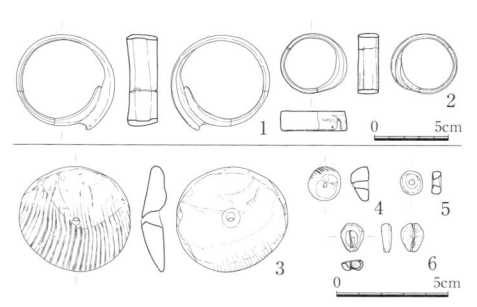

図2　ナトンビーチ遺跡の貝製品［筆者作図］

る（図2-1・2）．その他にオセアニアの人々に珍重された貝殻に，ウミギクガイが
ある．ウミギクガイは比較的深い海に生息する表面に棘が生えた二枚貝だが，丁
寧に磨くとオレンジ色に鈍く光る．これらを割って，直径1～2cmの玉状に研磨
整形し，中央に回転錐で孔を穿てば，彩色豊かなビーズとなる（図2-3～5）．小型
のタカラガイやイモガイを含む貝製ビーズは財貨（貝貨）としての価値もあるこ
とが，メラネシアの民族誌事例などで知られている．

●**貝製品からみた人類拡散**　オセアニアの人類拡散を貝製品から読み取る試み
は，貝斧や貝製釣針を通して行なわれてきた（文献［1］）．これらはオセアニアに
広く展開するうえに，地域によって形態や素材となる貝種に共通点と相違点があ
ることが重要だ．例えばシャコガイの蝶番部利用型の貝斧は完新世初期，約1万
～9000年前にマルク諸島やニューギニア本島などで出現しており，フィリピンの
ミンドロ島でも約6000年前の貝斧が出土している．

　約3500年前にマリアナ諸島やリモート・オセアニアへ進出した人類はシャコ
ガイ製貝斧の蝶番部利用型を使用しており，前時代までの伝統を継承した可能性
がある．ミクロネシアでは石材の豊かな火山島でもシャコガイを斧の素材として
頻繁に用いているため，資源の少ない島に住む人類の海洋適応という理由だけで
は各島における貝斧の出現を説明することは難しい．さらに貝製品に地域性が認
められることも周知の事実である．例えば，マリアナ諸島のラッテ期に特徴的な
「シナヒ」とよばれるシャコガイ製の装飾品はミクロネシアの他の島々では出土
しない（図1-7）．また，カツオ釣り漁のクロチョウガイ製疑似餌はポーンペイや
マーシャル諸島でも隆盛するが，マリアナ諸島ではほぼ認められない．このよう
に貝製品にみられる地域性は，海洋地域における人類移動と文化伝播の一端を解
明するための手がかりともなり得るのだ．　　　　　　　　　　［山野ケン陽次郎］

📖 **参考文献**
［1］小野林太郎『海域世界の地域研究―海民と漁撈の民族考古学』京都大学学術出版会，2011.

巨石建造物

　ミクロネシアのマリアナ諸島，ヤップ，パラオ，ポーンペイ，コスラエの島々に先史時代の巨石建造物や記念物や自然地形を改変して築いたモニュメントが残されている．住居，墓，農耕地，儀式と儀礼の場，聖域などの遺構が複合的に組み合わされ，文化的景観を創造している．代表的な遺跡を紹介しよう.

●**マリアナ諸島のラッテストーン**　ラッテストーンとは，グアムやサイパンを含むマリアナ諸島に建てられた高床式建物の床下の石柱である．1000 年頃に出現し，スペインが植民地政策で先住民チャモロのグアムへの強制収容をほぼ完了した 1700 年頃まで使用されていた．一般的には柱身の上に円錐台形の柱頭を逆さに載せた 3〜7 対の石柱が 2 列に立てられている．1565 年にスペイン人探検家 M.L. レガスピは，石柱上の家屋，料理用建物，大型カヌーハウス，集会所を記録

図 1　グアム島のラッテストーン・パーク［2017 年 3 月筆者撮影］

している．また，1602 年にロタ島に住んでいたスペイン人修道士の F. J. ポブレは，当時グアム島に 400 の村が営まれていたことを記録している.

　標準的な高さは 1〜2 m だが，二つの例外がある．6 対 12 本セットで高さが 5.8 m あるテニアン島のタガ遺跡と，立てると 6 m にもなる製作途中のアス・ニエヴェス工房遺跡のラッテストーンである．あまりにも巨大なため，建物を支える石柱だったかについては異論がある．マリアナ諸島では島や地域全体が統一された形跡がないとされるので，これらの巨大なラッテストーンが小さなテニアン島とロタ島に存在することは，身分階級や社会構造との関係で興味深い.

●**ヤップ島のストーン・マネー（石貨）**　グアムから 800 km 南西に位置するヤップ島に，円盤状の世界最大のストーン・マネー（石貨）が残されている．約 450 km 南西に位置するパラオの結晶質石灰岩でつくられ，カヌーと筏で運ばれたらしい．その様子が，1830 年代初頭の風景画に描かれている．パラオの石貨製作遺跡から少なくとも 400 年前には製作されていたことがわかっている（☞「ヤップの石貨」）.

●**パラオの複数形態のモニュメント**　大小 2 基のストーン・モノリスがパラオ本島のバベルダオブ島北端のバドルルアウ遺跡に建っている．広い平坦地に築かれており，コミュニティの集会所と考えられる大型の建物跡は，幅 7.6 m，長さ 55

m．高さ 2.1 m で長軸が南北に向き，周辺に 6 基のストーン・フェイス（人面石）が置かれている．巨石建造物と同様に先史時代の政治や社会の変遷との関連で重要な，ケズ（*ked*）とよばれる自然地形を大規模に改変した土木建設遺跡がある．バベルダオブ島を中心に海岸から登り切った場所に，土塁，土壇，水路，階段状テラスなどが築かれている．2400 年前に建設が始まり，農耕を基盤に儀式や埋葬や戦闘防御など機能と用途を変化させながら，集会所や舗装路やストーン・フェイスなど石造建造物を伴う村落が出現する 1200 年前頃まで使用された．

●**ポーンペイ島のナンマトル遺跡**　ナンマトル遺跡は下述のレラ遺跡と並び東ミクロネシアにおける宗教と政治の 2 大センターの一つで，ミクロネシア最大の巨石建造物の複合遺跡である（☞「ナンマトル」）．

●**コスラエ島のレラ遺跡**　面積 27 万 m² のレラ遺跡は，ポーンペイ島から約 560 km 東に位置するコスラエ島の東部の礁原上の小さな火山島の麓に築かれている．周壁などで 100 あまりに区画された複合遺跡で，住居や政治関連の建造物や埋葬施設や聖域などで構成されている．絶大な力をもちコスラエ全島を支配したトコシャとよばれる王は，玄武岩の巨礫と柱状玄武岩で築かれた高さ 6 m あまりの巨大な周壁に囲まれた区画内に住んでいた．住居だけでなく王墓や饗宴施設や従者の家屋などが築かれ，幹線水路によって外洋からの訪問が可能な構造になっている．

　玄武岩の巨礫と柱状玄武岩を積み上げた構造と出土遺物は，ポーンペイ島のナンマトル遺跡と類似しており，両者間の交流を明示している．ただし，潮間帯の水路で区画されたナンマトルと異なり，3 分の 1 の規模のレラ遺跡はレラ島上に築かれている．また，ナンマトルの王墓である中央石室は柱状玄武岩で構築された半地下式だが，レラの王墓は板状サンゴを台形状に積み上げ中央に柱状玄武岩の竪穴式石室をもっている．伝承によると，レラの王墓は一次的な埋葬施設で，北西沖に築かれた人工島イェナサーで葬送儀礼を行い，礁原の深いリーフホールに遺体を埋葬したという．一方，ナンマトルを基盤としたシャウテレウル王朝を征服したイショケレケルは，遺体をカヌーに乗せ発見されない場所に秘密裏に沈めたという類似の伝承があり，興味をそそられる．

　ちなみに，1170 年頃に始まるシャウテレウル王朝の繁栄期はレラ王朝より 140 年早く，衰退期は前者が 1450 年頃，後者は 1850 年頃に迎えたと考えられる．

　以上のように，ミクロネシアには多様な巨石建造物を含むモニュメントが築かれ，政治的複雑化と首長制社会の形成と繁栄と衰退との関係を理解するうえで重要な資料となっている．　　　　　　　　　　　　　　　　　　　　　　　　　　［片岡　修］

📖 **参考文献**
[1] 印東道子編著『ミクロネシアを知るための 58 章』明石書店，2005．

マラエ神殿

◇◇◇

　マラエ（*marae*, ないし *malae*, *mea'a*）とは中央東部ポリネシアのクック諸島，ソサエティ諸島，ツアモツ諸島，オーストラル諸島，そしてマルケサス諸島などにおける神殿のような宗教施設である．ハワイではヘイアウ（*heiau*）が宗教施設を意味する語彙となり，マラエは一つのヘイアウの名称にしか残っていない（カウアイ島の *Malae Heiau*）．またニュージーランド・マオリでは木造の集会場のことをマラエとよぶ．ミクロネシアのポーンペイ島の地名にも萌芽が残るが，少なくともポリネシア祖語に遡り得る語彙であるのは確実である．

　ロンドン伝道協会の発行したタヒチ語辞典でマラエとは「かつて崇拝のために使われていた神聖な場所で，石が積み上げられ，祭壇が建てられ，供犠と祈りがなされ，時には死者が埋葬された」と記される．

　マラエにはいくつかの役割ないし機能があった．家族や一族単位の小規模なもの，地区の儀礼用のもの，さらには島ないし国の儀礼を司る国家的マラエのような階層があった．ツアモツ諸島の報告ではカメ，アザラシあるいは大きな魚を儀礼的に消費するための特殊な用途のマラエが報告されている．マラエは社会情勢の変化とともに建て替えられ大型化し，新たな意味を付与されることもあった．

　ポリネシアで最も神聖なマラエとされたのが，かつてハワイキ（ポリネシア神話の祖先の国）とよばれていたといわれる，ソサエティ諸島にあるライアテア島のタプタプアーテアである．オロ神のために人身御供も行われたこのマラエには，『古代タヒチ』（1928）に収録された神話では，ソサエティ諸島だけではなくオーストラル諸島やクック諸島，遠くはニュージーランドから，ダブルカヌー（双胴式のカヌー）によって島を越えて崇拝に訪れたと記載されている．ダブルカヌーには舳先に神像，真ん中には神官たちが立つための甲板がつくられて「浮かぶマラエ」とも称された．タプタプアーテアはユネスコの世界遺産でもあり，聖地ともなっている．1995年にはハワイの復元カヌーであるホクレア号をはじめ，ポリネシアで復元されたカヌーが神話に語られる聖なる水路を通って，この遺跡の沖に集結した（☞「タプタプアテア」）．

　マラエ研究の先駆者はソサエティ諸島やツアモツ諸島のマラエの踏査を行ったホノルル・ビショップ博物館のK. エモリーである．エモリーの残したマラエの図面はスケッチ程度であるが，これだけ広範囲にマラエを調査した事例は以後現れず，エモリーの報告書は現在まで基礎資料として使われ続けている．

　エモリーによるとソサエティ諸島南東部のタヒチや隣のモーレア島など風上諸島ではマラエは敷石あるいは石壁に囲まれた長方形の空間であり，その一方に丸

石を積み上げた祭壇がつくられる（風上型マラエ）．イギリスの J. クック艦長の残した絵図では最大 10 段の祭壇が記録されている．祭壇のまわりには神々の木像が並べられていた．

図1　タヒチ島の風上型マラエ
［1984 年 10 月筆者撮影］

　一方，ソサエティ諸島の北西部，風下諸島といわれるフアヒネやライアテアなどの島々のマラエは薄く切ってきたサンゴ石および玄武岩を屏風のように立てて長方形の祭壇の枠をつくり，その中をサンゴ石で充填するような祭壇がつくられる（風下型マラエ）．フアヒネ島にはこの種の祭壇が2壇になる大型のマラエも知られている．そして風下型マラエはタヒチ島などでも内陸部にみられ，またクック諸島やツアモツ諸島などでもこの形態が主流である．またマラエという名称ではないが，ハワイ諸島の辺境部であるネッカー島やマウナケア山頂には，風上型マラエに類似した宗教施設がある．このことにより風下型マラエは中央

図2　フアヒネ島の風下型マラエ　［1984 年 10 月筆者撮影］

東部ポリネシアのマラエの古型であると考えられた．

　マラエ内部には神の御神体や儀礼用具を収める神聖な小屋（*fare*），またブタ，イヌ，カメ，そしてバナナ，ココヤシ，パンノキの実などを捧げる供物台が内部あるいはまわりに建てられた．さらに内部には儀礼を司る神官ないし首長が祭壇に向かって座るための背もたれ石が置かれる．マラエの立地は多様であるが，カヌーの往来を見渡せる岬や丘，農地や川筋を望む場所，そして聖なる山や天体を意識して方位を決められたなどさまざまな説がある．

　さて西部ポリネシアや飛び地であるティコピア島などでは神聖な空間がマラエとよばれる．そしてこの空間にはサンゴ石でつくられた立石が並べられ，神の依代ないし御神体とされるが，考古学者の P. V. カーチと R. グリーンは『ハワイキ —ポリネシア祖先の地』（2001）においてこのような空間がマラエの語源であると主張した．またマラエには石の祭壇を意味するアフ（*ahu* ないし *afu*）がつくられる．ラパ・ヌイではモアイ像の立つ台座をアフとよび，個々のモアイ像はアフ何々という名称が冠せられている．これはアフの上やその付近に建てられていた木製の神像が，ラパ・ヌイでは巨大石像に変化する過程でアフという語彙が重視されていったと彼らは推測している．

　しかしこの仮説には異論もある．それによると立石を伴う小規模な宗教施設がアフであり，何らかの集会場がマラエの語源であって，両者がもともと統合されていたわけではないという意見である．　　　　　　　　　　［後藤　明］

ハワイの首長制社会

◇◇

　首長国ないし首長制社会とは，社会的階層と，生産と資源の分配を制御する政治権力の集約を特徴とする政治組織である．個人の力量に基づく部族社会のリーダーであるビッグマンとは違い，チーフ（首長）はより広範囲に複数の村にまたがる宗教的および政治的リーダーであった．

　首長制社会には北米の太平洋岸北西部における安定した採集経済社会も含まれるが，多くは農耕社会である．これは，首長制社会の基盤に余剰生産が必要であり，首長は余剰を税のように徴収すると同時にその一部を贈答や宴会を通じて民衆に再分配すべしとされた．首長集団のメンバーシップは親族ベースであり，複数の集落，村，あるいは小都市を一つの政治単位に組み込んでおり，職業的専門家も存在した．このような文化的環境の中で，人々が親族集団を超えた帰属意識をもつと首長制社会が成立する．

●**ポリネシアの首長制社会**　古典的社会進化論では首長制社会は部族社会から国家に至る中間段階，あるいは漸移的な社会と考えられてきたが，今日では進化形態の一つ，あるいは国家が退化した姿，あるいは政治的統合度の振幅の一様相という見解も唱えられる．そのモデルとなったのがポリネシアの首長制である．ポリネシア社会は環境条件や社会階層化の程度においてもかなりの多様性（＝変異）がみられる．その首長制の多様性もポリネシア内部の要因で説明され，首長制社会成立と変異理論を構築するために実験室的な状況をもたらす地域として絶えず参照されてきた．

　M. サーリンズはポリネシア社会の階層化と適応的変異の両者を生態学的要因から説明した．生産力が大きければ余剰も増え，再分配の規模も大きくなる．すると首長の役割も強化され，より高いレベルの首長が存在する必要性もでてくる．一方，I. ゴールドマンは，ポリネシアの伝統型社会を聖なる年長の首長に率いられる宗教的システムとする．この場合は開放型社会においては競争が始まり，年長性に加え軍事および政治的手腕が地位を決める重要な要素になる．さらに階層型社会では地位の差は固定化し，土地は首長の所有物となる．ポリネシア社会を進化させたのは，この地位獲得競争（status rivalry）であるという．しかし両者の認識は，ポリネシア社会における階層化の程度についてはおおむね一致している．

　生産力と地位獲得競争の両方が重要であると考える考古学者の P. V. カーチは，ハワイをはじめポリネシア社会で，最も強力な政治組織は集約的な灌漑システムをもつ地域からではなく，むしろ焼畑や乾燥地農耕システムをもつ地域から

出ていることを指摘する．それは後者のほうが広い土地を必要とし，また土地の
荒廃も早いので，人口増加によって農地獲得の紛争を起こしやすいからだとい
う．その紛争が戦争指導者としての首長の地位を高めた．その好例がハワイ諸島
を統一したカメハメハ1世であろう．

●**ハワイの事例**　ハワイ社会には，首長（ali'i）と平民（maka'ainana）の区別が
あった．この両者の間には親族関係はなく，階層として分離していた．首長の中
には，島と統括する大首長あるいは「王」，島の地方を治める地方首長がいた．さ
らにもっと小さな土地区分の地区アフプアア（ahupua'a）を治める地区首長，そ
して地区首長のもとで平民の生産活動を監視し，実際の税の徴収にあたる土地管
理人コノヒキ（konohiki）がおり，しばしばハワイ社会を多くの研究者が「4階層
社会」あるいは初期国家（archaic state）とする．

　首長は創造神話に端を発する長い系譜伝承をもっているが，首長の間のランク
は，そのラインからの距離によって，父系的に決まるのが基本であった．さらに純
血を保つためにランクが高い家系では兄弟姉妹婚が理想とされていた．しかし実
際のハワイ社会は共系的な原理を残しており，ランクは母系的にも継承された．
また首長の多婚が行われることで後継者に曖昧さをもたらし，争いにつながった．

　首長は政治の助言者や，さまざまな専業集団（kahuna）を抱えていた．専門集
団には工芸，医療，祈祷，芸能などの専門的漁民などもいたと思われる．特に首
長集団に仕える儀礼神官は kahuna nui（nui＝本当の）とよばれ，きわめて重要な
位置を占めていた．また戦争の専門家（koa）も重要な役割を担っていた．

　ハワイには特殊な税制度が発達していた．ハワイの主要食料は長期的保存がき
かないものが多いので，税の徴収は随時行われたが，雨期（10〜2月にかけて）に
行われるマカヒキ（Makahiki）祭に伴う税の徴収が，最も大規模なものであった．
この祭りのときは，戦争が停止され，戦争神クー（Kū）の神殿は閉ざされる．一
方，雨雲とともに，農業の神ロノ（Lono）が再来すると信じられていた．そして
各地区の農作物，家畜，タパ（樹皮布），羽毛（首長のマントなどをつくる）といっ
た生産物が，税としてロノ神に捧げられる．

　そのようなタブーに基づく儀礼が行使される宗教施設として神殿，ヘイアウ
（heiau）があった．例えば農業の豊穣儀礼用の神殿ではロノ神や豊穣神カーネ
（Kāne）に収穫や恵みの雨を祈願・感謝するものである．この種の神殿は，集落
の周辺や生産組織の近くに立地することが多かったと思われる．

　さらに王権と密接に結びつくのが人身御供用（sacrificial）のルアキニ型ヘイア
ウ（luakini heiau）である．この神殿は地方や島全体を統括した首長や王が建て
たといわれる．これは戦争の神クーカイリモク（Kūkailimok＝クー神の一変異
形）のためのもので，戦争に際し人身御供が行われた．儀式は厳密で専門の神官
が行い，平民は立入を禁じられ，侵犯者は死罪にされた．　　　　　　　［後藤 明］

7

出遭いと変容

[担当編集委員：丹羽典生・風間計博]

概　説

　本章「出遭いと変容」では，かつてであれば「ヨーロッパ世界によるオセアニアの発見」と称されていた大航海時代から第2次世界大戦前までの時期を取り扱っている．オセアニアを最初に発見したのはこの地域の人々であるのは論を俟たない．そうした事実を見えにくくする「ヨーロッパ世界による発見」に類する用語を使う問題点は，すでに繰り返し議論されている．しかし用語の妥当性はさておき，ファースト・コンタクトとよばれる初期接触が，オセアニアにおける一大転換点であったという事実には変わりがない．それまで人類の海洋世界への進出に伴いオセアニア各地において育まれてきた文化や社会は，その後大きく様変わりしていくことになった．

　●ヨーロッパ世界との出遭い　注意が必要なのは，出遭いを通じて起きた変容が双方向的であったことである．オセアニアとの接触はヨーロッパ側にとっても変化の触媒であったのだ．代表的な例は，それまでの想像上の南方大陸の存在に代表されるような空想的な地理情報に，大航海時代の探検家が，科学的に正確な地図をもたらしたことだ．実際のところ，これらの探検は好事家が興味本位で行ったものではなかった．オセアニアの全土の地図を完成させた J. クックの3度にわたる航海は，ロンドン王立協会と連携して行われた18世紀における最先端の科学的営為であったのである．またこうした情報は，ヨーロッパの思想にも刺激を与えた．ヨーロッパ社会とはまったく異なる世界像を呈示するオセアニア社会の報告は，ヨーロッパ文明を批判するための道具ともなっていく．実際，哲学者 J.-J. ルソーは，文明が不平等や道徳の腐敗をもたらしたと唱えたが，同時代的な思潮において文明の汚れが存在しない西洋と対比的な社会の例としてオセアニアが理想化されることさえあった．

　ヨーロッパ諸国におけるこうした地理的あるいは思想的なインパクトはさておき，オセアニアの土着社会への影響という視点からみると，初期接触はまだまだ牧歌的な時代であったといえる．両者の接触時間も実際に出遭った地域的な広がりも，後の時代と比べるときわめて限定的であったからだ．この時期にオセアニアに定着したヨーロッパ人は，例外的な人たちであった．難破船が漂着したり，捕鯨船や交易船から逃亡した結果オセアニアを住処として，多くの場合ローカル社会の女性を伴侶にした彼らは，ビーチコマーとよばれた．次第に彼らは，ヨーロッパとオセアニアを媒介する狭間の人となり，またヨーロッパ諸国におけるロマン主義的なイマジネーションの源泉となっていった．しかし今の時点から振り返ると，オセアニアへの影響はいまだ限定的であった．

●**商人・宣教師・入植者**　オセアニアの人々につくられた文化や社会がより急激に変化するのは，探検家の時代が終わり商人・宣教師・入植者などが来訪するようになってからであった．白檀・ナマコ・鯨油などオセアニアの資源に目をつけた商人の進出は，港町を形成しヨーロッパへの窓口をつくる．神の教えを知らない異教徒の魂の改宗をするために，はるか地球の裏側から福音を携えてきたキリスト教の宣教師は，一部には抵抗に遭い殉教者を生み出したものの，やがてオセアニアのほとんどの人々をキリスト教へ改宗していった．綿花やサトウキビのプランテーションを立ち上げるために来た入植者は，土地を囲い込み，移民労働者を導入して，ローカル社会に定着することでオセアニアにより根本的な変化をもたらした．さらに土地の入手・借入や商取引にまつわる安定した契約関係の必要性は，それを保護する政府の存在を求めるようになる．実際，ヨーロッパ系入植者が彼らの宗主国による植民地統治を希望する背景の一つとなった．

●**戦間期のオセアニア**　一方で19世紀になると，ヨーロッパ諸国の植民地獲得競争は，時代の趨勢でもあった．オセアニアの植民地化はスペインから始まり，イギリス，フランス，そしてドイツに先鞭をつけられ，第1次世界大戦を経て大国に仲間入りした日本も参戦していく．イギリスの保護領という地位を与えられたトンガを例外として，オセアニアの多くの地域はこうして政治的な主権を喪失して，先進国の植民地という地位を付与された．同時にヨーロッパ系入植者で形成された入植者国家であるオーストラリアとニュージーランドはこの時期に早々に政治的自立性を確保していくことになる．ただしこの政治的自立性は，オーストラリアとニュージーランドの先住民の政治的主体性を十分に認めるものではなかった点に，現代に至る悲劇が内包されていた．

　アメリカも例外ではない．アメリカ小説の古典 H. メルヴィルの『白鯨』にでてくる捕鯨船が，アメリカから出港してオセアニアで操業していたようにアメリカ人はすでにオセアニアに乗り出していた．グアノ（農業用肥料として珍重された海鳥の糞の堆積物）という資源の産出地を占有できるというグアノ島法が1855年に制定されるとオセアニア島嶼部の中でアメリカの領土に組み込まれる地域が生まれ，その一部は今でもアメリカ領にとどまっている．またアメリカは，領土的な関心とも無縁でなかった．オセアニアがアメリカン・レイクとよばれるようになるのは第2次世界大戦後であるが，すでに大戦前からハワイ，東サモアに進出していたし，軍事的には，フィリピン，さらに文明の果てと称されることのあるガラパゴス諸島にまで基地を築いた．

　いずれにせよ国境に縁取られたオセアニアがこの時期に始まったといえる．そしてこうした第1次世界大戦後に形成された国際的な秩序が再び揺さぶられるのが，血みどろの戦いに戦場として巻き込まれていく第2次世界大戦であった．

［丹羽典生］

スペイン・ポルトガルの太平洋の「発見」

〜〜〜〜〜〜〜〜〜〜〜〜〜〜〜〜〜〜〜〜〜〜〜〜〜〜〜〜〜〜〜〜

　16世紀の太平洋におけるヨーロッパの「発見」すなわち踏査検分で最も貢献したのはスペインであるが，太平洋西縁の東南アジア島嶼部・南シナ海・東シナ海の発見では，ポルトガルが先行した．香料諸島（丁子のモルッカ・肉荳蔲のバンダ・白檀のティモール）やシパンゴ等の黄金郷（島）への執着がその背景にあった．

●**ポルトガルの発見**　1511年11月のポルトガル艦隊によるマラッカ攻略後，A. アブレウ指揮下の艦隊がバンダ諸島に達し，さらにF. セランの一行はモルッカ諸島のテルナーテ島に招致された．遠征の成果は『フランシスコ・ロドリゲスの書』に反映された．1513年商人J. アルヴァレスはマラッカからジャンク船で広州近海のタマンに渡来した．さらにF. アンドラーデの艦隊がマラッカを発し1517年8月広東に達した．同艦隊でT. ピレスが率いる初の遣明使節が同行したが，明朝との交渉は実らず，1522年ポルトガル人は広東から駆逐された．ピレスの『東方諸国記』は最良の東南アジア地誌であり，初めて「ジャンポン（日本）」に言及された．

●**スペインの太平洋発見**　太平洋の領有に向けて言説を展開したのはスペインである．黄金郷を目指すV. バルボアは1513年9月パナマ地峡のダリエンからはじめて「南の海」（太平洋）を望見すると，C. コロンブスが陸地で行った占有の儀礼を海洋に適用し，彼が発見した海の占有を宣言した．

　南の海の広大さを実見したのはポルトガル人F. マゼランが率いたスペイン隊（1519〜22年）である．マゼランによる西回りアジア航海案の前提は，スペインとポルトガルが締結したトルデシリャス条約（1494年6月）に定められた分界の言説であった．同条約ではヴェルデ岬諸島の西370レグア（約2180km）の大西洋上に南北の子午線が引かれ，その西がスペインの，東がポルトガルの征服予定領域とされたが，1510年代までに分界の子午線は地球の反対側に及ぶという「対蹠分界」の解釈がスペインとポルトガルの共通認識となっていた．そのため，マゼラン隊では発見予定地が対蹠分界線のどちらに位置するかを経度測定で実証することとなった．マゼランは表向きの目的地を赤道直下のモルッカ諸島としながら，古代イスラエルのソロモン王伝承に由来する黄金島オフィールと思しきレキオス（琉球）への到達を優先した．艦隊は1520年11月マゼラン海峡を脱した後，チリ沖から北西ないし西北西の針路で南太平洋を横断し，北緯12°で針路を真西に変更，グアム島付近を経て1521年3月フィリピン諸島中部に達した．航海中嵐に遭わなかったため南の海は「太平洋」の名が与えられた．マクタン島におけるマゼランの死後，残存隊はブルネイを経由してモルッカ諸島に達し香料を入手

した. J. エルカーノのビクトリア号は喜望峰経由で 1521 年 9 月にセビーリャに帰着し世界周航をなした. 一方, G. エスピノサのトリニダード号はパナマ地峡を目指したが, 荒天と飢餓のためモルッカ諸島に戻りポルトガル人に拿捕された.

　マゼラン海峡の通過は困難であったため, スペインはモルッカやフィリピンから中米へ至る帰航路の確立を目指して, 1525〜26 年エルカーノとともに G. ロアイサ隊を送り出し, 1527〜29 年には H. コルテスにメキシコから A. サーベドラ隊を派遣させた. いずれもモルッカに達したものの帰航路の発見に至らなかった. そこで 1529 年スペインはポルトガルとサラゴサ条約を締結し, 35 万ドゥカートでモルッカの領有権を譲渡した. ただし, スペインはこれで対蹠分界線が画定されたわけではないと考え, 引き続きフィリピンなど西太平洋に接する海域アジアへの進出を目指した. 1565 年, ようやく A. ウルダネータによって帰航路が発見され, メキシコのアカプルコとマニラを結ぶガレオン船航路が拓かれた.

　この間も黄金郷伝説は生きていた. 1542 年メキシコからフィリピンを目指した R. ビリャロボスはオフィール発見を期待していた. ペルー副王の甥 A. メンダーニャは「未知の南方大陸」あるいはインカの伝承による黄金郷の発見を目指してカヤオから出帆し 1568 年 2 月メラネシアのソロモン諸島を発見した. さらに, メンダーニャは 95 年ポルトガル人航海士 P. キロスとともにポリネシアのマルケサス諸島とサンタクルーズ諸島を発見した. キロスは 1605〜06 年ニューヘブリデス諸島を発見し南方大陸に達したと信じた.

　ニューギニアは 1525〜26 年ポルトガル人 J. メネゼスが初めてその西部に到達し, 1545 年 Y. レテスが沿岸を踏査した. キロス隊に参加した L. トーレスは 1606 年ニューギニアとオーストラリアの間を初めて航行し, ニューギニアが島であることを証明した. 一方, 南米の太平洋岸は 1558 年までに J. ラドリリェロらによって踏査された. 北米では F. ウリョアらによってカリフォルニア沿岸の発見が進み, 1602 年 S. ビスカイノ隊によってオレゴンまで踏査された.

● 「スペインの湖」 マゼランは航海前にモルッカ諸島がスペインの分界内にあると仮定していたが, 経度測定の結果, フィリピンやモルッカはポルトガルの分界にあると判明した. 太平洋の経度幅は M. ヴァルトゼーミュラー図 (1507 年) の 80° から D. リベイロ図 (1529 年) の 134°(実値は 164°)へと拡大されたが, マゼラン隊の経度測定結果は隠蔽された. J. ベラスコの『インディアス地誌総説』(1574)によると, フィリピンやモルッカを含む北緯 40°〜南緯 14° の「極西インド諸島」はメキシコやペルーの西 90° に位置し, すべてスペインの分界内である.

[合田昌史]

📖 参考文献
[1] ペンローズ, B.『大航海時代─旅と発見の二世紀』荒尾克己訳, ちくま学芸文庫, 2020.

キャプテン・クック

J. クック（1728-79）は，イギリス，北ヨークシャー州生まれのイギリス海軍士官，海洋探検家．キャプテン・クックの通称でよばれる．彼の名を歴史に刻んだのは，太平洋へ行われた3回の探検的航海によるものである．

●**生い立ち**　子ども時代のクックは，スコットランド出身で農場監督の父と同郷出身の母のもと，5人きょうだいの一人として育った．クックは，1746年，18歳でヨークシャー沿岸の港町ウイットビーで石炭運搬船の船員として働き始めた．その後，1752年，イギリス海軍に志願し，第3次シュレジェン戦争下の英仏植民地戦争（7年戦争，1756〜63年）に従軍した．スクーナー型帆船の船長に昇格したクックは，終戦後，ニューファンドランド沿岸での困難な測量調査などを行って調査航海の功績を積み，海軍上層部や王立協会に認められるところとなった．

●**太平洋への航海と『航海記』**　クックが40歳（1768年）のとき，彼の名声を不動にした第1回太平洋航海（1768〜71年）の指揮を任命された．航海の目的は，金星の太陽通過を観測することで，この観測は王立協会のJ. バンクスの指揮で実施され，クックは船長として操船を担った．クックらは，南米大陸南端ホーン岬を越えて太平洋を西進し，タヒチで金星観測を実施し，その後，ニュージーランドを経て，ヨーロッパ人として初めてオーストラリア大陸東端に達した．このとき，先住民アボリジニにも接触した．クックらがイギリスに戻ったのは，1771年であった．

クックらが持ち帰った大量の植物標本や科学スケッチは高い評価を受け，以後，探検的航海に科学調査班の随行が慣例化した．この有用植物の採集と研究は，その後の植民地拡大に伴う大規模プランテーション開発に先鞭をつけるものであった．

太平洋への第2回航海（1772〜75年）は，当時，王立協会で実在が論議されていた南方大陸（Terra Australis ＝テラ・アウストラリス）を発見すべく，1772年から実施され，クックはその指揮を任された．ポリネシアの諸島を経て，南極大陸に接近したこの航海によって，人間が居住できるような南方大陸の存在は否定された．クックは，1775年にイギリスに帰還した．

北極海を抜ける北西航路の探査を目的とした第3回航海（1776〜80年）は，1776年に開始され，北太平洋の高緯度域を探査し，大量の海図を作成した．この航海の途中，1778年にハワイ諸島をヨーロッパ人としてはじめて確認し，探査を行った．翌年1月にハワイ島ケアラケクア湾に投錨したクックらは，ハワイ島首長カラニオプウと邂逅した．クックらは，いったん出発したが，帆船の修理のた

め再寄島した．その際，カッターボートの盗難事件に原因する先住民との衝突の中でクックは殺害された．クックを失った船団は，1780年にイギリスに帰港した．

　クックを著名にしたのは，当時，発展を遂げつつあった出版産業によって，その航海記録が大部数の出版物として刊行されたことによる．エングレービング（銅版）による精細な挿絵では，太平洋の先住者たちは，新古典主義の世界観が投影された「高貴な野蛮人」として，ギリシャ神話の神々に似せて描かれた．しかし，実際に行われたクックらによる先住民との接触は，殺傷を伴う暴力が行使される場合もあった．

●「列聖化」とその批判　クックの死をめぐる経緯については，文化人類学者の M. サーリンズの解釈がある．それによれば，クックがハワイ島に投錨した12月は，ハワイ人の収穫祭（マカヒキ祭）の時期にあたり，クックらは祭神ロノとみなされ歓待された．しかし，再上陸はハワイ人たちの信仰にとって逸脱的で受容されず，衝突を招いたとされる．このクックの劇的

図1　第2回航海におけるフレンドリー諸島（現トンガ）への上陸（部分）［関西学院大学図書館所蔵］

な死は，キリスト教的な殉教者観念によって神聖視され，ヨーロッパ社会でクックの「列聖化」が進行した．

　しかし，この「列聖化」は，大英帝国の植民地主義的な領土拡張政策を美化するものでもあった．1980年代以後，オセアニア地域の先住民社会における政治的覚醒は，神聖化されたクックの偶像に対する厳しい批判的言説を招来させている．そのようなクックに対する反発を象徴する出来事として，ハワイでは，クック像の撤去を求める先住民の運動（2020年）が起こり，また，オーストラリアでは，クックの彫像に塗料を掛ける事件（2018年）が起こっている．

　また，従来の欧米中心のオセアニア研究にも，先住者の側から論争を伴う再構築が迫られ，その中で，クックの業績に対する評価も揺れている．　　　［山中速人］

📖 参考文献
[1] ビーグルホール，J.C.『キャプテン ジェイムス・クックの生涯』佐藤皓三訳，成山堂書店，1998.
[2] クック，J.『太平洋探検』増田義郎訳，全6巻，岩波文庫，2004-2005.

バウンティ号の反乱とピトケアン島

イギリス海軍バウンティ号の反乱は，欧米社会では長年にわたって，人々の興味を引き付けてきた．舞台となったポリネシア社会の性的なおおらかさが自由の象徴とみなされ，ユートピア社会の建国譚などと重なり，人々の心を捉えた．関心をよんだのは，リーダーに求められる目的達成のための規律と寛容さ，フォロアーに求められる任務遂行のための忍耐とその限界という問題であった．それはまた，イギリスの搾取に抵抗して忍耐の限界に目覚めたアメリカの独立（1776年），人間を束縛してきた古い制度からの解放を求めたフランス革命（1789年）を経験し，抵抗することの意味を学んだ人々からは，この反乱に対してさまざまな意見や評価がなされている．

●バウンティ号出航　J．クックによって，パンノキの実は焼くとパンのようになるという情報がもたらされた．海軍はこの苗木を西インド諸島の農園に運ぶために220トンで3本マストの帆船バウンティ号を派遣することにし，船尾の大船室を500個の植木鉢を収納するために改修した．このため乗組員の居住空間は窮屈になった．1787年12月23日，バウンティ号は46人の乗組員を乗せてイギリスを出航し，ホーン岬を西に帆走する航路をとった．しかしホーン岬では1か月近く暴風の海と格闘したが通過することができず，進路を東に転じケープタウンを経由して，翌年10月26日タヒチに到着した．到着が遅れたためパンノキの開花が終わる3月まで，苗木の採集を待つ必要があった．その間に乗組員は現地の女性と親しくなり「この世の楽園」での生活を送った．

●反乱発生　1789年4月4日，バウンティ号はタヒチを出航した．4月28日，副長で1等航海士でもあるF．クリスチャンを中心として反乱が起こった．反乱の理由は，W．ブライ艦長の乗組員に対する厳格な扱い，苗木のための水の節約，もう一度タヒチに戻りたいという願望であったといわれている．ブライ艦長と反乱に加担しなかった19人の乗組員は小さなボートで流され，48日後ティモール島のクパンにたどり着いた．艦長は1790年3月イギリスに帰還した．一方，反乱を起こした乗組員はタヒチに戻り，9月23日にはクリスチャンと行動をともにする9人の乗組員，ポリネシアの男性6人，女性12人と1人の幼女がバウンティ号でタヒチを出航，1790年1月15日，タヒチから東南東へ2310 km離れた周囲10 kmの無人島，ピトケアン島に到着した．クリスチャンは，追跡者の目を逃れるためなどを理由として，バウンティ号に火を点け沈没させた．

●反乱者のその後　1808年2月6日，アメリカのアザラシ猟船がピトケアン島に接近した．そのときカヌーで近づいてきた島民が英語で話しかけてきたことに仰

天した．この接触により，反乱者のその後が明らかになった．島では同行したポリネシア人との対立，女性をめぐる争い，自家醸造した酒による喧嘩が絶えなかった．島という閉鎖社会での絶望感が，いろいろな問題を生み出した．その結果15人の男性のうち13人が殺害されるか自殺した．しかし，かつては荒くれ者

バウンティ号の航跡 ——
ブライ艦長を乗せたボートの航跡 ----

図1　バウンティ号とブライ艦長を乗せたボートの航跡

といわれた水兵のJ アダムスがキリスト教の信仰に目覚め，人々を教化してピトケアン社会に平和をもたらした．反乱から24年後の1814年，イギリス海軍の2隻の軍艦がこの島を訪れた際には，アダムスは健在であった．イギリス海軍は反乱者には極刑をもって臨んでいたが，アダムスが敬虔なキリスト教徒であったことから，反乱の罪に不問に付されている．1829年，アダムスは62歳で死亡した．

●**ピトケアン島への関心**　独特な背景をもった島の人々の生活や言語は，研究者から一般人までの注目を集めた．1916年以降，5本の映画やミュージカルが制作され，多くの人々がこの物語に興味を示した．今日までに2000点に及ぶ記事や書籍が刊行されているという．日本でも，1997年，古賀明蘭と時任三郎，テレビクルーがこの島を訪れ，現代の島の生活を紹介した．

●**現代社会への再登場**　1999年，イギリス本土から派遣された警察官が，この島では，未成年の女性との性行為が行われているとして問題にした．その結果，1956年に施行された16歳以下の女性との性交渉を禁じるイギリスの法律に違反しているとして13人が起訴され，2004年，ピトケアン島とニュージーランドの裁判所で8人に有罪判決が下された．これに対してイギリスの法学者は，読んだこともないイギリスの法律と，島における伝統的な規範のいずれが尊重されるべきか，イギリス政府にこのような裁判を起こす権限があるのかと問題提起した．

　パンノキは，反乱後，西インド諸島にもたらされたが，農園の奴隷たちには評判が悪く，結局，食料として採用されなかった．またフィジーの首都にある国立博物館には，引き揚げられたバウンティ号の舵が今も展示されている．　　　　[栗田靖之]

📖 **参考文献**
[1] ホフ，R.『バウンティ号の叛乱—ブライ艦長とクリスチャン候補生』金田眞澄訳，フジ出版社，1975．
[2] 古賀明蘭『軍艦バウンティー号の末裔たち—ピトケアン奇譚』成山堂書店，1998．

高貴な野蛮人

❁❁❁

経済・政治破綻などの不安要素を抱えた 18 世紀フランスでは後にフランス革命につながる社会批判の思想が広まっていた．J.-J. ルソーは『人間不平等起源論』において，文明が生み出す無秩序さや悲惨さに晒されず，自然状態に生きる野生人に善性を見出し，そのような野生人の生きる社会に照らしてフランスの政治および宗教体制を批判した．時は大航海時代，1767 年に S.ウォリスがタヒチ島を訪れ，1768 年には L.-A. ド・ブーガンヴィルが，1769 年には J. クックが続き，島の人々と暮らしについて記述した航海記を出版した．なかでも，ブーガンヴィルの航海記でのタヒチ人の姿は時代の求める「高貴な野蛮人」像に重ねられていった．

ブーガンヴィルはブードゥーズ号とエトワール号での世界一周航海においてタヒチ島を訪れ，タヒチ島をギリシャ神話の女神アフロディーテーの島ヌーヴェル・シテール（*Nouvelle-Cythère*）にちなんでよんだ．1771 年に出版された『世界周航記』に，ブーガンヴィルは，タヒチ島をロココ調絵画の牧歌的な世界に重ねながら，島の人々の身体の美しさと壮健さ，性格の温和さと親切さ，女性の性的奔放さを記した．同時に，島で頻発していた戦争の残酷さと滞在中に悩まされた島の人々による盗難についても書いた．

●文明批判の鏡として　ブーガンヴィルによるタヒチ島の描写に触発された啓蒙思想家 D. ディドロは，1772 年に『ブーガンヴィル航海記補遺』を記した．この補遺は，実際には存在しない航海記の補遺という設定のもと，架空のタヒチ人オルーとブーガンヴィルの船に同行した従軍司祭との対話を，2 人の西洋人が談話しながら読む構成をとる．タヒチ人が西洋人に女性を差し出す行為について，子どもを授かることがタヒチ人女性および社会全体の幸福であることをオルーに語らせると同時に，女性の性の奔放さにつきまとう恥辱や嫉妬などが西洋社会の法律や宗教の産物であると批判する．ディドロが示す「良き野蛮人（*le bon sauvage*）」は西洋文明批判の鏡として美化されたタヒチ人の姿であった．

ブーガンヴィルやディドロが描いた，牧歌的な楽園にて平等に暮らす人々の姿はタヒチの人々の正しい姿ではなかった．他のポリネシア社会と同様に，タヒチ社会はアリイ・ハウ（王），アリイ（首長），ラアティラ（地主），マナフネ（平民），テウテウ（奴隷）といった階層でもって政治的・経済的に差異化されていた．事前に情報を得ていなくても，西洋人がそのような階層の違いを理解しなかったわけではない．とりわけ船長の交流相手であり，食料などの物資を入手するための主たる交渉相手であった首長の地位の高さは，彼らの言動，肌の色，体格，装身

具，まわりの人々の彼らへの態度などによって，西洋人の目に明らかであった．タヒチ島到着当初に島社会の「平等性」について記したブーガンヴィルも，島に滞在中の観察とタヒチ人との交流を通じてタヒチ社会の階層制度を学んだ後に，みずからの所見を訂正した．

　「高貴な野蛮人」は探検家たちによる伝聞だけにとどまらず，ヨーロッパ人の眼前に「文明化」した姿で現れた．ブーガンヴィルの航海ではタヒチ人アオトゥル（Aotourou）がフランスに，クックの航海ではソサエティ諸島ライアテア島出身のオマイ（Omai）がイギリスに渡った．彼らは当時のヨーロッパの最新ファッションを身にまとい，「エキゾチック」な容姿と優雅な身のこなしでもって貴族社会で贔屓にされ，晩餐に招かれたり，オペラを鑑賞したりした．

●**楽園としてのポリネシア像**　「高貴な野蛮人」は他にも視覚イメージを伴いながら，タヒチに楽園像を重ねていった．西洋人探検家たちは写真のない時代にオセアニアを科学的に探究するために，学者や画家を同行させ，島々の自然と人々を描写し記録させた．例えば，クックの1回目の航海に同行した画家 W. ホッジスはタヒチ島ヴァノテピハ湾の風景を牧歌的に描き，3回目の航海に同行した J. ウェバーはライアテア島の首長の娘ポエドゥアを魅惑的に描いた．18〜19世紀にかけて探検家や思想家のナラティヴや絵画作品の中で醸成されたタヒチの楽園幻想は 19 世紀後半以降，文学や芸術に結実する．タヒチ島を題材に，小説家 P. ロチが『ロチの結婚』（1880）を，V. セガレンが『記憶なき人々』（1907）を発表し，画家 P. ゴーギャンは強い光と「野生さ」を求めて 1891 年にタヒチ島へ，さらに 1901 年にはマルケサス諸島ヒヴァオア島へ渡り，タヒチ人およびマルケサス人をモデルにした数々の作品を描いた．

　「高貴な野蛮人」はポリネシア人に向けられた西洋人の一方的なまなざしにとどまらず，タヒチ社会の変容に加担していく．航海者たちの伝聞により南太平洋をキリスト教の神の力と規律が必要な地とみなしたロンドン伝道協会は，1797 年にダフ号で宣教師たちをタヒチ島に送り布教活動を展開し，最終的には多くのタヒチ人を改宗させた．加えて，現在のフランス領ポリネシアの主要産業である観光も，「高貴な野蛮人」の暮らす楽園を求める多くの観光客を海外各地から受け入れながら発展してきたものである．

図1　タヒチに上陸したブーガンヴィル［出典：Bibliothèque municipale de Lyon］

［桑原牧子］

キリスト教の拡大

　オセアニアのキリスト教化は，植民地化を含む内外の政治的過程と密接に関連しながら展開した．今日，オセアニア島嶼部に居住する大多数の人々はキリスト教徒であり，フランスの海外領土と一部の島を除くほとんどの島でプロテスタントが支配的である．イエズス会は1668年から北マリアナ諸島などで活動したが，その試みは成功したとは言いがたい．その後，カトリックによる安定的な活動は1840年代以降のフランスの宣教団を待たねばならない．一方，18世紀末にタヒチに拠点を設けたロンドン伝道協会（LMS）は，オセアニアの広範囲に及ぶ本格的なキリスト教化の道を拓いた．

●**プロテスタント諸派の伸展**　オセアニアの宣教活動において大きな影響力を発揮したのは，LMSとメソジスト教会である．1796年，LMSの宣教団は当時最大級の規模を誇ったダフ号に乗り込み，タヒチに向けて出航した．1812年にポマレ2世の改宗に成功したLMSは，タヒチを拠点に熱心な改宗者を太平洋諸島出身の現地人宣教師として養成する制度を確立し，彼らを他の島々に派遣した．LMSの活動は，タヒチから西方に進んでクック諸島，サモア，フィジーをはじめ，ロイヤルティ諸島やニューヘブリデス諸島などを経てポートモレスビーまで達した．しかし，1840年代に入ると，LMSは拡大路線のツケで資金難と人員不足に陥る一方で，メソジストが台頭してくるようになる．

　メソジスト教会は1826年にトンガに宣教団を派遣し，1830年に後にツポウ1世を名乗るタウファアハウの改宗に導く．その後，ツポウ1世の後ろ立てを得てトンガ人の宣教師とともにフィジーに進出し，有力首長のザコンバウを含む多くの改宗者を獲得した．フィジーに拠点を設けたメソジストは，それまで他宗派が進出を断念してきたメラネシアの島々に目を付け，19世紀末〜20世紀初頭にかけてトンガ人やフィジー人の宣教師を派遣した．なお，これらの地域ではキリスト教や礼拝のことをトンガ語起源のロトゥという語で表現することがあるが，これはトンガを経由してキリスト教が広まったことを物語る．

　一方，アメリカ海外伝道委員会（ABCFM）は，1820年代に150人を超える宣教師をハワイに送った．ABCFMはハワイ人を宣教師として養成し，彼らをマーシャル諸島やカロリン諸島に派遣して活動範囲を拡大した．アングリカン教会は19世紀にフィジーに到来したが，メソジストとの協議の結果，先住フィジー人ではなくインド系住民を主な対象とすることとなった．20世紀初頭以降，アングリカンはパプア湾沿岸部に進出するとともに，ノーフォーク島に養成機関を設けてソロモン諸島での活動を活発化させた．長老派は，スコットランド人の宣教師たち

が1848年からニューヘブリデス諸島で活動を行う一方，同諸島を越えて拡大することはなかった．ルター派は，1886年にドイツからオーストラリア経由でニューギニア島に到来し，特に第2次世界大戦前まではニューギニア高地で最も影響力のある宗派となった．

●**フランスによるカトリック宣教ほか**
フランスのカトリックは，ナポレオン戦争が終わるまでオセアニア島嶼部に立ち入ることはなかった．1827年にイエズス・マリアの聖心会（SS.CC.）

図1　ソロモン諸島ガダルカナル島におけるアングリカン教会の主日礼拝．聖職者が入場する様子［2010年9月筆者撮影］

がハワイに拠点を設けたものの，この地に先に入ったABCFMは1825年に改宗したカアフマヌ女王を通じてSS.CC.の活動を制限した．その後，フランスがハワイ王国を承認することと引き換えにSS.CC.の活動は認められたが，彼らにとってアメリカが勢力を強めるハワイでの活動は容易ではなかった．

　1840年代にフランスがソサエティ諸島やマルケサス諸島などの保護領化を行うと，カトリックとプロテスタントの別なくフランスの宣教団にとって転機が訪れた．これに伴ってLMSはタヒチから手を引き，その宣教エリアはパリ福音伝道協会に移譲された．また，SS.CC.はハワイの拠点からマルケサス諸島へ宣教団を派遣し，多くの改宗者を得た．ニューカレドニアは1853年にフランス領となり，マリア会（マリスト）がロイヤルティ諸島で足掛かりを築いた．

　さらに，マリア会はメソジスト教会に阻まれるかたちでトンガへの本格的な進出は断念したものの，ニュージーランドでの拠点形成に成功した．その後，フィジーとサモアにも触手を伸ばしたが，これらの島ではメソジストがすでに活動しており，マリア会の到来は論争を引き起こした．彼らはメソジストからは歓迎されなかったが，既存の体制に批判的な人々の間では一定の支持を獲得した．例えばマリア会は，フィジーのレヴカやサモアの一部地域ではメソジストからの改宗者を含め信者数を増やした．オセアニアでの宣教活動において概してフランスのカトリック勢力はプロテスタント諸派の後塵を拝したのであり，その背景には欧米列強間の政治的関係性が垣間見える．　　　　　　　　　　　［石森大知］

📖 **参考文献**
[1] Garrett, J., *Where Nets Were Cast: Christianity in Oceania Since World War II*, University of the South Pacific, 1997.
[2] Lal, B. & Fortune, K. eds., *The Pacific Islands: An Encyclopedia*, University of Hawai'i Press, 2000.

捕鯨船が与えた影響

〜〜〜〜〜〜〜〜〜〜〜〜〜〜〜〜〜〜〜〜〜〜〜〜〜〜〜〜〜〜〜〜〜〜〜〜〜〜

　アメリカ（以下，米国）の捕鯨者が太平洋のパイオニアではない．彼らに3世紀以上先んじて，探検家，毛皮や香辛料の交易者，海軍調査隊，またスペインから移民を，植民地から農産物や金などの産品を運んだ「財宝艦隊」など，まずヨーロッパの航海者が太平洋の島々に上陸した．欧米の商人たちは，先駆者が出版した海図や体験記を太平洋開発の戦略に利用した．広大なスペースにわずかな人数の未開人が住んでいるという大雑把な認識のもと，太平洋に存在する資源は経済的利益のために開発されるべきであると彼らは考えた．捕鯨者も躊躇なく太平洋を侵略し，19世紀になって太平洋の諸文化に大きな影響を及ぼすことになった．皮下脂肪から採れる鯨油に加えて，セミクジラの口中からは「ホエール・ボーン」ともよばれる鯨ひげが，マッコウクジラの頭部からは脳油がとれた．脳油からつくられたロウソクは，1825年には1ポンドあたり3ドル，現在ならおよそ90ドルもの価値がある高級品であった．1839年代までに，捕鯨は米国で5番目に大きな規模の産業に成長していた．

●**捕鯨船の太平洋進出**　1788年にロンドンのエミリア号が，91年にナンタケットのビーバー号とニューベッドフォードのレベッカ号が大西洋からホーン岬を越えて太平洋に入った．これらが好成績を収めたことが伝わると，後に続いた捕鯨船の数は20年の間に7倍に増えた．1819年，ついに米国捕鯨船がハワイに到達し，翌年には米国政府がホノルルに貿易事務官をおいて，あらゆる商人たちが太平洋で活動する道が拓かれた．19世紀半ばまでに捕鯨船の数は数百隻に達した．最長4年に及ぶ捕鯨航海の間，世界中から集まった，多様な文化的背景をもつ男たちは頻繁に陸地に寄って，水，薪，食料を得る一方で，伝統社会に変化をもたらした．1788年にイギリス人が入植したオーストラリアをはじめ，ハワイ，ニュージーランド，サモアなど，捕鯨船が行く先々で先住民が追い出され，捕鯨基地がつくられた．漁場に近いシドニーなどはその典型である．マッコウクジラ漁に適した北西太平洋の捕鯨漁場「ジャパン・グラウンド」に位置し，またセミクジラが生息する北米北西海岸やオホーツク海にもアクセスがよいので，ホノルルは太平洋における捕鯨産業の中心になり，1833〜39年の間には毎年およそ60隻の米国捕鯨船がハワイを訪れ，その後倍増した．1848年，セミクジラを獲っていたニューベッドフォードのラゴダ号から15人の男たちが抜け出し，北海道に上陸した．その5年後にはM.ペリーが率いる米国海軍遠征隊が来航するが，この日米関係における激動をもたらしたのは，日本に相次いで上陸した捕鯨船員たちが不法侵入の罰を課せられたという情報が米国に伝えられた結果であった．

●**捕鯨船がもたらしたもの**　捕鯨者たちは女性やアルコールも求めた．入港した船に売春婦が乗り込むことを宣教師が禁止させようとしたところ，1820年代のラハイナでは何度も暴動が発生した．ホノルルの暴動には，100隻を超える米国捕鯨船の船員が関与していた．捕鯨船の生活は決して楽なものではなく，船が寄港した際に逃げ出す者が後を絶たなかった．したがって船長は行く先々で人を雇ったが，雇われたのは船と棲家を変えながら放浪する者たち，そして船の仕事に惹かれた先住民であった．こうして先住民社会に欧米文化の流入が進み，その構造が変化していった．キリスト教がもたらした複雑な状況は女性の役割にも影響を及ぼした．

図1　ケアラケクア湾に投錨した米国捕鯨船．描かれた場所はJ. クック船長が殺害されたビーチ．捕鯨者でもあった作者はJarvesの *History of the Hawaiian or Sandwich Islands* の挿絵をコピーしているが，それは『太平洋探検』（クック）の地図挿絵をコピーしていた．この絵は，探検，出版，商業航海，そして文化的交流への展開を明示する一例といえよう［ラッセル，B. & パーリントン，C., 1849，ニューベッドフォード捕鯨博物館所蔵］

宣教師は先住民の性行為をピューリタン的な規範のもとにおこうとしたが，非合法な売春が止むことはなかった．初期の探検家たちは，先住民男性は危険だが女性は性的に奔放などと記したが，こうした考えが19世紀中頃まで支配的であった．港町では監獄や武装警察官が必要とされ，欧米人が管理する新聞社，教会，知事邸宅，軍事施設，埠頭，造船所，商店などが増えていった．

欧米の航海者がもたらした影響は，わずか1世紀に満たない間にオセアニア文化の精神世界や社会構造の芯にまで及んだ．あからさまに退廃的行動をとった船乗りたちがいる一方で，宣教師たちは，先住民はキリスト教の徳を必要としていると考え，そのはざまで太平洋世界の人々は翻弄された．カリフォルニアで金が発見されると，かつてスペインの宣教師たちが活動した開拓地に太平洋経由で人々が殺到した．その後の数十年間，サンフランシスコ，シドニー，ホノルルをはじめ，太平洋の海港は急速に拡大した．捕鯨船団が引き起こした変化はますます激しさを増し，太平洋の人々の生活は徹底的に変容させられてしまった．

［マイケル・P. ダイヤー／訳：櫻井敬人］

📖 **参考文献**
[1] Langdon, R. ed., *Where the Whalers Went: An Index to Pacific Ports and Islands Visited by American Whalers (And Some Other Ships) in the 19th Century*, Pacific Manuscripts Bureau, 1984.
[2] Ward, G. ed., *American Activities in the Central Pacific, 1790-1870*, Gregg Press, 1966.
[3] Richards, R., *Honolulu: Centre of Trans-Pacific Trade. Shipping Arrivals and Departures, 1820-1840*, Pacific Manuscripts Bureau, Hawaiian Historical Society, 2000.

ビーチコマー

　オセアニアの島々には16世紀から西洋人探検家が訪れはじめ，18世紀以降は捕鯨船や交易船が寄港していた．ビーチコマー（beachcomber）はそれらの船からの脱船者，漂流者，放免された船員などの中で島において暮らすようになった人たちであり，島の人々の捕虜になった人も含まれた．滞在期間は次の船の到来までであったり数年であったりとさまざまであった．銃やボートをもっていたり禁忌を犯したために島の人々に襲われて命を落とす人も少なくなかったが，島の人々の助けを得て西洋船の探索から身を隠し，食料や土地を与えられ，家を建て，島の言語を習得し，首長の娘と結婚したり養子に取られたりして生き延びた人もいた．

●島の社会での身分　キリスト教化および植民地化される以前の島に滞在した西洋人はビーチコマーだけではなく，探検家や貿易商や宣教師もいた．しかし，ビーチコマーはみずからの社会からの後ろ盾を得ずに，単独で（時には複数人だが組織的にではなく）島に残った点において探検家や宣教師らとは異なった．島滞在の目的は，探検船，捕鯨船，交易船の船長にとっては探検や交易などの航海の目的とそれを継続させるための食料などの調達であったのに対し，ビーチコマーにとっては船からの離脱後に生き延びることであった．また，いったん航海を終えた点においてはビーチコマーと宣教師は共通したが，宣教師がキリスト教の規範に基づく生活を島でも継続したのに対し，ビーチコマーは西洋社会や船での生活を捨てて島社会に取り込まれた点において異なった．

　ビーチコマーには奴隷にされたり飲酒や容貌から「ならず者」扱いされた人がいたが，独自の役割を担うことで島社会において居場所をつくった人もいた．首長が西洋人との交換を通して入手した火縄銃やピストルなどの武器や斧やナイフなどの道具の補修管理をしたり，船の建造や家屋の建築に技術的貢献をしたりした．首長の娘と結婚し高位階層に組み入れられたり，集落間の闘争で活躍して政治的な地位を獲得したりもした．西洋の船が島に到着した際に島民と西洋人の間の交易の仲介役や通訳を担ったり，島探索の案内役をしたりもした．

●ビーチコマーとしてのメルヴィル　以下では東ポリネシアのマルケサス諸島のビーチコマーに焦点を当てよう．歴史家G.デニングによると，1774〜1842年にかけてマルケサス諸島に滞在したビーチコマーは150人以上いた．その中で最もよく知られたビーチコマーはアメリカ人作家のH.メルヴィル（Melville）であろう．メルヴィルは水夫として1840年に捕鯨船アクシュネット号に乗り組み，1842年7月にマルケサス諸島ヌクヒヴァ島で脱走し，約3週間，タイピー谷に滞在した．8月に捕鯨船ルーシー・アン号に拾われてタヒチ島に渡り，その後，モーレア

島にも滞在する．同時代の航海記とみずからのヌクヒヴァ島滞在の経験をもとにした物語を『タイピー』（1846）に，タヒチ島とモーレア島滞在をもとにした物語を『オムー』（1847）に書いた．『タイピー』は，タイピー谷に逃げ込んだトンモが美しいファヤワイとのロマンスや自然豊かな谷での平和な生活を経験するものの，イレズミを施されそうになり，食人の痕跡を目にして谷を逃げ出す冒険譚である．

●**数奇な生涯**　ビーチコマーの島滞在の様子はつまびらかでないことが多いが，彼らが残した手記や遭遇した探検家らの記述から滞在の様子がわかる．J. カブリ（Kabris），E. ロバーツ（Robarts）を取り上げよう．

図1　ヌクヒヴァで野生化したフランス人，カブリ［出典：Langsdorff, G. H. von, *Voyages and Travels in Various Parts of the World during 1803-1807*, Frankfurf am Main, p.96, 1813］

　ボルドー出身のフランス人でイギリス船ロンドン号の水夫であったカブリは1795年にマルケサス諸島ヌクヒヴァ島で船から脱走し，1804年までの9年間にわたり島に滞在した．首長の娘と結婚し，全身にマルケサス諸島のイレズミを施し，泳ぎに長け，母語のフランス語も忘れるほどに島社会に同化した．ウェールズ出身のロバーツは捕鯨船ニューフラテス号の水夫であったが，1798年にタフアタ島で船から脱走し，ヒヴァオア島，さらにはヌクヒヴァ島に移り，1806年までの8年間近く滞在した．首長の妹と結婚し，集落間で頻発していた戦争でも戦ったが，ロバーツは島の禁忌に従うことも島の戦い方もしなかった．同時期にヌクヒヴァ島に滞在した2人は互いに仲が悪かったが，1804年にクルーゼンシュテルンのロシア船ナジェージタ号がヌクヒヴァに停留した際にどちらも通訳と案内役を務め，島社会についての貴重な民族学的情報を提供した．カブリはクルーゼンシュテルンに連れられてロシアに渡り海軍の泳ぎのインストラクターになり，ペルシャを経てフランスに戻りイレズミを披露するパフォーマーになった．マルケサスに戻ることを望んでいたが，かなわぬまま生涯を終えた．ロバーツは1806年にマルケサス人妻と子どもたちを連れてマルケサス諸島を離れ，タヒチ，ツアモツ，ニュージーランド，マレーシアでさまざまな職業に就いた後，晩年はインドで暮らした．

　カブリやロバーツのように島に長期滞在したビーチコマーはみずから属していた西洋社会には決して以前のような立場で戻ることはなかった．島を離れた後も複数の土地を渡り歩いた彼らの数奇な人生は我々の興味を掻き立てるとともに，彼らの島滞在の記述は，時に誇大妄想的である点を差し引いても，西洋とオセアニアの境界を超えたからこそ見ることができた，島の人々の姿や暮らしを示してくれるであろう．　　　　　　　　　　　　　　　　　　　　　　　　　　［桑原牧子］

王国と火器

◇◇

　欧米がもたらした火器（銃と大砲）はオセアニアの人々を驚かせ魅了した．釘やナイフと同様に人々は早くから火器を入手しようとした．オセアニアの政治組織を鳥瞰した M. サーリンズは，政治統合度は西低東高であるとしている．東側のポリネシア社会の特徴は人が生まれによって地位が決まる首長制社会であり，上下関係の積み上げによる大きな社会統合の可能性をもっていた．ポリネシア社会のいずこにも首長制は存在しており，ポリネシア祖語の首長という語は，アリイ，アリキ，エイキなどと形を変えて，ポリネシアの個々の社会に存在する．特に統合度の高い首長国が構築されていたのは，ハワイ，タヒチ，トンガである．また，ポリネシアに隣接するフィジーも首長制によって統合される社会であった．首長制は統合の下地として重要であるが，諸島を統一する王国が成立したのは欧米との接触後のことであり，そこに火器のインパクトを含める議論は早くから存在した．

●**カメハメハ王朝（ハワイ）**　J. クックが 1788 年にここを訪れたのが最初の接触である．1789 年の再訪の際にクックは殺害されるが，その後急速に欧米の商船や捕鯨船が寄港するようになった．当時ハワイ諸島は島ごとに王国があり，王同士は互いに競い合う状態であった．カメハメハ 1 世は，やがてハワイ島を支配し，マウイ島，オアフ島などの島々を征服して，諸島をほぼ掌握したのが 1795 年である．その後 1810 年にはカウアイ島の王が恭順を示し，完全統一を果たした．ハワイ人首長の捕虜となったイギリス人 J. ヤングと I. デーヴィスは最終的にはカメハメハの捕虜となった．白人たちのもつ火器（銃と大砲）の威力にいち早く注目したカメハメハはヤングらに貴族の女性たちをめとらせ，購入した火器利用法の伝授を仰ぎ，後には戦いの参謀として重用した．カメハメハに仕えた白人たちは，船乗り・捕鯨船の船員など数多い．後に彼らの中から知事などに取り立てられた者もいる．火器の中でも大砲を利用したのはハワイ諸島だけである．

●**ポマレ王朝（タヒチ），ツポウ王朝（トンガ），ザコンバウ（フィジー）**　ハワイのキリスト教化はカメハメハ 1 世の亡くなった翌年 1820 年に始まる．それに対して，タヒチとトンガ，フィジーの場合はキリスト教の布教が統一の強力な触媒となった．特にタヒチは，島の一首長国の支配者だったポマレ 1 世が，白人商人との接触で入手した火器で征服に乗り出し，タヒチ島の統一に成功した．さらに 2 世は一時の不遇から盛り返して，しまいにはソサエティ諸島の統一のみならず，ツアモツ諸島，ツブアイ諸島へも勢力を伸ばした．1797 年に南太平洋本部をソサエティ諸島に設立したロンドン伝道協会の活動が好転するのは，ポマレ 2 世が

1812 年にキリスト教に改宗してからである．彼は豚肉の輸出で火器を入手し，キリスト教受容を迫りつつ，他島も征服して王朝の勢力を拡大していった．

トンガはクックの訪問時に統一されていた唯一の諸島である．西洋と交際を深める中で首長同士が武力で勢力拡大を狙う戦国時代に突入していった．1822 年にメソジストがここで布教を始める．その中で有力首長の一人タウファアハウはいち早くキリスト教の重要性に目覚め，宣教師らとの協力関係の中で，火器を用いてキリスト教の神を受け入れさせんがための聖なる戦いを繰り広げた．トンガ統一に成功したのは 1852 年のことであり，彼はジョージ・ツポウ 1 世を名乗り，トンガの近代化を進めた．その他の王国は植民地化の中で瓦解していったが，トンガだけは現在も王国を維持しツポウ 1 世の子孫が王位を継承している．

フィジーは，首長間の覇権争いが続いていたが，武力を掌握する首長の位を継承したザコンバウが頭角を現し，メソジストの宣教師から洗礼を受けると，布教のための聖戦を仕掛けることで，フィジー全土の征服を試みた．彼が実力ナンバーワンであることは，自他ともに認めるところであったが，すべての首長に王としての地位を受け入れさせる前に，フィジー全土をイギリスに割譲することとなった．

●王国の形成における火器の役割　これらの首長国から王国への変貌が成し遂げられたときに，英雄＝王が勝利したのは火器を先立って取り入れたからであるという主張がなされることはかつて多かったものの，それは結果論に過ぎないかもしれない．というのは，火器はオセアニア社会にすみやかに浸透して，対立する首長も同様に火器を入手していたからである．武器として火器が有用であったというよりも，むしろ，火器の導入が首長国同士の競争を激化させた，という方がふさわしいかもしれない．王国の統一に至ることのない地域でも，銃は白人との遭遇以来，現地人にに魅力的であり交易品として重要な品目であった．1860 年代のサモアでは，戦いに明け暮れる日々の中，土地を売ることが盛んに行われ，その主な目的は銃の入手であった．またニュージーランドでも顔にイレズミを施した首級が，銃と交換されたともいわれる．メラネシア人がオーストラリア・クイーンズランドのプランテーションへの労働力徴集に応じた理由の一つは，銃の入手であった．近年では，1860 年代以前の銃がどれだけ戦いの道具として有効だったかには疑問が付されている．1 発撃ったあと，すぐに次の攻撃はできないから，脅しの道具としては有効であったはずだが，実戦に用いるのは難しい．むしろ，ステイタス・シンボルとしての需要だったかもしれない．大砲も実は移動が難しく，大砲搭載の船が用いられたハワイ以外では利用されなかった．　　　　　　［山本真鳥］

📖 **参考文献**
[1] 山本真鳥編『オセアニア史』山川出版社，2000.
[2] 後藤 明『カメハメハ大王—ハワイの神話と歴史』勉誠出版，2008.

ナマコと白檀

アヘン戦争（1840〜42 年）以前，海禁政策をかかげる中国（清国）はヨーロッパ諸国との貿易を広東（広州）に限定していた．茶や絹，陶磁器などをもとめる欧米が広東を舞台に中国と行った貿易を広東貿易とよぶ．拡大するばかりの茶輸入の決済にイギリスがアヘンを充てた一方で，マニラのスペイン船や（独立直後の）米国東海岸のニューイングランド船，（建設直後の）ニューサウスウェールズ植民地船などは東南アジアやオセアニアで入手したナマコや白檀，鼈甲，真珠，真珠貝，アザラシ類の毛皮などで相殺した．

●**フィジーとハワイ**　本草書『本草綱目拾遺』（1765）や美食文学『随園食単』（1792）が説くように中国でナマコ食が流行したのは 18 世紀以降のことである．スラウェシ島南部のブギス人たちがオーストラリア大陸北岸でアボリジニとナマコ加工をはじめたのも，ナマコ交易で経済力をつけたスールー王国がフィリピン諸島南部で台頭したのも 1780 年頃のことであったのは偶然ではない．スペインはイスラームを奉じ，政治的にも緊張関係にあったスル王国と取引するばかりか，ミクロネシアとメラネシアでも積極的にナマコをもとめていた．

　ナマコや白檀の開発は，交易のために自然資源を採取する搾取型産業の典型であり，フィジー諸島のように両方を産する地域では，互いに結びついて発展した．1804 年にはじまった白檀採取は 1810 年頃には枯渇し，それを補ったのがナマコであった．もっとも，フィジー諸島で白檀を産したのはヴァヌア・レヴ島北西部だけであったが，ナマコは同諸島のほぼ全域で採取できた．他方，ハワイ諸島やニューヘブリデス諸島，ロイヤルティ諸島などは白檀生産を中心とした．ナマコ・白檀同様に広東向け主要商品であったラッコ毛皮の中継地でもあったハワイでは，仲介者に白檀を採集させている間，北米大陸北西海岸で毛皮をもとめ，広東に向かう途中で白檀を積みこむ複合的操業も行われた．

●**マニラメン**　マッコウクジラを対象とする英米の捕鯨船が，南太平洋海域に進出したのは 18 世紀末のことである．これらの航海は 3〜5 年に及んだため，捕鯨船は清水や食料，休養，代替乗組員の補給を必要とした．とはいえ，捕鯨船が好んで寄港したのはホノルル（ハワイ）やパペーテ（タヒチ），ベイ・オブ・アイランズ（ニュージーランド）など少数の港にすぎず，接触も刹那的であった．他方，ナマコと白檀の生産は南太平洋海域各地に及んだうえ，島民との接触も数か月間にわたった．

　白檀では生産から輸出までを首長が統括したハワイの事例もあるが，伐採は船員が行い，オセアニアの人々は刈られた白檀を交易船まで運搬しただけという場

合が多かった．小屋を建設し，煮炊きから乾燥まで行うナマコ加工は，作業時間も長期にわたったし，必要となる労働力も厖大であった．例えば，ナマコ採取には20〜80艘のカヌーが駆りだされ（1艘に10名が乗船），ナマコの煮炊きに15〜20名，乾燥に15〜20名が参画した．その他100名程度が薪拾いにあたった．1トンの乾燥ナマコを生産するのに30 m³の薪を必要とし，その対価がマスケット銃1挺に相当するほど，薪は生鮮ナマコよりも高価であった．

　作業現場で通訳や監督官として活躍したのは，商船や捕鯨船などから脱走して現地に住みついたビーチコマーか，英語話者がマニラメンとよんだフィリピン諸島出身のインディオであった（スペインの植民地下にあったフィリピン諸島の人々は植民者から原住民を意味するインディオとよばれ，かれらを総称する名称は存在していなかった）．マニラは広東貿易の中継地であり，米国船やシドニー船に雇用されたマニラメンが南太平洋各地に拡散することとなった．故地のフィリピン諸島で乾燥ナマコの加工法に通じていたマニラメンは，乗組員としてだけではなく，異文化間媒介者としても重宝された．

●もたらされたもの　ナマコや白檀の対価として（鉄板を巻尺状に巻いた）帯鉄や斧，ナイフ，釘，釣針，布，ビーズ，小火器などが島々にもたらされた．1840年代末にはタバコ需要が急激に増加した．他方，こうしたヨーロッパ製品が普及すると，ブタや宝貝，鼈甲，マッコウクジラの歯などの伝統的な威信財の需要が再興する地域もあった．そのためソロモン諸島で鼈甲を入手し，タンナでブタに変え，エスピリッサントで白檀と交換したように，島嶼間交易の媒介者を演じる交易船もあらわれた．ナマコと白檀をもとめた交易者は探検家でもあり，そのあとに宣教師がつづき，キリスト教の布教につとめた．

　いく度かの波を経たのち，オセアニアにおけるナマコ交易と白檀交易は1860年代以降に低迷していく．一つには羊毛や小麦の生産が軌道にのってきたニューサウスウェールズ植民地の開発が本格化していったためであるし，一つにはコプラや綿花，サトウキビなどプランテーションで栽培される1次産品が島々の主要な輸出品となっていったからである．こうしてオセアニアの人々は，広東市場をも包摂する，より巨大な世界経済に深く巻きこまれていくこととなった．

［赤嶺　淳］

📖 参考文献
[1] Shineberg, D., *They Came for Sandalwood: A Study of the Sandalwood Trade in the South-West Pacific, 1830–1865*, Melbourne University Press, 1967.
[2] Ward, G., "The Facific Bêche-de-Mer Trade with Special Reference to Fiji," In Ward, R. G. ed., *Man in the Pacific Islands: Essays on Geographical Change in the Pacific Islands*, Clarendon Press, pp.91–123, 1972.

グアノとリン鉱石

オセアニアには，リン鉱石を産するサンゴ島が数多くある．フランス領ポリネシアのマカテア島，中部太平洋のナウル島やキリバス領のバナバ島，パラオのアンガウル島が有名である．これら隆起サンゴ島に産するリン鉱石は，従来，海鳥の糞由来のグアノと考えられてきた．しかし現在では，海に生息していたラン藻類や生物由来の残存物が堆積して，リン鉱床が形成されたという説が有力である．

●**採掘と労働力**　グアノとは，集団営巣する海鳥や海獣，コウモリの糞の堆積物の総称で，植物の成長に有用なリンや窒素を多く含有する．乾燥した気候のもと，カツオドリ等が集団営巣するペルー太平洋沿岸の島々は，有名なグアノの産地である．1804 年，A. フンボルトは，ペルー先住民がグアノを採取し，肥料や交易品として利用するのを目撃した．農業用肥料として作物の生育に効果があることが実験的に証明されて以降，太平洋ではグアノ探しの隆盛期を迎えた．

グアノ採取には労働力が必要である．1862〜64 年，ペルーの奴隷交易船がポリネシアの島々を襲い，銃で脅迫して人々を連れ去った．H. モードの推定によれば，3634 人が強制連行され，船上や労働現場で 3215 人が命を落とした．加えて，天然痘がペルー人や帰還者により島々に持ち込まれ，2950 人が病死した．

また，アメリカは，1856 年にグアノ島法を制定した．グアノを埋蔵する無人島を自国領土とするという強引な法律である．領有宣言された 66 の島々には，現キリバス領のライン諸島やフェニックス諸島が含まれている．1860 年代〜20 世紀初頭まで，ライン諸島のモールデン島はクック諸島やニウエからの出稼ぎ先となっていた．

リン鉱床を擁するマカテア島は，近隣諸島民にとって魅力的な出稼ぎ先だった．20 世紀初頭〜半ばまで，クック諸島民はフランスのリン鉱石会社に雇用されていた．賞与や残業代により基本給の倍の収入を得ることもできた．食料や宿泊施設，医療ケアが提供され，帰郷時には故郷で入手しがたい商品を持ち帰った．同時に，厳格な罰則や管理が契約に含まれ，人々は近代的な労働規律を経験した．

●**グアノからココヤシ農園へ**　イギリス出身の J. T. アルンデルは，19 世紀末にグアノ採掘事業を興し，ライン諸島スターバック島の労働者をクック諸島ラロトンガ島で徴募した．グアノ採取は樹木の伐採を伴い，資源が枯渇すれば終焉する．一方，アルンデルは継続的な利益獲得を目指し，ライン，フェニックス諸島において，グアノ採掘のみならずコプラを生産するココヤシ農園経営に着手した．

19 世紀末の欧米諸都市では，感染症の流行も相まって健康と衛生意識が高揚し，石鹸の需要が増大した．イギリスの起業家 W. リヴァーは，石鹸の材料とな

るココヤシ油に着目した．アルンデルは，①イギリス領ソロモン諸島のココヤシ農園，②ドイツのヤルート会社と組んだナウル島とバナバ島のリン鉱石採掘の出資者を募っていた．リヴァーが出資を引き受け，太平洋のココヤシ農園経営に参入した．

●**バナバ人の悲劇**　リン鉱石採掘地が有人島の場合，住民は土地を奪われて移住を余儀なくされる．バナバ島では1900年，アルンデ

図1　ナウルのリン鉱石採掘現場［1996年3月筆者撮影］

ルの甥 A. エリスによってリン鉱石が発見された．エリスは「王と首長」との間で，格安の値段で999年の採掘契約を結んだ．しかし島を支配する「王」は存在せず，ほとんどの住民は文字も読めないため詐欺まがいの契約だった．また，採掘が土地の破壊を招くことを住民は知る由もなかった．

　オーストラリアやニュージーランドの農作物増産のためリン酸肥料の需要が増大し，民間会社から事業を引き継いだイギリス・リン鉱石委員会が，ナウル島やバナバ島で採掘を進めた．採掘労働者は，近隣のキリバス人やツバル人，中国人であった．バナバ島では住民の反発を無視して採掘地は拡大した．採掘者と住民の厳しい対立の中，1930年代初頭，法律を盾にバナバ島の土地は強制収用された．

　太平洋戦争が勃発すると，日本軍はナウル島とバナバ島を占領した．日本軍は，食料不足のバナバ島から住民を島外へ強制退去させた．終戦後，バナバ人を排除したいイギリス側の誘導によって，帰郷を望む人々はフィジー諸島ランビ島に強制移住させられた．ランビ島はバナバ人移住のために，1942年，リン鉱石の利益により，当時ココヤシ農園を経営していたリヴァー社から買い取られていた．

　肥料の原料であるグアノやリン鉱石は，世界各地で農業の近代化を進める原動力となった．また，オセアニアの島々から集められた採掘労働者は，近代的生活を経験し，現金や目新しい物資を入手して故郷にもたらした．一方，リン鉱石を産出する有人島は徹底的に破壊され，居住不可能な荒野となった．自然資源は，恩恵と同時に不可逆的な破壊をもたらすのである．　　　　　　　　　［風間計博］

📖 **参考文献**

[1] Cushman, G. T., *Guano and the Opening of the Pacific World: A Global Ecological History*, Cambridge University Press, 2013.

[2] 風間計博『強制移住と怒りの民族誌—バナバ人の歴史記憶・政治闘争・エスニシティ』明石書店，2022.

コプラ，ココヤシ

コプラ（copra）はヤシ科のココヤシ（*Cocos nucifera*）の果実の胚乳を乾燥したもの．灰白色で40〜60％の良質な脂肪分を含み，植物性脂肪の原料として利用されるため，太平洋諸島の住民にとって重要な現金収入源となってきた．しかし現在の世界市場の中で植物油としての競争力が限られるため価格が低く，生産者がコプラ生産を続けるために政府からの補助が必要なことがしばしばである．

●**ココナツミルクとコプラ**　ココヤシの胚乳は液状の胚乳液と内果皮に接するゼラチン状脂肪層に分かれる．成熟するにつれて胚乳液が減少し，固形化した胚乳の脂肪層が増大する．この脂肪層を削り具で削り絞って得られる液体がココナツミルクであり各地で調味料として利用される．

図1　出荷されるコプラ．ミクロネシア連邦ウォレアイ環礁［1988年筆者撮影］

脂肪層をはぎ取って乾燥させたものがコプラであり，加熱・天日干しなどで簡単に加工できる．コプラは常温で脂肪分を安全に運搬できるので，工業用脂肪原料として重宝され，マーガリン，石鹸，ロウソクなどの原料となる．

●**コプラの商品化と交易**　ヨーロッパ人の初期の太平洋諸島への関心は，中国を交えた三角交易に用いられる白檀，ナマコ，真珠貝などの貴重品を手に入れること，鯨油獲得のための捕鯨船の寄港地を得ることであった．これら資源が枯渇すると，太平洋島嶼で広く栽培されるココヤシから採れるコプラが主要交易品となった．1840年代にはココナツオイルから石鹸やロウソクを製造する技術が確立していたが，コプラから植物油を抽出する技術が確立しておらず，従来どおりの多様な資源が交易されていた．このようななかコプラを加工する技術が開発され，1858年にサモア諸島の交易地アピアに拠点を設けたドイツ系交易会社ゴドフロイ商会は1870年代までには十分に乾燥させたコプラをヨーロッパの港まで腐らせず運搬してみせ，この結果，コプラ交易が貴重品の三角交易に取って代わった．

ゴドフロイ商会は太平洋各地に拠点を拡張していったが，マーシャル諸島では現地首長との交渉によって土地を接収し，ココヤシ・プランテーションを経営した．首長は人々から貢物としてコプラを徴収する一方，ヨーロッパ製品を分配し，コプラ交易は発展した．このためヘルンシェイム商会などドイツ系交易会社がコプラ交易に参入しコプラ交易の競争が激化した（文献［2]）．

　バヌアツでは南北戦争期の北米向けの綿花栽培が下火になった 1880 年代以降，コプラがココア，コーヒーとともにヨーロッパ人プランテーションの主要作物となった．20 世紀に入るとプランテーションで経験を得たバヌアツ人が離島の慣習的土地保有地でココヤシ・プランテーションを始めた．焼畑休耕地でココヤシが栽培されたため，食用植物と競合しないかたちでココヤシ林が拡大した．

　文化人類学者 M. ロドマンによると，バヌアツにおける小規模土地保有者は 1930 年には国内の 6 分の 1，1982 年には 4 分の 3 の輸出コプラを生産した．コプラ生産が盛んな時期，一部のバヌアツ人は関係者を賃金労働者として雇用し，交易会社を始めた．首長の力が新しく導入されたコプラ生産に及び，バヌアツの首長はコプラ生産を指導していた．しかし大部分の人々は一時的なコプラ生産者に過ぎなかった．現金収入が必要な特定目標のためにコプラを生産し，それを達成すると生産を中止するという生産パターンが一般的だった．コプラを日常的に生産する島民は首長によってはじめられた大規模プランテーションを相続した子孫の起業家のみであった．しかし伝統的地位の違いが階層分化を覆い隠し，伝統的社会交換が富を再分配したため，社会的分断は生じていなかった（文献 [1]）．

●**コプラ生産と世界市場**　バヌアツにおいてもマーシャル諸島においても，コプラによる収益が人々を貨幣経済に導く重要な要素であったが，近年では世界市場の市場原理がコプラ生産に課題を提示している．バヌアツでは 1970 年代後半の不安定な食用油需要に引き続く出来事が 1981〜82 年のコプラ危機を引き起こした．しかし人々は手間を掛けてコプラの品質を向上し，現金収入を拡大するよりも，生業活動，社会活動により時間を割いた．ロドマンは，人々に高品質のコプラを生産させるには，補助金による誘導が必要であろうと指摘している．

　マーシャル諸島でも 1860 年代からコプラは主要輸出作物であった．しかし現在コプラ生産は輸出産業というよりも離島の現金収入手段，都市と離島の収入格差を平準化する公共事業としての側面が際立つ．1999 年度に支払われた補助金は 79 万米ドルで，1 トンあたり 235 米ドル，生産者に支払われる価格の 3 分の 2 が補助金である．またコプラからの収入の一部は首長に支払われる．したがってコプラ生産は離島に現金収入をもたらすと同時に伝統的社会秩序に貢献している．

　コプラは，漁業権収入，観光開発などの特別な資源を欠く地域においてでさえ，人々に現金収入の機会を提供する資源であった．しかし人々の多くは現金収入の拡大を目指さず，その都度の現金の必要を満たすためのみコプラを生産してきた．

　　　　　　　　　　　　　　　　　　　　　　　　　　　　　　［柄木田康之］

📖 **参考文献**
[1] Rodman, M., "Keeping Options Open: Copra and Fish in Rural Vanuatu," In Lockwood, V. et al. eds., *Contemporary Pacific Societies*, pp.171-184, Prentice Hall, 1993.
[2] 黒崎岳大『マーシャル諸島の政治史—米軍基地・ビキニ環礁核実験・自由連合協定』明石書店，2013.

労働交易とプランテーション

　ヨーロッパ諸社会との接触を経たオセアニアでは，商業的関心を抱くヨーロッパ人入植者の進出から急速な変貌を遂げていく．ヨーロッパ人商人たちは，オセアニアの土地から摂取できる品々をさっそく交易品にしはじめただけでなく，気候に適した作物のプランテーション栽培を行った．また自然環境だけではなく，そこに住む人々や社会の民族構成にも影響を与えた．当初は短期的な取引に従事していたヨーロッパ人入植者もプランテーションの形成に伴い定着していったのである．のみならず，プランテーションで要される働き手の需要は，他の国の移民を招き寄せた．

●**船乗りとの交易**　1790〜1850年代にかけて，太平洋諸島民はそれまでになかった仕事や取引を生み出した．ファーストコンタクトの直後から太平洋諸島民が鉄などを求めて，船乗りと熱心に交換していたことは広く知られている．寄港した船乗りへの労務提供も行われたが，彼ら向けの商品化に発展した例もみられた．塩漬け豚肉などの加工は，ニュージーランドとタヒチにおいて島民自身が最初期に形成した産業の一つであった．

　その他にもオセアニア外部の市場に向けて，さまざまな商品が生み出された．例えば捕鯨，白檀，ナマコ，コプラとココナツ油などによる商品の採取と加工などである．太平洋諸島民は，こうした産業および関連業務の中で徴用されたり，あるいは主体的に働き手となっていったりした．

●**プランテーションでの労働**　プランテーションが広がるにつれて労働はより集約的なものとなった．また契約労働者のかたちで移民が導入された．初期の契約労働制度は，さまざまな問題を抱えていたことで知られている．違法性が問われるような労働者の徴集や労働条件を伴う場合がみられ，ブラックバーディングとよばれていた．

　なかでもペルーとオーストラリアの例が比較的知られている．ペルーにおいては，1862〜64年にかけて近隣のポリネシアの島々からプランテーション労働者が集められた．世界的奴隷制が廃止された労働需要の隙間を埋めるため，ペルーでは新たな働き手が強く求められていたのである．14か月の間に3630人のポリネシア人が，人質まがいの手段を交えながら徴集された．関連した疫病の流行もあり，ツバルのヌクラエラエ環礁の8割，クック諸島プカプカ環礁の2割5分，ラパ・ヌイ（イースター島）の6割の人口が失われるという甚大な被害を生み出した．

　オーストラリアにおいては，カナカとよばれた太平洋諸島民——ほとんどがメ

ラネシア人だが一部ポリネシア
人も含む——の契約労働者が導
入されている．最初に太平洋諸
島民を運び込んだのは，ヨー
ロッパ人資本家のB. ボイドで
ある．彼は，1847年にニューサ
ウスウェールズに，ニューカレ
ドニアのロイヤルティ諸島とバ
ヌアツから65人の牧場労働者
を運び込んでいる．しかるに
オーストラリアの太平洋諸島移
民の大多数は，1863～1904年に

図1　フィジーのインド系移民の末裔とサトウキビ
栽培［2001年9月筆者撮影］

かけて渡豪した人々である．先述した地域に加え，ソロモン諸島，ニューギニア，
キリバス，ツバルから集められた．およそ5万人になる彼らはクィーンズランド
からニューサウスウェールズに散在するサトウキビプランテーションで働いた．
　太平洋諸島民以外では，彼らの代替や追加というかたちで，アジア系移民も導
入されている．ハワイ，フィジー，ニューカレドニア，フランス領ポリネシア，
ドイツ領サモア，ドイツ領ニューギニアなどにおいて，サトウキビからカカオ，
ゴムまでのさまざまな栽培植物から，ニッケル鉱山などの天然資源採掘の現場に
おいて，日本人，中国人，インド人，フィリピン人，コリアンなどが，新たな労
働力源とされた．
●現代に残される足跡　労働交易とプランテーションは，市場を通じて新たな社
会を生み出した．そしてそのインパクトは今でもオセアニア各地のあちこちに足
跡を残している．各種のプランテーション産業は盛衰こそあれ，今でも続き，そ
こで生じた暴動からストライキまでの労使関係を調停する課題は，今に続く禍根
を残している．また，移民の導入は受け入れ国の多民族化を必然的に伴う．先住
系の権利と移民の子孫の双方の権利に配慮して，お互いにどう折り合いをつける
のかという政治的問題が現代のオセアニア国家にも生じており，多民族社会をど
う運営するかという重い課題として，オセアニアの国や地域に残されている．

［丹羽典生］

📖参考文献
[1] Lal, B. V. & Fortune, K. eds., *The Pacific Islands: An Encyclopedia,* University of Hawai'i
Press, 2000.
[2] Moore, C. et al. eds., *Labour in the South Pacific,* James Cook University of Northern
Queensland, 1990.

インド系移民
（フィジー）

〜〜〜〜〜〜〜〜〜〜〜〜〜〜〜〜〜〜〜〜〜〜〜〜〜〜〜〜〜〜〜〜〜〜〜〜〜〜

　最初期にオセアニアを訪れたインド人は，たまさか足を踏み入れた人々であった．1811 年には船から脱走して，ヨーロッパ人ビーチコマーと生活していたインド人がフィジーにいたという．また，1814 年クック諸島のラロトンガ島を訪れた船には，インド人の船員が含まれていた．こうした偶発的な訪問者ではない正式な契約労働者としてとなると，19 世紀に遡る歴史がある．彼らは，オーストラリア，ニュージーランドから島嶼部までオセアニア各地にて労働者として雇用された．オセアニアにおいてある程度の定着を見せるようになるのは，プランテーションの登場にはじまる．

●**島嶼部への最初の移民の波**　オセアニアにおける最初のインド人プランテーション労働者は，フランス領ニューカレドニアに渡った．1864〜75 年にかけてのことであった．彼ら 454 人のインド人は，マラバール海岸出身であるためマラバールとよばれた．しかしコミュニティを形成するには至らず，彼らの言語や文化は，少数民族としてニューカレドニアのコスモポリタンな文化の中に同化されていった．

●**リトルインディアの形成史**　このようにオセアニア島嶼部において，インド人は概して目立たない少数民族というステータスを保っている．その中で異彩を放っているのが，フィジーのインド人である．フィジーでは，今でも総人口の 3 分の 1 以上がインド人で占められている．先述のニューカレドニアとは対照的に，彼ら移民の末裔は，言語や文化の変化を被りつつもコミュニティとしてのまとまりを維持して，太平洋島嶼部における最大のインド人集団となっている．しかも全盛期にはフィジーの総人口の過半数を超えたため，フィジーはオセアニアにおけるリトルインディアとよばれることさえあった．

　インド人労働力導入のきっかけは，フィジーが 1874 年にイギリス領化されたことに遡る．最初の植民地総督 A．ゴードンは，植民地経済を自立させるためにオーストラリアをベースとする製糖会社を招致して，砂糖生産を基幹産業とする政策を採用した．そのとき問題とされたのが働き手の確保である．フィジーの先住民は急激な人口減少に見舞われており，プランテーションでの雇用は禁止されていた．奴隷制の時代は終わり，メラネシア系の契約労働者の導入は価格の高騰と非人道的な取り扱いがヨーロッパ社会で非難を浴びていたため次第に低調になっていった．そうした中，目をつけられたのが，インド人労働者であった．

　最初のインド人移民 479 人を乗船させたレオニダス号は，1879 年 5 月 14 日に到着した．その後，停止される 1916 年までの間に，総計約 6 万人の人々──イン

ド北部のウッタル・プラデシュ州（約4万5000人），インド南部（約1万5000人）で構成された——が，新天地を求めてきた．彼らは，英語の契約を意味する言葉が転化したギルミットからギルミティヤと称されるようになる．

　かつてインド系移民は，社会の最下層の人々が貧しさなどを理由に，移民したと考えられてきた．しかるに，今ではもとの社会的多様性を反映してさまざまな宗教やカーストの移民が含まれていたことが明らかにされている．ところが，過酷な渡航状況やプランテーションでの生活は，カーストの規範や宗教的慣行などの維持を困難にした．こうした伝統的規範の変化とも相まって，フィジー・インド人としての新たなアイデンティティが形成されていった．契約労働の任期は5年（延長して10年）まで働くことが可能で，10年後には政府の資金で帰国できた．今のフィジーのインド人は，その際フィジーにとどまることを選択した人々に，その後，来島した自由移民が加わることでつくられたのである．

●**インド人移民の次の波**　第2次世界大戦後フィジーのインド人は，オセアニア内で再度出稼ぎするものもいた．彼らは，ソロモン諸島，バヌアツ，トンガ，キリバスへ，技術者や建設業者として移住していったのである．ただし彼らの多くは，契約が終わるとフィジーへと帰国している．出稼ぎ先で市民権を得た人はまれであった．

図1　フィジー離島のインド人
［国立民族学博物館朝枝利男コレクション，X0075873，1931年5月朝枝利男撮影］

　一方，フィジーにとどまったインド人は，同じ頃フィジーの総人口の過半数に達した．移民集団であるにもかかわらず，植民地内で最大の人口規模を誇るようになったわけである．さらに彼らの商業への進出は次第にヨーロッパ人系の利害関心と競合するようになった．植民地行政においても，選挙方法や土地のリースの仕方，さらには第2次世界大戦への参戦の是非などの論点をめぐって，他の民族集団と対立していく．こうしてフィジーにおける「インド人問題」が生まれたのである．

　独立後，クーデターで一気に表面化することになる民族問題は，このように植民期を通じて培われていた．　　　　　　　　　　　　　　　　　　　　　［丹羽典生］

📖 **参考文献**
［1］丹羽典生「フィジー—フィジー人とインド人の共存」綾部恒雄監修，前川啓治・棚橋 訓編『オセアニア』講座世界の先住民族—ファースト・ピープルズの現在第9巻，明石書店，pp. 269-282，2005.
［2］Lal, B. V. et al. eds., *The Encyclopedia of the Indian Diaspora*, Editions Didier Millet in association with National University of Singapore, 2006.

中国系移民

◇◇◇

オセアニアにおける華人の存在は，19 世紀前半には確認できる．当初は，使用人としての他，大工や調理師として船に乗り込んでいた．その後，オセアニア島嶼部に，白檀，ナマコ，鼈甲，真珠貝，コプラなどの交易拠点が形成されると，華人商人が定住するようになった．中心地はオーストラリアのシドニーで，タヒチ，フィジー・レブカ，パプアニューギニア・ラバウルに 2 次的拠点があった．
●**華人労働者の進出**　労働者としての華人がオセアニアに進出するのは，19 世紀の半ばである．オーストラリアとニュージーランドでは金鉱の発見が引き金となった．オーストラリアでは 1847 年に農業目的の移民が先鞭をつけ，1851 年に金が発見されるに及んで本格化した．ニューサウスウェールズとビクトリアの金鉱では特に目立つ存在であった．ニュージーランドにおける華人の進出も，金の発見がきっかけとなった．1860 年代以降の金鉱の発見と鉱夫の人手不足は，オーストラリアのビクトリアの金鉱で働いていた華人労働者の徴発へとつながったのである．その多くは広東省出身者であったとされる．

それ以外の島嶼部においては，先述した交易網の広がりに応じて，華人は現地人女性と結婚することで定着していった．契約労働者としては，それに遅れて流入した．最初期は，タヒチである．1851 年に華人商人が来島している．1856 年には，オーストラリアのビクトリア鉱山で働いていた鉱夫が定着した．人口が増

図1　チャイナタウンの入り口
［2021 年 11 月メルボルンにて
Chung Ling 撮影］

えたのは，1865 年に綿花プランテーションの華人契約労働者が進出してからである．プランテーションの経営がうまく軌道に乗らなくなると，在留を選択した華人は野菜栽培などに乗り出した．

島嶼部の他の植民地もそれに続き，1880 年代にフランス領のニューカレドニア，1898 年からのドイツ領ニューギニアと 1903 年からのドイツ領サモアではコプラのプランテーションにて，1906 年にナウルとやや遅れてキリバスのバナバ島ではイギリスの経営するリン鉱石会社において華人労働者が雇用された．20 世紀の最初の 20 年の間に，フィジーではバナナの栽培業者として進出していた．このように 1920 年代までには，オセアニア島嶼部のかなりの地域に華人は進出していた．1865〜1941 年の間に，その数およそ 2 万人に及ん

だともいわれている.

●華人移民への反発　華人移民の進出に比例して，彼らへの反発が生じた国や地域もあった．オーストラリアは1855年にビクトリアにて華人の入国を制限する立法が措置された．他の州でも，金鉱山への流入の制限，人頭税の賦課，居住区の隔離などさまざま形態をとりながら類似した法律が出されていた．金鉱産業の衰退後においても，華人の低賃金と競合する労働者の反発の高まりなどがあり，就労制限が課されたりしていた．いわゆる白豪主義政策の法的基盤となった入移住制限法が連邦議会にて可決されると，入国にはさらに選別が課された．

こうしたオーストラリアの華人に対する制限は，隣国のニュージーランドにも影響を与えた．当初より華人移民に対する感情はよくなかったとされるが，1881年には華人移民の流入を規制する法案が可決された他，その後厳格化されている．加えて，人頭税が賦課され，その額も引き上げられていた．1908年には，ニュージーランドに在住している華人に対する帰化権が剥奪されている．

その他，オセアニアにおける華人への反発というと，近年では2006年のトンガの都市暴動の例が思い出される．ただしトンガへの華人移民の進出は，比較的近年である．1970年代まで華人定住者はそもそもおらず，華人人口が増えたのは1980年代末にトンガのパスポート政策が変更されてからとされる．

●土着化する華人も　移民として問題視された一方で，現地社会に溶け込む華人もいた．2期にわたりパプアニューギニア首相を務めたJ.チャンやビジネスマンで有力政治家であるフィジーのJ.アー・コイなどは，代表的な人物であろう．1939年生まれのチャンと1936年生まれのアー・コイは，いずれも華人の父と現地人の母の間に生まれ，植民地期に教育を受けた点で共通している．彼らのように現地社会に溶け込み，国会議員として要職に就く人物が生み出されていたのであった．

本項で触れたのは，第2次世界大戦前までのオセアニアにおける華人移民の概要である．太平洋諸島民でもなければ，ヨーロッパ入植者でもない中国系移民は，新たな土地において彼らとは別様の独自の歴史を営んでいたといえる．独自のコミュニティとして地歩を固めた人々もいれば，すでに華人としての意識も希薄になるほど文化的に同化した人もいる．彼らオセアニアの華人は，そうした大きな違いを抱えながら，新たな華人移民の登場，中華人民共和国の台頭や台湾との関係の変化と国際的な変化に翻弄されることになる．　　　　　［丹羽典生］

📖 参考文献
[1] 華僑華人の事典編集委員会編『華僑華人の事典』丸善出版，2017.
[2] パン，L.編『世界華人エンサイクロペディア』田口佐紀子他訳，明石書店，2012.

ハワイ併合

　ハワイはアメリカ合衆国の州の一つで，そこで生まれた人は「アメリカ人」である．これはあまりに当たり前の事実のように思えるかもしれない．しかしハワイ諸島はアメリカ西海岸から 4000 km ほども離れている．独自の文化と歴史があり，本来は言語も別である．ハワイはなぜアメリカの一部なのだろう．

●ハワイ王国　ハワイはもともとアメリカ合衆国の一部ではなかった．アメリカが国家として成立するはるか以前から，ハワイでは「アリイ」とよばれる有力者が島の各地を支配し，複雑な階層構造をもつ社会を築いていた．タロイモ栽培を中心に食料も豊富で，今日「フラダンス」や「サーフィン」として知られるフラや波乗りなど，豊かな文化を誇っていた．1778 年に J. クックが偶然たどり着いてハワイを発見した当時，島々には約 100 万の人口があったとも推測されている．その子孫は今日「ハワイ先住民（ネイティブ・ハワイアン）」として知られる（☞「フラ」「フラの競技化」「サーフィン」）．

　アメリカが独立して間もなく，ハワイではカメハメハが強力な支配者として登場し，1810 年にはハワイの島々をすべて掌握し，ハワイ王国を打ち立てた．カメハメハの死後も王国は続き，1840 年には憲法を制定し，立憲君主制国家となった．太平洋を行き来する欧米の捕鯨船や貿易船の中継基地として栄える一方，欧米からの思想や物質の影響で社会が著しく変化した．とりわけアメリカから渡った白人が始めたサトウキビ産業が急成長し，ハワイ経済はその輸出に依存するようになった．またハワイへ渡った白人男性たちは経済のみならず，政治にも関わるようになり，王国の閣僚などとして政権の中枢に深い影響を及ぼすようになった．

　1874 年にデイヴィッド・カラーカウアが王となった頃には，サトウキビ産業の利権を代表する白人勢力の影響がきわめて大きくなっていた．例えば，カラーカウアはアメリカへの砂糖の関税撤廃と引き換えに，真珠湾の独占的使用をアメリカに認めざるを得なかった．また白人の利権集団は 1887 年には「銃剣憲法」と後によばれる憲法改定を強要し，王の権力を奪った．

　1891 年にカラーカウアが死去すると，妹のリディア・リリウオカラニがハワイ王国初の女性君主として王位に就いた．彼女は兄の政権で弱体化した王権を強化するために，新憲法の制定を試みた．

●クーデター　リリウオカラニの政策に反対する白人たちは「安全委員会」を結成し，1893 年 1 月に王国に対するクーデターを企てた．その大きな狙いは王国を倒して，ハワイをアメリカの一部とすることだった．そうすれば輸出の際の関税

を心配する必要もなかった.

　ホノルル在住のアメリカの外交官 J. スティーブンズはこの企画の支援を約束し, ハワイ沖にいたアメリカ海軍にアメリカ人保護という名目で上陸を命じた. その様子を見たリリウオカラニは大国アメリカと戦うことをあきらめ, 強い抗議宣言を発しながら王位を退いた. その後, クーデターを企てた白人はまずハワイ共和国を樹立し, 女王であったリリウオカラニを逮捕するなどの圧政を展開しながら, アメリカ併合の機会を狙っていた.

●**併合**　1898 年にアメリカとスペインの間で戦争が勃発した. 勝利を収めたアメリカはスペイン植民地のフィリピン, グアム, プエルトリコなどを獲得し, 一大帝国となった. 合わせて, ハワイも併合する法案が連邦議会で通過した. 航空機が普及する以前の時代, ハワイは新

図1　リディア・リリウオカラニ (1838-1917)　[Photo by J. J. Williams, Adam Cuerden により復元, Wikimedia Commons]

植民地フィリピンへの中継地であるとともに, アジアへの覇権確立の足がかりとして, 戦略的にきわめて重要な場所と見なされた. 実際, 併合後まもなくして, アメリカはそれまで「プウロア」とよばれた真珠湾で海軍基地の整備を開始し, 全米随一の軍港とした.

●**反対運動**　アメリカの植民地となったハワイではハワイ文化が抑圧され, ハワイ語の使用も学校などでは禁止された. 大統領が任命するアメリカ人白人男性が知事として行政を司り, ハワイ先住民の生活と文化はないがしろにされていった. 1959 年にはアメリカで 50 番目の州となった.

　今日, ハワイに, このような併合の過程は不当であったとして, 根強い主権回復運動がある. 1893 年のクーデターへのアメリカの関与が違法であったことは明らかであり, 1993 年には W. クリントン大統領が謝罪を表明するに至っている. むろん, 今日のアメリカ政府がハワイの主権を容易に放棄することはないし, すべての人がそれを望んでいるわけでもない. とはいえ, ハワイを訪れその美しい光景と豊かな文化を楽しむ際は,「ここは本来アメリカではなく, 不当にアメリカになった」という事実を覚えておくべきであろう.　　　　　　　[矢口祐人]

📖 参考文献

[1] 矢口祐人『ハワイの歴史と文化—悲劇と誇りのモザイクの中で』中公新書, 2002.
[2] 四條真也『ハワイアン・プライド—今を生きるハワイ人の民族誌』教友社, 2019.

植民地分割

<hr>

　オセアニアで，最初の植民地化に乗り出したのは，スペインであった．スペインは，16 世紀にはすでにフィリピン，メキシコを植民地としていたが，その両者を往来する船がミクロネシアの島々を通過していた．その結果，フィリピンの東隣に位置するマリアナ諸島は 1667 年にスペイン領となった．しかし，それより東のカロリン諸島やマーシャル諸島はスペインの関心をあまり引かなかったため，それらの地域が列強の植民地化の表舞台になるのは，1880 年代になってからである．そしてそれより前に，メラネシアやポリネシアが植民地分割の嵐に巻き込まれていった．17 世紀初頭からインドネシアに勢力を伸ばしていたオランダは，1828 年にニューギニア島西半分の領有宣言を行い，イギリスは，1840 年にはワイタンギ条約を締結してニュージーランドの主権を獲得した．さらにイギリスは，1788 年からオーストラリア各地で植民地建設を行ってきたが，1859 年までには東部のすべての直轄植民地に自治政府を作り上げていた．

●**フランスの動き**　これに対して，イギリスと植民地争奪合戦を展開していたフランスは，オセアニアでも後れを取るまいと植民地獲得に乗り出した．まず目を付けたのはタヒチであった．フランスはタヒチにカトリックの宣教師を派遣したが，そのとき同地はすでにプロテスタント系のロンドン伝道協会への改宗が進んでおり，フランス人宣教師は追い出されてしまった．フランスは A. デュプティ゠トゥアール率いる軍船を派遣し，宣教師をないがしろにしたことへの賠償などを求め，やがては砲撃をして当時のタヒチの女王ポマレ 4 世を脅すようになった．ポマレ 4 世は，イギリスの女王ヴィクトリアに保護を求めたといわれるが，イギリスが動くことはなかった．結局フランスは，フランス・タヒチ戦争を経て 1842 年にタヒチを保護下に置く条約を締結したのである．フランスはその後，1847 年には，ソサエティ諸島，ツアモツ諸島，さらにはマルケサス諸島をも保護領としていったが，ついに 1880 年ポマレ 5 世から主権を譲渡され，ポリネシア南東部を完全な植民地とした．フランス領ポリネシアの成立である．

　フランスはさらにメラネシアでも勢力を広げていった．フランスは，ニューカレドニアで布教活動を行ったカトリックの宣教師が攻撃されたことを受け，彼らを保護するという名目で 1853 年に同島を領有した．イギリスはフランスの行動を非難したが，それに対抗する措置をとらなかったため，同地はそのままフランス領として認められることになった．その後ニューカレドニアはフランスの政治犯などを送る流刑植民地として利用されてきたが，1865 年ニッケル鉱山が発見され，フランスは経済的な理由でもこの地を手放すことが難しくなったのである．

　フランスはカトリックの布教活動と連動して植民地化に乗り出しているが，サモアの西方にあるウヴェア島，フツナ島，アロフェ島もその例である．これらの島ではカトリックの布教が行われ，多くの島民がカトリック教徒になったが，1842年にそれに反対する島民が決起し，混乱が生じた．そのときカトリック教徒がフランスに保護を求め，それがもとで1887年，88年にフランス領となるのである．これが今日のウォリス・フツナである．

●**イギリスの動き**　ところで，19世紀には世界の植民地化の覇者となっていたイギリスは，オセアニアではオーストラリアとニュージーランドを抑えており，他の小さな島嶼の植民地化には大きな関心を示してはいなかった．それはフィジー諸島についてもいえる．1840年代，フィジーではさまざまな首長が主導権争いを展開していたが，白人定住者を集めて商業の中心となった地域を支配していたのが，フィジー王とよばれたザコンバウであった．アメリカやイギリスが領事館を置いていたが，アメリカの領事館が2度も放火に遭い，さまざまなものが盗み出されたため，アメリカ政府はその賠償請求をザコンバウに行った．しかし，ザコンバウは賠償金の支払いができないため，イギリス領事に，土地の一部を譲渡する代わりに賠償金の支払いとフィジー王としての地位の保全を求めたが，イギリスはそれを拒否した．賠償金は結局，土地と引き換えにオーストラリアの企業が拠出したが，ザコンバウはアメリカの植民地化を恐れて，フィジーをイギリスの保護下に置くように働き掛け続けた．そして最終的にイギリスは，1874年にフィジーを植民地化することになるが，それはフランスのメラネシアとポリネシアにおける勢力を分断することをも意味していた．以後イギリスは，オセアニアにおいて他の列強の進出を阻止することを主眼として，さらなる植民地化に乗り出すのである．

●**ドイツの動き**　植民地獲得合戦で，イギリスとフランスに後れをとったドイツは，まだ分割の進んでいなかったオセアニアに目を付けた．ドイツはミクロネシアからメラネシア北部にかけて触手を伸ばしたが，最初に領有宣言をしたのはニューギニアにおいてであった．ニューギニア島西半分はオランダがすでに領有していたが，東半分はまだ「空き家」であった．オーストラリアのクィーンズランド植民政府は，1883年にこの南東部の併合を宣言した．しかしイギリス本国はそれを認めず破棄させている．ところが，翌年，ドイツが北東部を保護領にすることを宣言したことで，イギリス本国はこのニューギニア島南東部を同年植民地化することを決定した．ニューギニア島北東部を保護領としたドイツは，さらに触手を東側のソロモン諸島にも伸ばし，同諸島の西部の島々を1886年に領有した．そこでソロモン諸島の東部に影響力をもっていたイギリスは，同年ドイツと協定を結び，西太平洋における両者の勢力の住み分けを確定した．その結果，ソロモン諸島の西部，ナウルをドイツ領，ソロモン諸島東部，ギルバート諸島をイギリス

領とすることになった．ナウルは 1888 年に正式にドイツの保護領となり，ギルバート諸島はエリス諸島とともに，1892 年に正式にイギリスの保護領となった．

　一方ミクロネシアのマーシャル諸島では，ドイツの商社がコプラ貿易の拠点をつくり，さらにカロリン諸島へも進出して交易の大半を占めるようになっていった．ドイツの進出を恐れたスペインは先手を打ち，1874 年にカロリン諸島，マーシャル諸島に対する領有権を主張したが，ドイツもそれに対抗して保護領化を宣言した．事態が膠着状態になったため，時のローマ教皇が仲裁に入り，1885 年，両国は，マーシャル諸島をドイツ領，カロリン諸島をスペイン領とし，後者ではドイツは自由に貿易をしてもよいという協定を結んだ．しかし，1898 年に生じた米西戦争によって，フィリピンとマリアナ諸島のグアムはアメリカ領になった．スペインはこれらを失ったことで，カロリン諸島，マリアナ諸島を保有しておく意味がなくなり，翌年これらをドイツに売却したのである．その結果ドイツは，ミクロネシア全域とニューギニア島北東部，ナウルを手中に収めることになった．

● 1900 年前後のオセアニアの分割　さらに，ドイツの野望はポリネシアのサモアを起点に拡大する．ドイツは 1857 年に交易の拠点をサモアに置いていたが，それより前にサモアに領事を送るなどしていたイギリスとアメリカとともに，1899 年，植民地分割についての協定を結ぶことになった．その結果，サモア諸島の東側はアメリカが，西側はドイツが領有し，イギリスは，ドイツの支配下にあったソロモン諸島西部を手にすることになった．東部はすでにイギリスの保護領であったが，西部の島々のうち，ブカ島とブーゲンヴィル島を除く島々を領有したのである．このブーゲンヴィルに世界的な銅山があることが発見されるのは，20 世紀後半に入ってからである．なおアメリカは，グアムや東サモアだけではなく，ハワイにも大きな力を及ぼしていた．アメリカは，ハワイ王国の最後の王となったリリウオカラニ女王を廃位に追い込み，傀儡政権であるハワイ共和国をつくったうえ，結局，1898 年にハワイを併合したのである．

　サモアの南に位置するトンガは，1875 年に憲法をもつ近代的な立憲君主国として出発したが，その憲法を作成したのは，イギリス人のメソジストの牧師 S. ベイカーであった．彼は，サモアでの力をトンガにも波及させようとしていたドイツ，それを阻止しようとするイギリスの思惑を巧みにすり抜けながら，立憲君主国初代の王ツポウ 1 世に重用され，トンガの内政で絶大な力をもつようになっていった．しかしそれに反対したシドニーのメソジスト教会との確執から，ベイカーは教会を分断して自由トンガ教会を設立した．それがトンガ人の反発を招くなど混乱をきたしたこともあって，結局彼はイギリスによってオーストラリアに追放されることになった．その後内政が安定してきたツポウ 2 世治世下の 1900 年，トンガは外交権をイギリスに譲渡する友好条約を結び，イギリスの保護下に入った．イギリスはまた，1888 年にクック諸島を，1889 年にトケラウを，そして

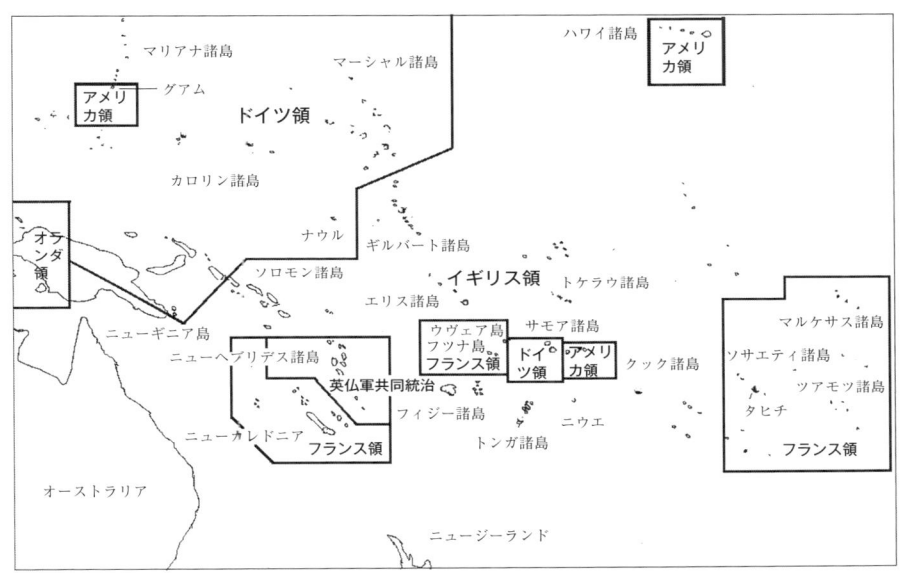

図2　第1次世界大戦直前のオセアニアの植民地分割［筆者作成］

1900年にニウエを保護領としたが，1901年にはクック諸島とニウエをニュージーランドの属領としている．また，ニューギニア島南東部のイギリス領パプアも，1901年，オーストラリアが事実上の独立をすると同時にイギリスからオーストラリアに譲渡され，オーストラリア領パプアとなった．

　一方，イギリス領のフィジーとフランス領のニューカレドニアにはさまれたニューヘブリデス諸島では，イギリス勢力とフランス勢力が拮抗していた．オーストラリアやニュージーランドを通してプロテスタント系のキリスト教が布教され，ニューカレドニアからはカトリックが布教され，それぞれ英語教育とフランス語教育を伴った活動を展開した．その結果ニューヘブリデス諸島は，イギリスとフランスが共同統治する世界でもまれな統治形態の植民地となった．1887年に両国の軍による統治が開始され，1906年に民政に移管することになった．これにより，オセアニアの島々の植民地分割はほぼ完了することになったのである．

［吉岡政徳］

📖 **参考文献**
［1］印東道子編著『ミクロネシアを知るための60章』明石書店，2015.
［2］吉岡政徳・石森大知編著『南太平洋を知るための58章—メラネシア・ポリネシア』明石書店，2010.

イギリス植民地
（オーストラリア，タスマニア）

　イギリスによるオーストラリアへの入植は，1788年，現在のニューサウス
ウェールズへの第1艦隊の到着に始まる．入植活動は，先住民であったアボリジ
ナルの諸民族の多くに壊滅的な打撃を与え，200以上あった言語集団の過半数は事
実上消滅した．しかし，地域によってその影響は一様ではなかった．18世紀末に
入植が始まり，イギリスの流刑囚を労働力として用いた東部植民地では，先住民の
人口と文化の消滅は甚だしかった．一方，人道主義が影響力をもった1830年頃に
創設された南オーストラリアや西オーストラリアでは，囚人労働が導入されず，ア
ボリジナルの労働力も活用されたので，比較的多くの先住民が生き残った．パー
スの近くでは先住民と入植者が一緒に参加するスポーツ大会も開かれた．

●タスマニアの先住民の絶滅？　タスマニア島，当時はヴァンディーメンズラン
ドとよばれた植民地への入植は1803年，ニューサウスウェールズに次いで始ま
り，先住民文化は根絶されたと長らく考えられてきた．1876年タスマニアの最後
の純血の先住民といわれたトルゥガニニが死亡すると，タスマニアにいた5000
人ほどの先住民は滅亡したとみなされた．19世紀後半，人類学的関心は滅亡に向
かう先住民に向けられた．本人の意思に反しトルゥガニニの遺体は死後掘り出さ
れ，博物館に展示されたが，死後100年にあたる1976年に先住民に返還され，火
葬後に遺灰がタスマニア南部の海に散骨された．現在も世界中の博物館などに持
ち出されたタスマニアの先住民の遺骨の返還が続いている．日本にもオーストラ
リア先住民の遺骨が残るが，その対応は十分とはいえない．

　H. G. ウェルズは，1898年にSFの古典的名著『宇宙戦争』を著したが，その原題
は『二つの世界の戦争』である．小説では，もちろん二つの世界とは地球と火星で
あるが，その背景には，イギリスによるタスマニア先住民殲滅があった．小説で
は，進歩した科学力をもつ火星人が，圧倒的な武力で人類を滅亡寸前まで追い込む
が，地球の細菌に抵抗力をもたなかったために逆に死滅してしまう．タスマニア
では，圧倒的に優勢なイギリス人が，殺戮と飢餓と疫病によって，「未開民族」タス
マニア人を滅亡に追い込んだ．ウェルズは問うている．人間としての姿は同じに
もかかわらず，タスマニア人はヨーロッパ移民に絶滅戦争を仕掛けられて姿を消
した．火星人が同じようにしたとしても，文句をいう理由があるだろうかと．

　ところで，タスマニアの先住民は本当に滅亡したのだろうか．滅亡とは何を意
味するのだろうか．タスマニアの入植が始まる前から，周囲の海には捕鯨者やア
ザラシ猟のヨーロッパ人が集まってきていた．初期の植民地の輸出品は主にこう
した海産物であった．彼らはタスマニアの先住民女性を誘拐し，あるいは交渉に

よって手に入れて，労働者として使ったり，性交の相手をさせたりした．こうした関係から生まれたヨーロッパ人と先住民の混血児たちは，タスマニアと本土を隔てるバス海峡の島々，ファーノー諸島に独自のコミュニティを築いた．また，本島で生き残った人々もいた．2016 年のセンサスではタスマニアの人口の 4.6%（全国平均 3.3%）が先住民の出自を自認している．

●**タイアガラ・アボリジナル文化センター・博物館**　タスマニアの北部，デヴァンポートの郊外にいくと，海を見渡せる丘にこの施設は建っている．オーストラリアで先住民自身が運営する最も古い文化施設の一つである．しかし，そこにはねじれも存在している．確かに，この地域にも先住民が生活し，先住民の石器や遺物が残っており，展示の対象になっている．ただし，この地域の先住民はすべて絶滅し，この施設を管理するのは，ファーノー諸島のコミュニティの人々である．2018 年に筆者が訪れたときには，管理も行き届いてはおらず，放置されていた．多額の公的資金を投入した先住民の施設をいかに適切に管理するかは，先住民政策の重要な課題である．

ファーノー諸島のコミュニティの先住民は，はじめは，ほぼすべてが女性だったので，伝統的な文化で受け継がれたものは，女性から女性に受け継がれるものに限られることになった．しかも，政府の規制を受け，経済的にも困窮していた人々にとっては，商品としても売れるものをつくる技術が貴重であった．この地域で取れる貝殻を月いたネックレスづくりは，祖母から母，母から娘，娘から女性の孫に伝えられる伝統的な技法とし

図1　旗だけが翻るタイアガラ・アボリジナル文化センター・博物館［2018 年 2 月筆者撮影］

て，定着していった．貝殻集めは，3 世代の家族と親類の女性たちが全員で浜辺に行き，貝を集め，それを食べ，殻を集める．コミュニティの集団行事であった．

作り手たちは，「私たちの貝殻ネックレスは独特のもので，私たちの先祖とファーノー諸島出身のアボリジナルの家族の強さと精神を内包しています．19〜20 世紀にかけてこの技術を護ってきたのは，これらの家族でした」（2017 年タスマニア博物館説明文より）と家族の絆のシンボルとしての首飾りの重要性を語っている．　　　　　　　　　　　　　　　　　　　　　　　　　　　　［藤川隆男］

📖 **参考文献**
[1] 藤川隆男『オーストラリア歴史の旅』朝日選書 407，朝日新聞社，1990.
[2] Ryan, L., *The Aboriginal Tasmanians,* 2nd ed., Allen & Unwin, 1996.

フランス植民地
（ニューカレドニア）

◇◇

　1774年イギリスの航海者J. クックによって，故郷スコットランド（カレドニア）を思い起こすと名付けられたニューカレドニアに，1853年イギリス戦艦を眼前で出し抜いたフランス海軍が，主島グランドテール東海岸にフランス国旗を掲げた．

●**フランスの太平洋への進出**　大英帝国をライバル視するフランスは，当時，父系制のクラン（氏族）を単位とした首長のもとで地域的・文化的・言語的に異なり統一を欠いたメラネシア人社会を軍事力で威圧すると，ナポレオン3世下で国際法に則った条約行為として，グランドテールやロイヤルティ諸島がフランス植民地となることを首長たちに認めさせた．ある首長は当時掲揚されたフランス国旗を，慣習的贈与交換の最もポピュラーなマヌ（布）に例え，「フランスはニューカレドニアをたった1枚のマヌと交換した」と皮肉った．人々の間の交流の絆を象徴するはずのマヌはフランスとの植民地関係を結び，革命（1789年）によって人権宣言したフランスの「3色旗」が象徴する「自由」「平等」「友愛」の精神は従属と差別と弾圧にすり替わったのである．

●**カナク**　その植民地下で差別的シンボルとなったのがメラネシア人を指す「カナック（*canaque*）」である．「カナック」の語源はハワイ語で「人」を意味する「カナカ（*kanaka*）」から派生し，ヨーロッパ人の航海者や捕鯨船員などによって，現地の島民を指す言葉として19世紀太平洋中に侮蔑的な意を含んで拡散し，ニューカレドニアではフランス語化して「カナック」となり，後に現在の「カナク（*Kanak*）」となった．植民地化と手に手を取ってやってきたキリスト教宣教師は，当初「カナック」を異教徒の先住民に，行政官はフランスに敵対する者に使った．「カナック」は，「野蛮人」や「汚いカナック」といったイメージと結びつけられ，後に表象する者とされる者との植民地的従属関係を解体する鍵となったのである．

　流刑囚植民地として始まったニューカレドニアの開発を押し進め入植者を定着させるために，フランスはグランドテールで土地を一方的に収用していった．共通の祖先を有するクランの名前は地名と結びつき，慣習的土地保有者としてクランはそうした土地に対する権利を保持している．土地のうえにクランの系譜が刻まれているという彼らの認識に立てば，土地を失うことはその系譜を失い，クランとしての人格を失うに等しく，後に脱植民地化運動における「カナク・アイデンティティ」闘争の失地返還要求となったのである．

　クランを基盤とした先住民社会は，力のある大首長の勢力傘下で，同盟関係などによる空間的領域の首長国を形成していた．フランス植民地政府は，メラネシア人集落の居住集団をトリビュ（部族）として認定すると（1867年），翌年保留区

を設定し，次々と法令を発布，カナクの首長を支配遂行の手段として使い，土地と自由を剥奪していった．抵抗する者に対しては武力的制圧で臨み，トリビュから追放したり，多くのクランをその居住地からトリビュごと強制的に異なった保留区に移し，移動を禁じる封じ込め政策を行った．強制移住は 1902 年まで続き，その結果保留区はグランドテールの土地の 10 分の 1 弱になった．

　こうした支配は 30 あまりに及ぶ反乱を招き，フランスはクランや首長国の間の対立を利用し，メラネシア人の分断をはかった．土地が大量に収奪された主島西海岸で起きたアタイ首長の反乱（1878 年）では，アルコール漬けにされた彼の首が研究標本のためパリの人類学会に送られ，植民地支配は「文明対野蛮」のもと，人間の尊厳を奪い去ったのである．アタイ反乱後，フランスは締め付けを強化し過酷な土着民統治体制を敷いた（1887 年）．他のフランス植民地でも施行された「土着民法」によって，第 2 次世界大戦後廃止されるまでメラネシア人は非市民として法的身分差別を課されたのである．

　南太平洋の楽園的イメージのロイヤルティ諸島は小さく資源的に乏しいため，主島ほど過酷な植民地支配を受けなかったが，中央山脈が東海岸と西海岸側を分断し，豊富な鉱物資源を埋蔵したグランドテールでは，ニッケルが発見されるとフランスパン形状の主島は中身がギッシリ詰まった「美味しいパン」となった．フランスの鉱山会社が 1880 年代に精錬所を首都ヌメア近郊などに開設すると，日本人を含めアジア系の契約労働者が導入されていった．

図 1　慣習婚の贈与交換で二つのクラン間の同盟関係を結ぶシンボルのマヌ（布）を掲げるクランの首長［2006 年 9 月筆者撮影］

　移民の流入は，メラネシア人との混血化を増大する一方，エスニシティは文化的帰属集団で決まるため，現在の多民族・多文化社会の原型をつくった．こうした植民地化の影響によって，メラネシア人は 1900 年代には全人口の 50% に，その数も 2 万 7000 人と植民地化当初から半減し，二つの大戦では多くの先住民が軍隊に動員され，戦地に送られ，戦場で犠牲となっていったのである．だが，外の世界を経験したカナク兵は復員すると，先住民を「カナック」として差別化し弾圧してきた植民地政策に批判的眼差しを向け，やがて「カナク」の夜明けを迎えることになる．　　　　　　　　　　　　　　　　　　　　　　　　［江戸淳子］

📖 参考文献

[1] 江戸淳子『ニューカレドニア カナク・アイデンティティの語り―ネーションの語り・共同体の語り・文化の語り』明石書店，2015．

ドイツ系植民地会社

19世紀末〜20世紀初頭にかけて，ニューギニア島北東部およびビスマルク諸島はドイツ帝国による植民地支配下にあった．ドイツ系植民地会社は，現地での経済活動を早期より開始し，ニューギニア地域の植民地化に大いに関与した．

●**植民活動の展開と現地社会へのダメージ**　ドイツ帝国による領有宣言以前より，ドイツ系植民地会社はニューギニア地域での活動を開始していた．1870年代，ゴドフロイ商会やヘルンシェイム商会などが，デューク・オブ・ヨーク諸島やニューブリテン島東部に相次いで商館を建設し，経済活動を開始した．1880年代になると，ヘルンシェイム商会らによるニューアイルランド島北部への入植が活発化した．1884年には，ドイツ・ニューギニア商会を創設したA.ハンスマンが，ニューギニア地域の開発可能性を探るために，博物学者O.フィンシュを現地に派遣した．各社がすでに獲得した権益の保護を目的として，ドイツ帝国がニューギニア地域の領有を宣言し，1884年末までにこの地域がドイツ領植民地に編入された．宣言後，ニューギニア地域の統治はドイツ・ニューギニア商会に委任され，ニューギニア島北東沿岸部に港やプランテーションが相次いで建設された．ビスマルク諸島でも，以前より入植していた各社による活動がより活発化し，1899年までには，ニューギニア島やビスマルク諸島の各地に各社の拠点が建設されるに至った．20世紀以降はドイツ帝国の設置した総督府によるニューギニア統治が本格化するも，各社による活発な経済活動は第1次世界大戦の開戦まで継続した．

ドイツ系植民地会社はナマコや真珠母貝などの海産物やココヤシなどの天然資源の採取を行った他，タバコや綿花などの商業作物を導入し，プランテーションでの栽培を積極的に展開した．特にコプラ（ココヤシの内果を乾燥させたもの）は，ヤシ油の需要が世界的に増大する中で，各社によって世界各地へと輸出されていった．その他にも，現地島民が制作したさまざまな造形物を収集し，欧米の博物館やコレクターに高額で販売するなど，各社が取り扱う商品は多岐にわたった．ただし，プランテーションでの不作が相次ぐなど，実際には各社による経済開発は不首尾に終わった部分も大きかった．

ドイツ系植民地会社の植民活動により，現地の「伝統的」な村落共同体は大きな変容を迫られた．プランテーションや商館の用地を確保するために，現地島民は不本意な土地の譲渡を強制されることがしばしばあった．また，労働者を確保するために，現地島民の大規模なリクルーティング（労働者の徴発・斡旋活動）が行われた．さらには労働先で疫病が蔓延し，労働者が帰郷することで，村落での感染拡大も引き起こされるなど，植民活動の進展とともに現地の人口が急速に

減少した．こうした状況もあり，ドイツ系植民地会社に対して現地島民が抱いた
感情は必ずしもよいものではなく，現地島民による襲撃が発生するなど，両者は
緊張関係にあった．

●**植民地的状況における出遭い**　アドミラルティ諸島で調査を行った民族学者に
よれば，リクルーティングに訪れたエージェントに村落の若者を提供する見返り
として，欧米から持ち込まれた品々や多額の金銭を受け取り，現地社会での地位
上昇をはかる現地の有力者がいたという．このように，ドイツ系植民地会社との
出遭いは，現地島民の新たな在り様をも生み出した．

　プランテーションや商館での出遭いと交渉を通じて，現地島民はさまざまなもの
を獲得していった．例えば，欧米出身の入植者や各地から集められた異なる母語の
ニューギニア出身者とのコミュニケーションを試みる中で，英語やドイツ語を土台
とするピジンを生み出した（☞「ピジン言語」）．また，労働に従事した現地島民の
中には欧米の知識や技術を獲得する者，年季奉公を終えて帰郷した後に知識や経験
を活かして現地社会の指導にあたる人物もいた．さらに，現地島民はプランテー
ションや商館などでの労働や各社との交易を通じて，鉄製加工具や青色顔料，織
布など，欧米由来の品々を多く入手した．彼らはこれらの品々を用いて生業を営
んだのみならず，造形物の制作に活かすこともあった．

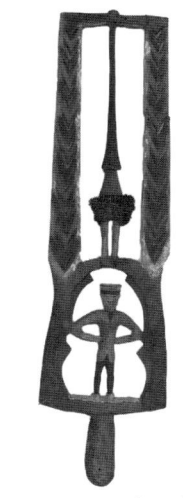

　ニューブリテン島東部やニューアイルランド島南部に
は，トーライという民族集団が居住する．図1は，20世紀
初頭にメラネシアで活躍した日本人移民の小嶺磯吉によっ
て収集された，トーライの男性秘密結社にまつわる儀礼用
具である．薄板を精緻に加工し，赤色や青色で彩色が施さ
れている．円錐形の被り面と腰蓑を身に着けた人物は，精
霊トゥブアンに扮装した舞踊者であろう．その下には，腰
に手を当て，胸を張る男性が象られている．つば付きの帽
子やジャケットを身に着け，肌が白色系で彩色されている
ことから，ドイツ系植民地会社の社員もしくは行政官を模
したものと考えられる．現地島民は，入植者から獲得した
品々を素材として駆使したり，自身が出遭った入植者や欧
米より持ち込まれた品々をイメージとして取り込み，造形
物に表現した．そして，時にはそのような造形物を現地を
訪れた収集者に譲渡し，現金などを獲得することもあった
という．

図1　トーライにまつ
わる彩色儀礼用具
［慶應義塾大学所蔵］

　ドイツ系植民地会社との出遭いがもたらしたダイナミックな変容と不均衡な関
係性の中で，現地島民は交渉を通じて獲得したさまざまな知識や技術，モノを駆
使したのである．

［臺　浩亮］

ワイタンギ条約

◇◇

　世界史に詳しい人でも，ワイタンギ条約の詳細を知る人はそう多くはないであろう．ワイタンギ条約とは，1840 年 2 月 6 日，アオテアロア（*Aotearoa*：ニュージーランドのマオリ語名）／ニュージーランドの北島北部ワイタンギ（Waitangi）において，ポリネシア系先住民マオリ集団の首長たちがイギリス政府との間で結んだ条約である．後述するように，その後の植民地主義の中で忘れられた存在であったワイタンギ条約が再び脚光を浴びるようになったのは，世界的に先住民の復権運動が興隆した 20 世紀後半のことである．

●**マオリの独立からワイタンギ条約締結へ**　条約締結に先立つ 1835 年，北島北部のマオリ集団はイギリス人駐在弁務官 J. バズビーの勧めにより，実は独立宣言をしていた（ニュージーランド部族連合国独立宣言）．バズビーの意図はこの地をフランスによる植民地化の脅威から護り，イギリス国王の保護のもとにおくことであったといわれる．しかし，その後もイギリスからニュージーランドへの移住を強行するニュージーランド会社（移民斡旋組織）の独走やヨーロッパ人無法者の増加，フランスの脅威，マオリ集団間戦闘の激化等々の混乱が続いたため，イギリスによる介入が強まりワイタンギ条約締結に至ったのである．

　イギリス政府の代表 W. ホブソンと北島のマオリ首長たちによって結ばれたワイタンギ条約は，英語版では以下の三つの条文からなる．第 1 条：マオリの首長はニュージーランドにおける主権をイギリスに譲渡する．第 2 条：土地・森林・水産資源などに関するマオリの所有権はイギリス国王によって保障される．マオリ所有地の売買についてはイギリス国王に先買権がある．第 3 条：マオリにイギリス国民としての保護・特権を与える．

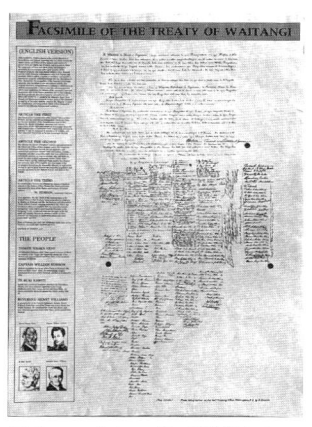

図 1　ワイタンギで販売されているワイタンギ条約の複製［筆者蔵］

　これによってホブソンは，北島はマオリ首長からの譲渡により，南島は J. クックによる「発見」により，イギリスの領土となったことを宣言したのである．

●**マオリ語版ワイタンギ条約**　一方，マオリ首長たちが理解したマオリ語版ワイタンギ条約は，実は宣教師団によって急遽翻訳されたものであった．第 1 条の要である「主権」は意味をずらした言葉に置き換えられ，むしろ第 2 条においては，マオリの宝物やランガティラタンガ（*rangatiratanga*：首長の権威）が守られる，

と記されてあった。つまり，マオリにとっては昔ながらの首長の権利は変わらない，と認識されたといってよい。以上のことから，英語版ワイタンギ条約とマオリ語版ワイタンギ条約はまったく別物といっていいほど内容に大きな齟齬があり，現代にまで続く大きな争点となっている。

●**不可視化されたワイタンギ条約** 　ほどなく，植民地政府にとっては英語版条約ですら邪魔な存在となっていった。第2条の国王による土地の先買権は，入植者への直接売買を促進するため1865年に放棄された。また，土地をめぐってマオリとの間で起きたニュージーランド戦争（1860～72年）においては，当然のことながらマオリに対する保護など顧みられるはずもなかった。

　さらに，裁判所でも条約は無視されることになる。1877年にマオリから出された土地返還訴訟に対して，法廷はワイタンギ条約を「まったく無効である」と位置づけ，ニュージーランドに対するイギリス国王の主権は「発見」と所有の優先権に基づく，と述べている。このような判例にしたがって，政府や法廷はワイタンギ条約には法的に参照する重要性に欠けるという立場を取り続けた。

●**ワイタンギ条約の復活** 　20世紀後半になると，グローバルな先住民運動とも呼応しながら，マオリは文化復興運動（マオリ・ルネサンス）や土地権復活要求の行進（マオリ・ランド・マーチ，1975年）など，さまざまな先住権復活運動を繰り広げるようになっていった。その成果の一つが1975年のワイタンギ条約法の制定である。ワイタンギ条約法の画期的な点は，はじめてワイタンギ条約の英語版とマオリ語版の相違を認めたこと，そして，ワイタンギ審判所（Waitangi Tribunal）を創設したことである。

　ワイタンギ審判所とはマオリ語版ワイタンギ条約が長年履行されてこなかったことによる不平等を正すために，マオリが提起する請求について条約の原理と合致するかどうかを審理する機関である。審理の結果は拘束力のない勧告のみであるが，次いで1985年には審理の範囲が1840年にまで遡って拡大されたこともあって，ワイタンギ審判所はマオリ復権運動における中軸となっていった。

　これまで，ワイタンギ審判所に提起された請求は歴史的請求や土地権等にとどまらず，多様な展開をみせている。例えば，マヌカワ請求（Wai 8）では「水」に対するマオリの霊的な価値観が提示され，水利権とは次元の異なるマオリのアプローチが注目を集めた。また，マオリ語請求（Wai 11）においてはマオリ語の公用語化が実現し（1987年），学校や公的機関を含めマオリ語使用の認知度があがるとともに，2004年のマオリTV開局へとつながった。さらに，動植物をめぐるマオリの文化的知的財産権の保護が進展したこと（Wai 262）などが特筆に値する。　　　　　　　　　　　　　　　　　　　　　　　　　　　　[内藤暁子]

📖 **参考文献**
[1] ニュージーランド学会編『ニュージーランドTODAY』春風社，2019.

盗まれた世代

　「盗まれた世代」とは，1910〜70 年にかけてオーストラリアで主にヨーロッパ人と先住民の「混血」の子どもを対象に実施された親子強制隔離政策により，先住民の親元から引き離された子どもたちのことを指す．なお，「盗まれた世代」の実話に基づくオーストラリア映画「裸足の 1500 マイル（*Rabbit-Proof Fence*）」（2002）では，「混血」の子どもたちがウサギよけのフェンスだけを頼りに 2400 km 離れた母のもとに帰ろうとする姿が描かれ，日本でも話題になった．

●**親子強制隔離政策の背景**　親子強制隔離政策は，当時，ヨーロッパに普及していた社会進化論と優生思想の影響を強く受けたものであった．ヨーロッパ人の入植以降，先住民は殺戮され，その土地を剥奪された．先住民に同情的であったキリスト教会各派も，先住民はいずれ消滅する運命であるという認識のもと，彼らをキリスト教徒に改宗させ，文明化することを自分たちの使命と考えていた．宣教師たちはミッション（保護地）を設立し，先住民をヨーロッパ人から隔離して「保護」しようとした．

　そのような先住民の管理の方法は植民地政府に受け継がれた．植民地政府は先住民を「純血」と「混血」に分離し，前者は保護して消滅を待ち，後者はヨーロッパ人社会に「吸収」されることで優生学的に抹消しようとしたのである．しかし，それが成功することはなく，1930 年代には「混血」の先住民は増加していった．この「混血問題」を解決するために導入されたのが，親子強制隔離政策である．最終的には，「混血児」のヨーロッパ人社会への同化を通じて，人種の浄化をはかることが目的であった．現在では，ジェノサイドとの関連性も指摘されている．

●**「盗まれた世代」の実態**　「盗まれた世代」にあたる子どもの数は少なくとも 10 万人を超え，親子強制隔離政策が実施された期間に生まれた先住民の 10〜30％に相当する．子どもたちは，寄宿舎や居留地内の施設に送り込まれ，先住民の文化や言語，価値観は否定され，英語やキリスト教世界の思想や価値観が教え込まれた．また，親との面会はほとんど許されなかったため，親族との紐帯を断たれた．こうして欧米の教育を受けた子どもたちの多くは，施設退所後にオーストラリア下流社会へと組み込まれていったが，彼らはさまざまな問題を抱えていた．後に公表された親子強制隔離政策が「盗まれた世代」に及ぼした影響に関する報告書によると，子どもたちは文化やアイデンティティの継承を阻まれただけでなく，施設の職員による身体的・精神的・性的虐待を受けたケースもあった．その結果アルコールの乱用や薬物依存，メンタルヘルスの問題を抱える人々もいたのである．一方で，過酷な環境の中でも主体的に生きる場を見出した人々もいる．例え

ば，生後5か月で南オーストラリア州のキ
リスト教施設であったコールブルーク・
ホーム（Colebrook Home）に連れていかれ
た女性は，14歳でホームを出た後に先住民
の子どもの保育士となり，その後20年に
わたって先住民コミュニティ組織で働い
た．彼女は当時ホームで献身的に自分たち
の面倒をみてくれた2人のシスターに感謝
するとともに，ホームでともに時間を過ご
した仲間のことを自分のもう一つの家族と
みなしていた．ホームでは年長の子どもが
年少の子どもを世話する中で，子どもたち

図1　コールブルーク・ホームで育った
「盗まれた世代」の女性たち［2009年4
月筆者撮影］

の間に疑似家族としての紐帯が生まれ，それをもとに形成された独特のアイデン
ティティが彼女の一部となっていったのである．

●**先住民との和解に向けた取り組み**　オーストラリアで「盗まれた世代」の政策
が一般市民に知られるようになったのは，1970年にヨーロッパ人の歴史家がこの
政策に関連する資料を大量に見つけ出してからである．その後，政府は先住民と
の和解に向けて動き出し，1991年に「アボリジニとの和解評議会」が10年間の期
限つきで設置された．95年に政府は「盗まれた世代」の実態に関する調査をオー
ストラリア人権・機会均等委員会に依頼した．97年にこの委員会が報告書を発行
すると，国家として過去の不正に向き合い，現在先住民が抱える諸問題の解決に
向けた動きが活発となっていった．そして2008年にK.ラッド首相（当時）によ
る公式謝罪が行われたのである．和解を推進する動きは市民生活の場においても
広がりをみせている．先述のコールブルーク・ホーム跡地では，1994年に地元の
ヨーロッパ人住民によって和解グループが設立され，草の根レベルでの「和解」
の活動が始まった．このように主流社会で「和解」の機運が高まる一方で，政府
主導で推し進められた和解政策に対し，先住民の多くは懐疑的な立場をとってき
た．同政策に先住民の主権や先住民独自の政治的，経済的権利の承認が含まれて
いないからである．実際に，コールブルーク・ホーム出身者の中には和解グルー
プと協働し，市民に自分たちのホームでの体験談を語る活動を行う人々もいる
が，一方でそのような活動から距離を置く人々もみられ，和解に対する姿勢は一
様ではないといえる．　　　　　　　　　　　　　　　　　　　　［栗田梨津子］

📖 **参考文献**
[1] 鎌田真弓「オーストラリア・ネイションへの包摂」山内由理子編『オーストラリア先住民と
　　日本―先住民学・交流・表象』御茶の水書房，pp.33-55，2014.

カーゴ・カルト

カーゴ（cargo）とは船舶や飛行機で輸送される積荷ならびにコンテナを意味し，カルト（cult）は怪しげな儀礼を実践する狂信的な集団をイメージさせる言葉である．この2語を結合させた「カーゴ・カルト」は，メラネシアに特徴的な宗教的で政治的な運動とみなされてきた．言葉の成り立ちから伺えるように，この運動は近代西洋と伝統が出会うところで，物質主義と土着的信仰の結合として現れるようにみえる．

●**カーゴ・カルトのイメージ**　カーゴ・カルトの典型は次のように描写できる．メラネシアの人々は欧米人の富と力に圧倒されながら，それが本来は自分たちのものであり，いつかは自分たちのもとにカーゴで運ばれてくるはずだと確信する．カーゴの届く日はこの世の裁きの日であり，カルトの参加者には至福が訪れて，外部の人間には破滅が待ち受けている．今目に映る世界は本物ではなく，西洋人にとって都合のよいように書き換えられた嘘に過ぎない．この世界の本当の姿，隠されてきた秘密を自分たちは遂に知ったので，既存の秩序はすべて無視して，全力で運動を進めてカーゴの到来を待つだけである．

カーゴ・カルトは1920年代から今日まで，さまざまな姿で各地に報告されてきた．秘密を暴くのは教祖ともいえるリーダーであり，彼らはキリスト教の神と土着の神や霊を関係づけて予言に権威を与えるのが一般的である．運動は西洋起源の制度や文化に反発しながら，その一部を誇張し独自に取り入れて，むしろ運動の象徴として活用することが多い．例えば，制服，書類，旗，無線，梯子などを，強調して用いるのである．およそ1世紀の長きにわたりカーゴ・カルトとよべる事象は，弾圧によって衰退したかと思えば少し形態を変えて再発し，ないしは別の地域で新しく起こるなど，かつてと比べて規模は縮小するが，確かにメラネシアで存在し続けるようにみえる．運動の発生，発展，抑圧について，多くの共通点を認めることができるのである．

●**カーゴ・カルトの理解**　カーゴ・カルトをどのように理解したらよいか．メラネシアの研究者は時代を越えてこの問題に取り組んできた．当初は「狂気」を筆頭に，「異教の世界」「後進性」として解釈する研究が多かったが，第2次世界大戦後には将来への期待を込めて「原始ナショナリズム」に代表される説明が登場する．カーゴ・カルトは西洋近代への知識が乏しく政治的な支配を受ける状況でやむなく生まれたものであり，知識が普及して政治を改革する基盤が整うにつれておのずと消滅に向かうだろう，という理解である．メラネシアに訪れる脱植民地化と独立新興国家の発展という期待が，明らかに込められている．そのため，

現実に誕生した国家でも運動が消滅しないとわかると，別の説明を求められるようになった．

　新国家で起こるカーゴ・カルトには，高等教育を受けた国家エリートさえ参加する例が少なくないので，この運動はメラネシアの諸地域に通底する独自の歴史観と現実感覚から生まれているのではないか．70年代にはこうした観点から，メラネシア文化の象徴としてのカーゴ・カルトという視点が提起された．西洋は歴史を蓄積的で段階的な進歩と考えるのに対して，メラネシアでは断続的でカタストロフィックに理解するという主張である．カーゴ・カルトを植民地状況から切り離して，この地域に特有な世界観の表現として提示し直したのである．

●**カーゴ・カルトは幻想か**　当事者たちに寄り添おうとする研究は，80年代に入るとポストモダンの考え方を反映してさらに革新的な方向に進む．カーゴ・カルトそのものを，西洋近代による創作として排除する立場である．この運動は植民地のあちこちに発生した不可思議な現象を，支配者たちが同じ範疇にくくって処方を講じたときの制作物に過ぎず，結局は支配を回復するための虚構でしかない．富への願望，超自然的な信仰，一致協力による奉仕，さらに運動の失敗というフィナーレは，西洋人にとって親しみやすい物語なので，ジャーナリズムが触手を伸ばし，歌詞・アート・小説の題材として取り上げられている．つまり，彼らはメラネシアの人々に自分自身のイメージを投影して，勝手にカーゴ・カルトなるものを読み込んでいるに過ぎないのである．

　こうなるとカーゴ・カルトという観念自体が否定されてしまい，これまでこのテーマのもとに集められた膨大な数の事例や分析がいっぺんに空中に分解する．それもあってか，メラネシア研究者はこの語を退けもせず，しかし積極的に使用もせずという姿勢をとることが多くなった．ようやく2010年頃になって，「カーゴ・カルト」のもつ研究上の有効性をじっくり検証する，という動きが目立ちはじめた．確かにメラネシアでは今日も，宗教的にして政治的，経済的にして社会的な運動がまさにカーゴ・カルトの特徴をもって登場する．ちょうどピジン語の「カストム（kastom）」が現地の文化を象徴するように，ピジン語となった「カゴ・カルト（kago kalt）」はカストムとみなされ，あるいはカストムに置き換わるほど，人々の集合意識に訴えかける（☞「ピジン言語」「カストムと政治」）．グローバル化と国家統治の均質化が著しく進行する現代にあって，カーゴ・カルトは少なくともメラネシアの人々がそうした支配にはっきりと抗する姿を表現する言葉なのである．　　　　　　　　　　　　　　　　　　　　　　　　　　　　[春日直樹]

📖 **参考文献**
[1] Tabani, M. & Abong, M. eds., *Kago, Kastom and Kalja*, Pacific-Credo Publicactions, 2013.
[2] 春日直樹『太平洋のラスプーチン—ヴィチ・カンバニ運動の歴史人類学』世界思想社，2001.

反植民地運動
（サモア）

サモア諸島は，ハワイとニュージーランドの間，ニュージーランドから約 2900 km の地点に位置する．サモア独立国（以下，サモア）が独立を果たすのは 1962 年のことであるが（「西サモア」として独立，1998 年現在の国名に改称），他国の統治下にあった独立以前のサモアでは，断続的にマウ運動（*Mau*）とよばれる反植民地運動が起こった．マウとは，サモア語で「異議申し立て」を意味する言葉である．

●**第 1 次マウ運動**　1899 年，サモアがドイツの植民地となると，ドイツは首都アピアを直接支配するようになった．サモアの現地住民は，「現地人」と混血の人々を含む「外国人」に分けられ，「外国人」はドイツ植民地政府の支配下に置かれた．サモアには，欧米人が進出してくる以前から，各地区，村落ごとに選出される首長とよばれる社会集団のリーダーがいる．ドイツ植民地下では，マロ（*Malo*）とよばれる現地人による政治機関が設置され，首長らの中でも特に有力な首長が構成員となった．ただし，徴税権やマロにおける議会の開催権は植民地政府が掌握しており，事実上，マロは植民地政府の支配下にあった．

ドイツ植民地成立以前からサモアで大規模なプランテーション経営を行っていた会社として，ドイツ通商農業会社（Deutsche Handels und Plantagen Gesell-schaft）があげられる．この会社の権益を保護するために，ドイツ植民地下では「外国人」の個人プランテーション経営者による土地の獲得や契約労働者の移入を規制した．また，「現地人」にはコプラの生産を促し，その余剰分をドイツ通商農業会社が独占的に買い上げる制度をつくり上げた．マロの一部議員を中心とするサモアの首長たちがこれに不満をもち抗議運動を起こすと，植民地政府は運動を抑圧し，マロの編成に変更を加え，議員を独自に選べるように改変した．

一見，「現地人」の代表者を設け，彼らによる政治や権威を認めているようであるが，実際には植民地政府による抑圧的な統治方針に対し，1908 年，有力首長ラウアキ・ナムラウウル・マモエが，首長の権威を尊重することを求めて，サバイイ島を中心に戦闘用カヌーを乗り回すという示威運動を起こした．これが第 1 次マウ運動である．この結果，ラウアキと 14 人の首長が捕らえられ，マリアナ諸島サイパンに島流しにされたことにより，第 1 次マウ運動は収束した．

●**第 2 次マウ運動**　1914 年，第 1 次世界大戦が勃発すると，サモアはニュージーランドの軍政下となり，1919 年には正式にニュージーランド国連委任統治領（委任統治領）となった．このニュージーランド統治期に断続的に起こった反植民地運動を第 2 次マウ運動とよぶ．歴史史料によると，当時のサモアにはサモア人が

約4万人，サモア人とヨーロッパ人の混血の人々が約1900人，ヨーロッパ人が約450人いたとされる．第2次マウ運動には，サモア人，サモアに住むヨーロッパ系住民など，法的身分，出身地，性別，社会的地位が異なる現地住民の約8割が参加した．人々は，パレードや納税の拒否，新聞や雑誌の発行など，さまざまな方法により，統治政府への抗議の意を示した．

図1　アピアのメインストリートで展開されたマウ運動参加者によるパレード［ニュージーランド国立アレキサンダー・ターンブル図書館所蔵，Mau parade along Beach Road in Apia, Samoa, on Black Saturday, Date: 28 December 1929 BY: Tattersall, Alfred James, 1866-1951 Reference: 1/2-019638-F］

　抗議の内容は，運動への参加者の立場によって異なっていた．例えば，第2次マウ運動において精力的に活動したO. F. ネルソンは，委任統治領における統治の責任者である施政官がサモアの首長たちを追放したり，首長たちの称号を取り上げていること，議会にサモア人の代表者がいないことなどに抗議をした．運動に参加した女性たちは，1920年代末にニュージーランドの軍や警察が村にやってきて住居に相次いで襲撃を行ったことに不満を示している．首長たちは，ヴェルサイユ条約が結ばれた際にサモアがいつの間にか自治権を失ったと主張し，独立と自治を求めた．

　1928年12月には，後に「黒い土曜日事件」とよばれる事件も起きた．統治政府に反対する人々が首都アピア中心部でパレードを行っていたところ，統治政府が軍隊を出動させ，参加者に向かって発砲をしたのである．この騒動の結果，11人のサモア人と白人巡査1人が死亡した．この中には，サモアの有力首長であるツプア・タマセセも含まれていた．タマセセが銃弾に倒れたことは，サモアの現地住民の統治政府に対する反感をさらに強めることとなった．

　第2次マウ運動は，1936年ニュージーランドで政権交代が起き，労働党がサモアの将来的な独立を目指すという方針を示したことにより終焉を迎えた．これ以降，サモアは独立に向かって，新たな国づくりに関する制度や方針の模索を始めることとなる．　　　　　　　　　　　　　　　　　　　　　　　　　　［矢野涼子］

📖 参考文献
[1] Field, M. F., *Mau: Samoa's Struggle for Freedom*, Polynesian Press, 1984.
[2] O'Brien, P., *Tautaʻi: Samoa, World History, and the Life of Taʻisi O. F. Nelson*, University of Hawaiʻi Press, 2017.

第1次世界大戦

◇◇

　第1次世界大戦では，ヨーロッパ列強間の複雑な同盟関係によって参戦国が次々と拡大し，とりわけ広大な海外植民地を有するイギリスの参戦に伴って，各国が地球規模で大量の人員や物資を動員する総力戦体制が生み出された．ヨーロッパを主な戦場とする戦争が「世界大戦」とよばれる背景には，例えばオセアニアにおける植民地の存在のように，開戦当初に想定されていなかったさまざまな要因によって，世界中の諸地域が地域紛争の枠組を超えて，前線・銃後を問わず何らかのかたちで総力戦へと組み込まれた構造がある．ここでは，列強の植民地の中でも，主に多数の従軍者を動員したオーストラリアの視点から，第1次世界大戦がオセアニアに与えた影響を紹介する．

●**開戦とドイツ領をめぐる紛争**　1914年8月，オセアニア戦線における最初の交戦として，ニュージーランドの部隊を中心とする連合国軍がドイツ領サモアを占領した．同年9月には，オーストラリア海軍がドイツ領ニューギニアに侵攻し，11月にドイツ軍が降伏した．これらの戦闘での連合国およびドイツ軍の従軍者数はサモアで約1000人，ニューギニアで2000人程度であり，ヨーロッパ戦線での戦闘に比類するような規模ではないものの，大戦の勃発とほぼ同時に戦線が形成され，本格的に整備されつつあったイギリス植民地の軍隊による独自の軍事行動が成功したという点において，軍事史上の意義は大きい．その後，1917年にフランス領ポリネシアやグアムなどでドイツ海軍による攻撃が散発的にみられたものの，勝敗の大勢は開戦当初の戦闘で決まり，オセアニアのドイツ領はオーストラリアを中心とする連合国軍とその支援のために南洋群島へ進出した日本軍によって，大戦終結まで占領下に置かれることになった．

●**大英帝国のための犠牲**　オセアニア戦線での戦闘が早期に決着したため，オーストラリアにとっての第1次世界大戦は，ベルギーからフランスにかけてのヨーロッパ西部戦線など，地理的に遠く離れた戦線への海外派兵の側面が強いものとなった．1914年時点の総人口約500万人のうち，従軍可能な成人男性の半分にあたる42万人が従軍し，そのうち33万人が海外へ派兵されている．最終的な戦死者は6万人を数え，大戦に参戦した他の大英帝国諸地域と比較しても有数の犠牲が生じた．

　当時のオーストラリアは外交権においてイギリス本国に従属する立場にあったため，本国とともに自動的に参戦する以外の選択肢はなかった．オーストラリアの人々は否応なく参戦を強いられるかたちとなったが，人口の圧倒的多数をイギリス本国からの移民とその子孫が占めることから，参戦を支持する世論が広がっ

た．開戦当初の戦時内閣を率いた首相 A. フィッシャーが，イギリス本国という「母国」のためにオーストラリアが最後の 1 人まで戦うと宣言したことで知られるように，第 1 次世界大戦は帝国への忠誠心を示す機会となった．オーストラリアでは徴兵制が導入されなかったため，従軍者が自発的に志願した人々で構成される点にも，オーストラリアにおける戦争経験の特徴が現れている．

　第 1 次世界大戦の中でも重要視されてきた出来事として，1915～16 年にかけて行われたガリポリ半島攻略作戦がある．ダーダネルス海峡の攻略を目的とする作戦には，オーストラリアおよびニュージーランドで編成されたアンザック軍団が参加した．作戦は最終的に失敗に終わったものの，作戦の開始された 1915 年 4 月 25 日はアンザック・デーと名づけられ，オーストラリアにおいて現在に至るまで，独自の国民意識が生まれた記念日として位置づけられてきた．同志愛に基づいて勇敢に戦う兵士像は，大戦前から続くイギリス本国および植民地との連帯感とともに，本国に劣らない自国のアイデンティティを支える象徴として記憶されたのである．アンザック・デーは第 1 次世界大戦後の戦没者追悼を通して定着し，現在でもオーストラリア，ニュージーランドの他，クック諸島やニウエといった島嶼部においても，第 1 次世界大戦以降にこれらの国々が関わった戦争を記念する場として継続している．

●**第 1 次世界大戦が残したもの**　多大な犠牲を通じた連合国に対する貢献を背景として，オーストラリアは大戦後のパリ講和会議で独自の代表権を認められ，国際外交における大きな一歩を踏み出した．イギリス本国との関係においては，1920～30 年代にかけて大英帝国諸地域の主権をめぐる交渉が行われた結果，1931 年のウェストミンスター憲章によって，オセアニアではオーストラリアおよびニュージーランドに外交権を含む完全な主権が認められた．ただし，両国は本国との伝統的連帯を重視し，憲章の批准は 1940 年代まで保留された．後年のオセアニアの国々が植民地支配から脱しようとする段階において，しばしば宗主国との対立が生じたことと比較すると，宗主国とともに戦争を戦うことによって「独立」を達成したイギリス植民地の事例は，歴史的に珍しい事例となっている．

　また，第 1 次世界大戦後のオセアニアでは，ヴェルサイユ条約に基づいて旧ドイツ領の再編が行われ，赤道以南の旧ドイツ領ニューギニアをオーストラリア，西サモアをニュージーランドが委任統治することとなった．両国による委任統治領の獲得は，かつての植民地が主権国家として管理する領土を得たという意味で，オセアニアにおける国際関係の転機となった．それは同時に，同じく赤道以北の南洋群島を委任統治する日本の台頭をもたらし，支配地域が直接隣接することになったオーストラリアと日本との間で生じた新たな競合関係は，その後のオセアニアの歴史に影を落とした．　　　　　　　　　　　　　　　　　［津田博司］

イギリス探検隊の先見者たち
（バンクス，パーキンソン，トゥパイア）

　植物学者 J. バンクス（1743-1820）のオセアニアの探検には，助手で植物画家の
S. パーキンソン（1745-71 頃）と，タヒチ人の司祭で航海士のトゥパイア（1725-
70 頃）の大きな貢献があった．資産家であったバンクスは，イギリスの植民地計
画を支える探検隊長として独自の役割を築くことができた．そして，パーキンソ
ンは，18 世紀のオセアニアの植物と人々の姿を視覚的にヨーロッパに伝えた．ま
た，トゥパイアは，先住民の観念的な世界と，広く散在する島嶼間に存在する文
化的つながりを同行のヨーロッパ人航海者に教えた．3 人のうち最も勇敢だった
のは，前代未聞の探検に乗り出したトゥパイアだったろう．彼らは三者三様に先
見の明をもつ人たちだった．

●**バンクスとパーキンソン**　ロンドンで生まれたバンクスは，21 歳にして莫大な
資産を相続し，イギリスの最も裕福な人物の一人となり，24 歳のとき，イギリス
海軍のキャプテン・J. クックが率いた第 1 次太平洋航海（1768〜71 年）に自費で
参加した．重貨物輸送用に設計された小型帆船エンデバー号による航海の使命
は，タヒチでの天文観測，南太平洋の未到地の探検と地図作成，大英帝国による
新天地の開拓，経済価値のある植物などの資源の記録であった．武装した海軍の
乗組員に加えて，植物学者のバンクスと D. ソランダー，画家のパーキンソンと
A. ブーカンら 9 人の民間人がいた．

　一行はまず大西洋を横断しポルトガル領ブラジルへ向かい，南米大陸の南端を
まわって，最初の目的地タヒチへと航海した．ブーカンのタヒチでの急逝（1769
年）後，パーキンソンが視覚的な記録のほとんどを担い，景観，人物，村の情景，
工芸品，植物などの何百枚ものスケッチや絵画を残した．ただし彼の主要な仕事
であった植物画は，バンクスとソランダーが収集した 3 万点の植物標本のほんの
一部を描いたに過ぎなかった．悲しいことに，太平洋での探検を終えインド洋を
航行中，彼もまた本国に帰還することなく生涯を閉じた．彼が送った手紙や探検
日記は出版され，植物のスケッチや絵画は，バンクスの依頼によりロンドンで銅
版画にされた．銅版画は，約 200 年後の 1980〜90 年に，初の完全フルカラー版
『バンクス花譜集』として出版された．

●**トゥパイアの悲劇**　インドネシアのバタヴィア滞在中にパーキンソンは親しい
友人の死を記している．「我々の船の修理中……乗組員のほとんどはクーパーズ
島にいたが，そこで赤痢にかかり，3 人が亡くなった．また，イギリスに連れて行
く予定であったタヒチ出身のトゥパイアとタイアタ少年もこの病気で亡くなっ
た．バタヴィアで彼らは，はじめて目にするさまざまなものに驚いていた．とり

わけ馬車には度肝を抜かれていた．見るものすべてにとかく好奇心旺盛で，英語も上達していたので，多くの質問をした」（文献［2］，一部改変の上引用）．トゥパイアは薬を拒み，仲間であり弟子であったタイアタ少年の死を嘆き，故郷を離れたことを非常に後悔していたという．

●**探検家の遺産**　二人のタヒチ人は，ジャカルタ湾に浮かぶ小島，イーデム島に埋葬された．墓は，名が刻まれることもなく，忘れ去られている．しかし，彼らの生涯は記憶されている．オセアニアの芸術家や学者は，トゥパイアが故郷の島々で高い地位と優れた知識をもつ人物であったことに注目している．豊富な海の知識を生かしてイギリス人をさまざまな島に案内した．ニュージーランドを訪れた際には通訳として重役を担い，自身の言語がマオリ語と大変似ていることに気づいた．パーキンソンはトゥパイアに科学的な描画法を教え，そのお返しに

図1　パンダナスの葉を編んだポンチョの下に樹皮布（タパ）を着て，鼻笛を吹くタイアタ少年．S. パーキンソンのデッサン（1769年）に基づく R. B. ゴッドフリーの版画［出典：文献［2］，Wellcome Collection］

トゥパイアはタヒチの言語や伝統を教えた．トゥパイア自身の絵も残されており，後に出版されている．バンクスやパーキンソンの日記には彼に関する言及が多く，これらとトゥパイアにより描かれた絵から，太平洋諸島民の視点をうかがうことができる．

　インドネシアを出帆してからも，多くの乗組員が病没した．パーキンソンもその中の一人であった．バンクスは重病を患ったが，幸い一命を取り留めてロンドンにたどり着いた．その後，バンクスはキュー王立植物園の創設者となり，ロンドン王立協会の会長を 41 年間務めた．これらの組織は，今日なお科学や科学教育に影響力をもっている．またバンクスは，イギリス政府にオーストラリアの植民地化について，囚人入植地としてシドニーが最適な地であると推奨した．さらに干ばつに強いスペイン産のメリノ種の羊をオーストラリアに送ることを企画し，オーストラリアとニュージーランドの広大な地域をイギリス風の牧歌的な風景に変えた．

[Peter J. Matthews]

📖 **参考文献**
[1] Meredith, C. S. & Tait, M., *The Adventures of Tupaia,* Allen & Unwin, 2019.
[2] Parkinson, S., *A Journal of a Voyage to the South Seas*, Stanfield Parkinson, 1773.

大英帝国の調査・探検

〰〰〰〰〰〰〰〰〰〰〰〰〰〰〰〰〰〰〰〰〰〰〰〰〰〰〰〰

　オセアニアとヨーロッパ諸社会との接触は，世界の地理や民族に関する新しい情報を生み出す出来事であった．18世紀のJ. クックの航海は，北はベーリング海峡から南は南極大陸まで，そして太平洋の島々に関する地理的情報をヨーロッパ世界に明らかにした．のみならず，J. バンクスら当時最先端の科学者を同伴して，接触期のオセアニア文化に関する貴重な記録を残している．これらの記録は，オセアニア先住民の様子を記す最初期のものとなっている．ファーストコンタクトは，オセアニアの先住民の側にも，新しい人々の出遭いをもたらす歴史的な転換点となったといえよう．

●民族学の開花　19世紀に入るとヨーロッパ諸国の植民地が世界中に拡大する中，被植民地に関する知識を集積するための学問として民族学が花開いていく．民族学者は，宣教師，商人など彼らに先立ってすでに居住していたヨーロッパ人と異なる，客観的で科学的な観察と記録を残すことを標榜した．こうした民族学的記録は，現在流布するオセアニアイメージの基盤の一つとなっている．

　オセアニアにおいて最大の植民地領を抱えたイギリスは，大英帝国の拡大と植民地統治の必要性におされ，ことに多くの調査・探検を行っていた．例えば，1898〜99年には，ケンブリッジ大学によるトレス海峡探検隊が組織され，トレス海峡，ニューギニア，ボルネオにて民族学的な調査が行われている．隊長は，ケンブリッジ大学の人類学科の創設にも一役買うことになる民族学者・人類学者 A. C. ハッドン（1855-1940）であった．調査隊は，生理学者・心理学者 W. H. R. リヴァーズ（1864-1922），熱帯医学に関心を抱く医者であった C. G. セリグマン（1873-1940）など，学際的なメンバーによって構成されていた．

　彼らの人生にとってもこの探検は転換点となり，その後急速に人類学への傾斜を深めていった．彼らはイギリスにおける人類学の草創期を担う世代をなし，収集した標本，言語・民族映像などの資料は，現在批判的に検証されることがありながらも，いまだ学史的・学術的な重要性を保っている．またハッドンは，娘とともにオセアニアのあやとりの研究に着手したこと，カヌーに関する包括的な著作を残したことが特記できよう．後者は，ポリネシアの先住民による文化復興運動において，重要な参照先の一つとなっている．

●マリノフスキーと民族学の革新　一方彼らの研究は，B. マリノフスキー（1884-1942）による人類学の革新によって，直ちに時代遅れにされた．マリノフスキーはポーランド出身で，イギリスにて人類学の教育を受けた——先述のセリグマンは彼の師の一人である——社会人類学者である．彼の実施した現地社会へ

の長期滞在による集約的な調査手法は，断片的な文化要素の集積となりがちな過去の研究スタイルと袂を分かち，個々の要素の全体との機能的関係を重視することで，人類学を体系的な学問へとすることに一役買った．

そうした彼の記念碑となる著作『西太平洋の遠洋航海者』は，1915〜18年の2年間にわたってパプアニューギニアのトロブリアンド諸島における調査の結果生み出された．現地語を習得し，現地社会へ参与観察するという民族誌的研究法は，以降，人類学的調査の一つのモデルとして定番化される．

●**クラ交易**　マリノフスキーの記録した民族誌の中で特に注目されたのは，クラ交易であった．これは，トロブリアンド諸島の間で，ソウラヴァとムワリという2種類の装飾品がそれぞれ時計回り，反時計回りに循環しながら交換されていく儀礼である．装飾品は人々の間をバトンのように受け継がれていくのみで，いわゆる経済的な利益を生み出すものではない．マリノフスキーの研究は，この交換の現場に入り込み，儀礼に参加する人々の内在的なロジックに肉薄するものであった．

クラ交易に関する研究はフランスのM.モースの贈与論と並び，人類にとって経済とは何かというテーマを喚起した．こうした研究は，爾後，贈与交換という経済思想や人類学の中心的テーマの一つを開拓し，メラネシア民族誌が着想の源泉となることに一役買った．

クックら大航海時代の探検家に先鞭をつけられ，その後民族学者に継承されたオセアニアにおける大英帝国の探検は，現代におけるオセアニア・イメージの形成に大いに関わっている．それのみならず，民族学・人類学という学問分野の成立にも関わり，さらには新たな社会学的調査手法の確立にも関与するという，革新性に富んだ営為であった．もちろんその背後には，今日では批判の対象とされるような植民地主義的な不均衡のもとにおかれる権力関係と人種間

図1　クラ交易用の釘飾りソウラヴァ［国立民族学博物館所蔵，2021年1月筆者撮影］

関係が不可避的に介在していたことも否めない．今では，クックのオセアニアへの到来自体が批判される時代なのだ．大英帝国の学的営為のあり方は植民地主義という文脈と深く関わって生み出されていたものである以上，その功罪はこれからも批判的に検証されていくことであろう．　　　　　　　　　　　［丹羽典生］

📖 **参考文献**

[1] Lal, B. V. & Fortune, K. eds., *The Pacific Islands: An Encyclopedia*, University of Hawai'i Press, 2000.

ピーター・バック
（マオリの人類学者）

ピーター・バックは，ニュージーランドの先住民マオリに出自をもつ医師，政治家，人類学者である．ニュージーランドの北島西海岸のタラナキ地域のウレヌイ出身で，出生年月日の詳細は不明だが，小学校の記録によると 1877 年 10 月になっている．育ての母はンガロンゴ・キ・ツアといい，タラナキ地域を地元とするンガツィ・ムツンガ部族出身のマオリであった．彼女は，1870 年代に，ピーターの父となるアイルランド系の W. H. バックと結婚する．しかし，二人は子どもに恵まれなかった．ンガロンゴは，近い親族のリナに，彼と子どもをつくってもらえるように頼んだ．そうして生まれた子どもがピーターである．ところが，リナはピーターが生まれてまもなく亡くなってしまう．そのため，ンガロンゴがピーターを育てることとなった．ピーターのマオリ語名のテ・ランギ・ヒロアは，叔父（母ンガロンゴの兄弟）と部族の著名な先祖の名前であり，彼が 10 代のときに授けられたものである．ピーターはそれを主に論文や著書を執筆するときの名前として生涯使い続けた．

●人類学者になるまで　ピーターは幼い頃から，母にマオリのことを教わっていた．一方，白人居住区で多くの時間を過ごしていたため，西洋的な影響も強く受けていた．1892 年に母が亡くなると，父とともにワイララパに移動し，羊牧場で働いた．そして，1896 年，牧場主の J. C. アンドリューの支援を受けて，ピーターはホークス・ベイにある寄宿学校テ・アウテ・カレッジ（中学高校レベルの学校）に進学する決意を固めた．

ピーターは，学校では常に成績上位で，最終年には医学部入試を突破し，オタゴ大学の医学部に進学した．1904 年までに医学士を取得し，1910 年には，「過去と現在のマオリの医学（Medicine amongst the Maoris in ancient and modern times）」という題で博士論文を提出し，医学博士号を取得した．

彼は，博士号を取得する傍ら，1905 年から医師として働きはじめていた．加えて，その年に，北アイルランド出身の M. ウィルソンと結婚している．彼らの間に子どもはできなかったが，二人は生涯仲睦まじく過ごしたという．1907 年，ピーターはノース・アイランド地域に医師として赴任する．仕事の評判は良く，彼はマオリコミュニティから強い信頼を獲得した．北部マオリの選挙区から出馬した国会議員が逝去すると，ピーターはその知名度と信頼のため，後任を頼まれる．そして，1909 年からニュージーランドの国会議員として，マオリの教育や保健衛生の改善に努めることとなった．

ピーターは，2 度目の選挙であえなく落選したが，国会議員を務めている 5 年

ほどの間に，人類学への興味を膨らませていった．議会が休みの間にラロトンガ
島やニウエを訪れ，それらの地域の物質文化に強く興味をもったためである．し
かし，その道に進む前に，第1次世界大戦が開戦してしまう．そして，ピーター
は従軍医としてヨーロッパに派遣された．その間，人類学への興味を維持してい
たピーターは，戦争を終えて帰るマオリ軍人の身体測定を行い，帰国後，自然人
類学的な観点から論文を執筆した．帰国すると保健省に勤めるようになったが，
時間を見つけてはマオリの民族学的研究で著名な E. ベストなどとともに調査に
出かけ，マオリやポリネシアの物質文化の研究を深めた．そして，それらの成果
をまとめ，マオリの衣服の発展や漁に用いる網作り，クック諸島の物質文化など
についての論文として出版している．

●**人類学の専門家としての活躍**　1926 年，ピーターはハワイのビショップ博物館
の館長 H.グレゴリーと出会う．この出会いが，その後のピーターの人生を大きく
変えることとなった．当時，ビショップ博物館は太平洋諸島の人類学的調査を進め
ていた．ピーターは，1927 年から5年間の研究調査員を勤める機会を得て，人類学
者としての道を歩みはじめたのである．そして，サモアを手始めに，クック諸島の
複数の環礁，フランス領ポリネシアなどで精力的に調査を行い，論文を執筆した．

　1932 年に研究調査員の契約が切れると，ピーターはイェール大学の客員講師と
なった．そして，1936 年にビショップ博物館のグレゴリーの後任として館長に抜
擢され，1951 年に亡くなる直前まで職務を全うした．彼は館長としての業務の傍
ら調査を続け，ポリネシアの物質文化のみならず，呪術や信仰に関する書籍も出
版した．これらの功績が世界的に認められ，ピーターは数々の記念賞を受賞した
だけでなく，ニュージーランド大学（1937 年），ロチェスター大学（1939 年），ハ
ワイ大学（1948 年），イェール大学（1951 年）から名誉博士を授与された．1946
年には，ナイトの勲章（Knight Commander of the Order of St Michael & St
George）に叙され，"Sir" の称号も授けられた．

　晩年，ピーターは癌を患いながら，1949 年にニュージーランドへ一時帰国し，
ナイトの称号を受け取った．その後，各地のマオリの伝統的な集会場を旧友のア
ピラナ・ンガタと講演してまわった．そして，ホノルルに戻ったピーターは，
1951 年 12 月 1 日に亡くなった．彼の遺灰は 1953 年にニュージーランドに運ば
れ，現在は出身地のウレヌイのそばにあるオコキに眠っている．

　邦訳されたピーターの著作は『偉大なる航海者たち』（1966）だけだが，彼は 50
を超える論文と 10 冊以上の著作を世に送り出している．マオリやポリネシア各
地の物質文化に関する論考は，当時の状況を記述した重要なものである．なお，
ニュージーランド王立協会は，1996 年にピーターの功績を讃えてテ・ランギ・ヒ
ロア記念賞を設置し，隔年で社会科学および医療人類学分野の重要な研究を表彰
している．　　　　　　　　　　　　　　　　　　　　　　　　　　[土井冬樹]

マーガレット・ミード
（文化人類学者）

◇◇

　M. ミード（1901-78）はアメリカ人類学の父 F. ボアズに師事し，アメリカ人類学の草創期に活躍した人類学者である．オセアニア地域において広くフィールドワークを実施し，その足跡はサモア諸島，ニューギニア各地（ドブー島，マヌス島，セピック川流域），バリ島に及ぶ．バーナード大学卒業後，コロンビア大学大学院で修士号，博士号取得．1926 年から亡くなる 1978 年までアメリカ自然史博物館人類学部に勤務すると同時に，コロンビア大学，ニュー・スクールなどの大学で教鞭をとった．学術研究の傍ら，主婦向けの雑誌レッドブックにコラムをもち人類学の普及に貢献した．アメリカ人類学会会長を務めた他，学際団体・国際団体の要職にも就いた．人間を対象とした実験は難しいが，一定の条件をそなえた社会を一種の実験室に見立てて観察することで，人間の行動様式の研究を行うことができると主張した．心理学に軸足を置いた社会文化研究を行うと同時に，ロールシャッハ・テストや写真・映像を用いるなど先駆的研究技術開発も行っている．

●**サモアの思春期**　1925〜26 年，9 か月足らずでアメリカ領サモアの離島マヌア諸島にて初めてのフィールドワークを行ったミードは，その成果を『サモアの思春期』（1928）に著したところ，人類学界ばかりか学際研究者や一般読者も惹きつけ一躍有名になった．通常，思春期は子どもから大人への変わり目の時期で，心理的にも不安定であり，本人も周囲の人々も扱いに苦慮すると考えられている．ところがサモアの少女たちは，あまり大きな問題も抱えず，スムーズに思春期を過ごしていくとミードは語る．それは，性や死の光景を隠そうとせず自然に子どもが見るままにし，性を禁じないサモア社会のあり方に由来する．一方でミードは，サモア文化を導入することでアメリカ社会がよくなると考えているわけではない．アメリカ社会の問題は，多元的な価値を認めず頑なであることだと考える．多文化社会であることを認識し，価値観の違いに寛容であるべきとする．

●**ジェンダー研究の先駆者**　2 番目の夫 R. フォーチュンとともに，ドブー島，マヌス島の調査を行い，その後セピック川流域に滞在して，夫妻は複数の社会の調査を行った．その成果となったのが，『三つの未開社会における性と気質』（1935, 未邦訳）である．この書は，従来考えられていた「男らしさ」と「女らしさ」がユニバーサルではない，という主張に彩られており，当時としては大変ユニークなものだった．彼女の描くところでは，モンドグモル社会ではいわゆるアメリカ人が考える「男らしさ」が男女ともに備わっており，アラペシュ社会では「女らしさ」が男女ともに認められる一方，チャンブリ社会では，男が「女らしく」女

が「男らしい」のである．この書ではあくまでもアメリカ人の男らしさ・女らしさを前提に描かれているが，1949年出版の『男性と女性』では，「らしさ」ではなく「役割分担」に焦点が置かれ，より科学的な分析となっている．ジェンダーの概念が提唱される以前に，身体的機能以外の男女の違いに着目した研究を行ったミードはジェンダー研究の先駆者といってもよく，彼女の構築主義的立場は後年のジェンダーの議論に大きな影響を与えたが，一方で彼女は，男女の役割分担そのものは社会によって恣意的でありながら，どの社会でも男性に割り当てられた役割に高い価値が置かれると主張し，男女の非対称性を意識していた．

●**批判と論争**　ミードの研究はさまざまな論争を巻き起こしてきた．新しい視角から切り込んだアメリカ文明批評を歓迎する人々も多かったが，進歩的革新的議論を疎ましく思う人々もいた．彼女の著作は，性の自由を容認する立場や女性解放を主張する人々からは歓迎されたが，逆の陣営からは攻撃を受けた．またボアズに始まる文化相対主義を標榜することも批判された．死後生じた大きな論争のきっかけはオーストラリア国立大学のD. フリーマン『マーガレット・ミードとサモア』（1983，邦訳1995）である．彼は自身の調査に基づき，ミードの描くサモアの若者のフリーセックスは存在しないと断言し，彼女の文化重視の立場を否定し人間の本性を強調した．この後人類学界を英米それぞれの陣営に分け

図1　M. ミード（1948年撮影）［Smithsonian Institution Archives. Image #SIA 2008-5981］

る論争に発展し，ミードのフィールドワークそのものがチェックされる結果となった．

　ミードは生涯3度結婚し，3度離婚した．3番目の夫は人類学研究の後，著名な心理学者となったG. ベイトソンである．ベイトソンとの間に，一人娘M. C. ベイトソン（人類学者）がいる．『菊と刀』の著者であり，コロンビア大学の先輩であるR. ベネディクトとは互いに影響し合う深い交流があった．　　　［山本真鳥］

📖 **参考文献**
[1] ミード，M.『女として人類学者として—マーガレット・ミード自伝』和智綏子訳，平凡社，1975.
[2] 山本真鳥「マーガンット・ミード」岸上伸啓編著『はじめて学ぶ文化人類学—人物・古典・名著からの誘い』ミネルヴァ書房，pp.46-51，2018.

8

大戦から自立へ

[担当編集委員：黒崎岳大・風間計博]

概　説

●**二つの大戦とオセアニア**　　長くグローバル社会の周縁に位置づけられてきたオセアニアも，19世紀までには欧米列強による植民地分割の結果，その支配下に置かれていった．この情勢に変化が生じるきっかけとなったのが，第2次世界大戦である．日本軍とアメリカ・オーストラリア両軍による激しい戦闘が各地で繰り広げられていった．数多くの住民が犠牲となった一方，戦争への参加が現地の人々の意識に大きな変化をもたらすことになった．すなわち，戦争前半では日本軍が各地で白人を中心とした宗主国の軍隊を打ち破っていき，後半では島嶼住民みずからも連合国軍とともにその戦争に参加して戦うことになった．この経験は，それまで白人による植民地支配を当然のこととして受け入れてきた島嶼国住民の考えに疑問の念を抱かす契機となった．

　大戦後，再び英仏を中心とした宗主国がこの地域にも戻ってきて，植民地支配は継続するものの，彼らがオセアニア各地で核実験を開始するなど，再び支配を強めていったことに対して，独立自治の意識が芽生え始めていく．1950年代以降アジア・アフリカ地域で独立を求める動きが高まっていくと，オセアニアでもその動きに呼応し，独立を求める運動が高まっていく．このような動きの中から，1962年，太平洋島嶼国ではじめて西サモア（現サモア独立国）が独立を達成していく．その後1970〜90年代まで，各地で独立国が誕生していった．

●**脆弱な国家体制と地域機関の創設**　　いざ独立となると，どの国も政治的にも経済的にも十分に準備ができていたわけではなかった．その結果，各島嶼国は独立後も旧宗主国やオセアニアの先進国であるオーストラリアやニュージーランドに強く依存するようになる．政府組織を運営する人材の不足に対しては，先進国から派遣された顧問の指導を受け，財政面においても多大な経済支援を受けることとなる．住人たちも家族の一員が先進国へ移り住み，彼らからもたらされる送金が家計にとって不可欠．島国の中には，先進国（アメリカ・ニュージーランド）と自由連合協定を締結し，防衛や安全保障の権利を委譲する代わりに，財政支援や住民が自由に行き来できる権利を確保するところもある．

　他方で，島嶼国はどの国も極小国とよばれ一国では周辺の大国と互角に対抗しきれないことを認識している．それに対しては島嶼国同士でグループを形成し，共通の課題に対しては共同歩調を取りながら国際社会と対峙するという戦術も取るようになる．1971年に結成された南太平洋フォーラム（SPF，2000年以降「太平洋諸島フォーラム（PIF）」）はその代表である．それ以外にも漁業や教育，廃棄物処理等で各国が連帯して取り組む地域機関を結成していく．このような動きに

対して，地域の先進国であるオーストラリアやニュージーランドもその姿勢を高く評価し，SPF などを通じて島嶼国の自主性を尊重し，地域機関の組織化に協力していく．ただし，この時期は多くの島国にとってオーストラリアやニュージーランドは政治・経済の両面において重要なパートナーである位置づけは変わらず，政治や経済において両国に依存せざるを得ない国々がほとんどであった．

●**地域秩序の再構築をめぐる動き**　21 世紀に入り，オセアニアの国際関係に大きな変化が生じている．すなわち，それまで特定の旧宗主国に依存してきた島嶼国が，新たな周辺諸国や国際機関からも関心が向けられる存在になってきたのである．こうした新たな動きが生まれてきた背景として，いくつかの要因が考えられる．冷戦終結後，国連を中心として国際政治において一国一票の原則に伴い島嶼国のグループ行動が存在感を高めていること，気候変動問題などでグローバル社会における課題の最前線として島嶼国現地からの報道が先進国にも届けられるようになったこと，さらには漁業や鉱物資源などの輸出元として経済開発の可能性が指摘されるようになったことなどがあげられる．近年大きく取り上げられているのが，米中対立という新たな冷戦構図である．20 世紀後半以降，この地域は中国と台湾（中華民国）との間で国交をめぐる激しい外交戦が行われてきたことで知られているが，2010 年代以降は経済開発や防衛協力を軸に中国が関係の強化を進めている．アメリカも島嶼国との間で首脳会議を積極的に開催し，既存の国際秩序を維持するべく，新興勢力の伸長に対抗している．またオーストラリアやニュージーランドも，さまざまな周辺大国がオセアニアに関心を強めていることを認識し，自国の安全保障などの観点から，島嶼国への関与を高めていく．両国は PIF という枠組を軸にオセアニアにおける地域統合や地域共同体構想をより発展させていくことを強く提案している．

　このような周辺大国の関与に対して，島嶼国側は国際社会の中で自分たちの存在感が高まってきたとして自信をもつようになる．オーストラリアやニュージーランドとの地域統合に対しても，各国が必ずしも同じ意識をもっているわけではない．両国に移民を多く送り出し，経済面からも関係を強めたいと考えるポリネシア，国内に鉱物資源などを有していることに自信をもち，島嶼国だけでも十分に地域統合を進められると考えるメラネシア，政治・経済両面で米国やアジアとの関係を重視することから，地域統合に対しては慎重な姿勢をみせるミクロネシア．このように自国の置かれた政治・経済の状況から意見に違いが生じており，そのことに基づき PIF のもとに地域ごとで構成されたサブリージョナルグループ（メラネシアン・スピアヘッド・グループ，ポリネシア・リーダーズ・グループ，ミクロネシア大統領サミット）も誕生している．オセアニアの今後の行方は，周辺大国との関係を見据えながら，各国が地域内での協力関係をめぐるビジョンをいかに共有できるかにかかっているといえるだろう．　　　　　　　［黒崎岳大］

第2次世界大戦とオセアニア

オセアニアにおける第2次世界大戦は，日本とアメリカなどの連合国軍とが，百万人を超える戦力を投入して，ソロモン諸島，ニューギニアからミクロネシアにわたる地域を戦場として戦い，数十万人の死者を出し，戦場とならなかった地域の都市や町でも，兵站地が設けられ，かつてない大規模な軍隊と大量の物資の流れをもたらした．

●戦争の経過　1939年9月1日にヨーロッパで第2次世界大戦が勃発すると，英連邦の一員であるオーストラリアとニュージーランドは連合国軍として，アフリカやヨーロッパ戦線に派兵した．　一方，枢軸国の一員だった日本は，南洋群島とよばれたミクロネシアの日本の植民地での軍事基地整備など，太平洋での戦争準備を進めた．1941年12月8日，日本はアメリカ海軍基地のあるパールハーバーへの奇襲攻撃とともにアメリカに対して宣戦布告すると，アメリカが連合国として参戦し，いわゆる太平洋戦争が勃発した．

開戦後およそ3か月で，日本は，インドネシアやシンガポール，香港，フィリピンなどにあった連合国軍の拠点を攻略し，その後，アメリカの軍事基地だったグアム島を攻略，続いてラバウルやニューギニア，ガダルカナルまで占領地を広げ，さらにオーストラリア北部のダーウィンを空襲，特殊潜航艇でシドニーを砲撃した．

日本軍は，アメリカとオーストラリアとの連絡を遮断し南太平洋における連合国軍を制圧するため，ニューカレドニア，フィジー，サモアへの攻略作戦を計画したが，1942年5月10日の珊瑚海海戦でアメリカ艦隊により阻止され，さらに同年6月5日，ミッドウェー海戦で主力空母4隻を失い，計画を中止した．

連合軍による反撃は，米軍の指揮下，ガダルカナルから中部太平洋およびニューギニアからフィリピンへと2正面から攻撃するカートホイール作戦として本格的に開始された．8月7日連合国軍がガダルカナルに上陸し，約4か月にわたった消耗戦の後，日本軍は敗退した．ニューギニアでは，2000m級の山脈を横切るココダ・トレイルからニューギニア島南岸の戦略拠点ポートモレスビー攻略を目指して進撃した日本軍に対して，オーストラリア軍を主力とした連合国軍が反撃し，1942年7月から半年に及んだ激戦の末，日本軍を撃退した．その後，補給路を断たれた日本軍はニューギニア北岸での敗退を繰り返した．

以後，連合国軍は優勢な戦力を投入して，強力な日本軍基地のあったラバウルを迂回しつつも，北上して日本軍の拠点を次々に攻略した．1944年7月にはマリアナ諸島のサイパン島，8月にはテニアン島，グアム島を攻略し，サイパン島からは新型の長距離戦略爆撃機B29により直接日本本土に対する空襲を開始した．

1945 年 8 月初旬にはテニアン島から出撃させた爆撃機により広島と長崎に原子爆弾を投下した．そして 8 月 15 日，日本は無条件降伏して戦争は終結した．

●**戦争の影響**　開戦当初の日本軍によるシンガポール占領とイギリス海軍の撃破は，それまでシンガポールのイギリス軍基地を国土防衛の要と捉えていたオーストラリアに衝撃を与えた．北からの脅威を直接経験したオーストラリアは，戦争後アメリカとの軍事協力体制として，1951 年にニュージーランドとともにアンザス条約（Australia, New Zealand, United States Security Treaty）を結び，オセアニアにおける安全保障体制の軸をイギリスからアメリカへと転換させた．

　また，戦中オーストラリア国内では，激戦地となったニューギニアのココダ・トレイルで，オーストラリア軍の物資や傷病兵の後送のため徴用された現地住民の運搬夫が「ファジー・ワジー・エンジェルズ（Fuzzy Wuzzy Angels，縮れ毛の天使）」とよばれ，オーストラリアに忠誠を誓う献身的な人々として宣伝された．現在でも「ファジー・ワジー・エンジェルズ」はオーストラリアとパプアニューギニアとの絆を示す象徴的な存在となっている．

　戦場となったソロモン諸島，ニューギニア，ミクロネシアの島々や兵站地となったフィジーやサモアでは，物資の運搬や積み下ろし，飛行場や道路の建設作業などに，多数の現地住民が動員された．その数は戦前のプランテーションでの労働者総数に匹敵し，ニューギニアだけでも数万人を超えた．

　さらにこの戦争では，現地住民が正式に軍隊に加わった．日本軍のもと，ミクロネシアでは現地住民からなる決死隊や挺身隊が編成され戦闘に加わった．ニューギニアでは，オーストラリア軍が，3000 人を超える現地住民兵からなる太平洋諸島連隊を編成して，正規軍の一翼とした．ソロモン諸島では，戦前警官だった 400 人近いソロモン人がソロモン諸島防衛軍に編入され，フィジーでは，2000 人ものフィジー人が入隊しソロモン諸島での戦闘に参加し，その勇猛さから「太平洋のグルカ兵」と称された．

　こうした現地住民の戦争への関わりは，植民地の統治者である白人に対する認識を変えた．日本軍や連合国軍の兵士は，荷物を運んだり陣地をつくったり，戦前の植民地の白人がやらなかった肉体労働に従事した．また，現地住民と気さくに接して，食糧などを気前よく与えた兵士も少なくなかった．とりわけ，米軍の黒人兵が白人の兵隊と同様に行動している光景は，それまで植民地支配下で厳しく保たれていた白人と現地住民の序列に対する認識を大きく変えるものだった．こうした認識の変化は，太平洋島嶼地域における独立への意識を高める素地をつくった．　　　　　　　　　　　　　　　　　　　　　　　　　　　　　［岩本洋光］

📖 **参考文献**

[1] 石森大知・丹羽典生編著『太平洋諸島の歴史を知るための 60 章』明石書店，2019.

[2] 山本真鳥編『オセアニア史』山川出版社，2000.

ビッグ・デス

~~~~~~

　第2次世界大戦では多くの太平洋諸島が戦場となったが，とりわけ激戦地となったのがメラネシアである．メラネシアでの戦争については，日本軍ないしは連合国軍の視点から多くの記録や著作が発表されてきたのに対し，現地の人々の視点から著されたものはごくわずかだった．メラネシアの人々が「ビッグ・デス（Big Death）」，あるいはメラネシアで広く共通語として用いられているピジン英語で「ビクファラ・ファエト（*Bikfala Faet*）」という「大きな闘い」をどのようにみていたのか，に焦点をあてた文献の刊行が進むようになったのは，1980年代以降のことである．

●**さまざまな回想**　メラネシアの人々の第2次世界大戦時の体験は，人によって異なる．戦闘部隊や沿岸警備隊，労働部隊などの一員として実際に戦争に参加した人々もいれば，戦闘に巻き込まれないよう，沿岸部の村々から山やジャングルの中に避難し，直接的には戦争に関わらなかった人々もいた．公表されている戦争体験は，そのほとんどが前者によるものである．

　ただし，実際に戦争に参加した人々も，日本軍あるいは連合国軍いずれかの立場から戦争を捉えていたわけでは必ずしもなかった．例えば，ソロモン諸島では，物資の輸送といった兵站業務を行う連合国軍の労働部隊に多数の現地住民が志願したが，それはイギリス人の経営するプランテーションでの労働よりも賃金が高かったためであった．彼らにとって，戦争への参加は収入を得るためのものであり，命を賭してまで携わらなければならないものではなかった．労働部隊で働いていたある住民は，労働キャンプが日本軍に爆撃されたときのことを次のように回想している．「日本軍が発砲したので，私たちは川に逃げた．明るくなるまで川にいて，元の場所に戻った．見ると，ああ，なんていうことだ．仲間が死んでいた！爆弾で頭もからだも粉々だった．各班で1人か2人が死んだ．アメリカ軍が，朝，回ってきて，点呼をした．名前をよばれた時，『はい』と返事をしない者は，死んだのだとわかった．…（中略）…とても怖かったので，私たちは逃げた．逃げて，仕事のことなどほったらかした」（文献［1］，p.176）．

　また，連合国軍側のソロモン諸島防衛軍に加わり，前線で日本軍と戦った元兵士は，戦争について，誰がもっと強いのか知るために，自分たち若者がよその国の若者と戦うのだと考えてみたり，「またある時は，『こんなふうに俺たちは互いに戦って何をしているんだろう？』と思った．でも今ふりかえってみると，戦争は本当に馬鹿げていたと思う」と当時を述懐している（同，p.150）．総じてメラネシアの人々は，自分たちの島々が戦場にこそなれ，戦争自体については「自分

たちのものではない」とみなしていたことがうかがえる.

●**戦争の影響**　第2次世界大戦は, メラネシアの人々のその後に大きな影響を与えることになった. 特に見逃せないのは, 戦争中に人々が接したアメリカ軍兵士たちがもたらした影響である.

ソロモン諸島労働部隊で働いていた住民の回想によれば, アメリカ軍兵士たちは, 労働部隊で働く現地の人々を自分たちのテントに招き入れ, 同じ食器で食事をともにし, 人々がイギリス

図1　ガダルカナル飛行場で作業をするソロモン諸島労働部隊とアメリカ海軍工兵大隊 (1943 年) [US Naval Construction Battalion Center]

人の横暴ぶりを訴えると, イギリス人をののしり, イギリス政府を追い出すために立ち上がれと人々を励ました. その姿は, 支配者として居丈高に振る舞うイギリス人とはまったく異なっており, それまで人々がもっていた白人に対する認識を大きく変えるものだった. また, アメリカ軍の黒人兵士が白人兵士と同じ軍服を着て, 同じ作業をこなしていたことも, 自分たち黒人は白人に仕えるものと思っていた人々の考えを変化させた. こうした体験は, 戦後, ソロモン諸島の人々によって, イギリスの植民地支配に反抗するマアシナ・ルール運動が展開されることへとつながっていく.

その一方で, 戦争が心に落とした暗い影に苦しんだ人々もいた. 先に紹介したソロモン諸島防衛軍の元兵士は, 戦後, 除隊して故郷に戻ったものの, 元の村の生活にどうしてもなじむことができず, 常にイライラして両親に当たり散らし, ついには故郷を飛び出したと語っている.

もちろん, メラネシアの人々の戦争をめぐる回想には, 記憶違いや, 時には話を面白くするために脚色が混じっていることも否定できない. しかし重要なことは, それが真実か否かということよりも, 人々が戦争をどのように捉え, そしてそこから何を伝えたかったのか, という点である. ソロモン諸島の人々の戦争体験を記録した G. ホワイトらの言葉を借りるならば, 私たちはメラネシアの人々の戦争をめぐる回想から「過去に関する人々の想い」(同, p.17) を読み取っていく必要があるということができるであろう.　　　　　　　　　[小柏葉子]

📖 参考文献

[1] ホワイト, G. 他編『ビッグ・デス—ソロモン人が回想する第二次世界大戦』小柏葉子監訳, 現代史料出版, 1999.

カウラ事件と戦争捕虜問題

　太平洋戦争中に日本人戦争捕虜による大規模な脱走事件がオーストラリアのカウラ捕虜収容所で発生し，多数の死傷者を出した．この事件は，当時の日本軍と連合国軍の捕虜観や捕虜の取り扱い方の相違を浮き彫りにした．

●戦争捕虜と日本軍の捕虜観　19世紀半ば以降，国家間の戦争は規模が拡大し，多数の兵士が戦闘で死傷し，戦争捕虜（敵側に捕らえられて拘束された将兵）の数も増加した．戦争に関する国際条約であるハーグ陸戦条約（1899年締結）は，捕虜に関する条項を設け，捕虜は人道的に取り扱い，虐待を禁ずるとした．第1次世界大戦では，戦争捕虜総数は800万人となり，1929年に捕虜の待遇に関するジュネーブ条約が締結されて，詳細が決められた．日本政府は本条約に調印したが，軍部の反対によって批准しなかった．日本軍は自軍兵士に対し，降伏をして捕虜になるという選択肢を与えず，死ぬまで戦うしかないと教えたからだった．東条英機陸軍大臣（当時）が発表した戦陣訓（1941年）の，「生きて虜囚の辱めを受けず，死して罪過の汚名を残すことなかれ」では，捕虜になることは恥であり，その汚名は死後も残ると訓示した．ジュネーブ条約の存在や内容についての教育を日本軍が怠ったため，太平洋戦争中に連合国軍捕虜が非人道的な取り扱いを受けるという問題が発生した．例えば，オーストラリア軍兵士約2万2000人が日本軍に捕らえられたが，8000人が過酷な強制労働や食料や医薬品不足が原因で死亡し，生存者たちも無残な姿で生還した．この出来事はオーストラリア国民に衝撃を与え，戦後の日豪関係に暗い影を落とした．一方，オーストラリア軍を含む連合国軍側は，基本的に日本人捕虜の処遇はジュネーブ条約に則って行った．

●カウラ捕虜収容所　ニューサウスウェールズ州内陸部の田舎町であるカウラに捕虜収容所が設置され，1943年1月以降日本人捕虜が収容された．その後捕虜数が増加し，1944年8月には1000人を超えた．オーストラリア側は捕虜数の増加が収容所内の緊張を高めるであろうと警戒した．1943年2月にニュージーランドのフェザーストン捕虜収容所で暴動事件が発生して，日本人48人が死亡したからである．1944年8月4日，オーストラリア軍当局は兵卒と下士官を分離して，別々に収容すると決定した．捕虜たちはそれを不満として，脱走を決行したのだった．

●脱走事件　南半球の真冬の8月5日未明，捕虜は宿舎に火を放ち，食事用のナイフや野球のバットを手にして走り，周囲の鉄条網を越えて脱走を試みたが，オーストラリア軍は一斉射撃で応酬した．収容所外に逃亡した者は，捜索隊によって連れ戻され，結果的に，日本人捕虜234人（自殺者を含む）とオーストラ

リア軍監視兵4人が死亡した．1000人以上の捕虜が脱走したこの事件は，史上最大規模といわれている．

　なぜ日本人捕虜は脱走したのだろうか．捕虜になった不名誉を回復するための自決が目的だったと一般的に説明されるが，理由はより複雑であろう．兵士たちは捕虜になるのは恥であると教えられたため，戦場で生き残り捕らわれた事実を正当化できずに苦悶し，生還すれば家族に迷惑がかかると信じて，故郷に帰還できないと考えた．悶々とした気持ちから解放されたいと，脱走による死を求めたのかもしれない．脱走に反対できず，集団心理から参加した者もいた．

　生き残った捕虜たちはヘイ収容所に移動し，1946年に日本に送還された．一方，死亡者の遺体はカウラ・オーストラリア軍戦争墓地横の一画に埋葬された．

●日豪和解への展開　　終戦後，オーストラリアでは捕虜虐待問題などの影響で反日感情が強く残ったが，カウラでは意外な展開があった．オーストラリア軍戦争墓地の維持管理をしていた地元の退役軍人会が，戦死者には敵も味方もないと，放置されていた日本人埋葬地の草刈りを始めたのだ．その後，日本政府はカウラを日本人戦争墓地設置場所に選び（1964年開苑），現在，墓地には524基の墓があり，戦争中にオーストラリア国内で死亡した日本人たちが眠っている．脱走や他

図1　カウラ日本人戦争墓地慰霊碑［2015年8月カウラにて筆者撮影］

の収容所で病死した捕虜に加えて，抑留中に死亡した民間人や台湾や朝鮮半島出身者の墓も含まれている．戦後に日本政府が海外に設置した唯一の戦争墓地である．埋葬者の詳細はカウラ日本人戦争墓地オンラインデータベースに詳しい．

　カウラではその後も日豪和解活動が活発に続いている．毎年8月に脱走死亡者の追悼慰霊祭が催され，カウラ日本庭園（1979年開園）では，毎春桜まつりが開催されて，日本文化紹介の機会となっている．1944年に発生した悲劇的な事件が，日豪和解活動の発端となり，現在のカウラは平和を願う両国市民が出会う場所になったといえよう．　　　　　　　　　　　　　　　　　　　　　［田村恵子］

📖 参考文献
[1] ブラード，S.『鉄条網に掛かる毛布―カウラ捕虜収容所脱走事件とその後』田村恵子訳，オーストラリア戦争記念館，2006.
[2] カウラ日本人戦争墓地オンラインデータベース（https://www.cowrajapanesecemetery.org/jp/）．

独　立

◇◇

　1960年代～90年代にかけて太平洋島嶼地域では10か国を超える独立国が誕生した．現在のサモア独立国である西サモア（1962年）を皮切りに，クック諸島（1965年），ナウル（1968年），フィジー（1970年），ニウエ（1974年），パプアニューギニア（1975年），ソロモン諸島（1978年），ツバル（1978年），キリバス（1979年），バヌアツ（1980年），マーシャル諸島（1986年），ミクロネシア連邦（1986年），パラオ（1994年）と独立国家が誕生していった．また，イギリスと保護条約を結びイギリスの保護国であるが一定の独立を維持してきたトンガ王国は，1970年に保護条約を解消し完全な独立国となった．こうして，現在，太平洋には太平洋島嶼国とよばれる14の独立国がある．

●**みずから望んだのではない独立**　これら島嶼諸国は，パプアニューギニアを除けば，人口は100万人に満たない極小国で，日本では市の人口要件である5万人にも満たない国が5か国（パラオ，ナウル，ツバル，クック諸島，ニウエ）もある．また，パプアニューギニアを除けば，国土面積が狭小で，水産資源以外の天然資源に乏しく，国家財政を十分にまかなうだけの税収を確保するのに十分な産業開発が困難な状況にあり，経済的自立に至っていない．このような状況は独立の際に予想されなかったのであろうか．それでも住民は民族自決を掲げて独立を強く望んだのだろうか．第2次世界大戦後，世界の各地で植民地が独立し，独立にあたって宗主国との闘争を経た国々が数多くあったが，それと同じようなことが太平洋島嶼国でもみられたのであろうか．

　その答えは，太平洋島嶼国の独立は，「強いられた独立」「強いられた国民国家」とする見解（文献［1］）が示している．つまり，太平洋島嶼国の独立は，みずから望んだ独立ではなく，宗主国によって独立させられたのであって，独立は宗主国側の都合によるものだったというのである．第2次世界大戦後，世界の各地で植民地の独立を求める動きが高まり，植民地を維持したい宗主国との間で独立戦争に発展した例がみられた．宗主国にとって植民地の天然資源や産業などの権益を維持するために独立を認めない事例が少なからずみられた．しかし，民族意識に目覚めた人々の独立への勢いを押しとどめることはできず，脱植民地化が国際社会の潮流となっていった．

　1960年には国連総会決議により「植民地諸国，諸人民に対する独立付与に関する宣言」（植民地独立付与宣言）が採択され，「植民地主義をそのすべての形態および側面において速やかかつ無条件に終わらせる必要がある」として，「政治的，経済的，社会的または教育的準備が不十分であることをもって，独立を遅延させ

る口実としてはならない」（2条）と宣言された．こうして，多くの植民地が独立国家として諸条件を備えないまま独立が急がれたのである．

●**平和裡の独立国家への移行**　太平洋島嶼国の独立もこのような潮流に乗ったものであった．その流れの中で，独立して国家を運営するための諸条件が十分に整わないまま島嶼国の独立が進められたのである．現地の住民に民族意識の高揚や独立運動の展開といった現象はあまりみられなかった．宗主国にとっては手放したくない資源や産業もなく，むしろ植民地を維持することが負担になっていた．メラネシアで植民地を抱えていたイギリスとオーストラリアにとっても，ポリネシアの国々と関わったニュージーランドにとっても同様であった．アメリカが施政国であった国連信託統治領のミクロネシアはアメリカの太平洋戦略上の価値は認められたが，それ以上のものではなかった．これら英米系諸国の統治方式は，宗主国が指導しながら現地住民に運営を任せる間接統治方式をとったため，独立の障害となるような宗主国から現地に定住した人がほとんどいなかったことも独立を促進する要素であった．

　こうして太平洋島嶼国は，宗主国との間で，そして国内においても，特に独立をめぐってほとんど争いもなく，穏やかに独立国となった．この平和裡の独立への移行を，1970年10月のフィジー独立時のカミセセ・マラ首相は，国連総会演説の中で「パシフィック・ウェイ（Pacific Way）」とよび，この言葉は太平洋島嶼国の文化的独自性と島嶼国の連帯の象徴として共有されるようになっていった（文献[2]）．

　国家運営に必要な諸条件が不十分なままの独立であり，とりわけ国家運営に不可欠の財政基盤が脆弱であった．もともと自給自足型経済であった島嶼地域において国家財政に十分な税収をもたらす産業は育っていなかった．また，独立にあたって制定された憲法で定める近代的政治機構や行政機関を運営する現地人材も不足していた．独立国家が前提とする経済的条件，政治的条件，教育的条件などの不十分さは，独立から数十年を経て改善されてきてはいるが，依然として先進諸国の援助や支援に頼らざるを得ない状態が続いている．特に経済的自立の困難は，マイクロステートである島嶼国の宿命ともいえよう（文献[3]）．

●**国際社会でのプレゼンスの向上**　しかしそのような困難を抱えてはいても，国家として独立したことは，けっしてマイナスばかりではなかった．例えば，国連総会においては大国も小国も等しく1票をもっている．つまり，国際法の世界では，主権平等（国家平等）の原則が確立されているため，国際場裡において小国の意思も大国と同様に尊重され，国際政治の場で一定の存在感を示すことができるのである．現在，国連加盟国全193か国のうちの12か国が太平洋島嶼国で，気候変動による海面上昇で国土が水没の危機にあるといわれるツバルをはじめとする環礁国家の発言は，この問題に対する国際社会の取り組みに大きな影響を与え

ている．また，国際政治におけるプレゼンスの高まりは，島嶼国に対する先進諸国からの政府開発援助（ODA）の拡大にも寄与している．

　また，近年は，中国と台湾の国家承認をめぐる問題，さらに中国の太平洋島嶼地域への覇権拡大の手段として，太平洋島嶼国への援助が著しく増加している．島嶼国側にとっては，インフラ整備などへの援助が歓迎されているようではあるが，一方では有償資金援助による巨額の債務の支払いに窮して長期にわたる土地や港湾の使用権を提供せざるを得なくなるなどの「債務の罠」にはまることが危惧されている．これもまた，国際政治のうえで太平洋島嶼国のプレゼンスが高まったことの反映でもある．

●**国家はどのように成立するか**　ところで，そもそも独立国家とは，どのような要件を備えていなければならないのだろうか．人口数万人で，狭小な領土しかもたないツバルやナウルやパラオがどうして独立国家になれたのだろうか．これは国際法の問題である．国家が存立するためには，四つの要件が必要とされる．その要件とは，①恒常的住民，②領土，③政府，および④外交能力である（モンテビデオ条約1条）．すなわち，一定の領土（土地）があり，そこに定住する人々がいて，その人々が政府をつくり，他国と関係を取り結ぶ能力（主権）があれば，国家を形成することができる．人口が何人以上とか，領土面積がどれだけなければならないといった要件はない（文献［4］）．

　ただし，そのような新生国家が国際法上の国家と認められるためには，他の諸国から国家であると認められなければならない．つまり，他の国からの国家承認という行為が必要になる．国家承認は2国間の行為であり，統一的に国家を認定する特別な国際機関があるわけではない．国家承認が多数の諸国との間でなされていくと，世界中の国がその国を国家と認め，国連にも加盟することになるが，クック諸島とニウエは現在（2023年）のところ国連に未加盟である．

　この項目のはじめにクック諸島（1965年），ニウエ（1974年）と独立年を示しているが，日本との関係でこの2国が独立国となったのは最近のことである．

　太平洋島嶼諸国の間では両国は，それぞれ1965年と1974年に独立したとして扱われてきたが，日本が両国を国家承認したのは，クック諸島は2011年，ニウエは2015年のことで，それまで，日本は，ニュージーランドの自由連合国であるこの2国をニュージーランドの属領である地域とみなしていたのである．

●**自由連合という強いられた独立**　アメリカの信託統治領から独立したミクロネシア連邦，マーシャル諸島，パラオの3国は，アメリカと自由連合協定（Compact of Free Association）を結んで独立した．この協定では，3国はいずれも独自の憲法を制定し主権を有するが，安全保障についてはアメリカが全面的な権限と責任を負う一方，3国に対して経済的自立のために15年間の財政援助を行うことが約束されていた．しかし，その後もこの協定が継続され，今日に至っている．

クック諸島とニウエも，ニュージーランドと自由連合協定を結んでいる．これは複数の国家が連携する国家結合の一つである提携国家（associated states）という国家形態で，旧施政国に外交や防衛を委ねつつ主権独立国となる方式である．

このような独立の方式がとられたのは，独立しても経済的自立が困難であることが予見されたためである．財政支援を継続することで経済的自立を促してきたが，ミクロネシア連邦，マーシャル諸島の両国およびパラオは独立以来30年近く経っても経済的自立には至っていない．クック諸島とニウエも同様である．政治的独立を確保したが，今後とも旧施政国に財政面で依存しながら，先進諸国の政府開発援助にも頼りつつ，経済的自立を模索し続けることになろう．

それでも，ミクロネシアの3国のように旧施政国に戦略上のメリットを与える見返りに財政支援を受けながらも，独立国家として一定の政治的独立を確保していくことは，「植民地」状態にあるよりも，人間の尊厳をもった生き方ができることは疑いない．その意味では，「強いられた国民国家」ではあったが，強制された国民国家の枠内で，憲法によって移入された西欧民主主義制度のもとで国家運営の経験を積み重ねてきたことで，多方面にわたる国民生活の向上をもたらしたといえよう．

●**国民国家という防波堤**　島嶼国にとってみずから望んだ独立ではなく，強いられた独立であり国民国家の形成であったが，時の経過とともに国民意識や国家意識が形成されてきた．太平洋島嶼国は，国際社会の支援を受けつつ，経済的自立の道を模索しながら，さらなる自立にむけての歩みを進めている．グローバル化する国際社会の中で，島嶼国が極小国といえど，主権独立国家としての権能を十分に活用することができれば，国際社会の荒波が押し寄せる中で，一定の自律性を確保しつつ，経済的自立に向けた国家運営が可能であろう．島嶼諸国が，より強固な国民国家としての存在を構築し，域内の連携を強化するならば，急速に変化する国際社会の中で，そのプレゼンスを一層向上させることもできよう．「強いられた国民国家」が，半世紀前後の歳月を経て主体性を確立し，国民国家として自立してきたことは間違いない．　　　　　　　　　　　　　　　　　　［東　裕］

📖 **参考文献**
[1] 小林 泉・東 裕「強いられた国民国家」佐藤幸男編『世界史のなかの太平洋』国際書院，pp. 69-106，1998．
[2] マラ，K.『パシフィック・ウェイ—フィジー大統領回顧録』小林 泉他訳，慶應義塾大学出版会，2000．
[3] 畑 博行他編『南太平洋諸国の法と社会』有信堂高文社，1992．
[4] 石森大知・黒崎岳大編『ようこそオセアニア世界へ』シリーズ地域研究のすすめ4，昭和堂，2023．

英コモンウェルスと米自由連合国

〰〰〰〰〰〰〰〰〰〰〰〰〰〰〰〰〰〰〰〰〰〰〰〰〰〰〰〰〰〰〰〰〰〰〰

　オセアニア地域を構成している国家群は，オーストラリアとニュージーランドという域内の「大国」を筆頭に，ミクロネシア，メラネシア，ポリネシアの各地域に島嶼国が14か国存在している．その国家形態は一様ではなく，世界でも珍しい国家形態である自由連合国も含まれる．域内には完全に独立した国が11か国，自由連合国が5か国ある．また，他国の領土としながらも自治領を形成している地域や，国連の非自治地域リストに未だに掲載されている，脱植民地化の未達成地域もある．

●**英コモンウェルス**　オセアニアの完全独立国家群の多くは英国のコモンウェルス（Commonwealth of Nations）に加盟している．コモンウェルスは英連邦ともよばれ，英国と，かつてその植民地統治などにより強い関係をもった国家群で形成され，そこに属する国々は世界で54にのぼる．コモンウェルス国家は英国のチャールズ国王を国家元首とするが，それは儀礼的範囲にとどまり，各国の政府が独立した政治権力をもつ．コモンウェルス事務局から加盟国の開発や貿易などへの支援・連携は行われるが，米国のような連邦国家や域内統合を進める欧州連合（EU）のような地域統合体とは異なり，統合する力はきわめて限定的である．コモンウェルスに属する国家群はオセアニア地域には，オーストラリア，フィジー，キリバス，ナウル，ニュージーランド，パプアニューギニア，サモア，ソロモン諸島，トンガ，ツバル，バヌアツの11か国がある．これらの国家群のうち，オーストラリア，ニュージーランド，ソロモン諸島，ツバルは英連邦王国（Commonwealth realm）を形成する国家群となる．英連邦王国は，コモンウェルスに属する国家のうち英国の君主を国王としている国家群で，世界で15の国がある．しかしいずれの国家に対しても「君臨すれども統治せず」という原則が貫かれるため，英国は各国に総督は配置しているものの儀礼上の役割にとどまる．

●**米自由連合国**　もう一つの大国である米国との関係性を強く保持する国家として，ミクロネシア地域内にミクロネシア連邦，マーシャル諸島，パラオの三つの自由連合国（Freely Associated States）が形成されている．これらの国々は，第1次世界大戦から第2次世界大戦の間は日本に統治され，戦後は国連の太平洋諸島信託統治領として米国に統治されながらも脱植民地化の道を模索してきた．

　これらの国々は米国と交渉を続け，国連の植民地独立付与宣言（1960年）に基づき定められた三つの政治地位カテゴリー（独立国，自由連合国，領土）のうち，自由連合国を選択した．その結果，ミクロネシア連邦とマーシャル諸島が1986年に，パラオが1994年に米国の自由連合国として，事実上の独立国家となった．

　自由連合国は独立国と領土の中間に位置づけられた，世界でも珍しい国家形態である．３国それぞれが米国と結んだ自由連合協定（Compact of Free Association：COFA）に基づき，米国と一定の関係性を保ちながら自立をはかる方式で，３国は防衛権を米国に委ね，協定の内容に応じて財政等への支援が米国政府から供与される．防衛権を他国に委ねていることから政治学的な見地からは狭義の独立とは言いがたい面もある．しかしながら，外交権はそれぞれの国がもち，国連への加盟も果たせたことから，この３国については，通常の独立国とほぼ変わらない地位を獲得したといえる．三つの自由連合国の市民は米国内では自由連合国市民（COFA Citizens）とよばれ，原則として旅券のみで米国に入国・居住することができ，米国内で職に就くこともできる．これは他の独立国とは比較にならない移住上の優位性を得ていることになる．そのため自由連合国市民の米国への人口移動は近年の一つの趨勢（すうせい）となっている．また，自由連合国市民は米軍に参加することも可能であるため，３国の若い世代にとって米軍は将来就きたい職業として高頻度で語られる．

　自由連合国市民が多く移住するハワイ州やグアムなどでは，住民への社会保障費などで，同行政に負荷をかけているとして，地元住民やメディアはその負担をコンパクト・インパクト（Compact Impact）と揶揄（やゆ）した．同市民がこれらの地域で差別的な待遇を受ける一因ともなっている．

　ミクロネシア３国における米国とのこのような関係は，英国のコモンウェルスと英国との関係と比べるとはるかに重層的になっており，ミクロネシア３国にとっては米国の政治的・財政的役割は大きな存在となっている．米自由連合国の中にはマーシャル諸島のように気候変動に対してきわめて脆弱な環境をもつ国もある．グローバル気候変動の圧力は通常であれば環境難民を生み出す要因となるが，「難民」としてではなく「移民」として米国に移住することができる点は，他の独立国の市民より恵まれているという見方もできる．

●**ニュージーランドの自由連合国**　ニュージーランドの自由連合国（クック諸島，ニウエ）は米国の自由連合国家群と比べると独立国家としての性質は弱まり，むしろニュージーランドへの統合の度合いが強い．両国とも内政自治権をもち，一定程度の外交活動も行っている．日本を含めてこれら２国の国家承認をする国もあるが，国連への加盟はしていない．また，これら２国の人々はニュージーランドの市民権（パスポート）を所持している．こうした事情から，ニュージーランドには，クック諸島（人口約１万7500人）とニウエ（人口約1700人）の人口の数倍のニウエ人とクック諸島人が暮らしている．ニュージーランドに居住するクック諸島人は約８万人で，ニウエ人は３万人以上となっている．なかでもニュージーランド最大の都市オークランドは，両国出身者が合計約７万人居住する集住地域となっている．　　　　　　　　　　　　　　　　［三田　貴］

カストムと政治

図1　マアシナ・ルール運動の旗
　[出典：https://www.solomonency
clopaedia.net/objects/D00000275.
htm, ©Solomon Islands Historical
Encyclopaedia]

　オセアニアの近現代史を強く特徴づけるのは，植民地化と世界市場への組み込み，第2次世界大戦後の政治的独立と国民国家の創出など，西洋由来の体制が浸透していく過程である．他方，こうしたグローバル化の動きと対照的に，現地の人々によるローカルな「伝統」の創造も起きてきた．特にカストム（*kastom*）とよばれるピジン語の言葉は，独立後のメラネシア諸国における固有のアイデンティティを象徴する概念として，1980年代以降広く注目されてきた．

●**カストムとは何か**　カストムはメラネシア・ピジン語で伝統・慣習（custom）を指す言葉である．この言葉を取り上げた初期の論者であるR. M. キージングとR. トンキンソンは，植民地体制の中で劣位に置かれてきたメラネシア人が「外来の」それと区分される「自分たちの・伝統的な」あり方＝カストムを対抗的に創造していることに着目した（文献 [1]）．こうした対抗的な自己アイデンティティの創造は，カーゴ・カルトをはじめとするそれ以前の西欧に対する現地の反応でも萌芽的にみられたものである．さらに第2次世界大戦後の世界的な脱植民地化の流れの中で，メラネシアでも政治的主体化に向けた動きが活発化する．そこで焦点となったのが，伝統と近代の対立を超克する「我々のカストム」の追求であり，これは政治的エリート層のみならず一般の人々も巻き込んだ，幅広い社会運動となって戦後のメラネシア社会に広がった．

●**植民地支配に対抗する政治的主体の構築**　相異なる言語や部族集団に分断された人々が，カストムという共通概念を通じて想像的な同一性を立ち上げた事例として，ソロモン諸島マライタ島のマアシナ・ルール運動を取り上げたい．19世紀後半にイギリス保護領となったソロモン諸島では，現地住民による待遇改善や自治権拡大への要求がたびたび起きていた．転機となったのは太平洋戦争中の日本軍の侵攻と，それによる植民地統治の一時的崩壊である．大戦中の1943年頃から，マライタ島出身の連合国軍労働部隊経験者を中心に，植民地政府とは異なる自分たちの議会をつくろうという動きが本格化した．マアシナ・ルールとよばれるこの運動は，1945年頃までに全島規模に広がった．運動の目的は，マライタ島民を統一するリーダーシップを確立し，イギリスやアメリカといった外部勢力と交

渉して自分たちの地位を向上させることにあった．そのために人々は植民地行政を模倣した階層的な運動組織や，独自の徴税の導入などの試みを始めたのである．

　元来マライタ島の社会は 10 以上の言語に分かれ，1920 年代に始まる植民地政府の実効支配までは近隣集団同士の戦闘が頻発するなど，きわめて多極的な状況であった．にもかかわらず運動においては「マライタ人」の連帯と協働──一説では「マアシナ」の語源はマライタ島南部アレアレ語の「兄弟姉妹」という意味の言葉だとされる──が目標として掲げられた．この政治的連帯の中心となる要素が，新たに創造された「共通文化」としてのカストムであった．マアシナ・ルールではそれぞれの集団が伝えてきた祖先崇拝の禁忌や系譜・移住伝承がカストムとよばれ，それを条文や系図のかたちで客体化し，運動の参加者が守るべき道徳や集団間の序列関係として位置づけ直すことが目指された（文献 [2]）．異なる慣習をもつ人々がカストムという単一の概念によって通分されることで，「我々マライタ人」という新たな政治的な主体が創出されたのである．

●カストムの二つの顔　カストムとして客体化された伝統的慣習は，もともとのそれとは同じではなく，あくまで法や官僚組織といった近代的なものとの対比のうえで再概念化された，両者のハイブリッドである．ゆえにカストム的なものは，国家的な贈与儀礼や伝統的リーダーの国政への参与といった，メラネシア諸国が国家としての独自のあり方を形成していく過程とも深く関わってきた．

　しかしカストムと政治の関係は，調和的なそれだけではない．「土地の民」対「よそ者」として表象される政治的対立や，植民地体制の中で失われた本来のアイデンティティの回復といった，近代国家体制に対する不満と要求は，冷戦体制の崩壊に伴う民族対立の激化という世界的変化と軌を一にして，フィジーの軍事クーデターやソロモン諸島のエスニック・テンションのような暴力的衝突を引き起こすに至った．ここで明らかになったのは，人々がカストムの創造に至ったそもそもの状況，つまり植民地統治とともに導入された近代的制度と，そこから排除された「土地の民」の間の摩擦は，政治的独立を経て表面的には両者が接合されたようにみえる一方，実際には今もなお根深く存在しているということである．メラネシアにおけるカストムと政治の現在的なあり方を理解するためには，客体化された「伝統」の下にある植民者／被植民者のからみ合いの歴史と，その中で幾重にも喪失を経験してきた現地の人々の意識について，より深く考察する必要があるだろう．　　　　　　　　　　　　　　　　　　　　　　　　［橋爪太作］

📖 参考文献

[1] Keesing, R. M. & Tonkinson, R. eds., "Reinventing Traditional Culture: The Politics of Kastom in Island Melanesia," *Mankind*, 13(4) (Special Issue), 1982.

[2] 棚橋 訓「ソロモン諸島のマアシナ・ルール運動」清水昭俊・吉岡政徳編『近代に生きる』オセアニア 3, 東京大学出版会, pp.35-52, 1993.

MIRAB 経済

オセアニアの中でも太平洋島嶼地域は，その狭小性，拡散性，遠隔性という三つの地理的要因によって経済発展が難しいといわれている．狭小性とはそれぞれの国土面積が小さく人口が少ないということであり，これはつまり国内市場の小ささに直結する．この需要と供給が限られるという国内経済の面だけでなく対外的な輸出においても，土地の狭さや限られた労働力では国外からの大規模な需要に対応することは難しい．国土が多くの離島から構成されており，広大な海洋に散らばっているという拡散性も物資の輸送コストやインフラの整備などの面から開発を困難にしている．また，大きな国際市場から遠いという遠隔性もマーケットでの競争を不利にしている．同じ商材でも大量生産できる国ではコストを下げられるのに対して，島嶼国は生産量に限界があることに加えて輸送コストが重くのしかかるため，供給時期などの付加価値がない限りは対抗することが困難である．

国内経済の成長が困難な中，パプアニューギニアなど鉱物資源に恵まれた国以外で輸出品として生産しているのは主に農産品といった安価な１次産品である一方，加工品や機械類は輸入に頼っているため，太平洋島嶼国の多くは大幅な貿易赤字となっている．人々の日常生活を見ても，教育費，生活用品，電化製品，携帯電話代，教会への寄付など現金が必要となる場面は多く，収入に対して消費が上回っている．こうした経済状況は，国家の場合には支援国からの経済援助によって，家計の場合には海外に移住した親族などからの送金によって支えられている．特にミクロネシアやポリネシア地域に広くみられるこうした経済の構造について，ニュージーランドの経済学者 I. G. バートラムと地理学者 R. F. ワターズは，その特徴を表す英単語の頭文字をとって MIRAB 経済と名付けて説明した．MI は Migration（移民），R は Remittance（送金），A は Aid（援助），B は Bureaucracy（官僚制）を示している．

●**移民と送金**　国内で十分な現金収入を得ることができない島嶼国では，多くの人々が移民として国外に仕事を求めて母国を離れる．移住には出稼ぎのような期間を限定した短期的な場合と，完全に移住する永続的な場合の両方がある．移住先は主に経済的に発展した「先進国」で，オーストラリア，ニュージーランド，アメリカなどが選ばれることが多い．こうした国にはすでに親族や出身村落の人々が移住しているため，新たな移民たちはそうした人々の助けを借りながら新天地での生活を立ち上げることができるからである．先に移住した親族を頼って母国から移住し，さらにその移民が母国から親族を呼び寄せるといった移民の連

鎖的なつながり（チェーン・マイグレーション）がみられる．

　移住の目的は現金収入を得ることで自身がよりよい生活をしたいというだけでなく，母国で暮らす両親や兄弟を助けたいということもある．母国での冠婚葬祭，教育，教会の活動など現金や物資が必要となる場面では，移民たちは親族の求めに応じて送金したり物を送ったりすることで母国に貢献している．一方で，母国の人々は移住先では手に入らないマットや伝統衣装といったその国独自の伝統財を送ることで，移住先の母国のコミュニティの維持に一役買っている．

　トンガ王国のある家族は，両親を筆頭に7男1女からなり，全員トンガ生まれだが，現在トンガで生活しているのは6男だけであり，次男はオーストラリア，5男はニュージーランド，両親とその他の兄弟はハワイとアメリカ本土で生活している．トンガが2022年1月に海底火山噴火の被害を受けた際には，トンガに最も近いニュージーランドに住む5男が中心となって，各国に住む親族から現金を集めて三つのドラム缶いっぱいになるほどの物資を購入して，被害を受けた6男の家族や出身の村の人々に送った．物資や現金での支援は災害時に限らずことあるごとに行われており，これはこの家族に限ったことではない．トンガの2018年度のGDPは日本円にして約500億円で，そのうち海外からの送金受領額は32％にあたる約160億円に上る．送金額の増減はトンガ政府にとっても大きな関心事として，省庁が発行する年次報告書でも取り上げられる．こうしたことからも国内の経済がいかに送金に頼っているかがうかがえる．

●海外からの援助と官僚制度　　MIRAB の A にあたる海外の支援国からの経済援助も島嶼国の国家運営にとって欠かすことのできないものとなっている．援助は現金を供与する直接的な財政支援だけでなく，道路整備や病院の建設といった開発プロジェクトの実施を通じた間接的な支援までさまざまな形態がある．返済義務のない無償資金協力援助ではなく，いわゆる国の借金である借款として受けた援助は返済の目処が立たずに政治問題（国際問題）化している．これらの支援は国家間で計画・実行されることから，それを担当する MIRAB の B にあたる官僚組織が国の規模に比して大きい傾向がある．また財政支援は公務員の給与という形で分配される側面ももっている．

　太平洋島嶼国では，資源開発や観光開発など，積極的に経済的な自立に向けた試みが行われているものの，この地域の経済規模は依然として小さく，移民や経済支援に頼る経済構造からの脱却への道のりは厳しい．　　　　　　　　　［北原卓也］

📖 **参考文献**

[1] Bertram, I. G. & Watters, R. F., "The MIRAB Economy in South Pacific Microstates," *Pacific Viewpoint*, 26(3)：497–519, 1985.

[2] 須藤健一『オセアニアの人類学─海外移住・民主化・伝統の政治』風響社，2008.

観光開発
（ハワイ，フィジー）

　2020 年 3 月から COVID-19 感染拡大状況下で世界全体の観光が大きな打撃を受けた．渡航者数はハワイでは 2019 年の 1038 万人から 2020 年の 268 万人へ，フィジーでは 2018 年の年間 96 万 9000 人から 2021 年の 4〜6 月までの第 2 クォーターでわずか 330 人へと大きく減少した．

●**植民地構造の進展**　ワイキキとは高層建築が立ち並ぶ人工都市である．海と空は評判通りいつも快晴の空ときれいな海岸がある．深夜を過ぎても街には観光者があふれ，ホテルの占有率は常に 80％を超え，来訪者数も 1000 万人台を維持している．ハワイは他の植民地と同様，欧米との接触がはじまって以来大きな変化を被ってきた．カメハメハ大王の時代から王たちは西洋の船などを手に入れるために，人々に労役を課して白檀を集めた．その後ハワイへの投資額を増やした外国人移民たちはハワイ政府に土地の権利の保証を求め，1886 年までに政府の土地の 3 分の 2 を割り当てられた．さらに労働者として中国や日本からの移民を大量に受け入れた．こうしてハワイという土地を舞台に外国人が世界経済の中で活躍するという植民地構造が推し進められた．外国人植民者たちはついには 1872 年に臨時政府をつくり，共和国とした．そして 1898 年のアメリカとスペインとの戦いで太平洋の戦略的な価値が増大し，ハワイは合衆国に併合された（文献 [1]，pp.188-190）．

●**観光と新植民地主義**　ハワイ州の人口 136 万人（2010 年）のうち白人系が 24.7％，フィリピン系 14.5％，日系 13.6％，ハワイ系 5.9％，中国系 4％，サモア系 1.3％となっている．ハワイ系人口は 1890 年には 45％，1986 年には 19.9％，現在は 6％たらずに減少している．もはやハワイ系住民のハワイは存在しない．王や首長たちはみずからのためにハワイを売り渡し，ハワイを新たに治めた白人（ハオレ）たちもまた，海外資本のハワイ導入を推進した．地元民はコントロールできぬまま人口の 8 倍もの多大な観光者を受け入れている．経済的新植民地主義の問題は，観光者産出社会の企業が飛行機，ホテル，ショッピングセンター，地元ツアーなどすべてを独占し，観光者が支払う外貨を観光者産出社会に引き上げる点にある．第 2 次世界大戦後ワイキキのホテルの部屋の占有率が常に 80％を超えており，シェラトン，ヒルトン，ハイアット，インターコンティネンタル，ホリデイインなどがホテル建設をはじめ，1975 年には 75％を多国籍企業が占め，「リゾート・コンプレックス」をつくり出した．1964 年にシェラトンのハワイチェーンを買収した日系企業などは，ホテルの 20％，バスやタクシー，複数のゴルフコースを所有して自国の観光者を囲い込み，日本の経済にしか貢献しな

いと批判された．植民地時代と同じく，「白人のホテルマネージャー，ハワイ人の
エンターテーナーとバスの運転手，そしてフィリピン人のメイド」に職種が区分さ
れる．ハワイは土地を提供し，海外資本が施設をつくり，移民労働者を雇い，観
光者が落とす金を海外に持ち帰るのである．これが現在の新植民地主義の基本的
構造である（文献［1］，pp.192-195）．

●フィジーの観光開発　2020年のフィジー人口は89万6000人で，観光者数は
97万人ほどである．1982年に外貨収入で観光が1位となり，砂糖だけの「単一栽
培経済」から脱出した．フィジーはイギリスの植民地政策下で移民してきたイン
ド人労働者の子孫との民族問題を抱え，4度にわたるクーデターの直接的・間接
的な原因となっている．1987年に2度の軍部によるクーデター，2000年民間人
によるクーデター，2006年軍司令官によるクーデターを経験したが，その後観光
業は順調に回復し2018年には96万9000人の来訪者を迎えた．フィジー観光の
特徴はビーチリゾートである．広いプライベートビーチで快晴の空の下でゆっく
りと日光浴ができる，南国のイメージにあう理想的な場所であるといわれるが，
観光産業は規模が小さく他国に依存する開放的な構造をもつ．また民族のイメー
ジによって職種が決まるのも特徴で，ホテルの受付やウェイトレスはフィジー系
住民であり，マネジメント部門は欧米系やパート・ヨーロピアン，舞台裏の大工
仕事や電気部門はインド系住民である．ハワイ同様，多国籍企業支配下における
職種の「新植民地」的構造がみられる（文献［1］，p.222）．近年は，海外先進国か
らのODAの一環として開発と環境保全との両立が可能なエコツーリズム開発援
助が進められている．

●新たなコミュニティ・ベースド・ツーリズム　フィジーの山村には「エコツー
リズム開発」しかやってこない．美しいコーラルコーストであれば企業が大規模
なリゾート開発を行い，多大な土地使用料を払いホテルでの雇用を提供してくれ
るが，山村ではそのような開発は望めない．海外のNGOやODAなどの資金提
供者側の文脈で「開発投資」が認められるには「生態環境保全」という大義名分
が必要である．しかし村人にとっては「観光」開発でも「生態環境観光」開発で
もどちらでもよく，そこにある自然を活用していくらかの現金収入を期待し，提
供される「開発」を受け入れるだけなのである．エコツーリズム開発推進者は自
分たちと同じ生態環境保全の文脈で地元の人々も考えていると認識していると，
実態は計画とは別のものになる．西洋流のエコツーリズムの概念をあふれる自然
の中で過ごしている現金収入のない現地の人々が理解できるのか，いやむしろ理
解する必要があるのかが問われなければならない（文献［2］，p.75）．［橋本和也］

📖 **参考文献**
［1］橋本和也『観光人類学の戦略—文化の売り方・売られ方』世界思想社，1999.
［2］橋本和也・佐藤幸男編『観光開発と文化—南からの問いかけ』世界思想社，2003.

都市とラスカル
（パプアニューギニア）

　ラスカルとは，一般にパプアニューギニアのポートモレスビーをはじめとする都市部のセトルメント（居留民地区）などに根を下ろしながら組織犯罪に手を染める若い男性のギャングを指していう．都市に呑み込まれた土着部族の村落の若者もいる．語源は「悪漢」を意味する英語 rascal に由来するといわれている．

●都市とセトルメント　ポートモレスビーを例にとると，セトルメントは第2次世界大戦後の建設労働者の移入によってもたらされた．彼らは公有地などに小屋を建てて占有し，その地は新たな宅地として既成事実化し，一部で上水道も整備

図1　ゴイララ郡内での検挙の様子［出典：Goilala District Dev Blog, https://goilala.wordpress.com/2014/09/18/type-of-criminals-rascals-in-papua-new-guinea-cuma-png/］

された（文献[1]，p.184）．セトルメントは零細でなおかつ法の枠組みの外で培われるインフォーマル・エコノミーによって自転車操業的に持続している．そして，堅気のインフォーマル・エコノミーが庭先の菜園で収穫した農産物，付近の海で獲った魚介類，都市で仕入れた日用品の転売，その他の雑役によって主に構成されるのに対し，ラスカルの場合は非合法物資やサービスの買売や窃盗・強盗などがその活動の中心となっている．このためにラスカルは公的秩序の挑戦者として公権力に受け止められているのである（図1）．

●ラスカルとして生きる　ラスカルの振る舞いは *pasin bilong mangi* と形容される．やんちゃ，という意味であるが，彼らは非合法の銃器で武装し，違法薬物に手を出し，犯罪に手を染め，抗争で命を落とすこともある．だが施設で更生すると犯罪行為からは足を洗い，同じ在来言語を話すワントク（*wantok*）という同胞意識による同郷の共同体の一員として堅気の生活を送る．そうして箔が付いた元ラスカルは共同体の担い手として若い世代のロールモデルとなって非行の抑止に役割を果たすが，更生後もあくまでも公権力と一線を画して行動する．公権力からみればラスカルは治安悪化の指標であり根絶すべき対象である．その犯行は無差別かつ残忍で，外国人も狙われる．だが友人と認めれば屈託のない笑みを浮かべてくるラスカルの生きざまが提起する問題の解決は簡単ではない．ラスカルは，ポストコロニアルつまりパプアニューギニアが独立後も抱える植民地と在来の価値観の矛盾として存在しているからである．

●ラスカルの社会文化的位置づけ　反社会的ギャングとしてのラスカルは必ずしもパプアニューギニアに特殊な現象ではない．ラスカルを生み出す主な背景であ

る根深く構造的な貧困は開発途上国に共通の問題である．セトルメントは同郷者による集住だが，都市で手に入る建材で家を建てるため，伝統的な建築物はほぼない．また，クラン（親族集団）単位で住みつくことがないため若者宿に類するものは存在しない．それでも，ラスカルをパプアニューギニア社会特有の文脈の中に把握できる．ラスカルの若者は常時グループで行動するが，これは在来社会の若者宿（ハウス・ボイ）で未婚の男子による共同生活を彷彿とさせる．夜な夜な街角に出没して金品を狙うラスカルは，どことなく狩猟の趣がある．対立するギャングとの抗争に備えて非合法に入手した銃器で武装するのも，植民地以前からあるクランや村落間の抗争の名残のようにみえる．また，村落などでは少年が悪さをしても，未熟者の若気の至りつまり *pasin bilong mangi* として厳しく咎めない風潮もある．勘当などの厳罰はインセストなど共同体の秩序の脅威となる行為に対してのみである．そういう意味で，ラスカルは同族で構成する村落社会と独立以降に現れた社会格差とが異種混交を起こす中で生み出されたのだといえる．

●**ラスカルの秩序**　ラスカルにはアメリカのギャングスタ・ヒップホップに相当するようなサブカルチャーは生まれていない．社会矛盾が彼らの誕生の背景にあるとしても，ラスカルは格好いい抵抗者でも義賊でもない．奪った金銭は遊興に使い果たしてしまうし，ラスカルとして若死にするのは残念なことだと村のみんなが思っている．他方，彼らの行動は一般のメラネシア人と同様に，血族，クランといったワントクの同族意識と深く関わっている．つまり，一見して無法者のラスカルにもそれなりの秩序や集団原理が存在するのであり，しかもそれはセトルメントを含む村落共同体の社会的枠組みによって培われているのである．

●**ラスカルのこれから**　ラスカル個人の活動は村落やキリスト教会への回帰により終止符を打つが，ラスカルを生み出す社会的仕組みは今も高い自律性を維持している．ラスカルが今度どのような社会的存在になっていくのかについてはっきりした予測は難しいが，彼らが破壊的暴力に走ることを抑止する取り組みが求められていることだけは確かである．ラスカルの行動パターンに関しては，これまでみたようにある程度まで在来社会の論理から説明することができた．他方，ラスカルの背景である都市化には複合的な要因がある．村落社会の人口増加は土地や食料の不足を引き起こし，余剰人口を生んでいる．コメや小麦をはじめとする輸入農産品の普及は市場経済への依存を高めている．義務教育の有料化などによる格差はセトルメントの再生産につながっている．資源の争奪などによる部族間紛争で発生する国内難民も，都市化と深くかかわっている．これらを包括的に解決するための取り組みが求められている．　　　　　　　　　　　［諏訪淳一郎］

📖 **参考文献**
[1] 熊谷圭知『パプアニューギニアの「場所」の物語―動態地誌とフィールドワーク』九州大学出版会，2019.

開発援助と村落社会

〰〰〰〰〰〰〰〰〰〰〰〰〰〰〰〰〰〰〰〰〰〰〰〰〰〰〰〰〰〰〰〰〰〰〰〰

　太平洋島嶼地域は主に1970～80年代に植民地や国連信託統治から脱し，政治的に独立した．新興独立国は，開発を通じて国家を強化し，経済的に自立した状態を実現することが求められた．しかし，一般に島嶼地域では独立以前に資本主義経済の土壌が十分に整備されず，島の人々自身による活発な近代的経済活動は未成熟のままであった．そのような中で開発援助は，島嶼国の社会的・経済的脆弱性を補うために不可欠な要素としてあり続けている．

●**自立困難な条件**　太平洋島嶼諸国における基本的な経済的要素は，農・林・水産・鉱・観光業などの「産業」の他，海外移民からの送金や，外国や国際機関からの贈与や財政支援，排他的経済水域（EEZ）において外国漁船に課す入漁料収入，便宜置籍船（船の事実上の船主の所在国とは異なる国に船籍をおく船）収入など産業振興と直接関わりのない「レント収入」，そして生活域内にある自然環境に根ざした生業活動である「サブシステンス経済」の三つに分類できる．特に先進諸国や国際機関などからの贈与・財政支援はレントの中心的要素である．北太平洋のミクロネシア地域の3国（パラオ，ミクロネシア連邦，マーシャル諸島）はアメリカとの間で自由連合協定を結んでおり，それに基づく経済援助や社会開発関連の援助が同地域における各島嶼国家の財政や調達に大きな影響力をもつ．南太平洋のメラネシア地域とポリネシア地域の国々は主としてオーストラリアおよびニュージーランドと政治的・経済的に密接な関わりをもつ．その他に，イギリス，日本，台湾，中国，欧州連合（EU）なども太平洋島嶼地域に対して積極的に開発援助を行っている．特に中国と台湾は太平洋島嶼国との外交関係を政治戦略に組み込み，相手を牽制する材料としてそれを用いている．また島嶼国の側も，両国との関係をより効果的に開発援助を引き出すために利用することもある．

　太平洋島嶼諸国は開発援助を巧みに利用して独立国としての経済的自立を指向し，独立以来数多の国家開発計画などの成長戦略を打ち立ててきた．しかし，太平洋島嶼地域における経済を国際的視野から語る際によく用いられる「狭小性」「隔絶性」「遠隔性」といった脆弱的要素が，自立を目指した開発を難しくしている．その脆弱性とは，国土が小さく，しかも広い海域に散在し，世界の主要市場から遠く離れており，国内外における経済活動が振るわない，という意味である．さらに，一般的にみて国民の近代的教育レベルが必ずしも高いとはいえず，市場経済や近代的政治システムなどに関する国民の習熟度も比較的低調である．いずれの島嶼国も貿易収支の慢性的な赤字とそれを埋めるための資金を外国からの援助などに大幅に依存している．その意味から上記三つに加え，「外部依存性」とい

う脆弱性要素も含めることができるであろう．ゆえに，島嶼国が近代国家として存立する基盤として，開発援助は欠くことのできない要素としてある．

●持続可能な開発，持続可能な生活　太平洋島嶼国では，都市ではなく，いわゆる村落社会において周囲の自然環境と関わりながら暮らしている人々が多くいる．そして彼らも，一般的に工業製品や輸入食材などを欲し，子どもに学校教育を受けさせたいと願い，西洋的な知識や技術に関心を寄せる．そのような近代的欲求を抱く人々は私たちと同様の市場経済の中に存在し，労働や開発行為を通じて現金収入を追求する人々である．しかしここで留意すべきことがある．それは，人々は日常の暮らしの中で自然環境との調和を重視し，加えて親族など「近い」関係にある人々とも相互扶助的な伝統的結びつきを維持しているということである．個人や個々の家族（核家族）など「個」が強調され，それを基盤にして市場を通じた経済成長をひたすら追い求める「当たり前の」近代社会のあり方とはやや異なるものであるかもしれない．むしろそれは，彼ら自身が主体的に関わることのできる生活環境の持続性を前提にした「近代」の姿である．

●「ほどほどの」近代　太平洋島嶼国の中には，そのような地域の個性を踏まえた「独自の近代」の模索を政策として掲げる姿も垣間みられる．例えば，ミクロネシア地域のマーシャル諸島共和国では，現代における社会的課題に対処する際に伝統的知識や伝統的指導者が重要な役割を担い得ることを指摘している（文献[1]，p.253）．メラネシア地域のソロモン諸島でも，持続可能な開発目標（SDGs）の達成を目指す開発計画において，同国人口の約80％が村落社会で焼畑耕作やカヌーによる小規模漁撈を生業の柱にする経済活動の姿を「ソロモンの強み」と認識している（文献[1]，p.254）．今やSDGsにおいても文化的多様性の尊重が開発の前提として明確に位置づけられている．開発は常に自分たちの生活環境や地域性・文化的個性との関係において捉えられるべきものとしてある．それはある意味，地域に見合った「ほどほどの近代」的状態をそれぞれの国家や国家の中の村落社会に実現させることを意味しているともいえる（文献[1]，p.259）．これを仮に「太平洋島嶼的な生き方」とよんだとしても，常に近代的状態を追い求めることに変わりはない．しかしながら，この地域が上記の脆弱性を宿命的に背負うがゆえに，それを補う海外からの効率的かつ継続的な開発援助は，ほどほどの近代を実現するためにも，必須である（文献[1]，p.260）．各国がどのような近代社会を築くのか，そのためにどのような開発が必要であるのか．それは，各島嶼国が村落社会を含む国民全体の暮らしの持続性を踏まえたみずからの近代像を主体的にイメージすることから始まるのであろう．　　　　　　　　　［関根久雄］

📖 参考文献
[1] 石森大知・黒崎岳大編『ようこそオセアニア世界へ』昭和堂，2023.

オーストラリアの移民政策

オーストラリアは，多くの移民が国をつくってきた歴史的な移民大国であり，現在でも毎年16〜19万人の移民を受け入れ，居住者の約3割が国外生まれである．かつて，白豪主義を掲げた時代もあったが，現在では，多文化共生政策の先頭を走る国となった．

●**オーストラリアの移民に関する歴史**　オーストラリアは，イギリスを中心とする西欧州のアングロ・サクソン系の移民たちが，アボリジニが住む地に入植してきた国である．当初は，民族の純血を守るという意志が強く，1901年，オーストラリアが連邦国家となって，最初に成立した法律が，移民の条件を定めた移民制限法であった．これは，言語の聞き取りテストの合格者のみを入植させる制度で，事実上，アジアや中東からの移民を禁止するものだった．

しかし，第2次世界大戦後，国防力強化と経済成長の必要性を痛感したオーストラリア政府は，当時700万人だった人口を，毎年2%ずつ増加させるとの目標を立て，そのうち1%を移民で充当することとした．そのため，オーストラリア政府が渡航費や補助金を出すなどして，移民や難民・亡命者を積極的に受け入れた．これを受け，まず，非英語系も含めた欧州諸国から大量の移民が移住した．当初は，言語テストが行われ，移住後も厳しい同化政策が行われたが，移民をさらに増やすため，1958年，言語テストを廃止するとともに，次第に融和・統合政策へと転換が行われた．それを受け，1960年代後半からはトルコ，レバノンなどの中東諸国からの移民が増加し，1970年代後半以降は，インドシナ難民を大量に受け入れた．そして，1975年，人種差別禁止法の制定により，白豪主義が最終的に解体され，多文化主義が採用された．これに伴い，移民の出身地も，東南アジア，南米，アフリカ等へ急速に拡大した．

しかし，1980年代後半になり，オーストラリア経済が停滞し，失業率が増加してくると，雇用を奪い，多額の予算を使う移民政策に対する反発が強まり，移民政策に消極的な時代となった．これを受け，1990年代後半以降は，熟練労働者やホワイトカラーなど，技術や資本をもった移民を受け入れる選択的な移民政策へと転換が行われ，この傾向は，現在まで続いている．

現在のオーストラリアの移民制度は，大きく，家族招聘（家族の呼び寄せ），技術移民（オーストラリア経済社会の発展に貢献する者），人道上の引き受け（難民，特別な人道上の理由など）の三つに基づいている．これらは，いずれも，オーストラリア入国前に審査を受け，移住許可後に入国ができるというのが大前提となっており，オーストラリア政府が，受け入れを管理し，人数を適正規模にコン

トロールしている．近年，年 19 万人が計画値とされてきたが，2019 年以降は 16
万人とされている．また，実際の移民は，家族招聘 31%，技術移民 68%，人道上
の引き受け 1%となっている．こうして，移住が認められた人（永住者）には，参
政権や公務就任権等を除いた社会保障などの一般的な権利が保障され，手厚い保
護が与えられる．さらに，永住者として一定年数居住すると，市民権が与えられ
るが，その際には，英語力やオーストラリアの歴史や社会，オーストラリアの基
本的価値の受諾の確認等の試験が行われることとなっている．

●**多文化共生と抱える課題**　1970 年代以降，多文化共生へと舵を切ったオースト
ラリアは，現在でも多額の予算と多大な労力を投入して，①移民・難民の定住支
援と社会参加支援，②移民・難民の文化・言語の維持，③異文化間コミュニケー
ションと文化交流政策などの多文化共生政策を推進している．その結果，国民の
6 割が移民にポジティブな立場を示すなど，多文化共生は社会の基本理念となっ
ている．しかし近年，宗教の違い，中国人などの大きな割合を占める民族集団グ
ループの存在，非英語話者，イスラム過激派などの問題，雇用問題，住宅の高騰
等により，共生に対する懸念が拡大し，移民に対する厳しい見方が広がっている．

●**難民の受け入れと不法移民問題**　オーストラリアにとって，難民の受け入れも
移民政策の一環であり，入国前に審査を行い，計画人数の枠内で移住を許可する
のが大原則である．したがって，計画的な受け入れができない事前許可のない難
民や不法移民に対しては，歴史的に厳しい対応がとられてきた．

　オーストラリアへの事前許可のない移民の問題は，1975〜80 年，インドシナ難
民約 2000 人が漂着したことに始まる．1990 年代終わりからのイラクやアフガニ
スタン，イランからの不法移民増加を受け，1999 年に国境防護法改正法が成立
し，厳しい対応が行われた．しかし，その後も不法移民が増加する中，2001 年 8
月，インドネシアを出航した 434 人の不法移民がノルウェーの貨物船に救助され
たものの，インドネシアもオーストラリアも受け入れを拒否するという「タンパ
号事件」が発生した．交渉の結果，このうち 150 人をニュージーランドへ，残り
を近隣の島嶼国であるナウルへ上陸させ，両国で難民審査を行い，ナウルに，開
発援助を行うこととなった．これが，「パシフィック・ソリューション」の起源で
ある．タンパ号事件以降も密航者は続いたが，これらの密航者もナウルでの受け
入れが進められ，代わりにナウルには追加支援が行われた．さらに，同年 10 月に
は，パプアニューギニアのマヌス島にも同様の収容所が開設された．この「パシ
フィック・ソリューション」に対しては，人道的観点等からの批判も大きく，2008
年に一度廃止されたが，その後再び不法移民が激増し，政治問題化したことから，
2010 年に再導入された．さらに 2013 年には，厳格な不法移民対策（主権的国境
作戦）が行われ，現在は不法移民は激減している．しかし，現在でも人権団体な
どからは，収容所の環境等に対して批判の声も上がっている．　　　　［濱田摩耶］

地域主義

これまでオセアニアにおいては，さまざまなアクターによって多岐にわたる地域枠組みが設立されてきた．ここでは，そうした中から，主に国家を主体とする地域枠組みに注目し，その構成メンバーである国々が目指すべき「地域のありかた」としての地域概念を共有し，地域制度を通じて協力や政策協調を行い，地域構築に取り組んできた動きを検討することによって，オセアニアにおける地域主義の展開を概観してみたい．

●**太平洋共同体**　オセアニアの地域主義にとって，その端緒となったのは，1947年の南太平洋委員会（South Pacific Commission）の設立である．南太平洋委員会は，太平洋島嶼地域に統治領をもつ，イギリス，フランス，オランダ，アメリカ，オーストラリア，ニュージーランドの6か国が統治領の経済的・社会的福祉の向上について協議する場として設けられた．ただし，この「南太平洋」は，統治国主導の地域であった．例えば，1950年に，統治領の代表によって構成される南太平洋会議が諮問機関として設立されたが，南太平洋委員会同様，そこでの議題は経済的・社会的イシューに限定されるなど，統治国の意向に基づいた運営が行われていた．

だが1960年代以降，太平洋島嶼地域の脱植民地化が進むと，独立ないしは自治政府を樹立した太平洋島嶼諸国が南太平洋委員会に構成メンバーとして順次加盟していくようになる．さらに1983年には，統治領にも加盟が認められることになり，「南太平洋」は，統治国主導から，統治国，太平洋島嶼諸国，統治領共同による地域協力の場へと変化した．その一方で，南太平洋委員会は非政治的組織であることが改めてうたわれ，「南太平洋」は政治単位としてではなく，経済・社会分野の機能的協力に基づいた地域であることが再確認されたのだった．

その後1997年に，南太平洋委員会は太平洋共同体と名称を改め，現在では，原加盟4か国（イギリスとオランダは脱退）と22の太平洋島嶼諸国・統治領からなる経済社会開発を主軸とした地域枠組みとして活動を続けている．

●**太平洋諸島フォーラム**　太平洋諸島フォーラムは，1971年に創設された南太平洋フォーラム（South Pacific Forum）を前身とする地域枠組みである．南太平洋フォーラム創設の契機となったのは，統治国主導の「南太平洋」に対する太平洋島嶼諸国の不満であった．当時，フランス領ポリネシアにおいてフランスが行っていた核実験に抗議していた太平洋島嶼諸国は，前述の南太平洋会議にこの問題を提起した．しかし，統治国の意向に基づき，政治問題であることを理由に却下されたため，政治問題を議論することのできる新たな地域枠組みをみずから創設

表1　オセアニアの地域枠組み

国名／地域枠組み名	太平洋共同体	太平洋諸島フォーラム	太平洋諸島開発フォーラム	メラネシアン・スピアヘッド・グループ	ポリネシア・リーダーズ・グループ	ミクロネシア大統領サミット
オーストラリア	○	○				
ニュージーランド	○	○			○	
サモア	○	○			○	
クック諸島	○	○			○	
ナウル	○	○	○			○
トンガ	○	○			○	
フィジー	○	○	○	○		
パプアニューギニア	○	○		○		
ニウエ	○	○			○	
キリバス	○	○	○			○
ソロモン諸島	○	○	○	○		
ツバル	○	○	○		○	
バヌアツ	○	○	○	○		
マーシャル諸島	○	○	○			○
ミクロネシア連邦	○	○	○			○
パラオ	○	○	○			○

上記以外のメンバーは次の通り．［太平洋共同体：ニューカレドニア，フランス領ポリネシア，ウォリス・フツナ，トケラウ，アメリカ領サモア，グアム，北マリアナ諸島，ピトケアン諸島］［太平洋諸島フォーラム：ニューカレドニア，フランス領ポリネシア］［太平洋諸島開発フォーラム：トケラウ，東ティモール，太平洋諸島 NGO 協会，太平洋諸島民間部門機構］［メラネシアン・スピアヘッド・グループ：カナク社会主義民族解放戦線］［ポリネシア・リーダーズ・グループ：フランス領ポリネシア，アメリカ領サモア，トケラウ，ウォリス・フツナ，ハワイ，イースター島（ラパ・ヌイ）］

したのである．

　太平洋島嶼諸国，および「地域国家」としてオーストラリアとニュージーランドを構成メンバーとして加えた南太平洋フォーラムが体現する「南太平洋」は，南太平洋委員会の「南太平洋」とは異なり，主権国家と自治政府が共通課題をめぐって域外に向け共同で外交活動を展開する政治単位としての地域だった．核問題を皮切りに，地域のさまざまな共通課題をめぐって外交活動を展開していった南太平洋フォーラムは，2000 年には太平洋諸島フォーラムと改称し，16 か国が加盟するオセアニアの中心的地域制度とみなされるようになる．

　しかし，冷戦終結後の新たな国際秩序のもと，太平洋諸島フォーラムは，目指すべき「地域のありかた」をめぐって紛糾する．地域統合によって新たな国際秩序に適応できる地域の構築を目指すオーストラリアとニュージーランドに対し，太平洋島嶼諸国は，懸案とする気候変動問題に関し共同外交活動を展開する政治

単位としての地域であることを求めた．地域概念をめぐる紛糾は，2000 年のクーデター以来，政治的混乱が続いたフィジーへの対応をめぐってさらに高まり，後述するように，フィジーによる新たな地域枠組みの設立へとつながっていく．

加えて，太平洋諸島フォーラムに揺さぶりをかけたのが，2000 年代半ばから本格化した中国の台頭である．中国による太平洋島嶼諸国との関係強化は，太平洋島嶼諸国に太平洋諸島フォーラムとは別の外交オプションをもたらすことになった．

こうした状況の中，太平洋諸島フォーラムは，2017 年に新たに「青い太平洋アイデンティティ」を指針として定め，気候変動や海洋資源管理を共通課題とした地域概念の再定義を打ち出す．また 2016 年には，フランスの関与を増すことで，太平洋における中国の台頭を牽制しようとはかるオーストラリアとニュージーランドの働きかけにより，フランス統治下のニューカレドニアとフランス領ポリネシアの新規加盟が認められた．

だが，「青い太平洋」が，太平洋諸島フォーラムの構成メンバー間で，地域概念としてどこまで共有されているかは不確かである．「青い太平洋」が共通課題として掲げる気候変動をめぐっては，オーストラリアとニュージーランドが太平洋島嶼諸国と足並みをそろえ，共同外交活動を展開する状況には至っていない．一方，中国抑止を目的とした「インド太平洋」の戦略的一部として「青い太平洋」を位置づけるオーストラリアとニュージーランドの見方には同調しない太平洋島嶼諸国も少なくない．さらには 2021 年に，事務局長選挙をめぐって不満をいだいたミクロネシア 5 か国が太平洋諸島フォーラムから離脱する意向を一時示すといった動きも起きている．今後，太平洋諸島フォーラムが，「青い太平洋」という地域概念に基づいて，どのように地域としての求心力を回復させていくのかが注目される．

●太平洋諸島開発フォーラム　太平洋諸島開発フォーラムは，2013 年にフィジーによって立ち上げられた地域枠組みである．2000 年に続き，06 年にもクーデターが発生したフィジーは，太平洋諸島フォーラムから，議会制民主主義への早期復帰と選挙の実施を求められた．しかしこれに応じなかったため，オーストラリアとニュージーランドの主導により，太平洋諸島フォーラムへの参加資格を停止された．この処分に反発し，2010 年に太平洋島嶼諸国を対象として太平洋関与会議をみずから開催し，これを後に制度化したのが，太平洋諸島開発フォーラムである．

太平洋島嶼 10 か国を中心的構成メンバーとする太平洋諸島開発フォーラムが目指したのは，オーストラリアとニュージーランドを構成メンバーから外し，太平洋島嶼諸国が気候変動問題と持続可能な開発を柱とする「緑と青の太平洋経済」の実現に向け共同行動を展開する場としての地域の構築だった．そこには，フィジーの問題にとどまらず，地域概念をめぐって紛糾した太平洋諸島フォーラ

ムに対する太平洋島嶼諸国の不満が反映されていたといえよう．

太平洋諸島開発フォーラムは，国連気候変動枠組み条約締約国会議で太平洋島嶼諸国が共同行動を展開する際のプラットフォーム的役割を果たしている．太平洋島嶼諸国にとって気候変動問題が最重要課題である限り，太平洋諸島開発フォーラムは，オセアニアの地域主義の中で一定の位置づけを持ち続けていくことであろう．

●**サブリージョナルな枠組み**　オセアニアには，この他メラネシア，ポリネシア，ミクロネシアの各々にサブリージョナルな枠組みが存在している．

メラネシアン・スピアヘッド・グループは，パプアニューギニア，ソロモン諸島，バヌアツ，フィジー，ニューカレドニアのカナク社会主義民族解放戦線を構成メンバーとする枠組みである．1986年に創設され，1988年の合意原則の調印によって制度化されたメラネシアン・スピアヘッド・グループは，ニューカレドニアの独立を支援する政治単位という当初の「地域のありかた」にとどまらず，1993年の貿易協定締結以降，自由貿易地域の実現に向けて取り組んできた．2012年に上記4か国によって熟練労働者の労働移動自由化に関する覚書が交わされたのに続き，2013年にはメラネシアン・スピアヘッド・グループ自由貿易地域が本格始動し，2016年にはメラネシア自由貿易協定が合意に至るなど，太平洋島嶼地域における自由貿易地域として先駆け的存在となっている．

ポリネシア・リーダーズ・グループは，メラネシアン・スピアヘッド・グループの活動やフィジーによる太平洋関与会議の開催に刺激されるかたちで，2011年にサモアの発案により設立された．ポリネシアの島嶼5か国と三つの統治領からなる構成メンバーに，2017年にフランス領のウォリス・フツナ，2018年にはニュージーランド，アメリカのハワイ州，チリ領のイースター島（ラパ・ヌイ）が新たに加わり，気候変動問題や情報技術といったイシューをめぐってポリネシアの利害を集約するサブリージョンの確立を目指している．

ミクロネシアの代表的なサブリージョナル枠組みとしてあげられるのは，ミクロネシア大統領サミットである．2001年にミクロネシア連邦，マーシャル諸島，パラオによって開始されたミクロネシア大統領サミットは，これら諸国が共通の関心事について協議し，太平洋諸島フォーラムなどの地域枠組みにみずからの主張を反映させていくことを目的としていた．その背景には，メラネシアやポリネシアの島嶼諸国とは地理的に離れ，かつアメリカとの間に自由連合協定を結んでいる立場から必ずしも関心が一致するわけではないという，これら諸国の一種の疎外感があったといえる．2018年にはナウルとキリバスが加盟し，すべてのミクロネシア諸国が構成メンバーとなったミクロネシア大統領サミットは，前述のミクロネシア諸国による太平洋諸島フォーラムからの離脱をはかる一連の動きの中では，これら諸国の声を取りまとめる役割を果たし，存在感を印象づけた．　　　［小柏葉子］

南太平洋大学

◇◇

　南太平洋大学の設立は，1950年に南太平洋委員会（現・太平洋共同体）により出された南太平洋の人々のための職業訓練学校の建設に関する報告書に端を発する（文献 [1]）．その後，イギリス，ニュージーランドなどによる議論を経て，太平洋島嶼地域の人々に高等教育の機会を提供し，経済開発に必要な人材育成を行うという目的のもと，1968年にフィジーの首都スヴァに位置するラウザラ湾地域に設立された．同大学は，太平洋島嶼地域の国および地域の共同出資により設立され，12の国および地域——キリバス，クック諸島，サモア，ソロモン諸島，ツバル，トケラウ，トンガ，ナウル，ニウエ，バヌアツ，フィジー，マーシャル諸島（1991年に参画）——が共同所有している．また，12の国および地域の政府代表，教職員および学生の代表，地域社会および実業界のリーダー，太平洋諸島フォーラム事務局，オーストラリア，ニュージーランドが管理を行っているように，「地域の大学」という性質をもっている．現在，「Shaping Pacific Futures」という戦略計画のもと，太平洋島嶼地域の将来の大きな発展に寄与する大学という目標を掲げ，気候変動，若者の低い経済および教育状況の改善，地域内のICT協力，太平洋島嶼地域の文化や遺産の保護に積極的に取り組んでいる．

●**大学の概要**　フィジーに三つ（ラウザラ，ラウトカ，ランバサ）のキャンパス，その他11の国および地域にそれぞれ一つずつのキャンパスがあり，全14のキャンパスをもつ．学術組織は，会計・財政・経済学部，ビジネスマネジメント学部，情報・工学・数学・物理学部，農業・地理・環境・海洋・自然科学部，法・社会科学部，太平洋芸術・コミュニケーションおよび教育学部の6学部，学部入学前の準備プログラムを提供するファンデーションコースや職業訓練を行うCVET（Continuing Vocational Education and Training）コースからなるPacific TAFE（Technical and Further Education），環境・持続可能な開発センター，によって構成されている．これらの学部およびセンターが，資格取得レベルから博士課程まで，22の技能訓練コース，70の大学プログラム，81の大学院プログラムを展開している．

　現在，約3万人の学生（2017年2万9918人）が在籍しており，その内訳は学部学生1万6721人，大学院生2933人，学部前9121人，その他2865人となっている．在籍学生の60％以上がラウザラのメインキャンパスで学んでいる（文献 [2]）．

　地域全体をカバーする教育を実施するにあたり，14のキャンパスをつなぐ衛星ネットワークが整備されており，講義は対面形式だけでなくフレキシブル・ラー

ニング（オンライン，対面・オンライン併用，紙媒体資料など）が採用されている．すべてを対面で受講する学生数は全体の約40％にとどまる．

　交換留学プログラムが全14キャンパスの学生を対象に開かれており，1学期間，提携先大学で学修を行う機会が提供されている．提携先大学は，5か国（オーストラリア，カナダ，日本，ニュージーランド，ハ

図1　南太平洋大学 Japan-Pacific ICT センター［2015年9月筆者撮影］

ワイ）11大学あり，日本の提携先は上智大学，琉球大学，園田学園女子大学となっている．

　太平洋島嶼地域内の最高水準の高等教育機関として，太平洋島嶼各国に多くの政治家を輩出している．また，エペリ・ハウオファ，R. クロコーム，そして現在では S. タルテに代表されるように同地域の国際関係および域内問題に関するオピニオンリーダーとなる教員を擁している．

●日本との関わり　1998年，日本とオーストラリア，ニュージーランドとの協調援助によって，太平洋島嶼地域に広がるキャンパス間を衛星通信経由で接続する遠隔教育ネットワーク（USPNet）が構築された．その後，遠隔学生の学修支援促進のため USPNet の改善が必要となってきたこと，コンピューター・情報システムに関する専門技術や知識を有する人材の開発が島嶼国の開発に不可欠となってきたことを受け，2007年に Japan-Pacific ICT センターの整備，2010年に情報システム関連コースのカリキュラム設計，衛星通信ネットワークを通じた遠隔教育能力向上，Japan-Pacific ICT センター運用体制確立へ向けた援助協力が行われた．Japan-Pacific ICT センター設立は総額約30億円のプロジェクトであり，2010年7月にコンピューターラボや会議室などからなる二つの校舎，2012年2月に多目的講堂が完成した．これら施設は，太平洋島嶼地域の ICT ハブとしての役割を担うことが期待されている．2019年8月，河野外相（当時）がフィジーを訪問した際，日本の対太平洋島嶼国政策に関するスピーチが同 ICT センターにて行われた．　　　　　　　　　　　　　　　　　　　　　　　　　［畝川憲之］

📖 参考文献

[1] Ministry of Overseas Development, Great Britain & Morris, C., *Report of the Higher Education Mission to the South Pacific*, Her Majesty's Stationery Office, 1966.
[2] University of the South Pacific, 2017 Annual Report, Parliamentary Paper No.123 of 2018, 2018.

ナウル協定と漁業権

〰〰〰〰〰〰〰〰〰〰〰〰〰〰〰〰〰〰〰〰〰〰〰〰〰〰〰〰〰〰〰〰〰〰〰〰〰〰

　多くのオセアニア島嶼国にとって，漁業（水産）資源は，経済的に重要な位置づけにある．例えばマーシャル諸島共和国の海洋資源法では，「マーシャル諸島共和国に重要な便益をもたらす漁業部門」（第24条）とし，「国に最大の総合的利益をもたらす漁業資源」（第22条）と記されている．

　オセアニアには広大な排他的経済水域（Exclusive Economic Zone：EEZ）と公海が存在している（図1）．2020年の中西部太平洋域における主要漁獲魚種であるカツオ，キハダマグロ（キハダ），メバチマグロ（メバチ），ビンナガマグロ（ビンナガ）の漁獲量は272万トンで，これは世界の総漁獲量（538万トン）の54%にあたる．その海域の周辺国にあたるのが，パプアニューギニア，キリバス共和国，ミクロネシア連邦，マーシャル諸島共和国，ナウル共和国，パラオ共和国，ソロモン諸島，ツバルの8か国である．これらの国は「共通の利益のある漁業の管理における協力に関するナウル協定（ナウル協定）」の加盟国（PNA）である．

●**ナウル協定の締結**　日本の漁業は明治時代以降，沿岸から沖合へ，沖合から外洋へと拡大していくことで発展してきた．公海自由の原則（公海はどの国の主権にも属さず，自由に利用できる原則）のもと，日本はオセアニア諸国の近海で，主にカツオ・マグロを中心とした海洋資源を享受してきた．1970年代以降に設定されたEEZによって，オセアニア諸国は自国管轄下に広大な漁場を抱えることになった．かくしてオセアニア海域は公海自由の原則から200カイリ時代に突入し，遠洋漁業国のそれまでの主要漁場は沿岸国の規制下に入った．

　ナウル協定は1982年締結された国際法に基づく拘束力をもつ漁業協定で，マグロやカツオの旋網，延縄漁業に対して，一定の操業条件を課することで，締結国の利益を守るものである．操業にあたっては，PNAとの入漁料の交渉に加え，国内産業への投資も求められる．また，航海（漁獲）日誌の作成などの操業上のルールが定められている．さらに，「第3次履行措置」ではキハダ，メバチ，カツオのすべての船上保持，特定時期における集魚装置の使用や，PNAグループ内に存在する公海についても操業を禁止するなど，資源管理の側面もみられる．

●**高騰する入漁料**　EEZ内での操業には隻日数制度（Vessel Day Scheme：VDS）という仕組みが設けられている．この制度はPNAのEEZ内で操業する外国旋網および延縄漁船に1隻1日あたりの入漁料が課せられる仕組みである．VDSでは，まず総漁獲努力可能量（Total Allowable Effort：TAE）を設定し，その後，漁獲日数の締約国間内配分，漁船団や漁船への漁獲日数を配分する．

　ナウル協定に基づく入漁料は年々高騰している．島嶼国の利益の最大化を目指

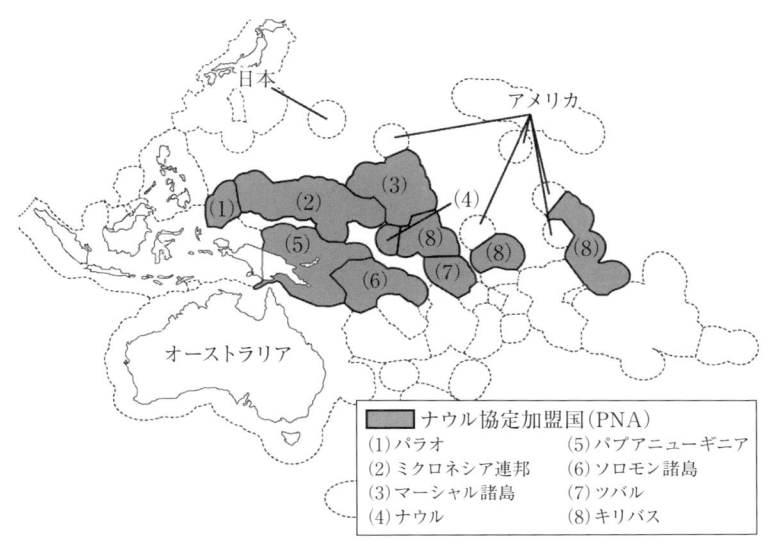

図1　太平洋地域における排他的経済水域［出典：Flanders Marine Institute,
Maritime Boundaries Geodatabase, version 11, 2019 より一部改変］

し，PNA は 2012 年漁期より，この VDS に対して最低価格を導入した．これに
より，2011 年までは 1200～2500 ドル/日程度であった入漁料は，2012 年には
5000 ドル/日以上となり，2015 年には 1 万ドル/日にまで引き上げられた．VDS
では 1 航海日数の制限ではなく，1 航海日あたりの権利のため，遠洋漁業国に
とって経済的に圧迫するものの，漁獲の有無にかかわらず権利を購入する必要が
ある．近年では従来の旋網漁船にかけられていた VDS は延縄漁船にもかけられ
るようになった．VDS は加盟国に年間 5 億ドル近い収入をもたらしている．

　また，近年では水産資源の資源管理についても国際的な関心が寄せられ，特に
カツオ・マグロ類についてはその動向が注視されている．中西部太平洋で漁獲さ
れる主要なカツオ・マグロ類（カツオ，キハダ，メバチ，ビンナガ）の資源状態
は，乱獲状態でも過剰漁獲でもないと評価されている．これには先に記した「第
3 次履行措置」や VDS による操業ルールが大きく貢献しているといわれている．

　オセアニアは独立以前より世界的にもカツオ・マグロの重要な漁場であった
が，公海自由の原則のもと，その優位性を活かすことができなかった．しかし，
EEZ の設定，ナウル協定の締結により，オセアニア諸国には広大な「漁業権」が
生まれた．現在では自然資源の乏しいオセアニア諸国にとって重要な外貨獲得の
ための資源となり，島嶼国経済にとっては不可欠な資産となっている．

［吉村健司］

島国のごみ問題

　その昔，太平洋の島々にとって「ごみ」は問題ではなかった．なにしろ捨てて
も自然に還るものばかりだったからで，「ごみ問題」は外から入ってきたともいえ
る．
　現在，太平洋の島々を訪れると日本を含む先進国のモノであふれている．ペッ
トボトルに入った水やジュース，缶ビール，缶コーヒー，瓶に入ったローカル
ビールやプラスチックの袋に入った駄菓子やラーメンなど．スーパーで買い物を
すれば惜しげもなく何枚ものレジ袋に買った商品を入れてくれる．街を走る自動
車はすべて先進国から輸入されたもので，日本語が書いてあるトラックやマイク
ロバスを見かけることも珍しい光景ではない．輸入されて外から入ってきたこれ
らの物品は消費された後，ほとんどが島の中で捨てられる運命にある．すなわ
ち，外部から輸入されるものはすべてごみになるということであり，ごみの一方
通行なのである．また，ごみの投棄場はいわゆるオープンダンプとよばれるきわ
めて不衛生な埋立地となっている．ごみ収集が十分でないために至るところに不
法投棄が行われ，観光資源としての自然環境や美観を損なうだけでなく，捨てら
れた空き缶や廃タイヤにたまった水は蚊の発生を促し，マラリアやデング熱の流
行により住民の健康を損なう原因となる．

●ごみ質の変化　太平洋地域環境計画事務局（SPREP）が1999年に行った8か
国（フィジー，トンガ，バヌアツ，パプアニューギニア，キリバス，ツバル，ソ
ロモン諸島，サモア）でのごみ質調査によると，家庭における1日1人あたりの
ごみ発生量は平均で650g，そのうち厨芥類や木草類などが約60%，プラスチッ
クは10%を占めていた．また，2011～14年に国際協力機構（JICA）プロジェク
トで実施された調査では6か国（ミクロネシア連邦，マーシャル諸島，サモア，
ソロモン諸島，トンガ，バヌアツ）での平均
は，1日1人あたりのごみ発生量は600g，内
訳は厨芥・木草類が45%，プラスチックが
16%，紙おむつが5～15%を占めていたとい
う報告がある．依然としていわゆる生ごみ
（有機性ごみ）の占める割合が多いのに加え
て，自然に分解しないプラスチック製品や紙
おむつなどの普及が太平洋の島々でも急速に
進んできたことを示している．

図1　パプアニューギニアのごみ埋立
　地［2011年筆者撮影］

●日本の協力　太平洋の島々は遠隔性，狭小

性，隔絶性といった地理的条件の他，生活物資の多くを海外からの輸入に依存しているという特徴がある．したがって，大陸の国に比べて物資の梱包材が多い．また，それぞれの小さな国でリサイクル施設をつくっても量の確保や輸送にかかる費用を考えると経済性に欠ける．そうした制約を考えると，島の中に余分なものや処理困難なものをなるべく入れない，入ってきた物品は循環する，循環できないものや島内で処理できないものは先進国の大きな市場に戻して処理やリサイクルするという方法が現実的である．

　そのような島嶼国特有の問題に取り組むために，日本が廃棄物分野の協力を本格的に開始した契機になったのが2000年に宮崎で開催された第2回太平洋・島サミットである．それ以来，日本は技術協力を中心に太平洋島嶼諸国への支援を継続し，行政官の能力向上，民間との連携の推進，市民の啓発などを行っている．

●**島嶼国の取り組み**　太平洋の島々にはいくつもの制約条件がありリサイクルを進めるための障害となっている．しかしながら，モノの入口と出口が管理しやすい小さな島国ゆえのアドバンテージを生かした取り組みも行われている．その一つが飲料容器デポジット・リファンド制度で，キリバス，ミクロネシア連邦，パラオ，マーシャル諸島などで実施されている．これはア

図2　回収されコンテナに積まれたアルミ缶
［2011年キリバスにて筆者撮影］

ルミ缶やペットボトルに入った飲料製品の輸入時に預託金を徴収し，市民が使用済みの容器を回収センターに搬入した際に預託金の一部を払い戻し，残りを回収センターの運営費用に充てる制度で，払戻金のインセンティブによって飲料容器の回収が進み，ごみとなって散乱するのを防いでいる．回収された容器は先進国などのマーケットに送られてリサイクルされる．この他にも有料ごみ袋制度（バヌアツやキリバス），プラスチック輸入税（トンガ），レジ袋の禁止やプラスチック製品使用の抑制など（サモア，バヌアツ，パプアニューギニア他）が多くの国で取り入れられている．

　近年では気候変動の影響によると考えられる自然災害が多発している．以前は10年に一度といわれていた大きなサイクロンが最近では数年に一度の頻度で発生し，そのたびに大きな被害を与えており，自然災害によって発生する廃棄物の処理や対策が課題になってきている．　　　　　　　　　　　　　　［天野史郎］

📖 **参考文献**
[1]　天野史郎『僕の名前はアリガトウ―太平洋廃棄物広域協力の航跡』佐伯印刷，2018.

環境運動
（ニュージーランド）

　ニュージーランドは，緑豊かで景観が美しいところとしてイメージされることが多い．だが歴史を紐解くと，実際にはその自然環境は人類によって大きな負荷を受け，急激に変容してきたことがわかっている．その反省から，20世紀後半からは環境運動が活発化した．そこにマオリを主体とする先住民運動が合流することによって，現在では環境保全に対して独自の立場から強い関心を寄せる国家になっている．

●人類の到来と自然環境の利用　海に囲まれたニュージーランドでは，1250〜1300年に人類が入植するまでコウモリを除いて哺乳類がいなかったために，飛ばない鳥をはじめ，数多くの固有種が生息する独特な自然環境が発達した．しかしながら，後にマオリとよばれるポリネシア系住民が居住するようになると，農地開拓のために森林伐採と火入れが進んだ．もともとは森林が現在の国土の80％以上を占めていたといわれるが，19世紀半ばには50％程度に減少したという指摘もある．さらに19世紀半ば以降はヨーロッパ系入植者が急増する中で，牧草地の開拓や林業等のために森林伐採が加速し，20世紀半ばには25％以下になったという．また，人類が他地域から持ち込んだ動植物が与えた影響も大きく，絶滅に至った固有種も少なくない．つまりニュージーランドは，長い時間の中で育まれた独特な自然環境が，人類によって比較的短い時間の中で破壊されてきたところともいえる．20世紀前半までは，一般的に動植物の保護に対する意識は低かったが，他方で1923年には現在もニュージーランドを代表する環境団体である野鳥保護協会（現・森林・野鳥保護協会）が創設されている．

●産業化と環境運動の始まり　第2次世界大戦を経て産業化が進んでいく中で，多様な開発事業が具体化した．南島南端に所在するマナポウリ湖では，政府主導のもとで水力発電所の建設が計画された．これに対して1960年代半ばに，森林・野鳥保護協会等が中心となって反対運動が始まった．「マナポウリ湖を救え」と銘打たれたキャンペーンは，1960年代末〜70年代にかけて全国に広がり，国民の1割に相当する26万5000の署名を集めて政府を動かした．その結果，水力発電所は完成してしまったものの，湖の水位上昇を伴う開発は阻止された．この「マナポウリ湖を救え」キャンペーンを契機にして，数々の環境保護団体が誕生した．1970年代には，南島西岸部にて天然林の伐採計画が明らかになる中で，天然林行動会議（マルイア協会を経て，現・エコロジック財団）が中心となって反対運動が高まった．70年代半ばにはニュージーランド史上最多ともいわれる34万の署名を集め，天然林が所在する地名を冠した「マルイア宣言」とよばれる請願書を

議会に提出した．この宣言では，法に基づく天然林の保護と伐採の終焉が謳われていた．当時の政府からは賛同を得られなかったが，その後の森林政策に大きな影響を及ぼした．こうしてニュージーランドではロビー活動を伴う環境運動が展開されるようになった．

●**環境をめぐる先住民マオリの訴え**　先住民のマオリは 19 世紀より，植民地主義に基づく土地の収奪や開発による自然環境の破壊に対して，しばしば反対の立場を明らかにしてきたが，基本的にそれが聞き入れられることはなかった．ところが 1960〜70 年代にかけて先住民運動が高揚し，その一つの結果として 1975 年に，マオリが政府によるワイタンギ条約の不履行を訴えることに特化した，ワイタンギ審判所が創設された．審判所では 1970〜80 年代にかけて，同時代的な環境問題を訴える申し立てが続き，各地の部族集団が開発による環境破壊によって自文化が破壊・阻害されていると主張した．このような過程の中で，マオリ固有の環境思想の再編が進んだと考えられる．マオリは自分たちが，世界を構成するさまざまな動植物その他とファカパパ（*whakapapa*：系譜）で結ばれているという世界観に基づき，マオリの環境に対する役割を「カイティアキ（守り人）」あるいは「カイティアキタンガ（守ること）」という概念で説明する場面が増えていった．つまり，先住民として環境を所有・利用する権利のみならず，環境を「守る」義務も意識するようになったともいえよう．

●**環境行政改革の進展と 1991 年資源管理法の制定**　1960 年代に環境運動が始まり，1970 年代以降にマオリの環境思想が再編されるようになったことに加え，1980 年代には政府の構造改革の一環として環境行政改革が進んだ．その結果，政府は 1986 年には環境問題と土地利用に関して政策提言するために環境省を，1987 年には公園，保護区，河川・湖沼，野生動物を管理するために自然保全庁を創設した．さらに 1991 年には，持続的管理を鍵概念とする 1991 年資源管理法が制定された．自然資源の包括的な保全を目指している点，開発の検討にあたり事前にその影響を推測するアプローチを導入している点，地方自治体に多大な権限を付与している点で，先進的であると国際的に評価された．また，ワイタンギ条約を前提に，環境に対するマオリの文化・精神的関係性を積極的に承認し，自然資源を管理する際には当該地域を領域とするマオリの「カイティアキタンガ」を考慮しなければならないと定めていることも，特筆に値する．このような法的根拠を得たこともあってマオリは今や，遺伝子組み換えや気候変動といったグローバルな問題に取り組む環境運動においても，固有の環境思想や植民地化経験に立脚し意見する，無視し得ない存在となっている．　　　　　　［深山直子］

📖 **参考文献**

[1]　平松 紘『ニュージーランドの環境保護―「楽園」と「行革」を問う』信山社出版，1999．

ラロトンガ条約

1985年8月6日，ニュージーランドとハワイのほぼ中ほどに位置する，クック諸島のラロトンガ島（周囲約30kmで，八丈島とほぼ同等の広さ）で，「南太平洋非核地帯条約（ラロトンガ条約）」が調印され，翌年に発効された．オーストラリア，ニュージーランドをはじめ，赤道以南の南太平洋の13の島嶼国・地域が参加している．非核地帯条約とは，地域レベルで行う，核兵器や核廃棄物の投棄などに関する非核化の取り決めの一つである．調印日は広島の原子爆弾投下から，ちょうど40年後の日にあたる．ラロトンガ条約は，人の居住地域に設定された非核地帯条約としては，1967年に成立したトラテロルコ条約の次に成立した条約である．本条約は，フランスの核実験や日本の放射性廃棄物と関係がある．

●**フランス核実験を契機とした条約**　フランスは，1962年から植民地であったアルジェリアで核実験を実施していたが，その独立によって核実験継続が困難になった．そのため1966年からは核実験地をフランス領ポリネシアに移し，1974年までムルロアとファンガタウファ両環礁で46回の核実験を実施した．

フランスの核実験の降下物に対する懸念を抱いたのは，農業国であるオーストラリアとニュージーランドである．両国は，1974年，フランスの核実験停止を国際司法裁判所に訴えた．国際司法裁判所は，核実験を停止する命令を下したが，フランスは実験を続けた．フランスに抗議するために，ニュージーランドは軍艦オタゴ号をフランスの核実験立入禁止水域に送ったが，フランスは1976年まで核実験を続けた．一方，独立国および自治政府の首脳会議である南太平洋フォーラムは1971年以来，実験反対の声明や宣言を発表し続けていたが，1975年には，国連総会で「南太平洋における非核地帯の設定」が決議された．1972年ストックホルムで開催された国連人間環境会議でのフランスの核実験実施非難も後押しとなった．1975年には第1回非核太平洋独立会議が開催されるなど，草の根レベルでの非核の意識は継続していた．

1980年代には，フランス核実験に加えて，放射性廃棄物の海洋投棄計画も懸念事項として浮上した．1980年には，日本の低レベル放射性廃棄物の海洋投棄計画が明らかになり，1984年には，再び非核地帯問題が太平洋地域の重要課題として認識されるようになった．太平洋域内の大国であるオーストラリア，ニュージーランド，および島嶼国は，将来の核戦争の危険性よりは，むしろ当時の核実験実施や放射性廃棄物の投棄について不安を抱いていたからこそ，地域内からの非核の動きが起こったのである．こうした内発的な非核の動きをサポートしたのは，地域内の教会組織，南太平洋大学，国際世論であった．非核独立太平洋会議の正

式記録には残っていないが，核実験被害を受けたミクロネシアをはじめ，カナダ，ハワイ，日本，フィリピンなどの国から多くの参加者があった．

●**条約の内容とその意義**　条約は，16条と三つの付属議定書から構成されている．条約で禁止されているのは，(1)加盟国内でのすべての核兵器の生産，保

表1　主な非核地帯条約の義務権利の比較

	ラロトンガ条約	トラテロルコ条約	バンコク条約	ペリンダバ条約
核兵器などの不存在	○	○	○	○
核爆発装置の解体・転用	–	–	–	○
核爆発実験禁止・防止	○	○	–	○
平和目的利用	○	○	○	○
平和目的核爆発	可	禁止	禁止	禁止
放射性廃棄物投棄禁止	–	–	–	○
核施設への攻撃禁止	–	–	–	○
核物質の物理的保護	–	–	–	○
核事故通報条約加入	–	–	○	–

［出典：杉江栄一「非核兵器地帯条約について」『中京法学』32(3・4)：7-47．1998をもとに作成］

有，または地域内外での核兵器の管理，(2)加盟国の領土内（内陸，領海，海底など）における核兵器の配備，(3)すべての核爆発装備の実験，(4)地域内での加盟国による核廃棄物投棄，または他の核物質の海洋投棄と，加盟国の領海内での他国の海洋投棄および地域内での他国の海洋投棄の援助である．付属議定書は，(1)地域内に領土をもつすべての国々に条約の条項を地域内の領土に適用するようによびかけ，(2)核保有国に条約の条項を守り，地域に対して，核兵器を使用しないことをよびかけ，(3)核保有国に向けていかなる核実験も禁止するよう訴えている．

　この条約に対しては有効性においていくつかの批判がある．条約の対象地域がほとんど海であるにもかかわらず，条項の適用範囲は，公海ではなく領土および領海となっていること．加盟国以外の国による加盟国の領海外への核廃棄物投棄が禁止されていないこと．核兵器積載可能な軍艦の寄港は禁止されていないこと．ミサイルや誘導システムなどの実験は禁止されていないこと，である．

　しかしながら成立過程は，本条約の内発性を明らかにしている．国益の追求ではなく，人々の暮らしの価値の追求が条約を成立に導いた側面は評価に値する．

［中原聖乃］

📖 **参考文献**
[1] アレキサンダー，R.「非核・独立太平洋運動からみる「太平洋アイデンティティ」」春日直樹編『オセアニア・オリエンタリズム』世界思想社，pp.153-178，1999.
[2] アレキサンダー，R.「太平洋島嶼国の内発的安全—非核・独立太平洋運動を例に」佐藤幸男編『太平洋アイデンティティ』国際書院，pp.43-84，2003.

軍事・基地問題

19 世紀以降，欧米や日本など帝国列強は，オセアニアを地政学的観点から重要視してきた．島嶼部には，現在も軍事基地が点在している．一方，軍事基地の建設や核実験が行われた地域では，環境汚染や社会経済の変容が問題化した．したがって当該地域では，住民の抵抗運動も展開されてきた．

●**諸外国による軍事基地建設と核実験**　西洋人との接触以前のオセアニアには，すでに独自の社会を維持してきた人々がいた．一方，西洋は，16 世紀以降，この地域を宣教や交易の対象地とみなし，19 世紀には，アジアと北米の結節点として位置づけて，軍事拠点とすることを試みてきた．20 世紀には日本もこれに続いた．

現在のオセアニアに残る軍事基地の多くは，アメリカのものである．アメリカは，1893 年のハワイ王国の転覆や，1898 年の米西戦争での勝利を機に，ハワイ，グアム，そしてフィリピンを軍事拠点とした．続いて，1899 年にサモア諸島東部を領有し，1940 年に海軍基地を建設した．これは太平洋戦争中の補給基地となった．

また，太平洋戦争の終結をきっかけに，米軍基地が建てられた地域もある．マーシャル諸島共和国にあるクワジェリン環礁は，「南洋群島」の一部として，日本による統治と戦争の荒廃を経験した後，アメリカのミサイル実験地となった．

サモア東部とフィリピンを除き，これらの島々では，21 世紀に入っても基地の操業が続いてきた．ことグアムでは，9.11 後の米軍増強に伴い，軍備が進んだ．

さらに，西洋諸国は，オセアニアの「辺境」性を強調し，島々を核実験にも用いた．前述のマーシャル諸島では，アメリカが，1946〜58 年まで，ビキニ環礁とエヌエタック環礁で核実験を行った．放射能は，マーシャル諸島北部に拡散し，住民に健康被害を与えた．現在も多くの住民が，故地から退避させられている．続いてイギリスも，1952〜57 年にオーストラリアで，1957〜58 年にキリバスのクリスマス島で，核実験を行った．イギリスはオーストラリアの中でも，主にアボリジニやトレス海峡諸島民が暮らす土地を選定し，実験地とした．

また，フランス領ポリネシアでは，20 世紀末まで核実験が行われてきた．1966〜96 年の間に，フランスは，ムルロア環礁とファンガタウファ環礁で計 193 回の核実験を行った．同地においても，実験施設の労働者が健康被害を受けた（文献 [1]）．

すなわち，オセアニア各地が，諸外国の軍事戦略に巻き込まれてきたのである．これは，各地の環境と社会経済を根本的に変化させた．前述した核実験の被害はもとより，軍事基地の周辺においても，有害物質の流出による土壌や海洋の汚染が問題となる．例えば，1941〜90 年まで，米軍が爆撃訓練を行ったハワイのカホオ

ラウェ島では，現在も汚染除去の問題が残る．また，軍事利用が行われた地域では，基地や軍に依存した経済が形成される．例えばグアムでは，アメリカの連邦政府と軍が，民間部門の発展を抑制してきたために，現在も公共部門と軍事施設が住民の主な就業先である（文献 [2]）．フランス領ポリネシアにおいては，実験施設の建設を機に生業経済が衰退するとともに，住民間の経済格差が生じた．

　しかし，オセアニアの人々は，軍事基地の操業や核実験を甘んじて受け入れてきたわけではない．彼らは，健康被害に対する賠償や，軍事開発の根底にあった帝国主義の反省を求めて，数々の抵抗運動を行ってきた．近年では，沖縄や韓国など，世界中の基地建設地の人々と連携した運動も展開されている．

●**軍事基地建設とクワジェリン環礁**　クワジェ
リン環礁は，冷戦期におけるアメリカの軍事戦略を背景として，ミサイル実験地となった．アメリカは，太平洋戦争後，同環礁の主島クワジェリン島と，ロイ＝ナムル島に軍事基地を建設した．両島は戦時中，日本軍の基地として使われていた．さらに，1960 年代に入ると，環礁中部のラグーンと島を長距離弾道ミサイルの実験域と定め，住民の入域を制限した．これに伴い，1944〜64 年までの間に，クワジェリン環礁

図1　イバイ島の街並み［2017 年 2 月筆者撮影］

の住民の大部分が，クワジェリン島基地から約 5 km 離れたイバイ島に強制移住させられた（図1）．

　こうしてアメリカは，クワジェリン環礁をミサイル開発の舞台に変貌させた．しかし，強制移住者は，生業と出自の基盤であった土地を奪われたことに対し，強い不満を抱いた．そのため彼らは，主に 1969〜86 年にかけて，土地の返還と適切な補償をアメリカに求める運動を行った．運動は，基地やミサイル実験域に座り込むかたちで行われ，一部の島の返還や補償の増額などの成果をあげた．

　だが，強制移住者やその子孫は，現在もイバイ島での生活を余儀なくされている．同地には，クワジェリン島基地での就労を目的とした自発的移住者も来島し，強制移住者と共存する．強制移住者は現在も，運動の記憶を語る．他方で彼らは，娯楽や贈与交換の場を結び目として，自発的移住者や基地関係者と，新たな社会関係も紡いでいる．再定住地において，生活実践の再編と更新が試みられているのである．　　　　　　　　　　　　　　　　　　　　　　　［大竹　碧］

📖**参考文献**
[1] 桑原牧子「フランス領ポリネシアにおける核実験への抗議暴動と独立運動」丹羽典生・石森大知編『現代オセアニアの〈紛争〉』昭和堂，pp.223-247，2013.
[2] 長島怜央『アメリカとグアム—植民地主義，レイシズム，先住民』有信堂高文社，2015.

ANZUS の島嶼国外交

太平洋島嶼国地域は，他の大陸から遠く離れた海域に浮かぶ小島嶼国の集まりであり，外交安全保障の最前線となることはほとんどなかった．一方，第 2 次世界大戦の際の日本軍の進出にみられるように，アメリカとオーストラリアを結ぶ，また東アジアから東方への海洋進出に不可欠な，戦略的に重要な地域でもある．

太平洋島嶼国地域は，第 1 次世界大戦後，ドイツの植民地が日本とイギリスに引き継がれ，ミクロネシア（ナウル，キリバスを除く）は日本が，メラネシア・ポリネシアはイギリスと一部をフランスが統治することとなった．このうち，イギリスの植民地は，19 世紀以来，イギリス本国に代わり，オーストラリア・ニュージーランドが，その管理を任された．第 2 次世界大戦後には，ミクロネシアはアメリカによる国連信託統治領を経て独立し，アメリカの自由連合国となった．メラネシア・ポリネシアは（一部は委任統治領となった後），1960〜70 年代にかけて独立し，英連邦に加盟したが，実質的には，オーストラリアとニュージーランドが旧植民地への責任を果たすという文脈で手厚い支援を行う特別な関係が築かれてきた．

さらに，重要なアクターとして，現在この地域の最大の貿易相手国であり，オーストラリアに次ぐドナー（援助供与国）となっている中国がある．中国は，1970 年代から支援を開始し，1990 年代に台湾との国交争いが激化するとさらに支援を強化し，台湾との援助合戦を繰り広げた．さらに，2000 年代以降，資源確保の観点および海洋安全保障政策上の観点からインフラ開発や安全保障関連の支援等を強化しており，2013 年に「一帯一路」を発表すると，その姿勢はさらに顕著になっている．現在では，対中過剰債務の問題や不透明なインフラ開発の問題，軍事的プレゼンスの強化等が指摘されている．

この中国の動きに危機感を覚えた伝統的なドナー国は，近年，開発協力はもちろん，安全保障分野や人的交流など，各種分野で関与を強化している．太平洋島嶼国地域は，地政学上の重要性を増し，戦略的競争の舞台となっている．太平洋島嶼国自身もそれを認識し，独立国としての誇りと独自性を強めており，ドナー各国は，それを尊重した外交政策を展開している．

●**オーストラリアの太平洋島嶼国外交**　オーストラリアは伝統的に太平洋島嶼国地域への最大のドナー国だが，その支援の 8 割は対メラネシアである．またメラネシアからは，出稼ぎや留学等が容易にできるなど，特別な関係も有している．しかし，それらの支援も，当初は，旧植民地への責任という文脈での支援に過ぎず，自国にとって戦略的に重要な地域としての認識は薄かった．

しかし，2000 年代に入り，インドネシアやパプアニューギニア，ソロモン諸島

という「裏庭」でテロや紛争の脅威が高まるにつれ，この地域の安定と安全の確保が自国の安全保障に直結するものとして認識されるようになる．また，2006 年にフィジーでクーデターが発生すると，オーストラリアはニュージーランドとともに厳しい制裁を発動し，フィジーとの関係が途切れ，冷戦状態が長く続き，その間に中国が関係を急速に強化するという事態も経験した．さらに，中国が「一帯一路」を掲げ，軍事的プレゼンスも含めて進出を強めるようになると，危機感を強め，当該地域との関係の維持・強化の必要性を認識するようになる．

　これを受け，オーストラリアは，2017 年以降，「パシフィック・ステップアップ」を掲げ，関係を強化している．特に 2019 年に誕生したモリソン政権は，太平洋島嶼国を「ホーム」とよび，対等な家族のような関係を目指しつつ，メラネシアを中心に関係の強化を行っている．具体的には，20 億オーストラリア・ドルのオーストラリア太平洋地域インフラ資金調達ファシリティ創設（2019 年）のほか，経済統合促進や巡視船供与等を進めている．2019 年には，クーデター後初めてとなるオーストラリア首相のフィジー訪問が実現した．

●ニュージーランドの太平洋島嶼国政策　ニュージーランドは，メラネシアとポリネシアにおいては，オーストラリアに次ぐドナー国であり，この地域の各国に量的バランスのとれた支援を行っている．また，ニウエ・クック諸島とは，自由連合協定を結び，国際連合における代表権はニュージーランドが有し，両国の住民はニュージーランドの市民権を有するという特別な関係を有している．また，軍隊を有さないサモアとは，友好協定を結び，EEZ の監視などの安全保障の役割はニュージーランドが担っている．ニュージーランドもオーストラリアと同じく，近年この地域への関与を強めており，2018 年「パシフィック・リセット」を発表し，ODA の増額や太平洋特別基金の創設等を行っている．

●アメリカの太平洋島嶼国政策　アメリカにとっての太平洋島嶼国地域政策は，ハワイ・グアム・サイパンなどの北太平洋の米軍の戦略区域の維持の一環であり，その関心はかつての信託統治領であるミクロネシア3国（パラオ，ミクロネシア連邦，マーシャル諸島）に集中している．アメリカは，3国の独立に際し，自由連合協定を結び，これらの国に安全保障上の保護を与えるとともに，多額の財政支援を行い，その国民に対して無制限に近い自国への入国の許可等の特権を与えている．一方，これらの国はアメリカに戦略的な目的のための自国領への排他的アクセスを認めており，有事の際，アメリカが太平洋防衛の要であるこの地域に軍事力を迅速に展開することを可能にしている．アメリカも，第2次世界大戦直後は，激戦地であるこの地域への関心が高かったものの，次第に関心が薄れていた．しかし，近年の中国の進出を受け，急速に関心・関与を強めており，2019 年，初めての米ミクロネシア3国首脳会議が開催され，歴史上初めて，これらの国の首脳がホワイトハウスに入ったことで話題となった．　　　　　　　　　　［濱田摩耶］

民族紛争と平和構築

〜〜〜〜〜〜〜〜〜〜〜〜〜〜〜〜〜〜〜〜〜〜〜〜〜〜〜〜〜〜〜〜〜〜〜〜

　「民族紛争」という表現は次の二つの要素を含意している．第1に，民族間の争いであること．第2に，物理的で身体的な暴力的衝突であること．言い換えれば民族間に敵対意識があっても暴力的衝突がない場合は「民族紛争」とよばれない．

　実のところ，民族以外の要因に根差した敵対感情が暴力的な衝突として表れた結果，民族をはじめとする集団間の境界が改めて意識されることが多い．こうした敵対感情は，植民地支配や労働移住などに伴って歴史的に蓄積されてきた摩擦や軋轢によるものと考えるのが適切である．

　例えば，英仏共同統治下のバヌアツで生じたナグリアメル運動や西パプア（インドネシア）の分離独立闘争は，民族の違いよりも植民地期に蓄積された集団間の分断に起因すると考えるのが妥当である．パプアニューギニアでみられる紛争もまた，近代化の過程で前景化してきた資源開発をめぐる，民族間あるいは現地住民と政府との対立という側面がある．例えば，1960年代から銅鉱山開発が始められたパプアニューギニア東部のブーゲンヴィル島では，地域住民の意向や権利を無視した開発事業，利益配分をめぐる鉱山会社や植民地政府に対する不満，鉱山労働者として流入してきた国内他民族との対立などから，1988年に分離独立を視野に入れた武力紛争が勃発した．この紛争は，分離独立に対する島民の意識に温度差があったせいもあり，対政府軍の戦いから島民同士の戦いへと複雑化・長期化することとなった．

●**ソロモン諸島の「エスニック・テンション」**　ソロモン諸島は，1998年末から2003年7月にかけて「エスニック・テンション」とよばれる武力衝突と社会不安を経験した．英語で「エスニック」と形容されるものの，実際にはソロモン諸島を構成する比較的大きな二つの島（ガダルカナル島とマライタ島）のそれぞれにルーツをもつ人々の間で生じた「島民間」の紛争とよび得るものであった．

　紛争のきっかけは，ガダルカナル島の人々が抱き続けてきた積年の不満を州知事が公言したこと，これを受けてガダルカナル島の若者からなる武装集団「イサタンブ解放運動（IFM）」が同島内に暮らすマライタ系住民を排斥し始めたことにある．しかし，その背景には，第2次世界大戦後に実施された現在の首都ホニアラの建設や，首都近郊の発展を誘因とする他島（特にマライタ島）からの労働移民の急増があった．つまり，ガダルカナル島内の資源（とりわけ経済開発などの利得）をめぐる島民間の潜在的な対立が歴史的に醸成されてきたのであった．

　マライタ系住民の排斥行動から本格化した「エスニック・テンション」は，政府主導による伝統的な和解儀礼や英連邦事務局の仲介による停戦協定の調印な

ど，早期解決が試みられたものの，いずれも実効力をもたなかった．

　2000年に入ると，もっぱら被害者の立場をとってきたマライタ系住民が武装集団「マライタ・イーグル・フォース（MEF）」を組織して応戦しはじめ，同年6月にクーデターを起こした．10月に締結されたタウンズヴィル和平合意（TPA）に基づいて被害者への補償等が行われたが，その後も社会不安が継続した．

　約4年半にわたる紛争での死者は約200人，国内避難民は3万5000人に上った．特に激戦地となったガダルカナル島北岸部では，アブラヤシ・プランテーションの労働者やその親族として移住していた大勢のマライタ系住民が排斥されただけでなく，ガダルカナル島北岸部が地元の人々も避難を余儀なくされた．

●紛争の終結と紛争後社会の再構築　「エスニック・テンション」は，オーストラリアを中心としてオセアニア諸国で構成された介入部隊であるソロモン諸島地域支援ミッション（Regional Assistance Mission to Solomon Islands：RAMSI）の派遣により2003年7月に終結した．司法・警察・経済支援を柱に駐留したRAMSIは，治安回復と経済再建に伴って徐々に縮小していき，2017年6月に撤退した．

　RAMSIによる武装解除や犯罪者の訴追は，武力紛争の終結に不可欠な平和構築のプロセスであった．しかし，紛争後社会が直面する問題は山積していた．例えば，加害者をいかに社会復帰させるか，被害者へどのようなケアをするか，加害者と被害者との悪化した関係をいかに修復するかなどである．

　紛争の原因究明と再発防止の提言を目的に組織された真実和解委員会は，加害者と被害者の双方から紛争経験の証言聴取を行い，「国難」経験の共有を通じた国民統合と関係修復を試みた．委員会の活動終了後は，担当省庁が紛争当事者間の関係修復のために助言や仲介を続けている．また，加害者の社会復帰や被害者への補償といった課題も，担当省庁が現在進行形で取り組んでいる．

　こうした「上からの」平和構築だけでなく，各コミュニティでは大勢の観衆が見守る中で贈与貝の授受を伴う「下からの」平和構築も行われている．コンペンセーションとよばれるこの伝統的な紛争処理は，首狩りや報復殺人が行われていたソロモン諸島ならではの関係修復と関係構築の作法といえる．また，この紛争処理は「贈与儀礼を経て解決した事案を蒸し返してはならない」という文化的規範と相まって，とりわけ民事的な紛争処理の方法として，刑事訴追や「上からの」平和構築とともに重要な役割を果たしている．　　　　　　　　　［藤井真一］

参考文献
[1] 丹羽典生・石森大知編『現代オセアニアの〈紛争〉—脱植民地期以降のフィールドから』昭和堂，2013.
[2] 藤井真一『生成される平和の民族誌—ソロモン諸島における「民族紛争」と日常性』大阪大学出版会，2021.

トンガ王国の民主化

〜〜〜〜〜〜〜〜〜〜〜〜〜〜〜〜〜〜〜〜〜〜〜〜〜〜〜〜〜〜〜〜〜

　トンガ王国はツポウ 6 世が統治する人口約 10 万人の立憲君主国である．最初のトゥイ・トンガ王朝は 10 世紀に誕生した．現在のトゥイ・カノクポル王朝のツポウ 1 世は全土を統一して 1845 年に即位した．イギリスの宣教師らの主導のもと 75 年に憲法を発布し，イギリスの保護領になるが自前の国づくりを貫き，1970 年に英連邦加盟国として独立した．

　ツポウ 1 世は憲法式典で「人はみな神のもとに自由・平等である」と宣言したが，憲法には王族・貴族（高位首長）・平民からなる身分階層制を明記した．そして，王が貴族に世襲領地を与え，その貴族領地を 16 歳以上の成人男子に割り当てる土地制度を創設した．20 世紀前半のトンガは，換金作物の輸出などで国家財政と国民生活は安定した．サローテ女王（在位 1918〜65 年）は，外貨準備高を活用し教育と医療の近代化や港湾・道路を整備した．ツポウ 4 世（在位 1967〜2006 年）も経済発展計画による近代化政策を推進した．しかし，1970 年代後半から海外援助依存の経済状況は悪化した．さらに，19 世紀末 2 万人だった人口は 9 万人に増加し，土地配分が不可能になった．

　失業者増に苦慮した国王は，ニュージーランド政府と「労働スポンサー制度」に調印し，国民の出稼ぎによる外貨獲得と生活改善を奨励した．80 年に出稼ぎ・移住者は 1 万人を超え，彼らは永住権を取得して家族呼び寄せをすすめた．アメリカやオーストラリアへの移住者も 8000 人に達した．現在，国内人口に倍する国民が海外に住み，母社会の家族・親族への送金を欠かさない．

●**民主化運動のたかまり**　1980 年代，留学帰りのエリートたちが縁故人事や王族・貴族の特権などを問題にしはじめた．教員の A. ポヒヴァは，新聞やラジオを通して閣僚・貴族議員の法外な手当や政府の不当な公費使用などを厳しく批判し，教員を解雇されたが 87 年の総選挙に民主派議員として当選した．当時の議会は，国王が指名する議長・閣僚 13 人と知事 2 人および貴族議員 9 人（33 人から互選）と公選議員 9 人で構成されていた．公選の民主派議員は政府の乱脈予算や香港・中国人へのパスポート販売の違法性とその収入の非開示などを追及した．

　90 年代，民主派議員らは立憲君主制下での普通選挙や議院内閣制などの政治改革を要求した．21 世紀になると政府は構造改革を強いられ，政府機関の合理化，国営事業の民営化，公務員給与の改正などに着手した．そのための 15％の消費税，電力会社の民営化による大量解雇と電力料金の 60％値上げの断行で，送金頼りの国民生活を圧迫した．電力会社の再国営化を求める 2 万人署名を国王と議会に届けるために 4000 人が 60 台のトラクターを先頭に行進した．長年昇給を抑え

られてきた公務員は，上・中・下級の公務員にそれぞれ 60％・70％・80％の賃上げ
要求をした．また教員を中心に「違法な」公務員組合を結成し，2005 年 7 月にス
トライキを決行した．公務員ら 6000 人が賃上げを訴えて首都をデモ行進し，官邸
そばの公園で毎日集会を開いて長年の給料抑制と劣悪な待遇の改善を訴えた．

　組合指導者は，要求実現には首相・閣僚総辞職と公正な議会運営が不可欠と判
断し，賃上げから政治改革へと運動方針を変えた．政府の無策をみかねたピロレ
ヴ王女は，国王代理として集会場へ出かけて「職場復帰を条件に賃上げ要求を受
諾し，政治改革の委員会を設置する」と宣言した．組合側は王女案に調印し，44
日間のストライキを終結させた．政府は数年越しの賃上げを約束し，設置した政
治改革委員会は精力的に会議を開き，2006 年 8 月に療養中のツポウ 4 世に改革案
を提出した．それに，民選議員 17 人，貴族議員 9 人，指名議員 4 人の議会構成と
2008 年総選挙から実施という内容である．それに対し，ポヒヴァら民主派議員
は，「公選議員 21 人，貴族議員 9 人の計 30 人構成」の対案を議会に提出した．

●暴動の政治改革への影響　民主派議員は 2006 年 11 月 16 日に首相官邸前に民
衆を動員して政府折衝に圧力をかけた．政府は臨時閣議を開いて民主派議員案を
のむことを決定した．その朗報は集会でも報告された．ところが，民衆の一部が
首都ヌクアロファの政府庁舎，王族・貴族の店舗・事務所，中国・インド系の商
業施設などを破壊・放火し，物品を略奪する事件をひき起した．この暴動で中心
街の 60％の建物が焼失・破壊された．未曾有の事件に国民は大きな衝撃をうけ，
「暴動ですべてが変わった」という雰囲気が広がった．民主派議員は扇動罪など
で逮捕・起訴され，民主化運動は下火となり，政治改革は頓挫した．2008 年の総
選挙は旧方式で実施され，無罪となった民主派議員が 9 議席を独占した．しか
し，暴動前の合意案は議会で貴族議員の反対で決着せず，新たに設置する憲法・
選挙制度改革委員会で検討することになる．

　その改革委員会は 2009 年 11 月に「民衆議席 17・貴族議席 9，議員から首相選
出，首相の閣僚任命，そして『国王の統治権は基本的に不変』」という案を議会に
提出した．この案に民主派議員は議会で反対せず，2010 年以降の総選挙で実施さ
れることになった．30 年にわたり政治改革にエネルギーを傾注してきた民主派
議員と民衆は，公選議席増と議院内閣制という「小さな改革」の成果に満足した
のである．民主化運動の顔ポヒヴァは 2014 年に念願の首相に選ばれた．この首
相就任は民主化運動の目標達成ともいえる．一方，国民は国王を慕い，君主制擁
護の念を持ち続けており，ポヒヴァら民主派議員は抜本的な「王制改革」に踏み
こめなかったのである．トンガ王権は 150 年前に創案された憲法により今なお健
在である．　　　　　　　　　　　　　　　　　　　　　　　　　　［須藤健一］

📖 **参考文献**

[1] 須藤健一『オセアニアの人類学—海外移住・民主化・伝統の政治』風響社，2008.

先住権

~~~~~~

　この数十年で先住民に関する理解は大きく進んだ．その象徴となったのは2007年国連において「先住民族の権利に関する国連宣言」が採択されたことにあった．採択時には反対したカナダ，オーストラリア，ニュージーランド，アメリカ（CANZUS）も2009〜10年に支持を表明した．現在，世界のおよそ90か国には3億7000万人以上の先住民が住んでいるとされるが，こうした国際舞台における認知は，それぞれの国家における先住民の社会運動の成果でもあった．だがその国連・国家・先住民の関係は常に良好なものではなかった．

　オセアニア社会と西洋社会との持続的な接触は18世紀後半にJ. クックがやってきたことから始まるが，その後の展開はそれぞれの地域の諸条件で異なっていた．ハワイではその約200年後の1993年にハワイ先住民にその王国転覆を謝罪し，ニュージーランドでは2008年にニュージーランド先住民に土地の不当な没収を謝罪した．だがCANZUS諸国が上述の宣言支持をしたのは，国連宣言の非拘束性を確認しながらでもあった．そこでここではオセアニア地域でも，先住権のせめぎ合いのあり様をみるために，オーストラリアの先住権のあり方をみてゆこう．

●**オーストラリアの先住権**　オーストラリア大陸には約6万年前から現在の先住民の祖先となる人々がアジアから渡り，大陸の各地に散在したと想定される．

　18世紀後半のクック上陸後，オーストラリア各地に，また多様なかたちで上陸が行われたため，部分的には平和裡な共存期間もあったが，大勢としては「無主地」とされ，植民者側が力をもった地域では，狩猟採集形態が旱魃や植生の変化で困難を迎えたことに加え，流行病や暴力的衝突で先住民たちは滅びゆく存在として保護や隔離の対象とされた．

　20世紀に入り，混血人口が増えてくると，同化政策へと移行し，国民国家に統合する方針は1960年代まで続き，先住民文化の継承を強制的に断絶させられた「盗まれた世代」も生まれた．この当時は国際労働機関（ILO）でも同化を前提としていたのである．だがこの当時の先住民は第2次世界大戦中に非先住民との協働体験をしており，その世代が社会内に育ってきたことで，変化の兆候が都市部でも周辺部でも社会運動となって表れてきた．

　こうした変化を受け1970年代に入ると，先住民は自己申請制になり，北部準州では彼らに土地権法が認められるようになった．都市周辺部で自民族の崩壊を目前にしていた先住民たちはこうしてみずからの出身地に戻るホームランド運動もしくはアウトバック運動を始める．また1990年代に入りアボリジニとトレス海

峡諸島民委員会（ATSIC）が設立されると，1993 年の先住権原法の承認とともに，自己管理・自己決定政策の時代に移行していった．

　こうしてオーストラリア先住民の場合，各々自己申請した先住民はしかし，人口的には約 3％と少数であるため，必ず非先住民の連帯を必要とする．それゆえ，1990 年代末から社会が保守化した際には，政策が急速に介入的になり，2005 年には ATSIC が解体させられることになったし，2007 年には土地権法が最初に認められた北部準州での介入政策がはじまり（図1），前述の国連宣言の採択に反対した．2008 年には政府が過去の同化政策の犠牲者たちに公式の謝罪をするも，2009 年には国連宣言の非拘束性を確認したうえで支持表明しているのである（文献 [1]，pp.36-48；文献 [3]，pp.227-228）．

●国際連合の動き　それぞれの先住民が置かれた位置により，オセアニア文化圏内でも先住権の内実は多様であった．

　1960 年代から世界的に植民地国家の先住民運動が高揚し，1970 年代にはハワイ先住民からニュージーランドまで至るポリネシア諸島先住民の往還運動が生じ，1993 年には世界の先住民の国際年が認められた．また 2002 年には先住民族問題に関する常設フォーラムが設置され，2007 年には世界 143 か国の賛成を得て国連先住民族権利宣言が採択されるに至った．このことは，一方で先住民の定義や先住権の内容が，国家や主流社会，他の先住民や国際機関などとの関係に基づいて捉えられることの適切さ（文献 [2]，p.9）が広がった一方，各社会状況で実質的な力を獲得するには，国内の主流社会や国際機関との連帯が

図1　政府の始めた緊急介入に対し反対する先住民女性たち［2007 年アリス・スプリングスにて筆者撮影］

必須になり，その環境によりその実効性が大きく異なり得ることも意味している．それゆえ，国連先住民宣言の後，先住民がそれぞれの固有性を保ちながらそれぞれの国家内で平等な権利を保持し，その人権の運用機会を維持できるかどうかは，主流社会の理解にもかかっているのである．　　　　　　　　　［飯嶋秀治］

📖 参考文献

[1] 山内由理子編『オーストラリア先住民と日本—先住民学・交流・表象』御茶の水書房，2014.
[2] 深山直子他編『先住民からみる現代世界—わたしたちの〈あたりまえ〉に挑む』昭和堂，2018.
[3] 小坂田裕子『先住民族と国際法—剥奪の歴史から権利の承認へ』信山社，2017.

エディ・マボ
（土地回復運動）

<<<<<<<<<<<<<<<<<<<<<<<<<<<<<<<<<<

　エディ・コイキ・マボは，トレス海峡（オーストラリア，クィーンズランド州北部）のマレイ諸島の領土主権をめぐって州政府に対し訴訟を起こした原告である．1992年6月にオーストラリア連邦最高裁によりアボリジニの先住権主張を認める判決が下され，この判決は彼にちなんで「マボ判決」とよばれている．

●**マボ判決の背景**　マボは1936年，マレイ諸島にロバート・ゼソウ・サンボとポイペ（サンボ）・マボの第4子として生まれた．彼はミリヤムの文化の中で育ち，子どもの頃に，他の少年たちとともに伝統的な歌や踊りを学び，祖父からは故郷の法であるマロの法について教わった．マロの法は，父方の親族を通して土地を継承された息子の土地をめぐる権利と責任や，自己が所有する土地と他者の土地との境界に関する指示を与えるものであった．マボは1950年代後半に，クィーンズランド州北東岸の都市に移住して以来，人生の大半を本土で過ごすが，彼の文化的アイデンティティはマロの法とミリヤムの慣習にあった．

図1　晩年のエディ・マボ（左）［1986年ブリスベンにて筆者撮影．出典：Sharp, N., *No Ordinary Judgment*, Aboriginal Studies Press, 1996］

　オーストラリアでは，1960年代頃から北部の先住民を中心に土地回復運動が活発化し，特に1968年にオーストラリア北部のアーネムランド出身の先住民諸集団が彼らの土地での鉱山開発が聖地を破壊するとして，開発差し止めを求めて裁判に訴えたことは社会的な注目を集めた．結果的に先住民側の敗訴に終わったが，この訴訟を契機として，連邦政府は土地権の回復に関する諮問委員会を設置し，1976年に「先住民土地権（北部準州）法」が成立した．マボらによる土地権訴訟も土地回復をめぐるこれらの出来事に連なるものであった．さらに，マボが土地権訴訟を起こす，より直接的な契機となる出来事が二つあった．一つは，1972年，当時トレス諸島社会を襲った結核に苦しむ父を訪ねるために帰郷しようとした際に，彼が長年トレス海峡諸島を離れていたことなどを理由に，政府当局によって帰郷の申し出が却下されたことである．結局その6週間後に父は他界した．そのとき彼は政府当局と闘う決意をする．もう一つは，1970年代後半に彼がジェームズクック大学で庭師として働いていた頃の出来事である．同大学の歴史学者から，自分が所有していると考えていたマレイ諸島の土地の所有権がイギリス女王にあることをはじめて知らされたのだ．そ

して 1982 年 5 月，彼は島の仲間とともに，マレイ諸島における彼らの土地所有を
めぐりオーストラリア高等裁判所に土地権訴訟を開始したのである.

●マボ判決とその意義　　マボをはじめとする原告団は，マロの法を参照しなが
ら，自分たちおよび親族集団を代表して土地権を主張した. しかし，裁判所は当
初，マボらの主張に対し，証拠不十分であるとしてそれを退けた. その背景には，
マロの法が口頭で伝承されていたことや，裁判官が神話をはじめとする独自の文
化体系に関する証拠の内容を十分に理解できなかったことがあげられる. さら
に，先住民の土地権と資源開発の折り合いの問題もあった. 1980 年代頃，オース
トラリア政府は，先住民の土地権を法制化する方針をとっていたが，鉱山開発な
どの資源開発が先住民の土地権と衝突する場合の扱いについては一貫した姿勢を
とらず，そのような問題が生じた際には，各州の対応に委ねる方針をとっていた.
こうした中で，マボは訴訟を開始した約 10 年後の 1992 年 1 月に 56 歳で病死す
る. そしてその 5 か月後に最高裁判所で彼の先住権主張を認める判決が下され，
翌年の 1993 年 12 月に「先住権原法（Native Title Act 1993)」が成立した.

　この判決は，先住民の法が西洋の法とは異なる独自性や真正性を有することを
認めたもので，それまでのヨーロッパ人による入植が始まった時点でオースト
ラリアは「無主地」であったという判断を否定し，アボリジニの先住権原（先住権
の原因となる法的根拠）を認める画期的なものであった. しかし一方で，すでに
私有地や農牧業・商業用の借地となった土地については，先住権原が消滅したも
のとみなすとされ，それは先住民の長年の要求に完全に応えたものとはいえな
かった. また，先住権原の認定条件がかなり狭く厳しいことも問題とされてい
る. 先住権原の認定を申請する先住民集団は，継続してその特定の土地との関係
を維持していることを証明する必要がある. そのため，強制移住などによって土
地とのつながりを断たれた人々や，都市移住により大きな文化変容を余儀なくさ
れた人々にとっては，先住権原を主張する余地はほとんどないとされた.

　しかし，1996 年のウィック判決では，牧場借地でも先住権原は消滅していない
との判断が下された. この判決は，クィーンズランド北部の先住民集団ウィック
が連邦裁判所に権利を請求した土地が牧場借地であることを理由に却下されたこ
とを不服として上告した結果，最高裁により下されたものである. その後請求は
急増し，白人人口が優勢なオーストラリア南東部に居住する先住民の間でも土地
権の主張が行われはじめた. これらの先住民の場合，先住権原の認定には至らな
い場合も多いが，彼らは市民団体や環境保護団体などの非先住民組織と協働しな
がら土地権の要求を行っている. マボによる先住民の土地回復をめぐる功績が
オーストラリア国内で認められるようになったのは彼の没後であった. オースト
ラリアでは，先住権を認める判決が下された 6 月 3 日はマボの日とされ，「無主
地」という虚構を覆した彼の努力が讃えられている.　　　　　　　［栗田梨津子]

ジャン=マリ・チバウ
（カナク独立運動の指導者）

図1 「ジャン=マリ・チバウ文化セ
ンター」の丘に立つチバウ銅像
［2005年9月筆者撮影］

　　1853年フランス植民地となり，第2次世界大戦後の1958年独立ではなくフランス海外領を選択したニューカレドニアで，先住民メラネシア人によるカナク（Kanak）独立運動の火蓋が切られたのは1975年であった．ジャン=マリ・チバウ（Jean-Marie Tjibaou，1936-89）は，独立運動の鍵となった「カナク・アイデンティティ」に関する彼の数々の言葉とともに，今も人々の記憶に深く刻まれている．同時に，グランドテール出身の元カトリック聖職者で，フランスで民族学を学んだチバウは，彼の内にある他者性をして外に向かってカナク世界を意味づけ，移民で多民族社会となったカレドニアをバイ・カルチュラルに展望するヴィジョンをもった人であった．

●**解放闘争から独立運動へ**　ニューカレドニアの脱植民地化運動は1969年カナク解放闘争によって始まったが，その先住民運動の中で植民地的従属関係を解体する鍵を最初に開けた人は，ロイヤルティ諸島出身の大首長の息子，N. ネスリーヌである．留学生としてパリ5月革命（1968年）の渦中に身を投じた彼は，当時のメラネシア人の侮称「カナック（*canaque*）」を人間としての自由と尊厳のシンボルとして逆説的に掲げ，肯定的な意に転じた．帰国するとフランス植民地主義に対抗して「我々はカナックである」と弾圧された文化を基盤としたアイデンティティを模索，解放闘争を主導して行った．1970年代半ば「カナック」は脱仏語化して，その語源「カナカ（*kanaka*）」が意味する「人」として「カナク」となり，語義的に脱植民地化を遂げたのである．

　　ネスリーヌが模索したアイデンティティに答えを出したのがメラネシア2000フェスティバル（1975年）を開催したチバウである．先祖が築きあげてきた伝来の土地に根ざし育んだ慣習文化の彫刻展示やダンスとともに，ローカルな神話的ヒーローで，1語違いの「カナケ」を主人公に「カナク」の共通の祖先としての歴史劇を披露した．そこで彼はフランス植民地化の歴史を背負い，現代を生きる生身の人間としての「カナク・アイデンティティ」を人々に具現化して見せた．この実践的文化的パフォーマンスをして，「カナク」はこの国の「ピープル」として，同年始まった独立運動のキーワードとなった．

　　「アイデンティティに対する探求とモデルは……我々の背後ではなく前にある」

としたチバウは，「カナク・アイデンティティ」の知識＝力を構築する立役者となり，移民とは異なる先住民性を根拠に民族自決としての「カナク独立」運動を展開，植民地化によって奪われたカナクの主権，土地，文化，慣習的権利や社会経済的格差の復権を「カナク・アイデンティティ」の回復要求として主張した．しかし，闘争は少数派カナク（総人口の 40％あまり）と独立に反対するその他のコミュニティ（ヨーロッパ，オセアニア，アジア系）との間で激しい対立を招き，1980 年代後半にはニューカレドニアは内戦に近い状態に陥った．

●**合意の時代**　両者の対立に休戦をもたらしたのが，1988 年独立派，反独立派とフランス政府の 3 者の間で結ばれた「マティニョン合意」である．だが，暴力を嫌い「独立とは交渉によって勝ち得るもの」として，和平を優先し合意に調印したチバウは，翌年合意に反対するカナク過激派に暗殺された．多民族社会の和解と経済開発を目指した 10 年に及ぶ「マティニョン合意」に続き 1998 年に結ばれた「ヌメア合意」は，フランス植民地化の過ちと「カナク・アイデンティティ」の回復要求を公式に認め，チバウが展望した「共通の運命」の中で多民族コミュニティの共存による「国の建設」を目指した．

　20 年あまりにわたる当合意期間中，フランスからニューカレドニアへ政治的権限が段階的に委譲され，フランスとの共有的主権の下で残された「主権」に関する独立の是非を問う住民投票は 3 回にわたり否決された．だが独立賛成票が増大する中で，フランスがコロナ禍中に断行した 3 回目の投票（2021 年）を独立派はボイコットし，その結果を認めていない．さらに，独立阻止に通じる選挙法案の廃止を求めたカナク独立強硬派の大々的暴動（2024 年）とそれが及ぼした「国の建設」への経済的打撃や影響などによって，ポスト合意後いかなる制度的新体制が創設されるか，フランスとの交渉は難航が予想される．

●**ポスト・ヌメア合意**　不透明な未来の中で，問題の核心は脱植民地化の過程が未完のまま残されていることにある．独立とはフランスをパートナーとする独立連合などフランスと新たな関係を結ぶことから完全独立まであるが，国連の脱植民地化リストへの掲載は続き，「ニューカレドニアはいつの日か独立するだろう」というカナクの人々の思いは断ち切れない．「共通の運命」の中で「共に生きていこう」というのは，独立派，反独立派にかかわらず，ヌメア合意が醸成してきた人々に共通する想いであっても，両派の政治的分断は続いていこう．チバウが生きていたら，カレドニア多民族社会の共存と独立への願いは，未来の世代にその希望の光を託すことになるかもしれない．　　　　　　　　　　　［江戸淳子］

📖 **参考文献**

[1] 江戸淳子『ニューカレドニア カナク・アイデンティティの語り―ネーションの語り・共同体の語り・文化の語り』明石書店，2015.

ラトゥ・カミセセ・マラ
（パシフィック・ウェイ）

　ラトゥ・マラ（1920-2004）はフィジーの政治家である．フィジーにとどまらず，脱植民地期以降のオセアニアを代表する，最も有名な政治家の一人と評しても過言ではないだろう．国際世界に対してオセアニア的なあり方を提唱したスローガンのパシフィック・ウェイは，もともと彼が国際会議の場で唱えた言葉で，今でも人口に膾炙している．しかるに国際的な名声に比して，フィジー国内での彼の政治的経歴の評価は論争含みであるといえる．

●**政治家への転身**　ラトゥ・マラは，フィジーの先住系首長の家族のもとに生を受けた．初等教育を終えた後，ニュージーランドにて医学を修めた．家柄はもとより，学業成績に秀でていたため，将来のフィジーを牽引していく人物として若い頃より嘱望された．植民地期を代表する先住系の指導者ラトゥ・スクナは，次世代を担う人材としてラトゥ・マラに白羽の矢を立てていた．実際ラトゥ・マラは自身の望んだ医学のキャリアを断念して，政治家となるべくイギリスのオックスフォード大学へ留学している．

　彼のその後の活躍は，人々の期待に背かなかった．1950 年代に植民地の立法議会や行政議会において先住系を代表する議員として指名され，先住系首長の意向を植民地行政に反映させるために設立された大首長会議のメンバーにもなっている．独立を控えた 1966 年には，同盟党を結成，先住系を中心に，ヨーロッパ系，インド系からも一定数の有力な議員を引き寄せることで，1967 年の選挙に勝利を収めている．フィジーが 1970 年に独立を果たすと，初代首相に就任している．独立初期のラトゥ・マラ政権は，インド系が支配的な野党と協調しつつ，党内にもさまざまな民族的出自の有力議員を抱えることで，限られたかたちとはいえ多民族主義の名を裏切ることはなかった．

　独立初期のフィジーは，近代的な政治制度と先住系の伝統的な権威体系が絶妙なバランスで均衡を保っていた．ラトゥ・マラ本人はもとより，この時期のフィジーを率いた先住系の有力政治家ラトゥ・ザコンバウ，ラトゥ・ペナイア・ガニラウ，ラトゥ・エドワード・ザコンバウなどは，いずれも伝統的な高位首長層に属している．ラトゥ・マラの夫人も伝統的な高位首長であったため，ラトゥ・マラは三つある伝統的な政治体制のすべてから加護を受けていたことになる．近代的政治家と伝統的な指導者が，奇跡的に重なり合うあやうい均衡のうえに，独立後の安定期は成り立っていたのである．

●**混乱の時代へ**　しかるにかかる幸福な時代は短命であった．先住系民族主義者は，ラトゥ・マラの多民族融和的で首長層中心的な政権の舵取りに批判的であっ

た．先住系内部での分裂は，野党の混乱もあり政権交代には至らなかったもの
の，1977年総選挙におけるラトゥ・マラの敗北を招いた．最初の政権交代は1987
年に起きた．都市中間層などを支持基盤とするフィジー労働党が，インド人を支
持層とする国民連合党と連携して，同盟党に対して勝利を収めたのである．
　オセアニア史上最初のクーデターが起きたのは，この労働党政権樹立後わずか
1月のことであった．政権に批判的な先住系が首都でタウケイ運動とよばれる抗
議運動を起こすなど物情騒然とする中，フィジー軍のシティヴェニ・ランブカ中
佐によって政権の転覆がなされたのである．
　クーデターに際してのラトゥ・マラの行動は，当時よりさまざまな憶測を招い
ていた．クーデター発生数時間後にクーデター側の政権に参加して，1992年まで
臨時政権の首相を務めているのだ．ラトゥ・マラ自身は何度か弁明しているし，
また彼のクーデターに関与していた決定的な証拠はない．しかし彼のクーデター
への関与の噂は絶えない．むしろ後にランブカの伝記の中でラトゥ・マラの「事
前関与」が証言されるなど，彼の清廉さに一層の疑義が呈されてもいる．いずれ
にせよクーデターにラトゥ・マラの転換点となった．臨時政権首相を務めた後に
首相に返り咲くことはなく，以降，より象徴的な位置づけにある大統領として国
務に携わった．フィジーの政治的混乱はその後も収まることなく，2000年には再
度クーデターが起きている．皮肉なことにラトゥ・マラは，この政変の最中に大
統領の任期を全うせず国政の舞台から去る．強制的に辞任させられたという噂は
今でも絶えない．フィジーという国のトップを長年導いてきた彼のお別れの姿と
しては，あまりに殺伐としたものであった．

●ラトゥ・マラ評価の難しさ　国内外で活躍した華々しい経歴に比して，政治家
としての評価は，より毀誉褒貶に富んだものとなる．植民地期を代表する先住系
の指導者ラトゥ・スクナは，イギリス統治下の中で先住系をもっぱら代表して，
自民族の利益を主張することができた．独立以降すべての国民の宰相の役を担う
ラトゥ・マラは，多民族の利害対立を意識しながら舵取りをする複雑な職務につ
いていたのである．
　時代の変化もある．独立直後にかろうじて実現していた近代的政治制度と伝統
的な首長制度の均衡は，近代化を通じた首長層の伝統的基盤の弱体化，新しい産
業構造への転換や高等教育による中間層の出現の結果，維持できなくなった．社
会に胚胎する矛盾は，1987年以降繰り返される政治的混乱を通じて，もはや誰の
目にも明らかとなった．ラトゥ・マラの検討は，近代フィジー史総体の検討とな
る以上，それが苦い営為となることは必然的ともいえようか．　　　［丹羽典生］

📖 **参考文献**

[1] Scarr, D., *Tuimacilai: A Life of Ratu Sir Kamisese Mara*, Crawford House Publishing
　　Australia, 2008.

マイケル・ソマレ
（現代のビッグマン）

パプアニューギニアは，第2次世界大戦後，オーストラリアを施政権者とする国際連合の信託統治地域となり，1975年9月16日に独立した比較的若い国であるが，同国の建国の父といわれるのが，初代首相の故マイケル・T.ソマレである（2021年2月26日没．享年84歳）．ソマレは1936年4月9日に警察官だった父親が勤務していたパプアニューギニア北東部ニューブリテン島のラバウルで生まれた．父親の出身地は現在の東セピック州のムリク村である．パプアニューギニアは，言語や民族，文化の多様性で知られるメラネシア諸国の中でも最もその多様性に富み，850以上の民族と言語（世界の言語総数の実に12%程度）と多様な文化からなる国である．ソマレの父親の出身地は，父系首長制の伝統社会で，ソマレ家は代々村の首長を踏襲していた．

●建国の父としてのビッグマン　ソマレは，父親の出身地であるセピック地方の村で，第2次世界大戦中に幼少時代を過ごし，当時，ニューギニア北部を占領していた日本軍の兵士たちとのユニークな交流経験をしている．特に，同地に当時駐在していた日本軍部隊の柴田幸雄中尉は，現地住民の宣撫の任を受け，現地の村人たちにさまざまな活動を行っていたが，当時8歳だったソマレは，同中尉が開校した学校に通い，日本語を学んだ経験をもっている．

ソマレは当初，教師として教壇に立っていたが，その後はじめて設立される住民議会（1964年）選挙のための行政官育成研修に参加，地元民への投票啓蒙活動にあたる．その後，教育省，インフォメーションサービス省に勤務し，ラジオ放送のアナウンサー・記者に転じ，自治大学を卒業している．この頃からソマレは，当時白豪主義のオーストラリアを施政権者とする国連の信託統治下で白人優先の差別を経験し，住民議会の先駆パプアニューギニア人議員たちとの交流を深め，

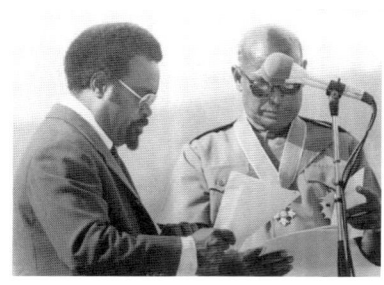

図1　独立宣誓を読むソマレ［Denis Williams/PNG Post Courier］

1967年にパングウ党（Papua and New Guinea Union Party：PANGU，南部のパプア地方とハイランド・ニューギニア島嶼部のニューギニア地方の連合を意味する）を結成，パプアニューギニアの独立への強い意識をもつようになった．ソマレは1968年の第2回住民議会選挙で，議員に選出され野党党首として精力的に活動した．野党時代には，自治権の拡大を要求するラバウルや，銅山の利権の拡大を求めるブーゲンヴィル島での独

立運動が活発になり，中央政権との対立が悪化しかけたが，ソマレは，伝統社会を尊重する政治家として，地元民・地方行政の自治権を尊重する制度を提唱し，事態の収拾にそのリーダーシップを発揮し，1972年の住民議会選挙後，他少数政党を束ねて，自治政府に移行した1973年に連立政権（内閣）を設立，初代主席大臣に就任している．その後，1975年9月16日の独立まで，自治政府議会の与党野党間で，独立に向けた激しい議論が交わされたが，ニューブリテン島（ラバウル）地域やブーゲンヴィル島地域，ニューギニア本島南部パプア地域での独立運動など，複数国家分裂の危機を経験している．

　しかしながら，ビッグマンとしてセピックの村で体得した人々との話し合いを通して解決する（サナ）ことを，教師やラジオアナウンサー経験で養った話術を通して実践し，国内の多くの地方の現場で住民や地方政治家の声に耳を傾けながら，一つの国家にまとめあげることに成功し，1975年9月16日に独立を迎え，初代首相に就任した．ソマレ首相率いる初代政権は，独立前のオーストラリア一辺倒の経済的依存体制から脱却すべく，独立国家として積極的に外交・経済協力関係を日本や東南アジア諸国，欧米諸国等と樹立・強化した．特に外交政策では，「すべての国と友好的に，敵はつくらない（Friends to All, Enemy to None）」という普遍主義政策を独立以来とっている．独立以来，中国と台湾の関係では，中国とのみ外交関係をもちながら，経済的な面では積極的に台湾との貿易を振興し，隣国インドネシアやマレーシアとの経済関係も積極的に貿易・投資の振興に力をいれた．また，共通の開発課題をもつ近隣太平洋島嶼国とも，積極的な外交関係を展開し，独立前の1974年には南太平洋フォーラム（SPF，2000年10月に太平洋諸島フォーラムに名称変更）に加盟，パプアニューギニアのリーダー的存在を確立した．

●複数政党連立政権におけるリーダーシップ　　パプアニューギニアには，独立時以来，ソマレ率いるパングウ党以外にもいくつかの政党が存在し，ソマレは3度の不信任投票で首相の座を追われたが，2011年に病気でその座を譲らざるを得なくなるまで，選挙で再選されては首相の座につき，自身が創立したパングウ党を追われた際も，新党（National Alliance）を立ち上げ，多くの議員が入党し政権を樹立するなど，最後まで政治家としてのカリスマ的なリーダーシップを発揮した．46年間，パプアニューギニアの建国の父として，出身地の大首長としてだけでなく，パプアニューギニアのビッグマンとして，国民の幅広い人気と尊敬を得ながら同国の発展に寄与したのである．　　　　　　　　　　　　［大野政義］

📖 **参考文献**

[1] 丹羽典生編『〈紛争〉の比較民族誌』春風社，2016.
[2] Somare, M. T., *Sana, An Autobiography of Michael Somare*, Niugini Press, 1975.

女性指導者たち

〰〰〰〰〰〰〰〰〰〰〰〰〰〰〰〰〰〰〰〰〰〰〰〰〰〰〰〰〰〰〰

　オセアニアの女性指導者といえば，COVID-19 によるパンデミックが生じた 2020 年に，わかりやすい口調で感染対策を国民に伝えてリーダーシップを発揮した，ニュージーランドの J. アーダーン首相があげられる．アメリカ合衆国のビジネス雑誌『フォーチュン』誌は，毎年発表する「世界の最も偉大な指導者 50 人」の 2020 年第 1 位に彼女を選んだ．ニュージーランドは 1893 年に世界で初めて女性が参政権を獲得した国であり，指導的立場に立つ女性はさまざまな分野で活躍している．

●**オセアニアの女性指導者たち**　オセアニアの女性国家元首としては，ニュージーランドの第 36 代首相（在任期間：1997〜99 年）J. シップリー，同じくニュージーランドの第 37 代首相 H. クラーク（在任期間：1999〜2008 年）があげられる．クラークは首相退任後の 2009 年から国連開発計画（UNDP）総裁に就任するなど，活躍の場を世界に広げた．UNDP は，ミレニアム開発目標（MDGs）の達成に向けた取り組みを推進する主導的機関である．

　ほかにも女性国家元首として，オーストラリアで初めて女性首相となった J. E. ギラード（在任期間：2010〜13 年）は，職場での女性の権利向上を目指す社会運動に長年携わった．またミクロネシア地域で初めて女性大統領となったのは，マーシャル諸島共和国の第 8 代大統領 H. C. ハイネ（在任期間：2016〜20 年）である．大統領就任前までは教育相を務め，女性権利団体「ウィメン・ユナイテッド・トゥギャザー・マーシャル・アイランズ（Women United Together Marshall Islands：WUTMI）」の設立者である．ハイネはマーシャル諸島共和国で初めて博士号（2004 年）を取得した人物であり，オレゴン大学（学士号），ハワイ大学（修士号），南カリフォルニア大学（博士号）などで学んだ．

　サモア独立国では，2021 年 5 月に初の女性首相となった第 7 代首相 F. N. マタアファがあげられる．彼女の率いる FAST 党が政権をとり，約 23 年ぶりに政権が交代した．彼女はサモアの初代首相マタアファ・ムリヌウ 2 世の娘で，1985 年にサモアの立法議会に参加，内閣大臣となり，2016 年に副首相となっ

図 1　第 7 代サモア首相 F. N. マタアファ ［2021 年 7 月 Vaafusuaga Samalaulu Fonoti 撮影．Wikimedia Commons］

た．なおサモアでは 2016 年選挙から，女性議員が全体の 10％以上を占めること
が決められている（文献［1］，p.9）．

●女性の指導者とジェンダー・ギャップ　世界経済フォーラム（World Economic
Forum：WEF）が 2021 年 3 月に発表した，各国における男女格差をはかるジェン
ダー・ギャップ指数（「経済」「政治」「教育」「健康」の四つの分野のデータから作
成され，0 が完全不平等，1 が完全平等を示す）によると，3 人の女性国家元首を輩
出してきたニュージーランドは世界 156 か国中第 4 位（スコア 0.840）と高く，
オーストラリアは第 50 位（スコア 0.731）である（Global Gender Gap Report 2021：
https://www.weforum.org/reports/global-gender-gap-report-2021）．また 2019 年
のデータでは，ニュージーランド，オーストラリア，フランス領地域を除くオセア
ニアは，世界で最も女性の政治参加が低い地域とされ，女性の国会議員が皆無の世
界 4 か国のうち，3 か国はオセアニアの国（バヌアツ，ミクロネシア連邦，パプア
ニューギニア）である（Women MPsHP：https://www.pacwip.org/women-mps/）．

●文化運動の指導者として　選挙で選ばれた政治的な指導者だけでなく，先住民
の主権回復運動に携わってきた女性指導者もいる．ハワイ先住民運動指導者の一
人である，ハウナニ＝ケイ・トラスク（ハワイ大学マノア校名誉教授）はハワイ先
住民運動指導者の一人として，主権回復運動に長年取り組んできた．トラスクは
1991 年，「男性が政治家に転身していく一方で，先住民の女性たちは非植民地化
の道を選び，主権回復運動を通じて指導力を発揮してきた」と述べ（文献［2］，
pp.325-326），「女性のマナ（霊的な力）が大結集したことによって，伝統的な価値
観に基づいた，今までには，見られなかった形態の力が生まれ出てきた」と指摘
している（同，p.329）．

　またオセアニアには，国家の政治的指導者に限らず，それぞれの社会に継承さ
れてきた固有の称号をもつ指導者たちがいる．例えばミクロネシアのパラオ共和
国では，伝統的な母系社会における男性首長と女性首長がそれぞれ 2 人ずつおり
（マルキョク州の男性首長ルクライと女性首長エビル・ルクライ，コロール州の男
性首長アイバドゥールと女性首長ビルン），これらの称号に就く男女がともに，社
会のさまざまな機会にリーダーシップをとって，現代に合うかたちでパラオの慣
習を引き継いできた．パラオでは 1994 年の独立に際して，大統領制，議会制を採
用すると同時に，憲法にて首長制が保障されている．　　　　　　［安井眞奈美］

📖 参考文献
［1］山本真鳥・倉圧　誠「サモア独立国における盤石政権の交代─慣習と民主主義」『ニューズレ
　　ター』131：1-22，2022．
［2］Trask, H.-K., *From a Native Daughter: Colonialism and Sovereignty in Hawai'i*, University
　　of Hawai'i Press, 1993（トラスク，H.-K.『大地にしがみつけ─ハワイ先住民女性の訴え』松
　　原好次訳，春風社，2002）．

宗教の展開

◇◇◇

　18 世紀末以降，プロテスタント諸派およびカトリックが宣教活動を繰り広げた結果，1930 年代頃までにオセアニア島嶼部の広範囲にキリスト教の影響が及んだ．その後，第 2 次世界大戦を挟んだ 1950 年代以降，アメリカやオーストラリア由来の新興宗派が到来し，それまで主流派教会の活動が手薄であった地域や，戦後に発展した都市の住民などを主な対象として熱心な宣教活動を展開した．

●**主流派教会をめぐる動向**　第 2 次世界大戦の勃発に伴って西洋人宣教団の多くは撤退したが，戦争が終わると島々に戻ってきた．戦後しばらくの間は主流派教会による安定的な活動がなされ，ニューギニア高地のキリスト教化が進んだのもこの時期である．

　1960 年代以降のオセアニアでは，世界的潮流からやや遅れながらも，国家独立に向けての動きが顕在化した．このような宗主国に対抗して権利や自治を獲得しようとする運動は，それまで西洋人主導で行われてきた教会のあり方にも影響を与えた．オセアニアの人々が中心となる教会運営を求める声が大きくなり，教会のローカル化が進展していく．プロテスタント諸派においては，島嶼出身の聖職者が正式に認められるとともに，それぞれの国や地域で一定の自律性をもつ教会へと転換された．例えば 1968 年には，パプアニューギニアとソロモン諸島のロンドン伝道協会・メソジスト教会・長老派教会が統合され，ユナイテッド教会という独自の名称をもつ教会が創設されている．一方，カトリック教会では 1960 年代初頭の第 2 次バチカン会議以降に教会のローカル化の機運が高まり，後に島嶼出身の司教が任命された．1966 年には，太平洋の教会を代表するエキュメニカルな組織として太平洋教会協議会が設立され，この地域のキリスト教の発展とともに，島嶼人キリスト教徒としての団結・連帯が謳われ今日に至る．

　また，主流派教会内において，後述する新興宗派の影響も受けながら生じた二つの変化を指摘しておく．一つは，主流派教会の信者数が減少に転じたことである．これは，主流派教会から，主に戦後に到来した新興宗派への改宗者が増加していることを示唆している．もう一つは，福音主義的あるいはエクスタティックな現象の顕在化である．例えばアングリカンとカトリックで起こったカリスマ運動があげられる．これらの二つの変化は同時代的に世界で生じていることでもあり，オセアニアが外部社会との関係性をますます強めていることを物語っている．

●**「新しい波」の到来**　戦後の混乱や復興活動が一段落した 1950 年代，主にアメリカやオーストラリアで勃興した福音主義的な新興宗派がオセアニアの島々に押し寄せてきた．その主要な宗派としてアッセンブリーズ・オブ・ゴッド教団

（AOG），モルモン教ともよばれる末日聖徒イエス・キリスト教会（LDS），エホバの証人，セブンスデー・アドベンチスト教会などがあげられる．このような動きは，戦前から活動していた主流派教会とは区別されるかたちで「新しい波」や「第二の波」などと称される．なかには 20 世紀初頭から活動を行っていた宗派もあるが，目に見えて影響力を拡大したのは 1960 年代以降という点でほぼ共通している．なお，バーブ教から派生したバハーイー教も同時期から信者数を増やしている．

　新興宗派の中でも急速に信者を獲得したのは，AOG に代表されるペンテコステ派の潮流に含まれる信仰運動である．彼らがとった宣教戦略は，主流派教会のそれとは少し異なり，特に都市部に拠点を設けて活動を展開するとともに，新聞，テレビ，ラジオなどのメディアを積極的に利用した．なかでもラジオが果たした役割は大きいとされるが，同派はオセアニア各所に向けて絶え間なくメッセージを流し続けた．こうしてペンテコステ派が実際に足を踏み入れたことのない地域においても，同派に特徴的といえる聖霊憑依に伴う集団発作，泣き叫び，異言などのエクスタティックな現象が生じたのである．

　オセアニアにおいて新興宗派が信者数を増やしている背景として，二つの事柄を指摘できる．一つは，オセアニアの諸社会の変容に関することである．これらの新興宗派は，概して個人主義的傾向が強い．信者は神と個人的に向き合うことが求められ，神からの救いもコミュニティ単位ではなく個人やその家族に訪れるとされる．このような個人主義的な倫理観は，オセアニアの近代化過程で強化されてきたものである．もう一つは，主に物質的な恩恵に関わることである．新興宗派の多くは，豊富な資金や物資のほか，魅力的な教育機会を提供してきたこ

図 1　聖霊の憑依を経験し，泣き叫ぶ人々［2016 年 8 月ソロモン諸島ニュージョージア島にて筆者撮影］

とで知られる．後者に関して，例えば LDS はハワイ・オアフ島にブリガム・ヤング大学ハワイ校を創設しており，数多くのオセアニア出身の若者が学んでいる．主に植民地時代に教育を提供したのは主流派教会であったが，教会のローカル化に伴ってそれらの公立学校化が進んだ．新興宗派は，主流派教会内で手薄となったサービスを積極的に提供し，人々を惹きつけているという側面がある．

［石森大知］

📖 参考文献
[1] Garrett, J., *Footsteps in the Sea: Christanity in Oceania to World War II*, University of the South Pacific, 1992.
[2] Lal, B. & Fortune, K. eds., *The Pacific Islands: An Encyclopedia*, University of Hawai'i Press, 2000.

9

生活文化

[担当編集委員：深山直子・石森大知]

概　説

　本章では，現代オセアニアの生活文化より，道具，食，場，ジェンダー，宗教・信仰，コミュニケーションに関する項目を選りすぐって紹介する．住民の日常生活を構成している何気ない文化にも，オセアニアという地域ならではの，多様なひと，モノ，コトによる多様な出会いが刻まれているのだ．

●オセアニアとヨーロッパの出会いとその後　ヨーロッパの大航海時代の末期に，ヨーロッパ人がオセアニア住民にとってははじめてみる「新たな」ひととしてやってきた．かれらは意図的か否かにかかわらず，次々とオセアニアに「新たな」モノ（道具，建築物，素材，動植物，ウイルスなど）や，「新たな」コト（宗教，文字，技術，慣習，価値観など）を持ち込んだ．さらにヨーロッパ諸国がオセアニアを自国の領土にしようと植民地化を進める中で，オセアニア住民を基本的には「未開」で「野蛮」と蔑み，現地のモノを収奪しコトを否定することも頻繁に起きた．植民地をめぐって列強が競合するようになり，そこには日本も加わったわけだが，結果として複数の支配体制の経験を余儀なくされる島もあった．

　20世紀に入ると，オーストラリアやニュージーランドでは，ヨーロッパからの入植者とその子孫がオセアニア住民を凌駕し，入植者国家を形成していく中で，イギリスからの独立性を高めていった．第1次・第2次世界大戦を経て20世紀後半になると，オセアニアでも脱植民地化の動きが加速し，数多くの国家が誕生した．一方で，欧米諸国の領土のままとなっている島々もある．現代においては，そのような政治体制の違いにかかわらず，オセアニアもまたグローバリゼーションの最中にあり，いずれの国家・地域もオセアニア内部のつながりはもとより外部とのつながりなくしては成立しないといってよい．

　さて，ヨーロッパとのファースト・コンタクト以降に流入した「新たな」ひと，モノ，コトは，オセアニアに大きな衝撃を与えた．各地域で発達していた政治・経済システムは変容していき，住民の社会関係や日常生活のあり様もまた影響を受けた．特に，入植者国家のようにオセアニア住民がマイノリティとなった地域では，かれらに選択の余地なく西洋近代化の波が押し寄せた．しかしいずれの場合でも，オセアニアの伝統的な文化が衰退し，ヨーロッパを中心とする他文化がそれに取って替わったというように，単純に捉えられないことに，留意する必要がある．すなわち，オセアニア文化と他文化が相互補完的に並存することもあれば，それらが出会って新たにハイブリッドな文化が生まれることもある．あるいは，他文化がオセアニアに場所を移すのみならず，オセアニアの社会や環境に適応するべくローカル化していることもある．また，オセアニア文化が古来変わら

ず継続しているようでいて，実は他文化の流入があったからこそ自分たちの文化を客体化しその固有性が強化されるようになるなどということも起きている．すなわち，現代オセアニアの文化や社会は，多様なひと，モノ，コトによる多様な出会いが刻まれているはずで，だからこそ継続と変容双方の観点から捉えられるべきであるといえる．

●**読み解かれる生活文化**　本章は，現代の生活文化のうち，以下のとおり6のカテゴリーをカバーしている．なお，項目選択の際には，古典的テーマと現代的テーマのバランスと，地域的バリエーションに配慮した．

　第1は道具として，形態や材料，社会的意義という点で，持続と変容が看取しやすい，衣服や布などを取り上げた（☞「アロハシャツとムームー」「網袋（パプアニューギニア）」「織布と樹皮布」）．

　第2は食として，グローバル化とローカル化の複雑な関係性や，移民の影響が顕著な，料理や食物を取り上げた（☞「石蒸し料理」「缶詰と冷凍食品（ポリネシア）」「中華料理」「ココヤシ」「イモ（ミクロネシア連邦）」「ワイン（オーストラリア）」「マヌカハニー（ニュージーランド）」）．

　第3は場として，人々が集まって共に活動を展開すると同時に，その場をめぐって政治的力学が作用するようなところに注目した（☞「集会（ツバル）」「ハワイアン・ホームステッド」「都市のマラエ（ニュージーランド）」「ブッシュとアウトバック（オーストラリア）」）．

　第4はジェンダーとして，男女の規範や役割が明らかにされると同時に，その現代的展開が興味深い項目を取り上げた（☞「美人コンテスト（トンガ）」「開発とジェンダー（サモア）」「男同士の絆（パプアニューギニア）」「母系社会（パラオ）」）．

　第5は宗教・信仰として，キリスト教がローカルな文化・社会に及ぼした影響に注意を払いつつ，伝統的な信仰や儀礼の継続にも留意して項目を選んだ（☞「宗教と日常」「カヴァ儀礼」「呪術と治療（バヌアツ）」「マナとタブ」）．

　第6はコミュニケーションとして，ひととひと，ひとと集団，あるいは集団と集団の関係性を創り出すモノやコトに注目しながら，さまざまなコミュニケーションの実態を看取できる項目を取り上げた（☞「伝統貨幣と法定通貨」「ブタと社会（バヌアツ）」「イマージョン教育（ニュージーランド）」「親族と身体（パプアニューギニア）」「礼節（ミクロネシア連邦）」「スマホと社会（トンガ系社会）」）．

　この章を通じて，生活文化を読み解き，オセアニアの歴史や実態に迫る面白さを感じてほしい．　　　　　　　　　　　　　　　　　［深山直子・石森大知］

📖 **参考文献**
[1] 須藤健一編『グローカリゼーションとオセアニアの人類学』風響社，2012.
[2] 山本真鳥『オセアニアの今―伝統文化とグローバル化』明石書店，2023.

アロハシャツとムームー

アロハシャツ（aloha shirt）は，主に男性が着る，半袖（長袖）の開襟シャツで，柔らかく薄い布地素材，華やかなプリント柄が特徴である．日本ではプリントシャツ全般を指すこともあるが，狭義にはハワイでつくられた，あるいはデザインされた，ハワイに関連するモチーフを展開するシャツのことをいう．ハワイアンシャツともよばれる．ハワイ社会において，アロハシャツは，女性が着るムームー（*mu'umu'u*）とともにフォーマル・ウェアでもある．

●**アロハシャツの誕生**　20世紀初頭，プランテーション農場で働く，移民労働者たちが着ていた，格子柄の木綿の丈夫なシャツをパラカ（*palaka*）という．ヨーロッパの船員の上着がもとになったとされ，開襟のアロハシャツの原型になったと考えられる．諸説あるが，日系移民が着物や布団布地を子ども用に仕立て直したシャツ，カラフルなシャツが，地元の学生の関心を集めたといわれている．日系移民親子の武蔵屋呉服店（ムサシヤ・ショーテン，後の通称ムサシヤ・ザ・シャツメーカー）がシャツの仕立てを行い，その後，ムサシヤ・ショーテン・リミテッドとなり，1935年，地元紙にアロハシャツの広告を出した．1936年，中国系の商店であるキング・スミス・クロージアーズが，アロハ・スポーツウェアを，翌年にはアロハシャツの名称を商標登録している．この頃から，日系，中国系，インド系の商店を中心に，既製品がつくられはじめ，大手衣料品メーカーが参入し，増加しつつあった観光客向けに，工場生産，商品化が積極的に始まったと考えられる．初期には，日本製の布地で，和風・アジア風の花鳥風月が描かれたものが多く，1930年代後半以降，トロピカルなハワイをモチーフにしたオリジナルのデザインが増加した．なお，アロハシャツのコレクターも多く，特に1940〜50年代のレーヨン素材のものは，ヴィンテージ・アロハとして高値で取引されている．

●**アロハシャツと観光**　第2次世界大戦後，アジアなどからの帰還兵がハワイ経由でアメリカ本土へ戻る際に，アロハシャツを土産物として持ち帰った．そして，ハワイの企業はスポーツウェアのメーカーとして躍進し，1949年，ニューヨークのシスコ・カジュアル社が，サーフィンの父とされるD.カハナモクをイメージキャラクターとして起用してブランドを立ち上げ，1950年代，多くの企業が参入して黄金期を迎えた．その後，ハワイ・ブームを背景に，E.プレスリーらがアロハシャツを着て映画に登場して，アメリカ全土で人気をよんだ．1960年代以降，大型航空機が多くの観光客を運ぶようになり，アロハシャツはリゾート・ウェア，ハワイ土産として定着した．そして，さまざまなメーカーが乱立し，プルオーバー，ボタンダウンなど，バリエーションを増し，発展した．

●**アロハシャツの展開**　アロハシャツは，ハワイの人々の普段着であり，正装でもある．1947 年に始まった「アロハ・ウィーク」，1956 年に始まった「アロハ・フライデー」で，官民で着用が奨励され，官公庁や職場，大学などでオフィス・ウェアとして普及した．昨今，落ち着いた色の布地に花や植物のプリント面の裏を表使いにしたリバース・プリント，また伝統的なタパ（*tapa*）柄の模様のものが，革靴にスラックスをあわせるなどして，職場では着られている．現在，アロハシャツ

図 1　揃いの柄のアロハシャツやドレスでの洗礼式［2021 年 2 月マウイ島にて Leina Jean Marie Shirota-Purdy 提供］

の一部はブランド化され，専門店やデパートで高価で売られ，安価なものも多数スーパーや土産物店で販売されている．結婚式には，「結ぶ」という意味をもち，絡まり合いながら伸びるマイレという葉の柄が好まれるように，機会や場所によって柄や色が使い分けられている．ハワイ生まれ，育ちのロコ（*loco*）とよばれる地元住民にとって上質なアロハシャツは，ハワイを愛する自分たちのアイデンティティの象徴ともなっている．

●**ムームー**　ムームーとは，ハワイの女性たちが着る，襟，袖なしのカラフルなプリント柄のワンピースである．ウエストを絞らず，開口部が広いため，体形を気にすることなく着脱でき，風が通りやすい．19 世紀に来島したキリスト教の宣教師の妻たちがポリネシアに持ち込んだ，長袖，ハイネックのゆったりと身体を包むマザー・ハバード・ドレスが原型とされる．ムームーの語源は「短く切り落とす」で，ポリネシアの女性の体形と気候に合わせて，襟と袖，裾が短くされたスタイルとなり，普及した．一方，王族からスタートしたホロク（*holoku*）とよばれるドレスは，ムームーと違い，胸元の切り替え部分と長い裾をもち，よりフォーマルな衣装とされる．その後，1940 年代，ティー・タイマーズ（*teatimers*）という襟，袖なしで細身の短いシャツ，またパケ・ムー（*pake muu*）という中国服風の襟に大きな開口袖をもつワンピースも生まれた．今日でも，ムームーとホロクは，胸元を飾る花々や木の実，貝殻でつくられたレイ（*lei*）とともに，フラの舞台やパーティーなどで着用されている．

　アロハシャツとムームーは，ハワイの王政，キリスト教化，アメリカへの併合，移民，戦争・軍事化，観光化，メディアの影響，ポリネシアや日本を含むアジアの文化，地元愛が織り合わされながら縫合され，愛用されてきている．

［城田　愛］

網　袋
（パプアニューギニア）

　ニューギニア島内陸部では，広く網袋が使用されている．特に山岳部では，生活を営むうえで網袋が重要であり，文化人類学者のM. マッケンジーは，そうした地域の文化を網袋依存文化とよんだ（文献 [1]）．網袋は，パプアニューギニアの共通語であるトク・ピシンで，ビルム（*bilum*）とよばれている．

●**網袋の作成方法と用途**　もともと網袋は，植物の繊維からつくられるものであった．材料となる植物は，地域の植生から選択されたものである．網袋の主な編み手は女性である．女性たちは，素材となる植物の性質を熟知し，糸の強度や色，染色のしやすさなどを考慮して，網袋の用途に応じた素材を選択していた．

　網袋作成の工程は，植物の性質や地域によって細かな違いがみられるが，一般的に次のような工程を経る．①植物の樹皮をむき，樹皮の内側の繊維をはぐ．②繊維を乾燥させる．③繊維を細く割き，割いたものをより合わせて糸にする．④糸を染色する．⑤糸を編んで網袋にする．こうして編んだ網袋の主な使い手は，女性である．女性たちは，網袋の紐を頭にかけて，本体部分を背負うように使用する（図 1）．一方，男性は，比較的小型の網袋を肩から提げる．この提げ方のジェンダー差は，パプアニューギニア国内に広く認められる．

図1　作物の運搬 [2003 年 9 月東セピック州マプリクにて筆者撮影]

　網袋の用途に地域的な特徴が認められる．一般的には，女性たちは，イモ類やバナナ，野菜などの作物の運搬や，小さな子どもの運搬に網袋を用いる．子どもを入れた網袋は，軒下や木の枝に提げられて，揺りかごにもなった．女性たちが，網袋でブタや薪を運搬したという地域も多い．

　地域によっては，巨大な網袋を亡くなった人を運搬するのに使ったという地域もある．また，胸に提げた小さな網袋をお守りとして使用したりもする．

　網袋は，初潮儀礼などの人生儀礼の場でも用いられた．初潮がきた女性の盛装として美しい特別なデザインの網袋を背負ったという地域や，婚資として網袋が使用された地域も存在した．

●**ジェンダーの指標としての網袋**　パプアニューギニアの多くの社会で，網袋は子宮の象徴となっている．網袋を意味する現地語と，子宮を意味する現地語が同じという地域もある．網袋の伸縮性が，子宮の伸縮性をイメージさせるという．

前述したように，網袋の提げ方にはジェンダー差があり，網袋は子どもの揺りかごでもあった．女性が網袋を頭から提げる姿は，母親としての役割を象徴していたと考えられる．

　1960 年代以降，化学染料やナイロン糸，アクリル毛糸などが流入し，網袋はそうした素材で作成されるようになった．国内では人の移動が大きくなり，各地域に根差したデザインを，女性たちが互いに真似しはじめた．アクリル毛糸製の小型の網袋が作成されるようになり，女性たちが，それを肩から提げるようになった．肩から網袋を提げた女性は，当初，「女は肩から網袋を提げてはいけない」と批判されたという．肩から網袋を提げるのは，男性のスタイルであったためである．こうした批判があった 1970〜80 年代は，パプアニューギニアにおけるジェンダー関係の一つの転換点であったと考えられる．現在では，女性が小型の網袋を肩から提げるスタイルは一般化している．

　アクリル毛糸で編まれた網袋は，2000 年代以降デザイン性を増した．女性たちが，網袋のデザインを競うように考案しはじめたのである．アクリル毛糸製の網袋は目が詰まり，もはや子宮をイメージさせるようなものではない．財布や化粧品などの私物が入っており，ジッパーが付いたものまで登場した．網袋は，個人の私物を入れるものになったのである．

●ナショナル・アイコンとしての網袋　パプアニューギニアの国会議事堂の正面には，パプアニューギニアを象徴するさまざまなデザインが描かれている．その中に，網袋を背負った女性のデザインがある．また，2014 年にパプアニューギニアで開催された「第 5 回メラネシア芸術文化祭（5th Melanesian Festival of Arts and Culture)」では，網袋が，女性ダンサーの衣装の一部になっていた．その出で立ちは，メラネシアの国々から集まったダンス・グループの中でも，パプアニューギニアのダンス・グループであることを印象づけるものとなっていた．

　近年，網袋を編む技術を応用して，ドレスがつくられるようになっている．東部高地州のある女性がデザイナーと名乗り，女性グループをつくってアクリル毛糸製の網袋やドレスの制作・販売を始めた．彼女は，国内で「網袋ショー（Bilum Show)」を開催したばかりでなく，オーストラリアなど海外への販売にも乗り出した．海外への販路拡大は，アクリル毛糸製網袋ばかりでなく，東セピック州などでつくられている靭皮繊維製網袋の制作・販売をも活性化させている．

[新本万里子]

📖参考文献
[1] MacKenzie, M. A., *Androgynous Objects: String Bags and gender in Central New Guinea*, Harwood Academic Publishers, 1991.
[2] Garnier, N., *Twisting Knowledge and Emotion: Modern Bilums of Papua New Guinea*, University of Papua New Guinea, 2009.

織布と樹皮布

　オセアニア地域において伝統的な「布」といえば，パンダナスの葉を編んでつくられる「織布」と，クワノキの樹皮を延ばしてつくられる「樹皮布」が最も一般的である．島々で生産される織布や樹皮布は，王族・首長の儀礼や冠婚葬祭において欠かせないばかりでなく，海外移住者の文化的アイデンティティの拠り所や母国とのつながりの維持など，現代社会においても多様な重要性をもっている．なおオセアニアの多くの地域で織布と樹皮布は生産されているが，ここでは特にサモア独立国（サモア）の織布（細編みゴザ，ファイン・マット）の事例およびトンガ王国（トンガ）の樹皮布（タパ）の事例について解説する．

●**織布**　ここであげる「織布」とは，オセアニア地域に広く分布するタコノキ科の単子葉植物パンダナス（*Pandanus amaryllifolius*）の葉で手編みされた編みゴザ，マットのことを指す．編みゴザは敷物として日常的にも頻繁に利用されるが，その網目の細かいものは特別な価値をもち，儀礼的な交換財として用いられる．サモアの細編みゴザ，ファイン・マットはイエ・トガ（*'ie tōga*）とよばれ，特にその網目の細かさとしなやかさで知られ，敷物のマットとは一線を画している（☞「ファイン・マット」）．

　一般的な製作工程は以下のとおりである．まずは採集したパンダナスの葉を茹でて加熱し，一定期間海水に浸けて漂白する．それを乾燥させた後，縦半分に裂き，ロール状にして保管する．そして編む段階になると，その状態から，ナイフを用いてさらに細かく裂いていく．サモアのファイン・マットに関しては，一つの繊維の幅が1〜2mmであるという．そして複数女性たちの共同作業によって編み上げられたマットの端には，鳥の赤い羽の飾りがつけられる．

　ファイン・マットが交換されるサモアの大規模な儀礼交換（ファアラベラベ）は，冠婚葬祭や称号就任式，教会の落成式などの社会的に重要な場面においてみられ，その儀礼の規模に応じて大量のマットが交換される．その際には，マットは単独ではなく，現金やブタなど他の財と共に儀礼交換の対象になるが，特にマットは高々と掲げられ，うやうやしく捧げられる．なお姻族間の儀礼交換では女性の生産物であるトガ財（女財）と男性の生産物であるオロア財（男財）とがあり，ファイン・マットは前者に属している．

●**樹皮布**　樹皮布は一般名称としてはタパ，トンガ語ではンガトゥ（*ngatu*）とよばれ，カジノキ（*Broussonetia papyrifera*）の樹皮からつくられる不織布である．タパは18世紀後半に太平洋航海で知られるイギリスのJ.クックがトンガを訪れた際にも収集されており，その当時には衣服，敷物，寝具，装飾品などあらゆる

用途に用いられていたことが確認されている．

　製作工程としてはまず，カジノキの幹から剥ぎとられた樹皮のさらに外皮を剥ぎ，残された白い部分を丸めて，数日間乾燥させる．それを水に浸して柔らかくした後に，硬質木材でつくられたイケ（*ike*）とよばれる道具で樹皮を叩く作業に入る．トンガの多くの村では，このイケで白い樹皮を打ちつけるカンカンカンという作業音がそれぞれの家から鳴り響く．最初 5 cm ほどだった樹皮はこの作

図1　タパに模様を描くトンガの女性［2019年9月筆者撮影］

業を経て 20 cm ほどの幅となり，さらに 2 枚重ねて打ち続けると最終的には 50 cm ほどの幅にまで広がる．ここまでは個人作業だが，以降は村の女性たちで組織される作業集団によって行われる．各々が持ち寄った布を横に接着し，さらに 2 枚が裏表に接着して重ねられる．それを広げて天日でよく乾かし，型染めをし植物性の黒い塗料で模様を描いていく．そのようにして完成したタパは，最短でも 5 m ほど，最長となれば 30 m 以上にもなり，巨大なタパほど王族儀礼など特別な場面で用いられる．

●**布の現代的な意味と価値**　織布と樹皮布は儀礼における伝統財として欠かせないが，近年ではそれを取り巻く社会環境に応じた変化もみられる．ひとつには，これらの布が商品価値をもち，マーケットで売買されたり，借金の担保となったり，海外移民との交換によって現金獲得の手段となるといった点である．ここには伝統的な贈与経済と商品経済とのもつれあいが存在するのである．

　もうひとつには近年の布の製作過程に変化がみられ，質の高さよりも量の多さや経済的合理性が優先される場合があるという点である．筆者はトンガでタパの製作工程を調査していた際に，平民間で交換されるタパに関して，本来 2 枚重ねるはずの裏側に洋服の接着芯地を用いたり，植物性塗料の代わりに墨汁を用いたりする場面に出会った．このように，織布や樹皮布はオセアニアの伝統的な価値にとどまることなく，新たな意味を与えられ変容を遂げているのである．

［比嘉夏子］

📖 **参考文献**
[1]　山本真鳥『グローバル化する互酬性—拡大するサモア世界と首長制』弘文堂，2018．

石蒸し料理

我々人類にとって食は生存に欠かせない要素の一つである．人類はその生存と進化の過程において，さまざまな調理法を発展させてきた．オセアニアにおいて伝統的な調理法である石蒸し料理もその一つである．

焼け石を用いる石蒸し料理は，土器などの器が必要ない調理法である．メラネシアやポリネシアの一部から出土したラピタ式土器で知られるように，オセアニアには古くから土器文化が伝わっていたが，その多くは現代までは存続していない．その一方，土器が存在したかどうかにかかわらず，石蒸し料理は，メラネシア，ポリネシア，ミクロネシアの各地で用いられてきた．これは，土器は地質の条件に依存したり，高い技術が必要であったりするのに対して，石蒸し料理は比較的手軽にできるからであろう．

ポリネシア諸語を用いる地域では，この石蒸し料理は，ウムやイムとよばれている．ウムとはもともとヤムイモやタロイモなどオセアニアの島嶼部で広く主食として食されてきたイモ類を指すが，現在では石蒸し料理の調理法そのものを指すことが一般的である．なお，ポリネシア諸語以外だと，例えばパプアニューギニアで広く共通語となっているトク・ピシンではムームー，ソロモン諸島のロヴィアナ地方の現地語あるいはピジン語ではモトゥとよばれる．

図1　掘られた穴に焼き石を敷き詰め，その上に葉を敷いている石蒸し料理の風景［2019年11月ダフ諸島タウマコ島にて筆者撮影］

図2　石蒸し料理用にブタの肉を葉で包む様子［2020年1月ダフ諸島タウマコ島にて筆者撮影］

●**石蒸し料理の調理法**　石蒸し料理の一般的な調理法は以下のとおりである．まず，地面に穴を掘り，底にバナナやタロイモなどの大きな葉を幾重にも敷き詰め，その上に石を並べ，薪を燃やすことで石を熱する（図1）．その上に調理する食材を並べる．この際，用いられる食材は，イモ類・バナナ・パンノキなどの主食類，ブタ・魚介類などの肉・魚類であり，これらの食材はバナナの葉のような大きな葉で包まれることが一般的である（図2）．包む際にはココナツミルクを加えることもある．石の上に並べられたこれらの葉で包まれた食材の上に，水をかけ，さらに大きな葉と焼けた石を乗せること

で，この天然のオーブンは完成し，蒸し焼きが可能になる．

●石蒸し料理の利点　石蒸し料理は，一度に大量の調理が可能であることから，祭りや集会などに際しても適した調理法である．

　石蒸し料理は，調理中に食材が葉で包まれていることにより，アルミ箔の包み焼きのような状態となり，食材から染み出した栄養分を閉じ込めることが可能になる．また，調理後も葉で包んだ状態を維持することにより，食品用ラップフィルムで食材を保護するように，空気への接触を減らし，調理後の食材の腐敗を抑制することが可能になる．栄養が不足しがちであったり，高温多湿で細菌が繁殖しやすかったりするオセアニア島嶼部において，食材を「葉で包む」という行為は，それだけで人類の生存を有利に導いてきた可能性すら考えられる．

●現在の石蒸し料理　ここで，実際に筆者がソロモン諸島ダフ諸島タウマコ島やリーフ環礁ニフィロリ島において見た石蒸し料理について紹介する．

　両地域ともに，普段の生活においてはイモ類やパンノキ・バナナ，小型の魚介類が調理に用いられていた．村内外から多くの人が集まる冠婚葬祭の式典では，ブタや大型の魚類など高価な食材が用いられた．

　ダフ諸島におけるある墓の完成式典は，非常に大規模で，財産としての価値が高いブタが2匹も調理された．この式典では，主食類は皮をむき，魚は内臓を取り出した状態で，ブタに大きな肉の塊のまま葉で包まれた形で調理を行っていた．それ以外にも，中を空洞にしたココナツの中にブタの肉・血を一緒に詰め，それを葉で包み石蒸し料理として調理することもあった．この調理法によって，栄養分豊かな血までも効率的に摂取することができる．また，中学校の終業式に合わせた式典では，同時に十数匹のアオウミガメを海岸で捌き，石蒸し料理として調理していた．ダフ諸島においては，キャッサバプリンとよばれる，キャッサバにココナツミルクを加えて臼でついてモチ状にしたものや，サメの身をほぐして練ったものも石蒸し料理として調理されていることが確認できた．これらの石蒸しで調理された食材は，素材の柔らかさが増し，また葉の香りが食材に移ることで，素材の旨味も増しており，非常に美味であった．現地の人々も，石蒸し料理特有の味や食感を好み，伝統的食文化として愛着を有していることが確認できた．また上記の式典以外にも，揉めごとの仲裁や結婚式の際に，必ず石蒸し料理がつくられており，石蒸し料理はこれらの島嶼部社会の儀礼において欠かせないものである．

　実は，現代の日常生活においては，フライパンや鍋などの道具で簡便に調理が済まされることも多くなった．各地にかつてあった土器による調理技術がほとんど消失してしまったように，石蒸し料理もまたいつか近代的な調理技術に置き換わりうるのかもしれない．しかし，石蒸し料理は単なる技術を超えて，儀礼においては欠かせないものであり，近代的なものより手間はかかるが，まだしばらくは存続していくに違いない．　　　　　　　　　　　　　　　　　　　［山口優輔］

缶詰と冷凍食品
（ポリネシア）

　ポリネシアでは，欧米との接触以前から年間を通して収穫可能なココヤシの実，タロイモ，バナナと，収穫期が比較的明瞭な季節性のパンノキの実，ヤムイモ，さらには魚・貝などの海洋生物やブタ・イヌなどの家畜が食されてきた．また，パンノキの実を発酵あるいは乾燥させたり，バナナや海洋生物を日干しにしたりして保存食をつくり，季節・気候の変化やサンゴ島・火山島といった多様な生態環境に適応してきた．ところが，欧米諸国による植民地化以降，缶詰や冷凍食品が大量に流通し，このような食生活のあり方も大きく変化している．

●缶詰　19世紀後半の植民地化の過程で，欧米諸国においてすでに航海用の食糧となっていた缶詰がポリネシアに持ち込まれた．植民地期にはココヤシ（コプラ）などの換金作物を集荷するための商店や流通網が形成され，これに乗って布や缶詰などの商品が次第に流通するようになった．20世紀に入ると，アメリカにおける缶詰の消費拡大がポリネシアに大きな影響を与えた．20世紀初頭のハワイではハワイアン・パイナップル社（Hawaiian Pineapple Company，現 Dole Food Company）がパイナップルの大規模栽培と缶詰加工を行うようになり，1960年代のアメリカ領サモアではスターキスト社（Starkist）によって遠洋漁業で漁獲されたマグロがツナ缶として加工され，主にアメリカ市場に出荷されるようになった．また，米軍基地があったハワイやアメリカ領サモアなどでは，軍用配給食（combat ration）として採用された「スパム」などの缶詰が大量に持ち込まれ，現地の人々の食生活に取り入れられた．さらに，20世紀後半にポリネシア各地からハワイやアメリカ本土，オーストラリアやニュージーランドへの出稼ぎや移民が増加すると，ポリネシアの親族のもとにそれらの社会の食品や食文化が紹介され，コンビーフ缶，ツナ缶，サバ缶，スパゲティ缶などの缶詰が大量に輸入されるようになった．現在では，ポリネシアのいくつかの社会で儀礼や賠償の際の贈与物としても缶詰が用いられるようになっている．例えば，サモアでは結婚や首長就任などの際に，女性たちが編んだ「トガ（tōga）」とよばれるファイン・マットと男性たちが生産した「オロア（'oloa）」とよばれるブタなどの食糧

図1　村落の商店には冷凍庫（左下）が備え付けられ，商品棚には各種缶詰が並べられている［2014年1月サモア独立国にて筆者撮影］

が贈与あるいは交換されてきた．今日では，この「オロア」に貨幣や缶詰が含まれるようになっており，保管や運搬が容易な缶詰の特徴を活かして，一度に何ダースもの缶詰が贈られることで贈与交換の規模が拡大している．

●**冷凍食品**　缶詰と比べると，ポリネシアにおける冷凍食品の流通規模はまだ限られている．ハワイやニュージーランドを除けば，都市とその周辺以外ではコールド・チェーン（低温輸送網）や家庭用冷凍冷蔵庫がまだ十分に普及しておらず，村落部では冷凍設備のある近隣の商店から冷凍肉などを購入する程度にとどまっているところも多い．流通している冷凍食品の大部分はアメリカ，オーストラリア，ニュージーランドなどからの輸入肉が占めており，牛肉・豚肉・鶏肉以外にも羊肉や七面鳥の肉やソーセージなどの加工肉が都市部のスーパーマーケットで売られている．サモアやトンガでは，羊肉のフランク（バラ肉）や七面鳥のテイル（尻尾）などの安価で脂身の多い部位が人気であり，街角の食堂でもこれらを使ったカレーやチャプスイ（中華風炒め煮）などが売られている．また，都市部のスーパーマーケットで冷凍ピザなどの調理済み冷凍食品や各種アイスクリームが販売されるようになっており，これらは都市の豊かな消費生活を代表するものの一つとみなされている．

●**食生活の変化と健康問題**　このような缶詰や冷凍食品の普及は，ポリネシアの人々の食生活を変容させ，肥満や生活習慣病などの健康問題を引き起こしているとして社会問題となっている．特に，都市部での賃金労働や出稼ぎによって収入機会が増大した結果，貨幣を介して大量の缶詰や冷凍食品が購入されるようになり，過剰なカロリー摂取や栄養バランスの偏りが生じている．一方で，メラネシア地域などを対象とした研究では，魚の缶詰の普及がむしろ栄養バランスの偏りを是正しているという指摘もあり，普及が進んだ缶詰や冷凍食品を各地域の食生活の中でどのように位置づけていくかが問われている．近年では，さまざまな野菜が海外から輸入されたり現地で栽培されたりするようになっており，ココヤシの実，タロイモ，バナナ，パンノキの実などに缶詰や冷凍食品を加えた従来の食生活には，さらなる変化がみられる．ポリネシア社会における食生活のあり方やそこでの缶詰や冷凍食品の位置づけをめぐる議論はまだまだ続きそうである．　　　　　　　　　　　　　　［倉田　誠］

図2　葬儀のために集められたファイン・マット（下）とケース入りの缶詰（右中央）［2023年10月サモア独立国にて筆者撮影］

カヴァ儀礼

カヴァ（*kava*）は，太平洋地域（パプアニューギニア，バヌアツ，ソロモン諸島，フィジー，サモア，トンガ，ハワイなど）で，人々が日常的に飲んでいる飲料の名称であり，その原料となる当該地域一帯に生えている胡椒科の植物（*Piper methysticum*）を指す．以下では，このカヴァの飲料としての特徴と，それが太平洋地域における生活のさまざまな場面で飲まれることが担う社会的役割について紹介する.

●カヴァの作り方　まずカヴァの根や根茎の樹皮をはぎ，それを天日干しにして乾燥させたものを細かく砕き粉末にする．この粉末を布に入れ，水の中でその汁を絞り出す．こうしてできた汁がカヴァである．また，生の根を乾燥させずにそのまま使用してカヴァをつくることもある．マーケットなどでは，乾燥させたカヴァの根や根茎，粉末にしたものなど，種類や用途に分けて種々のカヴァが売られており，バヌアツやソロモン諸島ではカヴァのバーも存在する．カヴァには鎮静作用があり，その成分が医薬品にも使用される．飲むと舌に軽い痺れを感じたり，飲み続けることで眠気や酩酊感を覚えたりすることがある.

●首長の就任儀礼　カヴァは，酒のように，それ自体好んで消費される飲み物でもあるが，それ以上に，カヴァを飲み交わすという習慣が，太平洋地域の社会や文化をつくり上げる重要な機能を果たしている.

　例えば，フィジー諸島では，地域の首長を就任させるための儀礼で，最も重要な手続きとされているのが，首長として即位する人物が，地域の民たちから授けられる「カヴァを飲む」という行為である（文献［1］，pp.379-389）．この行為がもつ意味について，文化人類学者 M. サーリンズは，次のように説明している（文献［2］，pp.99-134）．野蛮で恐れの対象として社会の外部から到来した王は，土着の民によって授けられるカヴァを飲むこと，つまり（象徴的に）毒を盛られることで死を遂げる．それによって，野蛮で恐れの対象であった外来王の力が土着の民により馴化され，同時に土着の民の霊的力を吸収することによって，王は神として再生する．首長の就任儀礼は，こうしたフィジーを含むオセアニア地域において決定的に重要な宇宙観を体現したものであり，その根幹に位置づけられているのが「カヴァを飲む」という行為なのである.

図1　首長の就任儀礼でのカヴァ儀礼の様子［2010年4月フィジー諸島ヴィティ・レヴ島にて筆者撮影］

●**カヴァを介した儀礼**　首長の就任のような大規模な儀礼のみならず，カヴァを介した儀礼は日常的にも執り行われる．例えば，フィジー諸島においては，あるコミュニティに訪問者がやって来た際に行われる「セヴセヴ（*sevusevu*）」がその代表例である．セヴセヴ儀礼では，訪問者側がコミュニティ側に対してカヴァを差し出し，コミュニティ側がそれ受領するが，その際，互いに定型的な発話に従事する．カヴァの授受とそれに伴う儀礼的発話の交換が行われた後に，「タノア（*tanoa*）」とよばれる大きなタライに水を入れ，そこでカヴァがつくられ，それを互いに飲み交わすことで儀礼が完了する．このセヴセヴ儀礼を経ることで，訪問者はコミュニティに受け入れられることになる．こうしたカヴァを介した儀礼は，通常，①タライの前に座りカヴァをつくる者，②ココナツの殻でできた容器にカヴァを汲み取り儀礼の参加者へ運ぶ者，③儀礼の開始を宣言したり，カヴァを誰に運ぶかを指示したりする目付役，以上3人のホスト役によって進められる．カヴァは，タノアが置いてある場所よりも上座に座るコミュニティの長老など，地位が高い人物から下座に座る者たちへと順に振る舞われるのがしきたりとなっている．

●**カヴァを通した交流**　冠婚葬祭などの催事，キリスト教の復活祭やクリスマスなど，コミュニティをあげた集いや会食がある際，その後にカヴァを飲みながらコミュニティの成員が交流することが頻繁に行われる．カヴァはその場にいる者すべてに，同じ器を用いて振る舞われ，各人に1杯ずつ順繰りまわってくる．例えばフィジーでは，カヴァが自分にまわってきた際，1度手を叩き「ブラ（*bula*）」と言って飲み干す．そして，飲み終えた後，今度は3度手を叩くという習慣が

図2　カヴァを飲み交わす人々の様子［2010年7月フィジー諸島ヴィティ・レヴ島にて筆者撮影］

ある．まわってきたカヴァは断ってはならず，一気に飲み干すことが求められる．また，こうした飲み交わしは，長時間にわたって繰り返されることが多い．途中退席することは，上座に座っている長老たちなど，コミュニティの中で地位が高いとされる人物たちへの無礼として認識されることもあり，カヴァがなくなるまでその場に座って参加し続けることが期待される．こうしたカヴァの飲み交わしは，コミュニティの成員間の情報共有や社会的連帯を取り持つ重要な機会になっている．　　　　　　　　　　　　　　　　　　　　　　　　　　　　　［浅井優一］

📖 **参考文献**
[1] 浅井優一『儀礼のセミオティクス―メラネシア・フィジーにおける神話／詩的テクストの言語人類学的研究』三元社，2017．
[2] サーリンズ，M.『歴史の島々』山本真鳥訳，法政大学出版局，1993．

中華料理

中国とオセアニアの関係は古い．欧米の列強諸国がオセアニアの島々を植民地化する以前から，両者の間では交易上のつながりがあった．オセアニアで中国からの移民が増加したのは19世紀後半である．19世紀半ば～後半にかけて数多くの中国人がオセアニアへと移住した背景には，ゴールドラッシュの発生，およびプランテーション労働者の需要の高まりなどがある．19世紀末以降，オーストラリアやハワイなどはしばらく移民を制限したが，それでも20世紀を通して中国からの移住者が相次いだ．それに伴い，中華料理がオセアニアで形成されていくことになった．

●「老華僑」の移住と中華料理の基盤形成　中国で改革開放政策が実施された1978年以前に海外へ移住した中国人は，一般的に「老華僑」とよばれる．それ以降の中国系移民が「新華僑」である．新華僑は，中国本土の各地や香港など，さまざまな地域からの移住者により構成される．それに対して，オセアニアに移住した老華僑の絶対的多数は，中国東南部の広東省から来ている．そのため，オセアニアの中華料理は「広東料理」を基盤としている．

だが，広東省の料理といっても一様ではない．広東省には，広府人，客家（ハッカ），潮州人という言語・文化が異なる三つの漢族集団がおり，それぞれが粤（えつ）料理，客家料理，潮州料理という味や調理法の異なる料理体系を形成してきた．オセアニアでは潮州系の老華僑があまりいない．したがって，オセアニアの料理は，広府人が持ち込んだ粤料理と，客家が持ち込んだ客家料理をルーツとする．

図1　タヒチのマア・ティニト［2017年2月筆者撮影］

オセアニアでは，老華僑の出自や植民地経験の違いに応じて，多種多様な中華料理がつくられてきた．例えば，タヒチでは，マア・ティニト（*maa tinito*）という食がある（図1）．直訳すると「中国料理」である．この食は，炒めた豚肉，小豆，野菜などをパスタにかけることに特徴があり，客家が多いタヒチやニューカレドニアで普及している．ところが，広府人が優勢であるフィジー，バヌアツ，サモアなどでは，現時点ではほとんどみられない．

●新華僑の移住と中華料理の多様化　オセアニアの中華料理は，新華僑が移住するにつれ，多様化していった．新華僑がオセアニアに移住した理由はさまざまである．オーストラリアやニュージーランドに留学してそのまま定住することもあ

れば，ベトナムやカンボジアの中国系移民が難民としてオセアニアの各地へと移住することもあった．特に中国で改革開放政策がはじまるとオセアニア島嶼部への直接的な移住者が増えはじめ，21世紀に入るとその人口数が急増した．ヨーロッパの中国系移民がオセアニアへと再移住する例も少なくない．それに伴い，中国各地の中華料理，東南アジアやヨーロッパで「土着化」した中華料理が，オセアニア各地へと次々と伝えられた．

　中国の食は多様性が大きい．例えば，餃子は中国北部で発達した食であり，麻婆豆腐のような辛い料理は中国の西部や中部に多い．相対的に甘味である粤料理や，塩分や脂肪分の多い客家料理とは異なる料理体系に属す．だが，新華僑の移住とともに，これらの食も中華料理店で提供されるようになった．

●**想像された中華料理の普及**　現在のオセアニアでは，小さな島であっても中国人の家族が住み，中華料理店を経営することが珍しくなくなった．中華料理店の客は，中国系移民ばかりで占められているわけではない．オセアニアの先住民にとっても，中華料理は食生活の一部となっている．また，中国系移民は，食の生産・流通・販売にも乗り出しており，先住民の食生活も中国人を抜きにしては語れないケースが生じてきた．最近では，かつて伝統儀礼で使われてきたカヴァの商品化に関わる新華僑さえも現れている．

　オセアニアの先住民の中には，中国由来の食であることを明確に意識することなく，中国料理を日頃食していることもある．もしくは，中華料理とその他のアジア料理との差が曖昧に捉えられていることもある．一例をあげると，ニューカレドニアでは，ベトナムからの移民だけでなく，ベトナムから再移住した中国系移民が一定数いる．そのため，中華料理の定番メニューに，フォーや生春巻きが添えられることもある．我々からみればそれは中華料理とベトナム料理の混合メニューなのであるが，先住民は往々にして両者の区別を意識していない．

　他方で，オセアニアの各地で「中国らしい」と認識される食が広がっている事実も，注目に値する．上述の通り，オセアニアの中華料理にはかなりの多様性があるが，それでも餃子，麻婆豆腐，炒飯（チャーハン），炒麺（チャオミェン）など，中国でも知名度の高い中華料理はオセアニア全域で食されるようになっている．また，炒雑砕（チャプスイ）は，もともと広東省台山市の地方料理（粤料理系）であり，中国での知名度は低い．だが，アメリカへ移住した老華僑が北米で広めたことにより，それは英語圏の代表的な中華料理の一つとなり，今ではフィジーやトンガなどの食卓にもあがっている．オセアニアの中華料理はさまざまであるが，一方で，現地の人々の間で想像された「中国らしい」食が島々を超えて広がっている．　　　　　　［河合洋尚］

📖 参考文献

[1] 河合洋尚「中国地域の食文化」野林厚志他編『世界の食文化百科事典』丸善出版，pp.604-609，2021．

ココヤシ

◇◇

　ココヤシはオセアニアの風景を象徴する植物の一つである．枝がない丸太のような幹は 20 m 以上に育ち，頂部には大きな葉と数十個の果実をつける．海から小さな島に近づくと真っ先にココヤシが茂っている様子が目に入ってくる．ココヤシがあれば，川や泉がなくても飲料水が手に入る．サンゴ島のような水資源に乏しい環境で生活するにはなくてはならない植物である．生まれた子どものためにココヤシを植え付けると，7〜8 年後には年間 40〜80 個が収穫できる．

●**オセアニアのココヤシ**　ヤシ科に含まれるココヤシのココは，学名 *Cocos nucifera* にも含まれており，ココナッツはその実のことを指す．温帯のニュージーランドを除くオセアニア全域に分布していた．ココヤシの起源地はよくわかっていないが，バヌアツから前 3500〜3000 年の炭化したココナッツ片が見つかったことから，自然分布していた可能性が高い．一方で，遺伝研究からはマレー半島からニューギニアにかけての地域で栽培化されたことが指摘され，人によって広く持ち運ばれたことも明らかである．ココヤシは，飲用から食用，建築材や漁具など，オセアニアの生活全般において重要な役割を担っていた．貨幣経済が入ってきた近代では，ココヤシのプランテーションが各地につくられた．

図 1　ココヤシに登ってココナッツを収穫する［1994 年ファイス島にて筆者撮影］

●**食用**　最もポピュラーな利用法は，ココナッツジュース（胚乳液）の飲用であろう．分厚い外果皮に包まれた殻（内果皮）の中に密封されたジュースは，炎天下でもひんやり感じる．内果皮に孔さえ開かなければ長く保存がきくため，航海時にはカヌーに大量に積み込んで，水分補給に使われた．

　内果皮の内側には脂肪分に富んだ胚乳（コプラ層）が張り付くように形成され，ココナッツの成長に合わせて厚くなってゆく．若い果実内の胚乳は，ほんのり甘く柔らかいため，食間の補助食や離乳食になる．果実が成熟するとともに胚乳は分厚く硬くなり，それを削って絞ると真っ白なココナッツクリームが得られる．このクリームは，オセアニアのほとんどの調理に加えられる万能調味料のような存在である．絞りカスも家畜の餌として使われるので無駄がない．

近代はこの硬い胚乳を乾燥させたものがコプラとして輸出され，主要な現金収入となっていた．

　他方，ココナツの花序を開かないように縛って先端からしたたり落ちる甘い汁を煮詰めるとココナツシロップができる．これを薄めれば離乳食になるし，削ったコプラを混ぜてさらに煮詰めれば高カロリーの航海食になる．

●容器，ロープ，マット，漁具，燃料など　ココナツの内果皮は水漏れせず丈夫なので，カヴァを飲むカップなど多様な容器として利用された．ココナツの頂部に小さめの穴を空けた容器に水を入れ，天秤の前後に 10 個ぐらいずつ吊るして運搬したり，そのまま軒下に保存したりした．

　厚さのある外果皮は粗い繊維で構成されており，これをほぐして撚り合わせるとロープをつくることができる．オオハマボウの樹皮からつくったロープも使われたが，ココヤシロープの

図2　ココヤシの葉を編んだ屋根材で集会所の屋根を葺いていく［1983 年ヤップ島にて筆者撮影］

頑丈性は群を抜いている．家屋の柱と梁を縛り合わせ，屋根材を 1 枚 1 枚縛り合わせるなど「縛る」行為には大抵ココナツロープが使われた．いったん海上に出たら命を託すほど重要なカヌーの建造にもなくてはならず，特に帆柱に結ばれるロープは太くて丈夫なものが使われた．他方で，細いロープは石斧や貝斧などの道具類を縛り合わせる際に多用され，大型魚を釣り上げるルアーの釣糸にも使われた．

　大きく羽のような構造をもつ葉は手軽な編み材として広く使われた．マット類やバスケット，屋根材など数年使えるものから，イモや魚などを運ぶために即席のバスケットをつくることもある．耐久性に関してはパンダナス製のマットに劣るが，素材としては手近で豊富に入手できる点において理想的である．また，特殊な例としては，大量の若い葉を撚り合わせて結び合わせ，浅瀬に入ってきた小魚の群れを村人が総出で追い込み漁をする際にも使われた．

　内果皮，外果皮，葉などには油分が含まれているため，優れた燃料になる．乾燥させたココナツの外果皮は，たきつけ材として適しているし，コプラを削った後の内果皮も良質の燃料になる．枯れた葉は特によく燃えるので，束ねてたいまつにし，夜間に行われるトビウオ漁やブタの毛焼きなどにも使われる．

　ココヤシは無駄にするところがないほどオセアニアの人々の生活で多用された．特にココナツの存在によって長距離航海も発達したといえる．　　　　　［印東道子］

イ　モ
（ミクロネシア連邦）

ヤムイモやタロイモというと聞き慣れないかもしれないが，日本のヤマノイモがヤムイモの一種，サトイモがタロイモの一種と考えるとわかりやすい．今日のミクロネシア連邦では輸入米が主食の地位を占めるが，イモ類は社会生活において依然として重要な役割を果たす．以下では，ポーンペイ島におけるヤムイモを主な事例として，この地域におけるイモ類の扱われ方の特色について概説する．

●ヤムイモの分類と住み分け　ポーンペイ島では，パンノキの実がかつての主食であったにもかかわらず，ヤムイモが社会的に重要な農作物とされる．それはまずもって，現地の植物分類に反映されている．ポーンペイ島のヤムイモは学名の上では7種類に分けられるが，島民独自の植物分類では，驚くべきことに179種類もの分類がある．近代科学に基づく植物分類とは異なる，現地の人々の認識に基づく植物分類を重視する立場は一般に民族植物学とよばれる．これだけ細かな植物分類がポーンペイ島民に認識されていること自体，ヤムイモに対する島民の関心の高さを示している．

ヤムイモに対する並々ならぬ関心は，日常生活におけるヤムイモの扱い方からもうかがえる．日本ではヤマノイモをすりおろして生で食べることもあるが，ポーンペイ島では石焼きにするなど，必ず火を通してヤムイモを調理する．ただし，調理済みのヤムイモが普段の食事に出される頻度は，パンノキの実を使った料理が食卓に並ぶ頻度よりもはるかに少ない．それどころか，筆者の調査中には，みずからの食欲を満たすためにヤムイモを食べた島民男性が，周囲の家族からこっぴどく叱られるという事件も起こった．こうした事件が起こる背景には，パンノキの実が日常的な食事の一部を構成するのに対して，ヤムイモは儀礼的な機会で主に用いられるという，食物の住み分けの論理がある．普段からヤムイモを贅沢に食べていると，冠婚葬祭など，肝心なときにヤムイモが使用できない．島民にしてみれば，儀礼でもないときにヤムイモを食べてしまうなんて信じられないというわけである．

このようにポーンペイ島では自家消費が禁止されるほどにヤムイモが儀礼的に重宝されるが，その一方で，ヤップ島やコスラエ島で最も儀礼的な価値の高い作物はタロイモである．儀礼的に重要な作物は地域ごとに異なるのだ．

●ヤムイモと季節　ポーンペイ島では，季節の移行期に，最高首長と村首長という2種類の首長に対してパンノキの実とヤムイモの初物献上が行われる．献上された作物は形式的に土着の神へと捧げられる．この行為を通じて，島民はその年の収穫を感謝するとともに，翌年の豊穣を祈念する．それは新たな季節を告げる

行為でもある．5月頃にパンノキの実の初収穫物が首長に献上されると「パンノキの実の季節」が始まり，9月頃にその年初めて土から掘り起こしたヤムイモが首長に捧げられると「ヤムイモの季節」が始まるのだ．

●ヤムイモが可視化する威信と名誉

ポーンペイ島のヤムイモはかなり大きく生長することで知られる．1年のうち最も立派なヤムイモが収穫される11月頃には，島の至る所で，ヤムイモの展示を伴う諸々の儀礼が催される．

図1　儀礼的な機会に展示されるヤムイモ
［2012 年 11 月筆者撮影］

その光景を見た島民は「あの大きなヤムイモはいったい誰のヤムイモか」と噂しあい，「彼こそが真の男だ」と褒めたたえる．ヤムイモの展示の場は，普段は見えない畑仕事の成果を披露する場であると同時に，互いの威信をかけた競争の場でもある．

ヤムイモは，個々の島民の威信のみならず，最高首長や村首長を頂点とする身分階層秩序も知らしめる．儀礼の場で展示されたヤムイモはしばらくすると，一時的にその場にいる最高位の者の所有物とされ，その後に，その他の参加者に対して位階の順に再分配される．その順番が早ければ早いほど，より大きなヤムイモが再分配されることから，位階に基づく身分階層秩序が視覚的にも立ち現れる．筆者が参加したある儀礼では，小さなヤムイモしか再分配してもらえなかったある首長が「今日は何もない．これだけだ」と言って肩を落として落胆したのに対して，立派なヤムイモを再分配された首長はみずからの位階の高さを再確認し，名誉を実感することになった．ヤムイモの再分配はまさに個人の名誉の承認に関わるのだ．

儀礼の場で再分配されたヤムイモは翌年の儀礼に備えて種芋として土に植えられる．普段は消費を抑制されるヤムイモは威信と名誉の儀礼経済をかたちづくる重要な財であり，儀礼的に価値の高い作物として今もなお重宝されているのだ．

［河野正治］

📖 参考文献

[1] 古澤拓郎「環境―オセアニアにおける植物利用の民族学」梅﨑昌裕・風間計博編『オセアニアで学ぶ人類学』昭和堂，pp.49-63，2020．
[2] 河野正治『権威と礼節―現代ミクロネシアにおける位階称号と身分階層秩序の民族誌』風響社，2019．

ワイン
（オーストラリア）

ワインは，現在のオーストラリアでとても人気の高い飲み物で，赤，白，ロゼ，そしてスパークリング・ワインの生産が盛んである．ホームパーティに招待されればワインを持参することが常識となっているほど一般的な飲み物である．そもそも，オーストラリア人が酒をよく飲むことは知られており，1人あたりの平均アルコール消費量は日本の約 1.5 倍といわれるが，1980 年代頃まではその中心は，ビールだった．オフィスや家庭の冷蔵庫にフォスターズなどのビール缶がぎっしりと並んでいるのは，当たり前の光景だった．その一部がワインに置き換わり始めたのが 1980 年代中頃であり，そこから社会的状況の変化の中で消費量が増え，現在に至っている．ワインの産地も，ハンター・バレー，バロッサ・バレー，といった古典的な地域以外にも，南部全体に拡大してきており，西オーストラリアのマーガレット・リバー，タスマニアのタマー・バレーなど，新しく人気の高いワイン産地が次々に生まれている．

●**ワイン生産のはじまり**　1788 年に初めてイギリスからの移民が到着し，それに続く入植の歴史の中でオーストラリアのワイン産業は各国からの移民の影響を受けて発展してきた．最初の移民船でオーストラリアに到着した，初代ニューサウスウエールズ総督 A. フィリップがワイン用のブドウの木をシドニーに植えたとされ，1831 年には「オーストラリアのワイン産業の父」とよばれる J. バズビーが，ヨーロッパからブドウの木を持ち込み，ハンター・バレーをワイン産地として確立した．こうして，19 世紀にヨーロッパ，特にドイツ系移民からワイン醸造技術は伝えられたが，第 1 次世界大戦までは，この国ではラム酒とならんでシェリーやポートといった，アルコール度数の高い，甘く重い口当たりのものが好まれていた．第 2 次世界大戦後，圧力タンクでの冷蔵醸造の新しい技術が伝えられ，ドイツ風の甘口の白ワインがつくられるようになった．また，オーク樽で熟成させるワインも人気となり，世界でもオーストラリアでも，テーブルワインが人々の心をつかみ，甘くアルコール度数の高い酒に置き換わり，次第に人気を得ていった．

●**人気上昇のきっかけ**　第 2 次世界大戦後には，オーストラリアのアルコール消費は全体的に増加したのだが，特に女性の消費が増加した．女性は男性よりもワイン消費が大きいことが知られており，女性がアルコールをよく飲むようになったことも，オーストラリアのワイン消費の上昇に貢献した．オーストラリアの人々がワインになじみ，急激に消費量が増加するきっかけとなったのは，カスク・ワインであった．カスク・ワインとは，ダンボール製の箱の中に 4.5 L（1 ガロン）のワインの入ったアルミ袋が入ったもので，1965 年にはじめて登場した．

袋の質や，注ぎ口の形状の開発に試行錯誤があったものの，技術が安定すると広く受け入れられ人気を集めた．ガラス瓶と違って軽く丈夫で，扱いやすく，安価にワインを提供できるということも大きな魅力だった．カスク・ワインによって，オーストラリアの1人あたりのワイン消費量は，1970年代はじめの8.5Lから，1985年には21Lに増加した．カスク・ワインの人気は，白ワインの人気の高まりとたまたま重なり，オフィスの冷蔵庫には，ビールとともにモゼル，リースリングなどのカスク・ワインが並ぶことになった．

●オーストラリア・ワインの現在　　1980年代になると，ワインの作り手も多様化していった．ブティック・ワインとよばれる高級ワインの作り手が現れ，世界的な評価も高まり，高額ワインが登場した．白ワインのシャルドネ，ソービニヨン・ブラン，赤ワインのカベルネ・ソービニヨン，シラーズなど，品種がラベルに記され，コルクではなくスクリューキャップが採用されるようになり，ワインの品質の安定に貢献した．さらに珍しいワイン品種での醸造の試みや，セラーでの対面販売など，さまざまな新しい取り組みが展開された．ブドウ園が一面に広がるワイン生産地域で複数のワイナリーをめぐり，ワイン・テイスティングをして品定めするワイン観光も大変に人気となった．作り手の中には，レストランやギャラリー，ブティックを併設したり，ブドウ園で屋外コンサートを開くなど，人々を惹きつけるような魅力をさらに高めようとするところも増え，地域全体としての取り組みも各地で活発になっていった．

　1990年代には，暖かい地域とよばれるバロッサ・バレーなどの古くからあるワイン地域に対して，涼しい地域とよばれるタスマニアや西オーストラリア南部の新進のワイナリーが注目を集め，特にピノ・ノアールやグリージョなどの人気の高い品種のワインを醸造し，伝統地域を脅かすかと思われる時期もあった．しかし，暖かい地域では，シラーズやカベルネなどのこれまでも使われていた品種から，さらに味わい深い，豊かなコクのフルボディのワインを生み出す試みが進められており，注目されている．また，オーガニックにこだわり，自然発酵で亜硫酸を使わずにつくられる自然派ワインが人気を集めているのも，自然にこだわりの強いオーストラリアの特徴だろう．そして，さらに新たなトレンドとして，新興ワイナリーによるこれまでとは異なる珍しい品種のテンプラーニョやゲルメンティーノなどのイタリア系のブドウへの挑戦があげられる．それらのいずれもが注目を集め，人気を博し，現在のオーストラリア・ワインの多彩な華やかさを構成している．ワインはすっかり，オーストラリアの国民的飲み物となったといえるだろう．　　　　　　　　　　　　　　　　　　　　　　　　　　　　　　　[窪田幸子]

📖 参考文献

[1] Allen, M., *The History of Australian Wine: Stories from the Vineyard to the Cellar Door*, Melbourne University Publishing, 2012.

集　会
（ツバル）

〰〰〰〰〰〰〰〰〰〰〰〰〰〰〰〰〰〰〰〰〰〰〰〰〰〰〰〰〰〰〰

　集会が，一つの場所に人々が「集」まって「会」することだとするならば，ツバルではそれは，最も重要な価値が付与される文化の一つであるカウ・タシ（kau tasi）を指すのであろう．カウとは集団，あるいは人々の集まりに加わったり，人々が集まったりすること，タシは一つという意味で，合わせて一つに集まることを意味する．人々がカウ・タシする機会には，共同作業や饗宴もあるが，ここでは何らかの言葉のやりとりを中心とする話し合い，すなわち会議としての集会をみていきたい．

●**島会議**　会議はさまざまなレベルで開かれるが，最も重要なのが文字どおり島全体の会議である島会議である．ツバルには九つの島があるが，島会議は基本的にそれぞれの島において月一で定期的に開催される他，何か特別な議題があるときにも招集される．島会議が行われるのは島の集会所である．集会所は簡素であるが大きな建物で，数百人もの人々が集まることができる．社会生活の中心ともいわれ，島会議の他，饗宴もここで行われる．現在では公式にはファレカウプレ（falekaupule）とよばれる．ファレは家や建物，カウは先ほど説明したとおり集団，プレは支配であり，字義どおり訳すと「支配集団の家」ということになる．

　「支配集団の家」といっても，ツバルは平等主義的で，固定化された身分や地位の格差はほとんどみられず，島会議も全員で話し合うことが大切であるとされる．とはいえ，必ずしも全員で話し合いが行われているわけでもない．若者も参加することはできるが，ユースの代表など何らかの役職をもつ者以外が発言することはほとんどなく，女性は参加しないことの方が多い．島会議は男性年長者が中心となっており，彼らが島全体の意見を代弁すると捉えられている．

　島会議のやり方は島ごとによって異なる．ナヌメア環礁では島会議を召集するのは首長の役割であるとされるが，実際にそれを取り仕切るのは七つの主要なクラン（氏族集団）の代表者であり，彼らの一人が議長役となる．議長から議題が提示された後，集まった人々が発言する．基本的には参加者の誰もが発言することが可能であるが，実際は有力な年長者や何らかの役職のある者に限られることも多い．また，年長者だからといってその人物の言うことを人々が聞くわけではない．それまで島のために何もしてこなかったのであれば，どんなに素晴らしいことを言っても，その発言が一蹴されることもある．

　島会議は合議を基本とする．ある議題に対して1人発言して他に意見がない場合や，2人発言して2人とも同じ意見でそれ以上の発言がない場合，合意が得られたとされる．異なる意見が出された場合には両者が納得できるまで他の年長者

を巻き込みながら，何度もやりとりをする．現在では，政府からきた議題などでは早々と議論を打ち切って多数決を取ることもあるが，かつては議論が尽きるまで延々と話し合いを続けていたといい，そうやって誰もが納得できる答えを見つけるのが理想であるといわれる．島会議で決められたことは，島の結論とされ，島のすべての人々に対して強制力をもつ．

　なお，ナヌメア環礁では，島会議において首長は基本的に座っているだけでいいとされる．首長が発言するのは，島会議での争いを治めるときに限られる．このとき，首長の発言は重く，一度発言すれば，それがそのまま島の結論となるが，首長がこれを濫用すれば激しい批判を浴びることになる．

●**伝統と近代**　島会議が行われる集会所は現在でこそツバルの伝統の象徴とされるが，2000年代まではキリバス語のマネアバ（*mwaneaba*）に由来するマネアパ（*maneapa*）ともよばれており，キリバスからの影響を指摘する研究もある．いずれにせよ，集会所も島会議も歴史的に変化してきたことは確かである．現在，人々は集会所と教会を中心に構成されている村落に集住しているが，かつて人々はクランごとに分散して居住していた．村落へ集住するようになったのは19世紀後半〜20世紀初頭にかけてサモア人宣教師によるキリスト教の受容とイギリスによる植民地統治以降のことであり，その点を考えると集会所や島会議にサモア人牧師やイギリス人植民地行政官の影響が強く現れていることは想像に難くない．実際，集会所の名前などは牧師によって命名されていることもあり，また，植民地行政府によって任命された現地人行政官が島会議で重要な役割を果たしてきた．その後，1978年にツバルが独立し，伝統の見直しが進む中で，集会所や島会議のやり方が伝統的なものとみなされるようになっていく．1997年には地方自治に関する法律（Falekaupule Act 1997）が制定され，地方自治に島ごとの伝統を取り入れ，カウンシル（*kaupule*）などの近代的な地方政府に属す機関も含めてすべての事柄は島会議で決定されるべきだと定められた．

　議題が取るに足らないと思われるにもかかわらず，結論がなかなか出ずに延々と議論が続いていくとき，人々は時間の無駄で，タロイモやブタの世話をしていた方がいいと愚痴をこぼしはじめる．しかし，それでも島会議があれば人々は集まるし，そこで人々は活発に島のことについて話し合う．島のことは島の人々が決めるのは当たり前のことである．外部からの影響を受けてきた歴史は否定し得ないが，少なくとも現在において島会議が島の自治に重要な役割を果たしていることも確かである．　　　　　　　　　　　　　　　　　　　　　　　　［小林　誠］

📖 **参考文献**

[1] 小林　誠「「陸」の景観史—ツバル離島の村落と集会所をめぐる伝統，キリスト教，植民地主義」山口　徹編『アイランドスケープ・ヒストリーズ—島景観が架橋する歴史生態学と歴史人類学』風響社，pp.293-309，2019.

ハワイアン・ホームステッド

◇◇

　ハワイアン・ホームステッドとは，先住ハワイ人（ハワイ人）だけが入居申し込みをすることができるハワイ人専用の住宅区のことである．2021年現在，アメリカ合衆国ハワイ州内には62のハワイアン・ホームステッド（ホームステッド）が存在し，2016年のデータでは，およそ3万4000人がホームステッド内に暮らしている（文献[2]）．そのうちの約1万人がワイアナエ地区内のホームステッドに暮らしていると推定されることから，オアフ島西岸域はハワイ州内でもとりわけハワイ人が多く住む地域であることがわかるだろう．

●設置までの動き　ハワイでホームステッドの開発計画が決定したのは，今から100年ほど前の1920年のことである．ハワイ州内に20万エーカー（約800 km^2）の土地がアメリカ政府によって指定され，農業用地とあわせて1世帯あたり2エーカー（約8000 m^2）ほどが入居するハワイ人に分配されることになった．

　ホームステッドの建設に尽力した人物の一人が，王家の系譜を受け継ぐJ.クヒオ・カラニアナオレである．20世紀初頭のハワイ人社会では，感染症などによる人口の減少に歯止めがかからず，またとりわけ労働階層においては経済基盤も不安定であったために，生活の再建が急務であった．クヒオは，プランテーションの拡大などによって土地を失っていたハワイ人が職住の基盤となる土地を再び手に入れることで，ハワイ人社会全体の復興を目指したのである．しかし，入居者の基準に関しては，アメリカ連邦議会での審議の過程で，50％以上のハワイ人の「血の割合」を有している者だけというルール，いわゆる「50％ルール」が設けられることになってしまう．

　さらに，ホームステッドの土地はハワイ人に返還するのではなく，199年を最大限に入居者に貸与することとなった．土地の使用に期限を設けた理由について，アメリカ側が「このまま混血が進み，いずれハワイ人はハワイから消える」と考えていたからだという指摘もある（文献[1]，p.7）．また，建設されたのが乾燥しがちで農業に向かない土地だったことで，農業によって自立を目指す計画も思うようには進まなかった．結果的に，その後長い間ホームステッドの住民に対して「貧しい人々」というイメージが定着することになってしまった．

●現在の暮らし　住宅の建設費は自己負担であるものの，入居後には一定期間の税制優遇を受けられ，年間約1ドルで最長199年間（もちろん相続できればの話であるが）借地することができることから，近年は入居希望者が殺到している．物価上昇が続くハワイにあって，ホームステッドに住むことで得る経済的メリットははかり知れない．

　またホームステッドの所有権をもつハワイ州と，ホームステッドを管理するハ
ワイ人土地局（Department of Hawaiian Home Lands：DHHL）によって，1990 年
代以降，現代風の整った外観のハワイアン・ホームステッドが新たに 4000 区画あ
まり造成された．この開発によってそれまでの「貧しい」イメージが刷新された
ことで，入居希望者はさらに増加傾向にある．加えて，現在では入居者の子，孫，
兄弟姉妹の場合には，ハワイ人の血の割合が 25％以上あれば相続できるように
なったことも，ホームステッドの需要を後押ししている要因である．ちなみに，
ハワイ人社会の問題解決を目指す半自治組織であるハワイ人問題事務局（Office
of Hawaiian Affairs：OHA「オハ」）は，ハワイ人土地局が「血の割合」でハワイ
人を区別することには反対の立場をとりながらも，比較的古いホームステッドの
修繕費などを助成するプログラムを提供し，ハワイ人の住環境の向上に協力して
いる．
　とはいえ，ホームステッドに入居するためには今でも 50％の「血の割合」を証
明する手続きや，住宅建設費を用意できる経済力，入居までの長い順番待ち，な
どの壁が立ちはだかる．2021 年現在，入居待ちリストには約 1 万人が登録されて
いる状態である．
　さらに，これからもホームステッドに住み続けるためには，血の割合を維持し
ていかなくてはならない．血の割合のルールを維持する限り，相続できないハワ
イ人や，応募すらできないハワイ人が増え続けることは確実である．
　一方で，ハワイ人の若い世代の中には，
そもそもホームステッドに入りたがらない
人も増えている．10 年以上もざらだとい
うほど長期間入居を待ち続けるよりも，若
いうちに物価が安く，職業の選択肢も多い
アメリカ本土へ移住し，ハワイよりもはる
かに安い値段でマイホームを手に入れるこ
とを夢見る若者は，筆者のまわりでも珍し
くはない．
　2021 年，ホームステッドは建設の開始か
ら 100 年を迎えた．100 年前に決められた

図 1　近年造成されたホームステッド
［ナレイシャ・ペレカイ＝ワイ撮影］

枠組みをもって，どうこれからのハワイ人の需要に答えるのか，ホームステッド
をめぐる議論は今後ますます活発になることが予想される．　　　　［四條真也］

📖 参考文献

[1] Kauanui, J. K., *Hawaiian Blood: Colonialism and the Politics of Sovereignty and Indigeneity*,
　　Duke University Press, 2008.
[2] State of Hawai'i, *2016 State of Hawai'i Data Book*, 2016.

都市のマラエ
（ニュージーランド）

ニュージーランドの都市には現在，先住民マオリの儀礼・集会場マラエ（*marae*）が数多く所在し，大半は伝統的なマラエとは一線を画する特徴をもっている．都市マオリが集団化し，マラエを新たに建設し管理する過程においては，部族集団に基づく伝統的な論理を改編する一方で，その論理に対して配慮する姿がある．

●**マオリ文化が卓越する空間としてのマラエ**　ニュージーランドを旅していると，周囲の西洋近代的な建物とは明らかに異質な，切妻屋根を頂いた平屋の建築物を特徴とする空間を目にすることがある．おそらくそれは，先住民マオリの儀礼・集会場マラエである．マラエは伝統的には，その地域一帯を領域とする部族集団により物理的・精神的な中心として所有・管理されてきた．マオリ人口の多いところを中心に，全国各地に点在する．基本的には中庭，集会所，共食会場から構成される空間で，しばしば集会所には彫刻や編み細工などマオリの芸術・工芸が施されており，それらは部族集団に伝わる神話・伝承，祖先を表現している．

マラエでは，部族集団の成員の人生儀礼をはじめとして多様な集会が開催されるが，なかでも葬式は特別視されており，他の集会よりも優先される．集会には，マラエを管理する部族集団の成員が集まると同時に，他部族集団の成員もまた招待を受けて訪れる．前者が後者を迎え入れるための不可欠な手続きとして，冒頭には「邂逅の儀礼」であるポーフィリ（*pōwhiri*）が執り行われる．集会が数日にわたることは一般的で，集会所は共寝，共食会場は共食の場となり，参加者の交流が深まる．マラエは，マオリの生活様式があらゆる面で西洋近代化している現代において，なおも固有の文化が優越する空間であり，「マオリ文化の生命線」（文献［1］，p.96）と位置づけられている．

●**都市におけるマラエの建設と多様化**　ニュージーランドでは第2次世界大戦以降，産業化が進みマオリの都市移入が急進するようになった．現在では8割を優に超えるマオリが，都市に居住している．このような変化に伴い1960年代から都市において，部族集団とは異なるがマオリを主たる成員とする集団が形成されるようになり，それに平行して新たな性質をもつマラエが建設されるようになった．現在では都市に所在するマラエは，大きく3種に類別して捉えることができる．最大都市オークランドの事例を交えながらみていこう．第1に，都市にあるとはいえ地方と同様に，部族集団が管理する伝統的なマラエがある．マラエを拠点とするかれらの領域が，後から都市化したことを意味する．例えば，都心部にあるオーラーケイ・マラエは，ンガーティ・ファトゥア・オーラーケイという部族集団が管理しており，かつて国家によって収奪されたが奪還に至った土地に立

つ．第2に，都市に移入した同じ部族集団の出身者が管理するマラエがあり，その部族集団の領域にある伝統的なマラエの衛星的な存在とみなせる．例えば，やはり都心部にあるテ・ティラ・ホウ・マラエは，北島東部のトゥーホエという部族集団の出身者が 1970 年代初頭に建設した．他集団の出身者が集うこともあるが，基本的にはトゥーホエ独自の文化が色濃い空間であ

図1　オークランド大学のワイパパ・マラエ［University of Auckland 提供］

る．第3に，第1と第2とは異なり，特定の部族集団と直接的な関係性をもたないようなマラエがあり，これには宗教団体や教育機関が管理するマラエや，都市で新たに組織されたマオリ集団が管理するマラエなどが含まれる．例えば，オークランド大学のマオリ・スタディーズ学部敷地内にあるワイパパ・マラエは，1988 年に建設された．マオリ文化やマオリ語の授業において使用されると同時に，大学の賓客を迎え入れる際にポーフィリを行う空間としても活用されている．

　さて，第3のマラエとしてもう一つ，オークランド南部郊外パパクラにて都市マオリ集団が建設したパパクラ・マラエについて，詳しくみていこう．パパクラでは，北島北部を中心として各地からマオリが移入しマオリ人口が増加していく中で，1960 年代には新たなマラエ建設を望む声が高まった．多様な部族集団の出身者からなるマラエ委員会が組織されると計画は具体化し，1976 年に建設が開始した．ただし当初から，伝統的なマラエとは異なる新たなマラエという構想に対して，批判の声も絶えなかったという．そのためもあって委員会は建設にあたって，パパクラを領域に含んでいる部族集団タイヌイのリーダーを訪ね，新しいマラエ建設の許可を得ている．その後，資金集めや土地探しなど数々の困難を乗り越えて，1990 年についにパパクラ・マラエは完成に至った．集会所は多様な人々に開かれていることを意味して，色々な糸が穴を通る「針」を意味するテ・ンギラと命名されたが，命名者は他ならぬタイヌイのリーダーであった．集会所に施された彫刻には，多様な部族集団の祖先が表現されていると同時に，マオリすべてに共通する経験や，都市マオリならではの経験も表現された．このようなマラエの建設経緯や物理的特徴からは，都市マオリ集団が部族集団に基づく伝統的な論理を改編しようと試みる一方で，その論理にも配慮するという都市ならではの複雑な現実がみえてくる．　　　　　　　　　　　　　　　　　　［深山直子］

📖 参考文献

[1] Mead, H. M., *Tikanga Māori: Living by Māori Values*, Huia Publishers, 2003.

ブッシュとアウトバック
（オーストラリア）

　オーストラリアといえば思い出されるのはどこまでも続く広大な土地と豊かな自然である．日本の約20倍もあるその国土には数万に及ぶ固有種が生息している．そんな豊かな生物多様性をもつオーストラリアでは，自然を分類する言葉が数多ある．ここではブッシュとアウトバックについて紹介する．

●**ブッシュとアウトバック**　オーストラリア人口の約90％が集中する沿岸部の都市ではヨーロッパ風の賑やかな街並みもみられるが，都市を少し離れるとそこには静寂に包まれたのどかな原風景が広がる．このような人口密度の低い未開発・低開発の地域をオーストラリアでは「ブッシュ」とよぶ．ブッシュにイメージされるのは野生であり，手つかずの森や茂み，人工物のない世界である．都市の喧騒に疲れた人たちの中には自然のままの状態であるブッシュに癒しを求める人もいるだろう．そんなかれらにとってブッシュに出かけるのはそれほど難しいことではない．なぜなら，野山や河川敷，叢林といった都市近郊の身近な自然もブッシュに含まれるからである．

図1　北部［2013年3月筆者撮影］

図2　砂漠地［2013年3月筆者撮影］

　これに対して，簡単に足を踏み入れることができない辺境の地を「アウトバック」とよぶ．アウトバックは単なる野生ではなく「秘境」であり，「最果ての地」である．オーストラリアでアウトバックとしてよく知られるのは，熱帯雨林の広がる北部から乾燥地帯の広がる内陸部までの一帯である（図1・図2）．激しい気象変動に晒され，獰猛な動物が跋扈するこれらの土地では，命を落とした冒険家たちの悲劇の物語が尽きない．アウトバックは入植者であるヨーロッパ系移民にとって開拓もままならない過酷な大地であったことから，オーストラリア大陸の「恐るべき空白」と表現されることもあり，そこにブッシュほどの気軽さはない．

●**観光開発と「秘境らしさ」**　しかし，だからこそ，未知なるアウトバックに

惹きつけられ訪れる者が後をたたない．こうした訪問者の増加を受けて，アウトバックには風光明媚をうたう観光ホテルやレストランが立ち並ぶようになった．最果ての地であったアウトバックは，今ではオーストラリア有数の観光地へと様変わりし，「手つかずの大地にたたずむ高級リゾート」は観光客の呼び水にもなっている．

　一方，アウトバックの住民である先住民にとって，そこは祖先たちから代々受け継いできた生活の場であり「手つかずの大地」ではない．彼らの生活の場は，都市からやってきた「よそ者」によって奪われ，観光のアリーナとして開発された．辺境の地に暮らす先住民に「未開人」のレッテルを貼るような観光開発の過程で，先住民と非先住民の非対称的な権力関係が生み出されてきたことには十分な注意を払わねばならない．

　とはいえ，観光の文脈で強調される「アウトバック＝未開」「都市＝近代」の構図は，必ずしも批判されるばかりではない．それは，外部社会からの一方的なまなざしに反発する先住民もいれば，そのまなざしを利用して観光業に力を入れる先住民もいるからである．先住民文化を体験できる観光センターでは，身体に装飾を施して伝統楽器デュジュリジュを演奏したり，野生動物の動きを模して踊ったりする先住民の姿をみかけることがあるだろう．こうした先住民自身が生み出す「秘境らしさ」の演出はアウトバックの見どころの一つとなっている．

　先住民自身による「秘境らしさ」の演出は，アウトバックの風景をより魅力的なものへと変貌させる．訪問者が目の当たりにするのは，先住民の聖地である奇岩や巨岩，洞窟の壁に残される不思議な生き物たちのモチーフ，日差しが照り付け，突風が吹き抜ける土地に暮らす人々の姿である．都市ではみられないこの雄大で神秘的な風景に私たちは心を奪われる．そこで想起されるのは太古の世界であり，いつ訪れても変わらず包み込んでくれる不変の大地である．

　だが，観光地化が進んでいることからもわかるようにアウトバックは隔絶された土地ではない．アウトバックを旅すると，外来の動植物や物資の気配がそこかしこに感じられる．例えば，アウトバックに取り残される廃車がその一つだ．開発の過程で，都市からアウトバックにたくさんの自動車が持ち込まれるようになった．ラフロードを走る自動車はよく故障し，藪の中に放置されることも多い．輸送の機能を失った車は鉄の塊と化しているが，もはや「外来物」ではない．その廃車はアウトバックを旅した記憶とともに人々の心の中に息づき，新しい物語を生み出す種となっている．アウトバックは常に外来物を飲み込み，そこに新たな意味をもたせ，みずからをかたちづくってきた．アウトバックに生命を宿すものたちもまた外来物の影響を受け，それ自体を再構成してきた．こうした営みの中で，アウトバックは私たちの想像を越えてダイナミックに成長し続けている．

［平野智佳子］

美人コンテスト
（トンガ）

　　トンガ王国の首都ヌクアロファでは毎年大規模な美人コンテストが行われている．1958 年に始まったこのコンテストは，国王の誕生を祝う「ヘイララ・フェスティバル」とよばれるトンガ最大の祝祭週間に合わせて行われる目玉イベントの一つで，「ミス・ヘイララ」の称号を得るために 18〜25 歳までの女性が競い合う．イベントは観光省が主催しており，ミス・ヘイララの栄冠を勝ち取ると，副賞として賞金やイベントスポンサーからの賞品が贈られ，2019 年には賞金 5000 トンガパアンガ（約 30 万円）と日本への往復航空券が授与された．さらに，優勝者は 1 年間トンガの観光大使として国内外で活動し，太平洋島嶼地域を対象に行われる美人コンテスト「ミス・パシフィック・アイランド」へトンガ代表として出場する権利も得ることができる．

　　イベント名に冠されるヘイララとは国花の名で，トンガで最も高貴な花であるとされている．また，ヘイララは繁殖が非常に難しく慎重に育てなければならないことから，それになぞらえてどの女性が国の顔として最もふさわしいかをじっくりと見定めるという意味合いも込められている．

●**コンテストの審査方法**　審査にあたっては，観光省の関係者らで構成される審査委員会が組織され，見た目の美しさだけではなく，内面もいかに洗練されているかを見極めるための審査項目を設けている．各種審査は約 1 週間にわたって行われ，トンガ語と英語の言語理解能力，コミュニケーション力，一般常識，トンガ文化への理解といった点を重視して審査が行われる．審査方法は，司会の質問に自身の言葉で回答するインタビュー審査や，男性の歌をバックに独身女性が踊るタウオルンガ（*Tau'olunga*）という伝統舞踊の審査に加えて，芝居や歌，珍しいところでは重量挙げまで，出場者のさまざまな特技を披露する審査や，伝統衣装を現代風にアレンジしたドレスを身につけて披露するファッション審査なども行われる．トンガでは女性が肌を過度に露出することははしたないとする価値観があるため，水着審査に代わって同じ丈のラバラバ（*lavalava*）というカラフルな腰に巻く布をいかにアレンジして着用するかというビーチファッションの審査も行われる．審査会場となるのはヌクアロファの中心にある多目的ホールやホテルなどで，きらびやかな装飾や花道を備えたステージが設営される．一連の審査は一般にも公開されるため，多くの人が見物に訪れるエンターテインメントとなっている．また審査イベントには王族や貴族からも来賓が招かれ，これにより国王を祝うヘイララ・フェスティバルの一環であることが強調されるとともに大会の格式を上げている．

●**コンテストに関わる人々**　出場者数は概ね 10〜20 人程度で，国内からよりも，むしろ海外在住のトンガ人が多数を占める．出場にあたっては本人のみならず，さまざまな人々が関わることになるが，なかでも最も重要なのがスポンサーである．賞金などを提供する大会そのものに対するスポンサーだけでなく，出場者個々にもスポンサーがついている．コンテストには身一つで参加できるわけではなく，審査に合わせたいく

図 1　審査会場のステージに並ぶ出場者たち
　［2015 年 7 月トンガにて筆者撮影］

つもの衣装の制作やタウオルンガの振付師への謝礼，踊りのための音楽を奏でる音楽家や合唱団への差し入れ，海外から出場する場合の渡航費など，多額の費用がかかるため，スポンサーはこうした費用を支援する役割を担っている．スポンサーの多くは国内外の会社が引き受け，出場者は，「ミス・○○」の○○の部分に自身のスポンサー名が入ったタスキをかけて出場者のお披露目会や審査に出席する．スポンサーは出場者自身が見つけることもあれば，場合によっては，スポンサー主催のコンテストが実施され，その優勝者がミス・ヘイララに出場することもある．いずれにしても，資金援助の見返りとして，出場者はスポンサーの広報活動の一端を担うことになる．この広報活動は，事業の拡大のためのものというより，世界中のトンガ・コミュニティに対して，「資金援助ができるほどの成功」を示すものとなっている．

　出場のための準備は数週間〜数か月間にわたって行われる．審査の中でも注目度の高いタウオルンガの練習は念入りに行われ，出場者は振付の一つひとつの動きに込められた意味を理解したうえで，より美しく踊るために，振付師や年長の女性から表情の作り方や視線，指先や特徴的な首の動きなど細部まで指導を受ける．音楽は出場者の出身村落やスポンサーに縁のあるメンバーを中心に組織された男性合唱隊などが担当する．ギターやウクレレの名手を含む 20 人程度からなるこの合唱団は，出場者とともに審査当日のステージにも上がって会場を盛り上げる．

　出場者は，本人や身内だけでなく村落の人々やスポンサー会社など多くの関係者からの期待を背に競い合う．このコンテストは観光産業への貢献や，国民が楽しむための祝祭イベントとしてだけでなく，すべての出場者や関係者，さらには審査の見物客らが審査を通じてトンガ文化について理解を深める機会ともなっている．　　　　　　　　　　　　　　　　　　　　　　　　　　　　　　［北原卓也］

開発とジェンダー
（サモア）

　経済重視の開発が男性と女性に異なる影響を与えていることが指摘された1970年代以来，概して「開発とジェンダー」とよばれる領域では世界各地でジェンダー平等を目指した多様な活動が続けられている．オセアニアでは，1994年に中国の北京で開催された第4回世界女性会議に合わせて，太平洋共同体（Secretariat of the Pacific Community, 現 Pacific Community）がオセアニアのジェンダー平等を前進させるための原則として，「太平洋行動要領（Pacific Platform for Action)」をまとめた．その後も，ミレニアム開発目標や持続可能な開発目標などに合わせて，オセアニア地域では地域独自の行動要領が見直されたり，新たな宣言が発表されたりしてきた．その最も新しい「ジェンダー平等と女性の人権に関する太平洋行動要領 2018-2030（PPA 2018-2030)」では，オセアニアのジェンダー平等への進歩が遅れていることが指摘され，社会規範や排外的慣行，法的・政策的枠組みにおける優先事項としてのジェンダー平等の認識不足，ジェンダー不平等な問題に対処する資源不足，ジェンダー平等を推進するための政治的意思の欠如などが問題としてあげられている．

●**伝統・慣習と開発とジェンダー**　独立以降，多くのオセアニア島嶼国では伝統・慣習を維持する独自の発展の仕方が模索されてきたが，その一部であるジェンダーに関わる社会規範はジェンダー平等にとっては障害になると捉えられることもある．しかし，1980年代に，植民地化の歴史や階級・人種の違いから西洋白人フェミニストたちとは異なる抑圧を経験してきた第三世界フェミニストたちが鋭く批判したように，オセアニア地域の開発とジェンダーにおいて西洋フェミニズムを始まりとするグローバルなジェンダー平等の思想や実践がそのまま援用できるのかという点については留意が必要であろう．そもそも，一言でオセアニア地域といっても，各社会で重視されるジェンダー関係・規範のあり方は多様であり，変容もしている．例えば，サモア（サモア独立国）では，どのような開発計画や政策が発表されようと，一貫してサモアの伝統・慣習は開発とジェンダーに資するものとして考えられてきた．サモアの伝統・慣習の重要なジェンダー関係は「兄弟-姉妹」の関係である．この関係では，兄弟と姉妹の間に権力的な上下関係はなく，姉妹の存在を通して兄弟の名誉が呈示され，姉妹の権威によって兄弟の行動が認められるために，兄弟は常に姉妹を大切に扱い，尊敬しなければならないとされる．実際に，日常生活において，妻は夫から家庭内暴力を受けたとしても，自分の一族のもとに戻ることで保護を受けることができたり，兄弟が姉妹の子どもたちの生活費を世話してくれたりするという．このように姉妹としての女性の立場は

社会的に高いが，19世紀にキリスト教の宣教師が導入した女性の主たる役割は家族の長である夫に従う妻であった．それを反映するように，1990年代の女性省によって実施されてきた女性向けの開発プログラムでは女性向けの所得創出活動よりも，裁縫，料理，ハンディクラフト制作（図1）といったような家政技術の習得が中心になっており，プログラムに参加する女性たちも「良い妻」になるためにそれが必要であると語っていた．

図1　開発プログラムでハンディクラフトを学ぶ女性［2006年2月ウポル島にて筆者撮影］

●ジェンダー平等をめぐる新たな動き

このように，サモアの開発とジェンダーをめぐる政策は長らく村の女性組織を対象にした女性のための技術習得プログラムが中心であったが，2010年代以降には次の二つの点で新たな動きがみられる．一つは性的マイノリティをめぐる状況である．前述した「FPA 2018-2030」ではオセアニア地域のジェンダー問題の地域特有の優先事項の一つとして「多様なセクシュアリティとジェンダー・アイデンティティを有する女性の権利の促進」が掲げられている．実際，サモアを含めたポリネシアでは主として生物学的には男性として生まれ女性性を有する「第3のジェンダー」の存在が認められてきたが，必ずしも各社会において好意的に受け入れられてきたわけではない．そのような状況の中で，サモアとアメリカ領サモアでは「第3のジェンダー」を自認する性的マイノリティの人々が支援団体を立ち上げ，みずからの権利促進を目指し，さまざまなチャリティ活動を展開している．もう一つは常にオセアニアのジェンダー問題として指摘される政治分野におけるジェンダー平等の推進である．サモアでは，前述した「兄弟-姉妹」の関係を基盤とし，コミュニティのリーダーである首長は兄弟の位置として理解されてきた．そのため，姉妹は首長になる権利を有していても，その場所を兄弟に譲る傾向がみられたという．サモアの国政選挙制度では首長である者だけが立候補できるので，これまでは必然的に女性の国会議員は少なかった．しかし，サモアでは近年，高等教育を受けた女性たちに一族が首長の称号を与えるケースが増えつつある．2013年には，サモアはジェンダー・クオータ制を導入し，女性議員が全体の10％以上を占めることを定めており，このクオータ制のもとで2度の国政選挙が実施された結果 2021年に初の女性首相が誕生している．　　　　　　［倉光ミナ子］

📖 参考文献

[1] 高柳彰夫・大橋正明編『SDGsを学ぶ―国際開発・国際協力入門』法律文化社，2018.

男同士の絆
（パプアニューギニア）

　男同士の絆（ホモソーシャリティ）は，人類社会に広くみられる現象であると同時に，ミソジニー（女性嫌悪）とホモフォビア（同性愛嫌悪）と深く連動した問題系をなす．今日，政治参加におけるパリテ制・クオータ制の導入をはじめ，多くの分野で男女共同参画／ジェンダー平等が推進されており，ホモソーシャリティは解体の方向にあるというのが世界的趨勢である．しかしパプアニューギニアでは依然として根強い．2017 年の国会議員選挙は，それを象徴しているだろう．というのも，これまでで最も多くの女性が立候補したにもかかわらず，当選したのはすべて男性だったからである．これを文化の問題のみに還元してしまうことには注意を要するが，男同士の絆がパプアニューギニア諸社会を理解するうえで看過できない文化的特徴の一つであることは確かである．アンガネン社会（南部高地州）では同性の集合性を *amenu* とよぶように，ホモソーシャリティに相当する民俗語彙をもつ社会もある．以下では，男同士の絆をつくり，かつ支える二つの重要な文化的装置について述べたい．

●**男性小屋**　パプアニューギニアには，女人禁制の舎屋が広くみられる．男子集会所や祭儀小屋，クラブハウスなど表現はさまざまだが，ここでは男性小屋としておこう．一般的には，村落あるいはクラン（氏族）／リネージごとに一つ建立され，男性の社会生活の中心としてさまざまな機能を果たす．そこでは，食事や休息の他，戦争や狩猟，コミュニティ問題をめぐるミーティングと意思決定が行われ，日々の出来事から神話までさまざまな情報が世代を超えて伝達・共有されている．また一定の年齢に達した未婚男性や来訪者（男性）の宿泊場所，道具（農漁具や仮面など儀礼用具）の保管場所としても使われる．地域や状況によっては，祭祀的性格が強く表れる．例えば，セピック川流域の「精霊の家（*Haus Tambaran*)」は，精霊信仰とその表象（木像，絵画）や儀礼的実践の聖なる場である．

　ここで，男性小屋が世代や生まれ（出自）とは異なる社会組織原理として機能することに留意すべきだろう．村落に一つつくられる男性小屋は，異なる親族集団の男性たちを一つに統合する．また母系社会にあっても，クラブハウスが男性たちの絆の構

図1　パプアニューギニアの国会議事堂の正面は，セピック川上流域の「精霊の家」をモデルに建築されている [1999 年 6 月筆者撮影]

築・維持に寄与している．なかには個人の力量・資質によって新たに小屋をつくることができる社会もあり，男性たちのつながりはかなり柔軟である．

　なお今日，男性小屋をもはや建立しなくなった地域もあれば，伝統文化への先鋭的な意識から積極的に男性小屋を再建する地域もある．「精霊の家」についても，廃墟と化したものがある一方で，観光化されているものもある．

図2　マヌス州ナウル島では，慣習法の成文化とともに，男性小屋が復興した［2011年2月筆者撮影］

●男子結社　ホモソーシャルな空間を用意するのが男性小屋ならば，特定の役割（祭儀，戦争訓練など）のもとで男同士の絆を組織するのが男子結社である．代表的なものに，ニューブリテン島の秘密結社ドゥックドゥックがある．この結社は，仮面の製作と祭儀の遂行だけでなく，不法行為者を懲罰し，社会秩序を維持する重要な役割を担う．また男子結社への加入は，成人男性に「なる」ための儀礼的プロセスと重なり合うことがある．例えば，伝統的なサンビア社会（東部高地州）では，10歳になる頃には男子結社へ加入するが，女性（母／姉妹）との象徴的分離を含むそのイニシエーション儀礼は同時に成人男性への儀礼的プロセスのはじまりでもある．いずれの結社も，秘儀的知識が入社式やその後の活動に伴い開示され，女性（ならびに子ども）には口外禁止とされる．この秘密の共有は男同士の連帯感や凝集性を強めるが，身体-物質的側面も無視してはならないだろう．実に，ホモソーシャルな生活では，食物から戦争・狩猟スキル（身体技法）の共有が伴う．先のサンビア社会では，年長-年少間で儀礼的に授受される精液（男らしさや強さの象徴）が男性たちを結びつけている．なおこの精液をめぐるホモセクシュアルな儀礼的慣行は，ニューギニア高地辺縁部にみられる（性的指向の観点からこれを同性愛とよぶかどうかは議論の余地がある）．

　最後に，友愛的・協調的にみえる男同士の絆は常に／すでに競争・葛藤を含んでいることに注意を喚起しておきたい．各種の競覇的儀礼交換は，それが顕在化するモーメントといえる．例えば，パプアニューギニア各地では婚資の物量・金額が本来的な意味を超えて肥大化しているが，その背後にあるのは男性たちの人格や威信をかけた競争に他ならない．　　　　　　　　　　　　　［馬場　淳］

📖 参考文献

[1] セジウィック，E.K.『男同士の絆—イギリス文学とホモソーシャルな欲望』上原早苗・亀澤美由紀訳，名古屋大学出版会，2001．

母系社会
（パラオ）

〜〜〜〜〜〜〜〜〜〜〜〜〜〜〜〜〜〜〜〜〜〜〜〜〜〜〜〜〜〜〜〜〜〜〜〜

　パラオの近現代は植民地主義の歴史を振り返るものといっていいだろう．西洋と接触したのは 16 世紀に遡り，F. ドレイクが 1579 年にパラオを発見し，「盗賊の島」と名付けたのが確実な出会いである．18 世紀にはイギリス東インド会社のアンティロープ号が座礁し，パラオ人が船員とともにイギリスに渡っている．次にスペインの支配を受け，カトリック教会が導入される．さらにドイツ領となり，博物学的かつ詳細な研究が残されている．第 1 次世界大戦がはじまると大日本帝国に占領され，国際連盟の委任統治領として「南洋群島」の一角を担い，南洋庁が置かれた．そのため，「センキョ」など日本語がかなりパラオ語として使用されている．また，かつての南洋群島時代にパラオ在住だった日本人が，1980 年代，90 年代に改めて移住した例も少なくない．現在は観光地として有名である．

　第 2 次世界大戦後は，アメリカの戦略的信託統治領となる．戦後「旧南洋群島」（ミクロネシア）の島々が次々と自己決定権を行使し，アメリカとの自由連合協定のもとで独立したり，アメリカの自治領となったりしたが，パラオは憲法の非核条項がネックとなり，自由連合協定住民投票を繰り返すことになる．結局非核条項を修正し，1994 年に独立を果たした．

●**母系社会としてのパラオ**　パラオ社会は理想としては 10 の母系氏族からなるムラからなる．母系とは母を同じくする男女の子どもたちと当の母親との関係を指し，その関係が 3，4 世代続いて形成された親族集団が氏族とよばれる．パラオでは関係は弱くなるが父方氏族に帰属することも可能である．その各々の氏族のチーフ（首長）10 人がクロバックとよばれるチーフ会議を構成し，ムラの政治を司る．10 の氏族は半分ずつ区分され，双分的な組織を形成する．氏族で力をもつ年長女性数人が合議をしてチーフを指名する．このような社会形態は，東南アジア，オセアニアに広く存在するオーストロネシア語族では珍しくはない．

　オーストロネシア語族の特徴を強く保持しているとはいえ，パラオ人とは誰か，という問いに答えることは，実は簡単ではない．パラオ共和国憲法によれば「この憲法の発効日直前に太平洋諸島信託統治領の市民権を有し，かつ少なくとも片親がパラオの血を受け継いでいると認められるものはパラオ市民とする」と定められている．だが，これが示す市民権とは別に定義するとすれば，パラオに歴史的に存在する氏族に少なくとも片親を通して誕生の事実によって帰属する，あるいはパラオの慣習に従い養取その他の方法で帰属する人間，となるだろう．戦後の混乱期に引揚げできずに残され，パラオ人に育てられた「残留日本人（子ども）」も，「あの人の親はどちらも日本人」という具合に話されることもあるの

だが，パラオ人である．また，アメリカの大学に進学し，妊娠，出産した女子学生の子どもがパラオに送り返され，祖母が育てることもあるが，誰が育てたか，より具体的には誰がつくった食べ物を体内に摂取して育ったのか，が重視される．「生みの親」よりも「育ての親」なのである．「あの子はわたしが育てた」という具合に強い関係が表現される．パラオの特徴の一つとしてしばしば言及される親族関係の複雑さ，曖昧さ，あるいは政治性は，厳密な意味での「母系社会」ではなく，場合によっては父方氏族に帰属できること，あるいは養取やそれ以外のやり方で無関係の氏族に帰属できることから生じている．

●**父方との関係**　母方帰属を示す言葉，オッエル，に対して父を通して帰属した人間はウレッエル，とよばれる．前者は「一つの腹からでた関係」で子どもと母の関係を，後者は「血の関係」で子どもと父の関係を意味する．ドイツの研究者，J. クバリーは「家族は女性の子孫のみを含む．もしある氏族の女性が死に絶えると，残された男性は正当な成員を生み出すことができず，その氏族は消滅せざるを得ない．ただし，父の男性親族すべてが死亡したときには，その息子が父のタイトルを継承できる慣行がある」と記述している（文献[2]）．西洋との本格的な接触後に蔓延した疾病に起因する急激な人口減少の結果，人口バランスがくずれ，父方氏族に帰属するものの数が増加した可能性も否定できない．どちらに帰属しているかは，「聞くべきではない事柄」にあたり，話したがらないことも多い．そのうえ，両親が存命の場合は明確でなかったり，あるいはわざと曖昧にしていることもある．

●**パラオ社会の流動性・曖昧性・実践性**　母系社会における自己と父親との関係は興味深いものだが，自己に対する母方親族と父方親族の緊張関係，母方オジや母方氏族の年長男性と父との緊張関係が，父親の生前にはみられる．親族関係においてさえ曖昧さに価値が置かれるのは，母方との関係を重視しながらも，父方との関係も保ち続け，選択肢をできる限り幅広くしておく戦略，すなわちパラオ人の実践性の現れと解釈できるだろう．

　ムラに 10 存在する氏族の上下関係は明確であるが，流動性も指摘されている．低い氏族の個人が努力し，みずからの力を示すことによって，あるいは有名な伝承をもつ伝統的な財を獲得することによって，氏族の地位が上昇する．また，後からパラオにたどりついたという伝承をもつ氏族が第 1 位になっているムラもある．

　さらに，口頭伝承による重要な知識の伝達が，周辺社会と比べても今なお保持されている点は特筆に値する．かなりの伝承が文字化されてはいるが，まだ口頭のみで特定の人々しか知らない知識もあるという．長期にわたる植民地支配にもかかわらず，知識が伝承されていることはパラオの大きな特徴である．　［遠藤　央］

📖 **参考文献**
[1] 遠藤　央『政治空間としてのパラオ』世界思想社，2002.
[2] Kubary, J. S., *Die socialen Einrichtungen der Pelauer*, A. Asher, pp.35-38, 1885.

宗教と日常

今日，オセアニア島嶼部で暮らす大多数の人々はキリスト教徒である．彼らは日常生活を送るうえでキリスト教を精神的支柱とし，その価値観に合致した行動をとることを重んじる．一方で，彼らがキリスト教化以前の伝統的信仰を忘却したかといえば，そのようなことはない．かつてから継承されてきた祖先崇拝的な慣行や超自然的な力の観念などに注目すれば，そこにはキリスト教とはまた異なる世界が広がっている．

●**キリスト教徒としての日常**　筆者はソロモン諸島ニュージョージア島のクサゲ地域で調査を行ってきた．20世紀初頭，クサゲに初めて到来した宣教団はメソジストであったが，現在この地域ではメソジスト教会から分離したクリスチャン・フェローシップ教会（CFC）とセブンスデー・アドベンチスト教会が勢力を2分している．以下では，CFCに属するクサゲの人々を対象とした記述を行う．

現在，クサゲの人々が暮らす村落は宣教団の指示で沿岸部に形成されたものであり，多くの場合，各村落の空間的中心に立派な教会建物が設けられている．教会建物は礼拝だけではなく会合や饗宴などを含め人々が一堂に会することができる唯一の建築物であり，村落生活の中心にある．人々はおよそ2時間の主日礼拝（讃美歌斉唱，各種祈り，聖書講読，説教，祝禱を含む）だけではなく，週に1〜2回実施される讃美歌の練習にも参加する．また，教会が運営する畑やプランテーションでの労働にも概ね積極的である．子どもたちも日曜学校で聖書を学び，讃美歌を練習する．このようにクサゲにおける日々の生活リズムは，さまざまな教会活動によって刻まれているといっても過言ではない．

人々にとって，キリスト教は危機や悩みに遭遇したときの対処法を提供するものでもある．調査中の筆者の住居の向かいには，治療ができないと告げられて病院から戻った70歳代の老人が住んでいた．彼は昼夜を問わずベランダに腰掛け，聖書を読み耽りながら頻繁に祈りを行っていた．彼によれば「聖書を読めば神を近くに感じることができる．死を恐れなくなった」という．彼のために近親者が集まって讃美歌を歌うこともたびたびあったが，人生の危機に遭遇した人の前に親族が集まって夜を徹して神への祈りに献身したり，讃美歌を歌い上げることは珍しいことではない．また，2007年にニュージョージア島沖地震・津波の被害が出た際には，聖書にその説明を求める運動（旧約聖書のヨブ記を通した天災の理解，そして神との関係性の再確認など）が生じたことも記憶に新しい．CFCは福音主義的な宗派ということもあるが，往々にして人々は聖書を通して生きるための術や意味を獲得しているのである．

　オセアニアにおいて各々のキリスト教の宗派ごとのネットワークは重要である．人々はみずからが所属する宗派の教区内で親密な社会関係を築き，聖書や教会建物およびその他の祭具や衣装などに愛着を覚え，教会から派遣された宗教者の説教や洗礼を含む諸サービスを受ける．例えばクサゲでは洗礼式，結婚儀礼，葬送儀礼などの人生儀礼は，基本的にはメソジストの手引き書に基づいて執り行われる．また，クリスマスの礼拝などの後に行われる，宗派内の各教区の選抜チームが参加するサッカーやネットボールのトーナメントは大いに盛り上がる．女性グループ，青年グループなどの諸活動も基本的には宗派ごとに実施される．近年では，宗派のネットワークを介して得られる教育機会（欧米への留学や研修などを含む）や，国際的な支援もますます重要になっている．このように，人々はかつて宣教団がもたらした物質的・制度的・組織的な配置を継承し，今を生きているのである．

●「生きもの」としての祖先霊　　一方，クサゲの人々はキリスト教化以前，祖先の霊魂（祖先霊）やその土地に住まう精霊が日々の運命を支配していると考え，祈りや供犠を行ってきた．現在ではそれらが表立って実施されることはほぼないが，それでも人々は祖先霊の存在を感じながら生活を送り，なかでも「祖先霊を怒らせない」ことに大変な注意を払う．なぜなら，自分たちの親族集団に繁栄をもたらすのは祖先霊の超自然的な力にあり，その力を得るためにも祖先霊に敬意を示す必要があるからである．

　クサゲにおいて，人間は「生きもの」という範疇に入る．ここでいう「生きもの」とは，力（生命力），すなわちクサゲ語で状態動詞として用いられるミナナ（minana）を発揮する事物のことである．ここで興味深いのは，生物・無生物を問わず，さらに自然現象などを含むあらゆる事物はミナナを発揮し得ると考えられていることである．人間はそのような多様な「生きもの」の一種に過ぎないのであり，この点で他の事物との差異はない．ただし，人間と「生きもの」一般の違いは，死んだときに顕著となる．人間の魂は頭蓋骨に宿っているが，就寝中，特に夢を見ているときに肉体を離れ，また戻ると考えられている．魂の身体からの永遠の分離は肉体的な死を意味する．人間が死ぬと，頭蓋骨を除く死体は抜け殻とされ，魂のみがトーマテ（tomate）となって身体から離れて浮遊し，生者の近くを彷徨う．トーマテを直訳すれば「死んでいる生きもの」となり，これもミナナを発揮し得る「生きもの」の一種である．このトーマテという概念は，伝統社会で最も貴重な財産であった一部のブタを除いて人間以外に適用されることは基本的にはない．このことは人間の特殊性を表すとともに，トーマテと深いつながりをもつ人間こそが「生きもの」の中で潜在的に強力とみなされてきた由縁である．

　例えば，クサゲの日常生活において忌避関係はきわめて重視されているが，これにも祖先霊が関わっている．クサゲの典型的な忌避関係は特に既婚男性と妻の

父との間において課せられ，細かい禁止事項がある．夫は妻の父を実名でよぶことはないし，彼の身体はいうまでもなく彼の持ち物や衣類，さらには彼が一度接触したものに触れてはならない．よく起こるケースとしては妻の父が使用した食器類に夫が触れてしまうことであり，そのため妻の父が訪ねてきて食事をした場合，その食器類は廃棄ないし近隣の第三者に譲渡されることがしばしばみられる．忌避関係の規範が破られたとき，妻方の親族集団の祖先霊が怒り，それによって病気や事故などの不幸が訪れるとされる．なお，その際に夫は妻の父のもとに行って謝罪を行うが，それは妻の父に対してというよりも，その背後に控える妻方の祖先霊に対して行われる．

　かつて祖先霊や精霊に対する祈りや供儀，そして祖先霊との交信は，伝統的司祭によって行われた．それらの儀礼は定められた正しい手続きに基づいて執り行われる必要があり，その誤りは社会的な危機を招くと信じられてきた．現在，クサゲの人々はそれらを実施することはなく，またそれに関する体系的な知識を継承する人も皆無である．とはいえ，キリスト教に改宗した現在においても，祖先霊はこの世で人々とともに生きる身近かつ重要な存在と考えられ，また畏れられているのである．

●**伝統的信仰とキリスト教**　オセアニア研究者は，概して「伝統的信仰（伝統文化）」と「キリスト教」という対比的な問題構成に興味を示してきた．クサゲの人々も伝統的信仰とキリスト教を対比的に捉えることはあるが，しかし，両者が明確に住み分けられていると考えるのは早計である．ここでは二つのことを指摘しておきたい．

　一つは，クサゲの人々が信仰するキリスト教に伝統的信仰が内在すると解釈し得る点である．例えば彼らが聖霊憑依を体験するとき，あるいは神の祝福を現実の出来事を通して確認するとき，後景化していた伝統的信仰の存在が露わになる．まず，CFC では聖霊の働きが重要視されており，人々は礼拝時に聖霊が身体に舞い降りるという憑依体験をすることがある．かつてメソジストの宣教団は「聖霊は神から与えられる恩寵」と説き，そのような体験を一部認めていたのは事実である．ただし，このような霊的存在の憑依という観念は，伝統的司祭が実践していた祖先霊や精霊との交信とも親和性があり，クサゲの伝統的信仰の延長線上にあるとみなすこともできる．つぎに，神の祝福について，クサゲの人々は「神は聖霊を介して働きかけてくる」という理解のもと，聖霊とは神のミナナであると考えている．それがゆえに，神からもたらされる具体的かつ可視的なミナナとは，ミナナの名詞形であるティナマナエ（*tinamanae*），すなわちキリスト教的文脈における祝福（blessing）とされるのである．このようなミナナとしての聖霊を媒介とした神と人々の関係は，上述した祖先霊と人々との関係と重なり合う．すなわち，クサゲにおける聖霊理解はクサゲの伝統的な力の観念がベースに

なっており，そこにおいてキリスト教的な
ものと伝統的なものは結びついているとい
えよう．

　もう一つは，クサゲにおいてキリスト教
を伝統文化とみなす考え方がみられる点で
ある．ニュージョージア島ではキリスト教
の到来から100年以上が経過したが，この
間にクサゲの伝統文化の大部分は失われた
と人々はいう．一方，敬虔なキリスト教徒
を自負する彼らによれば，キリスト教は変
化することなく，最初にこの島にキリス
ト教をもたらした宣教師のやり方を現在
までそのまま踏襲してきたという．それ
がゆえに自分たちのキリスト教は「本
物」であり，すでに伝統文化といっても
差し支えないと主張する者もいる．この
ような理解は，何もクサゲに限った話で
はない．というのも，メラネシアの人々
の伝統観は基本的に「変化しないこと」
に力点が置かれるからである．この観点
からいえば，西洋人との接触以前の伝統
文化はすでに変化・衰退してしまった一

図1　CFCの教会建物［2009年5月ソロ
　　モン諸島ニュージョージア島にて筆者
　　撮影］

図2　CFCにおけるメソジスト式の洗礼式．
　　幼児の右で手をかざすのは牧師［2009年5
　　月ソロモン諸島ニュージョージア島にて
　　筆者撮影］

方で，100年前から相対的に変化していないキリスト教がより「伝統的」とみなさ
れても不思議ではない．すなわち，メラネシア的な伝統観のもと，伝統文化とみ
なされるものが時代の流れとともに再創造されているのである．

　以上のように，彼らのキリスト教に伝統的信仰が内在していたり，逆にキリス
ト教が伝統文化とみなされるのであれば，両者の対比に基づく学問的議論はあま
り有意義ではないといえるだろう．いずれにせよ，キリスト教は伝統文化との境
界が曖昧になるほどオセアニアの諸社会に根付いており，それが同地域における
宗教的な基調となっている．　　　　　　　　　　　　　　　　　　［石森大知］

📖 **参考文献**
[1] Barker, J., *Christianity in Oceania: Ethnographic Perspectives*, University Press of America,
　　1990.
[2] 石森大知『生ける神の創造力―ソロモン諸島クリスチャン・フェローシップ教会の民族誌』
　　世界思想社，2011.

呪術と治療
（バヌアツ）

呪術は，その研究が盛んな文化人類学では，「通常の作用や能力によらず超越的力に働きかけて，特定の現象を目的的に引き起こすための行為または知識」などと定義されている（文献 [1]，p.444）．ここでいう「超越的力」とは，神や霊といった存在にまつわるものを中心とした超自然的な力を指す．病気の治療などのためにそうした力と関係する呪術が使われる例はオセアニア各地でみられる．以下ではバヌアツのトンゴア島民の例に的を絞り，いくつかの特徴的な点について概観したい．

●**治療師と呪術**　トンゴア島民の治療に関わる呪術の中心的な担い手は伝統医療の治療師である．病気を患っている者が訪ねてくると，治療師たちは主に次のようにして対処する．

まず症状や病気の経緯などを詳しく聞き取り，必要に応じて患部をマッサージしたりする．そして，患者がもっているコインやハンカチなどの小物を一時的に預かり，いったん患者を帰宅させる．その晩，治療師は預かった小物を枕の下に置いて床に就く．すると就寝中に治療師の身体から魂が抜け出し，病気が生じた経緯を探りに出かける．石や岩に宿るとされる精霊が病気を引き起こしている場合，精霊は患者の魂をみずからの棲処に連れ去っていたりする．治療師の魂はそのことを突き止め，精霊の棲処に赴いて患者の魂の救出を試みる．

以上の一連のプロセスは治療師には就寝中にみた夢として立ち現れ，治療師はその内容をもとに患者の病気の要因を特定する（こうした手法を以下では「夢見」とよぶ）．そして，翌日再び訪ねてきた患者に病因や病気が生じた経緯を知らせ，薬草を処方したり治療儀礼を行ったりして病因に応じた措置をとる．

●**知識・技術の身につけ方**　治療師たちは病気の治療に関わる以上のような知識や技術をいかにして身につけているのだろうか．その代表的なものの一つに先輩治療師からの習得がある．すでに治療師として活動している者から薬草の知識や治療儀礼の行い方などを学ぶのである．治療師は先述のように夢見によって病因を把握するが，就寝前などに夢見を行うための呪文を唱えたりする．そうした呪文の知識などもまた習得の対象となる．

他方で，これらの知識を教えてもらう相手が人間である先輩治療師ではなく，ある種の霊という場合もある．その霊は石や岩に宿る精霊とされることもあるが，どのような霊なのか治療師には素性がわからない場合もある．そのような霊と就寝中に夢の中でたびたび遭遇し，薬草や呪文などの知識をその都度教示されることを通じて，知識や技術を身につけてゆくのである．ただし，治療師の中に

は，ここであげた先輩治療師からの習得と霊からの教示のどちらか一方だけでなく，先輩治療師から習得を始めた後に夢の中で邂逅した霊からも教示を受けるといったかたちで，双方の要素が認められる者もいる.

●治療師と神　ところで，知識や技術を一度身につけてしまえば，治療師は病気の治療を終生行い続けることができるのだろうか．結論からいえば，必ずしもそうとは限らない．あるときを境に，夢見の際に使う呪文をいくら唱えても夢見ができないといった事態に直面する治療師もいる．このように，知識をもっているにもかかわらず，それを実際に使用しても効果が認められなくなり，ついには治療師としての活動を続けられなくなってしまうという場合もあるのだ.

　こうした事態が生じる理由はキリスト教義の神と関連づけて説明されることが多い（ちなみに 19 世紀後半のキリスト教の到来以降，トンゴアでは全島民がその信徒となっている）．治療師の身につけている知識や技術は先輩治療師や霊から習得したものである．しかし，それらを真に実効性のあるものとするためにはある種の力が不可欠であり，その力は人を助けるために使うものとして，神から治療師にふさわしいとみなされた限られた者だけに授けられるとされる．一方，神は力を授けた者が治療師にふさわしくないことをした場合，その力を取り上げてしまう．すると治療師のもつ知識は無用の長物と化してしまい，活動ができなくなってしまうという.

　人々の間で治療師にふさわしくないこととみなされている最たるものの一つに，病気の治療によって経済的利益をあげようとすることがある．そのように神から授かった人助けの力を私利私欲のために流用しようとした場合，神は即座に治療師から力を取り去ってしまうとされる．こうした見方が共有されているせいか，治療師たちは患者に診察費や治療費のような費用を要求しない．必然的に病気の治療によって生計を立てている治療師もトンゴアにはいなかった.

　以上にみてきたように，病気の治療に関わる治療師の活動はキリスト教の神，あるいは先述のようにある種の霊と関係している．それらはいずれも冒頭で触れた呪術の定義の「超越的力」に関わる存在であり，この点で夢見や呪文をはじめとした治療師の用いる知識や技術は，すべてではないにせよ，呪術の範疇に含めることができる．また，治療師の活動がキリスト教の神と関連づけて捉えられていることからは，治療師を含めたトンゴアの人々の生活にキリスト教が深く根づいていることがうかがえる．　　　　　　　　　　　　　　　　　[白川千尋]

📖参考文献
[1] 川田牧人「呪術」日本文化人類学会編『文化人類学事典』丸善出版，pp.444-445，2009.
[2] 白川千尋『カスタム・メレシン―オセアニア民間医療の人類学的研究』風響社，2001.

マナとタプ

マナとタプ（タブー）は広く世界的に流通するオセアニア起源の言葉である．タプはイギリスの探検家 J. クックによって 18 世紀末にヨーロッパ世界に紹介され，マナは R. H. コドリントンによる 1891 年出版の『メラネシア人（*The Melanesians*）』により広く知られるようになった．そして，どちらも 19 世紀末〜20 世紀初頭にかけて学術用語として学界で広く議論された．その後も現在に至るまで，世界中の諸社会の事例にこの言葉が当てはめられてきた一方で，必ずしもオセアニア世界におけるマナとタプについて一般に理解されてきたわけではない．よってここではオセアニア世界，とりわけポリネシアの島社会の文脈に埋め戻してマナとタプについて説明したい．

●**マナとは何か**　まずはマナから説明したい．コドリントンは，メラネシア人はマナとよばれる「超自然的な力（power）あるいは影響（influence）」をめぐる信念に取り憑かれており，マナは人為や自然現象を超越してすべてのものごとに働きかけると記している．現在でもマナは「超自然的な力」とされることが多いが，それは果たして物質なのか，それとも過程として捉えるべきなのか，あるいは力という何かを起こす原因なのか，それとも効果という何かの結果として理解すべきなのかが議論されてきた．地域的な差異もあって一概にいうことは難しいが，オセアニア世界ではマナは抽象的な何かではなく，特定の文脈における知覚可能で具体的な効果として現れると考えられてきたことは多くの論者が指摘している．例えば，人類学者の R. ファースはティコピアでは人々はマナ（マヌ）を一般化して語ることはなく，降雨，作物の生育，病気の治癒などの具体的な事象と関連づけて説明すると論じている．

マナは人間，岩や川などの自然物，槍などの人工物といった具合に多様なものに宿り，ものからものへと転移することもある．いずれの場合においても究極的にはマナは神々に由来する．人間の場合は，神々との系譜関係を通して首長へと継承されると考えられている．ポリネシアの諸社会における神話では神々から現在の首長に至るまでの系譜関係が語られており，それはマナの継承を示したものであるとも捉えることができる．首長のマナは病気の治癒や戦争の勝利などをもたらすとされるが，マナは根源的には生命を育む力であり，豊穣性や多産などとしばしば結びついてきた．マナは首長の正統性を裏づけ，既存の社会的地位の再生産に寄与する一方で，その効果が現れなければ首長の地位を脅かすなど，既存の秩序を不安定化する要因にもなり得る．さらに，何をもってマナの効果とするのかは多様な解釈に開かれている．そもそもマナそのものが確固たるものとして

目にみえるように存在しているわけではなく，その効果から翻って類推されるものでもある．個々の状況においてある結果がマナの効果であるのかをめぐって同じ社会の中でも解釈が食い違うこともある．

●**タブとは何か**　タブは禁忌などと訳されることが多いが，こちらも理解することが難しい言葉である．タブは「徴（しるし）づける」を意味するタ（*ta*）と，「強く」や「はっきり」を意味するプ（*pu*）からなり，「強くはっきり徴づけられた」という意味となる．とりわけタブは重要なものに徴をつけてそうでないものから分ける働きをもち，それは秩序と深く関連するものである．この点が端的に表れているものがタブとしての首長である．タブである首長は平民から分けられ，社会が秩序づけられる．タブである首長は神に近く，聖性をもち，敬意が払われる一方で，不用意に接したりすると危険な存在でもある．ポリネシアの諸社会においては首長の身体のみならずそれが触れたものもタブとなって危険であるため，首長は御輿に乗ったり担がれたりして移動することも多い．島によっては首長の影がかかったものさえもタブとして危険な状態になると考えられている．

　タブの反対はノア（*noa*）である．ノアは徴がなされていない，聖性がない状態である．平民はノアであり，また，さまざまなことが起こる日常生活や秩序のない状態もノアである．西洋世界との接触による伝統の変化はタブが失われたと形容されるが，それはまさに既存の秩序が崩壊したと捉えられていることを表す．タブがないと神々に由来するマナが力をもち得ない．マナは不安定で，流動的であるため，人々のためになるようにタブによってそれを縛りつける必要がある．何かをタブにするためには，対象となるものを結んだり，何かを縛りつけたりすることでそれをなし，反対にタブを解除してノアにするときには文字どおりそれらを解くことでなされる．かつてハワイでは木に神々を彫刻したが，それを縛りつける儀礼を行わないと力をもたなかったという．現在でも人々はマットなどを身体に巻き付けるが，それによってマナの生命力が確保されると解釈されることもある．

●**タブとマナの現在**　マナもタブも西洋世界との接触以降，社会が大きく変容する中で，新たな意味が見出されてきた．とりわけ特徴的なのは，キリスト教的な文脈におけるマナとタブである．現在では，マナはキリスト教の神に由来し，神と人々を媒介する立場にある牧師にもマナがあると考えられることもある．また，聖書や教会はタブであるとされる．マナやタブはオセアニア世界を理解する鍵であるとされてきたが，現代においてもそれは変わらない．　　　　　［小林　誠］

📖 **参考文献**

[1] Shore, B., "Mana and Tapu," In Howard, A. & Borofsky, R. eds., *Developments in Polynesian Ethnology*, University of Hawai'i Press, pp.137-173, 1989.

ブタと社会
（バヌアツ）

　ブタは，バヌアツの伝統社会では最も貴重な財産であり，タンパク源であり，伝統的貨幣であった．現金経済が浸透している現在においても，村落部ではブタを通貨のようにして用いることが多い．例えば，村の商店での買い物は現金に限られているが，家を建ててもらったときや，結婚式などで提供する料理のために大量の農作物を他人から購入したときの支払いに，ブタが用いられている．伝統的貨幣として用いられるブタは雄ブタであり，雄ブタには牙が生える．かつては両性具有のブタが存在し，そのブタの牙が一番大きくなったといわれているが，現在は存在しない．雄ブタは，下あごから生える牙が大きいほど価値が高くなる．価値の違うブタ同士，ブタと現金との交換レートを定めている地域もあり，まさしく今日においても生活に根差した貨幣としての役割を果たしているといえる．また，結婚に際して花婿側から花嫁側に贈られる男財（婚資）もブタである．さらに，日本では死んだら金をもってあの世にはいけないといわれるが，ペンテコスト島では，ブタは死んだ人間の霊魂を先導して天国に導いてくれるとされている．いわゆる金以上の役割をもっているのだ．

●**ブタを殺して地位をあげる**　このように重要な家畜であるブタは，伝統的な政治システムと密接な関連をもっている．バヌアツ北部の島々には階梯制が存在しており，決められた価値のブタを決められた数だけ殺すことで階梯を登っていく．ブタは，頭をこん棒（近年は鉄の斧の斧頭）で叩いて殺す．それは霊的な力の信仰と関連していた．生物の中では人間の頭に最も強力な霊的な力が宿っているが，ブタは人間に次いで重要な生物であり，当然その頭にも霊的な力が宿っているとされていた．そのブタの頭をこん棒で叩いて殺すことによって，接触したこん棒を通してブタの霊的な力を人間が取り込めると考えられていたのである．これは人間社会に広くみられる接触による力の伝播という信仰の一種であり，日本でも，びんずる尊者の像の足を撫でた手で自分の足をさすることで，悪い足がよくなるといったような民間信仰があるが，それと類似のものである．キリスト教徒になって久しいバヌアツでは，今日霊的な力への信仰は消失しているが，儀礼でブタを撲殺するという形態は引き継がれている．

　こうして殺されたブタは，儀礼に参加した人々に肉として分配される．つまり，貴重な財であるブタを殺すということは，財を破壊して肉にして人々に分配するということを意味する．これは，太っ腹，大物のなせる業であると考えられてきた．肉を分配するために解体されたブタは，その牙のついた下あごだけがきれいにされて保管される．それは，生きているブタより価値は落ちるが，依然と

して貨幣として，財として利用することができるのである．

●**壮大なブタの交換**　さて，ブタを殺して各階梯に到達すると，その階梯に相応しいとされるさまざまな記章を，決められた価値，数のブタを支払うことで手に入れなければならない．階梯の数や記章の種類は社会によって異なるが，ペンテコスト島北部の例でいえば，階梯は四つ，記章としては，ダンスのときに背に差す何種類かの葉や，ブタを殺すときに身に着ける衣装などがある．衣装は下の位から，パンダナスで編んだ白っぽい腰蓑，その一部あるいは全部を赤く染めた腰蓑，パンダナス製のカラフルなベルトとなっているが，上位に行けば行くほど，より価値の高いブタが多く要求される．

　これらはボロロリとよばれる儀礼の中で行われるが，毎回の儀礼では，特に価値の高いブタを少なくとも1頭，誰かに依頼して贈与してもらうことが必要とされており，その贈与に対しては，利子として数頭のブタをつけてお返しをすることが義務となっている．そのため，殺すブタ，記章への支払いのブタ，利子のブタなど，毎回の儀礼ではブタが十数頭から場合によっては30頭程度必要になってくる．これらのブタを自前で揃えるのは難しいが，儀礼では大勢の人々が自発的にブタを贈与してくれる．この種の贈与に対しては，いずれもらったものと同等級のブタを同数お返しすることが必要だが，儀礼は，さながら壮大な贈与交換の場ともなっているのだ．ブタを殺し記章を購入して最上階梯に到達した者はチーフ（首長）とよばれ，チーフたちの合議で村落の政治的行政を遂行してゆく．そしてチーフになってからも，さらにブタを殺し，新たな記章を購入し続けていくことで，より高い位を目指すのである．

図1　背には位の高い葉を差し，腰蓑，ベルトを身に着けて，ブタを殺すチーフ（左）［1992年7月バヌアツにて筆者撮影］

　なお，バヌアツの中南部の島々では首長制が一般的だが，それでもブタを殺すなどのパフォーマンスをすることでみずからの力を見せつけるという．要するに，バヌアツ全土の伝統文化で，政治的に高い地位を得ることとブタを殺すことが密接に結びついてきたのである．そのためもあって，現在の国家的な公式行事において，首相や何らかの政治的リーダーがブタを殺すパフォーマンスをみせることもしばしばあり，ブタはバヌアツの政治とは切り離せない関係にあるといえる．　　　　　　　　　　　　　［吉岡政徳］

📖 **参考文献**
[1] 吉岡政徳『豚を殺して偉くなる—メラネシアの階梯制社会におけるリーダーへの道』風響社，2018.

イマージョン教育
(ニュージーランド)

◇◇◇

　イマージョン (immersion) は，日本語で「浸す」という意味である．イマージョン教育とは一般的には，目標とする言語を習得させるためにその言語に浸らせることをいう．しかしここでは，例えば日本における英語イマージョン教育などのような効率的かつ「ニュートラル」な言語習得のための方法としてではなく，植民地化という歴史的な経緯によって失われてしまった先住民の言語や文化を回復し，再生させようとする，先住民運動のコンテクストの中にあるものとして，イマージョン教育を見ていくこととする．

●コハンガ・レオとクラ・カウパパ・マオリ──先鋭的なマオリ教育施設　1860年代から1世紀続いた同化政策によって，ニュージーランド先住民マオリは大多数が英語での西欧流の生活を送っている．しかし言語や文化を残そうという1980年代からの運動によって，マオリ語が英語とともに公用語になり，また，英語を排し，マオリ語だけで保育・教育を行う就学前教育施設コハンガ・レオ (*Te Kohanga Reo*) や小学校クラ・カウパパ・マオリ (*Kura Kaupapa Māori*) などのイマージョン教育施設が創設・拡充されてきた．19世紀に結ばれたワイタンギ条約という後ろ盾はあるものの，マオリの人々の長年の粘り強い運動によって，ニュージーランドは，白人系住民とマオリの二つの文化のパートナーシップに基づく二文化主義政策を取るに至ったといえる（☞「ワイタンギ条約」）．

　「言葉の巣」を意味するコハンガ・レオは，1980年代初頭から始まり，ニュージーランド全国に420施設にまで広がった幼稚園で，英語を排し，マオリ語のみで4歳までの子どもを保育・教育する施設である．全国に60校以上あるクラ・カウパパは，コハンガ・レオ卒業者のための受け皿として1980年代後半に生まれた，マオリ語のみを教授言語とし，マオリ的な「カウパパ（哲学）」に基づく小学校である．マオリ語が自然に使われていた過去の状況が成立しなくなってしまったことから，マオリのリーダーたちが創設したものであり，それまで家庭内で行われていた世代間の言語の伝達の代替という役割を担うことになった．

　クラ・カウパパでは，排他的にマオリ語のみによって教育が行われる．英語は12歳頃から科目の一つとして教えられる（英語の授業時のみ別棟に隔離される学校すらある）．そのような学校はトータル・イマージョン校とよばれるが，そこにはマオリの知はマオリ語でのみ伝達可能であり，マオリ語の中にだけマナ (*mana*，スピリチュアルな威信) が宿るというマオリの考え方が貫かれている．最終的にはバイリンガルな能力を身につけることが目指されているとはいえ，子どもたちの出会う最初の教授言語はマオリ語でなければならないと，クラ・カウ

パパの哲学「テ・アホ・マトゥア（*Te Aho Matua*)」に書かれている．あるクラ・カウパパでは，英語を話した罰としてノートに100回「ごめんなさい」と子どもが休み時間に書かされている場面を何度も筆者は目にしている．英語は教室からも遊び場からも厳格に排除されている．ニュージーランドは日本人の語学留学者も多く，英語圏の国と認識されている．わざわざ英語を排したマオリ語のみの幼稚園や小学校で子どもたちを学ばせる意味が日本人には理解できないかもしれない．それを理解するためには歴史を知る必要がある．

●**植民地化，同化政策とイマージョン教育**　マオリの学校教育についていえば，19世紀後半からその後1960年代まで続く原住民学校（後にマオリ学校と改称）が同化政策の役割を担ったが，英語も含めた白人的価値観への同化教育はあまり上手くはいかなかった．第2次世界大戦まではほとんどのマオリの家庭でマオリ語が話されていた．マオリ語の消滅の危機には，学校教育の効果もさることながら，第2次世界大戦前後に始まる社会変動，すなわちマオリの都市移住という要因（8割のマオリが都市部に住む事態）が大きかった．マオリが都市のプロレタリアートへと包摂されていく中で，英語を話す，都市型の生活スタイルに取って代わられるようになった．

　長きにわたる原住民学校を通じた同化教育は，マオリの意識の中に，苦い記憶を残している．2000年に80歳代で亡くなったマオリのおばあさんは，生前，第一関節がすべて曲がった手の指を筆者にみせてくれた．彼女の幼少期，学校ではマオリ語禁止であった．彼女は英語を多少話せたが，マオリ語しか話せない友達がいた．先生が何を言っているのかを友達に教えるためにマオリ語を使った．その罰として，イギリス人教師は，机の端に10本の指を並べさせ，木製の大きな定規で打ったため骨が変形してしまったというのである．

　そのような同化教育の苦い集合的記憶に加え，マオリ語やマオリの価値観が崩壊しつつあるという危機感も生じた．マオリと白人との縮まらない格差（マオリ子弟の低い教育達成度）が，「文化的に適切」な教育をマオリ子弟が受けることができていないことに起因しているのだというマオリ・エリートの運動家たちの主張もあり，それまでの同化教育とは価値観をまるで反転させたかのような先鋭的なイマージョン教育施設の創設へとつながった．コハンガ・レオをモデルにしたハワイの保育・教育施設プーナナ・レオ（*Pūnana Leo*）なども含め，オセアニアにおけるイマージョン教育は，同化政策に抗する先住民の歴史的なコンテクストの中で把握される必要があろう．　　　　　　　　　　　　　　　［伊藤泰信］

📖 **参考文献**
[1] 伊藤泰信『先住民の知識人類学』世界思想社，2007.
[2] 伊藤泰信「度外視される効率性とナショナリズムの強度—ニュージーランド先住民マオリ個別の小学校」『オセアニア』79：4-7，2008.

伝統貨幣と法定通貨

〰〰〰〰〰〰〰〰〰〰〰〰〰〰〰〰〰〰〰〰〰〰〰〰〰〰〰〰〰〰〰〰〰〰〰〰

　オセアニアでは古くから貝殻や石，ブタやその牙，クジラやイルカの歯，植物の繊維からつくった布や鳥の羽など多種多様な素材を原料とする貨幣が使われてきた．これらの素材の多くは，それが貨幣として使われる地域では入手困難な希少性を備えたものであった．例えばニューギニア島内陸部の高地地方では真珠貝をはじめとする数種類の貝殻が貨幣として広く用いられたが，それらの貝殻は遠く離れた沿岸地域との贈与交換や交易を通して入手するものであった．貝殻貨幣は沿岸部でも広く使われていたが，彼らにとっても自分たちの貨幣の素材となる貝殻の入手は容易ではなかった．なぜならみずからの居住地域近辺で採集できる貝殻は，多くの場合は貨幣として使わなかったからである．地元で採れる貝殻は交易や贈与交換で他地域の人々の手に渡り，引き換えに他地域から入ってくる貝殻を貨幣として用いたのである．またヤップ島の石貨に用いられる石灰岩は，大きなものは直径3〜4mに達するが，それらは400km離れたパラオからカヌーの遠洋航海で運んでくるものであった．

　私たちが使う国家の法定通貨が，そのモノ自体（紙片や金属片）としては無価値で無個性であるのとは異なり，伝統貨幣の多くはそのモノ自体が特別な力を有するとされる．例えばパプアニューギニアのイースト・ニューブリテン州に暮らすトーライ人の貝殻貨幣は「タブ」とよばれるが，この「タブ」という語には「聖なる」と「禁忌」という二つの意味がある．彼らにとって，この貝貨を大量に貯めることは誇らしく，周囲から尊敬を集めることである．一方でこの貝貨は制御不可能な恐ろしい力をもつものでもあり，人々は貝貨の貯蔵庫には近づかないようにしている．このように，神聖性や恐ろしい力など，伝統貨幣が単なる商品を買うためのお金として以上の特別な意味をもつ例はオセアニア中で広くみられる．

　伝統貨幣の強い力や特別な意味は，近代国家の法定通貨のように社会内部の規約や法によってつくられたものではなく，祖霊や超越的な存在のような社会の外部と結びつけられるものであり，先述したその素材が外部からもたらされることもその存立の一つの根拠となる．伝統貨幣が外部に由来するということは，16世紀以降に西洋人がやってくる以前から，オセアニアの人々が広い地域を跨いだ交流のネットワークの中で生活していたということを示唆している．

●**西洋世界との接触**　だが，F. マゼランの世界周航（1519〜22年）以降，このような伝統貨幣のあり方は変化を余儀なくされた．大きな変化の一つは，西洋人の介入による貨幣素材の流通への影響である．例えば19世紀後半にヤップ島を訪れ，石貨に価値があることを知ったアメリカ人商人D. オキーフは，パラオに石

材を切り出す機械を持ち込み，大量の石灰石を加工してヤップ島に持ち込んだ．オキーフはこの石貨でナマコやコプラを購入して財をなしたという．またニューギニア高地では，第2次世界大戦後オーストラリアによる統治が進む過程で，ニューギニア近海で大量に採集した真珠貝などが持ち込まれた．かつては真珠貝を使った装飾品は一つ一つに名前が付けられた貴重品であったが，大量に流入して以降は贈与交換儀礼などで大量に授受されるようになったという．

　とはいえ，西洋人が伝統貨幣を用いて現地の人々と交易を行ったのは接触の初期段階の特定の地域に限られる．植民地統治者としての西洋人の狙いは，現地の人々を安価な労働力として，また消費者として市場経済の中に取り込むことであり，そのためには伝統貨幣の使用をやめさせ，法定通貨を使わせることが必要であった．人頭税を賦課したり，また酒やタバコなどの依存性が高い商品を流通させたことは，現地の人々が法定通貨を使わざるを得ない状況をつくり出すための方策と見ることができる．

　また当時の西洋人の見方においては，伝統貨幣の使用をやめさせて法定通貨を使わせることは，「原始的」なオセアニアを啓蒙し，発展に導くことでもあった．上述のとおり，伝統貨幣はオセアニアの多くの社会において重要な価値を体現するものであり，さらにモノやサービスの生産や共有，分配においても重要な役割を果たしていた．しかし当時の西洋人は，伝統貨幣や慣習的な経済の仕組みを，西洋近代以降の市場経済のレベルにいまだ達していない，「原始的」なものとしか捉えていなかった．市場経済での商品売買に用いられる西洋諸国家の法定通貨が，交換媒体・価値基準・価値貯蔵の三つの機能をすべて果たす貨幣であるのに対して，伝統貨幣は日常的な交換ではさほど用いられず，また均質性を欠くため価値の基準としても不完全であるなど，貨幣の三機能を十分に果たさない，未発達な「原始」貨幣であるとされたのである．

●非市場経済と伝統貨幣　市場経済を最も「進化」した「合理的」な経済システムであるとする西洋中心主義的な考え方を明確に批判し，伝統貨幣に新たな理解をもたらしたのが経済人類学者 K. ポランニーであった．ポランニーによれば，あらゆるモノやサービスが市場において貨幣で売買される市場経済というシステムは，人間社会を歴史的に俯瞰すると，西洋近代でのみ成立した特殊なものであるという．法定通貨が先述した三機能をすべて果たすのは，より「進化」しているからではなく，単にその特殊な経済システムに適応しているということに過ぎない．それに対して伝統貨幣は異なる経済システムに適応したものであり，市場経済とは異なった方法でモノやサービスの交換を実現する．

　例えばヤップ島では，村の中の日常的なモノやサービスの交換では石貨を支払わない．首長を頂点とした明確な階層構造をもつヤップ島では，モノやサービスは売買によってではなく，それぞれの位階に付随する役務，階層下位者から上位

者への貢納，上位者から下位者への下賜，同階層の人々の間での義務的な相互扶助など，社会的につくられたルートに沿って流通し，交換，分配される．この経済システムにおいて石貨が果たす役割は，交換のルートをかたちづくり，維持することである．さまざまな儀礼——位階関係を示し，姻戚関係を結び，所属階層を確認する——の際に，石貨は重要な財として公衆の面前で交換される．ヤップ人は一つひとつの大きさも形も異なる石貨を，それがいつ何の儀礼で誰から誰に贈られたものかを記憶している．村の広場などの公的な場に置かれた石貨は，モノのやり取りのルートを人々に公的なものとして示しているのである．

　このように儀礼などにおける伝統貨幣の交換が人々の間に信頼関係や権利・義務の関係をつくり出し，その関係を通して財をやり取りするという経済システムはオセアニア諸社会で広くみられる．オセアニアの伝統貨幣は，西洋の法定通貨に比べて「遅れた」「原始」貨幣なのではなく，市場経済とは異なるモノの生産，分配，流通のシステムを可能にする別様の貨幣なのである．

●**グローバル化と伝統貨幣**　だが，植民地統治が法定通貨の使用を強制し，市場経済が広がっていく中で，伝統貨幣および慣習的な経済システムは変容を余儀なくされていった．現在，オセアニアの多くの地域で，人々は市場や店で食料や衣服を買い，バスに乗り，学校に通うという生活の中で日常的に法定通貨を使っている．伝統貨幣だけで経済生活を営む選択肢は現実的なものとはいえない．

　また，法定通貨はモノの売買の領域にだけではなく，婚資の支払いに代表されるような社会関係を生成する諸々の儀礼交換の領域にも進出した．かつては伝統貨幣で支払うべきとされていた婚資や儀礼の際の交換財の一部，場合によっては全部を法定通貨で支払うことも今日では珍しいことではなくなっている．

　この状況を，グローバル化が進行する中で，西洋を中心とする資本主義市場経済がオセアニアに浸透した結果とみることは一定程度正しい．だが，ここで注意すべきは，市場経済／慣習的経済システムあるいは法定通貨／伝統貨幣の二者の関係である．これを対立的な関係と捉え，両者がぶつかり合った結果，前者が勝ち，後者が消えたとみるのは単純すぎる．たしかにオセアニア地域の人々は賃金労働して法定通貨を稼ぎ，それを使って買い物するという日常生活を送るようになったが，それは必ずしも伝統貨幣を用いた慣習的な経済システムと相容れないものではない．実際には両者はさまざまなかたちで複雑に関係し合っている．

　例えば先述のパプアニューギニア高地の事例を見てみよう．植民地統治下で同地域には，大量の真珠貝だけではなく，さまざまな西洋の商品も持ち込まれた．金属製の道具をはじめとする新たな商品とそれを購入するための賃金労働は，明らかに人々の生活を変えた．そして，その変化は伝統的な儀礼や贈与交換にも及んだ．だが，勘違いしてはならないのは，贈与交換は市場経済に負けて衰退したのではなく，むしろいっそう繁栄したということである．希少品だった真珠貝が

大量に流入し，西洋の商品が新たな交換財のレパートリーに加わり，植民地統治下で部族間戦争が抑え込まれ，交通網が整えられたことで，ニューギニア高地の贈与経済は以前よりも盛んに行われるようになった．市場経済と慣習的な贈与交換は対立的ではなく，むしろ相互依存的な関係にあるといえよう．

　また近年では，生活全般が西洋化していく中で，伝統貨幣は現地社会の文化的アイデンティティを象徴する重要な要素として意識されている．オセアニアの各地でみられる，現地の人々の経済的・文化的な自律を主張する動きの中には伝統貨幣の復興や活用を目指した運動もみられる．

　例えばバヌアツのペンテコスト島では，この地域の伝統貨幣であるブタの牙を預けることができる銀行が 1980 年代につくられた．この銀行は，ペンテコスト島内に 14 の支店をもち，預けられたブタの牙は利息付きで貸し付けも行われ，預金（牙）すると 15％の利率が保証されているという．ブタ銀行はバヌアツの伝統文化の復興を主張する運動「トゥラガ・ネイション」の中で設立されたものであり，近代西洋流の市場経済に全面的に依存するのではなく，ローカルな慣習的なやり方で経済活動を活性化させることを目指している（文献［1］）．

　また先述したパプアニューギニアのイースト・ニューブリテン州でも，1992 年に貝貨タブの銀行が設立された．この貝貨銀行は，貝貨預金，貝貨を担保とした法定通貨の貸付，貝貨と法定通貨の交換，貝貨の材料販売，貝貨の製作代行の五つの業務を行っていた．また 1999 年には州政府が貝貨タブを法定通貨を補完する第 2 の通貨として活用するという方針を示した．州政府の計画書では，貝貨をより盛んに活用することは，人々の経済生活の助けになり，また若者に伝統文化の重要さを伝えることにつながるとされている．すでに州内では実際に貝貨と法定通貨の交換所が営まれ，税金や学校の授業料，裁判の際の罰金などの公金の支払いも貝貨で可能になっている．

　これらの伝統貨幣の活用は，西洋的な価値観や市場経済とは異なるものとして自分たちの独自の文化や経済システムの価値の主張を伴ってなされている．とはいえ，彼らは市場経済で法定通貨を使った生活を，完全に伝統貨幣と慣習的な経済システムに置き換えることを主張しているわけではない．銀行という市場経済の仕組みの導入によって伝統貨幣をより使い易くしたり，また逆に伝統貨幣の活用を通して市場経済の中で苦しんでいる人々を助けたりしている様子からは，二つのシステムを組み合わせることで，自分たちの伝統貨幣や伝統文化の価値を現代的に位置づけ直す試みを見て取ることができるだろう．　　　　［深田淳太郎］

📖 参考文献

[1] 吉岡政徳「トゥラガ・ネイション（その 2）─伝統と近代の相克」『日本オセアニア学会ニューズレター』128：1-25，2020．

親族と身体
（パプアニューギニア）

　親族関係や親戚関係という言葉を聞いて，読者はどのようなイメージを浮かべるだろうか？　子どもの頃からの親しい関係？　それとも，血のつながりのある人たち？　だが，子どもは両親と血のつながりがあるが，父親（夫）と母親（妻）の間には血のつながりはないはずだ．それでも，私と父親と母親は，まとめて家族（親族）とよばれるし，父親方の親戚と母親，母親方の親戚と父親も，（日本語では）親戚だったりする．それらの人々全員が，必ずしも血のつながりによって結ばれていたり，ましてや子どもの頃から親しかったわけではないだろう．一体，親族関係や親戚関係とは，どのような関係なのだろうか？　これは一つの謎なのかもしれない．

●**親族と身体と自然**　しかし，この謎を解く手がかりはある．上記の記述を見てみると，どうやら親族とは，身体的な連続性（血のつながり）や，「一つ屋根の下で暮らす」というイメージにあるように，睡眠，入浴，排便，放屁，あくび，性交その他の性的行為，分娩，授乳その他の養育行為，あるいは食事，身づくろいなど，身体を直接の対象とする身体的行為をともにすること，と深く関わりがあるようだ．ただし，そうした血のつながりや，それを含む身体とはいかなるものか，といった観念は，文化によって大きく異なる．すなわち，身体観は文化によって相違し，世界中には異なる文化的な身体観があるのだ．そうした多様な身体観は，それを包摂する，多様な自然の観念の一部である．それゆえ，我々の日本で認識されている「身体」≒自然観も，唯一普遍の「身体」≒自然の捉え方とはいえない．だが，我々の「身体」≒自然観は，第1に，我々の自文化として，世界中の多様な異文化の「身体」≒自然観を認識し理解する際の基準点になること，第2に，西洋に由来し我々にとって相対的に客観的である科学的な「身体」≒自然観を組み込んでいること，この2点において（相対的に）特権的な位置にある．ただし，いうまでもなく，科学も，西洋由来の文化的な営みであり，科学的知識も社会・文化状況により歴史的に変動する．したがって，科学的知識を組み込んだ我々の「身体」≒自然観も，文化的な観念であることには変わりがない．そのような文化的な「身体」≒自然観の彼方（外部）に想定され得る，まったく文化的ではないような「自然そのもの」は，徹頭徹尾，文化的な存在である人間にとっては知り得ない実在である．ゆえに，我々にできることは，自文化を通文化比較の基準点としながら，世界中の異文化の「身体」≒自然観と，それに基づく親族観の考察を深めることである（文献［1］，pp.9-60）．

●**親族に「なる」**　以上のような視点のもとで，パプアニューギニア・エンガ州サ

カ谷の親族・身体・自然の異文化理解を深めていこう．当地域では，親族の人々が集まって，一つの村落を形成する．一つの村落全体が，一つの親族の集団であるため，その規模・範囲は大きく，親族集団の人口は優に1000人を超える．それらすべての人々に「血のつながり」が認知されている．この親族集団は父系であるが，個人は母方の親族集団とも「血のつながり」があるため，人は生まれた瞬間に，2000人以上の親族をもつ．さらに，父親の母方や，母親の母方の親族集団などとも「血のつながり」があるため，1人の人間の「血のつながり」のある親族を数え始めると，その数は倍増してゆき，容易にサカ谷の地域人口，約1万6000人に達する．一地域の住民の全員が親族関係にあるのだ．これはすごい世界である．いわば地域社会を構成するすべての人々に，「血のつながり」という身体的な連続性があるといえる．それゆえ，サカ谷では，大して顔見知りではない人（正確に「血のつながり」をたどれない人）と道端ですれ違っても，「よう，イトコ！」と必ず挨拶する．道ゆく見知らぬ人々も含め，全員が，身体的につながっている「社会」．これは我々の生きる，ばらばらの平等な市民が社会契約により国家を形成する（フランス革命やアメリカ独立宣言を経た）近代社会とは大きく異なる．

　さらに興味深い点として，我々にとって「血のつながり」は所与の生まれもつ絆と考えられているのに対して，エンガ州サカ谷では，「血のつながり」は生まれもつ絆でありながら，同時に，つくられるものでもある，と考えられている．その「血」をつくる行為が，寝食をともにするなどの身体的行為であり，それによって「血のつながり」がない人同士も「同じ血になる」．例えば，他地域から何らかの理由により，サカ谷の村落に移住した者がいるとする．その者は，当初は，村人とは「異なる血」であり，身体的な連続性はない．しかし，彼／彼女が特定の村人の家屋に寝泊まりし，同じ畑からとれた同じ食物を食べ，肩を組み合って歩く，といった身体的行為をともにし，親密な関わり合いを続けると，両者は「異なる血」から「同じ血になり」，そこに「血のつながり」，すなわち身体的な連続性が認められ，親族に「なる」ことができる．我々の日本文化では，親族・親戚は，（身体的行為をともにする）親密で安心できる関係でありながら，親族・親戚とよそ者との間に固定的で明確な境界線を引くような，どこか排他的な側面をもっている．それと比べて，エンガ州サカ谷の親族のあり方は，なんと寛容なものだろうか．よそ者であっても，食事などの身体的行為を繰り返しともにすれば，親しくなるどころか，「血のつながり」のある親族に「なる」．これほど「開かれた」親族と身体のあり方もないだろう．このような身体の自然の観念は，我々の親族の固定観念をより豊饒な諸可能性へと開いてゆくものである．　　　　　　　　［深川宏樹］

📖 **参考文献**
[1] 清水昭俊編『家族の自然と文化』弘文堂，1989.
[2] 深川宏樹『社会的身体の民族誌―ニューギニア高地における人格論と社会性の人類学』風響社，2021.

礼　節
（ミクロネシア連邦）

　礼節とは一般に，礼儀と節度を尊ぶことであり，それにより他者との交際を可能にする作法である．ミクロネシア連邦における諸社会を語るうえで，この主題が重要になるのは，発達した敬語で知られるポーンペイ島をはじめ，他者に対する敬意の伝達を目的とした振る舞いが随所にみられるからに他ならない．

●**身体や空間を用いた礼節作法**　須藤健一によると，ヤップ州に属するサタワル島には，「腰を曲げる」ないしは「身体をかがめる」ことを意味する「アップゥオロ」という行動規範があり，主に女性が男性キョウダイと接する際に要求される（文献［1］，pp.181-183）．具体的には，相手よりも一段と低い姿勢を取らなければならず，時にイモムシのように這いつくばることもあるという．こうした振る舞いは「女はつねに男キョウダイの下にいなければならない」という説明原理に支えられる．「アップゥオロ」について興味深いことは，日本のお辞儀のように低い姿勢を取ることが必ずしも重要ではなく，むしろ相手がいる位置よりも空間的に低いことの方がより重視されるという点である．

図1　コの字型の高床を備えた祭宴堂［2011年8月筆者撮影］

　身体動作と空間配置を利用した礼節の作法は，ポーンペイ島でもみられる．儀礼の会場である祭宴堂には，中央の地面を囲むようにコの字型の高床があり，身分階層秩序の表現に有用な役割を果たす．祭宴堂の高床上では，高位の者が奥間に着座するのをはじめ，位階ごとに席次が定められている一方，相対的な低位者は椅子の代わりになるものを探して中央の地面に座る．こうした水平的な配置に加え，高床の奥間では最高首長やそれに準ずる者が椅子に座り，給仕役が床に座ることで首長の権威が垂直的に表現される．これに身体をかがめる動作や，身分に応じた敬語（☞「ポーンペイ語」），さらには位階の順位に沿った飲食物の配膳なども加わり，高位の者への敬意が多層的に示される．

　これらの事例からわかるように，相手に対する礼節に満ちた振る舞いは，敬語の使用にとどまらず，身体や空間を活用した非言語コミュニケーションを織り交ぜることによって達成される．こうした多層的なコミュニケーションのあり方は，発達した敬語とともに，ミクロネシア連邦における礼節の表現の一つの特徴

であり，言語人類学においても重要な研究対象となっている．

●礼節をめぐる別の論理──形式作法から存在承認へ　ポーンペイ島の儀礼的場面における礼節の作法のうち，首長に連なる身分階層秩序をはっきりと示すやり取りは，参加者が会場に持ち込んだ家畜や農作物を，再び参加者に分配するという再分配のプロセスである．その際，儀礼の参加者の大半がそれぞれに保持している称号の名称を，分配役を務める男性が位階の順に大きな声でよび上げる．よび上げられる順番が早ければ早いほど，大きな塊や貴重な部位が再分配される．この再分配の手続きが称号に基づく位階の序列を可視化することから，参加者にとっては称号の位階に基づく名誉を実感する機会にもなる．称号の位階に見合った再分配を遂行することが可能になるのは，参加者のもつ称号を尊重するという基本的な礼節を主催者側が心得ているからである．

　ただし，再分配の場面をよく観察してみると，称号の序列は必ずしも厳格に守られてはいない．実際によび上げられる称号の順番と，称号の位階の序列が一致しないことも珍しくはない．しかし，だからといって礼節が重んじられていないわけではない．むしろここには，儀礼の参加者の扱いをめぐる，形式作法とは異なる礼節の論理がある．

　筆者の調査中，ある島民男性は「称号をよび上げることは（通信簿の成績が）4だった小学生にお菓子を四つあげることとは違う．例えば，もし人々があなたのことを好きだったり，あなたのことを名誉に思ったりしたら，称号がよび上げられるだろう」と言った．彼の言うように，ポーンペイ島の儀礼における再分配には，形式作法を遵守するという以上に，目の前の他者の存在を承認する行為としての側面がある．筆者が参加した誕生日の儀礼の再分配では，位階称号の代わりに，当日の主役であった幼い少女の名前がよび上げられ，十分すぎる量のブタ肉が再分配された．本来は位階の序列に基づく敬意を伝達するはずの行為が，祝福されるべき人に祝福を伝える行為へと転換した瞬間であった．

　ポーンペイ島では称号の位階に見合った振る舞いが重視されるが，称号の順位ばかりに心をとらわれていると，結局は相手に対する礼節を欠いてしまう．むしろ，そこには島嶼特有の顔の見える間柄だからこその配慮があり，互いに守るべき礼節には，単なる形式作法ではない存在承認としての行為が求められる．

［河野正治］

📖 参考文献

[1] 須藤健一『母系社会の構造─サンゴ礁の島々の民族誌』紀伊國屋書店，1989．
[2] 河野正治『権威と礼節─現代ミクロネシアにおける位階称号と身分階層秩序の民族誌』風響社，2019．
[3] 清水昭俊「名誉のハイアラーキー─ポーンペイの首長制」清水昭俊編『洗練と粗野─社会を律する価値』東京大学出版会，pp.41-55，1995．

スマホと社会
（トンガ系社会）

~~~~~~

　オーストラリアやアメリカ西海岸，ニュージーランドには，多くの太平洋島嶼部からの移住者が暮らしている．例えば，トンガ王国では今や国内のトンガ人の人口よりも海外に居住しているトンガ人の方が多い．トンガをはじめ太平洋島嶼部の多くの文化に共通することとして家族，親族のつながりがとても強いことがあげられる．かつては手紙や国際電話などに頼らざるを得なかったが，スマホ（スマートフォン）の普及によって多くの人々は，海外に居住する家族や親族といつでも気軽に連絡が取れるようになった．トンガ人人類学者の E. ハウオファが「我らが島々の海（Our Sea of Islands）」という論文で，太平洋島嶼民の世界観において島々は海によって孤立しているのではなく，海によって島々はつながり合っていると論じたが，それになぞらえてスマホやインターネットの普及によって太平洋の島々の人々と移民たちがつながり合っている世界を捉えることができる．

●**スマホの普及とインターネット**　2010 年代前半までは，パソコンを介したインターネットによるコミュニケーションが海外に移住したトンガ人の間で盛んであったが，トンガ本国ではそれほど普及していなかった．しかし 2010 年代後半以降，トンガ本国のインフラの普及，特にスマホを介したインターネットの利用に必要な第 3 世代移動通信システム（3G）が普及したことで，この情報格差は縮小しつつある．世界銀行の統計によると 2006 年にはトンガ本国の人々の 5.85% しかパソコンを使ってインターネットにアクセスできなかったが，その割合は 2010 年には 16%，2017 年には 41% と上昇している．携帯電話（スマホ含む）の普及率は目を見張るものがあり，世界銀行の携帯の契約者の統計をみると 2006 年には 29%，2009 年には 51%，2017 年には 105% と 1 人につき 1 台以上を契約している計算になる（ちなみに日本は 2017 年に 135%）．つまり，10 年ほど前はトンガではごく限られた人しかインターネットにアクセスできなかったが，今ではスマホを利用して移住者とのコミュニケーションが盛んに行われている．

●**ソーシャルメディアの役割**　トンガ人移民は長らくインターネットを活用しながら国境を越えたコミュニケーションを行っていた．1990 年代，2000 年代前半は，カヴァ・ボウルという掲示板がアメリカ在住のトンガ人，T. カミによってつくられ，多くの海外在住者が，トンガの慣習や日々の日常における海外に住むうえで日常の諸問題（子育てなど）を語って交流する場となった．2000 年代後半になると，フェイスブックを代表とする多様なソーシャルメディアが現れた．「友達」を探してつながる，というソーシャルメディアの機能が，世界中に離散した家族や親族とつながり合える機能として再解釈され，世代を越えて普及した．初期にはパソ

コンを所有していたり，インターネット・カフェ
へアクセスできる限られた人々だけが利用してい
たが，スマホの普及により，ソーシャルメディア
の利用者の層が各段に広がった．インスタグラム
ほか，複数のアプリが世代を越えて活用され，ス
マホは今や太平洋島嶼民のトランスナショナルな
世界を支える必需品である．また，スマホは小規
模エスニックビジネスの台頭にも寄与している．
家庭内で手作りの工芸品やケーキ，伝統料理など
のケータリングなどが，親族のネットワークを利
用して売買されており，さまざまなビジネスがス
マホのアプリを活用しながら成長している．

●**トンガ人の世界観「ヴァ（vā）」**　トンガ人のコ
ミュニケーションの仕方を理解するためには，彼
らの世界観の核にある「ヴァ（vā）」という概念を
理解することが重要である．「ヴァ」は人と人と
の間の社会空間を意味すると同時にその2者間の
つながりをも意味している．イディオム的によく
用いられる表現としてタウヒ・ヴァ（tauhi vā）が
あり，これは「きずなを育む」と訳せる．つまり，
人と人とのきずなというのは，コミュニケーショ
ンや贈与（例えば，移民から本国への送金）など
の具体的な振る舞いによって保たなければならな
いという価値観である．このつながりは，近しい
間柄であれば，物理的な距離が遠く離れた国境を

図1　インスタ映えするケーキ
は誕生会などの重要なイベン
トを彩るのに必須である．ト
ンガの伝統的なパターンを使
用したケーキなどをつくるビ
ジネスなどが誕生している
［出典：インフォーマントのイ
ンスタグラムより許諾を得て
掲載］

越えた関係であっても，しっかりと育まなければならないと考えられている．ス
マホとインターネットの普及は，トンガ人を含む太平洋島嶼部の人々がもつこの
ような世界観に合致している．2020〜22年にかけて，世界中で起きた新型コロナ
ウィルス感染症によるロックダウンと国境の閉鎖によって，コミュニケーショ
ン・テクノロジーの重要性はさらに高まった．教会の礼拝や葬儀，洗礼式などさ
まざまな行事がオンラインで行われた中で，人々はヴァという社会空間を育んで
いたのである．　　　　　　　　　　　　　　　　　　　　　　　　［西谷真希子］

📖 参考文献

[1] Nishitani, M., *Desire, Obligation and Familial Love: Mothers, Daughters, and Communication Technology in the Tongan Diaspora*, University of Hawai'i Press, 2020.

マヌカハニー
（ニュージーランド）

∞∞∞∞∞∞∞∞∞∞∞∞∞∞∞∞∞∞∞∞∞∞∞∞∞∞∞∞∞∞∞∞∞∞∞

　マヌカハニーは，マオリ語でマーヌカ（*Mānuka*）とよばれるフトモモ科ギョリュウバイ属（*Leptospermum scoparium*）の常緑低木に咲く白い花を蜜源とする，主にニュージーランドで生産される蜂蜜のことである．通常の蜂蜜よりも暗い色合いで粘性が高く，独特な香りがあり，その味にはわずかに苦みが感じられる．病気を予防し健康を促進する食品としてグローバルに需要が高まっており，蜂蜜としてのみならず医薬品や加工食品，化粧品の原材料としても注目されている．

●**マオリの伝統的な薬を蜜源とする蜂蜜**　マヌカハニーという言葉は，ニュージーランド先住民のマオリ語の名称，マーヌカからきている．マオリの伝統的治療法において，マーヌカは薬効のある植物として知られている．例えば，葉を煎じたものは発熱，樹皮を煎じたものは下痢，また樹皮を燃やした灰は皮膚疾患に効果があると考えられてきた．18世紀末にJ. クックがこの島々に到来した際には，苦い味を好んでマーヌカの葉を茶葉として用いたことから，（ニュージーランド・）ティー・ツリーともよばれる．ただし，精油ティー・ツリー・オイルの原材料として知られるティー・ツリーとは異なる植物である．

　ニュージーランドには1839年に，イギリスからセイヨウミツバチがもたらされた．自然環境に適応し生息地が広がる中，当初は森林を熟知したマオリが主に養蜂と蜂蜜販売を担っていたという．20世紀に入ると，養蜂家人口が増加し産業として成長していった．マヌカハニーは，その独特な風味から人気のない蜂蜜であったが，一部の人々には切り傷ややけどに効果があることが知られていた．そこで，1980年代よりワイカト大学の生化学者P. モランがマヌカハニーに関する研究を主導した．以前より蜂蜜全般の抗菌活性は知られており，それは過酸化水素に由来するもので，熱や光に弱い．しかしながらモランらは，マヌカハニーに過酸化水素に由来せず，熱や光にも強い抗菌活性があることを発見した．さらに2008年にドイツの食品化学者T. ヘンレらは，それがメチルグリオキサール（methylglyoxal：MGO）という化合物によることを突き止めた．メチルグリオキサールには，病原菌やウイルスなどの増殖を抑制したり除去したりする働きが認められている．そのため，マヌカハニーは感染症や胃腸疾患の予防，切り傷ややけど，炎症などの外傷の治癒，口腔内の虫歯や歯周病の予防に効果があるとされている．

　蜂蜜は生物資源という性質上，その品質保証が困難な中で，メチルグリオキサールの含有量を示すMGO表示や，ニュージーランド産にこだわりメチルグリオキサールに加えてそれ以外の指標も考慮するUMF表示（Unique Mānuka

Factors）などが，「オーセンティック」なマヌカハニーを保証しかつその等級を示す指標として企業に採用されている．科学的な調査研究が進み，健康への意識が高いスポーツ選手や有名人がスーパーフードとしてもてはやしたこともあって，2010年代にはグローバルに需要が高まり，それに伴い価格も高騰した．MGOやUMFといった数値が高いほど，抗菌活性が高いとされており，価格も上がる．例えば，250g入りの小瓶の場合，UMFの値が10＋だと3000円，15＋で4000円，20＋で7000円，25＋で1万8500円といった具合である．ニュージーランドは現在，世界有数の蜂蜜輸出国であるが，売上の約8割をマヌカハニーが占めており，中国，アメリカ，イギリス，日本などが主要輸出国になっている．マヌカハニーあるいはそれを原材料にした化粧品などは，ニュージーランドを訪れる観光客にも，人気の土産物になっている．その一方で，需要に供給が追い付かないこともあって，粗悪品や偽造品の流通が大きな問題であることも事実だ．そこで第1次産業省は2017年に，化学物質とDNAの検査を合格したもののみを「マヌカハニー」と認定し，さらに化学物質の含有量に基づいて，マヌカのみを蜜源とする単花蜜と，マーヌカを含む複数の植物を蜜源とする百花蜜に分けるという方針を打ち出した．

●ニュージーランドとオーストラリアの緊張関係　隣国オーストラリアには，1822年にセイヨウミツバチがもたらされた．ニュージーランドに自生するマヌカは1種であるのに対して，オーストラリアでは80種以上が自生するといわれており，それらの種を蜜源とする蜂蜜は，オーストラリアでも早い段階からマヌカハニーとよばれてきた．その中には，ニュージーランドのマヌカハニーに匹敵する抗菌活性が認められているものもあり，近年はオーストラリアもその生産に力を入れつつある．

　このような状況を前に，ニュージーランドの養蜂産業は危機感を募らせ，2015年にはマーヌカハニー名称協会がニュージーランド国内において「マヌカハニー」の商標の登録申請を行い，2018年にそれが認められた．これに対して，オーストラリア・マヌカハニー協会は異議申し立てをした．それ以降，2国の間では，イギリスや中国など複数の国々における商標の登録をめぐり緊張関係が続いてる．最近ニュージーランド側は，政府の支援を受けながら，マーヌ

図1　都内スーパーにて，高価なためにマヌカハニー現物ではなく写真の札が並べられた棚［筆者撮影］

カはマオリ語でありマオリの「宝」であるという主張を強めており，解決までにはなおも時間を要するものと思われる．　　　　　　　　　　　　　　　［深山直子］

10

アート・創造・メディア

［担当編集委員：窪田幸子・桑原牧子］

概　説

何かをつくり出し，表現することは，我々人間にとって生きる根源ともいえる
活動だろう．本章はオセアニアの人々による創造や表現を広く取り上げること
で，彼らの豊かな生の歩みを描き出すことをめざしている．その範囲は，伝統的
に製作されてきた絵図，工芸，さまざまな物質文化，音楽，パフォーミング・アー
ツから，現代のアートシーンにおける作品，文学，映画，メディア，ファッショ
ン，手芸にまで及ぶ．社会的・歴史的事象とアートをはじめとする創造的活動と
の関係を提示し，オセアニアの人々によるアート製作およびその他のさまざまな
創造が繰り広げられる時代と地域を展望できる構成をとる．まずはじめにオセア
ニア全域で展開するアート・創造的活動を紹介し，次に地域ごとの特徴を示すた
めに，オーストラリア，ニュージーランド，ハワイ，最後にハワイ以外のオセア
ニア島嶼部という順番で，アート・創造・メディアの項目を並べた．

●**アートと社会**　政治，経済，信仰，親族関係などの社会制度に関連づけられな
がら製作されてきたアートは，アーティスト／製作者および鑑賞者／使用者が生
きる社会を反映すると同時に，社会をつくり上げ，発展させる役割を担ってきた．
その点においてアートを社会と切り離して語ることはできない．例えば，オース
トラリアの先住民アボリジニはみずからの神話に基づく物語を大地や身体に描き
ながら世代を超えて伝承し，ニュージーランドのマオリも海を渡ってアオテアロ
アにたどり着いた祖先の物語を集会場マラエやカヌーや武器に彫り込んできた．
オセアニア全域の儀礼の中で踊りや音楽は重要な役割を担ってきたが，例えば，
ハワイではフラ，ニュージーランドではハカやポイなどの踊りが踊られ，楽器が
奏でられ，詠唱されてきた．パプアニューギニアのマナンガンやポリネシアの
ティキといった信仰儀礼のための神像から武器，家屋，カヌー，樹皮布のさまざ
まな物質文化に至るまで，社会ごとに独自な形状で製作され，文様が施されてき
た．それらの形状や文様は帰属する集団，階層，ジェンダー，年齢，職業などを
表し，製作者・所有者・使用者の属性がアートや物質文化の意味や作用を生み出
してきた．身体も重要な表現媒体であり，メラネシアでは儀礼において色彩豊か
な頭飾りや仮面を装着し，身体や顔面にペインティングを施し，ポリネシアでは
島ごとに特徴のある文様のイレズミが定められた身体部位に施されてきた．南半
球の広大な領域を占めるオセアニアは多様な自然に恵まれ，各社会はそのような
自然に則して形成され，アートの素材や道具さらには表現内容や様式も自然から
生み出された．

●**外部世界との接触による影響**　オセアニアの景観やそこに暮らす人々は，彼ら

にまなざしを向ける西洋人の想像力も掻き立ててきた．18世紀に訪れた西洋人探検家により西洋に紹介されたのを皮切りに，H. メルヴィル，R. L. スティーヴンソン，S. モームの文学作品やP. ゴーギャンの絵画作品に楽園表象に彩られて描かれた．楽園表象は現代に至るまでさまざまな作品に残存し，例えば，20世紀前半にハリウッドで製作されたハワイ映画には顕著に表れる．その後，オセアニア社会の多くは西洋諸国および日本からの植民地化によって変化し，アート・創造的活動もそれに則して変容した．例えば，ミクロネシアでは西洋船乗組員の行進や警察の演習を真似た行進踊りが生み出され，日本統治下では日本の唱歌が行進踊りに組み込まれた．キリスト教伝道はオセアニア各地でローカルなキリスト教音楽や聖歌を生み出し，伝統的な音楽の演奏もそれに取り入れられた．例えば，儀礼祭宴で演奏されていたソロモン諸島のパンパイプはキリスト教祭礼で演奏されるようになった．また，キリスト教宣教師が導入した服装の規範は現在のオセアニアの人々のファッションの原点となり，キルトはハワイ，ラロトンガやフランス領ポリネシアでもつくられる．

●**人の移動とつながり**　グローバル化による影響はオセアニアの各地域のアート・創造的活動にも及んだ．例えば，今ではハワイの代表的な楽器の一つとなったウクレレはポルトガル人移民が持ち込んでローカル化した歴史をもつ．パプアニューギニアのエスノポップは西洋ポップの影響を受けて創作されてきた．オーストラリア，ニュージーランドおよび島嶼部の文学，映画，パフォーミング・アーツでは，植民地統治，ディアスポラ，移民，環境汚染，ジェンダー格差など現代を生きるオセアニアの人々が直面する社会変化や問題を色濃く表現し，批判を投げかける作品が多く発表されている．これらの作品はオセアニアの社会問題を描きながらも，世界中の多くの人々に共通する問題と重なることから，読者の意識を広く世界にも向けさせる．人々の移動が頻繁になる中，例えば，オーストラリアでは都市部と遠隔地コミュニティのアボリジニが，ラジオやテレビによって互いにつながるようになっている．個々のアートや工芸は各島で独自の発展を遂げてきたが，オセアニアのアーティスト間での交流も盛んになり，そのような交流は互いの創作・表現の特徴を認識する貴重な機会となると同時に自身の製作に影響を与えるようになった．例えば，4年ごとに場所を変えて開催される太平洋芸術文化祭や毎年オークランドで開催されるパシフィカ・フェスティバルでは，参加者たちは地域文化として育まれてきた歌や踊り，工芸などを披露し，同時に他の参加者たちの作品やパフォーマンスを鑑賞できる．そこで得た刺激的な経験はみずからの創作活動を活性化するだけでなく，他の地域からの参加者と交流をもつことで連帯感を育んでいく．本章が，このように多彩で，これからも発展し続けるオセアニアの人々の創造と表現に読者が着目するきっかけになると嬉しい．

［窪田幸子・桑原牧子］

太平洋芸術文化祭

∞∞∞

　オセアニアの芸術や文化を広く知りたいならば，太平洋芸術文化祭を訪れてみるとよい．1972年から始まった4年に1度の大規模な地域的祭典で，オセアニア全域からの参加国／地域の一つがホストとなって開催される．約2週間に及ぶその期間は，各国からの代表団が開催地に集まり，パフォーマンスや作品を披露したり，参加国の各小屋が集まる「ヴィレッジ」会場を中心にさまざまな活動を行ったりと，賑やかな日々が続く．ほとんどの会場に入場料はなく予約も不要だ．代表団は各国主導で厳格に選定されているものの，芸術祭自体は誰もがふらりと訪れることのできる開放性が特徴的だ．観光色は薄く，いわば「事情通」相手の真剣な芸術文化実践が披露されているといった雰囲気で，見応えがある．

●**地域の祭典の誕生**　そもそも芸術祭は1965年，フィジー芸術協議会による地域的祭典の提案に端を発する．提案は同年，南太平洋委員会（現太平洋共同体事務局）で正式な議題として検討された．そこで伝統的芸術が消滅の危機に瀕しているという共通の懸念事項が確認され，オセアニアの人々が互いに出会う場をつくり，文化遺産を分かちあい，享受し合うことで伝統芸術を保存し，発展させるという合意が形成された．第1回芸術祭は1972年，独立後間もないフィジーにて無事開催され，15の国／地域から約1100人の代表団が参加した．2度の例外を除き，芸術祭は4年に1度の主要な地域的祭典として君臨し，文化的回復や伝統の保存を支援してきた．

●**伝統と現代の総合**　芸術祭の目的は伝統芸術の復興や保存だけではない．1998年には目標の一つに「ダイナミックな新しい芸術の創造を促進する」ことが掲げられ，第8回（2000年）のテーマ「過去，現在，そして未来のことば」にも表されているように，文化変容や革新までを視野に入れた芸術創造の場として，芸術祭は大きな役割を果たすようになった．芸術祭で実践されるカテゴリーは多岐にわたり，例えばパフォーミング・アーツ（伝統的な歌および舞踊，現代的音楽および舞踊，演劇，ファッションショー，オペラ，映画），展示（近代的絵画や立体芸術，書籍，写真，手工芸品，切手），ヴィレッジでの活動（文化的パフォーマンス，イレズミ，彫刻，手工芸品，伝統的調理，土産物，シンポジウム）などがあげられる．

●**芸術と文化の不可分性**　芸術祭では絵画や彫刻など狭い意味での純粋芸術だけでなく，広く文化的な活動までが対象とされている．そもそも芸術とは，西欧近代において，宗教や生活文化一般から独立させることで生まれたカテゴリーといえ，まったく異なる時空間で歴史を刻んできたオセアニアにとって，芸術と文化は切り離せない．オセアニアの芸術は，文化領域と混然一体となりながら立ち上

がってこそ，意味があり，価値があり，いきいきと躍動するのである．広い意味
での文化を守り発展させるという姿勢はまた，文化を経済発展の資源として積極
的に活用しようとする太平洋共同体事務局の戦略にも支えられている．これに
よってユネスコやEUといった国際組織からの開催援助も受けやすくなる．名称
も，2010年には太平洋芸術委員会を太平洋芸術文化委員会へ，2016年には太平洋
芸術祭から太平洋芸術文化祭へと変更され，狭義の芸術に限らず，オセアニア地
域の発展に向けより広範な問題に従事するという姿勢が表れている．

●地域的紐帯の創出　芸術祭
では各国の特徴が意識される
一方で，地域共通の芸術文化
の認知・構築も目指される．
実際2週間にも及ぶ開催期間
の中で，代表団の多くは寝食
をともにしながら，豊かな交
流を行っており，互いの共通
性を発見しながら，即興的あ
るいは計画的に，さまざまな
コラボレーションを行ってい
る．また，芸術祭は毎回オセ

図1　第12回芸術祭にて．ラパ・ヌイのパフォーマンス
に観客が加わりはじめ，場が沸きあがる［2016年5月
グアムにて筆者撮影］

アニアの島々から何日も航海してたどり着いたカヌーを迎えるところから始ま
り，それは人々の文化的拠り所を再構築していくための重要な象徴として理解さ
れている．航海によって最初の居住が始まり，航海によって島嶼間ネットワーク
を形成してきた数千年の歴史をもつオセアニアにとって，これほど共同体意識を
喚起する題材はないだろう．芸術祭の発展はオセアニア諸国の独立後の発展と歩
みを同じくしており，領土的に小規模で地理的にも隔絶された国々は，地域的連
帯をつうじて独立後の安定を希求し，国際社会での立場を確立しようと努めてき
た．そしてこのニーズが文化復興の言説とうまく呼応し，芸術祭では，芸術・文
化両面での共通項を根拠とした，地域的紐帯の創出が目指されてきたのだった．
　芸術祭で出会うアーティストも作品も，その国らしさや個性で満ちている一方
で，オセアニア的としかいいようのない共通性を同時に帯びている．そしてその
ようなオセアニアの芸術や文化が誇りとともに祝福され，独特の一体感の中で
人々が身体を揺らし，足を踏み鳴らす様子は，一見の価値ありだ．　　　［渡辺　文］

📖参考文献
[1] Stevenson, K. & Teaiwa, K. eds., *The Festival of Pacific Arts: Celebrating over 40 Years of Cultural Heritage*, University of South Pacific Press, 2017.

現代アートと国際展覧会

◇◇◇

　ディアスポラ（離散者）であれ母国居住者であれ，オセアニアの現代アーティストはオセアニアにおける欧米やアジアの覇権，ミリタリズム，ジェンダー不平等，資本主義，気候変動等を批評し，太平洋地域の重要課題を訴え，世界の関心を集める上で大きな役割を果たしてきた．彼らの国際的展覧会への参加は，太平洋諸島の人々の存在，祖先から受け継いだ知識や知恵，現代の諸課題を世界に知らしめる一助となってきた．

●**太平洋から世界へ**　1960年代以降，特に戦後の脱植民地化の課題を扱う作品を手掛けるアーティストが頭角を現した．マティアス・カウアゲやティムシー・エイキスらパプアニューギニアのアーティストの作品は主権拡大を訴えた．また同時期より，ニュージーランドを拠点とするマオリの子孫や「パシフィカ」とよばれる太平洋諸島出身離散者のアーティストも活躍してきたが，それを後押ししたのは国外ギャラリーでの展示や政府による海外渡航・展示への支援制度である．最初期に国際的評価を得たアーティストの一人が，1960年代にイギリスで作品が展示されたマオリの画家ラルフ・ホテレだ．1966年にニュージーランドに移住し，画期的な作品を発表してきたサモア人画家ファタ・フェウウも，各地での展示機会に恵まれ，アジア（台湾）で初めて個展を開いた．

　同じ頃，ニウエ人アーティストのジョン・プレの絵画作品が欧米各地で展示され，韓国の光州ビエンナーレ等の重要な国際芸術祭で特集展示が行われた．また，その後数十年にわたり，フィジーを拠点とする太平洋地域のアーティストらが「レッド・ウェーブ・コレクティブ」として国際的な注目を集めた．大きな影響力をもっていたエペリ・ハウオファ教授が1997年に設立した南太平洋大学オセアニア芸術文化センターが輩出したアート集団である．

　21世紀になると，国際的な活躍の場はさらに広がり，ヨーロッパ，アメリカ，中国，中東で展覧会が開催され，作品が収蔵された．アート・ビエンナーレやトリエンナーレが世界各地で開催されるようになり，より幅広い観客の目に触れる機会が生まれた．2017年の第1回ホノルル・ビエンナーレ（後にハワイ・トリエンナーレと改称）もオセアニア各地の現代アーティストによる豊かな作品を特集し，アジアの著名なアーティストの重要かつ有名な作品との対話を仕掛けた画期的な展覧会となった．2018〜19年にかけて，ロンドンの王立芸術院とパリのケ・ブランリー美術館で開催されたオセアニア展も，太平洋地域の歴史的アート作品と現代アートの両方に対する国際的評価を大きく高めた．

　オセアニア出身の女性やクィアのアーティストたちへの国際的な関心も高まっ

ている．マオリのニューメディア・アーティスト，リサ・レイハナは，非常に優れたポストコロニアルかつインタラクティブなビデオ・インスタレーション作品を制作し，2017年には先住民女性として初めてヴェネチア・ビエンナーレのニュージーランド代表となった．彼女の展示は世界各地を巡回し，多くの美術館が作品を収蔵した．2022年には，サモアと日本の血を引き，ジェンダーや人種，国家を問う作品で知られるユキ・キハラがニュージーランド代表を務めた．また同年，ドイツで5年ごとに行われる世界的現代芸術展ドクメンタが15回目の開催を迎え，オークランドを拠点とするクィアのポリネシア人のアート集団FAFSWAGがニュージーランド代表に選ばれた．2024年のヴェネツィア・ビエンナーレで初のオセアニア出身アーティストに金獅子賞が授与された．アーチー・ムーアとマタ・アホ・コレクティブが受賞した．

●**世界各地の先住民に広がる連帯**　オセアニアの現代アートを世界に紹介する上で最大の力となったのが，オーストラリア・ブリスベンのクイーンズランド近代美術館が主催するアジア・パシフィック・トリエンナーレ（APT）だ．1993年に始まり，2021年に第10回を迎えたAPTのキュレーションの手法はユニークだ．欧米の基準や期待を優先せず，現地でのワークショップから生まれるローカルな視点をもち，コミュニティを拠点とした取り組みやアート制作にフォーカスし，成果をコミュニティに還元する．トンガ人パフォーマンス・アーティストのラタイ・タウモエペアウやブーゲンヴィル人の学際的アーティスト，タロイ・ハヴィーニら，離散民としてオーストラリアで活動する太平洋地域出身女性アーティストの革新的なパフォーマンス作品を取り上げてきたのもAPTだ．また，マーシャル諸島出身のアーティスト兼活動家，キャシー・ジェトニル＝キジナーの詩の朗読とビデオとインスタレーションをあわせた作品など，北オセアニアのアートに光を当てた点でもAPTは重要だ．気候変動や核実験のトラウマをテーマとする彼女の作品は，後に横浜トリエンナーレ等で展示された．

　オーストラリア先住民（アボリジニ）のアーティストであるブルック・アンドリューは「ニリン（ウイラッジュリ語で「端」を意味する）」と題した2020年のシドニー・ビエンナーレのキュレートリアル・ディレクターを務め，みずからの土地でのけ者にされ，端に追いやられてきた先住民コミュニティ出身のアーティストを前面に押し出す斬新なアプローチを実践し，オセアニアだけでなく，アイヌの現代アーティストであるマユンキキの作品等，世界各地のアーティストをとりあげた．彼らの作品の多くは，アンドリューが手掛けた他の国際プロジェクトでも展示された．先住民やオセアニアを横断するつながりや結束は，アーティストたちの世界的な活躍がもたらした素晴らしい結果である．彼らは連帯し，非植民地化を推進し，地球の調和を取り戻すべくアート作品を作り続けており，今では旧宗主国の人々の心にも影響を与える力を有している．　　［グレッグ・ドボルザーク］

欧米文学のオセアニア

　　自分の現在の場所から離れた「島」は，欧米文学において頻出する舞台である．18 世紀半ばに J. クックや L. -A. ド・ブーガンヴィルが持ち帰ったオセアニアについての知識は，ヨーロッパからさらに離れた舞台を文学に提供した．とりわけ英語圏の作家が太平洋地域に魅了され，19 世紀以降に数多くの作品が出版された．

●オセアニアをめぐる初期の文学作品　探検家によるポリネシア島民たちの美しい容姿，性的な奔放さにまつわる報告は，西洋人の意識に楽園のイメージを刻印した．1789 年に発生した戦艦バウンティ号の反乱は，そうした太平洋像を具現化した事件で，後に「バウンティもの」という物語ジャンルを形成することになる．母船を奪われた船長 W. ブライが，部下とともに小船に乗って完遂した太平洋横断は大きな話題になり，彼の『バウンティ号の反乱』(1790) と『南海への航海』(1792) は版を重ね，各国語に翻訳された．しかし，それ以上に F. クリスチャンたち反乱者によるタヒチ女性との逃避行が，自由を重視する当時の価値観と共鳴した．M. R. ミトフォードの物語詩『クリスティーナ，南海の乙女』(1811) は「バウンティもの」の最初期の作品である．また，代表的なロマン派詩人として知られるバイロン卿も『その島，もしくはクリスチャンと仲間たち』(1823) という詩をつくった．

　　他方，宣教師たちの報告書においては，異教，野蛮，食人といった楽園の闇の部分が強調された．H. メルヴィルの『タイピー』(1846) は，島民に歓待されつつも食人の影に怯える脱走船員によって語られる．作者の船員時代の体験に基づいた実話という触れ込みであったが，実際は先人たちによる太平洋諸島の記録も織り込まれた創作で，アメリカ文学における太平洋物語の嚆矢となった．

　　冒険の場としてのオセアニア地域は，19 世紀後半の少年向け物語の格好の舞台になる．その代表的な作品が，R. M. バランタインの『珊瑚島』(1857) である．太平洋の島に漂着した少年たちが，特異な自然環境についての博物学的な知識を体得しつつ，食人種や海賊との冒険を経て祖国に帰るという物語展開は，J. ヴェルヌによる『十五少年漂流記』(1888) にも引き継がれる．

● 19 世紀末の文学作品におけるオセアニア　ヨーロッパの作家で島嶼地域に最も深く関わったのは，『宝島』(1883) や『ジーキル博士とハイド氏』(1886) で知られる R. L. スティーヴンスンだろう．彼は 1890 年から約 5 年間，サモアでみずからの地所に住み，現地の植民地紛争にも積極的に関与した．1894 年に急死したときには現地の人たちによって埋葬され，その亡骸は現在もヴァイリマの山に眠る．ただし，19 世紀末のオセアニアはもはや冒険の場所ではなかった．スティー

ヴンスンの南海物語の白人登場人物の
多くは，西洋文明の周縁の地に追いや
られた存在である．冒険物語の色合い
が濃い「ファレサアの浜」(1892) にお
いて描かれる貿易商と島民女性は，P.
ロチが書いた『ロチの結婚』(1880) の
男女とはかなり異なる．後者の主人公
がヨーロッパへの帰還を果たす一方
で，「ファレサアの浜」の白人商人は妻
や子どものせいでイギリスに帰ること

図1　スティーヴンスンの家族と使用人たち
(1892年) [出典：Wikimedia Commons]

が叶わない．敵対する貿易商との闘争
に勝利した主人公が直面するのは，楽園の暮らしではなく現実の生活なのだ．義
理の息子との合作『退潮』(1894) も，遠く離れた太平洋で零落した白人たちが主
要登場人物に据えられている．

　スティーヴンスンと入れ替わるように，太平洋物語の作家として脚光を浴びた
のが，オーストラリア出身の L. ベックである．オセアニアの島々で貿易に携
わった経験を反映した短編集『珊瑚礁と椰子の木のそばで』(1894) は，「本物の
南海」を伝える物語として好意的に受け入れられた．しかし，暴力，性，冒険を
強調した過激な作風の人気は長く続かず，現在では忘れ去られた作家である．

● **20世紀のオセアニアをめぐる文学作品**　20世紀初頭のオセアニアは，もはや
遠く離れた場所ではなくなった．太平洋諸島への客船旅行が盛んに宣伝され，以
前は船員や商人によって占められていた港町には観光客が訪れるようになる．
『月と六ペンス』(1919) の執筆のために太平洋世界を訪れた S. モームも，そうし
た旅行者の一人だった．『一葉の震え』(1921) に収録された「雨」「エドワード・
バーナードの転落」では，島民の文化や習慣はほとんど言及されず，太平洋の自
然環境は，欧米人のためのエキゾチックな保養地となる．

　その一方で，冒険の場としての太平洋は読者にとって求心力を持ち続けた．C.
ノードフと J. ホールによる『バウンティ号三部作』(1932-34) の成功は，約150
年前の事件が依然としてその魅力を保っていたことを物語る．ただし，冒険は必
ずしも望ましい結果になるわけではない．W. ゴールディングの『蝿の王』
(1954) は『珊瑚島』や『十五少年漂流記』などの少年による冒険の枠組みを踏襲
するが，物語は少年たちの野性への退行と共同体の崩壊を描く．

　このように欧米の作家はさまざまな太平洋像を提示してきたものの，それらの
背後には常に楽園のイメージが横たわっている．見方を変えれば，作家たちは題
材と背景の落差を利用して物語に変化をつけてきたといえるかもしれない．

[山本　卓]

ポール・ゴーギャン

フランスの画家 P. ゴーギャン（Paul Gauguin, 1848-1903）は，南洋タヒチに滞在した画家として日本でもよく知られている．ここでは，ゴーギャンがタヒチを訪れた背景，および日本におけるゴーギャンの受容のされ方について紹介する．

●ゴーギャンとタヒチ　株式仲買人であったゴーギャンは，まず日曜画家として絵画制作に取り組み，その後 C. ピサロを師として画家に転身した．そのため初期の作品群は，印象派の明るい色調による風景や人物像に追随するものであった．

そのゴーギャンが，印象派とは異なる表現を求めてタヒチ行きを決行したのが1891 年である．同年の『エコー・ド・パリ』誌には，当時美術批評家として活躍していた O. ミルボーによるゴーギャン評が掲載された．いわく，ゴーギャンは1887 年に訪れたカリブ海のマルティニークにおいて切迫したノスタルジーに捉えられ，そのために真にゴーギャンとなり，独創的な芸術創造が可能になったと．そもそもゴーギャンに依頼されての本評は，彼の作品を売る宣伝でもあった．そして作品を売り上げたゴーギャンはタヒチを訪れる．一旦はフランスへ戻るも1895 年に再びタヒチへ赴き，晩年にはマルケサス諸島へと移りその生涯を終えた．

かつての師ピサロは，ゴーギャンのタヒチ行きに否定的であった．表現における価値観の相違というよりも，彼がタヒチを利用したとみなしていたのである．

19 世紀のヨーロッパでは，ネアンデルタール人やクロマニョン人の化石，スペイン・アルタミラ洞窟壁画が発見されるなど，科学的に人類の起源が希求された．加えて，特定の地理空間が過去の残る空間として表象されてもいた．例えばフランス西部のブルターニュ地方は，18 世紀末より「古代ケルト」と関係づけられ，19 世紀半ばには，フランス人の起源としての「高貴なケルト人」像や「自然と密接なブルターニュ地方」像が小説や詩歌，観光ガイドによって流布された．同様にヨーロッパから見て南に位置する，例えばアフリカ大陸やタヒチなどは，永遠の楽園を表す空間として絵画や小説などで描写された．

こうした人類の起源への希求や過去としての空間表象，特に後者においては，科学技術が発達した側による自己中心的なノスタルジーがあったことは否めない．ゴーギャンに視線を戻すなら，彼が表現活動を行った場所——ブルターニュ，マルティニーク，タヒチ——は，意識的であろうとなかろうと，同時代における過去を表す空間と重なる．こうしたこともあり，ピサロはゴーギャンのタヒチ行きを快く思わなかったのだろう．

他方で，同期間のゴーギャンの絵画作品をみるならば，印象派から脱け出し，

より深く人間と大地とのつながりを提示するテーマや表現が散見される．それらは，当時流布された典型的な他者像とは一線を画する．さらにいえば，人間と大地が密接な土地に身を置いて自分自身をも形成するように，自画像の点数も増加する．ゴーギャンのタヒチ行きは，少なからず時代の潮流に乗ったものであるも，同時に芸術そして自己を新しく構築するものでもあった．

●ゴーギャンと日本　　1903年のゴーギャン没後から10年あまり後の日本では，ゴーギャンやP. セザンヌ，V. ゴッホらポスト印象派と目される画家とその作品が紹介され，熱狂をもって迎えられる．当時の芸術界では，従来の画題や画法を受け継ぎつつも，特に新進画家らの間において，これまでとは異なる表現を模索する動きも芽生えていた．ゴーギャンらの紹介は紹介にとどまらず，新しい芸術の創造を促す契機として受け止められたのである．

図1　《レザヴェンの自画像》（1888または1889）油彩・カンヴァス，46.5×38.6 cm［出典：National Gallery of Art］

　例えば文芸同人誌の『白樺』では，ポスト印象派の画家らがその人格・生き方でもって独創的な作品を生んだと主張する論考が発表され，東京の洋画界中心に注目を集める．『白樺』は作品の複製図版も数多く掲載し，それらを見て真似をする者が大勢あった．麗子像で知られる岸田劉生も『白樺』を購読し，熱狂の最中にいた一人である．

　また京都では，フランス帰りの画家や美術学校の美学者によって，ポスト印象派の理論や手法が紹介された．当時美術学校で学んだ日本画家の土田麦僊は，東京都八丈島に取材して描いた《島の女》（1912）や，三重県志摩の波切に想を得た《海女》（1913）で知られるが，これらはゴーギャンの画風を色濃く反映すると評される．その後麦僊はほかの画家らとともに，新しい日本画を目指す国画創作協会を設立した．

　ゴーギャンが海を越えその芸術と自己を構築しようとしたように，海の先の日本ではゴーギャンらの表現活動に刺激を受け創作に挑む画家たちがいたのである．　　　　　　　　　　　　　　　　　　　　　　　　　　　　　　　　［住田翔子］

📖 **参考文献**

[1] 岡谷公二『絵画のなかの熱帯—ドラクロワからゴーギャンへ』平凡社，2005.

アボリジニのアート
（オーストラリア）

オーストラリアの先住民であるアボリジニのアートは，1980 年代から注目を集めるようになり，国際的な評価も高まった．1788 年に始まるイギリスによるオーストラリアへの入植以来，アボリジニの生活は変化した．石器を用い，狩猟採集生活を送っていた彼らは，「野蛮人」「進化の遅れた人々」とみられ，徹底的な同化政策の対象となった．彼らの複雑な親族組織や神話世界に注目したのは文化人類学者たちのみで，社会的にはほとんど評価されることはなかった．彼らの独自な神話世界を描いた樹皮画や岩壁画は民族誌資料として博物館に蒐集されたが，アートとみられることはなかった．20 世紀に入り，同化政策を進めたキリスト教ミッションはアボリジニを集住させて町の運営を担い，アボリジニ・アートを流通に乗せたが，それらは土産物としてしかみられていなかった．

●**アボリジニの権利回復とアート**　1967 年に，アボリジニは他国民と同等な権利を得た．そして，彼らの自立につながる産業が模索された．ミッションの時代から行われていた樹皮画やカゴ編みなどの，アートクラフトの活動が推奨され，政府は 1971 年にアボリジニ・アート＆クラフト社を結成した．いわゆる伝統的なクラフト以外にも木彫やバティックなど，多様なアート活動が試みられ，各地で授産事業として作品制作が奨励された．こうして発展してきたのがアボリジニ・アート産業である．特に，1970 年代はじめに中央砂漠地域のパパニヤ村を中心に動き出した活動は重要で，儀礼の際の身体装飾や，地面に描く文様をもとにした，同心円や波線，U 字などの抽象文を組み合わせた独特の表現を，キャンバス地にアクリル絵の具で，点描表現で描いた絵画であった．これは，パパニヤにいた美術教師が，男たちの描く文様をみて，その可能性を見出し，流通可能な形にすることを提言したものといわれる．抽象的な記号の組み合わせにみえる絵画は人気を博し，周辺地域に広がり，国際的にも注目され，「西砂漠のアートムーブメント」とよばれた．

アボリジニの描く絵画のスタイルは，地域によって差がある．例えば，北部では具象的な表現が多くみられ，中央砂漠地域では，点描で抽象文の記号的な表現が一般的である．しかし，いずれも描く内容は，ドリーミングとよばれる彼らの独自な神話に基づく物語であり，そのストーリーが展開された場所である．彼らの神話は，世界の成り立ちやはじまりを語るもので，永遠の命をもつ精霊が動物や植物などいろいろな姿で大地を旅し，儀礼を行ったり，狩りをしたり，さまざまな活動を行い，その痕跡を残し，その痕跡が聖地とよばれる．その神話の内容を描くのが彼らの絵画である．多くの場合，小集団ごとに「自分たちの神話，聖

地」をもち，それを表現する絵画を描く．つまり，誰でもが何を描いてもいいのではなく，描いてよい神話，主人公，内容，土地が決まっている．

●**アボリジニのアートの世界的展開**　1970 年代まで，オーストラリアではこれらの絵の評価は低く，アボリジニ・アート委員会は産業育成のために，国内の美術館へ購入の働きかけを行ったが，ほとんどの美術館は関心を示さなかったという．これらの作品がある程度流通するようになる 1980 年代になって，公的な美術館がようやくその収集を始め，80 年代後半にはアボリジニ専門の学芸員を雇い，アボリジニ作品の展示ギャラリーを設立するなどしていった．同時にこの時期に商業ギャラリーも増えていったのである．

このような変化には，国内での事情以上に，海外での評価の高まりの影響が大きい．1988〜89 年にかけて，アメリカでニューヨークとシカゴを巡回した「ドリーミング展（'Dreamings：The Art of Aboriginal Australia）」は大きな話題となり，高く評価された．1990 年には，ベニスのビエンナーレでアボリジニのアーティストの作品が展示された．1992 年には，日本で「クロスロード展（Cross Roads）」が開催され，東京と京都を巡回した．そして，1993〜94 年にかけては，「アラチャラ展（Aratjara：Art of the First Australians）」がデュッセルドルフ，ロンドン，デンマークを巡回し，注目を集めた．さらに，1994 年にはオークション会社であるサザビーズが，アボリジニ・アートを取り扱いはじめ，2 年後にはアボリジニ・アート部門を立ち上げた．その後，2006 年までにほかのオークション会社も複数，参入した．これらの動きは，アボリジニ・アートが 1980 年代末〜90 年代前半に，コンテンポラリー・アートとして国際的に評価が高まり，90 年代後半には，高い経済的価値が認められることになったことを意味している．その背景には，「プリミティブ・アート」の評価の世界的変化がある．それを象徴する展覧会が，1992 年のパリで行われた「大地の魔術師展」であった．プリミティブ・アートやエスニック・アートについての理解もこの時期，変化したのである．

こうして，コンテポラリー・アートとなったアボリジニ作品はその後さらに多様化し，メディアも手法も多彩になった．現在ではオーストラリアの美術館では必ずアボリジニの作品が展示されている．世界的に評価されるようになったアボリジニ・アートによって，主流社会のアボリジニの理解も変化した．オークションで 1 億円を超えるなどし，投資をよびこんだ．アボリジニは問題だが，アートは素晴らしい，そんな声が一般的になった．アボリジニの絵には，必ず神話や大地のストーリーがついている．多くの人々が，アートを通じてその世界観に触れることになった．アボリジニについての理解の広がりには，アートが大きな役割をもったといえるのである．　　　　　　　　　　　　　　　　　　　　［窪田幸子］

アートと音楽
（トレス海峡諸島）

　トレス海峡諸島民は独特のアートや音楽のスタイルを確立してきた．17 世紀の西洋人との最初の接触以来，キリスト教伝来や植民地化，真珠貝採取業の隆盛と移民の流入，第 2 次世界大戦や戦後のオーストラリア本土への人口移動などのさまざまな歴史的変化を通じ，アートと音楽はトレス海峡諸島民の文化，言語，コミュニティのつながりを維持し，個人的集団的アイデンティティを形成する重要な手段であった．マボ判決（Mabo Decision）で知られるエディ・コイキ・マボ（Edward Koiki Mabo）も本土に移住後トレス海峡諸島文化の教育に努力を傾注した．

●トレス海峡諸島のアート　西洋との大規模な接触以前には，世界的にも珍しい亀の甲羅を使用した儀礼用の仮面など土着の宗教観に基づく祭具などがつくられていた．キリスト教の布教が始まると，それに代わり絵画や版画など西洋由来の芸術様式や素材が流入してアートに新展開をもたらした．文化的創造性の表現方法としてダンスが重要になり，トレス海峡諸島独特のダンスに使用されるさまざまな器具やヘッドドレスなどの制作に芸術的勢力が傾けられるようになった．U 字型のフレームに鳥の羽を組み合わせたダリというヘッドドレスは，トレス海峡諸島全体のシンボルとしてトレス海峡諸島民の旗のデザインにも使われている．

　現在のトレス海峡諸島民のアートには，従来から確立された文化的スタイルを踏襲し，ダンスの器具・装具やヤシの葉やつるで編んだマットやバスケットなどの制作や，西洋的な技法を取り入れ，レリーフプリント，彫刻，テクスタイルなどでみずからのコミュニティのルーツを掘り下げるもの，また，個人的なアイデンティティの追求や政治的問題を取り上げるものまでさまざまである．アリック・ティポティやデニス・ノナといったアーティストたちは亜麻仁油を主原料とした床材のリノリウムを版材とする版画などで文化的伝統に基づく物語やシンボルを表現してその再活性化を強調したり，ファイバーグラスでの仮面や動物・魚・鳥のブロンズ彫刻などを制作している．セガール・パッシやローリー・ノナなど，地元の村の生活や自然を描く画家もいる．

　近年注目すべき現代アートとしては，海に投棄・廃棄された漁網（ゴースト・ネット）やその他の海洋ごみに，伝統的なマットなどを編む技術を応用した海洋生物のオブジェなどがある．これはトレス海峡諸島のアートの持続性と創造性とともにゴースト・ネットによる海洋環境破壊を表すものである．現在，多くのコミュニティに芸術活動支援のアートセンターがあり政府の支援も行われている．木曜島のガブ・ティトゥイ文化センターでは毎年先住民芸術家に先住民芸術賞が

図1　《Warup Matham Ka》ビリー・ミッシ（1970-2012）制作.
リノリウム版画［ミッシに代わりテオ・トレンブリー
（クィーンズランド州ケアンズ）の許可により使用］

授与され，全国的な注目を集めている.

●**トレス海峡諸島の音楽**　　トレス海峡諸島民にとり，音楽やダンスのパフォーマンスは故地を離れても自分たちの文化やアイデンティティを表現する重要な手段である．トレス海峡諸島民の音楽はさまざまな要素を含むが，「世俗的」なものと「宗教的」なものに大別できる．「世俗的」な音楽は，伝統的な音楽から，フォーク，ラップ，ゴスペル，ブルースなどの要素を含む非常に幅広いスタイルを含む．「宗教的」な音楽には，トレス海峡諸島の土着の言語で歌われる讃美歌やコレとよばれるトレス海峡諸島のクレオール言語や英語で歌われる比較的新しいキリスト教の歌が含まれる．そのほかに「祖先の」音楽とよばれる，土着の言語と英語の混合で演奏され，伝統的な詠唱を土台としてつくられた新しいカテゴリーの音楽がある．トレス海峡諸島の歌とは，トレス海峡諸島民にとり「自分たちの祖先から何世代にもわたって歌い継がれ，その中で変化させてきた」（文献［3］，p.23）重要な文化的存在である．　　　　　　　［Karl Neuenfeldt・山内由理子］

📖 参考文献

［1］Mosby, T. & Robinson, B., *Ilan Pasin (This is Our Way): Torres Strait Art*, Cairns Regional Gallery, 1998.

［2］Neuenfeldt, K., "Ailan Style': An Overview of the Contemporary Music of Torres Strait Islanders," In Mitchell, T. & Homan, S. eds., *Sounds of Then, Sound of Now: Popular Music in Australia*, Australian Clearinghouse for Youth Studies, pp.167-180, 2008.

［3］Wafer, J. & Turpin, M. eds., *Recirculating Songs: Revitalising the Singing Practices of Indigenous Australia*, Hunter Press, 2017.

先住民映画
（オーストラリア）

　オーストラリア映画は，1960 年代以降，半世紀もたたないうちに，オーストラリア先住民を人種差別的なまなざしで一方的に表象する時代から，オーストラリア先住民の制作者たちが映画を利用して自分たちの文化を記録し，表現する時代へと移り変わったといえるだろう．こうした転換は，オーストラリアの法制度の中で先住民の権利が徐々に見直され，オーストラリア先住民の映画制作者の育成に対する政府の支援と相まってもたらされた.

●**表象される先住民**　1910〜40 年代の初期の映画では，顔を黒塗りした非先住民が先住民を演じるなど，その表象は実際の先住民やその暮らしとは大きく異なり，怠惰で，移り気で，狡猾な「原始人」，あるいは最果ての地を縦横無尽に旅する神秘的な「異人」として描かれてきた．1955 年の映画「*Jedda*」で，はじめてアボリジニの俳優が使われたが，この映画もこれまでと同様，差別的な見方を強化するものでしかなかった.

　当時のオーストラリアの法律は先住民の権利を制限するもので，偏見も助長するものだった．しかし，1960 年代になると状況が変わり始める．国連がすべての国に自国民の人権を認めるよう求めると，国際的な非難をかわすためにオーストラリア国内の圧力が高まり，先住民に対する差別的なルールが撤廃されていった．さらに 1967 年の国民投票では国民の過半数以上の賛成を得て先住民の市民権が承認された．これは画期的な出来事であったが，多くの先住民が被っている社会経済的な格差を解消するには至らず，偏見も十分には拭い去れなかった.

●**みずから語る**　こうした流れを変えたのは，1970 年代に活発化したオーストラリア先住民による土地権回復運動である．この運動では，映画やテレビを通じて政治的メッセージが伝えられた．1972 年，先住民の人々はキャンベラの国会議事堂の前で闘争を繰り広げ，メディア報道を通じて世界中にアピールした．このメディアへの露出は，反戦運動，公民権運動，フェミニスト運動の活動家との連帯を生み，支持層を広げた．こうした声の高まりを受けて，先住民活動家らは先住民の土地の権利を法制化するよう連邦政府に求めた．A. カヴァディーニが制作したドキュメンタリー映画「*Ningla A-Na*」（1972）は，一連の歴史的な出来事を記録している．この映画は世界中で上映され，土地の権利を求める先住民の闘いを国際的に知らしめた.

　1980 年代初頭には当時のオーストラリア・アボリジニ研究所（AIAS）の映画部門が，多くの先住民の研修生を雇い入れた．1980 年代に AIAS の映像フェローを務めた R. リグビーは民放で経験を積み，農村や遠隔地の先住民コミュニティが映

像技術を活用するための基盤をつくった．同時期，M. マグレディは「*We Fight*」（1982），「*Welcome to Wee Waa*」（1983），「*Stand Up For Your Rights*」（1987）など政治的な映画を数多く手がけた．これらの作品を通して，映画によるオーストラリア先住民の変革の可能性が広げられると同時に，映画界における先住民女性の道が切り開かれた．

　また，1993 年，オーストラリア・フィルム・コミッションに先住民部門が設立されると先住民は映画の脚本，監督，制作に必

図 1　先住民の人々が映画をみている場面〔2023 年 7 月オーストラリア北部準州イマンパコミュニティにて筆者撮影〕

要な技術，研修，資源を利用できるようになった．「*Shifting Sands*」（1998）や「*Crossing Tracks*」（1999）は先住民部門初の短編映画シリーズで，同部門マネージャーの W. サンダースによって制作された．これらの作品は大きな賞賛を浴び，業界においてオーストラリア先住民の映画制作者の育成の道をさらに広げた．その後，制作された R. パーキンスの「*Bran Nue Dae*」（2009）や W. ソーントンの「*Samson and Delilah*」（2009）などの作品は，先住民を主役に据えて，彼らのコミュニティや文化的背景の中で物語を展開している．これらの作品は，先住民の登場人物を，周辺から中心的な役割へと大きく変えた点に特徴づけられる．

●**新しい時代**　2007 年，オーストラリア先住民が所有し運営するナショナル先住民テレビ（NITV）の設立は，自己表象における新時代の幕開けとなるものだった．この全国的なサービスの導入は，先住民と非先住民の業界関係者に多くの仕事をもたらした．2010 年代に入ると，先住民映画制作者たちは，テレビシリーズ，短編，ドキュメンタリー，長編映画で目覚ましい活躍をみせ，オーストラリアの映画・テレビ業界において確固たる地位を築いた．

　これら一連の動きで注目すべきは，出演者・編集者ともすべて現地の先住民で構成される作品が生まれたことである．2013 年，北西部に暮らす先住民を中心に「カラビング・フィルム・コレクティブ（Karrabing Film Collective）」が設立された．その目的は，異なる言語集団が集まり，ともに作品を構想することを通して，現代の先住民社会が直面する不平等な状況を問い直すことである．2018 年制作の映画「*The Mermaids, or Aiden in Wonderland*」は，オーストラリア北西部を舞台に多国籍化学・採掘産業による毒物汚染が進行する世界を映像化している．現地の人々の地平から資本主義がもたらす毒物の危険性や暴力性を描き出し，その功罪を主流社会に突き付ける本作品の試みは，多くの先住民の人々の心を刺激し，新たな才能の育成につながっている．　　　　　　　　　　〔平野智佳子〕

先住民メディア
（オーストラリア）

　人類はもともと文字をもたない．先住民も，言葉は話し，儀礼での身体装飾を行い，木材や石材の加工，岩絵での聖地装飾なども行ってきたが，元来文字は用いなかった．

　ところが18世紀末に西洋人との接触があり，19世紀に彼らが植民者になり，近代国民国家を支える新聞や，聖書をはじめとする書籍や雑誌など，各種の文字メディアを持ち込んで20世紀には文字環境があふれるようになった．その後，彼らはレコード，ラジオ，映画，テレビなどの視聴覚メディアも持ち込み，先住民たちは少数派として，こうした各種メディアの外側に放置されることになった．それはとりもなおさず，みずからの関知しないところで，国民国家内での位置が決められてゆくことを意味していた．

●**先住民ラジオ**　そうなると，大陸の各地に散在した小さな先住民コミュニティに文字媒体以外で情報を伝える方法が必要となる．こうして1981年中央砂漠地帯の都市アリス・スプリングスにCAAMA（通称カーマ）とよばれる先住民ラジオ局が，中央砂漠の6万人といわれる先住民リスナーに向け，各種のラジオプログラムを英語のほか中央砂漠地帯の先住民の多数派言語でも提供し，ここが現在に至るまで，先住民音楽（キリスト教の讃美歌，先住民カントリー・ソング，先住民ロック，先住民メタル，先住民ヒップ・ホップ）生産の中心として，先住民音楽家たちのコンサートなどの催しや収録，カセットテープ化，CD化やDVD化など，視聴覚メディア生産の拠点となってゆく．実際に，このCAAMAはその後の各種先住民メディアの母胎となり，ここから先住民テレビ局や先住民映画監督などが成長してゆくことになった．

図1　CAAMA外観［2010年9月筆者撮影］

●**先住民テレビ**　1987年CAAMAの成功を受け，同じくアリス・スプリングスに設立されたのが中央砂漠地帯の先住民テレビ局インパラジャ（通称Imparja）である．インパラジャは地元のアランタ民族の言葉で「足跡」を意味し，そのロゴ・マークもアランタの神話になるイェペレニェという芋虫の形態をしたマクドゥーガル山脈とトッド・リヴァーが集まる聖地を象っている．彼らは1988年からテレビ番組の提供を始めるが，ここ

でテレビ番組の作成のためにつくられた雇用口は，先住民の若者たちに録音，録画，編集など視聴覚メディア制作のための技術を身につけさせる母胎となっていった．

2000年代に入るとこうしたみずからの姿そのものを資源にしたテレビ番組がオーストラリア全国で話題になることも生じる．ワルピリ・メディア・アソシエーションは，遠隔地コミュニティに

図2　CAAMA受付［2001年8月筆者撮影］

1983年に設立されていたが，彼らの名前を一躍高めたのが2001年に制作された「ブッシュ・メカニクス（Bush Mechanics）」シリーズで，中央砂漠地帯の遠隔地コミュニティの日常生活，特に自動車の故障にまつわるトラブルを彼らの身近な資源でいかに修復して走らせているかをユーモラスに描き，人気シリーズとなった．2006年からはタナミ砂漠の言語状況を考慮し，ピントゥビ・アマチェラ・ワルピリ・メディア・アンド・コミュニケーション，通称PAWメディアとして活動を拡大させている．

●先住民音楽　上述したような先住民ラジオや先住民テレビでしばしば用いられるのが先住民音楽である．

そこに揃っているのは，先住民儀礼の際に用いられる楽器を録音したものやキリスト教の讃美歌や合唱曲のような伝統的な音楽だけではない．西アランタ民族W. ウィリアムス（Warren Williams）のような早いリズムでの先住民ロック，ルリチャ民族たちのチュピ・バンド（The Tjupi Band）のようなゆったりとした曲調に日々の風景を歌うカントリー・ソング，ワルピリ民族でロックからカントリーまでカバーするワルンピ・バンド（Warumpi Band），東アランタ民族でメタル音楽を奏でるサウスイースト・デザート・メタル（Southeast Desert Metal）など数多くの音楽を40年以上にわたってプロデュースしてきたのも上述したCAAMAの音楽部門，CAAMA Musicである．

ショップには現在も多くのCDが売られているが，デザインを凝らしたジャケット，関連商品のシャツやキャップなどは若者を中心とした先住民メディアの花形でもあり，コンサートにはそれらを身につけた親族たちが集まってくる．

こうして先住民メディアは先住民の未来を拓く窓口の一つになっている．

［飯嶋秀治］

📖 参考文献
[1] 山内由理子編『オーストラリア先住民と日本―先住民学・交流・表象』御茶の水書房，2014.

先住民文学
（オーストラリア）

　オーストラリア文学というとき，文字による表現に限らず口承文学を含めるなら，その起源は，6万年以上前からこの大陸に居住し，独自の文化を形成してきたアボリジナルおよびトレス海峡諸島の人々の表現に求めることができる．しかし，18世紀後半から始まったイギリスによる植民地統治を経て，国家として独立したオーストラリアの文学史の中心を占めてきたのは，建国に関わったアングロ=ケルテック系入植者とその末裔による文学である．開拓生活を描き，「ブッシュ神話」の伝統を創出したH. ローソンやB. パタスン，自立した女性の生き方を描いた『わが青春の輝き』（1901）で知られ，その名が最も権威ある文学賞にとどめられているM. フランクリン，ノーベル文学賞を受賞し，20世紀英語圏文学の優れた作家の一人に数えられるP. ホワイトなどがその代表的作家といえる．入植者らの文学が新大陸において自己を確立するための重要な手段となり，国民文学としての地位を得てきた一方で，1970年代に導入された多文化主義政策や，ポストコロニアル文学への世界的注目は，先住民文学への関心を高めることとなった．

●**先住民文学**　オーストラリア先住民文学は，この世界の成り立ちを語る創世伝承であり，先住民の土地とのつながりや生活の根幹をなす法かつ知識体系でもある「ドリーミング」の物語にはじまる．アーネムランドに伝わる『ジャンガウル』はその一例であるが，「ドリーミング」の物語は，今もなお，文学をはじめとする先住民芸術にインスピレーションを与えている．

　250以上もの異なる言語集団からなる先住民の物語りの形式は，植民地政府の同化政策によって大きく変化した．声の文化は文字の文化へと移植され，文字をもたなかった先住民が英語を用いた創作を行うようになった．作家としてのみならず，発明家ならびに活動家として多方面で活躍し，その肖像画がオーストラリアの50ドル紙幣に用いられているD. ユナイポンは，英語による作品を書いた最初の先住民作家である．ユナイポンはみずからの部族の伝承を集め，1929年，『先住民伝説』として出版した．その功績を称え，ユナイポンの名を冠した先住民の新人作家を対象と

図1　D. ユナイポン［出典：State Library of South Australia］

する文学賞も創設されている.

　英語による先住民文学の歴史は, 尊厳と自立を求めた政治運動の歴史と重なり合う. 1960年代以降, 土地権・人権回復運動が盛んになるに従って, 多くの先住民の書き手が現れ, 入植者による支配への抗議を展開するとともに, 人権や土地権を求めて文学活動を行うようになった. この時代を代表する作家としては, 詩人のO. ヌナカル (英語名 K. ウォーカー), 劇作家のK. ギルバートやJ. ディヴィスなどがいる.

　政治性をはらむ「活動家文学」としての先住民文学は, 入植200周年を迎える1988年を境に, 「和解の文学」という新たな段階へと歩みを進めた. そのきっかけとなった作品にS. モーガンの自伝的小説『マイ・プレイス』(1987) がある. 政府の政策により幼少期に親から引き離され, 主流社会に同化された「盗まれた世代」とよばれる先住民の経験に加えて, 先住民としてのアイデンティティの回復を主題として描いた本作はベストセラーとなり, 1990年代を通して同様の主題を扱う自伝的作品が相次いで出版された. よく知られた作品に, 映画「裸足の1500マイル」(2002) の原作となったD. ピルキングトンの『ウサギよけフェンスを辿って』(1995) がある. こうした作品の出版は, 先住民のエージェンシーを高めただけでなく, より多くの人々が先住民の受難の経験に目を向ける機会を与え, 先住民と非先住民の和解をめぐる動きを推し進める力となった.

　21世紀の幕開けとともに, K. スコットやA. ライトといった作家の登場によって, 先住民文学のジャンルは自伝から小説へと拡大し, 創造性豊かな作品が生まれている. スコットは『ベナン』(1999) と『ほら, 死びとが, 死びとが踊る』(2010) で, ライトは『カーペンタリア』(2006) において, マイルズ・フランクリン賞を受賞し, 先住民文学は周辺から主流へと押し上げられた. 近年は, B. パスコウ, T. バーテ, M. ルーカシェンコ, T. J. ウィンチといった作家らの活躍も目覚ましい. さまざまなジャンルの主要な文学賞の受賞作に先住民の作品が並ぶようになり, 名実共に先住民作家がオーストラリア文学を牽引する時代が訪れている.

●**非先住民による文学の変化**　非先住民の作家によっても, 植民地主義の歴史を再考する作品が出版されている. 詩人のJ. ライトやL. マレー, 小説家のX. ハーバート, T. M. キニーリーらはその先駆的作家だった. 1993年, 先住民の伝統的土地所有権を認めた「先住権原法」が成立すると, この社会的動きと連動するかのように, D. マルーフ, P. ケアリー, A. ミラー, K. グレンヴィル, R. フラナガンなど主要作家らによって, 「テラ・ヌリウス (無主の土地)」への「平和的入植」という建国神話を問い直す作品が陸続と書かれた. オーストラリアにおいて文学は, 歴史を再検証し, 新たな先住民像を創造するとともに, 先住民と非先住民の関係性を結び直す象徴的な場となっている.　　　　　　　　　　　　[一谷智子]

パフォーミング・アーツ
（オーストラリア）

図1　シドニー・オペラハウス［2008 年 3 月筆者撮影］

オーストラリアでは，音楽，演劇，ダンス，オペラ，バレエなどを総称して「パフォーミング・アーツ」とよぶ．世界的に有名なシドニーのオペラハウスをはじめ，オーストラリアには，多くのパフォーミング・アーツの劇場や劇団，教育機関などがある．オーストラリアは，パフォーミング・アーツの盛んな国の一つといえる．

●**オーストラリアの文化芸術政策**

パフォーミング・アーツを含めて，オーストラリアの文化芸術は，民間の団体や個人の活動に支えられてきた歴史がある．「オーストラリアン・エリザベス・シアター・トラスト」（1954 年）は，そのような団体の一つで，オペラ，バレエ，演劇などを中心に，舞台関係者の育成とプロ劇団の設立の支援にあたった．その取り組みは「オーストラリアン・オペラ」（1956 年），「国立演劇学院」（1959 年），「オーストラリア・バレエ団」（1961 年）の設立に影響をもたらしたのだった．

しかし，民間による活動には，資金的な問題も含めて，その限界が指摘されるようになり，公的機関の支援を求める声が高まった．1966 年，連邦政府は，演劇，オペラ，バレエに責任をもつ機関を設立する計画を発表し，1968 年「オーストラリアン・カウンシル・フォー・ジ・アーツ」が設立された．その後，1975 年の法制改正によって，より独自性の強い法定機関となり，名称も「オーストラリア・カウンシル」に変更された．オーストラリア・カウンシルは，パフォーミング・アーツを含む，オーストラリアの文化芸術全般の助成および諮問機関として重要な役割を果たすことになる（2023 年，「クリエイティブ・オーストラリア」に改称）．さらに 1980 年代になると，「オーストラリアらしさとは何か？」が盛んに議論されるようになり，とりわけ文化芸術の果たす役割に注目が集まった．1994 年に発表された「クリエイティブ・ネイション」は，オーストラリアで最初の文化芸術に関する声明とされ，文化芸術による国づくりが目指された．以後，オーストラリアでは，文化芸術活動を支援するための環境の整備がさらに進められる．

こうした中で，パフォーミング・アーツの施策として特に重要なのが 1999 年の

「メジャー・パフォーミング・アーツ・フレームワーク」だろう．これは，先進的な取り組みをする国内のパフォーミング・アーツの団体の活動を支援するための助成金制度である．2018年度は，オーストラリアン・カウンシルを通じて，総額1億1360万豪ドル（約90億円）が29の団体に助成された．

●**先住民とパフォーミング・アーツ**　オーストラリアのパフォーミング・アーツの特徴の一つは，民族的・文化的なバリエーションの豊かさにある．まさに多民族・多文化社会オーストラリアを象徴している．以下では，その一例として，オーストラリア先住民とパフォーミング・アーツとの関わりをみてみよう．

　1980年代以降，オーストラリアでは，先住民の政治的な課題だけでなく，彼らの文化的な側面にも関心が寄せられ，公的な支援がなされるようになった．先住民の文化実践を支援することは，彼らの社会的，文化的な幸福の実現に寄与するだけでなく，オーストラリアの経済発展ならびにナショナル・アイデンティティの構築にも不可欠と考えられたのである．先住民の文化実践の中で，絵画は大きな成長を遂げた分野の一つであるが，パフォーミング・アーツも例外ではない．儀礼の踊りや音楽など，先住民社会には，今日のパフォーミング・アーツにつながる文化実践がある．こうした文化実践は，ノーザンテリトリーで開催される「ガーマ・フェスティバル」や「バルンガ・フェスティバル」のような祭典であったり，クイーンズランド州にある「ジャプカイ・アボリジナル・カルチュラル・パーク」のような観光施設などで演じられ，多くの人々を魅了している．

　さらに先住民のプロ劇団の活躍も目覚ましく，とりわけ先住民問題を扱った作品を次々と発表している．ビクトリア州にある劇団「イルビジェリ」が1996年に発表した「ストールン」は，そのような作品の一つである．これは，同化主義政策のもとで進められた「盗まれた世代」を扱った作品で，当時，社会問題となっていたこの出来事に正面から切り込み，その悲劇をオーストラリア社会に広く訴えた．そして近年，注目を集める先住民の劇団の一つが「バンガラ・ダンス・シアター」である．現代社会と折り合いをつけながら生きる先住民の人々の姿を，先住民の伝統とコンテンポラリー・ダンスの要素とを融合させた独自のパフォーマンスを通して描き出している．その活躍は，オーストラリア国内のみならず，世界にも広がっており，日本にもこれまで4回の来日を果たしている．2018年の来日は，オーストラリア政府主催の「オーストラリア now 2018」のイベントにあわせたもので，2日間の公演は，日本の多くの観客たちを魅了し，イベントのフィナーレを華々しく飾ったのだった．

　パフォーミング・アーツを通して，私たちは，オーストラリアの歴史・社会・文化についての理解をさらに深めることができるだろう．　　　　　　［川崎和也］

マオリの彫刻
(ニュージーランド)

　ニュージーランドにおいてマオリの彫刻を意味するファカイロ（*whakairo*）は，マオリ文化を象徴する芸術・工芸に位置付けられている．植民地化によって一時は衰退したが，20世紀初頭という比較的早い時代から，復興が進んだ．20世紀後半になると，さらなる復興が進む中で，伝統性と現代性の双方を追求した彫刻が発達した．

●**海の向こうからやってきた彫刻**　マオリの伝承によると，かつてルアテププケが，彼の祖父である海の神タンガロアが連れ去った自分の息子を追って海に飛び込み，海中に立つタンガロアの家から息子とともに，彫刻が施された柱を持ち帰ったことから，彫刻がこの世にもたらされたという．マオリにとって彫刻は，神でも祖先でもあるような存在から継承した財産であり，だからこそ単なる技術とその結果ではなく，系譜や歴史，信仰や世界観と不可分な文化であるといえる．

　史実としても，マオリの祖先は海の向こうから彫刻という文化をもって現在のニュージーランドに到達したと考えられており，この島々で見つかった古い彫刻は，東ポリネシアの彫刻と共通性が高い．しかしながらニュージーランドに定着して年月が経つにつれて，シダをはじめとする豊かな植物に影響を受けて，曲線やうずまき模様に特徴付けられる独特なスタイルを発達させていったと考えられる．伝統的には，石を刃の材料とする手斧とのみ，そして木槌が彫刻の道具であった．木材を素材にすることによって，儀礼・集会場マラエに立つ集会所やカヌー，あるいは容器や杖などが制作された一方で，獣骨やヒスイを素材にすることによって，釣針や装身具なども制作された．

●**植民地化による衰退**　18世紀末に到来したヨーロッパ人は，マオリの彫刻の美しさに感銘を受けたことを記録している．しかしながら植民地化が進み，急増するヨーロッパ系入植者とともに新たな物質文化が流入する中で，マオリの彫刻は衰退していき，特に北島北部はその傾向が強かった．他方で，道具の刃の材料に鉄が導入されたことにより技術やスタイルに変容がもたらされながらも，彫刻という文化を継承してきた地域もあった．特に北島中央の部族集団テ・アラワの領域内にあるロトルアでは，19世紀末〜20世紀にかけて観光地化が進む中で，観光客に対して見せたり売ったりするためにマオリの彫刻が盛んになった．それは一方で，ヨーロッパ系住民の需要に応えるために，伝統的な彫刻の固有性や豊かさが失われることをも意味した．1926年には，当時のマオリ国会議員であったĀ．ンガタによってロトルア・マオリ芸術工芸学校が創立され，政府の支援のもとで伝統的な彫刻の復興がはかられた．この学校では，タイアパ兄弟をはじめとする

多くの彫刻家が育ち，彼らの手によって各地でマラエの集会所が建設された．

●復興に伴う伝統性と現代性の追求　1960〜70年代にかけては先住民運動が高揚し，その結果としてマオリの地位・権利の回復のみならず，有形・無形の文化の復興も進んだ．また，マオリの都市移入が急進した結果，ヨーロッパ系住民や西洋文化と接触する機会が増加したために，彼らの生活は急速に変容していった．1963年には，ロトルア・マオリ芸術工芸学校が再編されて，国立のニュージーランド・マオリ芸術・工芸研究所が誕生した．現在に至るまで，彫刻をはじめとする固有の芸術・工芸を，マオリがその伝統性に敬意を払いながら主体的に継承し発展させていくための拠点になっている．

　他方，1960年代以降は，西洋のモダニズムの影響を受けたマオリ現代芸術が，オークランド大学のイーラム美術学校などメインストリームの高等教育機関で学んだ世代によって，活発化したことも見逃せない．20〜21世紀にかけては都市において，伝統的マラエとは異なり，部族集団を所有・管理の主体としないマラエが相次いで建設され，集会所にはしばしば現代性や革新性が顕著な彫刻が施された．その最たる例として，首都ウェリントンのニュージーランド国立博物館テ・パパ・トンガレワの館内において1997年に完成し，当時は物議をかもしたマラエの集会所，テ・ホノ・キ・ハワイキをあげることができる．建設を主導した彫刻家C. ウィッティングは，大胆にも木材の代わりに木材チップを原材料とする繊維板を素材に用い，パステルカラーで色付けした新たな彫刻によって，マオリの神話・伝承はもとより，ヨーロッパ系住民をはじめとする移民の物語をも表現した．また，同時代に活躍したP. ハリソンは，偉大な彫刻家としてのみならず，彫刻の象徴的意味や彫刻にまつわる儀礼に関する知識に精通した専門家として，その名が知られている．

図1　テ・ホノ・キ・ハワイキ［2014年8月筆者撮影］

彼はマオリ芸術・工芸の地位を高等教育において高めることに努め，2002年には，高等教育機関にて初の彫刻の学位プログラムを確立した．今やマオリ彫刻は，単なる土産物やエスニック・アートを超えて，芸術界や学界にも一定の地位を獲得している．なお，伝統的に彫刻は男性，編み物は女性によって担われることが多いが，現代ではその限りではない．　　　　　［深山直子］

📖 参考文献

[1] Mead, H. M., *Te Toi Whakairo: The Art of Māori Carving*, Reed, 1995.

パフォーミング・アーツ
（ニュージーランド）

　本項目では，ニュージーランドの先住民マオリとオセアニア島嶼部にルーツを
もつ舞台芸術家たちやアジア系舞台芸術家が，アジア太平洋の在来文化（舞踏，
ダンス，音楽）と西洋文化との折衝点において形成する現代舞台芸術を紹介する．

●文化の交差点におけるオセアニアの舞台芸術──L. ポニファシオと MAU　サ
モア生まれでオークランド在住の舞台芸術家 L. ポニファシオは，1995 年にマオ
リや太平洋島嶼部出身のダンサーからなるグループ MAU（マウ）を結成した．
オセアニア文化に深く根差しながらも，アイデンティティ・ポリティクスを超越
し，戦争，核実験，テロリズム，気候変動など近代のグローバルな諸問題につい
て観客に思索させ「意識の変革」をもたらす MAU の舞台芸術は，国際的に評価
されている．ニュージーランド生まれのサモア人振付師 N. イェレミアが率いる
ダンス・カンパニー，ブラック・グレイスのモダンバレーに基づくキネティック
な速い動きとは対照的に，日本の舞踏にも通底するゆっくりとした動きと哲学的
抽象性を特徴とし，太平洋島嶼部の土着文化と西洋文化のモダニティを強く感じ
させる．2012 年のニュージーランド・フェスティバルで上演された「天空の鏡の
鳥たち」（2010 年ドイツ初演）は，キリバス共和国タラワ出身のダンサーたちを含
み，太平洋諸島国家が直面する気候変動や，キリバスのクリスマス島ほか太平洋
地域で行われた核実験，植民地時代のリン鉱石採掘による土地の荒廃など，帝国
の活動の多重の負債を負う太平洋島嶼部の歴史を，スラップダンスを用いて鳥の
身体感覚で捉えた．第 1 次世界大戦 100 周年の作品「アイ・アム」のアヴィニョ
ン初演は，教皇庁の庭に響き渡ったアラビア語の宗教歌が圧巻で，民族や宗教の
境界を越え，帝国の周辺の「他者」の存在に焦点をあてる．2020 年の
ニュージーランド・フェスティバルでは，前年にクライストチャーチで起きたモスク襲撃事件に触発され「エルサレム」を制作上演した．シリアの詩人アドニスの詩に言及しながら，越境的想像力で中東とオセアニアをつないでいる．

図 1　L. ポニファシオ演出「天空の鏡の鳥たち」
　［Sebastian Bolesch 撮影］

●オークランド郊外の太平洋諸島系コミュニティ・シアター　先住民マオリと太
平洋諸島系やアジア系移民の多いオークランドでは，舞台芸術がコミュニティ形
成に大きな役割を果たしている．ニウエ・サモア系の劇作家・演出家 V. マヌサ

ウテが率いるキラ・ココナツ・クルーは，太平洋島嶼部からの移民人口が多いサウス・オークランドに根ざす劇団の一つである．2012 年に劇団創立 10 周年記念として上演されたマヌサウテの戯曲「タロ・キング」，工場で働く太平洋諸島系の労働者たちを描いた「工場―太平洋のミュージカル」（2011 年初演）などが代表作である．ミュージカル「工場」は，郊外小劇場からオークランド芸術祭へ，さらに 2014 年エディンバラ・フリンジ・フェスティバルに遠征した．

●**ウェリントン拠点のマオリ・太平洋諸島系の舞台芸術グループ**　ウェリントン在住のマオリ劇作家 H. コウカの代表作の演劇「ワイオラ―故郷」（1996 年出版）は，1960 年代半ばの北島東海岸の架空の田舎町ワイオラ（マオリ語で「生命（*ora*）の水（*wai*）」の意）から南島の都市へ移住し，白人社会への同化を余儀なくされるマオリ家族の物語である．愛する祖母を亡くし，故郷から離れて，マオリ語を話すことも禁じられ，みずからの存在が消えるように感じる思春期の少女ロンゴは，海で入水自殺をはかるが，父と兄たちのハカ（マオリの民族舞踊）の言霊の力で息を吹き返す．コウカは，クック諸島系マオリ劇作家 M. ジョージとともに，2009 年タワタ・プロダクションズを立ち上げ，マオリ・アジア系若手劇作家たちの活動を支えてきた．ウェリントンに拠点をもつタキルア・プロダクションズは 1990 年代以降，毎年マオリ語劇を制作して，マオリ語トータル・イマージョン教育を行う学校での巡回上演を行い，ベトナム戦争から生還したマオリ青年の苦悩を描くマオリ劇作家 J. ブロートンの英語劇「マイケル・ジェイムズ・マナイア」（2012 年 9 月上演）なども上演している．フィジー系ニュージーランド人の演出家 N. ナーワロワロの率いるザ・コーンチの「マラマ」（2016 年上演，タイトルは「月」や「光」を意味するマオリ語）は，ソロモン諸島の女性のコミュニティで行ったワークショップをもとに制作したダンス作品である．サモア系ニュージーランド人のダンサー T. ルアルアとソロモン諸島のコミュニティから抜擢されたダンサーたちが出演した．森林の闇を侵食するチェーンソーの騒音，闇に逃げ込む売春婦を射るように照らすヘッドライトの光という視聴覚的効果で，自然に対する暴力と女性に対する暴力を重ねて演出し，ソロモンの森林伐採による自然の荒廃と，開発業者の進出がもたらす売春などの社会問題を示唆している．

●**アジア系の舞台芸術**　イギリス生まれニュージーランド育ちのスリランカ人劇作家・俳優 A. カルナハランの演劇「紅茶」（2018 年上演）は，植民地時代のスリランカの紅茶大農園で働く家族とその末裔の物語で，終幕近くには未来の汚染された惑星の実験ケースの中で生き残った紅茶の木が登場する．マレーシア生まれのインド系劇作家・俳優 J. ラジャンが率いるインディアン・インクも，独特の仮面を用いた演出で，インド系と一般の観客を広く集めている．　　　　　［小杉 世］

📖 **参考文献**
[1] 小杉 世『国際演劇年鑑 2020』ITI 日本センター，pp.112-122，2020.

マオリ文学
(ニュージーランド)

〜〜〜〜〜〜〜〜〜〜〜〜〜〜〜〜〜〜〜〜〜〜〜〜〜〜〜〜〜〜〜〜〜〜〜〜〜〜

　伝統的なマオリの文学観は，英文学のそれよりもはるかに豊かである．19世紀の白人入植まで書き言葉をもたなかったマオリにとって，物語を伝える手段はカラキア（祈り），ワイアタ（詩歌），コーレロ（語り）に代表される口承と，美しく精緻な彫刻を施された集会所や織物の模様といった「読み物」であった．「文字」に限定されないマオリの独特なテキスト概念は現代でも尊重されており，オークランド大学は1991年にマオリ彫刻家 P. ハリソンに文学の名誉博士号を授与した．

　マオリの言語観は，彼らが正式な語りを始める際に用いる挨拶の言葉「ティヘ・マウリ・オラ（命の息を吸い込んで生きたものとなれ）」の中に要約されている．マオリ神話は，森の神タネが赤土でこしらえた女体の鼻腔に命の息（マウリ）を吹き込むことで命を与えたと教えている．マオリは言葉にもマウリ（命の力）が宿っていると考える．それゆえに語りは，それを聞く者に命の息を吹き込む行為となる．マオリ文学の第一人者 W. イヒマエラが，マオリ文学の特徴をその「抒情性」と「命を与える力」に見出しているのはそのためである．

●**マオリ文学の誕生──イヒマエラとグレイス**　ニュージーランド文学を代表する白人作家の一人，K. マンスフィールドは，短編「パール・ボタンはいかにして誘拐されたか」（1912）の中で，少女パールの口を通してマオリに「いやなことはないの？」と問いかけた．イヒマエラはその物語の続編「情愛深い人さらい」（1989）をマオリの視点から描くことで，その問いに答えている．マオリを苦しめてきたのは，言葉を独占してきた白人の表象による暴力であると．

　マオリの創造的な才能があふれ出す1970年代のマオリ・ルネサンスは，イヒマエラの短編集『ポウナム，ポウナム』（1972）の出版をもって始まったといわれ，その後に P. グレイスの『ワイアリキ』（1975）が続いた．彼らは西洋文化への同化政策を推し進めるために白人作家たちによってステレオタイプ化されてきたマオリの「怠惰で汚らしく，愚かで道徳観念の無い野蛮人」としてのイメージは，白人の頭の中にしか存在しない「社会的構築物」であるとし，みずからペンをとり自分たちの真

図1　W. イヒマエラ［2008年8月筆者撮影］

の姿について語り始めた．彼らの初期の作品には，集会所を中心に営まれるアロハ（愛情）に満ちたコミュニティ・ライフ，西洋文化の影響下で揺らぐアイデンティティの問題などが描かれている．

『クジラの島の少女』（1987）の映画化（2002 年公開，N. カーロ監督）はイヒマエラの名前を世界に知らしめることになった．少女パイケアが将来の族長としての承認を得る物語は，マオリの家父長制的な伝統社会

図 2　ファンガラ集会所の彫刻［2008 年 8 月筆者撮影］

のあり方に一石を投じた．伝統が個人の才能を摘み取ることがあってはならない．古き伝統は，新たな時代という文脈の中で精錬され，より優れたものに生まれ変わらなければならない．海と陸地の接する浜に座礁したクジラが，過去の伝統と現在の狭間で身動きが取れずにいる族長コロの姿を象徴的に表している．

●**活躍するマオリ人作家たち**　A. ダフは小説『ワンス・ウォリアーズ』（1990, R. タマホリ監督により 1994 年映画化）で，伝統社会から切り離され，白人の価値観と経済システムが支配する都会で暮らすマオリ家族の崩壊を描き，マオリがかつての勇敢な戦士としての誇りと自信をどのように回復していくべきかについて問うた．『ボーン・ピープル』（1983）でブッカー賞を受賞した K. ヒュームは，その主たる登場人物であるケレウィン，ジョー，ピーターが，数々の困難や試練を経て絆を回復していく物語のうちに来たるべき多文化主義社会実現への夢を託した．傷ついた三者が一つになるときにはじめて彼らは「何かしら危うくも新しいもの，未知であり成長する大いなるものの心臓と筋肉と精神」となる．

最後に日本にゆかりのある作家を紹介する．第 2 次世界大戦後に遠征部隊の一員として日本を訪れた H. トゥファーレは，原爆投下後の広島の惨状を直に目にし，帰国後に詩集『異形の太陽』（1964）を出版した．大地に死をもたらす原爆は，自然の中に神聖さを認めるマオリにとっては人間の神に対する傲慢と冒瀆のシンボルとなる．タイトルと同名の詩はアメリカとフランスが南太平洋で行っていた核実験に対する反対運動においてしばしば朗読されることとなった．

M. モースは『贈与論』（1925）で西洋資本主義の原理とは異なるマオリ社会の贈与交換のシステムを明らかにしたが，命のある言葉の「贈与」としてマオリ文学を読むことは，今まで経験したことのない読書体験となるであろう．

［澤田真一］

マオリのポイダンス
（ニュージーランド）

〈◇◇◇〉

　ニュージーランドの先住民マオリが実践する歌を伴う踊りの様式は主に三つある．男性が中心となって踊る一般的にハカとよばれる様式，女性が中心となるポイを使う様式，そして20世紀初頭につくられたギターを伴奏に華やかに歌い，道具などを用いず手だけで踊るワイアタ・ア・リンガという様式である．ここでは，そのうち，ポイを使う様式，ポイダンスについて説明する．

図1　ショートポイ．2015年の歌と踊りの大会で配られていたもの［2024年3月筆者撮影］

●**ポイダンス**　ポイダンスは，観光ショーや，歌と踊りの全国大会で踊られる人気の演目の一つである．ポイという紐のついたボール（図1）を使う踊りで，マオリ語ではハカ・ポイ（*haka poi*）とよばれる．ポイは紐の長さの違いで2種類に分けられており，20〜50 cm の短いポイ（ショートポイ）と，1 m 近くある長いポイ（ロングポイ）がある．

　ポイダンスはもともとロングポイを使ったものが発祥とされている．ロングポイは，片手に二つずつのポイをもち，最大四つを操ることがあり，その踊りの技術は地位の高い女性にだけ伝えられていた．そのため，ロングポイで踊ることが許されていなかった庶民の女性たちがショートポイを開発したとされている．ボールの部分は，伝統的には，後述する亜麻の一種の繊維を用いて製作していたが，現代ではスポンジをビニールで包んだものを用いるのが一般的である．

　ショートポイで踊るときには，両手に一つずつポイをもち，クルクルと回して，手や腕，肩や腰にボールを当てる．最も基本的な動きは，ポイを回して腕の上側に当て，その後手首を返しながら跳ね返ったポイを1回転半させ，今度は腕の下側に当てるというものである．当てるときに音が鳴るため，ポイは視覚的・聴覚的に効果がある．そのため，カヌーのパドルを漕ぐといった振り付けで見せる動作もあれば，馬の駆ける様子などを音で表現することもある．踊る際には音楽のリズムに合わせて右足で足踏み（タカヒ）をする．地域によって，足の踏み方や，ポイの長さ，重さなどに違いがある．

●**ポイの歴史**　マオリの世界に存在するものは，すべて，父なる空の神ランギヌイと，母なる大地の神パパツアヌクの子どもたちとされている．ポイは，伝統的

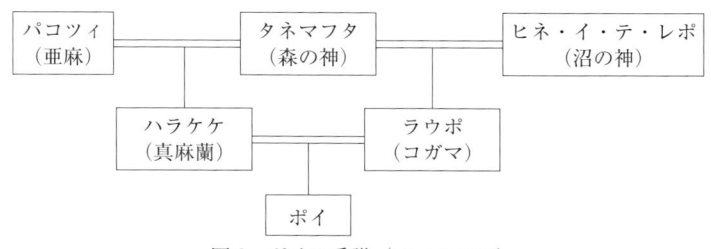

図2　ポイの系譜（ファカパパ）

にはラウポとハラケケの植物の繊維を編み込んでつくられた．そのため，神話的な系譜によると，ポイは，森の神であるタネマフタ（*Tāne Mahuta*）と沼の神であるヒネ・イ・テ・レポ（*Hine i te Repo*）の間にできた子どもラウポ（*Raupō*：コガマ）と，タネマフタとパコツィ（*Pakoti*：亜麻）の間にできた子どもハラケケ（*Harakeke*：真麻蘭）の子であると説明されている（図2）．

　ポイは，もともと，マオリの男性の戦士が，石を麻布で包んで重りにし，上下左右に振って手首を鍛えるために用いられていた，と伝えられているが，それを観察した記録はほとんど残っていない．ポイの最も古い記録は，1814年にニュージーランドにはじめてミッションが設立された際，地元のマオリから，牧師のS.マースデンへ贈られたというものである．このポイは，刺繍を施した装飾ボールであった．また，ポイは，女児の遊びに用いられ，振り回すものとして使われていた．ポリネシアの島々にルーツがあるとされており，トンガではヒコ（*hiko*），ウォリス諸島ではハポ（*hapo*），クック諸島ではペイ（*pei*）などの呼び名で親しまれているジャグリングのような遊びで使うボールが前身だとされている．

●**ポイダンスの歴史**　ポイダンスに関する古い記録もポイと同様ほとんどない．ポイダンスは，西洋接触以前からあったとされるのが通説であるが，1769年にニュージーランドを「発見」し上陸したJ.クックや同船した人たちは，男性が踊る勇ましい踊りハカを見たことは記録しているものの，ポイダンスには言及していない．ポイダンスが記録に出てくるのは，20世紀になってからである．1901年，イギリス王室がニュージーランドを訪れた際，王室を歓迎し，楽しませるために，ニュージーランド各地からマオリが集まって歌と踊りを親族集団ごとに見せあう祭典を開催した．当時のマオリの全人口の約10％（当時の統計によればおよそ4500人）が集まったとされている．現在，ポイダンスはマオリの舞台芸術の必須演目だが，当時ポイダンスを踊ったのは，4グループだけだったという．しかし，1901年の祭典の後からは，多くの地域でポイダンスが踊られるようになった．そのため，20世紀になってから，ポイ遊びがポイダンスという体系的な踊りとして全国に広まった可能性もあるとみられている．　　　　　　　　［土井冬樹］

ウクレレ
（ハワイ）

　「なぜウクレレのコンサートで，ヴァン・ヘイレンやイングヴェイ・マルムスティーンのコンサートのように，飛んだり跳ねたり，叫んだり，観客にダイブしたりできないのだろう？」　ハワイのローカル番組でのインタビューで，J. シマブクロは幼い頃からこう考えていたと語っている.

　長い間，ウクレレといえばハワイの音楽を奏でるための，おもちゃも同然の貧弱な楽器であって，他の楽器のように多彩で迫力のある演奏ができるとは，誰も思っていなかった. そんなウクレレのイメージを大きく変えたのが，J. シマブクロだといえるだろう. 時にクラシック・ギターさながらの繊細なアルペジオを奏で，時にエレキギターのようなダイナミックなストラムを響かせる演奏で，彼はウクレレのもつ表現力を世界に示してきた.

●**ウクレレの誕生**　ハワイ文化を代表する弦楽器のウクレレ. その原型はポルトガルのマデイラ島に伝わる小型の弦楽器である，ブラギーニャ（あるいはマチェーテとも）とラジャオであるとされる. 1879 年以降，マデイラ島からハワイにやってきたポルトガル人移民たちがマデイラ島の楽器を一緒に持ち込み，ハワイの街角で演奏するようになった. やがてブラギーニャとラジャオが一体となり，「ウクレレ」が誕生したのである. ちなみに「ウクレレ（*'ukulele*）」は，ハワイ語で「飛び跳ねる（レレ：*lele*）ノミ（ウク：*'uku*）」を意味する. 小さなボディーが奏でる小気味よい音が，当時のハワイの人々に飛び跳ねるノミを思わせたことが，名前の由来であるという.

　ポルトガル人移民たちの演奏とウクレレは次第に評判となり，ついには当時のハワイ国王 D. カラーカウアの目にとどまる. 音楽を愛し，自身も作曲をしたカラーカウアは，ウクレレをとりわけ愛用したという. また，カラーカウアの時代は伝統的なハワイ文化であるフラを再興するとともに，フラに西洋的な要素を取り入れる試みが広がった時代であった. どこへでも携帯しやすく気軽に演奏できるウクレレは，すでにハワイに定着していたピアノやギターとともに，西洋スタイルのフラ（フラ・アウアナ：*hula 'auana*）のメロディを奏でる楽器として，フラの再興と近代化にとって重要な役割を果たしたのである. ちなみに，カラーカウアの妹で次期国王となったリリウオカラニは，ウクレレのもつもう一つのハワイ語の意味，ウク「贈り物」とレレ「やって来る」から，ウクレレを「ハワイにやってきた贈り物」とよび愛用したと伝えられている.

●**アメリカに渡ったウクレレ**　ウクレレの「大躍進」を描いた映画「*Mighty Uku*（マイティー・ユーク）」によれば，その後ハワイの人々の間に広がったウクレレ

は，ハワイとアメリカ本土をつなぐリゾートクルーズなどで演奏されるようになり，1910年代にはアメリカ本土でウクレレが注目を集めるようになったという．そして1915年にサンフランシスコでパナマ・太平洋万国博覧会が開かれ，ハワイ館でウクレレが紹介されると，アメリカ本土でウクレレ・ブームが巻き起こる．

図1　ウクレレをもつハワイ人女性［出典：Hawaii State Archives, Photograph Collection, PNM-39 Negative 2217-C］

しかし1960年代になると，迫力のあるサウンドが特徴のエレキギターの登場により，「玩具のようであった」ウクレレから人が離れるようになった．同時に，有名なコメディアンがウクレレを演奏しながら笑いをとる芸で人気を博したことで，ウクレレには「コミカルな楽器」というイメージが備わってしまったことも，この時期にアメリカでウクレレ離れが進んだ要因であるといえる．

図2　J. シマブクロ［出典：https://www.facebook.com/307787129338655/photos/pb.100063721502875.-2207520000../2281142305336451/?type=3］

ところが，1980年代以降になると，ウクレレを愛用してきた往年のロックスターたちがウクレレで音楽を発表するようになった．さらに，ポップ・ミュージック界でもより新鮮な音色を求めて，ウクレレを使った楽曲が発表され始める．また，ハワイの音楽シーンの変化もウクレレの復活に一役買った．1980年代のハワイでは，アメリカ本土のポップ・ミュージックと，主にフラで用いられてきたハワイの音楽がウクレレによって融合し，新たなローカル・ミュージックを形成し始めていたのである．そして，当時すでにハワイ全土に広がり始めていたハワイアン・ルネサンス（ハワイ伝統文化復古運動）の流れとともに，ハワイの人々のアイデンティティとして，そして心の拠り所として，ウクレレは現在に至るまでハワイ文化にとって重要な役割を果たすことになるのである．　　　　　　　　　　［四條真也］

映　画
（ハワイ）

〰〰〰〰〰〰〰〰〰〰〰〰〰〰〰〰〰〰〰〰〰〰〰〰〰〰〰〰〰〰〰〰〰〰〰〰〰〰〰

　「太平洋の楽園」としてのハワイのイメージを全世界に広めるうえでハリウッド映画の果たした役割はきわめて大きい．1920 年代に入るまでに海外市場での覇権を確立していたハリウッド映画は，19 世紀末にアメリカが併合を完了した太平洋の楽園ハワイを映像商品として販売を開始した．

●ハリウッドの「ハワイ」　記録に残るハワイを題材に選んだ最古のハリウッド製映画は，1913 年にユニバーサルが製作した「ザ・シャーク・ゴッド」と「ハワイアン・ラブ」である．1915 年には「アロハオエ」が製作された．「アロハオエ」は，エキゾチックなダンサーたちが踊るフラを紹介するものだった．ハワイ映画は，その後も増え続け，1920 年代では 19 本にも及んだ．30 年代に入るとトーキーの使用によって，フラの映像に音楽が加えられるようになった．ハワイ先住民たちの踊りや音楽は，恰好の題材を提供した．

　1930 年代に入ると，この傾向はいっそう進み，音楽と踊りのミュージカル映画が次々と製作公開された．美人女優の J. マクドナルド主演の「レッツ・ゴー・ネイティブ」(1930)，K. ヴィダー監督の「バード・オブ・パラダイス」(1932)，B. クロスビー主演の「ワイキキ・ウエディング」(1937)，太平洋戦争中，ピンナップガールとして米兵たちの人気を博した B. グレイブルが脚線美を披露する「ソング・オブ・ジ・アイランズ」(1942) など，ハワイを題材にしたミュージカル映画が製作された．しかし，それらの映画の多くは，ロサンジェルスのスタジオやカリフォルニアの海岸で撮影された．太平洋戦争が始まると，渡航制限もあって，ロサンジェルス製のハワイ映画の数はさらに増えた．だから，背景のヤシの木は，ハワイに自生しないワシントンヤシだったりした．ハワイでの実写映像は，ダイヤモンドヘッドやワイキキの海岸，カメハメハ王の銅像などがインサート・ショットとして，現地の雰囲気をかもしだすために使用された．

●太平洋楽園幻想　一方，これらの映画が提供する「楽園」ハワイは，経済恐慌下の 1930 年代のアメリカの一般大衆にとって，現実逃避的な役割を担うものだった．これらのハワイ映画の中でフラを披露する女優たちに共通したのは，性的な訴求力だった．このような女優の性的訴求力を強調したハワイ映画の嚆矢として，1927 年に当時のハリウッドのセックス・シンボルだった C. ボウが主演した「フラ」があった．ただ，その後，30 年代に入って量産されたハワイ映画に出演した多くの女優たちは，例えば，1939 年制作の「ホノルル」に主演した E. パウエルのように，裸体を，直接，曝さず，ビキニとセロファンの腰蓑をまとい，バックライトの中で踊りながら下半身のシルエットを浮き上がらせるような表現を用

いた．このような表現は，キリスト教保守派団体
からの攻撃をかわすためアメリカ映画製作者配給
者協会（MPPDA）が1930年に文書化した自主規
制をクリアするためだった．そしてハワイ映画は
「もともと裸の未開人をありのまま撮る」という
合理化が可能な都合のよい題材でもあった．

●**ハワイにおける映画製作**　一方，R. J. ベイカー
のように現地ハワイで生活した映像作家もいた．
彼がハワイに定着したのは，1910年であり，多く
の映画作品を残した．例えば，「*The Story of Ewa*」
（1926, silent, black & white/24 minutes）では，サ
トウキビの栽培から砂糖の精製までの工程を追い
ながら，その過程に日系移民やフィリピン系移民
労働者たちの姿を挿入し，一種の民族誌映画に仕
上げている．

図1　「フラ（*Hula*）」のポスター
[出典：Paramount Pictures]

　しかし，ハワイで撮影される映画が，先住民ハワ
イ人からの視点を加えるようになるのは，1980年代以降のハワイアン・ルネサンス
を待たねばならなかった．そのような傾向をもつ最近の映画として，2009年の「プ
リンセス・カイウラニ」がある．アメリカによる植民地化過程にあった19世紀の
ハワイで先住民の主権確保に奮闘するカイウラニを先住民の視点から描いている．

　ただ，今日でも，地元ハワイのイニシアティブで制作される映画は少なく，大
半はアメリカ本土の資本と製作者によるものである．その中には，アメリカ国内
では他に類を見ないカウアイ島の熱帯雨林を未開の熱帯ジャングルに見立てた
「ジュラシックワールド」シリーズや「ゴジラ」「パイレーツ・オブ・カリビアン」
などの映画も含まれる．

●**日本の「ハワイ」映画**　また，日本の製作者の手になるハワイ映画も製作され
てきた．主な傾向としては，観光旅行で訪れたハワイで繰り広げられるエピソー
ドを描く，福田純監督・東宝製作・配給「ハワイの若大将」（1963），山田洋次監
督・松竹製作配給「いとしのラハイナ」（1983）などであった．最近は，ハワイと
その文化を癒やしの源泉として描く傾向が認められる．例えば，真田敦監督・東
宝製作配給「ホノカアボーイ」（2009）などである．しかし，前者の観光地ハワイ
というステレオタイプとは異なるものの，「癒やしの地としてのハワイ」という新
たなステレオタイプの構築がそこに認められる．　　　　　　　　　　[山中速人]

📖 **参考文献**
[1] Konzett, D. C. *Hollywood's Hawaii: Race, Nation, and War*, Rutgers University Press, 2017.

フ　ラ
（ハワイ）

「フラとはハワイであり，ハワイとはフラである（The *hula* is Hawai'i, and Hawai'i is the *hula*.）」（文献 [1]，p.12）といわれるように，フラにはハワイの歴史と文化が反映されている．

●フラとは　　ハワイ語における「フラ（*hula*）」の定義はさまざまである．フラという言葉には，フラというパフォーマンスを構成している身体表現，歌詞（メレ：*mele*），詠唱（チャント）といった各要素とそれらの実践，そしてそれらの実践者，さらには精神的要素も含まれている．フラとは，先住ハワイアンたちの民俗舞踊であり，リズミカルな動作（ダンス）と詠唱からなる．手と足の動きで，花や風，雨，波といった自然の営み，そして人々の感情などを表している．神話をモチーフにした物語や歌詞の内容が，身体を通して表現され，踊りそのものが神話の体現であり，フラはメッセージ性を含んでいる．最も一般的なフラの形態では，踊り手たちの胴体部分は固定されたままで，足の動作が時の流れを表し，腕と手先の動きはメレの内容を描写したり，視覚的にわかりやすい動作に置きなおしたりしてその内容を伝えている．西欧社会と接触する以前のハワイは，いわゆる書き言葉の存在しない「無文字社会」であった．メレやフラは，ハワイ諸島の創世神話から，神々，自然現象，航海，漁撈，農耕，王族などに関する物語や出来事を伝える詩的な記憶装置，貴重な情報源としての機能を有してきた．

フラの熱心な従事者の中には，「フラを踊る（dance *hula*）」とはいわずに，「フラを実践する（do/practice *hula*）」という人たちがいる．フラは，踊る行為だけを意味するのではなく，自然や神々，祖先，歴代の王族たちにフラを行うことの許しを請う祈りから，レイや衣装のパーツとなる花や植物の採集，レイ・メイキングといった，フラを演じるためのさまざまな作業，それに向き合う精神性からなる一連のプロセスと実践の総称なのである．フラが伝授される稽古場（道場）や，師匠である「クム・フラ（*kumu hula*）」と踊り手からなるグループのことは，「ハーラウ（*hālau*）」とよばれる．今日，ハーラウでは，若い女性の習い手が多いが，シニア世代のフラ，「ケイキ・フラ（*keiki hula*）」という子どもたちが演じるフラもある．なお，フラは，前近代においては，男性のみが踊るものであった．そして，宗教的儀礼と結びつき，神々に奉納するものであり，王朝によって厳しく管理されていた．そのため，誰もがいつでもどこでも踊れるものではなかった．フラは，ハワイの火を司る女神「ペレ（*Pele*）」のような神々の神話，宗教的祭祀と連動するきわめて神聖なものであった．

●フラの種類　　フラ人口は，ハワイ諸島だけではなく，アメリカ大陸部（特に西

海岸），メキシコ，日本などでも増えつづけている．そして，現在，フラは2種類あると考えられ，「フラ・カヒコ（*hula kahiko*）」（古典フラ），および「フラ・アウアナ（*hula 'auana*）」（現代フラ）とに大別されている．宗教的儀礼の系譜を引き，踊りの主題，振り付け，メロディ，楽器，歌の技巧，衣装などにおいて，外来文化との接触以前から持続しているとされるものを「カヒコ」，欧米的要素を取り入れたものを「アウアナ」と分類するのが一般的である．

フラ・カヒコは，クム・フラの朗々としたメレの中でも踊りを伴わない祈りの唱えごと「オリ（*oli*）」の声ではじまる．そして，チャントという祈りの声と打楽器の伴奏のみで行われる．動きも，運動量が多く，直線的で力強いもので，切れのある快活な踊りといえる．フラ・アウアナは，ハワイ語と英語の歌詞に，スチール・ギターやウクレレなどの外来の楽器演奏，ボーカルによる現代的音楽にあわせて優雅に，または楽しく踊るスタイルである．

1920年代以降，ハリウッド映画が描いた「フラ・ガール」による「フラダンス」では，振り付けがハリウッド式にメロディ重視でアレンジされ，明るく楽しいダンスへと変化した．ハワイのホテルでは，「ハリウッド・フラ」のイメージを観光客むけのショーに取り入れ，舞台をエンターテインメント化させ，伴奏にウクレレやスチール・ギターなどを加え，衣装も舞台上で照明に映えるように派手に変化させた．そして，今日みるような，「ツーリスト・フラ」が登場した．

図1　古典フラをアレンジしたツーリスト・フラ［2017年9月ポリネシアン・カルチャー・センターにて森田真也撮影］

1960年代のハワイアン・ルネサンス以降は，消滅しつつあるハワイ語とともにフラ・カヒコが見直され，先住ハワイアンたちの主権回復や文化復興運動の中心に置かれることも増えてきた．フラは，時に，先住ハワイアンのアイデンティティを本質化し，先鋭化するものとして，一方ではハワイに関わる人々を広く，さまざまなかたちでつなぐものとして展開し，愛されてきている．フラは時代に呼応し，ハワイの人々の鼓動であり続けているのである．　　　　　　［城田 愛］

📖 **参考文献**

[1] Stagner, I. W., *Kumu Hula: Roots and Branches*, Island Heritage, 2011.

ハワイアンキルト

ハワイアンキルトとは，ハワイにおける伝統的アートである．1778 年にイギリスから J. クックの来布時，そして 1820 年代にアメリカ合衆国ニューイングランド州からキリスト教布教のため宣教師が来布した際に，はじめてハワイに布が紹介されたといわれる．宣教師の妻たちがハワイの女性に裁縫やパッチワークキルトを教えた．それ以前ハワイには布が存在せず，カパ（タパ）という木の皮でつくられたものを，布代わりに使っていた．カパは木の皮を棒のようなもので叩き，なめし，模様や色を付けたもので，鳥の骨やハワイ固有の堅い木でつくられた針を使用し，布団や洋服のような（最低限身につける）ものをつくっていた．カパという言葉は大きなベッドサイズのハワイアンキルトを指す言葉としても使われる．

●**ハワイアンキルトの特徴**　ハワイアンキルトの特徴の一つめは，デザインは中心からシンメトリック，題材は主に植物の花，葉，実が使われる点である．ほかには歴史的な出来事，宗教的な要素があるもの，近年には抽象物，海の動物などもデザインには使われる．ハワイアンキルトではタブーのデザインがあり，四足の動物や人間のデザインは作成していくうちに，キルトにそれらの魂が宿るといわれ，縁起が悪いものとされている．特徴の二つめは，デザインの周りを輪取るように幾重にも続くエコーキルトとよばれるキルティングが施されていることである．ハワイが海に囲まれ，波紋を表現しているようだ．宣教師の妻が持ち込んだパッチワークキルトがハワイに紹介された当時は，幾何学の四角や三角，ひし形などの硬いキルトラインが主であったが，しばらくするとハワイアンキルトの特徴的な柔らかい終わりのないエコーキルトへと移行していったといわれる．しかしその過程の詳細は文献には残されていない．祖先や先生から伝承していることが多い．ハワイアンが少しずつ自分たちのために，特徴的なキルトに移行していった．特徴の三つめは，無地の生地を使用している点である．ただし黒はタブーで，諸説ある中ハワイアンにとって黒は邪悪な悪霊であると同時に夜のキルトづくりには適してないとされる．薄い色の下地（当時はほ

図1　「マノアの森」［筆者デザイン］

ぼ白地）の上に，シンメトリーのデザインを8分の1折りした濃い色に写し，8枚折のデザインをカットし広げる．デザインを下地に縫い付けるアップリケをし，その生地とキルト綿，裏地の3枚を重ね縫い合わせる（キルティング）．当時キルト綿の入手は難しく，髪の毛，自家製綿，羊からのウールを使用していた．下地やアップリケは木綿，絹，ウールが使われ，白地にターキーレッドといわれた真紅の赤が盛んに使われた．赤と黄2色は王室のロイヤルカラーであった．

●ハワイアンキルトの歴史　ハワイアンキルトの歴史は，宣教師の妻たちが持ち込んだパッチワークキルトから始まった．小さな端切れをつなぎ合わせるピースワークに，キルト綿と裏地を付け，3層を縫う（キルティング）キルトである．ハワイは気候的に寒さから身を守るキルトは不要であり，生地自体が存在しなかったことで，ピースワークがあまり浸透せず，1枚の大きな生地を使う現在のハワイアンキルトの原型ができたという説もある．ハワイアンキルトの成り立ちは残された資料がないため，つくられた確かな時期と経緯は今でも不明である．一説にはタヒチでつくられたティファイファイから伝わったという説がある．ティファイファイのデザインがハワイアンキルトに類似しているためと思われる．ハワイアンキルトのように綿（キルト綿）でなくアップリケ布のみでつくられている．ハワイには伝統的なハワイアンキルトの他にハワイ王国が崩壊する前後，ハワイアンが自分たちのアイデンティティを守るためにつくられたというフラッグキルトが存在する．リリウオカラニ女王がつくったといわれるフラッグキルトもビショップ博物館には保管されている．また，女王がイオラニ宮殿に幽閉時につくり始めたクレイジーキルトは，クィーンズ・キルトといわれ，女王のドレス，サシェ，ハットバンドなどの生地も使われ，女王自ら施した刺繍も残されている．現在もイオラニ宮殿2階の幽閉の間に展示されている．

●ハワイアンキルトの製作　ハワイアンキルト作りはすべて手作業のため，製作に長い日数がかかる．昔のハワイアンは現在のベッドカバー（約2m角）より小さい作品はつくらなかった．そのため完成したキルトには作り手の思いが込められ，この思いを後世に残さぬよう，作者とともに棺桶に入れられたり，焼かれたりされたため，ハワイにはあまりアンティークキルトが存在しない．ハワイの博物館や美術館には多くのコレクションがあるが，それらは寄付，海外または，アメリカ本土から買い戻したものが多い．一針一針縫う作業は昔も今も変わらず，キルターたちの愛情と根気強さがはっきりと表現されている．外へのキルトデザインの流出を懸念した期間もあり，消えゆくアートといわれたハワイアンキルトも，1970年代，ニューヨークでのキルト展を皮切りに，一躍世界的に有名になり今では世界のアートの一つとして認知されている．手法の細かさからも貴重なアートとしての地位を確立し，国内外でベッドカバーや壁掛けなどは美術品として展示され，次世代へ脈々と受け継がれている．　　　　　［藤原小百合アン］

タウタイ
（太平洋移民のアート運動）

〰〰〰〰〰〰〰〰〰〰〰〰〰〰〰〰〰〰〰〰〰〰〰〰〰〰〰〰〰〰〰〰〰〰

　正式名称は，タウタイ現代太平洋アート・トラストといい，ニュージーランドの太平洋系移民出身者のアート活動を支援する団体である．オークランドにオフィスを構え，ここをベースとしている．1986 年頃に，サモア人アーティストとして活動を始めていた F. フェウウが提唱し主導して立ち上げた．扱うアートの幅は広い．絵画，彫刻，写真，動画，インスタレーション，ダンス，舞台芸術などの視覚アートのほかに，今では文学や音楽も含まれる．展覧会や催し物の情報伝達，アーティストの履歴や作品などのサイト運営，共同展覧会の開催，アーティストの交流，青少年や大学生向けのワークショップやセミナーなどの開催を行っている．

●**背景**　第 2 次世界大戦後，ニュージーランドに出稼ぎする太平洋諸島人が増加し，やがてコミュニティが形成された．2013 年センサスで全人口の 7.5% を占める太平洋系の人々のほとんどは都市部に居住し，中でもオークランドはニュージーランドに在住する太平洋系の人々の 3 分の 2 が集住する．主に出稼ぎ移民であった時代，アートを志すことは決して簡単ではなかったが，コミュニティの成熟を待ち 1980 年代になると先駆的なアーティストの出現を見た．フェウウ（サモア出身，絵画・彫刻），F. トヒ（トンガ出身，彫刻），J. プレ（ニウエ出身，絵画），J. ヴィヴィエアエレ（ニュージーランド出身，クック諸島，絵画・コラージュ・キュレーション），M. タフェリー（ニュージーランド出身，白人＋サモア＋タヒチ，絵画・彫刻）らは 1990 年に企画された「テ・モエモエア・ノ・イオテファ（ジョゼフの夢）」という展覧会に参加し名を知られるようになった．フェウウは 1980 年代に精力的に制作を行うとともに，オークランドのサモア領事館の一部スペースを使って，彼自身のものも含め太平洋系のアーティストの作品の企画展示を行った．また，1996 年に西サモア（その後サモア独立国と改名）で開催された太平洋芸術祭には，初めての視覚アートの展覧会が催され，移民社会出身者の絵画や彫刻のアーティストが多く出品し，フェウウはここでもおおいに活躍した．そうした中で，タウタイ・アート・トラストが形成されていった．

●**行政によるサポート**　タウタイを中心とする太平洋諸島民系アーティストの活動は，クリエイティブ・ニュージーランドといったアートへの助成を行う国の出先機関，そしてオークランド市のもつ展覧会場やアート・センターなどによって，支えられている．とりわけ，南オークランドのマンゲレ・アートセンターは展示場のほかにシアターも備えているし，フレッシュ・ギャラリーも太平洋系アーティストの展示を多く行っている．また西オークランドのコルバン・アートセン

ターもスタジオ・スペースをアーティストに廉価で貸し出しており，そうした活動拠点の一つとなっている．タウタイは助成金や展覧会等の情報をアーティストらに流す役割も果たしている．太平洋を合い言葉に，アートのジャンルや流儀に規制を設けることなくネットワークを広げていく緩い組織であることが，多くのアーティストを集める結果に結びついている．

●**さらなる活動の展開**　絵画・彫刻を中心に始まったタウタイのアート活動は，伝統的な文様やデザイン，手工芸品，神話や昔話といった文化遺産を取り入れて進んでいたが，さらに現代的要素を取り入れつつ，I. イオアネのインスタレーションや，Y. キハラの自画像写真などを加えて，新たな展開が始まっている．フェウウ，トヒ，プレらは独学のアーティストであったが，タフェリー以後はアートを専門学校や大学で学んだ人々が増え，現在の若い太

図1　オークランド・ワイヘケ・コミュニティ・アートセンターで行われた展覧会の開会式風景［2017年3月筆者撮影］

平洋諸島系アーティストはほとんどがアートの高等教育を受けている．イオアネもキハラも現代アートにふさわしいチャレンジ精神で，新たなアートの創造を行っている．さらに，キハラやタフェリーの作品には植民地主義批判の視角が顕著に内在している．近年では，移民2世が増えるにしたがって，アーティストの視線は移民政策を含む差別等の社会問題にも注がれるようになり，また移民2世としてのアイデンティティの希求も大きなテーマとなってきている．タウタイの活動はアーティストだけでなくコミュニティに対してもインパクトを与えるものであり，月1回のアーティスト・トークにはさまざまな人々が集う．またオフィスに接する空間にギャラリーのスペースを得て，近年では常時展覧会が開催できるようになった．

　パシフィック（太平洋）やオセアニアという語が彼らの母語ではないので，太平洋諸島人は「パシフィカ・ピープル」や「タンガタ・モアナ」と自称することもある．モアナは多くのポリネシア言語で「海」を指す．タウタイとはサモア語で「航海者」，転じて「リーダー」「指針を示す者」を意味する．　　　　　［山本真鳥］

📖 参考文献

[1] Tautai Official Page（https://www.tautai.org/）.
[2] 山本真鳥『オセアニアの今―伝統文化とグローバル化』第14章，明石書店，2023.

パシフィカ・フェスティバル
（ニュージーランド）

　パシフィカ・フェスティバルは，ニュージーランド・オークランド市で毎年3月に開催される太平洋諸島系の人々の祭典．ウェスタン・スプリングス公園を会場とし，太平洋系以外にも多くの住民や観光客が訪れ，毎年約20万人の人出が見込まれる．開始当初しばらくは，1日だけの催しであったが，近年2日，3日と開催期間は長くなっている．なお「パシフィカ」とは「パシフィック」を太平洋諸島語へ転訛した語で，その人々を指す．

●**フェスティバルの背景**　第2次世界大戦後，工業化の始まったニュージーランドは人手不足が続き，一方現金経済に巻き込まれつつあった太平洋諸島（サモア，トンガ，クック諸島，トケラウ，ニウエ）からの出稼ぎ移民が始まった．政府は安い労働力として当初歓迎していたが，不況になると制限や差別などが生じた．1980年代半ばまで冷遇が続いたが，移民の流れも継続しコミュニティへと発展して2世人口も増大した．その後，フィジー，キリバス，ツバルからの移民も入ってきている．2013年国勢調査では総人口の7.4%が太平洋系のアイデンティティ（複数回答あり）を有する．その3分の2はオークランド市に住み，特に南オークランドでは4人に1人が太平洋系である．ほとんどはポリネシア系であるが，先住民のマオリ人もこれに加えて，オークランドはポリネシア人が世界一多く住む都市である．多文化主義に舵を切ったオークランド市は1993年以来毎年この祭典を催すようになった．

●**さまざまな参加エスニック集団**　エスニック集団はそれぞれに「村」とよばれる領域を構える．サモア，トンガ，フィジー，アオテアロア（ニュージーランド），クック諸島，ニウエ，タヒチ，トケラウ，ツバル，キリバスである．タヒチの移民コミュニティはそれほどの大きさではないが，ビジネスとの組み合わせで出場しているようだ．フィジー以外のメラネシアの国の人々が参加することもあるが，住民というよりは留学生集団である．この中で大きい村はサモア，トンガ，フィジーである．それぞれにステージをしつらえ，さまざまな演目を行う．村とは別のステージも存在し，伝統的な歌やダンスから，ラップやポップ・ミュージック，バンド演奏まである．太平洋系市民集団の出演もあれば，本国からここに出演するためにやってくる集団もある．北米西海岸からはポリネシアン・ダンスを教えるスクールが，またハワイ州からはフラのハーラウ（スクール）などがやってくる．彼らはこの祭典には出演料なしで来るが，ついでにいくつかの公演をフェスティバル外に組み合わせている．最近ではハワイ村も存在するようになった．ポリネシア文化は互いに似通ったところが多いが，フェスティバルでは

それぞれの特徴を匕かした見せ方をし，ダンスだけでなく文化の実演も行われる．サモア村ではイレズミ師が来ていて実演を行う．お金を払ってイレズミを入れてもらうこともできるし，入れているところを見学もできる．クック諸島村やタヒチ村のダンスは見事の一言に尽きる．トンガ村は特有の優美なダンスを見せてくれるが，一方で多くのタパ（樹皮布）やクリエイティブな編みゴザの陳列がある．フィジー村でも，特徴あるタパを実演販売している．さらにヤンゴナ（カヴァ）という伝統的飲料をつくる儀式の実演を見ることも，味わうこともできる．一時期合同ステージでデビューしたてのプロのアーティストが演じることがあり大きな話題となったが，最近では伝統的な演目や伝統文化とつながりの深いモダンダンス，抒情的な歌唱などの演目に落ち着いてきている．

●**土産品やエキゾチックなランチの販売**　それぞれの特徴ある土産品や食べ物も販売されている．絞りのパレウ（腰巻），トンガのタオヴァラやキエキエ（正装として腰にまとう編み物等の工芸品），クック諸島の帽子やティヴァエヴァエ（キルト），ココナツの殻や貝殻でつくったアクセサリーやボタン．民族衣装のドレスやシャツ．木彫の像やキーホルダー．各種レイ．ランチはやや単調だが，タロイモやチャプスイ（春雨の炒め煮），サモアのオカ（生魚のココナッツクリーム和え），ムール貝のフリッター（お好み焼きのようなもの），パンケーキ，パイナップルやスイカなども人気だ．

図1　フェスティバルにて，ダンスを披露するトンガ村の若い女性たち［2013年3月筆者撮影］

●**ポリフェスト**　同じ頃にオークランドの高校に通う太平洋系生徒のクラブが行う伝統的な出し物（ダンス，歌，演説など）のコンテストがこれである．親や親族，学校の友人たちが総出で見に来るので，多くの観客を集める行事となっている．これらの行事は，太平洋系の人々がみずからの出自の文化に誇りをもつようにという趣旨であり，彼らにとって集客力があることはうれしい事実だ．3月はオークランドの太平洋系の人々にとって忙しい季節となっている．　　　［山本真鳥］

📖 **参考文献**
[1] 山本真鳥「ニュージーランド・オークランド市の太平洋の祭典（パシフィカ・フェスティバル）」『国際人権ひろば』110，2013.

現代文学
（島嶼部）

　本項目では，オセアニア島嶼部出身の代表的な現代作家を取り上げ，植民地主義，ポストコロニアリズム，ディアスポラ，太平洋の軍事化，先住民視点のフェミニズム，環境，グローバリゼーションなどの観点から，島嶼部文学を紹介する．

●E. ハウオファ　　トンガ人作家・文化人類学者で南太平洋大学オセアニア・センターの所長をつとめたハウオファは，オセアニア（太平洋島嶼部）を，まばらな人口の点在する島々からなる小国の寄せ集めではなく，近代国家の枠組みを超えて存続してきたネットワークで結ばれた広大な海にまたがる共同体として捉え，地球全体の環境とその存続にも大きな影響を及ぼす「海の守り手」としてのオセアニア人のアイデンティティを呈示した．文学・人類学・環境人文学などさまざまな学問領域において引用されるハウオファの主張は，現在，オセアニアに生きる島嶼部の知識人やアーティストのアイデンティティの基盤となっている．ハウオファは小説家としても活躍した．『おしりに口づけを』（1987）は痔を患う主人公の身体の上部構造と下部構造に住むトゥクトゥク人同士の搾取と紛争の物語を通してユーモアたっぷりに植民地主義の構造を揶揄している．

●H. -K. トラスク　　ハワイの詩人で先住民活動家であるトラスクは，『大地にしがみつけ―ハワイ先住民女性の訴え』（1987）において，米軍による先住民の土地の接収と環境の破壊，観光業による先住民文化の「切り売り」「文化の売春」を鋭く批判し，「観光客はもうハワイに来ないでほしい」と述べた．F. ファノンや A. グラムシなどの理論に共感を示し，白人優位社会である大学において，女性であり，かつ先住民であるトラスクが偏見と闘ってきたその活動の軌跡は，世界の諸地域の先住民知識人女性たちに大きな影響を与えた．詩集『夜は鮫皮太鼓』（2002）は，神話伝説の世界観に基づいてハワイの大地を描く第1部，植民地主義による浸食をテーマとする第2部，抑圧や搾取を越えてなお存続する生命の息吹を謳う第3部（夜明けのマウナ・ケア山頂の聖なる雪の下で頭をもたげて目覚めるシダのイメージで始まり，「光の中へ永遠に歩もう」の詩で終わる）からなる．伝説世界→植民地主義の歴史と影響→そして未来へと開く構成は，マーシャル諸島の女性詩人 K. ジェトニル＝キジナーの詩集『開かれたかご』（2017）など，若い世代の島嶼部出身の詩人の作品にも共通する．トラスクの主張は，フランス領ポリネシアのマオヒの女性作家 C.T. スピッツの短編集『ポストカード』（2015）の「ジョセフィーヌ」のような植民地主義とジェンダーの問題を扱った作品とも呼応する．スピッツのこの短編はフランス人白人男性を相手にするトランスジェンダーのマオヒの娼婦の視点から二重の植民地主義の抑圧の状況を描いている．

● **A. ウェント, S. T. マーシュ**　サモア出身の作家ウェントは, ニュージーランド統治時代から1960年代までのサモアの架空の村を舞台に3世代の年代記を描いた『バンヤンの樹の葉』(1979), グローバルな舞台展開の『オラ』(1991), 『マンゴーのキス』(2003) などの長編小説や, 空想科学ディストピア小説『黒い虹』(1992), 短編集『祖先』(2012) のほか, 「私の身体に死者たちの存在が／骨笛の音楽のごとく編み込まれている」という詩行で有名になった詩集や戯曲など数多くの作品を生み, オークランド大学で長く教鞭をとって, 若い世代の太平洋諸島系文人たちを育てた. その一人であるオークランド在住のサモア・ツバル系詩人マーシュは,「太平洋諸島の遺産」を受け

図1　マーシュと詩人の杖
[Florence Chavin 撮影]

継ぐ女性詩人として初のニュージーランド桂冠詩人 (2017〜19年) に選ばれた. マーシュは否定的な響きをもった「アファカシ (白人との混血を意味するサモア語)」の「PI (太平洋島嶼部出身者)」というアイデンティティを肯定的に打ち出し, 気候変動などへのメッセージを含む詩の朗読パフォーマンスを世界へ発信する. 絵本『モップヘッド』(2019) とその続編はサモアのフエ (首長がもつココナツの繊維でできたハエ払い) あるいはモップに似た髪をもつ少女が詩人となる過程をユーモラスに語っている.

● **T. テアイワ, K. テアイワ**　イギリス植民地政府によるリン鉱石採掘のためキリバス共和国ギルバート諸島のバナバ島からフィジーのランビ島への強制移住を経験したキリバス人の家系の父とアフロ・アメリカンの母をもつホノルル生まれフィジー育ちの T. テアイワは, ニュージーランドで詩人・文学者として活躍し, ウェントやマーシュらとともに大学におけるオセアニア文学教育を開拓したが, 2017年にがんで早世した. ビクトリア大学ウェリントン校のマラエで開催された学会で即興の詩を吟じていた姿が今も記憶に残る. 太平洋の核軍事化とその影響に対する批判や抗議をエッセイと詩で実践するテアイワは, 核実験を「植民地のレイプ」とよぶ. 一日一つのリンゴで医者いらずというが, 太平洋のムルロアやビキニでは「一日一つのココナツは命とり」という衝撃的な詩行は, 核実験による影響で島嶼部の食生活や生活環境の基盤が変容したことを表している. 妹のK. テアイワは人類学者・アーティストとしてオーストラリアで活躍し, バナバ島のリン鉱石採掘の歴史をテーマとしたインスタレーション「プロジェクト・バナバ」を日系サモア人アーティスト Y. キハラと共同制作している.　　　[小杉 世]

現代絵画
（島嶼部）

〰〰〰〰〰〰〰〰〰〰〰〰〰〰〰〰〰〰〰〰〰〰〰〰〰〰〰

　狭義の芸術とは，西ヨーロッパ近代の歴史的・文化的背景のうえに成立した特殊な領域である．芸術（art）の語源であるラテン語のアルス（*ars*）は，もともと「形成における技術」を意味した．しかし近代西ヨーロッパの人間中心的な文化の中で作者の個性が重視されるようになると，アルスから職人的技術を排除したところの，特権的で独立的な領域として確立された．とりわけ宗教領域からの分化・合理化として論じられることもある．いずれにせよ，まったく異なる歴史的背景をもつオセアニア地域において芸術とは，元来独立領域を構成するというよりは，生活文化に埋め込まれていると理解するのがよい．

　他方で，今日芸術はグローバルな現象としてオセアニア社会にも浸透している．現代芸術とよばれることが多いが，これは工芸術を中心とした伝統芸術に対する，同時代的な芸術という意味で用いられており，幅広い実践が含まれる．以下では，注目すべきいくつかの絵画実践について紹介する．

●パプアニューギニア国立アートスクール　オセアニア島嶼域で現代芸術の名のもとに本格的な活動が起こったのは 1960 年代半ば，パプアニューギニアだといわれている．ドイツ人の文筆家 U. バイアーとその妻であるイギリス人のヴィジュアル・アーティスト，G. バイアーによって先導されたこの活動は，1976 年，パプアニューギニア国立大学内に正式なアートスクールを設立するに至り，独立後の国家統合に際しても大きな役割を果たした．例えば首都ポートモレスビーの構想プロジェクトには多くの現代アーティストが採用され，独立の丘，国立博物館，最高裁判所，国立図書館，国会議事堂などの設計や建設にあたった．そこでは多様な部族の芸術スタイルを統合した国家的アイコンの創出が求められた．アートスクールで活躍していた D. ラシシはパプアニューギニア銀行組合の正面ファサードをかたちづくる際，自身の出身のニューアイルランド島のものだけでなく，他地方から多くのモチーフを取り入れたことが知られている．その後の政情不安によりスクールは閉鎖されたが，功績は大きく，現在でもパプアニューギニアの絵画作品はオセアニアの中でも格別な知名度を有しており，前述ラシシのほか，T. エイキス，M. カウアゲ，M. モルブブナなど多くの有名アーティストが生まれた．

●ニュージーランドの移民芸術　1970 年代末，ニュージーランドで起こった「マオリ・ルネサンス」では，マオリの芸術活動のみならず，オセアニア島嶼国からの移民芸術が開花した．島嶼系移民アーティストの多くはニュージーランドで活動を展開することの根拠を，マオリの芸術表現との図像的近縁性や政治的立場の類似性に求めている．とりわけ 1990 年にニュージーランドを巡回した「ジョセ

フの夢展」および 1994～95 年にかけて巡回した「瓶詰にされた海展」という二つを通じて，ニュージーランドは島嶼系を含むオセアニア・アートシーンの中心地として確立されていった．これらに参加し，アートシーンを代表するアーティストには，F. フェウウ（サモア系），J. プレ（ニウエ系），F. トヒ（トンガ系），M. タフェリー（サモア系／クック諸島系）などがいる．それぞれ個性豊かな作品を創造し続ける一方で，近代的なトライバル・アート市場の功罪を見据えた制作実践を行っているという点で共通している．

●**レッド・ウェーブ**　南太平洋大学内（在フィジー）のオセアニア・センターを拠点に活動してきた画家集団レッド・ウェーブは，島嶼系アートを牽引する存在だ．センターはトンガに出自をもつ思想家 E. ハウオファによって設立され，レッド・ウェーブも彼の脱植民地思想に大きな影響を受けながら花開いた．設立には前述バイアー夫妻や，プレも関与した．彼らの目指すのは，国や民族という植民者によって引かれた境界線を取り払い，オセアニア地域を一体として示すことのできるような芸術表現をつくり出すことだ．それは単に図像を開発するというにとどまらず，植民地経験を通じて奪われてきた自分たちの文化を奪回すると

図1　レッド・ウェーブ出身のメイソン・リーによる作品《幻のカヌー伝説》[2006年著者の許可を得て筆者撮影]

いう気概に満ちた挑戦だった．互酬性や共同性，コミュニティに対する開放性，参加や観察を通じての技術伝達など，オセアニア的なものづくりの文脈を離れずに制作され，オセアニアの人間によって享受される作品を，オセアニア世界に向けて送り出すことが目指された．その結果，レッド・ウェーブは島嶼域におけるアートを牽引する存在となり，とりわけフィジーでは彼らの生み出した図像表現は社会に大きなインパクトを与えてきた．I. ンブリ，M. リー，J. マクナマラ，また彼らに影響を受けた A. ソムム，W. ヴィンレケティなど，多数が活躍している．

　西ヨーロッパとは異なる土壌をもつオセアニア社会において，どのように「芸術」が根を張っていくか，今後一層の発展が期待される．　　　　　　　[渡辺　文]

📖 参考文献

[1] 渡辺　文『オセアニア芸術―レッド・ウェーヴの個と集合』京都大学学術出版会，2014.
[2] Hau'ofa, E., *We Are the Ocean: Selected Works*, University of Hawai'i Press, 2008.

パンパイプ
（ソロモン諸島）

　数本から十数本の竹筒を筏状に結わえた大小 10 台前後の楽器群を用い，複数名の男性によって合奏されるアレアレ（ソロモン諸島のマライタ島南部地域）のパンパイプは，従来，婚姻や葬送に伴う儀礼祭宴に際して演奏されてきた（☞「アレアレ語」）．その際，演奏者たちは，祭宴の主催者による饗宴にあずかり，貝貨やブタなどを供与されたという．他方，1970 年代以降は，キリスト教化の進展に伴って祖先崇拝と関連の深い旧来の儀礼祭宴の機会が減少し，パンパイプが演奏される機会も村で執り行われるキリスト教祭礼などに移り変わってきた．また，1980〜90 年代にかけて，現金収入を目的として首都のホテルで催される観光ショーなどに出演する商業的なパンパイプ演奏集団の活動が活発になり，今日に至っている．さらに近年では，海外の音楽プロデューサーの支援を受けてソロモン諸島国外で催される音楽イベントなどに出演し，海外の聴衆向けに CD アルバムなどを販売する演奏集団も出現している．

●**混淆するグローバル化時代のパンパイプ**　アレアレのパンパイプを取り巻くこうした状況の変化は，演奏のスタイルやレパートリー，楽器の形状や合奏の編成などの変化をも促してきた．今日の演奏集団は，キリスト教祭礼に際してはしばしば讃美歌とともに演奏を行い，観光ショーでは時にソロモン諸島国内外のポピュラーソングなどをレパートリーとして取り上げる．旧来のアレアレのパンパイプが，特有の音階をもち，手にもって吹奏する形状の楽器群のみを用いて合奏されるものだったのに対し，今日のアレアレでは，西洋的な音階に合わせて制作された楽器群に打楽器や歌唱が伴う，新たな編成による合奏が一般的になっている．また，そうした演奏集団の多くは，マイクやスピーカー，ミキシング・コンソールといった音響機器を演奏活動に積極的に導入している．1990 年代にソロモン諸島各地の音楽や芸能について調査を行った田井竜一は，近年のアレアレにおける新しい形態と様式によるパンパイプの演奏に関して，「人々が新しく遭遇した欧米やポリネシア系の音楽に対して，いわば『手持ちの駒』を最大限に利用しながら，融合・折衷を行ったもの」だと指摘している（文献 [1]，p.149）．また，メラネシアの在来音楽やポピュラー音楽を研究する S. フェルドと D. クロウディは，多様な外来の音楽的要素を取り込み，国際的な演奏集団を輩出しつつある近年のアレアレの竹製パンパイプについて，「独特な融合（fusion）の展開」を遂げたものとして紹介している（文献 [2]，p.66）．

●**パンパイプの種類と制作過程**　アレアレ語でアウと総称されるパンパイプは，竹を伐採して筒状に切り出し，複数の竹筒を筏状に結わえて制作される．アウと

いう語は，最も一般的には植物と植物
素材としての竹を意味し，より個別的
には竹を素材とする楽器全般を指し，
さらに特定の音階にチューニングされ
た一群のパンパイプのアンサンブルを
意味する．アレアレにおいては，それ
らの楽器の組み合わせからなる主に4
種類の在来のパンパイプのアンサンブ
ルが知られている．筆者が調査を行っ
た村では，アウ・レレピ（'au rerepi）と
アウ・タカイロリ（'au takairori）とよ
ばれる2種類の在来のパンパイプ，ア

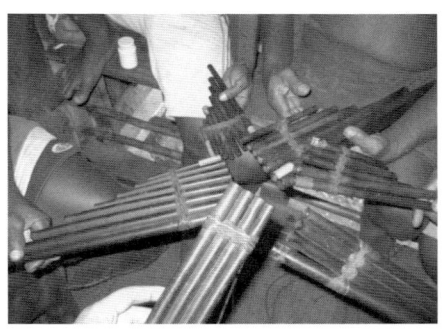

図1　アウ・タカイロリを構成する「土地のパ
ンパイプ」の一部［2010年12月ソロモン諸
島マライタ島にて筆者撮影］

レアレにおいて1970年代末以降に用いられるようになった全音階の楽器群が用
いられていた．在来のパンパイプは総じて「土地のパンパイプ（'au hanua)」とよ
ばれ，全音階のパンパイプは「今日のパンパイプ（'au siri'ini)」などとよばれる．
　パンパイプの制作過程は次のようなものである．山中にある竹の群生地で刈り
採った高さ5～6 mに及ぶ竹を村に持ち帰り，枝葉を落として小屋の屋根の上に
敷き並べ，十分に日光に当てて竹が乾燥して色が緑色から薄褐色になるのを待
つ．1～2か月ほど日光と風雨にさらした後で竹を屋根から下ろし，節ごとに切断
する．その際，割れているものや厚みのないものはより分ける．切断が終わる
と，竹筒を袋につめて小屋の梁の上に乗せ，そのまましばらく置いてさらに乾燥
させる．この袋から適当な長さと太さのものを選び，モデルとなる既存のパンパ
イプの竹筒に当ててナイフで目印をつけ，切り出していく．その後，細く割った
竹をヘラのように用いて切り出した竹筒の内側の汚れやカス，土くれなどをこそ
ぎ落とす．その後，サゴヤシの葉の主葉脈を乾燥させたものなどの細い枯れ枝を
モデルとなる既存のパンパイプの竹筒に入れて枝を吹き口で折り，折った枝を制
作中の新しい竹筒の中に入れて同じ長さになるように吹き口を薄く削る．その
後，削り終えた複数の竹筒を2枚の竹板や木板の間に挟んで紐でくくり付ける．
川で竹筒の内部をすすいで削りカスなどを落とし，しばらく乾燥させてパンパイ
プが完成する．　　　　　　　　　　　　　　　　　　　　　　　　［佐本英規］

📖 参考文献
[1] 田井竜一「ソロモン諸島国における音楽芸能の『新創造』」藤井知昭監修，民博「音楽」共同
　　研究編『「音」のフィールドワーク』東京書籍，pp.144-158，1996.
[2] Feld, S. & Crowdy, D., "Melanesia: Bamboo Boogie-Woogie," In Broughton, S. & Ellingham,
　　M. eds., *The Rough Guide to World Music, Volume 2: Latin and North America, Caribbean,
　　India, Asia and Pacific*, Rough Guides, pp.64-68, 2000.

歌謡・唱歌
（ミクロネシア）

〰〰〰〰〰〰〰〰〰〰〰〰〰〰〰〰〰〰〰〰〰〰〰〰〰〰〰〰〰〰〰〰〰〰〰

　ミクロネシアの音楽では，歌謡が重要な位置を占め，楽器は種類も少なく副次的である．古い歌謡には，各歌固有のメロディはない．ジャンルや歌謡の場で定まった，共通の旋律型に歌詞をのせて軽快な 2 拍子系のリズムで唱えたり，歌い手個人等による様式で歌詞の母音を引き延ばして無拍節でうたったりする．旋律型は，西洋音階ではなく，狭い音域から選ばれた 2～3 音あるいは 5～7 音で構成される．歌詞には各島の言語が用いられる．ヤップの古い歌謡の場合，古語や昔の言い回しが多用されたり離島起源の語だったりするため，意味不明のものも多い．上演形態は，ジャンルによって集団，独唱，いずれでもよいものに分かれる．

●**歌謡の機能**　古い歌謡は，個人，親族，村などに帰属することが多く，かつては定まった場で特定の目的のためにうたわれた．パラオの政治集会では，首長たちがその場に相応しい歌謡を選んで交互にうたったが，現在でもイベントの幕開けに古い歌謡がうたわれることもある．パラオやポーンペイには親族の歴史を語る子守歌，ヤップには歴代首長名を唱える遊び歌，ヤップ，ポーンペイ，マーシャル諸島には過去の紛争を語る歌謡などもある．文字をもたないミクロネシアの人々にとって，歌謡は歴史を伝える手段でもあった．

　人々は，歌謡によって災いを避けたり，思いを遂げたりした．中央カロリン諸島には，漁，航海，パンノキなどに関するまじないの謡が伝承される．キリバスには魔術の効果がある恋愛の謡があり，西カロリン諸島には恋の恨みの謡が多い．失恋の悲しみや絶望感は，主人公の死後もうたわれることで共有され，人々の涙を誘い教訓となった．その伝統は，現代の歌謡にも受け継がれている．ヤップやパラオの恋愛の謡には，しばしば性的な描写や個人を特定する情報が歌詞に含まれるため，うたう際には参加者を見渡して適切に選曲する必要がある．逆に，謡の所有者が謝礼を手渡して，歌謡を乞うこともある．

●**西洋音楽の影響**　水や燃料を求めて立ち寄った西洋の捕鯨船や商船の乗組員，入植者，キリスト教宣教師らは，現地歌謡に影響を与え，聖歌の普及を促した．マニラとアカプルコを結ぶガレオン船の寄港地だったグアムでは，その影響が大きかったため 17 世紀半ば以降チャモロの古い歌謡は断絶し，チャモリータ（Chamorrita）というジャンルにその面影がわずかに残るのみである．

　東カロリン諸島では，19 世紀半ば布教を始めたアメリカン・ボードが古い歌謡や踊りを禁じ，各島の言語で聖歌が創作された．コスラエでは，村対抗コンクールが開催されるほど，聖歌の合唱が盛んになった．マーシャル諸島では，クリスマスから年末にかけて村や共同体のグループが各地の教会を巡回して，合唱や地

元の現代歌謡を伴う踊りを献呈している（図1）.

西カロリン諸島では，19世紀末にカトリック教会の音楽の受容が始まった．ヤップでは，古い様式の歌謡と動作を伴う聖書を題材にした踊りが創作され，教会行事に際して献呈されている.

●日本の唱歌や流行歌の影響　両大戦間，ミクロネシアが日本の統治支配下におかれると，各島の児童を対象に設置された本科3年，補習科2年の公学校で，日本語による教育がなされた．唱歌（音楽）の授業では，《日の丸》《春が来た》《富士山》などがうたわれ，運動会では《桃太郎》の唱歌遊戯が行われた．また，日本人がもたらした蓄音器を通じて，《旅の夜風》《酒は涙か溜息か》《丘を越えて》などの流行歌が広まり，各島では，現地語による替え歌や唱歌調や演歌風のメロディからなる歌謡が創作された．これらの歌詞には，しばしば日本語が取り入れられた.

図1　教会でのクリスマスの合唱［2005年12月マーシャル諸島マジュロ環礁にて筆者撮影］

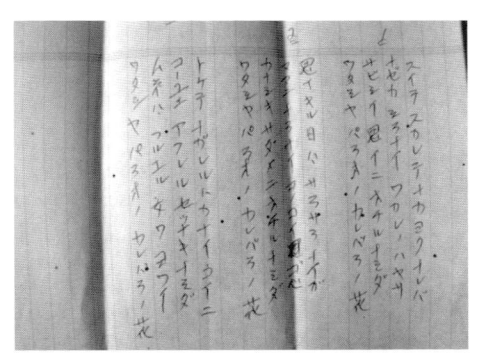

図2　《カレバラノハナ》の歌詞［2012年2月パラオ共和国コロール島にて筆者撮影］

ヤップのテンプラウタ（*teempra uta*）は，日本語やその音楽的要素を混ぜた歌謡のジャンル名で，混ぜることをテンプラの衣に見立てた名称である．《一晩兄貴のうちで寝る》は，恋人に会う口実を日本語混じりのヤップ語で告げるテンプラウタだが，《肉弾三勇士》（長田幹彦作詞，中山晋平作曲，1932年）のメロディにのせてうたう．このように，メロディは元歌の歌詞を考慮せず選択される.

パラオのデレベエシール（*derrebechesiil*）は，懐メロのように親しまれているジャンルで，おそらく200曲以上の歌謡がある．歌詞の多くで，「つらい」「苦しい」「はかない」など語呂がよい日本語が用いられるが，七五調の完全な日本語やパラオ語のみからなる歌謡もある．年配の女性たちは，それぞれお気に入りの歌詞をカタカナで書き記したウタホン（*uta hong*）を大切に持ち歩いている（図2）.

チュークやポーンペイの若者が日本語で創作した歌謡の中には，戦後サイパン経由で小笠原諸島に伝わったものもある．　　　　　　　　　　　［小西潤子］

エスノポップ
（パプアニューギニア）

　エスノポップは，グローバルなポップに土着的な要素を取り入れた音楽のジャンルである．それは単に音楽の形式上のことでなく，アーティストの生活世界，聴取のあり様，音楽産業の特徴などといった文化的・社会的な側面をも含むが，エスノポップはポストコロニアルなメラネシア社会に鳴り響く音楽である．

●メラネシアのエスノポップの展開　エスノポップに欠かせないインフラは，電力，放送網，交通網である．パプアニューギニアでは，そのすべてが独立前夜の1970年頃から都市の周辺部から次第に遠隔地の村落へと広がっていった．また，植民地の行政府はメラネシア人の行動の自由を制限していたので，現地の人にとって社会インフラの開発は大きな生活上のインパクトがあった．独立後に開学した国立パプアニューギニア大学で音楽実技を学んだ学生で結成したパワーバンド（ボーカル，電子ギター，ドラムスによるいわゆる「バンド」のこと）のサングマ（呪術師の意）が創作の道を開き，グローバルなポップに在来音楽の語法を取り入れるその手法は，各地のストリング・バンドでギターやウクレレを演奏していた若者たちに積極的に受け入れられた．すぐに大人も子どももパワーバンドの会場にやってきて思い思いに体を動かすようになった．その光景は植民地支配からの独立という一時代を映し出す鏡となった．

●想いを運ぶエスノポップ　エスノポップの多くは村落在住メラネシア人によって，親しい人や自分たちの土地への愛着と喪失について歌い，在来舞踊の歌詞を流用した曲も数多い．これらの在来舞踊からの流用は，抑揚のかかった歌声とととともに，その中毒感のあるビート感から人気を集めている．興味深いのは，これらのアレンジでは元の音楽のメロディやリズムのコピーよりは，在来舞踊によくある短いフレーズの繰り返しによるリフレインが生み出すビート感が大切にされているという点である．それらは村の中でメディアやライブによって培われ，音楽への渇望は録音スタジオで創作する情熱へとつながっていく．エスノポップは人の想いをつなげていくジャンルとして在来言語の垣根を超えながら培われている．エスノポップはパプアニューギニアの現代文化において，かつて在来社会で培われていた音楽に成り代わりながら，生活の中に極めて重要な位置を占めているのである．

●エスノポップのプロダクション　パワーバンドの「パワー」とは電力のことである．電子楽器も発電機もアンプも高価で管理が必要なので，教会や学校の備品とか共同で購入したものを使う．日常の作曲はギターを使って行う．ライブコンサートは，都市や村落のクラブまたは運動場などの敷地で興行する．バンドのメンバーは普通同郷者であるワントクで構成され，都市部のスタジオにデモ演奏を

持ち込んで，条件が合えば契約に至るが，大多数はきわめて少ない印税を分け合うのでプロ活動には至らない．W.トロプは，2021年の急死までほぼ40年間ボーカルと作曲に勤しんできたが，彼のように長期にわたって成功するアーティストはきわめて稀である．図1が示すイメージのように，「歌う男（*man bilong singsing*）」として世間に認められることを夢見て，今でも若者たちは音楽づくりをしている．ちなみに，パプアニューギニアでは，夜間などに危険が伴うパワーバンドの活動は男子が行うことが多い．

図1　エスノポップのCDジャケット［筆者蔵］

●**エスノポップの曲調**　多くのバンドが出身共同体の中でストリング・バンドの活動をしている．ストリング・バンドはハワイアンのようなギターとウクレレによる本来はソーシャルダンスの音楽であり，パプアニューギニアには復員した元軍属によって南太平洋のほかの地域からもたらされ，1970年代までは若者たちが腕を競い合うギタ・レシス（*gita resis*）とよばれる競演会が開催されていた．つまり，エスノポップの担い手であるパワーバンドは，村落の文脈でいえばストリング・バンドの後継者であり，レパートリーもストリング・バンド時代の歌謡をアレンジしたものが多い．一方で，在来舞踊にみられる独特の躍動感や豊かな抑揚や裏声を活用する歌唱法も人気があるし，在来舞踊の歌詞を流用したレゲエなどのビートは，クラブで踊る際に心地よい曲として歓迎されている．トロプは，在来舞踊との結びつきを強調して，自身の村の在来舞踊を使った作品を多く発表している．このようにグラスルーツの意識の中で在来の音楽文化とエスノポップは何らかのリンクを保っているという感性が存在している．

●**エスノポップの言語表現**　エスノポップの作者は，自分の在来語で作詞することが多く，歌詞をすべてピジン語で行うことは多くない．彼らは，異口同音に在来語の音韻こそが，「想いを伝える（*salim tingting*）」ために最適の手段であるという．その語りには，ラジオの音楽番組などで不特定多数の耳に入ることになる曲であったとしても，直接的には生活の実感からにじみ出てくる感情のリアリティこそが自分たちのサウンドをよりよいものにし，発声の抑揚によってこそ情感が伝わるものという強い感覚がある．こうして今もラジオのヒットチャートに彼らの多言語の歌声があふれ，街や村落の空間を満たしている．　　　［諏訪淳一郎］

📖 **参考文献**
[1] 諏訪淳一郎『ローカル歌謡の人類学―パプアニューギニア都市周辺村落における現代音楽の聴取と民衆意識』弘前大学出版会，2005.
[2] 諏訪淳一郎『パフォーマンスの音楽人類学』勁草書房，2012.

行進踊り
（ミクロネシア）

　マース（*maas*：チューク，ヤップ，北マリアナ諸島レファルワシュ（Refaluwasch，中央カロリン諸島からの移住民），レープ（*lehp*：ポーンペイ）などとよばれるミクロネシアの行進踊りは，西洋の様式を取り入れた比較的新しい踊りの代表的ジャンルである．マースは *Marsch*（ドイツ語，行進），レープは left（英語，左）と外国語が訛ったもので，リーダーまたは号令係の掛け声に従っての行進や「その場足踏み」を基本の型とする．典型的な上演では，数人〜100 人を超える踊り手が入場行進をして横 1 列または数列の隊形を組み，単数または複数の歌の前後に場足踏みを行って 1 連の演目を構成し，退場行進する．入退場にも歌を伴うこともある．

図 1　パラオの行進踊りマトマトン（*matamatóng*）の「その場足踏み」[2008 年 7 月アメリカ領サモア・トゥトゥイラ島にて筆者撮影]

●音楽と踊りの様式　歌は，踊り手自身による歌唱を基本とする．恋愛や畑仕事など戦争に関係しない内容の踊り歌も多く，歌詞には各地域の言語をはじめ日本語や英語などの外国語，これらの混合語が用いられる．掛け声には，足並みをそろえる「レープ，ライツ」（ポーンペイ），「ネップ，ロイ」（パラオ），士気を高める「ファスタロン」（レファルワシュ），「マスタイロム」（ヤップ）などがあり，西洋の軍事訓練の号令に由来する意味不明のものもある．

　在来の踊りと同様，歌と動作が固定している演目もあるが，多くは，上演ごとに歌や振付の新作や演目構成の変更などが自由に行われる．振付と歌詞との連動は少なめで，既存の型の組み合わせやゆったりとした動作がよく用いられる．

　音楽的には，ほぼ一部形式か二部形式の有節歌曲からなる．単純な和音での伴奏付けが可能な長調または演歌調のメロディを 2 拍子や 3 拍子の拍節にのせたものが多い．伴奏には，踊り手のボディ・パーカッション，ハーモニカ，ホイッスル，近年ではバンド演奏，録音音源も使われる．

　基本の型は，西洋の軍艦や商船の乗組員の行進やドイツ軍，ニューギニア警察隊の軍事訓練をもとにミクロネシア東部で形成されたと考えられる．これに，キリスト教宣教師が教えた聖歌や西洋民謡などの音楽的要素からなる歌が結びつい

て様式化し，ナウルとパラオのアンガウル島のリン鉱石採鉱所の期間労働者を通じて20世紀はじめまでにミクロネシア各地に広まった．

●**歴史的変化**　植民地行政府やキリスト教は在来の踊りを弾圧したが，ミクロネシア東部から中部では，西洋風の行進踊りの上演は認められた．チュークのデュブロン島では，1960年代まで白ズボン，白シャツの洋装に花飾りとたすきを着けて踊っていた．ところが，2016年チュークのシース環礁のグループは，褌姿のリーダーによる現地語の勇ましい号令に従って，パナマハット型の帽子をかぶった踊り手たちが行進した．歌を伴わず，在来の戦闘踊りで用いるボディ・パーカッションと棒踊りから構成された演目は，在来文化の力を表現するものだった．

両大戦間のミクロネシアの日本統治時代には，日本の学校唱歌や流行歌の替え歌やそ

図2　北マリアナ諸島レファルワシュの行進踊り
［2004年7月パラオ共和国コロール島にて筆者撮影］

図3　チュークのシース環礁のグループの行進踊り
［2016年5月グアム島にて小出光撮影］

れらの音階やリズムを模倣したメロディからなる日本語混じりの歌が創作された．各地の優秀な青年が集まったパラオの木工徒弟養成所は，その交流拠点の一つとなった．パラオでは，これに女子児童教育で導入された唱歌遊戯の振付をした優美な行進踊りが様式化した．

踊り手の年齢性別を問わない行進踊りは，各地の祭礼や公的行事，学校行事，観光客向けのイベントなどさまざまな場で上演され，新たな演目を創出し続けてきた．在来の踊りほど高く価値をおかないレファルワシュの間でも，若者の上演は人気をよんでいるし，パラオでは伝統的踊りの1ジャンルとみなされている．行進踊りは，120年以上にわたるミクロネシアにおける西洋や日本との接触とグローバル化，ローカル化の歴史を身体表現によって伝え続けている．　［小西潤子］

マランガン彫像と仮面
（パプアニューギニア）

〜〜〜〜〜〜〜〜〜〜〜〜〜〜〜〜〜〜〜〜〜〜〜〜〜〜〜〜〜〜〜〜〜〜〜〜〜〜〜

　ニューギニア各地では，祖霊・精霊を模したさまざまな彫像や仮面が，儀礼小屋にてながく継承されてきた．人々はこれらの造形物を村落の安寧や豊猟・豊作などの効果をもたらすモノとして認識し，さまざまな機会に祈りを捧げ，食糧やビンロウを供えてきた．他方，ニューアイルランドの葬送儀礼マランガン（*malangan*）で制作される彫像や仮面などの造形物は，きわめて特異な特徴をもつことで知られている．ここでは，マランガン造形物の民族誌的情報やコロニアルヒストリーを参照しつつ，特にマランガン彫像がいかなるモノであるのか描き出す．

●マランガン造形物の民族誌　図1は20世紀初頭に収集されたマランガン彫像である．その収集には，日本人移民の小嶺磯吉や鮫島三之助が関わったといわれる．リュウテンサザエ科の貝で表現された瞳や立体的な造形の鼻と顎，そして剥き出しの歯列など，見る者の目を惹く力強さが印象的な容貌である．彫像の正面にはくちばしをもつ四足動物とオウチュウと思われる黒色の鳥が向きあうように表現され，両側面には鰓孔の表現からサメを表現したと推定される黒色の魚が配置される．これらの動物形副像は彫像本体と接続し，それぞれが支柱構造を成している．細部に注目すると，加工の跡が目立たなくなるように表面を磨き上げたうえで，多数の葉や多毛類を線描し，全体を装飾していることに気づく．制作者が優れた加工技術や表現力を有していたことをうかがわせる彫像である．

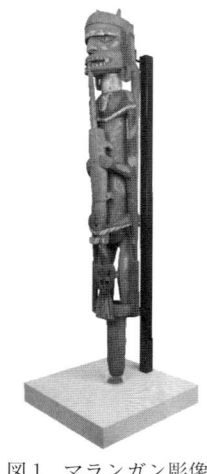

図1　マランガン彫像
　　［慶應義塾大学所蔵］

　マランガン儀礼は，故人の亡骸を葬った後，数か月〜数年後に開催される．造形物の制作は専門の彫刻師が担い，彼らは村落から離れた小屋で，儀礼の数か月前より制作に取り掛かる．造形物の意匠の大半には制作権があり，彫刻師は主催者から伝え聞いた意匠を造形物に刻み込む．儀礼の開催が近づくと，造形物は未彩色のまま，儀礼が行われる囲い内に秘密裡に持ち込まれ，儀礼の最中に彩色される．参列した縁故者は，主催者に貝貨を支払うことで，造形物を目にすることが許される．造形物を披露する場面にて，主催者は自身が故人の権利を継承する正当性を主張した後，制作権を次代に継承する．制作権の見返りとして，次代は当代に貝貨やブタを支払う．儀礼が終わると，造形物の大半は火にくべられるか森や洞窟に打ち捨てられ，儀礼小屋に収められることはほとんどなかった．

●マランガン彫像はいかなるモノか　マランガン儀礼にて

継承されるのは制作権であり，造形物そのものは儀礼ごとに新たに制作される．そして造形物に期待されるのは，超自然的な効果以上に，故人の権利を継承する正当性を確保することである．これらの点は，ニューギニアの他の造形物とは異なる特徴である．

　特にマランガン彫像が故人の権利を継承するためのモノとしての側面をもつことについて，1980年代にニューアイルランド北部を調査したS. キュヒラーが実に興味深い現地の概念を報告している．人は生涯において「皮膚（tak）」を重ねて成長し，その皮膚にはその時々に獲得した権利が刻み込まれていくという．特に，彫像を制作することは「皮膚をつくる（ta-tak）」に喩えられる．彫像には故人が生涯に重ねてきた幾重もの皮膚が表現されるとされ，彫像の意匠は故人がその生涯で獲得した権利の証であると説明される．とすると，図1のさまざまな構成要素は，ある故人が生涯に獲得した権利の証とみなすことができるかもしれない．また，貝貨を支払った縁故者のみが皮膚を記憶する権利を獲得し，彫像の皮膚を記憶した人物だけが故人の権利を継承する正当性を主張できるという．まさに，マランガン彫像は故人の権利を映し出す媒体であると同時に，記憶とその継承のプロセスに関与する媒体でもあるのだ．

　20世紀初頭の現地社会では，さまざまな目論見をもった現地島民と入植者の交渉を通じた〈絡み合い〉が至る所で生じており，それが現地の物質文化に深く影響を与えていた．例えば，現地島民は交易を通じて西欧由来のさまざまな品々を獲得し，時に造形物の制作にそれらを利用したことが明らかとなっている．1908〜09年にニューアイルランドを調査した民族学者A. クレーマーは現地の彫刻師から，従来使用していた貝斧に代わって，交易で入手した鉄器を造形物の制作に用いるようになったことを聞き取っている．図1に認められるような空隙を多用する複雑な造形は，鉄器によって可能となった加工表現かもしれない．より詳細に図1の彫像を観察してみると，四足動物の副像に複数の鉄釘が打ち付けられていることに気づく．鉄釘は入植者の交易の際に，現地島民に譲渡された品々の一つである．鉄釘の位置をみるに，留め具として打たれたのではないようだ．とすると，この鉄釘はマランガン彫像の装飾として使用された可能性が指摘できるだろう．この彫像は，現地島民が入植者との交渉を通じて獲得した加工技術や素材を駆使してつくり出した，絡み合いの歴史的産物として位置づけることができる．

　マランガン彫像の皮膚には，故人がその生涯に獲得した権利のみならず，現地島民と入植者による〈絡み合い〉が，造形や意匠，素材として刻み込まれてきた．その皮膚は入植者たちを惹き付け，多くのマランガン彫像が収集された．そして現代ではさらにアートとしての価値が見出されつつある．マランガン彫像は，今もなおその皮膚を更新し続けるダイナミックな媒体なのである．　　　　　［臺　浩亮］

ティキ
（ポリネシアの彫像）

　ティキ（*tiki*）は東ポリネシアの神話では半神半人として，あるいは，系譜上では神々から下りた初めの人間として語られる．ニュージーランド，クック諸島，マルケサス諸島，ツアモツ諸島ではティキであるが，タヒチではティイ（*ti'i*），ハワイではキィイ（*ki'i*）とよばれていた．現在はタヒチとハワイにおいてティイとキィイの名称はほとんど使われず，「ティキ」として広く知れわたる．ここではタヒチ島のあるソサエティ諸島のティイとマルケサス諸島のティキについて，主に彫像と装飾文様としての側面を紹介したい．

●**彫像としてのティキ**　ソサエティ諸島の伝統信仰はポリネシアの他の地域の信仰と同様に多神教であった．複数の神々を常に等しく崇めていたのではなく，時代ごとに「流行り」の神が存在した．西欧との接触初期に西欧人探検家や宣教師が観察したのは戦争と豊穣の神，オロ（*'Oro*）への信仰であった．オロ信仰はライアテア島で始まり，1760年代にはタヒチ島へ広がった．オロ信仰ではティイとトッオ（*to'o*）とよばれる神像・彫像がつくられた．トッオは棒状の，彫刻や彩色が施されない木片により紐を巻いた像であった．通常内部の木片は人目に曝されないが，パイアトゥア（*pa'iatua*，神の身体の殻）の儀礼においてより紐が取り除かれると，彫刻など施されていない形状が現れた．木片の中身はくり抜かれ，できあがった空洞に羽根が詰められた．装飾や形状に乏しいトッオに対して，ティイは顔や身体描写が施された．石もしくは木でつくられた彫像である．石に彫られたティイは農耕や漁撈での豊穣・大漁祈願のためにつくられたり，マラエに設置され儀礼において崇拝されたりした．木に彫られたティイは戦闘用カヌーに付帯されたり，地区の境界や首長の住宅地に立てられたり，農地などに課せられた禁忌を示したりした．ソサエティ諸島では2体が背中で接続した双子のティイ像が見つかっている．

　キリスト教化の過程でソサエティ諸島のティイの多くは破壊されたが，マルケサス諸島のティキは比較的多数残存する．ティキの彫像は木，石，骨に擬人化された顔および身体を模し，小さいものでは約10 cm，大きいものでは約2 m 50 cmになる．マルケサス諸島のティキの彫像の特徴は頭部の重要性を強調した3等身であり，大きなアーモンド形の目，左右に広がった鼻翼と口，わずかに曲がった脚，突き出た腹に置かれた手である．ティイと役割は類似するが，彫像のティキの多くは祭儀場メアエ（*mea'e*）に設置され，メアエの敷石側面には浮き彫りのティキが施された．

●**装飾文様としてのティキ**　彫像であるのに加え，ティキは装飾文様でもある．

装飾文様としてのティキは頭部，あるいは，身体部位で表現される．とりわけ目の文様は重要であり，円形もしくはアーモンド形であり，その中央に無地や水平の線でもって目の開閉を表現する．耳は一つか二つの流線形で表現される．ティキの文様は，太鼓，棍棒，竹馬，頭飾り，団扇，耳輪，人骨ビーズ，パイプ，調理具，カヌー，器など，政治権力を示すものから日用品までのさまざまなものの表面に彫刻された．小さなティキの頭や目，口，鼻，腕，脚といったティキの身体部位は，他の文様と組み合わせられて，さらに大きなティキやティキとは別の生き物の文様となる．例えば，ティキの頭は大きなティキの眼球を形成し，脚はトカゲの文様に，口や目は亀の文様を形成する．口頭伝承では，このようなティキの文様構成にみられる解体と再編のプロセスは，ティキが殺された後にみずから再編できる能力を示す．装飾文様には神を擬人化した全身像として表現するエトゥア（*etua*）文様や人間の全身像を表現するエナタ（*enata*）文様がある．エトゥア文様やエナタ文様の両脚を開いた形状はティキの彫像の形状に由来するといわれる．

　ティキは物の表面だけでなく，マルケサス諸島やソサエティ諸島の人々の皮膚をイレズミの文様として覆ってきた．19世紀以前のイレズミの文様では，全身像として彫られた木と石の彫像や骨のビーズの彫刻とは異なり，腕，脚，目，口などの身体部位を象った文様で彫られていた．しかし，現代の施術においては亀やイルカや鮫などの生き物を象ったデザインにマルケサス諸島の伝統的な文様を埋める様式が人気である背景から，ティキも彫刻でみられるような全体像で彫られ主要デザインになる．また，施術に欧米のタトゥーマシーンとインクが導入され，ティキには3次元効果を出すためのぼかしや，木目調にして彫像風にする表現が加えたりもする．

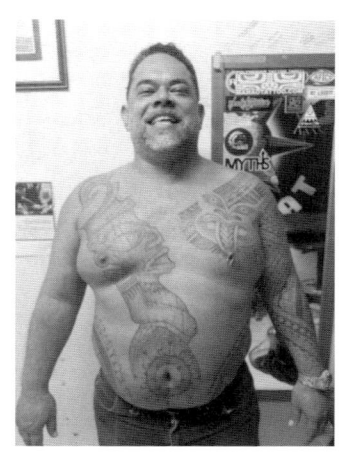

図1　木目調でイレズミとして彫られたティキ［2018年8月筆者撮影］

　現在，フランス領ポリネシアのタヒチ島パペーテの町を歩くと多くのティキに出くわす．ティキは土産物屋で売られる木彫りであり，Tシャツ，カバン，帽子のデザインでもあり，店の看板のデザインでもあり，商品のロゴでもあるといった具合に，至る所にあらゆるかたちでもって見出せる．ティキはポリネシアの伝統信仰に基づく彫像であったが，観光産業では，タヒチやマルケサス諸島のみならずハワイやニュージーランドをも含む「ポリネシア」を象徴するもの，あるいは「ご当地キャラ」であり，独立運動と民族アイデンティティ形成との関連では「伝統文化」になる．　　　　　　［桑原牧子］

樹皮布
（サモア）

〜〜

　オセアニア各地において伝統的に製作，使用されてきた樹皮布（タパ）は，18世紀末から各地域を訪れた宣教師や実業家などに蒐集され国外へ渡るようになり，これらの多くは現在，世界各地のミュージアムに収蔵されている．またもともと儀礼だけでなく，日常生活で用いられていた樹皮布であるが，第2次世界大戦後になると各家庭や村での生産が減少し，主に土産物として扱われることも多くなった．伝統技術の保存・継承の一環として，製作技術と図柄について書籍にもまとめられている．現代美術では，オセアニアにルーツをもつアーティストが，樹皮布の模様をモチーフとして取り入れる例も目立つ．さらに近年では，樹皮布そのものを用いた表現も増加している．ここでは，樹皮布の現在について，サモア諸島の例を中心に紹介する．

●**外国人宣教師や実業家による蒐集とミュージアム・コレクション**　キリスト教の布教を行った宣教師の中には，長期に及ぶ現地生活の中で人類学的な関心をもつものも多かった．例えば，メソジスト教会の G. ブラウンは，19世紀後半にサモア諸島およびパプアニューギニアに派遣され，住民の暮らしを記録し，伝統的な生活用品の蒐集を行った．その中には，布教地のほかフィジー諸島やソロモン諸島の樹皮布も含まれる．彼のコレクションは，イギリスのボウズ博物館，ニューキャッスル大学ハンコック博物館を経て，国立民族学博物館の所蔵となった．

　また，貿易のため訪れた実業家の中にも，アンティーク・タパの蒐集を行った者がいる．例えば，ニュージーランドの A. ターンブルはサモアにおける樹皮布生産の最盛期であった 1890 年代に滞在し，樹皮布のコレクションを形成した．晩年にはドミニオン博物館（現ニュージーランド国立博物館）などへ寄贈した．

●**伝統技術・デザインの保存・継承・普及と修復**　R. フラハティによるドキュメンタリー映画「モアナ」（1926）でも映されるように，第2次世界大戦前のサモア諸島では儀礼に用いるだけでなく，日常生活において腰巻き布，敷物，寝具などとして樹皮布が使用されていた．18世紀末から外国人宣教師などがもたらした西洋の衣服や，その後 20 世紀に入りアジアで生産された綿の布地が輸入されると，タパは儀礼など特別な機会にしか使用されなくなっていく．

　アメリカン・サモアの M. プリチャードは手描きデザインの樹皮布，シアポ・ママヌ（*Siapo mamanu*）の制作だけでなく，海外市場へ輸出することで，現金収入と継続的な生産体制を生み出した．その後，戦争の影響で輸出が中断したため，1950〜60 年代にかけて樹皮布の技術が衰退した．プリチャードの活動は，1971年にアメリカの公共放送で取り上げられ，広く知られることになった．その後，

1984 年に樹皮布シアポに関する書籍を出版した．作り手自身による装飾デザインの構成要素なども紹介する本書は，他地域での樹皮布研究・普及活動にも影響を与えている．

　プリチャードの姪にあたる R. メレディスは，長年アメリカン・サモアのコミュニティ・カレッジで美術としてのシアポ・ママヌの表現技法を教えるとともに，近年ではグラスゴー大学，スミソニアン博物館との協働により，コンサベーターを対象としたワークショップを行い，歴史的な樹皮布の保存修復が欧米の博物館において適切に行われるよう努めている．

図1　R. メレディスが指導し共同で制作されたタパ作品［R. メレディス提供］

●**現代美術に用いられる樹皮布と「共同性」**　第 2 次世界大戦後，太平洋の島々からディアスポラ（移民）が増加するに従って，自身のルーツやアイデンティティを美術の領域で表現するアーティストが現れた．サモアからニュージーランドへ渡った F. フェウゥは，1980 年代初頭より西洋の前衛美術の影響を受けながら，樹皮布をはじめとする伝統工芸の図柄のモチーフを用いた作品を制作している．一方，植民地経験のある各島において，真の意味での自立やオセアニアの地域アイデンティティを獲得すべく，1997 年に E. ハウオファがフィジーの南太平洋大学内にオセアニア・センターを設立し，親族的コミュニティにおける共同性の中でアーティストの育成を試みた．彼らレッド・ウェーブのアーティストにもタパの図案モチーフは多用されている．

　現代美術において，樹皮布そのものの使用も増えてきた．例えば，ニュージーランドの R. ホワイトは，1982 年にキリバス共和国へ移住したことをきっかけに，同地やフィジー，トンガなどの人々とコラボレーションし，共同作業の賜物であるタパそのものによって西洋近代的な個人主義を相対化しようとする．近年では，サモアと日本にルーツをもち，ニュージーランドで美術教育を受けた Y. キハラらの世代も自身の文化的アイデンティティの融合をはかりながら気候変動など環境問題をはじめとした，太平洋地域の抱える諸問題に言及すべく，多数の協力者とタパを素材とした作品を制作する．　　　　　　［慶野結香］

📖 **参考文献**

[1] Pritchard, M. J., *Siapo: Bark Cloth Art of Samoa,* American Samoa Council on Culture, Arts and Humanities, 1984.

イレズミ
(島嶼部)

オセアニアでは，ポリネシアやミクロネシアを中心に多くの地域でイレズミが行われており，17～18世紀にヨーロッパ人がこの地域を「発見」した際には，その慣習が大きな注目を集めて盛んに記録された（図1）．タヒチ語のタタウ（*tatau*）がJ. クック（☞「キャプテン・クック」）の航海によってヨーロッパに紹介され，イレズミを示すタトゥー（tattoo）の語源となったことも知られている．オセアニアのイレズミは船乗りや兵士に広まり，その後欧米でのイレズミブームにも影響を与えた．

図1　クックに同行した画家 S. パーキンソンによる絵をもとにした版画〔Parkinson, S., 1745-71, The head of a chief of New Zealand, the face curiously tataow'd〔tattooed〕, or marked according to their manner. Parkinson, S. del. T. Chambers sc., 1784. Plate XVI.. Parkinson, S., 1745-71：A journal of a voyage to the South Seas, in his Majesty's ship, 'The Endeavour'. Faithfully transcribed from the papers of the late Sydney Parkinson. Printed for Charles Dilly, in the Poultry, and James Phillips, in the George-Yard, 1784. Ref：PUBL-0037-16. Alexander Turnbull Library, records/22753134〕

ポリネシアではサモアやトンガ，タヒチ，マルケサス諸島，ハワイ，ニュージーランド，ラパ・ヌイ，またメラネシアだがトンガやサモアと強い関連をもつフィジーなどのイレズミが知られている．共通した特徴をもつ施術具が遺跡から出土するため，ポリネシア人の祖先であるオーストロネシアンがこの慣習を有し，各地への定住の中で地域独自のパターンやデザインが発展したと考えられている．

ミクロネシアについては，マーシャル諸島，パラオ，ヤップ，トラック，ポーンペイなどにイレズミがあったことが記録されている．また，メラネシアのポリネシアン・アウトライアーであるオントンジャワやレンネル，ベローナ，ティコピア，アヌタなどでもイレズミが行われていた．ニューギニアやオーストラリアなどでは，イレズミではなく，肌を傷つけたり焼いたりし，意図的に肌に凹凸をつくり文様を残す瘢痕文身が行われた．

オセアニア地域のイレズミは一般に黒色で構成され，施術者や被施術者の性や地位，施術部位，文様などは地域によって異なっていた．オセアニアの人々の世界観に結びつく実践であり，ポリネシアではマナやタプ（☞「マナとタプ」）の概念とも深く関わっていた．しかし，これらのイレズミ

は欧米による植民地化とキリスト教化の中で禁止され，また西洋的な衣服の導入，生活習慣や価値観の変化の中，行われなくなった．

　こうした中，1960 年代頃からの民族運動，先住民運動の進展に呼応するかたちで，1980 年代以降，特にポリネシア地域では，「タトゥー・ルネサンス」とよばれるイレズミの復興が進んでいる．

●マオリの「タ・モコ」復興　　ニュージーランド・マオリ（以下，マオリ）の伝統的なイレズミ，タ・モコ（芸術名称もしくは行為を指し，イレズミそのものはモコ）は，キリスト教化や価値観の変容，都市化に伴う地方コミュニティの衰退などの中，男性の顔のイレズミは 1865 年，女性の顎のイレズミ（モコ・カウアエ）は 1953 年の記録を最後に施術が行われなくなり，1970 年代には，老婆の顎にかろうじてその姿を残すのみとなった．マオリ語を含むマオリ文化やマオリそのものまでもが危機に瀕していた当時，モコ・カウアエは消えゆくマオリ文化の象徴とも捉えられていた．一方，パケハ（白人）の制度が社会を支配していく中，マオリの人々は，「酒やたばこにおぼれ不健康」「非行や犯罪が多い」などの否定的なイメージを負わされるようになった．マオリのギャングたちがまとったイレズミは洗練されているとはいえず，主流社会，そしてときにマオリ自身によって，イレズミは「美しくない」「不健全なもの」と捉えられるようになった．

　こうした中，1980 年代頃から，タ・モコはマオリの誇るべき文化であり芸術であると主張する彫師たちが現れる．彼らは，木彫などのマオリ芸術を学んだ芸術家であり，ギャングのイレズミや世界的な広がりをもつイレズミとは異なるものとして，モコを人々の生活に取り戻そうとした．失われたパターンを学び，マオリ独自のスタイルを再度確立した彼らは，自身の才能と技術によって，タ・モコを美しい芸術に高めてきた．現在，タ・モコは復興された多くのマオリ文化の中でも特に象徴的な位置づけを与えられ，テレビ CM や本の表紙を飾っている．ニュージーランドを訪れれば，あなたもすぐにそのイレズミに魅了されるだろう．男性の場合は顔に行うモコ・カノヒと腰回りから太ももまで行うプホロ，女性の場合には唇と顎に行うモコ・カウアエが特に伝統的と考えられている．人々は，これらのモコをまとうためには伝統的な慣習やマオリ語についての知識をもっていなくてはならない，人前で泥酔してはいけないなどと語ることもある．

　タ・モコ復興の背景には，マオリの人々からふとした瞬間に感じられる「自分は十分にマオリではない」という苦しみ，「マオリになりたい」という希求があったように思う．その深い苦しみを前にただ立ち尽くすのではなく，自分の生まれた社会や環境と葛藤しながらも，彫師たちは，「醜く，悪いもの」とされたタ・モコを，「美しく，正しい」ものに変え，社会にそれを認めさせてきた．人間は，社会や歴史に翻弄されるだけの存在ではなく，社会や歴史をつくることもできるのだ．人々は今，誇り高くモコをまとっている．　　　　　　　　　　　［秦(南) 玲子］

伝統的衣装とファッション
（サモア）

　豊かな織物文化が発達した東南アジアと比較すると，歴史的にオセアニアには機織技術がみられない．その代わりに，西洋との接触前のポリネシア地域では自然環境にあわせて，かじの木の一種の内皮を叩いて薄く延ばした樹皮布やパンダナスの葉を乾燥させ細かく裂いたものを編んでつくられるゴザが衣服として利用されてきた．西洋との接触前のポリネシアには豊かな「裸族文化」が展開しており，当時の人々は上半身裸，下半身に腰蓑をつけるのが一般的であった．そして，イレズミをはじめとして真珠貝やオウムガイといった貝殻，サメの歯，花々，ビーズからつくられた多様な首飾り，腕輪，指輪，額飾りなどで身体を装飾することを楽しんでいた．このような独自の衣装のあり様は，現代でも伝統的な踊りや儀礼の場において少なからず姿かたちを変えつつも残っている．

●サモアにおける服装規則と「伝統」　サモア諸島では西洋との接触前の「裸族文化」は 19 世紀に来訪したキリスト教宣教師たちによって著しく変容させられた．しかし，宣教師たちによって導入されたいわゆる西洋服はサモアの社会的・文化的文脈に即したかたちでローカル化したといえる．現代のサモア独立国では，西洋化を経て確立されたハイブリッドな独自の衣服文化が定着している．自宅では，男女ともにＴシャツにラヴァラヴァとよばれる腰布を身につけている．男性たちはサモアの「伝統」が明示されたり，儀礼が行われたりする場では，必ず上半身裸となり，下半身に膝丈の腰布を巻く．しかし，いわゆる職場では，男性たちは決められた制服，あるいは上半身にオフ・ティーノとよばれる開襟シャツを着用し，下半身は少し厚地でスーツのような単色のイエ・ファイタガとよばれるポケット付き腰布を身に着ける．それに対して，女性たちはいかなる場においても正装として，体にぴったりとあった，プレタシとよばれるツーピースを身に着けている．

　サモアの日常生活にはさまざまな服装規則が存在する．村によっては，女性たちはサモアの「伝統」が失われるという理由から村の公の空間ではズボンをはくことができない．そのよう

図1　イエ・ファイタガの男性［2001年12月アピアにて筆者撮影］

な服装規則が存在する村では，女性たちは村の中を歩くとき，短パンの上に腰布を巻いている．

首都アピアでは職場を中心に「何が適切な服装か」という点で服装規則が存在する．2003 年には，当時のサモア政府は突然「ラエイ・サモア」とよばれる国家公務員の制服を定め，ニュースになった．ラエイ・サモアはサモアの樹皮布の柄をプリントした布地（エレイ）を利用し，テウイラという花の下に「Samoa」という文字をつけたロゴが左胸の部分に入れるところに特徴がある．このサモア人としてのアイデンティティを明示するようなラエイ・サモアはその後，新たな伝統として，公の場で着用されたり，サモアの土産として使用されたりしている．そして，海外から大量のエレイの布地も輸入されたりしている．

●**仕立てから既製服へ**　こうしたサモア独自のハイブリッドな服は，もともと，特に女性たちを中心に，仕立てによってつくられてきた．人々は布地を買い求め，スイスイとよばれるテーラーを探し，採寸して自分の好みのスタイルでプレタシやドレスをつくるのが普通であった．首都から離れた村では，仕立てをする人は裁縫が得意な女性であり，彼女たちのインフォーマルな仕事となっている．首都アピアでは，女性だけでなく，ファアファフィネとよばれる身体は男性であるが振る舞い等で女性性を提示する第 3 のジェンダーの人々やフィリピン女性などが仕立て店に雇われ，それぞれの腕を振るっている．ラエイ・サモアが制定された頃から，こうした仕立て店の多くが仕立てをするだけではなく，既製服として販売するようになってきた．そうした店舗は「ミス・サモア」の候補者たちにみずからのスタイルを提供したりして，人々の話題を集めている．また，オセアニア文化やサモア文化を意識しつつも，よりスタイリッシュなプレタシ・ドレスや開襟シャツをつくりだし，一つのファッションとして販売する店舗も出現している．

図 2　スタイリッシュな既製服［2004 年 8 月アピアにて筆者撮影］

こうした独自のスタイリッシュな服装はサモア本国だけでなく，サモアの移民コミュニティが発達しているニュージーランドでもサモア人たちに好まれて着用されている．また，エレイの布地を使用した開襟シャツやブラウスはトライバル柄として，日本でも販売されるようになっており，一つのファッションとして楽しむ人が増えているといえる．　　　　　　　　　　　　　　　　　　［倉光ミナ子］

11

スポーツ・ゲーム

［担当編集委員：橋本和也・棚橋 訓］

概　説

●**何がスポーツか**　本章ではオリンピックに採用されるような競争主義的な欧米中心の近代スポーツ以外の身体運動も視野に入れている．バンジージャンプ，あやとり，棒投げ／槍投げ，格闘技，ブーメラン，フラの競技会などである．世界には，勝ち負けを重視する競争性以外の要素に注目する「スポーツ的」な活動が多くある．南米のインディオ，ワイワイの弓術儀礼では的に向かって矢を放つが，そこでは男らしさを象徴的に演じるパフォーマンスが重視される．またパプアニューギニア高地のガフク・ガマでは，1950 年代に自分たち流のラグビーを部族間闘争の代替物として行い，両チームの長老が，試合が引き分けに達したことを認めると，終了したという．このような儀礼的状況下で実践される「スポーツ的」なる活動においては，客人に勝たせたり，神々を讃えたりといった儀礼の目的に寄与するような結果が重視されるのである（文献［3］, p.20）．

●**ローカルからグローバルへ**　ローカルな場でのスポーツ観戦では，地域において個々の身体の微細な動きに一喜一憂するが，その活動は同時に世界規模のスポーツシステムの中に位置づけられていることを知ることにもなる．サッカーでは，南米やアフリカ，そして最近では日本からも，身体能力の高い子どもがヨーロッパの名門クラブにリクルートされ，世界規模のスポーツシステムの中で注目を集めることもある．オセアニアで有力なスポーツであるラグビーにおいても，ローカルな選手が海外のプロチームに引き抜かれ，スーパーリーグやワールドカップなどの世界の舞台で活躍する時代になっている．

　オリンピックに採用される競技種目は，世界的に広く行われていることが条件となっている．近代スポーツは欧米で誕生し，世界各地に植民地を拡大していった西洋列強が伝播したものである．欧米のローカルな競技が植民地主義政策のもとでグローバル化し，競技人口が世界的に広範囲に及んだためにオリンピックに採用されたのである．しかし，1964 年の東京オリンピックで非欧米の国で発達した競技が初めて採用された．それが柔道であった．2 例目となったのが，1988 年のソウルオリンピックで公開競技となり，2000 年のシドニーオリンピックで正式競技となったテコンドーであった．そして 2020〜21 年の東京オリンピックではじめてオセアニア発祥の競技が採用された．サーフィンである．非欧米の，極東の柔道・テコンドー・空手，そしてオセアニアのサーフィンなどのローカルな競技がグローバル化し，オリンピックにも採用されるようになることは，それらの活動が世界規模のスポーツシステムへと接続され，野望をもった政府の役人や強力な多国籍企業，国際的なメディア複合体などのグローバルな文化産業と手を携

えて作動していることを意味しているのである（文献［3］，p.24）．サーフィンは伝統的なスポーツがグローバル化したものであるが，今福龍太は『スポーツの汀』で，それは海と陸のはざまである汀という自然環境においてのみ成立すると指摘する．そして風向き・天候・水温の変化を触知する「リアル・サーファー」と，ネット空間上で情報の波を移動していく電脳サーファーを比較し，両者はともに「世界の流動」そのものを読む行為であるという（文献［2］，p.8）．ローカルなスポーツであったサーフィンが，1990年代の新たなネット空間において情報の波を次から次へと乗り移り，乗りこなす様子を「ネット・サーフィン」という言葉で表したことは示唆的であった．

●**グローバルからローカルへ，そしてナショナリズム**　　オセアニアにおける「スポーツ的」な活動は，西洋との接触以後まるで様相が変わった．それはスポーツに限ったことではなく，政治・経済，宗教，生活においても大いなる変容を経験した．A. アパドゥライは，インドのクリケットが「土着化」の過程において，次の六つの基準を満たしていることを提示した（文献［1］，p.24）．①パトロンの土着化，②エリート階層の模倣・一般化，③ナショナリズム，④プレイヤーの全国規模での育成，⑤地元言語化によるイギリス性からの離脱，⑥男性性などの領域の問題という6基準であるが，この基準に照らし合わせて本章で紹介されるさまざまな近代スポーツが，オセアニアの各国・地域でどの程度「土着化」しているのかを考えながら読み進めることを推奨したい．「土着化」の前段階である「ローカル化」の段階であるのか，さらに完全な「土着化」を果たしているのか，また世界的な場面で活躍可能な「土着化」であるのかどうかも検討すべきである．

　先のガフク・ガマにおけるラグビーや，本章で取り上げる「トロブリアンド・クリケット」は完全に「土着化」し，地域独特のルールのもとでプレイされるものに変質し，他地域との交流戦が不可能なものになっている．それに対して受容後に「土着化」を達成し，世界的な場面で優秀な成績を収めているニュージーランド，オーストラリア，フィジー，トンガ，サモアなどにおけるラグビーは国民的なスポーツとなり，人々の誇りとなっている．スポーツは植民地政策のために用いられたが，人々はスポーツを国家の威信の対象に，そして植民地政策に抗うための道具にすることもできたのである．　　　　　　　　　　　　　　　　［橋本和也］

📖 **参考文献**

［1］ Appadurai, A., "Playing with Modernity: The Decolonization of Indian Cricket," In Breckenridge, C. A. ed., *Consuming Modernity: Public Culture in a South Asian World*, University of Minnesota Press, pp.23-48, 1995.
［2］ 今福龍太『スポーツの汀』紀伊國屋書店，1997.
［3］ ベズニエ，ニコ他『スポーツ人類学―グローバリゼーションと身体』川島浩平他訳，共和国，2020.

植民地主義とスポーツ

◇◇

　近代スポーツはイギリスでの産業革命後，産業資本家などの新興中産階級とい
うエリート育成のためのパブリック・スクールの発展とともに，人々に人気の
あった粗暴な運動のルールが洗練され，組織化されて普及した．植民者によって
持ち込まれたスポーツが植民地の住民の間に定着し，南米のサッカーをはじめと
してインドやカリブ海のクリケットなど，発祥国をしのぐ実力を発揮している．
イギリス発祥のラグビーにおいては，オーストラリアやニュージーランド，トン
ガ，サモア，フィジーなどのオセアニアの国々がヨーロッパなどの伝統的な強国
と肩を並べている．

●スポーツと国民の誇り　今やスポーツに取り憑かれている人々の国といわれる
オーストラリアであるが，1770 年に J. クックに「発見」され，1788 年に A. フィ
リップ総督が 780 人の囚人とともに上陸した植民地であった．長年，この地の
人々はイギリスから流刑に処せられた身体的・道徳的に劣等な罪人の子孫という
観念に囚われており，本国とのスポーツの試合で勝てなかった．オーストラリア
でクリケットの試合は 1803 年にはじめて行われ，1826 年にクリケット・クラブ
が創設されて本格化した．19 世紀後半においてクリケットは大英帝国において
最も重要なスポーツとなっており，流刑者の子孫にとっては本国と対戦し勝利す
ることが身体と精神的優秀性を示す証と考えられた．1850 年代に植民地対抗戦
が始まり，1861 年にイギリスチームがオーストラリアに来た．1882 年にイギリ
スでオーストラリア代表チームがはじめて勝つと劣等感から解放され，本国民と
「対等」になったと主張され，オーストラリア人としての誇りが芽生えはじめたと
いう．この 1882 年の対戦でイギリスのクリケットが「死亡し，火葬に付され，そ
の灰（アッシュ）を入れた骨壺」がオーストラリアに持ち帰られたという伝説が
生まれ，同年末にオーストラリアに来た本国チームが勝って，この壺を持ち帰っ
たとされる．以後，対抗戦は 2 年に 1 度開催され，「アッシュ・シリーズ」とよば
れるようになった．イギリスの植民地であったインドにおいても，クリケットが
発展・浸透し 1930 年代になると「真のクリケッターが真のインド人である」とい
われるまでになった．そして 1980 年代になるとイギリスの植民地であった西イ
ンド諸島の国々やパキスタン，インドなどが世界のクリケットをリードし，植民
地支配からの精神的な独立として語られるようになった（文献［1］）．

●スポーツとエスニシティ　現在フィジーではさまざまなスポーツが楽しまれて
いるが，多くの観衆を集めているのはフィジー系住民のラグビーと，インド系住
民のサッカーである．ここではインド人契約労働者の子孫であるインド系住民が

みずからのアイデンティティの拠り所としているサッカーに焦点をあてる. 1879〜1916 年までの間にインドから移民してきた 6 万人あまりの契約労働者が, 1922 年から集まってチームをつくり, 1936 年に Fiji Indian Football Association (FIFA) が発足した. このサッカー協会の名称から Indian の名前が消えたのは 1961 年であった. この民族名の消去はフィジー・サッカーの国際化と大きな関連があった. フィジーは 1951 年にニュージーランドのチームに, 1961 年にオーストラリアのチームに遠征試合で負けた. 外国チームと戦えるだけの力をつけるためには, 世界サッカー連盟 (FIFA) へ加入する必要性を感じた. 国全体を代表する協会となるために協会名から Indian の名前をとり, Fiji Football Association (FFA) にしたとの説明を筆者は協会の終身会員から受けた. フィジー系選手は思いきりがよくあたりが強く, スピードがあってフォワードに採用され, 今ではナショナルチームの 7 割がフィジー系選手になっている (文献 [2]).

●インド系役員による協会の「経営」　独立後フィジーではフィジー系住民が政治を, インド系住民が経済の分野を掌握している. インド系住民は当初からビジネスセンスを駆使して, 経済力を身につけてきた. サッカー協会は, フィジー系役員が運営するラグビー協会では考えもつかないような金儲けの企画を考えだしている. 1 年を通じてのリーグ戦はラグビー協会と同じだが, 4 月に 1 部と 2 部に所属する全チームを集めたフィジー・フットボール・アソシエイション・カップ (Fiji FACT), 6 月に 1 部リーグの全チームを集めたバトル・オヴ・ザ・ジャイアンツ (BOG), そしてリーグ終了後にインター・ディストリクト・トーナメント (IDC) という 3 大大会を開催し, 大観衆を数日間にわたり一堂に集め, 巨額の入場料収入を得ている. 試合時間は 30 分ハーフであるが, 1 日に複数の試合を消化する日程が組まれているため選手にとっての体力的負担が問題になる.

　協会運営を「経営」と考える立場からは, 商品であるゲームを増やし, 強い競技者を確保するために運動能力と体力がすぐれているフィジー系選手を採用する. 民族主義的な感情よりもむしろ「経営者」として彼らを雇うという意識があるからだといえよう. 収入は選手の強化費や国際試合への派遣費, 児童・生徒が楽しむ学校のクラブ活動への補助費に充てている. 役員は協会を「経営」はしても, みずからは無報酬でむしろ自腹を切って奉仕しており, 社会的な地位や権威の具体的な表象としてサッカー協会の役員を引き受けている. サッカーとサッカー協会は, 彼らの「経営」マインドを刺激し多くのサポーターを集める, 彼らにとって唯一の精神的中心になり得るものだということができる.　　　　［橋本和也］

📖 参考文献

[1] ジャキュース, T.D. & バビア, G.R. 編著『スポーツの楽しさとはなにか――オーストラリア人の生き方との関係から』大橋美勝訳, 道和書院, 1983.
[2] 橋本和也『ラグビー＆サッカー in フィジー――スポーツをフィールドワーク』風響社, 2006.

ヤキュー
(ミクロネシア)

　現代のミクロネシアでは，野球は人気のスポーツとして広く親しまれている．子どもたちは放課後の遊びで野球に熱中し，アメリカのメジャーリーグの試合を観戦する人も多い．野球人気の背景には，太平洋戦争後のアメリカ統治の影響があるが，同時に戦前の日本統治もまた影響している．ミクロネシア地域の言語的多様性にもかかわらず，人々は野球のことを広く日本語からの借用語でヤキューと呼び習わしているのである．パラオ語，ポーンペイ語，マーシャル語の辞書ではどれも *iakiu*，ヤップ語の辞書では *yaakyuu* と綴られており，ベースボールを差し置いてさながら域内の共通語のようになっている．

●**統治政策の中のヤキュー**　野球は，日本統治下のミクロネシアで日本人移住者の手によって持ち込まれ，戦後にヤキューとして定着していった．日本統治時代，パラオのコロールでは，南洋庁やパラオ支庁に勤務する人々を中心に民間人も交えて対抗戦が行われていた（図1）．内地からの遠征チームと交流試合が組まれることもあった．日本人移住者の情報誌『南洋群島』には，パラオやポナペ（現ポーンペイ）で開催された野球大会の様子が報告されており，移住者の間で広く親しまれた娯楽であったことがわかる．1930年の旧制第一高等学校，1938年の慶應義塾大学野球部の遠征時には，パラオで試合が行われ，盛り上がった．

　一高および慶大の遠征は，パラオの人々の記憶にも深く刻まれている．ペリリュー島のパラオ人チームは一高チームと引き分け，コロールでは一高との即席混成チームにパラオ人が加わり，現地在住の日本人チームと戦った．草創期のヤキューを担ったパラオ人年長者は，日本人移住者のチームが慶大野球部に大敗したことに衝撃を受けたという．一方で，自分たちが慶大との対戦を許されなかったのは，しばしば日本人移住者チームを破っていたパラオ人チームが脅威だったからであろうと高らかに語る（文献［1］，p.169）．

　南洋庁は統治政策の一環として，スポーツを通じた身体訓育を取り入れていた．ミクロネシア人子弟が通った公学校では体育を教授していた他，11月3日の明治節の行事として考案された「体育デー」では，在来の年齢集団を統合した青年団を参加させ，カヌー競漕などの伝統に基づいた競技

図1　1935年の「オールパラオ野球大会」で優勝した南洋庁長官官房チーム［出典：『南洋群島』1(3)，1935］

の他，水泳や陸上競技，そして野球も取り入れて互いを競わせた．日本が国際連盟に提出していた行政年報では，体育が現地社会の福利厚生に寄与するものとしてアピールされていた．しかし，ヤキューに打ち込み日本人チームを打ち負かそうとする人々の姿に，統治政策への抵抗としての側面を読み取ることができる（図2）.

●**ヤキューと民族意識**　戦後，アメリカ統治下のミクロネシアでは，10月24日の国連デーを記念した行事において，パレードや物産品評会と並んで，行政区画や村々を単位としたスポーツの対抗戦が行われた．人々は，陸上競技のほかバスケットボール，バレーボールそしてベースボールにも熱中するようになった．そして，日本統治期に経験済みだったベースボールをヤキューと呼び習わした．ヤキューは，ユニフォームをそろえて行われたり，地域によっては半袖半ズボンの軽装で行われたりした（図3）．パラオのアサヒ球場のように

図2　パラオ人の野球チーム［出典：パラオ教育界『パラオ島風物写真帖』1928］

図3　1971年，マーシャル諸島マジュロ環礁の国連デーでの試合の様子［出典：太平洋信託統治領アーカイブス　Reference Number：N-2847.02］

日本統治時代に整備された球場に加えて，各地で新たな球場が整備され，域内の競技連盟も創設された．

　パシフィック・ゲームズやミクロネシアン・ゲームズなど，各国の代表チームが参加する現代の域内のスポーツイベントでも，ヤキューは目玉の競技である．ヤキューの代表チームが国際大会で競い合う姿は，まだ歴史的に新しいミクロネシアの国々にとっては民族意識や国民意識を高める契機となっている．また，アメリカに移住したミクロネシアの人々にとって，ヤキューは親睦のために欠かせない．カンザス・シティーに住むポーンペイの人々は，山なりに投げたボールを打ち返すソフトボールのような競技をヤキューとよび，親しんでいる．そして，太平洋戦争中に米軍がポーンペイに到着した9月11日の解放記念日をこのヤキュー大会で祝っている（文献［2］，p.115）．　　　　　　　　　　［飯高伸五］

📖 参考文献

[1] Shuster, D. ed., *Baseball in Palau: Passion for the Game*, Micronesian Arear Research Center, University of Guam, 2008.
[2] 清水昭俊「在米ポーンペイ人の「9月11日」―カンザス・シティーのヤキュー大会」『季刊民族学』26(3)：107-115，2002.

クリケット
(トロブリアンド諸島)

〜〜〜〜〜〜〜〜〜〜〜〜〜〜〜〜〜〜〜〜〜〜〜〜〜〜〜〜〜〜〜〜〜〜〜〜

　野球の原型とされるイギリス発祥のクリケットは，日本でこそ知名度は低いもの，イギリス連邦に加盟する国や地域を中心に，世界的に人気の高いスポーツである．1975年に独立しイギリス連邦王国となったパプアニューギニアにもクリケットが伝えられており，特に首都ポートモレスビー近郊のハヌアバダで盛んにプレーされているが，首都から遠く離れた，ニューギニア島の東南端の北方，ソロモン海上にあるトロブリアンド諸島でもクリケットの試合が行われていた．その模様は，1973〜74年にかけて撮影され，1975年に公開された民族誌映画「トロブリアンドのクリケット：植民地主義に対する現地の応答」（原題：*Trobriand Cricket: An Ingenious Response to Colonialism*，制作：G. キルデア，監督：J. リーチ）でみることができるので，それに沿って概要を説明していこう．

●**トロブリアンドのクリケット**　トロブリアンド諸島に最初にクリケットを持ち込んだのはメソジスト派のキリスト教宣教師であり，1903年のことであった．当初はキリスト教に改宗した島民たちのみが教会の敷地でクリケットの試合を楽しんでいたが，島民間で紛争解決のために頻繁に発生していた戦争をやめさせるため，植民地行政がその代替として平和的なスポーツを積極的に奨励したこともあり，次第に広く普及していった．

図1　民族誌映画『トロブリアンドのクリケット』［出典：Ronin Films］

　改宗者たちのみが娯楽として楽しんでいたクリケットは公式のルールに則ったものであったが，クリケットの試合が島民間で広く行われるようになっていくとさまざまなローカル・ルールが加えられていき，試合そのものも祭礼化していった．公式ルールでは1チームが11人（控えも含めれば12人）で構成されるが，トロブリアンドでは村落間の対抗戦というかたちを取ることもあって，数合わせはするものの，人数自体は制限せず，数十人規模で村落の全男性が参加できるようなかたちに変わった．手作りのバットとボールは小さくなり，守備側が投球や返球の的とするウィケット（☞「クリケットとナショナリズム」）も小さくなった．公式ルールではボウラー（投手）が肘を曲げて投げることは禁

じられているが，肘を曲げないオーバースローから槍を投げるときの肘を曲げた昔ながらの投げ方に代わった．バッツマン（打者）がバットをもって二つのウィケット間を走るのでなく，バッツマンとは別のランナーがバットの代わりに装飾された棒をもって走るようになった．宣教師が禁じていた呪術が晴天を祈願するために用いられ，秘密裡には，試合が自分たちに有利に進むよう用いられた．

　トロブリアンドではさまざまな祭礼において隊列を組んだ集団での歌と踊りが披露されるが，祭礼化したクリケットの試合でも，試合前や攻守交代時だけでなく，アウトが取られるたびに，プレーヤーによって歌と踊りが披露される．プレーヤーは白の洋装でなく伝統的な戦士の身体彩色・衣装でプレーするが，歌と踊りはクリケットの試合のために新たにつくられたものである．披露される歌や踊りのテーマとなっているのは，キャッサバイモ（チーム名であり，イモのかたちやイモをすりおろす動作がエロティックなイメージを喚起する），飛行機（第2次世界大戦時に軍用の飛行場がつくられた土地を所有する村落のチーム名），チューインガム（ボールが手にガムでくっついたかのようにしっかりと捕球する），海鳥（獲物を素早く捕らえる）などである．歌の歌詞には相手をからかったり，挑発するような裏の意味が隠されているという．

　試合はホストとなる村落に別の村落のチームがゲストとしてやってきて，1日がかりで行われ，その翌日には，ヤムイモを中心とした食物の贈与交換がホストとゲストの間で行われる．この贈与交換で披露される歌と踊りはヤムイモの収穫祭で披露されるものと同じであり，女性も歌と踊りを披露する．試合が開催されるのはヤムイモの収穫期であり，試合とその後の贈与交換を成功させることは村落の首長たちの政治的な威信を高めるものとなる．

●**映画の背景**　この映画においては，「植民地主義への応答」というかたちでトロブリアンドのクリケットがいかに変容し，ローカル化したかという点に焦点があてられており，戦争の代替物としてのスポーツ，スポーツを通しての威信の獲得といった，クリケットの政治性が強調される．映画の中でも紹介されているが，1910年代にトロブリアンド諸島で長期の現地調査を行ったB.マリノフスキーによる，クラ交換（男性たちが近隣の島々の間で行う儀礼的な貴重品の交換）をはじめとしたさまざまな贈与交換や祭礼に関する民族誌的な研究が下敷きとなっており，政治性の重視はマリノフスキーの機能主義的な分析に沿ったものであるといえよう．

　他方で，この撮影以降トロブリアンドでクリケットの試合が行われたことはなく，撮影された試合もこの映画のために行われたものであり，過去の再現でしかなかったという点，映画の制作に大きな役割を果たした現地の関係者はこの映画の制作を通してみずからの政治的な威信を高めようとした運動家であったという点が指摘されていることにも注意しておく必要がある．　　　　［栗田博之］

クリケットとナショナリズム
（オーストラリア）

　クリケットの国際試合が行われる芝生のグラウンドは楕円形で，サッカーのそ
れよりも大きい．グラウンドの中央にピッチとよばれる長方形の場所を設け，
ピッチの両端にウィケット（3本の縦棒（スタンプ）の上に横木（ベイル）2本を
のせたもの）を立てる（正式試合での間隔は 22 ヤード＝ 20.12 m）．1 チーム 11
人編成で，対戦する 2 チームが交互に打撃と守備を 1 イニングずつ行う．守備側
は投手（ボウラー）と捕手（ウィケットキーパー）以外はフィールダーとよばれ
グラウンド内で自由なポジションを取る．攻撃側は 2 人 1 組の打者（バッツマ
ン．ボールを打つ方をストライカー，打たない方はノンストライカーという）が
ピッチの両サイドの向かい合う位置に立ち，ストライカーはボウラーの投げる
ボールをウィケットが倒されないように防ぐとともに守備側のプレイヤーのいな
い場所に打つことをねらう（野球と異なりファウルゾーンはない）．得点は，打撃
後，2 人の打者がそれぞれ向かい側に走って守備側の返球でウィケットが倒され
る前に基準ライン（クリース）を打者 2 人とも越えれば 1 点（単位はラン），プ
レーエリアの端のバウンダリーをノーバウンドで越えると 6 点，などとなってい
る．打者がアウトとなるパターンは，ボウラーが投げたボールがウィケットを倒
す，打球を守備側がノーバウンドでキャッチする，などである．10 アウトを取る
か，守備側が規定投球数（投球数の規定がない試合もある）を投げきったところ
で攻守交代となる．テストマッチと称されるナショナルチーム同士の国際試合で
は，わずか 2 イングに 1 日 7 時間，それを 5 日間も行う「気の長い」種目である．
一方，オーストラリアの実業家 K. パッカーが 1977 年に設立したクリケット世界
選手権はワン・デー・クリケット（1 日で試合完了するルール）を導入した．当初
は多くの批判が集まったが，現在，広く普及してきている．

●**クリケットは別格**　現在，クリケットは世界各地で普及しているが，特に発祥
の地であるイギリス，その植民地であった国，地域（通称コモンウェルス）では
非常な人気の高さを誇っている．また，"It's not Cricket" が「フェアではない」
を意味するように，クリケットは単なるスポーツの種目であることを越えて，イ
ギリスのジェントルマンの倫理観を表象するものと捉えられている．

　本国から遠隔の地オーストラリアに赴いた統治者たちのイギリスへの憧憬が投
影されていたクリケットは当地で広がりをみせていく．1803 年にシドニーではじ
めて試合が行われ，1826 年，オーストラリア・クリケット・クラブが創設された．
1830 年代にニューサウスウェールズ植民地などでクラブが結成され，1838 年にメ
ルボルン・クリケット・クラブが設立された．クラブの増加とともに本格的な競技

の展開がみられ，1850年代に入ると植民地間の対抗試合が行われるようになった．1861年，イギリスのチームがはじめて来豪し，1868年に先住民のチームが初のオーストラリア・チームとしてイギリスを訪れ，彼の地のチームと対戦をした．

●**奇妙なエール交換**　オーストラリアとイギリスとの最初の国際試合は，1861年，招聘を受けたイギリス・チームとヴィクトリア植民地チームによるメルボルンでの対戦であった．植民地チームは規定の11人より多いプレイヤー数というハンディをつけてもらいながらもまったく歯が立たなかった．1870年代半ば以降，定期的に行われるようになった豪英両国間の交流戦（後に「テストマッチ」といわれる）は，オーストラリアのイギリスへの対抗心と共にそのつながりを再確認する機会となった．徐々に実力をつけたオーストラリアは1877年にイギリスに初勝利し，1882年にはケンジントン・オーヴァルでの対戦で初めてイギリスの地での勝利をもぎ取った．翌日の『スポーティング・タイムズ』に「8月29日，イギリスのクリケット死す．遺体は茶毘に付され，遺灰はオーストラリアに送られる」旨の記事が掲載された．続く1882～83年シリーズのオーストラリアでの対戦でイギリスが雪辱を果たすと，オーストラリア側は（諸説あるが）試合で用いられたベイルを燃やした灰を入れた壺に "The Ashes" と書かれたラベルを貼りベルベットの袋と共にイギリス・チームに送った．壺はイギリスに持ち帰られ，クリケットの聖地といわれるロンドンのローズ・クリケット・グラウンドに保管された．以来，オーストラリアとイギリスとのテストマッチは，遺灰とそれを入れた壺を争うものとして "ジ・アッシュズ" とよばれるようになる．

●**ナショナリズムの激突が産んだ "荒技" の顛末**　豪英両国間のクリケットは，1901年の連邦形成後，なおも各州の自律意識が強かった中にあってオーストラリアの国家としてのまとまり，一体感を意識化させる場ともなった．両国のナショナリズムが激突するテストマッチ，その1932～33年のシリーズにおいて，イギリス・チームのキャプテンが，実力で上回るオーストラリア・チームに対抗するために考え出したボディラインといわれる，ボウラーがストライカーの体近くを狙って投球する作戦にまつわるエピソードがある．危険球まがいの「荒技」を，オーストラリアのクリケット選手 J. ワラルが蔑称としてボディラインと命名したが，イギリスでは fast leg theory bowling とよばれる．1933年1月のアデレードでのジ・アッシュズ第3戦，イギリス側がストライカーの頭にまで飛ぶようなボディラインを多用し，ついにはオーストラリア・チームに負傷者が出るに至った．オーストラリア側は，豪英関係にひびが入るとの強い抗議の電報を統括組織であるメリルボーン・クリケット・クラブ（MCC）に送った．クリケットの試合が外交問題をも引き起こしたことになるが，MCC は，この抗議を取り合わなかった．しかし，皮肉にも，同じ1933年，西インド諸島のチームがイギリスチームにボディラインを仕掛けた．そして，1935年，MCC は，これを禁止とした．　　　[尾崎正峰]

ハ　カ
（ニュージーランド）

　ニュージーランドの先住民族であるマオリの伝統舞踊ハカといえば，英語では鬨の声を意味する「ウォークライ」ともよばれ，ラグビーでニュージーランド代表が試合前に披露する勇ましい戦いの踊りが有名であるが，もともとは単に「踊り」を総称するものであった．

　マオリの神話では，ハカの起源は太陽神タマ・ヌイ・テ・ラとその妻である夏の女神ヒネ・ラウマティの間に生まれた息子タネ・ロレに由来すると信じられている．夏の暑い日にゆらゆらと揺れる陽炎はタネ・ロレが母の登場に際して踊っている証であるとされ，これは現在のハカにおける指先を小刻みに素早く揺らすウィリとよばれる動作につながっている．

　かつてハカは二つの集団が対峙した際に行われる出会いの儀式の一部だったが，今日では冠婚葬祭や式典の開会式など，マオリの生活のさまざまな場面で敬意や感謝を表すとともに民族の誇りや結束を示すために披露されている．また，マオリ文化を紹介する施設ではハカのパフォーマンスは目玉イベントとしてニュージーランドを訪れる人々を楽しませており，観光産業に寄与する側面ももっている．

●**ラグビーとハカ**　ハカの知名度はオールブラックスの愛称で知られるラグビーのニュージーランド代表による試合前のパフォーマンスをきっかけに世界的に高まった．最初にラグビーでハカが披露されたのは1888年に行われたマオリの出自をもつ選手を中心に選抜されたチームによるイギリス遠征の際であったといわれている．文字通り漆黒のユニフォームに身を包んだ選手たちが対戦相手を前に隊列を組み，腰を低く落として目を見開きながら足踏みをし，力強く自身の胸や腿を叩いたり手を大きく広げたり，時に舌を突き出しながら雄叫びをあげて踊る様はラグビーファンでなくとも1度目にすると魅了される迫力がある．対戦相手は肩を組んで1列に並んでそれを受けるのが一般的だが，2011年のワールドカップ決勝で対峙したフランス代表は，その気迫に対抗しようとハカの披露中に肩を組んだまま前進し，オールブラックスに接近するという手段を取った．観客は大いに盛り上がったが，この行為は文化的な儀式の妨害として罰金が課されている．ハカのパフォーマンスのリードはマオリの出自をもつ選手によって行われるのが通例だったが，近年ではマオリ以外の選手が務めることもある．

　現在オールブラックスが披露するハカには「カ・マテ」と「カパ・オ・パンゴ」の2種類がある．試合直前に場所や対戦相手などを加味してチーム内でどちらを披露するかが決定されるが，いずれも相手に敬意を払うとともに戦いに向けてみずからを鼓舞する意図があるとされている．「カ・マテ」は1820年代にマオリの

首長で戦士としても名高いテ・ラウパラハが敵の追跡から運よく逃れて生還したことを祝福してつくられた歌と踊りである．ラグビーでは 1905 年に初めてオールブラックスがイギリス遠征で披露して人気を博し，1987 年の第 1 回ワールドカップで披露されると世界的に知られるようになっていった．世界ランキングの上位で居続けるオールブラックスの強さとともにそのパフォーマンスの存在は国外の一般層にまで認知を広げ，ハカといえば「カ・マテ」のイメージが定着していった．「カパ・オ・パンゴ」は 2005 年にマオリ文化の専門家 D. ラーデリがオールブラックスのために制作した比較的新しいハカで，マオリ語で「黒のチーム」を意味するその名のとおり歌詞はオールブラックスとしてのアイデンティティや国との結びつきに言及している．

　ラグビーでのハカの人気はニュージーランドにおける他のスポーツにも影響を与え，バスケットボールやアイスホッケーといった競技でも披露されるようになった．また，ハカには男性だけでなく女性によるパフォーマンスもある．例えば女子ラグビーのニュージーランド代表であるブラックファーンズは，チームのためにつくられた「コ・ウヒア・マイ」という独自のハカを踊っている．さらに，その影響は国外にも波及し，ラグビートンガ代表（愛称イカレ・タヒ）の「シピ・タウ」，同サモア代表（愛称マヌ・サモア）の「シバ・タウ」，同フィジー代表（愛称フライング・フィジアンズ）の「シンビ」といった太平洋島嶼国のチームでも独自のウォークライが取り入れられ，試合前に披露されている．

●**アイデンティティとハカ**　ラグビーによってハカが広く知られるようになると，マオリ社会におけるハカは民族としてのアイデンティティを象徴する重要なものとして捉えられるようになっていった．しばしばその歌詞にはマオリを取り巻く社会・政治問題が取り入れられ，そうした問題に対してマオリが結束することがよびかけられる．有名になったがゆえの弊害として，マオリ以外の他者がハカの意味を理解せずにかたちだけを流用する事例が世界各地で報告されている．日本でもハカを模した広告などが制作され，マオリによる抗議の対象となったことがある．

　近年では，ハカはマオリのものとしてだけではなくニュージーランドという国を象徴するものにもなってきている．警察学校の卒業式など国内の公的な組織の行事でも採用されている．さらにさまざまなスポーツの代表チームによるパフォーマンスに加え，軍隊の海外派遣や国賓を歓迎する際にも披露され，国際的な舞台でニュージーランドを象徴するものとなっている．今日のハカはマオリの文化的知的財産として認められるとともに，マオリとヨーロッパ系という二つの文化を尊重する国の方針を象徴するものとして，マオリに限らずニュージーランド国民がその意味を適切に理解したうえでさまざまな機会に披露されるようになってきている．　　　　　　　　　　　　　　　　　　　　　　　　　［北原卓也］

国民文化としてのスポーツ
（フィジー）

◇◇

　クリケットをはじめ，サッカーやラグビーなどは，従来イギリスのローカルな競技であったものがルールの標準化を通して近代的なスポーツとなった．植民地の官吏として赴任したイギリス人がそのスポーツの種を現地に植え付けていき，サッカーやラグビーなどが世界各地で受容され，土着化していった．その土着化したスポーツが，例えばブラジルからまだプロサッカーの辺境の地であった日本へとさらに伝播された過程は，オセアニアにおけるキリスト教伝播の過程と重なる．キリスト教はロンドン伝道協会によってタヒチ・サモア・トンガ・フィジーに伝播され，受容されて土着化し，その後さらなる未改宗の辺境であったソロモン諸島やニューギニアの島嶼部へともたらされた．フィジーではメソジスト教会派が主流であるが，長年の間に地元なりの解釈がかなり容認され，フィジー独特のキリスト教となった．そのキリスト教と同様の地元なりの発展をフィジー・ラグビーは遂げており，世界から「フィジアン・マジック」と評価される華麗なステップとパスワークを育んできた．そして今や世界最高峰となった7人制ラグビーは，1990年代に未発達であった日本へとその「伝道師」が派遣された．7人制の日本代表になり，1999年に代表監督になったランディケ・ナワルである．外来のラグビーとキリスト教はともにフィジーで「土着化」し，今やフィジーの「伝統」といわれ，すべての国民が熱中する「国民文化」となっている．

●土着化（indigenization）の過程　　土着化は，地元の人々が受け入れた段階にある「ローカル化」の状態を経て，世代を経るにしたがって地元の文脈の中で理解され，血肉化されて「伝統」であるとまで解釈される段階に達した状態をいう．ブラジルのサッカー，日本の野球などと同様にオセアニアのフィジー，トンガ，サモア，ニュージーランドにおいてはラグビーがその国々を代表し人々が熱中している．インドのクリケットは，A. アパドゥライによると「脱植民地化」し，深く「土着化」しているといい，それを検証する基準として，①スポンサーの土着化，②エリート階級を模倣し一般化しているか，③民族感情（ナショナリズム）に支えられているか，④プレイヤーの地元での育成，⑤地元言語を使用してイギリス性から離脱できているか，⑥インドの男性性を表象するものとなっているかの6点をあげている．先に述べた「ローカル化」とこの「土着化」を合わせて考えると，近代スポーツが人気を得，地元で選手を調達でき，地元の人々に運営されるまでが「ローカル化」の段階である．その後，地元言語化するに至って身近なものとなり「土着化」が進み，地元の文脈で近代スポーツが考えられ，地元のスポンサーが支援できるようになって完全な「土着化」を果たすことになる．

●**ラグビーとフィジー文化**　フィジー・ラグビーの「近代化」は 1994 年にはじまったといわれる．1987 年ワールドカップ（WC）でベスト 8 に入ったものの，代表コーチはパートタイムで，1995 年のワールドカップ・オセアニア予選では敗退した．1996 年に元オールブラックスの B. ジョンストンをフルタイムの代表コーチに迎えた．フィジーに常住し，選手には練習とチームの会合に時間どおりに集合することを徹底させ，フィジー人選手に欠けていた規律と時間厳守をチームづくりの基本に置き，練習方法も選手一人ひとりが興味をもち，飽きない内容にし，フィジーに「近代ラグビー」をもたらした．ジョンストンは 1999 年 WC でフィジーをベスト 8 に導き，退任後はイタリア代表監督になった．

　その後を引き継いだ監督にはさまざまな不祥事が続き，任期途中で罷免された．1 年目はフィジーに滞在し指導も順調に進んでいたが，2000 年 5 月にクーデターが起こり，さらに洪水で家が浸水し，オーストラリアに戻った．必要なときだけフィジーに通うことにし，ホテル代・飛行機代をナショナル・チーム・ボード（NTB）が負担した．そして高校教師であったガールフレンドを代表チームのマネージャーに据え，みずからフィジー・ラグビー界のために集めた資金を彼女の給料に充てたが，その金額はフィジー首相の年俸と同じであったという．国際試合で続けて大敗し，2 人は罷免された．その後，筆者が代表チームのマネージャーに就任した知り合いから聞いた話では，最も欠けていた点はフィジー文化を知らないことであったという．NTB は後任のマネージャーに対する要請書の第 1 項に伝統的儀礼を執行する知識を求め，第 2 項に選手の精神的なケアを行う能力を要求した．

　フィジー代表のマネージャーにはフィジー文化の知識が必要であったのだ．職務項目には「すべての伝統的行事をアレンジ・監視し，儀礼式典の内容が適切に執行されるようにする」任務が明記されていた．この任務は，首長を頂点とする伝統的なフィジー社会において，村落社会を運用するために代々受け継がれてきた文化的監視役である「マタニヴァヌア」と同じものである．対外的には首長の代弁者となり，すべての儀礼を監督しみずから司祭となる．マネージャーとはまさに「マタニヴァヌア」であった．儀礼の場でそのマネージャーが帽子を脱がなかったり，高位のチーフの前を立って歩いたりしては「フィジー文化」を「侮辱」したことになる．この代表コーチとマネージャーは，フィジー・ラグビー界のみならず，フィジー文化を侮辱した存在として罷免されたといえよう．

　ラグビーは，今やフィジーの「伝統」となり，すべての国民が熱中する「国民文化」となった．そして国際的な高成績をおさめるに従いフィジー国民の誇りとなっているのである．　　　　　　　　　　　　　　　　　　　　　[橋本和也]

📖 **参考文献**

[1] 橋本和也「スポーツにおける語りと土着性─近代スポーツの土着化」『スポーツ人類學研究』
　　3：1-7, 2001.

パシフィック・ゲームズ

〰〰〰

　「パシフィック・ゲームズ」は，「人種，宗教，政治の違いにかかわらず，スポーツでの交流を通して太平洋地域の人々の間に，友情と兄弟としての絆を築き上げること」を理念としている．この競技会は 1959 年にラバウルで開催された南太平洋委員会の会合で提唱されたもので，1963 年の第 1 回大会はフィジーで 13 か国 646 人が参加して開催された．当初は 3 年ごとに開催されていたが，1971 年のタヒチ大会以後は 4 年に 1 度開催されるようになり，2003 年（フィジー）と 2007 年（サモア）の参加者は 22 か国 5000 人で最多であった．

●参加国，開催地，競技種目，メダル獲得数　開催国は 1963 年フィジー，1966 年ニューカレドニア，1969 年パプアニューギニア（PNG），1971 年タヒチ，1975 年グアム，1979 年フィジー，1983 年西サモア，1987 年ニューカレドニア，1991 年PNG，1995 年タヒチ，1999 年グアム，2003 年フィジー，2007 年サモア，2011 年ニューカレドニア，2015 年 PNG，2019 年サモア，そして 2023 年はソロモン諸島で開催された．以上のように 3 回開催国となったのは，フィジー，ニューカレドニア，PNG，サモア（西サモア時代を含む），2 回開催国となったのはタヒチ，グアムであり，比較的裕福な国々である．これらの 6 か国以外ではじめて 2023 年にソロモン諸島で開催されることになったが，新競技場建設とその資金調達という課題に挑み，中国の支援でインフラが整備された．

　現在の加盟国は，太平洋共同体（Pacific Community）でパシフィック・ゲームズ評議会のメンバーとして認められているアメリカ領サモア，クック諸島，ミクロネシア共和国，フィジー，グアム，キリバツ，マーシャル諸島，ナウル，ニューカレドニア，ニウエ，ノーフォーク島，北マリアナ諸島，パラウ，PNG，サモア，ソロモン諸島，タヒチ，トケラウ，トンガ，ツバル，バヌアツ，ウォリス・フツナの 22 か国・地域である．オセアニア地域の先進国でスポーツ大国であるオーストラリアとニュージーランドの参加については議論があり，2015 年開催のPNG 大会からこの 2 大国と島嶼国が対等に戦えると判断された四つの競技（7 人制ラグビー，ヨット競技，テコンドー，重量挙げ）だけが参加を認められた．

　競技種目としては，規定競技種目として陸上競技，バスケットボール，サッカー，ゴルフ，7 人制ラグビー，水泳，卓球，テニス，アウトリガー・カヌー（Va'a），ビーチバレー，バレーボール，ウエイトリフティングの 12 種目があげられている．選択可能な競技としてアーチェリー，バドミントン，野球，ビリヤード，ボディ・ビルディング，ボクシング，クリケット，自転車，女子サッカー，ハンドボール，ホッケー，柔道，空手，ローンボールズ，ネットボール，パワー

リフティング（スクワット，ベンチプレス，デッドリストの3種目），男子9人制ラグビーリーグ，女子7人制ラグビーリーグ，セーリング，射撃，スヌーカー（旧英連邦で盛んなビリヤードの一種），ソフトボール，スカッシュ，サーフィン，テコンドー，タッチラグビー，トライアスロン，レスリングがあげられている．以前には素潜りフィッシングが4回，そして15人制ラグビーが9回採用された．

　メダル獲得数は，25か国（ギルバート・エリス諸島を含む）の中でニューカレドニアが金911，銀727，銅631，総数2269で突出している．2位タヒチ金517，総数1446，3位 PNG 金470，総数1352，4位フィジー，5位サモア，6位ナウル，7位グアムと続く．2015年から参加したオーストラリアは金50，総数103で9位に食い込み，ニュージーランドは金9，総数44で17位に入っている．

●開催状況──宗主国・宗教の影響　　1963年の第1回大会当時は開催国のフィジーをはじめほとんどが18世紀以来のイギリスやフランスの植民地体制下にあり，唯一の独立国であった西サモア（現・サモア独立国）以外は国旗や国歌をどうするか混乱があった．その後，旧植民地は続々と独立を獲得したが，競技会の公式言語としては英語とフランス語が依然使われている．

　18世紀後半にキリスト教がオセアニアに伝播され，国教およびそれと同等に扱われている国・地域も多い．キリスト教で安息日とされる日曜日に競技を開催することに異議が申し立てられることもある．日曜日に競技を行うことはトンガにおいては違法とされ，フィジーなどでも宗教上の理由でフィジー系住民が主催するラグビーの試合は土曜日に設定される．その代わり日曜日にはインド系住民が主催するサッカーの試合が組まれ，週末の競技場の使い分けが行われている．また，ビーチバレーの公式ユニフォームが女性の場合はビキニであるが，もっと控えめな水着を着用するように求められる国・地域もある．宗教的に世俗化しているクック諸島やサモア，フランス領ポリネシアの国々においてはこの点は寛容である．1995年にはフランスの核実験に抗議してタヒチでのパシフィック・ゲームズを多くの国がボイコットしたが，次回1999年のグアム大会には全加盟国・地域が参加した．現在ではパシフィック・ゲームズの開会式などの映像をネットでみることができる．オセアニアの国・地域が集まる機会には必ずそれぞれの歌と踊りが披露されるが，南太平洋委員会の提唱で1972年から始まり4年に1度開催される太平洋芸術祭と同じく，参加者全員が楽し気に歌い踊り，これから競技に向かう緊張感よりも，むしろ皆が集まったことを喜ぶように会場全体がお祭りの雰囲気に包まれる．　　　　　　　　　　　　　　　　　　　　　［橋本和也］

📖 参考文献

[1] Pacific Games Council, Charter: Constitution adopted Apia, Samoa 14 May 2006, Protocols and Regulatiors adopted by Executive Board on 17 January 2007 and 20 March 2007（https://websites.mygameday.app/assoc_page.cgi?client=0-2642-0-0-0&sID=24033）.

シドニー・オリンピック，パラリンピック

◇◇

　2000 年に開催されたシドニー・オリンピック（9 月 15 日～10 月 1 日）とシド
ニー・パラリンピック（10 月 18～29 日）は，20 世紀の最後を飾ると同時に女性
や先住民族を前面に出すなど 21 世紀の大会の先駆け的な面ももつ画期的な大会
であった．シドニーは，1993 年の IOC 総会において北京を 2 票差で破って開催
都市に選ばれた．1992 年大会でブリスベン，1996 年大会でメルボルンが敗れて
いたオーストラリアにとって，代表する都市であるシドニーの立候補は，満を持
しての登場であると同時にこれで失敗したら当分立候補はない状況でもあった．

●**シドニー・オリンピックと先住民族**　シドニー・オリンピックの関係者にとっ
て，先住民族の問題は避けて通れないものであった．1993 年，天安門事件の記憶
も生々しい中国に対し，オーストラリアは人権を前面に出して開催を勝ち取っ
た．しかし 1996 年 3 月の連邦総選挙で P. キーティング労働党政権を破って誕生
した J. ハワード自由党・国民党連合政権は，先住民族との和解に消極的であり，
「盗まれた世代」とよばれた先住民族の親子強制引き離し政策の被害者への謝罪
を拒み続け，政府と先住民族との関係を悪化させた．アボリジナル陸上選手の C.
フリーマンや開会式の振り付けを担当した先住民のダンスカンパニーであるバン
ガラ・ダンス・シアターの芸術監督 S. ペイジなどには大会をボイコットすべきで
あるとの圧力がかかっていた．アフリカ諸国にボイコットをよびかけるべきであ
るとの提案もあった．

　開会式では，バンガラ・ダンス・シアターのダンサーであるジャカプラ・ムン
ヤルユンと当時 10 歳の白人少女 N. ウェブスターが，手を携えて太古の昔から現
在に至るオーストラリアの歴史を 6 部構成でたどった．アボリジナル・ダンサー
の群舞とその中から立ち上がる創造主ワンジーナの姿は特に印象深い．聖火リ
レーは，先住民族にとって最も重要な聖地の一つであるウルルから，先住民族初
の金メダリスト（1996 年のアトランタ大会の女子ホッケー）でありシドニー大会
では陸上短距離で出場する N. ペリスを国内最初のランナーとして開始された．
オリンピック・スタジアム内では，往年の陸上・水泳の女性メダリストによって
リレーされた後，フリーマンが最終点火者として登場した．

　大会中のハイライトは，9 月 25 日に行われた陸上女子 400 m でフリーマンが優
勝したことであっただろう．フリーマンは，アトランタ大会で 2 位に入ってお
り，シドニー大会での優勝が期待されていた．また優勝すれば 1994 年のイギリ
ス連邦大会で行ったように，アボリジナル旗と国旗をもってビクトリー・ラップ
を行うことが期待されていた．その一方，競技場内で聖火をつないだ他のラン

ナーはいずれも金メダリストであり，銀メダリストのフリーマンが点火者となったことへの批判はあった．フリーマンが感じていたであろうすさまじいプレッシャーは，彼女がレース後しばらく立ち上がれなかった光景に示されている．

●**閉会式で起きたこと**　もしも開会式が望ましい，こうあるべき先住民族と非住民族との関係を示しているとすれば，現実を突きつけたのが閉会式であった．先住民族の女性歌手 C. アヌーによる先住民族のアンセムともいうべき「Island Home」の歌唱で幕を開けた閉会式は，男性デュオのサヴェジ・ガーデンがアボリジナル旗の T シャツ姿で登場し，社会派ロックバンドのミッドナイトオイルは，貴賓席にいる J. ハワード首相がどうしても口に出せない「Sorry」のことばを染めた衣装で登場し「事実は事実，彼らのものは彼らに帰すべき」と歌った．最後はアボリジナル・バンドのヨス―・インディが，先住民族の土地権をテーマとした代表曲「Treaty」を歌い上げた．これが演出の意図なのかどうかは不明であるが，総演出を担当した R. バーチは，自伝の中でこのように記している．

> 白いオーストラリア人とアボリジナルの人々との関係はここで扱うには複雑すぎるし，政治的な論争はオリンピックのセレモニーに登場すべきものではない．しかし私は，首相が謝罪を拒んでいることと，「盗まれた世代」の人たちが苦痛を被ってきたこととが，謝罪に賛成であっても反対であっても，すべてのオーストラリア人の心に強く響いていることをたいへん強く感じている（文献［1］，p.256）．

オリンピックの閉会式に登場したヨス―・インディや女性歌手 K. ミノーグは，パラリンピックの開会式にも登場し両大会の一貫性を示した．パラリンピックの閉会式には，1960 年代に活躍し 1990 年代に再結成したシーカーズがオリンピック開会から 1 か月半続いたスポーツの祭典を締めくくるように「The Carnival Is Over」を歌った．オーストラリア特有の皮肉の効いたユーモアもいたるところに見られた．オリンピックの独占放映権を得た民間放送局が夜のハイライト番組のホストとして起用した人気コメディコンビが持ち込んだ大きなおしりのウォンバットのぬいぐるみファツォ（Fatso）は，公式マスコット以上の人気を獲得し，ついには表彰台に持ち込む選手も現れた．公共放送 ABC が制作したシドニー・オリンピック組織委員会を舞台としたコメディ番組では，首相と同姓同名の俳優 J. ハワードが，首相に代わって先住民族へ謝罪する場面があった．

シドニー大会は，1956 年のメルボルン大会に次ぐオーストラリア 2 度目の大会であり，経済の中心がメルボルンからシドニーに移ったことも示した．2032 年にクイーンズランド州ブリスベンで開催されることが決まっているが，これは経済の中心がシドニーからブリスベンに移ることを意味するのであろうか．［杉田弘也］

📖 **参考文献**

[1] Birch, R., *Master of the Ceremonies*, Allen & Unwin, 2004.

先住民族とスポーツ
（オーストラリア）

オーストラリアを他のアングロ・ケルティック社会から際立たせているものがあるとすれば，それは先住民族文化であろう．先住民族によるオーストラリア社会や文化への貢献は，音楽（ヨスー・インディや Dr G. ユナピング，C. アヌーといったポップ音楽からディジリドゥ奏者の W. バートンに代表されるクラシック音楽まで），演劇やダンスといった舞台芸術，映画，それに絵画などで顕著であるが，スポーツも大きな分野としてあげることができる．

●**先住民族出身の名選手**　先住民族を代表するスポーツ選手としては，個人競技では 1968 年に日本のファイティング原田を破ってバンタム級チャンピオンとなったボクサーの L. ローズ，1970 年代オーストラリアテニスの黄金期の一翼を担いグランドスラム大会優勝 7 回を誇る E. グーラゴング・コーリー，1990 年代平泳ぎのチャンピオンであった S. ライリー，シドニー・オリンピック女子 400 m で優勝し聖火の点火者を務めた C. フリーマン，そして最も新しいところでは女子テニス選手としてグーラゴング・コーリー以来 43 年ぶりにグランドスラム大会で優勝し（2019 年全仏，2021 年ウィンブルドン）世界ランキング 1 位となったA. バーティーなどの名前があがる．

団体競技ではアトランタ・オリンピックで優勝した女子ホッケーの主力メンバーだった N. ペリス，2021 年の東京大会の開会式で先住民選手として初の旗手を務め，男子バスケットの主将として 3 位決定戦で 42 得点をあげるなど念願のメダル獲得の原動力となった P. ミルズなどがあげられる．クリケットは，アボリジナル選抜チームがナショナルチームに先立って 1868 年にイングランド遠征を挙行しているが，テストマッチの代表メンバーは J. ガレスピーと S. ボーランドにとどまっている．女子では A. ガードナーがあげられる．

先住民選手の活躍が最も顕著なのはなんといってもフットボールである．オーストラリアには，ラグビー 2 種（13 人制のリーグと 15 人制のユニオン），オーストラリアン・ルールズ（18 人），サッカーと 4 種類のフットボールが存在する．なかでも人気が高いのは前 3 者で，サッカーは主に南欧や東欧出身者によってプレーされてきた．男子代表で先住民族の選手は，代表監督も務めた F. ファリーナと日本でもプレーした J. ノースにとどまる．一方，女子のナショナルチーム「マティルダズ」は全スポーツで現在国内最高の人気を誇る．代表的な女子の先住民族選手には，K. メンジーズ，B. スター，K. サイモン，L. ウィリアムズがあげられる．

ラグビーリーグとラグビーユニオンは，19 世紀末〜20 世紀初にかけて労働者階級の選手への休業補償などを理由として分裂した．リーグはほぼ国内競技と

せんじゅうみんぞくと　すぽーつ

いっても、いるが一般大衆の人気が高いのはこちらである。先住民族の選手を輩出している。それに対し中流階級のスポーツとしてみられてきたユニオンは、120年を超える歴史の中で先住民族の代表選手は1980年代に活躍したエラ3兄弟を含め14人にとどまっている。しかしながらラグビー協会は、2017年以来アボリジナル・デザインのユニフォームをセカンド・ジャージーとして採用するなど先住民族の包摂に努めている。2020年12月に行われたアルゼンチンとのテストマッチでは、アボリジナル言語による歌詞と英語の歌詞をつないだ国歌を披露し好評を博した。これは#BLM運動に応えるものでもあるが、マオリ語の歌詞が国歌として定着しているニュージーランドと異なり、オーストラリアの場合先住民族の言語集団が数多いため、これを恒久的にするのは難しいかもしれない。

●先住民族選手が直面する人種問題

オーストラリアン・ルールズでは、2020年度に選手登録しているうち11%（87人）が先住民族出身であった。その一方、彼らは激しい人種差別に苦しんできた。相手のアボリジナル選手に対し人種差別的な罵詈雑言を浴びせる役を割り当てられる選手がある。それによって相手を動揺させ試合に勝てるなら毎試合それを続ける、といった証言もある。「それが世の習い」として所属クラブが選手を守らない場合もあった。1994年には、相手ファンから試合中人種差別的な暴言を浴びせかけられたN.ウィンマーが、試合終了後相手ファンの見ているスタンド前でユニフォームを持ち上げ、みずからの皮膚を指して"I'm black and I'm proud to be black"と主張した。アボリジナル選手が相手選手から試合中に人種差別的な暴言を浴びせられる事件が起きたこともあり、1995年にリーグは選手、コーチ、観客などすべての関係者に関して人種差別的言動を禁じる規則を導入した。しかし、2013年にはA.グッズが、相手方ファンの13歳の少女から「類人猿」とヤジを飛ばされ、オーストラリア社会に衝撃を与えた。グッズはこのときの冷静な対応・態度が評価され、2014年のオーストラリアン・オブザイヤーに選ばれたが、先住民族の権利向上を求める発言を行うにつれて観客からのブーイングがひどくなり、引退に追い込まれてしまった。スポーツにおける人種差別や偏見は、間違いなく現在でも存在している。そういった問題がようやく明らかになり、差別される側への共感の声が起こるのは、オーストラリア社会が前進している証拠でもある。

先住民族選手が最初のオーストラリア人であるなら、アフリカ出身者は最新のオーストラリア人であり、特に南スーダン（多くは難民）出身選手の活躍が目立つ。陸上800mでJ.ボルトとP.ボルが50年ぶりにオーストラリア記録を更新し、ボルは東京オリンピックで3位と0.53秒差の4位に入賞した。サッカーではT.デンとA.メイビルが代表入りし、デンは東京オリンピックで主将を務めた。オーストラリアン・ルールズでもA.アリールなどアフリカなどアフリカ出身の現れている。

［杉田弘也］

アウトリガー・カヌー競技

　ハワイやポリネシアにはレース用のカヌーがあったかどうかは確定的ではないが，漁撈や航海用のカヌー以外に細身で長く底の浅い，スピード重視のカヌーがあったようだ．それは1〜3人乗りの小型櫂走用のカヌーでキアロア（*kialoa*）ないしキオロア（*kioloa*）とよばれていたようだが，西洋人の残した記録は不正確で他の用途のカヌーと明確な区別がつかない．このタイプは実用品ではなく，首長が権力を誇示するためにつくらせたという可能性もある．

●**カヌーレースの始まり**　ハワイのカヌーレースは19世紀後半〜20世紀初頭には行われていたが，レース専門ではなくサーフィン用あるいは運搬用のカヌーを使用していたようだ．19世紀の半ば，ホノルルに寄港していた捕鯨船の乗組員がカッターボートなどを使ってレースを行い，最初の記念碑的なレースが1859年，カメハメハ4世の王子の誕生日を祝うために催された．そして王国7代目のカラーカウアの治世の1870年代，王の奨励もありレースは盛んになり，王族同士の対抗戦も行われた．20世紀に入ると先住民だけだったカヌーレースに捕鯨船や貿易船の西欧人乗組員なども参加するようになった．そして1906年が記録上最初の公的なカヌーレースであった．このホノルルで行われたレースにはハワイ島コナに住むクヒオ王子も参加して行われた．このレースを皮切りに20世紀初頭の数々のレースで優勝したカヌー・ア・ア（‘*A* ないし ‘*A*‘ *a*）号はハワイ島コナで製作された．

●**カヌーレースの本格化とレース用カヌーの登場**　本格化したレース専門のカヌーは，1930年代にハワイ島コナで日本人とポルトガル移民の船大工らによってつくられ，ハワイ型レース用カヌーの代名詞となったマリア号（*Malia*）である．これを1933年にデザイン・製作したのは日系人のJ. T. ヤマサキであった．このカヌーは1940年代にアウトリガー・カヌー・クラブ，次いでワイキキ・サーフ・クラブと所有者の変遷を経て1988年まで使われた．1935年には日系人のクラブも誕生した．マリア号の船体はハワイの硬木コアからつくられていたが1960年にカリフォルニアでオリジナルを模したファイバーグラスの船体がつくられたことでさらに発展を見せた．1980年代にはマリア型の船体はオーストラリア，カナダ，日本など世界中のレース用カヌーの原型として広がっていった．

●**カヌー競技の発展**　この間のカヌーレース運営組織として1950年にはHCRSA（Hawaii Canoe Racing and Surfing Association）が結成され，レースの組織化が行われた（1950年代後半には“Surfing”をとってHCRAとなる）．一方，1973年に六つのクラブからスタートしたもう一つのカヌー連合フイ・ワア（Hui Wa‘a）は1981年には20あまりのクラブが参加していた．そして二つのカヌーク

ラブ連合は 1976 年に合同でハワイ州王座戦（State Championship）を行うようになり，さまざま部門でレースが開始された．なお同年は復元型のダブルカヌー・ホクレア号が最初のタヒチ航海を成し遂げた年であり，カヌー文化の新たな「伝統の創造」が始まったときともいえよう．

　ハワイのカヌーレースの中で，最も有名なのはモロカイ島とオアフ島の島間レース，現在のモロカイ・ホエである（hoe＝パドルの意味）．この海域での航海はハワイで最も難しいと言われる．この島間レースは 1939 年にエンジニアであった A.“トゥーツ”・ミンヴィエルによって提唱された．当初は無理だと考えられていたが彼の粘り強い説得によって，1952 年，3 隻のカヌーによって初めて競われ，その 1 隻がマリア号であった．島間レース用カヌーは外海の荒波を越えるために船体を覆うなどの工夫が施され，さらに途中で漕手が入れ替わるなどの技術が必要とされる．

　この島間のレースは，最もチャレンジングなレースとして人気が高まり，日本，カナダ，タヒチあるいはカリフォルニアなど海外からも参加するようになった．1975 年から参加したタヒチのチームは翌年，上位を独占したことでハワイの人々を驚かせた．

●**タヒチの動向**　そのタヒチ島は 1842 年にフランスが領有を宣言していたが，その頃即位したナポレオン 3 世の勝利を記念して，1859 年にパペーテ港でダブルカヌーの櫂走レースが行われた．漕ぎ手はフランス海軍式の出で立ちをしていた．これ以外にヨーロッパ式船やオールで漕ぐカッター船も含めたさまざまな櫂走および帆走レースが行われるようになっていた．この流れでカヌーの製作と走行技術が洗練されていった．1969 年にパペーテで行われた櫂走カヌーレースの写真では，船体は細長いレース用になっているが，アウトリガー装着の構造はタヒチ式が維持されている（文献 [2]，p.175）．

●**カヌー競技の今日**　1978 年にハワイの大会でカリフォルニアのチームが優勝したことで，もはやカヌーレースはハワイのものだけはなくなった．カリフォルニアのクルーが使用したパドルは，オリンピック用パドルの影響で水滴ないし洋梨のような形をしていた．

　現在，太平洋各地やカリフォルニアなど世界 30 以上の地域でもアウトリガー式のパドリングカヌーのクラブがあり，レースが行われている．このようにポリネシアの伝統の延長上においてハワイで始まったアウトリガー・カヌーのレースは，時代をへて外部からの影響を受けながら変遷してきたと同時に，外部にも刺激を与え，人気のあるマリンスポーツとして今日に受け継がれている．　［後藤 明］

📖 **参考文献**

[1] Caldwell, P., *Moloka'i-O'ahu Through the Years*, Editions Limited, 2006.
[2] Hiquily, T., *Va'a: La Pirogue Polynésienne*, Au vent des îles, 2008.

フラの競技化
（ハワイ）

　現代におけるフラの発展と拡大にとって，観光よりも重要な影響を与えているのが競技会の存在であろう．昨今，アメリカ国内のみならず，日本などフラが盛んな地域では大小さまざまなフラ競技会が開催されている．

●**フラの再評価**　フラ競技会の中でも最も規模が大きく競技会の先駆けといわれるのが，「メリー・モナーク・フラ・フェスティバル」（メリー・モナーク）である．「メリー・モナーク（陽気な王）」とは，パーティーを好みフラの復興にも尽力した，ハワイ王国第7代国王デイヴィッド・カラーカウアの愛称である．メリー・モナークは，地域復興のイベントとして1964年にハワイ島東岸の街ヒロで始まった．当時，サトウキビ産業の低迷と，1960年に街を襲った津波被害の影響で，ヒロの経済は深刻な打撃を被っていた．同じ頃，1959年にハワイがアメリカ合衆国50番目の州となったことをきっかけに，ハワイを訪れる観光客が増加し始めていたことから，観光客誘致による地域経済の復興が新たなイベントに託された．当初の催しは，カラーカウア王にちなんだ髭コンテストや舞踏会などで，フラも発表会形式であった．

　また，当時アメリカ本土で活発になっていたマイノリティ運動の影響で，1970年代にはハワイでも先住ハワイ文化を再評価する先住民運動「ハワイアン・ルネサンス」が拡大しつつあった．これに影響を受け，著名なフラの師範（クム・フラ）のG.ナオぺら大会の中心人物たちの提案で，メリー・モナークは伝統文化の継承と復興を重視する大会となり，1971年には競技形式が導入された．競技形式に変わったことで，それまで盛り上がりに欠けていたメリー・モナークの人気は上昇し，結果的に大会にエントリーするチームも増えた．やがて女性ソロと男女別の団体の3部門で競われるようになり，近年のような部門別の競技形式が定着した．現在，年に1回イースター後の時期に開催され，地元ハワイのテレビや，海外向けにインターネットでも中継されるメリー・モナークには，州内外から実績のあるフラ教室が参加する．中には観光客向けのディナーショーに出演するセミプロの人気チームも含まれ，競われるフラのレベルは総じて高いことから，競技会場は国内外からのファンで満席になる．

　競技形式になったメリー・モナークが人気を得た後，ナオぺらはさらに，1976年に6～12歳までの子ども（ケイキ：*keiki*）たちに特化した競技大会クイーン・リリウオカラニ・ケイキ・フラ・コンペティション（Queen Lili'uokalani Keiki Hula Competition），1982年には55歳以上の祖父母世代（クープナ：*kūpuna*）が参加するクープナ・フラ・フェスティバル（Kūpuna Hula Festival），2006年には

アメリカ本土シアトルで開催されるジョージ・ナオペ・フラ・コンペティション（George Na'ope Hula Competition）を立ち上げる．こうしてフラは競技スポーツとして広く認知されるようになったのである．

●**フラの審査**　競技会での審査方法について，メリー・モナークを例にあげると，前述した女性ソロ，女性団体，男性団体の3部門でそれぞれ現代フラと古典フラの2種目の合計得点が競われる．なかでも，女性ソロ部門の優勝者は「ミス・アロハ・フラ」として，世界各地で行われるフラ・ワークショップやハ

図1　メリー・モナークでの男性の演舞［Dennis Oda 撮影］

ワイ関連イベントに携わり，終生フラそしてハワイ文化を代表する名誉ある立場を担うことから，競技はとりわけ白熱する．そのため，なかには1年間大学を休学して連日過酷な特訓を重ね，大会に臨むソリストもいるという．演舞の採点では，踊りの完成度だけではなく，ハワイ語の理解度，衣装，頭飾りなど装飾品の出来栄え，曲の解釈，そしてハワイ文化の総合的理解度なども採点対象となる．ちなみに，筆者がフラ競技会に出場した際は，演舞の前に審査員らが出場者に直接インタビューを行い，踊り手自身が衣装の意図や演目について正しく理解しているか，確認する機会が設けられていたこともあった．

　しかし一方で，関係者の中にはフラの競技化を憂慮する人々もいる．背景には，そもそもフラは祈りや敬意，喜びなどを表現し共有することが主な目的であり，優劣を競うための踊りではなかったという考えがある．こうした考えのもと，フラ・フェスティバルの中には，プリンス・ロット・フラ・フェスティバル（Prince Lot Hula Festival）のように，競技形式ではなく順位を付けない発表会形式でフラを披露する場も少なくない．

　とはいえ，競技スポーツとしてのフラの拡大は，フラをハワイ観光の単なる「背景」から，ハワイ文化における中心的存在，さらにハワイ人が誇る伝統文化へと押し上げたといえるだろう．そして，観客や観光客の存在によってフラはさらに洗練され，ハワイ語などの伝統的要素を維持しながらも，より芸術性の高い舞踏へと発展してきたのである．　　　　　　　　　　　　　　　　　［四條真也］

伝統を競う
(クック諸島)

〜〜

　ポリネシアのクック諸島は 1888 年にイギリスの保護領に，次いで 1901 年にニュージーランドに併合されたが，1946 年から自治政府設立の準備を開始した．1964 年にニュージーランド議会で「クック諸島憲法」が承認・可決されて，クック諸島は 1965 年 8 月 4 日に内政自治権を獲得して政治的な自立の道を歩み始めた．

　内政自治権を獲得した 8 月 4 日は同国の憲法記念日に制定されていて，毎年の開催期間の長短はあるものの，7 月の最終金曜日から 8 月 4 日ないし 5 日までを核に 1 週間あまりにわたってラロトンガ島の首都アヴァルア市の国立公会堂を舞台に国家行事として憲法祝賀祭（Constitution Celebrations）が催される．祝賀祭は，初日の開会式と趣向を凝らした山車のパレード，次いで 2 日目以降にラロトンガ島の各キリスト教会での記念ミサ，国立公会堂での聖歌隊コンサートなどが続き，8 月 2 日と 3 日の 2 日間にわたって一番の目玉である文化パフォーマンス・コンテストが開催される．そして，8 月 4 日の憲法記念式典とそれに続く文化パフォーマンス・コンテストの授賞式をもって一連の国家行事は幕を閉じる．

　憲法祝賀祭は自治権獲得を祝って 1965 年に開催されたのが初回だが，1994 年に英語名称からクック諸島の主要言語であるラロトンガン・マオリ語のテ・マイレ・マエヴァ・ヌイ（直訳すれば「大いなる歓喜のシダ」）という名称に変更され，2001 年に現在のテ・マエヴァ・ヌイ（「大いなる歓喜」）という名称に落ち着いた．これは，当時のクック諸島首相 G. ヘンリーのクック諸島の文化復興に向けた強い意向を反映してのことだったという．

●**競うことの意義**　1965 年に始まった憲法祝賀祭は，クック諸島の先住民であるクック諸島マオリが内政自治権を得てマオリの国家をはじめて立ち上げたのだという自負と威信を確認し表明する重要な機会となっている．そのマオリ国家の威信表明の核となっているのが文化パフォーマンス・コンテストである．マオリ国家の威信の源となるのはクック諸島マオリの文化伝統であり，その文化伝統の第一の核を成す重要な要素が舞踊文化だと考えられている．

　クック諸島初代首相の A. ヘンリーは村同士や島同士を競わせることで新興国家の国民の士気を高める施策を意図的に展開したことが知られている．A. ヘンリーのもとでは，島の生活改善を目指した美化運動すらも村対抗の清掃コンテストとなった．そして，クック諸島マオリ文化の隆盛を機にマオリ国家の堅牢な背骨を構えようと考えた A. ヘンリーは，舞踊文化にも競う場を設けて切磋琢磨し，オセアニアにおいて最高の質と技能を備えたものに仕立てようと考えた．その結

果，クック諸島には字ごと，村ごと，島ごとに舞踊チームがあり，それぞれのレベルで日々競い合いがなされ，選抜されたトップ・ダンサーによって編成されたナショナル・チームは文化親善大使の役割を担って海外公演に赴くのである．

●**文化パフォーマンス・コンテスト**　舞踊文化の競い合いの場として頂点に位置するのが憲法祝賀祭の文化パフォーマンス・コンテストである．コンテストには首島ラロトンガ島の3部族から代表3チーム，北部クック諸島のトンガレヴァ（ペンリン）環礁，マニヒキ環礁，ラカハンガ環礁，プカプカ環礁・ナサウ島連合から各1チームの計4チーム，南部クック諸島のマンガイア島，アチウ島，ミチアロ島，マウケ島，アイツタキ島，パーマストン環礁から各1チームの計6チームで，総計13チームが参加可能である．しかし，例年，会場となるラロトンガ島への旅費や宿泊費が捻出できなくて参加を見送るチームがあり，ラロトンガ島入りできないチームは地元の島で個別に憲法祝賀祭と文化パフォーマンス・コンテストを開催することになっている．

　各島の選抜チームに入るためには，コーチのもとで，日曜日を除く週6日間，夕食を終えた時間帯に地域の集会所などに集まり，夜が更けるなか，汗だくになってハードな練習を耐え抜く必要がある．2002年から文化開発省が選定した年次テーマ（「故郷の衣装」「わが島と部族に引き継がれる宝」「国を祝う」，など）が公表されるようになり，文化パフォーマンスもそのテーマに沿ったオリジナルなものを練り上げて制作することが求められている．ちなみに，競い合う文化パフォーマンスの種目はカパ・リマ（手と腕の所作を中心にした歌と踊り），ウラ・パウ（木製くり抜き太鼓を伴う歌と踊り），ペエエ（伝統的な詠唱法），ウテ（説話や恋愛を題材とした歌），イメネ・トゥキ（伝統的なキリスト教の讃美歌の歌唱法）の五つを必須とし，各種目は総計60人（踊り手，歌い手，伝統的な木製くり抜き太鼓の鼓手，楽器奏者）の演者で編制するほか，演目の構成内容，衣装，使用する楽器，舞台装置，上演時間などに厳しい条件が設けられている．毎年すべての種目を年次テーマに見合う内容で企画・立案し，厳しい条件を遵守して作品に練り上げ，練習を重ねて磨かなければならない．

　こうした厳しい練習を経て選抜・編制された部族や島の代表チームは，それぞれの部族や島の文化の威信をかけて憲法祝賀祭の国立公会堂の舞台でパフォーマンスを競い合う．国立公会堂内の1700あまりの客席とその周囲を埋め尽くした数千にも及ぶ観客は自分の部族や島のパフォーマンスにあらん限りの力を絞って声援を送り，共に歌い，共に踊って，大きなうねりを成していく．

　一方，アリーテ席の中ほどには数名の審査員が鎮座して，観客とは対照的な難しい面持ちでペンを走らせて審査に勤しむ．そして8月4日の憲法記念式典後に催される授賞式で発表される優勝チームは，その後の1年間，クック諸島マオリ文化の担い手としてマオリ国家の背骨を支えていくことになる．　　　　［棚橋　訓］

移民とスポーツ

◇◇

　ジョナ・タリ・ロムーはトンガの家系で 1975 年オークランドに生まれ，史上最年少の 19 歳でオールブラックスに選出された世界的な伝説のラガーで，「暴走機関車」「空飛ぶ巨象」とよばれた．1995 年と 1999 年のワールドカップでチームは優勝しなかったが，2 大会でトライ王となった．2015 年 40 歳で，腎不全などで死去した．現在ではフィジーやトンガ，サモアからニュージーランドやオーストラリアのチームへ移籍する選手が多く，さらにはフランスやイギリス，そして日本のチームへの移籍もみられる．

●**海外流出選手の召還策**　ラグビーでは国籍に関係なく他国の代表になることができる．出生地が当該国か，両親・祖父母が当該国民か，当該国で 3 年以上継続して居住，または通算 5 年以上居住していることが条件である．現在ではトンガやサモア，フィジーの代表級選手たちの 90％以上が海外のチームに所属しており，他国の代表に選出されることも多い．「マヌ・サモア」と称されるサモア代表は，ワールドカップで 1991 年と 1995 年にベスト 8 に進出した．フィジーチームは 1987 年の第 1 回大会でベスト 8 に入ったが，1995 年には地区予選で敗退した．フィジー政府は代表強化のためにサモアを参考にし，1999 年ワールドカップ本戦出場のために B. ジョンストン監督が提案した強化計画を支援した．海外のチームにいる選手がチームの試合日程に拘束されることなく代表チームに合流できるシステムづくりのために，ラグビー協会は政府から 15 万ドルの出資を得て「ラグビー・マネジメント・カンパニー」を設立し，トップの 7 選手に 1 万ドルを，将来性のある選手 14 名に 5000 ドルの契約金を支払った．そして 1998 年にジョンストンはフィジーではじめてプロのフル・タイムの監督に就任し，1999 年の代表チームをワールドカップでベスト 8 に導いた（文献［2］，p.8）．

●**海外で活躍するオセアニアの選手**　1997 年の 7 人制ワールドカップでフィジーをチャンピオンに導いたのは，フィジーの国民的英雄ワイサレ・セレヴィであった．彼は日本の三菱自工に所属していたが，7 人制の「マスター」との名声を得て，イギリスでフルタイム・プロフェッショナル・プレイヤーとしてレスター・タイガーズ・クラブと 3 年契約を結んだ．セレヴィは首都のスヴァ・チームに所属していたが，パートタイムの仕事しかなかったために日本に就職先を求めた．首都スヴァの代表には陸軍や海軍，警察のチームから選ばれた選手たちが多いが，なかには安定した職がない場合も多く，毎日自宅から練習場に通うだけのバス代もままならない．代表チームのマネージャーは練習に来た選手にバス代を渡すのが毎日の仕事になっている．地方の多くの選手は自営農民で，スポーツだけではなく

提供される就職口に誘われて海外のセミプロのチームに流出することも多い.

　海外のチームがオセアニアの選手を採用する理由を日本の研究者が明らかにしている. 日本で活躍する 2014～15 年度の選手 215 名のうちフィジー・サモア・トンガなどのアイランダーは 23 名であった. 突破を試みる特徴があるとされるフランカーとセンターにアイランダーが起用されることが多く, 他のポジションでも突破を特徴としているという. 2019 年ワールドカップのパンフレットでは, フィジーは「フィジアン・マジック」といわれるアクロバティックなパスや変幻自在のランニングでトライを量産するスタイルであり, サモアは激しいパワープレーを好む選手が多く, トンガは巨人のような強靭な選手たちが爆発的なパワーを前面に出すスタイルが特徴であると紹介されている（文献 [1]).

●**フィジー選手の海外進出**　1987 年の第 1 回ワールドカップで活躍したジミ・ダム選手は 1985 年にはオークランドのチームに所属していたが, フィジー代表となった. 1990 年代になると海外（日本）でプロとなった選手としてシリロ・ロヴォクロやパウロ・ナワルなどがいる. 1995 年からフィジー・ラグビーの調査を首都スヴァ・チームを中心に行ったが, 選手の経歴を聞くとフィジー代表はもちろん, 何人かはニュージーランドのワイカトでの選手経験があり, なかには日本代表になった選手もいた. ジョエリ・ヴィディリはフィジー代表となった後, 1994 年からニュージーランドに渡り 1998 年にニュージーランド代表としてプレイをしたが, 2001 年にロムーと同じ腎臓の病気で引退した. 彼の息子ハエレティ・ヘテットはニュージーランド生まれで, マオリオールブラックスにも選出されたが, 父の跡を継いでフィジー代表で戦うことが夢であると 2023 年大会ではフィジー代表を選択している. 今やラグビーのフィジー代表はほとんどがニュージーランド, オーストラリアはもちろん, ウェールズ, フランス, アメリカのチームなどに所属している. サッカー選手の場合は海外からのオファーが来ることはないが, 調査時に U-17 の選手だったエサラ・マシと従兄弟のマノア・マシは 1995 年からオーストラリアのセミプロチームに移籍した. エサラ・マシはその後もオーストラリアで 2013 年まで 10 チームで活躍し, フィジーサッカー界の伝説的選手となった. インド系選手で海外のチームで活躍したのはロイ・クリシュナで, ニュージーランドで 2012 年から活躍し, さらにはインドのスーパーリーグの ATK モフン・バガンでキャプテンも務めた.　　　　　　　　　[橋本和也]

参考文献

[1]　木内 誠「ラグビーユニオンにおけるオセアニア地域選手のパフォーマンスの特徴―フィジー, トンガ, サモアの選手に着目して」『グローバル・コミュニケーション研究』9：243-260, 2020.
[2]　橋本和也「スポーツにおける語りと土着性―近代スポーツの土着化」『スポーツ人類學研究』3：1-7, 2001.

ラグビー

2019 年に日本で開催されたラグビーワールドカップには全 20 か国の出場国のうちオセアニアからはニュージーランド，オーストラリア，フィジー，サモア，トンガの 5 か国が地区予選を勝ち抜いて出場した．さらに個人のレベルでみると，ラグビーでは居住年数や自身または両親や祖父母の出生地であるかといった一定の条件を満たせば国籍にとらわれずに国の代表選手になることができるため，オセアニアにルーツをもつ選手は母国だけに留まらずイングランド，アメリカ，日本など世界中のチームでも活躍した．本項では，このラグビーについてオセアニアの視点からみていく．

●多様なラグビーの競技形態　ラグビーという競技は，選手が二つのチームに分かれて激しくぶつかり合いながら楕円型のボールを奪い合い，ボールを手にした選手はそれを手でもって走り，相手方陣地のゴールラインを超えて地面に置くか，ゴールライン上に設置された H 型のゴールポストの間に蹴り入れることで得点となる屋外で行われるコンタクトスポーツである．イングランドを起源とするラグビーは今日では試合参加人数やルールによって，ラグビーユニオン，ラグビーリーグ，ラグビーセブンスといったいくつかの派生競技に分かれている．

　日本で一般的に「ラグビー」とよばれている競技は 15 人制のラグビーユニオンを指し，冒頭で述べたワールドカップもこのラグビーユニオンの大会である．ラグビーユニオンを国際的に統括する競技連盟はアイルランドのダブリンに本部を置くワールドラグビー（WR）で，4 年に 1 度開催されるワールドカップの運営や国際試合の結果を元にした世界ランキングの作成を行っているのもこの組織である．

　ラグビーユニオンから派生した競技にラグビーセブンスがある．名前のとおり各チーム 7 人で行われるが，ラグビーユニオンと同じ広さのフィールドを用いる．ラグビーユニオンが前半と後半各 40 分の試合時間であるのに対して，ラグビーセブンスはそれぞれ各 7 分とスピーディに試合が決着するため，国際大会では同一チームが 1 日に複数回試合を行ってその日に優勝チームを決めることもある．2016 年からはオリンピック種目としても採用されている．

　ラグビーユニオンはもともと「アマチュア主義」を掲げ，WR は 1995 年までプロ選手を認めていなかった．その方針に意を唱えてプロ化を推し進めるべく分派した競技がラグビーリーグである．観客をいかに楽しませるかという視点を重要視し，13 人制を採用して攻撃の機会を生み出しやすくするというような，よりスピーディな試合展開をつくり出すルール変更が行われて現在の形となった．ラグ

ビーリーグにも独自の競技連盟が組織されており，ラグビーユニオンと比して日本での認知度は低いがワールドカップも開催されている．オーストラリアではこの競技のプロリーグであるナショナルラグビーリーグ（NRL）が国民的な人気を博しており，競技人口もラグビーユニオンを上回っている．

●**オセアニアにおけるラグビー人気**　ニュージーランドとオーストラリアは WRの世界ランキングにおいて上位チームの常連であり，試合前に披露するハカとよばれる踊りが特徴的なニュージーランド代表は「オールブラックス」，オーストラリア代表は「ワラビーズ」という愛称とともにラグビー強豪国として知られている．この２か国を本拠地とするラグビーユニオンのトップクラブチームが競い合う「スーパーラグビー」は，観客動員による興行収入だけでなく，世界各国での放映権収入やネーミングライツの販売などビジネスとしても成功している．スーパーラグビーの試合は太平洋島嶼国でも衛星放送でテレビ中継されており，老若男女から人気を集めている．スーパーラグビーでは太平洋島嶼国出身の選手が多数活躍しており，彼らが同じ村や学校の出身者や親族である場合も少なくないことも応援に力が入る要因となっている．

太平洋島嶼国の中でも特にサモア，トンガ，フィジーではラグビー人気が高い．国内の競技人口も多く，男性にとって幼い頃から身近なスポーツである．例えばトンガでは趣味の草ラグビーから学校や村落単位のラグビーチームまでさまざまなレベルで競技が行われている．学校対抗の試合のシーズンには在校生に加えて卒業生や保護者も巻き込んだ応援合戦が繰り広げられ，試合結果に一喜一憂する．かつては白熱し過ぎた生徒たちがフィールド外で喧嘩になるほどであった．また，高校を卒業した若

図1　仕事や学校帰りに空き地で草ラグビーを楽しむ若者たち［2008 年 9 月トンガにて筆者撮影］

者は卒業生によるチームや各村落のチームに所属して競技を続ける．学校のグラウンドや村のラグビー場で行われる大人のチームの対抗戦の観戦は有料で，会場には飲食物を売る屋台が出るなど，人々の娯楽の一つとなっている．トンガでは海外でラグビー選手として活躍することは経済的な成功のパターンとして認識されており，国内でプレーする若い選手たちは日本を含めて毎年世界各国から訪れるスカウトの目に留まるべく練習に励んでいる．国としても母国への多額の送金を見込めるラグビー選手の「輸出」に期待している．トンガにおけるラグビーは単なるスポーツの域を超えて，経済的な側面にも影響を与えているのである．

［北原卓也］

オーストラリアン・フットボール

◇◇◇◇◇◇◇◇◇◇◇◇◇◇◇◇◇◇◇◇◇

　オーストラリアン・フットボールは，その名のとおり，オーストラリアで誕生した独特の種目である．1 チーム 18 人．パスはキック，またはボールをもった手とは逆の手の拳でのパンチで行う（手で投げることは禁止）．サッカーのようなオフサイドはない．ラグビーのようなタックルは認められているが，肩上，膝下のタックルは危険行為として禁止されているなどのルールがある．クリケットのオフシーズンである冬季に実施する種目として考案されたことから，クリケットと同じ楕円形でオーヴァルとよばれるグラウンドで行われる．

●**メルボルン生まれ**　クリケットの名門メルボルン・クリケット・クラブ（1838 年設立）の書記官だった T. W. ウィルスが，1858 年，冬季の活動としてフットボールの導入を提案し，メルボルン・フットボール・クラブを結成した．ウィルス自身のイングランドのラグビー校留学時に親しんだフットボールの経験をもとに，ラグビーなどさまざまなボール・ゲームの要素を取り入れ，1859 年，ルールの大枠を創案した．サッカーの統一ルール制定（1863 年）より 4 年早いものである．1860 年代に結成されたクラブの多くはクリケット・クラブを母体としていたが，パブを拠点とするものもあった．クラブの増加とともに地域間の対抗戦が行われるようになり，1877 年，メルボルン周辺のクラブが集結してヴィクトリア・フットボール協会（VFA）が設立された．その後，VFA を脱退した有力クラブによって 1897 年にヴィクトリア・フットボール・リーグ（VFL）が設立された．VFL はプロ化を進め，メルボルンを中心にビクトリア州において絶大な人気を保ち続けた．

●**人気の地域的偏差**　現在のオーストラリアにおけるスポーツ，特に「フットボール」の人気度について，人々のスポーツ観戦に関するオーストラリア統計局の調査によれば，オーストラリアン・フットボールが最も高い観戦率を示し，ラグビーリーグ（13 人制で，日本で一般的に知られるラグビーとは異なる）がこれに続いている．州別では，南西部のビクトリア州（Vic），南オーストラリア州（SA），西オーストラリア州（WA）ではオーストラリアン・フットボールが，一方，北東部のニューサウスウェールズ州（NSW）やクイーンズランド州（Qld）ではラグビーリーグが高くなっている．二つの種目の州による歴然とした違いを，オーストラリア大陸を東西斜めに区切る境界線で図示したものが，1978 年，名選手 R. バラシにちなんで歴史家 I. ターナーが名付けたバラシ・ラインである．

●**ローカルからナショナルへ，そしてグローバルに**　オーストラリアン・フットボールがオーストラリア国内においてすらローカルな種目といえる状況に，1980 年代以降，変化が現れた．1982 年，サウス・メルボルンを本拠地とするチームが

表1　オーストラリアにおける「フットボール」の州別観戦者の割合　　単位：%

種目	調査年	全体	NSW	Vic	Qld	SA	WA	Tas	NT	ACT
オーストラリアン・フットボール	1999	16.8	4.3	33.9	4.4	33.7	24.5	27.1	22.1	8.2
	2005-06	15.8	4.7	28.3	7.4	30.7	23.9	29.9	15.5	10.5
ラグビー・リーグ	1999	10.1	17.1	1.7	17.5	1.1	1.3	0.4	10.5	20.2
	2005-06	9.3	16.8	0.9	16.0	0.3	0.8	0.2	3.5	13.7
サッカー	1999	4.2	5.0	2.8	3.3	4.7	6.4	2.3	3.9	5.4
	2005-06	3.5	4.8	2.3	2.9	4.3	3.2	1.8	1.3	3.6
ラグビー・ユニオン	1999	3.0	4.8	0.8	3.8	0.3	1.7	0.8	3.6	13.8
	2005-06	4.3	6.2	1.1	6.1	0.6	4.1	0.5	2.3	15.8

【注】表中の略号：NSW ＝ニューサウスウェールズ州，Vic ＝ビクトリア州，Qld ＝クイーンズランド州，SA ＝南オーストラリア州，WA ＝西オーストラリア州，Tas ＝タスマニア州，NT ＝北部準州，ACT ＝オーストラリア首都特別地域
［出典：Australian Bureau of Statistics, Sports Attendance, Australia, April 1999 と Sports Attendance, Australia, 2005-06（4174.0）より筆者作成］

シドニーに移転し，1987 年にブリスベン，パースをフランチャイズとする二つのチームが VFL に加盟した．こうした動きを契機に，1990 年，VFL は名称をオーストラリアン・フットボール・リーグ（AFL）に変更した．その後もバラシ・ラインは有効でありながらも，AFL は，VFA など関連する競技団体を統合し，全国的な拡がりをもつ，ナショナルな種目への転換を志向するようになった．

　そして，グローバル化の進展，それに伴うメディア資本の世界戦略の展開という状況の中，オーストラリア限定と考えられていたオーストラリアン・フットボールが世界中に配信され，グローバルな種目としての側面をもつことになる．

●承認と差別の相克　トップレベルの VFL への先住民の参加は，長く限定的であったが，1980 年代に入り多くの名選手を輩出するようになった．そうした中，1993 年，名門チーム，セント・キルダ所属のアボリジナルの N. ウィンマー選手に相手チームのファンが肌の色をからかう野次を飛ばしたことに対して，彼はみずからのユニフォームをめくり上げ，己の体を指さし "I'm black and I'm proud to be black" と抗議の意思を示した（☞「先住民族とスポーツ」）．1995 年にも同様の問題が起こり，同年，AFL はプロのスポーツ組織として初の人種差別的行為の禁止条項を制定したが，2013 年，A. グッズ選手に対する差別的な野次の問題が再び起こるなど，オーストラリアの人々を熱狂させるオーストラリアン・フットボールには，異なるものの承認と根強い人種主義との相克が埋め込まれている．　　　　　　　　　　　　　　　　　　　　　　　　　　　　　　　[尾崎正峰]

📖 参考文献
[1] 高津　勝・尾崎正峰編『越境するスポーツ──グローバリゼーションとローカリティ』創文企画，2006.

ネットボール

ネットボールとは，ボールをパスのみで運び，敵のゴールポストのリングにシュートして得点を競う，チーム・スポーツである．女性のスポーツとして誕生・発達し，英連邦の国・地域を中心にプレイされてきた．ニュージーランドやオーストラリアは，オセアニアのみならず世界でも強豪国として知られている．

●ルール　1チーム7人で，基本的には屋内でプレイされるが，屋外でも可能である．長方形のコートは3分割されており，その両端に，約3mの高さにリングが付いたゴールポストが設置されている．専用のボールとして，ネットボール5号球を使う．各競技者はポジションと動ける範囲が決まっており，ポジションを記したゼッケンを着用する．パスのみを重ねることによってボールを運び，敵のゴールポスト近くでシュートしてそのリングに投げ入れることに成功すると，1点が得られる．ボールをもって歩いたりドリブルしたりすること，ボールをもっている選手に接近しすぎることは禁じられており，攻撃側はパスでボールをつなごうとするのに対して，守備側はそれを遮りボールを奪おうとする．公式試合時間は15分を4回，計60分である．

●世界での広がり　英連邦の国・地域を中心に，2022年時点で117以上の国で2000万人を超える競技人口がいるとされており，1990年以降は日本でも少しずつ競技人口が増えつつある．国際ネットボール連盟のもとには，五つの地域連盟があり，その一つであるオセアニア・ネットボール連盟では，クック諸島，フィジー，ニュージーランド，パプアニューギニア，トンガ，サモアが正会員となっている．なお，オーストラリアはアジア・ネットボール連盟の正会員である．

伝統的に，オーストラリア，ニュージーランド，イングランド，ジャマイカが強豪国として知られている．なかでもオーストラリアとニュージーランドは別格といえ，4年に1回開催されているネットボール・ワールドカップにおいては，ほとんどの回で両国のナショナルチーム，オーストラリアン・ダイアモンズとシルバー・ファーンズが優勝争いをしてきた．各国の主たるリーグとしては現在，イギリスのネットボール・スーパーリーグ，オーストラリアのサンコープ・スーパー・ネットボール，ニュージーランドのANZプレミアシップがある．メジャーなスポーツとして熱心なファンも多く，マス・メディアで報じられることも多い．また，リーグに参加するチームでは，選手であることが職業となり得ており，トップ・プレイヤーは高い収入を稼ぐ．

●女性のスポーツとしての誕生・発達　ネットボールの歴史は，19世紀アメリカに遡る．アメリカでは1891年に，男子学生向けのインドア・スポーツとしてバス

ケットボールが発案された．欧米では以前，女性はスポーツに向いていないと考えられていたが，その頃には女子学生に対しても体育教育の重要性が認識されるようになった．そして男子学生のバスケットボールに，移動距離やボールの直接的な奪い合いを制限するなどの改変が加えられることによって，女子学生向けの「バスケットボール」がつくられていった．その後，大西洋を渡ってイギリスのカレッジでネットボールの原型がプレイされるようになり，ルールが精緻化されていったものと考えられる．コートが比較的小さく，大がかりな道具立てや装備を必要とせず，さらに女性に相応しいスポーツであると認識されたことから，学生に留まらず幅広い女性の間でプレイされるようになっていった．

　20世紀に入ると，英連邦の国・地域に広く普及した．20世紀後半には国際的な試合が実施されるようになったが，ルールに一貫性がないという問題があった．そこで1960年に女子バスケットボール・ネットボール国際連盟（現・国際ネットボール連盟）が発足し，ルールが整備されていった．1963年からは4年に1回のワールド・チャンピオンシップ（現・ネットボール・ワールドカップ）が開始した．よりグローバルに普及していくなか，熱心なロビー活動の甲斐もあって，1995年には国際オリンピック委員会の承認競技となり，現在ではオリンピックの正式競技にと推す声もある．1998年には，英連邦の国・地域が参加する4年に1回の総合スポーツ大会，コモンウェルス・ゲームズにも採用された．

　ネットボールはスポーツ界では珍しく，女性のスポーツとして誕生・発達し，現在も競技者・指導者等において女性が優勢である．したがって，英連邦では男性性が強く想起されるラグビーと対をなすスポーツとも位置付けられる．しかしながらオーストラリアやニュージーランドでは1980年代以降，男性の競技者が徐々に増え，「男性および混成ネットボール」として認知を得ていった．

図1　試合風景［World Netball 提供］

ニュージーランドにおいてはそのような動きに，女性のネットボールでは周辺化されてきたトランスジェンダーあるいは「第3のジェンダー」のマオリや太平洋系移民が貢献したといわれる．現在では，国際ネットボール連盟の承認は得られていないものの，男性チームあるいは混成チームが参加する国内大会や国際大会が開催されている．ただし，女性のネットボールに比べると，競技者やファン，スポンサーの数になおも雲泥の差がある．

［深山直子］

バンジージャンプ

バンジージャンプは，伸縮性の高いゴムを足に装着し，ビルや吊り橋などの高所から飛び降りて，その恐怖感を楽しむアトラクションである．現在では，下から上に身体を打ち上げる「逆バンジージャンプ」など多様な形態がある．

●**バンジージャンプとその起源**　アトラクションとしてのバンジージャンプの起源は諸説あるが，1979 年にオックスフォード大学の「デンジャラス・スポーツ・クラブ」のメンバーが考案したというのが有力な説である．その後，改良が加えられ，1980 年代には，ニュージーランド人実業家の A. J. ハケットが伸縮性ゴムを用いて，アトラクションとしての商業化に乗り出した．

実はこのバンジージャンプには，さらにそのオリジナルとでもいうべきものがある．バヌアツ共和国，ペンテコスト島南部の「ナゴル儀礼」がそれである．この儀礼はヤムイモの豊穣祈願を目的としており，現地のサ語で「ナゴル（*nagol*）」は「身体」を意味する．20～30 m 程度のやぐらを組み，（基本的には割礼を終えた）男性が足に植物のつるを巻き付け，そのやぐらから果敢にダイブする．下は海や川ではなく，ただの地面である．もちろん飛び方，落ち方を誤れば，大けがや死に至ることもある．儀礼が行われる毎年 4～5 月はヤムイモ収穫後の乾季にあたり，この時期はつるが切れにくく，うまく伸縮するといわれている．

●**ナゴル儀礼をめぐる言い伝え**　昔々，このあたりのある村にタムリエという名の男がいた．タムリエの妻は，毎晩毎晩，性的行為を求めてくる夫に嫌気がさして，何度も家を飛び出したのだが，そのたびに彼に見つかり，連れ戻されていた．あるとき，また逃げ出した妻は森へ入り，大きなバニヤン（ベンガルボダイジュ）の木に駆け登った．下から追いかけてくる夫をかわしながら，彼女はこう言った．「ここから 2 人で飛び降りて，もし生き残ったら，ずっと一緒に暮らしましょう」．タムリエが追いつく寸前，妻はてっぺんから勢いよく飛んだ．タムリエもそれに続いて枝を蹴り上げた．その瞬間，タムリエは先に飛んだ妻の足首に，つるが巻きつけてあるのが見えたが，時すでに遅し．機転を利かせた妻はつるのおかげで助かったが，タムリエの体は大地に受け止められ，死んでしまった．その後，村の女性たちが真似をしようとするのだが，首長が禁じて，今では男性だけが飛ぶことを許されるようになったのだという．

●**観光化するナゴル儀礼**　1950 年代にこのナゴル儀礼が『ナショナル・ジオグラフィック』誌で紹介されると，世界的に有名になった．先のオックスフォード大学の「デンジャラス・スポーツ・クラブ」のメンバーも，これを見て知ったのだといわれている．

その後，バヌアツに観光客が増加すると，ナゴル儀礼も観光化されていく．もともとペンテコスト島は観光地ではないのだが，首都のポートビラでは，旅行会社が儀礼の時期に合わせてツアーを組み，小型飛行機をチャーターして観光客を島まで運ぶ．また外国からのテレビクルーも毎年やってきて，この壮大な儀礼をカメラに収めようとする．結果として，儀礼のシーズンには，小さな村落に数千人もの観光客が押しかけることになった．現在ではバヌアツの観光パンフレットや土産物用カレンダーには，必ずといってよいほどナゴル儀礼の写真が掲載されており，バヌアツを代表する観光イベントになっている（図1）．

だがその一方で問題も生じた．例えば，それまでナゴル儀礼とは無関係だった近隣の村が新たに儀礼を開催し，元から行っていた村との関係が悪化するようになった．また観光会社やテレビ局から支払われる多

図1　バヌアツ観光協会のウェブサイト How to experience Naghol（vanuatu.travel）．ナゴル儀礼がバヌアツを代表する観光アトラクションとして紹介されている［出典：https://www.vanuatu.travel/en/index.php］

額のギャラをめぐって，不透明な流れがあることもたびたび指摘された．結果として，2006年にはバヌアツ政府によって一時的制限がかけられ，外国企業の商業映像への素材提供が禁止された．だが現在でもナゴル儀礼は観光ショーとしての色合いが強い．それまで5月下旬には終了していた儀礼を6月まで延長したり，観光客がアクセスしやすい空港近くの場所で行ったり，あるいはシーズン終了後に撤去していたやぐらを残したりして，より多くの観光客が楽しめるよう工夫を凝らしている．

他方，これはペンテコスト島南部の人たちが昔から行ってきた伝統的儀礼である．ヤムイモの豊穣や人々の健康，そしてコミュニティの安寧を願う文化的意味があり，島民たち自身の誇りでもある．つまり，観光客が来るから，あるいは現金になるからといって，誰でもが真似をしてよいものではない．そこには常に「文化を語る権利は誰にあるのか」という問題が内包されている（文献［1］）．

［福井栄二郎］

📖 参考文献

[1] 白川千尋『南太平洋における土地・観光・文化─伝統文化は誰のものか』明石書店，2005.

セーリング
（ニュージーランド）

　ニュージーランドはオーストラリアと並び，自他ともに認める世界有数のセーリング大国である．1851 年に始まり現代においても国際的なヨットレースの頂点に位置するといわれるアメリカ杯でニュージーランドの代表艇はこれまで1995 年，2000 年，2017 年，2021 年と 4 回の優勝を重ね，オリンピックでは毎回好成績を残し，国内各地で盛んにヨット競技が開催されるとともに，大小さまざまな帆船を用いたセーリングは日常的に楽しむスポーツとなっている．ニュージーランド最大の人口規模と経済規模を誇るオークランド市は近郊を含めて数多くのヨットハーバーを抱え，「帆船都市」の別名を有している．

●**定着と普及の歴史**　18 世紀にイギリスのテムズ川に発祥したといわれるヨットとヨット競技は 1840 年のイギリス人入植後にニュージーランドに持ち込まれた．小型帆船は沿岸部の入植者集落間を結ぶ日常的な交通・輸送手段として重用されたが，1870 年代には，それを使った大小さまざまなレース（レガッタ）が各地で開催されるようになった．当時オークランドで開催されていたレースでは，先住民マオリたちが桃などの果実や野菜をハウラキ湾からオークランドに運ぶのに用いたピーチ・ボートが競技に用いられていたが，次第に競技専用の小型帆船や漕艇が建造されるようになった．同時期に，ニュージーランド北島のハウラキ湾などを中心にレジャー目的のセーリングも人気を博すようになった．

　1871 年オークランド・ヨットクラブ，1879 年ポンソンビー・レガッタ委員会，1882 年ウェリントン・ポートニコルソン・ヨットクラブと，イギリス式のヨットクラブが相次いで設立されるとともに，1880 年代には北島のウェリントン，ファンガレイ，南島のリトルトン，ダニーデン，ネルソンにもレースの開催地が広がり，ヨーロッパ人中流階級の若年層を中心に競技人口と観戦人口が一気に増加した．

●**セーリング文化の深化**　こうした展開に伴ってオークランドにはレジャー用・競技用の小型帆船の専門造船業者が登場し，オーストラリアにも競技艇を輸出しはじめた．その背景には，オークランドが太平洋島嶼交易のハブであること，後背地の豊富な森林資源を礎とする木材産業の拠点であったことが指摘できる．1890 年代には，翼の役割を果たすキールとよばれる水面下構造を船底に備えた10 m 超の国際規格のヨットを手がける造船業者がオークランドに登場した．R. ローガンと C. ベイリーの二つの造船所が有名で，ライバルとして技術の深化に技を競った．オーストラリア人業者がニュージーランドにやってきて，中古ヨットを買いつけ，さらにローガンやベイリーに最新のヨットを発注して帰ることも

通例となった．それゆえ，当時オーストラリアのシドニーで開催されていたヨットレースでは，参加するヨットは，中古であれ新品であれ，ニュージーランド製が主流を占めることとなった．1890 年代以降はヨットクラブの数も大幅に増えてほぼ全土に広がり，各地で頻繁にレースが開催され，1892～96 年にはニュージーランドの全国チャンピオンを争うレースも開催された．

20 世紀初頭，ハウラキ湾でマレット・ボート（マレットはボラのことで，船体中央に帆を掲げた 7 m ほどのボラ網漁用の漁船）を原型とする競技用ヨットがつくられるようになるが，この競技用マレット・ボートは第 2 次世界大戦前まで沿岸域でのレースやレジャーの主流を占めていた．ちなみに，1890～1910 年代に建造されたヨットは独特の多層的な対角構造をもち，軽いが強靭で海水にも強いカウリ（ニュージーランド北島北部地域原産のナンヨウスギ科の針葉樹）を船材に用いているため，21 世紀現在も現役での使用に耐えているものが多いことが知られている．ローガンが 1905 年に建造したアリキ号はレースで連戦連勝を続け，1938 年にターセル兄弟が建造したレンジャー号にその王座を譲るまでの長期にわたって，ニュージーランドのセーリング界を代表するヨットだった．

第 1 次世界大戦と第 2 次世界大戦の戦間期は，横流れを防ぐために船底にセンターボードを備えた 4 m 超のヨットの普及を通じて，ニュージーランドのセーリング文化とセーリング産業が大きく発展した時期であった．

イギリス海軍士官として第 1 次世界大戦の英雄となり，高名なヨットマンでもあった J. R. ジェリコが 1920 年から 1924 年にニュージーランド総督を務めたことにも，セーリング文化発展の一因があった．ジェリコは，かつて艦長を務めたイギリス海軍の戦艦と同じ名を冠した大型ヨットであるアイアン・デューク号を建造し，1921 年にはダニーデンのヘザー号の挑戦を受けてオークランドでレースを行った．ジェリコはレースに敗れたものの勝者にトロフィーを贈って讃えたが，そのトロフィーは第 1 次世界大戦で戦死したオークランド出身の W. サンダースの勲功を讃えてサンダース記念杯と命名された．その後，サンダース記念杯を争うレースはニュージーランド屈指のスポーツ競技の一つに数え上げられるようになり，ヨット競技者にとってその記念杯は垂涎の的となった．第 2 次世界大戦開戦前夜にはオークランドだけでヨットクラブが 10 団体以上に増え，有名な国内競技会は 10 万人を超える観客を集めるイベントに成長し，海外からも数多くのヨット競技者や愛好家たちがニュージーランドを訪れるようになった．次第に外洋セーリングに興味関心を抱くものも増え，第 2 次世界大戦後には，タスマン海を舞台としたヨットレースが頻繁に開催されるようになっていく．

1945 年の大戦終結後のニュージーランドでは，セーリングは観るスポーツである以上に参加するスポーツとして高い人気を博すようになり，合板などの新素材の導入に伴って自前の造船そのものを楽しむ者も急増した．　　　　［棚橋 訓］

水泳文化

オセアニアの多くの島々において，海は人々の日常の中にあった．人々は海を眺めたり，その上をカヌーで移動したりするだけなく，そこに浸かり，泳ぎ，そして潜ることで，海に親しんできた．19世紀，宣教師としてハワイに滞在していたW.エリスは，ハワイ人は生まれて数日後には海に浸かり，歩きはじめるとすぐに泳ぎはじめると書き残している（文献 [1]，p30）．同様の報告はオセアニアの他の島でも枚挙にいとまがない．そして，現在でも，子どもたちは小さい頃から海で遊びはじめ，遊んでいるうちに自然に泳げるようになっていく．

●**生活技術として**　人々は生きるために泳いできたし，そのための技術を発達させてきた．カヌーのように大海原を何日もかけて渡ることはできないが，それでも過去の記録を紐解くと，かつて人々はかなりの距離を泳ぐことができたことがわかる．1852年にハワイのカウアイ島とオアフ島の間で船が転覆したとき，乗り合わせていたハワイ人たちは10kmもの距離を泳いでカウアイ島にたどり着いた．母親の多くは子どもを背中に乗せて泳ぎきったという（文献 [1]，p.30）．

人々は単に長い距離を泳げるだけでなく，目的や場所によって多様な泳法を使い分けてきた．ギルバート諸島では，早く目的地に到達する抜き手（クロール）やイルカ泳法，貝や魚を探すための犬かき，立ち泳ぎ，一方向を見続ける横泳ぎ，荷物を濡らさずに運搬する背泳ぎなどがあったという．生きるための技術として重要な泳ぎには他に潜水がある．銛を使った突き漁，カメ漁，貝の採取などは潜水して行われる．貝は食用のものに加えて，生活用品，儀礼の道具，通貨として利用されるが，通貨や財として価値が高いナンヨウタカラガイ，クロチョウガイなどは浜辺で採取することはできず，それを得るために潜水する必要がある（文献 [2]，p.315）．

●**伝統的な水泳競技**　人々にとって，泳ぐことは生きるための技術としてだけでなく，スポーツとして楽しむものでもあり，水泳や潜水，サーフィンなどが競技として行われてきた．例えば，プカプカ環礁では伝統的に男女別の水泳競技があったという（文献 [2]，p.316）．ハワイでも水泳は盛んであったが，人々はとりわけサーフィンに夢中であった．ハワイ諸島全体に波乗りのスポットが存在し，波の状態がいいときなどは，島中の人々がその日に行うべき活動を途中でやめて波乗りに向かったという．時の首長もサーフィンに秀でていることが期待されており，彼らが乗るべきサーフィンの形や場所が決められていたという（文献 [1]，p.32）．こうした文化的な背景をもちながら，世界的に活躍したのがハワイ人のD.カハナモクである．近代サーフィンの父ともいわれるカハナモクは幼少期か

ら両親の教えのもと，水泳やカヌーに親しみ，1912 年と 1920 年のオリンピックにおいて 100 m 自由型で金メダルを獲得している．

　しかし，ハワイでは 19〜20 世紀にかけて先住民たちが海から疎外されていった．影響を与えたものの一つが，キリスト教の受容である．裸同然になり，仕事や礼拝ではなく，遊びに夢中になっている姿が，キリスト教的な価値観とは相容れないものと宣教師たちは考え，それを厳しく禁止した．現在では，サーフィンの板などの道具に費用が高くつくこともあり，先住民たちにとってかつてのように日常的に楽しむものではなくなってしまっている．また，アメリカ合衆国に併合され，先住民が周辺化される中で，現在，都市に住む彼らの多くは気軽に海に親しむ機会に乏しく，泳ぐことができない者も多い（文献 [1]，p.167）．

●水浴び　ハワイなどのように日常的に海に親しむことが少なくなってしまった例もあるが，オセアニアの島々を見渡すと現在でも多くの人々が海との親密な関係を取り結んでいることも確かである．彼らにとって海は水浴びをする場所でもある．英語の bathing と同様にオセアニアでも水浴びと水泳が同じ単語で表されることも多く，水浴びと水泳はまったく異なったものとしては考えられていない．人々は朝と夕方を中心に頻繁に水浴びをする．それは，身体を清潔に保ち，身体を清めるといった儀礼的な意味をも併せもつだけでなく，1 日の中でも最もリラックスできる娯楽の時間でもある．

　ツバルの人たちにとっても特に夕方の水浴びは楽しみの一つである．日が傾いてくると波が穏やかなラグーン側の海に人々が浸かりはじめる．母親や祖母が孫を連れ立って海に向かう姿もみられ，海の方から子どもを注意する声が聞こえてくる．居合わせた人々とのおしゃべりがとまらず，とっぷりと日が暮れてもなかなかあがろうとしない男性たちもいる．水浴びをしながら生の魚を食べることもあり，その場合はまだ太陽が高いうちからはじまることも珍しくない．カツオやマグロなどはおろして柵にしてからもっていくが，比較的小さめの魚は水浴びをしながら，二つに割ったココナツの殻などを使いながら鱗をとったり，歯と手をうまく使って内臓を取り出したり，皮を剥いだりした後，海水で程よく塩味がついた身をココナツの白い果肉をあてがいながら食べる．夫婦で水に浸かりながらともに食べることもあれば，島の若者たちが集まりのイベントの一つとして集団で水浴びしながらみんなで食べたりもする．島の暑さを忘れて楽しめる至福のひとときである．　　　　　　　　　　　　　　　　　　　　　　　　　　　　［小林　誠］

📖 参考文献

[1] D'Arcy, P., *The People of the Sea: Environment, Identity, and History in Oceania*, University of Hawai'i Press, 2006.

[2] 秋道智弥「スポーツ人類学アンソロジ 13　オセアニアの水泳文化」『体育の科学』41 (4)：313-317，1991.

サーフィン

波に乗り，そして波を滑り降りるサーフィンはオセアニアの島嶼部を中心に生まれて発達した伝統的なスポーツである．カヌーを用いて波に乗ったり，何も道具を使わずに身一つで波の上を滑走することもあるが，最も普及しているのは浮揚性のある幅の狭い板を用いて波に乗るサーフ・ボーディングであり，これが今や一般的にはサーフィンの代名詞となっている．ポリネシアでは通常木製の板がサーフィンに利用されるが，木材資源が乏しい地域ではココヤシの幅の広い葉や束にした葦などが用いられる場合もあった．同様の伝統的スポーツはペルーや西アフリカの沿岸部にも独自に存在することが確認されているものの，オセアニアほど発達しなかった．そして，オセアニア起源のサーフィンは20世紀にグローバル・スポーツとなり，国際サーフィン連盟の管轄のもと東京オリンピック・パラリンピック2020では，はじめてオリンピックの競技種目ともなった．

●**サーフィンの歴史**　メラネシア（パプアニューギニアのブーゲンヴィル島，バヌアツのアオバ島など）やミクロネシア（ミクロネシア連邦のコスラエ島，マーシャル諸島のウジャエ環礁など）にも伝統的なサーフィンの事例があるものの，サーフィンが発達した中核はポリネシアである．ハワイ諸島，ニュージーランド，イースター島，トンガ，サモア，クック諸島，ニウエ，マルケサス諸島，ソサエティ諸島と，ポリネシアにおけるサーフィンの歴史的・民族誌的事例の報告は枚挙に暇がない．このことから，サーフィンは遠洋航海によってリモート・オセアニア（アジア大陸やメラネシアを越えて，太平洋深部へと東方に広がる島嶼海域）に拡散したポリネシア人に共通する基層文化に属するものであったとも考えられている．

ポリネシアのサーフィンには子どもや若者に広く親しまれた遊戯としての側面があると同時に，東ポリネシアでは，短い板上に寝そべるのではなく，いわゆるロングボード（長さ2〜4 mの長いサーフボード）を用いて板上に立ったまま乗るスタイルが成人男女のスポーツとして発達し，それはハワイ諸島において完成されたと考えられている．サーフボードが多様化とともに進化したハワイ諸島では，よい波が来ると老若男女を問わず仕

図1　ハワイ・マウイ島・ラハイナでのサーフィンの光景（水彩画，部分，1855年頃）[James Gay Sawkins, National Library of Australia, PIC Drawer 64 #T1549NK6298 167]

事を放り出し，板を抱えて浜に向かうので，村全体がもぬけの殻となったといわれる．かつてのハワイの王族や首長層にはサーフィンに長けたものが多く，誰でもが使えるショートボード（アライア）に加えて，社会的に高位にあるものだけに許された長さ5m超のロングボード（オロ）を使ってサーフィンを楽しむことができたようだ．ハワイの口頭伝承にはサーフィンをきっかけに生まれた恋についての物語もある．ハワイ諸島ハワイ島西岸のカハルウ湾にあるクエマヌと名づけられた石積遺構はもともとサーフィンに捧げられた祭祀場（ヘイアウ）であり，よい波が来ることと波に乗るものの安全を祈る場であったと伝えられている（文献 [1]，pp.339-340）．かつては王族と首長層のみがカハルウ湾の波に乗ることを許されたともいわれている．クエマヌの前に広がる海は現代においても人気のサーフスポットの一つであり，海に入る前と海から出た後に多くのサーファーたちがクエマヌを訪れて祈りを捧げている光景を目にする．

●**ハワイでのサーフィンの盛衰**　一方，19世紀，ハワイではサーフィンが途絶えてしまう危機に瀕したことがあった．危機の主な原因の一つは社会経済変動に伴う感染症の流入による急激な人口減少だった．1780年代から白檀，そして1820年代から捕鯨を目当てに多くのヨーロッパ人商人や捕鯨者がハワイ諸島に寄港するようになった．それらの資源が枯渇し始めると，十分な土地があったハワイ諸島はサトウキビ栽培などの大規模なプランテーション経営の場に転じるとともに，中国人，日本人，ポルトガル人など多くの移民労働者を受け入れることになった．外部からの急激な人口流入はさまざまな感染症をよび込むこととなり，1900年にはハワイ人がハワイ諸島の全人口に占める割合は20％に低下した．今一つの主な原因は，キリスト教の宣教師によるサーフィンの禁止だった．全裸あるいは半裸の男女が一緒になってサーフィンに興じる姿は，1830年に公式の場で踊ることが禁止されたフラのように，キリスト教の宣教師の眼には邪悪な光景に映ったようだ．ほかにも外部からの影響による生活様式の変化が重なって，19世紀後半にはサーフィンをする人の姿がハワイの海からほぼ消えてしまった．

　ところが，20世紀に入るとハワイの観光地化も手伝ってか，オアフ島のワイキキなどでサーフィンを楽しむハワイ人の姿が散見されるようになり，移民の中にもサーフィンを楽しむ者が現われた．そうした移民系のサーファーの中に，1883年にホノルルで生まれたアメリカ人 G. D. フリース Jr. がいた．サーフィンの神技を披露して子どもたちにも教えるフリースは欧米メディアに注目された．彼は1907年にカリフォルニアに移住したが，その後も「サーフィンの伝道師」とも評される役割を担ってサーフィンの再生に貢献することとなった．　　　　　［棚橋 訓］

📖 **参考文献**

[1] Finney, B. R., "Surfing in Ancient Hawaii," *Journal of Polynesian Society*, 68(4): 327-347, 1959.

あやとり

1本の紐でつくった輪を巧みに操作して，人工的な事物だけでなく動植物や自然現象に至るまで，森羅万象をさまざまに表現するあやとりは，ポリネシア，メラネシア，ミクロネシア，そしてオーストラリアと，オセアニア地域に広く分布する伝統的な遊戯の一つとして知られてきた（文献［1］）．

オセアニアのあやとりに関する最初期の記録はイギリス海軍バウンティ号の指揮官として1788年にタヒチを訪れたW.ブライの航海日誌に見出されるが，そこには輪にした紐からさまざまな形をつくり出すタヒチの子どもたちの姿が記されている．人々が集ってあやとりに興じる場は知識を伝承し交わす場であり，世代を越えたコミュニケーションが生まれる場でもある．女児や女性だけではなく，男児や男性があやとりに興じる地域もあり，似通った造形であっても地域によって異なる名前や意味が与えられ，あやとりに神話伝承などの物語や歌が伴うこともある．地域ごとにきわめて多様なスタイルで伝承されてきたオセアニアのあやとり文化は世界的に高い評価を得てきたものの，他方では20世紀後半以降，現地のあやとり文化の伝承者数は減少の途をたどっている．

●あやとりが紡いできた世界　オーストラリア大陸，そしてオーストラリア大陸とニューギニア島の間に位置するトレス海峡諸島の先住民社会には人の毛髪，カンガルーの腱，植物繊維などでつくった1m前後の紐を用いたあやとりが広く分布し，ジェンダーや年齢に囚われることなく，母娘を中心に成人男性も含めて伝統的な遊戯として楽しまれてきた．また，あやとりは神話・説話あるいは社会の歴史を物語るときの表現手段ともなる．アーネムランド東部の先住民ムルンギンの社会では創世神話の語りで創世神ワウィラク姉妹が登場して旅するくだりになると，姉妹の行動や旅の途中で発見する動植物とその調理法が90種類を超えるあやとりによって示されるという．

ハワイやニュージーランドを含むポリネシアにもあやとりが広範に分布し，パンダナスの葉の繊維やココヤシの葉の上皮などでつくった1mほどの紐が用いられる．ニュージーランドの先住民

(a) カニ

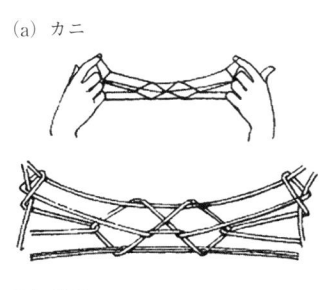

(b) 夕日

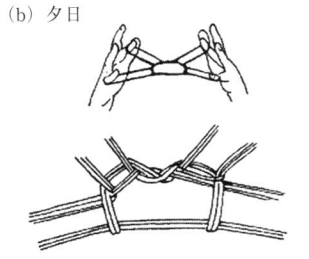

図1　トレス海峡諸島のあやとり
　［出典：文献［2］，pp.150-151］

マオリの社会では羊毛があやとりの紐に使用されることもある．マオリ社会では
あやとりは子どもから大人まで楽しむ遊戯となっているが，複数人で力を合わせ
て一つのデザインをつくったり，同じデザインをいかに早く完成することができ
るかを競うゲームがあるなど，その楽しみ方も多岐にわたる．神々の世界と人間
の世界を自由自在に往来できた英雄マウイの物語に沿って紐を組み替えながら，
物語に登場する出来事や火山・星座などのモチーフを連続して表現していくあや
とりもある．

　メラネシアでも各地に多様なあやとりの伝統があることが報告されている．パ
プアニューギニア東部のセピック川上流域のイワム人の社会では，オオハマボウ
の樹皮でつくった紐を用いた「動きのある」あやとりが特徴である．少年が成人
男子となるために執り行われる通過儀礼のときに装着するペニス・ケースが上下
に揺れ動くさまを表現したもの，水上を泳ぐヘビの様子，巣にいる鳥が飛び立つ
さまを表現したものなどが知られている．

●**あやとりから見える世界**　　オセアニアのあやとりには，単なる遊戯や技の競い
合いの次元を越えて，オセアニアに住まう人々がそれぞれに生きる世界をどのよ
うに捉えてきたのかを知るための重要な手がかりが潜んでいる．一筋の輪が，左
右の手指だけでになく，歯，首，ひじ，ひざ，つま先などにもまわしかけられ，
場合によっては2人，3人，4人と複数の人間の手指の助けも借りて，槍，鳥の巣，
カニ，ジュゴン，戦場，マグロ，カヌー，天の川，人喰いワニと，さまざまにか
たちを変えていく．そして，あやとりの千変万化する輪には，この世界において
人と人以外の命，人が生み出した事物と自然が文字どおりに複雑にからみ合うさ
まや，それによってこの世界そのものが移ろいゆくさまが写しとられているのだ
といえるだろう．こうした視点からのあやとり研究の礎を築いたのはイギリスの
オセアニア研究者 A. C. ハッドンと W. H. R. リヴァーズだった．ハッドンは
1898〜99 年にかけてケンブリッジ大学探検隊を率いてリヴァーズとともにトレ
ス海峡諸島で組織的な民族誌的調査を実施して数多の成果をあげたが，その成果
の一つにトレス海峡諸島の人々の間に伝わるあやとりの研究があった（文献
[2]）．ハッドンとリヴァーズはあやとりをいかに記録したらよいのかという基礎
的な問題から取り組んだが，動かす手指と動作内容を 1 手順ずつ「解剖学的」に
追ってあやとりが完成するまでの過程を丹念に記録する手法を編み出して，オセ
アニア地域の研究を越えて，その後のあやとり研究に重要な貢献を果たすことと
なった．　　　　　　　　　　　　　　　　　　　　　　　　　　　　［棚橋 訓］

📖 参考文献

[1] 野口とも『世界の伝承あやとり』オセアニアのあやとり 1・2，誠文堂新光社，2019.
[2] Rivers, W. H. R. & Haddon, A. C., "A Method of Recording String Figures and Tricks," *Man*,
　　2: 146-153, 1902.

棒投げ／槍投げ

◇◇

　オセアニアには，棒や槍を投げてその距離を競ったり，あるいは，的に当てて投てきの正確さを競ったりする伝統的なスポーツやゲームが広範に分布していた．子どもたちが好きな遊びとして，男性たちが日がな一日真剣なまなざしで没入して一喜一憂するゲームとして，あるいは，伝統的なスポーツ競技として，棒投げや槍投げは親しまれてきた．狩猟を生業の一つとしてきたオーストラリアやパプアニューギニアの先住民社会では狩猟を模した遊びとして，屈強な戦士集団の歴史と伝統を有するフィジーやポリネシアの諸社会では戦闘を模した伝統的なスポーツ競技として棒投げや槍投げが行われてきた．オセアニアの棒投げ・槍投げには多様なスタイルがあるのだが，以下では，バヌアツとフィジーの事例を主に取り上げて紹介したい．

●**バヌアツのチカ**　メラネシアのバヌアツではバンクス諸島などを中心に民族遊戯としての棒投げがチカの名で親しまれてきた．葦のまっすぐな茎を 60 cm ほどに切り，その棒の端に人差し指や中指を引っかけて前方に押し出すように叩きつけ，一度地面にバウンドさせてからの飛距離を競うゲームである．誰が投げたものかが一目瞭然となるよう，葦の棒には投げ手を示す刻みがつけられる．熟達した者が投げれば，棒はバウンドしてからまるで鳥のように宙を滑空して，数十 m を超える飛距離を記録することも稀ではない．ゲームは参加者が 2 チームに分かれて先攻と後攻で攻防を繰り返しながら進められる．何回の攻防を繰り返すかは，ゲームを開始するときに決めておき，表裏 1 回の攻防では，相手チームが投げた棒をすべて飛び越した自チームの棒の本数が得点となる．子ども同士の遊びであれば勝った楽しさと負けた悔しさでことは終わるかもしれないが，村対抗戦のチカとなると，負けた村は得点に応じた頭数のブタを勝った村に与えることになるので，いきおい熱狂の度合いはすさまじいものとなる．もともと，村対抗のチカが行われるのはヤムイモの収穫後の時期だったといわれ，ヤムイモの蔓を支えるのに使っていた棒を再利用してチカが行われていたのではないかと推測されている．また，チカはその飛距離によって物事の吉凶を占うことにも利用されてきたといわれている．

　バヌアツのチカのような棒投げ競技は，バヌアツ以東に位置するポリネシアの西部から中央部にかけて広範に分布しており，隣接するメラネシア東縁地域とポリネシア西縁地域に密接な文化の関係があることを示唆している．

　例えば，ポリネシアのクック諸島北部・プカプカ環礁では同じ棒投げがチカチカとよばれ，ゲームの骨格はバヌアツのそれに同じなのだが，細部には違いもみ

られる．棒をバウンドさせる位置を示す線から 20 m ほど先に 1 本の線が引か
れ，その線を超えない棒は失格となること．棒を投げるときに投げ手は必ず「コ
タワ」（プカプカ語で「グンカンドリ」のこと）と大きな掛け声を発して，棒がよ
く飛ぶように願うこと．どちらかのチームが 10 点獲得した時点で第 1 セットが
終了し，2 セット（延長セットあり）で 1 ゲームとすること．プカプカ環礁でもブ
タが飼育されているものの相当な希少財であるため，村対抗戦の勝者にはあらか
じめ決められた数の魚やタロイモが敗者から渡されること．こうしたプカプカ環
礁社会の地域的な特徴が観察される．また，1 m を超える長い棒を使ってチーム
を組まずに単純に個人ベースで飛距離を競うゲームも頻繁に行われている．

●**フィジーの槍投げ競技**　　フィジーを代表する伝統的なスポーツ競技が槍投げで
あった．槍投げ競技では，十数 cm の紡錘形の重りを先端にくくりつけた 2 m ほ
どの長さの棒を槍として用い，その槍を単純に投げるのではなく，一度地面にバ
ウンドさせてから次に着地するまでの飛距離を競う．かつては長さが 300 m で
幅が数 m ほどの投槍用のフィールドが村に常設され，槍をバウンドさせるため
の土塁を備えたフィールドもあったようだ．槍投げは個人で飛距離を争う競技で
はなく，男性競技者が 2 組に分かれて行うチーム対抗戦を原則とした．最初の
チームの全員が 1 回ずつ投げ終わったところで，もう一つのチームの全員が 1 回
ずつ投げるというルーティンを繰り返し，最終的に最長飛距離を出した者が属す
るチームが勝利を収めるというルールだった．槍投げは村対抗で行われることが
多く，伝統的な社会的行事として最も重要視される部類のものであったために，
各村から多数の観戦者が応援のために競技に押しかけ，選手の 1 投 1 投ごとに歓
声と嘆声が巻き起こって渦を成したといわれる．それゆえ，競技者は正に戦士さ
ながらに村対抗戦の前には祖先の墓を清掃して清め，勝利への加護を祈ってから
試合に臨むことを常とした．村対抗戦には村を離れていた者も応援に駆けつける
など，人々のつながりを再確認するという点でも重要な機会であったが，同時に，
そうして集結した人々の勢いは対抗戦の勝敗をめぐって過度に熱を帯び，村対抗
戦の終了後に社会的混乱を招くこともたびたびあった．1874 年にフィジーの植
民地統治を開始したイギリス植民地政府はフィジー人をきわめて好戦的な民族で
あると捉えていたこともあり，植民地統治の名のもとに，治安の観点から槍投げ
の村対抗戦を開催させないように導いていったようだ．その結果，村対抗戦は消
失の途をたどり，現在では槍投げ競技を無形文化遺産として保護・継承すること
が画策されるに至っている．

　一方，1884 年にヨーロッパ人チームとフィジー人兵士チームの対戦でフィジー
最初のラグビーが行われた．これを嚆矢として，スポーツ競技における村対抗戦
の主戦場は植民地統治下で輸入された外来スポーツへと次第に移り変わっていっ
た．　　　　　　　　　　　　　　　　　　　　　　　　　　　　　　［棚橋 訓］

格闘技

〜〜〜〜〜〜〜〜〜〜〜〜〜〜〜〜〜〜〜〜〜〜〜〜〜〜〜〜〜

　現代においては途絶えてしまったケースが多いものの，オセアニアには伝統的な格闘技が広く分布していたことが知られている．しかしながら，個々の格闘技の来歴や競技のスタイル，その社会的・文化的な意味づけなどの特徴を精査すると，そこには多様性の世界が広がる．

　すでに過去のものとなって実践されていない格闘技もあれば，現代的に整え直されたルールを伴ってスポーツとしての再生が試みられている格闘技，あるいは，子どもたちの日々の遊びにかたちを変えて残っているものなど，そのあり方もさまざまである．

●**格闘技の多様性**　かつてトンガでは打撃技も組み技も可とするボクシングとレスリングを合わせたようなピイイ・タウヴァという格闘技が王族や首長層の主催によるエンターテインメントとして盛んに行われていた．イギリスの J. クック艦長が率いた第 3 回目の太平洋探検航海（1776〜80 年）に記録画家として参加した J. ウェバーはトンガに寄港したクック一行を歓待するために開かれたピイイ・タウヴァの様子をスケッチや銅版画に描き残しており，男性だけではなく女性同士の試合も組まれて，数千を超える観客を集めていた様子がうかがえる．

　サモアのタウピガは自分の村の威信をかけて代表選手が対戦する格闘技で，ふんどしを締めた選手は全身がヌルヌルするほどにココヤシ油を塗り，組み合い，対戦相手のふんどしを取って地面に投げつけるというスタイルが特徴である．しかしながら，20 世紀以降，村の威信をかけて代表選手がしのぎを削る機会はラグビーなどに取って代わられたといえるだろう．

　クック諸島・プカプカ環礁のポポコはさながら日本の相撲に似ている．青年男子たちは十分に練習を積み，その中からそれぞれの村の代表を選ぶ．村の強者どもは村対抗戦の 30 日前から小屋に隔離され，対戦相手に吊り上げられないように食べ続けて体重を増やし，霊力の源である髪を伸ばすことに腐心する．村対抗戦開催の数日前に隔離から放たれた村チャンピオンは練習をこなして食べ続ける以外には，労働や性行為などの行動は一切が禁じられる．各種の祭事や新年の折に開催される村対抗戦の当日には，長く伸ばした髪をココヤシ油で整えてパンダナスの葉を割いた紐で後ろにしばり，全身にもココヤシ油を塗り，パンダナスの葉の繊維を編んでつくったマロ（まわし）を締めて戦いに挑む．組み合った対戦相手を地面に投げて倒す以外には，マロに手をかけて相手を持ち上げて両足を地面から離させるか，相手の足以外の身体の部位を地面に触れさせれば勝ちとなる．1 分ほどの時間内で勝敗がつかなければ，引き分けとなった．朝にはじまり

日が暮れるまでに70試合以上が行われ，勝った試合の総数で優勝する村が決まる．優勝した村の全員で村に伝わる勝どきをあげて，村対抗戦は幕を閉じる．

　おうし座のプレアデス星団（すばる）が夜空に輝き始める11月半ばにハワイの新年が始まり，その後1月末〜2月初旬頃までの期間は豊穣と平和をもたらすロノ神が島を訪れるマカヒキとよばれる季節で，収穫・休息・遊興のときとされてきた．ハワイではこのマカヒキの季節に，これもまた日本の相撲に似たハココや，モコモコ（拳闘），パ・ウマ（腕相撲）などの格闘技が行われてきた．

　フィジーでは戦士たちを鍛え上げる訓練の一環として武術や槍投げが発達した．フィジーには1879〜1916年の期間におよそ6万人のインド人がサトウキビ・プランテーションの年季契約労働者として移入したが，彼らが持ち込んだ南アジアの伝統武術・格闘技（クシュティー）とフィジーの立ち技を主とする伝統武術（ヴェイボ）が融合して，英語では「レスリング」とよばれるものの，実際には似て非なる独自のフリースタイルの格闘技が生まれた．

●神話に連なる格闘技の系譜　　ニュージーランドのマオリ社会でも戦士たちの重要な備えとして格闘技が発達してきた．武器をもった相手を素手で倒す組み技を主とするロンゴママウとよばれる格闘技は，その起源がマオリの創始神話に求められている．かつて神々が恐ろしい武器を手に争いを始めてしまった．そこで平和を司るロンゴ神は星と光を司る神である兄から素手で武器を取り上げる方法を授けられ，争う神々の間をまわって片っ端から素手で武器を取り上げていった．さらにロンゴ神は身一つで戦うさまざまな術を多くの神々から学び，平和と癒しをもたらす武術をロンゴママウの名のもとに体系化したというのである．1907年，ニュージーランド政府はロンゴママウのようなマオリの戦闘術を実践することを違法としたが，その伝承は途絶えることなく継承されている．

　オーストラリア先住民であるアボリジニの社会の創世神話にはカンガルーの動きに学んで生み出されたとされる格闘技が登場する．ニューサウスウェールズ州西部の先住民の社会に伝わるところでは，あるときトカゲ男が人間の残虐さにほとほと困り果てていた大蛇から「アカカンガルーを見てみろ」といわれ，それに従ったところ，トカゲ男はカンガルーの動きから武器などをもたずに戦う術を見出すことができた．彼はカンガルーの戦い方を自分の部族の者たちに伝授して，部族間の平和を維持する方法として素手で組み合って，投げたり，押し倒したりする格闘技トーナメントの伝統が生み出された．そして，この格闘技の誕生によって人間の社会は平和と繁栄を手にすることができたとされる．「カンガルー狩り」を意味するコレーダと名づけられたこの格闘技の話は，1990年代後半に「再発見」され，カンガルーの動きを模したとされるステップを踏んで踊り，次いで，直径4.5mの黄色い円の内側で対戦相手と組んで闘う競技として形が整えられ，現代スポーツとしての再生と普及が試みられている．　　　　　　　［棚橋　訓］

ブーメラン
(オーストラリア)

◇◇

　アボリジニの伝統道具とされるブーメランには，3 種類ある．獲物に向かって投げても当たらなければ戻ってくる，「く」の字型の「リターニング・タイプ」．戻ってくることを前提としない，「7」の字型の「ノンリターニング・タイプ」．これは殴打用の武器としても使われていたので，「ファイティング・ブーメラン」ともいう．そして大きめの物差しのような「クラップ・スティック・ブーメラン」は，踊りや祭事などで拍子木のように打ち鳴らす楽器である．

　ブーメランはアボリジニ文化の象徴の一つだが，実際に彼等が「く」の字型のものを投げている姿は，筆者は 1 度しか見たことがない．1980 年頃に訪れた，大陸北西部の沿岸にあるキリスト教ミッションでのことだ．数人の若者が，広い砂浜で投げていたのだが，お世辞にも上手いとはいえなかった．アボリジニの土地権回復，文化復興運動が盛んな頃ゆえ，意識ある若者たちが伝統文化保存のために練習していたものと思われる．また，若者の 1 人から，子どもの投擲練習用ブーメラン「トゥングトゥング」なるものをいただいてきたが，そこには子どもの姿はなかった．

●**狩猟の補助具か**　「リターニング・タイプ」のブーメランは，大陸南東部の一部の部族，限られた地域で発展し，その後大陸各地に広がった狩猟用具である．実際の狩猟では，沼沢地や川辺にいる水鳥の群れに投げて威嚇し，散らばった水鳥を槍で射止めていたとされる．もちろん，ブーメランが直接あたれば幸運だが，あたらなければ戻ってくる．つまり，実際の狩猟では補助用具であり，むしろ槍が重宝されていたと思われる．沿岸の集落に住む人々は，1980 年代になっても漁には槍を使用していた．細くて身長よりもやや長い槍を手に小舟の舳先に立ち，海面近くに上がってきたウミガメの首を正確に射止めたり（高値で売れる甲羅を傷つけないため），波打ち際から浅瀬にいる 40 cm ほどもあるイシダイの群れをじっと見つめ，2 匹の魚影が重なった瞬間に，まとめて一突きにする姿には驚かされた．こうした槍の使い方は，我々日本人も「ヤス」で魚を突いていたことを思えば，容易に想像できるだろう．

　また半砂漠地帯での狩猟では，体長 80 cm ほどのブッシュ・ターキー（ツカツクリ科の鳥）などを，小口径のライフルで仕留めていた．そうしたことから，狩猟用具としてのブーメランは，かなり早い時期に実用の舞台から引退していたとみてよいだろう．しかしその特異な飛行特性ゆえに注目され，いつのまにかアボリジニ文化の象徴のようになってしまった．一方で，スポーツ用やレジャー用としてのブーメランは，70 年代にシドニーから広がりはじめていた．

●**ブーメラン教室**　シドニーの繁華街キングスクコス（Kings Cross）とその周辺には，土産物店が多い．ブーメランは，コアラやカンガルーのぬいぐるみと並ぶオーストラリア土産だが，ほとんどは形だけに過ぎず，実際に投げて戻ってくることは期待できなかった．そうした中，60年代半ばにアボリジニ関連の工芸品を専門に扱う店がオープンし，伝統的な「く」の

図1　各種ブーメラン．左から2番目がトゥングトゥング［2002年6月筆者撮影］

字型ブーメランの販売をはじめた．オーナー（D. マクレナン）は，商品の一つひとつが実際に戻ってくることを確認していたという．さらに彼は，キングスクロスに近いラッシュカターズベイ・パーク（文献［1］）で，投げ方・受け方を指導する，受講料無料の「ブーメラン教室」もはじめている．

●**材質と形状が生む新時代**　1970年代には，ラッシュカターズベイ・パークで競技会が開催されるようになった．誰が，あるいはどこの団体が主催していたのかは不明だが，この頃からブーメランは，スポーツ・レジャーとして次第に広がり始めたようである．競技会は定期的に開催されていたが，アボリジニ系の人の参加は，寡聞にして聞いたことがない．一方で在住日本人が参加し，優勝したことがあった．

　ブーメランがスポーツ・レジャー分野で広がったことの大きな要因の一つに，形状と材質の変化があったことは間違いない．伝統的な長い「く」の字型から，カーブの角度をより深くしたコンパクトな「V」字型，あるいは三つまたは四つの翼からなる「Y」字型や「X」字型など，いろいろな形状が登場し，初心者にとっても投げやすくなった．さらに木製だけではなく，プラスチック製，ウレタン製などの柔らかくて軽いうえにコンパクトなブーメランが，急速に広がった．ブーメランの魅力は，投げると円を描いて戻ってくることだが，木製はキャッチの瞬間が不安である．しかし軽くて柔らかな樹脂製品は，練習の場所を選ばない．2008年にISS（国際宇宙ステーション）内で，日本人宇宙飛行士の土井隆雄が，樹脂製の小さなブーメランを投げて見せたのは，狭い室内でも楽しめることを象徴していた．　　　　　　　　　　　　　　　　　　　　　［中野不二男］

📖 **参考文献**
［1］*The Toronto Star*, December 14, 1996.

12

世界遺産・文化遺産・観光

［担当編集委員：石村　智］

概　説

　いわゆるユネスコの「世界遺産」ブームは以前に比べると落ち着きをみせている昨今ではあるものの，ある意味で世界遺産という概念が人々の間で定着したということもできるだろう．例えば私たちが海外旅行を計画するとき，ガイドブックやインターネットでその国にどのような世界遺産があるのかをまず調べる人は多いだろう．

　ではオセアニアには，どのような世界遺産があるのだろうか？　イースター島のモアイは世界遺産だっただろうか？　あるいはオーストラリアのシドニーのオペラハウスはどうだろう？　ほかには……．

　多くの人にとっては，オセアニアの世界遺産の名前を一つ二つあげることはできるかもしれないが，スラスラと名前をあげることができる人はかなり限られることだろう．実際に，世界においてもオセアニアは世界遺産の存在が最も「過小評価」されている地域といわれている．それは，これまで世界遺産の一覧表に記載されてきた遺産の多くが，古代文明の遺跡やモニュメント，あるいは歴史的建造物に偏ってきたことによると考えられる．オセアニアには，エジプトのピラミッドやギリシアのパルテノン神殿，あるいはフランスのモン・サンミッシェルやバチカンのシスティーナ礼拝堂のような，有名で「見栄え」のする遺産が少ないことも事実である．

●**オセアニアの文化遺産の多様性**　しかしオセアニアには数万年に遡る人類の歴史と多様な文化が存在するのもまた事実であり，それを表現する世界遺産がまだまだ少ないというのが実際のところなのである．例えばミクロネシア連邦の「ナン・マドール（ナンマトル）」のように，その巨石文化の壮麗さは決してほかの地域に引けを取らないにもかかわらず，一部の人にしか知られていない文化遺産もある．またバヌアツの「首長ロイ・マタの地」のように，外からみただけではその価値はわかりにくいが，かつてその地域を治めた首長の伝説と深く結びついている文化遺産もある．

　またオセアニアには，必ずしも有形の文化遺産として表現されない文化も数多く存在する．それらのうちのいくつかはユネスコの「無形文化遺産」の一覧表に記載されているが，それもまだオセアニアの文化の多様性を十分にカバーしているわけではない．

　そこで本章では，一般にはまだまだ知られていない，オセアニアの世界遺産をはじめとする多様な文化遺産を紹介することとしたい．その中には，オーストラリアの「ウィランドラ湖群地域」のように数万年前まで遡る考古学遺跡から，

マーシャル諸島の「ビキニ環礁核実験場」のように20世紀の近現代に属するものまで含まれている．またトンガの「ラカラカ」やサモアの「ファイン・マット」のように，芸能や工芸技術といった無形文化遺産も含まれている．さらにオーストラリアの「バタヴィア号」のような，沈没船に代表される水中文化遺産も含まれている．

　このようにオセアニアには多様な文化遺産が存在することを，読者に知っていただければ幸いである．

●**観光と文化遺産**　さらに本章では，文化遺産と関係の深い観光についても取り上げている．観光というと，かつての団体旅行のようなマスツーリズムの印象が強く，否定的な感情をもつ人も少なくない．事実，観光は文化遺産の保存に対する危険因子とみなされた時代もあった．しかし1990年代以降，文化遺産の保護において観光を積極的に活用していこうという動きが盛んになった．それには観光によって得られる収入を文化遺産の保護にあてるという経済的なものだけでなく，文化遺産を地域住民の文化的な表現の場とし，それを観光で訪れた人々に伝えていこうとする活動も含まれる．本章ではそうした動きとして，ハワイやグアム，ニューカレドニア，ニュージーランドにおける先住民主体の観光の事例を紹介している．

●**日本との関わり**　最後に本章ではオセアニアの文化遺産を明らかにするうえで重要な役割を果たした「ビショップ博物館」と日本人考古学者「篠遠喜彦」について紹介したい．こうした多様な有形・無形の文化遺産の存在に光を当てることに大きな役割を果たしたのがハワイのビショップ博物館であり，そこをホームとしてオセアニア各地の歴史を掘り起こしてきたのが考古学者の篠遠喜彦であった．彼はまた，世界遺産「タプタプアテア」の調査と保存にも関わった人物でもある．

　本書の読者の多くは日本人であることを想定しているが，読者にはオセアニアの文化遺産に日本人の学者が関わったことを知ってもらうことを通じて，一般的にはあまりなじみのないオセアニアの文化遺産への関心を高めてもらうことができたなら，編者として望外の喜びである．　　　　　　　　　　［石村　智］

参考文献

[1] 石村　智「オセアニアの世界文化遺産」秋道智彌・印東道子編著『ヒトはなぜ海を越えたのか』pp.219-229，雄山閣，2020.
[2] Ishimura, T., "Status of UNESCO Conventions related to Cultural Heritage Protection in Oceania," *People and Culture in Oceania,* 33: 73-86, 2017.

ウルル=カタ・ジュタ国立公園
（オーストラリア）

　第2次世界大戦前後，陸路・海路・空路での交通網の開拓と整備は，1960年代から世界的なツーリズムをもたらした．だがそのツーリズムは，ツアーに出かけるゲストと，そのゲストを迎えるホストとの間に，大きな格差を孕むものでもあった．オーストラリア先住民の象徴的な聖地，ウルル=カタ・ジュタ国立公園はまさにこうした歴史をたどる．

●**エアーズ・ロックとウルル**　オーストラリア先住民は6万年前から大陸の中央砂漠地帯に至るまでの地域に複数の言語の先住民族が共住していたと推定される．現在のウルル=カタ・ジュタ国立公園の一帯は言語的にはピチャンチャチャラ／ヤンクンチャチャラ語話者が住んでいた地域であるが，彼らはみずからを「人間」を意味するアナングと自称する．そしてこのアナングの伝統的土地権利者の一つの家族名がウルルなのだが，この名称にはそれ以上の分析的意味はないとされる．他方，カタ・ジュタは「多くの頭」を意味している．

　彼らが記録に登場するのは，1873〜74年にW.E.P.ジャイルズの探検隊が現在のカタ・ジュタを記録し，ヴュルテンブルグ王国のオリガ王妃の名前にちなみその岩山群を「マウント・オルガ」と命名し，またW.ゴスが現在のウルルを記録し，サウスオーストラリア植民地総監H.エアーズの名前にちなみその一枚岩を「エアーズ・ロック」と命名した．それゆえ「マウント・オルガ」や「エアーズ・ロック」という名称は，現地の先住民からすれば他称であった．

　先住民の伝統的な生活は，旱魃や西洋人との接触からもたらされた流行病，直接的な暴力，また生態系の変化などにより大きな変化を被り，人口も激減した．こうして1901年にオーストラリア連邦が成立する頃には，彼らは移民たちのコミュニティの周辺で保護や隔離の対象となってゆく．1936年，最初の西洋人登山者が記録されるも，戦後，道路が敷設されるもウルルにやってくる西洋人は50人程度であった．「エアーズ・ロック」には1942年に空港はできていたが，利用目的は限られており一般にはラクダだけが実用的な交通機関であったことで，訪問者は限られていた．だが第2次世界大戦後の1950年にエアーズ・ロック国立公園が，1958年にエアーズ・ロック-マウント・オルガ国立公園になり，1960年には国立公園にはじめての宿泊施設が設立された．「エアーズ・ロック」の訪問者数も1962年の5462人から年々増加し，1966年にはツーリスト登山用のチェーンが取りつけられた．

●**世界遺産**　他方でこの1960年代末は，オーストラリア先住民にとって重要な転機にさしかかっていた．戦後，無賃労働者状態になっていた先住民たちは，

徐々に権利要求運動へと動き出し，
1966年にグリンジが土地返還要求
をはじめ，1968年からヨルングが鉱
山開発差し止め訴訟に踏み切り，
1971年には中央砂漠地帯のルリ
チャのH.トーマスがアボリジナ
ル・フラッグを作成した．自主決定
政策時代の幕開けである．こうした
運動は1976年にはアボリジニ土地
権法の成立へと至り，先住民の伝統
的土地権が認められ，土地が先住民
に返還されはじめた．こうした潮流
のときで1984年に空港とリゾート

図1　ウルル=カタ・ジュタ国立公園で写真撮影す
るツーリストたち［2020年2月筆者撮影］

が一般開港．翌85年，アナングにもウルルの土地権が返還され，土地はアナング
との共同管理体制に入ると，アボリジナル・フラッグの中心がウルルのかたちに
なった旗も作成された．1987年にはウルル=カタ・ジュタ国立公園が自然遺産と
してユネスコの世界遺産リストに載り，1994年には複合遺産として登録される．
1998年のウルル=カタ・ジュタ国立公園訪問者数は約36万人を数え，同年にはア
ボリジニ・トレス海峡諸島民委員会が形成され，先住民政策が先住民自身の自主
管理下に任されるようになる．

　アナングと共同管理者のパークス・オーストラリアが刊行した「ウルル=カタ・
ジュタ国立公園訪問者基盤基本計画」によれば，公園内での最も重大な問題とし
て訪問者の混雑が憂慮されており，アナングにとってそこは何よりも複数の神話
が交差する聖地なのだが，死亡事故が起こるとこの土地の地権者として負担を感
じるのであった．そこで2019年に登山停止を決めた．先住民アナングからみれ
ば，その措置こそが彼らの自治回復になる．登山したい訪問者からみれば登山
「禁止」にみえるかもしれないが，こうして，ウルルは2019年にようやくアナン
グの自治下に入り登山停止になったのであった．

●心からのウルル声明　こうしてウルル=カタ・ジュタ国立公園は，地理的にオー
ストラリアの中央部にあることもあり，オーストラリア先住民を象徴する場所と
なっていった．これを示したのが2017年の「心からのウルル声明（The Uluru
statement from the Heart）」で，オーストラリアの先住民代表者250人により，
オーストラリア憲法上の先住民の承認を求める声明が発表された．　　　［飯嶋秀治］

📖参考文献
[1] 鎌田真弓編『大学的オーストラリアガイド—こだわりの歩き方』昭和堂，2021.

ウィランドラ湖群地域
（マンゴ湖）

　ウィランドラ湖群地域はオーストラリア南東部のニューサウスウェールズ州に位置する．ここは5万年前には豊かな湖水地域であったが，1万9000年ほど前に干上がってしまい，今では荒涼とした砂漠地帯となっている．壁のようになった砂の丘が延々と点在しており，それを上空から見ると三日月形となっているが，そこはかつて湖岸だったところである．この砂丘はかつての湖に堆積した砂と泥からなっており，それが侵食されることによってこのような景観がつくり出されている．

　オーストラリア大陸が他の大陸から分離する以前の痕跡をとどめる地帯であることに加え，更新世に遡る遺跡が残されている文化的な側面ももつことから，1981年に自然遺産と文化遺産の両方の要素をもつ複合遺産としてユネスコ世界遺産に登録された．この遺産の範囲にはマンゴ湖国立公園が含まれており，そこから更新世の人骨が出土したことから，オーストラリアの考古学において重要な遺跡として位置づけられている．

●**マンゴ人骨の発見**　1974年にマンゴ湖の湖畔の砂丘から1体の男性の人骨が発見されたが，その表面には顔料の一種でもある赤オーカー（鉄分を含んだ赤い粘土）がふりかけられていた．この「マンゴマン」とよばれる人骨（マンゴⅢ人骨）の年代は2万年以上前に遡ると推定されたことから，これは人類史の中でも最も古い埋葬儀礼の証拠の一つと考えられている．また「マンゴマン」の近くから発見された1体の女性の人骨（マンゴⅠ人骨），通称「マンゴレディ」には火葬された痕跡が認められ，これも世界最古の火葬の事例とみなされている．

　これらの人骨の発見により，オーストラリアの先住民であるアボリジニのルーツは更新世まで遡る可能性が高いことが示された．さらにオーストラリアの更新世の人々の起源をめぐって，人類の進化をめぐる論争が活発化するきっかけとなった．

　人類進化のモデルについては，「他地域進化説」と「出アフリカ説」という二つの仮説が長らく対立していた．「他地域進化説」では，ホモ・エレクトス（原人）が180万年ほど前にアフリカからユーラシアに拡散し，各地域でそれぞれ進化して，現生人類になっていったとする説である．マンゴ湖の発掘に携わったオーストラリアの自然人類学者A. ソーンはこの説に則り，「マンゴマン」らはユーラシアのホモ・エレクトスの子孫たちがサフルランド（かつてニューギニア島とオーストラリア大陸によって構成されていた大陸）に渡って定着した人々であり，アボリジニは彼らの直接の子孫であると考えた．

　しかし1990～2000年代にかけて分子生物学が進展し，その中でミトコンドリア DNA の分析によって，現代人の共通祖先は14万年前のアフリカの1人の女性にたどれることが示された（イブ仮説）．さらに Y 染色体ハプログループの分析結果からもアフリカに共通の祖先をたどることができることが示された．そのため今日では，ホモ・サピエンスは7万年ほど前にアフリカを出てユーラシアに拡散し，さらに世界中に拡散していったとする「出アフリカ説」を支持する研究者が主流となり，「他地域進化説」を支持する研究者は少数である．

　こうしたことから現在では「マンゴマン」をはじめとする更新世のオーストラリアの人々は，7万年前にアフリカを出たホモ・サピエンスの一派であると考えられるようになった．そのためオーストラリアの人類居住の歴史は100万年以上前に遡ることはできなくなったが，それでも「マンゴマン」は2万年以上前に遡り，さらに他の更新世遺跡の分析からオーストラリアの人類の初期居住の時期は5万年以上前に遡る可能性が高いことが示されていることから，アフリカを出たホモ・サピエンスは，かなり早いペースでオーストラリアまで到達したと考えられるのである．

●**マンゴ人骨のコミュニティへの返還**　マンゴ湖の出土人骨はアボリジニの人々にとって，自分たちの祖先が数万年にわたってオーストラリアに居住していたことを示す貴重な文化的シンボルとしてみなされている．人骨は発掘後，しばらく分析のためにオーストラリア国立大学に置かれていたが，2014年に人骨発見40周年の記念セレモニーが開催された際に，地域のアボリジニの代表が正式に人骨の返還を要求した．それを受けて翌年，大学はアボリジニに遺骨を返還するセレモニーを開催し，移行期間を経て2017年に遺骨はマンゴ湖に移された．

　当初はマンゴ湖に遺骨を安置するための施設を建設し，将来研究の必要が生じた際に遺骨を取り出すことができるようにする計画であったが，残念なことにそのための予算を政府から得ることができなかったため，2017年11月17日に，棺に納められた人骨は直接，地面の中に再埋葬された．　　　　　　　［石村　智］

📖 参考文献

[1] ホワイト，J. P.「オーストラリア大陸への移住」ブレンフルト，G. 編，大貫良夫・片山一道編訳『人類のあけぼの（下）』図説 人類の歴史 2，pp.134-157，朝倉書店，2005.

[2] 石村 智「オーストラリア・オセアニアの旧石器文化」稲田孝司・佐藤宏之編『旧石器時代（下）』講座日本の考古学 2，pp.561-582，青木書店，2010.

[3] Bowler, J. M. et al., "Pleistocene Human Remains from Australia: A Living Site and Human Cremation from Lake Mungo, Western New South Wales," *World Archaeology*, 2: 39-60, 1970.

カカドゥ国立公園
（オーストラリア）

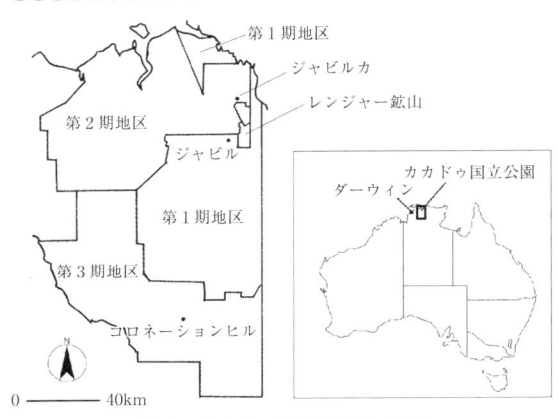

図1　カカドゥ国立公園の位置

カカドゥ国立公園は，オーストラリアのノーザンテリトリー北部にある総面積1万9804 km^2 の国内最大の国立公園である．野生生物の宝庫として知られ，植物2000種以上，哺乳類74種，鳥類280種，爬虫類117種，両生類25種，魚類57種，昆虫1万種以上が確認されている．また干潟や氾濫原，盆地，砂岩の台地や断崖群など，多彩な地形も有しており，1980年，ラムサール条約に登録された．この一帯に人類が定住したのは今から4万〜6万年前とされ，考古学的に重要な遺物が多く残されている．また多くの壁画も確認されており，これらは，歴史的，文化的に高く評価されるとともに，今でもアボリジニたちの精神的支柱であり続けている．こうした豊かな自然環境ならびに貴重な文化資産が評価されて，1981年に複合遺産としてユネスコの世界遺産に登録された．年間20万人の観光客が訪れる，オーストラリアを代表する観光地の一つである．

●**カカドゥ国立公園の誕生**　カカドゥ国立公園は，アボリジニの土地権を認めた国内最初の国立公園でもある．ウラン鉱山の開発とのセットで国立公園が策定され，国立公園の借地を条件にアボリジニの土地権が認められた．

　カカドゥ国立公園の計画が始まったのは1960年代のことである．同じ時期，国立公園の予定地でウラン鉱山の探査も行われ，レンジャー，クンガラ，ナバレク，ジャビルカで鉱山が発見された．連邦政府は環境調査を諮問し，1976年の報告書で鉱山開発を推進することが勧告された．1977年の報告書では，国立公園の指定化が勧告されたが，その際，アボリジニの土地権を認めて，彼らの雇用と国立公園の運営への参画をうながすことも進言した．当時のオーストラリアでは，アボリジニの土地権問題が大きな争点であった．ノーザンテリトリーでは，アーネムランドのイルカラにおける訴訟をきっかけにして，アボリジニの土地権の法制化が議論され，1976年にアボリジニの土地権を認めた国内最初の法律である

「ノーザンテリトリー・アボリジニ土地権法」が成立している.

1979 年, 国立公園の予定地の伝統的権利者のアボリジニたちによって「カカドゥ・アボリジナル土地信託法人」が設立され, 連邦国立公園庁との間で 99 年間の借地契約を結ぶことで, 国立公園の土地利用に合意した. ウラン鉱山の開発エリアは, 国立公園の指定から除外され, 鉱山借地として契約された. アボリジニたちは, 鉱山借地料や使用料をもとにして, ホテル経営や観光事業などのビジネスに乗り出した. カカドゥ国立公園の借地契約は, オーストラリアの国立公園の管理・運営のモデル・ケースとなり, その後, ウルル゠カタ・ジュタ国立公園 (1985 年) やニトゥミラック国立公園 (1989 年) で採用されている.

●聖地保全と開発　カカドゥ国立公園は 1979 年の指定地域を第 1 期地区とし, その後, 複数回にわたって指定地域が拡大された. 1987 年の第 3 期地区の指定に際しては, アボリジニの聖地の保全と鉱山開発をめぐる論争が繰り広げられた.

第 3 期地区の予定地にあるコロネーションヒルは, ウラン鉱山として開発され, 1984 年からに金とプラチナの採掘も始められた. しかし, アボリジニたちは, 聖地の存在を理由に, 鉱山開発の停止を強く求めた. それによると, 鉱山開発のエリアは「災いの地 (sickness country)」とよばれる土地で,「ブラ (*Bula*)」という精霊が住んでいるという. その土地に危害を加えると, ブラの怒りを買い, 火事や地震などの災いがもたらされると信じられていた.

ノーザンテリトリー政府は, 1985 年, 鉱山開発エリアを「聖地」に認定したが, 連邦政府はここを「カカドゥ保全地区」に指定し, 基本的には鉱山開発を推し進めようとした. この対応には, アボリジニだけでなく, 国内の環境保護団体からも批判が寄せられ, 開発の停止を求める運動が繰り広げられた. 一方で「災いの地」や「ブラ」の存在を否定したり, 経済的利益を重視して, 開発を支持するアボリジニも現れるなど, その議論は混乱をきわめた. 最終的に, 連邦政府は 1991 年に鉱山開発の停止を正式に決定し, コロネーションヒルは, カカドゥ国立公園の第 3 期地区に組み込まれたのだった. カカドゥ国立公園には, アボリジニと土地との深いきずな, そしてそれを守り抜くために闘ってきたアボリジニたちの歴史が刻み込まれている.　　　　　　　　　　　　　　　　　　　　　[川崎和也]

📖 参考文献

[1] Press, T. et al. eds., *Kakadu: Natural and Cultural Heritage and Management*, Australian Nature Conservation Agency and North Australia Research Unit, Australian National University, 1995.

[2] 鎌田真弓「土地資源管理と先住民族―カカドゥ国立公園を事例として」小柏葉子編『資源管理をめぐる紛争の予防と解決』IPSHU 研究報告シリーズ 35, 広島大学平和科学研究センター, pp.107-129, 2005.

ロックアイランド南ラグーン
（パラオ）

ロックアイランド南ラグーン（ロックアイランド）は，パラオ南西部の約10万haに広がる，およそ445の火山性の石灰岩の島々と周囲のサンゴ礁からなる島嶼群である．エメラルドグリーンの海に，青々とした熱帯植物が生い茂る大小の島々が浮かんでいる．この島嶼群は，746種の魚類，13種のサメやマンタ，385種のサンゴ，52の海洋湖（淡水湖と海水湖から成る）などの豊かな生態系を有している他，ジュゴンや鳥などの絶滅危惧種も生息している．2012年にはユネスコの世界遺産（複合遺産）に登録された．現在は無人島だが，考古学知見からは，およそ1000〜450年前頃までの間，最大で6000人が居住し，石造りの村落が形成されていたと考えられている．

●**海洋環境保護と観光**　世界遺産に登録された後，世界各地から訪れる観光客数は増加した．それに伴い，ロックアイランドではオーバーフィッシングやごみ汚染などといった環境被害が報告されるようになった．また，近年では地球温暖化に伴う影響なども顕著にみられるようになった．

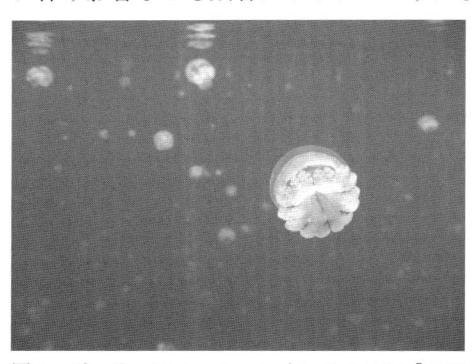

図1　ジェリーフィッシュレイクのクラゲ［2008年8月マカラカル島にて筆者撮影］

例えば，2016年に観測されたエルニーニョ現象の影響によって，ジェリーフィッシュレイク（マカラカル島の塩湖）に生息していた毒をもたないクラゲの個体数が激減するなどといった被害を受けた．それに伴い，パラオ政府は観光地の一つであった同湖への立ち入りを一時的に制限するなどといった緊急の措置を取り，水質環境や生態系の改善をはかった．その他にも，入国する観光客に対する環境税の徴収やロックアイランドへ立ち入る際の入島税の支払いを義務化するなど，環境保護と両立させた観光業のあり方が模索されている．

2017年には，パラオ・プレッジ（Palau Pledge）とよばれる環境保護誓約を導入し，入国前にすべての旅行者に対して署名を義務づけた．このようなパラオ政府による世界初の取り組みは，2018年のカンヌのSDGs部門をはじめとする3部門でグランプリを受賞するなど世界的にも高く評価されている．

●**巨大石貨遺跡**　ミクロネシアのヤップ島とパラオは，西洋との接触が始まる以

前から石貨をめぐって人々が往来した記録が残されている．なかでもロックアインドには両島が交流したとされる島がいくつかあり，ヤップ島の巨大石貨が複数発見されている．

　両島で語り継がれてきた口頭伝承によれば，2人の男が採石のためにヤップ島からパラオにやって来たことから両島の交流が始まったとされる．彼らは2～3回の航海を試みたのち，ようやく現アイライ州を経由して，ロックアイランドのガルミッド島に到着した．ヤップ島の男たちは，パラオの2大首長にヤップ島からもってきたビーズ・マネーを贈った．その贈り物と引き換えに，首長たちは彼らに同群で巨石を採石することを許可したという．

図2　パラオで発見されたヤップ島の巨大石貨
［2019年8月コロール州にて筆者撮影］

　西洋社会と接触する以前は，ロックアイランドで採石された巨石は，伝統的なカヌーに載せてヤップ島まで運ばれていた．重量のある大きな石を積んだカヌーでの航海はたいそう困難であり，しばしば危険を伴うものであった．その証拠に，今でもロックアイランドの海底にはいくつかの巨石が沈んでいるのが観察される．それらの巨石は，重さに耐えられずに航海の途中で海に落とされたものと考えられている．しかし，西洋社会との接触以降は，帆船などのカヌーよりも大きな船を使用するようになったため，巨石の運搬は容易になった．それに伴い，以前よりもさらに大きな石が，ロックアイランドからヤップ島へと運搬されるようになった．

　しかし今日，ヤップ島で最も価値が高いとされる石貨とは，その大小にかかわらず，伝統的なカヌーを用いて困難な航海を経て運ばれたものであるといわれている．　　　　　　　　　　　　　　　　　　　　　　　　　　［紺屋あかり］

参考文献

[1] Nero, K., "Paths to Knowledge: Connecting Experts in Oral Histories and Archeology," In Liston, J. et al. eds., *Pacific Island Heritage: Archaeology, Identity & Community*, Australian National University Press, pp.127-154, 2011.

シドニー・オペラハウス

<hr />

　シドニー・オペラハウスはオーストラリアの代表的な建築の一つであるととも
に，オーストラリアのシンボル的な存在でもある．その名が示すとおり内部は劇
場となっており，オペラ・オーストラリア，シドニー・シアター・カンパニー，
シドニー交響楽団の本拠地となっている．この貝殻やヨットの帆のようなユニー
クなかたちをした建築はシドニー港に突き出した岬であるベネロング・ポイント
に位置し，その建設は 1959 年に着工したものの竣工したのは 1973 年と，長い時
間がかかった．その設計者は，着工当時はまだ無名であったデンマークの建築家
J. ウツソン（1918-2008）であったが，その竣工に至るまでの道筋は紆余曲折が
あった．

●**完成までの長い道のり**　もともとオペラハウスの場所にはシドニー湾を守る
マッコーリー要塞があり，その後要塞の跡地は電車の車庫として用いられてい
た．1954 年，ニューサウスウェールズ州立音楽院の校長であった E. グーセンス
の強い働きかけがあり，州はここにコンサートホールを建てる計画を立てた．そ
して設計のコンペが行われた結果，233 件の応募作の中からウツソンの設計案が
選ばれた．なおウツソンの案は 1 次選考で落選していたが，審査委員だった建築
家 E. サーリネンがその斬新なデザインを気に入り，最終選考に復活させ支持し
たといわれている．

　しかしこの貝殻のような「シェル」とよばれる外壁と屋根を兼ねた構造を，実
際にコンクリートで実現するには困難をきわめた．当初のウツソンのデザインで
は，シェルは放物線を描くようなかたちで描かれていたが，強度的にそれを実現
するのは不可能であった．そこでウツソンは，シェルを同じ半径の球面から切り
出される細い三角形のリブ（肋骨材）の集合体として構成するという案を提案し
た．これによって工事も大幅に容易なものとなり，かつ十分な強度が得られるこ
ととなった．またこれによってシェルのか
たちも先端が尖った鋭角的なデザインと
なった．

　しかし紆余曲折の道は続いた．シェルの
建設と並行しながら内装工事も進められて
きたが，これまでの工事費が当初の予算を
大幅に上回っていることを理由に施主であ
る州政府とウツソンの間の対立が深まり，
最終的に 1966 年にウツソンは設計者の立

図 1　シドニー・オペラハウスの景観
　　［2014 年 8 月筆者撮影］

場を辞任し，デンマークに帰国してしまった．

ウツソン辞任後は他の建築家たちが設計を引き継ぎ，いくつかの設計変更を加えながら工事を進め，ようやく 1973 年にオペラハウスは竣工した．当初の計画では 1963 年に竣工予定であったため，実に 10 年遅れの完成となった．また総工費は 1 億 200 万ドルに達し，当初予定の 700 万ドルの 14 倍以上になった．1973 年 10 月 20 日の柿落としとしてではエリザベス 2 世が来場し，ベートーヴェンの第九が演奏された．

帰国したウツソンはその後，二度とオーストラリアの地を踏むことはなかったが，2003 年にはオペラハウス設計の栄誉を讃えられ，シドニー大学から名誉博士号を授与された．高齢で旅行ができないウツソンに代わり息子が受け取ったが，同時にウツソンに対しオーストラリア勲章やシドニー市の鍵なども授与された．

●近代遺産としてのオペラハウス　完成したオペラハウスはシドニーおよびオーストラリアのシンボルとして親しまれ，2007 年の第 31 回世界遺産委員会（ニュージーランド）において世界文化遺産に登録された．これまでに登録された世界遺産の中では年代的に最も新しいものとなったが，国としての歴史が新しいオーストラリアにおいて，そのシンボルとして認められるかたちになったといえよう．

なお 20 世紀以降の近代建築で世界遺産になったものはいくつかあるが，その中には「リートフェルト設計のシュレーテル邸」（オランダ，2000 年），「建築家ヴィクトール・オルタによる主な邸宅群（ブリュッセル）」（ベルギー，2000 年），「ブルノのツゲンドハット邸」（チェコ，2001 年），「ルイス・バラガン邸と仕事場」（メキシコ，2004 年），「ル・コルビュジエの建築作品―近代建築運動への顕著な貢献」（フランスなど 7 か国，2016 年），「フランク・ロイド・ライトの 20 世紀建築作品群」（アメリカ，2019 年）などが含まれる．

こうした近代建築を文化遺産としてみなしていく動きは，1988 年にドコモモ（International Committee for Documentation and Conservation of Buildings, Sites and Neighbourhoods of the Modern Movement）という国際組織が設立され，近代建築の記録作成と保存に取り組み始めたのが一つの契機となった．その後，1994 年の第 18 回世界遺産委員会（タイ）で「20 世紀建築の価値基準と選定方針」が議論され，世界遺産の対象として近代建築を扱っていく動きが活発化した．オペラハウスの登録もこうした流れに位置づけることができるだろう．

　　　　　　　　　　　　　　　　　　　　　　　　　　　　　　［石村　智］

📖 参考文献
[1] 三上祐三『シドニーオペラハウスの光と影―天才建築家ウツソンの軌跡』彰国社，2001.
[2] Fromonot, F., *Jørn Utzon: The Sydney Opera House*, Phaidon Press, 2002.

トンガリロ国立公園
（ニュージーランド）

　　トンガリロ国立公園は，ニュージーランド北島のほぼ中央部，タウポ湖の南側に位置する，山岳地帯を保護する目的で設定された国立公園である．ルアペフ山（標高 2797 m）や，富士山に似た稜線をもつナウルホエ山（標高 2291 m）などの火山が点在し，トンガリロ山（標高 1967 m）には，エメラルド色に輝く火山湖がある．1984 年にニュージーランド初の国立公園となり，1990 年のユネスコ第 14 回世界遺産委員会（カナダ）においてトンガリロ国立公園は自然遺産として登録された．

●**文化的景観としてのトンガリロ**　トンガリロ国立公園はこうした自然遺産としての価値をもつとともに，文化遺産としての価値も併せもっている．ルアペフ山，ナウルホエ山，トンガリロ山の 3 峰は，先住民マオリの古来の聖地であり，この地域に居住するトゥーファレトアの人々はマオリの祖先が最初にアオテアロア（ニュージーランド）に到達した際の 7 隻のカヌーの一つアラワ号の子孫と伝えられる．伝承によると，トゥーファレトアの祖先で，アラワ号の航海士にして司祭であったナトロイランギはベイ・オブ・プレンティから北島に上陸後，その内陸部を探検し，ロトルアを経てタウポ湖に至った．その南の対岸に位置するトンガリロ山を見上げ，その登頂を企図したが，登頂時に凍死寸前の状況にまで追い込まれた．そのときに，ホワイト島に残っていた 2 人の妹に「火をもってきてくれ」と頼んだ．その声が南風に乗って妹のところまで届き，現在の環太平洋火山帯の山々が噴火し，彼のもとに火が届いた．その結果，彼は一命を取り留めることができた．この伝承より，マオリ語で冷たい南からの風を意味する「トンガ・リロ」が山の名前に付けられたのだという．

　　1887 年に当時この地域のマオリの首長であったテ・ヘウヘウ・トゥキノ 4 世（ホロヌク）が，ニュージーランド政府に土地を寄付したことが，トンガリロ国立公園の成立のはじまりである．こうしたマオリの文化との結びつきが考慮され，1993 年の第 17 回世界遺産委員会（コロンビア）においてあらためて，自然遺産と文化遺産の両方の価値をもった複合遺産として登録された．あわせて，1992 年に新たに設けられた「文化的景観」のカテゴリーの初の適用を受けることとなった．そしてこのことは，1990 年代に高まってきた世界遺産条約の運用の見直しの流れにおいて画期的な出来事となった．

　　1990 年代になると，世界遺産条約の運用が始まって 20 年ほどが経ち，締約国の数も増え，世界遺産一覧表への登録物件の数も充実してきた．しかし一方で，特にアジアやアフリカの発展途上国の中からその運用に対する不満も表明される

ようになってきた．その理由の一つとして，一覧表に登録される文化遺産が，古代文明の遺跡や，ヨーロッパの大聖堂などの歴史的建造物などに集中する傾向がみられ，ヨーロッパ中心主義に基づいた「優品主義」に陥っているのではないか，というものがあった．一方でアジアやアフリカには，それぞれの地域の歴史や文化に根ざした多様な文化遺産が存

図1　トンガリロ山の景観 [2020年2月筆者撮影]

在しているにもかかわらず，世界遺産一覧表の中には十分に反映されていないのではないか，という批判もなされた．

　それを受けて1992年の第16回世界遺産委員会（アメリカ）で文化遺産の新しいカテゴリーとして「文化的景観」が設けられ，「世界遺産条約履行のための作業指針（Operational Guidelines）」に付け加えられることが決議された．文化的景観は「人間を取り巻く自然環境からの制約や恩恵または継続する内外の社会的・経済的・文化的な営みの影響の下に，時間を越えて築かれた人間の社会と居住の進化の例証である」と定義されている．

●トンガリロが世界に及ぼした影響　トンガリロ国立公園の後に続いて文化的景観のカテゴリーで登録された文化遺産としては，「フィリピン・コルディリェーラの棚田群」（フィリピン，1995年），「紀伊山地の霊場と参詣道」（日本，2004年），「首長ロイ・マタの地」（バヌアツ，2008年）などがあげられる．いずれも，地域の人々の生業や宗教，口承伝承といった無形の要素に結びついた遺産であることがわかる．文化的景観のカテゴリーは，これまでの世界文化遺産の地域的なかたよりを是正するうえで一定の役割を果たしている．

　この文化的景観のカテゴリーの導入と軌を一にして，国際社会は世界遺産条約の運用において文化の多様性や地域のコミュニティの参画を重視していこうという方向に転換していった．また世界遺産条約と並んで，無形の文化遺産を保護するための取り組みも進められ，2003年にはユネスコの「無形文化遺産の保護に関する条約（無形文化遺産保護条約）」が制定された．

　このようにトンガリロ国立公園は，国際社会における文化遺産保護の新しい流れが始まるきっかけとなった存在でもあるのだ．　　　　　　　　　　[石村　智]

📖 参考文献

[1]　White, M.「ニュージーランド　トンガリロ国立公園」『ナショナルジオグラフィック日本版』2009年7月号：116-129，2009．
[2]　石村　智「オセアニアの世界文化遺産」秋道智彌・印東道子編著『ヒトはなぜ海を越えたのか　―オセアニア考古学の挑戦』雄山閣，pp.219-229，2020．

首長ロイ・マタの地
（バヌアツ）

「首長ロイ・マタの地」は，1600 年頃存在したとされる伝説の首長ロイ・マタに関わる遺跡群であり文化的景観である．バヌアツ共和国の首都があるエファテ島北西部に位置する．2008 年にユネスコの世界文化遺産に登録された．パプアニューギニアの「クックの初期農耕遺跡」とともに，太平洋の独立した島嶼国から登録された初の文化遺産事例である．

●**首長ロイ・マタの伝説と関連遺跡群**　ロイ・マタはカヌーに乗って来訪し，エファテ本島各地および周辺の島々に平和をもたらした大首長であり，首長制度をはじめ母系の親族制度や祭宴，土地所有制度などさまざまな社会規範を定めたとされる．「ロイ・マタ」とは首長の称号で，カヌーで来訪したのは初代，アルトック（レトカ）島に埋葬されたのは最後のロイ・マタである．彼の死後，その称号を含め関連する場所は禁忌となり，その功績は伝承として語り継がれながら，地域の社会的基盤を構成している．

世界遺産を構成するのは，エファテ本島マンガリリウ村近辺に位置するロイ・マタの居住地マンガアシ，ロイ・マタが死んだ場所とされるレレパ島のフェルス洞窟，そして彼が埋葬されたアルトック島の 3 遺跡である．フランス人考古学者 J. ガランジェが 1960 年代半ばにロイ・マタの伝承に基づき発掘調査を実施しており，口頭伝承が考古学的調査によって裏付けられた事例でもある．マンガアシはロイ・マタの居住地跡で，サンゴ礁を用いた石畳などの痕跡が各所に残る．砂浜には現在でもレレパ島との往来に利用されている上陸地点があり，ロイ・マタが植えたという大きなテリハボクが木陰をつくり，禁忌はないものの神聖な場所とされる．ダンスグラウンド（広場）にはかつては割れ目太鼓が立ち並び，バンヤンの巨木には今日でもロイ・マタの霊力が宿るという．フェルス洞窟はロイ・マタの死地で，レレパ島での祭宴に招かれた後，体調が悪化したため，この洞窟に運ばれて息を引き取ったという．初代ロイ・マタが居住したとの伝承もある．内壁には鳥，魚，人物などのモチーフや幾何学文様の描画，球状の彫り込み列や線刻，赤色顔料による描画や手型のステンシルなどの壁画がある．描画に用いた炭の年代は 1600 年頃で，ロイ・マタの時代と重なる．現在でもロイ・マタや精霊の力が残るとして，訪れることをためらう地域住民も多い．

ロイ・マタは死後，アルトック島に埋葬された．その埋葬に伴い，50 人以上の人々が生きたまま埋められたといわれ，ロイ・マタの墓（図 1）を中心に行われた発掘調査は，その集団埋葬の状況を明らかにした．AMS 法により埋葬年代が再測定され，16〜17 世紀頃であったことが判明している．彼の埋葬後，アルトック

は神聖な島となり，現在でも活動が禁じられている．

　マンガアシもアルトックの埋葬遺跡も可視的な遺構は控えめであるため，現地ガイドの説明や事前の知識なくしては，その価値を理解することは難しいだろう．ロイ・マタの記憶は断片的な遺構や遺物，巨木などを拠り所に伝承として語り継がれ，さまざまな禁忌を通して文化的景観として維持されているのである．

● 「首長ロイ・マタの地」と地域コミュニティの役割　「首長ロイ・マタの地」の世界遺産登録の背景には，太平洋地域を代表する世界遺産がきわめて限られていた状況がある．2003 年からのパシフィック 2009 プログラムにより，太平洋地域に

図1　ロイ・マタの墓を訪れる首長たち［T. Miller 提供］

おける条約推進のための行動計画が具体化し，暫定リストの作成が進み，2002 年に世界遺産条約を批准したバヌアツは，2004 年には暫定リストを提出し，初の世界遺産登録に向けて動き始めた．

　「首長ロイ・マタの地」の登録を優先した理由はいくつかあるが，最も重要だったのは，当時エファテ島で進行していた海岸部の土地の借地契約と開発に対する懸念だった．2000 年代半ばにマンガアシやアルトック島が海外の複数のリアリティ番組の舞台となったことで海外投資家の注目が集まり，土地開発がさらに加速することが危惧されていたのだ．このロイ・マタの地の世界遺産推進プロジェクトは，借地契約に替わる，地域の歴史文化を基盤とした持続的な開発のあり方を提示するものであった．

　本世界遺産の管理や運営において政府からの支援は限られており，実質的にはマンガリリウおよびレレパ島を中心とする地域住民が主体となり，観光ツアーやガイドの育成を行っている．本遺産を構成する無形の要素として，地域住民が語り継ぐ記憶や物語が重要であることはいうまでもないが，「首長ロイ・マタの地」は地域コミュニティ主体の世界遺産マネジメントの代表的な事例ともいえるだろう．　　　　　　　　　　　　　　　　　　　　　　　　　　　　　　［野嶋洋子］

📖 参考文献

[1] Wilson, M. et al., "Chief Roi Mata's Domain: Challenges Facing a World Heritage-Nominated Property in Vanuatu," A paper presented to the session on "Cultural Heritage Management in the Pacific," ICOMOS 2007, Cairns, 21 July 2007.

[2] Wilson, M. et al., "Chief Roi Mata's Domain: Challenges for a World Heritage Property in Vanuatu," *Historic Environment*, 23(2): 5-11, 2011.

ナンマトル
(ミクロネシア連邦)

　ミクロネシアには，マリアナ諸島の高床建造物を支えるラッテストーン，ヤップ島の世界最大で最重量の貨幣であるストーン・マネー（石貨），パラオの石柱列のストーン・モノリスなどいろいろな巨石記念物や建造物が残されている．ここでは，2016 年に世界遺産（文化遺産）に登録されたミクロネシア連邦のポーンペイ島に築かれた巨石建造物の複合遺跡で，かつて「太平洋のヴェニス」とよばれた政治と宗教のセンターであったナンマトル遺跡を紹介したい．

●遺跡の概要　ナンマトル遺跡は，東ミクロネシアのポーンペイ島の南東海岸に位置するチェムェン島麓の潮間帯に築かれている．約 1.5×0.7 km の範囲に建設された 170〜1 万 4000 m^2 の面積をもつ，およそ 100 の人工島の総称である．周囲を石垣状に玄武岩の巨礫と柱状玄武岩で囲まれた人工島は，サンゴや土を 1〜2 m の高さに積み上げ，その上に住居や墓や祭祀場などが築かれている．ナンマトル遺跡全体で，推算合計重量約 75 万トンで体積 30 万 m^3 もの玄武岩が使用されている．大きいものでは数十トンもある玄武岩の巨礫の入手先は後背地のチェムェン島だが，柱状玄武岩はポーンペイ島各地の複数の採石場から運び込まれている．サンゴ塊はナンマトル遺跡前の礁原だけでなく，4 km 北のメチップ地域でも採掘されたことが口頭伝承で伝えられている．建設に投入された動員数や労働量と建設技術の高さには驚かされる．環境破壊ともいえる地形を改変しながらの大建設事業だった．

　西洋との接触以前には文字はなく，口頭伝承が各人工島の名称や機能や用途を伝えてきた．伝承によると，ナンマトルは西方から渡来したオロショーパとオロシーパという兄弟が建設し，前者がポーンペイ全島を支配したシャウテレウル王朝の初代の王に就任したという．広大なナンマトルは中央を境に司祭者の居住と葬送儀礼に関わる北東部の上マトルと，王族の居住と儀式が行われた南西部の下マトルに分かれている．

　代表的な人工島をいくつか概観してみよう．上マトルの東端に築かれた 60×80 m のナントワス島は，王たちの埋葬と精霊への祈りの儀式が行われた人工島である．高さ 2 m の人工島の上に柱状玄武岩を井桁状に積み上げた 6 m の二重周壁に囲まれ（図 1），3 基の墓のうち中央の半地下式の石室が王たちの墓である．人工島で

図 1　王墓のあるナントワス島外壁
　　［2014 年 8 月筆者撮影，X-DiPLAS
　　提供］

唯一東西南北軸に沿って建設されており，季節による太陽の位置と星や星座との関連性が注目されている．伝承によると，東側のナーカップ湾の海底にはカーニムェイショという死者の魂と精霊が安らぐ聖なる海底都市があり，それがこの地にナンマトルを建設した理由であった．墓の多くが外洋側の人工島に築かれているのは，やはり海底に死者の霊が宿る世界があるという信仰からだろうか．

　一方，下マトルでは全島を治めた王の居住地で，宗教と政治のセンターであったパーンケティラ島をあげることができる．ここには，神殿と伝わる大型建造物や王宮など複数の建造物が築かれている．また，近接のイテート島は王朝の重要な儀式を司った島である．島の南角にあるマウンドは調理場の跡でカメを料理し，神格化されたウツボに献げられたと伝えられている．ちなみに，伝承によると王朝は東方からやってきたイショケレケルという若者によって征服されたという．

●**考古学研究の成果**　西洋との接触は1595年のスペイン航海士 P. キロスによるポーンペイ島発見に始まり，その後のスペイン，ドイツ，日本，アメリカの統治に伴い，各国の来訪者が紀行文や民族誌や研究論文を残してきた．近代的な考古学研究は，アメリカの太平洋諸島信託統治領下の1963年のスミソニアン研究所によるイテート島の炭素測定年代の発表に始まる．70年代後半以降にアメリカの文化財保護行政の一環で，ナンマトルを中心に島内各地の遺跡調査が急速に進展し，80〜90年代にそのピークを迎え現在に至るナンマトル研究の礎となった．

　2010年以降は新しい技術や科学分析の導入と，世界遺産登録および「危機遺産」からの脱却に向けた調査を背景に，ナンマトル研究に弾みがついた．例えば，蛍光X線元素分析法により遺跡の玄武岩の種類と採石場が特定された．また，GPS（全地球測位システム）を活用した正確な遺跡平面図が作成された意義は大きい．18年にアメリカのCSRM財団（Cultural Site Research and Management Foundation）は，レーザーを透過し地中の遺構を確認するLiDARによるチェムェン島の調査を実施し，島の全域に縦横無尽に張り巡らされた畑地灌漑遺構を検出した．考古学的には先史時代の農耕について不明であったため，王朝を支えた経済基盤を理解するうえで重要な資料となった．また従来の放射性炭素年代測定に加え，遺構の構築に使われたサンゴ塊のウラン-トリウム年代測定の活用は，より正確な遺跡の築造年代と政治的発展との関係の理解を可能にしつつある．それらの年代測定値を総合的にみて，(1)チェムェン島には約2000年前に人の居住開始，(2)紀元500年に人工島の建設開始，(3)930〜1055年にシャウテレウル王朝誕生，(4)1180年頃から王朝の繁栄，(5)1400年代前半には人工島の建設が停止されその後の王朝衰退を示唆する，というシナリオを描くことができよう．　　　［片岡 修］

📖 **参考文献**

[1] 片岡 修「遺跡から見た海洋資源の利用―ポーンペイ島ナン・マドール遺跡の場合」印東道子編著『環境と資源利用の人類学―西太平洋諸島の生活と文化』明石書店，pp.197-217，2006.

ビキニ環礁核実験場
（マーシャル諸島）

　ビキニ環礁は，北緯4〜14°，東経160〜173°に広がるマーシャル諸島共和国の北西部に位置する．第2次世界大戦後マーシャル諸島を軍事支配したアメリカは，著名な科学者や国連大使を招いて，ショーのように核実験を実施し，1958年までの12年間に23回の核実験を実施した．のちに核実験場として指定されるエヌエタック環礁と合わせると67回にのぼる．これらの核実験の現地社会への影響は，環境や人体への放射能の影響にとどまらず，故郷の喪失，それに伴う伝統文化の喪失，核実験補償金による悪影響や，補償金流入によるライフスタイルの変化による生活習慣病の蔓延など，現在に至るまで，マーシャル諸島社会への影響ははかり知れない．また女性の水着が，ビキニ環礁にちなんで命名され，ゴジラというキャラクターをも生み出すなどオセアニア外への文化的影響もみられる．

●**核実験前のビキニ環礁**　核実験場となる前，ビキニ環礁には人が住んでいた．環礁とは，サンゴ礁が真珠のネックレスのように環状に連なり，その内側に深さ数十mの浅い海（内海）が広がっている地形である．環状になったサンゴ礁が水面から出ている部分が島になっている．外洋からサンゴ礁で遮られた内海は，10〜3月の海の荒れる時期でも，比較的穏やかで漁撈活動を行うことができる．沿岸は，貝やタコ，エビなどの棲家となった．もしも，内海のない小さな独立島であったならば，1年を通じた生活は成り立たないであろう．私たち先進国の人からみれば，どうしてこのような小さな島に住んでいるのだろう，と考えるが，実はこの小ささと隔絶性は外敵から身を守ることにつながる．近隣の島々とは，カヌーで交易，および相互扶助の関係を築いてもいた．「環礁」という地形は，マーシャル諸島の人々にとり，恵みをもたらす地形であった．

●**核実験の歴史的経緯**　第2次世界大戦後，アメリカの軍事支配下におかれていたマーシャル諸島のビキニ環礁は，1945年12月に，H.トルーマン大統領の宣言によって，ビキニ環礁が核実験場となった．1946年3月，B.ワイヤット准将は，「人類のため」および「戦争終結のため」という言葉を用いてビキニ環礁で核実験を行うことを住民に伝え一時的な移住を要請し，ビキニ環礁の首長であるキング・ジューダが承諾した．ビキニ環礁住民167人は230km離れたロンゲリック環礁に移住したが，2か月後から食糧不足に陥った．こうした中1946年7月1日に，国連代表，報道関係者，科学者などを招待して，最初の原爆実験「エイブル」が行われた．21キロトン級で，広島と同じ規模である．内海にはドイツ，日本，アメリカの戦艦や軍艦が配置され，爆発の破壊力を調べた．その際，太平洋の只中で実施すれば，船は海洋深くに沈んでしまい，破壊の様子を確かめることができない．環

礁は，数十 m の深さしかないため，容易に観察できるのである．核実験実施に対する批判が起こったが，1947 年，アメリカによる国連信託統治領太平洋諸島「戦略地区」となり，アメリカの核実験が国際法の観点から合法となった．1954 年 3 月 1 日に実施されたビキニ環礁で行われた水爆実験「ブラボー」は広島原爆の 1000 倍の威力をもち，五つの島が消滅するとともに，マーシャル諸島北部環礁を中心に全土に死の灰が降った．放射能による環境汚染および人的被害は甚大で，マーシャル人のみならず，31 人のアメリカ人も被害を受けた．

図1　水着「ビキニ」の由来となった第 1 回目の核実験エイブルの空中写真［出典：National Archives and Records Administration］

●**核実験後のビキニ環礁**　核実験終了後も放射線の影響は続いた．その影響は，アメリカのローレンスリバモア国立研究所，ブルックヘブン国立研究所などによる多くの研究がある．ビキニで実施された水爆の影響は甚大で，1966〜69 年には，ビキニの東方約 200 km に位置するロンゲラップ環礁の被爆者から 19 人の甲状腺がんが発見された．1972 年には，放射能除染作業終了後，避難生活を送っていた 3 家族が，作業員 50 人とともにビキニ環礁に帰還した．しかし，1978 年には，住民の体内から基準値を超える放射性セシウムが検出され，ビキニ環礁再閉鎖となった．現在，ビキニ環礁の人々は，首都のマジュロ環礁を構成するエジッチ島，およびキリ島に分散居住している．放射線の影響により居住不可能な北部地域の利用方法として，1988 年には，A. カブア（マーシャル諸島初代大統領）が高レベル核廃棄物貯蔵施設の建設を提案したが，地域住民や周辺諸国の反対を受け断念した．1996 には，ビキニ環礁自治体が，核実験による沈没船ダイビングツアーを開始したが，現在では十分な利益が得られたとして行われていない．

　2010 年 7 月，マーシャル諸島ビキニ環礁は，「核時代の幕開けとその明確な痕跡をとどめる」として，ユネスコ（国連教育文化機関）の世界遺産に登録された．広島の原爆ドームやポーランドのナチスドイツの強制絶滅収容所などと同様の負の遺産であるが，ビキニ環礁は，現在でも放射線量の高さから居住者はおらず，他の観光地化された世界遺産とは異なり，現地に行くことはできない．

［中原聖乃］

📖 **参考文献**
[1]　島田興生『還らざる楽園—ビキニ被曝 40 年 核に蝕まれて』小学館，1994.
[2]　豊崎博光『マーシャル諸島 核の世紀—1914-2004』上・下，日本図書センター，2005.

タプタプアテア
（フランス領ポリネシア）

◇◇

　タプタプアテアは，ユネスコ世界遺産（文化遺産）に正式登録（2017 年）されたポリネシア・トライアングルで最大の宗教祭祀文化遺跡である．フランス領ポリネシアのライアテア島のオポア地区とホトプウ地区にまたがる広域なエリア内には，古代東ポリネシアの島々の人々が祭祀を執り行った重要なマラエ（祭祀場），神聖と崇めた山や，参拝にやってくるカヌーが通過する環礁の聖なる水路まで，広域な環境や文化が含まれた，有形・無形の要素を複合した遺跡である．

　フランス領ポリネシアの中のソサエティ諸島に位置するライアテア島は同じ環礁内にタハア島と双子の島のようにある．ライアテア島は，かつてのタヒチではハヴァイ（*Havai*）とよばれ，ポリネシア人にとっては原郷（ハワイキともよばれている）を意味する場所という伝承が語り継がれている．

　タプタプアテアは 14 世紀くらいから存在したが，16〜17 世紀タマトア 1 世の統治により「戦の神オロ」を主神とした宗教観が強化された．その宗教観を布教するために芸能が編み出され，芸能集団は島々へと航り伝播していった．今日ポリシアンダンスとよばれる踊りの原型もその時代につくられたようだ．各島々のアリイ（首長）たちは汎国家的マラエであるタプタプアテアにカヌーで詣で，芸能や生贄を奉納し，権力や政治力の強化をオロ神に祈念した．

　重要な儀式などの際には，ニュージーランド，クック諸島，トンガ，ルルツ島（オーストラル諸島）などからも使節が訪れ，逆に他の島での重要な儀式の時にはタプタプアテアから神官が訪れたという．

　タプタプアテアの参拝に到着したアリイ一行のカヌーを迎えるため芸能をはじめ，人身供犠も行われていた記述が J. クック 3 回目の航海日誌（1776〜80 年）にも描かれている．考古学発掘の際も人骨が多く出土したという．

●**考古学的調査**　タプタプアテアの最初の考古学的なアプローチは 1963 年，ハワイのビショップ博物館の篠遠喜彦（1924-2017），K. P. エモリー（1897-1992）らによる研究プロジェクトとして始まった．篠遠はポリネシア語を話し，地元の人からの聞き取りを重ねつつフランス領ポリネシアの島々でマラエの調査研究に力を注ぎ，発掘と復元を多く手がけた．

　長く植民地統治下であったポリネシアの島々では，みずからの文化の拠り所であるマラエが復元されたことは重大なことであった．マラエの復元は，ルネサンス運動の大きな推進力となったことは明らかだ．

　その動きにより，タプタプアテアの存在意義も次第に大きくなり，フランス政府も考古学調査と復元を 1980 年より開始した．しかし，篠遠はタプタプアテア

の中のマラエ・ハウヴィリのフランスの石塀復元に関しては，1920 年代にエモリーが発見した時点では石塀があった面影はないとの報告であり，発見された時点の最終状態にとどめるべきとの意見を貫いた.

　1995 年筆者は篠遠の案内でタプタプアテアに赴いた.「石畳のマラエがある場所がテ・ポ（*te po*），つまり神や死の闇の世界，何もない草むら側をテ・アウ（*te au*）という. それは昼や現実的なすべての世界を意味する. 聖と俗のような対になる世界感が交差する場所がタプタプアテアなのである」と解説を受けた. さらに，「マラエ・ハウヴィリに関しては周りには石塀が復元されているがそれはありえない」と，篠遠は語った. マラエの建造に使われている敷石は玄武岩，アフに使われているのは玄武岩とサンゴである.

図1　マラエ・タプタプアテアの南西角には石像がある［1998 年筆者撮影］

図2　マラエ・ハウヴィリには本来石垣や入口は存在しないはずである，という意見を篠遠は貫いている［2019 年 9 月筆者撮影］

●**タプタプアテアの祭祀**　タプタプアテアの祭祀場は信仰の核になる場所として機能していた. 人々はマラエにあるアフとよばれる霊石をカヌーに乗せ島々に運び伝播したと伝えられ，タプタプアテアという名前のマラエは，クック諸島やハワイ，ニュージーランドなどにも存在している. 首長の叙任にもアフは必須でマラエに立ち並ぶアフを後ろ盾に会議や儀礼が執り行われた.

　ポリネシアの移動拡散伝承の中に足を八つの方向に広げたタコの神話がある. 中央のタコの頭の部分はハヴァイとよばれ，ハヴァイは，ポリネシア人にとってマナとともに重要な概念で，魂が帰還する「原郷」という意味がある. ライアテア島の古い呼び名はハヴァイであり，そこからタプタプアテアが宗教センターであったことが推察される.

　クック諸島のカヌークルーの話では，カヌーがタプタプアテアに到着し，聖なるパッセージ「テ・アヴァ・モア」を通過するとき，イルカが水先案内人として現れ，次に山には虹がかかり，虹を伝ってオロ神が降りてくるという. 現実にそのような光景が現れたという話も 1996 年に復元航海がなされたときに聞いた.

［飯田裕子］

ラパ・ヌイ国立公園
（イースター島）

〜〜〜〜〜〜〜〜〜〜〜〜〜〜〜〜〜〜〜〜〜〜〜〜〜〜〜〜〜〜〜〜〜

　ラパ・ヌイ（Rapa Nui）は南太平洋のイースター島の現地名である．現在はチリ領の国立公園で，その名は巨石像モアイとともに広く知られるが，その歴史については今も謎が多い．ポリネシア文化に属し，他地域とは一線を画した特異な発展をみせたが，数奇な運命によって衰退し，現在は著名な観光地となっている．

●**地理と環境**　太平洋南東部に位置し，タヒチから約 4000 km，南米西岸より約 3500 km 離れた面積約 163 km^2 の絶海の孤島である．標高 500 m のテレヴァカ山を中心に三つの火山からなり，三角形を呈する．なだらかな起伏に覆われ，西岸を中心に溶岩洞窟や岩陰がみられる．亜熱帯に属し，平均気温は 24℃ほどであるが，常に南東から強い風が吹くため体感温度が低い．降水量は年間 1400 mm ほどで，冬季の 5〜6 月の雨季は特に寒い．海水温が低いためサンゴ礁がなく，外洋の荒波が岸を洗う．沿岸部は溶岩の荒磯で，小さな砂浜が 2 か所ある．二つのカルデラ湖と洞窟内の湧水池がいくつかあって淡水が得られるが，河川はない．土壌の堆積が薄く風が強いため樹木があまり育たず，全島が溶岩と草に覆われた寒々しい景観を呈している．

●**歴史**　太平洋各地を開拓したポリネシア人の一団が，8〜10 世紀までにはラパ・ヌイに到来した．花粉分析によるとかつては大型のヤシなどの樹木に覆われていたとされるが，気温が低く風が強いため，熱帯域の島ほど豊かな植生に恵まれていたとは思われない．生業はサツマイモやタロイモ，バナナなどの耕作と漁撈の他，ニワトリを家畜とした．希少な資源と水を確保し，強風と寒さに適応するため，舟形住居や石垣菜園，小型の石囲い炉など他の島にみられない特異な生活施設が開発された．15 世紀までには人口が 1 万人を超えたと推定される．

　ポリネシア伝統の祖先崇拝に基づく宗教と階層社会をもち，他界した首長の石像（*moai*）を乗せた祭壇（*ahu*）を海岸沿いの集落ごとに築いたが，12 世紀以降，人口の増加に伴って石像が様式化，大型化し，競争するように量産された．モアイには眼があり，儀礼の際にはめ込むことで祖霊を蘇らせた．モアイは少なくとも 887 体が確認されており，平均で高さ約 4 m，完成した最大のものは高さ 11 m，推定重量 80 トンに及ぶ．未完成の高さ 21 m の例もある．製作・建立方法はほぼ解明されているが，運搬方法には諸説がある．丸太のソリに乗せて牽いた可能性が高いが，「モアイはみずから歩いた」という伝承があり，石像に命を吹き込む儀礼として，一部の区間を立てたまま歩くように運搬した可能性がある．モアイの製作過程で多くの木材や樹皮製のロープが消費されたことは確かである．

　もともと資源の少ない閉鎖環境であり，世界的に寒冷化した 15〜16 世紀には

食料危機を迎えたとみられ，モアイづくりは急に中止され，内乱の時代に突入する．闘争の結果，敗村のモアイはうつ伏せに倒され，王を頂点とした階級組織は崩壊し，戦士階級が台頭する．島の統率者は1年任期となり，オロンゴ岬で毎年9月に開催される「鳥人儀礼」という苛酷な卵取りレースによって選出された．

1722年にオランダのJ. ロッヘフェーン率いる艦隊が西洋人としてはじめて来島し，その日が復活祭であったことからイースター島と名付けられた．その後J. クックをはじめ，西洋から多くの来訪者があったが，1862年にペルーが大規模な奴隷狩りを行い，各国の非難を受けて生き残った島民を返還したものの，その際に天然痘を持ち込んだため人口が激減した．この時点で王族や神官などの知識階級が全滅し，伝統文化に関する情報はほぼ失われた．1888年にチリ領となり現在に至るが，内乱以来，島民にとって悲惨な歴史が繰り返されてきた．

文字のないポリネシアにあって唯一コハウ・ロンゴロンゴという記号列を刻んだ板が少数知られるが，未解読であり，文字ではないとする説もある．

●**考古学**　1955年にノルウェーの冒険家T. ヘイエルダールがポリネシア人の南米起源説をとなえ，それを証明するために大規模な考古学調査を行った．調査メンバーであったW. マロイはその後も単独で調査を繰り返し，ラパ・ヌイは島全体が博物館であるとする「野外博物館構想」を唱え，1960年以降，発掘調査だけでなく祭壇やモアイの復元を積極的に進めた．遺跡復元によって島民が民族の誇りを取り戻し，また

図1　1960年にW. マロイによって復元されたアフ・アキヴィの祭壇とモアイ［1988年4月筆者撮影］

それが観光資源として島民に経済的な恩恵をもたらすと考えたのである．

この構想は後の研究者たちに受け継がれ，今日祭壇に立つモアイや遺構群は一部を除き，内外の考古学者によって復元されたものであり，マロイの予想どおり，世界から観光客を引き寄せる主要な資源となっている．1995年に世界遺産登録され，現在は観光客が年間4万人も訪れるが，ごみ問題が深刻化している．

ラパ・ヌイは盲目的な環境破壊による文化崩壊の例として語られることが多いが，実際には過酷な環境にみごとに適応し，モアイ製作というきわめて困難な作業を成し遂げた「文化の成功例」である．文化崩壊は島という限られた資源環境の宿命であり，今日すべての人類が地球レベルで直面している問題でもある．　［林 徹］

📖 **参考文献**
[1] 林 徹他「イースター島の謎にいどむ」『Newton』1999年3月号，1999.
[2] 林 徹「篠遠考古学における遺跡の復元と保存」『季刊民族学』43(3)：66-75，2019.

レブカ歴史的港町
（フィジー）

〰〰〰〰〰〰〰〰〰〰〰〰〰〰〰〰〰〰〰〰〰〰〰〰〰〰〰〰〰〰〰〰〰〰〰〰〰〰

　南太平洋にはかつて「海に浮かぶラム酒のボトルをたどっていけば見つかる」といわれる町があった．それがレブカだ．荒くれ者の船乗りたちの賑わいとともに形成されたこの町は，2013年に，「レブカ歴史的港町」としてフィジーで初めてユネスコ世界遺産に登録された．19世紀後半〜20世紀前半にかけて建設された，コロニアル建築の町並みの価値が認められたのである．

●**世界遺産としての価値**　レブカは，欧米列強による植民地獲得争いの最盛期である19世紀後半という時代性と，オセアニア地域にあるという地域性，そして，この時代における文化交流の証としてのコロニアル建築が群として残存しているという希少性が認められて世界遺産に登録された．特に，先住民と欧米諸国が交流を開始し，町が形成され，首都として整備される発展段階の様子を現在の地割りや建築に読み取ることができる点が評価された．

●**レブカの地理**　レブカは，オバラウ島という名の，東西約10km，南北約13kmという小さな火山島の東岸に位置し，町の背後には急峻な外輪山がそびえる．島全体がサンゴ礁で囲われているため波が穏やかな状態であると同時に，外輪山の東斜面から流れ出る淡水が座礁の原因にもなり得るサンゴの育成を阻害したことで，レブカの海岸付近のみ水深が深くなった．これらの条件が天然の良港を形成し，港町レブカの地理的な基盤となったのである．

●**港町レブカの黎明**　欧米人との交流が始まる以前のレブカには先住フィジー人が住む集落があり，「ブレ」とよばれる草葺きの家屋が点在していた．1800年代の白檀貿易を端緒に欧米諸国との交易が始まり，その後も捕鯨船などの貿易船が継続して訪れた．1850年代には，キリスト教の布教が進み，カトリック教会やメソジスト教会，また宣教師たちの住宅などの西洋風建築が建てられた．1860年代には，コンクリート造の鐘楼をもつ木造平屋建のカトリック教会建築が海岸通りの中心地に建てられ，現在でも都市景観のランドマークとなっている．

●**貿易都市としての急成長**　1860年代末頃から，フィジーは，フィジー・ラッシュとよばれる綿花貿易による急成長期を迎える．この時期，レブカの町では，入植して商売をはじめる者や貿易船の停泊時に寝泊まりする船乗りたちが急増して建設ラッシュが起こった．海岸沿いには，1階ないし2階建ての間口の狭い切妻造で，前面にベランダとさまざまなかたちのパラペットを有する店舗やホテルが立ち並び，さらにそれらの建物の後背には従業員の住宅などが隙間なく増築された．一方で，眺めと風通しのよい丘の上には，庭を有する広い敷地に，寄棟造で平屋建ての母屋の周囲にベランダをめぐらせた貿易商などの邸宅が建てられ

た．これらの木造建築群の壁は下見板張りで，ベランダや深い軒を設けることで，南国の強い陽差しや雨風から住環境と建物を保護する造りになっている．このようにして町は急速に発展したが，統治者不在のときで，道や水路などの都市基盤施設が計画的に整備されることなく無秩序な開発が進んだ．現在もこの時期の地割りが継承されており，海沿いに短冊状に並ぶ敷地はどれも不整形で，幅，奥行きともそろっておらず，計画に基づくものでないことを示している．こうした，急速な発展と個別の交渉による

図1　ベランダと深い軒が特徴的なレブカの町並み〔2019年6月フィジー・オバラウ島・レブカにて筆者撮影〕

土地獲得の証拠を示す空間と景観がレブカの個性となっている．

●**首都としての都市基盤の整備とその後の発展**　1874年に，フィジーはイギリスに譲渡され，イギリス領となった．譲渡式はレブカにて開催され，レブカは初の首都になる．首都となったレブカには，行政府や学校などの公共建築が建設された他，道や橋，水路が整備され，都市基盤施設が整っていった．コンクリート造のホール，木造平屋建ての警察署や裁判所などの多くの公共建築は，海岸通りと丘陵地の間の平地に建てられた．1882年に，土地の狭さから首都は現在の首都スヴァに移される．しかしその後も，レブカはヤシの果実を原料とするコプラの貿易で栄え，港町として倉庫やトロッコ線路などが整備された．建築に適さなかった後背湿地はクリケットやラグビーなどのスポーツグラウンドとして使用されるようになり，良妓な公園緑地を形成している．このようにして，コプラ貿易が終焉を迎える1940年代まで町は発展を続け，当時の景観が現在まで継承される．

●**多様な住民たち**　現在のレブカでは，こうしたレブカの歴史をなぞるように，多種多様な文化的背景を有する人々が，それぞれの文化を継承しながら歴史的建築物を住みこなしている．先住フィジー人と欧米人だけでなく，フィジー・ラッシュ期に綿花プランテーションで働くために契約労働者としてやって来たインド人，オセアニアにおける奴隷貿易という暗い歴史を通じて連れてこられたソロモン諸島やバヌアツの人々，商業の機をみて移り住んできた中国人などの移民の子孫たちがフィジー人として暮らしている．こうした多様な人々の暮らしと歴史的な建築物が一体となった様子が，世界遺産「レブカ歴史的港町」の魅力である．

〔八百板季穂〕

📖 **参考文献**

[1] Ralston, C., *Grass Huts and Warehouses: Pacific Beach Communities of the Nineteenth Century*, Australian National University Press, 1977.
[2] ホーム，R.『植え付けられた都市―英国植民都市の形成』布野修司・安藤正雄監訳，京都大学学術出版会．2001.

ハワイ火山国立公園
（ハワイ）

ハワイ諸島は太平洋プレートに空いたホットスポットからの度重なる海底噴火によって形成された．プレートの移動によってホットスポットが北西から南東方向に移動したため，島の形成年代は同じく北西から南東方向に連続する結果となり，最南端のハワイ島が最も新しい．ここにある活火山がキラウエアである．

●ハワイの火山　ハワイ諸島自体は 1500 km も続く長い列島である．しかしポリネシア系ハワイ先住民によって居住されているのは，南にある 11 の島である．その中でも五つの大きな島はカウアイ島（形成年代は 510 万年前），オアフ島（370 万年前），モロカイ島（190 万年前），マウイ島（130 万年前），そしてハワイ島である．ハワイ島が最初に形成されたのは 43 万年前であるが，現在でも火山活動が続くため地形が変化して，今でも形成されている島なのである．

ハワイ島は 4000 m 級の二つの山，マウナ・ケア（＝白い山）とマウナ・ロア（＝長い山）の噴火によって形成された．ちなみに日本の国立天文台ハワイ観測所（通称すばる天文台）があるのはマウナ・ケアであり，キラウエア火山はマウナ・ロア山の南東部に位置する活火山である．

文字記録の中でハワイの火山について最も早い記録はイギリスの G. バンクーバー艦長に伴ってハワイに来た博物学者 A. メンジーズの 1794 年の記録（*Hawaii Nei 128 Years Ago*）であろう．そして噴火の記録となるとイギリスの宣教師でハワイ文化について貴重な記録（*Polynesian Researches*）を残した W. エリスであろう．1823 年，彼はキラウエア火山の噴火口まで行って観察している．

1824 年，ハワイ王国国王カラーカウアの王妃カピオラニ女王は，1820 年に公的に導入されていたキリスト教の優位性を示すために，みずからキラウエアの噴火口に赴き聖書を読んだ．さらにペレへの供物とされるオヘロの実を女神に捧げず食べ，噴火口に石を投げ入れた．同行した者たちは固唾を呑んで見守っていたが，何も起こらなかったので女王はペレへの崇拝や伝統的なタブーの終焉を宣言した．

しかしキラウエアは主なる町であるヒロやコナから離れていたので観光地化は容易ではなかった．1844 年頃，先住民がハワイ式の掘建小屋を建てて旅行者に食べ物などを提供しはじめたようだ．さらに 1846 年に B. ピットマンが現在のホテル，ヴォルケーノ・ハウスの前進となる宿泊施設をつくった．1866 年には作家の M. トウェインも作品や講演においてハワイの火山に対する関心を英語圏で広めた．

1906 年になると L. サーストンが火山の宣伝記事を出版し，その 6 年後に科学者の T. ジャガーがハワイ火山観測所の基礎をつくり所長となった．16 年にはアメリカ大統領 W. ウィルソンが 13 番目の国立公園として署名し，それ以来ハワ

イ国立公園として成立した.

　当初はマウイ島のハレアカラ火山も含めていたが1961年にハレアカラは独立した国立公園となり，現在はマウナ・ロア山頂とキラウエア一帯をあわせるかたちでハワイ火山国立公園として成り立っている. また1960年代には地質学や地球科学におけるプレートテクトニクス理論の進展があったが，キラウエア火山はいわば世界中の火山学者の注目すべき理論の実証場のような位置づけになっている. さらに1980年にユネスコがハワイ諸島を生物圏保存地域（Biosphere Reserve）と宣言し，1987年に世界遺産（自然遺産）となった.

●**火山と神話**　マウイ島のハレアカラ火山は1870年頃，マウナ・ロア山は1984年に最後の噴火があった. したがって今から1000〜900年ほど前に最初のポリネシア人が到来したときマウイ島やハワイ島は火山活動をしていたことになる. ハワイ島の火山にも言及したソサエティ諸島の神話を読み解くと，中央ポリネシアからハワイに北上したとき最初に見たハワイの情景に火山とみられる記述があるので，それはキラウエア火山の火ないし噴煙であった可能性があろう.

図1　ペレの住むという火口に捧げたカヴァやタロイモなどの供物［2015年8月筆者撮影］

　上記のワーケア・パパの創世神話とは異なる，もう一つの神話では，ソサエティ諸島からハワイに移住したペレ兄妹は，ハワイに着いたとき北のニイハウ島，続いてカウアイ島から南下しながら安住の地を求めて穴（＝噴火口）を掘っていったが，最後にとどまったのがハワイ島のキラウエア噴火口である. つまりハワイ諸島の地質学的年代とペレ兄妹の移住神話の方向が一致している. キラウエアの噴火口はペレの居場所であり，ハワイ語では火山のことを「ペレの穴（ルア・ペレ）」と固有名詞的によぶ. ハワイ先住民の民話や信仰の中では，ときおり起こる噴火は不遜な行いによって引き起こされたペレの怒りである. また溶岩にはゴツゴツした溶岩アアー（'a'ā），および滑らかな溶岩パーホエホエ（pāhoehoe）というハワイ語の民俗分

図2　火山の女神ペレを崇拝する祠［2015年8月筆者撮影］

類がある. キラウエアはマウナ・ロアの中腹にあるが，雪を頂くこともあるマウナ・ケア山頂にはペレのライバルである雪の女神ポリアフがいる. そして火と熱で大地を燃え尽くすペレの怒りを鎮めるのが雪の象徴であるポリアフなのである. 一方，ペレは豚男と称され，水の原理をもつ男神カマプアアとも戦いを繰り広げる.

　　　　　　　　　　　　　　　　　　　　　　　　　　　　　　　　［後藤　明］

ヤップの石貨
（ミクロネシア連邦）

よくマンガで古代人が大きな石の円盤をお金として使っているという表現を見かけるが，実際に石の貨幣が使われていたのがミクロネシア連邦のヤップ島である．しかしその使われ方は，マンガのイメージとは大きく異なっている．

ヤップの石貨は，現地ではライ（*Rai*）とよばれており，結晶質石灰岩を円盤形に切り出したものの中央部に穴があけられ，日本の硬貨の 5 円玉もしくは 50 円玉のようなかたちをしている．小さなものは直径 30 cm くらいであるが，大きいものになると直径 3 m，重さは 5 トンにも及ぶ．ただしその価値は大きさに比例するとは限らず，むしろ古くて由緒のあるものが高い価値をもち，巨大なものは新しい時代につくられたものが多いため，かえって価値が低いとみなされているものが多い．なお伝説によると，石貨の使用は今から 500 年ほど前に始まったとされている．

石貨はかつて島の中に 1 万 3000 個あまり存在したといわれているが，現在は6000 個ほどが残っているといわれている．小さいものは個人の家の敷地や集会所の周囲に置かれていることもあるが，大きなものは石貨銀行とよばれる場所に並べられて置かれている．

●**石貨の使い方**　石貨は通常の貨幣のように日常的な買い物に用いられるのではなく，冠婚葬祭のときに贈られる一種の儀礼的贈答品として用いられてきた．そして小型の石貨は穴に棒を通して運ばれるが，大きい石貨は実際に運ばれることはなく，所有権のみが移動する．そのため村落ごとに石貨を並べて置いた広場，すなわち石貨銀行が設けられている．

そのうち代表的なものはマンギョル（Mangyol）村の石貨銀行である．村は，十字に直交する 2 本の道路に沿って家々が立ち並んでおり，村の中心となる十字路が広場となっている．その広場が石貨銀行となっており，巨大な石貨が並べられている様子は壮観である．

つまり銀行といっても，金庫のような場所に秘匿しておくのではなく，むしろ多くの人々の目に触れる場所にディスプレイされているのである．つまり石貨銀行は，その石貨

図 1　マンギョル村の石貨銀行［2018 年 8 月筆者撮影］

を所有する人物の威信を示すモニュメントとしての役割も果たしているのである.

　石貨自体は石貨銀行に置かれたまま移動せず, 所有権のみが移動するという経済のあり方は, ある意味で近代資本主義の経済のあり方と似ている. 今日の経済における取引形態では, 実際に貨幣を移動させることなく, 帳簿の数字だけを移動させることがほとんどである. それをさらに進めたのが仮想通貨の取引で, ここではもはや貨幣そのものの存在を必要としていない. ヤップの石貨の経済は, ある意味で仮想通貨の先駆的な形態であったといえるかもしれない.

●**パラオから運ばれた石貨**　ヤップの石貨の素材となる結晶質石灰岩はヤップ島では産出せず, 約500 km 離れたパラオのバベルダオブ島の石切り場から運ばれた. ヤップの人々はカヌーの船団を組んでパラオまで航海し, 条件がよければ5日間ほどで海を渡り, 現地の人々との交渉を通じて石を採掘する許可を得た. そして石切り場で石貨を切り出し, それを筏に乗せてヤップ島まで持ち帰った. しかしその航海は危険なものであり, 多くの者が命を落としたと伝えられている. このように石貨の入手には多大な労力がかけられたが, こうした苦労が多いほど石貨の価値が高く評価されるのである. また石貨の価値は, その見た目の美しさや, これまでヤップ島の社会の中でやりとりされた経緯や履歴も反映して評価される.

　ミクロネシア連邦は石貨に関する遺跡を「ヤップの石貨の地域遺跡」として2004 年にユネスコ世界遺産の暫定一覧表（世界遺産に推薦する候補となる遺産）に記載した. さらに 2011 年には, パラオにある石切り場の遺跡を含めて, ミクロネシア連邦とパラオ共和国による共同申請として「パラオとヤップにおけるヤップの石貨の遺跡」の推薦書を第 35 回世界遺産委員会（フランス）に提出したが, 残念ながら推薦書の内容が不十分とのことで「登録延期」となってしまった. しかし遺跡の価値が否定されたわけではないので, 再推薦を経て世界遺産登録という道のりも決して遠いものではない. もし登録が実現すれば, 太平洋地域で初の複数国による「国境を越える資産（transboundary properties）」となるだろう.

［石村　智］

📖 **参考文献**
[1] 小林繁樹「世界最大の貨幣―石で作ったヤップのお金」印東道子編著『ミクロネシアを知るための 60 章』明石書店, pp.227-231, 2015.
[2] Gilliland, C. L. C., *The Stone Money of Yap: A Numismatic Survey*, Smithsonian Institution Press, 1975.
[3] 石村　智「ミクロネシア連邦ヤップ州 ヤップの石貨」『考古学研究』69(2)：105-107, 2022.

ラカラカ
（トンガ）

　ラカラカはトンガ王国（トンガ）の伝統的な歌と踊りである．この踊りはさまざまな機会において上演されるが，特に王の戴冠式や国王の誕生日，重要な建築の落成式などの重要な式典や機会において盛大に演じられ，踊り手の人数は時に数百人にまで及ぶこともある．

●ラカラカの文化的重要性　　ラカラカは数あるトンガのパフォーミング・アートのうちの一つであり，そのトンガ語の単語「*lakalaka*」は，「きびきびとステップを踏む」という意味をもつ．その他のトンガの踊りには，タウオルンガ（女性が立位で踊る優美な踊り），マウルウル（大勢が座位あるいは階段状に並ぶ踊り），メエトゥウパキ（カヌーパドルが巧みに用いられる男性の踊り），カイラオ（こん棒を操る戦士のような男性の踊り），ソケ（装飾的な長い棒を繰り返し動かす踊り）などがある．ラカラカはその歴史をたどると，J. クックが18世紀後半にトンガに来訪した当時に記述していた，メエラウフォラという踊りから発展したものだといわれており，それが19世紀後半になって現代のかたちになったとされる．

　踊り手は村落ごとか，あるいはその地域の首長の要請で集められた人々によって構成されることが主だが，その他にも学校や教会など他のグループ単位で踊られることがある．踊り手の配列としては，観客から見て男性が右側，女性が左側に列をつくり，男性は力強く素早い動きで踊り，女性は優雅なステップと上品な手の動きで踊る．足の動きについては，女性はわずかにしか動かない一方で，男性はまわったり跳んだりと大きなステップを踏む．手の動きについては，その歌

図1　ラカラカの踊り手と中央のヴァヘンガ［2022年8月
　筆者撮影］

詞のもつ深い意味をほのめかしている．王族儀礼で演じられるラカラカの多く
は，第3世の国王であったサローテ女王の作詞によるものが大半である．

　また踊り手の配列は，その集団における社会構造を反映している．中央に位置
する男女の踊り手はヴァヘンガ（*vāhenga*）とよばれ，首長の子どもや，王の親族
など高位の人物が務めることが多い．写真にもあるように，踊り手の服装は白あ
るいは黒の1色に統一され，腰にはタオヴァラ（*ta'ovala*）とよばれるフォーマル
な場面で着用するパンダナスの葉でできたマットを巻き，さらに葉や花で装飾を
ほどこすことが一般的である．ラカラカでは男女ともに踊りながら歌うため，そ
の歌声は壮大なコーラスとなる．踊り手の列の背後にはプナケ（*punake*）とよば
れる一団がおり，指揮者の役割だけでなく，演じられる曲の作詞家，作曲家，そ
して振付師の役割をも果たす．踊りの長さは全体で30分前後に及び，①首長な
ど，この機会の関係者に対する冒頭の謝辞，②この機会の主題を表現するような
ラカラカの踊り，③首長や観客への別れの挨拶，という3部構成となっている．

　なおラカラカは2003年にユネスコの「人類の口承及び無形遺産の傑作」に選ば
れ，2008年にはユネスコの「人類の無形文化遺産の代表的な一覧表」に記載され
た．

●トンガにおけるダンスの役割と継承　前述した機会以外にも，ラカラカは他の
トンガのパフォーマンスと同様に，トンガを来訪した観光客に向けたショーとし
て演じられることもある．そのような機会では，「正式な」ラカラカよりもその人
数やプログラムの長さ，衣装において簡略化された形式となっている．あるいは
海外のトンガ人移民コミュニティの人々が現地でラカラカを演舞する機会もあ
る．ニュージーランドでは「パシフィカ・フェスティバル」と「ポリフェス」と
よばれるイベントがそれぞれ年に一度開催され，ニュージーランド，オークラン
ド近郊に在住の太平洋島嶼民たちが集い，各種パフォーマンスを行うことが恒例
になっている（☞「パシフィカ・フェスティバル」）．

　特にポリフェスはオークランド在住の移民の生徒たちが，学校ごとにグループ
を組織して母国のパフォーマンスを行う場となっており，筆者もそこでトンガの
生徒の踊るラカラカを見る機会があった．彼らのパフォーマンスは非常に完成度
が高く，生徒の家族・友人・親族と思われる観客たちの声援も相まって，その場
は熱気と興奮につつまれていた．移住先においてこのようなイベントの機会があ
ることで，移民第2世代・第3世代のように直接トンガの文化を知らない若者た
ちにも，ラカラカのような伝統的なパフォーマンスを通して，トンガ的な表象や
身体性が継承されているといえるだろう．　　　　　　　　　　　　［比嘉夏子］

📖 参考文献

[1] Kaeppler, A. L., *Lakalaka: A Tongan Masterpiece of Performing Arts*, Vava'u Press, 2012.

ファイン・マット
（サモア諸島）

〰〰

　ファイン・マットは，サモア諸島において文化的に高い価値の置かれるものであり，サモア語ではイエ・トガとよばれてきた．女性がつくり，儀礼において慣習として贈与されるものである．ラウ・イエという種類のパンダナスの葉から複雑な加工を施し，細く裂いた葉を斜め平織りに手で編み込んでつくる．

●**伝統的なファイン・マットと儀礼交換**　ファイン・マットは女性の財とされ，かつてはサモアの姻戚関係にある親族集団間で儀礼交換が行われる際，男方からは主にブタ・タロイモなどの食料（現代ではお金や缶詰などにとって代わられている）が，女方からは主にファイン・マットやタパ（樹皮布）などが贈られていた．ファイン・マットはかつて，1人の女性が半年から1年以上もかけてつくる，労働力を集約したものであった．贈り物にする以外の用途はなく，贈与された側は大変名誉なものと考え，また多勢が見守る中贈る側も誇らしげである．受領後は大切にしまい，同じような機会に他の親族集団に贈与するものとなっているので，社会の中を循環している．19世紀にサモア社会に接した白人たちは，これをサモアの貨幣であると述べているが，すべてのものと交換するという機能はないので，経済人類学の立場からすると限定目的貨幣である．この儀礼交換の基本的なものは結婚式であり，高位首長やその息子とよその村の高位首長の娘の結婚式では，花嫁方の親族が多くのファイン・マットを花婿方に贈与し，花婿方の村の儀礼首長たちにこれを分配する，ということがかつては行われてきていた．近年，人々は結婚に際して花嫁方から花婿方へはファイン・マット，花婿方から花嫁方へは現金（貨幣）を相互に取り交わすようになっている．また，初子の誕生祝い，首長称号就任式，首長の葬儀，教会や家の竣工式などでもファイン・マットや現金・食料などの派手な儀礼交換が行われている．

　サモア産のファイン・マットは，植民地時代以前からトンガへと輸出され，トンガでも王侯貴族の家宝，貴重品として家族の間に伝えられている．高貴の男女が結婚するときには，腰のまわりに幾重にもファイン・マットを重ねてまとう．

●**移民とファイン・マット**　1962年に成立したサモア独立国（旧西サモア）は第2次世界大戦後から宗主国ニュージーランドや隣国アメリカ領サモアへの移民が続き，経済的には移民の送金が本国の経済を支えてきた．送金はそれぞれの親族集団へと行われるが，日々の暮らしを支えるという目的もさることながら，冠婚葬祭に伴う儀礼交換のために行われるケースが大変に多い．送金は魚肉缶詰やコンビーフ，ブタ，ウシなどを買ったり，現金そのものが贈り物として用いられたりするので，大変役に立つ．それに対して，海外で儀礼交換が行われるときには，

その見返りとして本国から
ファイン・マットが贈られ
る．また，教会建設などの資
金集めに本国からファイン・
マットを大量に持参し，歌や
ダンスを見せた後，献金を集
めて帰国するといった伝統を
踏まえた新しい制度が定着し
た．そのようにして，移民社
会からは現金が本国に，本国
からはファイン・マットが移
民社会にという流れが生じた
が，それは取引ではなく，互

図1　高位首長の葬儀で贈与された上質のファイン・
　　　マット［1981年6月筆者撮影］

酬的な贈り合いであるところが特徴である．それに伴い，ファイン・マットは数
多く必要となったにもかかわらず，編み手は減る一方（アメリカ領サモアではほ
とんどつくられなくなっている）で，ファイン・マットそのものは粗製濫造され
るようになった．この傾向は21世紀の変わり目あたりまで継続した．

●**ファイン・マット復興運動**　サモア独立国では1990年代に入った頃に，女性に
も現金収入の道をつける開発政策の一環として，ニュージーランドの援助により
植物を利用した編み物講習が始まった．そのときに，かつての細かい編み目の
ファイン・マットを復興することで，女性の誇りを取り戻し，現金収入の術とす
る活動が始まった．老女を招いて，パンダナスの繊維の作り方を教え，各地で本
物志向のファイン・マットの作り方講習が行われた．また2000年頃からは，粗悪
品は次第に影を潜め，代わりに大変大きなファイン・マットが使われるように
なった．政府は各村に女性が集まって上質なファイン・マット製造のサークルを
つくることを奨励し，毎年品評会をして優秀な作品には賞を授けている．ただ
し，政府が「本物のファイン・マット」と認定し商品化したマットは大層高価で，
庶民の手に届くものではない．政府は，イエ・トガ（トンガの布）という従来の
呼称に代わり，イエ・サモア（サモアの布）を正式名称とした．また，ファイン・
マットの製造ややりとりの慣習を含め，ユネスコに申請し，2019年に「無形文化
遺産」の一覧表に登録された．　　　　　　　　　　　　　　　　　　［山本真鳥］

📖 参考文献
［1］モース，M.『贈与論―他二篇』森山 工訳，岩波文庫，2014.
［2］山本真鳥『グローバル化する互酬性―拡大するサモア世界と首長制』弘文堂，2018.

バタヴィア号沈没船
（オーストラリア）

◇◇◇

　バタヴィア号は，オランダ東インド会社（*Vereenigde Oostindische Compagnie*：VOC）船籍の船で，1629年，インドネシア・ジャワ島のバタヴィアへの航海中，オーストラリア大陸西岸沖で沈没，その後，西オーストラリア州立博物館の水中考古学者によって発掘された遺跡である．生存者による虐殺が起こったバタヴィアの悲劇が知られる．オセアニアで唯一，水中発掘されたVOC船である．

●**バタヴィア号の航海と悲劇**　17世紀以降，本格的にアジア貿易に進出したオランダであったが，当初，拠点であるバタヴィア（現インドネシアのジャカルタ）までの航海は，時に1年を要した．飲料水や食料の不足（上級乗組員は船上飼いの家畜，それ以下の船員は塩漬け肉や堅パンなど），衛生的でない長期の船上生活の問題を抱えながら，VOCは，本国と植民地との航海期間の短縮をはかった．

　1610年，アフリカ喜望峰よりインド洋を東に一路横断し，オーストラリア大陸西岸で，北に変針，ジャワ島を目指すルートが，H. ブラウエル（後に長崎平戸のオランダ商館長も務めた）によって開発された．航海期間の短縮を実現したこの航路の利点は大きかったが，西海海域は，航海の難所であり，少なくとも4隻のVOC船が座礁している．

図1　ビーコン島バタヴィアの悲劇［Jansz, J., *Ongeluckige Voyagie*, 1647, State Library of Western Australia 〈slwa_b1660729-3〉］

　バタヴィア号は，VOC本国植民地間往復船団の旗艦となるべく，オランダ領東インドのバタヴィアの名を冠し，1628年アムステルダムで建造された．排水量1200トン，船長45～50m，4層甲板，3本マストで，大砲30門を備えていた．1628年10月，バタヴィア号は，船団長F. ペルサールト，船長A. ヤコブスの指揮の下，VOC船団の旗艦として，オランダを出港した．オランダ東インド会社の交易品などを積んで，乗客と乗組員総勢340人とともに，バタヴィアを目指した．のちに虐殺を起こすオランダ東インド会社副商務員であったJ. コルネリスも乗船し，船団長と船長の不和が発生していた航海中にすでに，反乱計画を立てていたとされる．

　喜望峰を過ぎた時点で，船団の船は互いを見失い，バタヴィア号は単独で，インド洋航海を継続していた．しかしながら，1629年6月4日未明，西オーストラ

リア州海岸沖 60 km に位置するアブローズ群島のモーニング岩礁で座礁してしまった．ペルサールトやヤコブスら上級船員らは，群島を離れ，33 日かけて総督府バタヴィアに到達，救出を要請した．一方で，群島に残された生存者は，コルネリスとその一派によって，殺戮の犠牲となってしまう．判明しただけでも，少年含む男性 96 人，女性 12 人，子ども 7 人が犠牲者となった．反乱者たちは，救出部隊によって鎮圧されたが，バタヴィア号乗船者で，子どもで生き残ったのは 2 人，女性は 3 分の 1 であった．70 人超の犠牲者の遺骸が，群島の一つ，ビーコン島で発掘されている．

図 2　VOC バタヴィア号の船尾発掘 [Patrick Baker (photographer), BT/A/740, WA Museum]

●バタヴィア号の水中発掘　1963 年にアブローズ群島北のモーニング岩礁水深 5 m の海底で，沈没したバタヴィア号船体の残骸が発見された．1972〜76 年にかけて，降水量が少なく，波高く船も接近しがたいビーコン島を拠点に空中からの食料支援を

図 3　VOC バタヴィア号の船尾と復元要塞門柱 [Patrick Baker (photographer), MUS/770, WA Museum]

受けながら，博物館研究者は，447 日に及ぶ発掘調査を行った．沈没現場岩礁周囲には，大形の鉄製錨や，鉄製大砲 21 門，青銅大砲 2 門，合金製大砲 2 門が確認され，引き揚げられた．17 世紀の共通貨幣であった銀貨など，海底に散乱する遺物の位置を記録，写真撮影し，発掘調査は進んでいった．沈没から 340 年以上を経ていたが，砂が堆積した岩礁の間に，バタヴィア号船体の左舷一部や船尾部が残っていた．

　オーストラリア西岸の港町フリーマントルの，西オーストラリア州立博物館沈没船展示館ではバタヴィア号の残骸をみることができる．遺跡からは，建設中のバタヴィア要塞の城門に使用される予定であった門柱石材も引き揚げられ，復元展示されている．オセアニアで有数の水中考古学成果を展示するこの博物館で，目的地に到達することなく不幸な運命を背負った VOC 船の歴史的運命について考えることができる．　　　　　　　　　　　　　　　　　　　　　[木村 淳]

📖 参考文献

[1] 木村 淳・小野林太郎編著『図説 世界の水中遺跡』グラフィック社，2022.
[2] Nash, M. ed., *Shipwreck Archaeology in Australia*, UWA Publishing, 2007.

太平洋歴史公園

図1　アリゾナ記念館［2010年7月
　筆者撮影］

　アメリカ合衆国ハワイ州オアフ島の真珠湾に浮かぶアリゾナ記念館は，1962年に建てられたアメリカの国立慰霊追悼施設である（図1）．1941年12月7日（日本時間12月8日）に日本海軍の機動部隊の奇襲攻撃によって，最も甚大な被害を受け，引き上げられなかった戦艦アリゾナの上に建造された．このアリゾナ記念館のほか，真珠湾にまつわる戦争の記憶を継承するために設立された非営利団体アリゾナ記念館博物館協会は，2010年に太平洋歴史公園に名称変更し，アリゾナ記念館のほか，ハワイ州ではオアフ島のダイヤモンドヘッド州立記念碑およびモロカイ島のカラウパパ国立歴史公園，そしてアメリカ領グアム島の太平洋戦争国立歴史公園，合衆国コモンウェルスであるサイパン島の国立アメリカ記念公園を拠点に，アメリカの国立公園部局および地方行政と連携しながら，当該地域における歴史の教育研究および歴史文化遺産の保存修復の活動にあたっている．

●**白人との接触，軍事化の記憶**　1866年，ハワイ王国のカメハメハ5世は，ハワイ諸島のハンセン病患者を，モロカイ島のカラウパパ半島に隔離した．これ以後，1969年までの間に，カラウパパの収容所には約8000人が隔離され，現在でも回復者や療養者が暮らしている．1980年に収容所を含む半島一帯がアメリカの国立公園になってからは，この地で亡くなったハンセン病者の墓や生存者の療養所を訪問するツアーが提供されている．また，隔離によって家族を分断された人々が関係を再構築する場としての意義も認められている．

　ダイヤモンドヘッド州立記念碑は，オアフ島のワイキキのビーチから一望できる火山砕屑丘で，上空からは頂上のクレーターが確認できる．全面積は約475エーカーで，頂上まで約1.3kmの手軽なハイキングコースを観光客に提供している．展望台は撮影ポイントだが，沿岸警備の要塞跡地でもある．1898年のハワイ併合から間もない1904年にアメリカ連邦政府は当地を買い上げ，沿岸警備のために掩蓋陣地や灯台を建設した．1968年にはアメリカの国定自然ランドマークにもなっている．

　カラウパパは白人との接触がハワイ諸島にもたらした影響の一端を示し，ダイヤモンドヘッドはアメリカによる併合後の軍事化の歴史を物語っているが，医療や防衛の成果を確認するような，アメリカ中心の歴史観が色濃く刻まれている．

●**太平洋戦争の記憶の場**　こうした国家中心の歴史認識が最も顕在化するのが，太平洋戦争におけるアメリカ合衆国の犠牲や勝利を顕彰する場である．アリゾナ記念館の訪問者はビジターセンターで日本による真珠湾攻撃に至る歴史過程やその後の米軍の展開に関する映像を見て，ボートで洋上のアリゾナ記念館を訪問する．そこには真珠湾攻撃で犠牲になった人々の名前が刻まれた記念碑がある．ビジターセンター付近では，真珠湾攻撃を生きのびた退役軍人と握手してサインをもらう機会が設けられることもあった．アリゾナ記念館には年間 100 万人規模の訪問者がいるが，アメリカ本土からの訪問者は，ワイキキのビーチで余暇を過ごしながらもアリゾナ記念館を訪問し，太平洋戦争の犠牲者たちを悼む．

　真珠湾奇襲攻撃の直後に日本軍はアメリカ領グアム島を占領したが，1944 年 7 月 21 日，米軍はグアム島西部のアサンおよびアガットの沿岸部から上陸し，同島を奪還した．グアム島の太平洋戦争国立歴史公園は，これらの上陸地点を中心に複数の戦跡を含んだ資産から構成される．米軍が上陸した 7 月 21 日には，アサンの沿岸部の公園（図 2）を中心にさまざまな行事が行われ，日本からの解放記念日が祝われる．

図 2　公園として整備されたアサンの米軍上陸地点[2016 年 3 月筆者撮影]

アサンのビーチを見下ろす丘の展望台に建てられた記念碑には，日本軍による占領期間中に犠牲になったり，強制労働を強いられたりした人々の名前が刻まれているが，ここにはグアム島の先住民であるチャモロの名前も含まれている．

　日本統治下南洋群島の産業の中心地であったサイパン島にも 1944 年 6 月 15 日に米軍が上陸した．ガラパンにある国立アメリカ記念公園には，アメリカの国旗のほか，陸海軍，海兵隊，沿岸警備隊の軍旗がはためく（図 3）．同時に，在来住民であるチャモロとカロリニアンを顕彰する記念碑もある．ここにはアメリカ合衆国の観点から戦争の記憶を喚起する仕掛けがあるが，地域社会の人々の記憶も包摂されている．ただ

図 3　国旗と軍旗がはためくアメリカ記念公園[2013 年 12 月筆者撮影]

し，米軍による解放という歴史観の浸透度は，アメリカ領だったグアムと日本統治を経験したサイパンとでは異なり，地域社会の歴史認識も多様である．　[飯高伸五]

📖 **参考文献**

[1] 矢口祐人他編『真珠湾を語る―歴史・記憶・教育』東京大学出版会，2011.
[2] カマチョ，K. L.『戦禍を記念する―グアム・サイパンの歴史と記憶』西村 明・町 泰樹訳，岩波書店，2016.

ハワイの観光

世界でも有数の観光地ハワイであるが，そもそも観光とは UNWTO（United Nations of World Tourism Organization）の定義によると，「娯楽，仕事あるいは他の目的のために1年以上は継続しない，恒常的な環境の外に旅行したり滞在したりする人々の活動」という．1年以上は滞在しないのであれば，1788年に来た，イギリスの J. クック艦長は，最初の観光客といえる．この定義に沿えば，それ以降も航海者，商人，捕鯨船乗組員など多くの観光客がハワイを訪れたことになる．

これらの人々の多くは何らかの「仕事」という目的をもっていたので「観光」といえるかどうかは疑問だが．一方，2013年のハワイ観光局の統計では，84%の訪問者が「娯楽」のためにハワイを訪れた．ただし厳密にハワイに来た観光客の数や実態，そしていつハワイで観光業が始まったのかを論ずるのは容易ではなく，多くは政府の統計や新聞記事などを参照する必要がある．

●ハワイ観光のはじまり　ハワイの観光業の隆盛に貢献した一人の人物は作家の M. トウェインである．彼は1866年，サクラメント・ユニオン紙のために記者として1か月の予定でハワイに来たが，ハワイに魅了され結局数か月滞在することになった．アメリカ本土に帰国後，彼は講演や記事によってハワイの魅力をアメリカや英語圏の読者に伝えた（『ハワイ通信』）．この講演ではキリスト教や西洋文化の影響を受け，種々の矛盾を抱えながらも生きるハワイの人々の状況を描いている．

また同じ頃日本やハワイを訪れたイギリス人女性 I. バード（『日本奥地紀行』の著作あり）は7か月ハワイに滞在し，ハワイ王国末期の状況を詳細に伝えている（『ハワイ紀行』）．後にイギリス王立地理学会の特別会員となったバードの描写はハワイ王国末期の自然や社会の状況に関する，優れた記録となっている．トウェインやバードの著作によって「豊富な自然が残る，エキゾチック」なハワイというイメージが西洋においてハワイの関心を喚起した．

ハワイのような離島の場合，交通手段の発達が観光地としての発展に重要である．1871年にサンフランシスコ，ホノルル，オーストラリア，ニュージランド間に蒸気船が就航された．初期の運行は短命で，その後交通手段は紆余曲折したが，19世紀末にはハワイへの船便が確立された．

その後ハワイはアメリカ西海岸からアジアあるいはオーストラリア・ニュージーランドへの船旅の中継基地としての役割をもったが，ハワイ王国という異国の伝統が残り，キラウエアなどの自然遺産がしだいに独自の魅力があるとの認識が高まっていった．ハワイ王国7代目の王で日系移民を奨励するために来日したカラーカウア王も王室が許可して広報誌『太平洋のパラダイス』を発行するなど

観光化を後押しした.

　白檀貿易と捕鯨で栄えたハワイ王国は, サトウキビ生産に過度に依存した時期があった. サトウキビ以外の作物の実験が行われたが成果があがったのがパイナップルであった. 値段の変動に左右されるサトウキビに対して, ハワイの実業家は代替の経済手段を模索していた. 1893 年に事実上ハワイ王国が崩壊した後ハワイ共和国の内務大臣になった L. サーストンはハワイ島のヒロからキラウエアまでの道路建設に携わるなどしてハワイ観光の基礎をつくった.

　ハワイがアメリカ領になってから設立されたハワイ振興委員会 (Hawaii Promotion Committee) は観光を重視し投資を行った. この組織はその後何度か名称を変えて, 1997 年からハワイ州観光局 (Hawaii Visitors and Convention Bureau) となっている. 20 世紀の初頭, それまで湿地で不衛生だったワイキキ海岸にアラワイ運河が建設されて排水が行われ, 1927 年にロイヤル・ハワイアン・ホテルが建造されるに至って世界的に有名な海岸となっていった. この後, 富裕層による世界一周クルーズの参加者のアンケートでは一致してこのホテルが世界で最も美しいと称された.

　ハワイの観光ビジネスは 1930 年にかけてホテルの建設が相次ぎ大きく発展した. 一時, 宣教師に禁止され, カラーカウア王が復興したといわれるフラもホテルのショーの重要な要素となり, 1937 年にはコダック・フラショーの最初のステージが行われた. またブルー・ハワイなど音楽や映画の舞台としても有名になった.

　1931 年にはハワイ諸島内での航空機輸送は始まっていたが, 36 年にはパン・アメリカン航空がサンフランシスコからホノルル経由, マニラ行き飛行機 (32 人乗り) を就航させた. それでも 1940 年代には少なくとも 2 日滞在する観光客が 2 万 5000 人, 1 日のみは 2 万 4000 人とまだ中継地的な位置づけであった.

●**日本人とハワイ観光**　真珠湾攻撃でも観光地区は大きな打撃はなかったので, 戦後も観光地としての成長は止まらなかった. そして日本で 1948 年に出た歌謡曲「憧れのハワイ航路」などをきっかけに, ハワイは歌謡曲や映画などの対象となっていく.

　1960〜80 年代は経済成長を続ける日本人にとって, 新婚旅行やパック旅行のメッカとして, ハワイは大衆的な観光地となっていった. また 1990 年代以降, 日本からのリピーターが増え, 先住民文化の世界的覚醒と相まって, ハワイを深く知るという, 第 2 次ハワイブームが起こり, 今日に至っている.

●**ハワイ観光の課題**　一方, 先住民文化活動のリーダーの H.-K. トラスクは, ハワイがアメリカ軍基地と同時に観光業に依存する体質になっていることを批判した. COVID-19 の影響などで観光客の数は, 2020 年に 27 万 8258 人と前年比で 75% 近くの減少となり, ハワイの観光業は正念場を迎えているといえる.　　　　［後藤 明］

ニューカレドニアの観光

◇◇

　ニューカレドニアはフランスパンのようなかたちをした本島と離島からなる，四国ほどの面積をもつ南太平洋の島嶼である．フランス領（特別共同体）のため，フランス的雰囲気が注目されるが，地理的には独自の生態系がみられる．

　日本からは直行便で約8時間半，「天国にいちばん近い島」のキャッチフレーズで知られる．これは1960年代に発行された森村桂の小説に由来し，1980年代に映画化されて以降，日本からの観光客が増加した．

●**観光略史と文化資源**　この島にはメラネシア系先住民カナクが古くから居住したが，18世紀にJ. クックがいわゆる「地理上の発見」をし，1853年にフランス植民地となり，流刑地にもなった．本島でニッケル鉱脈が発見されると，日本を含むアジア，ポリネシア，ヨーロッパなどから労働者が移住し，現在の多民族社会の基盤が形成された．1970年代にニッケル公害問題から観光産業へと転換がはかられ，ホテルやインフラが整備された．

　フランス本国からの観光客が多数派を占め，近隣のオーストラリア，ニュージーランドからフランス的雰囲気を求めて人々が訪れる．その他に日本人が多く訪問し，主要な観光地では日本語の表示もみられる．

　海とリゾートのイメージが強い島だが，首都ヌメアはコロニアル風の建物，ミュージアムがあり，文化観光が楽しめる．カナクおよび他オセアニア地域の民族芸術がチバウ文化センターに展示され，各種イベントも開催される．本島の地方や離島に行けば，円錐形の草葺き先住民家屋カーズ（*case*）がみられる．家屋の屋根上に先祖の系譜を示す彫刻，戸口に除災招福を司る1対の彫刻が施される．

　食では太平洋に伝わる土蒸し料理の一種であるブーニャが先住民料理として知られ，現在は観光で供されることもある．フランス領ならではのフランス料理の他，ベトナム料理，ポリネシア料理なども食べられる．フランスパンだけでなく，醤油や米，生魚が使用されるのも日本人にとってはなじみ深い感がある．ヌメアの朝市は住民と観光客で賑わう．特産品として高品質の「天使のエビ」，リフー島のバニラビーンズなどがあり，本島中部産のコーヒーも過去の復刻版として注目される．

●**生物多様性の自然資源**　海は重要な観光資源であり，ホテル街のアンスバータ，日帰りツアーで人気のアメデ島，離島のイルデパン，ウヴェア島やリフー島などに美しいサンゴ礁が広がる．2008年，6か所のサンゴ礁が「ニューカレドニアのラグーン：リーフの多様性とその生態系」としてユネスコの世界自然遺産に

登録された. 約 500 種のサンゴ, 約 1700 種の魚類など, およそ 5000 種類の海洋生物といった多様な生態系がみられ, 陸の生物を含めて固有種が多い. ゴンドワナ大陸の名残ともいわれ, 南洋杉 (アロカリア) や木性シダ, 裸子植物など太古の森を連想させる植物も多い.

　本島の南部にあるリビエール・ブルー州立公園には固有種の飛べない鳥カグー (*cagou*) が生息する. カグーは絶滅危惧種として保護され, ニューカレドニアのシンボルでもあり, 代表選手団や地元民を表す言葉でもある.

　南部には赤土の大地と緑の森といった景色が広がり, ユーカリに似たニアウリ (*niaouli*) のエッセンス等は土産品となる. また, ウヴェア島は「天国にいちばん近い島」の舞台であり, ムーリ橋付近はロケ地観光, 絶景の地としても名高い. 本島西海岸の乾燥地帯と

図1　州立公園のカグー [2016 年 9 月筆者撮影]

図2　ウヴェア島ムーリ橋 [2016 年 9 月筆者撮影]

東海岸の緑豊かで湿潤な風景との違いは, 中央山脈により分断された気候差であり, 北部はカナクの集落と地方のゆったりした生活がみられる.

　日本からは最も近い「フランス圏」であり, 近年は語学留学する人も徐々に増え, 昭和のハネムーンの目的地から, ダイビングや絶景観光, 民族文化を楽しむ観光地へと変化した. メラネシア唯一のフランス圏というエスプリと生物の貴重さを一度に堪能できる島である.　　　　　　　　　　　　　　　[中村純子]

📖 参考文献

[1] 中村純子「観光と「伝統文化」」吉岡政徳監修, 遠藤 央他編『オセアニア学』京都大学学術出版会, pp.439-450, 2009.

マオリと観光

ニュージーランドの観光業は，国内・海外客ともに多くの需要があり国家財政の重要な収入源となっている．風光明媚な自然環境と多種多様な動植物の存在，おおらかな国民性と安定した治安，宿泊施設の充実，そこかしこに息づく先住民族マオリ特有の文化要素など，世界中から旅行者を引きつけてやまない観光立国としての魅力が備わっている．

●観光資源としてのマオリ文化　ニュージーランドにおいて，マオリ文化資源を活用したマオリ・ツーリズムは同国ならではの観光の独自性を有し，多くの観光客の興味関心を引くところとなっている．その観光形態は多岐にわたるものの，マオリ集会施設を訪問するマラエ観光や豊かな自然資源を活用したエコツアー的観光はとりわけ安定して人気が高い．

まずマラエ観光であるが，参加者の誰もが気軽にマオリ文化を体験することができる観光の一つとして認知度が高い．その形態は2種類に大別される．一つはマオリ諸集団が古来より所有し，普段から成員による集会や儀礼の場として機能する現役のマラエを訪問する観光形態，そしてもう一つはモデル村に築かれた観光専用のマラエを訪問する形態である．前者は主に団体の受け入れ，後者は団体・個人を問わずすべての観光客の受け入れを行う．両者いずれもホストであるマオリが民族衣装を身にまとい，観光客がイメージするいわゆる「伝統的な」マオリらしさを儀礼や歌舞で演じる点で共通している．マラエ観光では，まず観光客は決まって棍棒をもつマオリ戦士を模した男性による緊張感を伴った対面儀礼を経験する．事前に説明を受けてはいるものの，目を大きく見開き舌を出すマオリ特有の威嚇パフォーマンスを目の当たりにすることによって，観光客は本物感あふれたマオリ文化を体感する．ほどなくマオリ女性による声高らかな歓迎の辞と盛大な歌によって緊張が解かれ，歓迎ムードに包まれながら観客は集会場内へ導かれる．そこは入念な彫刻や装飾が施された先住民族特有の美的価値観に満ちあふれた空間である．場内ではマオリ舞踊団が観光客と向かい合うかたちで一連の歌や踊りを披露して終始場を盛り上げる．陽気で和やかな雰囲気の歌舞もあれば，ラグビーナショナルチームのオールブラックスが試合前に行う舞「ハカ」のように荒々しいかけ声を伴うものもありメリハリが効いた構成で展開する．そこはマオリ伝統の集会場ではあるものの，現代的なライブ会場のような空気感に通じるものがあり，はじめてマオリ文化に接する者でも親しみを覚えやすい内容となっている．

●エコ・ツーリズムとマオリ文化　マオリが自然資源を活用した観光は少なくと

も1830年代まで遡ることができる．北島ロトルア周辺にかつて存在した「ピンクテラス」「ホワイトテラス」とよばれる世界8不思議の一つと称された石灰棚の景観を見学する観光は多くの観光客を引きつけたという．その景観は周辺で起きた自然災害によって随分前に消滅してしまっているが，以降マオリは祖先から伝わる集団所有の自然資源を活用し，各時代・各地域にて紆余曲折を経ながらも多岐にわたって観光事業を展開してきた．マオリの天地開闢神話で登場する「タネマフタ」（高さ50mを超すカウリの神木）はじめ幾千の巨木が生育する森，固有種の飛べない鳥キーウィが生息する野山，天高く熱水を噴出する間欠泉や色彩豊かな熱泉が湧き出る地熱地帯，星空のごとく輝くツチボタルが生息する鍾乳洞，海洋性大型哺乳動物と身近に出会える海など，近年の観光関連のHPやisite（アイサイト：全国にネットワークをもつ観光情報センター）が紹介する観光の対象は枚挙にいとまがない．楽しみ方もバリエーションに富む．野山に分け入って散策するもの，乗馬や四輪駆動車と組み合わせてアトラクション感覚で自然を満喫するもの，観光船に乗って紺碧の大海原に繰り出しクジラを間近で観察するものなど多様である．観光は個人のペースで楽しむものもあれば，他方，知識豊富な地元マオリガイドを伴うエコツアープログラムも充実し利用者が多い．後者は陽気でフレンドリーなスタッフがアテンドし，娯楽要素のみならず環境教育に資するツアーとして評価が高い．

●**マオリ・ツーリズムの発展**　白人が入植するはるか昔から，マオリは全土にわたって生活圏を展開し，豊かな自然の恩恵に預かりつつ，集落ではマラエを中心に独自の文化・社会を形成してきた．そんなマオリの営みは後に入植した西洋人の目には文化的差異を感じさせるにあまりある独自性を放つ存在として映り，そこへ向けられた興味関心とそれを受容しながら生活の糧として活かすマオリ側との利害関係がマオリ・ツーリズムを発祥させた．現代ではそれが同国の観光の主流にまで発展するに至り，先述した観光形態にとどまらず，宿泊施設運営，土産物製作や販売他，現代マオリの観光関連産業を構成する要素は多岐にわたっている．同国の観光業の形成プロセスを紐解くと，マオリ文化資源を観光の対象とするものを含め，かつては主導権の多くが白人側にあった．しかし現代のマオリ観光はみずからが主導する観光業としての基盤を確立しており，マオリの利益，ひいてはニュージーランドの国益に大きく寄与するまでに発展を遂げている．

［宮里孝生］

📖 **参考文献**

[1] 宮里孝生「マラエをめぐる観光人類学の考察—現代マオリの「伝統文化」と観光の相関性」『愛知県立大学大学院国際文化研究科論集』6：73-90，2005．
[2] 山村高淑他編『コミュニティ・ベースド・ツーリズム事例研究—観光とコミュニティの幸せな関係性の構築に向けて』CATS叢書3，北海道大学観光学高等研究センター，2010．

グアムの観光

◇◇◇

　観光はグアムの基幹産業である．日本において，グアムは代表的な海外ビーチリゾートの一つとして定着しており，中学・高校の修学旅行先としても注目されてきた．2014年にグアム政府観光局が発表した観光政策方針『ツーリズム2020』は，グアムでは観光産業が年間14億ドル（年間の企業収益の60％）と1万8000人分の雇用（アメリカ連邦政府以外の31％）を生み出していることを強調している．観光は米軍（基地）とともにグアム経済の両輪を担っているのである．

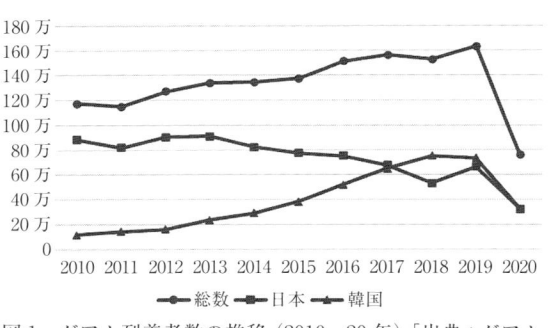

図1　グアム到着者数の推移（2010〜20年）［出典：グアム政府観光局の年報をもとに作成］

　1960年代にグアム政府は本格的な観光開発に乗り出した．1971年度には10万人を超える程度であったグアム到着者数は，1994年度には100万人を超え，2019年には160万人に達した．近年のグアム観光客増加の要因として，日本以外のマーケットの拡大があげられる．長らく日本からの観光客が全体の7〜8割を占めていたが，2010年代には日本からの観光客が減少する一方で，韓国，台湾，中国，ロシアからの観光客が増加しはじめた．2018年度には，北朝鮮のミサイル問題がこの傾向に拍車をかけ，ついに日韓の到着者数が逆転した．しかし，2020年にはグアム観光産業はコロナ禍で大打撃を受けた（図1）．

●**戦争の記憶**　ほぼすべての観光客は飛行機でグアムに到着し，A. B. ウォンパット国際空港（グアム国際空港）で「ハファデイ（*Håfa Adai*）」とチャモル語（グアムを含むマリアナ諸島の先住民チャモル（チャモロ）の言語）の挨拶で迎えられる．島の中央部のやや北側に位置するこの空港は，日本の占領統治時代に現地住民の強制労働によって建設された飛行場がもととなっており，米軍の再占領後には米軍の飛行場となった．

　多くの観光客は，空港からタモン地区の宿泊先ホテルに直行する．タモン地区を含むグアムの西側の海沿い（フィリピン海側）には，太平洋戦争の激戦地としての痕跡が残る．米海兵隊が上陸したアサン・ビーチやアガット・ビーチ，そしてそれらの周辺地区は，アメリカ内務省国立公園局が管轄する太平洋戦争国立歴

史公園となっている．島内には，太平洋戦争に関する展示のあるビジター・センターやミュージアムがあり，アメリカや現地住民の歴史認識を学ぶことができる．他方で，北部のジーゴには南太平洋戦没者慰霊公苑があり，戦後に主に日本人が建てた慰霊碑が並ぶ．近くには日本軍の最後の戦闘司令部壕跡がある．

　観光開発初期には，日本人の観光は「第2の侵略」とも受け止められた．20,30年前の支配者，それも虐待や虐殺などの加害者側の国民を観光客として受け入れることは，戦争体験者たちには容易なことではなかった．結果的に観光開発は受け入れられていったが，戦争で受けた被害が忘れられたわけではない．

●**チャモル（チャモロ）文化復興運動**　タモン地区の通称ホテルロード沿いには，リゾートホテル，免税店，レストラン，レンタカー店などが建ち並ぶ．これらのホテルの中には，古代チャモルの再埋葬の慰霊碑が設置されているところもある．かつてチャモルは海沿いに村を形成し，死者を住居下に埋葬していた．そのため，この地区でのホテルなどの建設工事で多数のチャモルの遺骨が発見され，1980年代以降に遺骨の扱いをめぐる抗議活動が起こったり，慰霊祭が開かれたりしてきた．

　南国の夜には，ホテルのレストランやバーでダンスショー付きの食事が盛り上がる．ハワイのフラ，タヒチアン，サモアンなどのポリネシア系のダンスが定番である．実はグアムでは，植民地支配の結果として，他の太平洋の島々でみられるような伝統的な踊りが失われてしまった．しかしながら，1970年代以降に太平洋芸術祭などを通して他の島々との文化的交流が進む中で，1980年代になってグアムで伝統的な歌や踊りの再創造を試みる者たちが出てきた．今やグアムと北マリアナでは老若男女がチャモルの歌と踊りをたしなむ．さらに，2016年には第12回太平洋芸術祭がグアムで開催され，島外からの多くの人々が歌，踊り，言語，工芸，カヌー製作などを含むチャモル文化の復興を目の当たりにした．近年ではホテルや観光地でチャモル・ダンスのショーが行われるようにもなっている．チャモル文化の復興運動が，グアム観光をも変化させている．

　同年には新生グアム博物館が開館した．以前は他の場所にあった博物館が台風の被害によって2002年に閉館し，その後も他施設を借りた臨時開館しか行われていなかったため，島内外の多くの人々にとって待望の再開でもあった．グアムの人々は，展示を通じて，島の歴史や文化をどう捉え，どう伝えるかという課題に苦闘している．グアムの新たな観光スポットとして注目される．　　　［長島怜央］

📖 参考文献

[1] 長島怜央「観光と文化—マリアナ諸島グアム・サイパンのチャモロの歌と踊りの歴史」『国際観光学研究』1：84-92, 2021.

篠遠喜彦
（考古学者）

篠遠喜彦は，太平洋考古学の開拓者の一人として広く知られた考古学者・人類学者である．

●**生い立ち**　1924 年に遺伝学者篠遠喜人の長男として東京に生まれ，自由学園在籍中に縄文時代の遺跡調査を通じて考古学に目覚めた．第 2 次世界大戦中は満洲で農業試験場に勤め，戦後は市川の日本考古学研究所に属し，G. グロートらとともに姥山貝塚などの調査研究に従事した．1954 年，旧石器文化を学ぶため渡米したが，途上のハワイでビショップ博物館の人類学者 K. P. エモリーに認められ，爾来 60 余年，同博物館に属してポリネシアの人類史解明に多大な貢献をした．

●**調査と研究**　ハワイの歴史を究明する過程で，土器のない先史ポリネシアでの編年指標としていち早く釣針の形態変化に着目し，またマルケサス諸島をはじめとする太平洋各地の遺跡を精力的に調査し，物質文化の比較研究を進めた．その成果をもとに，1968 年にポリネシアにおける人類の移動・拡散経路のモデルをエモリーとともに初めて提唱した．その後年代観などの修正は加えられたものの，この未解決のテーマに基本的な指針を示した業績は今日も高く評価される．

また，終生のフィールドと定めたタヒチでは，70 年代以降，石造の祭祀場（マラエ, *marae*）や集落址の集中するフアヒネ島の遺跡調査に専従した．なかでもヴァイトオティア，ファアヒアの水没遺跡では木製品などの有機遺物が多数出土し，古代の外洋航海用ダブルカヌーの構造や石斧の着柄方法，ニュージーランド・マオリと関連する武器（パトゥ, *patu*）の存在など，多くの事実が判明した．祭祀場と住居群が混在するマタイレア丘陵遺跡では 10 年以上にわたって調査を進め，その稀有な構造を明らかにし，タヒチにおけるマラエの編年案を提示した．

篠遠は遺跡の発掘調査後には必ず遺構の復元を行った．これは，倒壊し放置された遺構を復元することで，地元民の祖先や出自に対する意識を高め，ポリネシア人としての誇りを回復させるためであった．2017 年に世界遺産に登録されたライアテア島のマラエ・タプタプアテアをはじめ，タヒチ周辺の多くの遺跡を復元したが，これらの遺跡は観光資源となり，経済的にも地元民に貢献した．

さらに破壊された遺跡の記録や復元した遺構の整備・保存にも腐心した．ラパ・ヌイ（イースター島）では海に落ちた小型のモアイの引き上げやモアイの風化防止薬の試験，倒壊した遺跡の測量など，さまざまな保存関連の作業を行っている．

一方では，地域の歴史は外国の研究者ではなく地元民によって調査・研究されるべき，という信念から現地教育を重視し，タヒチやヤップなどで文化意識の高い島民を集め，遺跡の測量や発掘などの調査技術を教えた．

　　篠遠の仕事の最大の目的は，学術的な成果のみならず，考古学を通じて太平洋各地の住民の未来に貢献することであった．また，あくまで現場主義を貫き，理論よりも出土遺物・遺構という事実の分析を重視し，昨今流行する絶対年代測定などの理化学分析に頼り過ぎることなく，考古学の王道を歩み続けた．

　　1995年に勲五等双光旭日章，2000年にはフランス領ポリネシア政府によって「タヒチ・ヌイ勲章」を授与され，シュバリエの爵位を受けた．またその業績を記念して，絶滅種の渉鳥や交配種のハイビスカスの学名に篠遠の名が冠された．

　　晩年はビショップ博物館で長らく務めた人類学部長から K. P. エモリー上席特別研究員となり，膨大な資料整理と多くの研究者やマスコミの対応に忙殺された．また各地で先史ポリネシア文化に関する講演を行い，教育・普及に努めた．

　　1994年には荒俣宏との対談形式で自身の考古学人生を綴った『楽園考古学』（平凡社）が出版され，2016年にはその英語版 *Curve of the Hook: Yosihiko Sinoto, an Archaeologist in Polynesia* もハワイ大学出版より上梓され，ハワイ出版協会よりノンフィクション部門賞を受賞した．2017年10月4日，93歳で亡くなった．

●**人物**　学術的な厳しさに反して，人柄は温厚で磊落，ユーモアに富み，特に調査スタッフや調査地の住民に対する愛情の深さには並々ならぬものがあった．どの島でも積極的に作業員を雇用してともに働き，老若男女を問わず親しく語り合い，長い年月をかけて現地民との深い信頼関係を築いた．その結果，ポリネシア各地で慕われ，どの島へ行っても往来の人々から「シノト！」と声がかかった．タヒチでは人気歌手の B. ホルコムによって「タオテ・シノト（篠遠先生）」という歌までつくられ，「我々は先生と古代を学ぶ」と歌う軽

図1　フアヒネ島で地元民と談笑する篠遠 [2004年8月筆者撮影]

快なメロディは現地のラジオのヒットチャートを賑わせた．

　　無類の釣り好きで，どの島に調査に向かうときも調査用具とともに釣り道具を必ず持参した．釣針研究の第一人者は腕のよい釣り師でもあった．

　　なお，夫人の篠遠和子は日本人のハワイ移民史の研究者であり，調査に明け暮れた夫の留守を守りながら，ビショップ博物館の移民資料の収集および研究を精力的に進め，*A Pictorial History of the Japanese in Hawai'i 1885-1924* と『図説　ハワイ日本人史 1885〜1924』（ともに Bishop Museum Press, 1985）を著した．　[林 徹]

📖 **参考文献**

[1] 秋道智彌・印東道子編著『ヒトはなぜ海を越えたのか─オセアニア考古学の挑戦』雄山閣，2020.

[2] 林 徹「篠遠考古学における遺跡の復元と保存」『季刊民族学』43(3)：66-75, 2019.

ビショップ博物館
（ハワイ）

ダニエル・K. イノウエ国際空港から高速道路をワイキキに向って走ると，ハワイの政治・経済の中心地ホノルルのダウンタウンにかかる手前，山側にひときわ目をひく古く重厚な石造りの建物を見つけられるだろう．通称，ビショップ博物館である．博物館の建物は 1889 年の開設当時のたたずまいを今に伝え，アメリカ歴史登録財にも登録されている．1 世紀を越えて今日，ビショップ博物館はハワイをはじめ太平洋の島々の文化史や自然史に関する壮大な遺物，資料を収集し保存する研究機関である．訪問者はその収蔵物の展示や，サイエンスホール，プラネタリウムで，オセアニアとりわけハワイの文化や歴史，自然について学ぶことができる．

図 1　ビショップ博物館［出典：https://www.loc.gov/pictures/item/hi 0042 .photos.058047p］

ビショップ博物館（正式名 Princess Bernice Pauahi Bishop Museum）は，カメハメハ王家の最後の直系末裔であった亡妻バニース・パウアヒ王女の名を冠して，その遺産を保管する教育的施設として夫 C. ビショップによって設立された．19 世紀後半ハワイで政府の要職も務めた実業家として活躍したビショップはともに訪れたヨーロッパ各地の博物館で，ハワイにもハワイ文化の遺産を伝え遺すために博物館が必要という思いをパウアヒと共有したと考えられる．パウアヒは王位を継承しなかったが，カメハメハ王家に伝わる品々や土地を相続することとなり，そのほぼすべての財産を後世のハワイアンの教育に捧げること，一切の管理をビショップに託することを遺言に記していた．こうしてカメハメハ王家の遺産がビショップ博物館の原初となった．ハワイのアリイ（首長）を象徴する鳥の羽製のマントや装飾品などは貴重な収蔵品である．バサルト溶岩石造りのビショップ博物館は，先に設立していたカメハメハ・スクール（ハワイアンの血をもった子弟のための最初の学校）の一角に建てたものである．

●ハワイ王国の終焉と博物館の植民地主義　1892 年に博物館が収蔵物をはじめて学外に公開するにあたり，最初のゲストとして来館し記帳したのはパウアヒの義妹でもあったリリウオカラニ女王であった．翌年 1893 年 1 月，アメリカ人勢力の策謀によりハワイ王政が転覆され，王国が終焉を迎えるわずか半年前のことである．遡れば J. クックの来航以来ハワイにもたらされた文化，社会，経済，政治の変容が，ネイティブな文化や人を抑圧し，弱体化させ，やがてハワイアンに

よるハワイという国を奪うことになった．その危機の予感が，ハワイ文化を伝え
遺す安全な場所としてのビショップ博物館を生んだともいえる．
　カメハメハ王家伝来の文化遺産をハワイアンのために保存することに始まった
ビショップ博物館は，20 世紀，アメリカ領土となったハワイで太平洋地域随一の
研究機関に発展していく中で，征服者がつくる征服者のための「博物館」という
植民地主義の舞台になっていった．アメリカ合衆国の準州として半世紀，1 州と
して半世紀，ハワイ文化の展示にそれは色濃く表れた．主展示室ハワイアンホー
ルではハワイ文化は過去の遺物として他者の視点と言葉で陳列されていた．20
世紀が終わる頃，その展示こそが「（植民地的）展示の歴史的展示」と揶揄する声
が聞かれた．

●**ハワイアンの文化的覚醒，博物館の脱植
民地化**　2009 年，ビショップ博物館はハワ
イアンホールの展示を 3 年かけて刷新し，
再開館した．おりしも，先住民の遺物の先
住民への返還や展示の修正が西欧の博物館
の脱植民地主義化として潮流となってい
た．ハワイでは王国転覆から 100 年（1993
年）のハワイ復権運動の高まりにみられる
ようにハワイ文化や主体的権利の覚醒が顕
著となっていた．新しい展示は，そうした
ハワイアンの声を映し出すものになってお
り，ハワイの神々，ネイティブ・ハワイア
ンの生活文化や技術，王国からその転覆を

図 2　展示刷新後のハワイアンホール，
神代の時代（1 階），ハワイ人の暮らし
（2 階），ハワイ王国から現代へ（3 階）
［2012 年 9 月筆者撮影］

経て現代へと，3 階に至る展示を通してハワイの文化と歴史がハワイアンの視点
と言葉で通史的に語られるように工夫されている．以前の展示になかったハワイ
アンの人口激減や王国転覆の歴史も表されている．再開館したビショップ博物館
は「ハワイアンの利益に奉仕し，代表すること」がその主たる目的であると表明
した．ハワイアンホールを「リストア（復元）」することは，ビショップ博物館の
原初のハワイアン・アイデンティティの復元とみずからの脱植民地化を意味して
いる．今日，ビショップ博物館を訪れる人には，現代に伝え遺されているハワイ
文化と歴史が，ハワイアンの生きた声を通して感じられる場所となっている．

［大林純子］

📖 **参考文献**
［1］ビショップ博物館公式 Web サイト（https://www.bishopmuseum.org）.
［2］Gon, S. M. et al., *Restoring Bishop Museum's Hawaiian Hall*, Bishop Museum Press, 2009.

13

オセアニア世界と日本

[担当編集委員：飯高伸五]

概　説

日本列島とオセアニアの島々は海で隔てられているが，伊豆・小笠原海溝はマリアナ海溝と連なり，九州から沖ノ鳥島を経由してパラオ諸島へと九州・パラオ海嶺が連なる．地理的な近接性により，両地域の関係は深いが，溝も深い．

●人的交流と外交　まず近代以前から黒潮などの海流によって漂流民の往来があった．明治時代以降には，近代化が進む日本からオセアニアへ新天地を求めて多くの人々が移動していった．アラフラ海で白蝶貝や真珠貝採取に従事した人々（☞「木曜島と真珠貝」），ニューカレドニアのニッケル鉱山で労働に従事した人々，フィジーやハワイ諸島でサトウキビ栽培に従事した人々などである．ハワイ諸島や日本統治下のミクロネシアでは，日本本土および沖縄からの移民・移住者が大きな存在感をもつようになった（☞「日系移民」「沖縄系移民」）．太平洋戦争後には，日本が経済発展を遂げる中でオセアニアは観光地として人気を博し，新たなライフスタイルを求めて移住する人々も増えていった（☞「移り住むオセアニア」）．近年では，日本人の配偶者として日本で暮らすオセアニアの人々や，日本のスポーツ界の頂点に登りつめたオセアニアの人々もいる（☞「日本で暮らすオセアニアの人々」「スポーツ選手」）．

近年の外交関係でも，オセアニアへの注目度は高くなっている．日本は1997年以来，太平洋・島サミットのホスト国となり，オセアニア諸国との関係強化をはかってきた（☞「太平洋・島サミット」）．オーストラリアやニュージーランドを中心に日系企業も進出し，メラネシア地域，なかでもパプアニューギニアの豊富な天然資源にも関心が高まっている（☞「日系企業」）．中華人民共和国（中国）と台湾が，オセアニア諸国との外交競争を繰り広げる中で，すでに開発援助の実績を積んできた日本の立場には一定の特性が認められる（☞「日本の開発援助」）．外交戦略でも，中国の進出を念頭に置きつつ，法の支配，航行の自由，紛争の平和的解決，自由貿易などの推進を掲げた「自由で開かれたインド太平洋」が構想され，オセアニア諸国はその重要な一角を占めている．国際政治学の分野では，すでにオセアニアに強い影響力をもっているアメリカ合衆国から距離を保ちながら，日本を中心に台湾，東南アジア諸国，太平洋島嶼国，オーストラリア，ニュージーランドなどが緩やかな西太平洋連合を形成すべきだという構想が表明されている（文献［1］，p.24）．

●近くて遠いオセアニア　それでもなお，オセアニアは日本にとって「近くて遠い」．人的交流および外交などの面で緊密な関係が築かれてきた点では確かに「近い」が，特に観光などの分野で歪曲されたオセアニア像が描かれ，消費されて

きた点では「遠い」ままである．近代以降の日本人の移民や移住は単なる人的交流ではなく，南進論，帝国主義的拡張，経済的格差などが影を落としていた（☞「南洋群島統治」）．「鬼」「喰人」「首狩り」「怠惰」「未開」などの表現に象徴されるように，文明から隔絶した，人間ならざる存在として，オセアニアの人々をみるまなざしは，日本社会の人口に膾炙し，差別や偏見を助長してきた（☞「日本のオセアニア観」）．現在ミクロネシアに残る日本語の語彙や（☞「ミクロネシアの日本語」），同地域が輩出した「日系」大統領の存在は（☞「日系の大統領」），同地域における親日感情の現れであるという歪曲したメディア表象が氾濫しているが，それらは何よりも日本統治の爪痕である．アジア・太平洋戦争では，日本軍が南洋群島から南方のニューギニアやソロモン諸島へと展開し（☞「アジア・太平洋戦争と日本軍」），戦後は戦争当事国である日米および連合国の観点を中心に慰霊や顕彰が行われてきたが，戦争に巻き込まれた地域社会の観点は看過されてきた（☞「戦没者慰霊と遺骨収集」）．

●**相互理解に向けて**　過去の帝国主義や現在の経済的格差などの政治経済的背景を看過せずに，オセアニアと日本の関係性を認識するためには，同一の地平で両地域を認識しつつ，オセアニアからの異議申し立てに真摯に向き合う必要がある．現代観光の中で，オセアニアの島々は楽園としてイメージ化されるが，日本人観光客のまなざしに人々の生活実態は映し出されない．ハワイの先住民運動家ハウナニ=ケイ・トラスクは，大挙して押し寄せる日本人観光客が伝統文化を破壊していると手厳しく批判した（文献［2］，p.63）．それほど急進的な批判でなくても，戦後日本の経済的進出が，過去の帝国主義的拡張や軍事進攻に続く営為として批判的に受け止められることもある．適切な歴史認識や環境意識に基づいた観光のモラルが求められるであろう．

　広島と長崎に投下された原子爆弾を載せた米軍の爆撃機は，米軍占領以前に日本統治下にあったテニアン島から飛び立った．戦後は，1954年3月1日の第五福竜丸の被爆を契機に日本国内でも原水爆禁止運動が盛り上がりをみせた．原水爆禁止日本協議会によるビキニ・デー集会のように，オセアニアの人々と連携した反核運動は継続している（☞「第五福竜丸」）．しかし，過去には日本の核廃棄物投棄の計画，現在では福島第1原子力発電所事故後の汚染水処理に対して，オセアニアの人々が敏感に反応し，反対の声をあげていることに日本社会が十分な関心を示したとはいえない．世界地図でオセアニアの島々がみえにくいように，隣人であるオセアニアの人々の声がまだ届きにくい社会に私たちは生きている．　［飯髙伸五］

📖 **参考文献**
［1］北岡伸一編『西太平洋連合のすすめ—日本の「新しい地政学」』東洋経済新報社，2021.
［2］トラスク，H. -K.『大地にしがみつけ—ハワイ先住民女性の訴え』松原好次訳，春風社，2002.

日本のオセアニア観

日本で最初にオセアニアの人々について言及した図書が，1254 年に出版された『古今著聞集』であるといわれている．その中で，南方からの漂着民と思われる人物を，皮膚の色が赤黒く裸体に腰蓑をまとい，イレズミをほどこした者として描くとともに，その人物を「鬼」と表現している．異人をみたときに鬼と表現するのはさして不思議ではなく，時代を下って 19 世紀になっても，やはりオセアニアの人々を鬼と表現している記述がみられる．1793 年に遭難した若宮丸の乗組員らは，遭難後ロシア船に助けられ，ロシアでしばらく暮らした後，1804 年に帰国したが，日本に戻る途中にマルケサス諸島に立ち寄り，その人々の姿を，船中で聞いた話として記述している．それによると，この島の人々は背丈が高く容貌はまるで鬼人のようだという．そして島民を描いた絵では，足の爪が獣のように鋭い鉤爪に描かれている．マルケサスの人々には食人慣行があるとロシア人に聞かされていたことも，こうしたイメージを形成していたようである．一方，白人らの説明による先入観をもたなかった人々も，オセアニアの人をはじめてみたときに鬼と表現している．1820 年に暴風雨にあってパラオ諸島に漂着した神社丸の乗組員は，パラオの人々をみて，色が黒く裸で，裸足で歩き，鬼のように恐ろしい姿をしていると述べている．

●**黒い肌の人間への蔑視**　ところで，ロシア船に助けられた若宮丸の乗組員はハワイにも立ち寄っているが，彼らの中にはハワイの人々は日本人に似ているという感想をもった者もいた．さらに 1841 年に遭難し，アメリカ船に助けられたジョン万次郎も，ハワイやグアムの人々は日本人に似ていると考えていた．万次郎は今日でいうアジア系のようなくくりを察知していたようであるが，鬼のようなイメージとは別に日本人に近い人間としての描き方が出現してきたといえる．1860 年にハワイに立ち寄ったアメリカ使節団の一人も，ハワイの島民をみて同様の思いをもったという．ただし，ハワイ人を人間としてはみたが，日本人よりも劣った人間であるという意識が働いていたようである．島民の衣服は西洋人と同じようだが粗末で，彼らは粗野で下品で怠惰である，という記述が残っている．そしてハワイの国王カメハメハ 4 世と謁見するときも，国王といえども「酋長」と同じなので，旅じたくのままで会うことにすると述べ，王を「容貌黒醜」と表現している．さらに，この使節団に随伴した咸臨丸に乗っていた福沢諭吉も，『福翁自伝』の中で，土人の風俗は汚く蛮民というより他ないと論じている．そして国王についても，国王といっても羅紗の服を着ているだけで，家も日本でいえば中くらいだし，宝物をみせてもらったが鳥の羽でつくった敷物に過ぎず，皇帝と

いってもアマ村の漁師の親方ぐらいだ，と述べているのである．

1860 年当時のハワイは西洋文化の影響が強く，使節団がアメリカ人の先導で見学した印刷屋，写真屋，ガス工場，馬車などは，すべて西洋の物質文明のなせるわざであった．また出された料理も西洋料理，国王との謁見も西洋式マナーに則り行われていた．そして，使節団は西洋文明を目の当たりにして驚嘆している．したがって，使節団の一行は西洋との比較もあってハワイの島民をかなり粗末で粗野であるというような印象をもっ

図1　17 世紀に来日した「南蛮人」の一行〔アムステルダム国立美術館所蔵〕

たのだろう．さらに，ハワイ人は日本人と顔立ちが似ていても色が黒いという点も，蔑視の根底にあったといえる．ただ，黒い肌の人間を卑下する見方は，16 世紀頃までは日本ではみられなかったといわれている．イエズス会の宣教師の一行としてアフリカの黒人が同行していたが，信長は物珍しさもあって，大変気に入ったという．しかしこうした一行に同行していたアフリカの黒人は白人宣教師たちの召使，あるいはそれ以下の地位にあり，野蛮で下等であるという扱いを受けていた．そして 17 世紀になると，西洋における黒人への偏見が蘭学者によってそのまま輸入され，黒い肌の人々は獣並みの存在であり，人倫をわきまえず愚鈍であるというイメージが広がってきたのである．オセアニアの人々をみたときにまず色が黒いと描写しているが，黒人一般に対する差別の視点がハワイの島民や王でさえ蔑視する見方を支えていたといえよう．

●辺境としてのオセアニア　ところで，オセアニアは西洋からは地理的にも歴史的にも世界の辺境として位置づけられていた．しかも，19 世紀の社会進化主義の影響のもと，オセアニアの人々は西洋がはるか昔に通り過ぎた石器時代を未だに生きているとみられていた．西洋を手本として近代化を進めようとしてきた明治時代以降の日本は，この西洋のオセアニア観をそのまま輸入することになる．そして，それに黒人差別イメージが重複してオセアニア観が確定していくのである．

日本人に似ているとされたポリネシアやミクロネシアの人々と比べると，黒人としての範疇でくくられたメラネシアの人々は，さらに差別の対象として特化されていくことになる．アメリカでは，19 世紀にはポリネシアとメラネシアが明確な対比をもって扱われていたが，それは，「文明への道を歩みつつあるキリスト教徒の住むポリネシア」と「宣教師たちをも殺害し食べてしまう野蛮な食人種の住むメラネシア」という表現に現れていた．そして日本もこうした視点を共有して

きた．1930 年に発表された《酋長の娘》という歌は，ミクロネシアのチュークに
移住し，首長の娘と結婚した森小弁をモチーフにした作品といわれているが，歌
の舞台はマーシャル諸島であり，〈色は黒いが南洋じゃ美人〉という歌詞にあるよ
うに肌の色の黒さを歌っている．また〈明日は嬉しい首の祭り〉という歌詞では，
首狩り族，あるいは食人族をにおわせる言い回しで，南洋の人々を卑下した扱い
をしている．しかし，それでもまだオセアニアに対する見方としてはましなほう
であろう．1933～39 年まで連載が行われた漫画『冒険ダン吉』では，真黒な肌を
した食人族の「蛮公」とよばれる南の島の島民たちは，漂着した日本人の少年を
王と仰ぎ，少年は彼らを臣下に従えながら文明を築いていくという話が展開され
る．その中では，王となった少年が，「蛮公」はみんな黒くて見た目が同じなので
名前が覚えられないということで，彼らの胸に白い塗料で番号を書いてそれを名
前として使うという場面も登場する．舞台となった南の島は，メラネシアの島と
考えて間違いなさそうであるが，物語には，そこに住んでいる黒い肌をした人々
は未開で劣っており，日本人の少年であっても彼らを支配して文明化することが
できるという視点が見出せるのである．

　1943 年に出版された秋本貫一の『南太平洋踏査記』では，ニューギニアが描か
れているが，秋本は「離島や山奥深くに入れば獰猛な食人種・毒蛇・鰐等も沢山に
棲息している」と述べ，ニューギニアの奥地にいる人々を食人族とし，彼らを毒蛇
やワニと同列に扱っている．そしてこうした視点は，第 2 次世界大戦後も引き継
がれていく．1953 年に日本でテレビ放送が開始されたが，1960 年代にはすでにメ
ラネシアを紹介する番組が登場している．そして
その 80％以上がニューギニアを対象としている．
日本との対比を顕著なものにするためにニューギ
ニアが選ばれたと思われるが，当地を指し示すの
に使われている表現が，「奥地」「原始」「原住民」
「石器時代」「未開」そして「秘境」なのである．
この点は，出版物でも同じである．1960 年代に出
版されたメラネシア関連の図書のほとんどは
ニューギニアを対象としており，そのタイトルと
して使われている言葉が，「人喰人種」「首狩り族」
「さらば文明」「秘境」などである．しかし，1970
年代からこうした表現は劇的に減少する．文化人
類学者による民族誌的な著書が増加したこともそ
の原因にあると思われるが，旅行記においても侮
蔑的な表現はなくなっていく．ところが，テレビ
番組はそれとは異なり，侮蔑的傾向は 1970～2000

図 2　『人喰人種の国—秘境ニュー
　　ギニア』（二見書房，1961）の書
　　影

年に入る頃までも，変わらない．さすがに近年に近づくにつれて，人喰人種など
の言葉を使うことは避けられるようになってきたが，ニューギニアをはじめとし
たメラネシア世界は．近代的な世界から隔絶されたところで，文明度の低いとこ
ろである，という見方は続くのである．例えば，2000 年に放送されたフジテレビ
の『世界超密着 TV！ ワレワレハ地球人ダ』で描かれたバヌアツ人や，同じフジ
テレビで 2002 年に放送された『あいのり』で登場するパプアニューギニア人は，
「弓や槍で襲ってくる肌の黒い裸の未開人」として描かれているが，それはまさし
く，『冒険ダン吉』の「蛮公」の描き方と同じであるといえるのである．

●**楽園と秘境のイメージ**　とはいえ，21 世紀に入ってからは『冒険ダン吉』にみ
られるような露骨な植民地主義的な視点は消え，異文化交流の視点を前面に押し
出すような描き方が増えてくる．ただ，19 世紀にアメリカで描かれたポリネシア
とメラネシアの対比的イメージは，そのまま日本でも引き継がれているようにみ
える．例えば，ポリネシアは，「鮮やかな海の青と豊かな森林の緑，そして眩しく
降り注ぐ太陽の光」というタヒチの観光パンフにみられるように楽園としてのイ
メージで語られ，メラネシアは，「最後の秘境」「原始と現代が交錯する国」とい
うパプアニューギニアの観光パンフにあるように，秘境というイメージで語られ
る．まったく正反対のイメージのようにみえるが，注意する必要があるのは，楽
園も秘境も，どちらも文明から遠い辺境というイメージの二つの側面に過ぎない
ということである．しかも，楽園イメージは特定の地域に限られており，そこで
は，文明の側の観光客が満足できる設備，機材，施設が揃ってなければならない．
もしそれらがなければ，やはりただの辺境であり，それは秘境に容易にすり替わ
るのである．

　近年に至っても，こうしたオセアニアを辺境，秘境とみる見方は消えることが
ない．例えば，テレビ東京で不定期に放送されてきている『秘境の地からやって
きた！仰天ニッポン滞在記』という番組がある．この番組は，秘境の地の一家族
を日本に招待し，日本の家族と異文化交流をする様子を描いたものだが，2011〜
17 年まで放送された 12 回の番組のうち，なんと 11 回がオセアニア地域を対象と
していたのである．オセアニアがいかに秘境イメージと結びついているかがわか
るであろう．しかも，先ほどいったように露骨な植民地主義的視点は出てこない
が，この番組でも，秘境の地の人々が日本の文明の利器に驚いている姿を描き，
文明国の日本が彼らに恩恵をもたらす，という構図が見え隠れする．その意味で
も，『冒険ダン吉』における日本人とオセアニアの人々の優劣関係がかたちを変え
て継続しているといえるのである．　　　　　　　　　　　　　　　［吉岡政徳］

📖 **参考文献**
[1] 石川榮吉『日本人のオセアニア発見』平凡社，1992.
[2] 白川千尋『テレビが映した「異文化」—メラネシアの人々の取り上げられ方』風響社，2014.

科学者の南洋

◇◇

　1914年，第1次世界大戦に参戦した日本は，当時ドイツ領だったミクロネシア（現在のパラオ共和国，ミクロネシア連邦，マーシャル諸島共和国，北マリアナ諸島自治連邦区）に海軍を派遣し，無血占領する．その後，ミクロネシアは国際連盟の委任統治地域（C式）として日本の版図に組み込まれ，1922年には現地施政機関である南洋庁がパラオのコロール島に創設された．

　海軍による占領直後から現地での学術調査は始まったが，台湾や朝鮮，満洲などの他の植民地・占領地とは異なり，ミクロネシアには最後まで現地に高等教育機関が設立されることはなかった．したがって，日本統治時代，ミクロネシアで行われた科学研究は，内地から調査旅行で訪れた研究者によるフィールドワークが中心となった．そうした中，現地に置かれた唯一の純粋なアカデミック研究機関といえるのが，1934年に設置されたパラオ熱帯生物研究所である．

　そこで，ここでは，戦前，南洋群島とよばれたミクロネシアで日本の科学者が実施した調査研究の中から，特に(1)人類学者，考古学者による現地調査と，(2)パラオ熱帯生物研究所の研究活動に焦点をしぼって紹介しよう．

●**人類学・考古学**　日本海軍による現地占領直後の1914～15年にかけて，文部省は数回にわたり所轄の各高等教育機関からミクロネシアへ研究者を派遣している．海軍御用船に便乗して現地を訪れた研究者の専門領域は，地球物理学，地震・地質学，地理学，動植物学，医・薬学，農学，林学，水産学，農政学，経済学など多岐にわたる．これらの現地調査の成果は文部省編『南洋新占領地視察報告』（正編1916，追録1917）にまとめられたが，この調査に人類学者・考古学者として参加したのが，松村瞭（東京帝大理科大学嘱託，当時の役職，以下同），柴田常恵（同助手），長谷部言人（同医科大学副手）の3名である．彼らは，ミクロネシア全域で現地住民に関する民族調査や生体計測，考古学的遺物の発掘調査などを実施したが，とりわけ松村が東大の紀要に発表した *Contributions to the Ethnography of Micronesia*（1918）は，当時のミクロネシア住民の様子を伝える貴重な資料となっている．

　その後，1927～30年にかけて，長谷部言人（東北帝大医学部教授［当時］）はミクロネシアで再び調査を実施し，計1700人にものぼる生体計測を行っている．最終年度には考古学者の八幡一郎（東京帝大理学部嘱託［当時］）も同行し，八幡はその後もミクロネシア各地で発掘調査を行ったが，ここで興味深いのは，1930年代後半，彼らがともに日本人の南方起源説の可能性を追求していたことである．

　日本とミクロネシアの系統的関係を証明しようとする彼らの試み——長谷部の場合は生体計測，八幡の場合は石器の起源——が成功したとは言いがたいが，彼らが南方起源説を主張したのは，1933年に国際連盟を脱退し，ミクロネシアを日本が委任統治し続けることの根拠が不安定になった時期にあたっている．したがって，日本とミクロネシアの「人種的」・文化的つながりを証明しようとした彼らの試みは科学研究が同時代の政治状況に左右される一例とみなすことができる．

●**パラオ熱帯生物研究所**　1934年，日本学術振興会によりパラオのコロール島に開設されたのがパラオ熱帯生物研究所である．サンゴを中心とする熱帯生物を対象とし，内地から派遣される若手を中心とする研究員（計29人）が交替で滞在する小規模な研究所だったが，サンゴを中心とする熱帯生物の研究で当時，世界トップクラスの業績を誇った．例えば川口四郎（戦後，岡山大教授）によるサンゴと褐虫藻の共生現象の解明は，その後のサンゴ研究の出発点となるものとして，現在でも高く評価されている．

　派遣された研究員の多くが30歳前後の若者だったこともあり，現地住民との交流も盛んだった．例えば，貝類やサンゴの行動研究でユニークな業績をあげ，戦後は少年少女向け科学啓蒙書の作家としても活躍した阿部襄（戦後，山形大教授）は，研究所に隣接するアラバケツ集落の子どもたちとの交流を書き残している．また，同集落の首長の娘と恋仲になり，所長である畑井新喜司（東北帝大理学部教授）の怒りを買い，内地に呼び戻された研究員もいた．結局，その研究員は研究者になる道から外れてしまったが，恋人だった女性は若い頃の思い出として長年，彼の写真を持ち続けていた．

　しかしながら，パラオ熱帯生物研究所も，日本とミクロネシアをめぐる国際情勢と無縁ではありえなかった．南洋群島の実質的植民地化が進むにつれて，南洋庁は研究所に現地開発につながる研究を期待するようになり，アジア・太平洋戦争開戦直前には，南進政策の国策化に伴い，研究所は「科学南進」の拠点とも目されるようになった．

　だが，太平洋戦争開戦後，内地と南洋との行き来は困難になり，結局，研究所も閉鎖に追い込まれることになる．1943年，研究所は完全に閉鎖され，備品などは海軍が新たに創設したマカッサル研究所に移管された．　　　　　　［坂野　徹］

📖 **参考文献**

[1] 坂野　徹『〈島〉の科学者——パラオ熱帯生物研究所と帝国日本の南洋研究』勁草書房，2019.

南進論

∞∞∞∞∞∞∞∞∞∞∞∞∞∞∞∞∞∞∞∞∞∞∞∞∞∞∞∞∞∞∞∞∞∞∞∞∞

　本項では明治時代の日本における，南進論，南進思想について，海外移民，移住・殖民政策も含めて述べる．明治からの南進論には，それらの思想の重点という視点から三つに分類できる．なお，ここでいう南洋・南方とは，東南アジア，太平洋島嶼部，オーストラリアやニュージーランドなどを含む漠然とした地域概念であった．また，植民は植民地への移住，殖民は植民地以外の移住を指す．

●移住の南進論　第1は，南洋・南方への殖民・移民に重点を置く南進論である．日本人の海外移住論，人口問題と移住論が論点の中心となる南進論である．榎本武揚，志賀重昂などがこれに近い考え方である．

　榎本は，幕末・明治の著名な政治家であるが南米への日本人殖民政策を推進し，メキシコ榎本殖民として実際に移民を送った．志賀は，第1回ハワイ移民の聞き取りを行い，彼の著書『南洋時事』において，ハワイ移民の現状について日本移民の実態は風評の如く悪い条件ではないとし，積極的な移住論を展開した．志賀が展開した移住論は，移民奨励論で，明治時代の典型的な移民論である．日本人が世界に出かけ，日本に帰国し，新しい知識や労働法，資本を得て，日本の過剰人口対策になるというのが，志賀の日本移民に対する主張である．殖民・移民に重点を置く南進論者には，その他に若山儀一，恒屋盛服，武藤山治等がいる．

●企業進出の南進論　第2は，日本人の殖民を伴った南洋・南方への貿易や企業進出，海外への投資に重点を置く南進論である．田口卯吉，菅沼貞風，服部徹などがこれに近い考え方である．田口は，『日本開化小史』の著者として，また自由主義経済を唱え，『東京経済雑誌』を創刊した明治時代のジャーナリストとして著名な人物である．田口は，1890（明治23）年に南島商会という貿易会社を設立し，帆船天祐丸で，小笠原島から，グアム，ヤップ，パラオ，ポネピ諸島（ポーンペイ）などの南洋を巡航し，約半年間南洋諸島の航海を行い，貿易も試みたという，当時としてはきわめて珍しい経験をした．南島商会が南洋貿易の先駆者であったことは注目に値する．田口は，その後『東京経済雑誌』等で，日本の南洋諸島への貿易，交通，殖民・移民などの促進を説いた．菅沼は，明治初期という日本の海外進出の黎明期にフィリピンに渡り，日本の南方進出を象徴する伝説的な人物である．菅沼は，『新日本の図南の夢』で，東南アジア・南方への日本人の積極的な進出を説き，明治時代の青年の南方進出への当時の考え方や憧れを象徴している．服部は，『南洋策』で，ミクロネシアを中心とした南洋の島々での日本の通商貿易や殖民の促進を主張している．彼は，まずフィリピン群島で通商貿易を先に行い，漸次殖民の事業を拡張し，その後平和主義で南洋の諸島などに南下すべき

であるとしている．

　その他，明治時代のこのような貿易，投資，企業に重点を置く南進論として，鈴木経勲がいる．鈴木は，『南島巡航記』『南洋探検実記』『南洋風物記』等の，南洋諸島への探検記の著者として，明治時代に多くの読者を獲得した人物である．鈴木は，1890（明治 23）年に田口らとともに天祐丸で，南洋の島々の航海を行ったという特異な経験をもつ．その航海をもとに書かれたという探検記は，明治の日本人に南洋の島々への関心を呼び起こした．

●**植民地化としての南進論**　第 3 は，南洋・南方への植民地の拡張や侵略に重点を置く南進論である．樽井藤吉，竹越與三郎等がこれに近い考え方である．樽井は『大東合邦論』において，日本と韓国を合邦し，さらに全アジアの諸民族が一致団結し白人の侵略を防御し日本を盟主とする大東亜連邦をつくり，南洋・南方へも進出すべきだという主張をしている．彼の思想は，政治的な南進策である，いわゆる日本の大東亜共栄圏の思想に通じるものがある．竹越は，『南国記』において，「南へ！ 南へ！」「熱帯を制するものは世界を制す」「南人の北進は不自然也」「我将来は南にあり」などの表現で，日本の南方進出の必然性を説いた．竹越は，マレーを中心とした南方諸国の重要性を指摘し，当時の日本で大きな反響を得た．

　以上のように，明治時代の南進論，南進思想は三つに分類できるが，共通点も多い．まず，南洋・南方地域への現地滞在，航行，旅行をもとにするか，またはその体験から触発された思想が多いことである．さらに，南洋・南方・ハワイ・南米等の資源，栽培に関心があること，日本人の殖民・植民・移民を伴っていることである．南進論，南進思想が生まれてきた明治 20 年代の日本の状況をみると，明治 22（1889）年に大日本帝国憲法が，明治 23（1890）年には商法が発布され，近代国家の法制が整いつつあった．明治 23 年頃には国内で第 1 次恐慌があり，人口過剰の問題などがあって，このような背景のもとに海外殖民論，南進思想が出現してきたのである．

　明治期の南進論は，その後の日本のアジアに対する国家政策，貿易，企業進出等に影響を与えた．また，日本人に，東南アジアなどの外南洋，南洋群島などの内南洋といった南洋・南方地域に対する関心を高めた．南進思想・南進論とともに，1895（明治 28）年に日本は台湾を植民地化したこともあり，日本人の南洋・南方への移民・殖民が増加し，日本企業の南洋・南方との貿易や企業進出が増加してきたのである．　　　　　　　　　　　　　　　　　　　　　　　　　　　［丹野　勲］

📖 参考文献

[1] 丹野　勲『日本企業の東南アジア進出のルーツと戦略―戦前期南洋での国際経営と日本人移民の歴史』同文舘出版，2017.
[2] 丹野　勲『戦前の南洋日本人移民の歴史―豪州，南洋群島，ニューギニア』御茶の水書房，2018.

日系移民
（ハワイ）

　今日，「日系移民（Japanese immigrants）」「日系人（Nikkei）」とよばれる海外に暮らす日本からの移民とその子孫たちは推定で約380万人となっている．日本から海外への移民はハワイから始まり，北米，中南米諸国へと続いた．台湾，朝鮮半島，満洲，南洋群島など，日本が植民地・勢力圏としていた地域へも特定の期間，移住が行われた．19世紀末以降，フランス領ニューカレドニアへの鉱山労働，オーストラリア領木曜島への真珠貝採集などに携わる移民も展開された．

●**ハワイへの移民**　日本から海外への本格的な集団移住は，1885（明治18）年にハワイ王国のサトウキビ・プランテーションでの契約労働に従事することから開始された．日本政府とハワイ王朝との間で結ばれた条約（官約）に基づき，サトウキビ農園で3年間働くためにハワイへ渡った「官約移民」という制度は，1894年まで続き，主に広島，山口，熊本，福岡から約3万人がハワイ諸島へ向かった．官約移民の6割以上は，ハワイでの貯金を携えて故郷へ戻ったと推定されているが，ハワイに永住したり，アメリカ大陸などへ移り住んだ人もいる．日系人たちは，1950年まではハワイ全人口の3〜4割を占め，2010年度のアメリカ国勢調査結果によると，ハワイ全人口の約136万人中，18万5502人（13.6％）であった．

●**日系6世の誕生**　日本からハワイへ渡った1世，子の2世，孫の3世，そして4世，5世と続き，2000年頃からは「日系6世」が誕生するようになっている．2002年に開館したJICA横浜海外移住資料館の常設展示における写真「6世が誕生したハワイのビッグ・ファミリー」には，官約移民時代，山口からハワイへ渡った1組の夫婦の孫にあたる世代から，そのまた孫やひ孫の家族および姻族たちが写っている．この1世夫婦は，1891年，ハワイに到着した．渡航時，妻は妊娠中であったため，ハワイに到着した年に2世が生まれ，その2世の長男にあたるのが，写真の中では最高齢の1910年生まれの3世の男性（椅子列の右端）である．この3世は，敬虔なキリスト教徒で，92歳になろうとしていた撮影時も，毎週，日曜日には教会へ通っていた．日系人の主な宗教は仏教であり，日本語教室や「ボン・ダンス（bon dance）」などが開催される仏教系寺院へ家族連れで通う場合が多いが，神道，キリスト教などを信仰する場合もある．

　この3世の左隣の4人は4世であり，椅子列の右から5番目の女性の左にいるこの4世の娘は5世であり，その膝の上に座っている息子が6世で，男児の父親は左側に座っている．1998年生まれのこの6世の男児は，日本の他にも，中国，フィリピン，ドイツ，アイルランド，ポルトガル，タヒチ，サモアなどからの移民や先住ハワイアンにもルーツをもつ．また，写真の椅子列の左から6番目，両

図1　6世が誕生したビッグ・ファミリー［2002 年 3 月マウイ島にてナガミネ写真館撮影，JICA 横浜海外移住資料館提供］

親に挟まれて座っている女児も 6 世であり，日本，中国，フィリピン，ポルトガル，ドイツ，先住ハワイアンにルーツをもっている．6 世の女児の家族は，ハワイ土産の定番のマカデミアナッツ・チョコレートを考案したといわれるハワイアン・ホースト（Hawaiian Host）社の滝谷（タキタニ）ファミリーにもつながりがある．

●**ハワイが生んだパイナップル・キングとアメリカ大統領**　先述の 3 世の息子の義母にあたる沖縄系移民 2 世の女性（後ろから 2 列目，右から 3 人目，筆者の縁戚）は，マウイ島で，「パイナップル・キング」とよばれた夫とともに，長年，パイナップル栽培に励み，子どもたちには大学教育まで受けさせ，長女と次女は他の多くの日系・沖縄系 3 世たち同様，小学校教師となった．その次女（立っている最前列の右端）が，ハワイ大学マーノア校教育学部の学生だった 1966 年，教育実習で訪れた小学校に，ハワイ生まれで元大統領の B. H. オバマ・ジュニアが在籍していた．オバマが大統領に就任した 2009 年，この 3 世は，「まさか，自分の教え子の一人が，将来，大統領になるとは！」と驚き，感動しながら，これこそ「アメリカン・ドリーム」が結実した一例だと語った．

　小さな島社会であるハワイでは，親族・姻族関係や同じ学校・職場などでの人間関係によるつながりが重用視される．つまり，顔の見える人づきあいにおいては，人種，先住民と移民，キリスト教徒と非キリスト教徒（異教徒）といった西洋近代社会がつくり出した排他的な 2 分法よりも，「何年に，どこそこの学校を卒業したクラスメート」といった身近な社会関係が頻繁に話題にあがる．

　日本からハワイへの移民開始から 140 年近くが経過し，6 世代目になり，日系以外の複数のエスニック背景をもつ人々も，家族の構成員として増えている．この写真の大家族のように，ハワイの日系の人々は，日本につながるルーツの経糸（たて）と，ハワイにひろがるローカルの緯糸（よこ）を織り混ぜながら暮らし，家族を，社会を，そして文化を築きあげてきているのである．　　　　　　　　　　　　　［城田　愛］

沖縄系移民
（ハワイ）

　沖縄から海外への移住は，1900年，ハワイ移民から始まった．2019年の沖縄県のデータによると，世界各地には約42万人の「ウチナーンチュ（沖縄系の人々）」がいるとされ，オセアニアでの主な移民先としてハワイに約4万5000人，グアムに250人，オーストラリアに22人，ニューカレドニアに15人が暮らしている．

●**沖縄からハワイへの移民**　沖縄県からハワイへの集団移住は，他県よりも15年遅れて開始された．移民当初，沖縄独自の言葉や生活様式，豚肉料理や養豚業，女性の手の甲へのイレズミ（針突）といった習慣，音楽や舞踊などは，ハワイの日系社会において他府県出身者から，区別・差別され，否定的に捉えられていた．プランテーション周辺でも，日系人とは別に沖縄出身者だけが集まる住居地が存在した．都市部へ移り住んだ沖縄系移民たちは，養豚業やレストラン，スーパーマーケットの経営などにおいて手腕を発揮し，徐々に経済的，社会的基盤を確立し，1941年の真珠湾攻撃後は，米兵相手の飲食業で景気にわいた．ハワイの沖縄系移民たちは，沖縄戦で甚大な被害を受けた故郷を救済するために寄付金を集め，医療品，衣服，そして養豚用の生きた豚などを沖縄へ送った．この戦後救援活動の70周年を記念して，2018年，沖縄系としては初のハワイ州知事で3世のD. Y. イゲ（Ige＝伊芸）は，沖縄系コミュニティからの要望を受け，「海を渡った豚の日」（9月27日）を制定した．

●**ハワイのオキナワンたち**　ハワイにおける沖縄系の人々の地位の上昇に伴い，沖縄文化も肯定的に捉えられるようになっていった．1960年代以降は，アメリカ大陸部やハワイにおけるマイノリティ運動に影響を受けた3世たちによるルーツ探しが盛んになった．今日のハワイに暮らす沖縄系移民の子孫たちは，みずからを「オキナワン（*Okinawan*）」や「ウチナンチュ（*Uchinanchu*）」とよび，「日系（Japanese）」とは別のアイデンティティを強調する傾向がある．なかには，「沖縄人」と漢字で腕にタトゥーを入れている4世もおり，この女性は幼少の頃から熱心に沖縄の音楽や琉球舞踊，エイサーを演舞してきている．2010年のアメリカの国勢調査の際には，「出自（race）」の選択項目にオキナワンも新規に登場し，「オキナワンのみ」とした回答が1886件，「オキナワンとそれ以外」が6642件あった．オキナワンたちは，1世の出身地である市町村字単位の同郷組織（郷友会），それらが統合されたハワイ沖縄連合会，あるいは移住・定住先の島や地域単位によるマウイ沖縄県人会など，さらには沖縄音楽や琉舞，エイサーのクラブなどを組織している．1980年代以降は，オキナワン・フェスティバルを開催して，1990年に開設したハワイ沖縄センターなどを拠点に，さまざまな活動を展開して

図1　沖縄系親族たちのリユニオン・パーティーでの記念撮影［2013年7月マウ
イ島にてナガミネ写真館撮影］

いる．また，ハワイ生まれの沖縄系4世，5世たちが沖縄県費留学生として沖縄
県立芸術大学などで琉球芸能を学んだり，日米政府間の協定により設立された小
渕沖縄教育研究プログラムで，沖縄県民がハワイの東西センターへ留学・研修し
たり，沖縄の高校生たちがハワイでホームステイするなど，交流が盛んである．
●沖縄系6世の誕生　筆者自身の縁戚も，沖縄からハワイへ移民している．ハワ
イのシロタ・ファミリーは，1970年代以降，沖縄，日本，アメリカ大陸部などか
らも親戚たちが集い，1世たちが暮らしていたマウイ島で「リユニオン・パー
ティー」という親族の集まりを開催してきた．2013年の集まりでの記念写真に
は，沖縄系の2世から5世までと先住ハワイアン系，日系，中国系，韓国系，フィ
リピン系，ポルトガル系，ロシア系などを含む婚姻相手とその子や孫たち120人
が写っている．会場では英語（ハワイ・クレオール英語）や日本語，沖縄語（ウチナーグチ）が飛
び交い，和洋中華，沖縄やハワイの料理を食べながら互いの近況を確かめ合う．
沖縄民謡，エイサー，フラも披露される．1世の父が「城田肉店」を営み，子ども
の頃は近所の家庭の残飯を養豚の餌として集めてまわるのが嫌で恥ずかしかった
と2世の男性が笑いながら語るなど思い出話にも花が咲く．また，ハワイ生まれ
沖縄育ちで，戦前にハワイに戻った沖縄系2世の夫婦で，真珠湾攻撃後，アメリ
カ大陸部に子どもたちと強制収容され，その収容所の食堂で働いた経験をもと
に，ハワイ帰郷後にハワイアン料理のレストランを開き，3世，4世が継いでいる
家族も参加していた．さらに，2020年，写真の中の5世の一人に，6世となる娘
が誕生し，その女児は沖縄以外にも先住ハワイアン，中国，ポルトガル，アイル
ランド，スコットランドにもルーツをもつ．現在，6世代目が誕生したオキナワ
ンたちは多様な人生ドラマを編み出し，自身や家族，親族たちが歩んできたルー
ツ（roots）とルート（routes）を意識し，共有してきている．　　　　［城田　愛］

木曜島と真珠貝

⬡⬡

　木曜島はオーストラリア北東部ケープヨーク半島沖合の小島である. 地形名を除けば, オセアニアでは, 日本の地図帳に唯一漢字で書かれた固有地名である. 1870 年代から太平洋戦争開戦（1941 年）まで延べ 7000 人ほどの日本人出稼ぎ者がその地で大型の真珠貝採取業に深く関わった歴史を有するからである.

●木曜島と真珠貝採取出稼ぎ　明治維新の頃, オーストラリアの熱帯海域で真珠貝採取業が始まった. ヨーロッパで女性のファッションが変わり, 高級貝ボタンや装飾品の材料として, ロンドンやニューヨークで取引された. 事業主はシドニーはじめ南部諸都市からの白人であったが, 「きつい」「汚い」「危険」, しかも低賃金であり, 白人労働者が従事せず, 南太平洋やアジアに労働力を求めた. そのため, 木曜島には 1870 年代からヨーロッパ系, 南太平洋系, 70 年代後半には主にインドネシア, フィリピンなどのアジア系の諸民族が流入した. 日本からは明治初期に外国船に雇われて日本を離れ, オーストラリアの港で下船し, 1878 年この地に到着・従事したのが最初である. 日本人の採貝効率がよいため, 1883 年真珠貝業者 J. A. ミラーが横浜へ出向き, 神奈川県知事と交渉して 37 人を木曜島に連れ帰った. その後, 香港や神戸の代理人を通じて渡豪者が増え, 19 世紀末には商店経営者も含め 1000 人に近い日本人を数えた.

　木曜島は多民族社会となり, 日本人が最多の民族集団であった. オーストラリアのジャーナリストは木曜島を「太平洋の吹きだまり」とか, 「アジアの前哨地だ. オーストラリアからアジアへ向かうなら, ここでアジアが始まり, オーストラリアへの帰途ではここでアジアに別れを告げるのだ」と形容し, 在地の行政長官も「いずれ真珠貝採取業は日本人に牛耳られるだろう」と公言するほどであった. 1901 年のオーストラリア連邦の成立, 移民制限法（白豪主義政策）施行後も, 真珠貝採取業に日本人を欠くことができなかった. 政府は員数制限を設け, 契約期間を 1 期 3 年, 2 期 6 年までとし, 商人以外妻子の同伴を許さず, 貝の市場価格に応じて毎年 300〜700 人の日本人出稼ぎ者を雇用したのである.

図 1　真珠貝採取船［木曜島にてチチ・フジイ提供］

●**出稼ぎ者の生活**　木曜島は面積 3.24 km²の小島にもかかわらず，小規模な街区を除けば民族間の居住区は分離していた．日本人は島の南東部の「ヨコハマ」ないし「ジャップタウン」とよばれた一角で暮らした．そこを中心に，日本人商店と並んで出稼ぎ者の 75%を占めた和歌山県南部 6 軒，愛媛県 1 軒，遅れて加わった広島県・沖縄県合同 1 軒の出稼ぎ者用簡易宿泊所があった．

　昭和初期の出稼ぎ者の日記によると，1 年の 4 分の 3 は真珠貝漁場での船上生活で，眠るのは甲板下の狭いキャビン内であった．休漁期と食料調達・貝揚げのために都合 3 か月を基地木曜島で過ごしたが，簡易宿泊所を使うのは主にダイバーのみで，それ以外はやはり船が住まいであった．食事はオーストラリア産の米食，おかずは各種缶詰などの保存食品，日本人商店からの梅干し・らっきょう・福神漬けなどだが，ウミガメの卵，豊富な魚介類を取り，生鮮なタンパク質を自前で補っていた．休漁期の娯楽といえば，賭博の他，遺族の手元に残る写真には，露天映画館，それに県・村対抗の運動会，ボート競漕，相撲大会の模様が写し出されている．一方，真珠貝採取は危険な仕事であった．潜水病や事故で年死亡率が 10%前後に達し，木曜島北部の日本人墓地には 600 人あまりが眠る．墓碑の多くには 20歳台の若者の名前が刻まれている．太平洋戦争の勃発により，出稼ぎ者を含む日本人 363 人がオーストラリア南部のタツラやヘイの強制収容所に送られた．木曜島は軍事拠点となり，日本人と日本人関係の建物は一掃されたのである．

●**戦後の木曜島**　戦後強制収容所から釈放後，戦前オーストラリアに居た日本人の大半は強制送還された．厳しい審査を受け，残留許可を得た 7 家族 30 人の日本人・日系人が木曜島へ帰った．在地生まれの日系，マレー系や中国・サモア系の女性と結婚していた出稼ぎ者の家族である．戦後復活した真珠貝採取業に関わったのは日本人最後のダイバー藤井富太郎，司馬遼太郎の『木曜島の夜会』の主人公である．真珠貝採取業はプラスチックボタンの開発によって衰退したが，入れ替わるように 1960 年から日系南洋真珠養殖事業が進出し，戦前の日本人と木曜島の命脈をつないだ．藤井は養殖事業の相談役および養殖用母貝採取に従事する傍ら，日本人墓地の墓守をつとめ，戦後日本から訪れたジャーナリスト，TV 取材班，研究者や南洋真珠養殖会社の技術者たちの世話をし，民間大使としての貢献により1978 年叙勲された．木曜島トレス町議会と和歌山県串本町の間で姉妹都市提携も結ばれ，日本の親族と木曜島の日系 2 世，3 世の交流もみられる．2019 年には，日本大使館の資金提供により，藤井の遺志を継いだ 2 世の長男と次女の協力のもと日本人墓地に梵字を書いた角塔婆 300 本が建て直され，お盆に日本人総領事，トレス町長，島民たちも列席して，新開所式が催された．　　　　　　［松本博之］

📖 **参考文献**

[1] 村井吉敬他編著『海境を越える人びと─真珠とナマコとアラフラ海』コモンズ，2016.

なんようぐんとう
とうち

南洋群島統治

~~~~~~

　南洋群島とは，日本との関わりで言及される場合，日本が約30年間統治した旧ドイツ領赤道以北のミクロネシア，すなわちマリアナ諸島（グアム島を除く），カロリン諸島，マーシャル諸島を指すことが一般的である．現在のアメリカ自治領北マリアナ諸島，パラオ共和国，ミクロネシア連邦，マーシャル諸島共和国である．17世紀以後スペイン，ドイツ，日本，アメリカの統治下に置かれた．日本統治の特徴は，第1次世界大戦後の世界の植民地支配体制の再編，その後の日本の勢力圏拡大と第2次世界大戦敗戦という過程で，委任統治として行われたことにある．戦後，アメリカの戦略的信託統治下に置かれ，冷戦下に日米が軍事・経済で緊密な関係を築いたことも，「南洋群島」を生きた人々の経験や記憶に複雑な特徴を与えた．

●**海軍による統治**　第1次世界大戦は，太平洋分割に後れをとった日本がこの地域に勢力を広げる好機と捉えられた．1914年8月に日本がドイツに宣戦布告すると，海軍はドイツ領赤道以北ミクロネシアを次々と占領，12月に臨時南洋群島防備隊を配置し，翌年1月に「南洋群島施政方針」（以後，「施政方針」）を定めた．講和会議までの一時的な軍事占領であったが，領有の実現を目指した政策を準備した．すなわち，同方針は第1に南洋群島の軍事的な活用を目的に治安，拓殖を進めること，第2に現地住民を日本の統治に帰服させ，日本人をできるだけ移住，定着させることを掲げた．1917年，イギリス，フランス，ロシア，イタリアは講和会議で日本への南洋群島割譲を支持するとした秘密協定を日本と締結したが，パリ講和会議では割譲は実現せず，日本は委任統治を受任することになった．

　海軍は司令部をトラック（現チューク）諸島デュブロン島（海軍は「夏島」とよぶ）に置き，行政区はドイツ統治期を踏襲してサイパン，パラオ，トラック，ポナペ，ヤルート，ヤップ（1915年新設）とした．各区に守備隊を置き，守備隊長が軍政庁長を兼任して民政事務も担当した．1918年に民政部を設置し軍政庁を民政署と改編した．公的には以後を民政時代と表現するが，民政署長は守備隊長が兼任（1919年4月まで）した．

　現地住民政策は日本の安定的な統治基盤形成の鍵であり，政策当局は現地住民を「未開」で「野蛮」な「土人」とみなし，教育を重視した．しかし，地域社会に入り込んで活動してきた欧米人キリスト教宣教師の影響が無視できず，教化の手段として同教を認めざるをえなかった．同時に，欧米人宣教師が住民の反日感情を煽っていると警戒し，日本人宣教師の導入をはかった．初等教育は当初「小学校規則」（1915年）で「日本人化」を目指したが，「島民学校規則」（1918年）に改

正，天皇に帰依し「島民としての責務」を果たす人物養成を掲げた．ただし，修身と国語を重視するカリキュラムは一貫していた．教育以外では，ドイツの政策を継承して首長制を利用，親日感情の醸成，天皇制への理解促進をはかり，首長や名望家層から「内地観光団」を組織し内地に派遣したりした．経済では，スペイン統治時代から進出していた日本の南洋貿易株式会社に航路や交易を独占させ，これまで活動していた外国の交易会社の排除をはかった．土地接収，リン鉱石採掘，椰子栽培やコプラ製造，高瀬貝採取には現地住民労働を用い，これらもドイツの政策の継承であった．拓殖事業では製糖業に注目し，労働力を朝鮮半島，沖縄，八丈島から導入したことは，委任統治期の経済政策や移民政策につながった．一方，日本から一攫千金を求める小規模事業者や漁民，農民，労働者が押し寄せ，日本人人口（朝鮮人も含む）は1915年の220人から，1918年には1763人に急増，海軍も規制に乗り出すほどであった．軍事面では対米軍事戦略上の要地であることを確認し，測量と地図の作成や，必要な軍事施設を検討した．こうした動きをアメリカ，オーストラリア，ニュージーランドは日本による南洋群島の軍事基地化とみて強く懸念し，日本はこれを否定するという応酬は以後も続いた．

　パリ講和会議で1919年に日本が南洋群島委任統治を受任すると，南洋群島を視察した日本政府関係者は，統治の基本方針は肯定したものの，現地住民からの政策への不満，対日批判の高まりを指摘，政策の進め方に改善を求めた．また，拓殖事業の失敗，戦後の反動不況により企業が相次いで撤退し，取り残された移民への対応が焦眉の問題となった．

●**南洋庁による統治**　委任統治とは，第1次世界大戦の敗戦国の領有から離れた地域の住民を，「近代世界ノ激甚ナル生存競争」のもとで「未ダ自立シ得サル」者とみなし，これを受任する国が「文明ノ神聖ナル使命」として住民の「福祉及発達」を目的とした統治を国際連盟（以下，連盟）に代わって行うものである（「国際連盟規約」第22条）．実態は戦勝国による新たな領土分割であるが，委任統治地域は統治国の領土ではない．住民の「発達ノ程度」や地理的な位置，経済状況等から受任国の関与の度合いが弱い順にA，B，Cの3様式を定めた．南洋群島はC式で，日本はその「構成部分トシテ施政及立法ノ全権」をもち，日本の法規は必要な変更を加えて適用することが認められた．ただし連盟は信教の自由の保障，禁止事項として現地住民に対する公共工事や役務以外の強制労働，アルコール飲料供給，地域の警察や防衛以外の軍事教育，陸海軍根拠地の建設等を定め，毎年の行政年報提出と連盟の委任統治委員会での審査を義務づけた．

　日本は委任統治機関として南洋庁を設置（1922年），海軍統治期の6行政区を継承（戦時下の1943年には北部支庁，西部支庁，東部支庁に再編），行政の中心はパラオ諸島コロール島に移動した．歴代の南洋庁長官は9名，初代長官には海軍統治期初代民政部長の手塚敏郎が着任，第9代長官細萱戊子郎以外は文官だっ

た．委任統治開始までに臨時南洋群島防備隊は撤退したが，南洋群島は海軍統治期から引き続き横須賀鎮守府の管轄にあり，海軍の要請でパラオに在勤武官府を置き，南洋庁と連携し軍事関連の情報収集，土地・施設の収容や建設を行った．

●**南洋群島委任統治の特徴**　日本政府は現地住民を「島民（Inhabitants of the Islands）」と総称し，「チャモロ族」と「カナカ族」（南洋庁による表記．以後「族」をとる）に二分し，チャモロはマリアナ諸島を中心に居住する「白人」とカナカとの混血で，キリスト教の感化を受け，衣食住も比較的進歩している，カナカはハワイや太平洋諸島の民族の総称で，懶惰で労働を嫌い，文化の程度が低いと説明した．こうした住民認識のもと南洋庁は，委任統治の柱に教育，医療・衛生，経済を据え，海軍統治期の政策を発展させ，次のような政策を進めた．教育では，初等教育機関として現地住民児童に「公学校」（3年制の本科と2年制の補習科），日本人児童には小学校を設けた．公学校では海軍統治時代と同様に国語と修身に最も時間をあて，徳性の涵養，技術習得に重点を置いた．優秀な補習科卒業生には，職業教育機関としてパラオ支庁管内のコロール公学校に付置された「木工徒弟養成所」に進学が認められた者もいた．新旧キリスト教会が運営する宗教学校は，南洋庁の管理下に運営が認められた．日本人には中等教育機関まで設けられ，現地住民にはごくわずかながら入学を認めた．

　医療・衛生では，南洋庁が各支庁所在地に病院を設置，離島への巡回も行ったが，日本人移民への対応でもあった．連盟は日本政府にヤップ島の人口減少の解決を求め，日本から医師や研究者が派遣され，熱帯医療や伝染病の研究を行った．家屋，衣服などの衛生指導，現地住民の看護士育成が行われた島もあった．

　経済は移民導入による開拓事業の推進，なかでも糖業モノカルチャーを中心に発展した．南洋庁は，海軍統治期の製糖事業を継承し，東洋拓殖株式会社の支援を得て設立された南洋興発株式会社（以下，南興）に製糖業を独占させた．製糖業はサイパン島とテニアン島を中心に発展，南興は海軍とも協力しながら南洋群島内外に多角的に事業を展開．日本の経済的南進の推進役を担った．南興は沖縄県を中心に内地から大量の移民を受け入れただけではなく，南洋群島への日本人移民の最も大きな受け皿となった．現地住民にも甘蔗栽培や製糖労働に就く者はいたものの，その数はきわめて少なかった．ただし，南興などへの長期土地貸付けによる継続的な現金収入の増加，甘蔗栽培への土地利用の転換など，生業，財産ひいては親族関係にも大きな影響を受けた．一方，南洋庁もパラオ支庁やポナペ支庁に指定開拓地を設けて移民を導入，熱帯産業研究所など諸研究所を運営し，製糖業以外の開拓事業の推進や研究に従事した．水産業も鰹鮪漁を中心に急速に発展したが，鰹節製造，真珠貝の養殖など担い手の多くは日本人移民であった．南洋群島経済における現地住民労働の多くは，ドイツ統治時代から引き続き高瀬貝採取，コプラ製造，鉱物採掘に当てられ，現地住民の就業者全体ではごく

わずかであるが南洋庁, 日本企業や商店, 一般家庭で雇用された者もいた. チャ
モロ農家に日本人移民が雇われたり, 採鉱, 荷役, 建設などの労働現場で日本人
や朝鮮人の移民と現地住民労働者が接する機会もあった.

　南洋群島人口は1930年代半ばから日本人（台湾人, 朝鮮人, 樺太人を含む）が
現地住民を上回り, 43年には日本人が現地住民の約2倍, 本籍別人口では沖縄県
が常に約6割を占めた. 南洋群島社会には「一等国民：日本人／内地人, 二等国
民：沖縄人・朝鮮人, 三等国民：島民」のような暗黙の序列があり, これは海軍
統治期の企業の労務管理に早くも見出されたものであった. 最下層の「島民」, な
かでも「カナカ」は, 日本統治を経験したミクロネシアの人々にとって差別的な
処遇を想起させる表現となっている.

● 「海の生命線」から「太平洋の防波堤」へ　日本が連盟脱退を宣言して以後,
官民あげて「満洲」を「陸の生命線」, 南洋群島を「海の生命線」とする声が高まっ
た. 連盟脱退後も委任統治が認められた日本は, 従来の委任統治政策を日本の国
益に適う政策として露骨に追求し始め, 「南洋群島開發十箇年計画」（1936年度よ
り実施）のもと, 国策会社南洋拓殖株式会社を設立（1936年）, 企業や移民の南方
送出のための南洋群島経済の梃入れ, 現地住民には皇民化が掲げられた. 日中戦
争開戦後は国家総動員法の施行, 軍事施設建設にも拍車がかり, 内地の囚人や朝
鮮半島の朝鮮人も動員された. 紀元2600年を機に「南洋の総鎮守」として官幣大
社南洋神社がパラオ支庁コロール島に建立され（1940年）, 日本の「海の生命線」
たる南洋群島在住者としての意識と取り組みが求められた. 日米開戦前後には南
洋群島の兵站基地化がさらに進められ, 現地住民を含む民間人の施設や土地の強
制的接収が行われた. ミッドウェー海戦以後, 日本軍の敗退が続くと, 大本営は
「絶対国防圏」を設定（1943年）, 南洋群島は絶対確保すべき圏の外と内に二分さ
れ, 南洋庁は日本軍の政策に即応すべく再編された. 兵役法も南洋群島の一部に
施行され, 労働力や兵力となりえない民間人の引き揚げが始まるが, 現地住民は
対象外であった. 1944年には米軍が南洋群島を次々と占領, 新聞はサイパン島在
留邦人が「われらの島こそ太平洋の防波堤」と日本軍に協力したと称賛したが,
地上戦や爆撃, 飢餓等により民間人, 兵士に多大な犠牲を生んだ. 米軍はテニア
ン島を占領したことで, 内地への空爆, 広島, 長崎への原爆投下を可能とした.

　日本政府は, 第2次世界大戦での旧南洋群島現地住民への賠償は, 日米間のみ
で交渉, 締結した「太平洋諸島信託統治地域に関する日本国とアメリカ合衆国と
の間の協定」（1969年）で解決済みとする. 日本の南洋群島統治については, 戦争
被害を含め明らかにされていない事実や問題がいまだに多く存在している.

[今泉裕美子]

📖 **参考文献**

[1] 矢内原忠雄『南洋群島の研究』岩波書店, 1935.

南洋興発株式会社

～～～～～～～～～～～～～～～～～～～～～～～～～～～～～

　南洋興発株式会社（南洋興発）とは，第1次世界大戦以降の南洋群島および
ニューギニア・東南アジアを舞台に事業を展開した拓殖会社である．ここでは，
南洋興発の事業展開を踏まえつつ，創立者の松江春次や南洋興発が南洋世界をど
のようにまなざしていたのかを読み解いていきたい．

●「開発すべき市場」へのまなざし　第1次世界大戦後，南洋群島に日本人移民
を派遣していた国内の企業が，事前の調査不足や恐慌により相次いで撤退を余儀
なくされた．臨時南洋群島防備隊の手塚敏郎は，現地に残された多くの日本人が
飢餓に苦しむ状況を憂慮し，東洋拓殖株式会社（東洋拓殖）の総裁・石塚英蔵と
松江を引き合わせた．当時，国内の製糖企業でいちじるしい成果をあげていた松
江は，糖業開発の可能性を秘めた土地として南洋をまなざしていた．約2か月間
にわたる南洋群島踏査の後，松江は東洋拓殖の出資を受けて，1921年11月に南
洋興発（本社：サイパン島）を創立し，南洋群島での製糖事業に着手した．

　南洋興発の労働者の多くは，日本からの移民であった．その背景には，南洋群
島民は恵まれた環境に甘んじた「完全な惰民」であり，労働者には不適当とみな
す松江のまなざしがあった．創立当初の業績は低調だったが，1925年に好転，そ
の後はマリアナ諸島各地で製糖工場を稼働させたほか，南洋群島各地においてリ
ン鉱採掘や水産部門などに事業を拡大していった．1931年以降はニューギニア
や東南アジアにも進出した．ドイツ系企業が所有するオランダ領ニューギニアの
権益を買い取り，1931年末よりダマル樹脂採取や綿花栽培に取り組んだことを皮
切りに，オランダ領セレベス（1937年）やポルトガル領ティモール（1938年）で
の農園経営に着手した．終戦後の閉鎖処分までに，南洋興発は製糖からリン鉱，
水産，栽培，貿易までも扱う大企業へと成長した．

　南洋興発の急速な事業拡大の背景には，南洋庁や海軍との積極的な結びつきが
あった．南洋興発は，南洋庁からの補助金や税制優遇を受けることで好業績を生
み出し，結果的に莫大な税収を南洋庁にもたらした．これにより，赤字が続き国
庫補充金に歳入の大半を頼っていた南洋庁の財政が1932年以降は黒字に転じて
財政的独立を果たすなど，両者は相互依存的な関係にあった．また，松江の
ニューギニア進出に関心を寄せた海軍少将・松平保男が，1932年に松江を海軍首
脳と引き合わせたことで，南洋興発と海軍が接近することとなった．松江は，政
府高官や海軍首脳などに対して日本による南洋開発の有望性を講演，その内容を
「蘭領ニューギニア買収案」（1934年）にまとめて上梓するなど，南洋興発の南進
への理解を得るために奔走した．当時，海軍内でも，南洋群島以南への入植の必

要性が検討されていたが，列国は日本の南進や軍備拡張に対して非常に過敏で
あった．そこで海軍は南洋興発を支援することで，同社が海軍に代わって南洋各
地に進出，日本の入植と現地の開発を担うことを期待したのであった．

●**南洋へのまなざしが捉えたもの**　南洋興発は，1932 年 7〜9 月にかけて，オラン
ダ領ニューギニア北西沿岸部の調査を実施した．調査隊一行は，現地島民の生活
を写真に収めたほか，100 点以上の民族資料を収集した．松江は，労働者として島
民を雇用するためには現地社会を理解することが必要だと考え，調査の一環とし
て民族資料を収集したと回顧している．この調査後，松江はニューギニアを危険
な土地としてまなざすさまざまな言説は誤りであるとし，すみやかに訂正すべき
ものであると指摘した．開発の視点からのまなざしであったことは否めないが，
南洋興発が現地社会を理解しようとする姿勢をもっていたことは間違いない．

　図 1 は南洋興発の収集品の一つで，コルワルとよばれる
祖霊像である．かつては木彫に故人の頭蓋骨を装着してい
たようで，大型の頭部はその名残りと考えられる．また，
特徴的な蹲踞姿勢は，旧来の遺体の埋葬姿勢を思わせる
が，今ではこのコルワルに関する伝承はほぼ途絶えてし
まっている．この彫像が収集された 20 世紀初頭は，宗主
国による植民地政策や中国・東南アジア系移民の進出によ
り，現地社会が大きく変容した時代であった．特に 1920
年代には，植民地行政官や宣教師らが各地で儀礼小屋や儀
礼用具をことごとく破壊し，コルワルに関わる文化もこの
時期以降に急速に消滅していったことが記録されている．
ダイナミックな文化変容が生じていた時期に実施された南
洋興発一行による調査は，失われつつあった現地の物質文
化を記録することに，図らずもつながった．その後，松江

図 1　コルワル像［慶
應義塾大学所蔵］

はドイツ領ニューギニアで精力的に活動した小嶺磯吉収集
の民族資料が彼の死後に散逸することを憂いて一括購入し，南洋興発収集の民族
資料とともに慶應義塾大学に寄贈した．これらの民族資料は当時の物質文化を今
に伝えてくれる貴重な存在である．

　宣教師の手記によれば，現地島民は実際に使用するコルワルと区別して，入植
者に譲渡するコルワルを制作していたという．また，コルワルを制作する際に
は，ガラス製ビーズをはじめとする入植者との交易で獲得した素材を駆使してい
たことが，図 1 などの収集品から明らかとなっている．このような現地島民のし
たたかさを，松江や南洋興発のまなざしは捉えることができていたのだろうか．
今後は，開発の視点からの南洋へのまなざしが，現地社会のどのようなあり様を
捉え，捉えこぼしたのか，丁寧に読み解いていくことが肝要である．　［臺　浩亮］

土方久功

∞∞∞∞∞∞∞∞∞∞∞∞∞∞∞∞∞∞∞∞∞∞∞∞∞∞∞∞∞∞∞∞∞∞∞∞

　土方久功は，東京美術学校（現東京藝術大学）卒業後，石膏彫刻や木彫り，詩の創作活動に励む傍ら，P. ゴーギャンのタヒチ紀行『ノアノア』に惹かれて南洋への夢を膨らませた．一方で，鳥居龍蔵や松岡静雄の本から周辺民族への関心を強めた．特に松岡の『ミクロネシア民族誌』の影響が強かった．29 歳になった土方は「南洋原始」を求め，1929（昭和 4）年 3 月 7 日に南洋群島統治の本拠，パラオへと旅立つ．

　パラオに着いた土方は松岡本で魅せられたアバイ絵を写しに歩く．アバイ（集会所）の破風，桁や梁に色彩豊かに刻み込まれたこの絵は，パラオの神話・伝説・歴史を表している．アバイ絵こそが土方の先史文化への関心と原始美術への興味とを満たしてくれる対象であった．土方はパラオ語に堪能な大工・杉浦佐助を彫刻の弟子兼助手・通訳にし，待望の南洋庁嘱託にもなれた．仕事は公学校（島民学校）でアバイ絵を厚板に彫る板彫り技法を子どもたちに教える木工教師であった．しかし，土方は杉浦とパラオの村々をまわり，石柱群，遺跡・遺物や村落組織などの調査を優先して，その職を 1 年で辞めてしまう．土方が心して収集した口頭伝承は『パラオの神話伝説』（大和書房，1942）にまとめられている．

　日本人移民が増えるにつれ，パラオ社会も日本志向を強め，土方の求めた南洋イメージは失せつつあった．そんな折，土方は北の環礁島で，ヤップ離島のサタワル島の男・オジャレブルに出会う．その男が月夜の砂浜で語る島の話は土方の心をとりこにした．そして，「南洋原始」を求めヤップ東方 1000 km の孤島行を決断する．2 年半過ごしたパラオを後に，土方，杉浦，オジャレブルの 3 人は，200 トンの機帆船・長明丸に乗りこんだ．

●**サタワル島ことはじめ**　島々をめぐる 17 日間の船旅で最も「外人ずれしてない島」に 1931 年 10 月 8 日に着く．サタワル島は 300 人が暮らす周囲 6 km の隆起サンゴ礁島．そこで 7 年間を土方は「裸ン坊の島民たちの中に暮らすことになった」．1 日目の日記．「オジャレブルが夜に連れてきた首長に刻み煙草を出してやり，島の禁忌について聞く．バナナ，柑橘類とタシロ芋は禁食で，月経小屋と嵐鎮めや鰹招来の呪儀を行う聖地への入域も禁止．これをおかすと雷鳴と風雨が襲い，飢餓になる」．

　5 日目の日記に「今晩から私達はお嫁さんを持つ事になった」「終日，お嫁さんからサトワルの言葉をならふ」とある．彼女は首長家育ちの 18 歳で習慣や伝承に詳しく，土方の世話役と言語や口頭伝承の師となり，3 年半生活をともにした．2 人は森の家で木彫りに励み，無人島へのカヌー航海の経験もした．

　　土方は早々にサタワル語を習得して「島の話」を集めて227話を『サテワヌ島民話』(三省堂, 1953) に収めている. また, 島民をよんで戸籍・家族・氏族, 財産・土地所有などを聞き出し, 五感を通して見聞したことを克明に日記に書きとめている. 滞在1年目の日記を『流木』(小山書店, 1943) の名で刊行した.

　　その内容は, 禁食・禁区, 雨風止め呪祓, 近親禁言, 初潮, 玉の緒, 水葬, 嵐, 子どもの遊び, 鰹, 航海術秘儀, 無人島, 暦, 踊りと歌詞, 呪文, 制裁, 女系氏族, 巫女と悪神などである. これらからも日記がサタワルの人々の生き生きとした生活誌であることがうかがえる.

●**パラオ帰還後の活動**　土方は1939年1月, 8年ぶりにパラオへ戻る. コロールの町は日本人であふれ, 商店が軒を連ね, 自動車やバスも走っていた. バベルダオップの山奥には開拓村がつくられていた. 土方は「名士」として南洋庁や日本人クラブなどで講演している. 運よく, 「島民旧慣調査事務員」兼「南洋庁物産陳列所員」として南洋庁地方課嘱託の職に就いた. 「旧慣調査項目」作成や陳列所の資料収集だけでなく, パラオ訪問の賓客相手に土方は「南洋の博士」として大忙しであった. 丸木俊, 中島敦などもパラオを訪れている. 中島は1941年に南洋庁の国語教科書編集書記として, また持病の転地療養を兼ねたパラオ滞在であった. 中島は毎晩のように土方の家に顔を出し, 土方のパラオ日記を自由に読むことを許された. 土方は中島の才能と博覧強記に惹かれたからである. 中島はその日記を素材に『南島譚』の「鶏」「ナポレオン」「夫婦」などを書いた.

　　土方は1942 (昭和17) 年3月に中島敦とともに帰国する. 土方は戦後, 南洋イメージや画稿に基づいて, 木彫レリーフ, 立体彫刻, 水彩画など数百点を制作している. 一方パラオでは, 土方が教えた「板彫り」は今日まで継承され, イタボリやストーリーボードの名で「民族工芸」として観光客の人気をよんでいる.

　　土方久功は二度と南洋に足を踏みいれることなく, 1977年に77歳でこの世を去った. 「今頃すっかり変わり果てた南洋に出かけていって何を見, 何を考えようというのか」と日記に書き残している.

　　筆者は土方の50年後にサタワルで調査し, 正確でぬくもりのある土方の厚い記述に感銘した. 著作は一級の民族誌であり, その調査研究を成し遂げた土方久功は正真正銘の民族誌家として評価できる. そして, 土方のミクロネシア研究は人類学・民族学の内外の研究者に認められ, オセアニア学の進展に大きく寄与している.　　　　　　　　　　　　　　　　　　　　　　　　　　　[須藤健一]

📖 参考文献
[1] 須藤健一『母系社会の構造—サンゴ礁の島々の民族誌』紀伊國屋書店, 1989.
[2] 土方久功『土方久功著作集』全8巻, 三一書房, 1990-93.

ミクロネシアの日本語

〜〜

　南洋群島として日本の委任統治領であったミクロネシアの島々にはその影響からさまざまな形で日本語が残る．それらは，戦前に日本語教育を受けた世代の日本語変種と片仮名使用，アンガウルに残る準ピジン日本語，各言語の一部となった日本語借用語である．

●**日本語教育を受けた世代の日本語変種と片仮名使用**　日本統治開始直後から同化政策の一部として，現地島民に対する日本語の教育が行われた．南洋庁設立とともに整備された公学校では，本科3年間，本科修了後の成績優秀者に対する補習科2年間の初等教育が行われた．教育を受けた者は片仮名による読み書きや基本的な会話能力を身につけた．一方で，学校教育における会話の習得は限定的であり，日常的な日本人とのコミュニケーションの有無が大きな影響を及ぼした．日本語を習得した者は戦後も，母語が異なる他のミクロネシア島民との共通言語として日本語を使用し続けた．また，公学校で日本語を学んだ者の一部は片仮名で母語を表記し，手紙などの文章を作成していた．戦後も片仮名使用が続き，パラオでは憲法の署名を片仮名で書いたり，被選挙人名簿に片仮名が併記されたりすることが一般的であった．

　戦前に日本語を習得した人の日本語変種は，学校で習った標準語を基本とするものであるが，交流があった日本人の方言的な特徴も一部でみられる．また，話者の日本語能力に応じて，第2言語話者としての言語的特徴が，音・語・文法レベルなどさまざまな側面にみられる．例えば，音レベルで母語の干渉がみられる点として，サイパンのチャモロ人の一部で［ʃ］が［s］，［z］が［dʒ］になる例があげられる（教え［osie］，寄贈［kidʒo］※［ ］内は発音記号）．戦後も免税店で働いたり日本の親戚や学友と話したりするなど，日本語使用を続けた話者は，文法の「拡張的用法」（誤用）を発達させている．例えば，「家を建てたいつもり」のように願望・意志のモダリティを重ねて使うようなものである．戦後に日本人が退去し，日本語使用の規範が弱まった中で言語使用が続いた結果である．

●**アンガウルに残る準ピジン日本語**　母語が異なる者同士が共通言語として第3の言語を使う状況が長く続くとき，ピジンとよばれる不完全な言語が形成されることがある．台湾では日本語をベースとしたピジンが母語化し，クレオールとなり現在も一部の地域で話されている．ミクロネシアにおいては，台湾に比べ日本統治期間が短かったため，クレオールが形成されることはなかった．しかし，パラオのアンガウル島では「準ピジン」とよべる接触言語が形成された．戦前のアンガウルはリン鉱石の採掘所の労働者がミクロネシア各地から集まっていたた

め，共通言語として日本語の重要性が高かった．さらに，戦後も労働者として日本人が滞在していたため，日本語使用が長く続いていた．そのような状況から戦後生まれの世代で，限られたコミュニケーションではあるが，日本語の自然習得が進んだ．このようなかたちで形成された接触言語は，一般的なピジンとは形成状況が異なるが，言語的な特徴に共通点があることから，「準ピジン」とよぶことができる．この言語変種は，話者間で共通した語や文法ルールが存在するわけではなく，意思疎通が可能な度合いにも個人差が存在する．また，意思疎通ができる話者でも，まとまった会話の維持や抽象的な話題への対応は困難であり，発話は「今，目の前にある」事象についてのみの言語使用に限られる．なお，準ピジンを含む日本語使用が長く続いたことは，アンガウル州で日本語が公用語として制定されていることにもつながっている．

●**各言語の一部となった日本語借用語**　日本統治が行われる中で，ミクロネシアの島々では大きな社会変化が起き，生活様式も大きく変わった．日本の影響を受けた新たな社会形態や生活様式とともに，これまでに存在しなかった道具や食品，概念などに関連する日本語単語が各言語に借用された．取り入れられた語は食品・食生活や生活用品，医療・衛生概念，商業・経済関係など多様な意味分野にわたる．戦後アメリカ統治に移行する中で，使われなくなった語もあるが，日本統治時代に形成された慣習の多くが継承され，関連する語が今なお使用される．

　各言語に取り入れられた借用語の数は，概して日本統治の影響の浸透と比例する．日本人移民の数が多く，街が発展していた地域では，その地域の言語における日本語からの借用語も多い．取り入れられた語はもちろん言語によって異なるが，地域全体としてみるとある程度共通している．この点はハワイ英語に取り入れられている日本語借用語と比較すれば明らかである．例えば旧南洋群島地域のほとんどの言語に「猿股」「（荷）車」「活動（写真）」「電話」「電気」「野球」が取り入れられている．一方，ハワイ英語でよく使われる「ぼろぼろ」「しいしい（小便）」「鼻バター（垂れる鼻水）」はまったくみられない．

　借用語は取り入れられる言語に合ったかたちに変化する．発音の面では，基本的に借用先の言語の音韻体系に適応する形で変化するが，もともとない音が日本語から新たに入る場合もある．例えばパラオ語では /ts/, /n/, /f/, /z/, /h/ が新たに取り入れられている．そして，借用語が取り入れられる際，また取り入れられた後に，元の語の意味が変化することも珍しくない．例えば，チューク語など多くの言語にみられる *kona*（粉）は粉末洗剤のみを指し，マーシャル語の *amimono* は手芸品という意味に変化している．　　　　　　　　　　［今村圭介］

📖 **参考文献**
［1］今村圭介・ロング，D. 編『アジア・太平洋における日本語の過去と現在』ひつじ書房，2021.

南洋踊り

戦前, 小笠原諸島, 八丈島, 沖縄県内などからの出稼ぎ労働者が旧南洋群島で流行していた行進踊りを伝えた. これらカナカ踊り, 土人踊りなどと蔑称された踊りをここでは便宜上, 南洋踊りと総称する (☞「行進踊り」).

南洋踊りは, リーダーの「レーフ, ライ」「ファスタイロン」などの掛け声や号令に従って, 横隊に並んだ数人から数十人の踊り手が, 演目の間に足踏みをする特徴がある. 各演目では, 西洋風のメロディを用いた現地語や日本語の踊り歌に合わせ, ボディ・パーカッションなど土着的な動作が組み入れられている.

●**南洋踊りの原型と「ウアトロフィ」の普及**　南洋踊りの原型は, 北マリアナ諸島在住のレファルワシュ (中央カロリン諸島出身の民族集団) の行進踊りである. これは, 20世紀初頭に西洋の軍事訓練等を模してミクロネシアで形成された娯楽的な行進踊りの一系統で, マース (マーチ＝行進) とよばれる.

南洋踊りの共通演目に「ウアトロフィ (*Uatorofi*)」がある. 現在でもサイパンで上演されているが, この歌詞や日本語訳, 採譜例は『ミクロネシア民族誌』(松岡静雄, 1927) など戦前の出版物にも掲載され, 1944年にはロタ国民学校の日本人児童が運動会で演舞した.

●**小笠原の南洋踊り**　小笠原の南洋踊りは, 足踏みを挟んで, 「ウラメ」「夜明け前」「ウワドロ」「ギダイ」「締め踊りの歌」「アフタイラン」の演目をメドレーのようにうたい踊る. 1968年の小笠原返還後に男女混舞となり, 81年の南洋踊り保存会発足以後, この様式が定まった. 88年からは, 小笠原特産品として開発された割れ目太鼓・カカを伴奏とし, 2000年には東京都指定無形民俗文化財と定められた (図1).

1920年代末～1930年代はじめ頃, 少なくとも「ウアトロフィ」と「ギダイ」をサイパンから持ち帰ったのが, 父島の聖ジョージ教会初代牧師の長男, ジョサイア・ゴンザレス (1899-1935) である. サイパン島のレファルワシュも, 「ギダイ」のメロディおよび歌詞の一部と共通する演目を伝承している. 「夜明け前」は, チューク (トラック) 島民がパラオのアン

図1　小笠原の南洋踊り [南洋踊り保存会提供]

ガウル島でのリン鉱石採掘労働の合間に広めたとされ，「起きるとみたら／大変疲れた」など不自然な日本語表現を含む.

●沖縄の南洋踊りの系統　沖縄県うるま市栄野比，宜野座村惣慶，恩納村仲泊，竹富島仲筋などには，1940年前後にテニアンで上演された南洋踊りの系統が伝わっている．栄野比の演目は，南洋興発株式会社の収穫祭余興のために北マリアナ諸島在住

図2　竹富島仲筋の「バッサイロン」[2016年2月14日竹富町竹富島まちなみ館. 富本宏撮影提供]

の日本人が教えたとされ，踊り歌にパラオの日本語歌謡「アバイの月」を含む．恩納村仲泊や竹富島仲筋などの演目には，現地語の短い踊り歌からなる踊りを含む．仲泊では，一連の踊りを「南十字星」という演目名で上演している．

　沖縄の南洋踊りの系統では，ハーモニカもしくは三線等の伴奏で《酋長の娘》（石田一松作詞作曲）や《カナカの娘》（安藤盛作詞，中山晋平作曲）に合わせて入退場行進が行われる．なお，《酋長の娘》の元歌は，1923〜24年に旧制高知高等学校の運動会で上演された《ダグダグ踊りの歌》（余田弦彦作詞）だとされる．

　竹富島では，テニアンからの一時帰島者らが紀元2600年記念奉祝典（1940）の出し物として披露し，「バッサイロン」とよばれるようになった（図2）．沖縄県内各地では，1960〜70年代に村の行事などで上演され始めた．その後，独自の演目やセリフ，掛け声が加わったり，化粧や衣装なども工夫されたりしてローカル化が進んでいる．

表1　小笠原諸島と沖縄の南洋踊りの比較

伝承地	小笠原諸島	うるま市栄野比	宜野座村惣慶	恩納村仲泊	竹富島仲筋
名称	土人踊り→南洋踊り	カナカダンス→島民ダンス	カナカ踊り→南洋踊り	南十字星	カナカの娘→バッサイロン
伴奏楽器	カカ（創作打楽器）	ハーモニカ	三線	ハーモニカ	三線（太鼓）
入場行進曲	—	酋長の娘	カナカの娘	カナカの娘	カナカの娘
主な掛け声	レフト，ライト	レーフ，ライ	レフ，ライ	レフ，ライ	エーフライ，右左
演目	ウラメ／夜明け前／ウワドロ／ギダイ／締め踊り／アフタイラン	ウワトロフィ／自己紹介／アバイの月／リーエンナイシー	自己紹介／シーサングーリー／ウワトルヒー	ウワトロフィ／アワーレーロン／ゲセメーラ	ウワドロイ／アワーレーロン／ゲッセメーロン

[小西潤子]

アジア・太平洋戦争

アジア・太平洋戦争は 1941 年 12 月 8 日の日本軍によるマレー半島とハワイの真珠湾の攻撃に始まり，45 年 9 月 2 日，連合国の降伏文書調印で日本の敗戦となった．この間，太平洋諸島は陸・海・空を巻き込んだ戦場となった．1945 年 8 月の敗戦直後，外地にいた日本兵は陸軍約 300 万，海軍約 40 万．このうち，太平洋諸島全域には陸軍約 80 万，海軍約 15 万がいた．この動員数から日本軍が太平洋諸島を重視したことがわかる．

●**緒戦における勢力拡大**　太平洋諸島では島々を占領し制空権を確保することが重要であった．開戦以降，日本軍は連勝を重ね，多くの島を占領した．1941 年 12 月 10 日に日本軍はグアム島，ギルバート諸島を占領し，22 日にルソン島に上陸，23 日に陸海軍がウェーク島を占領した．翌年 1 月 22 日にマニラとニューブリテン島のラバウルを占領し，3 月にはニューギニア島に上陸した．一方，日本軍の判断の甘さもみえる．飛行場の設営はその一例である．飛行場建設は重要な任務であった．しかし，建設機材の製造と配備は不十分で，建設は人力に頼っていた．日本の国力の乏しさが見られる．また，日本軍は労力と戦力を補うため，日本の領土であった南洋群島や占領した島々で現地住民動員をはかった．

●**連合国の反撃**　1942 年 6 月のミッドウェー海戦から，戦局は連合国側の優勢に傾いた．さらに大きな転換点はガダルカナル島での日本の敗北である．連合国軍は島での日本軍による飛行場建設は米豪間の輸送路遮断になると警戒した．米軍は 1 万の兵を上陸させ，飛行場を占領した．のちの攻守では，日本軍は物資よりも精神力を強調し，兵士に加えて台湾の高砂義勇隊のような「志願」の挺身隊による突撃作戦や銃剣に頼る白兵主義に徹した．

一方，米軍は大軍と近代兵器で日本兵を迎撃し，日本軍の輸送船を沈め，日本軍の供給網を遮断した．日本軍は合計約 3 万強の兵をガダルカナル戦に投入し，約 2 万 1000 の死者のうち約 1 万 5000 人が餓死や病気で亡くなった．飛行場の奪還は失敗におわり，1943 年 2 月に日本軍は撤退した．また，4 月には海軍大将山本五十六の搭乗機がブーゲンヴィル島で撃墜され，死亡したことは日本軍への大きな打撃となった．この間，日本軍は米豪遮断のため，ニューギニア島で飛行場建設をはかった．ここでも連合国軍の攻撃で日本兵は外部との連携が遮断され，物資供給難が生じた．これにより，多くの日本兵が栄養失調，風土病，飢餓に悩まされ，多数が死亡した．また，戦況の悪化に対し，人肉食で生存した者もいた．一方，大本営は 1943 年 9 月 30 日に絶対国防圏を定め，狭めた勢力圏で戦力を整えることとした．これに対し，連合国軍は圏外の攻撃に出た．1943 年 11 月，ギ

ルバート諸島タラワの戦いでは約4700人の日本兵が約3万5000の米軍と戦い，日本兵の生存者はわずか17人であった．また，ニューブリテン島のラバウルは航空隊の拠点であり，陸海軍約10万の兵士がいたが，他の圏外の島々と同様に事実上の置き去りにされた．残された日本兵は終戦まで自活を強いられた．

●**敗戦へ**　1944年には，戦闘は太平洋南部から中部に移った．日本軍の戦術は米軍を迎撃する水際作戦に頼り，大多数の日本兵が壊滅する結末が繰り返された．1944年2月，米軍はマーシャル諸島に上陸し，日本軍は玉砕した．3月

図1　1942年8月，ガダルカナル島イル川近辺の海岸．1万人の米軍に対し900人で攻撃をした一木支隊の遺体がならぶ［出典：Frank, R., *Guadalcanal: The Definitive Account of the Landmark Battle*, Random House, 1990］

に米軍は，日本の南洋群島統治の拠点であったパラオ諸島に空襲した．続いて，6月にマリアナ諸島のサイパン島に上陸し，日本軍はマリアナ沖海戦での敗北のあと，劣勢はより進み，7月にはサイパン島が陥落した．これを機に，米軍はグアム島とテニアン島に上陸し，9月にはペリリュー島，10月にはレイテ島に上陸し日本の敗戦となった．以降，日本軍は中部太平洋の拠点を失い，米軍は太平洋の足場を固めた．なかでも，サイパン島の結末は特に悲劇的であった．戦闘末期，日本軍の生残兵は米兵への突撃を敢行させられた．島北部にいた日本兵と民間人は降参を拒み，海抜80mのマッピ岬から投身自殺をした．米軍のマリアナ諸島の占拠により，日本本土の主要都市が米軍戦闘機B-29の爆撃可能範囲に入った．これ以降，本土空襲が増加した．

●**現在への継承**　2023年6月末の厚生労働省の統計では，約240万人の海外戦没者のうち，約101万が太平洋諸島で亡くなった．また，横井庄一や小野田寛郎などの残留兵の帰還は，戦争記憶を喚起させた．さらに，日本軍による連合国軍・現地の人々への加害，戦没者の遺骨の鑑定と送還や不発弾，沈没した船体などの処理は大きな課題として残っている（☞「戦没者慰霊と遺骨収集」）．　［西野亮太］

📖 **参考文献**

[1]　吉田　裕『日本軍兵士』中央公論社，2017．

戦没者慰霊と遺骨収集

厚生労働省によれば，約240万人と推計される日本の海外戦没者のうち，約56.9万人がオセアニアで死亡している．同推計では，中部太平洋（旧南洋群島の他ミッドウェー環礁やギルバート諸島を含む）24.7万人，ビスマルク諸島・ソロモン諸島11.9万人，東部ニューギニア12.8万人，西イリアン5.3万人，そして硫黄島2.2万人である．このうち，戦後の遺骨収集活動で収容された日本人の遺骨は約25万にとどまっている．日本統治下にあった旧南洋群島（ミクロネシア）のうち，日本人移住者が多かったマリアナ諸島およびパラオ諸島では，民間人の犠牲者も多かった．軍人，民間人ともに飢えや病気で死亡したものも多かった．

●「象徴遺骨」の収集から慰霊墓参へ　サンフランシスコ平和条約の発効とともに日本が国際社会に復帰すると，海外戦没者の遺骨処理が始まった．1950年代前半には，一部の地域でごく限られた数の遺骨が「象徴遺骨」として収容され，その作業の証として「戦没日本人之碑」がアメリカ信託統治下のミクロネシアや，オーストラリア信託統治下のニューギニアに建造された．

日本人の海外渡航が解禁されると，これまでの遺骨収集活動に満足できなかった，元軍人軍属とその遺族，そして元移住者らは慰霊墓参団を組織して戦地を訪問するようになった．1960年代後半以降，マリアナ諸島のサイパン島やパラオ諸島のペリリュー島などのかつての激戦地には，日本の元軍人軍属とその遺族や元移住者らによって慰霊碑が建造され，その周辺には戒名が刻まれた個人の墓碑も多数置かれていった（図1）．ミクロネシアでは，パラオ・サクラ会やマーシャル日系人会など，日本統治時代に日本人移住者と現地人女性との間に生まれた人々のアソシエーションが形成され，現地で慰霊活動を支援した．日本政府は硫黄島戦没者の碑（1971年）を皮切りに，中部太平洋戦没者の碑（サイパン島，1974年），南太平洋戦没

図1　ペリリュー島の慰霊碑群［2019年9月筆者撮影］

者の碑（ラバウル，1980年），ニューギニア戦没者の碑（ウェワク，1981年），東太平洋戦没者の碑（マジュロ島，1984年），西太平洋戦没者の碑（ペリリュー島，1985年）を建造した．これらの慰霊碑は現地慰霊祭の場となるとともに，1990年代以降の観光産業の発達に伴って現地に残る戦跡とともに日本人観光客の訪問地点ともなっている．

●**慰霊碑建立と遺骨収集の諸問題**　当初，日本の慰霊碑を建立することに対する忌避や反対も現地ではあったが，戦後オセアニア各地の観光振興の中で，日本からの観光客の重要性が認識されるようになると，こうした反日感情も表面化しなくなった．戦場となった島々に建立された慰霊碑群は，たとえ英文や現地語で碑文が並置され，国籍を問わずすべての戦没者に対する慰霊が謳われていても，現地社会の観点を十分に斟酌しているとは限らない．このためか，管理が行き届かなくなった慰霊碑が現地社会の生活の障壁になったり，現にパラオのアンガウル島であったように，慰霊碑の移転が求められたりする事例も近年出てきた．

　こうした問題は，遺骨収集をめぐってより顕在化している．現地に慰霊墓参に行って野ざらしの遺骨を見て衝撃を受けた遺族に後押しされながら，1960年代後半以降，日本政府は日本遺族会や学生慰霊団（後のJYMA日本青年遺骨収集団），その他元軍人軍属の同窓会など，民間の組織とともに遺骨収集活動を本格化させた．しかし，過去の遺骨収集活動は科学的な調査を伴わないものもあり，収集した遺骨のDNA鑑定を遺族からの申請に基づいて，厚生労働省が行うようになったのは2003年以降である．マリアナ諸島では，日本の遺骨収集活動が先住民チャモロの埋葬地を攪乱した可能性も指摘されている．パラオ共和国のように，現地の文化財保護の観点から，考古学者や人類学者を同伴した科学的調査の実施や現地社会への説明責任を強く求める国や地域が多くなってきた．

●**慰霊の旅**　海外戦地への慰霊の旅を行ってきた天皇皇后（現・上皇上皇后）は，2005年にサイパン島，2015年にペリリュー島を訪問し，サイパンでは中部太平洋戦没者の碑で，ペリリューでは西太平洋戦没者の碑で献花した．戦後アメリカ統治下にあったミクロネシアでは，米軍による解放（liberation）の歴史観が広く浸透しているが，ペリリューでは当時の天皇皇后の訪問を記念して4月9日が新たに州の休日となるなど，日本側の慰霊活動は現地社会の文脈の中にも取り込まれている．戦争当事国の日本とアメリカ，そして戦争に巻き込まれた現地社会の間で戦争の記憶は複雑に絡み合っている．　　　　　　　　　　　　　［飯高伸五］

📖 **参考文献**

[1] 深田淳太郎「遺骨収容活動におけるつながりの辿り方と飛び越え方—戦没者と生者の関係の生成をめぐって」風間計博・丹羽典生編『記憶と歴史の人類学—東南アジア・オセアニア島嶼部における戦争・移住・他者接触の経験』風響社，2024.
[2] 浜井和史『海外戦没者の戦後史—遺骨帰還と慰霊』吉川弘文館，2014.

第五福竜丸

〜〜

　「福を授ける竜」にあやかり第五福竜丸と命名されたマグロはえ縄漁船が，1954年1月，焼津港を出航した．1952年4月，サンフランシスコ講和条約発効の前日，日本漁船の操業区域を制限する「マッカーサー・ライン」が撤廃され，遠洋漁業が再開され活況を呈し始めた頃であった．全長 30 m，140 トンの木造船に23人が乗り込み，中部太平洋のミッドウェー海域を目指した．当時39歳の久保山愛吉は，真珠湾攻撃の直前に，軍属として徴用船の乗艇を命じられ，戦中，マーシャル諸島で米軍の機動部隊を監視する業務に就いたこともあった．

●「邦人漁夫，ビキニ原爆実験に遭遇」　ミッドウェー海域は漁獲が少なく天候も荒れたため，マーシャル諸島に南下することを漁撈長は指示した．1954年3月1日早朝，西の空に大きな火のかたまりが浮かび，強い光が空も海も船も，そして船員たちをも包み込んだ．2時間ほど過ぎ白いものが空から降り始めた．第五福竜丸の西方約 160 km のマーシャル諸島ビキニ環礁でアメリカの水爆実験「ブラボー」が実施されたのである．乗組員は，目まい，頭痛，吐き気，下痢などの症状が現れ，後に髪の毛が抜け始めた．無線長の久保山は「無電を米軍にキャッチされて，船がポカチンを喰らうといけない」と無線通信を遮断し，日本に引き返した．

　3月14日，第五福竜丸は焼津港に帰港した．3月16日の読売新聞で「邦人漁夫，ビキニ原爆実験に遭遇」とスクープされ，日本中いや世界を駆けめぐった．「死の灰」という新たな言葉も同記事で使われ広がった．乗組員は都内の病院に入院したが，9月23日無線長の久保山愛吉が息を引き取った．その直前，「背中に高圧線が走っている，焼かれる」と暴れ，「こんなことぁもうたくさんだ」と，久保山はすごい形相で怒鳴りつけた．死因は「放射能症」と，治療にあたった医師の都築正男は発表した．

●「被爆の証人」　第五福竜丸にとどまらなかった．太平洋から帰港する漁船が持ち帰った魚からも放射能が検出され，「原爆（原子）マグロ」という言葉が新たに生まれた．核実験に由来する放射性物質を含んだ雨は日本各地に降り，「放射能の雨」という言葉が日常語となった．1954年5月，水産庁はビキニ海域とその付近の海の汚染を調べる調査船・俊鶻丸（しゅんこつまる）を派遣した．北赤道海流にそって海洋汚染が広がることを俊鶻丸は突き止めた．海の汚染は容易には薄まらなかったのである．さらに海水から，プランクトン，イカ，マグロなど食物連鎖が上位にいくにつれ，放射能が濃縮されることも明らかにした．第五福竜丸が持ち帰った「灰」は，放射化学者の木村健二郎らの手で解析され，アメリカが機密にしていた「核分裂／核融合／核分裂」の3段階の装置をもった，水爆のしくみが解明された．核実

験で放射性降下物が生み出され，太平洋さらに地球規模にも広がっていたことが公になった．「第五福竜丸の事件が起きなかったら，世界の人々は何も知らずにだ眠をむさぼっていたに違いない」と，核物理学者の R. ラップは指摘する．

核実験場とされたマーシャル諸島の現地でも住民に被害が及び，1954 年 4 月「破壊的兵器の実験を即時停止することを求める請願」が国連信託統治理事会に提出された．時を同じくして日本でも第五福竜丸の被災を機に，放射能の脅威が身近に迫り水爆実験，さらに原水爆禁止を求める署名運動が広がり，署名数は国内で 3200 万を超え，世界的な広がりをみせた．

身をもって放射性降下物の問題性を可視化し，国内外に警告した第五福竜丸の存在は，ソ連との核開発競争に邁進するアメリカ政府にとって，政治的脅威以外の何ものでもなかった．アメリカ政府は 1955 年 1 月，200 万ドルを日本政府に支払った．アメリカの法律上の責任とは関係ない「見舞金（ex gratia）」で，アメリカ議会の承認は経ず，心理戦略や秘密工作などを担当するアメリカ政府の工作調整委員会の承認を受けて支払われたものだった．問題は「完全決着」とされ，「我々には見えない何か政治の裏」が働いたと乗組員の大石又七は憤る．大石の著作『ビキニ事件の真実』（みすず書房）は，英訳され University of Hawai'i Press から *The Day the Sun Rose in the West: Bikini, the Lucky Dragon and I* と題し刊行されている．

●**核被災の広がり**　汚染魚を廃棄した船舶は，1954 年末までに 856 隻にのぼった．しかし第五福竜丸以外の乗組員には見舞金すら渡ることはなく，健康診断も行われず放置された．高知県では太平洋の核実験に遭遇した地域の船員を掘り起こそうと，「太平洋核被災支援センター」が地道に活動を続ける．当時アメリカ統治下にあった沖縄の船や，台湾や韓国の船も視野に収めて調査が展開され，さらに核兵器禁止条約の核被害者援助と国際協力の規定を見据え，マーシャル諸島やグアムなど，太平洋の核実験被害者ともつながろうとしている．

第五福竜丸の船体は，1967 年に廃船処分され，東京都江東区の夢の島に打ち捨てられていたが，保存運動が起き，1976 年に展示館が開館した．近年は木造船としての価値が新たに注目され，2020 年には日本船舶海洋工学会の「ふね遺産」に認定された．都立第五福竜丸展示館には，福竜丸の船体を中心に，原水爆禁止を求める声，福竜丸以外の被災船と汚染の広がりとともに，マーシャル諸島の被害や文化も展示されている．第五福竜丸展示館は大洋州（オセアニア）と日本とのつながりを学び，育む可能性をもつ空間になっている．　　　　　　　［竹峰誠一郎］

📖 **参考文献**

[1] 第五福竜丸平和協会『第五福竜丸は航海中―ビキニ水爆被災事件と被ばく漁船 60 年の記録』第五福竜丸平和協会，2014.
[2] 竹峰誠一郎『マーシャル諸島マーシャル諸島―終わりなき核被害を生きる』新泉社，2015.

日系の大統領
（ミクロネシア）

　移民として外国に居住する「日本人」あるいはその子孫である「日系人」が外国の国家元首に就き日本のメディアに注目された例として，ペルーの日系移民2世の A. フジモリ元大統領はその代表格であろう．オセアニア地域では，これまで複数名の日系人大統領が輩出されている．ミクロネシア地域においては第1次世界大戦と第2次世界大戦の間に日本が統治した歴史をもつことから，地元住民と日本からの移民らとの「混血化」が進み，一定程度の日系人が存在していることと関係が深い．

●ミクロネシアの統治と日系人　第1次世界大戦時にそれまでドイツが統治していたミクロネシア地域（現在のパラオ共和国，ミクロネシア連邦，マーシャル諸島共和国，北マリアナ諸島アメリカ自治領）を日本が占領し，南洋群島として第2次世界大戦終結時まで統治し続けた．この間に日本からの移民が南洋群島に多数渡り，南洋群島全体の人口の6割以上が日本人移民となった．地元民と家族を形成する例もみられ，その多くは日本から移住した男性とミクロネシアの女性との恋愛や婚姻によるものであった．それから30年以上が経過した時代になって，ミクロネシア各地における脱植民地化と国家建設が進み，それぞれの指導者層にかつての「日本人」移民の子孫も含まれるようになった．

●パラオの日系人大統領　パラオ共和国は戦後はアメリカによる統治を受けていたが，1979年に草案された憲法に基づき81年に自治政府を樹立した．独立前の

81年から大統領制が導入され，民主主義の手法により国家元首が選ばれるようになった．その中で，第6代大統領のクニオ・ナカムラ（Kuniwo Nakamura：1943-2020．在任期間：1993年1月～2001年1月）は，三重県出身の船大工・中村善七を父にもつ．クニオは，パラオの国家建設の重要な過程に関わり続けた人物で，大統領職以前にもミクロネシア議会議員や副大統領といった要職を経験している．1994年にパラオがアメリカの自由連合国として独立する際には大統領として自由連合協定文書発効の署名をし，グローバル化時代のパラオを作り上げた中核的人物である．

図1　政界引退後のクニオ・ナカムラ元パラオ共和国大統領［2018年12月筆者撮影］

●ミクロネシア連邦の日系人大統領　ミクロネシア連邦も，日本統治時代に多数の移民が日本から渡った歴史をもつ．また，それ以前からの貿易を通した関係も

深い. 1979 年に憲法が制定され自治政府による統治が始まった際に, 日系のトシオ・ナカヤマ (Tosiwo Nakayama：1931-2007) が初代大統領に就任した (在任期間：1979 年 5 月〜87 年 5 月). トシオは, 神奈川県出身で商社社員であった中山正美を父とする日系 2 世である. 父・正美はトラック (現チューク) で家族を形成した. 三男であるトシオは, 教育行政などに従事した後にミクロネシア議会議員となり, アメリカ統治下で政治的自立に向けた準備に尽力した. 1979 年の自治政府樹立時にミクロネシア連邦議会議員となり, そこで大統領に選出された. 8年間大統領職に従事する中で, アメリカとの交渉で中心的な役割を演じ, ミクロネシア連邦をアメリカの自由連合国として独立させることに導いた.

第 7 代大統領であるエマニュエル・マニー・モリ (Emanuel Manny Mori：1949-) は, 曾祖父が高知県出身の森小弁である. 森は商社社員として 1892 年にチュークに渡り, そこで家族を形成した. 現在もモリ・ファミリーは規模の大きい一族となっている. エマニュエルは大学卒業後に金融機関の職を経て, 州の財政行政や国家開発銀行の要職を務めた. 1999 年からミクロネシア連邦議会議員となり, 2007 年に大統領に選出された (在職期間：2007 年 5 月〜2015 年 5 月).

●日系性をめぐる課題 日系であることがメディアなどによって伝えられている国家元首や政府要人は, この 3 人以外にもオンライン百科事典サイトなどで取り上げられている. しかしその情報は必ずしも正確ではない場合もあるので注意を要する. 仮に出自に「日本人」が関係していたとしても, 本人がそれを表明していないケースもある. 研究者やメディアが日系性を取り上げることによって, 地元社会に意図せぬ影響を及ぼす可能性があることに敏感になるべきである. 出自に関する情報が出版物やメディアによって明らかにされると, それは例えば訴訟での証拠としても採用され, 権利関係を左右させる原因となり得る. 伝統首長称号をめぐる権力関係や土地・相続に対する権利や優位性の取得において, 家族や子孫の立場を含めて弊害を招く可能性すらある.

そもそも, 日系であることに注目することにどれだけの価値があるのか, また, 日系性を強調するかたちで人物に焦点を当てることによってどのような政治的・社会的影響が生じるのかについては批判的に検討する必要がある. 例えばパラオでは, 血統的には日系であったり, そうでなくても日本の名前が付けられている人はいるが, 本人たちがもっているアイデンティティはあくまでも「パラオ人」であり, パラオ社会において日系性を強調する場面もその必要性もない. 稀に, 外交の場で日本から来た人の問いに対応して話題にすることはあるかもしれないが, それは例外的な機会である. 日本は帝国主義・植民地主義によって外地を支配した側であり, それに起因する社会現象を批判的にこそ取り上げるべきであり, 日系人だからという理由である人物の活躍を取り上げることは, 植民地精神や回顧主義に支配されている時代遅れの発想になりかねない. [三田 貴]

シューカンとイタボリ
（パラオ）

　ミクロネシアのパラオ共和国は，1994 年に独立した人口 2 万人弱の島嶼国である．島の言語であるベラウ語の中には「マド（窓）」「シコージョウ（飛行場）」「ブッソウゲ（仏桑花，ハイビスカス）」など，日本語からの借用語が数多く含まれている（☞「ミクロネシアの日本語」）．「シューカン（習慣）」のような抽象的な概念もあれば，パラオの人々に人気の「ヤキュウ（野球）」や，代表的な手工芸品となった「イタボリ（板彫り）」などモノの名称，「サムイ（寒い）」といった感覚を示す言葉などもある．

　この背景には，日本がミクロネシアを「南洋群島」として植民地統治してきた歴史がある．1922 年に日本は南洋庁をパラオのコロールに設置し，同年「南洋庁公学校規則」を発布して，8～14 歳の島の子どもたちに日本語教育を中心とした本科，それに続く補習科からなる初等教育を実施した．補習科の子どもたちは，コロールに数多く在住していた日本人の家庭で，放課後「練習生」として働いた．

　太平洋戦争後，旧日本領の南洋群島は，1946 年より国連信託統治領としてアメリカが統治するようになる．ベラウ語に加えて英語が公用語となるが，流暢な日本語を話すパラオの人々が近年まで大勢いた．

●ベラウ語の「シューカン」　L.S. ジョセフ（Josephs）が 1977 年に編纂した『新パラオ‐英語辞書（*New Palauan-English Dictionay*）』（ハワイ大学出版局）には，「シューカン siukang」という項目があり，「Jp. *Shuukan*」と日本語からの借用語であることが明記されている．その意味は「習慣，癖（特に悪癖），性癖」である．加えてパラオでは，さまざまな儀礼や慣習的行為を包括する言葉として用いられている．これらの儀礼には，現在も盛大に執り行われている第一子誕生儀礼や，家を新築する際に資金集めも兼ねて行われるハウス・パーティーなどがあるが，すべてを総称するようなベラウ語が存在しなかった．そのため日本の統治時代に，さまざまな儀礼を日本人が一括して「習慣」とよぶようになったのが始まりという．現在のパラオでは，「シューカン」と称する儀礼や慣習的行為は，1994 年に始まった，パラオの女性首長 2 人が主催するベラウ女性会議にて活発に議論されている．「シューカン」のやり方は，それを行う人々の所属する母系親族集団の序列に応じて異なっている，と考えられてきたからである．

●パラオの工芸品としての「イタボリ」　日本語の借用語で「イタボリ」とよばれる彫刻は，現在，パラオの代表的な「伝統工芸品」となっている．1929 年，彫刻家の土方久功がパラオに渡り，絵画や彫刻，レリーフなどの作品を作成し，島の子どもたちに彫刻細工を教えたことが，イタボリの広がっていくきっかけとなっ

た．イタボリの制作は，1960 年代頃，ある囚人の作品が人気となり，刑務所でも行われるようになった．1980 年代には，パラオの土産物として購入したいという外国人観光客の要望などを受け，イタボリの工房がつくられるようになった．4 年に 1 度，太平洋島嶼国や地域が参加して開催される太平洋芸術文化祭では，パラオの展示ブースにイタボリの作品が展示され，そ

図1　パラオのイタボリの展示（第 12 回太平洋芸術文化祭）[2016 年 5 月グアムにて筆者撮影]

の横では制作工程をみせる彫刻のデモンストレーションが行われてきた．ベラウ国立博物館の庭には，2004 年にパラオで太平洋芸術祭が開催された際，太平洋島嶼国の彫刻家たちが大木に記念の作品を合同で制作した．なおイタボリはストーリーボードともよばれ，ミュージアムショップや土産物店などで売られている．

●**借用語としての日本語**　ベラウ語に日本語の借用語は数多く存在するが，日本の植民地統治時代を生きた人々の中には，パラオ文化の根幹をなす儀礼や慣習的行為を，日本語の

図2　パラオのシューカンの一つ「第一子誕生儀礼」をモチーフにしたイタボリ [筆者所蔵]

「シューカン」という言葉で表現することに嫌悪感を抱く人もいた．しかし，今日のパラオの若い世代にとって，「シューカン」をはじめとする日本語の借用語は，日本が植民地統治を行った歴史を思い起こさせる言葉ではなくなっている．なかには，これらの言葉が日本語であることさえ知らない人も多い．このように，ベラウ語における借用語としての日本語には，歴史的な経緯が抜け落ち，現在ではパラオ文化の代表的な行為やモノを表象する言葉となっているものもある．

[安井眞奈美]

📖 **参考文献**
[1] 安井眞奈美「二方久功とパラオのストーリーボード」『季刊民族学』（特集　土方久功と中島敦のパラオの日々），173：26-33，2020.
[2] 須藤健一「ミクロネシア史」山本真鳥編『オセアニア史』山川出版社，pp.314-338，2000.
[3] Josephs, L. S., *New Palauan-English Dictionary*, University of Hawai'i Press, 1977.

日本人のオセアニア観光

◇◇

　現代日本人のオセアニア観光は，白い砂浜，青く澄んだ海，大らかな現地人などに象徴される楽園イメージを消費するという特徴がある．日本社会の喧騒から離れて，楽園イメージを消費する営為が戦後日本で可能となったのは，戦前日本が南洋群島（ミクロネシア）を統治していたという植民地主義，およびハワイ真珠湾奇襲攻撃で始まりオセアニアの島々を巻き込んでいった太平洋戦争を集合的に忘却したためであった．現代日本人のオセアニア観光は，確かに戦前と戦後の歴史認識の断絶によって成り立っているが，同時にその歴史は戦前にまで遡ることができ，植民地統治や戦争の記憶も取り込みながら発達してきた．

●**帝国日本と海外・外地視察旅行**　帝国日本が拡張を続けていた戦前，アメリカの海外領土であったハワイや，日本統治下にあった外地の南洋群島には，現地の視察旅行に出かける役人，知識人，学生団体があった．商用などでアメリカ本土への船旅の途中でハワイに立ち寄り，現地観光を楽しむ人々もいた．ハワイ訪問者用に作成された『最新布哇案内』（1920）には，現代でもなじみ深いホノルル市内の名所が紹介されている．

　南洋群島では，日本郵船株式会社が，神戸・門司・横浜からサイパン，トラック，ポナペ，ヤルートと続く東回りの航路と，サイパン，ヤップ，パラオ，そしてメナドやダバオ方面に抜ける西回り航路を運営した他，日本本土とサイパンおよびパラオを直接結ぶ航路を開設した．サイパンのガラパンやパラオのコロールには旅館があり，女郎屋などの性風俗施設もあった．南洋庁の所在地であったコロールには南洋ホテルがあり，要人が宿泊した．南洋土産に販売されていた絵葉書の図柄には，椰子の木や海岸の風景，ミクロネシアの人々の肖像や踊りの写真が定番だったが，視察旅行に出かけた人々の関心の中心は日本人社会にあった．

●**戦後日本と楽園イメージの創造**　戦後 1964 年まで，日本人の海外渡航の機会は制限されていたが，映画や音楽を通じてハワイのイメージは消費され続けた．そして，1970 年にジャンボジェット機ボーイング 747 が東京-ホノルル線に就航すると，ハワイは団塊世代に人気の新婚旅行の目的地となった．ハワイとグアムを訪問する日本人観光客は，渡航自由化 10 年後の 1974 年にはそれぞれ年間 38 万人と 17 万人を超え，ピークの 1990 年代半ばには年間 200 万人と 100 万人を超えた．2000 年代以降は，ハワイは年間約 151 万人，グアムは年間約 95 万人を上限に推移しており，依然として日本人観光客は大きな割合を占めている．

　1980 年代には，大陸の大自然や動物を観光資源としたオーストラリア観光が日本でも人気を博するようになり，1996 年には年間約 80 万人を送り出した．2000

年代以降は約14万人まで落ち込むこともあったが，2019年には50万人近くにまで回復している．この間，ミクロネシアの他地域，ニュージーランド，タヒチ，ニューカレドニア，フィジーなどにも足を延ばす日本人観光客も出てきた．日本人のオセアニア観光は，初期には団体旅行が多かったが，1980年代後半には個人旅行が主流となり，その後，長期滞在や移住を計画する人々も出てきた．観光の目的も多様化し，新婚旅行や家族旅行のほか，ダイビングなどのマリンスポーツ，小規模なエコツーリズムも発達していった．

　太平洋戦争の記憶もまた，別の形態のオセアニア観光を発達させた．南洋群島からの引揚者や，太平洋戦争の戦没者遺族および戦友会などの任意団体もまた，海外渡航の自由化と同時に，サイパンやパラオなど太平洋戦争の激戦地に慰霊の旅に出かけた（文献［1］，pp.445-446）．こうした慰霊団の一行は，移動中の飛行機で戦争をまったく知らない若い世代と居合わせて衝撃を受けることもあったが，現地ではホテルに滞在し，観光にも出かけた．1972年にグアム島で発見された残留日本兵・横井庄一は翌年，新婚旅行でグアムを再訪した（文献［2］，pp.37-44）．1970年代には，東部ニューギニア戦線をはじめメラネシア地域への慰霊の旅も組織されたが，交通の便の悪い現地では日本人の観光業者が支援にあたった．パラオのペリリュー島では，太平洋戦争の戦跡を少人数で訪問するツアーがあり，マリンレジャーの合間に参加する観光客もいる．楽園イメージとともに太平洋戦争の記憶も商品化されている．

●日本人観光客への批判　日本人のオセアニア観光は現地経済の維持・発展に不可欠になっているが，日本企業の投資ブームや日本人観光客の殺到は，戦後世界における新たな征服として手厳しく批判されてきた．ハワイの先住民運動家ハウナニ＝ケイ・トラスクにとって，日本人観光客の到来は新たな植民地主義に他ならなかった．グアムでは観光開発や遺骨収集によって攪乱されたチャモロの遺跡もある．観光開発に伴う不動産価格や物価の上昇も現地社会の生活を逼迫させている．また，北マリアナ諸島のサイパン島では，1997年には約45万人いた日本人観光客が数万人程度にまで落ち込んで現地経済に壊滅的な打撃を与え，過度に外資に依存しない，持続可能な観光の必要性が広く認識されるようになった．マスツーリズム後のオールタナティブ・ツーリズムが模索される世界の観光事情の中で，日本人のオセアニア観光においても，環境保全の取り組みや伝統文化尊重など観光の倫理が広く問われるようになってきている．　　　　　　　［飯髙伸五］

📖 **参考文献**

［1］ Yamashita, S., "The Japanese Encounter with the South: Japanese Tourists in Palau," *The Contemporary Pacific*, 12(2): 437-463, 2000.
［2］ 山口　誠『グアムと日本人―戦争を埋立てた楽園』岩波新書，2007.

移り住むオセアニア

オセアニアと日本の関係性を考えるうえで最も可視的な現象として，「人の移動」があげられる．現代における人の移動は，観光，留学，ワーキングホリデー，リタイアメント，国際結婚など多様化しており，オセアニアはこれらの移住の多様化が日本人の移動者の間で顕著にみられる地域である．同地域への日本人の移住の増加と背景および今日の動向について紹介する．

●**在留日本人数の増加──特徴と背景**　オセアニアの日本人居住者は，1990年代以降，急増した．外務省「海外在留邦人数調査統計」によると，永住者（国際結婚または技術移住などで永住権取得）および長期滞在者（学生・ワーキングホリデー・ビジネスなど3か月以上滞在可能なビザ）の合計は，海外旅行ブーム開始期の1988年にはオーストラリアとニュージーランドの合計で約1万2900人だったが，2000年には約4万6200人，2010年には約7万9900人，2020年には約11万9200人まで増加し，特にオーストラリアでは2020年の国別の在留邦人数ではアメリカ，中国に次ぐ第3位の約9万7500人である．

オーストラリアおよびニュージーランドは，多文化主義の成功事例としてみなされているが，その移民政策の特徴は，移民がもつ技術や学歴，年齢や英語力などを数値化して審査するポイント制を採用している点である．これらの国では1970年代以降，人種ではなく移民の技術によって移民を選ぶようになり，判断基準となる職種のポイントは労働市場の需要に応じて頻繁に更新されている．これらの技術移住の枠を使った日本人の移住では，職務経験をもとにした男性およびその家族が多く，80〜90年代初頭は比較的裕福で年代も高いセミリタイアメント層，90年代中頃以降は子育て世代の移住者が多い．

技術移住以外の枠では，国際結婚による永住権取得が多く，女性が大半を占める．その理由としては，留学やワーキングホリデーでの女性の比率が高く，その滞在経験が国際結婚につながることも多い点があげられる．また，送り出し側社会としての日本社会の労働市場の流動性が1990年代以降増加し，特に未婚女性の移動性が増したため，派遣社員あるいは正社員就労後に20歳代で退職してワーキングホリデーや留学でオーストラリアやニュージーランドに渡る日本人女性が多かった．これらの要素から，オセアニアの日本人居住者の女性の比率は高く，オーストラリアは約63％，ニュージーランドでは約64％であり，他の在住邦人の多いアメリカ（58％），中国（32％），タイ（33％），と比較しても高い．

オセアニア地域への日本人移住は，いわゆる新移民の範疇で捉えられる．観光と長期滞在の交差領域としてのワーキングホリデーやロングステイ，海外や英語

圏での生活を求めての若者の留学，ワークライフバランスや人生の質を求めてのライフスタイル移住，東日本大震災以降の大都市での生活から逃れた親子留学など，今日の多様な移住のかたちが，日本からオセアニアに向かっている．

●**近年の動向**　90年代末～2000年代にかけてオーストラリアとニュージーランドでは日本人女性の国際結婚が急増したが，現代ではその頃に誕生した2世が社会進出する段階に

図1　各都市で開かれる日本人コミュニティの催し［2014年7月筆者撮影］

入り，現地の日本人社会に変化をもたらしている．大都市には週末の日本語補習校（日本の教育指導要領に沿った学校．主に日本人会が中心となって運営）があるが，2000年代後半以降，それらの学校よりも日本文化や継承言語としての日本語教育に重点を置く各種学校（私立や州政府補助を受けつつ運営するエスニック・スクール）が設立されてきた．この立ち上げに尽力したのは永住者たちであり，その多くはビジネスマン中心の日本人会とは距離を置く移住者であった．また，高齢化する1世の福祉を目的とした福祉団体や永住者中心の自助組織も各都市で設立され，その運営やボランティアも多くは女性が占めている．

　これらの動きは，日本人社会からニッケイ・コミュニティへの転換期という文脈で捉えられる．オセアニアに限らず歴史的に浅い1～2世が中心の海外の日本人社会は，内部分断が生じ，日本人会や商工会などのビジネスマン中心の組織とそれに距離を置く移住者の間で分断化する傾向が強い．この分断は，誰が「日本人社会」に包摂され誰が排除されるのかという問題を生み，福祉面では家庭内暴力や国際離婚の経験あるいは高齢化や病気などによって支援を必要とする日本人への支援がエスニック・コミュニティとして行き届かない現実があった．しかし，近年オセアニアの各都市で設立されている福祉組織やニッケイ団体は，従来の日本人社会からは排除されてきた存在を包摂しつつ，2～3世や社会的弱者も含むかたちでの新たなニッケイ・コミュニティを構築する動きとして捉えられる．このように日本人社会やニッケイをめぐる流動性や包摂と排除の相互作用は今後も続いていくであろう．　　　　　　　　　　　　　　　［長友　淳］

📖 **参考文献**

[1] 長友　淳『日本社会を「逃れる」―オーストラリアへのライフスタイル移住』彩流社，2013.

日本で暮らすオセアニアの人々

2009〜12 年にかけてリーマンショックや東日本大震災の影響で一時的に減少したが，1994 年以降日本に滞在する在留外国人の総数は 2020 年の新型コロナウイルス感染症のパンデミック前までは増加の一途をたどっていた．パンデミック直前となる 2019 年末の在留外国人数は 293 万 3137 人で過去最高を記録したが，パンデミックにより減少した．しかし，2022 年 12 月末には 307 万 5213 人と再び増加へ転じている．このうち，表 1 で示したように，オセアニアからやってきて日本で暮らしている外国人の総数は 2 万人以下と決して多くはなく，日本全体の傾向と異なり，男性の方が多い．オセアニアの大国であるオーストラリアとニュージーランドを除けば，在留数が多い順に，フィジー，トンガ，そして，サモアと続いており，その傾向はパンデミック後も同じである．これら 3 か国に限っていえば，2020 年末当時，「留学」「特定活動・アマチュアスポーツ選手」「永住者」，そして「日本人の配偶者」という在留資格で滞在している人々が多い．

●ラグビー選手からコミュニティを形成したトンガ人　在日トンガ人は縁あって 1980 年に大東文化大学がトンガ国王の要請により 2 人のトンガ人留学生を受け入れたことを契機にコミュニティが形成された．彼らはもともとそろばんの教師になるために来日したが，見知らぬ国である日本でのホームシックを防ぐために母国で人気の高いラグビー部に参加させてみたところ，チームを優勝に導き，87 年の第 1 回ラグビーワールドカップでは日本代表に選ばれるなど，すばらしい活躍をみせた．こうして，彼らは日本のラグビー界におけるトンガ人選手の地位を確立し，後進たちのラグビー留学やプロ選手としての来日を増やすきっかけとなったのである（☞「スポーツ選手」）．現在のトンガにおいて，日本は若いラグビー選手にとって人気のある留学先となっており，中学から社会人リーグまで幅広い世代の選手が来日し，所属先のチームで主力となって活躍している．

トンガから来日するラグビー留学生の多くは日本の大学を卒業し，その後も日本でプロ選手として契約したり，企業を母体とする社会人ラグビーの社員選手になったりして，ラグビー選手として働いていく．ラグビー選手として活躍できる期間は限られているが，なかには日本で別業種の職を得たり，日本人の配偶者を得たりして永住するケースもみられる．在日トンガ人の大半がラグビー選手またはその家族で占められており，トンガ人ラグビー選手の居住地域はそれぞれの所属チームによって異なるが，トンガ出身者が集まる場所として 1999 年に群馬県邑楽郡に設立された教会がある．ラグビー選手のパイオニア世代が多く所属するこの教会では，月に 2 回トンガ人牧師によりトンガ語の礼拝が執り行われるな

表1　オセアニア地域における在留外国人数（人）

	2019年12月末			2022年12月末		
	総数	男性	女性	総数	男性	女性
オセアニア	1万6475	1万1349	5126	1万5179	1万711	4468
オーストラリア	1万2024	8208	3816	1万831	7632	3199
フィジー	287	206	81	327	230	97
キリバス	8	3	5	8	1	7
マーシャル	26	15	11	15	7	8
ミクロネシア	56	36	20	48	28	20
ニュージーランド	3672	2633	1039	3497	2526	971
ナウル	3	2	1	2	2	0
パプアニューギニア	66	39	27	82	47	35
パラオ	41	28	13	41	32	9
ソロモン	37	20	17	51	26	25
トンガ	161	111	50	179	130	49
ツバル	4	3	1	2	2	0
バヌアツ	16	10	6	25	19	6
サモア	74	35	39	71	29	42

［出典：出入国在留管理庁『在留外国人統計』をもとに作成］

ど，トンガ・ジャパン・コミュニティの基盤となっている．

●**国際結婚を中心に広がるサモア人コミュニティ**　サモアも同じくポリネシア地域の島嶼国であり，海外へ多くのラグビー選手を輩出しているが，日本ではトンガ人ほどラグビー選手を中心としたコミュニティが形成されていない．日本におけるサモア人コミュニティは大きく日本人男性と結婚したサモア人女性たち，日本人女性と結婚したサモア人男性たちによって形成されている．サモア人女性たちの多くは1970年代半ば頃から青年海外協力隊としてサモアにやってきた夫たちと結婚したことを契機に日本で暮らすことになり，家族を形成してきた．現在は子育ても終え，孫までいる人もいる．サモア人男性の多くは1990年代後半以降，文部科学省の留学生として日本にやってきたり，日本人女性のオセアニア旅行中に出会ったりして，国際結婚に至っている．

　もともとサモア人コミュニティはラグビーのテストマッチなどで自国出身の選手がくるときに集まるぐらいの緩やかなものであった．しかし，2009年の駐日サモア独立国大使館の開設を契機に，サモア独立国の独立記念日やクリスマスなどを中心にSNSでつながっている関東圏のサモア人はニュージーランド生まれも含め，定期的に集まり，コミュニティとしての親交を深めている．　［倉光ミナ子］

📖 **参考文献**

[1] 小林真生編『変容する移民コミュニティ—時間・空間・階層』明石書店，2020.

スポーツ選手

〜〜

　日本で活躍するオセアニアのスポーツ選手でよく知られているのがラグビー選手である．2019 年のラグビーワールドカップの日本大会でもオセアニアにルーツをもつ選手は自身の出身国だけでなく日本代表を含むさまざまな国の代表として活躍した．日本代表には主将を務めた，フィジーとニュージーランドにルーツをもつリーチマイケル選手をはじめ，12 人のオセアニア出身選手が選ばれ，なかでもトンガにルーツをもつ選手は 7 人選出されている．

●ラグビー界でのオセアニア出身選手の活躍　1980 年代以降，日本のラグビー界ではオセアニア出身選手が常に日本代表に名を連ねてその存在感を示してきた．その最初のきっかけは，もともとそろばんの教師になるために来日した大東文化大学のトンガ人留学生ノフォムリ・タウモエフォラウとホポイ・タイオネの 2 人であった（☞「日本で暮らすオセアニアの人々」）．タウモエフォラウは留学前からトンガでラグビー選手としての実績を残していたが，日本に来てから本格的にラグビーを始めたタイオネも頭角を現した．2 人の卒業後に入れ替わりで入学した留学生シナリ・ラトゥとワテソニ・ナモアの時代には全国大学選手権で優勝を果たした．タウモエフォラウは 1987 年の第 1 回ワールドカップに，まだ学生だったラトゥとともに日本代表として選出され，日本代表の歴史で初めてワールドカップでのトライをあげた．こうしたパイオニア世代の成功は，トンガからの継続的な留学生の受け入れや卒業後の社会人チームとの契約にもつながった．受け入れ先は全国に拡大し，2022 年の時点では 50 人を超えるトンガ人留学生が活躍している．社会人のチームになると，トンガに限らずニュージーランドのオールブラックスで活躍したスター選手など，オセアニア各国出身の実績のある選手も多く在籍している．

　日本の社会人ラグビーの最高峰のリーグであるリーグワンでは，2022 年時点で285 人の外国出身選手が登録されており，そのうちオセアニアからの選手は 221人を占める．なかでもラグビー大国ニュージーランドからの選手が 100 人と圧倒的に多く，次いで同じく強豪国のオーストラリアが 51 人，さらにトンガの 41 人，フィジーの 24 人，サモアの 4 人，パプアニューギニアの 1 人と続いている．

●格闘技の世界で　ラグビー選手の活躍よりも前，1960 年代に活躍したトンガに縁のあるスポーツ選手がいる．日本人の父とトンガ人の母をもつ前溝隆男は第 2次世界大戦前にトンガで生まれたが，4 歳になる頃に戦争を機に単身で帰国しようとする父とどうしても離れたくないと泣いたために一緒に日本に連れてこられた．前溝は骨太の体格や腕力に恵まれ，相撲，野球，ボウリングとさまざまな競

技を渡り歩いたが，最も成果をあげたのはボクシングで，1962 年に日本ミドル級のチャンピオンとなっている．引退後はプロレスの世界に移り，国際プロレスという団体にレフェリーとして所属した．

　相撲の世界では，ハワイ出身の高見山は初めての外国籍の関取として人気を集めた．1972 年の名古屋場所では外国出身力士として初優勝を飾り，翌年には自身最高位となる関脇に昇進したほか，テレビにも出演するなど土俵の内外で活躍した．高見山の角界での成功はその後のハワイ出身力士の道を拓き，弟弟子の小錦は大関昇進を果たし，引退後に高見山自身が親方として指導にあたった曙は横綱として同じハワイ出身の横綱武蔵丸とともに一時代を築いた．

　1974 年に朝日山部屋に入門した 6 人のトンガ人力士も当時話題を集めた．相撲好きだったトンガ国王の希望で入門した彼らには福の島，南の島，椰子の島，日の出島，幸の島，友の島と島国や南国を連想させる四股名が付けられた．南の島が三段目で優勝するなど将来を期待され，幕下ながら当時子どもたちに流行した相撲カードのデザインに採用されるほどの人気もあったが，入門の翌年に朝日山親方が急逝したことに端を発した部屋の継承問題によってトンガ人力士たちはわずか 2 年ほどで廃業した．その後，福の島はキング・ハク，幸の島はザ・バーバリアンのリングネームでプロレスに転向し，日本だけでなく世界でも活躍した．

　2000 年代初頭からは南の島の息子や武蔵丸の甥が相撲に挑戦し，キング・ハクの息子たちも新日本プロレスのレスラーとしてプロレスのリングに上がっている．そして，ラグ

図 1　引退後に譲り受けた看板をトンガの自宅に飾る元・南の島 [B. ファレバイ提供，2015 年 10 月トンガ王国トンガタブ]

ビーではトンガから来日した選手だけでなく，日本で生まれ育ったパイオニア世代の子どもたちも活躍している．今後もラグビーや格闘技の世界で新たな世代の活躍が期待される．　　　　　　　　　　　　　　　　　　　　　　　　　[北原卓也]

参考文献
[1] 沢木耕太郎『三の闇』文藝春秋，1989.
[2] 山川　徹『国境を越えたスクラム—ラグビー日本代表になった外国人選手たち』中央公論新社，2019.

日本のフラ

〜〜〜〜〜〜〜〜〜〜〜〜〜〜〜〜〜〜〜〜〜〜〜〜〜〜〜〜〜〜〜〜〜

　日本社会におけるフラの浸透は，1964年に日本からの海外旅行が自由化され，一部の日本人にとってハワイ文化が身近になったことではじまった．また，60年代当時は，日本のテレビ番組ではハワイ風のバンド・ミュージックや，有名人のハワイ旅行が取り上げられ，結果「楽園の島ハワイ」を象徴するイメージであるフラの知名度も日本全国で高まった時代でもあった．そして，1970年代になると，地方の観光ホテルなどではハワイからフラダンサーを招いて行われるハワイアン・ショーが人気となり，日本にいながらフラを目にする機会が増えた．

　その後，1980年代に入ると，日本各地のカルチャーセンターで健康増進と余暇の充実のために取り入れられはじめた「フラダンス教室」が人気となり，フラが日本全国に拡大した．当時流行した日本の「フラダンス教室」では，スラックギターなどの西洋楽器を用いた現代的なハワイアン・バンド・ミュージックに合わせて踊る，緩やかなスタイルのフラ・アウアナ（hula auana：「新しいフラ」の意）がメインであった．

●ハワイアン・ルネサンス　しかし，1980年代以降にハワイ伝統文化回復運動（ハワイアン・ルネサンス）がハワイ全土に拡大すると，観光の現場でもより古典的なフラを重視する風潮が強まりはじめる．古典的なフラは，現在はフラ・カヒコ（hula kahiko：「古いフラ」の意）とよばれ，伝統的な打楽器とハワイ語のチャント（詠唱）に合わせて踊られ，フラ・アウアナに比べて力強い動きが特徴である．

　ハワイアン・ルネサンスの影響は，やがて日本のフラ教室にも現れるようになる．日本の人々の間でも，より古典的で動きの激しい「本格的」なフラを志向する傾向が芽生えはじめたのである．そのため，昨今日本でフラを教える講師には，定期的にハワイに通い現地のフラの師範（クム・フラ：kumu hula）から直接手ほどきを受けるケースが少なくない．さらに日本出身の講師の中には，フラに関する知識全般を修得し，ウーニキ（'ūniki）とよばれる修了試験の儀礼を経て，クム・フラとして日本でフラを教える者もいる．日本では限られるクム・フラのもとには，本場のフラを学びたい生徒が多く集まるという．

　また最近は，日本でも男性フラ（カネ・フラ：kane hula）に注目が集まりつつある．ハワイアン・ルネサンスにおけるフラの再生運動では，かつてフラが主に男性によって踊られていたことから，とりわけ男性フラの再生が至上命題の一つとされてきた．近年，ハワイではフラ競技会に男性チームもエントリーするようになり，男性フラを目にすることも珍しくなくなった．それに伴い，日本でも男性フラ

を学びたいという希望者のために，まだ数は少ないものの（男性フラを指導できる講師が限られるため），いくつかのフラ教室やフィットネス・ジムを中心に，男性フラを広める活動が広がっている．

　日本社会におけるフラに対する本格志向は，フラに対する呼び方にも変化をもたらしつつある．日本では長い間「フラダンス」という名称が一般的に用いられてきた．ハワイ語で「踊る」を意味するフラ（*hula*）に英語のダンスをつけた「フラダンス」という呼び方は，ハワイで

図1　フィットネス教室の男性フラ・クラス
［2021 年 10 月筆者撮影］

も使われていた時期があった．しかし，ハワイアン・ルネサンス以降のハワイ語再生運動の中で，「フラダンス」は「踊る踊る」の意になってしまうことから，今ではハワイ語のみで「フラ」という呼称に改められている．

●**フラにとっての日本**　現在の日本のフラ人口は，推計で 40 万人に上るともいわれる．しかし，フラの専門誌の編集長をつとめる平井幸二によれば，この 40 万人のうち，全国にあるフラ専門の教室の数（およそ 600 校）の平均的な生徒数（200〜300 人）を鑑みると，ハワイ文化とフラを体系的に学んでいる人は，およそ 15 万人程度であろうという．というのも，近年フラは，学校のクラブ活動，単発のワークショップ，またフィットネス・ジムなどのレッスンとしても取り入れられ，短時間で気軽に楽しめるエクササイズとしても広がっているからである．さらに平井は，近年人気が高まっているタヒチアン・ダンスの人口が，前述したフラ人口に含まれている可能性を指摘する．ハワイと同じポリネシア地域にあるタヒチの伝統舞踊であるタヒチアン・ダンス（オーテア：*ōte‘a*）は，フラよりもスピードのある腰の動きが特徴である．だが，ハワイのリゾートホテルなどで催されるハワイアン・ショーでは，通常タヒチアン・ダンスも演じられることから，日本でもフラとタヒチアン・ダンスが混同される状況が見受けられる．

　いずれにしても，現在日本においてはフラ教室以外にも，さまざまな状況や目的でフラに触れることができる機会が増えつつある．このような国内のフラの環境を踏まえるならば，日本はハワイに並ぶフラの拠点となりつつあるといえるだろう．
　　　　　　　　　　　　　　　　　　　　　　　　　　　　　　　　［四條真也］

📖 **参考文献**

[1] 名護麻美「J-フラ─日本でのフラの拡大と土着化」山本真鳥・山田 亨編『ハワイを知るための 60 章』明石書店，pp.333-336, 2013.

日本の食とオセアニア

〰〰

　世界の先進国の中でも食料自給率の低い日本は，海外からの食料の輸入に依存せざるを得ない．とりわけ，太平洋というシーレーンでつながっているオセアニアからは毎日の食卓に欠かせない日常食から，日本の年中行事や季節の味として用いられるユニークな食材までさまざまなものが届けられている．

●**日本の食卓を支えるオーストラリアからの輸入品――牛肉と小麦**　オーストラリアは日本にとって第3位の食料供給国である．とりわけ大きな割合を占めている食材として，牛肉と小麦があげられる．日本はオーストラリアにとって最大の牛肉輸出相手国であり，小麦もアメリカ・カナダに次ぐ3番目の輸入先となる．

　初めてオーストラリアから日本に牛肉が商業的に輸出されたのは1953（昭和28）年であり，明治屋が牛肉大和煮とコンビーフの缶詰にする原料として使用された．その後，1991年には牛肉の輸入自由化が行われたことで輸入量が急増し，現在では，国内牛肉消費量の約43%を供給している．BSE問題でも日本の厳しい基準に対応すべく徹底管理を行った結果，その後もオーストラリア産の牛肉に安全性という信頼感を生み出すことにつながった．現在ではファストフードのハンバーガーから，グルメガイドに登場する高級レストラン，そして一般家庭でも，それぞれの用途と味わいに見合ったかたちで利用され，愛称でもある「オージー・ビーフ」は日本の食卓に完全に定着しているといえるだろう．

　一方，オーストラリア産小麦の輸入の歴史はさらに古く，第2次世界大戦前から開始されていた．戦後，日豪貿易が再開された当初から羊毛と並ぶ重要な輸入品となっており，とりわけ戦後の食糧危機に対応して，小麦の需要が増えると，国内生産では賄いきれず海外からの輸入も増大した．パンやケーキなどの強力粉や薄力粉がアメリカ・カナダ産が主体であるのに対し，オーストラリア産の小麦は粒子が細かいという特徴から「うどん」「そうめん」「ラーメン」という日本人の麺文化を支える食材となっている．

●**ニュージーランド産のユニークな食料――安全性と持続可能性**　ニュージーランドは全人口の5人に1人が食品・飲料産業に従事し，国内で生産された農業生産物の約6割を世界に輸出している．同国にとって日本は3番目の輸出相手国であり，10年間で13%の成長率を遂げた重要なマーケットとして位置づけられている．ニュージーランドからの輸入品といえば，キウイフルーツやはちみつ，乳製品などがあげられる．こうした農製品に対してニュージーランド政府は他国との競争に勝ち抜くため安全性の重視を打ち出した．2002年には「食料安全庁」を設置し，酪農業に対して牧草以外の補助飼料を使用することを禁止したり，独自

の環境基準に基づく肥料や除草剤を禁止した安全基準を設けている.

　近年, 大きく打ち出しているのは食料における持続可能性 (サステナビリティ) である. 天然物の魚を求める収奪型の水産業から養殖技術を発展させた持続可能な生産体制を確立し, 海外にも積極的に輸出を開始している. その代表が北島で養殖されている牡蠣である. 殻付きのままで輸出することを可能とする技術を発達させた結果, 日本でも夏に生牡蠣を食することを可能とし, 日本国内のオイスター・バーの拡大にも貢献している. SDGs が注目される中で, 農産物や水産物の持続可能な利用という意味では今後ますます日本でもニュージーランドからの輸入食材が注目されるだろう.

●**日本市場に攻め入るトンガ産食材──カボチャともずく**　日本をターゲットにした自国の食料品を売り込む国としてトンガの存在も注目される. 同国は日本と季節が逆であるという地理的な特徴を利用し, 端境期に生産した農作物を日本市場に輸出するという戦略がとられた. 1980 年代より輸出が開始された夏野菜・カボチャは成功例で, 日本では関西地区を中心に冬至に食すという文化があることに着目し, 11〜12 月に日本に輸出することで大きな利益につながった. 近年はメキシコやニュージーランドなどの海外からの輸入ものや北海道産の国内品に押され気味で激減している.

　一方で, トンガの地理的な特徴を活かし, この地域でとれる唯一無二の生産物 (ワンアンドオンリー・プロダクト) として日本市場で一定の存在感を見せている食材がもずくである. もずくは遠浅の暖かい海に生息しているごく限られた地域にしか自生しない海藻で, 日本では沖縄がほとんどの生産量を占めている. しかし, エルニーニョ現象などで沖縄近海の海水が変化するともずくの生産量が低下するため, 他地域からの輸入が必要となる. そのとき数少ないもずくの生産地として注目されるのがトンガである. もずくが自生している数少ない島であるトンガの主島・トンガタプ島は, 日本の居酒屋の定番メニューを維持するための重要な産地としての役割を果たしているのだ.

　太平洋諸島はどの国も面積は小さく, 世界の主要市場とは距離的にも離れている. 大量生産を行って価格競争をしても決して有利な状況にはない. そのような状況では, むしろ希少価値のある食材を, ターゲットとなる市場に付加価値を付けて売り込む方が利益も大きくなる. トンガの戦略はまさにそこを突いたのだ.

●**ブームとしてのハワイ料理**　近年ではハワイのローカル料理を提供する「ハワイ飯」とよばれるレストランも日本各地に進出してきており, パンケーキやロコモコ, ハワイアン・ドーナッツとも言われるマラサダなどは SNS などで紹介されると人気を得ていき, 若い女性の間ではブームとなってきている. これまで珍しい料理として紹介されてきたオセアニアの料理だが, ハワイ料理に関しては, すでに身近でポピュラーな存在となっているのかもしれない.　　　　［黒崎岳大］

沖縄国際海洋博覧会

◇◇

　沖縄は 1972 年アメリカから復帰したが米軍基地の残る沖縄振興のために，1975 年，沖縄国際海洋博覧会（海洋博）が開催された．場所は沖縄本島中央部，東シナ海に面する本部半島であった．

　1970 年の大阪万博の前後から海洋資源開発振興のために国際博覧会を開催しようとの論議が海洋開発関係者の間で行われるようになった．ちょうどその時期は沖縄本土復帰が具体化した時期でもあり，それを記念する事業として海洋博を沖縄で開催して欲しいという要請が沖縄の琉球政府からもあった．日本政府は 1971 年の閣議で海洋博開催を了承し，その後急ピッチで開催準備が行われた．

●**海洋博会場の構成**　海洋博の基本テーマは「海─その望ましい未来」である．会場内には政府関係，日立，三菱，芙蓉，三井など日本の企業，そしてアメリカ，ソ連，イタリア，カナダ，オーストラリアなど海をもつ国々の出典したパビリオンが建てられた．そして会場の南側には海底牧場とアクアポリスが敷設され，科学に基づいた明るい未来のイメージを創出した．35 の外国の国々と三つの国際機関が公式参加，一つの自治領が非公式に参加した．

　開催は 1973 年秋に起こった石油ショックのために 140 日ほど遅れたが，1975 年 7 月 20 日に始まり，1976 年 1 月 18 日まで 183 日間，延べ 349 万人が訪れた．日本の皇室から皇太子（現・上皇）夫妻や外国からの要人が来沖した．また著名なオセアニア研究者である M. ミードが訪れた．

　海洋博会場はぶどうの房のように連なった四つのクラスターから構成された．会場の北から「海に親しむ」＝魚のクラスター，「海に生きる」＝民族・歴史クラスター，「海をひらく」＝科学・技術のクラスター，「海を行く」＝船のクラスターである．会場内では無人運転の KRT，CVS という二つの交通システム，また未来の海上都市をイメージしたアクアポリスなど当時の最新科学技術も披露された．

●**チェチェメニ号の航海**　なお博覧会中にミクロネシア・カロリン諸島のサタワル島から航海カヌー・チェチェメニ号が沖縄に来訪した（スタジオ海工房 DVD『チェチェメニ号の冒険』，1976）．チェチェメニ号はカロリン諸島を北西に進み，サイパン島に停泊，その後沖縄を目指し，1975 年の 12 月に海洋博会場にたどり着いた．

　チェチェメニ号の来訪は当初から博覧会の計画には入っていなかったようで，日本ヤップ友好協会がヤップから航海カヌーを招聘しようとしていた．しかしヤップ島には航海カヌーの技術は途絶えていたので，それが残っていたカロリン諸島の小島であるサタワル島から航海してもらうことになった．チェチェメニ号の船長は伝統航海師のレッパンであったが，同じサタワル島出身の航海師マウ・ピ

アイルックは 1976 年にハワイの復元カヌー・ホクレア号をナビゲートして伝統航海術でタヒチに導いていた. また同年, ハワイでパドリング・カヌーのハワイ王座戦も始まり, この年はオセアニアのカヌー文化復興において鍵となる年となった.

●海洋博公園と海洋文化館の今日　博覧会終了後, 1976 年 8 月に跡地は亜熱帯公園である, 国営沖縄国際海洋博覧会記念公園（通称, 海洋博公園）となったが, 公園の名称は 1987 年に「国営沖縄記念公園海洋博覧会地区」に改称され, 今日に至っている. 運営はハード面が国営公園事務所, ソフト面が海洋博記念公園管理財団であったが, 財団は 2012 年に一般財団法人に移行するとともに, 沖縄美ら島財団に改称する. 財団は首里城公園や沖縄県立博物館・美術館の管理運営を同時に行っている.

　博覧会当時設けられたパビリオンの一つ, 魚のクラスターにあった海洋生物館にはその後水族館が設けられていた. この水族館も 1987 年の公園名称変更に伴い, 「国営沖縄記念公園水族館」に改称された. そして水族館は本土復帰 30 周年を記念して 2002 年に廃止され, 公園内の別の場所に現在の沖縄美ら海水族館が建設され, 以後, 年間 300 万人前後の来客を誇る, 沖縄を代表する観光地となっている.

　また政府出展のパビリオンの一つが海洋文化館である. 海洋文化館は民族・歴史クラスターの中心を占めていたが, その他にはかりゆし広場, 海洋博ホール, 沖縄館, 外国館その他各企業館が立ち並んでいた. 沖縄の文化を展示する沖縄館はその後, 廃止された. 今はその地に「沖縄郷土村」と皇太子（現・上皇）の研究に由来する「おもろ植物園」が設置されている.

　このような変遷の結果, 海洋博覧会当時の建物を唯一残す場所が海洋文化館となっている. その海洋文化館の展示は後日日本オセアニア学会を 1977 年に設立し, 学会

図1　沖縄国際海洋博覧会当時の建築が残る唯一の事例である海洋文化館. ただし 2013 年にリニューアルオープンしたため, 現在のメインゲートはこの部分ではない［2003 年 12 月筆者撮影］

を支えてゆく会員が中心になって, 1970 年代前半に集められたものである. この展示はその後, マイナーな変更はあったがほぼ海洋博当時のままであった. しかし 2003 年より展示更新の計画がスタートし, 日本オセアニア学会の会員を中心とした新資料の収集と展示のリニューアルが行われた. 2012 年に敷設したプラネタリウム, そして 30 m に及ぶ太平洋世界を表した床地図や大型スクリーンを含むオセアニアの新展示が 2013 年に完成し, カヌーコレクションと人類の海洋世界への拡散と適応, そして今日のオセアニア世界を中心テーマとするユニークな展示施設として今日に至っている.　　　　　　　　　　　　　［後藤 明］

日本の開発援助

◇◇

　日本は太平洋戦争前の一時期，太平洋島嶼地域の一部を国際連盟委任統治領として支配していた．また戦争中には，ガダルカナル島など島嶼各地で激戦を繰り広げるなど，この地域とは深い関わりをもっていた．戦後，太平洋の島々は1962年に独立したサモア（旧称西サモア）を皮切りに1970～80年代に相次いで独立を果たし，現在では14の国々が存在する．日本はそれらの国々と農・林・水産業や観光業を中心に経済的なつながりを保ちつつ，政府開発援助（ODA）の拠出などを通じた公的な関わりも積極的に維持している．太平洋島嶼国向けの日本のODAは総額の1％程度ではあるが，島嶼国の社会的・経済的側面においては貴重な支援であり続けている．

●**要請主義から協働性へ**　太平洋島嶼諸国に対するODA拠出額をみると，日本はオーストラリア（786百万米ドル，2020年）に次いで2番目に多い（328百万米ドル，2020年）．この地域は，日本にとって太平洋戦争前からの歴史的つながりだけでなく，近年の「自由で開かれたインド太平洋構想」や，水産資源の供給地域であること，エネルギー資源などのシーレーン（一国の貿易や通商などにおいて戦略的重要性をもち，有事の際でも確保しなければならない海上交通路）でもあるという地政学的重要性も指摘されている．さらに，広大な海域は米中関係や中台関係などの行方を占う場にもなっており，太平洋島嶼は日本の国益の観点から決して軽視することのできない地域であるといえる．日本のODAは，長年，1992年に制定された「政府開発援助大綱」のもとで，相手国の要請に基づいて援助を行うという，要請主義を基本原則として実施されてきた．しかし，それが2015年に「開発協力大綱」へ改定された際に，「相手国からの要請を待つだけでなく，相手国の開発政策や開発計画，制度を十分踏まえたうえで我が国から積極的に提案を行う」姿勢も盛り込まれ，相手国と日本双方がともに成長し発展する関係を築くことを目標に，相手国政府や当該地域の国際機関などとの対話や協働を重視した内容に改められた．これはODAの実施に「国益」という要素を基本原則として明確に取り入れたことを示しているといえる．

●**贈与中心の開発援助**　日本政府は1997年以来3年に1度，太平洋島嶼国の首脳を招いて「太平洋・島サミット（日本・太平洋諸島フォーラム首脳会議）」を開催している．毎回会合の最後には，法と秩序の維持，開かれた市場・貿易促進，持続可能な経済発展，気候変動への対応，人的交流の活発化などを盛り込んだ首脳宣言が発出され，日本と太平洋島嶼地域間の緊密な関係性の維持を確認する機会となっている．

　一般にODAは，相手国に返済を求めない贈与（無償資金協力，技術協力）と開発資金を貸し付ける有償資金協力（借款）の二つに大別される．日本の場合，インフラなど相手国の開発のために必要な基盤を整備するために有償資金協力が実施されており，日本のODAの特長にもなっている．しかし太平洋島嶼国のような経済基盤が著しく脆弱で，所得水準の低い国に対しては贈与中心の援助が行われている．2019年度における太平洋島嶼地域向けODA総額の81.2%が贈与であり，そのうち77.7%が保健・衛生，水，教育，農村開発，社会基盤整備，廃棄物処理などの環境分野などに対する無償資金協力，残りが相手国の技術者や行政官などを対象とした技術研修や，専門家および青年海外協力隊（協力隊）などのボランティア派遣であった（文献［1］，p.28）．これはこの地域に対する日本の公的援助の長年にわたる一貫した傾向である．

●**青年海外協力隊**　贈与の一部である技術援助は援助額では18%（2019年度）ほどで多くはないが，その中でも協力隊は，実質的に日本からの支援の柱であり，現地の人たちの評判は一般的によい．それは，日常的に現地の人々と一体となって国や地域社会の発展に資することを目的としたボランティア活動であり，本来の意味での「人づくりのための支援」という点において協力隊が最も効果的であるという見方もある（文献［2］，p.257-258；［3］，p.203-204）．太平洋島嶼地域では1972年に当時の西サモアにはじめて派遣され，その後派遣先は10か国に増えている．協力隊員の活動分野は多岐にわたるが，小学校教師・教諭と環境教育，理科教育・理数科教師などの教育分野が比較的多い．近年では，前述の「太平洋・島サミット」における議論を踏まえて，気候変動と連動した環境教育・防災啓発，廃棄物処理，感染症対策に関連した協力隊員が派遣されることもある．

　協力隊員の専門分野における活動の成果は一般に見えにくいといわれる．隊員本人の資質や置かれている環境の違いが大きく，普遍的な指標を当てはめることが難しいことや，ある活動を数代にわたって一つの成果を生み出すこともあるからである（文献［3］，p.195）．そのような中で特筆すべきは，現地の人々の中に残る協力隊員に関する友好的な記憶である．長い年月が経過しても，一緒に仕事をした隊員，近所に住み日常をともにした隊員を忘れずにいる現地の人々は少なくない．友好や絆，あるいは思い出といった不可視で定量化しづらい事柄も，日本の開発援助の特徴として積極的に評価できる点として指摘できる．　　　［関根久雄］

📖 **参考文献**

［1］外務省国際協力編『政府開発援助（ODA）国別データ集2020』外務省，2021.
［2］石森大知・丹羽典生編著『太平洋諸島の歴史を知るための60章―日本とのかかわり』明石書店，2019.
［3］岡部恭宜編著『青年海外協力隊は何をもたらしたか―開発協力とグローバル人材育成50年の成果』ミネルヴァ書房，2018.

日系企業

◇◇

オセアニア諸国は欧米やアジアと比べ，国土面積も人口規模も小さく，一部を除き資源も乏しい国々が多い．ビジネスにとっては決して好ましい地域ではないものの，日系企業はその環境に適応しながら現地社会との交流を深めてきた．

●オーストラリア・ニュージーランドに進出する日系企業　オーストラリアは日本にとって，輸出入ともに上位に位置し，投資先国としても 2000 年代以降，常にトップ 5 となっている．2014 年に結ばれた経済連携協定（EPA）により，両国の貿易額の約 95％の関税が撤廃され，特にオーストラリア側ではすべての農林水産品，多くの工業品の関税が即時撤廃された．この影響もあり，日本企業による同国への投資は急速に拡大し，2016 年からの 5 年間で投資額にして 2 倍にまで増加している．進出企業の数も 800 社近くにまで高まり，大手商社や食料関連企業，製造業から中小企業まで多種多様である．

オーストラリアに進出するうえで大きなメリットとなっているのは，同国の政治や経済における安定性である．保守連合と労働党の 2 大政党による政権交代が行われてきたが，どちらの政権においても日本をはじめとしたアジア諸国との経済交流，とりわけ同国への投資を歓迎している．また，不安定な世界経済動向の中でも 1980 年代より四半世紀にわたりプラス成長を継続してきた先進国はこの国以外見当たらない．鉱物エネルギーや農産物などの豊富な資源の輸出と移民を受け入れながら人口を増加させている国内市場が安定的な成長を支えている．日本企業にとっても，同国の豊富な資源を自社のもつ技術に活かすという意味で，両国相互にメリットがあるため，今後もその数を拡大していくことが期待される．

一方，ニュージーランドにも多くの日本企業が進出している．羊毛を中心とした繊維製品や乳製品などの農産業，自動車産業に加え，近年は観光業界の進出も著しい．オーストラリアと並び，政治・経済の安定性というメリットに加え，インフラも充実していることから今後進出を検討している日系企業も多い．

日系企業にとって望ましいビジネス環境にあるように思える両国ではあるが，課題もないわけではない．日本企業にとっての懸念材料は両国のきわめて高い人件費である．オーストラリアの最低賃金は，OECD 加盟国の中で最も高い．こうした人件費を避けるため，自動車産業などでは現地での生産から撤退したところもある．また原料輸出に依存する産業は国際市場の影響を受けやすい面があり，長期的な視野での進出を考えるうえでは留意点となっている．近年では気候変動問題への対策が高まる中，ニュージーランドでは 2019 年 11 月，気候変動対応修正法が同国国会で可決，新規石油ガス田開発の国内認可が禁止されるなどの影響

で，同国への投資の見直しをはかる日系企業も出てきている．これらに加え，オセアニア地域への中国などの新興企業の進出が高まる中で，他のアジア諸国との競争を余儀なくされるビジネス環境の悪化なども懸案事項としてあげられる．

●**太平洋諸島への企業の進出**　オセアニアの先進両国と比べ，太平洋諸島の場合は企業の進出も限られている．第2次世界大戦前には，日本の委任統治領・南洋群島の経済開発を担い，ミクロネシア最大のコンツェルンにまで成長した南洋興発株式会社があった．戦後，太平洋諸島へ進出する企業の数は減少し，それぞれの島国と貿易や政府開発援助の受注などで緊密な関係を作り上げた中小企業がその主体となっていく．ミクロネシアの南洋貿易株式会社やポリネシアを中心に活動するパシフィックインターナショナル株式会社などがその例といえよう．また興味深い事例として，各国と密接な関係を構築した日本企業などに対して，島嶼国政府側が名誉総領事などに任命し，両国間の外交的な交流の一翼を担わせるケースがある．ソロモン諸島にて建設業からホテル経営に至るまで幅広く進出している北野建設株式会社は会長が名誉領事を務めている．またツバルの名誉総領事館は大日本土木株式会社内に設置されている．一方，島嶼国側でも，駐日大使が日本国内地方都市の民間企業リーダーたちを名誉領事に任命し，地方の経済界との太いネットワークづくりを進めている事例がみられる．ミクロネシア連邦は，駐日大使館による地方都市のビジネス関係者との積極的な経済交流を行い，釧路，大阪，高知，福岡に名誉総領事館を設けた．またフィジーも各都市の商工会議所のリーダーたちとの交流を深め，北海道（江別），秋田，大阪，大分に名誉領事館を設置した．その他，ニュージーランド（札幌・名古屋・大阪・福岡）やサモア（福島・福岡・熊本），パラオ（仙台，横浜，三島）なども近年地方都市のビジネスリーダーたちを名誉総領事・名誉領事に任命している．これらの動きは日本のビジネス関係者との交流を深め，自国の経済開発につなげたいという各国の思惑の表れともいえるだろう．

●**資源開発に勢いづくパプアニューギニアと日系企業**　こうした各国と関係の深い企業の進出が中心であった太平洋諸島の中で，近年異彩を放っているのがパプアニューギニアである．日本の国土の1.25倍を有し，豊富な資源が存在していることから，第2次世界大戦後には林業や水産業などの分野で日系企業が進出をしてはいた．その流れを大きく変えたのが，日本への輸出が開始された液化天然ガス（LNG）である．この資源をめぐり，国内のエネルギー関連企業や大手商社が同国とコンタクトを開始し，2000年代半ばから現地に合弁会社を設立し開発を始めた．またLNGプラントの建設は日本企業が手掛け，2014年からは日本までLNGを届けるために大手海運会社が運航を開始した．その結果，国内に輸入されるLNGの5％は同国からのものとなり，今後まだ未開発の鉱区が存在することから，その割合はますます増えていくことが予想される．　　　　　　［黒崎岳大］

太平洋・島サミット

〰〰〰〰〰〰〰〰〰〰〰〰〰〰〰〰〰〰〰〰〰〰〰〰〰〰〰〰〰〰〰〰〰〰

　太平洋・島サミット（島サミット）とは，日本の総理が太平洋島嶼諸国の首脳を一堂に招いて，3 年ごとに開催する日本・島嶼諸国首脳会議のことである．2021 年7 月には第 9 回太平洋島サミットがリモートで開催され，コロナ禍に日本と島嶼諸国の絆をいっそう強めた．太平洋の島嶼諸国は，2000 年以降に気候変動や中国の太平洋進出などによる地域情勢の変化に伴い，国際的注目度を高めている．こうした状況下に，日本の対島嶼諸国外交の主軸をなしているのがこの首脳会議だ．

●**島サミット開催の背景**　初めての島サミットは，1997 年 10 月に東京で開催された．正式名称は「日本・南太平洋フォーラム（SPF）首脳会議」．

　日本による対島嶼国外交の本格化は，1982 年に登場した中曽根康弘内閣あたりからで，1987 年に同内閣の倉成正外相が打ち出した島嶼諸国外交 5 原則（①独立性・自主性の尊重，②地域協力への支援，③政治的安定の確保，④経済的協力の拡大，⑤人的交流の促進）は，倉成ドクトリンとして今日まで引き継がれている．だが，島嶼諸国と関わる先進諸国の中で，日本は旧現宗主国らと比べてその関係性は薄く，1985 年に中曽根首相（当時）が 1 日だけフィジーとパプアニューギニアを歴訪したことが日本首脳による唯一の島嶼国訪問だった．

　そんな関係が続いていた 1996 年，日本は国連安保理選挙で，非常任理事国のアジア枠をめぐってインドと争ったが，南太平洋フォーラム（SPF）はその前年の総会で「来年の非常任理事国選挙では，日本を支持する」と決議していた．選挙結果は，142 対 40 で日本の勝利．当時の SPF メンバーのうち，国連加盟国数は 8 に過ぎなかったから，結果に大きな影響を及ぼしたわけではない．それでも日本政府にとっての大きな喜びは，直接的な支持要請をした覚えもないのに地域機関が日本支持を表明してくれたことにある．これは，日本の島嶼国外交が十分に評価された証しだったからだ．そこで政府は，SPF メンバーの首脳すべてを日本に招き，首相直々に感謝の意を表する機会をつくろうと決め，これが第 1 回日本・SPF 首脳会議につながった．倉成ドクトリンの発表から 10 年後のことである．

●**首脳会議の役割とその意義**　旧宗主国でもない日本が，すべての島嶼国首脳を招く会議方式は大いに歓迎され，3 年ごとの首脳会議開催が決まった．これを受けて 2000 年 4 月に実施したのが，宮崎県での第 2 回首脳会議である．

　手探りの中で実施にこぎ着けた第 1 回会議だったが，2 回目は経験を踏まえて周到に準備し，今日に続く首脳会議のかたちをつくり上げていった．この年，SPF は「太平洋諸島フォーラム（Pacific Islands Forum：PIF）」と名称変更．よって，会議の正式名称は「日本・PIF 首脳会議」になったが，日本政府は日本語で

「太平洋・島サミット」，英語では "Pacific Islands Leaders Meeting：PALM" を俗称とした．また，会議の地方都市開催やその年の PIF 議長と日本の総理が会議の共同議長を務めるなどの形式も，この第 2 回会議から始まった．

　こうして 2021 年までに 9 回の首脳会議を重ねてきたが，この外交イベントは，単に日本の対島嶼国関係を強固にするだけでなく，関係する他の先進諸国に対しても日本の地域プレゼンスを高める定例行事へと成長した．

●**変化する島サミットの意義**　島嶼国首脳との直接対話に意義を求めた初回会議から四半世紀，日本外交は島サミットを主軸に展開している．そのため 2000 年以降に加速化しはじめる中国による島嶼国関与，気候変動や環境問題に連動して高まる島嶼諸国への国際的関心，通信技術の発達による島嶼諸国の情報発信・受信能力の著しい進展，等々の情勢変化に島サミットは対応してきた．

　日本は，当初の対話重視の首脳会合から，人的交流の推進，環境・気候変動への対応援助，開発のための共同行動計画策定，海洋の地域安全保障，等々の新たなテーマを島サミットでの協議事項に加えていった．地域への経済協力に関しては，第 4 回会議で 3 年間 450 億円の ODA 拠出を打ち出し，その後も 500 億円，5 億ドル，550 億円と，回ごとに経済協力額を増やし続けてきた．また，2010 年からは首脳会議の中間年に中間閣僚会合の開催も定例化した．

　こうした援助拠出や額の明示について，「年々激しさを増す中国の島嶼国関与に対抗するため」とか，「中国の太平洋での動きを牽制するのが島サミットの開催意義だ」と解説するマスメディアは多い．援助も首脳会合も外交的行為ゆえ，時々の国際情勢に合わせるのは当然である．しかし，日本が実施する首脳会議の開始経緯やその後の発展を詳細にたどれば，島サミットが中国の太平洋進出に対抗するための外交イベントではないことが理解されるだろう．

●**首脳会議の課題と日本外交**　日本の対島嶼国外交は，島サミットごとに新たなテーマを付け加えることで，国際情勢の変化に適応させてきた．ところがここへ来て，対島嶼国外交のあり方自体を再検討しなければならない地域変化が起こっている．その変化とは，PIF の質的変容と太平洋地域に顕在化しはじめたサブリージョナリズムの台頭にほかならない．

　PIF は 2011 年，クーデター政権だったフィジーをメンバー資格停止にし，第 6 回島サミットへのフィジー招待を日本に断念させた．2017 年にはフランス領ポリネシアとニューカレドニアを正式メンバーに迎え入れた．そして 2021 年 2 月には，事務総長人事をめぐるトラブルで，一時ミクロネシア 5 か国の脱退騒動を起こした．このように，日本が対島嶼国外交の最大パートナーと位置づけてきた PIF の枠組みが，従来のものと大きく変容してきたのである．

　2024 年に予定される第 10 回島サミットを前に日本は，PIF の変質と地域情勢の変化にどう対応していくか，難しい課題を背負うことになった．　　　［小林 泉］

皇室と外交

　日本の皇族の諸外国訪問はその対象国が世界中に及ぶ．ただしオセアニア地域に関しては限られた国と地域にとどまっていた．ここではそうした中でも群を抜いて交流頻度が高かったトンガ王国と，日系人社会を通して深いつながりをもつハワイとを事例に，日本の皇室によるオセアニアとの外交を外観してみたい．

●**トンガ王国──皇室と王室の親密な交流**　オセアニアに現存する唯一の王国であるトンガ王国（トンガ）は，戦乱期の末に全島を統一したタウファアハウが，1845 年に初代ジョージ・ツポウ 1 世国王として就任し樹立した王国である．日本の皇室との交流が活発になったのはツポウ 4 世の時代であり，イギリスの保護領から連邦内の独立国家となった 1970 年には，日本との外交関係も樹立した．トゥポウ 4 世は親日家として広く知られており，昭和天皇の大喪の礼に参列したばかりでなく，公式にはその他に 8 回，非公式の訪問を含めるとより多くの訪問を行っている．ツポウ 4 世はまた，日本のそろばん教育をトンガの小学校に導入したことでも知られており，そうした事実からも日本への関心の強さがうかがえる．またツポウ 5 世についても，外務・国防相時代および皇太子時代を含めれば 8 回の訪日が記録されており，オックスフォード大学に留学時代，同時期に同大学に留学していた寛仁親王との交流もあったとされている．

　2000 年以降現在までの皇室のトンガ訪問に関していえば，計 5 回の公式訪問がなされている．なかでも目を引くのは，当時の皇太子（現・天皇）の訪問の頻度の高さである．2000 年以降にトンガの国王が次々と交替する事態が生じたという背景もあるが，各国王の国葬および戴冠式にはそのすべてに日本の皇族が参列しており，2012 年に常陸宮ご夫妻が故ジョージ・ツポウ 5 世の国葬に参列したことを除けば，その他のすべての機会に当時の皇太子が参列していたという事実は特筆に値する．また 2015 年のツポウ 6 世戴冠式に至っては，当時の皇太子ご夫妻が参列し，特にその当時の雅子妃は約 2 年ぶりの海外公式訪問だったことも

図 1　フェリーウェズリアン・センテナリー教会で行われた戴冠式を終えたツポウ 6 世を見送る当時の皇太子ご夫妻［朝日新聞提供］

あり，マスコミからも高い注目を集めた．またご夫妻の滞在の際には，各国から
の賓客とも別格の手厚い待遇を受けていた．それはトンガ到着時の空港での歓迎
の際に特別なリムジンが用意されていたことや，戴冠式の会場フリーウェズリア
ン・センテナリー教会での席次において，トンガ王族と同じく玉座に並ぶ側に座
席が用意されていたことからもうかがえる（図1）.

　このように，日本の皇室とトンガの王室とは，数世代，数十年にわたって，親
密な関係を築いてきたのである.

●**ハワイ──日系人移民や奨学金を通したつながり**　ハワイは現在アメリカ合衆
国の一部だが，太平洋に浮かぶ島国として，独自の歴史と文化を築きあげてきた.
1810 年にカメハメハ1世がハワイ王国を樹立して以降，王朝は続いていたが，リ
リウオカラニ女王を最後として 1893 年に王権は放棄され暫定ハワイ共和国とな
り，1898 年にハワイはアメリカの属領となった．こうした歴史的経緯に伴うよう
にして，日本および日本の皇室との関係においても，アメリカ本土とはまた異
なった特別な関係を維持してきたといえる.

　1868（明治元）年に 153 人の日本人が移民第 1 号としてハワイに上陸し，当時
盛んだったサトウキビ栽培のプランテーション労働者として入植した．その後，
1881 年にはカラーカウア国王が各国を周遊する途中で日本に滞在した際には，明
治天皇への謁見がなされた．アメリカからの政治的圧力に対抗するために日本と
の緊密な連携を望んでいたカラーカウア国王は，自身の姪であるカイウラニ王女
と明治天皇の猶子である依仁親王との縁談をも提案したが，その提案は棄却され
た．しかしこの会見を契機に，ハワイへの積極的な日本人移民受け入れが進ん
だ.

　近年の日本の皇室とハワイの関係においては，1975 年に昭和天皇ご夫妻がアメ
リカ訪問の際にハワイに立ち寄り，州の木であるククイが植樹された．また 2009
年には当時の天皇皇后（現・上皇上皇后）がハワイを訪問し，このときは皇太子
明仁親王奨学金財団 50 周年記念行事，および国立天文台大型光学赤外線望遠鏡
「すばる」完成記念式典に出席が目的の訪問であった．なお皇太子明仁親王奨学
金は 1959 年に，皇太子のご成婚とハワイご訪問を記念し，1960 年，ハワイ在住の
日系人やホノルル商工会議所，日本の経済界の協力により創設された奨学金制度
である．筆者も日本とハワイの大学院生を互いに派遣する本奨学金制度の恩恵を
受け，ハワイ大学大学院人類学部で学ぶ機会を得た．それだけではなく，この
2009 年の天皇皇后が出席した記念行事の場に参列した．このような交流事業を
通じて，日本の皇室とハワイの関係性は確認され，日本との相互理解，親善関係
が推進されている.　　　　　　　　　　　　　　　　　　　　　　　　［比嘉夏子］

付録

オセアニア諸国・地域総覧

[担当編集委員：黒崎岳大]

オーストラリア連邦

面積	774万1220km^2（日本の約20倍）
排他的経済水域	820万 km^2
人口	約2626万人（2022年，オーストラリア統計局）
独立年	1901年（オーストラリア連邦成立）
首都	キャンベラ
民族	欧州系（アングロサクソン系）が中心
言語	英語
宗教	キリスト教52%，無宗教30%
政体	立憲君主制（連邦総督が元首であるイギリス国王の王権を代行）
議会	上院（定員76名，任期6年，各州からの代表）および下院（定員151名，任期3年，小選挙区制）の二院制
主要産業	鉱業，金融・保険業，卸売・小売業など
GDP（名目）	1兆7900億米ドル（2024年，IMF）
1人あたり GDP	6万6590米ドル（2024年，IMF）
通貨	オーストラリアドル
主要輸出品	鉄鉱石，石炭，天然ガス
主要輸入品	自動車，精製油，通信機器
輸出相手国	中国，日本，アメリカ
輸入相手国	中国，アメリカ，日本
対日貿易輸出額	約4兆9576億円（2020年，財務省統計）
対日貿易輸入額	約1兆5798億円（2020年，財務省統計）

　世界最小の大陸オーストラリアを占める国．低平地で起伏の少ない土地が続き中西部の大半は砂漠地帯．人口の多くは東部から南部の海岸部に集中．18世紀後半以降，イギリスからの入植が開始．19世紀後半のゴールドラッシュの影響で人口が増大．1901年に六つの植民地の請願により連邦が成立する．80年代以降は経済面を中心にアジアとの関係を重視する外交政策にシフトしていった．豊富な資源と移民の受け入れに伴う人口増加を背景に1999年から28年連続で経済成長を実現．日本とは基本的価値と戦略的価値を共有する「特別な戦略的パートナーシップ」にあり，2014年に経済連携協定を結ぶなど経済・人的交流は深まっている．　　　　　　　　　　　　　　　　　　　　　　　　　　［黒崎岳大］

【国情紹介：多文化主義社会への道のり】

　現在，旅行，留学，ワーキングホリデー，商用などでオーストラリアを訪れる日本人が多い中，オーストラリアは日本人にとって馴染みのある国である．同国が多文化主義を国是とし，多様な人種・民族を寛容に受け入れてきたことが渡航

先として選ばれる理由の一つであろう．このように現在多民族・多文化社会として知られるオーストラリアでは，1788 年のヨーロッパ人による入植以前からすでに大陸の外部の人々との交流が行われていた．特に，北東部ではオーストラリア大陸に 5，6 万年前から居住する先住民がパプアニューギニアと交易を行い，遅くとも 17 世紀にはマカッサンとよばれるインドネシアの人々から，真珠貝や鼈甲と引き換えにタバコ，コメ，衣類などを得ていた．

　植民地開設以降，当初は主にアングロ・ケルト系の流刑囚によって開拓が行われていたが，19 世紀前半には牧羊産業の発展に伴い，インド人や中国人，南太平洋諸島人が労働力として連れてこられた．そして 19 世紀半ばのゴールドラッシュの時代には，ヨーロッパや南北アメリカ，中国から一攫千金を狙う人々が流入した．ただし，この時代のオーストラリアは現在のような多文化主義社会とはいえなかった．金採地帯や労働市場でヨーロッパ人が中国人と競合するようになると，彼らは中国人の排除を求めた．それが契機となり，1901 年の連邦形成と同時に白豪主義政策が採られ，「移民制限法」のもとでアジア人の入国が恣意的に阻止されることになったのである．

　しかし，白豪主義政策はその後見直しを迫られることになる．戦後の経済復興に向けた人口増加に加え，1970 年代にはイギリスのヨーロッパ共同体（EC）への加盟に伴う環太平洋地域の諸国家との関係拡大の必要性や人道的観点からのインドシナ難民の受け入れの必要性などから，連邦政府は白豪主義の廃止を余儀なくされ，1973年に多文化主義政策を打ち出すこととなった．

　多文化主義政策とは，移民・難民の文化を尊重し，維持しながら，国民統合をはかろうとする政策であり，移民・難民の文化や言

図 1　オーストラリア都市部のエスニック食料品店
［2018 年 9 月筆者撮影］

語の維持・発展のための公的援助や，国民への多文化教育の実施などの啓蒙が行われる．もちろんこの政策のもとで非白人系住民に対する人種差別が完全になくなったわけではないが，オーストラリア市民の間には多文化主義を日常生活の規範とする「日常的多文化主義」の意識が根づいており，オーストラリアは現在でも多文化共生社会のモデルとみなされている．　　　　　　　　　　［栗田梨津子］

キリバス共和国

面積	810km^2（対馬とほぼ同じ）
排他的経済水域	344万2000km^2
人口	12万4742人（2023年，太平洋共同体事務局）
独立年	1979年
首都	タラワ
民族	ミクロネシア系中心，その他ポリネシア系および欧州人が居住
言語	キリバス語，英語（共に公用語）
宗教	キリスト教（主にカトリック，プロテスタント）
政体	共和制（元首は大統領）
議会	一院制（議員数45名，任期4年）
主要産業	漁業，コプラの生産
GDP	2.27億米ドル（2023年，太平洋共同体事務局）
1人あたりGDP	1884米ドル（2023年，太平洋共同体事務局）
通貨	オーストラリアドル
主要輸出品	コプラ，観賞用魚，海草
主要輸入品	食品，輸送機器・機械，工業製品
輸出相手国	フィリピン，マレーシア，フィジー
輸入相手国	オーストラリア，シンガポール，フィジー
対日貿易輸出額	4.6億円（2020年度，財務省貿易統計）
対日貿易輸入額	7.2億円（2020年度，財務省貿易統計）

　ギルバート諸島，フェニックス諸島，ライン諸島の三つの諸島群からなり，広大な水域に33の島が散在，世界第3位を誇る広大な排他的経済水域を有する．1892年イギリスの保護領となり，1916年にイギリスに併合され植民地となった．1941年に日本が一時支配したが，2年後の43年には米軍がタラワなどを占領する．終戦後は再びイギリスの植民地となり，1979年に独立した．2019年，台湾から中国に外交関係を変更する．かつてはバナバ島でリン鉱石を産出・輸出していたが，枯渇後は海外からの支援や入漁料収入に大きく依存している．日本とは水産面の結びつきが強く，国内にある漁業訓練学校（現在，海洋訓練校に統合）では日本のカツオ漁船に乗り組む船員の教育が行われてきた．　　　　［黒崎岳大］

【国情紹介：依存的な経済】

　キリバスはMIRAB国家の一つに数えられ，経済は海外からの援助のほか，外国漁船の入漁料，ドイツ商船や日本漁船への出稼ぎ者からの仕送りに大きく依存している．特殊な収入源として，バナバ島のリン鉱石から得た利益を積み立てた

歳入均衡化準備基金の運用益がある．輸出可能な生産物はコプラ程度しかない．

●輸入物資と人口集中　キリバスは低平なサンゴ礁からなるため，海面上昇による国土の水没危機が叫ばれてきた．ただしそれ以前に，サンゴ島の生態環境は厳しい．土地は狭小であり，サンゴ礁由来の石灰性土壌は，農作物の栽培に適していない．生活物資を輸入に依存し，主食は海外産の米や小麦粉である．コンビーフはごちそうであり，周囲が海に囲まれているのに，人々は輸入物のサバ缶を好んで食べている．海上輸送が滞ると，島々は物資欠乏に陥ることになる．

　キリバスでは，比較的豊富な物資や設備，就業就学の機会を求め，全人口の半分が首都南タラワに集中している．狭い道路は渋滞し，雑貨店や中華料理店も増えて賑わいをみせる．島嶼国の首都では類似した光景がみられる一方，南タラワにはキリバスらしい特徴がある．道路沿いに建つ集会所（マネアバ）である．

●集会所の増加　かつてキリバスの村落では，社会生活の中心に村集会所があった．集会所の座席は，親族集団の土地（カーインガ）に結合し，成員の社会的役割や権利に結びついていた．南タラワには1棟の伝統的集会所があるほか，キリスト教各派や国家の諸施設，学校等に隣接するさまざまな集会所が建っている．あらゆる社会組織には，必ずといってよいほど集会所が附随するのである．

図1　軒を連ねる離島集会所
台湾との友好記念プレートが立てられている［2013年8月南タラワにて筆者撮影］

　首都の人口集中を反映して，離島行政区それぞれの集会所が建設されてきた．空港の近くには，離島の集会所が密集して建つ場所がある．これらの集会所は，一時期国交のあった台湾からの資金援助により建てられた．離島からの来訪者が帰郷前に宿泊したり，饗宴が開催されることもある．一般に都市では無個性な均質化が起こるが，南タラワでは，むしろ集会所の増加という，キリバスらしい特異性を際立たせているのである．　　　　　　　　　　　　　　　　　　　［風間計博］

📖参考文献

[1]　風間計博『窮乏の民族誌―中部太平洋・キリバス南部環礁の社会生活』大学教育出版, 2003.

クック諸島

面積	237km^2（大阪市とほぼ同じ）
排他的経済水域	183万 km^2
人口	約1万5470人（2023年，太平洋共同体事務局）
独立年	1965年（ニュージーランドと自由連合協定締結）
首都	アヴァルア（ラロトンガ島）
民族	ポリネシア系（クック諸島マオリ族）
言語	クック諸島マオリ語（ラロトンガン・マオリ語），英語（共に公用語）
宗教	キリスト教（クック諸島教会派，ローマ・カトリック等）
政体・元首	立憲君主制（国王名代が元首イギリス国王の王権を代行）
議会	一院制（議員数24名，任期4年）
主要産業	観光業，農業，漁業（黒真珠養殖），金融サービス
GDP	2.90億米ドル（2023年，太平洋共同体事務局）
1人あたりGDP	1万8806米ドル（2023年，太平洋共同体事務局）
通貨	ニュージーランドドル（硬貨は，独自のものも有する）
主要輸出品	魚介類，加工食品，黒真珠
主要輸入品	食料品，鉱物，たばこ類，機械・輸送器具，工業製品
輸出相手国	日本，中国，ニュージーランド，アメリカ
輸入相手国	ニュージーランド，フィジー，オーストラリア，アメリカ，日本
対日貿易輸出額	14.7億円（2020年，財務省貿易統計）
対日貿易輸入額	2.5億円（2020年，財務省貿易統計）

　赤道の南，15の島々からなっている．南部諸島が隆起火山島中心であるのに対し，北部はすべて低いサンゴ島で構成されている．18世紀後半にイギリスのJ.クックが訪れたことが名称の由来である．1888年にイギリスの保護下に入り，1901年にニュージーランドの施政下となる．1965年憲法を制定し，内政権を獲得する．ニュージーランドとの自由連合関係を結び独立した．外交と防衛は，自由連合関係を結んでいるニュージーランドが責任を負う．そのため国民はすべてニュージーランドの市民権をもち，ニュージーランドの旅券を有している．国連には未加盟だが，ユネスコや世界保健機関（WHO）等の多くの国際機関にも加盟．2011年3月に日本と外交関係を締結，日本にとって193か国めの国家として承認された．　　　　　　　　　　　　　　　　　　　　　　　　　　［黒崎岳大］

【国情紹介：マオリの国をつくる】

　クック諸島はイギリスの保護領（1888年〜），ニュージーランドの植民地（1901年〜）を経て，1965年に内政自治権を獲得した．外交と軍備防衛をニュージーラ

ンドに預けたかたちでその自由連合国となり，条件付きの「独立」を果たした．
そして，新興国を率いるべく初代首相に就任したのがクック・アイランズ党党首
の A. ヘンリーだった．
　ヘンリーは地域の首長称号を有するクック諸島マオリの父とロンドン伝道協会
のイギリス人宣教師の血を引く母のもとに 1906 年アイツタキ島に生まれた．聡
明な少年だった彼はニュージーランドに留学し，ニュージーランド・マオリの子
弟のために建学されたオークランド市の英国国教会系の寄宿制中等学校で学ん
だ．18 歳でクック諸島に戻って教職に就き，校長職まで務めたものの，教員の給
与待遇に関して植民地政府を批判したことから 1936 年に辞職に追い込まれた．
ヘンリーは，植民地政府への怒りと失望を噛みしめつつ，妻子を連れて 1942 年に
再びニュージーランドへと旅立った．ニュージーランドにはクック諸島での労働
条件の劣悪さに愛想を尽かした多くのクック諸島マオリが職を求めて移住してい
たが，彼はそうした人々を率いて労働運動を展開し，待遇改善と「白人の優越と
搾取に抵抗するクック諸島マオリたちの決意」をニュージーランド政府に直接突
きつけ，マオリ・ナショナリズムの昂揚を導くことに奔走した．その試みは実際
には頓挫してヘンリーはクック諸島に帰還したものの，植民地化以来，社会的な
声をまったく奪われてきたに等しいクック諸島マオリにあって，マオリの力を結
集してニュージーランド政府に対する最初の組織的抵抗の試みだった．
　紆余曲折を経ながら 1965 年 8 月 4 日に初代首相に就任したヘンリーは，就任時
の公約に以下の諸点を掲げていた．まずは，クック諸島の経済的安定と社会福祉
の充実という国家の基盤を整備すること．次いで，旧植民地宗主国であるニュー
ジーランドとの友好関係を維持すること．ニュージーランドとの関係維持の重要
性は，彼が労働運動において選択した「対立の政治」の失敗から特に学んだ点でも
あったのだろう．そして，クック諸島マオリの「消えゆきそうな文化」を復興し，
伝統的首長の社会的認知を回復することが掲げられた．ヘンリーは植民地統治下
で実権を喪失していた伝統的首長たちを新興国の「王室」に見立てて国づくりの
「背骨」とし，マオリ・ナショナリズムの覚醒を画策したのである．そして，独自
のマオリ国家をつくることを目指したのだ．新たな国の旅立ちにおいて，ヘン
リーは正統なクック諸島マオリの文化を構成するものが何かを判断し，その文化
を維持するための組織を具体化することが新政府にとって最初の課題であると心
得て，早速その作業に着手した．1967 年に最高位首長称号保持者（アリキ）のみ
で構成されるアリキ院が，ついで 72 年にアリキの下位にあたる地域首長称号保持
者で構成される首長会議（コウトゥ・ヌイ）が開設された．この二つの組織は慣習
と伝統に関わる諸問題について立法議会に対して勧告を行う実際の「背骨」の役
割を負った．それ以降クック諸島政府の究極の目標はこの「背骨」に沿って「一つ
の民族を築き上げること」に据えられ，現在に至っている．　　　　　［棚橋 訓］

サモア独立国

面積	2840km^2（東京都の約1.3倍）
排他的経済水域	12万8000km^2
人口	20万2100人（2023年，太平洋共同体事務局）
独立年	1962年（太平洋諸島で第2次世界大戦後に最初に独立した国）
首都	アピア
民族	サモア人（ポリネシア系），欧米人，中国人を先祖に持つ者も
言語	サモア語，英語（共に公用語）
宗教	キリスト教（組合教会派，カトリック，モルモン教等）
政体	議院内閣制（国家元首［オ・レ・アオ・オ・レ・マーロー］は議会で選出される．任期5年）
議会	一院制（議員数51名，任期5年）
主要産業	農業，沿岸漁業および観光業
GDP	8.57億米ドル（2023年，太平洋共同体事務局）
1人あたりGDP	4265米ドル（2023年，太平洋共同体事務局）
通貨	サモア・ドル（ターラー）
主要輸出品	魚介類，ノニジュース，ココナツ製品（コプラ，オイル）
主要輸入品	食料品・食肉，機械・輸送機器，製造品
輸出相手国	アメリカ領サモア，ニュージーランド，アメリカ
輸入相手国	ニュージーランド，シンガポール，中国
対日貿易輸出額	2.14億円（2020年，財務省貿易統計）
対日貿易輸入額	12.34億円（2020年，財務省貿易統計）

　西経171°の西側に位置し，主に東側のウポル島と，西側のサバイイ島の火山島で構成されたポリネシアでは最大の島国である．1889年および99年にアメリカ・イギリス・ドイツの3国でサモア諸島の統治をめぐりベルリン条約が締結された．諸島の東部をアメリカ，西部をドイツが統治することで合意．ドイツ領有の諸島西部が現在のサモア独立国に相当するが，第1次世界大戦後，ニュージーランドが統治，1945年より同国のもとで国際連合信託統治地域となった．1962年の独立時には西サモア独立国と称したが，1997年に現在の国名に変更．伝統的な慣習・文化・生活様式を維持している一方，生活必需品を海外からの輸入に依存している．1990年代より日本の矢崎総業が工場を操業，同国最大の雇用を提供した（2017年に操業停止）．　　　　　　　　　　　　　　　［黒崎岳大］

【国情紹介：保守国家の近代化】

●マウ運動から独立へ　ドイツ統治時代の1908年に1人の大首長と何人かの首長らが，ドイツの強権政治に拒否反応を示して示威活動を行い，マリアナ諸島に

島流しにされた．これを第1次マウ運動という．その後ニュージーランドの統治下でも独立運動が生じ，これを第2次マウ運動とよぶ．1926年から10年ほども不服従運動が続き，ニュージーランドは将来の独立を約束してこれを収めた．第2次世界大戦後の独立準備の際，マタイ（首長）のリーダーシップのもと大家族で暮らすという理想を維持することをサモア側が主張し，マタイのみ選挙権・被選挙権が認められる方式をとり，国家元首には四大首長のうち2人が共同で就いた．

●**近代化**　1990年に制度改正となり，被選挙権はマタイのみだが，選挙権は成人の誰もがもつようになった．国家元首は初代の死亡後，任期5年，国会での選挙と定められており，現在まで四大首長の誰かが就いてきている．また，マタイ制度の根幹である親族集団が所有する慣習地が全国土の80%を占めている．しかし独立時の換金作物（バナナ，ココナツ，カカオ）と根栽栽培の自給自足でまかなう計画はほとんど続かず，海外移民を輩出してその送金や先進各国からの援助で何とかしのぐ時期が長く続いた．1990年代から観光開発が進み，現在では送金と観光が2本の収入源となり，1人あたりGNIも著しい増加をみて4000ドル（2020年，世界銀行）となっている．家族成員の流出や現金経済の浸透などで，都市を中心に家族構成は少人数化してきている．一方第2次世界大戦後に始まる海外移民は，ニュージーランド，オーストラリア，アメリカなどで増加を続け，諸島外でサモア系を自認する人口の総数はアメリカ領サモアを含めた諸島全体の人口をはるかにしのぐほどである．独立国の親族との絆を固く維持し，教会や教育活動を通じて歌やダンスなどのサモア文化に親しむ移民は少なくない．

●**政治**　1979年の選挙に際して初めての政党，人権保護党（HRPP）が結成された．82年から政権についたHRPPは，一時期政権を失うが，88年以降一貫して政権の座にあった．99年以降首相を務めたツイラエパ・サイレレ・マリエレガオイは盤石の政権を築いたと評判であり，政情不安定な南太平洋諸国にあって，安定のサモアを導くリーダーとして国際組織でも頼られる存在であった．彼は観光開発の推進者でもあり，経済成長を促進する政策を怠らなかった．しかし2020年度に提出した法案による司法制度の大改革案は，国内で大きな論議をよび，21年4月の選挙でHRPPは僅差で敗北を喫し，新党サモア信仰連合党（FAST）に政権が委ねられ，党首フィアメー・ナオミ・マタアファが女性としてはじめて首相の座についた．　　　　　　　　　　　　　　　　　　　　　　[山本真鳥]

📖 **参考文献**
[1]　山本真鳥『グローバル化する互酬性―拡大するサモア世界と首長制』弘文堂，2018.
[2]　山本真鳥・倉田　誠「サモア独立国における盤石政権の交代―慣習と民主主義」『日本オセアニア学会ニューズレター』131：1-22，2022.

ソロモン諸島

面積	2万8900km^2（岩手県の約2倍）
排他的経済水域	155万3000km^2
人口	76万1215人（2023年，太平洋共同体事務局）
独立年	1978年
首都	ホニアラ
民族	メラネシア系が大半（90％以上）
言語	英語（公用語）のほか，ソロモン・ピジン（ピジン英語，共通語），各民族の言語（約70）
宗教	キリスト教（95％以上）
政体	立憲君主制（総督がイギリス国王の王権を代行）
議会	一院制（議員数50名，任期4年）
主要産業	農業（コプラ，木材），漁業
GDP	14.57億米ドル（2023年，太平洋共同体事務局）
1人あたりGDP	2001米ドル（2023年，太平洋共同体事務局）
通貨	ソロモンドル
主要輸出品	木材，魚類，カカオ
主要輸入品	燃料，食糧，機械・車両
輸出相手国	中国，イタリア，インドなど
輸入相手国	中国，オーストラリア，韓国など
対日貿易輸出額	0.41億円（2020年，財務省貿易統計）
対日貿易輸入額	9.36億円（2020年，財務省貿易統計）

　オーストラリア北東部に1000を超える島々で構成された多民族国家．1893年イギリスの保護領に編入された．第2次世界大戦時は日米両国の激戦地として知られる．戦後反イギリス統治運動（マアシナ・ルール）が起き，1978年に独立．98年末よりガダルカナル島民とマライタ島民の間で騒擾が起き，2003年には紛争収拾のためオーストラリア主導の多国籍チーム（RAMSI）が派遣され，警察行政部門に介入した．英連邦の一つ．独立以来台湾と国交を有したが，2019年，中国と国交樹立．ニッケルや金の採掘などの鉱業も期待されるが，国内騒擾などの影響で十分に開発が進んでいない．戦後慰霊団や経済開発の面を中心に日本からの訪問者もあり，ホニアラには日系のキタノメンダナホテルが経営されている．　　　　［黒崎岳大］

【国情紹介：自然豊かな村と発展する首都】

　あなたがはじめて首都ホニアラに到着したとき，その町が首都とよぶにはあまりにも小さく，遊ぶ場所も，食べるお店もほとんどないことに驚くに違いない．しかし，数週間を他の島で，車もない，電気もない，小さな商店が1軒でもあれ

ばついているという生活を送った後には，魔法にかかったかのように，あなたの目にはホニアラが巨大で先進的な都市に映るであろう．ガイドブック *Lonely Planet* の古い版には，そのような趣旨のコラムがあった．

ソロモン諸島は，世界有数の森林被覆率（約80％）を誇る．国民の大半は村落部に暮らしている．熱帯雨林を背に眼前の海を眺める汀線部に村落があり，森と海を舞台にして，人々の暮らしは営まれる．

屋外では灼熱の太陽とまとわりつくような湿気を感じるが，村人が暮らすヤシの葉でできた高床式家屋の中は，地面からの熱を逃して快適であり，隙間だらけの壁と屋根からは涼しさすら感じられる．村に水道があることはまずなく，山から引かれた水か，小川で，ジャバジャバと水浴びをする．食事は，畑で採れたイモと野菜，海でとれたての魚介類を素朴な味付けでいただく．夜はケロシンランプの周りに家族，近所の人，たまたま寄った人などが集まり，いろんなことをおしゃべりする．日本から訪れても，村の暮らしは楽しく，快適である．

ただし，ほとんどの村にはトイレがない．人々にトイレの場所を尋ねると，マングローブを指さすか，海を指さすかである．マングローブは，汽水の水面からニョキニョキと生えるマングローブ樹種の根に場所を確保して用を足すのだが，カヤハエがたかってくる．トイレットペーパーはない．

近年では，西洋式のトタン屋根の家屋も増えた．この家はヤシ家屋よりも長持ちする．しかし，天井からは熱気が屋内に伝わり，風通しは悪く，とにかく暑い．また食事には輸入品の米や麺類，塩や砂糖，油が増えた．

地方町の家屋には，シャワー室のようなものがあるが，雨水を溜めて水源にしているため，水があるとは限らない（ないことが多い）．家屋には水洗式トイレがあることもあるが，地方町では雨水を水源にしている．何日間も水が流れない水洗式トイレを，みんなで使うことがよくある．町には市場があり，商店があり，役所があり，人々が集まり活気がある．しかし，首都ホニアラに次ぐ規模といわれるウェスタン州州都ギゾであっても，町の端から端まで徒歩15分程度，一番高い建物は2階建て，といった様相である．

首都ホニアラには9万人が暮らし，舗装道路が続き，ビルがあり，しゃれたお店や高級レストランもある．信じられないことに交通渋滞するほども車がある．水道があり，電気があり，トイレもある．最近は中国の巨額援助によるスタジアム建設があり，日本の援助による幹線道路の整備があり，ショッピングモールが増えるなど，ますます発展している．

ただし，援助を除けば，ホニアラの発展を支えるソロモン諸島の歳入は，林業や漁業といった自然資源が大半である．地方の村では，豊かだった森林が年々減少しており，森林伐採によるお金を巡る村内の争いも絶えない．ホニアラが都市としての輝きを増すたびに，村の生物多様性が減っているのである．　［古澤拓郎］

ツバル

面積	26km^2（東京都品川区とほぼ同じ）
排他的経済水域	75万 km^2
人口	約 1 万876人（2023年，太平洋共同体事務局）
独立年	1978年
首都	フナフティ
民族	ポリネシア系（若干ミクロネシア系が混合）
言語	英語のほか，ツバル語（ポリネシア系言語でサモア語に近い）
宗教	キリスト教（プロテスタント系ツバル教会）
政体	立憲君主制（通常は総督がイギリス国王の王権を代行）
議会	一院制（議員数16名，任期 4 年［解散あり］）
主要産業	農業および漁業が中心，他に若干の建設業，サービス業等
GDP	6000万米ドル（2023年，太平洋共同体事務局）
1 人あたり GDP	5575米ドル（2023年，太平洋共同体事務局）
通貨	オーストラリアドル
主要輸出品	魚介類
主要輸入品	工業製品
輸出相手国	エクアドル，ナイジェリア，アメリカ
輸入相手国	シンガポール，オーストラリア，フィジー
対日貿易輸出額	0.46億円（2020年度，財務省貿易統計）
対日貿易輸入額	26.3億円（2020年度，財務省貿易統計）

　九つの環礁島からなるポリネシア最西端の国．約 700 km にわたり飛び石のように斜めに連なっている．1892 年，エリス諸島としてギルバート諸島（現キリバス共和国）とともにイギリス保護領，1915 年にイギリス植民地となる．1974 年の住民投票の結果，75 年にギルバート諸島から分離し，78 年に独立．英連邦の一つで，オセアニア諸国と協力関係．独立以来，台湾と一貫して外交関係を有する．国家財政の収入源は，入漁料と外国漁船への出稼ぎ船員等による海外送金が主で，財政赤字をツバル信託基金（ツバル，イギリス，オーストラリア，ニュージーランドの拠出で設立）の運用益やドメインコード「.tv」の使用権の契約料で補う．地球温暖化による水没危機が懸念される国として知られ，環境問題への関心から日本人観光客も増加している．　　　　　　　　　　　　　　　　［黒崎岳大］

【国情紹介：気候の変化を生きる】

　2021 年 11 月，国連気候変動枠組条約第 26 回締約国会議（COP26）において発表されたビデオ声明で，ツバルの外務大臣サイモン・コフェは海水に浸かりなが

ら演説し，気候変動に起因する海面上昇が国の存在基盤を危険にさらすリアルな
問題であると訴えかけた．ツバル政府が気候変動の文脈で注目を集めたのはこれ
が最初というわけではない．これまでにも，全国民を移住させる，あるいは温室
効果ガスを大量に排出する企業を訴えるなどといった計画を発表し，マスメディ
アで盛んに取り上げられてきた．

　COP26 は気候変動の悪影響を抑えるために，産業革命前から 1.5℃の気温上昇
に抑えることを目標に定めることに合意した．その目標を達成するためには，
2050 年までに二酸化炭素排出量を実質ゼロにするといったような実効的な取り
組みを世界的に実施する必要があるが，それができるかどうか現時点で見通しが
立っているわけではない．仮にそれが達成でき，気候変動の悪影響がある程度抑
えられたとしても，すでに空気中には大量の温室効果ガスが排出されており，今
後，気候がまったく変化しないという事態は想定しづらい．現在，気候変動への
適応策として，海浜の埋め立てや護岸工事が進められている．首都のフナフティ
環礁ではラグーン側の海浜が幅 100 m，長さ約 1 km にわたって埋め立てられて，
新たに土地が造成された．また，ツバル政府はラグーン側の海浜のさらなる埋め
立てや島全体の土地の嵩上げも検討しているという．

　考えてみれば，ツバルの人々は気候の変化を長年にわたって生きてきたし，さ
まざまな異常気象を経験してきた．なかでも，干ばつはしばしばツバルの人々を
悩ませてきており，それに対して人々は島単位で対処してきた．ナヌメア環礁で
は，かつて干ばつ時にすべての食料が島の管理下に置かれて，資源の個人的な利
用が禁止された．全世帯が二つのグループに分けられ，それぞれのグループ内で
選ばれた指導者のもと，ココナツやその他の食べ物が公平に分配され，違反がな
いかの見回りも行われた．漁撈も共同で行われ，得られた魚も公平に分配され
た．1890 年代に 6 年間もの長きにわたって干ばつが続いたが，1 人の死者も出な
かったといわれており，こうした島単位での取り組みによって人々は生きながら
えてきたのだと考えられる．

　異常気象への対応は，一つの島の中だけで完結するものではない．人々の生存
は，島々を結ぶネットワークによって支えられてきた．ツバルは九つの島によっ
て構成されており，それぞれの島は数十 km ほど離れているが，決して孤立して
存在してきたわけではない．西洋世界との接触以前にも，島々には持続的な交流
があったと考えられており，それは災害時におけるセーフティネットにもなって
きた．例えば，前述のナヌメア環礁での干ばつの際には，ヌクフェタウ環礁とい
う同じツバル内の島から大量のココナツが届けられ，多くの人命が救われたと伝
えられている．こうした伝統的な実践が気候変動という未曾有の変化にどこまで
有効なのかはわからないが，少なくともそこに今後の対応への手掛かりを見出す
ことができるだろう．　　　　　　　　　　　　　　　　　　　　　　［小林　誠］

トンガ王国

面積	750km^2（対馬とほぼ同じ）
排他的経済水域	66万 km^2
人口	約 9 万9026人（2023年，太平洋共同体事務局）
独立年	1970年（外交権回復，太平洋諸島で唯一独立を守った国）
首都	ヌクアロファ（トンガタプ島）
民族	ポリネシア系（若干ミクロネシア系が混合）
言語	トンガ語，英語（ともに公用語）
宗教	キリスト教（プロテスタント，モルモン教等）
政体	立憲君主制（元首は国王）
議会	一院制（定員26名［貴族議員 9 名（貴族による互選），人民代表議員17名（小選挙区制）］）
主要産業	農業，漁業，観光業，自動車関連
GDP	4.93億米ドル（2023年，太平洋共同体事務局）
1 人あたり GDP	4952米ドル（2023年，太平洋共同体事務局）
通貨	パアンガ
主要輸出品	野菜類，家畜関連，飲料
主要輸入品	飲料，機械・機器関連，食糧
輸出相手国	ニュージーランド，アメリカ，韓国
輸入相手国	ニュージーランド，シンガポール，中国
対日貿易輸出額	0.38億円（2020年度，財務省貿易統計）
対日貿易輸入額	8.7億円（2020年度，財務省貿易統計）

　大小 170 あまりの島々が四つの諸島（トンガタプ，ハアパイ，ババウ，ニウアス）で構成されている太平洋諸島唯一の王国．950 年頃，初代トゥイ・トンガがトンガを統一し，最初の国王となったと伝えられている．1800 年代以降の内乱時代を経て，1865 年にツポウ 1 世がトンガを統一した．1900 年からイギリス保護領となる．1970 年に外交権を完全に回復した．財政状態は海外援助および出稼ぎ者からの送金に大きく依存している．厳格なキリスト教国で，日曜日には原則労働禁止となっている．日本とは皇室・王室関係からラグビー選手など市民レベルに至るまで多様な交流が進んでいる．小学校ではそろばんが必修になっている．　［黒崎岳大］

【国情紹介：トンガのスドーケニチ君—ラグビー留学の夢と現実】

　「今度生まれてくる子の名付け親になってくれないか」．

　1990 年から調査をしてきたトンガ王国で，ある男性からこんな依頼を受けた．私の名をもらいたいという．

　「赤ちゃんが女の子だったらどうする」「心配ない．スドーケンイチという音の

連なりが男性の名でなければならないわけなんて，この国にはない」．

　そんなやりとりがあって，私は快諾した．2004年の調査を終え，帰国する直前のことだ．

　トンガ社会では，名付け親になるのは名誉なことだ．そもそも，これに先立ち，私自身，この男性とは義理の兄弟になっている．というのも長期の調査を行うときには村長宅に寝泊まりさせてもらっていた．その世話になった村長に「わが養子になれ」と請われ，受け入れていたからだ．彼には11人の子があり，男性はその四男だった．つまり私は一族の養子に続き，名付け親にもなったわけだ．

　日本的感覚からいえば，頼まれごとにむやみに応じるやつだ，と思う向きがあるかもしれない．しかしトンガではよほど見込んだ人物でないと養子に迎えないし，名付け親になるように頼んだりもしない．養子になることは，調査を行ううえで一つの「身分保障」になるので私は喜んだ．宿泊費の支払いはもちろん，その男性の弟の高校の授業料支援や村の大きな儀礼の際には，そのごちそうの食材の購入など養子としての務めは果たしていた．

　名付け親を頼んだ男性とその妻は，公務員で4人の子の親．日曜日の教会への礼拝後，一族が集う村長宅での午餐会で男性家族とはたびたび食事を共にした．このような付き合いで生まれる信頼関係が名付け親を頼む決め手になるという．養子や名付け親を意気に感じて受けるのがトンガ文化なのだ．

　幸い，翌年生まれたのは男の子．スドーケニチ・トウタイ君はすくすくと育った（ケニチはケンイチのトンガ読み，トウタイは父の名前）．私も気にかけ，毎年クリスマスには心付けをしてきた．あるとき，スドーケニチ君がいじめられているという風聞が舞い込んだ．いじめの理由は，「妙な名前だから」という．

　トンガではクリスチャン・ネームの現地読みのシオネ（ジョーン）やトマシ（トーマス）などが一般的．スドーケニチは際立って異風の響きがある．

　「日本の大学のプロフェッサーの名前なんだぞ」と言い張っても，子どものいじめやからかいには通用しない．名前が原因でいじめにあっていることに，こちらも胸が痛んだ．

　そのスドーケニチ君と2016年にトンガではじめて会った．中学生になっていた彼は細身で引っ込み思案なところがあったが，成績は優秀だという．その後，高校ではラグビーに熱中してトンガ代表チームのメンバーに選ばれた．トンガに大学はないので，彼は日本かニュージーランドにラグビー留学を望んでいた．もし日本の大学に入学したら，面倒をみてあげたい．いや，名付け親ゆえに世話をする義務があると覚悟していた．

　スドーケニチ君は，残念ながら体力と技量の面で留学競争から外れ，トンガ王国の警察官の道を選んだ．トンガの若者にとって，海外へ移住するのが当たり前になっている現在，スドウ君は父と母のもとで暮らしている．　　　　　［須藤健一］

ナウル共和国

面積	21km^2（東京都品川区とほぼ同じ）
排他的経済水域	30万8000km^2
人口	1万2017人（2023年，太平洋共同体事務局）
独立年	1968年
首都	ヤレン（厳密には政府庁舎がある「地区」の名前）
民族	ミクロネシア系（ポリネシア，メラネシアの影響あり）
言語	英語（公用語）のほか，ナウル語
宗教	主にキリスト教
政体	共和国（大統領は議会で選出）
議会	一院制（19議席，任期3年）
主要産業	鉱業（リン鉱石）
GDP	1.17億米ドル（2023年，太平洋共同体事務局）
1人あたりGDP	1万20米ドル（2023年，太平洋共同体事務局）
通貨	オーストラリアドル
主要輸出品	リン鉱石，魚介類
主要輸入品	機械類，車両，建築材料，雑貨，食料品
輸出相手国	ナイジェリア，タイ，オーストラリア
輸入相手国	オーストラリア，フィジー，韓国
対日貿易輸出額	2.6億円（2020年度，財務省貿易統計）
対日貿易輸入額	5.3億円（2020年度，財務省貿易統計）

　赤道のすぐ南に位置する隆起サンゴ礁でできた世界最小の共和国．1888年にドイツの保護領となり，1906年よりリン鉱石の採掘がはじまる．第1次世界大戦後はイギリス・オーストラリア・ニュージーランド3国による委任統治領となる．独立後は，リン鉱事業の国有化で莫大な収入を得て，1970〜80年代は太平洋で最も豊かな国として知られた．1990年代以降，リン鉱石の生産減少や投資事業の失敗で国内経済が破綻する．現在オーストラリアから経済再生のため支援を受ける．経済援助の見返りとして，同国への不法難民の一時収容施設を受け入れている．中国と台湾の間で外交関係を頻繁に変更している．第2次世界大戦時に日本軍により住民がトラック諸島（現ミクロネシア連邦チューク諸島）に強制移住させられた． ［黒崎岳大］

【国情紹介：リン鉱石依存から新たな国家づくりへの挑戦】

●資源大国の栄華と没落　ナウルは太平洋島嶼国の中でも特殊な国として知られてきた．1990年代前半までは，島を覆う豊富なリン鉱石輸出による莫大な収入が

あり，世界で最も豊かな国の一つとしてその金満ぶりが時にうらやましがられ，時に揶揄される存在であった．政府は，税金なし，医療費や教育費無料，一時は結婚祝いに住宅を無償提供するなど，手厚い福祉政策を採用する一方，枯渇後に備えて金融投資や海外不動産事業をはじめとしたさまざまなビジネスを展開した．しかしこれらは放漫経営でことごとく失敗，リン鉱石を掘り尽くした1990年代には資産の切り売りが常態化した．そして1996年年頭に大統領が国民に経済困難を宣言した後，ナウルは国ごと一気に極貧生活に転落した．国営企業は軒並み経営破綻し，国営銀行は機能を停止，2000年代前半には故障した機材の修理ができず，一時海外と音信不通状態にも陥った．

　急場をしのいだのは，オーストラリアが提案した「難民収容施設」（正確には密入国船乗船者の収容施設）の受け入れに伴う収入であった．当時人権団体から痛烈な批判にさらされたが，一般ナウル人は「俺たちの生活の方が悲惨だよ」と言いながら「難民」たちから支給品を分けてもらっていたりもした．

　その後2005年に残余リン鉱石の2次採掘が始まり，ナウルはつかの間の安定期に入っている．

●**ポスト・リン鉱石依存へ**　とはいえいずれは枯渇するリン鉱石に依存した経済からの脱却は急務だ．漁業権収入を拡大・安定化させるとともに，観光客誘致を目指して2019年にはナウル観光公社を設立するなど，リン鉱石採掘に頼ったモノカルチャー経済から，産業の多様化をはかる取り組みが始まっている．観光振興はコロナ禍による鎖国政策が続いたためま

図1　リン鉱石採掘場跡［1991年8月小川和美撮影］

だ成果はあがっていないが，2020年10月には東京にナウル政府観光局日本事務所を開設し，将来の観光客誘致に布石を打っている．

　また国際社会との連携にも大きく舵を切り，ミクロネシア大統領サミット常設事務局を誘致，アメリカ提唱のクリーンネットワークへも参画を表明して，国際社会での存在感を示し始めている．対中関係では長年数少ない台湾承認国だったが，2024年1月に中国と国交を樹立した．

　産業振興や国家財源の多角化による国内政治の安定，これらを基盤とした国際場裏での活動がナウルの未来の鍵を握っているといえよう．

［小川和美・芳賀達也］

ニュージーランド

面積	26万7710km^2（日本の約4分の3）
排他的経済水域	400万 km^2
人口	約531万人（2023年，ニュージーランド統計局）
独立年	1947年（イギリスから独立した立法機能を取得）
首都	ウェリントン
民族	欧州系（70％），マオリ系，太平洋島嶼国系，アジア系など
言語	英語，マオリ語，手話（2006年以降）
宗教	キリスト教
政体	立憲君主国（総督がイギリス国王の王権を代行）
議会	一院制（120名，任期3年）
主要産業	生産性と国際競争力を有する第1次産品が中心
GDP	2576億米ドル（2024年 IMF）
1人あたりGDP	4万8530米ドル（2024年 IMF）
通貨	ニュージーランドドル
主要輸出品	乳製品，食肉，木材・木材製品
主要輸入品	機械類，自動車類，原油・石油製品
輸出相手国	中国，オーストラリア，アメリカ
輸入相手国	中国，オーストラリア，アメリカ
対日貿易輸出額	約3633億円（2020年，ニュージーランド統計局）
対日貿易輸入額	約3467億円（2020年，ニュージーランド統計局）

　南半球中緯度地方に位置する島国で，主に北島と南島から構成．人口の70％が北島に住む．国名はオランダのゼーランド州にちなんで名づけられ，マオリ語ではアオテアロアとよぶ．1830年代からヨーロッパ人入植者が増加．40年にイギリス政府が先住民マオリの代表との間でワイタンギ条約を締結し，主権下に入る．93年に世界ではじめて女性参政権の実現に成功した．1907年にイギリス自治領となり，第2次世界大戦後の47年にウェストミンスター法を受諾し，イギリスから独立した立法機能を取得する．生産性と国際競争力を有する第1次産品が主要産業であり，輸出の6〜7割程度を占める．環境（特に反核問題）や福祉に対する意識が高い．日本からは人気の観光地であり，ワーキングホリデーを利用した訪問も活発である．　　　　　　　　　　　　　　　　[黒崎岳大]

【国情紹介：世界を先導する〈小さな大国〉】

　南太平洋に位置する小さな島国，ニュージーランド．マオリとイギリス女王の間でワイタンギ条約が締結された1840年2月6日を建国の日とし，以来，180年

にわたり独自の歴史を歩んできた．その特徴は大きく四つあげられる．

　一つめは，マオリとパケハの歴史である．ニュージーランドは，マオリの航海者クペによって10世紀半ばに発見され，14世紀に伝説の聖地ハワイキから大型カヌーの大船団を組んでマオリが移住したといわれている．一方，ヨーロッパ系のパケハの歴史としては，1642年にオランダ人船長のA.タスマンによって発見され，以来，ヨーロッパから探検家や漁師，貿易商，宣教師が上陸し，後にイギリスから労働者階級の移住が組織的に行われた．イギリス政府は前例のない先住民との条約締結により新しい国を誕生させたのだが，マオリの立場からは実質的な植民地化のはじまりとなり，20世紀にかけて失われた言語と土地の回復までには150年の闘いが続いた．1975年には政府がワイタンギ条約における英語版とマオリ語版の違いを認め，先住民の文化，土地等の保障に関する条項に抵触する事案を審査するワイタンギ審判所が設立された．1987年にはマオリ語が公用語となり，以来，マオリとパケハの2文化の共存がニュージーランド社会全体の大きな目標となった．

　二つめは，世界初の社会的施策が多く誕生したことである．8時間労働制（1873年），全国的な最低賃金制度（1894年），女性参政権（1893年），児童手当制度（1926年）はニュージーランドではじめて導入された．また，平和利用を含めた厳格な非核法（1987年），開発プロセスに住民同意を求める資源管理法（1991年），手話を公用語化したニュージーランド手話法（2006年）など，常に世界に対して社会問題への新しい解決方法を発信し続けている．1980年から90年代にかけて徹底した行財政改革を実施したことが世界から注目された．

　三つめは，1938年社会保障法の制定以降，全国民を対象に普遍的な生活保障の仕組みを築いてきたことである．ニュージーランドでは疾病，老齢，失業，障害をはじめとする生活上のさまざまなリスクに対して，税財源により，必要な人が適切なサービスや現金給付を支給される．性別，職業やエスニシティにかかわらず，全国民が同一ルールに基づいて保障されるため，多様な価値や生き方を尊重することに結びついている．また，自然災害やパンデミックなどの緊急時には迅速にセーフティネットとしての機能を果たしており，国民に安心をもたらしている．

　最後に四つめは，成熟した市民社会の形成である．ニュージーランドは労働者を中心に新しい社会を築いてきた歴史があるため，チャリティや相互扶助組織等の市民活動が日常生活の中に定着している．また，全世代とも政治への関心が高く，国政・地方選挙の投票率は概ね8割を超え，政策立案プロセスへの参画にも積極的である．多様な社会問題を抱えつつも，世界を先導する新しい施策が数多く誕生してきた背景には，常に市民による運動と高い政治参加があるといえる．

［武田真理子］

バヌアツ共和国

面積	1万2190km^2（新潟県とほぼ同じ大きさ）
排他的経済水域	66万3000km^2
人口	31万4653人（2023年，太平洋共同体事務局）
独立年	1980年
首都	ポートビラ（エファテ島）
民族	メラネシア系，ほかに中国系，ベトナム系および英仏人が居住
言語	ビスラマ語（ピジン英語），英語，フランス語（いずれも公用語）
宗教	キリスト教（長老派，カトリック，アングリカンなど）
政体	共和制（元首は大統領）
議会	一院制（議員数52名，任期4年）
主要産業	農業，観光業
GDP	9.13億米ドル（2023年，太平洋共同体事務局）
1人あたりGDP	3098米ドル（2023年，太平洋共同体事務局）
通貨	バツ
主要輸出品	コプラ，木材，カヴァ，牛肉，カカオ
主要輸入品	機械・輸送機器，食料品，日用品
輸出相手国	マレーシア，オーストラリア，日本
輸入相手国	オーストラリア，ニュージーランド，中国
対日貿易輸出額	49.3億円（2020年度，財務省貿易統計）
対日貿易輸入額	7.1億円（2020年度，財務省貿易統計）

　オーストラリアの東に位置し，Y字型に80あまりの島々が南北に連なる島国である．国名バヌアツは「我々の土地」を意味し，旧名はニューヘブリデス．19世紀初めに白檀の中国への輸出のため入植したイギリスと，1870年代に進出を強めたフランスとで利権争いが高まり，1906年の最終協議によって英仏2国によるニューヘブリデス諸島の共同統治が開始された．1970年代以降，独立への意識が高まり，1980年に両国より独立した．植民地時代の影響が残っており，内政においても英語圏とフランス語圏でグループに分かれやすい．恒常的な輸入超過で，赤字を外国援助で補填．近年は農業の多様化とクルーズ船をターゲットにした観光振興にも力を入れている．日本に向けてはバヌアツから牛肉の輸出が行われている．

[黒崎岳大]

【国情紹介：観光と伝統文化】

　バヌアツの主な産業は観光業である．距離的に近いオーストラリアからの観光客が最も多く，約半数を占める（シドニー〜ポートビラ間は飛行機で約3時間

半）．次いで，フランス領ニューカレドニア，ニュージーランド，ヨーロッパから
の観光客が，それぞれ 10〜15％程度おり，日本からの観光客は 1％程度である．

　現在，観光目的でバヌアツを訪れるには 2 通りの方法がある．一つは空路であ
る．オーストラリアをはじめ，フィジー，ニューカレドニア，ニュージーランド，
ソロモンなどからは直行便が飛んでいる．もう一つは海路である．シドニーやメ
ルボルン，オークランドを出港した大型クルーズ船が太平洋の島々をめぐりなが
ら周遊する豪華旅行があり，その停泊地としてバヌアツのいくつかの島が選定さ
れている．

　表 1 は近年の観光客数の推移である．
2010 年代は年間 30 万人前後で推移して
いたが，新型コロナウイルス感染症の影
響で，2020 年 3 月に海外からの観光客の
渡航を禁止した．その後，2022 年 7 月よ
り再び観光客の渡航が許可されるように
なり，2024 年現在では，ほぼコロナ前の
状況に戻りつつある．

　大部分の観光客は，首都のポートビ
ラ，第 2 の都市ルガンヴィルに滞在する
が，そこから他の島へのオプションツ
アーに足を伸ばすこともある．アンブリ
ム島やタンナ島には，活火山のトレッキ
ングツアーがある．またサント島のシャ
ンパンビーチやアネイチュム島沖の小

表1　バヌアツの観光客の推移

	飛行機	クルーズ船	合計(人)
2012年	88,085	213,243	301,328
2013年	89,253	247,296	336,549
2014年	86,239	220,205	306,444
2015年	63,625	197,471	261,096
2016年	71,088	256,482	327,570
2017年	83,465	223,551	307,016
2018年	91,726	234,567	326,293
2019年	95,849	135,357	231,206
2020年	17,166	60,401	77,567
2021年	−	−	−
2022年	23,859	34,554	58,413
2023年	66,478	263,578	330,056

[出典：Vanuatu Bureau of Statistics の資料を
もとに筆者作成]

島，通称「ミステリーアイランド」には，美しい砂浜とエメラルドグリーンの海
が広がり，観光客を楽しませている．

　これらが「楽園」イメージに根差したものだとすると，太平洋の観光にはもう
一つのイメージがある．それが「伝統文化」（現地の言葉でいう「カストム」）で
ある．具体的にいえば，タンナ島やマラクラ島には「カストム・ヴィレッジ」と
よばれる集落があり，人々は近代的な事象を極力排除した生活を送っている．衣
服も上半身は裸で，下半身は腰みのやペニスケースのみの伝統的な衣装である．
そこを訪れた観光客は，伝統的な歌や踊りを披露され，昔ながらの生活に触れる
ことができる．

　これらはバヌアツの人たちの「カストム」なのだが，観光客にとっては自分た
ちとは違う「野蛮・未開」なものと映るのかもしれない．いずれにせよ，「楽園」
と「野蛮」のイメージは，コインの裏表として併存しており，その両面からバヌ
アツの観光を支えている．　　　　　　　　　　　　　　　　　　　［福井栄二郎］

パプアニューギニア独立国

面積	約46万 km^2（日本の約1.25倍）
人口	950万1006人（2023年，太平洋共同体事務局）
独立年	1975年
首都	ポートモレスビー
民族	メラネシア系
言語	英語（公用語）のほか，トク・ピシン（ピジン英語），モツ語等
宗教	キリスト教．祖先崇拝等伝統的信仰も根強い
政体	立憲君主制（総督がイギリス国王の王権を代行）
議会	一院制（議員数111名，任期5年）
政府	議会で選出された首相が議員から大臣を指名，組閣
主要産業	鉱業（液化天然ガス，金，原油，銅），農業，林業など
GDP	265.2億米ドル（2023年，太平洋共同体事務局）
1人あたり GDP	2848米ドル（2023年，太平洋共同体事務局）
通貨	キナおよびトヤ（100分の1キナ）
主要輸出品	液化天然ガス，金，原油，銅，ココア，コーヒー，木材など
主要輸入品	石油，機械類，コメ，自動車，衣類
輸出相手国	オーストラリア，中国，日本
輸入相手国	オーストラリア，中国，シンガポール
対日貿易輸出額	2306.3億円（2020年度，財務省貿易統計）
対日貿易輸入額	161.6億円（2020年度，財務省貿易統計）

　ニューギニア島の東半分とその周辺にある約600以上の島々からなる国．1884年，ニューギニア島の3分割が決定し，西地区はオランダ，南東部はイギリス，そして北東部はドイツが領有．1906年，イギリス植民地はオーストラリア政府に引き継がれ，オーストラリア領パプアとなる．第1次世界大戦後，国際連盟はドイツ領もオーストラリアに委任．73年に自治政府が発足，75年独立を達成．部族主義・地方主義が残り，多数の政党による連立政権が常態化．英連邦の一つで，外交上はオーストラリアの強い影響を受ける．90年代以降，日本や中国と貿易などの結びつきを強める．ワントクとよばれる同郷出身者同士の結びつきが強い．都市部ではラスカルとよばれる若者集団強盗による事件が頻発，治安が悪化している．　　　　　　　　　　　　　　　　　　　　　　　　　　　　　［黒崎岳大］

【国情紹介：エネルギー・鉱物資源開発と人々の暮らし】

　パプアニューギニア（PNG）の国土のほとんどは農村である．人々はイモやバナナなどを主食とし，それらを自給する人々も多い．もちろん都市部では商業が

さかんであるが，そこから少し離れれば畑が広がる．農村部に住む人々の生計において，熱帯林を切り開いた畑での作物栽培や森における狩猟と採集は重要な位置を占める．

他方，国家経済では，石油と天然ガス，金銀銅をはじめとする鉱石などのエネルギー・鉱物資源の産出と輸出が重要である．2000 年代以降，中国などの新興国経済の拡大によってエネルギー・鉱物資源の国際価格が上昇した「資源ブーム」が起き，

図 1　資源開発地であるハイズ・ガス田近くにあるガス処理設備を望んだ景色．熱帯林を切り開いてつくられた［2016 年 9 月筆者撮影］

国家経済も急成長した．GDP 成長率は 2006 年から毎年 6％以上を記録し，2011 年には 10％を超えた．2018 年の経済統計によると，エネルギー・鉱物資源は，GDP の約 25％に寄与し，国家歳入全体の 10％を占めていた．コーヒー，茶，コプラ（ココヤシの果実の胚乳を乾燥させたもの）などの農産物も輸出されているものの，エネルギー・鉱物資源の存在は際立っている．

国家経済の伸張は一般の人々の暮らしにも影響を与えた．首都などの都市には外資系の大型スーパーや高級ホテルが進出して景観が変化した．雇用の機会が増え，入手できる食べ物や日用品の種類が増えた．また，農村部と都市を結ぶ道路などのインフラが改善・整備された．筆者が初めて滞在した 2000 年当時，人々の服装や持ち物は，日本の人々と大きな違いがあった．だが現在では，海外諸国の人々と同じように携帯電話やスマートフォンをもつ人も増えた．

こうした変化は農村でも同様であり，人々の暮らしに多方面で大きな影響を与えた．資源開発地では雇用が増え，自給自足に近い生活をしてきた人々が給与を得るようになった．その結果，こうした人々の間でも購入食品が以前より多く食べられるようになった．筆者が 2013 年より現地調査を行っている天然ガス開発地に住むフリ人の間では，雇用が増えた時期，結婚に際して婚方親族から嫁方親族に渡す婚資が従来のブタではなく現金が使われたこともあった．

農村であった資源開発地も空港や道路が整備されると景観が一変する．大型トラックが行き交うようになり，道路沿いには小商いをする人々の出店も立ち並ぶようになった．フリ人の友人の中には，資源開発企業で売店の店員兼出納係をしていた経験を活かして商売を始めた男性もいる．また，この企業が開く社会貢献講座を受講してパン販売の商売を始めた女性もいる．

国家経済という大レベルから農村の人々の生活という小レベルまで，エネルギー・鉱物資源はパプアニューギニアの現在の一端に多大な影響を与えている．［田所聖志］

パラオ共和国

面積	460km^2（屋久島とほぼ同じ）
排他的経済水域	60万4000km^2
人口	1万7989人（2023年，太平洋共同体事務局）
独立年	1994年（アメリカと自由連合協定締結）
首都	マルキョク（2006年10月，コロールより遷都）
民族	ミクロネシア系
言語	パラオ語，英語
宗教	キリスト教
政体	共和制（元首は大統領）
議会	二院制（上院13名，下院16名，任期はともに4年）
主要産業	観光業
GDP	2.38億米ドル（2023年，太平洋共同体事務局）
1人あたりGDP	1万3230米ドル（2023年，太平洋共同体事務局）
通貨	米ドル
主要輸出品	魚介類
主要輸入品	機械・機器，燃料，メタル，食料品
輸出相手国	日本，メキシコ，ミクロネシア
輸入相手国	アメリカ，グアム，日本
対日貿易輸出額	3.4億円（2020年度，財務省貿易統計）
対日貿易輸入額	11.9億円（2020年度，財務省貿易統計）

　ミクロネシアの最西端に位置し，ロックアイランドとよばれる島々を含む大小200の島で構成．1885年にスペインの植民地となった．米西戦争後の1899年，パラオを含むミクロネシア諸島はドイツに売却された．ドイツ植民地下で，コプラ産業と鉱山開発が進む．1919年にパリ講和会議で日本の委託統治領となることが決まると，1922年に南洋群島の首府がコロールに置かれる．第2次世界大戦後はアメリカの信託統治領となる．1994年に独立．安全保障・国防上の権限と責任はアメリカが有する．1999年に台湾と国交締結．主要産業の観光で，日本を含めたアジア諸国を市場として成長．若い世代はグアムやアメリカ本土に移住しており，代わりに出稼ぎ外国人労働者が増加している．日本統治下の影響もあり，パラオ語や文化には日本の影響が多く残されている．　　　　　［黒崎岳大］

【国情紹介：近代政治の中の伝統的首長】

　1994年の独立以降，パラオ社会の変化はめまぐるしい．その背景には，アメリカとの自由連合協定に基づく援助，合衆国本土やその海外領との頻繁な往来，欧

米のほかアジア諸国からの観光客の増加，日本の継続的な ODA や 2000 年代以降に急接近した台湾からの援助などの要因がある．2006 年，長らく植民地統治の中心で人口稠密なコロールからバベルダオブ島のマルキョクに遷都が行われ，ローマ時代の建築様式を模した国会議事堂や大統領府が建設された（図1）．その翌年，バベルダオブ島には，自由連合協定に基づく経済援助で幹線道路が整備された．2012 年に「ロックアイランド南ラグーン」が世界遺産に登録されると，国際観光客が急増し，2018 年には約 1 万 8000 の国内人口に対して約 12 万人の訪問者があった．2018 年からは出国に際して 1 人 100 米ドルのプリスティン・パラダイス環境税の支払いが義務づけられている．

図1　パラオ共和国の国会議事堂［2009 年 1 月筆者撮影］

図2　パラオ共和国アイライ州の伝統的集会所［2017 年 2 月筆者撮影］

　大統領制が敷かれた現代の国家体制の中で，パラオの伝統的首長（*rubak*）は実権を制限されつつも，国政および地方行政の双方で存在感をもっている．植民地統治以前にはパラオ全体を統括する政治組織はなかったが，現在ではパラオの全 16 州を代表する伝統的首長からなる全国首長評議会が，伝統について大統領に助言する諮問機関となっている．コロールとマルキョクを代表する二大首長は主要な国家式典に列席し，伝統政治の象徴としての役割を果たしている．国会のロゴには伝統的集会所の図柄が用いられており，ベラウ国立博物館の敷地内やいくつかの村落には伝統的集会所アバイ（*a bai*）が維持管理されている（図2）．

　各州の地方議会では，一部の伝統的首長に選挙によらない議席が与えられている．こうして近代政治の中に取り込まれた伝統的首長の称号継承に伴う利権をめぐって，親族集団内での争いも頻発するようになった．また，石畳の土台を持ち，埋葬地と一体になっていた伝統的屋敷地の多くは，植民地時代を通じて衛生行政や居住区画の再編により居住地としても埋葬地としても放棄されていったが，現代では首長称号保持者と屋敷地との結びつきが強く認識されるようになり，一部の屋敷地は首長位称号保持者の居住地や埋葬地として利用されている．こうした土地との結びつきの強さから，海外で亡くなったパラオ人の遺体が高額な費用をかけて移送され，故地に埋葬されることもある．　　　　　　　　　　［飯髙伸五］

フィジー共和国

面積	1万8270km^2（四国とほぼ同じ大きさ）
排他的経済水域	128万3000km^2
人口	90万4590人（2023年，太平洋共同体事務局）
独立年	1970年
首都	スバ（ヴィティ・レヴ島）
民族	フィジー系（約50%），インド系（約40%），その他
言語	英語（公用語）のほか，フィジー語，ヒンディー語
宗教	キリスト教，ヒンドゥ教，イスラム教
政体	共和制（元首は大統領）
議会	一院制（議員数51名，任期4年［解散あり］）
主要産業	観光，砂糖，衣料
GDP	49.80億米ドル（2023年，太平洋共同体事務局）
1人あたりGDP	5524米ドル（2023年，太平洋共同体事務局）
通貨	フィジードル
主要輸出品	衣料，砂糖，金，魚類，木材チップ
主要輸入品	機械・輸送機器，工業製品，食料品，雑貨品
輸出相手国	アメリカ，オーストラリア，日本
輸入相手国	シンガポール，ニュージーランド，フランス
対日貿易輸出額	30.9億円（2020年度，財務省貿易統計）
対日貿易輸入額	40.2億円（2020年度，財務省貿易統計）

　ヴィティ・レヴ島とヴァヌア・レヴ島の二つの主島を中心に330あまりの島々からなる．地理的に太平洋諸島の中心に位置し，太平洋諸島フォーラムや南太平洋大学など国際機関の事務局や研究機関などが置かれており，地域におけるハブ的な役割を担っている．1874年に正式にイギリス植民地となった．1970年に立憲君主国として独立を果たすが，1987年に軍事クーデターが発生し，共和制に移行する．2006年にはバイニマラマ司令官によるクーデターが行われた．多民族国家で，先住民系のフィジー人（約50%）と，イギリス植民地時代に移住したインド系住民（約40%）で人口の大多数を占めている．英連邦の一つである．90年代半ばには新婚旅行のメッカとして，日本から年間5万人の観光客が訪れた．［黒崎岳大］

【国情紹介：波乱に富む政治史】

　2020年10月10日，フィジー共和国は独立から50周年を迎えた．1970年に独立を果たし，その後いく度のクーデターを経る波乱に富んだ歴史があったとはいえ，慶賀すべき年であったに違いない．しかるにフィジーは，悲報と朗報がめま

ぐるしく入れ替わった.

●波乱に富んだ 2020 年代　2019 年 12 月より世界的な拡大が始まる新型コロナウイルス感染症は当初こそ比較的軽微な被害に押さえ込むことに成功していた. ところが 2021 年に入ると事態は一変する. デルタ株の拡大を受けると, 一転して世界でも最悪の規模の被害を生み出した. 一方で同時期に開催された東京オリンピックでは, 男子 7 人制ラグビーと女子 7 人制ラグビーでそれぞれ金と銅のメダルを獲得するという国家的な慶賀が続く. コロナ対策でも一転, ワクチン接種を急ピッチで達成して, 2021 年内には海外旅行者を迎え入れるところまで漕ぎ着けた.

●感染症と国家体制　新型コロナウイルス感染症が巻き起こした議論の一つに感染症と国家体制の問題がある. 民主主義と権威主義のいずれの体制が, 感染症対策に秀でているのかというものである. フィジーが興味深い事例を提示することは間違いない. いく度のクーデターを経ながらもかろうじて民主主義国家としての体裁を維持しているフィジーであるが, 2006 年のクーデター以降, フィジーの各分野における軍関係者の影響力の拡大が一部で指摘されているからである.

　フィジーの政治において, 先住系フィジー人の政治家に軍歴があること自体は珍しくない. しかし 2006 年のクーデターを主導した軍の司令官であった首相からはじまり, 大統領, 議会の議長や警察署長など上級ポストに現在の軍との関わりの深い人物が任命されている. 皮肉なことに, 一時的ながら野党側の指導者もほかならぬ 1987 年にクーデターを起こした人物であった. 国による組合や野党関係者に対する干渉も, 権威主義的体制のイメージを強める一因となっている.

　何より, 2013 年憲法においては, 過去のクーデターに対する免責事項が最新のそれをも含めて上書きされている. それのみならず, 国と軍の関わりについて独特の事項がある. フィジーにおける軍の国民の生活や福祉全般に関する庇護者としての役割があえて明記されているのだ. 現今のフィジーの政治体制をいかなる性質のものと捉えるかはさらなる分析が必要であろう. しかし今後のフィジーの政治的な動向において, 少なくとも目に見える未来の範囲では, 国と軍との関わりが一つの要点となるのではないだろうか.

　さらに近年の動向としては, 2023 年 12 月の総選挙の結果, 2014 年と 2018 年の総選挙を勝ち抜いてきた 2006 年クーデターの主導者バイニマラマを軸とする政治的秩序は終わりを迎えている. 三党連立という危うい綱渡りの上で 16 年ぶりに新たな首相の座を射止めたのはランブカ首相であった. ランブカは実は 1987 年にフィジー史上最初にクーデターを起こした張本人である. その後, 国内外の政治に関わるなかで暴力を通じた政権の転覆に対して批判的となり, 彼自身の起こしたクーデターに対しても失敗だった旨の反省の弁を公表していた. この政権交代が軍と政府の関係の転換点となるのか, フィジーの将来のありようは, ひとまず改心を果たしたこの老政治家の双肩にかかっている. 　　　　［丹羽典生］

マーシャル諸島共和国

面積	180km^2（霞ケ浦とほぼ同じ大きさ）
排他的経済水域	199万1000km^2
人口	5万4366人（2023年，太平洋共同体事務局）
独立年	1986年（アメリカと自由連合協定締結）
首都	マジュロ
民族	ミクロネシア系
言語	マーシャル語，英語
宗教	キリスト教（主にプロテスタント）
政体	共和制（元首は大統領）
議会	一院制（議員数33名，任期4年）
主要産業	農業（コプラ，ココヤシ油），漁業
GDP（名目）	2.61億米ドル（2023年，太平洋共同体事務局）
1人あたりGDP	4797米ドル（2023年，太平洋共同体事務局）
通貨	米ドル
主要輸出品	水産物，コプラ製品
主要輸入品	食料品，機械・車輌，製造品
主要輸出相手国	デンマーク，韓国，ポーランドなど
主要輸入相手国	韓国，シンガポール，中国など
対日貿易輸出額	2.49億円（2020年度，財務省貿易統計）
対日貿易輸入額	1254億円（2020年度，財務省貿易統計）

　五つの独立した島と29の環礁が南北に散在する島国．東側がラタック列島，西側がラリック列島とよばれる．大航海時代以降，スペイン・ドイツの植民地を経て，第1次世界大戦後は日本の委任統治領，第2次世界大戦後はアメリカの信託統治領となる．1946年から58年にかけて，北部のビキニ環礁およびエヌエタック環礁において67回の核実験が実施された．1986年にアメリカと自由連合協定を結び独立，1991年に国際連合に加盟した．自由連合関係にあるアメリカとの緊密な関係，日本およびオセアニア諸国との友好関係を基本方針としている．1998年に台湾と外交関係を樹立した．マジュロなどの都市部の貨幣経済と離島での自給自足経済が混在する．生活必需品の多くをアメリカなど外国からの輸入に依存している．委任統治領時代には日本人移民が移住，その子孫である多くの日系人が現在も政治・経済の世界で活躍している．近年は国内経済の停滞などから，アメリカ本土やハワイへの移住者が増加している．　　　　　　［黒崎岳大］

【国情紹介：フィールドで学ぶ権威のあり方】

　筆者は 2007 年 8 月，午後の強い日差しの中でマジュロ環礁の人々とともに，古人骨の再埋葬式典を執り行った．前年の発掘調査で出土した人骨を日本で分析した後，1 年後に戻す約束になっていたからだ．といっても持ち帰った人骨資料をどう扱うのか，政府の歴史保全局にも確たる取り決めはなかった．そこで調査隊主催で再埋葬式典を計画し，お世話になった方々を招くことにした．式典は牧師の祈りから始まり，調査成果の報告が続き，埋め戻しの穴を掘って再埋葬した後，発掘地点の土地権をもつ首長（イロージ）が適切な祝詞で締めくくってくれた．

　出土人骨を研究した人類学者が別れを惜しむように一抱えの木箱を穴におさめ，一握りの白砂を散らしたところからあたりは静けさに包まれ，個々人の思いが一つに重なったように思えた．式典後も皆は穏やかな気持ちで談笑した．ところで，マーシャル諸島は母系社会で，首長称号も母親を通して継承される．例えば母から長男が引き継いでも，彼はその称号を自分の子ではなく，姉妹か彼女らの子に譲らねばならない．挨拶をしてくれた首長も女性で，品のよい物腰と語り口が場を和ませてくれたことを思い出す．

　埋め戻しの穴を掘り始めたのは中年の男性で，シャベルの扱いには慣れていなかった．そこで，調査隊のコアメンバーで目配せして我々が掘ることにした．とはいえ，式典用の白シャツがすぐに汗ばんできた．そんなとき，調査の段取りを手伝う 1 人の友人がスッと傍らにやってきて交代してくれた．眼がギョロっとした，上昇志向の強い男だった．別のイロージ家系に繋がりはあったが，血筋からいうと末端に位置することが背景にあるようだった．お金や物品を無心するので，調査隊には彼を煙たがる人もいた．しかし，それらを自分のポケットに入れるわけではなく，人から人に動かすことで自身の社会的地位を高めるという彼なりの涙ぐましい努力だったのだと今は思う．

　上昇志向の友人にシャベルを渡してふと視線をあげると，椅子に腰かけて動こうとしない，もう 1 人の友人が怪訝な表情でこちらを見つめていた．「調査隊を代表するお前がなぜ動くのか？」と問われているようだった．彼はアラブの称号をもち，地方政府の助役も務める剛毅な男だった．アラブは伝統的には平民に分類されるが，植民地的状況の中で社会的地位を上昇させてきた上流階級である．立ち位置の高い人物が安易に動くことは他の人たちには迷惑な行為だと目線でたしなめられた気がした．高位者には適切な振る舞いが社会から求められている．恐怖や暴力で人を支配する力や隠蔽と虚偽でみずからを粉飾する権力とは異なり，イロージやアラブの権威は社会関係の中から生まれ，維持され，そして不適切な振る舞いを続けると剥奪され得る属性なのだ．　　　　　　［山口　徹・黒崎岳大］

📖 参考文献
[1]　黒崎岳大『マーシャル諸島の政治史』明石書店，2013.

ミクロネシア連邦

面積	700km^2（奄美大島とほぼ同じ）
排他的経済水域	299万6000km^2
人口	10万6194人（2023年，太平洋共同体事務局）
独立年	1986年（アメリカと自由連合協定締結）
首都	パリキール（1989年にコロニアから遷都）
民族	ミクロネシア系
言語	英語のほか，現地の8言語
宗教	キリスト教（プロテスタントおよびカトリック）
政体	共和制（元首は大統領）
議会	一院制（4年任期議員数4名，2年任期議員数10名［チューク州5名，ポーンペイ州3名，ヤップ州・コスラエ州各1名］）
主要産業	水産業，観光業，農業（ココナツ，タロイモ，バナナ等）
GDP	4.02億米ドル（2023年，太平洋共同体事務局）
1人あたりGDP	3830米ドル（2023年，太平洋共同体事務局）
通貨	米ドル
主要輸出品	魚類（マグロ類），ビートル・ナッツ
主要輸入品	食糧および飲料製品（含む飲料水），燃料および機械油，機械類
輸出相手国	タイ，グアム，日本
輸入相手国	アメリカ，グアム，日本
対日貿易輸出額	10.8億円（2020年度，財務省貿易統計）
対日貿易輸入額	16.9億円（2020年度，財務省貿易統計）

　607の島々から構成され，四つの州（ヤップ，チューク，ポーンペイ，コスラエ）がそれぞれ強い自治権をもつ連邦制国家．スペイン，ドイツの植民地を経て，第1次世界大戦後は委任統治領として日本の施政下に置かれる．第2次世界大戦後はアメリカ信託統治領ミクロネシアとなる．1970年代に北マリアナ諸島，パラオ，マーシャル諸島が分離，1986年にアメリカと自由連合協定を締結し，独立した．貨幣経済と伝統的自給経済が混在し，アメリカなどからの輸入に依存している．広い海域に散在する島々に独自の言語や文化が形成され，ヤップ州では石貨が利用されている．歴代大統領に日系人が選出されるなど，日本の文化の影響が色濃く残っている．2016年には，ポーンペイ島に残された人工島群であるナンマドール遺跡が世界文化遺産に登録された．　　　　　　　　　　［黒崎岳大］

【国情紹介：首長を抱える多文化国家】

　ミクロネシア連邦は人口と領土の規模が小さい極小国家であり，19世紀以降は常に外来勢力の影響下に置かれてきた．捕鯨船の寄港やキリスト教の布教にはじ

まり，諸外国（スペイン，ドイツ，日本，アメリカ）による統治の歴史の中では，第1次世界大戦から太平洋戦争終結まで30年間続いた日本統治や，アメリカ統治下での民主主義とそれに伴う選挙制度の導入も経験した．1986年には大統領制と三権分立を備えた国民国家として独立したものの，独立時に締結した自由連合協定のもとで自国の政治と経済をアメリカに依存し，21世紀以降の国際関係の中では中国の影響も無視しえない．

　ミクロネシア連邦は行政上の括りとしては，太平洋の海で分けられた4州（ヤップ州，チューク州，ポーンペイ州，コスラエ州）から構成される．四つの州は諸外国による統治から独立に至るまで同一の歴史を経験した一方で，独自の文化をもっており，州ごとに日常的な使用言語も人々の行動を支える規範も異なる．

　ミクロネシア連邦の各州はこうした文化的自律性に加え，伝統的な首長（chief）の存在でも知られている．ポーンペイの五つの首長国には王といわれるほどに絶対的な権威をもつ最高首長がおり，コスラエでは（現在は廃れたものの）島全体に影響力を及ぼす単一の最高首長が君臨していたという．それに対し，ヤップやチュークの首長は突出した権威ではなく，むしろ同盟関係の中でみずからの地位を確認する．こうした首長の影響力が及ぶ範囲は各州の中でほぼ完結する．

　ミクロネシア連邦憲法の条項に「伝統的指導者（traditional leader）」に関する条項が設けられるなど，独立後の政治体制においても首長の伝統的な権限は承認されている．だが，州ごとに首長の位置づけは異なる．ポーンペイでは民主主義の導入を機に議会政治と首長の政治との住み分けがなされたが，ヤップでは行政機構の中に首長会議が組み込まれ，チュークでは選挙で選ばれた行政区長がみずから「首長」を名乗る．他方，コスラエでは19世紀以降におけるキリスト教の浸透とともに首長のシステムは解体し，教会の宗教指導者が「伝統的指導者」の役割も担う．

　言語も文化も政治体制も異なる4州が地理的に隔てられており，互いの州への訪問手段が飛行機や船に限られることからも，国民意識は醸成されにくい．むしろ，みずからが属する州内のコミュニティへの帰属意識が国民意識を凌駕する．加えて，外来の文化や制度も各々の州のコミュニティに即したやり方で受容される．ミクロネシア連邦は，自律性の高い4州を緩やかに統合する多文化国家なのである．　　　　　　　　　　　　　　　　　　　　　　　　　　　　　［河野正治］

📖 **参考文献**

[1] Pinsker, E., "Traditional Leaders Today in the Federated States of Micronesia," In White, G. & Lindstrom, L. eds., *Chiefs Today: Traditional Pacific Leadership and the Postcolonial State*, Stanford University Press, pp.150-182, 1997.

ニウエ, トケラウ, ピトケアン諸島, ラパ・ヌイ

【ニウエ】

面積	259km² （愛知県豊橋市とほぼ同じ）
人口	1510人 （2023年，太平洋共同体事務局）
独立年	1974年 （ニュージーランドと自由連合協定締結）
首都	アロフィ
民族	ニウエ人 （ポリネシア系）
言語	ニウエ語，英語
宗教	キリスト教 （プロテスタント75％，カトリック25％）
政体	立憲君主制 （ニュージーランド総督がニウエ総督を兼任し，元首であるイギリス国王の王権を代行）
議会	一院制 （議員数20名，任期3年）
主要産業	農業，漁業，観光業
GDP	3100万米ドル （2023年，太平洋共同体事務局）
1人あたりGDP	1万9464米ドル （2023年，太平洋共同体事務局）
通貨	ニュージーランドドル
主要輸出品	鉱物，加工飲料（ノニジュース），加工食品・たばこ類
主要輸入品	食糧，鉱物，燃料
主要貿易相手国	ニュージーランド，日本，中国，タイ，アメリカ
対日貿易輸出額	0.04億円 （2019年，財務省貿易統計）
対日貿易輸入額	12.0億円 （2019年，財務省貿易統計）

　「ポリネシアの岩」とよばれる隆起サンゴ礁でできた島国．1900年に同島を治めていたファタアイキ王がイギリスに統治権を譲り保護領となり，翌年ニュージーランドの属領となる．74年に同国と自由連合関係を締結する．国連には未加盟だが，ユネスコやWHOには加盟しており，中国と国交を締結している．すべての国民がニュージーランドの市民権をもち，同国には2万人のニウエ人が住んでいる．日本とは2015年に外交関係を樹立した．島内の至る所にある鍾乳洞は，透明度の高い海で行われるホエール・ウォッチングとともに，重要な観光資源となっている．

【トケラウ】

面積	12km² （阿寒湖とほぼ同じ）
人口	1500人 （2023年，太平洋共同体事務局）
民族	ポリネシア系トケラウ人が大半
言語	英語とトケラウ語が公用語
宗教	キリスト教 （会衆派50％，カトリック37％など）

政体	ニュージーランド領
主要産業	農業（コプラ），漁業
通貨	ニュージーランドドル

　サモア独立国の北部にある三つの環礁からなるニュージーランド領．1889 年にイギリスの保護領となり，1948 年からニュージーランド領となる．主都はなく，各首長が行政評議会議長時にその島が主都の役割を果たす．ニュージーランドへの出稼ぎ労働者からの送金やニュージーランドからの援助金に依存している．空港はなく，サモアのアピア港から貨客船が隔週に一本運航しているのみである．

【ピトケアン諸島】

面積	47km²（東京都練馬区とほぼ同じ大きさ）
人口	50人（2023年，太平洋共同体事務局）
民族	バウンティ号の反乱水夫とタヒチ島の女性たちの子孫
言語	ピトケアン語，英語
宗教	キリスト教（セブンスデー・アドベンチスト教会）
政体	イギリス領
主要産業	農業，漁業
通貨	ニュージーランドドル

　有人島であるピトケアン島を含む五つの島からなる南太平洋にあるイギリスの海外領土．住民の大半は，バウンティ号の反乱を起こした水夫とタヒチ島の女性たちの子孫で，1790 年にこの島に来てから 1808 年まで外界と交渉がなかった．1829 年に正式のイギリス植民地となり，インフラ整備が進んだ．現在太平洋上唯一のイギリス領で，同国が環太平洋パートナーシップ（TPP）に加盟する際の大義名分になるとして注目された．

【ラパ・ヌイ（イースター島）】

面積	166km²（小豆島とほぼ同じ大きさ）
人口	7750人（2018年，チリ統計局）
民族	約70％が原住民系のラパ・ヌイ人
言語	スペイン語，ラパ・ヌイ語
宗教	ほとんどがローマカトリック
政体	チリ領
主要産業	観光業，牧羊
通貨	チリ・ペソ

　ポリネシア東端に位置する島で，スペイン語での正式名称はパスクア島．首府はハンガロアにある．1200 年頃，ポリネシア系住民が移住したとされ，11～12 世紀にモアイとよばれる石像が島内各地でつくられた．16～17 世紀以降の生態系の破壊や部族紛争などの影響で人口が減少．1888 年にチリ領になる．［黒崎岳大］

アメリカと関係の深い地域

【グアム】

面積	541km² （東京23区よりひと回り小さい）
人口	18万1468人 （2023年，太平洋共同体事務局）
民族	チャモロ人，カロリン諸島系，フィリピン人
言語	英語・チャモロ語 （ともに公用語）
宗教	キリスト教
政体	アメリカの非併合領 （大統領選挙権および連邦議会の議席はない）
議会	一院制 （定数15名）
政府	知事 （行政の責任者，選挙で選出）
主要産業	観光業
通貨	米ドル

　マリアナ諸島最南端に位置し，ミクロネシア最大の島．主都はタモン湾に面したアガンニャ．16世紀，F. マゼランの報告を受け，スペイン王が同島を含むマリアナ諸島の領有を宣言し，統治下に置く．1898年の米西戦争後にアメリカ領になる．1941～44年まで日本軍に占領され，「大宮島」とよばれた．1950年にグアム自治法が制定され，アメリカの非併合領となる．観光が基幹産業で，日本やアメリカ本土，アジア諸国から年間100万人を超える観光客が訪れる．またアメリカ軍の極東戦略の拠点で，アンダーセン空軍基地などの軍用地が設置されている．

【北マリアナ諸島】

面積	457km² （屋久島とほぼ同じ）
人口	5万7154人 （2023年，太平洋共同体事務局）
民族	チャモロ人，カロリン諸島系，アジア系住民
言語	英語，チャモロ語，カロリン語
宗教	キリスト教
政体	アメリカ自治領 （コモンウェルス）
議会	二院制 （上院9名，下院14名，任期2年）
政府	知事 （行政の最高責任者，任期4年）
主要産業	観光業，縫製業
通貨	米ドル

　グアムを除くマリアナ諸島の島々で構成されたアメリカ自治領．主都はサイパン島にあるススペ．1898年にスペインからドイツに買収され植民地となる．第1次世界大戦後，日本の委任統治領として製糖業などで繁栄．太平洋戦争後はアメ

リカ施政下で国連信託統治領の中心地となる．信託統治終了後，統一ミクロネシアから分離し，1973 年に自治政府が樹立．日本からも多くの観光客が訪れている．

【アメリカ領サモア】

面積	199km^2（淡路島の 3 分の 1）
人口	5 万7225人（2023年，太平洋共同体事務局）
民族	サモア系（90%），トンガ系など
言語	サモア語，英語
宗教	キリスト教
政体	アメリカの非併合領土（連邦議会にオブザーバー 1 名参加）
議会	二院制（上院［18議席・任期 4 年］・下院［21議席・任期 2 年］）
政府	知事（行政執行権）
主要産業	農業・食料加工業（水産缶詰工場）
通貨	米ドル

　サモア諸島の西経 171°より東側の五つの火山島と二つのサンゴ環礁からなる．主都はパゴパゴ．1899 年以降アメリカの統治下に置かれ，1967 年に憲法が発布され，自治が実施されている．住民はアメリカ籍を有するが，両親のいずれかがアメリカ市民でないと市民権をもてない．サモア独立国同様，伝統的な生活が残る半面，アメリカからの社会・文化的な影響を大きく受けている．缶詰工場で働くサモア独立国やトンガからの移民が多く移り住んでいる．サモアとは現在も伝統的なマタイ制度の上で結びつきが強く，血縁関係をもつ者も多い．

【ハワイ】

面積	1 万6705km^2（四国よりやや狭い）
人口	143万5138人（2023年，アメリカ国勢調査局）
民族	ポリネシア系先住民，アジア系，ヨーロッパ系
言語	英語
宗教	キリスト教
政体	アメリカの州（連邦議会に上院 2 名・下院 4 名選出）
主要産業	観光業，農業（製糖業，パイナップル）
通貨	米ドル

　太平洋中央部に位置するアメリカの州．州都はホノルル．1840 年にカメハメハ 3 世のもとでハワイ王国として統一されたが，王国転覆後の 1898 年にアメリカ領に併合された．準州を経て，1959 年に 50 番目の州となる．近年はアメリカ本土からの移住者が増加し，環境汚染や物価（特に不動産）の高騰が問題となっている．主幹産業は観光業で，年間 100 万人以上の観光客を迎える．アメリカ海軍・空軍基地が配置され，ハワイ経済の収入源となっている．全米 50 州で最も日系人が多い州としても知られている．　　　　　　　　　　　　　　［黒崎岳大］

フランスの海外領土

【ニューカレドニア】

面積	1万8576km^2（四国とほぼ同じ大きさ）
排他的経済水域	142万3000km^2
人口	27万5315人（2023年，太平洋共同体事務局）
主都	ヌメア
民族	カナク人（メラネシア系），ヨーロッパ人（フランス系）
言語	フランス語（公用語）33のメラネシアおよびポリネシア諸語
宗教	キリスト教（カトリック60％，プロテスタント30％）
政体	フランス海外領土（海外領域）
議会	領域議会（定数54名・任期5年）
主要産業	鉱業（ニッケル），観光業，農業
GDP	100.58億米ドル（2023年，太平洋共同体事務局）
1人あたりGDP	3万6753米ドル（2023年，太平洋共同体事務局）
通貨	太平洋フラン

　ニューカレドニア島とロイヤルティ諸島で構成されるフランスの海外領土である．1774年にJ.クックが訪れ，故郷のスコットランドを思い起こし命名したという．1853年にフランスが占領し99年には広範な自治権をもつ海外領域に移行した．1950年代より独立運動が高まり，独立を目指すカナク人による暴動が相次いで発生．88年にはフランス政府，カナク人独立派，フランス人移民反独立派の3者間で，マティニョン協定が合意され，フランスの直接統治が終了した．98年に採択されたヌメア協定でフランスから段階的に権限委譲が開始される．2018年より3回にわたる住民投票の結果，いずれも独立反対派が多数を占めた．世界生産の約25％を産出するニッケル採鉱と観光業が基幹産業となる．明治時代から日本人移民が行われ，日系人社会が形成される．また小説『天国に一番近い島』の舞台としても知られ，映画化されたことをきっかけに，リゾート地として広く知られるようになった．近年は「天使のエビ」として知られる養殖エビなどの水産物やカボチャなどの農産物の日本への輸入が拡大している．

【フランス領ポリネシア】

面積	3521km^2（埼玉県とほぼ同じ大きさ）
排他的経済水域	476万7000km^2
人口	28万1811人（2023年，太平洋共同体事務局）
主都	パペーテ（タヒチ島）
民族	ポリネシア系（80％），中国系（10％），フランス系（10％）

言語	フランス語，ポリネシア語
宗教	キリスト教
政体	フランス海外領土（海外国）
議会	領域議会（57議席・任期5年）
主要産業	観光業，黒真珠養殖
GDP	60.73億米ドル（2023年，太平洋共同体事務局）
1人あたりGDP	2万1696米ドル（2023年，太平洋共同体事務局）
通貨	太平洋フラン

　ソサエティ，ツアモツ，マルケサス，オーストラル，マンガレヴァなどの各諸島，総計約130の島々からなるフランス海外領土である．人口の70％はタヒチに集中している．1847年フランスが保護領とする．19世紀末にフランス人画家P.ゴーギャンがタヒチやマルケサス諸島に渡り，精力的に作品を発表したことでも有名．1946年からは海外領土となった．1963年以降，ムルロア環礁で核実験が行われ，独立運動が高まる．2004年より海外国となり自治権が拡大された．1962年にフランスの軍事基地がおかれてから農業経済から基地と観光業に頼る経済に移行した．核実験終了後もフランス政府からの援助に依存している．成田・タヒチ間は直行便が就航しており，毎年2万人前後の観光客が訪れている．また日本にとっては最大の黒真珠の輸入先でもある．ハワイのフラダンスの原型ともいわれるタヒチアン・ダンス（オリ・タヒチ）は世界的に有名である．

【ウォリス・フツナ】

面積	142km²（川崎市とほぼ同じ大きさ）
人口	1万1231人（2023年，太平洋共同体事務局）
民族	ポリネシア系先住民
言語	フランス語（公用語），ウォリス語，フツナ語
宗教	キリスト教（カトリック99％）
政体	フランス海外準県
議会	準県議会（3王国の王と3人の議員），立法府（定数20名）
主要産業	コプラ，手工芸品
通貨	太平洋フラン

　ウヴェア島を中心とするウォリス諸島と，フツナ島とアロフィ島からなるフツナ諸島で構成されたフランス海外準県である．現地には三つの王国があり，各国の王が準県議会のメンバーとなっている．1888年にフランスの保護領となり，ニューカレドニアの管理下に置かれる．1961年に海外領土に昇格，2003年に準県に移行した．経済はフランスからの助成金，日本などからの漁業権，ニューカレドニアに出稼ぎした住民からの送金などである．住民の多くは敬虔なキリスト教徒で，フツナ島にはオセアニア初の殉教者の聖堂がある．　　　　　　　　[黒崎岳大]

事項・地名索引

■か行

事項・地名索引

事項・地名索引

事項・地名索引

■わ行

事項・地名索引

人 名 索 引

人名索引

人名索引

オセアニア文化事典

令和6年10月30日　発　行

編　　者　　オセアニア文化事典編集委員会
　　　　　　（編集委員長　棚　橋　　訓）

発行者　　池　田　和　博

発行所　　丸善出版株式会社

〒101-0051　東京都千代田区神田神保町二丁目17番
編集：電話（03）3512-3265／FAX（03）3512-3272
営業：電話（03）3512-3256／FAX（03）3512-3270
https://www.maruzen-publishing.co.jp

組版印刷・精文堂印刷 株式会社／製本・株式会社 松岳社

ISBN 978-4-621-31007-6　C 0522　　　　　　Printed in Japan